सामान्य बुद्धि एवं तर्कशक्ति परीक्षण

GENERAL INTELLIGENCE & REASONING TEST

VERBAL, NON-VERBAL & ANALYTICAL

राजेश कुमार ठाकुर

प्र

प्रभात एग्जाम

www.prabhatexam.com

प्रकाशक
प्रभात एग्जाम
4/19 आसफ अली रोड, नई दिल्ली-110002
प्रभात प्रकाशन प्रा. लि. का उपक्रम
फोन: 23289555 • 23289666 • 23289777 • हेल्पलाइन/ 7827007777
इ-मेल : prabhatbooks@gmail.com ❖ वेब ठिकाना : www.prabhatexam.com

मूल्य
तीन सौ पच्चीस रुपए

अ.मा.पु.स. 978-81-947789-6-7

मुद्रक
सीता फाईन आर्टस प्रा. लि., नई दिल्ली

★

SAMANYA BUDDHI EVAM TARKSHAKTI PARIKSHAN
by Rajesh Kumar Thakur

ISBN 978-81-947789-6-7

₹ 325.00

विषय-सूची

भाग-I भाषिक तर्कशक्ति 1-194

1. सादृश्यता 3-13
2. श्रृंखला परीक्षण 14-26
3. वर्गीकरण 27-36
4. अंग्रेजी वर्णमाला पर आधारित परीक्षण 37-46
5. सांकेतिक भाषा परीक्षण 47-60
6. रक्त संबंधी परीक्षण 61-72
7. दिशा ज्ञान परीक्षण 73-82
8. व्यवस्थित क्रम परीक्षण 83-97
9. घड़ी-संबंधी 98-101
10. कैलेण्डर 102-108
11. आरेखीय निरूपण 109-118
12. मैट्रिक्स 119-124
13. लुप्त संख्याओं को भरना 125-136
14. गणितीय समस्याएँ 137-141
15. औपबंधिक संख्या/अक्षर को ज्ञात करना 142-144
16. अंकगणित संबंधी प्रश्न 145-153
17. पहेली परीक्षण 154-163
18. पासा 164-172

19. घन और घनाभ 173-179

20. इनपुट एवं पासवर्ड 180-187

21. असमानता 188-194

भाग-II विश्लेषणात्मक तर्कशक्ति 1-58

1. न्याय निगमन 3-10

2. कथन एवं तर्क 11-16

3. कथन एवं निष्कर्ष 17-21

4. कथन एवं पूर्वधारणाएं 22-27

5. कथन एवं कार्यवाहियाँ 28-34

6. पूर्वधारणाएँ/परिकल्पनाएँ 35-40

7. कथन पर्याप्तता 41-47

8. आँकड़ों के अनुसार निर्णय करना 48-58

भाग-III अभाषिक तर्कशक्ति 1-40

1. श्रृंखला 3-8

2. सादृश्य/समानता/समरूपता 9-12

3. वर्गीकरण 13-16

4. छिपी हुई आकृति पूर्ण करना 17-21

5. कागज काटना एवं छेदना 22-26

6. जल प्रतिबिम्ब एवं दर्पण प्रतिबिम्ब 27-32

7. ज्यामितीय गणना 33-36

8. चित्र निर्माण एवं स्थान परिवर्तन 37-40

भाग–I
भाषिक तर्कशक्ति
(Verbal Reasoning)

अध्याय 1

सादृश्यता

सादृश्य परीक्षण का अभिप्राय एक समानता रखने से है। अत: इस अध्याय के अन्तर्गत एक-दूसरे के मध्य संबंधों को दर्शाना होता है। ऐसे प्रश्नों का समावेश परीक्षाओं में परीक्षार्थी के ज्ञान व उसके तर्क एवं चिन्तन की सामर्थ्य का मूल्यांकन करने के लिए किया जाता है।

प्राय: प्रतियोगी परीक्षाओं में इस अध्याय से निम्न संबंधों पर प्रश्नों का संकलन रहता है–

कुछ महत्वपूर्ण जानकारियाँ

(1)

क्रमांक	राज्य	राजधानी
1.	अरुणाचल प्रदेश	ईटानगर
2.	आन्ध्र प्रदेश	हैदराबाद
3.	असम	दिसपुर
4.	बिहार	पटना
5.	गुजरात	गांधीनगर
6.	हरियाणा	चण्डीगढ़
7.	हिमाचल प्रदेश	शिमला
8.	कर्नाटक	बेंगलूरू
9.	केरल	तिरुवनन्तपुरम
10.	मध्य प्रदेश	भोपाल
11.	महाराष्ट्र	मुम्बई
12.	मेघालय	शिलोंग
13.	नागालैण्ड	कोहिमा
14.	ओडिशा	भुवनेश्वर
15.	पंजाब	चण्डीगढ़
16.	राजस्थान	जयपुर
17.	तमिलनाडु	चेन्नई
18.	उत्तर प्रदेश	लखनऊ
19.	पश्चिम बंगाल	कोलकाता
20.	मणिपुर	इम्फाल
21.	त्रिपुरा	अगरतला
22.	सिक्किम	गंगटोक
23.	मिजोरम	आइजोल
24.	गोवा	पणजी
25.	छत्तीसगढ़	रायपुर
26.	उत्तराखण्ड	देहरादून
27.	झारखण्ड	राँची
28.	तेलंगाना	हैदराबाद

क्रमांक	केन्द्र शासित प्रदेश	राजधानी
1.	अण्डमान निकोबार द्वीप समूह	पोर्ट ब्लेयर
2.	चण्डीगढ़	चण्डीगढ़
3.	दिल्ली	दिल्ली
4.	लक्षद्वीप	कवरत्ती
5.	पुदुचेरी	पुदुचेरी
6.	दादरा और नगर हवेली तथा दमन एवं दीव	दमन
7.	जम्मू और कश्मीर	श्रीनगर (ग्रीष्मकालीन)
8.	लद्दाख	जम्मू (शीतकालीन) लेह

(2)

क्रमांक	देश	मुद्रा
1.	आस्ट्रिया	यूरो
2.	अफगानिस्तान	अफगानी
3.	डेनमार्क	क्रोन
4.	अल्जीरिया	अल्जीरियन दिनार
5.	ऑस्ट्रेलिया	ऑस्ट्रेलियाई डॉलर
6.	अर्जेन्टीना	पेसो
7.	आयरलैंड	यूरो
8.	बेल्जियम	यूरो
9.	ग्रीस	यूरो
10.	जर्मनी	यूरो
11.	फिनलैंड	यूरो
12.	ईरान	इरानियन रियाल
13.	फ्रांस	यूरो
14.	भारत	रुपया
15.	इंडोनेशिया	इंडोनेशियन रुपिया
16.	आइसलैण्ड	क्रोना
17.	स्विट्जरलैंड	स्विस फ्रैंक
18.	इराक	इराकी दिनार
19.	इटली	यूरो

20.	थाईलैंड	थाई बात
21.	इजराइल	न्यू शेकेल
22.	तुर्की	लीरा
23.	जॉर्डन	जॉर्डन दिनार
24.	यू. एस. ए.	डॉलर
25.	जापान	येन
26.	दक्षिण कोरिया	वॉन
27.	म्यांमार (बर्मा)	क्यात
28.	उत्तरी कोरिया	वॉन
29.	भूटान	भुटानी नंगूलट्रम
30.	केन्या	केन्याई शिलिंग
31.	बुल्गारिया	लेव
32.	कुवैत	कुवैती दिनार
33.	श्रीलंका	श्रीलंकाई रुपया
34.	चीन	युआन
35.	कनाडा	जैरे, कनडाई डॉलर
36.	मैक्सिको	पेसो
37.	मोजाम्बिक	मोजाम्बिकन मेटीकल
38.	ताइवान	ताइवान डॉलर
39.	कोलम्बिया	पीसो
40.	लेबनान	लेबनीज पाउण्ड
41.	न्यूजीलैंड	न्यूजीलैण्ड डॉलर
42.	मोरक्को	मोरक्कन दिरहम
43.	नीदरलैंड	यूरो
44.	नाइजीरिया	नाइजेरियन नैरा
45.	नॉर्वे	क्रोन
46.	सूडान	सूडानी पाउण्ड
47.	पाकिस्तान	पाकिस्तानी रुपया
48.	सीरिया	सीरियन पाउण्ड
49.	फिलीपींस	पेसो
50.	स्वीडन	स्वेडिश क्रोना
51.	ब्रिटेन	पाउण्ड स्टर्लिंग
52.	पुर्तगाल	यूरो
53.	पोलैण्ड	ज्लॉटो
54.	वियतनाम	डाँग
55.	रोमानिया	रेमानियन लियू
56.	रूस	रूबल
57.	दक्षिणी अफ्रीका	रैंड
58.	सऊदी अरब	सऊदी रियाल
59.	स्पेन	यूरो
60.	ब्राजील	रियल
61.	गुयाना	गुयना डॉलर

(3)

क्रमांक	यंत्र	जिसकी माप होती है
1.	स्केल	लम्बाई
2.	सिस्मोग्राफ	भूकम्प
3.	थर्मामीटर	तापक्रम
4.	आमीटर	धारा
5.	स्फैग्मोमैग्नोमीटर	रक्तदाब
6.	हाइग्रोमीटर	आर्द्रता
7.	बैरोमीटर	वायुदाब
8.	वोल्टमीटर	वोल्टेज
9.	स्पीडोमीटर	गति
10.	वर्षामापी	वर्षा की तीव्रता

(4)

क्रमांक	राशि	मात्रक
1.	बल	न्यूटन
2.	धारा	एम्पियर
3.	समतल कोण	रेडियन
4.	ज्योति तीव्रता	कैण्डेला
5.	आवृत्ति	हर्ट्ज
6.	आवेश	कूलॉम्ब
7.	शक्ति	वाट
8.	लम्बाई	मीटर
9.	कार्य	जूल
10.	ऊर्जा	जूल
11.	द्रव्यमान	किलोग्राम
12.	समय	सेकेण्ड
13.	प्रतिरोध	ओम
14.	आयतन	घनमीटर
15.	दाब	पास्कल
16.	त्वरण	मी/से^{2}

(5)

क्रमांक	व्यक्ति	संबंधित यंत्र
1.	लेखक	पेन
2.	वीर	तलवार
3.	रसोइया	चाकू
4.	मजदूर	कुदाल
5.	दर्जी	सुई
6.	डॉक्टर	स्टेथोस्कोप (परिश्रावक)

(6)

क्रमांक	विषय	संबंधित वर्ग
1.	पैथोलॉजी	रोग
2.	कार्डियोलॉजी	हृदय
3.	नेफ्रोलॉजी	किडनी (गुर्दा)

4.	जीव विज्ञान	जन्तु व वनस्पति
5.	ऑर्निथोलॉजी	चिड़ियाँ
6.	ज्योतिषशास्त्र	भविष्य

(7)

क्रमांक	पदार्थ	बने उत्पाद
1.	धागा	कपड़ा
2.	काँच	प्रिज्म
3.	कागज	पुस्तक
4.	ईंट	दीवार (घर)
5.	सूत	धागा
6.	बीज	तेल
7.	चमड़ा	जूता, चप्पल
8.	लकड़ी	फर्नीचर
9.	दूध	घी, दही, मक्खन, पनीर
10.	अयस्क	धातु

(8)

क्रमांक	धर्म	पूजा का स्थान
1.	हिन्दू	मन्दिर
2.	सिख	गुरुद्वारा
3.	पारसी	अग्नि मन्दिर
4.	यहूदी	सिनेगॉग
5.	ईसाई	गिरजाघर
6.	जैन धर्म	मन्दिर
7.	बौद्ध धर्म	विहार
8.	इस्लाम	मस्जिद

(9)

क्रमांक	धर्म	धार्मिक पुस्तक
1.	जैन धर्म	जैन ग्रन्थ
2.	पारसी	जेन्द अवेस्ता
3.	हिन्दू	रामायण, वेद, पुराण, गीता
4.	मुस्लिम	कुरान
5.	सिख	गुरुग्रन्थ साहिब
6.	ईसाई	बाइबिल
7.	यहूदी	तोराह
8.	बौद्ध धर्म	धम्मपद

(10)

क्रमांक	देश	राजधानी
1.	आस्ट्रिया	वियना
2.	अफगानिस्तान	काबुल
3.	डेनमार्क	कोपेनहेगन
4.	अल्जीरिया	अल्जीयर्स
5.	ऑस्ट्रेलिया	कैनबरा
6.	अर्जेन्टीना	ब्यूनस आयर्स
7.	आयरलैंड	डबलिन
8.	बेल्जियम	ब्रूसेल्स
9.	ग्रीस	एथेन्स
10.	जर्मनी	बर्लिन
11.	फिनलैण्ड	हेलसिंकी
12.	ईरान	तेहरान
13.	फ्रांस	पेरिस
14.	भारत	नई दिल्ली
15.	इंडोनेशिया	जकार्ता
16.	आइसलैण्ड	रिकजाविक
17.	स्विट्जरलैण्ड	बर्न
18.	इराक	बगदाद
19.	इटली	रोम
20.	थाइलैण्ड	बैंकाक
21.	इजरायल	येरूसलम
22.	तुर्की	अंकारा
23.	यू. एस. ए.	वाशिंगटन
24.	जापान	टोकियो
25.	दक्षिण कोरिया	सियोल
26.	म्यांमार (बर्मा)	नेपीडॉ
27.	उत्तरी कोरिया	प्योंगयांग
28.	भूटान	थिम्पू
29.	केन्या	नैरोबी
30.	बुल्गारिया	सोफिया
31.	कुवैत	कुवैत
32.	श्रीलंका	कोलम्बो/श्री जयवर्धनेपुरा कोट्टी
33.	चीन	बीजिंग
34.	कनाडा	ओटावा
35.	मैक्सिको	मैक्सिको सिटी
36.	ताइवान	ताइपेह
37.	कोलम्बिया	बोगोटा
38.	न्यूजीलैण्ड	विलिंगटन
39.	मोरक्को	रबात
40.	नीदरलैंड	एमस्टरडम
41.	नाइजीरिया	अबूजा
42.	नॉर्वे	ओसलो
43.	सूडान	खारतूम
44.	पाकिस्तान	इस्लामाबाद

45.	सीरिया	दमिश्क
46.	फिलीपीन्स	मनीला
47.	स्वीडन	स्टॉकहोम
48.	ब्रिटेन	लन्दन
49.	पुर्तगाल	लिस्बन
50.	पोलैण्ड	वारसा
51.	वियतनाम	हनोई
52.	रूमानिया	बुखारेस्ट
53.	रूस	मॉस्को
54.	दक्षिणी अफ्रीका	प्रिटोरिया, केपटाउन
55.	सऊदी अरब	रियाद
56.	स्पेन	मेड्रिड
57.	जाम्बिया	लुसाका
58.	ब्राजील	ब्राजीलिया

प्रकार 1. रक्त संबंध

उदाहरण 1. निम्न प्रश्न में दो शब्द दिए गए हैं तथा पाँच वैकल्पिक उत्तर दिए हुए हैं। प्रत्येक वैकल्पिक उत्तर में दो-दो शब्द दिए गए हैं। आपको वह विकल्प ज्ञात करना है जिसके दोनों शब्दों में वही संबंध हो, जो प्रारम्भ में दो दिए गए शब्दों में है।

जीजा : बहन

(a) साला और साली (b) जीजा और भाभी
(c) सहेली और सुन्दरी (d) मामा और मामी
(e) भाभी और देवर

हल (d) जिस प्रकार 'जीजा' और 'बहन' परस्पर पति-पत्नी हैं, उसी प्रकार 'मामा' और 'मामी' परस्पर पति-पत्नी हैं।

प्रकार 2. बन्दरगाहों का संबंध

उदाहरण 2. निम्नलिखित प्रश्न में तीन शब्द दिए हुए हैं तथा इसके साथ चार वैकल्पिक उत्तर दिए गए हैं। आपको एक ऐसा विकल्प छाँटना है जो ठीक वैसा ही हो जैसे कि आरम्भ में दिए गए तीन शब्द हैं।

मुम्बई, कोलकाता और कोचीन

(a) देहली (b) कानपुर
(c) चेन्नई (d) शोलापुर

हल (c) ऊपर दिए गए तीनों शब्द बन्दरगाहों के नाम हैं तथा वैकल्पिक उत्तरों में से केवल 'चेन्नई' ही बन्दरगाह है।

प्रकार 3. जानवर और उनके निवास स्थान

उदाहरण 3. निम्नलिखित प्रश्न में तीन शब्द दिए गए हैं जिनमें परस्पर कोई संबंध है। वही संबंध नीचे दिए गए विकल्पों में से एक के तीनों शब्दों से हैं। ऐसा विकल्प ज्ञात करो जिसमें वही संबंध हो जो ऊपर के शब्दों में है।

राजा, रानी और महल

(a) शेर, शेरनी और गुफा
(b) कुत्ता, कुतिया और छावनी
(c) भौरा, मकड़ी और जाल
(d) कबूतर, चिड़िया और औषधालय

उत्तर (a) 'राजा' और 'रानी' परस्पर पति-पत्नी हैं तथा 'महल' उनका निवास स्थान है। उसी प्रकार 'शेर' और 'शेरनी' परस्पर पति-पत्नी हैं तथा 'गुफा' उनका निवास स्थान है।

प्रकार 4. कारण और रोग

उदाहरण 4. निम्नलिखित प्रश्न में प्रश्नसूचक चिह्न के स्थान पर वैकल्पिक उत्तरों में से कौन-सा उत्तर आएगा?

प्रदूषण : पेड़ : : मलेरिया : ?

(a) मच्छर (b) कुनैन
(c) कीटनाशक (d) टेरामाइसिन
(e) इनमें से कोई नहीं

हल (b) जिस प्रकार 'प्रदूषण' को 'पेड़' द्वारा दूर किया जा सकता है, उसी प्रकार 'मलेरिया' को 'कुनैन' द्वारा दूर किया जा सकता है।

प्रकार 5. जानवर और देश

उदाहरण 5. यदि 'कंगारू' का संबंध 'ऑस्ट्रेलिया' से है, तो 'जिराफ' का संबंध निम्नलिखित में से किससे है?

(a) भारत (b) पाकिस्तान
(c) जापान (d) अन्टार्कटिका
(e) अफ्रीका

हल (e) 'कंगारू', ऑस्ट्रेलिया' में पाया जाता है तथा 'जिराफ' 'अफ्रीका' में पाया जाता है।

प्रकार 6. वर्ग भेद

उदाहरण 6. यदि 'Bird' का संबंध 'Aves' से है, तो 'Man' का संबंध निम्नलिखित में से किससे है?

(a) Mammal (b) Lizard
(c) Hosorapiens (d) Holothuroidiea
(e) इनमें से कोई नहीं

हल (a) जिस प्रकार 'Bird', 'Aves' वर्ग में आता है, उसी प्रकार 'Man', 'Mammal' वर्ग में आता है।

प्रकार 7. समय-काल से संबंधित

उदाहरण 7. Guilt : Past : : Hope : ?

(a) Imagination (b) Success
(c) Life (d) Future

हल (d) 'Guilt' को 'Past' में देखा जाता है, जबकि 'Hope' को 'Future' में सोचा जाता है।

प्रकार 8. अंग्रेजी वर्णमाला से संबंधित

उदाहरण 8. MILD : NKOH : GATE : ?

(a) HCWI (b) HWCT
(c) HCWT (d) EYRC

हल (a)

जिस प्रकार,

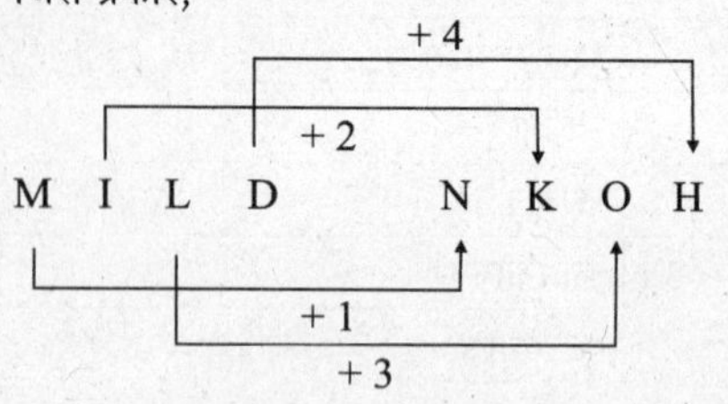

उसी प्रकार,

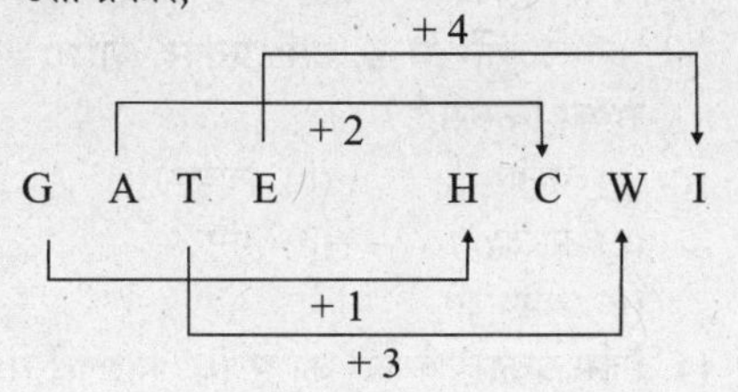

प्रकार 9. अंक से संबंधित

उदाहरण 9. 122 : 170 : : 290 : ?

(a) 299 (b) 315
(c) 332 (d) 344
(e) 362

हल (e)

$122 = (11)^2 + 1$
$170 = (13)^2 + 1$
$290 = (17)^2 + 1$

दी गई प्रत्येक संख्या अभाज्य संख्याओं के वर्ग से 1 अधिक है।

अत: ? के स्थान पर $(19)^2 + 1 = 362$ होगा।

प्रश्नावली

1. जिस प्रकार 'रक्त' का संबंध 'हृदय' से है, उसी प्रकार 'वायु' का संबंध किससे है?
(a) श्वसन (b) फेफड़ा
(c) श्वास (d) नाक
(e) नासिका

2. जिस प्रकार 'जलजहाज' का संबंध 'जल' से है, उसी प्रकार 'ट्रेन' का संबंध किससे है?
(a) पगडंडी (b) पटरी
(c) भाप (d) यात्री
(e) सड़क

3. जिस प्रकार 'पहाड़' का संबंध 'घाटी' से है, उसी प्रकार 'शत्रु' का संबंध किससे है?
(a) देश (b) परदेशी
(c) क्रूर (d) मित्र
(e) संघर्ष

4. जिस प्रकार 'कैप्टन' का संबंध 'सैनिक' से है, उसी प्रकार 'नेता' का संबंध किससे है?
(a) मत (b) मंत्री
(c) दल (d) अनुयायी
(e) कुर्सी

5. जिस प्रकार 'अभिमान' का संबंध 'नम्रता' से है, उसी प्रकार 'अभिलाषा' का संबंध किससे है?
(a) दमन (b) उपेक्षा
(c) घृणा (d) चाहत
(e) कामना

6. जिस प्रकार 'पढ़ाना' का संबंध 'विद्या' से है, उसी प्रकार 'उपचार' का संबंध किससे है?
(a) डॉक्टर (b) रोग
(c) घाव (d) जख्म
(e) दवा

7. जिस प्रकार 'खिलाड़ी' का संबंध 'टीम' से है, उसी प्रकार 'जहाज' का संबंध किससे है?
(a) जल (b) समुद्र
(c) नाविक (d) बंदरगाह
(e) जहाजीबेड़ा

8. जिस प्रकार 'b' का संबंध 'doubt' से है, उसी प्रकार 'h' का संबंध किससे है?
(a) house (b) honest
(c) hope (d) inhibit
(e) enhance

9. जिस प्रकार 'पक्षी विज्ञानी' का संबंध 'पक्षी' से है, उसी प्रकार 'मानव विज्ञानी' का संबंध किससे है?
(a) जानवर (b) मानव
(c) खनिज (d) कीट
(e) वातावरण

10. जिस प्रकार 'वृत्त' का संबंध 'परिधि' से है, उसी प्रकार 'वर्ग' का संबंध किससे है?
(a) क्षेत्रफल (b) कोण
(c) विकर्ण (d) परिमिति
(e) आयतन

11. जिस प्रकार 'सेना' का संबंध 'सैनिक' से है, उसी प्रकार 'आकाश गंगा' का संबंध किससे है?
(a) उपग्रह (b) ब्रह्माण्ड
(c) ग्रह (d) उल्का
(e) तारा

12. जिस प्रकार 'अच्छा' का संबंध 'बुरा' से है, उसी प्रकार 'मीठा' का संबंध किससे है?
(a) स्वादिष्ट (b) खट्टा
(c) रस (d) मिठाई
(e) इनमें से कोई नहीं

13. जिस प्रकार 'सावधानी' का संबंध 'प्रमाद' से है, उसी प्रकार 'ध्यान' का संबंध किससे है?
(a) सतर्क (b) चिंतन
(c) उपेक्षा (d) अन्यमनस्कता
(e) अनादर

14. जिस प्रकार 'इच्छा' का संबंध 'अनिच्छा' से है, उसी प्रकार 'संतुष्टि' का संबंध किससे है?
(a) निराशा (b) असंतुष्टि
(c) तृप्ति (d) हताश
(e) अप्रसन्नता

15. जिस प्रकार 'पुस्तक' का संबंध 'छपाई' से है, उसी प्रकार 'कॉपी' का संबंध किससे है?
(a) संपादन (b) लिखाई
(c) हस्तलिपि (d) संसाधन
(e) जिल्द

16. जिस प्रकार 'प्रवेश' का संबंध 'निर्गम' से है, उसी प्रकार 'निष्ठा' का संबंध किससे है?
(a) झूठ (b) विश्वासघात
(c) बेईमानी (d) सत्य
(e) अनादर

17. जिस प्रकार 'पत्रिका' का संबंध 'संपादक' से है, उसी प्रकार 'चलचित्र' का संबंध किससे है?
(a) कलाकार (b) निर्माता
(c) निर्देशक (d) छाया चित्रकार
(e) प्रबन्ध

18. जिस प्रकार 'पौधा' का संबंध 'वनस्पति विज्ञान' से है, उसी प्रकार 'स्वास्थ्य विज्ञान' का संबंध किससे है?
(a) स्वास्थ्य (b) विसंक्रमण
(c) शरीर विज्ञान (d) रोग
(e) स्वच्छता

19. जिस प्रकार 'कल्पना' का संबंध 'मौज' से है, उसी प्रकार 'स्मृति' का संबंध किससे है?
(a) संस्मरण (b) कल्पना
(c) स्वप्न (d) स्मृतिलोप
(e) इनमें से कोई नहीं

20. जिस प्रकार 'चंचल' का संबंध 'स्थिर' से है, उसी प्रकार 'परिवर्तन' का संबंध किससे है?
(a) बदलाव (b) नियमित
(c) स्थायित्व (d) आवर्तन
(e) अडिग

21. जिस प्रकार 'दुर्घटना' का संबंध 'सावधानी' से है, उसी प्रकार 'बीमारी' का संबंध किससे है?
(a) जीवाणु (b) प्रदूषण
(c) स्वच्छता (d) डॉक्टर
(e) पानी

22. जिस प्रकार 'चिड़िया' का संबंध 'घोंसला' से है, उसी प्रकार 'खरगोश' का संबंध किससे है?

(a) जंगल (b) चिड़िया घर
(c) पिजड़ा (d) बील
(e) वृक्ष

23. जिस प्रकार 'कली' का संबंध 'फूल' से है, उसी प्रकार 'छोटा पौधा' का संबंध किससे है?

(a) पौधा (b) बगान
(c) बीज (d) फल
(e) जंगल

24. जिस प्रकार 'सदैव' का संबंध 'कभी नहीं' से है, उसी प्रकार 'जीवित' का संबंध किससे है?

(a) रहना (b) अन्त्येष्टि
(c) मृत्यु (d) जीवन
(e) मृत

25. जिस प्रकार 'भौतिक विज्ञान' का संबंध 'गति' से है, उसी प्रकार 'रक्त' का संबंध किससे है?

(a) तापक्रम (b) शिरा
(c) शरीर (d) शरीर विज्ञान
(e) परिवहन

26. जिस प्रकार 'सिर' का संबंध 'टोपी' से है, उसी प्रकार 'अंगुली' का संबंध किससे है?

(a) नाखून (b) हैलमेट
(c) अँगूठी (d) अँगूठा
(e) अँगूली दस्ता (थीम्बल)

27. जिस प्रकार 'टहलना' का संबंध 'दौड़ना' से है, उसी प्रकार 'शीतल मन्द समीर' का संबंध किससे है?

(a) ठंडा (b) हवा
(c) वायु (d) तेज
(e) स्वास

28. नाटक में सदैव होते हैं-

(a) मंच (b) कहानी
(c) दर्शक (d) कलाकार
(e) भवन

29. कार में सदैव होते हैं-

(a) पहिया (b) ड्राइवर
(c) बम्पर (d) बोनट
(e) डिक्की

30. वृक्ष में सदैव होते हैं-

(a) जड़ (b) पत्ती
(c) फल (d) टहनियाँ
(e) एन्टिना

31. किसी पुस्तक में सदैव होते हैं—

(a) शब्द (b) अध्याय
(c) वाक्य (d) अक्षर
(e) इनमें से कोई नहीं

32. हॉस्पिटल में सदैव होते हैं-

(a) शय्या (b) भवन
(c) नर्स (d) डॉक्टर
(e) मरीज

33. माता को सदैव होता हैं-

(a) सन्तान (b) पुत्र
(c) पुत्री (d) आभूषण
(e) इनमें से कोई नहीं

34. हृदय में सदैव होती है-

(a) रक्त (b) धड़कन
(c) ऑक्सीजन (d) शुद्धिकरण
(e) इनमें से कोई नहीं

35. किसी देश में सदैव होता है-

(a) नागरिक (b) क्षेत्रफल
(c) शासक (d) राज्य
(e) निर्वाचन

36. युवतियाँ सदैव होती हैं-

(a) शर्मीली (b) निर्भीक
(c) बातूनी (d) आकर्षक
(e) मनोरम

37. किसी प्रतियोगिता में सदैव होते हैं—

(a) प्रतिस्पर्धी (b) निर्णायक
(c) दर्शक (d) प्रायोजक
(e) पुरस्कार

38. जिस प्रकार 'कार' का संबंध 'पेट्रोल' से है, उसी प्रकार 'टी. वी.' का संबंध किससे है?

(a) मनोरंजन (b) प्रसारण
(c) पर्दा (d) विद्युत
(e) एन्टिना

39. जिस प्रकार घर का संबंध 'आश्रय' से है, उसी प्रकार 'स्कूल' का संबंध किससे है?

(a) शिक्षा (b) वर्ग
(c) विद्यार्थी (d) शिक्षण
(e) प्रधानाध्यापक

40. जिस प्रकार 'पत्थर' का संबंध 'कठोर' से है, उसी प्रकार 'पंख' का संबंध किससे है?

(a) मुलायम (b) उड़ना
(c) पक्षी (d) सफेद
(e) पंख

41. जिस प्रकार 'थर्मामीटर' का संबंध 'डिग्री' से है, उसी प्रकार 'घड़ी' का संबंध किससे है?

(a) पेन्डुलम (b) घंटा
(c) समय (d) दीवार
(e) सुई

42. जिस प्रकार 'मुलायम' का संबंध 'स्पंज' से है, उसी प्रकार 'धार' का संबंध किससे है?

(a) भेदना (b) काटना
(c) चाकू (d) मोथरा
(e) किनारा

43. जिस प्रकार 'कार्ड-बोर्ड' का संबंध 'अपारदर्शी' से है, उसी प्रकार 'शीशा' का संबंध किससे है?

(a) कठोर (b) चिकना
(c) पारदर्शी (d) भंगूर
(e) चमकदार

44. जिस प्रकार 'तैरना' का संबंध 'मछली' से है, उसी प्रकार 'रेंगना' का संबध किससे है?

(a) बन्दर (b) खरगोश
(c) मेढ़क (d) बछड़ा
(e) साँप

45. जिस प्रकार 'फैक्टरी' का संबंध 'उत्पादन' से है, उसी प्रकार 'स्कूल' का संबंध किससे है?

(a) अनुशासन (b) निर्माण
(c) शिक्षक (d) शिक्षा
(e) बालू

46. जिस प्रकार 'घर' का संबंध 'दीवार' से है, उसी प्रकार 'दीवार' का संबंध किससे है?

(a) रंग (b) ईंट
(c) छत (d) सीमेंट
(e) बालू

47. जिस प्रकार 'गर्म' का संबंध 'भट्ठी' से है, उसी प्रकार 'ठंडा' का संबंध किससे है?

(a) घड़ा (b) मौसम
(c) रेफ्रीजरेटर (d) वातानुकूलित
(e) बर्फ

48. जिस प्रकार 'घड़ी' का संबंध 'सेकेण्ड' से है, उसी प्रकार 'कैलेंडर' का संबंध किससे है?

(a) तिथि (b) महीना
(c) अवधि (d) वर्ष
(e) मेज

49. जिस प्रकार 'प्रथम' का संबंध 'अंतिम' से है, उसी प्रकार 'वफादारी' का संबंध किससे है?

(a) सद्‌गुण (b) शत्रुता
(c) अवज्ञा (d) ईमानदारी
(e) विश्वासघात

50. जिस प्रकार 'कमर' का संबंध 'पेटी' से है, उसी प्रकार 'गर्दन' का संबंध किससे है?

(a) कालर (b) कमीज
(c) टाई (d) नेकर
(e) माला

51. जिस प्रकार 'अनाज' का संबंध 'खेत' से है, उसी प्रकार 'स्टील' का संबंध किससे है?

(a) खदान (b) बैगन
(c) अयस्क (d) लोहा
(e) फैक्टरी

52. जिस प्रकार 'मधुमक्खी' का संबंध 'डंक' से है, उसी प्रकार 'सर्प' का संबंध किससे है?

(a) फिसलना (b) चूहे
(c) विषदन्त (d) विष
(e) केंकड़ा

53. जिस प्रकार 'वर्णमाला' का संबंध 'अक्षर' से है, उसी प्रकार 'हार' का संबंध किससे है?
(a) चाँदी (b) मोती
(c) अँगूठी (d) आभूषण
(e) सोना

54. जिस प्रकार 'रोग' का संबंध 'रोग विज्ञान' से है, उसी प्रकार 'ग्रह' का संबंध किससे है?
(a) सूर्य (b) फलित-ज्योतिष
(c) परिक्रमा-पथ (d) उपग्रह
(e) खगोल-विज्ञान

55. दिए गए विकल्पों में से संबंधित संख्या को चुनिए—
3 : 11 : : 7 : ?
(a) 22 (b) 29
(c) 18 (d) 51

निर्देश—(प्रश्न संख्या 56 से 66 तक) दिए गए विकल्पों में से संबंधित शब्द/अक्षरों/संख्या को चुनिए—

56. DBU : EEZ : : CJH : ?
(a) DMM (b) DNN
(c) DMN (d) DNM

57. 6 : 42 : : 7 : ?
(a) 56 (b) 40
(c) 52 (d) 48

58. 12 : 72 : : 8 : ?
(a) 40 (b) 32
(c) 36 (d) 38

59. FIG : EGHJFH : : BIN : ?
(a) CAJHOM (b) CAHJMOC
(c) ACJHMO (d) ACHJMO

60. BLOCKED : YOLXPVW : : ? : OZFMMXS
(a) LAUNNCH (b) RESULTS
(c) LABOURS (d) DEBATES

61. कचरा : घर : : आधात्री : ?
(a) कारखाना (b) कार्यालय
(c) औषध (d) अयस्क

62. इंफ्लुएंजा : विषाणु : : टाइफाइड : ?
(a) जीवाणु (b) बैसिलस
(c) परजीवी (d) प्रोटोजोआ

63. LEFT : NGHV : : RIGHT : ?
(a) TIJKV (b) TKIJV
(c) VKIJT (d) TJIKV

64.

	6	−1
	12	
2	3	

	18	11
	36	
8	9	

	26	?
	52	
12	13	

(a) 19 (b) 23
(c) 33 (d) 21

65. रबड़ : वृक्ष : : रेशम : ?
(a) बुनावट (b) कपड़ा
(c) कीट (d) हस्तशिल्प

66. दिए गए विकल्पों में से संबंधित शब्द को चुनिए—
टर्की : लीरा : : ईरान : ?
(a) दीनार (b) रियाल
(c) येन (d) टका

निर्देश—(प्रश्न संख्या 67 से 78 तक) दिए गए विकल्पों में से संबंधित शब्दों/अक्षरों/ संख्या को चुनिए—

67. जिल्द : पुस्तक
(a) अपराधी : गिरोह (b) कलाकार : बढ़ई
(c) चौखटा : चित्र (d) प्रदर्शन : संग्रहालय

68. DGLS : :ADIP : : CFKR : ?
(a) RUXA (b) RUZG
(c) RTVX (d) RVZC

69. 16 : 26 : : 36 : ?
(a) 50 (b) 48
(c) 29 (d) 60

70. 4 : 20 : : 6 : ?
(a) 8 (b) 36
(c) 12 (d) 42

71. GHJM : QRTW : : CDFI : ?
(a) XYZQ (b) GHIJ
(c) MNPS (d) NOPR

72. CAFD : IGLJ : : OMRP : ?
(a) ZYXW (b) PONM
(c) UTSR (d) USXV

73. कीटनाशी : फसल : : एन्टीसेप्टिक : ?
(a) रक्तस्रवण (b) वस्त्र
(c) घाव (d) बैंडेज

74. आशावादी : प्रफुल्ल : : निराशावादी : ?
(a) सहायक (b) तुच्छ
(c) उदास (d) निकृष्ट

75. 8 : 64 : : 27 : ?
(a) 64 (b) 212
(c) 125 (d) 81

76. 27 : 9 : : 64 : ?
(a) 20 (b) 8
(c) 12 (d) 16

77. गज : इंच : : क्वार्ट : ?
(a) दूध (b) द्रव
(c) आउंस (d) गैलन

78. CIQY : DJRZ : :AGOW : ?
(a) BJPX (b) BJRZ
(c) BHPX (d) BHPU

निर्देश—(प्रश्न संख्या 79 से 87 तक) निम्नलिखित प्रश्नों में दिए गए विकल्पों में से संबंधित शब्द/अक्षरों/संख्या को चुनिए—

79. राज्यपाल : राज्य : : राष्ट्रपति : ?
(a) जिला (b) निर्वाचन-क्षेत्र
(c) संगठन (d) देश

80. GFEH : RQPS : : LKJM : ?
(a) IHJG (b) VUWX
(c) ONMP (d) LKNM

81. CEIM : DGLQ : : FGIO : ?
(a) GMIS (b) GMSI
(c) GILS (d) GLIS

82. HIJK : GFED : : NOPQ : ?
(a) BCDE (b) FDEC
(c) EFGH (d) MLKJ

83. 235 : 587 : : 435 : ?
(a) 988 (b) 989
(c) 788 (d) 789

84. 17 : 102 : : 23 : ?
(a) 138 (b) 413
(c) 112 (d) 216

85. 4 : 36 : : ? : 49
(a) 7 (b) 8
(c) 5 (d) 6

86. हृदय : हृदयरोगी विज्ञानी : : मस्तिष्क : ?
(a) तंत्रिका विज्ञानी
(b) स्त्री रोग विज्ञानी
(c) वृक्क रोग विज्ञानी
(d) नेत्र रोग विज्ञानी

87. कार : गैराज : : ? : विमानशाला
(a) ट्रक (b) रेलगाड़ी
(c) बस (d) विमान

88. $\sqrt{AFI} = M : \sqrt{ADD} = L : : \sqrt{ABA} = ?$
(a) K (b) O
(c) N (d) I

89. MIKE : OGMC : : CIAD : ?
(a) EICB (b) ENCF
(c) EGCB (d) AJCF

90. जीवाश्म विज्ञान : जीवाश्म : : कपाल विज्ञान : ?
(a) अग्न्याशय (b) खोपड़ी
(c) थायरॉइड (d) फेफड़े

91. 9 : 50 : : ?
(a) 20 : 105 (b) 15 : 225
(c) 22 : 110 (d) 18 : 190

92. 16 : 22 : : 36 : ?
(a) 46 (b) 24
(c) 44 (d) 26

93. 9 : 24 : : ? : 6
(a) 5 (b) 1
(c) 2 (d) 3

94. DCBA : WXYZ : : IJKL : ?
(a) PONM (b) SRQP
(c) RQPO (d) QPON

95. छत्ता : मधुमक्खी : : ऊँचा नीड़ : ?
(a) तोता (b) गरुड़
(c) चिड़िया (d) कबूतर

96. STAR : RATS : : WARD : ?
(a) FAME (b) SHINE
(c) MICE (d) DRAW

97. DHLPTX : BFJNRV : : CGKO SW : ?
(a) AIOMUQ (b) IJKLMN
(c) AEIMQU (d) UMQEIA

98. अमरूद : आम : : ?
(a) रस : फल
(b) बैडमिन्टन : शटल कॉक (चिड़िया)
(c) भील : नागा
(d) पुस्तक : पढ़ना

99. ABCDE : KLMNO : : FGHIJ : ?
(a) UVWXY (b) PQRST
(c) ONMLK (d) UQMIE

100. सही : गलत : : उतराना : ?
(a) झूलना (b) तैरना
(c) डूबना (d) डुबकी मारना

101. RACE : FACE : : CACE : ?
(a) FARE (b) CAFE
(c) CEAF (d) ACRE

102. 647 : 17 : : 798 : ?
(a) 23 (b) 27
(c) 33 (d) 24

103. 7 : 11 : : 31 : ?
(a) 17 (b) 23
(c) 37 (d) 43

104. केंचुआ : कीचड़ : : केकड़ा : ?
(a) समुद्र (b) जल
(c) रेत (d) तट

105. मोर : भारत : : रीछ : ?
(a) ऑस्ट्रेलिया (b) अमरीका
(c) रूस (d) इंगलैण्ड

निर्देश—(प्रश्न संख्या 106 से 112 तक) दिए गए विकल्पों में से संबंधित अक्षरों/शब्द/संख्या को चुनिए—

106. सहमति : समझौता : : असहमति : ?
(a) मिश्रित (b) तुलना
(c) विरोध (d) संस्था

107. PS : VY : : FI : ?
(a) UX (b) VZ
(c) WZ (d) LO

108. महिला : स्त्रीलिंग : : पुरुष : ?
(a) प्रबंधक
(b) आदमी
(c) पुल्लिंग
(d) माचो

109. 42 : 20 : : 64 : ?
(a) 32 (b) 33
(c) 34 (d) 31

110. $\frac{1}{4} : \frac{1}{8} : : \frac{2}{3} : ?$
(a) $\frac{1}{3}$ (b) $\frac{1}{2}$
(c) 1 (d) $\frac{1}{4}$

111. बढ़ईगीरी : कौशल : : ? : प्रतिभा
(a) चिनाई कार्य
(b) गायन
(c) नलगीरी
(d) कारचालन

112. KcaC : CacK : : XgmF : ?
(a) EgmX (b) FmgX
(c) Gmef (d) EmgF

उत्तर (हल/संकेत)

1. (b) जिस प्रकार 'मानवशरीर' में 'रक्त' का नियंत्रण 'हृदय' द्वारा होता है, उसी प्रकार 'वायु' का नियंत्रण 'फेफड़ा' द्वारा होता है।
अत: ? ⇒ फेफड़ा

2. (b) जिस प्रकार 'जलजहाज' जल पर चलती है, उसी प्रकार 'ट्रेन' पटरी पर चलती है।
अत: ? ⇒ पटरी

3. (e) जिस प्रकार दो 'पहाड़' के बीच में 'घाटी' होती है, उसी प्रकार दो 'शत्रु' के बीच में 'सघर्ष' होता है।
अत: ? ⇒ संघर्ष

4. (d) जिस प्रकार 'कैप्टन' सैनिक का नेतृत्व करता है, उसी प्रकार 'नेता' अनुयायी का नेतृत्व करता है।
अत: ? ⇒ अनुयायी

5. (b) जिस प्रकार 'अभिमान' का विपरीत 'नम्रता' होता है, उसी प्रकार 'अभिलाषा' का विपरीत 'उपेक्षा' होता है।
अत: ? ⇒ उपेक्षा

6. (e) जिस प्रकार 'पढ़ाकर' 'विद्या' दी जाती हे, उसी प्रकार 'उपचार' करके 'दवा' दी जाती है।
अत: ? ⇒ दवा

7. (e) जिस प्रकार 'खिलाड़ी' के समूह से 'टीम' का निर्माण होता है, उसी प्रकार 'जहाज' के समूह से 'जहाजी बेड़ा' का निर्माण होता है।
अत: ? ⇒ जहाजी बेड़ा

8. (b) जिस प्रकार अक्षर 'b' का उच्चारण 'doubt' शब्द में नहीं किया जाता है, उसी प्रकार अक्षर 'h' का उच्चारण 'honest' शब्द में नहीं किया जाता है।
अत: ? ⇒ honest

9. (b) जिस प्रकार 'पक्षी विज्ञानी', 'पक्षी' का अध्ययन करते हैं, उसी प्रकार 'मानव-विज्ञानी', 'मानव' का अध्ययन करते हैं।
अत: ? ⇒ मानव

10. (d) जिस प्रकार 'वृत्त' के बाहरी घेरे को 'परिधि' कहते हैं, उसी प्रकार 'वर्ग' के बाहरी घेरे को 'परिमिति' कहते हैं।
अत: ? ⇒ परिमिति

11. (e) जिस प्रकार 'सेना' में बहुत से 'सैनिक' होते हैं, उसी प्रकार 'आकाशगंगा' में बहुत से 'तारे' होते हैं।
अत: ? ⇒ तारा

12. (b) जिस प्रकार 'अच्छा' का विपरीतार्थक शब्द 'बुरा' होता है, उसी प्रकार 'मीठा' का विपरीतार्थक शब्द 'खट्टा' होता है।
अत: ? ⇒ खट्टा

13. (d) जिस प्रकार 'सावधानी' का संबंध 'प्रमाद' से हे, उसी प्रकार 'ध्यान' का संबंध 'अन्यमनस्कता' से है।
अत: ? ⇒ अन्यमनस्कता

14. (b) जिस प्रकार 'इच्छा' का विपरीतार्थक 'अनिच्छा' होता है, उसी प्रकार 'संतुष्टि' का विपरीतार्थक 'असंतुष्टि' होता है।
अत: ? ⇒ असंतुष्टि

15. (b) जिस प्रकार 'पुस्तक' की 'छपाई' होती है, उसी प्रकार 'कॉपी' में 'लिखाई' होती है।
अत: ? ⇒ लिखाई

16. (b) जिस प्रकार 'प्रवेश' का विपरीत 'निर्गम' होता है, उसी प्रकार 'निष्ठा' का विपरीत 'विश्वासघात' होता है।
अत: ? ⇒ विश्वासघात

17. (c) जिस प्रकार 'पत्रिका' में मुख्य भूमिका 'संपादक' का होता है, उसी प्रकार 'चलचित्र' में मुख्य भूमिका 'निर्देशक' का होता है।
अत: ? ⇒ निर्देशक

18. (a) जिस प्रकार 'वनस्पति विज्ञान' में 'पौधा' का अध्ययन करते हैं,, उसी प्रकार 'स्वास्थ्य विज्ञान' में 'स्वास्थ्य' का अध्ययन करते है

अत: ? ⇒ स्वास्थ्य

19. (a) जिस प्रकार 'कल्पना' का संबंध 'मौज' से है, उसी प्रकार 'स्मृति' का संबंध 'संस्मरण' से है।

अत: ? ⇒ संस्मरण

20. (c) जिस प्रकार 'चंचल' का विपरीत 'स्थिर' होता है, उसी प्रकार 'परिवर्तन' का विपरीत 'स्थायित्व' होता है।

अत: ? ⇒ स्थायित्व

21. (c) जिस प्रकार 'दुर्घटना' से बचने के लिए 'सावधानी' बरती जाती है, उसी प्रकार 'बीमारी' से बचने के लिए 'स्वच्छता' बरती जाती है।

अत: ? ⇒ स्वच्छता

22. (d) जिस प्रकार 'चिड़िया' अपने घोंसले में रहती है, उसी प्रकार 'खरगोश' 'बील' में रहता है।

अत: ? ⇒ बील

23. (a) जिस प्रकार 'कली' बढ़ने पर 'फूल' बन जाती है, उसी प्रकार 'छोटा पौधा' बढ़ने पर 'पौधा' बन जाता है।

अत: ? ⇒ पौधा

24. (e) जिस प्रकार 'सदैव' का संबंध 'कभी नहीं' से है, उसी प्रकार 'जीवित' का संबंध 'मृत' से है।

अत: ? ⇒ मृत

25. (d) जिस प्रकार 'गति' का 'भौतिक विज्ञान' में अध्ययन करते हैं उसी प्रकार ' रक्त' का 'शरीर विज्ञान' के अंतर्गत अध्ययन करते हैं।

अत: ? ⇒ शरीर विज्ञान

26. (e) जिस प्रकार 'सिर' में 'टोपी' पहनी जाती है, उसी प्रकार अँगुली' में 'अँगुलीदस्ता' (थीम्बल) पहना जाता है।

अत: ? ⇒ अँगुलीदस्ता

27. (b) जिस प्रकार 'टहलना' का तीव्र रूप 'दौड़ना' है, उसी प्रकार 'शीतल मन्द समीर' का तीव्र रूप 'हवा' है।

अत: ? ⇒ हवा

28. (d) नाटक में सदैव होते हैं- 'कलाकार'

29. (a) कार में सदैव होते हैं- 'पहिया'

30. (a) वृक्ष में सदैव होते हैं- 'जड़'

31. (e) किसी पुस्तक में सदैव होते हैं- 'अक्षर'

32. (d) हॉस्पीटल में सदैव होते हैं- 'डॉक्टर'

33. (a) माता को सदैव होता है- 'सन्तान'

34. (b) हृदय में सदैव होती है- 'धड़कन'

35. (b) किसी देश में सदै होता है- 'क्षेत्रफल'

36. (d) युवतियाँ सदैव होती हैं- 'आकर्षक'

37. (a) किसी प्रतियोगिता में सदैव होते हैं- 'प्रतिस्पर्धी'

38. (d) जिस प्रकार 'कार' को चलाने के लिए 'पेट्रोल' की आवश्यकता होती है, उसी प्रकार 'टी० वी०' को चलाने के लिए 'विद्युत' की आवश्यकता होती है।

अत: ? ⇒ विद्युत

39. (a) जिस प्रकार 'घर' में 'आश्रय' मिलता है, उसी प्रकार 'स्कूल' में 'शिक्षा' मिलती है

अत: ? ⇒ शिक्षा

40. (a) जिस प्रकार 'पत्थर' कठोर होता है, उसी प्रकार 'पंख' मुलायम होता है।

अत: ? ⇒ मुलायम

41. (b) जिस प्रकार 'थर्मामीटर' में तापक्रम को 'डिग्री' में व्यक्त किया जाता है, उसी प्रकार 'घड़ी' में समय को 'घंटा' से व्यक्त किया जाता है।

अत: ? ⇒ घंटा

42. (c) जिस प्रकार 'स्पंज' मुलायम होता है, उसी प्रकार 'चाकू' में धार होती है।

अत: ? ⇒ चाकू

43. (c) जिस प्रकार 'कार्ड-बोर्ड' को प्रकाश पार नहीं कर सकती यानी यह 'अपारदर्शी होता है, उसी प्रकार 'शीशा' को प्रकाश पार कर सकता है यानी यह 'पारदर्शी' होता है।

अत: ? ⇒ पारदर्शी

44. (e) जिस प्रकार 'मछली' तैरती है, उसी प्रकार 'साँप' रेंगते है।

अत: ? ⇒ साँप

45. (d) जिस प्रकार 'फैक्टरी' में वस्तुओं का 'उत्पादन' होता हैं उसी प्रकार 'स्कूल' में 'शिक्षा' का प्रसार होता हैं।

अत: ? ⇒ शिक्षा

46. (b) जिस प्रकार 'दीवार' को जोड़ (घर) का निर्माण किया जाता है, उसी प्रकार 'ईंट' को जोड़कर 'दीवार का निर्माण किया जाता है

अत: ? ⇒ ईंट

47. (c) जिस प्रकार 'भट्ठी' गर्म होता है, उसी प्रकार 'रेफ्रीजरेटर' ठंडा होता है।

अत: ? ⇒ रेफ्रीजरेटर

48. (a) जिस प्रकार 'घड़ी' में समय की छोटी इकाई 'सेकेण्ड' होती है, उसी प्रकार 'कैलेंडर' में वर्ष की इकाई 'तिथि' होती है।

अत: ? ⇒ तिथि

49. (e) जिस प्रकार 'प्रथम' का विपरीत 'अंतिम' होता है, उसी प्रकार 'वफादारी' का विपरीत 'विश्वासघात' होता है।

अत: ? ⇒ विश्वासघात

50. (b) जिस प्रकार 'पेटी' कमर में प्रयोग की जाती है उसी प्रकार 'टाई' गर्दन में।

अत: ? ⇒ टाई

51. (e) जिस प्रकार 'अनाज' का उत्पादन 'खेत' से होता है, उसी प्रकार 'स्टील' का उत्पादन 'फैक्टरी' से होता है।

अत: ? ⇒ फैक्टरी

52. (c) क्योंकि 'डंक' और 'विषदन्त' क्रमश: मधुमक्खी और सर्प के रक्षक अंग हैं।

अत: ? ⇒ विषदन्त

53. (b) जिस प्रकार 'वर्णमाला' में बहुत-से 'अक्षर' रहते हैं, उसी प्रकार 'हार' में बहुत-से 'मोती' रहते हैं।

अत: ? ⇒ मोती

54. (e) जिस प्रकार 'रोग' का अध्ययन 'रोग विज्ञान' के अन्तर्गत करते हैं, उसी प्रकार 'ग्रह' का उध्ययन 'खगोल-विज्ञान' के अन्तर्गत करते हैं।

55. (d) जिस प्रकार,

$3^2 + 2 = 9 + 2 = 11$

उसी प्रकार,

$? = 7^2 + 2 = 49 + 2 = 51$

56. (a) D B U : E E Z : : C J H : D M M

(D → E: +1, B → E: +3, U → Z: +5; C → D: +1, J → M: +3, H → M: +5)

57. (a) 6 : 42 :: 7 : 56

(6 → 42: ×(6+6); 7 → 56: ×(7+6))

58. (b) जिस प्रकार,

$$12 \times \left(\frac{12}{2}\right) = 12 \times 6 = 72$$

उसी प्रकार,

$$? = 8 \times \left(\frac{8}{2}\right) = 8 \times 4 = 32$$

59. (d) जिस प्रकार,

F I G

−1 +1 −1 +1 −1 +1

E G H J F H

उसी प्रकार,

B I N

−1 +1 −1 +1 −1 +1

A C H J M O

60. (a) जिस प्रकार,

B L O C K E D → Y O L X P V W

विपरीत

उसी प्रकार,

L A U N N C H → O Z F M M X S

विपरीत

61. (d) 'अयस्क', 'आधात्री' से संबंधित है।

62. (a) इंफ्लुएंजा, विषाणु के कारण होता है और टाइफॉइड, जीवाणु के कारण होता है।

63. (b) जिस प्रकार,

LEFT → NGHV

+2, +2, +2, +2

उसी प्रकार,

RIGHT → TKIJV

+2, +2, +2, +2, +2

64. (a) प्रथम व्यक्ति में 7 स्थान का अंतर है।

65. (c) जैसे-वृक्ष से रबड़ मिलती है, उसी तरह कीट से रेशम प्राप्त होता है।

66. (b) ईरान की मुद्रा रियाल है।

67. (c) जिस प्रकार पुस्तक पर जिल्द चढ़ाई जाती है उसी प्रकार चित्र पर चौखटा (फ्रेम) चढ़ाया जाता है।

68. (b)

DGLS::ADIP::CFKR::RUZG

+3 +5 +7 +3 +5 +7 +3 +5 +7 +3 +5 +7

69. (a) 16 : 26 :: 36 : 50

4^2 5^2+1 6^2 7^2+1

70. (d) 4 : 20 :: 6 : 42

4^2+4 6^2+6

71. (c)

GHJM : QRTW :: CDFI :: MNPS

+10, +10, +10, +10 +10, +10, +10, +10

72. (d)

CAFD : IGLJ :: OMRP : USXV

+6, +6, +6, +6 +6, +6, +6, +6

73. (c) जैसे—फसल को बचाने के लिए कीटनाशी दवाइयों का प्रयोग करते हैं, उसी तरह, घाव को बचाने के लिए एन्टीसेप्टिक का प्रयोग करते हैं।

74. (c) जैसे—आशावादी का पर्यायवाची शब्द प्रफुल्ल है उसी तरह निराशावादी का पर्यायवाची शब्द उदास है।

75. (c) 8 : 64 :: 27 : 125

$2^3 : 4^3 :: 3^3 : 5^3$

76. (d) 27 : 9 :: 64 : 16

$3^3 : 3^2 :: 4^3 : 4^2$

77. (c) जिस प्रकार इंच, गज की छोटी इकाई है उसी प्रकार आउंस, क्वार्ट की छोटी इकाई है।

78. (c)

CIQY : DJRZ :: AGOW : BHPX

+1, +1, +1, +1 +1, +1, +1, +1

79. (d) जिस प्रकार राज्यपाल, राज्य का सर्वोच्च पद होता है उसी प्रकार राष्ट्रपति देश का सर्वोच्च पद होता है।

80. (c) जिस प्रकार,

G F E H, R Q P S,

–1 –1 +1 –1 –1 +1

उसी प्रकार,

L K J M, O N M P

–1 –1 +1 –1 –1 +1

81. (c) जिस प्रकार, उसी प्रकार,

CEIM : DGLQ FGIO : GILS

+1, +2, +3, +4 +1, +2, +3, +4

82. (d) जिस प्रकार, उसी प्रकार,

HIJK : GFED NOPQ : MLKJ

–1, –3, –5, –7 –1, –3, –5, –7

83. (d) जिस प्रकार,

(2 + 3) (3 + 5) (2 + 5) = 587

उसी प्रकार,

? = (4 + 3) (3 + 5) (4 + 5) = 789

84. (a) जिस प्रकार,

17 × 6 = 102

उसी प्रकार,

? = 23 × 6 = 138

85. (c) जिस प्रकार,

$(4+2)^2 = 6^2 = 36$

उसी प्रकार,

$(?+2)^2 = 49$

? + 2 = 7

? = 5

86. (a) जिस प्रकार हृदय विज्ञानी, हृदय का ईलाज करता है उसी प्रकार तंत्रिका विज्ञानी, मस्तिष्क का इलाज करता है।

87. (d) जिस प्रकार कार को गैराज में रखा जाता है उसी प्रकार विमान को विमानशाला में रखा जाता है।

88. (a) जिस प्रकार,

$\sqrt{AFI} = \sqrt{169} = 13 = M$

और $\sqrt{ADD} = \sqrt{144} = 12 = L$

उसी प्रकार, $? = ABA = \sqrt{121}$

= 11 = K

89. (c) जिस प्रकार,

MIKE : OGMC

+2, –2, +2, –2

उसी प्रकार,

CIAD : EGCB

+2, –2, +2, –2

90. (b) जिस प्रकार 'जीवाश्म विज्ञान' में 'जीवाश्म' का अध्ययन किया जाता है। उसी प्रकार 'कपाल विज्ञान' में 'खोपड़ी का अध्ययन किया जाता है।

91. (a) जिस प्रकार, 9 × 5 + 5 = 50,

उसी प्रकार, 20 × 5 + 5 = 105

92. (c) जिस प्रकार, $\sqrt{16} = 4$

4 × 5 + 2 = 22

उसी प्रकार, $\sqrt{36} = 6$

∴ 6 × 7 + 2 = 42 + 2 = 44

93. (d) जिस प्रकार, 9 × 3 – 3 = 27 – 3 = 24

उसी प्रकार, ? × 3 – 3 = 6

? × 3 = 9

∴ ? = 3

94. (c)

DCBA : WXYZ :: IJKL : RQPO

विपरीत विपरीत

95. (b) जिस प्रकार 'छत्ता', मधुमक्खी' से संबंधित है उसी प्रकार ऊँचा नीड़ गरुड़ से संबंधित है।

96. (d)

STAR : RATS :: WARD : DRAW

97. (c) जिस प्रकार,

DHLPTX → BFJNRV

–2, –2, –2, –2, –2, –2

उसी प्रकार,

CGKOSW : AEIMQU

–2, –2, –2, –2, –2, –2

98. (c) जिस प्रकार, 'अमरूद', 'आम' दोनों ही फल हैं

उसी प्रकार, 'भील', 'नागा' प्रजातियाँ हैं।

99. (b)

A B C D E : K L M N O : : F G H I J : P Q R S T

+5 +5 +5 +5 +5 +5 +5 +5 +5 +5

100. (c) जिस प्रकार, 'सही', 'गलत' का विलोम है, उसी प्रकार 'उतराना', 'डूबना' का विलोम है।

101. (b)

R A C E : F A C E : : C A R E : C A F E

102. (d) जिस प्रकार,

$6 + 4 + 7 = 17$

उसी प्रकार,

$7 + 9 + 8 = 24$

103. (c) जिस प्रकार, 7 के बाद 11 अविभाज्य संख्या आती है उसी प्रकार, 31 के बाद 37 अविभाज्य संख्या आएगी।

104. (a) जिस प्रकार, 'केंचुआ', 'कीचड़' से संबंधित है, उसी प्रकार, 'केकड़ा', 'समुद्र' से संबंधित है।

105. (c) जिस प्रकार, 'मोर', 'भारत' से संबंधित है, उसी प्रकार, रीछ' 'रूस' से है।

106. (c) जिस प्रकार, 'समझौता', 'सहमति' से संबंधित है, उसी प्रकार 'विरोध' असहमति से।

107. (d) जिस प्रकार, P S : V Y

+6 +6

उसी प्रकार, F I : L O

+6 +6

108. (c) जिस प्रकार, 'महिला', 'स्त्रीलिंग' से संबंधित है, उसी प्रकार, 'पुरुष', 'पुल्लिंग' से।

109. (d) जिस प्रकार, $\frac{42}{2} - 1 = 21 - 1 = 20$

उसी प्रकार, $? = \frac{64}{2} - 1 = 32 - 1 = 31$

110. (a) जिस प्रकार, $\frac{1}{4} \times \frac{1}{2} = \frac{1}{8}$

उसी प्रकार, $? = \frac{2}{3} \times \frac{1}{2} = \frac{1}{3}$

111. (b) जिस प्रकार, 'बढ़ईगीरी' 'कौशल' से संबंधित है। उसी प्रकार 'गायन' 'प्रतिभा' से।

112. (b) जिस प्रकार, KcaC : CacK

उसी प्रकार, XgmF : FmgX

❑❑❑

अध्याय 2

शृंखला परीक्षण

इस अध्याय से संबंधित निम्नलिखित प्रकार के प्रश्न आते हैं–
(1) संख्या शृंखला, (2) वर्णमाला शृंखला, (3) वर्ण शृंखला।

प्रकार 1. संख्या शृंखला

इस श्रेणी के अन्तर्गत आने वाले विभिन्न प्रश्नों की रूपरेखा को देखने पर यह स्पष्ट हो जाता है कि इस श्रेणी में संख्याओं के क्रम निम्नवत् हुआ करते हैं यानि इसे इस प्रकार भी कहा जा सकता है कि संख्या श्रेणियाँ निम्न प्रकार की होती हैं–

1. मिश्रित श्रेणी–इस प्रकार की श्रेणियों में समान्तर और गुणोत्तर दोनों श्रेणियों का गुण मौजूद रहता है। अर्थात् इनमें योग, गुणन, घटाव तथा भाग की क्रियाएँ होती हैं।

उदाहरण 1. निम्नलिखित श्रेणी में प्रश्नसूचक चिह्न (?) के स्थान पर कौन-सी संख्या होगी?

2, 5, 12, 39, 160, 805, ?

(a) 4936 (b) 4930
(c) 4830 (d) 4836

हल (d)

× 2+2 × 4+4 × 6+6

2, 5, 12, 39, 160, 805, 4836

× 2+1 × 3+3 × 5+5

2. यौगिक श्रेणियाँ–इसमें दो या दो से अधिक श्रेणियाँ समाहित होती हैं। इन श्रेणियों को इस प्रकार एक निश्चित क्रम में मिश्रित किया जाता है कि एक तर्कसंगत श्रेणी बन जाए।

उदाहरण 2. निम्नलिखित श्रेणी में प्रश्नसूचक चिह्न (?) के स्थान पर कौन-सी संख्या होगी?

4, 2, 5, 4, 7, 6, 10, 8, 14, ?

(a) 10 (b) 12
(c) 18 (d) 19

हल (a)

+1 +2 +3 +4

4, 2, 5, 4, 7, 6, 10, 8, 14, 10

+2 +2 +2 +2

3. अभाज्य संख्याओं की श्रेणी–इस प्रकार की श्रेणियों के अन्तर्गत अभाज्य संख्याएँ घटते क्रम में व्यवस्थित रहती हैं, परन्तु यह योग, गुणन, भाग तथा घटाव की क्रियाओं पर आधारित नहीं होती हैं।

उदाहरण 3. निम्नलिखित श्रेणी में प्रश्नसूचक चिह्न (?) के स्थान पर कौन-सी संख्या होगी?

23, 29, 31, 37, 41, 43, ?

(a) 45 (b) 53
(c) 47 (d) 49

हल (c) दी गई संख्याओं की ओर दृष्टि डालने पर स्पष्ट हो जाता है कि अभाज्य संख्याएँ एक निश्चित क्रम में 23, 29, 31, 37, 41, और 43 तक बढ़ती गई हैं। अत: स्पष्ट है कि प्रश्नसूचक चिह्न (?) के स्थान पर अभाज्य संख्या '47' आएगी।

4. वर्ग अथवा घन पर आधारित श्रेणियाँ–इस प्रकार की श्रेणियों में दो पदों के बीच अन्तर हमेशा वर्ग या घन रूप होता है। इसके अलावा इसमें अन्य गणितीय क्रियाएँ सम्मिलित रहती हैं।

उदाहरण 4. निम्नलिखित श्रेणी में प्रश्नसूचक चिह्न (?) के स्थान पर कौन-सी संख्या होगी?

1, 4, 9, 16, 25, 36, ?

(a) 40 (b) 45
(c) 49 (d) 47

हल (c)

1, 4, 9, 16, 25, 36, 49

↓ ↓ ↓ ↓ ↓ ↓ ↓

1^2 2^2 3^2 4^2 5^2 6^2 7^2

उदाहरण 5. निम्नलिखित श्रेणी में प्रश्नसूचक चिह्न (?) के स्थान पर कौन-सी संख्या होगी?

0, 6, 24, 60, 120, 210, ?

(a) 336 (b) 343
(c) 300 (d) 332

हल (a)

0, 6, 24, 60, 120, 210, 336

↓ ↓ ↓ ↓ ↓ ↓ ↓

1^3-1 2^3-2 3^3-3 4^3-4 5^3-5 6^3-6 7^3-7

5. समान्तर श्रेणी–इसके अन्तर्गत आने वाली संख्याओं के क्रमिक पदों का अन्तर हमेशा समान होता है ये श्रेणियाँ योग के घटाव की क्रिया पर आधारित होती हैं, परन्तु इसमें कुछ ऐसी भी श्रेणियाँ होती हैं जिनके क्रमिक पदों का अन्तर हमेशा समान नहीं होता है, परन्तु वे भी इन्हीं क्रियाओं पर आधारित होती हैं।

उदाहरण 6. निम्नलिखित श्रेणी में प्रश्नसूचक चिह्न (?) के स्थान पर कौन-सी संख्या होगी?

15, 22, 29, 36, ?, 50, 57

(a) 43 (b) 42
(c) 40 (d) 44

हल (a)

+7 +7 +7

15, 22, 29, 36, 43 50, 57

+7 +7 +7

उदाहरण 7. निम्नलिखित श्रेणी में प्रश्नसूचक चिह्न (?) के स्थान पर कौन-सी संख्या होगी?

40, 34, 28, 22, ?, 10,

(a) 14 (b) 15

(c) 16 (d) 17

हल (c)

40, 34, 28, 22, **[16]** 10 (प्रत्येक पद में −6)

उदाहरण 8. निम्नलिखित श्रेणी में प्रश्नसूचक चिह्न (?) के स्थान पर कौन-सी संख्या होगी?

15, 30, 60, 105, 165 ?

(a) 210 (b) 220

(c) 230 (d) 240

हल (d)

15, 30, 60, 105, 165, **[240]** (+15, +30, +45, +60, +75)

6. गुणोत्तर श्रेणी–इस प्रकार की श्रेणियाँ गुणा या भाग की क्रियाओं पर आधारित हैं। इनमें अगली संख्या को प्राप्त करने के लिए पिछली संख्या में गुणा या भाग की क्रिया एक निश्चित संख्या के साथ की जाती है।

उदाहरण 9. निम्नलिखित श्रेणी में प्रश्नसूचक चिह्न (?) के स्थान पर कौन-सी संख्या होगी?

4, 32, 16, 128, 64, ?

(a) 612 (b) 512

(c) 362 (d) 412

हल (b)

4, 32, 16, 128, 64, **[512]** (× 8, ÷2, × 8, ÷2, × 8)

प्रकार 2. वर्णमाला श्रृंखला

इसके अन्तर्गत अंकों तथा वर्गों की संयुग्मित श्रृंखला दी जाती है, पर यह श्रृंखला कभी-कभी केवल वर्णों की भी रहती है। इन श्रृंखला क्रमों को निम्नलिखित उदाहरणों द्वारा समझें।

उदाहरण 10. BY, IQ, NK, QG, ?

(a) RF (b) TF

(c) RE (d) SE

हल (c)

B —+7→ I —+5→ N —+3→ Q —+1→ **R**

Y —−8→ Q —−6→ K —−4→ G —−2→ **E**

इस प्रकार उत्तर के लिए विकल्प (c) ही सही होगा।

उदाहरण 11. BCDB, CDDEC, DEEEFD, ?

(a) EFFGE

(b) EFFFFGF

(c) EFFFFGE

(d) FEEFGF

हल (c)

B —+1→ C —+1→ D —+1→ **E**

C —→ DD —→ EEE —→ **FFFF**

D —+1→ E —+1→ F —+1→ **G**

B —+1→ C —+1→ D —+1→ **E**

इस प्रकार उत्तर के लिए विकल्प (c) ही सही होगा।

उदाहरण 12. BF, CH, ?, HO, LT.

(a) EM (b) EK

(c) DN (d) FJ

हल (b)

B —+1→ C —+2→ **E** —+3→ H —+4→ L

F —+2→ H —+3→ **K** —+4→ O —+5→ T

इस प्रकार उत्तर के लिए विकल्प (b) ही सही होगा।

उदाहरण 13. XDA, WED, VFG, UGJ, THM, ?

(a) JRQ (b) QKN

(c) PLO (d) SIP

हल (d)

X —−1→ W —−1→ V —−1→ U —−1→ T —−1→ **S**

D —+1→ E —+1→ F —+1→ G —+1→ H —+1→ **I**

A —+3→ D —+3→ G —+3→ J —+3→ M —+3→ **P**

द्वितीय विधि–

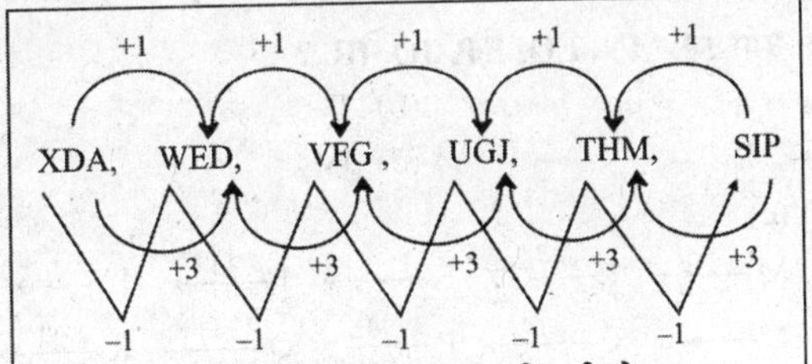

इस प्रकार उत्तर के लिए विकल्प (d) ही सही होगा।

उदाहरण 14. DKM, FJP, HIS, JHV, ?

(a) HGY (b) IGZ

(c) IGY (d) LGY

हल (d)

D —+2→ F —+2→ H —+2→ J —+2→ **L**

K —−1→ J —−1→ I —−1→ H —−1→ **G**

M —+3→ P —+3→ S —+3→ V —+3→ **Y**

इस प्रकार उत्तर के लिए विकल्प (d) सही होगा।

उदाहरण 15. Q1F, S2E, U6D, W21C, ?

(a) Y66B (b) Y88B

(c) Z88B (d) Y44B

हल (b)

Q —+2→ S —+2→ U —+2→ W —+2→ **Y**

1 —×1+1→ 2 —×2+2→ 6 —×3+3→ 21 —×4+4→ **88**

F —−1→ E —−1→ D —−1→ C —−1→ **B**

इस प्रकार उत्तर के लिए विकल्प (b) ही सही होगा।

उदाहरण 16. AYD, BVF, DRH, ?, KGL.

(a) FMI (b) GMJ

(c) HLK (d) GLJ

हल (b)

$A \xrightarrow{+1} B \xrightarrow{+2} D \xrightarrow{+3} \boxed{G} \xrightarrow{+4} K$

$Y \xrightarrow{-3} V \xrightarrow{-4} R \xrightarrow{-5} \boxed{M} \xrightarrow{-6} G$

$D \xrightarrow{+2} F \xrightarrow{+2} H \xrightarrow{+2} \boxed{J} \xrightarrow{+2} L$

इस प्रकार उत्तर के लिए विकल्प (b) ही सही होगा।

उदाहरण 17. LPQ, NOS, PNU, RMW, ?

(a) TYL (b) TMY

(c) YTL (d) TLY

हल (d)

$L \xrightarrow{+2} N \xrightarrow{+2} P \xrightarrow{+2} R \xrightarrow{+2} \boxed{T}$

$P \xrightarrow{-1} O \xrightarrow{-1} N \xrightarrow{-1} M \xrightarrow{-1} \boxed{L}$

$Q \xrightarrow{+2} S \xrightarrow{+2} U \xrightarrow{+2} W \xrightarrow{+2} \boxed{Y}$

इस प्रकार उत्तर के लिए विकल्प (d) ही सही होगा।

उदाहरण 18. 3F, 6G, 11I, 18L, ?

(a) 21O (b) 25N

(c) 27Q (d) 27P

हल (d)

$3 \xrightarrow{+3} 6 \xrightarrow{+5} 11 \xrightarrow{+7} 18 \xrightarrow{+9} \boxed{27}$

$F \xrightarrow{+1} G \xrightarrow{+2} I \xrightarrow{+3} L \xrightarrow{+4} \boxed{P}$

इस प्रकार उत्तर के लिए विकल्प (d) ही सही होगा।

उदाहरण 19. MN, LO, KP, JQ, IR, ?

(a) GH (b) TU

(c) HS (d) JV

हल (c)

$M \xrightarrow{-1} L \xrightarrow{-1} K \xrightarrow{-1} J \xrightarrow{-1} I \xrightarrow{-1} \boxed{H}$

$N \xrightarrow{+1} O \xrightarrow{+1} P \xrightarrow{+1} Q \xrightarrow{+1} R \xrightarrow{+1} \boxed{S}$

इस प्रकार उत्तर के लिए विकल्प (c) ही सही होगा।

उदाहरण 20. CFL, EIK, GLJ, IOI, ?

(a) KRH (b) KRJ

(c) JRH (d) KQH

हल (a)

$\xrightarrow{-1} L \xrightarrow{-1} K \xrightarrow{-1} J \xrightarrow{-1} I \xrightarrow{-1}$

$\xrightarrow{+1} O \xrightarrow{+1} P \xrightarrow{+1} Q \xrightarrow{+1} R \xrightarrow{+1}$

इस प्रकार उत्तर के लिए विकल्प (a) ही सही होगा।

प्रकार 3. वर्ण श्रृंखला

इस शीर्षक के अन्तर्गत अंग्रेजी वर्णमाला के छोटे वर्णों को एक निश्चित श्रृंखला में व्यवस्थित करने के लिए दिया गया होता है जिनमें कुछ वर्ण श्रृंखला में छोड़ दिए गए होते हैं एक निश्चित श्रृंखला के आधार पर खाली स्थान में वर्णों को भरना होता है।

उदाहरण 21. नीचे लिखे वर्णों की श्रृंखला क्रम में खाली स्थान पर क्या आएगा?

a – bbc – aab – cca – bbcc.

(a) acba (b) bacb

(c) caba (d) abba

हल (a) इन्हें निम्न दशाओं में बाँटकर बना सकते हैं—

प्रथम दशा—सर्वप्रथम वर्णों की संख्या गिनकर उन्हें बराबर-बराबर भागों में बाँटना चाहिए। यहाँ वर्णों की संख्या 18 है। जिन्हें 3 भागों में बाँटा है।

a — bbc — | aab — cc | a — bbcc

द्वितीय दशा—यहाँ 6-6 वर्ण जो 3 भागों में बँटे हैं, में श्रृंखला क्रम की स्थिति समान है यानि प्रत्येक भाग की अवस्था में a, b तथा c प्रत्येक दो बार आए हैं।

अतः इसके अनुसार वर्ण श्रृंखला की स्थिति निम्न होगी—

$a \overset{a}{\text{—}} bbc \overset{c}{\text{—}} | abb \overset{b}{\text{—}} cc | a \overset{a}{\text{—}} bbcc$

तृतीय दशा—खाली स्थान पर क्रम से कौन-कौन से वर्ण आए हैं, वे ही उत्तर होंगे।

यहाँ खाली स्थान पर 'acba' वर्णों की श्रृंखला आई है। अतः यही उत्तर होगा जो विकल्प (a) में है।

उदाहरण 22. निम्नलिखित वर्ण क्रम में खाली स्थानों पर कौन-सी संयुक्त वर्ण श्रृंखला आएगी?

ab—abcab—abc—bca—c

(a) abac (b) bcac

(c) ccab (d) bbac

हल (c) (1) सर्वप्रथम दिए गए वर्णों की संख्या गिनते हैं, जो यहाँ 18 है।

(2) तब उसे बराबर-बराबर हिस्सों में बाँटते हैं, जैसे यहाँ किया गया है—

ab—abc | ab—abc | —bca—c

(3) तब वर्णों की श्रृंखला का क्रम देखते हैं कि ये कैसे चल रही है।

जैसे प्रथम खण्ड के प्रथम और द्वितीय स्थान पर ab है, जो द्वितीय खण्ड में भी उसी स्थान पर है तथा तृतीय खण्ड का प्रथम स्थान खाली तथा द्वितीय स्थान पर b है। अर्थात् श्रृंखला का क्रम तीनों खण्डों में समान है।

अतः $ab \overset{c}{\text{—}} abc | ab \overset{c}{\text{—}} abc | \overset{a}{\text{—}} bca \overset{b}{\text{—}} c$

(4) इसमें खाली स्थान पर आए वर्णों को संयुक्त रूप से क्रमानुसार लिखते हैं, जो उत्तर होगा।

अतः 'ccab' उत्तर हुआ।

उदाहरण 23. निम्नलिखित वर्णक्रम में खाली स्थानों की जगह कौन-सी संयुक्त वर्ण श्रृंखला आएगी?

aba—c—cbcaab—bcb—bca

(a) bcab (b) bbac

(c) acba (d) cabc

हल (b) (1) सर्वप्रथम वर्णों की संख्या गिनते हैं जो यहाँ 20 है।

(2) तब इसे बराबर-बराबर हिस्सों में बाँटते हैं।

aba—c | — cbca | ab—bc | b—bca

(3) तब वर्णों की श्रृंखला का क्रम देखते हैं कि ये कैसे चल रही हैं।

जैसे—प्रथम खण्ड और तृतीय खण्ड में प्रथम दो वर्णों की श्रृंखला समान है तथा द्वितीय और चौथे खण्ड में अंतिम तीन वर्ण समान अवस्था में देखे जा रहे हैं इससे स्पष्ट है कि प्रथम और तृतीय खण्ड तथा द्वितीय और चतुर्थ खण्ड के वर्णों की श्रृंखला समान होगी।

$aba \overset{b}{\text{—}} c | \overset{b}{\text{—}} cbca | ab \overset{a}{\text{—}} bc | b \overset{c}{\text{—}} bca$

(4) इसके अन्तर्गत खाली स्थान पर आए वर्णों की संयुक्त वर्ण श्रृंखला उनके क्रमानुसार लिख देते हैं। यही उत्तर होता है। अतः 'bbac' उत्तर हुआ जो विकल्प (b) में स्थित है।

प्रश्नावली

निर्देश—(प्रश्न संख्या 1 से 3 तक) एक अनुक्रम दिया गया है, जिसमें एक पद लुप्त है। दिए गए विकल्पों में से वह सही विकल्प चुनिए, जो अनुक्रम को पूरा करेगा।

1. AFC, BHD, CJE, ?
(a) DLH (b) DLF
(c) DHF (d) DLJ

2. ZTO, YSN, XRM, ?
(a) WTL (b) WPL
(c) BHM (d) WQL

3. 6, 12, 20, 30, 42, ?
(a) 46 (b) 48
(c) 56 (d) 50

निर्देश—(प्रश्न संख्या 4 से 7 तक) नीचे एक अनुक्रम दिया गया है, जिसमें एक पद लुप्त है। दिए गए विकल्पों में से वह सही विकल्प चुनिए, जो अनुक्रम को पूरा करे।

4. DHK, GKN, JNQ, ?
(a) MRU (b) MQT
(c) LPS (d) NRU

5. 1, 5, 25, 125, ?, ?, ?
(a) 245, 485, 965
(b) 225, 325, 425
(c) 625, 3225, 15605
(d) 625, 3125, 15625

6. 0, ?, 8, 27, 64, 125.
(a) 5 (b) 4
(c) 2 (d) 1

7. BMX, DNW, FOU, ?
(a) GHO (b) GPS
(c) HPS (d) HPT

निर्देश—(प्रश्न संख्या 8 से 10 तक) नीचे दिए गए प्रश्नों में, एक अनुक्रम दिया गया है, जिसमें एक संख्या/अक्षर लुप्त है। दिए गए विकल्पों में से वह सही विकल्प चुनिए, जो अनुक्रम को पूरा करे।

8. B A F E J I P O ? U
(a) S (b) Q
(c) V (d) T

9. 112, 124, 156, 208, ?
(a) 292 (b) 304
(c) 316 (d) 280

10. 96, 101, 126, 187, ?
(a) 300 (b) 297
(c) 296 (d) 306

निर्देश—(प्रश्न संख्या 11 से 13 तक) एक अनुक्रम दिया गया है, जिसमें एक पद लुप्त है। दिए गए विकल्पों में से वह सही विकल्प चुनिए, जो अनुक्रम को पूरा करे।

11. 7, 8, 11, 16, 23, ?
(a) 32 (b) 37
(c) 40 (d) 31

12. 3, 9, 6, 36, 30, ?
(a) 800 (b) 950
(c) 400 (d) 900

13. DKY, FJW, HIU, JHS, ?
(a) LGQ (b) KGR
(c) KFR (d) LFQ

निर्देश—(प्रश्न संख्या 14 से 17 तक) एक अनुक्रम दिया गया है, जिसमें एक पद लुप्त है। दिए गए विकल्पों में से वह सही विकल्प चुनिए, जो अनुक्रम को पूरा करे।

14. DF, GJ, KM, NQ, RT, ?
(a) UW (b) YZ
(c) XZ (d) UX

15. B I P ? D
(a) W (b) S
(c) R (d) U

16. AAC BBD CCE DDF EEGF ?
(a) FG (b) GH
(c) FH (d) DG

17. RAZ SBY TCX UDW VEV ?
(a) WFU (b) FWU
(c) XGX (d) ZAT

निर्देश—(प्रश्न संख्या 18 से 20 तक) एक अनुक्रम दिया गया है, जिसमें एक पद लुप्त है। दिए गए विकल्पों में से वह सही विकल्प चुनिए, जो अनुक्रम को पूरा करे।

18. B, G, K, N, ?
(a) P (b) O
(c) H (d) L

19. AKU, FPZ, ?, PZJ, UEO, ZJT
(a) JUE (b) KVE
(c) KUE (d) JVE

20. MRS, LTU, KVW, ?
(a) TQR (b) MOP
(c) JXY (d) CDE

निर्देश—(प्रश्न संख्या 21 से 25 तक) इन प्रश्नों में एक अनुक्रम दिया गया है, जिसमें एक पद लुप्त है। दिए गए विकल्पों में से वह सही विकल्प चुनिए जो अनुक्रम को पूरा करे।

21. KJL, ONP, SRT, ...?...
(a) WVX (b) VWX
(c) WXV (d) VUW

22. 198, 202, 211, 227 ...?...
(a) 236 (b) 252
(c) 275 (d) 245

23. AN, BO, CP, DQ, ...?...
(a) EG (b) ER
(c) EH (d) EF

24. 7, 25, 61, 121, ...?...
(a) 210 (b) 211
(c) 212 (d) 209

25. शृंखला का लुप्त पद चुनिए—
AAT, BBE, CCP, ?
(a) DDA (b) DDB
(c) DDC (d) DDD

निर्देश—(प्रश्न संख्या 26 से 29 तक) निम्नलिखित प्रश्नों में एक अनुक्रम दिया गया है, जिसमें एक पद लुप्त है। दिए गए विकल्पों में से वह सही विकल्प चुनिए, जो अनुक्रम को पूरा करे।

26. AMN, BOP, CQR, ?
(a) BAS (b) DST
(c) EQP (d) FRS

27. 5, 6,9, 14, 21, ?
(a) 28 (b) 30
(c) 31 (d) 29

28. 4, 11, 30, 67, 128, ?
(a) 219 (b) 228
(c) 231 (d) 237

29. 6, 11, 31, 121, 601, ?
(a) 3600 (b) 3601
(c) 3602 (d) 3604

निर्देश—(प्रश्न संख्या 30 एवं 31) प्रत्येक प्रश्न में एक अनुक्रम दिया गया है, जिसमें एक पद लुप्त है। दिए गए विकल्पों में से वह सही विकल्प चुनिए, जो अनुक्रम को पूरा करे।

30. A, E, I, ?, Q
(a) Q (b) M
(c) U (d) L

31. 510, 322, 404, ?
(a) 422 (b) 371
(c) 629 (d) 819

निर्देश—(प्रश्न संख्या 32 से 40 तक) एक अनुक्रम दिया गया है, जिसमें एक पद लुप्त है। दिए गए विकल्पों में से वह सही विकल्प चुनिए, जो अनुक्रम को पूरा करे।

32. YZ, VYZ, SYZ, PYZ, ...?...
(a) TYZ (b) RYZ
(c) MYZ (d) XYZ

33. 5, 13, 29, 61, 125, ...?...
(a) 253 (b) 196
(c) 245 (d) 145

34. AZ, CX, EV, GT, ...?..., KP, ...?...
(a) IR और NM (b) RI और MN
(c) RI और NM (d) IR और MN

35. T Q N K H E B Y V S P ? ? ?
(a) N K G (b) N K I
(c) M J G (d) M J H

36. 61, 52, 63, 94, 46, ...?...
(a) 19 (b) 18
(c) 17 (d) इनमें से कोई नहीं

37. EFA, GHC, IJE, ...?...
(a) JKG (b) KLG
(c) HIF (d) KDA

38. P 3 C, R 5 F, T 8 I, V 12, L, ...?...
(a) X 17 M (b) X 17 O
(c) Y 17 O (d) X 16 O

39. NP MK RT IG ...?...
(a) UW (b) FD
(c) EC (d) VX

40. 13, 10, ...?... 100, 1003, 1000, 10003.
(a) 1030 (b) 1130
(c) 103 (d) 130

निर्देश—(प्रश्न संख्या 41 से 43 तक) निम्नलिखित प्रश्नों में एक अनुक्रम दिया गया है, जिसमें एक पद लुप्त है। दिए गए विकल्पों में से वह सही विकल्प चुनिए जो अनुक्रम को पूरा करे।

41. 10, 18, 28, 40, 54, 70, ?
(a) 87 (b) 88
(c) 85 (d) 86

42. 0, 6, 20, 42, ?
(a) 72 (b) 76
(c) 82 (d) 81

43. ZIP, WIP, TIP, ?
(a) QIP (b) SIP
(c) PIP (d) RIP

निर्देश—(प्रश्न संख्या 44 से 47 तक) नीचे दिए गए प्रश्नों में एक अनुक्रम दिया गया है, जिसमें एक पद लुप्त है। दिए गए विकल्पों में से वह सही विकल्प चुनिए, जो अनुक्रम को पूरा करे।

44. C2E, E5H, G12K, I27N, ?
(a) I57Q (b) I58P
(c) J58Q (d) K58Q

45. BEH, DGJ, NQT, ?
(a) RMO (b) TKL
(c) GHD (d) JMP

46. ZA_5, Y_4B, XC_6, W_3D, ?
(a) VE_5 (b) VE_7
(c) E_7V (d) V_2E

47. deb, ijg, nol, ?, xvy
(a) stp (b) stq
(c) rsp (d) rsq

निर्देश—(प्रश्न संख्या 48 से 51 तक) एक अनुक्रम दिया गया है, जिसमें एक पद लुप्त है। दिए गए विकल्पों में से वह सही विकल्प चुनिए, जो अनुक्रम को पूरा करे।

48. NZ, OY, PX, QW, RV, ?
(a) FS (b) SU
(c) UF (d) TU

49. 3·5, 7, 10·5, 14, ?
(a) 15·5 (b) 16·5
(c) 18·5 (d) 17·5

50. 7, 12, 19, 28, 39, ?
(a) 52 (b) 50
(c) 51 (d) 48

51. 1, 3, 7, 13, 21, 31, 43, ?
(a) 55 (b) 57
(c) 59 (d) 61

निर्देश—(प्रश्न संख्या 52 से 60 तक) एक अनुक्रम दिया गया है, जिसमें एक पद लुप्त है। दिए गए विकल्पों में से वह सही विकल्प चुनिए, जो अनुक्रम को पूरा करे।

52. AHL, CFL, ?, DEJ
(a) BGK (b) BKG
(c) GKB (d) GBK

53. 36, 34, 30, 28, 24, ?
(a) 23 (b) 26
(c) 20 (d) 22

54. 10, 33, 102, 309, ?
(a) 1030 (b) 1050
(c) 928 (d) 930

55. CO3KP, DO4KQ, EO5KR, FO6KS, ?
(a) GO7KP (b) GO6KT
(c) GO6KP (d) GO7KT

56. 31, 13, 45, 54, ?, 63
(a) 36 (b) 54
(c) 61 (d) 58

57. 8, 27, 64, ?
(a) 216 (b) 224
(c) 64 (d) 125

58. CEG, IKM, OQS, ?
(a) VXZ (b) TVX
(c) TUV (d) UWY

59. AZ, BY, CX, ?
(a) EW (b) EU
(c) GH (d) DW

60. 285, 253, 221, 189, ?
(a) 122 (b) 153
(c) 157 (d) 151

निर्देश—(प्रश्न संख्या 61 से 63 तक) एक अनुक्रम दिया गया है, जिसमें एक पद लुप्त है। दिए गए विकल्पों में से वह सही विकल्प चुनिए, जो अनुक्रम को पूरा करे।

61. 4, 7, 13, 22, 34, ?
(a) 47 (b) 52
(c) 49 (d) 45

62. FLA, GMB, HNC, IOD, ?
(a) NSD (b) JPE
(c) TOE (d) OTK

63. 135, 226, 353, ?, 739
(a) 522 (b) 622
(c) 632 (d) 722

निर्देश—(प्रश्न संख्या 64 से 67 तक) एक अनुक्रम दिया गया है, जिसमें एक पद लुप्त है। दिए गए विकल्पों में से वह सही विकल्प चुनिए, जो अनुक्रम को पूरा करे।

64. AMDN, GMJN, ?, SMVN
(a) MPON (b) MMPN
(c) OMRN (d) ONSU

65. 2, ?, 8, 16, 32
(a) 4 (b) 6
(c) 5 (d) 7

66. 2, 6, 12, 20, 30, 42, ?
(a) 56 (b) 60
(c) 64 (d) 48

67. NMT, POV, RQX, ?
(a) TSZ (b) TPZ
(c) TSY (d) TRZ

निर्देश—(प्रश्न संख्या 68 से 71 तक) एक अनुक्रम दिया गया है, जिसमें एक पद लुप्त है। दिए गए विकल्पों में से वह सही विकल्प चुनिए, जो अनुक्रम को पूरा करे।

68. EJO, FKP, GLQ, HMR, ?
(a) ABC (b) DEF
(c) MNO (d) INS

69. B O C N D M E ? ?
(a) L F (b) O P
(c) K L (d) E F

70. 7, 2 = 59; 5, 3 = 28; 9, 1 = 810; 2, 1 = 13; 5, 4 = ?
(a) 19 (b) 9
(c) 20 (d) 239

71. 120, 440, 960, 1680, ?
(a) 2600 (b) 3240
(c) 3040 (d) 2400

निर्देश—(प्रश्न संख्या 72 एवं 73) एक अनुक्रम दिया है, जिसमें एक संख्या/अक्षर लुप्त है। दिए गए विकल्पों में से वह सही विकल्प चुनिए जो अनुक्रम को पूरा करे।

72. ELFA, GLHA, ILJA, ...?... MLNA
(a) LLMA (b) KLLA
(c) OLPA (d) KLMA

73. 15, 39, 74, 122, ...?..., 265
(a) 171 (b) 185
(c) 151 (d) 165

निर्देश—(प्रश्न संख्या 74 से 77 तक) एक अनुक्रम दिया है, जिसमें एक पद/संख्या लुप्त है। दिए गए विकल्पों में से वह सही विकल्प चुनिए, जो अनुक्रम को पूरा करे।

74. V, VIII, XI, XIV, ?, XX
(a) IX (b) XXIII
(c) XV (d) XVII

75. 3463 (2218) 1245
5324 (?) 3626
(a) 2312 (b) 1142
(c) 1698 (d) 1592

76. XGH, WIJ, VKL, UMN, ?
(a) HOW (b) UJI
(c) TOP (d) SOP

77. SCD, TEF, UGH, ?, WKL
(a) CMN (b) UJI
(c) VIJ (d) VJI

निर्देश—(प्रश्न संख्या 78 से 81 तक) दिए गए विकल्पों में से उसे चुनिए, जो अनुक्रम (श्रृंखला) को पूरा करेगा।

78. DEF, JIH, LMN, ?
(a) VTS (b) RQP
(c) MNO (d) OQR

79. NOOP, DEEF, STTU, ?
(a) XYYZ (b) ACCD
(c) HIJJ (d) BEED

80. 4, 5, 9, 18, 34, ?
(a) 43 (b) 49
(c) 50 (d) 59

81. 1, 2, 10, 37, 101, ?
(a) 226 (b) 202
(c) 225 (d) 201

निर्देश—(प्रश्न संख्या 82 एवं 83) प्रत्येक प्रश्न में एक अनुक्रम दिया गया है, जिसमें एक पद/संख्या लुप्त है। दिए गए विकल्पों में से वह सही विकल्प चुनिए जो अनुक्रम को पूरा करे।

82. ABD, EFH, IJL, ?
(a) OPQ (b) SPQ
(c) UPQ (d) OPR

83. 109, 74, 46, 25,11, ?
(a) 11 (b) 4
(c) 3 (d) 36

निर्देश—(प्रश्न संख्या 84 से 86 तक) प्रत्येक प्रश्न में एक अनुक्रम दिया गया है, जिसमें एक पद/संख्या लुप्त है। दिए गए विकल्पों में से वह सही विकल्प चुनिए, जो अनुक्रम को पूरा करे।

84. 4, 7, 11, 18, 29, 47, ?, 123, 199
(a) 84 (b) 102
(c) 76 (d) 70

85. ABNO, CDPQ, EFRS, ?
(a) GHTU (b) KLYZ
(c) IJVW (d) TUVW

86. 121, 112, ?, 97, 91, 86
(a) 99 (b) 104
(c) 102 (d) 108

निर्देश—(प्रश्न संख्या 87 से 90 तक) एक अनुक्रम दिया गया है, जिसमें एक/दो पद लुप्त हैं। दिए गए विकल्पों में से वह सही विकल्प चुनिए, जो अनुक्रम को पूरा करे।

87. Y X Z X W Y W V X V ? ?
(a) V U (b) W U
(c) U W (d) V W

88. B I O ? X A
(a) T (b) R
(c) V (d) P

89. B E ? Q Z
(a) K (b) C
(c) J (d) I

90. 4, 8, 11, 22, 25, ?
(a) 26 (b) 50
(c) 28 (d) 53

निर्देश—(प्रश्न संख्या 91 से 93 तक) एक अनुक्रम दिया गया है, जिसमें एक पद लुप्त है। दिए गए विकल्पों में से वह सही विकल्प चुनिए, जो अनुक्रम को पूरा करे।

91. DF, GJ, KM, NQ, RT, ?
(a) UW (b) YZ
(c) XZ (d) UX

92. B I P ? D
(a) W (b) S
(c) R (d) U

93. RAZ SBY TCX UDW VEV ?
(a) WFU (b) FWU
(c) XGX (d) ZAT

निर्देश—(प्रश्न संख्या 94 से 102 तक) एक अनुक्रम दिया गया है, जिसमें एक पद लुप्त है। दिए गए विकल्पों में से वह सही विकल्प चुनिए, जो अनुक्रम को पूरा करे।

94. CDF, DEG, EFH, ...?...
(a) FHG (b) EFI
(c) FGH (d) FGI

95. ZA, VC, RE, NG, ...?..., FK
(a) OH (b) KI
(c) IJ (d) JI

96. 4, 16, 36, ...?..., 100
(a) 56 (b) 64
(c) 48 (d) 52

97. 2, 3,10, 15, 26, ...?...
(a) 30 (b) 52
(c) 35 (d) 24

98. 12, 23, 34, 45, ...?..., 67, 78, 89
(a) 76 (b) 69
(c) 56 (d) 54

99. EAB, GCD, MIJ, ...?...
(a) ROP (b) QOP
(c) OKL (d) FOP

100. ACE, BDF, GIK, ...?...
(a) JHM (b) HJI
(c) HJL (d) MJH

101. WBP, SGM, OLJ, ...?...
(a) NPH (b) KQG
(c) LPG (d) MGQ

102. DEF, HIJ, MNO, ...?...
(a) RTV (b) SRQ
(c) RST (d) STU

निर्देश—(प्रश्न संख्या 103 से 106 तक) एक अनुक्रम दिया गया है जिसमें एक/दो पद लुप्त है/हैं। दिए गए विकल्पों में से वह सही विकल्प चुनिए, जो अनुक्रम को पूरा करेगा।

103. 2, 3, 5, 7, ?
(a) 11 (b) 8
(c) 9 (d) 10

104. 36, 34, 30, 28, 24, ?
(a) 26 (b) 20
(c) 22 (d) 23

105. 4, 7, 26, 10, 13, 20, 16, ?, ?
(a) 19, 14 (b) 14, 4
(c) 19, 17 (d) 14, 17

106. AYD, BVF, DRH, ?, KGL
(a) HLK (b) FMI
(c) GMJ (d) GLJ

निर्देश—(प्रश्न संख्या 107 एवं 108) एक अनुक्रम दिया गया है जिसमें एक पद लुप्त है। दिए गए विकल्पों में से वह सही विकल्प चुनिए, जो अनुक्रम को पूरा करे।

107. BDE, CFG, EJK, ?
(a) HPQ (b) FLM
(c) ACF (d) GLM

108. 96, 109, 134, 175, ?
(a) 213 (b) 216
(c) 236 (d) 200

निर्देश—(प्रश्न संख्या 109 एवं 112) निम्नलिखित प्रश्नों में एक अनुक्रम दिया है, जिसमें एक पद लुप्त है। दिए गए विकल्पों में से वह सही विकल्प चुनिए, जो अनुक्रम को पूरा करे।

109. 3, 17, 45, 87, ...?...
(a) 153 (b) 143
(c) 123 (d) 183

110. AZWD, CXUF, ...?..., GTQJ
(a) EVSH (b) EUTH
(c) EVPI (d) EUSH

111. कौन-सी संख्याएँ क्रम को पूरा करती हैं?
3 1 5 3 7 5 9 7 11
(a) 7, 7 (b) 7, 6
(c) 8, 7 (d) 6, 6

112. दिए गए विकल्पों में से कौन-सी संख्या इस श्रृंखला का पूरा करती है?
63, 72, 81, 90, ..., 108
(a) 80 (b) 99
(c) 100 (d) 117

निर्देश—(प्रश्न संख्या 113 से 116 तक) एक अनुक्रम दिया गया है, जिसमें एक पद/संख्या लुप्त है। दिए गए विकल्पों में से वह सही विकल्प चुनिए, जो अनुक्रम को पूरा करे।

113. 17, 19, 23, 29, ?
(a) 39 (b) 33
(c) 35 (d) 31

114. 5, 3, 8; 16, 4, 20; 15, 4, 19; 12, ? 16; 3, 9, 12
(a) 4 (b) 3
(c) 2 (d) 5

115.

AZ	BY	CX
BX	CZ	DY
CY	DX	?

(a) DX (b) AY
(c) BX (d) EZ

116. 0, 3, 8, 15, 24, ...
इस श्रेणी का अगला पद ज्ञात कीजिए–
(a) 35 (b) 26
(c) 36 (d) 42

निर्देश–(प्रश्न संख्या 117 एवं 118) एक अनुक्रम दिया है, जिसमें एक पद लुप्त है। दिए गए विकल्पों में से वह सही विकल्प चुनिए, जो अनुक्रम को पूरा करे।

117. BJ, CL, EN, HP, ?
(a) LR (b) MR
(c) KR (d) LS

118. 5, 10, 17, ?, 37, 50
a) 25 (b) 26
(c) 27 (d) 24

निर्देश–(प्रश्न संख्या 119 एवं 120) एक अनुक्रम दिया गया है, जिसमें एक पद लुप्त है। दिए गए विकल्पों में से वह सही विकल्प चुनिए जो अनुक्रम को पूरा करे।

119. EV, GT, JQ, ?
(a) PQ (b) LN
(c) OM (d) NM

120. 95, 90, 80, 65, ?
(a) 55 (b) 45
(c) 75 (d) 85

निर्देश–(प्रश्न संख्या 121 से 123 तक) एक अनुक्रम दिया है, जिसमें एक पद लुप्त है। दिए गए विकल्पों में से वह सही विकल्प चुनिए, जो अनुक्रम को पूरा करे।

121. 10, 11, 14, 23, 50, ?
(a) 110 (b) 104
(c) 70 (d) 131

122. 15, 20, 30, ?, 65
(a) 40 (b) 45
(c) 50 (d) 60

123. 37, 32, 26, 19, ?
(a) 10 (b) 11
(c) 12 (d) 13

निर्देश–(प्रश्न संख्या 124 से 127 तक) एक अनुक्रम दिया गया है, जिसमें एक पद लुप्त है। दिए गए विकल्पों में से वह सही विकल्प चुनिए, जो अनुक्रम को पूरा करेगा।

124. 5, 8, 16, 19, 38, 41, ?
(a) 40 (b) 82
(c) 44 (d) 80

125. 78, 155, 309, ?, 1233
(a) 1000 (b) 617
(c) 625 (d) 1230

126. ACE, GIK, MOQ, ?
(a) UVW (b) STV
(c) RTU (d) SUW

127. LMnP, PQrt, TUvX, ?
(a) UVwY (b) XYzB
(c) VWnP (d) PRsT

निर्देश–(प्रश्न संख्या 128 एवं 129) एक अनुक्रम दिया है, जिसमें एक पद लुप्त है। दिए गए विकल्पों में से वह सही विकल्प चुनिए जो अनुक्रम को पूरा करे।

128. BC, DF, FI, HL, ?, LR
(a) LQ (b) LR
(c) JO (d) MP

129. SCD, TEF, UGH, ?, WKL
(a) CMN (b) UJI
(c) VIJ (d) IJT

निर्देश–(प्रश्न संख्या 130 से 132 तक) एक अनुक्रम दिया है, जिसमें एक पद लुप्त है। दिए गए विकल्पों में से वह सही विकल्प चुनिए, जो अनुक्रम को पूरा करे।

130. 5, 17, 37, 65, ...?... 145.
(a) 101 (b) 95
(c) 97 (d) 99

131. X Y Z A B C U V W ...?...
(a) D (b) E
(c) F (d) G

132. 4, 8, 12, 16, ...?..., 24.
(a) 40 (b) 10
(c) 20 (d) 30

निर्देश–(प्रश्न संख्या 133 से 136 तक) एक अनुक्रम दिया है, जिसमें एक/दो पद लुप्त हैं। चार दिए गए विकल्पों में से वह विकल्प चुनिए, जो अनुक्रम को पूरा करे।

133. A C E Z X V G I K T R P ?
(a) O (b) M
(c) L (d) N

134. 1, 0, 3, 8, 15, ?
(a) 24 (b) 25
(c) 23 (d) 26

135. A D H M S ?
(a) T (b) W
(c) X (d) Z

136. 6, 2, 9, 4, 12, ..., ...
(a) 4, 13 (b) 6, 15
(c) 8, 24 (d) 13, 15

निर्देश–(प्रश्न संख्यां 137 से 142 तक) निम्नलिखित प्रश्नों में एक अनुक्रम दिया है, जिसमें एक पद लुप्त है। दिए गए विकल्पों में से वह सही विकल्प चुनिए जो अनुक्रम को पूरा करे।

137. 8, 13, 18, 23, ...?..., 33, 38
(a) 26 (b) 33
(c) 23 (d) 28

138. 1001, 1004, 1012, 1027, ...?...
(a) 1036 (b) 1048
(c) 1050 (d) 1051

139. 8, 24, ...?..., 80, 120
(a) 72 (b) 40
(c) 54 (d) 48

140. HIJPQRDEF ...?... VW
(a) J (b) H
(c) U (d) N

141. AC, EG, IK, ...?...
(a) LM (b) ON
(c) OP (d) MO

142. नीचे एक श्रृंखला दी गई है जिसमें एक संख्या लुप्त है। दिए गए विकल्पों में से वह सही विकल्प चुनिए जो श्रृंखला को पूरा करेगा–
23, 51, 108, 225, ? , 936
(a) 628 (b) 459
(c) 531 (d) 327

निर्देश–(प्रश्न संख्या 143 एवं 144) एक अनुक्रम दिया है, जिसमें एक/दो पद लुप्त है/हैं। दिए गए विकल्पों में से वह सही विकल्प चुनिए, जो अनुक्रम को पूरा करें।

143. 24, 35, 20, 31, 16, 27 ? , ?.
(a) 9, 9 (b) 12, 23
(c) 8, 25 (d) 5, 30

144. $7\frac{1}{7}, 8\frac{2}{6}, 9\frac{5}{5}, 12\frac{2}{4}, 16\frac{2}{3}$, ?
(a) $\frac{50}{2}$ (b) $15\frac{2}{4}$
(c) $16\frac{4}{4}$ (d) 35

निर्देश–(प्रश्न संख्या 145 से 147) निम्नलिखित प्रश्नों में एक अनुक्रम दिया है, जिसमें एक पद लुप्त है। दिए गए विकल्पों में से वह सही विकल्प चुनिए, जो अनुक्रम को पूरा करें।

145. 1, 5, 13, 25, 41, 61, ... ? ...
(a) 85 (b) 91
(c) 81 (d) 77

146. EZ FY XG ... ? ...
(a) GW (b) WG
(c) HW (d) WH

147. 1, 16, 81, 256, 625, ... ? ...
(a) 2225 (b) 4163
(c) 1225 (d) 1296

निर्देश–(प्रश्न संख्या 148 से 150 तक) एक अनुक्रम दिया है, जिसमें एक पद लुप्त है। दिए गए विकल्पों में से वह जिसमें एक पद लुप्त है। दिए गए विकल्पों में से वह सही विकल्प चुनिए, जो अनुक्रम को पूरा करे।

148. CAE, HFJ, MKO, RPT ?
(a) WUY (b) UTY
(c) VUZ (d) WUZ

149. 12, 26, 54, 110, ?
(a) 223 (b) 222
(c) 220 (d) 225

150. 2, 3, 10, 15, ?
(a) 25 (b) 26
(c) 24 (d) 30

निर्देश–(प्रश्न संख्या 151 से 170) निम्नलिखित दिये गए प्रत्येक प्रश्न में अंकों की शृंखला में प्रश्नवाचक चिह्न (?) के स्थान पर क्या आयेगा?

151. 6, 12, 24, 14, 24, 48, 24, 48, 96
(a) 6 (b) 12
(c) 24 (d) 14
(e) 48

152. 9, 19, 30, 42, 55, 69, ?
(a) 85 (b) 89
(c) 84 (d) 79
(e) 78

153. 27, 45, 9, 15, 3, 5, ?
(a) 1 (b) 1@3
(c) 1@5 (d) 1@9
(e) 3

154. 6, 9, 18, 45, 126, 369, ?
(a) 1089 (b) 1098
(c) 1095 (d) 1059
(e) 1094

155. 1, 1/3, 1/9, 1/27, 1/81, 1/243, ?
(a) 1@929 (b) 1@729
(c) 1@829 (d) 1@427
(e) 1@327

156. 3, 1/3, 14, 1/14, 25, 1/25, ?
(a) 38
(b) 1@36
(c) 34 (d) 36
(e) 35

157. 3, 5, 6, 11, 9, 17, 12, ?
(a) 23 (b) 20
(c) 10 (d) 22
(e) 25

158. 3, 4, 7, 7, 13, 13, 21, 22, 31, 34, ?
(a) 61 (b) 51
(c) 43 (d) 52
(e) 42

159. 3, 6, 12, 15, 30, 33, ?
(a) 36 (b) 66
(c) 63 (d) 41
(e) 60

160. 2, 5, 4, 8, 6, 11, 8, 14, 10, ?
(a) 16 (b) 9
(c) 7 (d) 17
(e) 28

161. 2, 7, 11, 8, 13, 17, 14, 19, 23, ?
(a) 18 (b) 20
(c) 25 (d) 24
(e) 22

162. 8, 24, 12, ?, 18, 54
(a) 28 (b) 46
(c) 9 (d) 12
(e) 36

163. 14, 21, 29, 38, 48, 59, ?
(a) 71 (b) 75
(c) 81 (d) 79
(e) 78

164. 2, 5, 14, 41, 122, 365, ?
(a) 1000 (b) 1059
(c) 1094 (d) 1029
(e) 1026

165. 256, 81, 64, 27, 16, 9, ?
(a) 5 (b) 3
(c) 4 (d) 6
(e) 7

166. $8, \frac{1}{8}, 22, \frac{1}{22}, 37, \frac{1}{37},$
(a) 53 (b) 56
(c) 63 (d) 43
(e) 73

167. 3, 6, 12, 15, 30, 33, ?
(a) 66 (b) 44
(c) 64 (d) 46
(e) 50

168. 1, 2, 4, 7, 13, 24, 33, ?
(a) 69 (b) 73
(c) 81 (d) 46
(e) 62

169. 4, 6, 6, 15, 8, 28, 10, ?
(a) 38 (b) 45
(c) 39 (d) 36
(e) 42

170. 3, 2, 6, 8, 18, 40, 72, 240, ?
(a) 440 (b) 432
(c) 452 (d) 320
(e) 360

उत्तर (हल/संकेत)

1. (b) AFC BHD CJE [DLF]
+1 +1 +1
+2 +2 +2
+1 +1 +1

2. (d) ZTO YSN XRM [WQL]
–1 –1 –1
–1 –1 –1
–1 –1 –1

3. (c)
6 12 20 30 42 [56]
↓ ↓ ↓ ↓ ↓ ↓
2^2+2 3^2+3 4^2+4 5^2+5 6^2+6 7^2+7

4. (b) DHK GKN JNQ [MQT]
+3 +3 +3
+3 +3 +3
+3 +3 +3

5. (d)
1 5 25 125 [625] [3125] [15625]
⇓ ⇓ ⇓ ⇓ ⇓ ⇓ ⇓
5^0 5^1 5^2 5^3 5^4 5^5 5^6

6. (d) 0 [1] 8 27 64 125
⇓ ⇓ ⇓ ⇓ ⇓ ⇓
0^3 1^3 2^3 3^3 4^3 5^3

7. (d) BMX DNW FOU [HPT]
+2 +2 +2
+1 +1 +1
–1 –2 –1

8. (c) B AF EJ IPO ? U
–1 –1 –1 –1 –1

इसलिए, ? = U + 1
? = V

9. (d) 112, 124, 156, 208, ?
12 32 52
+20 +20 +20

इसलिए, ? = 208 + 52 + 20
? = 280

10. (a) संख्याओं में अन्तर–

96 → 101 : $5 = 1^2 + 2^2$

101 → 126 : $25 = 3^2 + 4^2$

126 → 187 : $61 = 5^2 + 6^2$

187 → ? : $113 = 7^2 + 8^2$ (अगला अन्तर)

इसलिए, ? = 187 + 113

? = 300

11. (a) 7 + 1 = 8
8 + 3 = 11
11 + 5 = 16
16 + 7 = 23
23 + 9 = 32

12. (d) जिस प्रकार 3 × 3 = 9
9 – 3 = 6
6 × 6 = 36
36 – 6 = 30

इसी प्रकार, 30 × 30 = 900

13. (a)
DKY FJW HIU JHS LGQ
+2 +2 +2 +2
–1 –1 –1 –1
–2 –2 –2 –2

14. (a)
D —+3→ G —+4→ K —+3→ N —+4→ R —+3→ U
F —+4→ J —+3→ M —+4→ Q —+3→ T —+4→ X

15. (a) B I P W D
+7 +7 +7 +7

अत: ? के स्थान पर W अक्षर आएगा।

16. (c)
AAC BBD CCE DDF EEG F(FH)
+1 +1 +1 +1 +1

17. (a)
RAZ SBY TCX UDW VEV (WFU)
+1 +1 +1 +1 +1
–1 –1 –1 –1

18. (a)
B —+5→ G —+4→ K —+3→ N —+2→ [P]

19. (c) A —+5→ F —+5→ K —+5→ + P
K —+5→ P —+5→ U —+5→ + Z
U —+5→ Z —+5→ E —+5→ + J

20. (c) M —–1→ L —–1→ K —–1→ J
R —+2→ T —+2→ V —+2→ X
S —+2→ U —+2→ W —+2→ Y

21. (a) KJL, ONP, SRT, [WVX]
+4 +4 +4

22. (b) $198 + 2^2 = 202$
$202 + 3^2 = 211$
$211 + 4^2 = 227$
$227 + 5^2 =$ [252]

23. (b) AN, BO, CP, DQ, [ER]
+1 +1 +1 +1

24. (b)

7	25	61	121	[? = 211]
↓	↓	↓	↓	↓
$2^3 - 1$	$3^3 - 2$	$4^3 - 3$	$5^3 - 4$	$6^3 - 5$

$\therefore ? = 6^3 - 5 = 216 - 5 = 211$

25. (a) A —+1→ B —+1→ C —+1→ D
A —+1→ B —+1→ C —+1→ D
T —+11→ E —+11→ P —+11→ A

26. (b) A —+1→ B —+1→ C —+1→ D
M —+2→ O —+2→ Q —+2→ S
N —+2→ P —+2→ R —+2→ T

27. (b) 5 6 9 14 21 [30]
+1 +3 +5 +7 +9

28. (a)

4	11	30	67	128	? [219]
↓	↓	↓	↓	↓	↓
$(1)^3 + 3$	$(2)^3 + 3$	$(3)^3 + 3$	$(4)^3 + 3$	$(5)^3 + 3$	$(6)^3 + 3$

29. (b) 6 11 31 121 601 3601
×2–1 ×3–2 ×4–3 ×5–4 ×6–5

30. (b) A E I [? = M] Q
+4 +4 +4 +4

31. (d) 510 ⇒ 5 + 1 + 0 = 6,
322 ⇒ 3 + 2 + 2 = 7,
404 ⇒ 4 + 0 + 4 = 8,
819 ⇒ 8 + 1 + 9 = 18
⇒ 1 + 8 = 9

32. (c) YZ, VYZ, SYZ, PYZ, [MYZ]
–3 –3 –3 –3

33. (a) 5 × 2 + 3 = 13
13 × 2 + 3 = 29
29 × 2 + 3 = 61
61 × 2 + 3 = 125
125 × 2 + 3 = [253]
∴ ? = 125 × 2 + 3
= 250 + 3 = 253

34. (d)
A —+2→ C —+2→ E —+2→ G —+2→ I —+2→ K —+2→ M
Z —+2→ X —+2→ V —+2→ T —+2→ R —+2→ P —+2→ N

35. (c)
T Q N K H E B Y V S P [M J G]
–3 –3 –3 –3 –3 –3 –3 –3 –3 –3 –3 –3 –3

36. (b)

61	52	63	94	46	? = 18
↓	↓	↓	↓	↓	↓
16	25	36	49	64	81
↓	↓	↓	↓	↓	↓
4^2	5^2	6^2	7^2	8^2	9^2

∴ $? = 9^2 = 81$
= 18
(अंकों को परस्पर बदलने पर)

37. (b) E —+2→ G —+2→ I —+2→ K
F —+2→ H —+2→ J —+2→ L
A —+2→ C —+2→ E —+2→ G

38. (b)
P —+2→ R —+2→ T —+2→ V —+2→ X
3 —+2→ 5 —+3→ 8 —+4→ 12 —+5→ 17
C —+3→ F —+3→ I —+3→ L —+3→ O

39. (d)
–1 +5 –9 +13
NP MK RT IG ? = VX
–5 +9 –13 +17

40. (c)
13 10 [? = 103] 100 1003 1000 10003
–3 ×10 + 3 –3 ×10 + 3 –3 ×10 + 3

41. (b) 10 + 8 = 18
18 + 10 = 28
28 + 12 = 40
40 + 14 = 54
54 + 16 = 70
? = 70 + 18 = 88

42. (a) $1^2 - 1 = 0$
$3^2 - 3 = 6$
$5^2 - 5 = 20$
$7^2 - 7 = 42$
$? = 9^2 - 9 = 72$

43. (a) ZIP, WIP, TIP, [QIP]
–3 –3 –3

44. (d)
C —+2→ E —+2→ G —+2→ I —+2→ K
2 —2×2+1→ 5 —5×2+2→ 12 —12×2+3→ 27 —27×2+4→ 58
E —+3→ H —+3→ K —+3→ N —+3→ Q

45. (d) $B \xrightarrow{+3} E \xrightarrow{+3} H$

$D \xrightarrow{+3} G \xrightarrow{+3} J$

$N \xrightarrow{+3} Q \xrightarrow{+3} T$

$J \xrightarrow{+3} M \xrightarrow{+3} P$

46. (b)

+1

ZA_5 Y_4B XC_6 W_3D VE_7

−1 −1 −1 −1 −1 −1 −1

+1 +1 +1 +1

47. (b) $d \xrightarrow{+5} i \xrightarrow{+5} n \xrightarrow{+5} s \xrightarrow{+s} x$

$e \xrightarrow{+5} j \xrightarrow{+5} o \xrightarrow{+5} t \xrightarrow{+s} v$

$b \xrightarrow{+5} g \xrightarrow{+5} l \xrightarrow{+5} q \xrightarrow{+s} y$

48. (b)

$N \xrightarrow{+1} O \xrightarrow{+1} P \xrightarrow{+1} Q \xrightarrow{+1} R \xrightarrow{+1} S$

$Z \xrightarrow{-1} Y \xrightarrow{-1} X \xrightarrow{-1} W \xrightarrow{-1} V \xrightarrow{-1} U$

49. (d) 3·5 7 10·5 14 [17·5]

+3·5 +3·5 +3·5 +3·5

50. (a) 7 12 19 28 39 [52]

+5 +7 +9 +11 +13

51. (b)

$1 \xrightarrow{+2} 3 \xrightarrow{+4} 7 \xrightarrow{+6} 13 \xrightarrow{+8} 21 \xrightarrow{+10} 31 \xrightarrow{+12} 43 \xrightarrow{+14} 57$

52. (a) AHL, CFI, ?, DEJ

विकल्पानुसार,

'?' के स्थान पर BGK आएगा।

53. (d) 36, 34, 30, 28, 24, ?

−2 −4 −2 −4 −2

अत: ? = 24 − 2 = 22

54. (d) $10 \times 3 + 3 = 33$

$33 \times 3 + 3 = 102$

$102 \times 3 + 3 = 309$

$309 \times 3 + 3 = 930$

55. (d)

$C \xrightarrow{+1} D \xrightarrow{+1} E \xrightarrow{+1} F \xrightarrow{+1} G$

$O \xrightarrow{+0} O \xrightarrow{+0} O \xrightarrow{+0} O \xrightarrow{+0} O$

$3 \xrightarrow{+1} 4 \xrightarrow{+1} 5 \xrightarrow{+1} 6 \xrightarrow{+1} 7$

$K \xrightarrow{+0} K \xrightarrow{+0} K \xrightarrow{+0} K \xrightarrow{+0} K$

$P \xrightarrow{+1} Q \xrightarrow{+1} R \xrightarrow{+1} S \xrightarrow{+1} T$

56. (a) 31 का विलोम 13

45 का विलोम 54

तब, 63 का विलोम 36

57. (d) $2^3 = 8$

$3^3 = 27$

$4^3 = 64$

$? = 5^3 = 125$

58. (d)

$C \xrightarrow{+6} I \xrightarrow{+6} O \xrightarrow{+6} U$

$E \xrightarrow{+6} K \xrightarrow{+6} Q \xrightarrow{+6} W$

$G \xrightarrow{+6} M \xrightarrow{+6} S \xrightarrow{+6} Y$

59. (d)

$A \xrightarrow{+1} B \xrightarrow{+1} C \xrightarrow{+1} D$

$Z \xrightarrow{-1} Y \xrightarrow{-1} X \xrightarrow{-1} W$

60. (c) $285 - 32 = 253$

$253 - 32 = 221$

$221 - 32 = 189$

$? = 189 - 32 = 157$

61. (c) 4, 7, 13, 22, 34, [49]

+3 +6 +9 +12 +15

62. (b)

$F \xrightarrow{+1} G \xrightarrow{+1} H \xrightarrow{+1} I \xrightarrow{+1} J$

$L \xrightarrow{+1} M \xrightarrow{+1} N \xrightarrow{+1} O \xrightarrow{+1} P$

$A \xrightarrow{+1} B \xrightarrow{+1} C \xrightarrow{+1} D \xrightarrow{+1} E$

63. (a) $(5)^3 + 10 = 135$,

$(6)^3 + 10 = 226$,

$(7)^3 + 10 = 353$,

$(8)^3 + 10 =$ [522],

$(9)^3 + 10 = 739$

64. (b)

AMDN GMJN MMPN SMVN

+6 +0 +6 +0 +6 +0 +6 +0 +6 +0 +6 +0

65. (a) 2, ?, 8, 16, 32

×2 ×2 ×2 ×2

∴ ? = 2 × 2 = 4

66. (a)

2, 6, 12, 20, 30, 42, [? = 56]

+4 +6 +8 +10 +12 +14

∴ ? = 42 + 14

= 56

67. (a)

NMT POV RQX [TSZ]

+2 +2 +2 +2 +2 +2 +2 +2 +2

68. (d)

$E \xrightarrow{+1} F \xrightarrow{+1} G \xrightarrow{+1} H \xrightarrow{+1} I$

$J \xrightarrow{+1} K \xrightarrow{+1} L \xrightarrow{+1} M \xrightarrow{+1} N$

$O \xrightarrow{+1} P \xrightarrow{+1} Q \xrightarrow{+1} R \xrightarrow{+1} S$

69. (a)

−1 −1 −1

B O C N D M E L F

+1 +1 +1 +1

70. (a) $7, 2 \Rightarrow 7 - 2, \quad 7 + 2 \Rightarrow 59$

$5, 3 \Rightarrow 5 - 3, \quad 5 + 3 \Rightarrow 28$

$9, 1 \Rightarrow 9 - 1, \quad 9 + 1 \Rightarrow 810$

$2, 1 \Rightarrow 2 - 1, \quad 2 + 1 \Rightarrow 13$

इसी प्रकार,

$5, 4 \Rightarrow 5 - 4, \quad 5 + 4 \Rightarrow 19$

71. (a) 120 440 960 1680 2600

+320 +520 +720 +920

72. (b)

$E \xrightarrow{+2} G \xrightarrow{+2} I \xrightarrow{+2} K \xrightarrow{+2} M$

$L \longrightarrow L \longrightarrow L \longrightarrow L \longrightarrow L$

$F \xrightarrow{+2} H \xrightarrow{+2} J \xrightarrow{+2} L \xrightarrow{+2} N$

$A \longrightarrow A \longrightarrow A \longrightarrow A \longrightarrow A$

73. (b)

15, 39, 74, 122, [185,] 265

+24 +35 +48 +63 +80

+11 +13 +15 +17

74. (d) V VIII XI XIV XVII XX

+3 +3 +3 +3 +3

75. (c) जिस प्रकार, $3463 - 1245 = 2218$

उसी प्रकार, $5324 - 3626 =$ [1698]

76. (c)

$X \xrightarrow{-1} W \xrightarrow{-1} V \xrightarrow{-1} U \xrightarrow{-1} T$

$G \xrightarrow{+2} I \xrightarrow{+2} K \xrightarrow{+2} M \xrightarrow{+2} O$

$H \xrightarrow{+2} J \xrightarrow{+2} L \xrightarrow{+2} N \xrightarrow{+2} P$

77. (c) $S \xrightarrow{+1} T \xrightarrow{+1} U \xrightarrow{+1}$

$V \xrightarrow{+1} W$

$C \xrightarrow{+2} E \xrightarrow{+2} G \xrightarrow{+2}$

$I \xrightarrow{+2} K$

$D \xrightarrow{+2} F \xrightarrow{+2} H \xrightarrow{+2}$

$J \xrightarrow{+2} L$

78. (b)

$D \xrightarrow{+6} J \xrightarrow{+2} L \xrightarrow{+6} R$

$E \xrightarrow{+4} I \xrightarrow{+4} M \xrightarrow{+4} Q$

$F \xrightarrow{+2} H \xrightarrow{+6} N \xrightarrow{+2} P$

79. (a) जिस प्रकार,

N O O P D E E F S T T U

+1 +1 +1 +1 +1 +1

इसी प्रकार,

X Y Y Z

+1 +1

80. (d) 4 5 9 18 34 [59]

$+(1)^2$ $+(2)^2$ $+(3)^2$ $+(4)^2$ $+(5)^2$

81. (a) 1 2 10 37 101 [226]

$+(1)^3$ $+(2)^3$ $+(3)^3$ $+(4)^3$ $+(5)^3$

82. (d) A $\xrightarrow{+4}$ E $\xrightarrow{+4}$ I $\xrightarrow{+6}$ O
B $\xrightarrow{+4}$ F $\xrightarrow{+4}$ J $\xrightarrow{+6}$ P
D $\xrightarrow{+4}$ H $\xrightarrow{+4}$ L $\xrightarrow{+6}$ R

83. (b)
109 $\xrightarrow{-35}$ 74 $\xrightarrow{-28}$ 46 $\xrightarrow{-21}$ 25 $\xrightarrow{-14}$ 11 $\xrightarrow{-7}$ (4)

84. (c)
4 7 11 18 29 47 (76) 123 199
+3 +4 +7 +11 +18 +29 +47 +76
3+4=7 4+7=11 7+11=18 11+18=29 18+29=47 29+47=76

85. (a)
A $\xrightarrow{+2}$ C $\xrightarrow{+2}$ E $\xrightarrow{+2}$ G
B $\xrightarrow{+2}$ D $\xrightarrow{+2}$ F $\xrightarrow{+2}$ H
N $\xrightarrow{+2}$ P $\xrightarrow{+2}$ R $\xrightarrow{+2}$ T
O $\xrightarrow{+2}$ Q $\xrightarrow{+2}$ S $\xrightarrow{+2}$ U

86. (b) 121 112 (104) 97 91 86
−9 −8 −7 −6 −5

87. (c)
Y X Z X W Y W V X V [U W]
−1 −1 −1 (upper); −1 −1 −1 (middle); −1 −1 −1 (lower)

88. (a) B I O [T] X A
+7 +6 +5 +4 +3

89. (c) B E ? [J] Q Z
+3 +5 +7 +9

90. (b) 4 8 11 22 25 [50]
×2 +3 ×2 +3 ×2

91. (d)
D $\xrightarrow{+3}$ G $\xrightarrow{+4}$ K $\xrightarrow{+3}$ N $\xrightarrow{+4}$ R $\xrightarrow{+3}$ **U**
F $\xrightarrow{+4}$ J $\xrightarrow{+3}$ M $\xrightarrow{+4}$ Q $\xrightarrow{+3}$ T $\xrightarrow{+4}$ **X**

92. (a) B I P [?=W] D
+7 +7 +7 +7

अत: ? के स्थान पर W अक्षर आएगा।

93. (a)
RAZ SBY TCX UDW VEV (WFU)
+1 +1 +1 +1 +1
+1 +1 +1 +1 +1
−1 −1 −1 −1

94. (d) जिस प्रकार,
C $\xrightarrow{+1}$ D
D $\xrightarrow{+1}$ E
F $\xrightarrow{+1}$ G

उसी प्रकार,
E $\xrightarrow{+1}$ F
F $\xrightarrow{+1}$ G
H $\xrightarrow{+1}$ I

95. (d)
Z $\xrightarrow{-4}$ V $\xrightarrow{-4}$ R $\xrightarrow{-4}$ N $\xrightarrow{-4}$ J $\xrightarrow{-4}$ F
A $\xrightarrow{+2}$ C $\xrightarrow{+2}$ E $\xrightarrow{+2}$ G $\xrightarrow{+2}$ I $\xrightarrow{+2}$ K

96. (b) $4 \to (2)^2$, $16 = (4)^2$
$36 = (6)^2$
$64 = (8)^2$
$100 = (10)^2$

97. (c)
2 3 10 15 26 35
↓ ↓ ↓ ↓ ↓ ↓
$(1)^2+1$ $(2)^2-1$ $(3)^2+1$ $(4)^2-1$ $(5)^2+1$ $(6)^2-1$

98. (c)
12 23 34 45 [56] 67 78 89
+11 +11 +11 +11 +11 +11 +11

99. (c) E $\xrightarrow{+2}$ G $\xrightarrow{+6}$ M $\xrightarrow{+2}$ O
A $\xrightarrow{+2}$ C $\xrightarrow{+6}$ I $\xrightarrow{+2}$ K
B $\xrightarrow{+2}$ D $\xrightarrow{+6}$ J $\xrightarrow{+2}$ L

100. (c) A $\xrightarrow{+1}$ B $\xrightarrow{+5}$ G $\xrightarrow{+1}$ H
C $\xrightarrow{+1}$ D $\xrightarrow{+5}$ I $\xrightarrow{+1}$ J
E $\xrightarrow{+1}$ F $\xrightarrow{+5}$ K $\xrightarrow{+1}$ L

101. (b) W $\xrightarrow{-4}$ S $\xrightarrow{-4}$ O $\xrightarrow{-4}$ K
B $\xrightarrow{+5}$ G $\xrightarrow{+5}$ L $\xrightarrow{+5}$ Q
P $\xrightarrow{-3}$ M $\xrightarrow{-3}$ J $\xrightarrow{-3}$ G

102. (d) D $\xrightarrow{+4}$ H $\xrightarrow{+5}$ M $\xrightarrow{+6}$ S
E $\xrightarrow{+4}$ I $\xrightarrow{+5}$ N $\xrightarrow{+6}$ T
F $\xrightarrow{+4}$ J $\xrightarrow{+5}$ O $\xrightarrow{+6}$ U

103. (a) 2, 3, 5, 7, [11]

सभी अभाज्य संख्याएँ हैं।

104. (c)
36 34 30 28 24 [22]
−2 −4 −2 −4 −2

105. (a) 4, 7, **26**, 10, 13, **20**, 16, [19, **14**]

मुख्य श्रेणी में, जो 4 से आरम्भ हो रही है, हरेक संख्या में 3 जोड़ा गया है। दूसरी श्रेणी में, जो 26 से शुरू हो रही है, हरेक संख्या में से 6 घटाया गया है।

106. (c)
AYD BVF DRH GMJ [KGL]
+1 +2 +3 +4
−3 −4 −5 −6
+2 +2 +2 +2

107. (a)
BDE GFG EJK [HPQ]
+1 +2 +3
+2 +4 +6
+2 +4 +6

108. (c) 96 109 134 175 [236]
+13 +25 +41 +61
+12 +16 +20

109. (b) 3 17 45 87 [143]
+14 +28 +42 +56

110. (a)
AZWD CXUF EVSH SMVN
+2 +2 +2
−2 −2 −2
−2 −2 −2
+2 +2 +2

111. (a)
3 1 5 3 [7] 5 9 [7] 11
−2 +4 −2 +4 −2 +4 −2 +4

112. (b) 63 + 9 = 72,
72 + 9 = 81,
81 + 9 = 90
99 + 9 = 108.

113. (d) सभी अभाज्य संख्या हैं।

114. (a) पहला अंक + दूसरा अंक = तीसरा अंक
5, 3, 8 ⇒ 5 + 3 = 8
16, 4, 20 ⇒ 16 + 4 = 20
14, 4, 19 ⇒ 15 + 4 = 19
12, [4], 16 ⇒ 12 + [4] = 16
3, 9, 12 ⇒ 3 + 9 = 12

115. (d)
AZ BY CX BX CZ DY CY DX EZ
+1 +1 +1 +1 +1 +1

(Z,Y, Z हर कॉलम में है)

116. (a)
0 3 8 15 24 [35]
+3 +5 +7 +9 +11

117. (a)
B J, C L, E N, H P, L R
+1 +2 +3 +4
+2 +2 +2 +2

118. (b) 5 + 5 = 10
10 + 7 = 17
? = 17 + 9 = 26
26 + 11 = 37
37 + 13 = 50

119. (d) E $\xrightarrow{+2}$ G $\xrightarrow{+3}$ J $\xrightarrow{+4}$ N
V $\xrightarrow{-2}$ T $\xrightarrow{-3}$ Q $\xrightarrow{-4}$ M

120. (b) 95 90 80 65 [?=45]
−5 −10 −15 −20

∴ ? = 65 − 20 = 45

121. (d) 10 11 14 23 50 [131]
+1 +3 +9 +27 +81

122. (b) 15 20 30 **[45]** 65

+5 +10 +15 +20

123. (b) 37 32 26 19 **[11]**

–5 –6 –7 –8

124. (b)

5 8 16 19 38 41 **[82]**

+3 ×2 +3 ×2 +3 ×2

125. (b) 78 155 309 **[617]** 1233

×2 –1 ×2 –1 ×2 –1 ×2 –1

126. (d)

A C E G J K M O Q **[S U W]**

127. (b) LMnP, PQrT, TUvX, **[XYzB]**.

128. (c)

+3 +3 +3 +3 +3

B C D F F I H L J O L R

+2 +2 +2 +2 +2

129. (c)

S $\xrightarrow{+1}$ T $\xrightarrow{+1}$ U $\xrightarrow{+1}$ V $\xrightarrow{+1}$ W

C $\xrightarrow{+2}$ E $\xrightarrow{+2}$ G $\xrightarrow{+2}$ I $\xrightarrow{+2}$ K

D $\xrightarrow{+2}$ F $\xrightarrow{+2}$ H $\xrightarrow{+2}$ J $\xrightarrow{+2}$ L

130. (a)

5 17 37 65 **[101]** 145

+12 +20 +28 +36 +44

+8 +8 +8 +8

131. (a)

X Y Z A B C UV W**[D]**

विपरीत वर्ण विपरीत वर्ण

132. (c)

4 8 12 16 **[20]** 24

+4 +4 +4 +4 +4

133. (b)

A C E, Z X V, G I K T R P, **[M]**

–6

+6 +6

134. (a)

–1 0 3 8 15 **[24]**

+1 +3 +5 +7 +9

135. (d)

A D H M S **[Z]**

+3 +4 +5 +6 +7

136. (b) 6 2 9 4 12 **[6]** **[15]**

+3 +3 +3

+2 +2

137. (d) 8 13 18 23 **[? = 28]** 33 38

+5 +5 +5 +5 +5 +5

138. (a)

1001 1004 1012 1027 **[? = 1051]**

+13 +8 +15 +24

+5 +7 +9

+2 +2

139. (d) 8 24 **[? = 48]** 80 120

+6 +24 +32 +40

+8 +8 +8

140. (c) HIJ PQR DEF UVW

141. (d)

A C E G I K **[? = M O]**

+2 +2 +2 +2

142. (b) $23 \times 2 + 5 \rightarrow (2 + 3) = 51$

$51 \times 2 + 6 \rightarrow (5 + 1) = 108$

$108 \times 2 + 9 \rightarrow (1 + 0 + 8) = 225$

$? = 225 \times 2 + 9 \rightarrow (2 + 2 + 5) =$ **[459]**

$459 \times 2 + 18 \rightarrow (4 + 5 + 9) = 936$

$\therefore\ ? = 225 \times 2 + 2(2 + 2 + 5)$

$= 450 + 9$

$= 459$

143. (b) 24, 35, 20, 31, 16, 27, **[12, 23]**

–4 –4 –4

–4 –4 –4

144. (a)

+0 +0 +0 +0 +0

$\frac{50}{7}$, $\frac{50}{6}$, $\frac{50}{5}$, $\frac{50}{4}$, $\frac{50}{3}$, **[$\frac{50}{2}$]**

–1 –1 –1 –1 –1

145. (a) 1, 5, 13, 25, 41, 61, **[85]**

+4 +8 +12 +16 +20 +24

+4 +4 +4 +4 +4

146. (d) जिस प्रकार, उसी प्रकार

EZ, FY XG, **[WH]**

+1 –1

–1 +1

147. (d) 1 16 81 256 625 **[1296]**

↓ ↓ ↓ ↓ ↓ ↓

1^4 2^4 3^4 4^4 5^4 6^4

148. (a)

C A E H F J M K O R P T **[W U Y]**

+5 +5 +5 +5

+5 +5 +5 +5

+5 +5 +5 +5

149. (b) $(12 + 1) \times 2 = 26$

$(26 + 1) \times 2 = 54$

$(54 + 1) \times 2 = 110$

$(110 + 1) \times 2 = 222$

150. (b) $1^2 + 1 = 2$

$2^2 - 1 = 3$

$3^2 + 1 = 10$

$4^2 - 1 = 15$

$? = 5^2 + 1 = 26$

151. (d)

12

6 12 24 / **[~~14~~]** 24 48 / 24 48 96

×2 ×2 ×2 ×2 ×2 ×2

उपर्युक्त शृंखला में '14' के बाद '12' होना चाहिए। अत:, संख्या '14' गलत है।

152. (c)

9 19 30 42 55 69 **(84)**

+10 +11 +12 +13 +14 +15

अत: ? ⇒ 84

153. (a)

÷3 ÷3

27 45 9 15 3 5 **(1)**

÷3 ÷3 ÷3

अत: ? ⇒ 1

154. (b)

6 9 18 45 126 369 **(1098)**

$6+3^1$ $9+3^2$ $18+3^3$ $45+3^4$ $126+3^5$ $369+3^6$

अत: ? ⇒ 1098

155. (b)

1 $\frac{1}{3}$ $\frac{1}{9}$ $\frac{1}{27}$ $\frac{1}{81}$ $\frac{1}{243}$ **($\frac{1}{729}$)**

$\times\frac{1}{3}$ $\times\frac{1}{3}$ $\times\frac{1}{3}$ $\times\frac{1}{3}$ $\times\frac{1}{3}$ $\times\frac{1}{3}$

अत: ? ⇒ 1/729

156. (d)

3 $\frac{1}{3}$ 14 $\frac{1}{14}$ 25 $\frac{1}{25}$ **(36)**

+11 +11 +11

अत: ? ⇒ 36

157. (a)

+3 +3 +3

3 5 6 11 9 17 12 **(23)**

+6 +6 +6

अत: ? ⇒ 23

158. (c)

3 4 7 7 13 13 21 22 31 34 (43)

+4 +6 +8 +10 +12

अत: ? ⇒ 43

159. (b)

3 6 12 15 30 33 (66)

+9 +18 +36

अत: ? ⇒ 66

160. (d)

2 5 4 8 6 11 8 14 10 (67)

+3 +3 +3 +3

अत: ? ⇒ 17

161. (b)

2 7 11 8 13 17 14 19 23 (20)

+5 +4 −3 +5 +4 −3 +5 +4 −3

अत: ? ⇒ 20

162. (e)

8 24 12 (36) 18 54

×3 ÷2 ×3 ÷2 ×3

अत: ? ⇒ 36

163. (a)

14 21 29 38 48 59 (71)

+7 +8 +9 +10 +11 +12

अत: ? ⇒ 71

164. (c)

2 5 14 41 122 365 (1094)

×3–1 ×3–1 ×3–1 ×3–1 ×3–1 ×3–1

अत: ? ⇒ 1094

165. (c)

256 81 64 27 16 9 (4)

÷4 ÷4 ÷4

अत: ? ⇒ 4

166. (a)

8 $\frac{1}{8}$ 22 $\frac{1}{22}$ 37 $\frac{1}{37}$ (53)

+14 +15 +16

अत: ? ⇒ 53

167. (a)

3 6 12 15 30 33 (66)

+3 ×2 +3 ×2 +3 ×2

अत: ? ⇒ 66

168. (c) 1 + 2 + 4 = 7

2 + 4 + 7 = 13

4 + 7 + 13 = 24

7 + 13 + 24 = 44

13 + 24 + 44 = 81

अत: ? ⇒ 81

169. (b)

+2 +2 +2

4 6 6 15 8 28 10 (45)

+9 +13 +17

अत: ? ⇒ 45

170. (e)

×4 ×5 ×6

3 2 6 8 18 40 72 240 (360)

×2 ×3 ×4 ×5

अत: ? ⇒ 360

❑❑❑

अध्याय 3

वर्गीकरण

वर्गीकरण उसे कहा जाता है जिसके अन्तर्गत समूह, श्रेणी, अथवा वर्गों के समान तत्वों के आधार पर समायोजित करके भिन्नता को पृथक करता है।

वर्गीकरण के अध्याय से प्रमुखत: निम्न प्रकार के प्रश्नों का समावेश रहता है—संख्या, शब्द, अक्षर पर आधारित प्रश्न

प्रकार 1. संख्या संबंधी

इसके अन्तर्गत निम्न प्रकार से प्रश्न पूछे जाते हैं—

(a) बढ़ते तथा घटते क्रम के आधार पर

(b) अंकों के पुनरावृत्ति के आधार पर

(c) सम तथा विषम संख्याओं के आधार पर

(d) अंकों के योग के आधार पर आदि

उदाहरण 1. निम्नलिखित अंक समूह में कौन-से एक समूह में अंकों का योग ज्ञात नहीं है?

(a) 43 (b) 61

(c) 56 (d) 52

हल (c) उपरोक्त तीनों संख्याओं के अंकों का योग 7 है।

उदाहरण 2. निम्नलिखित अंक समूहों में से कौन एक घटते क्रम में है?

(a) 147 (b) 142

(c) 149 (d) 150

हल (b) 147, 149, 150 सभी अंक संख्याएँ बढ़ते क्रम में है केवल 142 घटते क्रम में है।

प्रकार 2. शब्द संबंधी

उदाहरण 3. निम्नलिखित में से कौन अन्य चार से भिन्न है?

(a) पैन (b) बालपैन

(c) फाउण्टेन पैन (d) जैल पैन

(e) लकड़ी का पैन

हल (e) चूँकि लकड़ी का पैन बिना स्याही के चलता है, जबकि अन्य चारों में स्याही की आवश्यकता होती है।

प्रकार 3. अक्षर संबंधी

उदाहरण 4. निम्न में से भिन्न छाँटिए—

(a) LO (b) MN

(c) GT (d) FV

हल (d) उपरोक्त तीनों वर्णमाला के विपरीत अक्षर है जबकि FV नहीं है जैसे—

A B C D E F G H I J K L M

Z Y X W V U T S R Q P O N

निर्देश : नीचे दिये गए अक्षरों/अंकों/चिह्नों के संकेतों की मिश्रित शृंखला का ध्यानपूर्वक अध्ययन करके इन पर आधारित प्रश्नों का उत्तर दीजिए—

B 3 K G ★ P Q 7 5 £ R J θ M @ * 6 Z H 8 W ●

उदाहरण 5. नीचे दिए गए पाँच में से चार उपर्युक्त शृंखला में अपनी स्थिति के आधार पर एक से हैं और इस प्रकार आपस में ये एक समूह का निर्माण करते हैं। बताएँ कि इनमें से कौन-सा एक ऐसा है, जो अन्य चार से भिन्न है?

(a) P 7 R (b) @ 6

(c) ● 3 ★ (d) θ @ H

(e) JM6

हल (d) दिये गए शृंखला में प्रयुक्त अक्षरों/अंकों/संकेतों के क्रम को स्थानीय मान के साथ निरूपित करने पर—

स्थानीय क्रम	→	**1**	**2**	**3**	**4**	**5**	**6**	**7**	**8**	**9**	**10**	**11**
दी गई शृंखला	→	**B**	**3**	**K**	**G**	**★**	**P**	**Q**	**7**	**5**	**£**	**R**
स्थानीय क्रम	→	**12**	**13**	**14**	**15**	**16**	**17 18**	**19**	**20**	**21**	**22**	**23**
दी गई शृंखला	→	**J**	**θ**	**M**	**@**	*****	**6**	**Z**	**H**		**8**	**W ●**

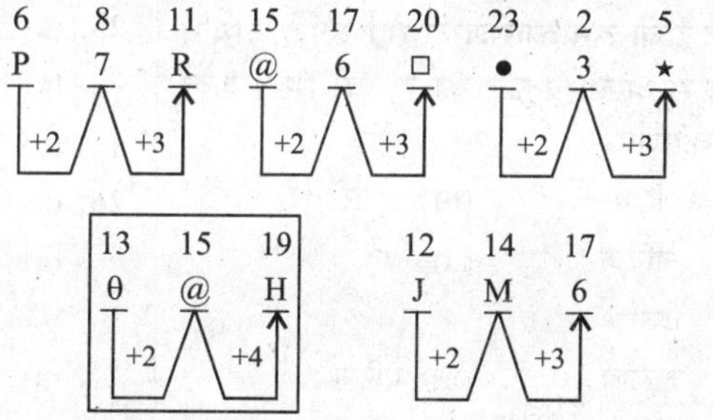

यहाँ अन्य सभी समूह में प्रयुक्त संकेत क्रमश: + 2, + 3 के क्रम से बढ़े हुए हैं, जबकि विकल्प समूह (d) में यह क्रमश: + 2, + 4 के क्रम से बढ़ा है।

23   23 1 2

नोट : ● + 2 = 25 = ● → B → 3

24 25

प्रश्नावली

निर्देश—(प्रश्न संख्या 1 से 10 तक) प्रत्येक प्रश्न नीचे दी गई अक्षरों/संख्याओं की मिश्रित शृंखला पर आधारित हैं। दी गई शृंखला का ध्यानपूर्वक अध्ययन करके यह ज्ञात कीजिए कि प्रत्येक प्रश्न में दिये गए पाँच विकल्पों में से कौन-सा एक ऐसा विकल्प है जो कि अन्य चार से भिन्न है?

S 6 D 15 P K T V 9 G E 4 M Q L 8 7 H R Z F 3 I 2 N

1. (a) SN (b) PR

(c) GL (d) 4M

(e) 5F

2. (a) DPV (b) 4LH

(c) 8MG (d) ZIS

(e) VEQ

3. (a) P9M (b) V48
(c) ITE (d) 7FN
(e) 9M7

4. (a) GE (b) 94
(c) 57 (d) IH
(e) KT

5. (a) SN62 (b) DXI3
(c) 5FPZ (d) KRT7
(e) EQ4M

6. (a) I5P (b) 9GE
(c) MQL (d) 7HR
(e) 3I2

7. (a) VQ5 (b) S8G
(c) ITE (d) H32
(e) K4Z

8. (a) 6IP (b) KVG
(c) D5K (d) T9E
(e) 5KV

9. (a) IFR (b) L7R
(c) ME9 (d) E9T
(e) NIF

10. (a) SP (b) 56
(c) S6I (d) DI
(e) 5PT

निर्देश—(प्रश्न संख्या 11 से 81 तक) नीचे दिये गए प्रत्येक प्रश्न में पाँच शब्द दिये गए हैं, इन पाँच शब्दो में से चार शब्द किसी-न-किसी प्रकार से एक समान हैं तथा इस प्रकार से ये अपना एक समूह का निर्माण करते हैं। बताएँ कि इनमें से कौन-सा एक ऐसा शब्द है जो अन्य चार शब्दों से भिन्न हैं, अर्थात् इस समूह से अलग प्रकृति का है, उस भिन्न शब्द को ज्ञात कीजिए—

11. (a) लोहार (b) सुनार
(c) नाविक (d) बढ़ई
(e) दर्जी

12. (a) तालाब (b) दरिया
(c) झील (d) नहर
(e) नदी

13. (a) अर्द्धमास (b) सप्ताह
(c) दिन (d) कैलेण्डर
(e) दीवार घड़ी

14. (a) खेल-कूद (b) लम्बी-कूद
(c) दौड़ (d) बाधा दौड़
(e) ऊँची-कूद

15. (a) शलजम (b) मूली
(c) गाजर (d) बैंगन
(e) आलू

16. (a) इलेक्ट्रॉनिक (b) ऑप्टिक्स
(c) मैकेनिक्स (d) थर्मोडायनामिक्स
(e) भौतिक विज्ञान

17. (a) निर्देशक (b) हीरो
(c) हीरोइन (d) खलनायक
(e) कैमरा

18. (a) स्टीमर (b) हेलीकॉप्टर
(c) रथ (d) युद्धक विमान
(e) हवाई जहाज

19. (a) गिटार (b) बाँसुरी
(c) ऑरकेस्ट्रा (d) हारमोनियम
(e) वायलिन

20. (a) चाकू (b) छूरा
(c) कुल्हाड़ी (d) आरी
(e) तीर

21. (a) लिखना (b) पढ़ना
(c) खेलना (d) साँस लेना
(e) गाना

22. (a) सभ्य (b) प्रसिद्ध
(c) विनीत (d) नागरिक
(e) शिष्ट

23. (a) यूनिफॉर्म (b) टाई
(c) शर्ट (d) कैप
(e) पैंट

24. (a) निर्मला (b) श्वेता
(c) यस्सी (d) वरुण
(e) कंचन

25. (a) तंबाकू (b) चूरेट
(c) सिगार (d) बीड़ी
(e) सिगरेट

26. (a) चित्रकला (b) तस्वीर
(c) पोस्टर (d) प्राकृतिक दृश्य
(e) छायाचित्र

27. (a) कागज (b) पेन्सिल
(c) स्टेशनरी (d) कलम
(e) रबर

28. (a) मुद्रक (b) प्रकाशक
(c) लेखक (d) संवाददाता
(e) पाठक

29. (a) अप्रैल (b) मई
(c) सितम्बर (d) जुलाई
(e) नवम्बर

30. (a) गहना (b) कंगन
(c) चूड़ी (d) अँगूठी
(e) कण्ठी

31. (a) सोना (b) चाँदी
(c) एल्युमिनियम (d) पारा
(e) सोडियम

32. (a) सीमा सुरक्षा बल
(b) भारतीय वायु सेना
(c) केन्द्रीय रिजर्व पुलिस
(d) भारतीय प्रशासनिक सेवा
(e) रेलवे सुरक्षा बल

33. (a) काष्ठशिल्प (b) धातुशिल्प
(c) जादू-टोना (d) बेंतशिल्प
(e) खाद्य कला

34. (a) मार्स (b) संकेतयंत्र
(c) ब्रैल (d) बेतार
(e) दूरभाष

35. (a) निर्दयी (b) करुणापूर्ण
(c) दयावान (d) दयालु
(e) ममता

36. (a) मित्रता (b) प्यार
(c) आसक्ति (d) घनिष्ठता
(e) शत्रुता

37. (a) दोषमुक्त (b) सभ्य
(c) दोषी (d) हानिरहित
(e) निर्दोष

38. (a) बत्तख का बच्चा (b) मजदूर
(c) बछड़ा (d) शावक
(e) घेंटुला

39. (a) लंगड़ा (b) मोटा
(c) बौना (d) लम्बा
(e) पतला/दुबला

40. (a) अभिमान (b) विचार
(c) प्रेम (d) दुःख
(e) भय

41. (a) ईमानदारी (b) बुद्धिमानी
(c) चतुराई (d) प्रतिष्ठा
(e) समझदारी

42. (a) मीठा (b) नमकीन
(c) गरम (d) खट्टा
(e) कड़वा

43. (a) बादल (b) कुहरा
(c) वाष्प (d) धुन्ध
(e) वर्षा

44. (a) घंटा (b) समय
(c) सेकेण्ड (d) वर्ष
(e) दिन

45. (a) बीजगणित (b) त्रिकोणमिति (c) ज्यामिति (d) गणित (e) अंकगणित

46. (a) कंचन (b) गायत्री (c) जयंती (d) रामनारायण (e) अलका

47. (a) हिन्दी (b) अंग्रेजी (c) इनसाइक्लोपेडिया (d) स्पेनिश (e) फ्रेंच

48. (a) मणीपुरी (b) कत्थक (c) कथकली (d) कुचीपुड़ी (e) भैरवी

49. (a) जुलाई (b) जून (c) मार्च (d) दिसम्बर (e) फरवरी

50. (a) फेदर वेट (b) लाइट वेट (c) हेवी वेट (d) बेनथम वेट (e) पेपर वेट

51. (a) चीता (b) शेर (c) घड़ियाल (d) लोमड़ी (e) ह्वेल

52. (a) सरोवर (b) कुण्ड (c) नाला (d) झील (e) तालाब

53. (a) डिप्थीरिया (b) सफेद दाग (c) रक्तक्षीणता (d) श्वेत रक्तता (e) मोतियाबिन्द

54. (a) इगलू (b) कारखाना (c) फ्लैट (d) झोंपड़ी (e) घर

55. (a) शेर (b) बाघ (c) मगर (d) चीता (e) साँड़

56. (a) ठेला (b) कार (c) ताँगा (d) बैलगाड़ी (e) साईकिल

57. (a) कुतिया (b) शेर (c) घोड़ा (d) मुर्गा (e) बैल

58. (a) शनि (b) चंद्रमा (c) बृहस्पति (d) बुध (e) मंगल

59. (a) लीरा (b) डॉलर (c) मुद्रा (d) टका (e) दीनार

60. (a) बिल (b) कुत्ताघर (c) अस्तबल (d) घोंसला (e) नाव

61. (a) पुष्पोत्पादक (b) गुलदस्ता (c) फूलों का हार (d) फूल (e) फूल की माला

62. (a) प्रसन्न (b) उत्सव-संबंधी (c) खुश (d) आनंदित (e) उदास

63. (a) चीन (b) पाकिस्तान (c) जापान (d) फ्रांस (e) नेपाल

64. (a) नजदीक (b) बगल में (c) कहाँ (d) नीचे (e) ऊपर

65. (a) राजमिस्त्री (b) बढ़ई (c) सुनार (d) लोहार (e) कुम्हार

66. (a) शर्ट (b) कोट (c) ट्राउजर (d) क्लॉथ (e) फ्रॉक

67. (a) काजू (b) सेब (c) नारंगी (d) अंगूर (e) अन्नानास

68. (a) बहन (b) भतीजा (c) भाई (d) भतीजी (e) रिश्तेदार

69. (a) बिल्ली (b) भेड़ (c) गाय (d) मुर्गी (e) बैल

70. (a) छत (b) दीवार (c) धरन (d) घर (e) स्तंभ

71. (a) स्टूल (b) उपस्कर (c) कुर्सी (d) टेबुल (e) अलमारी

72. (a) समाचार-पत्र (b) पुस्तक (c) पत्रिका (d) पुस्तकालय (e) शब्दकोष

73. (a) घोड़ा (b) बकरी (c) बिल्ली (d) बैल (e) गधा

74. (a) चश्मा (b) दूरबीन (c) द्विनेत्री (d) सूक्ष्मदर्शी (e) प्रक्षेपक

75. (a) स्पीडोमीटर (b) डॉयमीटर (c) वोल्टमीटर (d) लेक्टोमीटर (e) थर्मामीटर

76. (a) गुजराती (b) संस्कृत (c) तेलगु (d) मराठी (e) कन्नड़

77. (a) झुण्ड (b) दल (c) मधुमक्खियों का झुण्ड (d) समूह (e) भीड़

78. (a) शिष्ट (b) थकान (c) खुश (d) भयभीत (e) उदास

79. (a) बत्तख (b) तोता (c) कोयल (d) कौवा (e) कबूतर

80. (a) जामुन (b) सेब (c) नारंगी (d) टमाटर (e) आलू

81. (a) जनवरी (b) अगस्त (c) जुलाई (d) मार्च (e) मई

निर्देश—(प्रश्न संख्या 82 से 90 तक) नीचे दिये गए प्रत्येक प्रश्न में पाँच में से चार अक्षर समूह वर्णमाला के क्रम में अपनी स्थिति के आधार पर किसी प्रकार से एक जैसे हैं और इस प्रकार से ये अपना एक समूह का निर्माण करते हैं। बताएँ कि इनमें से कौन-सा एक अक्षर समूह ऐसा है जो अन्य चार से भिन्न है?

82. (a) IJ (b) FF (c) OP (d) AB (e) RS

83. (a) OP (b) MN (c) PQ (d) RS (e) KL

84. (a) LP (b) EV (c) JQ (d) MN (e) KP

85. (a) TV (b) FG
(c) PQ (d) KL
(e) BC

86. (a) BFE (b) HLK
(c) DHG (d) JNR
(e) CGF

87. (a) TU (b) KJ
(c) PO (d) YX
(e) CB

88. (a) DF (b) PQ
(c) CD (d) MN
(e) RS

89. (a) JL (b) DM
(c) PQ (d) SK
(e) JN

90. (a) NL (b) VT
(c) RP (d) ZX
(e) JG

निर्देश—(प्रश्न संख्या 91 से 95 तक) प्रत्येक प्रश्न नीचे दी गई मिश्रित शृंखला पर आधारित हैं। दी गई शृंखला का ध्यानपूर्वक अध्ययन करके यह ज्ञात कीजिए कि प्रत्येक प्रश्न में दिये गए पाँच विकल्पों में से कौन-सा एक ऐसा विकल्प है जो कि अन्य चार से भिन्न है?

Z Q K 8 L 4 P D * Σ G T θ d N R H ★ C I ● J X A Y

91. (a) Q84 (b) ΣTd
(c) DΣT (d) HIX
(e) ZKL

92. (a) K4* (b) LDG
(c) θN★ (d) RCJ
(e) GdH

93. (a) K4 (b) ΣP
(c) TN (d) RI
(e) JC

94. (a) ZQ8 (b) 4P*
(c) GTd (d) NR★
(e) ●JA

95. (a) 4P (b) ZT
(c) LD (d) KΣ
(e) PD

96. निम्नलिखित संख्या-समूहों में, एक समूह अन्य से भिन्न है, उस भिन्न समूह का चयन कीजिए—
(a) 80–16 (b) 50–10
(c) 60–12 (d) 77–11

निर्देश—(प्रश्न संख्या 97 से 99 तक) नीचे दिए गए विकल्पों में से विषम शब्द/अक्षरों संख्या को चुनिए—

97. (a) 6859 (b) 4913
(c) 2910 (d) 1331

98. (a) बैल (b) गाय
(c) बकरी (d) कुत्ता

99. (a) QUW (b) DHJ
(c) MPS (d) JHN

निर्देश—(प्रश्न संख्या 100 से 105 तक) दिए गए विकल्पों में से विषम शब्द/अक्षरों/संख्या को चुनिए—

100. (a) पीतल (b) इस्पात
(c) टिन (d) कांस्य

101. (a) (47, 49) (b) (5, 7)
(c) (11, 13) (d) (29, 31)

102. (a) QIEM (b) HIUL
(c) ZOIV (d) TEAP

103. (a) गुलाब (b) ट्यूलिप
(c) गेंदा (d) कमल

104. (a) 1189 (b) 1234
(c) 9100 (d) 8110

105. (a) mmm qqq ttt (b) ccc ggg kkk
(c) kkk ooo sss (d) bbb fff jjj

निर्देश—(प्रश्न संख्या 106 से 111 तक) दिए गए विकल्पों में से विषम शब्द/अक्षरों/संख्या को चुनिए—

106. (a) ERKU (b) PERU
(c) OKHA (d) ANDI

107. (a) 8 (b) 96
(c) 111 (d) 87

108. (a) मेयर (b) वकील
(c) राज्यपाल (d) विधायक

109. (a) न्यून (b) सम
(c) अधिक (d) समांतर

110. (a) 1331 (b) 191
(c) 200 (d) 808

111. (a) EV (b) BS
(c) IZ (d) DX

निर्देश—(प्रश्न संख्या 112 से 120 तक) दिए गए विकल्पों में से संबंधित शब्द/अक्षरों/संख्या को चुनिए—

112. विषम शब्द को चुनिए—
(a) पीयर्स (b) हमाम
(c) सिन्थॉल (d) रिन

113. विषम अक्षरों को चुनिए—
(a) RFD (b) TIW
(c) PET (d) CAP

114. विषम अक्षरों को चुनिए—
(a) STUA (b) HGFA
(c) RQPA (d) MLKA

115. विषम अक्षरों को चुनिए—
(a) LORU (b) WZCF
(c) ADGJ (d) IMQU

116. विषम संख्या को चुनिए—
(a) 742956 (b) 876321
(c) 368127 (d) 564327

117. विषम संख्या युग्म को चुनिए—
(a) (54, 216) (b) (61, 244)
(c) (24, 96) (d) (27, 135)

118. विषम संख्या युग्म को चुनिए—
(a) 12–21 (b) 57–75
(c) 15–41 (d) 34–43

119. विषम शब्द को चुनिए—
(a) गौरैया (b) मर्मर पक्षी
(c) कौड़िल्ला (d) सारस

120. विषम युग्म को चुनिए—
(a) पेन-स्याही (b) ब्रश-रंग
(c) पेंसिल-लेड (d) चित्रांकनी-चार्ट

निर्देश—(प्रश्न संख्या 121 से 124 तक) दिए गए विकल्पों में से विषम संख्या/अक्षरों/संख्या युग्म को चुनिए—

121. (a) कान (b) नाक
(c) आँख (d) प्रकोष्ठ

122. (a) ABCD (b) EFGH
(c) BCDE (d) CFIZ

123. 32, 13, 51, 24, 46, 20, 72, 45—
(a) 72 (b) 46
(c) 20 (d) 13

124. (a) (108, 36) (b) (69, 23)
(c) (56, 19) (d) (42, 14)

निर्देश—(प्रश्न संख्या 125 से 134 तक) दिए गए विकल्पों में से विषम शब्द/संख्या/अक्षरों/संख्या युग्म चुनिए—

125. दिए गए विकल्पों में से विषम शब्द चुनिए—
(a) वर्ग (b) वृत्त
(c) गोलक (d) त्रिभुज

126. दिए गए विकल्पों में से विषम शब्द चुनिए—
(a) लॉज (b) भवन
(c) सराय (d) टेन्ट

127. दिए गए विकल्पों में से विषम संख्या युग्म चुनिए—
(a) 79, 63 (b) 112, 95
(c) 167, 150 (d) 84, 67

128. दिए गए विकल्पों में से विषम अक्षरों को चुनिए—
(a) RQOP (b) YXTU
(c) IJSO (d) CBUV

129. दिए गए विकल्पों में से विषम अक्षरों को चुनिए—
(a) JHMX (b) PNTO
(c) LCUF (d) AKWE

130. दिए गए विकल्पों में से विषय शब्द चुनिए—
(a) रडर (b) पंख
(c) चोंच (d) फिन

131. दिए गए विकल्पों में से विषम संख्या युग्म चुनिए—
(a) 28, 82 (b) 99, 99
(c) 24, 44 (d) 36, 63

132. इनमें से विषम कौन-सा है?
(a) BGIE (b) AGHB
(c) DJGE (d) AGKD

133. इनमें से विषम कौन-सा है?
(a) 49–33 (b) 62–46
(c) 83–67 (d) 70–55

134. दिए गए विकल्पों में से विषम संख्या युग्म चुनिए—
(a) 2, 5, 11 (b) 7, 10, 17
(c) 4, 7, 13 (d) 6, 9, 15

निर्देश—(प्रश्न संख्या 135 एवं 136) दिए गए विकल्पों में से विषम शब्द/संख्या/अक्षरों संख्या युग्म चुनिए—

135. (a) पोटैशियम (b) गैलियम
(c) जर्मेनियम (d) जर्कोनियम

136. (a) टमाटर (b) खीरा
(c) कद्दू (d) आलू

निर्देश—(प्रश्न संख्या 137 से 142 तक) दिए गए विकल्पों में से विषम शब्द/अक्षरों/संख्या युग्म चुनिए—

137. (a) 1131 (b) 125
(c) 343 (d) 729

138. (a) हीरा (b) पुखराज
(c) माणिक्य (d) मोती

139. (a) 45 (b) 63
(c) 108 (d) 56

140. (a) BDEF (b) QSTU
(c) IKLM (d) GHJK

141. (a) NOL (b) DEB
(c) RTP (d) HIF

142. (a) मेंडोलिन (b) गिटार
(c) ढोलक (d) वायलिन

निर्देश—(प्रश्न संख्या 143 से 145 तक) उसे चुनिए, जो अन्य तीन विकल्पों से भिन्न है—

143. (a) दूध (b) पनीर
(c) मक्खन (d) दही

144. (a) FEDC (b) ZYWX
(c) UTSR (d) GFED

145. (a) 35 – 26 (b) 47 – 38
(c) 36 – 27 (d) 24 – 29

निर्देश—(प्रश्न संख्या 146 से 153 तक) दिए गए विकल्पों में से विषम शब्द/संख्या/अक्षरों/संख्या युग्म चुनिए—

146. (a) पोलैण्ड (b) कोरिया
(c) स्पेन (d) ग्रीस

147. (a) ध्रुवतारा (b) नाइकी
(c) क्रक्स (d) फीनिक्स

148. (a) गिरगिट (b) मगरमच्छ
(c) एलिगेटर (d) टिड्डी

149. (a) BCDG (b) GIJL
(c) PRSU (d) UWXZ

150. (a) MKHBD (b) GFKHC
(c) BDFAT (d) XVRPI

151. (a) DCEB (b) PNQST
(c) VKHGM (d) WPZLH

152. (a) 1625 (b) 3649
(c) 6481 (d) 5025

153. (a) 512 (b) 625
(c) 1296 (d) 2401

निर्देश—(प्रश्न संख्या 154 से 159 तक) दिए गए विकल्पों में से विषम शब्द/संख्या/अक्षरों/संख्या युग्म चुनिए—

154. (a) 51, 66 (b) 83, 102
(c) 123, 146 (d) 169, 196

155. (a) शर्करा (b) मंड (स्टार्च)
(c) ग्लूकोस (d) प्रोटीन

156. (a) मानचित्र
(b) ग्लोब (भूमण्डल)
(c) दिक्सूचक (कुतुबनुमा)
(d) सूक्ष्मदर्शी

157. (a) YIP (b) WAT
(c) ORG (d) BUP

158. (a) EAC (b) JFH
(c) OMK (d) TPR

159. (a) 15, 24, 35 (b) 3, 8, 15
(c) 35, 49, 63 (d) 120, 143, 168

निर्देश—(प्रश्न संख्या 160 से 165 तक) दिए गए विकल्पों में से विषम शब्द/अक्षरों/संख्या चुनिए—

160. (a) नौका (b) पनडुब्बी
(c) नाव (d) पोत (जहाज)

161. (a) Autobiography
(b) Malayalam
(c) Intelligence
(d) Dictionary

162. (a) वर्ग (b) समलम्ब
(c) बेलन (d) समान्तर चतुर्भुज

163. (a) 42 : 4 (b) 48 : 6
(c) 32 : 2 (d) 15 : 5

164. (a) Year 2012 (b) Year 1998
(c) Year 2005 (d) Year 1997

165. (a) MIGE (b) XTQO
(c) RNKI (d) HDAY

निर्देश—(प्रश्न संख्या 166 से 168 तक) दिए गए विकल्पों में से विषम शब्द/संख्या को चुनिए—

166. (a) जॉन डाल्टन (b) जॉन नैपियर
(c) पाइथागोरस (d) राने डिस्कैनसस

167. (a) दीपावली (b) पोंगल
(c) बाल दिवस (d) क्रिसमस

168. (a) 196 – 78 (b) 530 – 153
(c) 5001 – 501 (d) 175 – 775

निर्देश—(प्रश्न संख्या 169 से 171 तक) उसे चुनिए, जो अन्य तीनों विकल्पों से भिन्न है—

169. (a) UWWX (b) RSST
(c) ABBC (d) XYYZ

170. (a) छिपकली (b) पेंगुइन
(c) साँप (d) मगर

171. (a) 28 – 14 (b) 32 – 17
(c) 40 – 25 (d) 45 – 30

निर्देश—(प्रश्न संख्या 172 से 180 तक) दिए गए विकल्पों में से विषम शब्द/संख्या/अक्षरों/संख्या युग्म चाहिए—

172. (a) धकेलना (b) टहोकना
(c) दबाना (d) कचरा

173. (a) विषय-वस्तु (b) ग्रंथ-सूची
(c) पत्रकारिता (d) प्रस्तावना

174. (a) टिट्नस (b) निमोनिया
(c) क्षय रोग (d) यकृत शोथ

175. (a) 9 (b) 27
(c) 64 (d) 8

176. (a) 1876 (b) 1984
(c) 2024 (d) 2014

177. (a) 3 – 9 (b) 5 – 25
(c) 7 – 49 (d) 8 – 64

178. (a) OHA (b) PIB
(c) JQC (d) RKD

179. (a) DHF (b) KOM
(c) RVT (d) WYX

180. (a) BDFH (b) JLNP
(c) YOIC (d) RTVX

निर्देश—(प्रश्न संख्या 181 से 184 तक) दिए गए विकल्पों में से विषम शब्द/अक्षरों/संख्या युग्म चुनिए—

181. (a) साँप (b) व्हेल
(c) मगरमच्छ (d) छिपकली

182. (a) हरिकेन(तूफान) (b) विस्फोट
(c) भूकम्प (d) सुनामी

183. (a) 631 (b) 862
(c) 530 (d) 357

184. (a) ढोलक (b) मदाल
(c) मृदंग (d) तबला

निर्देश—(प्रश्न संख्या 185 से 191 तक) दिए गए विकल्पों में से विषम शब्द/अक्षरों/संख्या युग्म चुनिए—

185. (a) DEFY (b) HINT (c) MOST (d) SUVY

186. (a) JLOS (b) GHIM (c) HJMQ (d) PRUY

187. (a) 24 (b) 28 (c) 42 (d) 56

188. (a) 1, 2, 4, 8 (b) 2, 6, 10, 14 (c) 3, 9, 15, 21 (d) 7, 21, 35, 49

189. (a) प्रशंसा करना (b) भर्त्सना करना (c) शाबासी देना (d) तारीफ करना

190. (a) परागकोश (b) रेटिना (c) अंडाशय (d) पंखुड़ी

191. (a) पहाड़ी मैना (b) घर गौरैया (c) मरकत फाख्ता (d) इम्पीरियल उकाब

निर्देश—(प्रश्न संख्या 192 से 200 तक) दिए गए विकल्पों में से उसे चुनिए जो अन्य तीन विकल्पों से भिन्न है—

192. (a) वर्ग (b) समभुज त्रिकोण (c) समचतुर्भुज (d) समकोण त्रिकोण

193. (a) अभिक्षमता (b) ऊँचाई (c) अभिवृत्ति (d) व्यवहार

194. (a) SSA (b) RMSA (c) RUSA (d) NASA

195. (a) 63 (b) 69 (c) 65 (d) 66

196. (a) 108 (b) 91 (c) 144 (d) 225

197. (a) 187 : 11 (b) 194 : 12 (c) 195 : 13 (d) 224 : 14

198. (a) D (b) G (c) H (d) J

199. (a) SRT (b) PON (c) KJL (d) VUW

200. (a) EVFU (b) CXDW (c) AZBX (d) GTHS

निर्देश—(प्रश्न संख्या 201 से 203 तक) उसे चुनिए जो अन्य तीन विकल्पों से भिन्न है—

201. (a) PQSR (b) ABDC (c) WXYZ (d) EFHG

202. (a) 50–100 (b) 56–114 (c) 78–156 (d) 69–138

203. (a) जुलाई (b) अगस्त (c) सितम्बर (d) अक्टूबर

उत्तर (हल/संकेत)

हल (प्रश्न संख्या 1 से 10 तक) के लिए, अक्षरों/अंकों को उनके स्थानीय मान के साथ निरूपित करने पर—

स्थानीय मान →	1	2	3	4	5	6	7	8	9	10	11	12	13	14	15	16	17	18	19	20	21	22	23	24	25	26
दी गई शृंखला →	S	6	D	1	5	P	K	T	V	9	G	E	4	M	Q	L	8	7	H	R	Z	F	3	I	2	N

1. (b)

1 26 | 6 20 | 11 16 | 13 14 | 5 22
S N, P R, G L, 4 M, 5 F
27 | 26 | 27 | 27 | 27

यहाँ हम देख रहे हैं कि अन्य सभी समूहों के संकेतों के स्थानीय मान का योग '27' प्राप्त हो रहा है, जबकि विकल्प समूह (b) के संकेतों के स्थानीय मान का योग '26' प्राप्त होता है।

2. (c)

3 6 9 | 13 16 19
D P V, 4 L H (+3, +3)

17 14 11 | 21 24 1 | 9 12 15
8 M G (–3, –3), Z I S (+3, +3), V E Q (+3, +3)

यहाँ अन्य सभी समूह क्रमशः + 3, + 3 के क्रम से बढ़े हुए हैं, जबकि विकल्प समूह (c) क्रमशः – 3, – 3 के क्रम से घटे हुए है।

3. (b)

6 10 14 | 9 13 17
P 9 M | V 4 8

4 8 12 | 18 22 26 | 10 14 18
1 T E | 7 F N | 9 M 7

यहाँ अन्य सभी समूह में केवल समसख्यांकिक मान वाले संकेतों का प्रयोग किया गया है, जबकि विकल्प समूह (b) में केवल **'विषम संख्यांकिक'** मान वाले संकेतों का प्रयोग किया गया है।

4. (e)

11 12 | 10 13 | 5 18 | 4 19 | 7 8
G E, 9 4, 5 7, 1 H, K T
23 | 23 | 23 | 23 | 15

यहाँ अन्य सभी समूह में प्रयुक्त संकेतों के स्थानीय मान, का योग '23' है, जबकि विकल्प समूह (e) में प्रयुक्त संकेतों के स्थानीय मान का योग '15' है।

5. (d)

1 26 2 25 | 3 24 4 23 | 5 22 6 21
S N 6 2, D X 1 3, 5 F P Z,
27 27 | 27 27 | 27 27

7 20 8 18 | 12 15 13 14
K R T 7, E Q 4 M
27 26 | 27 27

यहाँ अन्य सभी समूह के प्रत्येक जोड़े संकेतों के स्थानीय मानों का योग '27' प्राप्त हो रहा है, जबकि विकल्प समूह (d) के जोड़े संकेतों के स्थानीय मानों के योग क्रमशः '27 और 26' प्राप्त हो रहे हैं।

6. (e)

4 5 6 | 10 11 12
1 5 P, 9 G E,

14 15 16 | 18 19 20 | 23 24 25
M Q L, 7 H R, 3 I 2

यहाँ अन्य सभी समूह में समसंख्यांकिक मान वाले केवल **'दो'** संकेतों का प्रयोग किया गया है, जबकि विकल्प समूह (e) में **'दो'** 'विषम संख्यांकिक' मान वाले संकेतों का प्रयोग किया गया है।

7. (c)

9 15 5 | 1 17 11
V Q 5, S 8 G,

4 8 12 | 19 23 25 | 7 13 21
I T E, H 3 2, K 4 Z

यहाँ अन्य सभी समूह में केवल विषम संख्यांकिक मान वाले संकेतों का प्रयोग किया गया है।

8. (d)

2 4 6 | 7 9 11
6 1 P, K V G
$^{12}/_{3} \Rightarrow 4$ | $^{27}/_{3} \Rightarrow 9$

3 5 7 | 8 10 12 | 5 7 9
D 5 K, T 9 E, 5 K V
$^{15}/_{3} \Rightarrow 5$ | $^{30}/_{3} \Rightarrow 10$ | $^{21}/_{3} \Rightarrow 7$

यहाँ अन्य सभी समूह के संकेतों का स्थानीय मान के योग को 'तीन' से भाग देने पर भागफल 'इकाई' अंकों में प्राप्त होता है, जबकि विकल्प समूह (d) के संकेतों के स्थानीय मानों के योग को 'तीन' से भाग देने पर भागफल **'दहाई'** अंकों में प्राप्त होता है।

9. (b)

24 22 20
I $\xrightarrow{-2}$ F $\xrightarrow{-2}$ R ,

$\overset{16}{L} \xrightarrow{+2} \overset{18}{7} \xrightarrow{+2} \overset{20}{R}$,

$\overset{14}{M} \xrightarrow{-2} \overset{12}{E} \xrightarrow{-2} \overset{10}{9}$,

$\overset{12}{E} \xrightarrow{-2} \overset{10}{9} \xrightarrow{-2} \overset{8}{T}$,

$\overset{26}{N} \xrightarrow{-2} \overset{24}{I} \xrightarrow{-2} \overset{22}{F}$

यहाँ अन्य सभी समूह घटते क्रम हैं, जबकि विकल्प समूह (b) बढ़ते क्रम हैं।

10. (e)

$\overset{1\ 6}{S\ P} \to 7$, $\overset{5\ 2}{5\ 6} \to 7$, $\overset{1\ 2\ 4}{S\ 6\ 1} \to 7$, $\overset{3\ 4}{D\ 1} \to 7$, $\overset{5\ 6\ 8}{5\ P\ T} \to 19$

यहाँ अन्य सभी समूह के संकेतों के स्थानीय मानों का योग '7' प्राप्त होता है, जबकि विकल्प समूह (e) के संकेतों के स्थानीय मानों का योग '19' प्राप्त होता है।

11. (c) अन्य सभी किसी-न-किसी चीज को बनाते हैं, जबकि नाविक नाव चलाता है।

12. (a) अन्य सभी में धारा का प्रवाह होता है, जबकि तालाब में जल स्थिर रहता है।

13. (d) अन्य सभी का प्रयोग समय ज्ञात करने के लिए किया जाता है, जबकि कैलेण्डर में समय निहित रहते हैं।

14. (a) अन्य सभी खेल-कूद के अन्तर्गत आते हैं।

15. (d) अन्य सभी भूमि के अंदर आते हैं।

16. (e) अन्य सभी भौतिक विज्ञान के अन्तर्गत आते हैं।

17. (a) सभी निर्देशक के निर्देश पर कार्य करते हैं।

18. (c) अन्य सभी ईंधन से चलते हैं, जबकि रथ को चलाने के लिए जानवरों की आवश्यकता होती है।

19. (c) सभी आरकेस्ट्रा के अन्तर्गत आते हैं।

20. (e) अन्य सभी का प्रयोग करते समय हाथ से पकड़े रहना पड़ता है, जबकि तीर को अँगुलियों से पकड़कर छोड़ दिया जाता है।

21. (d) अन्य सभी ऐच्छिक प्रक्रिया है, जबकि साँस लेना एक स्वतः होने वाली प्रक्रिया है।

22. (d) अन्य सभी किसी व्यक्ति के गुण विशेषता (Quality) को प्रकट करते हैं।

23. (a) सभी यूनीफॉर्म के अन्तर्गत आते हैं।

24. (d) vU; lHkh yM+fd;ksa ds uke gSaA

25. (a) सभी में तंबाकू का प्रयोग किया जाता है।

26. (c) अन्य सभी में चित्र का होना अनिवार्य है, जबकि पोस्टर बिना चित्र के भी हो सकते हैं।

27. (c) अन्य सभी स्टेशनरी के अन्तर्गत आते हैं।

28. (e) अन्य सभी प्रकाशन के अंग हैं, जबकि पाठक इनसे भिन्न है।

29. (a) अन्य सभी विषम माह (Odd months) हैं, जबकि अप्रैल एक सम माह (Even month) है।

30. (a) अन्य सभी गहने हैं।

31. (d) अन्य सभी ठोस धातु हैं, जबकि पारा एक तरल धातु है।

32. (d) अन्य सभी सुरक्षा बल हैं।

33. (c) अन्य सभी कला हैं, जबकि जादू-टोना एक व्यभिचार है।

34. (c) अन्य सभी संचार के माध्यम हैं, जबकि ब्रैल अंधे को पढ़ाने की एक लिपि है।

35. (a) अन्य सभी मनुष्य के सद्‌गुण हैं, जबकि निर्दयी एक अवगुण है।

36. (e) अन्य सभी अच्छे संबंध के द्योतक हैं, जबकि शत्रुता एक बुरे संबंध का द्योतक है।

37. (c) अन्य सभी सद्‌गुण हैं, जबकि दोषी एक अवगुण है।

38. (b) अन्य सभी जानवरों के बच्चे हैं, जबकि मजदूर एक मनुष्य है।

39. (a) अन्य सभी शारीरिक बनावट हैं, जबकि लंगड़ा पैर से असमर्थ व्यक्ति को कहते हैं, यानी जो पैर से चल नहीं सकता।

40. (b) अन्य सभी का संबंध मन के भाव से है, जबकि विचार का संबंध मस्तिष्क से है।

41. (d) अन्य सभी मनुष्य के गुण हैं, जबकि प्रतिष्ठा मानव की विशिष्टता है।

42. (c) अन्य सभी स्वाद हैं, जबकि गरम स्वाद पैदा करने में सहायता करता है।

43. (e) अन्य सभी गैस के रूप में दिखते हैं, जबकि वर्षा तरल के रूप में होता है।

44. (b) अन्य सभी समय के अन्तर्गत आते हैं।

45. (d) अन्य सभी गणित के अन्तर्गत आते हैं।

46. (d) अन्य सभी लड़कियों के नाम हैं, जबकि रामनारायण लड़का का नाम है।

47. (c) अन्य सभी भाषा हैं।

48. (e) अन्य सभी लोक नृत्य हैं, जबकि भैरवी एक राग है।

49. (e) अन्य सभी माह में 31 दिन होते हैं, जबकि फरवरी माह में 28 या 29 दिन होते हैं।

50. (e) अन्य सभी खिलाड़ियों के वजन के वर्ग का निर्धारण करता है। जबकि पेपर वेट का कार्यालय में कागज दबाने के लिए प्रयोग किया जाता है।

51. (c) अन्य सभी स्तनधारी प्राणी हैं, जबकि घड़ियाल एक सरीसृप है।

52. (c) अन्य सभी में पानी भरा रहता है, जबकि नाला पानी की एक छोटी प्राकृतिक धारा है।

53. (e) अन्य सभी का केवल 'Medicine' के द्वारा निदान संभव है, जबकि 'मोतियाबिन्द' के निदान के लिए Medicine एवं Operation दोनों जरूरी है।

54. (b) अन्य सभी में मनुष्य रहते हैं, जबकि कारखाना में कार्य करते हैं।

55. (c) अन्य सभी स्थलीय जीव हैं, जबकि 'मगर' एक जलीय जीव है।

56. (b) अन्य सभी को जैविक शक्ति के द्वारा चलाया जाता है, जबकि कार को ईंधन से चलाया जाता है।

57. (a) अन्य सभी से पुल्लिंग का बोध होता है, जबकि कुतिया से स्त्रीलिंग का बोध होता है।

58. (b) अन्य सभी ग्रह हैं, जबकि चंद्रमा एक उपग्रह है।

59. (c) सभी अलग-अलग देश की मुद्रा हैं।

60. (e) अन्य सभी प्राणियों के रहने के स्थल हैं।

61. (a) यह फूलों का उत्पादन तथा बिक्री करता है।

62. (e) अन्य सभी खुशियों से संबंधित हैं, जबकि उदास का संबंध दु:ख से है।

63. (d) अन्य सभी एशिया महादेश में हैं, जबकि फ्रांस, यूरोप महादेश में है।

64. (c) अन्य सभी किसी भी वस्तु की स्थिति (Position) को बताते हैं, जबकि कहाँ एक प्रश्नवाचक शब्द है।

65. (a) अन्य सभी किसी-न-किसी जाति को प्रदर्शित करते हैं।

66. (d) सभी क्लॉथ के अन्तर्गत आते हैं।

67. (a) अन्य सभी रस भरे फल हैं, जबकि काजू एक शुष्क फल है।

68. (e) सभी रिश्तेदार के अन्तर्गत आते हैं।

69. (d) अन्य सभी पशु हैं, जबकि मुर्गी एक पक्षी है।

70. (d) सभी घर के भाग हैं।

71. (b) अन्य सभी उपस्कर हैं।

72. (d) सभी पुस्तकालय में रखे जाते हैं।

73. (c) अन्य सभी शाकाहारी जानवर हैं, जबकि बिल्ली शाकाहारी एवं मांसाहारी दोनों होती है।

74. (e) अन्य सभी दूर की वस्तुओं को देखने के यंत्र हैं।

75. (b) अन्य सभी मापक यंत्र हैं।

76. (b) अन्य सभी किसी-न-किसी राज्य की भाषा हैं।

77. (b) अन्य सभी स्वतः बन जाते हैं, जबकि दल को बनाया जाता है।

78. (a) अन्य सभी का एहसास (Feeling) किया जाता है।

79. (a) अन्य सभी हवा में काफी ऊपर तक उड़ सकते हैं, जबकि बत्तख जल में तैरती है।

80. (e) अन्य सभी जमीन के ऊपर उपजते हैं, जबकि आलू जमीन के अंदर उपजते हैं।

81. (b) अन्य सभी विषम माह (Odd months) हैं, जबकि अगस्त एक सम माह (Even month) है।

82. (b) अन्य सभी समूह में दोनों अक्षर क्रमागत हैं, जबकि विकल्प समूह (b) में दोनों अक्षरों में कोई अंतर नहीं है।

83. (a) अन्य सभी समूह में दोनों अक्षर 'Consonant' हैं, जबकि विकल्प समूह (a) में पहला अक्षर 'O' एक 'Vowel' है।

84. (a) अन्य सभी समूह में दोनों अक्षर एक-दूसरे के विपरीत अक्षर हैं।

85. (a) अन्य सभी में अक्षर क्रमागत (Consecutive) हैं।

86. (d) अन्य सभी समूह में बाईं ओर से द्वितीय एवं तृतीय अक्षर के बीच 'एक' का अंतर हैं, जबकि विकल्प (d) में द्वितीय एवं तृतीय अक्षर के बीच 'चार' का अंतर है या अन्य सभी समूह में दाईं ओर से दूसरा अक्षर का क्रमांकिक मान पहला अक्षर से 'चार' कम है।

87. (a) अन्य सभी समूह में अक्षरों के घटते क्रम को दर्शाया गया है, जबकि विकल्प (a) में अक्षरों के बढ़ते क्रम को दर्शाया गया है। या, अन्य सभी समूह में अक्षरों को अँग्रेजी वर्णमाला के विपरीत क्रम में दर्शाया गया है, जबकि विकल्प (a) में अक्षरों को अंग्रेजी वर्णमाला के क्रम में दर्शाया गया है।

88. (a) अन्य सभी समूह में अक्षर क्रमागत हैं।

89. (c) विकल्प समूह (c) में अक्षर क्रमागत हैं, जबकि अन्य समूह में ऐसा नहीं है।

90. (e) अन्य सभी समूह में पहले एवं दूसरे अक्षर के बीच 'एक' अक्षर छुटे हुए हैं, जबकि विकल्प (e) में पहले एवं दूसरे अक्षर समूह के बीच 'दो' अक्षर छुटे हुए हैं।

हल (प्रश्न संख्या 91 से 95 तक) के लिए अक्षरों/अंकों को उनके स्थानीय मान के साथ निरूपित करने पर—

स्थानीय मान →

1 2 3 4 5 6 7 8 9 10 11 12

दी गई श्रृंखला →

Z Q K 8 L 4 P D * Σ G T

स्थानीय मान →

13 14 15 16 17 18 19 20 21 22 23 24 25

दी गई श्रृंखला →

θ d N R H ★ C I ● J X A Y

91. (d)

2 4 6 / Q 8 4 (+2, +2), 10 12 14 / Σ T d (+2, +2)

8 10 12 / D Σ T (+2, +2), 17 20 23 / H I X (+3, +3), 1 3 5 / Z K L (+2, +2)

यहाँ अन्य सभी समूह बाएँ से दाएँ क्रमशः + 2, + 2 के क्रम से बढ़े हैं, जबकि विकल्प समूह (d) क्रमशः + 3, + 3 के क्रम से बढ़ा हुआ है।

92. (c)

3 6 9 / K 4 * (+3, +3), 5 8 11 / L D G (+3, +3)

13 15 18 / θ N ★ (+2, +3), 16 19 22 / R C J (+3, +3), 11 14 17 / G d H (+3, +3)

यहाँ अन्य सभी समूह बाएँ से दाएँ क्रमशः + 3, + 3 के क्रम से बढ़े हुए हैं, जबकि विकल्प समूह (c) क्रमशः + 2, + 3 के क्रम से बढ़ा हुआ है।

93. (d)

3 6 / K 4 (+3), 10 7 / Σ P (–3), 12 15 / T N (+3), 16 20 / R I (+4), 22 19 / J C (–3)

यहाँ अन्य सभी समूह में प्रयुक्त संकेतों में **'तीन'** का अंतर है, जबकि विकल्प समूह (d) के संकेतों में **'चार'** का अंतर है।

94. (b)

1 2 4 / Z Q 8, 6 7 9 / 4 P *,

11 12 14 / G T d, 15 16 18 / N R ★, 21 22 24 / ● J A

यहाँ अन्य सभी समूह में **'दो'** समसंख्यांकिक मान वाले संकेतों का प्रयोग किया गया है, जबकि विकल्प समूह (B) में **'दो'** विषमसंख्यांकिक मान वाले संकेतों का प्रयोग किया गया है।

95. (e)

6 7 / 4 P → 13, 1 12 / Z T → 13, 5 8 / L D → 13, 3 10 / K Σ → 13, 7 8 / P D → 15

यहाँ हम देख रहे हैं कि अन्य समूह के संकेतों के स्थानीय मान का योग '13' प्राप्त होता है, जबकि विकल्प समूह (e) के संकेतों के

स्थानीय मान का योग '15' प्राप्त होता है।

96. (d) D को छोड़कर अन्य सभी में, पहली संख्या को जब 5 से भाग दिया जाए तो दूसरी संख्या मिलती है।

97. (c) 2910 के अलावा सभी किसी संख्या के घन है।

98. (d) कुत्ते को छोड़कर सभी कैटल के अन्तर्गत आते हैं।

99. (d) JHN को छोड़कर अन्य सभी अंग्रेजी वर्णमाला के अनुसार क्रमानुसार आते हैं। JHN में H को J से पहले होना चाहिए।

100. (c) अन्य सभी मिश्रधातु हैं।

101. (a) अन्य सभी अभाज्य संख्याएँ हैं।

102. (b)

Q I E M (–8, –4, +8), H I U L (+1, +12, –9),

Z O I V (–11, –6, +13), T E A P (–15, –4, +15)

शेष अन्य में अंकों का योग '– 4' है।

103. (d) कमल जल में उगता है।

104. (a) 1 + 1 + 8 + 9 = 19 (विषम)

1 + 2 + 3 + 4 = 10

9 + 1 + 0 + 0 = 10

8 + 1 + 1 + 0 = 10

105. (a)

mmm qqq ttt (+4, +3), ccc ggg kkk (+4, +4),

kkk ooo sss (+4, +4), bbb fff jjj (+4, +4)

106. (b) अन्य सभी शब्दों में प्रथम और अन्तिम अक्षर स्वर हैं।

107. (a) 8 को छोड़कर, अन्य सभी 8 से भाज्य नहीं हैं।

108. (b) 'वकील' विषम है।

109. (d) 'समांतर' एक विषम है।

110. (a) '1331', '11' का घन है।

111. (d) E V (+17), B S (+17), I Z (+17), D X (+20)

अतः DX एक विषम है।

112. (d) रिन को छोड़कर, अन्य सभी स्नान करने के साबुन हैं। रिन कपड़े धोने का साबुत है।

113. (a) इनमें एक भी स्वर नहीं है।

114. (a) S T U A (+1, +1), H G F A (–1, –1),

R Q P A (–1, –1), M L K A (–1, –1)

115. (d) L O R U (+3, +3, +3), W Z C F (+3, +3, +3)

A D G J (+3, +3, +3), I M Q U (+4, +4, +4)

116. (a) 742956 ⇒ 7 + 4 + 2 + 9 + 5 + 6 = 33

876321 ⇒ 8 + 7 + 6 + 3 + 2 + 1 = 27

368127 ⇒ 3 + 6 + 8 + 1 + 2 + 7 = 27

564327 ⇒ 5 + 6 + 4 + 3 + 2 + 7 = 27

117. (d) जिस प्रकार,

$54 \times 4 = 216$

$61 \times 4 = 244$

$24 \times 4 = 96$

$27 \times 5 = 135$

118. (c) दूसरी संख्या, पहली संख्या के अंक को पटलने से बनाई गई है।

119. (d) सारस पानी में रहने वाला पक्षी है।

120. (d) चित्राकली-चार्ट के अतिरिक्त अन्य सभी लिखते/रंगते के सामान हैं।

121. (d) प्रकोष्ठ विषम है।

122. (d) अन्य सभी अक्षर समूहों में अक्षर वर्णमाला के अनुसार क्रम में हैं।

123. (d) '13' एक अभाज्य संख्या है।

124. (c) 108 : 36 = 3 : 1

69 : 23 = 3 : 1

42 : 14 = 3 : 1

125. (c) गोलक अन्य सभी से भिन्न है।

126. (d) को छोड़कर बाकी सभी स्थायी रूप से रहने की जगह हैं।

127. (a) को छोड़कर बाकी सभी में हम देखते हैं, दूसरी संख्या + 17 = पहली संख्या।

128. (c) $R \xrightarrow{-1} Q$; $O \xrightarrow{+1} P$

$Y \xrightarrow{-1} X$; $T \xrightarrow{+1} U$

$I \xrightarrow{+1} J$; $S \xrightarrow{-1} O$

$C \xrightarrow{-1} B$; $U \xrightarrow{+1} V$

129. (d) AKWE से हम दो अर्थपूर्ण शब्द WEAK और WAKE बना सकते हैं।

130. (a)

131. (c) को छोड़कर बाकी सभी में पहली संख्या दूसरी संख्या की उल्टी है।

132. (a) अन्य सभी में 1 स्वर और 3 व्यंजन हैं।

133. (d) 49 – 33 = 16

62 – 46 = 16

83 – 67 = 16

परन्तु, 70 – 55 = 15

134. (d) सभी संख्याएँ 3 से विभाजित हैं।

135. (c) 'जर्मेनियम' अर्द्धचालक हैं।

136. (d) विषम है। अन्य सभी जमीन के ऊपर उगते हैं।

137. (a) 1131 के अन्य सभी किसी संख्या का घनमूल हैं।

138. (d) मोती विषम है।

139. (d) अन्य सभी 3 से विभाजित हैं।

140. (d) B D E F (+2 +1 +1)   Q S T U (+2 +1 +1)

I K L M (+2 +1 +1)   G H J K (+1 +2 +1)

141. (c) NOL (+2, +1)   DEB (+2, +1)   RTP (+2, +2)   HIF (+2, +1)

142. (c) 'ढोलक' विषम है।

143. (a) अन्य सभी 'दूध' द्वारा बनाए जाते हैं।

144. (b) अन्य सभी में क्रम से '1' की कमी हो रही है।

145. (d) 35 – 26 = 9

47 – 38 = 9

36 – 27 = 9

24 – 29 = – 5

146. (b) 'कोरिया' एशिया का देश है और अन्य सभी 'यूरोप' के हैं।

147. (d) 'फीनिक्स' उड़ नहीं सकता है, अन्य सभी उड़ते हैं।

148. (d) अन्य सभी रेंगने वाले हैं।

149. (a)

B C D G (+1 +1 +3)   G I J L (+2 +1 +2)   P R S U (+2 +1 +2)   U W X Z (+2 +1 +2)

150. (d) M K H B D (–2 –3 –6 +2)   G F K H C (–2 +5 –3 –5)

B D F A T (+2 +2 –5 –7)   X V R P I (–2 –4 –2 –7)

151. (a) अन्य सभी में कोई भी 'स्वर' नहीं है।

152. (d) अन्य सभी संख्याओं के वर्ग हैं।

153. (a) अन्य सभी संख्याओं के वर्ग हैं।

154. (d) 169, 196, 13 और 14 के वर्ग हैं।

155. (d) अन्य सभी कार्बोहाइड्रेट (वसा) हैं।

156. (d) सूक्ष्मदर्शी विषम है।

157. (c) अन्य सभी में स्वर बीच में आ रहा है।

158. (c)

E A C (+2, +2),   J F H (+2, +2),   O M K (+2, +2),   T P R (+2, +2)

159. (c) 35, 49, 63 सभी 7 से विभाज्य है।

160. (b) पनडुब्बी पानी के अन्दर चलती है।

161. (b) Malayalam में केवल 'a' स्वर का ही प्रयोग हुआ है।

162. (c) अन्य सभी आकृतियों में चार भुजाएं होती हैं।

163. (a) अन्य सभी में पहली संख्या, दूसरी संख्या से भाज्य है।

164. (a) Year 2012 एक अधिवर्ष है।

165. (a)

M I G E (–3 –2 –2)   X T Q O (–4 –3 –2)   R N K I (–4 –3 –2)   H D A Y (–4 –3 –2)

166. (c) पाइथागोरस, गणितज्ञ तथा अन्य सभी विज्ञान एवं संबंधित थे।

167. (c) अन्य सभी धर्म से संबंधित हैं।

168. (b) 196 – 78 = 118

530 – 153 = 377 (विषम)

5001 – 501 = 4500

775 – 175 = 600

169. (a) अन्य सभी अंग्रेजी वर्णमाला के क्रम हैं।

170. (b) अन्य सभी रेंगने वाले हैं।

171. (a) 28 – 14 = 14, 32 – 17 = 15

40 – 25 = 15, 45 – 30 = 15

172. (d) कचरा को छोड़कर अन्य सभी समान हैं।

173. (c) 'पत्रकारिता' अन्य सभी से विषम है।

174. (a) 'टिटनस' अन्य सभी से विषम है।

175. (a) अन्य सभी घन संख्याएँ हैं।

176. (d) अन्य सभी अधिवर्ष (Leap years) हैं।

177. (d) यह सम संख्या है।

178. (c)

O H A, (–7 –7)   P I B, (–7 –7)   J Q C, (–7 –14)   R K D (–7 –7)

179. (d)

D H F, (+4 –2)   K O M, (+4 –2)   R V T, (+4 –2)   W Y X (+2 –1)

180. (c)

B D F H, (+2 +2 +2)   J L N P, (+2 +2 +2)   Y O I C, (–10 –6 –6)   R T V X (+2 +2 +2)

181. (b) 'व्हेल' भिन्न है।

182. (b) अन्य सभी प्राकृतिक विपत्तियाँ हैं।

183. (d) केवल 357, 3 से भाज्य है।

184. (b) शेष अन्य बजने वाले यंत्र हैं।

185. (d) यह कोई अर्थपूर्ण शब्द नहीं है।

186. (b)

J L O S (+2 +3 +4)   G H I M (+1 +1 +4)   H J M Q (+2 +3 +4)   P R U Y (+2 +3 +4)

187. (d) अन्य सभी संख्याओं में अंकों का योग सम है।

या

(a) शेष अन्य संख्याएं 7 से पूर्णत: विभाज्य हैं।

188. (a)

2 6 10 14 (2 × 3 = 6, 2 × 5 = 10, 2 × 7 = 14)   3 9 15 21 (3 × 3 = 9, 3 × 5 = 15, 3 × 7 = 21)

1 2 4 8 (1 × 2 = 2, 1 × 4 = 4, 1 × 8 = 8)   7 21 35 49 (7 × 3 = 21, 7 × 5 = 35, 7 × 7 = 49)

189. (b) अन्य सभी समान हैं।

190. (b) रेटिना, आंख का एक भाग है।

191. (d) इम्पीरियल उकाव, अन्य से भिन्न है।

192. (d) समकोण त्रिभुज को छोड़कर अन्य सभी आकृतियों की समान भुजाएँ हैं।

193. (b) ऊँचाई को छोड़कर अन्य सभी नियन्त्रित किए जा सकते हैं।

194. (d) NASA के अतिरिक्त अन्य सभी भारत सरकार के शिक्षा कार्यक्रम है। NASA अमेरिकी स्पेस एजेन्सी हैं।

195. (c) अन्य सभी 3 से भाज्य हैं।

196. (b) 108 ⇒ 1 + 0 + 8 = 9

91 ⇒ 9 + 1 = 10

144 ⇒ 1 + 4 + 4 = 9

225 ⇒ 2 + 2 + 5 = 9

197. (b) पहली संख्या, दूसरी संख्या से भाज्य है।

198. (b) D = 4, G = 7 (विषम), H = 8, J = 10.

199. (b)

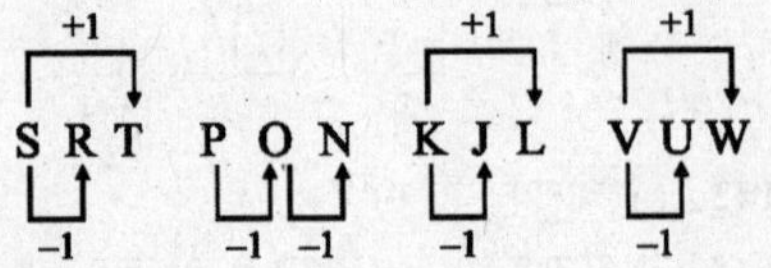

200. (c)

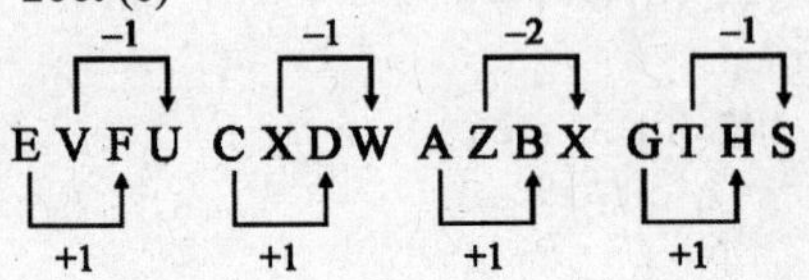

201. (c) शेष अन्य अंग्रेजी वर्णमाला के क्रम अनुसार नहीं हैं।

202. (b) 50 × 2 = 100

56 × 2 = 112 ≠ 114

78 × 2 = 156

69 × 2 = 138

203. (c) अन्य सभी महीनों में 31 दिन होते हैं।

❑❑❑

अंग्रेजी वर्णमाला पर आधारित परीक्षण

अंग्रेजी वर्णमाला से लगभग सभी प्रतियोगी परीक्षाओं में प्रश्नों का समावेश रहता है। वैसे तो सभी को यह ज्ञात है कि अंग्रेजी वर्णमाला में 26 अक्षर होते हैं जिनमें A, E, I, O, U कुल 5 स्वर और 21 व्यंजन होते है, परन्तु जब परीक्षा में परीक्षार्थियों के समक्ष इस प्रकार के प्रश्न हल करने के लिये आते हैं तो सरलतापूर्वक हल नहीं कर पाते हैं ऐसे ही प्रश्नों को सरलतापूर्वक हल करने के लिये निम्न तथ्यों का स्मरण लाभदायक होगा–

आंकिक मान →	1	2	[3]	4	5	[6]	7	8	[9]	10	11	[12]	13	
	A	B	[C]	D	E	[F]	G	H	[I]	J	K	[L]	M	→ **प्रथम अर्द्धांश**
	14	[15]	16	17	[18]	19	20	[21]	22	23	[24]	25	26	
	N	[O]	P	Q	[R]	S	T	[U]	V	W	[X]	Y	Z	→ **द्वितीय अर्द्धांश**

C	F	I	L	O	R	U	X	=	**सेफीलोरक्स**
3	6	9	12	15	18	21	24		

अत: इस प्रकार हम आसानी से वर्णमाला के आंकिक मान को याद रख पायेंगे।

○ अंग्रेजी वर्णमाला का दाएँ पक्ष हमारा दाएँ हाथ तथा बाएँ पक्ष हमारा बाएँ हाथ की स्थिति होता है।

जैसे–बाएँ → A B C D.........X Y Z → दाएँ पक्ष।

○ समान दिशा जैसे बाएँ से दाएँ या दाएँ से दाएँ की पद्धति से प्रश्न पूछे जाते हैं तो उत्तर ज्ञात करने के लिये दिए गये अंकों को एक दूसरे से घटा लेते हैं।

उदाहरण 1. अंग्रेजी वर्णमाला में बाएँ से 12 वें अक्षर के बाएँ चौथे स्थान पर कौन-सा अक्षर होगा?

अत: नियमानुसार घटाने पर

12 – 4 = 8

अत: 8वें स्थान पर H होगा।

इसी प्रकार विपरीत स्थिति ज्ञात करने के लिये दिए गए अंकों को जोड़ लेते हैं।

उदाहरण 2. अंग्रेजी वर्णमाला के बाएँ से 5 वें स्थान के दाएँ से छठे स्थान पर कौन-सा अक्षर आयेगा?

नियमानुसार जोड़ने पर

5 + 6 = 11

अत: 11वें स्थान पर 12 आयेगा।

I. अंग्रेजी वर्णमाला–अक्षर A से Z तक के सुव्यवस्थित अक्षर क्रम को अंग्रेजी वर्णमाला कहते हैं। अंग्रेजी वर्णमाला में कुल '26' अक्षर होते हैं, जिनमें वर्णमाला 'A' का स्थान पहला तथा 'Z' का का स्थान छब्बीसवाँ होता है।

II. अंग्रेजी वर्णमाला में स्थित स्वर अक्षर–अंग्रेजी वर्णमाला में A, E, I, O एवं U कुल पाँच स्वर (Vowels) अक्षर होते हैं।

III. अंग्रेजी वर्णमाला क्रम–अक्षर A से Z की ओर अक्षर के बढ़ते क्रम को अंग्रेजी वर्णमाला क्रम कहते हैं।

जैसे–A → B → C → D → E....Z.

IV. अंग्रेजी वर्णमाला का विपरीत क्रम–अक्षर Z से A की ओर अक्षर के घटते क्रम को अंग्रेजी वर्णमाला का विपरीत क्रम कहते हैं।

जैसे–Z → Y → X → W ....A.

V. अंग्रेजी वर्णमाला का प्रथम अर्द्धांश–अक्षर A से अक्षर M तक अक्षरों के सुव्यवस्थित क्रम को अंग्रेजी वर्णमाला का प्रथम अर्द्धांश कहते हैं।

A |———————| M

(प्रथम अर्द्धांश)

VI. अंग्रेजी वर्णमाला का द्वितीय अर्द्धांश–अक्षर N से अक्षर Z तक अक्षरों के सुव्यवस्थित क्रम को अंग्रेजी वर्णमाला का द्वितीय अर्द्धांश कहते हैं।

N |———————| Z

(द्वितीय अर्द्धांश)

(प्रत्येक अर्द्धांश में कुल '13' अक्षर होते हैं।

VII. विपरीत अक्षर–अंग्रेजी वर्णमाला में प्रत्येक अक्षर का एक विपरीत अक्षर होता है, जैसे–A ⇌ Z, B ⇌ Y...........आदि।

उदाहरण 3. अंग्रेजी वर्णमाला में अक्षर 'G' के ठीक बाईं ओर कौन-सा अक्षर होगा?

(a) H (b) D

(c) I (d) F

(e) इनमें से कोई नहीं

हल (d)

6 7

[F] ←—–1 (बाईं ओर)—— G

हम जानते हैं कि किसी भी अक्षर का दाएँ या बाएँ नहीं होता है, बल्कि इसे हम अपने दाएँ ओर बाएँ के आधार पर निर्धारित करते हैं। यहाँ हम देख रहे हैं कि अक्षर **'G'** के ठीक बाईं ओर अक्षर **'F'** को दर्शाया गया है, इसलिए कि 'G' के बाईं ओर

यानी 'G' के ठीक पहले अक्षर को प्राप्त करने के लिए हम अक्षर 'G' से अपनी बाईं ओर चलेंगे, यानी इस प्रकार अक्षर का मान 'एक' घटेगा, अर्थात् हम वर्णमाला के छठे अक्षर पर चले आएँगे। जिससे हमें अक्षर 'F' प्राप्त होगा, क्योंकि हम जानते हैं कि वर्णमाला में छठे अक्षर के स्थान पर अक्षर 'F' होता है।

अतः, **अभीष्ट अक्षर ⇒ F**

अंकों एवं प्रतीकों पर आधारित प्रश्न

उदाहरण 4. निम्नलिखित शृंखला में ऐसे कितने अंक हैं जिसके ठीक पहले एक अक्षर तथा ठीक बाद एक आकृति आती है?

शृंखला : A7★LP2NS3 HMK2PD8Δ

(a) 4 (b) 3
(c) 2 (d) 1
(e) इनमें से कोई नहीं।

हल (b)

⇒ सर्वप्रथम वांछित क्रम लिख लें। जैसे प्रश्न में कहा गया है। अंक के ठीक पहले अक्षर तथ ठीक बाद एक आकृति आनी चाहिए। इसलिए क्रम हुआ–

अक्षर	अंक	आकृति

⇒ अब ज्ञात क्रम को दी गई शृंखला में देखें–

A7★ LP2N S3 HMK2P D8Δ

उपर्युक्त शृंखला में **अक्षर/अंक/आकृति** का क्रम वाला जोड़ा तीन जगहों पर मिला इसलिए उत्तर हुआ तीन।

निर्देश–उदाहरण 5 अक्षरों/अंकों/चिह्नों के संकेतों की मिश्रित शृंखला पर आधारित हैं। दी गई शृंखला का ध्यानपूर्वक अध्ययन करके इन पर आधारित प्रश्नों का उत्तर दीजिए–

L5BG★CVQαKMT*&FEN●AY$θZΣ↑

उदाहरण 5. उपर्युक्त अक्षरों/अंकों/चिह्नों के संकेतों की मिश्रित शृंखला में आपके बाएँ से 8वें संकेत के दाईं ओर 5वाँ संकेत कौन-सा होगा?

(a) * (b) M (c) B (d) & (e) T

हल (e) उपर्युक्त शृंखला में प्रयुक्त संकेतों का स्थानीय मान निरुपित करने पर–

स्थानीय मान

1 2 3 4 5 6 7 8 9 10 11 12 13 14 15 16 17 18 19 20 21 22 23 24 25 26

दी गई शृंखला

L 5 B G★C V Q α K ■ M [T] * & F E N ● A Y $ θ Z Σ ↑

बाएँ से →

दाई ओर →

8वाँ 5वाँ

यहाँ दी गई शृंखला में बाएँ से 8वाँ संकेत 'Q' है तथा Q के दाईं ओर पाँच स्थान बढ़ने पर हम संकेत 'T' पर पहुँच जाते हैं।

अतः, **अभीष्ट संकेत ⇒ T होगा।**

संक्षिप्त विधि :

बाएँ से ⟶ 8वाँ

दाएँ से ⟶ 5वाँ

बाएँ से ⇒ 13वाँ ⇒ [T]

अतः, **अभीष्ट अक्षर ⇒ T होगा।**

स्थान परिवर्तिता पर आधारित प्रश्न

उदाहरण 6. यदि 'COMPROMISE' शब्द का पहला अक्षर छठे अक्षर से, दूसरा अक्षर तीसरे अक्षर से और क्रमशः आगे भी इसी प्रकार अपना स्थान परिवर्तित कर ले, तो कौन-सा अक्षर दाएँ से सातवें स्थान पर होगा?

(a) I (b) S
(c) E (d) R
(e) इनमें से कोई नहीं

हल (b)

⇒ निर्देशानुसार सभी अक्षरों का क्रम परिवर्तित कर लें।

1 2 3 4 5 6 7 8 9 10
COMPROMISE → मूल क्रम

OMI [S] ECOMPR → परिवर्तित क्रम

इस प्रकार हम देखते हैं कि दाएँ से सातवें स्थान पर 'S' आता है।

शब्दकोष पर आधारित प्रश्न

उदाहरण 7. निम्नलिखित शब्दों का अंग्रेजी शब्दकोश में शब्दों का जो क्रम होता है उसके अनुसार व्यवस्थित करके दाएँ कि तीसरे स्थान पर कौन-सा शब्द आएगा?

(a) Rigour (b) Remove
(c) Retrospect (d) Revive
(e) Rumour

हल (d)

⇒ पाँचों शब्द चूँकि R से शुरू हो रहे हैं इसलिए शब्दकोश में R वाले group में ये शब्द R से ही प्रारम्भ होंगे इस प्रकार सभी शब्दों के प्रथम अक्षर से यह ज्ञात करना मुश्किल है कि पहले कौन आएगा।

⇒ अब दूसरे स्थान के अक्षरों को देखने पर क्रमशः i, e, e, e तथा u प्राप्त होता है जिसमें सबसे पहले e का क्रम होता है। इसलिए शब्दकोश में e के बाद i तथा इसके बाद u आएगा।

⇒ Re वाले शब्दों के तीसरे स्थान पर देखते हैं कि क्रमशः m, t तथा v आता है शब्दकोष में सबसे पहले Rem फिर Ret तथा अन्त में Rev आएगा।

इस प्रकार 1. शब्द Remove

2. शब्द Restropect

3. शब्द Revive

⇒ चौथे स्थान पर Ri वाला शब्द Rigour आएगा।

⇒ पाँचवें स्थान पर Ru वाला शब्द Rumour आएगा।

इस प्रकार क्रम मिला Remove, Retrospect [Revive], Rigour, Rumour.

↓
3rd place

समूह में व्यवस्थित अंग्रेजी वर्णमाला पर आधारित प्रश्न

उदाहरण 8. 'DEFORM' शब्द में कितने ऐसे अक्षर के जोड़े हैं जिनके बीच उतने ही अक्षर हैं जितने कि वर्णमाला में उनके बीच पाये जाते हैं?

(a) 1 (b) 2
(c) 3 (d) 4
(e) इनमें से कोई नहीं।

हल (b) दो जोड़े बनेंगे।

नोट : इसमें अक्षरों का क्रम न ढूँढ़कर अक्षरों के बीच उतने अक्षर ढूँढ़ने हैं जितने कि वर्णमाला में पाये जाते हैं।

सर्वप्रथम शब्द के अक्षरों के आंकिक मान वर्णमाला के अनुसार लिख लें।

4	5	6	15	18	13
D	E	F	O	R	M

(D → F : 1, O → M : 2)

फिर लगातार जो अंक मिलते हैं जैसे 4 के बाद 5 या 5 के बाद 6 उसे छोड़ दें, क्योंकि इन क्रमों के अक्षरों के बीच कोई अन्य अक्षर नहीं आएगा, क्योंकि ये लगातार आते हैं।

अब आप उन क्रमों को देखें जिनके बीच कोई अन्य अंक (एक से ज्यादा भी होगा) आते हैं। जैसा कि ऊपर दिखाया गया है 4 तथा 6 के बीच 5 आता है तथा 13 और 15 के बीच 14 आता है, लेकिन यहाँ 18 आया है। याद रखें कि यह आवश्यक नहीं है कि वहाँ पर मूल अंक ही आना चाहिए, बल्कि कुछ भी आए, लेकिन उस क्रम को पूरा करे इस प्रकार 2 जोड़े हुए हैं।

अंकों के बढ़ते क्रम पर आधारित प्रश्न

उदाहरण 9. यदि अंग्रेजी वर्णमाला के हर दूसरे अक्षर को 'A' से प्रारम्भ करते हुए क्रमशः 1, 3, 5 आगे भी बढ़ते क्रम के अंकों से प्रतिस्थापित कर दिया जाए, तो अंक 17 किस अक्षर के स्थान पर आएगा?

(a) R (b) H
(c) Q (d) S
(e) इनमें से कोई नहीं

हल (c)

'A' से प्रारम्भ करके हर दूसरे अक्षर को 1, 3, 5, 7 ....आदि से प्रतिस्थापित करने पर नई शृंखला :

1B3D5F7H9J11L13N15P17R19T21V23X25Z.

नई शृंखला बनाने हेतु सिर्फ वांछित अक्षरों को हटाते हुए उसके स्थान पर निर्देशित अंकों को प्रतिस्थापित कर दें। आप देख रहे हैं कि P के बाद Q के स्थान पर 17 आया है इसलिए आपका उत्तर Q हुआ।

दिशा परिवर्तन पर आधारित प्रश्न

उदाहरण 10. अंग्रेजी वर्णमाला में बाएँ से 5वें अक्षर तथा दाएँ से 8वें अक्षर के बीच का अक्षर क्या होगा?

(a) K (b) L
(c) M (d) N
(e) इनमें से कोई नहीं

हल (b)

A B C D [E] F H I J K [L] M N O P Q R

↓ ↓ ↓

[बाएँ से पाँचवाँ अक्षर] [इन दोनों के बीच का अक्षर]

[S] T U V W X Y Z

↓

दाएँ से आठवाँ अक्षर

अंग्रेजी वर्णमाला के विपरीत क्रम पर आधारित प्रश्न

उदाहरण 11. यदि अंग्रेजी वर्णमाला के सारे अक्षरों को विपरीत क्रम में पुनः लिख लिया जाए तो दाएँ से तीसरे अक्षर के बाएँ सातवें स्थान पर कौन-सा अक्षर होगा?

(a) H (b) N
(c) S (d) J
(e) इनमें को कोई नहीं

हल (d)

अक्षरों का विपरीत क्रम :

Z Y X W V U T S R Q P O N M L K J I H G F E D C B A.

3 + 7 = 10 (दाएँ से बाएँ)

दाएँ से 10वाँ अक्षर (मूलक्रम में बाएँ से 10 वाँ) J है जो विकल्प (d) में दिया गया है।

निर्देश—उदाहरण (12 से 15) के प्रश्न अंग्रेजी वर्णमाला पर आधारित हैं—

A B C D E F G H I J K L M N O P Q R S T U V W X Y Z

उदाहरण 12. यदि अंग्रेजी वर्णमाला के द्वितीय अर्द्धांश को विपरीत क्रम में लिख लिया जाए, तो बाएँ से 7वें अक्षर के दाएँ 8वें स्थान पर कौन-सा अक्षर होगा?

(a) Y (b) X
(c) W (d) V
(e) इनमें से कोई नहीं

हल (a)

अंग्रेजी वर्णमाला के द्वितीय अर्द्धांश को विपरीत करने के बाद अक्षरों का नया क्रम—

A B C D E F G H I J K L M Z Y X W V U T S R Q P O N

7 + 8 = 15 (बाएँ से दाएं)

बाएँ से 15वाँ अक्षर Y होगा।

उदाहरण 13. अंग्रेजी वर्णमाला में बाएँ से 13वें अक्षर के बाएँ 9 वें स्थान पर कौन-सा अक्षर होगा?

(a) F (b) D
(c) G (d) E
(e) इनमें से कोई नहीं

हल : (b)

13 – 9 = 4 (बाएँ से बाएँ)

बाएँ से 4 वाँ अक्षर D होता है, विकल्प (b) में D दिया गया है।

उदाहरण 14. दाएँ से 16वें अक्षर के दाएँ 10वें स्थान पर कौन-सा अक्षर होगा?

(a) S (b) T
(c) W (d) U
(e) इनमें से कोई नहीं

हल (c)

16 – 10 = 6 (दाएँ से दाएँ)

चूँकि दाएँ से 6वाँ अक्षर चाहिए इसलिए (26 + 1) – 6 = 21.

अब बाएँ से Aवाँ अक्षर W है जो कि विकल्प (c) में दिया गया है।

उदाहरण 15. बाएँ से 9वें स्थान के दाएँ 7वें स्थान पर कौन-सा अक्षर होगा?

(a) R (b) Q
(c) P (d) S
(e) इनमें से कोई नहीं

हल (b)

9 + 7 = 16 (दाएँ से दाएँ)

बाएँ से 16वाँ अक्षर P होता है, विकल्प (c) में दिया गया है।

प्रश्नावली

निर्देश—(प्रश्न संख्या 1 से 3 तक) प्रत्येक प्रश्न के नीचे दी गई अक्षरों/अंकों/चिह्नों के संकेतों की मिश्रित शृंखला पर आधारित हैं। दी गई शृंखला का ध्यानपूर्वक अध्ययन करके इन पर आधारित प्रश्नों का उत्तर दीजिए—

S P Q δ G 8 ★ K B $ ↑ M T ∧ Q $ Z C Σ N A ψ ● J L ★

1. उपर्युक्त शृंखला में संकेत 'Q' से प्रारंभ करते हुए प्रत्येक एकान्तर (Alternate) संकेतों को विलुप्त कर दिया जाए, तो आपके बाएँ से 8वाँ संकेत नीचे दिये गए संकेतों में से कौन-सा संकेत होगा?
   (a) $ (b) Z
   (c) C (d) θ
   (e) इनमें से कोई नहीं
2. यदि उपर्युक्त शृंखला में प्रयुक्त प्रारंभ से बारह संकेतों को विपरीत क्रम में लिख दिया जाए, तो आपके दाईं ओर से 18वाँ संकेत नीचे दिये गए संकेतों में से कौन-सा संकेत होगा?
   (a) Q (b) G
   (c) δ (d) B
   (e) इनमें से कोई नहीं
3. उपर्युक्त शृंखला के संकेत 'K' एवं संकेत Σ के ठीक मध्य में नीचे दिये गए संकेतों में से कौन-सा संकेत होगा?
   (a) T (b) M
   (c) B (d) कोई नहीं
   (e) इनमें से कोई नहीं

निर्देश—(प्रश्न संख्या 4 से 7 तक) प्रत्येक प्रश्न नीचे दी गई अक्षरों/अंकों के संकेतों की मिश्रित शृंखला पर आधारित हैं। दिये गए शृंखला का ध्यानपूर्वक अध्ययन करके इन पर आधारित प्रश्नों का उत्तर दीजिए—

7 T L V 4 3 K B Z 8 A M U 1 G N C 5 H P 2 Y J 6

4. यदि उपर्युक्त शृंखला को विपरीत क्रम में लिख दिया जाए, तो आपके दाईं ओर से 5वें संकेत के बाईं ओर 7वाँ संकेत नीचे दिये गए संकेतों में से कौन-सा संकेत होगा?
   (a) C (b) M
   (c) V (d) A
   (e) इनमें से कोई नहीं
5. यदि उपर्युक्त शृंखला में संकेत 'T' से प्रारंभ करते हुए प्रत्येक (Alternate) संकेतों को विलुप्त कर दिया जाए तो आपके बाईं ओर से 8वें संकेत के बाईं ओर 5वाँ संकेत नीचे दिये गए संकेतों में से कौन-सा संकेत होगा?
   (a) L (b) 4
   (c) V (d) 3
   (e) इनमें से कोई नहीं
6. यदि उपर्युक्त शृंखला में संकेत '7' को 'शुक्रवार' से निरूपित किया जाए; तो 10वाँ संकेत के स्थान पर नीचे दिये गए दिनों में से कौन-सा दिन आएगा?
   (a) शनिवार (b) सोमवार
   (c) शुक्रवार (d) रविवार
   (e) मंगलवार
7. उपर्युक्त शृंखला में आपके बाईं ओर से 8वें तथा दाईं ओर से 5वें संकेत के ठीक मध्य में नीचे दिये गए संकेतों में से कौन-सा संकेत होगा?
   (a) V (b) M
   (c) 1 (d) कोई नहीं
   (e) इनमें से कोई नहीं

निर्देश—(प्रश्न संख्या 8 से 10 तक) नीचे दी गई अक्षरों/अंकों की मिश्रित शृंखला पर आधारित हैं। दी गई शृंखला का ध्यानपूर्वक अध्ययन करके इन पर आधारित प्रश्नों का उत्तर दीजिए—

H M 4 V T L 7 K D 2 G N B 8 A Y Z 3 Q J 1 P W

8. उपर्युक्त शृंखला में आपके बाईं ओर से 7वें तथा दाईं ओर से 5वें संकेत के ठीक मध्य में नीचे दिये गए संकेतों में से कौन-सा संकेत आएगा?
   (a) 8 (b) B
   (c) N (d) कोई नहीं
   (e) इनमें से कोई नहीं
9. यदि उपर्युक्त शृंखला में प्रयुक्त प्रथम दस संकेतों को विपरीत क्रम में लिख दिया जाए तो आपके बाएँ से 15वाँ संकेत नीचे दिये गए संकेतों में से कौन-सा संकेत होगा?
   (a) 2 (b) M
   (c) 4 (d) D
   (e) इनमें से कोई नहीं
10. उपर्युक्त शृंखला में आपके दाईं ओर से 15वें संकेत के दाईं ओर 5वाँ संकेत नीचे दिये गए संकेतों में से कौन-सा संकेत होगा?
    (a) B (b) 8
    (c) N (d) A
    (e) इनमें से कोई नहीं
11. यदि अंग्रेजी वर्णमाला में पहला और छब्बीसवाँ अक्षर जोड़ा हो, दूसरा ओर पच्चीसवाँ अक्षर जोड़ा हो, तीसरा और चौबीसवाँ अक्षर जोड़ा हो और आगे भी इसी प्रकार जोड़ा अक्षरों का क्रम जारी रहे, तो निम्नलिखित में कौन-सा एक जोड़ा होगा?
    (a) IP (b) GR
    (c) CW (d) EV
    (e) इनमें से कोई नहीं
12. यदि 'ORDINARY' शब्द के प्रथम और पाँचवें, द्वितीय ओर छठे, तृतीय और सातवें अक्षर आपस में अपना स्थान अदल-बदल कर लें और आगे भी परिवर्तन का यही क्रम जारी रहे, तो परिवर्तन के बाद दाईं छोर से पाँचवाँ अक्षर कौन-सा होगा?
    (a) D (b) Y
    (c) I (d) R
    (e) N
13. यदि 'CONTROVERSIAL' शब्द के तीसरे, चौथे ओर ग्यारहवें अक्षर से कोई अर्थपूर्ण शब्द बनाना संभव हो, तो उस शब्द का पहला अक्षर लिखें अन्यथा X लिखें, यदि एक से अधिक शब्द बन सकते हों तो आप उत्तर M लिखें—
    (a) T (b) M
    (c) N (d) I
    (e) X
14. यदि 'DEPRESSION' शब्द के पहले और दूसरे अक्षर को आपस में अदल-बदल दिया जाए, पुनः तीसरे और चौथे अक्षर को आपस में अदल-बदल दिया जाए, इसी प्रकार पाँचवें ओर छठे अक्षर को भी आपस में अदल-बदल दिया जाए और आगे भी परिवर्तन का यही क्रम जारी रहे, तो दाएँ से 7वाँ अक्षर कौन-सा होगा?
    (a) O (b) S
    (c) R (d) I
    (e) इनमें से कोई नहीं
15. यदि 'MISFORTUNE' शब्द के पहले और दूसरे अक्षर को, तीसरे ओर चौथे अक्षर को, पाँचवें और छठे अक्षर को आपस में अदल-बदल कर दिया जाए और आगे भी परिवर्तन का यही क्रम जारी रहे, तो परिवर्तन के बाद आपके बाएँ से 8वाँ अक्षर कौन-सा होगा?

उत्तर (हल/संकेत)

हल (प्रश्न-संख्या 1 से 3 तक) के लिए, दी गई शृंखला में प्रयुक्त अक्षरों/अंकों/चिह्नों के संकेतों को स्थानीय क्रमांकिक मान के साथ निरूपित करने पर—

1	2	3	4	5	6	7	8	9	10	11	12	13
S	P	Q	δ	G	8	★	K	B	$	↑	M	T
14	15	16	17	18	19	20	21	22	23	24	25	26
^	θ	$	z	C	Σ	N	A	ψ	●	J	L	*

1. (e)

SPQδG8*KB$↑MT[^]θ$ZCΣNAhψ●JL*

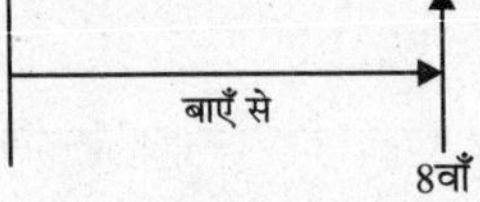

यहाँ प्रश्नानुसार संकेतों को विलुप्त करने पर बाएँ से 8वाँ संकेत हमें '^' प्राप्त हो रहा है।

अत: अभीष्ट संकेत ⇒ ^ होगा।

2. (c) प्रश्नानुसार उपर्युक्त शृंखला में प्रयुक्त बारह संकेतों को विपरीत क्रम में लिखने पर—

12 11 10 9 8 7 6 5 4 3 2 1 13 14 15 16 17 18 19 20 21 22 23 24 25 26
M↑$BK*8G[δ]QPST^θ $ZCΣNAΨ●JL*

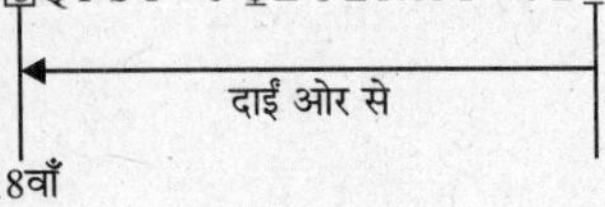

यहाँ दाईं ओर से 18वें संकेत के स्थान पर संकेत 'δ' स्थित है।

अत: अभीष्ट संकेत ⇒ δ होगा।

संक्षिप्त विधि :

26 से 13वाँ संकेत = 14 संकेत एवं
1 से 4वाँ संकेत = 4 संकेत
∴ दाईं ओर से 18वाँ संकेत
= 14 संकेत + 1 → 2 → 4
4वाँ संकेत = δ
अत: अभीष्ट संकेत = δ

3. (d)

1 2 3 4 5 6 7 8 9 10 11 12 13 14 15 16 17 18 19 20 21 22 23 24 25 26
SPQδG8*KB$↑MT^θ $ZCΣNAΨ●JL*

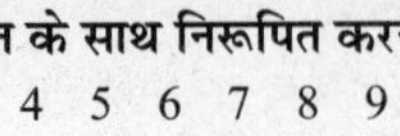

यहाँ उपर्युक्त शृंखला में संकेत 'K' एवं Σ के ठीक मध्य में कोई भी संकेत नहीं है।

अत: अभीष्ट मध्य का संकेत नहीं ज्ञात किया जा सकता।

हल (प्रश्न-संख्या 4 से 7 तक) के लिए, दी गई शृंखला में प्रयुक्त अक्षरों अंकों एवं संकेतों को स्थानीय क्रमांकिक मान के साथ निरूपित करने पर—

1	2	3	4	5	6	7	8	9	10	11	12
7	T	L	V	4	3	K	B	Z	8	A	M
13	14	15	16	17	18	19	20	21	22	23	24
U	A	G	N	C	5	H	P	2	Y	J	6

4. (b) दी गई शृंखला को विपरीत क्रम में लिखने पर—

6JY2PH5CNG1U[M]A8ZBK34VLT7

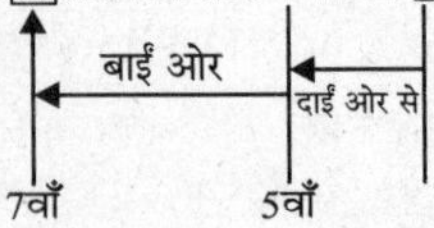

यहाँ दाईं ओर से 5वाँ संकेत '4' है तथा '4' के बाईं ओर 7 संकेत बढ़ने पर हम अक्षर संकेत 'M' पर पहुँच जाते हैं।

अत: अभीष्ट संकेत ⇒ M होगा।

संक्षिप्त विधि :

दाईं ओर से→ 5वाँ
दाईं ओर→ +7वाँ
[दाईं ओर से] → 12वाँ ⇒ [M]
अत: अभीष्ट अक्षर संकेत ⇒ M होगा।

5. (b) 'T' से प्रारंभ करते हुए प्रत्येक एकान्तर (alternate) संकेत को विलुप्त करते हुए दी गई शृंखला को लिखने पर—

1 2 3 4 5 6 7 8 9 10 11 12 13 14 15 16 17 18 19 20 21 22 23 24
7TLV[4]3KBZ8AMU1GNC5HP2YJ6

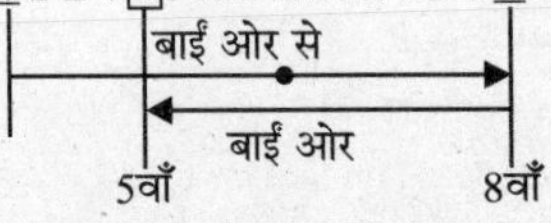

यहाँ प्रश्नानुसार संकेतों को विलुप्त करने पर हमें बाईं ओर से 8वीं संकेत 'G' प्राप्त होता है तथा संकेत 'G' के बाईं ओर 5 बढ़ने पर हम अंक संकेत '4' पर पहुँच जाते हैं।

अत: अभीष्ट संकेत ⇒ 4 होगा।

संक्षिप्त विधि :

बाईं ओर से→ 8वाँ
बाईं ओर→ _5वाँ
[बाईं ओर से]→ 3रा ⇒ 4
अत: अभीष्ट संकेत ⇒ 4 होगा।

6. (d)

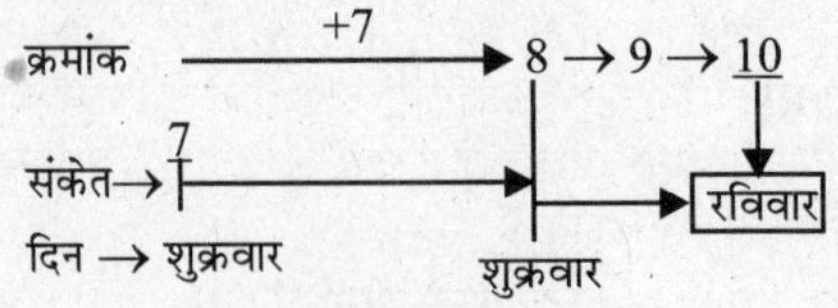

अत: अभीष्ट दिन ⇒ रविवार होगा।

7. (c) **संक्षिप्त विधि :**

$$\text{अभीष्ट मध्य संकेत} = \frac{(\text{बायीं} + \text{दायीं})}{2}$$

अभीष्ट मध्य संकेत

$$= \frac{(\text{बायीं ओर से दिया गया संकेत क्रमांक + दायीं ओर से दिये गये संकेत क्रमांक का विपरीत क्रमांक})}{2}$$

$$= \frac{(8+20)}{2} = \frac{28}{2} = 14$$

∵ 14वाँ संकेत ⇒ 1

∴ अभीष्ट मध्य का संकेत ⇒ 1 होगा।

हल (प्रश्न-संख्या 8 से 10 तक) के लिए, दी गई शृंखला में प्रयुक्त अक्षरों/अंकों के संकेतों को स्थानीय क्रमांकिक मान के साथ निरूपित करने पर—

स्थानीय मान → 1 2 3 4 5 6 7 8 9 10 11 12 13 14 15 16 17 18 19 20 21 22 23

दी गई शृंखला → H M 4 V T L 7 K D 2 G N B 8 Y Z 3 Q J I P W

8. (b) **संक्षिप्त विधि :**

$$\text{अभीष्ट मध्य संकेत} = \frac{(\text{बाईं} + \text{दाईं})}{2}$$

$$= \frac{(7+19)}{2} = \frac{26}{2} = 13$$

∵ शृंखला में 13वाँ संकेत = B

∴ अभीष्ट मध्य संकेत ⇒ B होगा।

9. (c) प्रश्नानुसार दी गई शृंखला में प्रयुक्त संकेतों में से प्रथम दस संकेतों को विपरीत क्रम में लिखने पर—

2DK7LTV[4]MHGNB8AYZ3QJ1PW

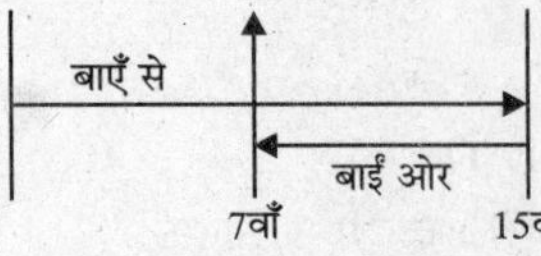

यहाँ बाएँ से 15वाँ संकेत 'A' है तथा संकेत 'A' के बाईं ओर 7 बढ़ने पर हम संकेत '**4**' पर पहुँच जाते हैं।

अत: अभीष्ट अंक संकेत ⇒ 4 होगा।

संक्षिप्त विधि :

बाएँ से→ 15वाँ
बाईं ओर→ _7वाँ
[बाएँ से] → 8वाँ ⇒ [4]
अत: अभीष्ट संकेत ⇒ 4 होगा।

व्याख्या : ∵ बाएँ से 8वाँ संकेत = K

∵ विपरीत क्रम पर स्थित संकेत आ जाता है चूँकि तीसरा क्रम पर संकेत '4' है। अत: नये क्रम में बाएँ से 8वें क्रम पर पूर्व क्रम का तीसरे क्रम का तीसरे क्रम पर स्थित अंक संकेत '4' होगा।

10. (b) संक्षिप्त विधि :

दाईं ओर से→ 15वाँ
दाईं ओर→ 7वाँ
[दाईं ओर से] → 10वाँ ⇒ [8]
अत: अभीष्ट संकेत ⇒ 8 होगा।

11. (d) प्रश्नानुसार,

1 ⇌ 26, 2 ⇌ 25

A Z B Y ....जोड़ा है।

यानी कि प्रत्येक अक्षर अपने विपरीत अक्षर से जोड़ा बना रहे हैं। अतः, विकल्प से,

दो विपरीत अक्षरों का जोड़ा =

अतः अभीष्ट जोड़ा ⇒ E V होगा।

12. (b) 1 2 3 4 5 6 7 8

O R D I N A R [Y]

दाईं छोर से

5वाँ

परिवर्तन का क्रम → 1 ⇒ 5, 2 ⇒ 6,

3 ⇒ 7 और 4 ⇒ 8

यहाँ उपर्युक्त शब्द में दाईं छोर से पाँचवाँ अक्षर 'I' है जिसका शब्द में स्थानीय मान 4 है। प्रश्नानुसार चौथे क्रम वाले अक्षर 'I' तथा 8वें क्रम वाले अक्षर 'Y' आपस मे एक-दूसरे से स्थान परिवर्तन कर लेते हैं। अतः परिवर्तन के बाद अक्षर 'I' के स्थान पर अक्षर 'Y' आ जाएगा। अतः परिवर्तन के बाद दाईं छोर से 5वाँ अक्षर **'Y'** होगा।

अतः अभीष्ट अक्षर ⇒ Y होगा।

13. (b) 1 2 3 4 5 6 7 8 9 10 11 12 13

C O N T R O V E R S I A L

↓ ↓ ↓

N T I

⇒ **NIT, TIN**

यहाँ उपर्युक्त शब्द से प्रश्नानुसार N, T एवं I तीन अक्षर प्राप्त हो रहे हैं जिनसे अंग्रेजी के दो अर्थपूर्ण शब्द **'NIT'** एवं **'TIN'** बनाये जा सकते हैं।

अतः अभीष्ट उत्तर ⇒ M होगा।

14. (e) संक्षिप्त विधि :

1 2 3 4 5 6 7 8 9 10

D E P R E S S I O N

प्रश्नानुसार,

अक्षरों के परिवर्तन का क्रम निम्न है–

1 ⇌ 2, 3 ⇌ 4, 5 ⇌ 6, 7 ⇌ 8, 9 ⇌ 10

1 2 3 4 5 6 7 8 9 10

D E [P] R E S S I O N

दाईं से 7वाँ

7वाँ

परिवर्तन के बाद 4 = 3

∴ अभीष्ट अक्षर ⇒ P होगा।

15. (b) संक्षिप्त विधि :

1 2 3 4 5 6 7 8 9 10

M I S F O R [T] U N E

प्रश्नानुसार, अक्षरों के परिवर्तन का क्रम–

1 ⇌ 2, 3 ⇌ 4,5 ⇌ 6, 7 ⇌ 8, 9 ⇌ 10

∵ 7 ⇌ 8 ∴ 8 ⇌ 7

यानी, 8 = 7 ⇒ [T]

अतः अभीष्ट अक्षर ⇒ T होगा।

16. (b) DETER MI NATION

⇒ [TERM, NATION],

or, [DETER, NATION] उपर्युक्त शब्द से केवल दो स्वतंत्र अर्थपूर्ण शब्द 'DETER' और 'NATION' या, 'TERM' और 'NATION' बनाये जा सकते हैं।

अतः अभीष्ट शब्दों के संख्या ⇒ दो होगा।

17. (d) 12 5 13 15 14

L E M O N

⇒ [L O, NO]

यहाँ उपर्युक्त शब्द में **'LO'** एवं **'NO'** दो ऐसे अक्षर-युग्म हैं जिनके बीच यहाँ उतने ही अक्षर मौजूद हैं जितने कि अंग्रेजी वर्णमाला में इनके बीच होते हैं। इन अक्षर-युग्मों के अक्षरों में से अक्षर 'L' अंग्रेजी वर्णमाला के क्रम में पहले आता है।

अतः अभीष्ट अक्षर ⇒ L होगा।

18. (b) 3 15 21 16 12 5

C O U P L E

⇒ [L O]

यहाँ उपर्युक्त शब्द में **'LO'** एक ऐसे अक्षर-युग्म हैं जिनके बीच यहाँ उतने ही अक्षर मौजूद हैं जितने कि अंग्रेजी वर्णमाला में इनके बीच होते हैं। इन दोनों अक्षरों में से अक्षर 'L' अंग्रेजी वर्णमाला के क्रम में पहले आता है।

अतः अभीष्ट अक्षर ⇒ L होगा।

19. (d) 8 15 18 9 26 15 14

H O R I Z O N

⇒ [HN, NO, NR, OR]

यहाँ उपर्युक्त शब्द में **HN, NO, NR** एवं **'OR'** ऐसे **'चार'** अक्षर-युग्म हैं जिनके बीच यहाँ उतने ही अक्षर मौजूद हैं जितने कि अंग्रेजी वर्णमाला में इनके बीच होते हैं।

अतः अभीष्ट अक्षर-युग्मों की संख्या ⇒ चार होगी।

20. (c) 16 5 14 3 9 12

P E N C I L

⇒ [CE, NP]

यहाँ उपर्युक्त शब्द में **'CE'** एवं **'NP'** ऐसे **'दो'** अक्षर-युग्म हैं जिनके बीच यहाँ उतने ही अक्षर मौजूद हैं जितने कि अंग्रेजी वर्णमाला में इनके बीच होते हैं।

अतः अभीष्ट अक्षर-युग्मों की संख्या ⇒ दो होगी।

21. (a) 1 16 16 12 5

A P P L E

⇒ [AE]

यहाँ उपर्युक्त शब्द में केवल **'AE'** एक ऐसे अक्षर-युग्म हैं जिनके बीच यहाँ उतने ही अक्षर मौजूद हैं जितने कि अंग्रेजी वर्णमाला में इनके बीच होते हैं।

अतः अभीष्ट अक्षर-युग्म की संख्या ⇒ एक होगा।

22. (a) ② 3 4 ⑤

B O X E S

⇒ [B], E

[यहाँ, 'B' और 'E' दोनों का वर्णमाला क्रमांकिक मान '2' और '5' है।]

यहाँ उपर्युक्त शब्द में **BE** 'एक' ऐसे अक्षर-युग्म हैं जिनके बीच यहाँ उतने ही अक्षर मौजूद हैं जितने कि अंग्रेजी वर्णमाला में इनके बीच होते हैं। इन दोनों अक्षरों **'B'** और **'E'** में से अंग्रेजी वर्णमाला में पहले **'B'** आता है।

अतः अभीष्ट अक्षर ⇒ B होगा।

23. (d) 20 18 15 21 2 12 5

T R O U B L E

⇒ [L], O

यहाँ उपर्युक्त शब्द में L और O 'एक' ऐसे अक्षर-युग्म हैं जिनके बीच यहाँ उतने ही अक्षर मौजूद हैं जितने की अंग्रेजी वर्णमाला में इनके बीच होते हैं। उपर्युक्त अक्षर-युग्म 'L' पहले आता है।

अतः अभीष्ट अक्षर ⇒ L होगा।

24. (c) 20 5 12 5 16 8 15 14 5

T E L E P H O N E

⇒ EH, NO, PT

यहाँ उपर्युक्त शब्द में EH, NO एवं PT 'तीन' ऐसे अक्षर-युग्म हैं जिनके बीच यहाँ उतने ही अक्षर मौजूद हैं जितने कि अंग्रेजी वर्णमाला में इनके बीच होते हैं।

अतः अभीष्ट अक्षर-युग्मों की संख्या ⇒ तीन होगी।

25. (c) 14 15 22 5 12

N O V E L

⇒ [NO, LO]

यहाँ उपर्युक्त शब्द में **'NO'** ओर **'LO'** **'दो'** ऐसे अक्षर-युग्म हैं जिनके बीच यहाँ उतने ही अक्षर मौजूद हैं जितने कि अंग्रेजी वण्रमाला में इनके बीच होते हैं।

अतः अभीष्ट अक्षर-युग्मों की संख्या ⇒ दो होगी।

26. (c) 16 18 5 19 5 14 20 13 5 14 20

P RE S E N T MEN T

⇒ PS, NR

यहाँ उपर्युक्त शब्द में **'PS'** और **'NR'** '**दो**' ऐसे अक्षर- युग्म हैं जिनके बीच यहाँ उतने ही अक्षर मौजूद हैं जितने कि अंग्रेजी वर्णमाला में इनके बीच होते हैं।

अत: अभीष्ट अक्षर-युग्मों की संख्या ⇒ दो होगी।

27. (e) 16 1 18 1 4 9 19 5

P A R A D I S E

⇒ PR, AD, AE

यहाँ उपर्युक्त शब्द में **'PR'** और **'AD'** एवं **AE** '**तीन**' ऐसे अक्षर-युग्म हैं जिनके बीच यहाँ उतने ही अक्षर मौजूद हैं जितने कि अंग्रेजी वर्णमाला में इनके बीच होते हैं।

अत: अभीष्ट अक्षर-युग्मों की संख्या ⇒ तीन होगी।

28. (b) 9 14 4 9 3 1 20 5

I N D I C A T E

⇒ EI, AD

यहाँ उपर्युक्त शब्द में **'EI'** और **'AD'** '**दो**' ऐसे अक्षर-युग्म हैं जिनके बीच यहाँ उतने ही अक्षर मौजूद हैं जितने कि अंग्रेजी वर्णमाला में इनके बीच होते हैं।

अत: अभीष्ट अक्षर-युग्मों की संख्या ⇒ दो होगी।

29. (e) 18 5 7 9 19 20 18 1 20 9 15 14

R E G I S T R A T I O N

⇒ GO, ST, RT, NO, NT, OT, IR

यहाँ उपर्युक्त शब्द में **GO, ST, RT, NO, NT, OT** एवं **IR** ऐसे '**सात**' अक्षर-युग्म हैं जिनके बीच यहाँ उतने ही अक्षर मौजूद हैं जितने कि अंग्रेजी वर्णमाला में इनके बीच होते हैं।

अत: अभीष्ट अक्षर-युग्मों की संख्या ⇒ सात होगी।

30. (c) 16 18 5 19 5 14 3 5

P R E S E NC E

⇒ P, S

यहाँ उपर्युक्त शब्द में केवल **'PS'** एक ऐसा अक्षर-युग्म है जिसके बीच यहाँ उतने ही अक्षर मौजूद हैं जितने कि अंग्रेजी वर्णमाला में इनके बीच होते हैं। इन अक्षरों के युग्म में से अक्षर 'P' अंग्रेजी वर्णमाला में पहले आता है।

अत: अभीष्ट अक्षर ⇒ P होगा।

31. (b) 9 4 5 1 13

I DE A L

⇒ DE

यहाँ उपर्युक्त शब्द में **'DE'** केवल '**एक**' ऐसा अक्षर-युग्म है जिसके बीच यहाँ उतने ही अक्षर मौजूद हैं जितने कि अंग्रेजी वर्णमाला में इनके बीच होते हैं।

अत: अभीष्ट अक्षर ⇒ एक होगा।

32. (c) Late (3) → Letter (6) Liver (1) → Load (4) → Long (2) → Luminous (5).

अत: क्रम हुआ = 361425.

33. (b) Intricate (3) → Intrigue (5) → Intrinsic (1) → Introduce (6) → Introvert (4) → Intrude (2).

अत: क्रम हुआ = 351642.

34. (c) Seldom (2) → Select (1) → Selfish (4) → Seller (5) → Send (3).

अत: क्रम हुआ = 21453.

35. (a) Collapse (2) → Collar (1) → Collect (3) → Colling (4) → Collure (5).

अत: क्रम हुआ = 21345.

36. (b) Make (2) → Mend (1) → Mike (5) → Mole (4) → Must (3).

अत: क्रम हुआ = 21543.

37. (d) Anger (5) → Auction (2) → Augour (1) → Aunt (3) → Aupter (4).

अत: क्रम हुआ = 52134.

38. (a) Eager (2) → Eccept (4) → Elect (3) → Enager (1) → Endan (5).

अत: क्रम हुआ = 24315.

39. (c) Nedle (1) → Neptune (3) → Nepture (2) → Nest (5) → Nimble (4).

अत: क्रम हुआ = 13254.

40. (c) Ding (5) → Doct (4) → Dove (2) → Duck (1) → Dumb (3).

अत: क्रम हुआ = 54213.

41. (b) Nacle (2) → Naptune (5) → Nurture (4) → Nasty (3) → Nature (1).

अत: क्रम हुआ = 25431.

42. (c)

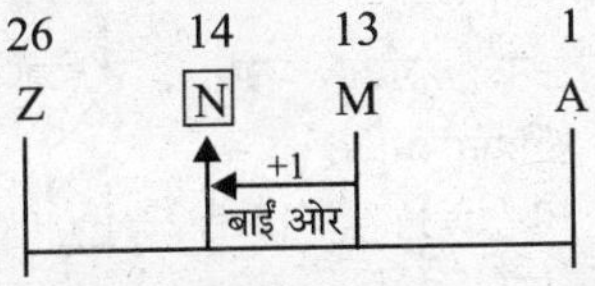

विपरीत वर्णमाला में 'M' के बाईं ओर यानी Z की ओर '**एक**' बढ़ने पर हमें (M + 1 = 14 ⇒N) अक्षर 'N' प्राप्त होता है।

अत: अभीष्ट अक्षर ⇒ N होगा।

संक्षिप्त विधि :

13

M + 1 = 14 ⇒ N

चूँकि विपरीत वर्णमाला में बाईं ओर जाने पर अक्षर का मान बढ़ता है।

43. (a) **संक्षिप्त विधि :**

A——— Z

बाएँ से → 8   9 ← दाएँ से

+18   +18

26/2   27

= 13 ⇒ M

चूँकि विपरीत वर्णमाला में 13वें स्थान पर अक्षर 'M' होता है। अत:, अभीष्ट मध्य अक्षर ⇒ M

संक्षिप्त विधि :

मध्य का अक्षर = मध्य अक्षर क्रमांक

$$= \frac{\text{बाएं से आने वाला अक्षर क्रमांक + दाएं छोर से आने वाला अक्षर क्रमांक का विपरीत अक्षर क्रमांक}}{2}$$

$$= \frac{8+18}{2} = \frac{26}{2} = 13 \Rightarrow \boxed{M}$$

अत:, अभीष्ट मध्य अक्षर ⇒ M होगा।

[∵ 9 का विपरीत क्रमांक = 18]

44. (d) **संक्षिप्त विधि :**

मध्य का अक्षर

$$= \frac{\text{बाएं से आने वाला अक्षर क्रमांक + दाएं छोर से आने वाला अक्षर क्रमांक का विपरीत अक्षर क्रमांक}}{2}$$

$$= \frac{14+8}{2} = \frac{22}{2} = 11 \Rightarrow \boxed{K}$$

अत: अभीष्ट मध्य अक्षर ⇒ K होगा।

[∵ वर्णमाला में क्रमांक 19 का विपरीत क्रमांक 18 होता है।]

45. (d)

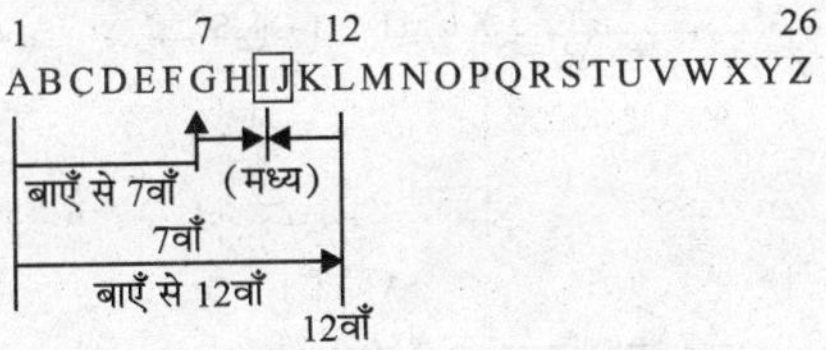

यहाँ हम देख रहे हैं कि अंग्रेजी वर्णमाला में बाएँ से 12वाँ तथा बाएँ से 7वाँ अक्षर क्रमश: 'L' और 'G' हैं तथा इन दोनों अक्षरों के बीच में दो अक्षर I एवं J आ रहे हैं अत: इनके दाईं ओर आने वाला 8वाँ कोई एक अक्षर को ज्ञात नहीं किया जा सकता है।

46. (c) **संक्षिप्त विधि :**

[दाईं छोर से → 17 ....(S)

दाईं ओर → _8 ....(S_1)

⇒ 9 ⇒ R

(दाईं छोर से)

अत:, अँग्रेजी वर्णमाला में दाईं छोर से 9वाँ अक्षर 'R' होगा।

47. (d) **संक्षिप्त विधि :**

[दाईं से → 11 ....(S)

दाईं ओर → _7 ....(S_1)

⇒ 4 ⇒ D (दाईं से)

अत: अंग्रेजी वर्णमाला का दाएँ से चौथा अक्षर D होगा।

[∵ अंग्रेजी वर्णमाला का बाएँ से = विपरीत वर्णमाला का दाएँ से]

48. (b) **संक्षिप्त विधि :**

13
M –1 = 12 ⇒ L

अत: अभीष्ट अक्षर ⇒ L होगा।

49. (d)

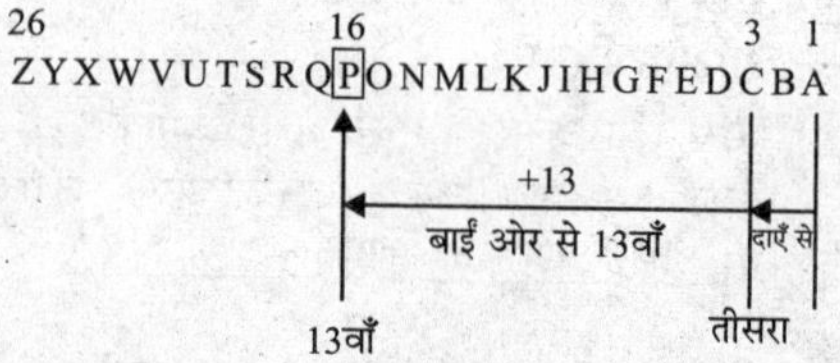

यहाँ हम देख रहे हैं कि दाएँ से तीसरा यानी अक्षर A से तीसरा अक्षर 'C' है तथा अक्षर 'C' के बाईं ओर यानी Z की ओर 13 अक्षर बढ़ने पर

3
(C + 13 = 16 ⇒ P) हम अक्षर 'P' पर पहुँच जाते हैं।

अत: अभीष्ट अक्षर ⇒ P होगा।

संक्षिप्त विधि :

[दाईं से → 3 (तीसरा) ....(S)
दाईं ओर → +13वाँ ....(S_1)
⇒ 4 ⇒ P
(दाएँ से)

चूँकि A से Z की ओर बढ़ रहे हैं, अत:, दाएँ से यानी A से 16वाँ अक्षर 'P' होगा।

50. (b)

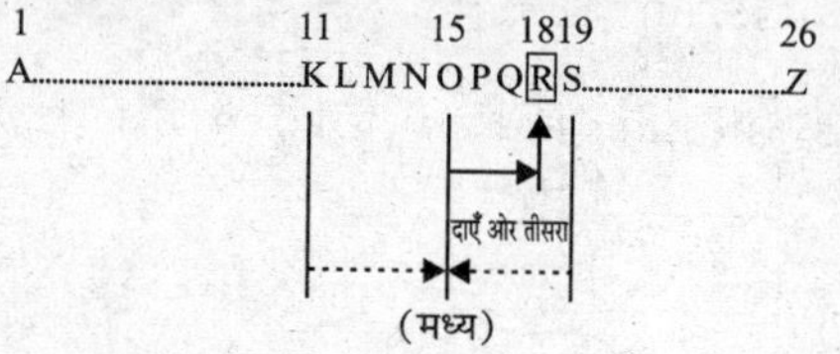

यहाँ हम देख रहे हैं कि अक्षर 'K' एवं अक्षर 'S' के ठीक मध्य में अक्षर 'O' आता है तथा 'O' के दाईं ओर तीन बढ़ने पर

15
(O + 3 = 18 ⇒ R) हमें अक्षर 'R' प्राप्त होता है।

अत:, अभीष्ट अक्षर ⇒ R होगा।

संक्षिप्त विधि :

11 19
K + S = 11 + 19 = 30/2
= 15 + 3 = 18 ⇒ R

अत:, अभीष्ट अक्षर ⇒ R होगा।

51. (c)

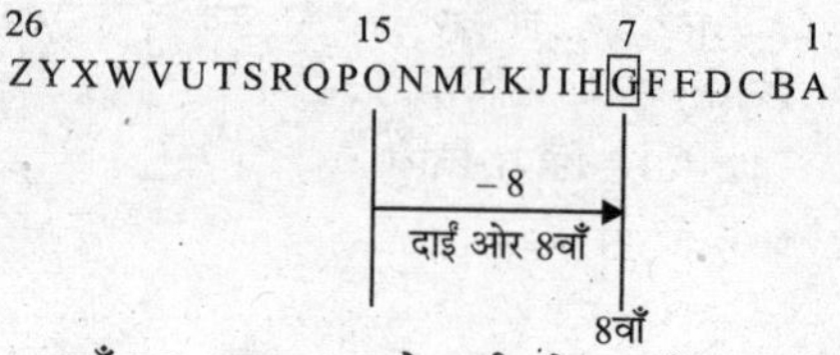

यहाँ हम अक्षर 'O' के दाईं ओर यानी 'A' की ओर 8 अक्षर 'G' पर पहुँच जाएँगे।

अत: अभीष्ट अक्षर ⇒ G होगा।

★ **दूसरी विधि :**

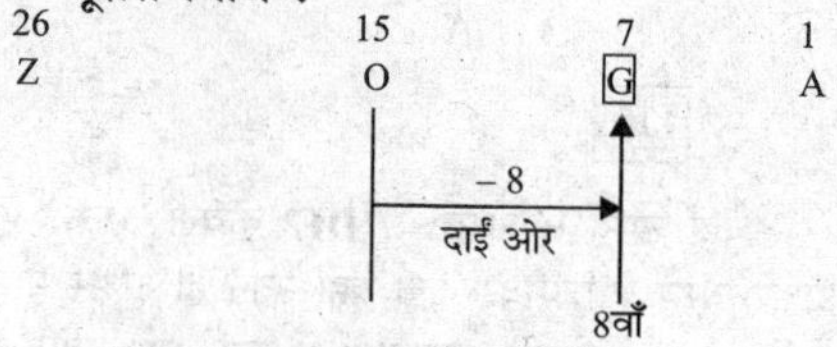

यहाँ हम देख रहे हैं कि अक्षर 'O' से दाईं ओर 'A' की ओर 8 अक्षर जाने पर हम अक्षर 'G' पर पहुँच जाते हैं।

अत:, अभीष्ट अक्षर ⇒ G होगा।

संक्षिप्त विधि :

15 7
O —–8→ G

अत: अभीष्ट अक्षर ⇒ G होगा।

52. (b)

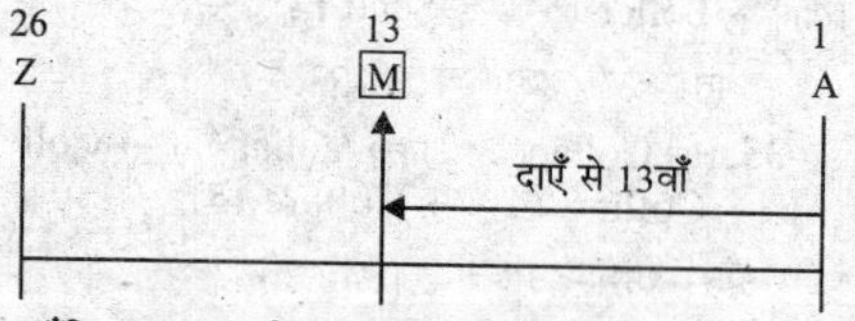

चूँकि 'A', Z के स्थान पर और 'Z', A के स्थान पर तथा अन्य अक्षरों को भी इसी प्रकार से लिखा गया है, अर्थात् वर्णमाला को विपरीत क्रम में लिखा गया है।

इस प्रकार के उपरोक्त क्रम में दाएँ से यानी 'A' की ओर से 13वाँ अक्षर हमें 'M' प्राप्त होगा।

अत: अभीष्ट अक्षर ⇒ M होगा।

53. (b)

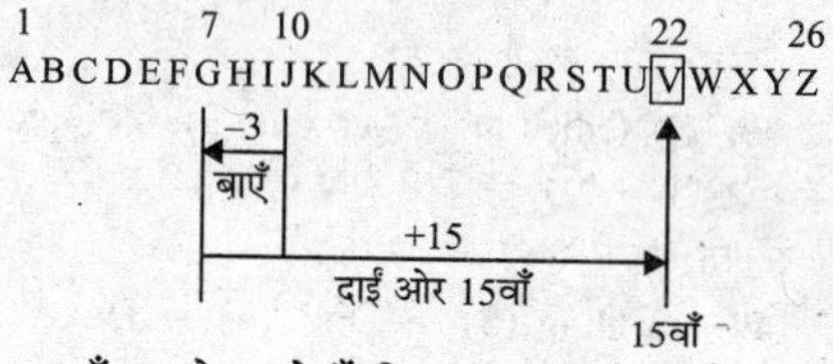

यहाँ हम देख रहे हैं कि अक्षर 'J' के बाएँ तीसरा अक्षर 'G' है तथा 'G' के दाईं ओर 15 अक्षर बढ़ने

7
पर (G + 15 = 22 ⇒ V) हम अक्षर 'V' पर पहुँच जाते हैं।

अत:, अभीष्ट अक्षर ⇒ V होगा।

संक्षिप्त विधि:

10 – 3 = 7 + 15 = 22 V
J G

अत: अभीष्ट अक्षर ⇒ V होगा।

54. (a)

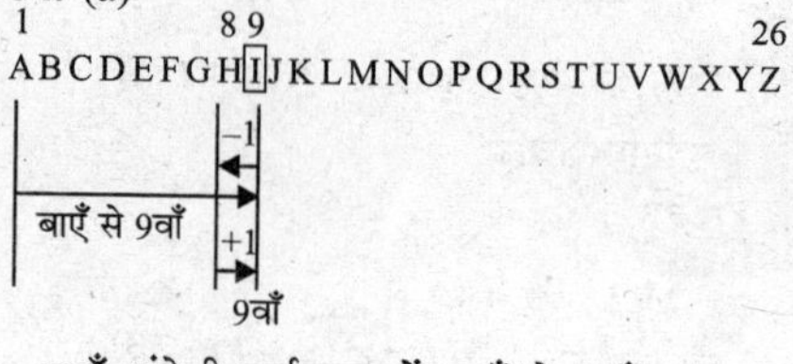

यहाँ अंग्रेजी वर्णमाला में बाएँ से 9वाँ अक्षर 'I' है तथा 'I' के ठीक पहले हमें अक्षर 'H' प्राप्त होता है तथा अक्षर 'H' के दाईं ओर पहला अक्षर यानी 'H' के दाईं ओर **'एक'** अक्षर बढ़ने

8
पर (H + 1 = 9 ⇒ I) हमें पुन: अक्षर 'I' प्राप्त होता है।

अत: अभीष्ट अक्षर ⇒ I होगा।

संक्षिप्त विधि :

9 9 9
1 – 1 = H + 1 ⇒ I

अत:, अभीष्ट अक्षर ⇒ I

55. (d) A और B ⇒ A,C और D ⇒ B आगे भी यही क्रम है, अर्थात अंग्रेजी वर्णमाला में केवल A से M तक अक्षर बचेंगे क्योंकि प्रत्येक दो अक्षर के बदले एक अक्षर का प्रयोग हो रहा है।

इस प्रकार वर्णमाला का नया क्रम–

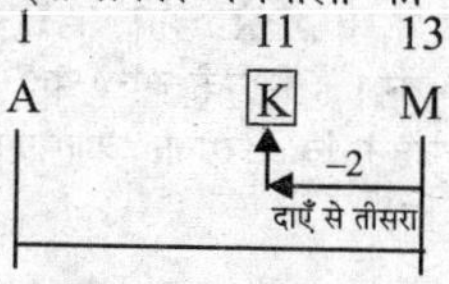

यहाँ उपरोक्त क्रम में दाएँ छोर से यानी 'M' से बाईं ओर तीसरा अक्षर यानी M को पहला, L को दूसरा मानते हुए चलने पर हमें तीसरा अक्षर यानी 'M' से तीसरा अक्षर 'K' प्राप्त होता है।

अत:, अभीष्ट अक्षर ⇒ K होगा।

संक्षिप्त विधि :

13
M – 2 = 11 ⇒ K

चूँकि AB ⇒ A, CD ⇒ B और आगे भी यही क्रम है इसलिए वर्णमाला में केवल A से M तक ही अक्षर बचेंगे। अब 'M' से तीसरा अक्षर यानी हम 'M' से '– 2' ही घटेंगे क्योंकि एक अक्षर स्वयं M भी घटेगा। इस प्रकार 'M' से तीसरा अक्षर हमें 'K' प्राप्त होगा।

56. (d)

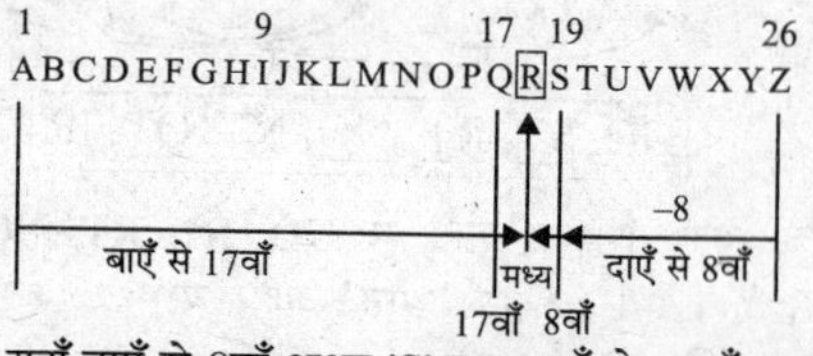

यहाँ दाएँ से 8वाँ अक्षर 'S' तथा बाएँ से 17वाँ अक्षर Q एवं S के बीच में हमें अक्षर 'R' प्राप्त होता है।

अत:, अभीष्ट मध्य अक्षर ⇒ R होगा।

संक्षिप्त विधि :

बाएँ से आने वाला अक्षर क्रमांक + दाएँ से आनेवाला अक्षर क्रमांक का विपरीत अक्षर क्रमांक

मध्य अक्षर

$$= \frac{\text{बाएं से आने वाला अक्षर क्रमांक + दाएं से आने वाला अक्षर क्रमांक का विपरीत अक्षर क्रमांक}}{2}$$

$$\frac{17+19}{2} = \frac{36}{2} = 18 \Rightarrow \boxed{R}$$

चूँकि अंग्रजी वर्णमाला में 8वें स्थान पर 'R' होता है।

अत: अभीष्ट अक्षर ⇒ R होगा।

❑❑❑

अध्याय **5**

सांकेतिक भाषा परीक्षण

सांकेतिक भाषा किसी भी निर्देश को प्रेषित करने की वह पद्धति है, जिसमें अक्षर/चिह्नों को किसी खास पैटर्न में लिखकर सूचना को प्रेषित करते है, ताकि कोई अवरुद्ध न हो। खास तौर पे इस सूचनाओं को भेजने के लिए जिन मानसिक क्रियाओं का सहारा लेना होता है वह अधिकतर अंग्रेजी वर्णमाला और उसकी संगत संख्याओं एवं महत्वपूर्ण चिह्नों के द्वारा ही पूरी होती है। अत: इसके लिए अंग्रेजी वर्णमाला संगत संख्याएं एवं प्रतीक चिह्नों की जानकारी होना अति आवश्यक है।

यह सभी परीक्षार्थी जानते हैं कि अंग्रेजी वर्णमाला में 26 अक्षर होते हैं और उतनी ही संगत संख्या से भी परन्तु इस वर्णमाला की स्थिति को इस प्रकार घुमा दिया जाता है जिससे प्रश्न हल करने में कठिनाई का अनुभव होने लगता है।

अंग्रेजी वर्णमाला की स्थिति एवं संगत संख्याएं—

1	2	3	4	5	6	7	8	9	10	11	12	13
A	B	C	D	E	F	G	H	I	J	K	L	M
N	O	P	Q	R	S	T	U	V	W	X	Y	Z
14	15	16	17	18	19	20	21	22	23	24	25	26

नोट : बाएँ से दाएँ को सीधा क्रम तथा दाएँ से बाएँ को उल्टा क्रम कहा जाता है।

परन्तु संगत संख्याओं को अक्षरों के साथ याद रखना भी उतना आसान नहीं है इसके लिए निम्न सूत्र की सहायता ली जा सकती है—

3	6	9	12	15	18	21	24
C	F	I	L	O	R	U	X = सैफ इल और ओक्स

इसके अंतर्गत प्रत्येक के मध्य 2 – 2 अक्षर छोड़े गये हैं तथा अब सरलतापूर्वक ध्यान रखा जा सकता है कि O और U के मध्य 4 अक्षरों का अन्तर है। साथ ही इन प्रश्नों में विपरीत संख्या एवं अक्षरों से प्रश्नों का समावेश रहता है—

विपरीत अक्षर

A	B	C	D	E	F	G	H	I	J	K	L	M
↓	↓	↓	↓	↓	↓	↓	↓	↓	↓	↓	↓	↓
Z	Y	X	W	V	U	T	S	R	Q	P	O	N

परीक्षाओं में पूछे जाने वाले प्रश्नों का स्वरूप इस प्रकार है—

प्रकार 1. साधारण कूट

A	**B**	**C**	**H**	**T**	**L**	**P**	**N**	**M**	**D**
O	**1**	**2**	**7**	**8**	**3**	**5**	**9**	**4**	**6**

उदाहरण 1. उपर्युक्त शृंखला के आधार पर NAM का 'कोड' क्या होगा?

हल : प्रश्नानुसार अक्षरों के नीचे दिया गया अक्षर उसका कोड है, इसलिए N का कोड 9, A का कोड 0 तथा M का कोड 4 हुआ।

अत: NAM : 904

प्रकार 2. आंकिक मान के आधार पर कूट

उदाहरण 2. यदि NAM का कोड '28' किया जाता है, तो SAN का कोड उसी नियमानुसार क्या होगा?

हल : हम जानते हैं कि अंग्रेजी वर्णमाला में N का आंकिक मान 14, A का 1 तथा M का 13 होता है। तीनों का योगफल 14 + 1 + 13 = 28 प्राप्त होता है।

इसीलिए योगफल = 19 + 1 + 14 = 34

अत: अभीष्ट कोड 34 हुआ।

उदाहरण 3. यदि NAM का कोड ★ Δ है, MAN का कोड Δ$ है, तो VAN का कोड होगा?

हल : प्रश्न में जिस शब्द के आगे, जो आकृति कोड की गई है, वही उसका कोड है। इसके लिए A, M तथा N की स्थिति देख सकते हैं। A के सामने Δ, M के लिए तथा N के लिए $ सभी जगहों पर दिख रहा है। इसलिए हम आश्वस्त हो जाते हैं कि जो आकृति जिसके सामने आ रही है, वही उसका कोड है।

अत: VAN = @Δ★ होगा।

प्रकार 3. जोड़ या बढ़ते क्रम पर आधारित कूट

उदाहरण 4. यदि RAM : SBN तो LAMP : ?

हल : सर्वप्रथम वर्णमाला क्रम के अनुसार अक्षरों का आंकिक मान उसके सामने लिख लें। इससे प्रश्न कितना भी जटिल हो, हल ढूँढ़ने में आसानी होगी।

प्रश्नानुसार,

18 1 13 19 2 14
R A M : S B N
+1 +1 +1

अत: 12 1 13 16 13 2 14 17
L A M P : M B N Q
+1 +1 +1 +1

प्रकार 4. घटते क्रम या घटाव पर आधारित

उदाहरण 5. यदि QAM : PZL, तो LAMP : ?

हल :

17 1 13 16 26 12
Q A M : P Z L
–1 –1 –1

अत: 12 4 13 16 11 3 12 15
L D M P : K C L O
–1 –1 –1 –1

नोट : अंग्रेजी वर्णमाला में 26वाँ अक्षर अन्तिम अक्षर होता है तथा A प्रथम अक्षर है अत: हम हमेशा A के पहले Z तथा Z के बाद A पढ़ा करते हैं।

प्रकार 5. विपरीताक्षरों पर आधारित

उदाहरण 6. यदि RAM : IZN, तो LAMP : ?

हल :

18 1 13 9 16 14
R A M : I Z N

आंकिक मान का अवलोकन करने पर यह पता चलता है कि बढ़ने का क्रम बड़ा विचित्र है तथा किसी खास नियम विशेष पर वृद्धि नहीं हो रही है। अत: आप दूसरे ढंग से इस पर विचार करें। विचार करने पर पता चलता है, कि सारे अक्षर एक-दूसरे के विपरीत हैं।

इसीलिए, L A M P : O Z N K

नोट : कोई अक्षर किसी का विपरीत है या नहीं, इसे पता लगाने हेतु मूल अक्षर तथा उसके कोड के आंकिक मान को जोड़ दें, यदि 27 आ जाता है, तो समझें, वह निश्चित रूप से एक-दूसरे का विपरीत है।

प्रकार 6. बढ़ते क्रम में

उदाहरण 7. यदि किसी सांकेतिक भाषा में 'BRAIN' को 'CSBJO' लिखा जाता है, तो उसी भाषा में 'MAKER' को कैसे लिखा जाएगा?

हल :

2 18 1 9 14 3 19 2 10 15
B R A I N ⟶ C S B J O
+1 +1 +1 +1 +1

यहाँ **'BRAIN'** शब्द के प्रत्येक अक्षर को एक-एक अक्षर से बढ़ाकर (अर्थात् 'B' को एक अक्षर बढ़ाकर 'C', 'R' को एक अक्षर बढ़ाकर 'S' ...... आदि) **'CSBJO'** के रूप में संकेतबद्ध किया गया है।

इसी प्रकार,

13 1 11 5 18 14 2 12 6 19
M A K E R ⟶ N B L F S
+1 +1 +1 +1 +1

अत: MAKER को NBLFS लिखा जाएगा।

प्रकार 7. प्रतीकों पर आधारित कूट

निर्देश—नीचे दिए गए प्रश्न संकेतों (अक्षरों/अंकों/चिह्नों) की मिश्रित शृंखला पर आधारित है। दी गई शृंखला को ध्यानपूर्वक अध्ययन करके इन पर आधारित प्रश्नों का उत्तर दीजिए।

H Q α m ★ @ 4 2 P L C r Z B Y n $ d θ y & F i k ? O

उदाहरण 8. यदि किसी सांकेतिक भाषा में संकेत समूह 'α B $ P' को 'm Y d L' लिखा जाता है, तो उसी सांकेतिक भाषा में संकेत समूह '@ 2 & r' को कैसे लिखा जाएगा?

(a) ★ P F C (b) 4 P Z F (c) 4 P Y Z
(d) 4 P F Z (e) इनमें से कोई नहीं

हल : (d) सर्वप्रथम दिये गए संकेतों के ऊपर उनका स्थानीय मान अंकित कर लेते हैं।

1	2	3	4	5	6	7	8	9	10	11	12	13
H	Q	α	m	★	@	4	2	P	L	C	r	Z
14	15	16	17	18	19	20	21	22	23	24	25	26
B	Y	n	$	d	θ	y	&	F	i	k	?	O

3 14 17 9 4 15 18 10
α B $ P ⟶ m Y d L
+1 +1 +1 +1

यहाँ हम देख रहे हैं कि बाईं ओर के संकेत समूह **'α B $ P'** के संकेतों को क्रमश: + 1, + 1, + 1, + 1 के क्रम से बढ़ाकर संकेत समूह **'m Y d L'** के रूप में लिखा गया है।

इसी प्रकार,

6 8 21 12 7 9 22 13
@ 2 & r ⟶ 4 P F Z
+1 +1 +1 +1

अत: **@ 2 & r** को **4 P F Z** लिखा जाएगा।

प्रकार 8. वाक्यों पर आधारित कूट

उदाहरण 9. यदि किसी भाषा में nik pit tik का तात्पर्य है, Ram is happy, tik chik lik का तात्पर्य है, He is good तथा mit nit fik का तात्पर्य है, Ram was thick, तो बताएँ कि is के लिए किस कूट भाषा का प्रयोग हुआ है?

हल : इस तरह के प्रश्न में आवश्यक नहीं है कि उसके सामने का किया गया कोड अभीष्ट शब्द का ही कोड है, वह दिए गए अक्षरों में से किसी का भी सम्भव है, इसके लिए 'छाँटन विधि' अपनाएँ।

(1) nik pit tik → Ram is happy.

(2) tik chik lik → He is good.

(3) mit nik fik → Ram was thick.

हम देखते हैं कि एक तरफ tik शब्द तथा दूसरी तरफ is शब्द 1 तथा 2 दोनों वाक्यों में आया है, इसीलिए is का कोड tik हो गया।

प्रकार 9. स्तम्भ पर आधारित

उदाहरण 10. स्तम्भ-I में कुछ शब्द दिए गए हैं तथा स्तम्भ-II एक सांकेतिक भाषा में उनके कूट अव्यवस्थित रूप में दिए गए हैं।

	स्तम्भ-I	स्तम्भ-II
1.	SOUND	ikmop
2.	ADDRESS	blooppv
3.	CRUX	cjmv
4.	NET	abi
5.	CRONY	ijktv
6.	CROWDY	jkgotv

ज्ञात करो कि W के लिए निम्नलिखित में से कौन-सा कूट प्रयोग किया गया है?

(a) j (b) k (c) o

(d) g (e) v

हल : (d) (2) और (3) से तुलना करने पर R = v,

(3) और (5) से तुलना करने पर C = j

(1) और (4) से तुलना करने पर N = i

(1) और (5) से तुलना करने पर O = h

∴ (5) से Y = t

(1), (2) और (6) से तुलना करने पर D = O

∴ (6) से W = g

प्रकार 10. उपनाम संबंधी

उदाहरण 11. यदि 'वर्षा' को 'पानी' कहें, 'पानी' को 'हवा' कहें, 'हवा' को 'बादल' कहें, 'बादल' को 'आकाश' कहें, 'आकाश' को 'समुद्र' कहें तथा 'समुद्र' को 'सड़क' कहें, तो वायुयान कहाँ उड़ते हैं?

(a) पानी (b) सड़क

(c) समुद्र (d) बादल

(e) उपर्युक्त में से कोई नहीं।

हल : (c) वायुयान, आकाश में उड़ता है और चूँकि 'आकाश' को 'समुद्र' कहा गया है। अत: 'वायुयान' 'समुद्र' में उड़ेगा।

उदाहरण 12. यदि किसी सांकेतिक भाषा में

(i) 'पिट ना सोम का अर्थ है—'मुझे पानी दो'

(ii) 'ना जो टोड' का अर्थ है—'पानी है जीवन'

(iii) 'टब ओड पिट' का अर्थ है—'मुझे खिलौना लाओ'

(iv) 'जो लिन कोट' का अर्थ है—'जीवन और मृत्यु'

तो उसी सांकेतिक भाषा में 'है' के लिए कौन-सा शब्द है?

(a) जो (b) टोड (c) ना

(d) लिन (e) उपर्युक्त में से कोई नहीं

हल : (b)

(i) और (ii) से 'ना' = 'पानी'

(ii) और (iv) से 'जो' = 'जीवन'

अभीष्ट उत्तर (b) है। (ii) से 'टोड' = है।

उदाहरण 13. यदि आकाश को लाल, लाल को आग, आग को पानी, पानी को सिन्दूर तथा सिन्दूर को रंग कहा जाए, तो हम खाने के बाद क्या पीते हैं?

हल : चूँकि **आकाश** का नया नाम **लाल**

लाल का नया नाम **आग**

आग का नया नाम **पानी**

पानी का नया नाम **सिन्दूर**

सिन्दूर का नया नाम **रंग** है।

अत: हम जानते हैं कि हम खाना खाने के बाद पानी पीते हैं और **पानी** का नया नाम **सिन्दूर** है, इसीलिए हम खाने के बाद **सिन्दूर** पीते हैं।

प्रश्नावली

1. नीचे एक पंक्ति में बड़े अक्षर तथा दूसरी पंक्ति में अंक दिए गए हैं, अंक और अक्षर एक-दूसरे के कूट हैं।

B	D	F	H	J	L	N	P	R	T
2	7	0	4	1	6	9	3	8	5

दिए गए अक्षरों के सही कूट चुनिए—

FBRLPH

(a) 028934 (b) 028631

(c) 028364 (d) 028634

2. नीचे एक पंक्ति में बड़े अक्षर तथा दूसरी पंक्ति में अंक दिए गए हैं, अंक और अक्षर एक-दूसरे के कूट हैं।

Z	U	Q	E	V	Y	R	F	P	I
0	9	2	6	5	3	7	1	8	4

दिए गए अक्षरों के लिए सही कूट चुनिए—

RVZIQY

(a) 750417 (b) 750323

(c) 750428 (d) 750423

3. नीचे पहली पंक्ति में कुछ अक्षर दिए गए हैं, और उनके नीचे दूसरी पंक्ति में अंक दिए गए हैं, अंक और अक्षर एक-दूसरे के कूट हैं।

E	M	K	B	Z	W	Q	U	D	J
5	9	1	6	4	8	2	0	7	3

दिए गए अक्षरों के लिए सही कूट चुनिए—

6 3 0 8 2 5

(a) BJQWUE (b) BJUWQE

(c) BJWUQE (d) BJEWUQ

4. नीचे पहली पंक्ति में कुछ अक्षर दिए गए हैं, और उनके नीचे दूसरी पंक्ति में अंक दिए गए हैं, अंक और अक्षर एक-दूसरे के कूट हैं।

A	F	E	H	I	K	O	M	U	R
9	3	8	4	0	5	1	6	2	7

दिए गए अक्षर-समूह का सही संख्या-कूट चुनिए—

MAEIOU

(a) 698102 (b) 698012

(c) 698210 (d) 698201

5. नीचे कुछ अक्षर पहली पंक्ति में दिए गए हैं और उनके नीचे दूसरी पंक्ति में अंक दिए गए हैं, अंक और अक्षर एक-दूसरे के कूट हैं।

C	W	E	A	Z	X	J	Y	K	L
3	9	5	7	4	8	1	0	2	6

दिए गए अक्षर-समूह का सही संख्या-कूट चुनिए—

JWXCLZ

(a) 198364 (b) 198264

(c) 198354 (d) 197354

6. नीचे पहली पंक्ति में कुछ अक्षर दिए गए हैं और दूसरी पंक्ति में प्रत्येक अक्षर को एक अंक निर्धारित किया गया है, अंक और अक्षर एक-दूसरे के कूट हैं।

M	O	E	A	S	J	T	Z
3	5	7	6	2	9	4	0

दिए गए अक्षर-समूह का सही संख्या कूट चुनिए—

EAST

(a) 7623 (b) 7624
(c) 7625 (d) 7620

7. नीचे पहली पंक्ति में कुछ अक्षर दिए गए हैं और दूसरी पंक्ति में प्रत्येक अक्षर को एक अंक निर्धारित किया गया है, अंक और अक्षर एक-दूसरे के कूट हैं।

M	O	E	A	S	J	T	Z
3	5	7	6	2	9	4	0

दिए गए अक्षर-समूह का सही संख्या कूट चुनिए—

JEZTMS

(a) 970534 (b) 970432
(c) 970435 (d) 970345

8. दिए गए अक्षरों को एक अर्थपूर्ण शब्द के रूप में व्यवस्थित करें और उससे उपलब्ध क्रम को दिए गए विकल्पों में दर्शाएँ—

A	B	E	L	T
1	2	3	4	5

(a) 53214 (b) 51243
(c) 34512 (d) 23415

9. कुछ अक्षरों का समूह दिया गया है जिनमें से प्रत्येक अक्षर को एक अंक निर्धारित किया गया है। इन अक्षरों को इस प्रकार व्यवस्थित करें कि उससे एक अर्थपूर्ण शब्द बन जाए और उनके अंकों के सही क्रम को दिए गए विकल्पों में से दर्शाइए—

E	O	C	N	A
1	2	3	4	5

(a) 34521 (b) 23154
(c) 43125 (d) 13254

10. नीचे एक पंक्ति में बड़े अक्षर तथा दूसरी पंक्ति में अंक दिए गए हैं, अंक और प्रत्येक अक्षर एक-दूसरे के कूट हैं, दिए गए अक्षरों के लिए सही कूट चुनिए—

M	N	A	E	I	K	S	T	P	R
0	1	2	3	4	5	6	7	8	9

दिए गए अक्षर : TIPPER

(a) 748389 (b) 748839
(c) 748938 (d) 743898

11. पहली पंक्ति में दिए गए वर्णों के दूसरी पंक्ति में कोड दिए गए हैं—

V	D	A	S	G	K	I	H	X	O
5	1	3	9	0	8	2	4	7	6

IVSHOD वर्णों के कोड क्या होंगे?

(a) 258416 (b) 259641
(c) 254961 (d) 259461

12. किसी कोड भाषा में '481' का अर्थ है—'sky is blue', '246' का अर्थ है 'sea is deep' और '698' का अर्थ है—'sea look blue', 'blue' के कोड के लिए कौन-सी संख्या है?

(a) 9 (b) 6
(c) 1 (d) 8

13. किसी कोड में '329' का अर्थ है—'GOD IS LOVE', '927' का अर्थ है 'LOVE IS BEAUTIFUL' तो 'GOD' का कोड क्या होगा?

(a) 2 (b) 3
(c) 7 (d) 9

14. किसी कोड भाषा में,

125 = Go to school
146 = Study in school
135 = Run to school.

'Run' के लिए कौन-सा अंक प्रयोग किया जाएगा?

(a) 6 (b) 2
(c) 3 (d) 1

15. यदि A = 1, BAD = 7, तो HAT = ?

(a) 8 (b) 10
(c) 19 (d) 29

16. यदि A = 1, ACT = 24, तो FAT = ?

(a) 26 (b) 25
(c) 27 (d) 24

17. यदि B = 2, BAG = 10, तो BOX = ?

(a) 39 (b) 41
(c) 52 (d) 36

18. यदि W = 23, STRONG = 93, तो WEAK = ?

(a) 40 (b) 41
(c) 38 (d) 44

19. यदि A = 1, AIR = 28, तो RIB = ?

(a) 28 (b) 29
(c) 35 (d) 26

20. यदि A = 1, FAN = 21, तो TAP = ?

(a) 73 (b) 37
(c) 36 (d) 27

21. यदि A = 1 और CAP = 20 हो, तो HEN = ?

(a) 28 (b) 29
(c) 26 (d) 27

22. यदि C = 3 और CAT = 24, तो FAULT क्या है?

(a) 60 (b) 57
(c) 64 (d) 72

23. यदि B = 2, MAT = 34, तो JOGLEX = ?

(a) 70 (b) 71
(c) 72 (d) 73

24. यदि A = 1; और AND = 19 तब BAT = ?

(a) 22 (b) 23
(c) 21 (d) 20

25. यदि FRIEND को 56 कोडित किया जाए, तो ENEMY को कैसे कोडित किया जाएगा?

(a) 60 (b) 61
(c) 62 (d) 58

26. यदि REASON को कूट भाषा में 5 लिखा जाता है और BELIEVED को 7 लिखा जाता है, तो GOVERNMENT के लिए कूट संख्या क्या होगी?

(a) 6 (b) 8
(c) 9 (d) 10

27. यदि ASHA बराबर है 29 के, तो VINAY-BHUSHAN = ?

(a) 211 (b) 200
(c) 144 (d) 130

28. यदि DEAF 32 के बराबर है, तो LEAF क्या होगा?

(a) 48 (b) 50
(c) 52 (d) 56

29. यदि BALLOON को कूट भाषा में 05-04-15-15–18–18-17 के रूप में लिखा जाता है, तो LAGOON को कूट भाषा में कैसे लिखा जाएगा?

(a) 12-01-10-18-18-17
(b) 12-01-07-18-18-17
(c) 15-04-10-18-18-17
(d) 15-07-03-18-18-17

30. किसी भाषा में FIFTY को CACTY, CAR को POL, TAR को TOL लिखा जाता है, तो TARIFF को उस भाषा में कैसे लिखा जाएगा?

(a) TOEFDD (b) TOEFEL
(c) TOLACC (d) TOLADD

31. किसी कोड में FRACTION को FNAITCOR के रूप में लिखा जाता है, तो उसी कोड में QUANTITATIVE को कैसे लिखा जाएगा?

(a) QIATAETUTNVI
(b) QTEATUIAVITN
(c) QTNAVIAITETU
(d) QEAITATITNVU

32. किसी कोड में LUTE को MUTE के रूप में और GATE को HATE के रूप में लिखा जाता है, तो उसी कोड में BLUE को कैसे लिखा जाएगा?

(a) FLUE (b) FLUD
(c) GLUE (d) CLUE

33. यदि CUSTOM को UCTSMO कोड में लिखा जाता है, तो उसी कोड में PARENT को कैसे लिखा जाएगा?
(a) APERTN (b) RAPTNE
(c) TNERAP (d) ERAPTN

34. यदि SELLER को किसी कोड में UCNJGP लिखा जाता है, तो उसी कोड में BUBBLE को कैसे लिखा जाएगा?
(a) DSDZNC (b) ZWZDJC
(c) DWDDNG (d) ZSZZJC

35. यदि GOODNESS को HNPCODTR कोड में लिखा जाता है, तो इसी कोड में GREATNESS को कैसे लिखा जाएगा?
(a) HQFZUFRTM
(b) HQFZUODTR
(c) HQFZUMFRT
(d) HQFZSMFRT

36. यदि BOOK को CQRO के रूप में कूटबद्ध किया जाता है, तो CLOSE को कैसे कूटबद्ध करेंगे?
(a) DMPTF (b) DNRWJ
(c) DNPTF (d) DSTF

37. यदि किसी कोड में ONE को 231 लिखा जाता है, FIVE को 9641 लिखा जाता है, तो NINE को कैसे लिखा जाएगा?
(a) 3631 (b) 3316
(c) 3613 (d) 3361

38. किसी कोड में FARMER को MAFMRE के रूप में लिखा जाता है, उसी कोड में GIVALEL के रूप में कौन-सा शब्द लिखा जाएगा?
(a) VAGIELL (b) VELAIGL
(c) VIALEGL (d) AIGALE

39. यदि MIRROR को RMOIRR लिखा जा सकता है, तो SORROW को कैसे लिखा जा सकता है?
(a) ORROWS (b) SRROOW
(c) WSOORR (d) WORROS

40. किसी कोड व्यवस्था में APPLE का कोड ETTPI है, 'DELHI' का कोड क्या होगा?
(a) CQMND (b) CQPLM
(c) ZAHDE (d) HIPLM

41. SELECTION को कूट भाषा में 856539742 लिखा जाता है, तो SESSION को लिखा जाएगा—
(a) 8397428 (b) 8688472
(c) 8588742 (d) 8588427

42. एक कूट भाषा में DEPUTATION को ONTADEPUTI लिखा जाता है, तो उसी कूट भाषा में DERIVATION को किस प्रकार लिखा जाएगा?
(a) ONVADERITI
(b) ONDEVARITI
(c) ONVAEDIRTI
(d) ONVADEIRIT

43. यदि PRINCIPAL शब्द को LAPICNIRP के रूप में लिखा जाता है, तो ADOLESCENCE को उस कोड में किस रूप में लिखा जा सकता है?
(a) ECNCESELODA
(b) ECNECSLEODA
(c) ECNSCEELODA
(d) ECNECSELODA

44. एक कूट भाषा में TWINKLE को ELKNIWT लिखा जाता है, उसी कूट भाषा में TWILIGHT को किस प्रकार लिखा जा सकता है?
(a) TGHILIWT (b) THGILIWT
(c) TIGHLIWT (d) TLIGHIWT

45. यदि TODAY का कोड UQECZ है, तो BEFORE का कोड क्या होगा?
(a) CCBHIG (b) HIJQSG
(c) CGGQSG (d) CPSSF

46. यदि एक कूट भाषा में MONKO को 57637 लिखा जाता है, तो उसी कूट भाषा में KLJMN को किस प्रकार लिखा जाएगा?
(a) 32456 (b) 34256
(c) 35156 (d) 32546

47. एक विशेष कोड में AUDITORIUM को MUIROTIDUA के रूप में लिखा जाता है, उस कोड में MISFORTUNE को कैसे लिखा जाएगा?
(a) ENUTROFSIM
(b) ENUTROMISF
(c) TUNEROFSIM
(d) TUNEMISFOR

48. यदि किसी कोड में MIGHT को KGEFR लिखा जाता है, तो उस कोड में DIARY को कैसे लिखा जाएगा?
(a) AGZPV (b) BGYPW
(c) BGWOV (d) AGYNW

49. यदि किसी कूट भाषा में 'MEMORY' को 454697 लिखा जाता है, तो उसी कूट भाषा में 'PRIVATE' को कैसे लिखा जाएगा?
(a) 9742251 (b) 7994125
(c) 7919125 (d) 7992541

50. यदि STABOIC को ATSBCIO के रूप में कूटबद्ध किया जाता है, तो MOCTALM को कैसे कूटबद्ध किया जाएगा?
(a) TMOCMAL (b) COMTMLA
(c) MOCTLAM (d) COMTALM

51. यदि ADVENTURE को एक विशिष्ट कूट भाषा में BFYISZBZN लिखा जाए, तो COUNTRY को उसी कूट भाषा में किस प्रकार लिखा जाएगा?
(a) DPVOUSZ (b) DQXRYXF
(c) EQWPVTA (d) BNTMSQX

52. यदि एक कूट भाषा में GEOGRAPHY को YHPARGOEG लिखा जाता है, तो उसी कूट भाषा में GEORGIAN को किस प्रकार लिखा जाएगा?
(a) NAIROGEG (b) NAGIROEG
(c) NAIGROEG (d) NARIGOEG

53. एक निश्चित कूट में MAIN को '9364' तथा DEAR को '8532' लिखा जाता है, इसी कूट में MEND कैसे लिखा जाएगा?
(a) 9548 (b) 9458
(c) 9538 (d) 9528

54. एक कूट भाषा में, TRIPLE को SQHOKD लिखा जाता है, उस कूट भाषा में DISPOSE को किस प्रकार लिखा जाएगा?
(a) CHRONRD (b) DSOESPI
(c) ESJTPTF (d) ESOPSID

55. यदि एक कूट भाषा में TRANSFER को RTNAFSRE लिखा जाता है, तो उस कूट भाषा में ELEPHANT को किस प्रकार लिखा जाएगा?
(a) LEPEHATN (b) LEPEAHTN
(c) LEEPAHTN (d) LEPEAHNT

56. यदि PALE को 2134 के रूप में कोडबद्ध किया जाता है और EARTH को 41590 के रूप में कोडबद्ध किया जाता है, तो PEARL को किस रूप में कोडबद्ध किया जाएगा?
(a) 29530 (b) 24153
(c) 25413 (d) 25430

57. एक कूट भाषा में MANAGER को REGANAM लिखा जाता है, तो उसी कूट भाषा में MOTION को किस प्रकार लिखा जाएगा?
(a) NOIOMT (b) NOITOM
(c) NOITMO (d) NOIMOT

58. यदि 'NEWS' को 'WENS' लिखा जाता है, तो कोड भाषा में 'MATE' को कैसे लिखा जाता है?
(a) TAME (b) META
(c) EATM (d) AMET

59. TOOLS को STOOL लिखा जाता है, तो WORDS को लिखा जाएगा—
(a) SROWD (b) ROWDS
(c) SWORD (d) WORSD

60. यदि एक कूट भाषा में MADRAS को 517916 और TENANT को 432124 लिखा

जाता है, तो उसी कूट भाषा में **RMATSN** को किस प्रकार लिखा जाएगा?
(a) 851353 (b) 951363
(c) 951462 (d) 941562

61. यदि किसी कूट भाषा में CIGARETTE को GICERAETT लिखा जाता है, तो उसी कूट भाषा में DIRECTION को किस प्रकार लिखा जाएगा?
(a) RIDTCEION (b) IRDCTIONE
(c) RIDTCENOI (d) NORTECDII

62. यदि NOTE को PQVG लिखा जाता है, तो TIME को कैसे लिखा जाएगा?
(a) VQOG (b) VKOG
(c) VOKG (d) VGKO

63. यदि SENSATIONAL को 1 2 3 1 4 5 6 7 3 4 8 लिखा जा सकता हो, तो STATION को उसी कूट भाषा में किस प्रकार लिखा जाएगा?
(a) 1 5 5 4 6 7 3 (b) 1 5 4 5 6 7 3
(c) 1 4 5 5 6 7 3 (d) 1 5 4 5 7 6 3

64. यदि RATE को SBUF लिखा जाता है, तो FIRE को कैसे लिखा जाएगा?
(a) HJSF (b) GJSF
(c) GJFS (d) JGSF

65. यदि किसी भाषा में PSYCHOLOGY को RUAEJQNQIA के रूप में कोडित किया जाता है, तो GPVQOQNQIA कोड किसके लिए होगा?
(a) ENTROLOGY
(b) ENTOMOLOGY
(c) ENTOPOLOGY
(d) EMBRYOLOGY

66. यदि CLOCK = KCOLC, तो RAMESHA = ?
(a) HAESMAR (b) AHSEMAR
(c) SEMARAH (d) MAARHSE

67. एक कूट भाषा में, DOWNBEAT को TABEWNDO लिखा जाता है, तद्नुसार, उसी कूट भाषा में PROSPECT शब्द को कैसे लिखा जाएगा?
(a) TCPESOPR (b) TCPEOSRP
(c) TCEPSORP (d) TCPEOSPR

68. यदि एक कूट भाषा में 'NEUROTIC' को 'TICRONEU' लिखा जाता है, तो उसी कूट भाषा में 'PSYCHOTIC' को किस प्रकार लिख सकते हैं?
(a) TICOCHPSY (b) TICCHOPSY
(c) TICCOHPSY (d) TICHCOPSY

69. किसी कूट भाषा में 'CALANDER' को 'CLANAEDR' लिखा जाता है, उसी कूट भाषा में 'CIRCULAR' को किस प्रकार लिखा जाएगा?
(a) CRIUCALR (b) CRIUCLRA
(c) CRIARLCU (d) ICCRLURA

70. यदि DREAM को कूट भाषा में 78026 लिखा जाए और CHILD को 53417, तो LEADER को कूट भाषा में किस प्रकार लिखा जाएगा?
(a) 102078 (b) 102708
(c) 102087 (d) 102780

71. यदि RUMOUR को QSJKPL लिखा जा सकता हो, तो HERMIT को कैसे लिखा जाता है?
(a) GEPKHR (b) GCOIDN
(c) GCPIDM (d) GCPIEN

72. यदि किसी कूट भाषा में DISC को 8749 लिखा जाता है और ACHE को 3950 लिखा जाता है, तो उसी कूट भाषा में HEAD को किस प्रकार लिखा जाएगा?
(a) 5308 (b) 3508
(c) 3805 (d) 5038

73. यदि एक कूट भाषा में 15789 को XTZAL और 2346 को NPSU लिखा जाता है, तो 23549 को कैसे लिखा जाएगा?
(a) NPTUL (b) PNTSL
(c) NPTSL (d) NBTSL

74. यदि RHYTHMIC को QGXSCLHB के रूप में लिखा जाता है, तो MUSIC को उसी कोड में कैसे लिखा जाएगा?
(a) NVRHB (b) LTRHB
(c) NVTJD (d) LVTHB

75. यदि DGKJL को 14879 और KKKLJ को 88897 कोड में लिखा जाता है, तो 'HDEGF' को किस प्रकार कोडित किया जाएगा?
(a) 96854 (b) 51243
(c) 52134 (d) 68549

76. किसी कोड में BRIDGE को EULGJH के रूप में लिखा जाता है, FRUIT को उसी कोड में कैसे लिखा जाएगा?
(a) IVLXW (b) IUWXL
(c) IUXLW (d) IUXWL

77. यदि MOBILE को ZAMSUM के रूप में लिखा जाता है, तो उसी कोड में TUMOR को कैसे लिखा जाएगा?
(a) HGYAD (b) GGXYA
(c) IHZBE (d) BRAIN

78. यदि DFIN का WURM में कोडीकरण किया जा सकता हो, तो HJMO का कोडीकरण क्या होगा?
(a) RPNO (b) SQNP
(c) SQNL (d) TRPO

79. यदि 'STYLE' को PQVIB कोड में लिखा जाता है, तो उसी कोड में 'SMELL' को कैसे लिखा जाएगा?
(a) PJHII (b) PJBII
(c) PVBII (d) PVHII

80. यदि INTERNET को 14325423 लिखा जाता है और DISTANCE को 61738492, लिखा जाता है, तो CENTRE को किस प्रकार लिखा जाएगा?
(a) 852431 (b) 291534
(c) 124576 (d) 924352

81. यदि NASCENT को 2734526 लिखा जाए, तो उसी कोड में SENTENCE को कैसे लिखा जाएगा?
(a) 35265235 (b) 35256245
(c) 35265245 (d) 35256275

82. यदि English को Ehsilgn लिखा जाए, तो French को क्या लिखा जाएगा?
(a) Fncrhe (b) Frcneh
(c) Fhcner (d) Fchnre

83. यदि MUSTARD को 132119201184 लिखा जाता है, तो उसी कूट में PROFUSE को कैसे लिखा जाता है?
(a) 16815621195 (b) 16181562195
(c) 16181521195 (d) 161815621195

84. यदि किसी भाषा में VARANASI को WBSBOBTJ कोड में लिखा जाता है, तो कौन-सा शब्द BMJSBHI कोड में लिखा जाएगा?
(a) ALIARHG (b) ALIGRAH
(c) ALIGARH (d) ALIRAGH

85. एक कूट भाषा में LOVE को 1357 लिखा जाता है और HATE को 2467 लिखा जाता है, तो उसी कूट भाषा में 6417 संख्या का अर्थ क्या होगा?
(a) HEAT (b) LEAD
(c) TALE (d) LATE

निर्देश—(प्रश्न-संख्या 86 से 90 तक) प्रत्येक प्रश्न नीचे दिये गए संकेतों पर आधारित हैं—

C Q P ★ L V M 5 J α 4 θ H
k d @ b γ x z u e t F & β

86. यदि किसी सांकेतिक भाषा में संकेत समूह '@ B 4 Z' को 'Z 4 B @' लिखा जाता है, तो उसी सांकेतिक भाषा में 'J θ h u' को कैसे लिखा जाएगा?
(a) u h J Q (b) u h θ J
(c) u J h θ (d) u h θ J
(e) इनमें से कोई नहीं

87. यदि किसी सांकेतिक भाषा में संकेत समूह 'M 4 d z e' को '4 M d e z' लिखा जाता है, तो उसी सांकेतिक भाषा में संकेत समूह 'θ x F β B' को कैसे लिखा जाएगा?
(a) x θ F β B (b) θ F x B β
(c) θ x F B β (d) x θ β F B
(e) इनमें से कोई नहीं

88. यदि किसी सांकेतिक भाषा में संकेत समूह 'v @ F P' को 'u 4 P F' लिखा जाता है, तो उसी सांकेतिक भाषा में संकेत समूह '5 B x Z' को कैसे लिखा जाएगा?

(a) x α 5 M (b) x J 5 M
(c) x α J M (d) Z J 5 M
(e) इनमें से कोई नहीं

89. यदि किसी सांकेतिक भाषा में संकेत समूह 'L J θ B x Z' को 'Z X B θ J L' लिखा जाता है, तो उसी सांकेतिक भाषा में संकेत समूह 'P ★ h e & 5' को कैसे लिखा जाएगा?

(a) 5 & h e ★ P (b) & 5 e h ★ P
(c) 5 & e h p ★ (d) 5 & e H ★ P
(e) इनमें से कोई नहीं

90. यदि किसी सांकेतिक भाषा में संकेत समूह 'Q P ★ L V M' को '★ P Q M V L' लिखा जाता है, तो उसी सांकेतिक भाषा में संकेत समूह '@ B γ x z u' को कैसे लिखा जाएगा?

(a) γ @ B u z x (b) γ B @ z x u
(c) γ B @ u z x (d) u z x γ B @
(e) इनमें से कोई नहीं

91. यदि 'जल' को 'भोजन' कहा जाए, 'भोजन' को 'वृक्ष' कहा जाए, 'वृक्ष' को 'आसमान' कहा जाए, 'आसमान' को 'कुआँ' कहा जाए और 'कुआँ' को 'तालाब' कहा जाए, तो 'फल' किस पर फलेंगे?

(a) भोजन (b) आसमान
(c) कुआँ (d) वृक्ष
(e) जल

92. यदि 'नारंगी' को 'मक्खन' कहा जाए, 'मक्खन' को 'साबुन' कहा जाए, 'साबुन' को 'स्याही' कहा जाए, 'स्याही' को 'मधु' कहा जाए और 'मधु' को 'नारंगी' कहा जाए, तो कपड़ा धोने के लिए किस चीज का प्रयोग किया जाएगा?

(a) साबुन (b) मक्खन
(c) नारंगी (d) स्याही
(e) मधु

93. यदि 'हवा' को 'जल' कहा जाए, 'जल' को 'हरा' कहा जाए, 'हरा' को 'धूल' कहा जाए, 'धूल' को 'पीला' कहा जाए और 'पीला' को 'बादल' कहा जाए, तो मछली कहाँ रहेगी?

(a) जल (b) हवा
(c) पीला (d) हरा
(e) धूल

94. किसी सांकेतिक भाषा में '123' का अर्थ, 'Hot filtered coffee', '356' का अर्थ, 'Very hot day' और '589' का अर्थ, 'Day and night' हो, तो इस भाषा में 'very' के लिए कौन-सी संख्या प्रयुक्त की गई है?

(a) 5 (b) 6
(c) 8 (d) 9
(e) 2

95. किसी सांकेतिक भाषा में '123' का अर्थ, 'Bright little boy', '145' का अर्थ, 'Tall big boy' और '637' का अर्थ 'Beautiful little flower' हो, तो इस सांकेतिक भाषा में 'Bright' के लिए-सी संख्या प्रयुक्त की गई है?

(a) 4 (b) 6
(c) 1 (d) 3
(e) इनमें से कोई नहीं

96. किसी सांकेतिक भाषा में '678' का अर्थ, 'How are you', '347' का अर्थ, 'How is life' और '569' का अर्थ, 'You were wonderful' हो, तो इस भाषा में 'You' के लिए कौन-सी संख्या प्रयुक्त की गई है?

(a) 6 (b) 3
(c) 4 (d) 7
(e) इनमें से कोई नहीं

97. किसी सांकेतिक भाषा में '526' का अर्थ, 'Sky is blue' '24' का अर्थ, 'Blue colour' और '436' का अर्थ, 'Colour is fun' हो, तो 'fun' के लिए कौन-सी संख्या प्रयुक्त की गई है?

(a) 2 (b) 3
(c) 6 (d) 6
(e) 4

98. किसी सांकेतिक भाषा में '743' का अर्थ, 'Mangoes are good', '657' का अर्थ 'Eat good food' और '934' का अर्थ, 'Mangoes are ripe' हो, तो इस भाषा में 'ripe' के लिए कौन-सी संख्या प्रयुक्त की गई है?

(a) 7 (b) 4
(c) 5 (d) 9
(e) ज्ञात नहीं किया जा सकता

99. किसी सांकेतिक भाषा में '247' का अर्थ, 'Spread red carpet', '256' का अर्थ, 'Dust one carpet' और '254' का अर्थ, 'One red carpet' हो, तो इस भाषा में 'Dust' के लिए कौन-सी संख्या प्रयुक्त की गई है?

(a) 5 (b) 3
(c) 2 (d) 6
(e) ज्ञात नहीं किया जा सकता

100. किसी सांकेतिक भाषा में '134' का अर्थ, 'Good and tasty', '478' का अर्थ, 'See good picture' और '729' का अर्थ 'Picture and faint' हो, तो इस सांकेतिक भाषा में 'see' के लिए कौन-सी संख्या प्रयुक्त की गई है?

(a) 9 (b) 8
(c) 4 (d) 2
(e) इनमें से कोई नहीं

101. किसी सांकेतिक भाषा में '256' का अर्थ, 'Boys are good', '637' का अर्थ, 'Amar is good' और '348' का अर्थ, 'Lata is bad' हो, तो इस भाषा में 'Amar' के लिए कौन-सी संख्या प्रयुक्त की गई है?

(a) 8 (b) 7
(c) 6 (d) 2
(e) इनमें से कोई नहीं

102. किसी सांकेतिक भाषा में '253' का अर्थ, 'Book or Old', '546' का अर्थ, 'Man is Old' और '378' का अर्थ, 'Buy good books' हो, तो इस भाषा में 'are' के लिए कौन-सी संख्या प्रयुक्त की गई है?

(a) 6 (b) 4
(c) 9 (d) 2
(e) 5

103. किसी सांकेतिक भाषा में '256' का अर्थ, 'You are good', '637' का अर्थ, 'We are bad' और '358' का अर्थ, 'Good and Bad' हो, तो इस भाषा में 'and' के लिए कौन-सी संख्या प्रयुक्त की गई है?

(a) 8 (b) 3
(c) 5 (d) 2
(e) इनमें से कोई नहीं

104. किसी सांकेतिक भाषा में '786' का अर्थ, 'Study very hard', '958' का अर्थ, 'hard work pays' और '645' का अर्थ, 'Study and work' हो, तो इस भाषा में 'very' के लिए कौन-सी संख्या प्रयुक्त की गई है?

(a) 8
(b) 6
(c) 7
(d) ज्ञात नहीं किया जा सकता
(e) इनमें से कोई नहीं

105. किसी सांकेतिक भाषा में, 'De Bom' का अर्थ, 'Lovely flower', Poc Til De' का अर्थ, 'Flower and fruit', Pre Xas Bom' का अर्थ, 'Lovely green pasture' और 'Poc Xas' का अर्थ, 'Green fruit' हो, तो इस भाषा में 'Pasture' का सांकेतिक कोड क्या है?

(a) Pre (b) Bom
(c) Poc (d) Xas
(e) De

106. किसी सांकेतिक भाषा में, 'pic nic vic' का अर्थ, 'Winter is cold', 'to nic re' का अर्थ, 'Summer is hot', re pic boo' का अर्थ, 'Winter and summer' और 'vic tho pa' का अर्थ, 'Nights are cold' हो, तो इस भाषा में 'Summer' के लिए कौन-से सांकेतिक कोड का प्रयोग किया गया है?

(a) Pre (b) Bom
(c) Poc (d) Xas
(e) re

107. किसी सांकेतिक भाषा में, 'Kew xas huma deko' का अर्थ, 'She is eating apple', Kew tepo qua' का अर्थ, 'She sells toys' और 'Sut tim deko' का अर्थ, 'I like apple' हो, तो इस भाषा में 'she' और 'apple' के लिए कौन-से सांकेतिक कोड का प्रयोग किया गया है?

(a) 'Xas' और 'Kew'
(b) 'kew' और 'deko'
(c) 'xas' और 'deko'
(d) 'deko' और 'tepo'
(e) 'kew' और 'xas'

108. किसी सांकेतिक भाषा में, 'po ki top ma' का अर्थ, 'Usha is playing cards', 'kop ja ki ma' का अर्थ, 'Asha is playing tennis', ki top sop ho' का अर्थ, 'They are playing football' और 'po sur kop' का अर्थ, 'Cards and Tennis' हो, तो इस भाषा में 'Asha' के लिए कौन-से सांकेतिक कोड का प्रयोग किया गया है?

(a) top (b) ki
(c) ja (d) ma
(e) kop

109. किसी सांकेतिक भाषा में, 'pat zoo sim' का अर्थ, 'Eat good mangoes', 'pus sim tim' का अर्थ, 'Mangoes and sweets' और 'tim zoo kit' का अर्थ, 'Purchase goods sweets' हो, तो इस भाषा में 'Good' के लिए कौन-से सांकेतिक कोड का प्रयोग किया गया है?

(a) sim (b) pus
(c) tim (d) kit
(e) zoo

उत्तर (हल/संकेत)

1. (d)

F	B	R	L	P	H
↓	↓	↓	↓	↓	↓
0	2	8	6	3	4

2. (d)

R	V	Z	I	Q	Y
↓	↓	↓	↓	↓	↓
7	5	0	4	2	3

3. (b) यदि

E	M	K	B	Z	W	Q	U	D	J
↓	↓	↓	↓	↓	↓	↓	↓	↓	↓
5	9	1	6	4	8	2	0	7	3

तब,

6	3	0	8	2	5
↓	↓	↓	↓	↓	↓
B	J	U	W	Q	E

4. (b)

M	A	E	I	O	U
↓	↓	↓	↓	↓	↓
6	9	8	0	1	2

5. (a)

J	W	X	C	L	Z
↓	↓	↓	↓	↓	↓
1	9	8	3	6	4

6. (b) यदि M O E A S J T Z
3 5 7 6 2 9 4 0
तब, EAST का सही संख्या कूट → 7624 है।

7. (b) दिए गए अक्षर समूह का सही संख्या कूट—

J	E	Z	T	M	S
↓	↓	↓	↓	↓	↓
9	7	0	4	3	2

8. (b) अर्थ पूर्ण शब्द है—TABLE
∴ TABLE → 51243

9. (b) O C E A N
2 3 1 5 4

10. (b)

T	I	P	P	E	R
↓	↓	↓	↓	↓	↓
7	4	8	8	3	9

11. (d)

I	V	S	H	O	D
↓	↓	↓	↓	↓	↓
2	5	9	4	6	1

12. (d) 'blue' कोड के लिए संख्या 8 है।

13. (b) जिस प्रकार,
329 $\xrightarrow{\text{अर्थ}}$ GOD IS LOVE
927 $\xrightarrow{\text{अर्थ}}$ LOVE IS BEAUTIFUL
तुलना करने पर, 'GOD' का कोड 3 होगा।

14. (c) 125 = Go to school
146 = Study in school
135 = Run to school
तुलना करने पर—
Run के लिए, अंक 3 है।

15. (d) A = 1
BAD = 2 + 1 + 4 = 7
HAT = 8 + 1 + 20 = 29

16. (c) जिस प्रकार, A ↓ 1
तथा A C T ↓ ↓ ↓ 1 + 3 + 20 = 24
उसी प्रकार, F A T ↓ ↓ ↓ 6 + 1 + 20 = 27

17. (b) यदि, B = 2
BAG = 2 + 1 + 7 = 10
तब, BOX = 2 + 15 + 24 = 41

18. (a) यदि W = 23
STRONG = 19 + 20 + 18 + 15 + 14 + 7 = 93
अतः WEAK = 23 + 5 + 1 + 11 = 40

19. (b) जिस प्रकार, A = 1
तथा AIR = 1 + 9 + 18 = 28
उसी प्रकार, RIB = 18 + 9 + 2 = 29

20. (b) A = 1
FAN = 6 + 1 + 14 = 21
तब, TAP = 20 + 1 + 16 = 37

21. (d) CAP ⇒ 3 + 1 + 16 = 20
HEN = 8 + 5 + 14 = 27

22. (a) FAULT ⇒ 6 + 1 + 21 + 12 + 20 = 60

23. (d) B = 2,
तथा MAT = 13 + 1 + 20 = 34
∴ JOGLEX
= 10 + 15 + 7 + 12 + 5 + 24
= 73

24. (b) A = 1
तथा AND = 1 + 14 + 4 = 19
∴ BAT = 2 + 1 + 20 = 23

25. (c) जिस प्रकार, F + R + I + E + N + D
= 6 + 18 + 9 + 5 + 14 + 4
= 56
उसी प्रकार, E + N + E + M + Y
= 5 + 14 + 5 + 13 + 25
= 62

26. (c) जिस प्रकार, 'REASON' में 6 अक्षर हैं, का कोड 5 है और 'BELIEVED' में 8 अक्षर हैं, का कोड 7 है।

उसी प्रकार, 'GOVERNMENT' में 10 अक्षर हैं, का कोड 10 – 1 = 9 होगा।

27. (c) जिस प्रकार ASHA = 1 + 19 + 8 + 1 = 29

उसी प्रकार VINAY-BHUSHAN
= 22 + 9 + 14 + 1
+ 25 + 2 + 8 + 21
+ 19 + 8 + 1 + 14 = 144

28. (a) DEAF → 4 + 5 + 1 + 6 = 16 → 16 × 2 = 32

इसी प्रकार, LEAF → 12 + 5 + 1 + 6 = 24 → 24 × 2 = 48

29. (c) जिस प्रकार,

B A L L O O N

↓ ↓ ↓ ↓ ↓ ↓ ↓

2+1 1+3 12+3 12+3 15+3 15+3 14+3

उसी प्रकार,

L A G O O N

↓ ↓ ↓ ↓ ↓ ↓

12+3 1+3 7+3 15+3 15+3 14+3

30. (c) जिस प्रकार,

F I F T Y → C A C T Y

C A R → P O L तथा T A R → T O L

उसी प्रकार,

TARIFF → TOLACC

31. (d) जिस प्रकार,

FRACTION → FNAITCOR

उसी प्रकार,

QUANTITATIVE → QEAITATITNVU

32. (d) जिस प्रकार,

LUTE → MUTE (+1)

उसी प्रकार,

BLUE → CLUE (+1)

33. (a) जिस प्रकार,

CUSTOM → UCTSMO

उसी प्रकार,

PARENT → APERTN

34. (a) जिस प्रकार,

SELLER → UCNJGP

+2, −2, +2, −2, +2, −2

उसी प्रकार,

BUBBLE → DSDZNC

+2, −2, +2, −2, +2, −2

35. (c) जिस प्रकार,

GOODNESS → HNPCODTR

+1, −1, +1, −1, +1, −1, +1, −1

उसी प्रकार,

GREATNESS → HQFZUMFRT

+1, −1, +1, −1, +1, −1, +1, −1, +1

36. (b) जिस प्रकार,

BOOK → CQRO

+1, +2, +3, +4

उसी प्रकार,

CLOSE → DNRWJ

+1, +2, +3, +4, +5

37. (a) जिस प्रकार,

O N E → 2 3 1   F I V E → 9 6 4 1

उसी प्रकार, NINE → 3631

38. (d) जिस प्रकार,

FARMER → MAFMRE

उसी प्रकार,

GIVALEL → AIGALE

39. (c) जिस प्रकार,

MIRROR → RMOIRR

उसी प्रकार,

SORROW → WSOORR

40. (d) जिस प्रकार,

APPLE → ETTPI

+4, +4, +4, +4, +4

उसी प्रकार,

DELHI → HIPLM

+4, +4, +4, +4, +4

41. (c) जिस प्रकार,

SELECTION → 856539742

उसी प्रकार, SESSION → 8588742

42. (a) जिस प्रकार,

DEPUTATION → ONTADEPUTI

उसी प्रकार, DERIVATION → ONVADE-RITI

43. (d) जिस प्रकार,

PRINCIPAL → LAPICNIRP

उसी प्रकार,

ADOLESCENCE → ECNECSELODA

44. (b) जिस प्रकार,

T W I N K L E → E L K N I W T

उसी प्रकार,

T W I L I G H T → T H G I L I W T

45. (c) जिस प्रकार,

T O D A Y → U Q E C Z

+1, +2, +1, +2, +1

उसी प्रकार,

B E F O R E → C G G Q S G

+1, +2, +1, +2, +1, +2

46. (b) जिस प्रकार,

M O N K O → 5 7 6 3 7

(1+3)+1, (1+5)+1, (1+4)+1, (1+1)+1, (1+5)+1

उसी प्रकार,

K L J M N → 3 4 2 5 6

(1+1)+1, (1+2)+1, (1+0)+1, (1+3)+1, (1+4)+1

यहाँ पर अंग्रेजी वर्णमाला को उनके क्रम के अनुसार अंक दिए हैं, जैसे M का मान 13 तथा O का मान 15 है।

47. (a) जिस प्रकार,

AUDITORIUM → MUIROTIDUA

उसी प्रकार,

MISFORTUNE → ENUTROFSIM

48. (b) जिस प्रकार,

M I G H T → K G E F R

–2, –2, –2, –2, –2

उसी प्रकार,

D I A R Y → B G Y P W

–2, –2, –2, –2, –2

49. (b) जिस प्रकार,

M E M O R Y → 4 5 4 6 9 7

1+3, 5, 1+3, 1+5, 1+8, 2+5

उसी प्रकार,

P R I V A T E → 7 9 9 4 1 2 5

1+6, 1+8, 9, 2+2, 1, 2+0, 5

50. (b) जिस प्रकार,

S T A B O I C → A T S B C I O

उसी प्रकार,

M O C T A L M → C O M T M L A

51. (b) जिस प्रकार, उसी प्रकार,

जिस प्रकार	उसी प्रकार
A —(+1)→ B	C —(+1)→ D
D —(+2)→ F	O —(+2)→ Q
V —(+3)→ Y	U —(+3)→ X
E —(+4)→ I	N —(+4)→ R
N —(+5)→ S	T —(+5)→ Y
T —(+6)→ Z	R —(+6)→ X
U —(+7)→ B	Y —(+7)→ F
R —(+8)→ Z	
E —(+9)→ N	

52. (c) जिस प्रकार, उसी प्रकार,

GEOGRAPHY → YHPARGOEG

GEORGIAN → NAIGROEG

53. (a) MAIN ⇒ 9364

तथा DEAR ⇒ 8532

∴ MEND ⇒ 9548

54. (a) जिस प्रकार,

T R I P L E → S Q H O K D

–1, –1, –1, –1, –1, –1

उसी प्रकार,

D I S P O S E → **C H R O N R D**

–1, –1, –1, –1, –1, –1, –1

55. (b) जिस प्रकार,

T R A N S F E R → R T N A F S R E

उसी प्रकार,

E L E P H A N T → L E P E A H T N

56. (b) जिस प्रकार,

P A L E → 2 1 3 4

और

E A R T H → 4 1 5 9 0

उसी प्रकार,

P E A R L → 2 4 1 5 3

57. (b) जिस प्रकार,

M A N A G E R → R E G A N A M

इसी प्रकार,

M O T I O N ⟶ N O I T O M

58. (a) जिस प्रकार,

N E W S ⟶ W E N S

उसी प्रकार,

M A T E ⟶ T A M E

59. (c) जिस प्रकार, TOOLS को ⟶ STOOL लिखा जाता है।

उसी प्रकार, WORDS को ⟶ SWORD लिखा जाएगा।

60. (c) जिस प्रकार,

M A D R A S ⟶ 5 1 7 9 1 6

और

T E N A N T ⟶ 4 3 2 1 2 4

उसी प्रकार, RMATSN → 951462

61. (c)

C I G A R E T T E ⟶ G I C E R A E T T

इसी प्रकार,

D I R E C T I O N ⟶ R I D T C E N O I

62. (b) जिस प्रकार,

N → P (+2), O → Q (+2), T → V (+2), E → G (+2)

उसी प्रकार,

T → V (+2), I → K (+2), M → O (+2), E → G (+2)

63. (b) जिस प्रकार,

S E N S A T I O N A L ⟶ 1 2 3 1 4 5 6 7 3 4 8

उसी प्रकार,

S T A T I O N ⟶ 1 5 4 5 6 7 3

64. (b) R $\xrightarrow{+1}$ S F $\xrightarrow{+1}$ G

A $\xrightarrow{+1}$ B ∴ I $\xrightarrow{+1}$ J

T $\xrightarrow{+1}$ U R $\xrightarrow{+1}$ S

E $\xrightarrow{+1}$ F E $\xrightarrow{+1}$ F

65. (b) जिस प्रकार,

P	S	Y	C	H	O	L	O	G	Y
+2↓	+2↓	+2↓	+2↓	+2↓	+2↓	+2↓	+2↓	+2↓	+2↓
R	U	A	E	J	Q	N	Q	I	A

उसी प्रकार,

E	N	T	O	M	O	L	O	G	Y
+2↓	+2↓	+2↓	+2↓	+2↓	+2↓	+2↓	+2↓	+2↓	+2↓
G	P	V	Q	O	Q	N	Q	I	A

66. (b) C L O C K = K C O L C

उसी प्रकार, RAMESHA = AHSEMAR

67. (d) जिस प्रकार,

D O W N B E A T ⟶ T A B E W N D O

उसी प्रकार,

P R O S P E C T ⟶ T C P E O S P R

68. (b) जिस प्रकार,

N E U R O T I C ⟶ T I C R O N E U

उसी प्रकार,

P S Y C H O T I C ⟶ T I C C H O P S Y

69. (a) CALANDER ⟶ CLANAEDR

उसी प्रकार,

CIRCULAR ⟶ CRIUCALR

70. (b) जिस प्रकार, तथा

D	R	E	A	M	C	H	I	L	D
↓	↓	↓	↓	↓	↓	↓	↓	↓	↓
7	8	0	2	6	5	3	4	1	7

उसी प्रकार,

L	E	A	D	E	R
↓	↓	↓	↓	↓	↓
1	0	2	7	0	8

71. (b) R $\xrightarrow{-1}$ Q इसलिए, H $\xrightarrow{-1}$ G

U $\xrightarrow{-2}$ S E $\xrightarrow{-2}$ C

M $\xrightarrow{-3}$ J R $\xrightarrow{-3}$ O

O $\xrightarrow{-4}$ K M $\xrightarrow{-4}$ I

U $\xrightarrow{-5}$ P I $\xrightarrow{-5}$ D

R $\xrightarrow{-6}$ L T $\xrightarrow{-6}$ N

72. (d) जिस प्रकार, DISC → 8749

ACHE → 3950

उसी प्रकार, HEAD → 5038

73. (c) जिस प्रकार, तथा अत:

जिस प्रकार	तथा	अत:
1 → X	2 → N	2 → N
5 → T	3 → P	3 → P
7 → Z	4 → S	5 → T
8 → A	6 → U	4 → S
9 → L		9 → L

74. (b) जिस प्रकार,

R	H	Y	T	H	M	I	C
–1↓	–1↓	–1↓	–1↓	–1↓	–1↓	–1↓	–1↓
Q	G	X	S	G	L	H	B

उसी प्रकार,

M U S I C
–1 –1 –1 –1 –1
L T R H B

75. (b) जिस प्रकार

DGKJL → 1 4 8 7 9

और KKKLJ → 8 8 8 9 7

इसी प्रकार, HDEGF → 51243

76. (c) जिस प्रकार,

BRIDGE → EULGJH
+3 +3 +3 +3 +3 +3

उसी प्रकार,

FRUIT → IUXLW
+3 +3 +3 +3 +3

77. (b) जिस प्रकार,

M O B I L E
+13 +12 +11 +10 +9 +8
Z A M S U M

उसी प्रकार,

T U M O R
+13 +12 +11 +10 +9
G G X Y A

78. (c) यदि अक्षर Z; अक्षर A का विलोम, अक्षर Y, अक्षर B का विलोम है।........इसी प्रकार–

विलोम		विलोम	
D	W	H	S
F	U	J	Q
I	R	M	N
N	M	O	L

79. (b) जिस प्रकार,

STYLE → PQVIB
–3 –3 –3 –3 –3

उसी प्रकार,

SMELL → PJBII
–3 –3 –3 –3 –3

80. (d) INTERNET ⟶ 14325423

DISTANCE ⟶ 61738492

इसी प्रकार, CENTRE ⟶ 924352

81. (c) जिस प्रकार,

N A S C E N T
↓ ↓ ↓ ↓ ↓ ↓ ↓
2 7 3 4 5 2 6

उसी प्रकार,

S E N T E N C E
↓ ↓ ↓ ↓ ↓ ↓ ↓ ↓
3 5 2 6 5 2 4 5

82. (c) जिस प्रकार, उसी प्रकार,

E → E	F → F
n h	r h
g s	e c
l i	n n
i l	c e
s g	h r
h n	

83. (d) जिस प्रकार,

M U S T A R D
↓ ↓ ↓ ↓ ↓ ↓ ↓
13 21 19 20 1 18 4

उसी प्रकार,

P R O F U S E
↓ ↓ ↓ ↓ ↓ ↓ ↓
16 18 15 6 21 19 5

84. (d) जिस प्रकार,

V A R A N A S I
+1 +1 +1 +1 +1 +1 +1 +1
W B S B O B T J

उसी प्रकार,

A L I R A G H
+1 +1 +1 +1 +1 +1 +1
B M J S B H I

85. (c) जिस प्रकार, तथा

L O V E H A T E
↓ ↓ ↓ ↓ ↓ ↓ ↓ ↓
1 3 5 7 2 4 6 7

उसी प्रकार,

6 4 1 7
↓ ↓ ↓ ↓
T A L E

86. (d) (विपरीत क्रम)

@ B 4 Z ⟶ Z 4 B @

यहाँ बाईं ओर के संकेत समूह **'@ B 4 Z'** के संकेतों को विपरीत क्रम में दाईं ओर **'Z 4 B @'** के रूप में लिखा गया है।

इसी प्रकार,

(विपरीत क्रम)

J θ h u ⟶ u h θ J

अत: J θ h u को u h θ J लिखा जाएगा।

87. (e) $\frac{M4}{I}\ \frac{d}{II}\ \frac{Ze}{III} \rightarrow \frac{4M}{I}\ \frac{d}{II}\ \frac{eZ}{III}$

यहाँ बाईं ओर के संकेत समूह **'M 4 d Z e'** के II खण्ड के संकेत को ज्यों-का-त्यों रखते हुए तथा I एवं II खण्ड के संकेतों को विपरीत क्रम में करते हुए दाईं ओर **'4 M d e Z'** के रूप में लिखा गया है।

इसी प्रकार,

$\frac{\theta x}{I}\ \frac{F}{II}\ \frac{\beta B}{III} \rightarrow \frac{x\theta}{I}\ \frac{F}{II}\ \frac{B\beta}{III}$

अत: **θ x F β B को x θ F B β** लिखा जाएगा।

दिये गए संकेतों का स्थानीय आंकिक मान निरूपित करने पर–

स्थानीय आंकिक मान	1	2	3	4	5	6	7	8	9	10	11	12	13
दिये गए संकेत	C	Q	P	★	L	V	M	5	J	α	4	θ	h
स्थानीय आंकिक मान	14	15	16	17	18	19	20	21	22	23	24	25	26
दिये गए संकेत	k	d	@	B	γ	x	Z	u	e	t	f	&	β

88. (a)

6 16 24 3 (विपरीत संकेत) 21 11 3 24

V @ F P ⟶ u 4 P F

I II III IV I II III IV

यहाँ बाईं एवं दाएँ ओर के क्रमशः I, II, III एवं IV के क्रमांकिक मानों का योग **'27'**

6 21

हो जाता है। जैसे– V + u = 6 + 21 ⇒ 27, 16 11

@ + 4 = 16 + 11 ⇒ 27 यानी कि बाएँ ओर के संकेत समूह **'V @ F P'** के प्रत्येक संकेत के विपरीत संकेत को दाईं ओर **'u 4 P F'** के रूप में लिखा गया है।

इसी प्रकार,

8 17 19 20 (विपरीत संकेत) 19 10 8 7

5 B x Z ⟶ x α 5 M

I II III IV I II III IV

अत: 5 B x Z को x α 5 M लिखा जाएगा।

89. (d) (विपरीत क्रम)

L J θ B x Z ⟶ Z x B θ J L

यहाँ बाईं ओर के संकेत समूह **'L J θ B x Z'** को दाईं ओर विपरीत क्रम में **'Z x B θ J L'** के रूप में लिखा गया है।

इसी प्रकार,

(विपरीत क्रम)

P ★ h e & 5 ———→ 5 & e h ★ P

अत: P ★ h e & 5 को 5 & e h ★ P लिखा जाएगा।

90. (c) $\frac{QP★}{I}\ \frac{LVM}{II} \longrightarrow \frac{★PQ}{I}\ \frac{MVL}{II}$

यहाँ बाईं ओर के संकेत समूह **'Q P ★ L V M'** के प्रत्येक खण्ड के संकेत समूह को दाईं ओर विपरीत क्रम में **'★ P Q M V L'** के रूप में लिखा गया है।

इसी प्रकार,

$\frac{@B\gamma}{I}\ \frac{xzu}{II} \rightarrow \frac{\gamma B@}{I}\ \frac{xzu}{II}$

अत: @ B γ x z u को γ B @ u z x लिखा जाएगा।

91. (b) हम जानते हैं कि **'फूल'**, **'वृक्ष'** पर फलते हैं, अत: यहाँ कथन में 'वृक्ष' को **'आसमान'** कहा गया है।

अत: कथनानुसार **'फल' आसमान** पर फलेंगे।

92. (d) हम जानते हैं कि कपड़ा धोने के लिए **'साबुन'** का प्रयोग किया जाता है, इसलिए यहाँ कथन में 'साबुन' को **'स्याही'** कहा गया है।

अत: कथनानुसार **कपड़ा धोने के लिए 'स्याही'** का प्रयोग किया जाएगा।

93. (d) हम जानते हैं कि **'मछली'** जल में रहती है, अत: हम देखेंगे कि कथन में 'जल' को क्या कहा गया है?

यहाँ कथन में 'जल' को **'हरा'** कहा गया है।

अत: कथनानुसार **'मछली' हरा** में रहेगी।

94. (b) 123 → Hot filtered coffee ...(I)
356 → Very hot day ...(II)
589 → Day and Night ...(III)

तो, **Very ⇒ ?**

यहाँ शब्द 'very' को समीकरण (II) में निरूपित किया गया है, अर्थात् सांख्यिकि कोड '356' में से ही कोई एक ऐसी संख्या है जिसे शब्द 'very' के आंकिक कोड के लिए प्रयुक्त किया गया है, लेकिन इसी समीकरण में दो शब्द 'hot' और 'day' भी मौजूद हैं, अत: हम तब तक 'very' का संख्यांकिक मान नहीं ज्ञात कर सकते हैं जब तक कि हमें 'hot' एवं 'day' शब्दों का अलग-अलग आंकिक मान प्राप्त न हो जाए।

अत: शब्द 'very' के सही सांख्यांकिक मान को ज्ञात करने के लिए हम शब्द 'hot' एवं 'day' को लेते हुए अन्य समीकरणों पर भी गौर करेंगे। अब आगे गौर करने पर हम देख रहे हैं कि समीकरण (II) और (I) दोनों में शब्द 'hot' का प्रयोग किया गया है तथा दोनों समीकरण के सांख्यांकिक कोड में संख्या '3' प्रयुक्त की गई है।

अत: समीकरण (III) एवं (I) से → Hot ⇒ 3

इसी प्रकार, आगे पुन: गौर करने पर हम देख रहे हैं कि समीकरण (II) एवं (III) दोनों में शब्द 'Day' का प्रयोग किया गया है तथा दोनों समीकरण के सांख्यांकिक कोड में संख्या '5' प्रयुक्त की गई है।

अत: समीकरण (II) एवं (III) से → Day ⇒ 5

इस प्रकार, अब समीकरण (II) में केवल शब्द 'very' एवं सांख्यांकिक कोड में केवल संख्या '6' शेष रह जाती है।

अत: समीकरण (II) से स्पष्ट है कि **Very ⇒ 6**

95. (e) 123 → Bright little boy ...(I)
145 → Tall big boy ...(II)
637 → Beautiful little flower ...(III)

तो, **Bright ⇒ ?**

यहाँ शब्द 'Bright' का समीकरण (I) में प्रयोग किया गया है, अर्थात् समीकरण (I) के सांख्यांकिक कोड '123' में से ही कोई एक ऐसी संख्या है जिसे शब्द 'Bright' के लिए प्रयुक्त की गई है। लेकिन समीकरण (I) में और भी दो शब्द 'little' एवं 'boy' मौजूद हैं, अत: हमें शब्द 'Bright' का सांख्यांकिक मान ज्ञात करने के लिए इन दोनों का भी मान ज्ञात करना होगा, जो कि तभी संभव है जबकि हम अन्य समीकरणों पर भी गौर करेंगे।

अत: 'Bright' शब्द के सही सांख्यांकिक मान को ज्ञात करने के लिए अन्य समीकरणों पर गौर करने पर हम देख रहे हैं कि समीकरण (I) एवं (III) दोनों में शब्द 'little' का प्रयोग किया गया है तथा दोनों समीकरण के सांख्यांकि कोड में '3' प्रयुक्त की गई है।

अत: समीकरण (I) एवं (III) से → little ⇒ 3

इसी प्रकार, पुन: आगे गौर करने पर हम देख रहे हैं कि समीकरण (I) एवं (II) दोनों में शब्द 'boy' का प्रयोग किया गया है तथा दोनों समीकरण के सांख्यांकिक कोड में संख्या '1' प्रयुक्त की गई है।

अत: समीकरण (I) एवं (II) से ® boy Þ 1

इसी प्रकार, अब समीकरण (I) में केवल शब्द 'Bright' एवं सांख्यांकिक कोड '2' शेष रह जाते हैं।

अत: समीकरण (I) से स्पष्ट है कि **Bright ⇒ 2**

96. (a) 678 → How are you ...(I)
347 → How is life ...(II)
569 → You were wonderful ...(III)

तो, **You ⇒ ?**

यहाँ समीकरण (I) एवं (III) दोनों में शब्द 'You' तथा दोनों समीकरण के सांख्यांकिक कोड में संख्या '6' को निरूपित किया गया है, अर्थात् दोनों समीकरण में शब्द 'You' तथा संख्या '6' Common है।

अत: समीकरण (I) एवं (III) से स्पष्ट है कि, **You ⇒ 6**

97. (b) 526 → Sky is blue ...(I)
24 → Blue colour ...(II)
436 → Colour is fun ...(III)

तो, **fun ⇒ ?**

यहाँ समीकरण (III) एवं (II) दोनों में शब्द 'Colour' एवं सांख्यांकिक कोड '4' Common है।

अत: समीकरण (III) एवं (II) से → Colour ⇒ 4

अब आगे पुन: गौर करने पर हम देख रहे हैं कि समीकरण (III) एवं (I) दोनों में शब्द 'is' एवं सांख्यांकिक कोड '6' Common हैं।

अत: समीकरण (III) एवं (I) से → is ⇒ 6

इसी प्रकार, अब समीकरण (III) में केवल शब्द 'fun' एवं सांख्यांकिक कोड '3' शेष बचे रह जाते हैं।

अत: समीकरण (III) से, **fun ⇒ 3**

98. (d) 743 → Mangoes are good ...(I)
657 → Eat good food ...(II)
934 → Mangoes are ripe ...(III)

तो, **ripe ⇒ ?**

यहाँ शब्द 'ripe' समीकरण (III) में है अत: समीकरण (III) के सांख्यांकिक कोड '934' में से ही कोई एक संख्या 'ripe' के लिए प्रयुक्त की गई है। लेकिन समीकरण (III) में 'ripe' के अलावे और भी दो शब्द हैं। अत: जब तक हम इन दोनों का सांख्यांकिक कोड ज्ञात नहीं कर लेते, तब तक 'ripe' का सांख्यांकिक कोड हमें ज्ञात नहीं हो सकता।

अत: हम शब्द 'Mangoes' एवं 'are' के सांख्यांकिक कोड को ज्ञात करने के लिए अन्य समीकरण पर गौर करेंगे, आगे हम गौर करने पर देख रहे हैं कि समीकरण (III) एवं (I) दोनों में शब्द 'Mangoes' तथा शब्द 'are' common हैं तथा दोनों समीकरण में संख्यांकिक कोड '4' एवं '3' common हैं।

अत: समीकरण (III) एवं (I) से, Mangoes ⇒ 4 or 3 या are ⇒ 4 or 3

इस प्रकार, अब देख रहे हैं कि समीकरण (III) में केवल शब्द 'ripe' एवं सांख्यांकिक कोड '9' शेष बचे हुए हैं।

अत: समीकरण (III) से स्पष्ट है कि **ripe ⇒ 9**

99. (d) 247 → Spread red carpet ...(I)
256 → Dust one carpet ...(II)
254 → One red carpet ...(III)

तो, **Dust ⇒ ?**

यहाँ हम देख रहे हैं कि समीकरण (II) एवं (III) दोनों में शब्द 'one' एवं 'carpet' तथा संख्यांकिक कोड '2' एवं '5' common हैं।

अत: समीकरण (II) एवं (III) से,
one ⇒ 2 or carpet ⇒ 2
or, carpet ⇒ 5 or one ⇒ 5

जबकि समीकरण (I), (II) एवं (III) से स्पष्ट है कि carpet ⇒ 2, one ⇒ 5 इसलिए समीकरण (II) से,

Dust ⇒ 6

100. (b) 134 → Good and tasty ...(I)
478 → See good picture ...(II)
729 → Picture are faint ...(III)

तो, **see ⇒ ?**

यहाँ समीकरण (II) एवं (III) दोनों में शब्द 'Picutre' एवं सांख्यांकिक कोड '7' common हैं।

अत: समीकरण (II) एवं (III) से, Picture ⇒ 7

अब आगे और करने पर पुन: हम देख रहे हैं कि समीकरण (II) एवं (I) में शब्द 'good' तथा सांख्यांकिक कोड '4' common हैं।

अत: समीकरण (II) एवं (I) से, Good ⇒ 4

इसी प्रकार, अब हम देख रहे हैं कि समीकरण (II) में केवल शब्द 'see' तथा सांख्यांकिक कोड '8' शेष बचे हुए हैं।

अत: समीकरण (II) से स्पष्ट है कि **See ⇒ 8**

101. (b) 256 → Boys are good ...(I)
637 → Amar is good ...(II)
348 → Lata is bad ...(III)

तो, **Amar ⇒ ?**

यहाँ समीकरण (II) और (III) दोनों में शब्द 'is' तथा सांख्यांकिक कोड '3' common हैं।

अत: समीकरण (II) एवं (III) से, is ⇒ 3

इसी प्रकार, पुन: आगे गौर करने पर हम देख रहे हैं कि समीकरण (II) और (I) दोनों में शब्द 'good' तथा सांख्यांकिक कोड '6' common हैं।

अत: समीकरण (II) एवं (I) से, good ⇒ 6

इसी प्रकार, आगे गौर करने पर हम यहाँ देख रहे हैं कि समीकरण (II) में अब केवल शब्द 'Amar' तथा सांख्यांकिक कोड '7' शेष बचे हुए हैं।

अत: अब समीकरण (II) से स्पष्ट है कि,
Amar ⇒ 7

102. (d) 253 → Book are old ...(I)
546 → Man is old ...(II)
378 → Buy good books ...(III)

तो, **'are' ⇒ ?**

यहाँ समीकरण (I) एवं (III) में शब्द 'Book' तथा सांख्यांकिक कोड '3' एवं समीकरण (I) एवं (II) में शब्द 'old' तथा सांख्यांकिक कोड '5' common हैं।

अत: समीकरण (I) एवं (III) तथा समीकरण (I) एवं (II) से, Book ⇒ 3 तथा old ⇒ 5

इसी प्रकार, गौर करने पर हम यहाँ देख रहे हैं कि समीकरण (I) में अब केवल शब्द 'are' तथा सांख्यांकिक कोड '2' शेष बचे हुए हैं।

अत: समीकरण (I) से स्पष्ट है कि **are ⇒ 2**

103. (a) 256 → You are good ...(I)
637 → We are bad ...(II)
358 → Good and Bad ...(III)

तो, **and ⇒ ?**

यहाँ समीकरण (III) एवं (II) दोनों में शब्द 'Bad' तथा सांख्यांकिक कोड '3' common हैं।

अत: समीकरण (III) एवं (II) से, Bad ⇒ 3

इसी प्रकार, आगे पुन: हम गौर करने पर देख रहे हैं कि समीकरण (III) एवं (I) दोनों में शब्द 'Good' तथा सांख्यांकिक कोड '5' Common हैं।

अत: समीकरण (III) एवं (I) से, good ⇒ 5

इसी प्रकार, पुन: गौर करने पर हम देख रहे हैं कि समीकरण (III) में केवल शब्द 'and' तथा सांख्यांकिक कोड '8' शेष बचे हुए हैं।

अत: समीकरण (III) से स्पष्ट है कि **and ⇒ 8**

104. (c) 786 → Study very hard ...(I)
958 → Hard work pays ...(II)
645 → Study and work ...(III)

तो, **very ⇒ ?**

यहाँ समीकरण (I) एवं (III) में शब्द 'study' तथा सांख्यांकिक कोड '6' common हैं।

अत: समीकरण (I) एवं (III) से, study ⇒ 6

इसी प्रकार, आगे गौर करने पर हम देख रहे हैं कि समीकरण (I) एवं (II) दोनों में शब्द 'hard' तथा सांख्यांकिक कोड '8' common हैं।

अत: समीकरण (I) एवं (II) से, hard ⇒ 8

इस प्रकार, अब समीकरण (I) में केवल शब्द 'very' तथा सांख्यांकिक कोड '7' शेष रह गये।

अत: समीकरण (I) से, **very ⇒ 7**

105. (a) De Bom → Lovely flower ...(I)
Poc Till De → Flower and fruit ...(II)
Pre Xas Bom → Lovely green pasture ...(III)
Poc Xas → Green fruit ...(IV)

तो, **Pasture ⇒ ?**

यहाँ समीकरण (III) एवं (I) दोनों में शब्द 'Lovely' तथा सांकेतिक कोड 'Bom' common हैं। अत: समीकरण (III) एवं (I) से, Lovely ⇒ Bom

अब आगे पुन: गौर करने पर हम देख रहे हैं कि समीकरण (III) एवं (IV) दोनों में शब्द 'Green' तथा सांकेतिक कोड 'Xas' Common हैं।

अत: समीकरण (III) एवं (IV) से, Green ⇒ Xas

इस प्रकार से अब समीकरण (III) में केवल शब्द 'Pasture' तथा सांकेतिक कोड 'Pre' शेष रह जाते हैं।

अत: समीकरण (III) से, **Pasture ⇒ Pre**

106. (e) pic nic vic → winter is cold ...(I)
to nic **re** → **Summer** is hot ...(II)
re pic boo → Winter and **summer** ...(III)
vic tho pa → Nights are cold ...(IV)

तो, **Summer ⇒ ?**

यहाँ समीकरण (II) एवं (III) में शब्द 'Summer' तथा सांकेतिक कोड 're' common हैं।

अत: समीकरण (II) एवं (III) से, **Summer ⇒ re**

107. (b) Kew xas huma deko → She is eating apple ...(I)
Kew tepo qua → She sells toys ...(II)
Sut tim deko → I like apple ...(III)

तो, **She** और **apple → ? and ?**

यहाँ समीकरण (I) एवं (II) दोनों में शब्द 'She' तथा सांकेतिक कोड 'kew' common हैं।

अत: समीकरण (I) एवं (II) से, She ⇒ kew

इसी प्रकार आगे पुन: गौर करने पर हम देख रहे हैं कि समीकरण (I) एवं (III) दोनों में शब्द 'apple' तथा सांकेतिक कोड 'deko' common हैं।

अत: समीकरण (I) एवं (III) से, apple ⇒ deko

अत: **'She' और 'apple' ⇒ 'kew' and 'deko'**

108. (c) po ki top ma → Usha is playing cards ...(I)
kop ja ki ma → Asha is playing tennis ...(II)
ki top sop ho → They are playing football ...(III)
po sur kop → Cards and tennis ...(IV)

तो, **Asha ⇒ ?**

यहाँ समीकरण (I), (II) और (III) तीनों में शब्द 'Playing' तथा सांकेतिक कोड 'ki' common हैं।

अत: समीकरण (I), (II) एवं (III) से, Playing ⇒ ki

इसी प्रकार आगे पुन: गौर करने पर हम देख रहे हैं कि समीकरण (I) एवं (II) दोनों में शब्द 'is' तथा सांकेतिक कोड 'ma' common हैं।

अत: समीकरण (I) एवं (II) से, is ⇒ ma

इसी प्रकार पुन: आगे गौर करने पर हम देख रहे हैं कि समीकरण (II) एवं (IV) दोनों में शब्द 'tennis' तथा सांकेतिक कोड 'kop' common हैं।

अत: समीकरण (II) एवं (IV) से, Tennis ⇒ kop

इस प्रकार अब समीकरण (II) में केवल शब्द 'Asha' तथा सांकेतिक कोड 'ja' बचे रह जाते हैं।

अत: समीकरण (II) से, **Asha ⇒ ja**

109. (e) pat zoo sim → Eat good mangoes ...(I)
pus sim tim → Mangoes and sweets ...(II)
tim zoo kit → Purchase good sweets ...(III)

तो, **Good ⇒ ?**

यहाँ समीकरण (I) एवं (III) दोनों मे शब्द 'good' तथा सांकेतिक कोड 'zoo' common हैं।

अत: समीकरण (I) एवं (III) से, **Good ⇒ zoo**

❑❑❑

अध्याय 6

रक्त संबंधी परीक्षण

इस प्रकार की परीक्षा में अभ्यर्थियों के रिश्ते संबंधित ज्ञान की जाँच की जाती है। इसमें ऐसे प्रश्न दिए जाते हैं जिनमें किन्हीं दो व्यक्तियों का संबंध दिया जाता है तथा अन्य व्यक्तियों का संबंध ज्ञात किया जाता है।

महत्वपूर्ण तथ्य

- **इन प्रश्नों में प्रथमतः दो व्यक्ति महत्वपूर्ण होते हैं बाकी सब इनसे संबंधित होते हैं।**
- **एक ही व्यक्ति कई भूमिका में होता है। जैसे—पिता, दादा एवं ससुर आदि या बहन, भाभी एवं माँ आदि।**
- **रिश्तों को अलग करने हेतु लिंग की महत्वपूर्ण भूमिका होती है।**
- **पिता का एकमात्र पुत्र-अर्थात् प्रथम पुरुष स्वयं।**
- **दादा के इकलौते पुत्र का पुत्र-भाई।**
- **दादा या दादी की एकमात्र बहू-माँ।**

निम्न सारणी से संबंधों का प्रारूप ज्यादा स्पष्ट हो सकेगा

पीढ़ी	संबंध
+ 2 पीढ़ी	दादा + दादी नाना + नानी (दादा/नाना ससुर + दादी/नानी सास)
+ 1 पीढ़ी	पिता + माँ चाचा + (चाची), बुआ + (फूफा) (ससुर + सास)
स्वयं की पीढ़ी	पति + (पत्नी) भाई + (भाभी) बहन + (जीजा/बहनोई) चचेरा, मौसेरा, ममेरा, फुफेरा भाई/बहन
दूसरी पीढ़ी	पुत्र + (पुत्रवधु) पुत्री + (दामाद) भतीजा/भतीजी, भांजा/भांजी
तीसरी पीढ़ी	पोता + (पौत्रवधु) पोती + (पौत्रदामाद) नाती/नतीनी (पुत्री के पुत्र/पुत्री)

ध्यान दें : कोष्ठक में दिए गए संबंध प्रत्यक्ष रक्त संबंधी नहीं बल्कि विवाह द्वारा बने संबंधी हैं।

1. माता या पिता का पुत्र ⇒ भाई (Brother)
2. माता या पिता की पुत्री ⇒ बहन (Sister)
3. माता और पिता का भाई ⇒ क्रमशः मामा और चाचा (Uncle)
4. माता और पिता की बहन ⇒ क्रमशः मौसी और बुआ (Aunt)
5. माता और पिता की माँ ⇒ क्रमशः नानी और दादी (Grand Father)
6. माता और पिता के पिता ⇒ क्रमशः नानी और दादा (Grand Father)
7. पुत्र की पत्नी ⇒ पतोहू अथवा वहू (Daughter-in-Law)
8. पुत्री का पति ⇒ दामाद (Son-in-Law)
9. पति और पत्नी का भाई ⇒ क्रमशः देवर और साला (Brother-in-Law)
10. पति और पत्नी की बहन ⇒ क्रमशः नंनद और साली (Sister-in-Law)
11. भाई की पुत्री ⇒ भतीजी (Niece)
12. भाई का पुत्र ⇒ भतीजा (Nephew)
13. चाचा/चाची का पुत्र/पुत्री ⇒ चचेरा भाई/बहन (Cousin)
14. फूफा/बुआ का पुत्र/पुत्री ⇒ फुफेरा भाई/बहन (Cousin)
15. मौसा/मौसी का पुत्र/पुत्री ⇒ मौसेरा भाई/बहन (Cousin)
16. बहन का पति ⇒ बहनोई (Brother-in-Law)
17. भाई की पत्नी ⇒ भाभो या भाभी (Sister-in-Law)
18. इकलौती पुत्री/बहन, आदि ⇒ एकमात्र पुत्री/बहन (Only Daughter/Sister)
19. इकलौता पुत्र/भाई ⇒ एकमात्र पुत्र/भाई (Only Son/Brother)
20. दादी या दादा का पुत्र/पुत्री ⇒ स्वयं (Self)
21. दादी या दादा का पुत्र/पुत्री ⇒ चाचा/बुआ (Uncle/Aunt)
22. माँ के तरफ से दादी माँ ⇒ नानी (Grand Mother)

प्रश्नों को हल करने के लिए सामान्यतः प्रयोग में आने वाले रिश्तों को दो पक्षों क्रमशः मातृ पक्ष व पितृ पक्ष में विभाजित करके आसानी से याद रखा जा सकता है।

(1) पितृ पक्ष के रिश्ते

(a) पिता के पिता — दादा
(b) पिता की माता — दादी
(c) पिता के भाई — चाचा
(d) पिता की बहन — बुआ/फूफा
(e) चाचा के बच्चे — चचेरा भाई या बहन (Cousine)
(f) चाचा की पत्नी — चाची
(g) बुआ के बच्चे — फुफेरा भाई या बहन (Cousine)
(h) बुआ के पति — फूफा

(2) मातृ पक्ष के रिश्ते

(a) माँ के पिता — नाना
(b) माँ की माँ — नानी
(c) माँ के भाई — मामा
(d) माँ की बहन — मौसी
(e) मामा के बच्चे — ममेरे भाई या बहन (Cousine)
(f) मामा की पत्नी — मामी
(g) मौसी के बच्चे — मौसेरे भाई-बहन
(h) मौसी के पति — मौसा

उपरोक्त विवरण को निम्नवत् उदाहरणों के द्वारा ज्यादा अच्छी तरह समझा जा सकता है।

प्रश्नों का प्रारूप व्याख्या सहित

प्रकार 1. सामान्य पद्धति पर आधारित प्रश्न

उदाहरण 1. एक तस्वीर की ओर इशारा करते हुए छोटी, लल्ली से कहती है कि उस तस्वीर वाली लड़की मेरी छोटी बहन की दादी के एक मात्र बेटे की पत्नी की दूसरी बेटी है। बताएँ कि उस तस्वीर वाली लड़की से छोटी का क्या संबंध है?

हल : Step I : प्रश्न में पीछे से पढ़ते हुए हम पाते हैं कि दूसरी बेटी यानी एक और बेटी है। अत: इसका स्थान पीढ़ी दर पीढ़ी वाले चार्ट के अनुसार बना लेंगे।

[ ]
↓
[ ]
↓
[बेटी] —ये दो की संख्या में हैं।

Step II : पीछे से ही आगे पढ़ने पर पाते हैं कि पत्नी एकमात्र बेटे की जोकि दूसरी बेटी की माँ है। अत: दूसरे पीढ़ी वाले घर में ये चली जाएगी।

[ ]
↓
[पति, पत्नी]
↓
[बेटी, बेटी]

Step III : अब और आगे की ओर आने पर हम पाते हैं कि दादी के एकमात्र बेटे यानि ये प्रथम पीढ़ी वाले घर में चली जाएंगी।

[दादी]
↓
[पति, पत्नी]
↓
[बेटी, बेटी]

Step IV : और आगे बढ़ने पर हम पाते हैं कि छोटी की बहन की दादी यानी वो तीसरे पीढ़ी वाले घर में जो दो बेटियाँ हैं वे छोटी और उसकी छोटी बहन है।

[दादी]
↓
[पति, पत्नी]
↓
[छोटी, उसकी बहन]

छोटी, उसकी बहन

निष्कर्ष—प्रश्न में कहा गया है कि तस्वीर वाली लड़की छोटी की छोटी बहन की दादी के ....पत्नी की दूसरी बेटी की है। अत: स्पष्ट है कि प्रथम तो छोटी है और दूसरी उसकी छोटी बहन है यानि वो तस्वीर उसकी छोटी बहन की है।

दूसरी विधि से प्रश्न को शुरू से पढ़ते हुए उसमें ही रिश्ते निकालते चलें जैसा कि नीचे दिखाया गया है।

(1) छोटी की छोटी बहन की दादी यानि छोटी की भी [दादी]

अब (2) दादी के एकमात्र बेटे की पत्नी यानि छोटी की [माँ]

फिर (3) माँ की दूसरी बेटी यानि छोटी की [छोटी बहन]

अत: स्पष्ट है कि तस्वीर दूसरी बेटी अर्थात् उसकी छोटी बहन की है, क्योंकि पहली बेटी जब भी होगी छोटी बहन ही होगी।

Note : प्रश्न हल करते समय पुरुष के लिए (+) तथा महिला के लिए (–) का प्रयोग कर सकते हैं, Sex के सम्बोधन के लिए।

प्रकार 2. गणितीय पद्धति पर आधारित प्रश्न

उदाहरण 2. यदि A + B का तात्पर्य है A माता है B की, A × B का तात्पर्य है A पिता है B का, A $ B का तात्पर्य है A भाई है B का तथा A @ B का तात्पर्य है A बहन है B की, तो किसका तात्पर्य है P बेटा है Q का?

(a) Q + R @ P @ N (b) Q + R * P @ N
(c) Q × R $ P @ N (d) Q × R $ P $ N

हल : (d)

Q × R = Q माता R की हुई [–Q, IR] ....(I)
R $ P = R भाई P का हुआ [+R ±P] ...(II)
P $ N = P भाई N का हुआ [+ P, ± N] ...(III)

हम देखते हैं कि प्रथम (I) Step में Q का Sex निकल गया, लेकिन R का कुछ भी पता नहीं चला, पर Step-(II) में R का Sex ज्ञात हुआ और P का पता नहीं चला, लेकिन Step-III में P का भी Sex स्पष्ट हो गया, लेकिन N का तय नहीं हो सका कि पुरुष है या स्त्री। अब इस रिश्ते को चार्ट द्वारा निर्धारित करके देख लें-

[– Q]
↓
[+ R + P ± N]

अत: स्पष्ट है कि R, P व N आपस में भाई-भाई या भाई-बहन हैं, लेकिन Q उनकी माँ है।

नोट—इस तरह के प्रश्न को हल करने के लिए अच्छा होता है कि निर्देशित चिह्न के आधार पर हर विकल्प की जाँच कर लें।

उदाहरण 3. A के तीन बच्चे हैं। B, C का भाई है तथा C, D की बहन है। D की माता E है, जोकि A की पत्नी है। E के पति की एक मात्र लड़की है, बताएँ D का B से क्या संबंध है?

हल : चार्ट की मदद से हल निकालें -

[+ A – E]
↓
[+ B + D – C]

[D लड़का हुआ, क्योंकि प्रश्न में E को एकमात्र लड़की बताया गया है.]

अत: D भाई हुआ B का।

नोट—प्रश्नों को तीव्र गति से हल करने हेतु चार्ट का प्रयोग करें।

उदाहरण 4. यदि महावीर की माता की इकलौती पुत्री रामकिशन की माता है, तो रामकिशन का महावीर की माता से क्या संबंध है?

(a) प्रपौत्र (b) पुत्र
(c) भतीजा (d) धेवता
(e) इनमें से कोई नहीं

हल (d) महावीर की माता की एक ही लड़की है जो रामकिशन की माता है। अत: महावीर की माता, रामकिशन की नानी हुई। इसलिए रामकिशन महावीर की माता का धेवता हुआ।

उदाहरण 5. ओंकार ने अपने बेटे की फोटो की ओर संकेत करते हुए कमला से कहा- ''इसकी माँ, तुम्हारी माँ की पुत्री है'', बताओ ओंकार, की कमला कौन लगती है?

(a) बहन (b) मौसी
(c) साली (d) पुत्री
(e) इनमें से कोई नहीं

हल (c) ओंकार के बेटे की माँ, ओंकार की पत्नी हुई, जो कमला की माँ की पुत्री है। कमला की माँ की पुत्री, कमला की बहन हुई। अत: कमला, ओंकार की साली हुई।

उदाहरण 6. M × L का अर्थ है, M, L का भाई है, M – L का अर्थ है। M, L की बहन है, M ÷ L का अर्थ है- M, L का बेटा है। यदि M, L का भांजा है, तो निम्नलिखित में से कौन-सा संबंध सही है?

(a) L × K ÷ P (b) L ÷ K – H
(c) M × K – L (d) M ÷ K – L
(e) उपर्युक्त में से कोई नहीं।

हल (d)

M ÷ K = M पुत्र है K का
तथा K – L = K बहन है L की
∴ M ÷ K – L = M भांजा है L का

प्रकार 3. समूह पर आधारित प्रश्न

उदाहरण 7. A, B, C, D, E और F के एक परिवार में निम्नलिखित संबंधों का परीक्षण कीजिए—

(i) पुरुषों एवं स्त्रियों की संख्या बराबर है।
(ii) A और E, F के पुत्र हैं।
(iii) D एक पुत्र एवं एक पुत्री की माता है।
(iv) B, A का पुत्र है।
(v) परिवार में केवल एक विवाहित जोड़ा है।
निम्नलिखित में कौन-सा निष्कर्ष सही है?

(a) A, B और C सभी स्त्रियाँ है
(b) A, D का पति है
(c) E और F, D की सन्तानें हैं
(d) D, F की पौत्री है।

हल (b) (ii) एवं (iv) से पुरुष सदस्य A, B, E। अत: स्त्री सदस्य C, D, F

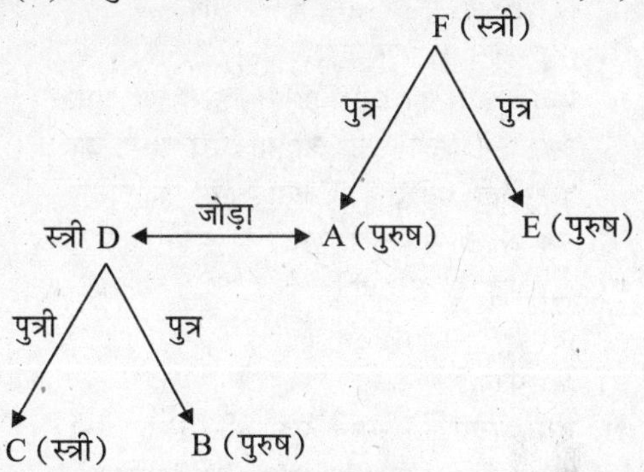

उपरोक्त रेखांकन से स्पष्ट है कि A, D का पति है।

प्रश्नावली

निर्देश—(प्रश्न संख्या 1 से 3 तक) निम्नलिखित जानकारी को ध्यान से पढ़कर प्रश्नों का उत्तर दीजिए—

(a) 'A + B' का अर्थ → 'A',B की पुत्री है।
(b) 'A × B' का अर्थ → 'A', B का पुत्र है।
(c) 'A – B' का अर्थ → 'A', B की पत्नी है।

1. यदि P × Q – S हो, तो निम्नलिखित में से कौन-सा कथन सत्य है?

(a) 'S', P का पिता है
(b) 'P', Q की पुत्री है
(c) 'Q', P का पिता है
(d) 'S', Q की पत्नी है
(e) इनमें से कोई नहीं

2. यदि T – S × B – M हो, तो निम्नलिखित में से कौन-सा कथन असत्य है?

(a) 'S', B का पुत्र है
(b) 'S', B की बहन है
(c) 'B', S की माँ है
(d) 'M', B का पति है
(e) 'T', S की पत्नी है

3. यदि Z × T – S × U + P हो, तो 'U', Z का कौन है?

(a) माँ
(b) दादा
(c) पिता
(d) ज्ञात नहीं किया जा सकता
(e) इनमें से कोई नहीं

4. यदि 'A × B' का अर्थ → 'A', B का भाई है। 'A + B' का अर्थ, → 'A', B का पुत्र है और 'A– B' का अर्थ, 'A', B की बहन है। तो बताएँ कि 'Q', P का मामा है निम्नलिखित में से कौन-सा समीकरण होगा?

(a) Q × R + P
(b) P × R – Q
(c) P + R – Q
(d) Q + R – P
(e) इनमें से कोई नहीं

5. (a) 'P + Q' का अर्थ → 'P', Q का भाई है। (b) 'P – Q' का अर्थ, → 'P',Q' की बहन है। (c) 'P' × Q' का अर्थ, → 'P', Q की माँ है। (d) 'P + Q' का अर्थ → 'P + Q' का पिता है। बताएँ कि 'R + S की बुआ है तो निम्नलिखित में से कौन-सा समीकरण इसे निरुपित करता है?

(a) R – M + S
(b) R +M × S
(c) R + M + S
(d) R + M – K + S – P
(e) इनमें से कोई नहीं

6. (a) यदि 'P + Q' का अर्थ → 'P', Q का भाई है। 'P – Q' का अर्थ, → 'P',Q' की माँ है। और 'P' × Q' का अर्थ, → 'P', Q की बहन है, तो 'R', Q का चाचा है निम्नलिखित में से कौन-सा समीकरण इसे निरुपित करता है?

(a) R – P + S
(b) R × S + P
(c) R + P × S
(d) R × P + S
(e) इनमें से कोई नहीं

7. 'C' A के पिताजी का भतीजा है। 'D' A का चचेरा भाई या बहन है, लेकिन C का भाई नहीं है बताएँ कि 'D' का C से क्या संबंध है?

(a) पिता (b) फुआ
(c) माँ (d) बहन
(e) इनमें से कोई नहीं

8. यदि B की माँ A की माँ की पुत्री है, तो बताएँ कि A का B से क्या संबंध है?
(a) मामा (b) पिता
(c) भाई (d) बहन
(e) चाचा

9. एक औरत का परिचय देते हुए एक पुरुष ने कहा, "उसकी माँ के पति की बहन मेरी चाची है।" बताएँ कि वह पुरुष उस औरत से किस प्रकार से संबंधित है?
(a) भतीजा (b) ममेरा भाई
(c) चाचा (d) फुफेरा भाई
(e) इनमें से कोई नहीं

10. एक पुरुष की ओर इंगित करते हुए एक औरत ने कहा, "उसकी माँ मेरी सास की इकलौती पतोहू है।" बताएँ कि वह पुरुष उस औरत से किस प्रकार से संबंधित है?
(a) भाई (b) पति
(c) देवर (d) पुत्र
(e) बहनोई

11. एक पुरुष ने अपने पुत्र की तस्वीर की ओर इंगित करते हुए एक औरत से कहा, "उसकी माँ तुम्हारी माँ की इकलौती पुत्री है।" बताएँ कि उस औरत का उस पुरुष से क्या संबंध है?
(a) बहन (b) माँ
(c) पत्नी (d) पुत्री
(e) इनमें से कोई नहीं

12. A ने B से कहा कि, "B की माँ A की माँ की सास है"। बताएँ कि A की माँ B की माँ की कौन है?
(a) सास (b) पतोहू
(c) बहन (d) जेठानी
(e) चाची

13. एक पुरुष ने एक औरत से कहा, "तुम्हारे इकलौते भाई की बहन मेरी माँ है" बताएँ कि उस औरत का पुरुष की नानी से क्या संबंध है?
(a) माँ (b) बहन
(c) ननद (d) सास
(e) पुत्री

14. 'A', B और C का भाई है; D, C की माँ है, E, A का पिता है। निम्नलिखित में से कौन-सा कथन निश्चित रूप से सत्य नहीं माना जा सकता है?
(a) 'E', B का पिता है
(b) 'E', D का पति है
(c) 'A', D का पुत्र है
(d) 'B', E का पुत्र है
(e) 'D', A की माँ है

15. एक महिला एक लड़के के साथ कहीं जा रही थी, रास्ते में उसे एक पुरुष मिला जिसने उस महिला से पूछा—"यह लड़का तुम्हारा कौन है?" इसके उत्तर में महिला ने कहा—मेरे मामा तथा इसके मामा के मामा आपस में भाई हैं।" बताएँ कि उस महिला का लड़के के साथ क्या संबंध था?
(a) भाभी और देवर
(b) माँ और पुत्र
(c) पत्नी और पति
(d) चाची और भतीजा
(e) इनमें से कोई नहीं

16. कमला का परिचय देते हुए महेश ने कहा, "उसके पिताजी मेरे पिताजी के इकलौते पुत्र हैं" बताएँ कि 'महेश' कमला से किस प्रकार से संबंधित है?
(a) भाई (b) पिता
(c) चाचा (d) पुत्र
(e) इनमें से कोई नहीं

17. सतीश की ओर इंगित करते हुए अशोक ने कहा, "वह मेरी बहन के इकलौते भाई का पुत्र है।" बताएँ कि 'सतीश', अशोक से कैसे संबंधित है?
(a) प्रपौत्र (b) पुत्र
(c) भगिना (d) मामा
(e) इनमें से कोई नहीं

18. एक पुरुष की तस्वीर की ओर इंगित करते हुए एक औरत ने कहा, "इसके भाई का पिता मेरे दादाजी का इकलौता पुत्र है।" बताएँ कि उस तस्वीर वाले पुरुष से औरत का क्या संबंध है?
(a) साली (b) दादी
(c) माँ (d) भाभी
(e) स

19. एक तस्वीर की ओर इंगित करते हुए सूरज ने कहा, "उसकी पुत्री शोभा मेरी माँ की पौत्री है।" बताएँ कि वह तस्वीर किसकी है?
(a) सूरज के चाचा की
(b) सूरज के भाई की
(c) सूरज के पुत्र की
(d) ज्ञात नहीं किया जा सकता
(e) उपर्युक्त में से कोई नहीं

20. एक लड़की की तस्वीर की ओर इंगित करते हुए उमेश ने कहा, "उसकी माँ का भाई मेरी माँ के पिता का इकलौता पुत्र है," बताएँ कि लड़की की माँ का उमेश से क्या संबंध है?
(a) दादी (b) बहन
(c) चाची (d) माँ/मौसी
(e) इनमें से कोई नहीं

21. अपने लड़के की तस्वीरे की ओर इंगित करते हुए एक पुरुष ने एक औरत से कहा, "उसकी माँ तुम्हारी माँ की इकलौती पुत्री है।" बताएँ कि वह औरत उस पुरुष से कैसे संबंधित है?
(a) पत्नी (b) माँ
(c) पुत्री (d) बहन
(e) इनमें से कोई नहीं

22. यदि 'B' कहता है कि, "उसकी माँ 'A' की माँ की इकलौती पुत्री है," तो बताएँ कि 'A' का 'B' से क्या संबंध है?
(a) पिता (b) बहन
(c) माँ (d) दादी
(e) पुत्र

23. (a) M भाई है N का, (b) K बहन है M की, (c) P भाई है O का, (d) O बेटी है N की, बताएँ कि P का चाचा कौन है?
(a) N (b) K
(c) O (d) M
(e) इनमें से कोई नहीं

24. 'A', 'B' का भाई है। 'C', 'A' की बहन है। 'E', 'F' का भाई है। 'F', 'B' की पुत्री है। 'G', 'C' का पिता है। बताएँ कि 'E' का चाचा कौन है?
(a) C (b) A
(c) F (d) G
(e) इनमें से कोई नहीं

25. यदि A बेटा है Q का, Q और Y बहन है, Y की माँ Z है, P बेटा है Z का, तो निम्नलिखित में से कौन-सा कथन निश्चित रूप से सत्य है?
(a) A और P चचेरा भाई या बहन है
(b) A का चाचा P है
(c) P और Y बहन है
(d) A का मामा P है
(e) इनमें से कोई नहीं

26. 'A' और 'B' भाई है, 'C' और 'D' बहन है। 'A' का पुत्र 'D' का भाई है बताएँ कि B का 'C' से क्या संबंध है?
(a) भाई (b) चाचा
(c) पिता (d) दादा
(e) इनमें से कोई नहीं

27. यदि 'A + B ' का अर्थ, 'A', B की माँ है। 'A + B' का अर्थ → 'A', B का भाई है। 'A × B' का अर्थ → 'A, B की बहन हैं, तो निम्नलिखित में से किसका अर्थ 'C', D की बहन है?
(a) P + D + C (b) D – P + C
(c) D – C (d) D × P – C
(e) C – P + D

निर्देश—निम्नलिखित कथनों का ध्यानपूर्वक अध्ययन करके प्रश्न-संख्या 28 एवं 29 का उत्तर दीजिए—

(a) 'P × Q' का अर्थ → Q का भाई P है।
(b) 'P + Q' का अर्थ → Q का पिता P है।
(c) P – Q का अर्थ → Q की बहन P है।

28. 'M' का चाचा A है। निम्नलिखित में से कौन-सा समीकरण इसे निरुपित करता है?
(a) A + D + M
(b) A × D + M
(c) A + D × M
(d) A + D + M
(e) इनमें से कोई नहीं

29. उपर्युक्त प्रश्न के उत्तर देने के लिए कौन-सा कथन अनावश्यक है?
(a) केवल c (b) केवल b या c
(c) केवल a (d) केवल b
(e) इनमें से कोई नहीं

निर्देश—निम्नलिखित कथनों का ध्यानपूर्वक अध्ययन करके प्रश्न-संख्या 30 एवं 31 का उत्तर दीजिए—

(a) 'P × Q' का अर्थ → 'P' की माँ है।
(b) 'P + Q' का अर्थ → 'P', Q का पिता है।
(c) 'P + Q' का अर्थ → Q की बहन है।

30. निम्नलिखित में से कौन-सा समीकरण यह निरुपित करता है कि 'M', R की पुत्री है?
(a) R ÷ M + N
(b) R ÷ N + M
(c) R × M + N
(d) आँकड़े अपर्याप्त हैं
(e) इनमें से कोई नहीं

31. उपर्युक्त प्रश्न के उत्तर देन के लिए कौन-सा कथन आवश्यक नहीं है?
(a) केवल A (b) केवल C
(c) B या C (d) A या B
(e) इनमें से कोई नहीं

निर्देश—(प्रश्न संख्या 32 एवं 33) निम्नलिखित जानकारी पर आधारित हैं, इनका अच्छी तरह से अध्ययन करके नीचे दिये गए प्रश्नों का सही उत्तर ज्ञात करें—

(a) 'P + Q' का अर्थ → 'P',Q का भाई है।
(b) 'P × Q' का अर्थ → 'P', Q का पिता है।
(c) 'P – Q' का अर्थ → 'P', Q की बहन है।

32. 'S', T की भतीजी है, निम्नलिखित में से कौन-सा समीकरण इसका सही निरुपण करता है?
(a) T × M + S – K
(b) T × S + M – K
(c) K – S × M + T
(d) T + M × S – K
(e) इनमें से कोई नहीं

33. उपर्युक्त प्रश्न का उत्तर निम्नलिखित में से कौन-सा कथन के बिना भी ज्ञात किया जा सकता है?
(a) केवल A (b) केवल B
(c) केवल C (d) केवल B या C
(e) सभी जरूरी है

34. यदि 'P + Q' का अर्थ → 'P', Q का पति है; 'P + Q' का अर्थ → 'P', Q की बहन है और 'P × Q' का अर्थ → 'P', Q का पुत्र है हो, तो निम्नलिखित समीकरणों में से कौन-सा यह निरुपित करता है कि 'A', B की पुत्री है?
(a) A + D × B (b) D × B + C + A
(c) B + C × A (d) C × B + A
(e) इनमें से कोई नहीं

35. यदि 'A B' का अर्थ, → 'A', B की माँ है; 'A × B' का अर्थ, → 'A', B का पति है; तो निम्नलिखित में से कौन-सा समीकरण 'P', Q का पिता है इसको निरुपित करता है।
(a) Q M × P (b) P Q
(c) Q P (d) P × M Q
(e) इनमें से कोई नहीं

36. एक पुरुष का परिचय कराते हुए एक महिला ने कहा, ''इसकी माता मेरे पिता की इकलौती पुत्री है,'' पुरुष महिला से किस प्रकार संबंधित है?
(a) पिता (b) पुत्र
(c) चाचा (d) भाई

37. A की माँ B की बहन है और उसकी एक पुत्री C है। A, C की बहन है। A का B के साथ निम्नलिखित में से क्या संबंध होगा?
(a) चाचा (b) पिता
(c) पुत्री (d) भांजी/भतीजी

38. अमल, कमल से लम्बा है, किन्तु बिमल से छोटा है। बिमल, परिमल से लम्बा है, किन्तु उत्पल से छोटा है। यदि कमल, परिमल से लम्बा है, तो सबसे छोटा कौन है?
(a) उत्पल (b) कमल
(c) परिमल (d) बिमल

39. राम ने एक व्यक्ति के चित्र को देखते हुए कहा कि ''उसकी माँ मेरे पिता के पुत्र की पत्नी है। मेरे कोई भाई-बहन नहीं है।'' राम किसका चित्र देख रहा था?
(a) अपने दादा का
(b) अपने पुत्र का
(c) अपने भाई का
(d) अपने चचेरे भाई का

40. सागर ने मोहन का परिचय कराते हुए कहा कि वह उसकी दादी माँ के इकलौते पुत्र के इकलौते साले का भांजा है। सागर, मोहन से किस प्रकार संबंधित है?
(a) ममेरा भाई (b) भाई
(c) मामा (d) पुत्र

41. यदि राम, श्याम के पिता के भाई का पुत्र है, तो राम, श्याम का क्या है?
(a) भतीजा (b) चाचा
(c) चचेरा भाई (d) उपर्युक्त में से कोई नहीं

42. एक आदमी की ओर इशारा करते हुए एक महिला ने कहा, ''उसकी माता मेरी माता की इकलौती पुत्री है।'' महिला उस आदमी से किस प्रकार संबंधित है?
(a) माता (b) पुत्री
(c) बहन (d) चाची

43. एक बुजुर्ग व्यक्ति की ओर इशारा करते हुए, कुणाल ने कहा, ''उसका पुत्र मेरे पुत्र का चाचा है।'' बुजुर्ग व्यक्ति कुणाल से किस प्रकार संबंधित है?
(a) भाई (b) चाचा
(c) पिता (d) भतीजा

44. यदि 'F' भाई है 'A' का, 'C' पुत्री है 'A' की, 'K' बहिन है 'F' की, और 'G' भाई है 'C' का, तो 'G' का चाचा कौन है?
(a) A (b) C
(c) F (d) K

45. अरुण ने कहा, ''यह लड़की मेरी माताजी के पौत्र की पत्नी है। '' अरुण लड़की से किस प्रकार संबंधित है?
(a) दादाजी (b) पति
(c) श्वसुर (d) पिता

46. यदि D, A की पुत्री है। D, M की बहन है और A का भाई C है, तो C और M का क्या संबंध है?
(a) माता और पुत्री
(b) चाचा और भतीजी
(c) पिता और पुत्री
(d) चाची और भतीजी

47. एक आदमी ने एक महिला से कहा, ''आपके भाई का एकमात्र पुत्र, मेरी पत्नी का भाई है,'' वह महिला उस आदमी की पत्नी से किस प्रकार संबंधित है?
(a) बहन (b) माता
(c) दादी (d) बुआ

48. A और B भाई हैं। C और D बहनें हैं। A का पुत्र D का भाई है। B का C से क्या संबंध है?
(a) पिता (b) भाई
(c) दादा/नाना (d) चाचा/मामा

49. 'X' और 'Y' भाई हैं। 'B' पुत्री है 'A' की। 'A' पत्नी है 'Y' की। 'B' किस प्रकार संबंधित है 'X' से?

(a) साली (b) भतीजी
(c) पुत्री (d) बहन

50. विकास ने कहा, ''वह लड़का मेरी माताजी के पति का पौत्र है। मेरा कोई भाई और बहन नहीं है।'' लड़का, विकास से किस प्रकार संबंधित है?

(a) चाचा (b) पुत्र
(c) भतीजा (d) चचेरा भाई

51. एक संयुक्त परिवार में पिता, माता, 3 विवाहित पुत्र और एक अविवाहित पुत्री है। पुत्रों में, दो के प्रत्येक के 2-2 पुत्रियाँ हैं और एक के एक पुत्र है। परिवार में महिला सदस्य कितनी हैं?

(a) 2 (b) 3
(c) 6 (d) 9

52. एक स्त्री की ओर संकेत करते हुए मलार ने कहा कि ''उसकी एकमात्र बहिन मेरी पुत्री की माँ की माँ है।'' मलार का उस स्त्री से क्या संबंध है?

(a) नानी (b) सास
(c) बहिन (d) मौसी

53. एक महिला की ओर संकेत करते हुए साइमन ने कहा, ''वह मेरे पिता की एकमात्र बहन की पुत्री है,'' वह महिला साइमन से किस प्रकार संबंधित है?

(a) माता (b) बुआ
(c) बहन (d) फुफेरी बहन

54. मोहन, सोना का पति है। सोना, शिल्पा की बुआ है। अंकित सोना का भाई है। अंकित, मोहन से किस प्रकार संबंधित है?

(a) फूफा (b) भाई
(c) फुफेरा भाई (d) साला

55. राजू ने एक आदमी का परिचय दिया कि ''वह मेरी पुत्री के मामा के भतीजे के दादा हैं।'' राजू का उस व्यक्ति से क्या संबंध है?

(a) साला (b) ससुर
(c) दामाद (d) मामा

56. फोटोग्राफ में अंकित एक व्यक्ति की ओर संकेत करते हुए नर्मदा ने कहा कि ''वह मेरे चाचा की पुत्री का भाई है।'' फोटोग्राफ में दिखाए गए व्यक्ति का नर्मदा से क्या संबंध है?

(a) पुत्र (b) चाचा
(c) चचेरा भाई (d) जीजा

57. रघु तथा बाबू जुड़वाँ हैं। बाबू की बहन रीमा है। रीमा का पति राजन है। रघु की माँ लक्ष्मी है। लक्ष्मी का पति, राजेश है। तदनुसार, राजेश का राजन से क्या रिश्ता है?

(a) चाचा (b) दामाद
(c) ससुर (d) चचेरा भाई

58. यदि मेरी माँ के मामा, मेरी पत्नी के पितामह हों, तो वह मेरी दादी से किस प्रकार संबंधित होंगे?

(a) पति
(b) कोई सीधा संबंध नहीं
(c) भाई
(d) चचेरे भाई

59. यदि रानी के पिता के चाचा, अनूप के पिता के पोते हैं तथा अनूप अपने पिता का इकलौता पुत्र है, तो रानी से अनूप का क्या संबंध है?

(a) दादा (b) चाचा
(c) मामा (d) परदादा

60. कन्नन, कुमार का भाई है। लक्ष्मी, कुमार की पुत्री है। कलई कन्नन की बहन है और गोविन्द, लक्ष्मी का भाई है। गोविंद का चाचा कौन है?

(a) लक्ष्मी (b) कन्नन
(c) कुमार (d) कलई

61. एक लड़की का परिचय कराते हुए विपिन ने कहा, ''उसकी माता मेरी सास की इकलौती बेटी है।'' विपिन का उस लड़की के साथ क्या संबंध है?

(a) भाई (b) पति
(c) चाचा (d) पिता

62. मेरे भाई के दादा के इकलौते बेटे का इकलौता लड़का मेरा कौन लगेगा?

(a) भाई (b) बहन
(c) चचेरा भाई (d) माता

63. राहुल और रोबिन भाई हैं। प्रमोद, रोबिन के पिता हैं। शीला, प्रमोद की बहन है। प्रेमा, प्रमोद की भांजी है। शुभा, शीला की नातिन (दोहती) है। राहुल, शुभा के क्या लगते हैं?

(a) भाई (b) ममेरा भाई
(c) मामा (d) भांजा

64. एक फोटोग्राफ की ओर देखते हुए एक व्यक्ति ने कहा, ''मेरा कोई भाई या बहिन नहीं है, किन्तु इस मनुष्य का पिता मेरे पिता का पुत्र है।'' वह व्यक्ति किसके फोटोग्राफ को देख रहा था?

(a) अपने पुत्र का
(b) अपने भतीजे का
(c) अपने पिता का
(d) अपने स्वयं का

65. विनोद ने विशाल का परिचय अपने पिता की पत्नी के इकलौते भाई के पुत्र के रूप में कराया। विनोद विशाल से किस प्रकार संबंधित है?

(a) ममेरा भाई (b) भाई
(c) पुत्र (d) मामा

66. A और B क्रमशः भाई और बहन हैं। C पिता है A का, D बहन हैं C की और E माँ हैं D की, तो B क्या लगती है E की?

(a) पौत्री (b) प्रपौत्री
(c) बुआ (d) पुत्री

67. करन का एक भाई प्रेम और एक बहन नीशा है। करन की पत्नी नाज है और पुत्री नक्षा है। नक्षा की शादी नीशा के पुत्र अकबर से हुई और उसकी एक पुत्री रिया है। नक्षा और नीशा के बीच क्या संबंध है?

(a) भतीजी और बुआ
(b) बहनें
(c) माँ एवं पुत्री
(d) माँ और पौत्री

68. सुमित का भाई महेश के पिता का इकलौता दामाद (Son-in-law) है। सुमित के बेटे अभय का महेश से क्या रिश्ता है?

(a) साला (Brother-in-law)
(b) भांजा (Nephew)
(c) कोई रिश्ता नहीं है
(d) चाचा (Uncle)

69. हरीश की बहन की इकलौती बेटी हरीश की सबसे छोटी बेटी की .... है।

(a) कुछ नहीं
(b) चचेरी बहन (Cousin)
(c) चाचा (Uncle)
(d) भाई

70. 'A' और 'B' भाई हैं। 'E' पुत्री है 'F' की। 'F' पत्नी हैं 'B' की। 'E' का 'A' से क्या संबंध है?

(a) बहन (b) पुत्री
(c) भतीजी (d) भाभी

71. M और F एक विवाहित दम्पति हैं। A और B बहिनें हैं। A, F की बहिन है। B, M की क्या लगती है?

(a) बहिन
(b) साली (Sister-in-law)
(c) भतीजी
(d) पुत्री

72. A, B का पिता है; C, B की पुत्री है; D, B का भाई है; E, A का पुत्र है। C और E के बीच क्या संबंध है?

(a) भाई और बहन
(b) चचेरे भाई-बहन
(c) भतीजी और चाचा
(d) चाचा और चाची

73. मुकेश के दादा की पोती निशा के बेटे चिन्मय की माँ उल्लेखित दादा की ....है।

(a) बेटी
(b) पोती
(c) बहन
(d) बहू (Daughter-in-law)

74. एक महिला ने अपने साथ आ रही लड़की का परिचय इस प्रकार दिया "वह मेरे पति के पुत्र की माँ की पुत्री है"। लड़की का उससे क्या संबंध है?

(a) चचेरी बहन (b) पुत्रवधू
(c) पुत्री (d) बहन

75. फोटो में दिखाई देने वाला लड़का सुरेश की माँ के इकलौते पुत्र का इकलौता पुत्र है। सुरेश का उस लड़के से क्या संबंध है?

(a) पिता (b) भाई
(c) अंकल (d) कजिन

उत्तर (हल/संकेत)

1. (a) **कथन के आधार पर–**

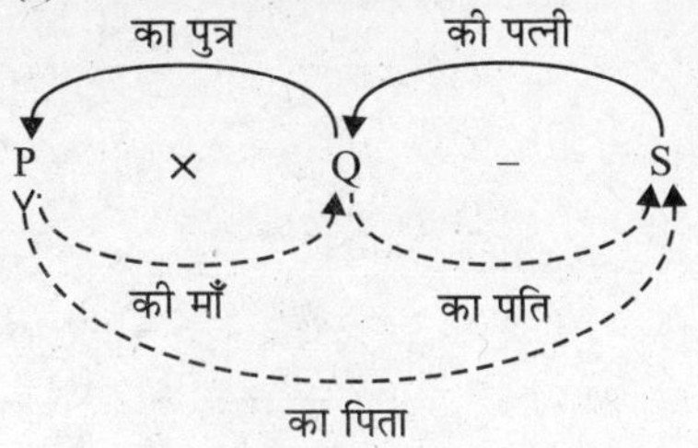

Q = S की पत्नी और P = Q का पुत्र

S ⇒ P का पिता

चूँकि, **माँ का पति, पिता होता है। अत:, 'S', P का पिता है। यह कथन सत्य है।**

2. (b) **कथन के आधार पर–**

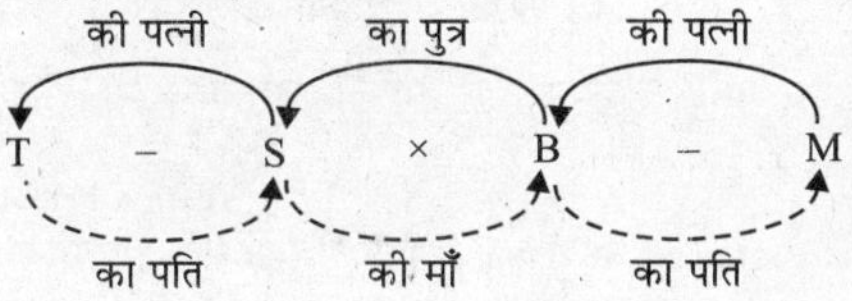

यहाँ हम देख रहे हैं कि उपर्युक्त आरेखानुसार, विकल्प (a), (c), (d) और (e) बिल्कुल सत्य है।

अत:, विकल्प (b) का कथन **'S', B की बहन है बिल्कुल असत्य है, क्योंकि 'S', B का पुत्र है।**

3. (b) **कथन के आधार पर–**

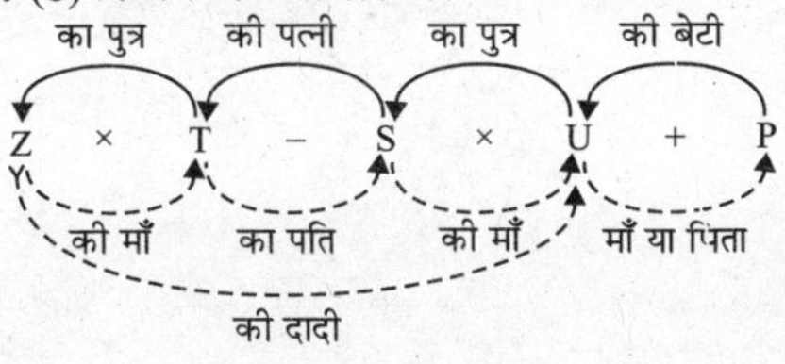

चूँकि 'T', Z की माँ है और 'S', T का पति है इसलिए 'S', Z का पिता होगा। इसी प्रकार, चूँकि 'S', Z का पिता है अैर 'U', S की माँ है, इसलिए 'U', Z की दादी होगी।

अत:, 'U', Z की दादी है।

दूसरे तरीके से व्याख्या : 'U', Z की माँ T के पति S की माँ है। अर्थात् Z के पिता S की 'U' माँ है। अत:, 'U', Z की दादी है।

4. (e) **समीकरण विकल्प एवं कथन से–**

चूँकि 'Q', P की माँ R का भाई है या बहन यह दिये गए जानकारी से स्पष्ट नहीं है।

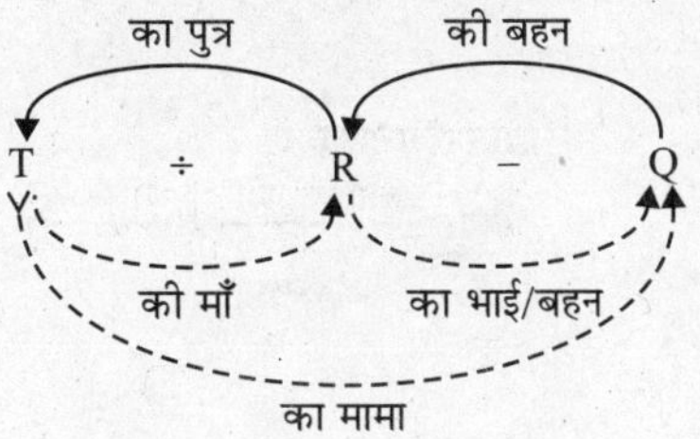

अत:, दिये गए समीकरणों में से कोई भी 'Q', P मामा है को निरुपित नहीं करता है।

5. (a) **समीकरण विकल्प एवं कथन के आधार पर–**

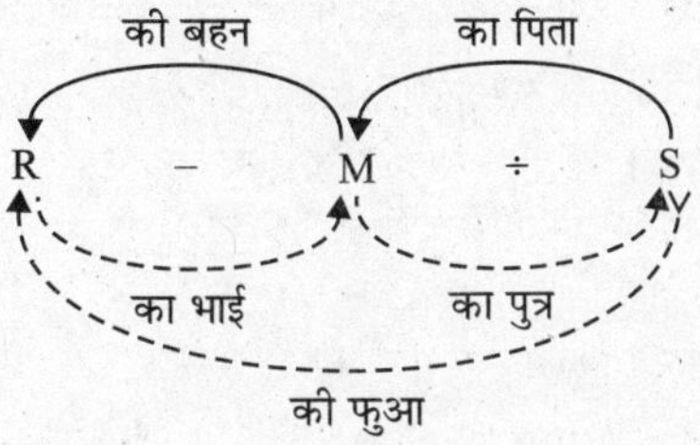

चूँकि 'R', S के पिता M की बहन है अत:, 'R', S की बुआ है। अत:, **समीकरण** (a) **'R', S की बुआ है निरुपित करता है।**

6. (e) चूँकि किसी भी विकल्प समीकरण में 'Q' का प्रयोग नहीं किया गया है। अत:, दिये गए समीकरणों में से कोई भी समीकरण 'R', Q का चाचा है को निरुपित नहीं करता है।

7. (d) प्रश्नानुसार 'C', A के पिताजी का भतीजा है, यानी 'C', A का चचेरा भाई है। 'D', A का चचेरा भाई या बहन है, लेकिन C का भाई नहीं है। चूँकि C और A आपस में चचेरे भाई हैं, लेकिन प्रश्नानुसार 'D' का C भाई नहीं है, यानी कि इस स्थिति में **'D', C की बहन होगी।**

अत: **D ⇒ C की बहन**

आरेखीय व्याख्या :

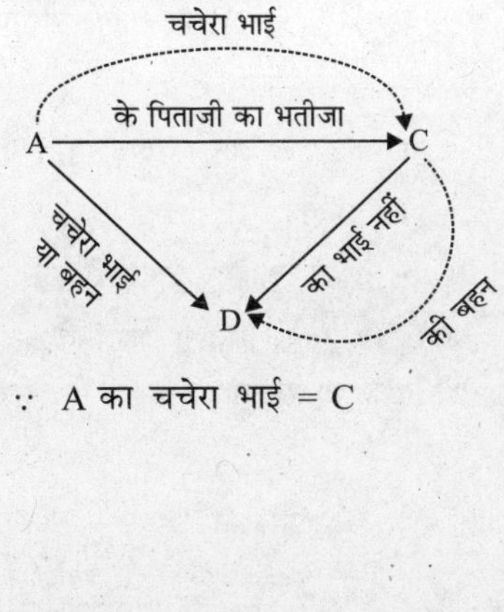

∵ A का चचेरा भाई = C

∵ A का चचेरा भाई या बहन = D

∵ D = C का भाई नहीं

∴ D ⇒ C की बहन

अत: **'D', C की बहन है।**

8. (a) कथनानुसार, 'B' की माँ 'A' मी माँ की पुत्री है। यानी 'B' की माँ और A या तो आपस में बहन है या फिर भाई-बहन है। इस प्रकार 'A', B का या तो मामा या मौसी होगा। लेकिन विकल्प में मौसी नहीं दिया गया है। अत:, विकल्पानुसार **'A', B का मामा है।**

आरेखीय व्याख्या :

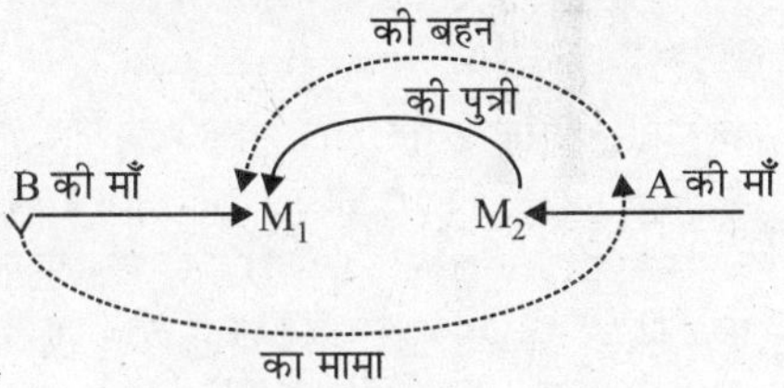

∵ B की माँ M_1 =A की माँ M_2 की पुत्री

∴ A और B की माँ = भाई-बहन

∵ A = B की माँ M_1 का भाई

∵ माँ का भाई = मामा

∴ A ⇒ B का मामा

अत: **'A',B का मामा है।**

9. (d) पुरुष के कथनानुसार, उसकी (औरत की) माँ के पति की बहन यानी औरत के पिता की बहन यानी औरत की बुआ उसकी (पुरुष की) चाची है। इस प्रकार, वह पुरुष औरत के बुआ का भतीजा है। इस प्रकार वह उस औरत का फुफेरा भाई होगा।

अत: वह पुरुष औरत का **फुफेरा भाई** है।

आरेखीय व्याख्या :

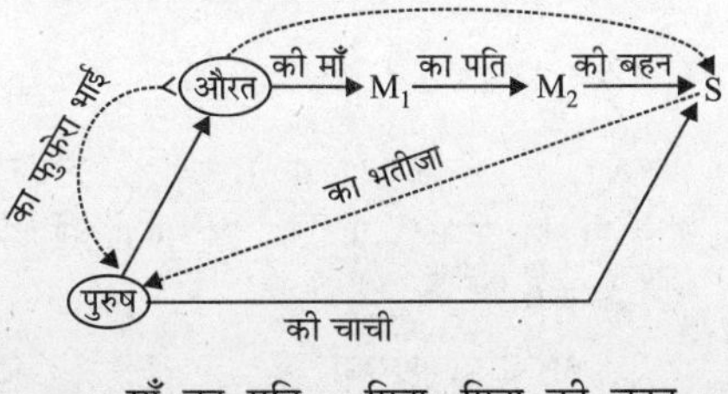

∵ माँ का पति = पिता; पिता की बहन = फुआ;

∴ फुआ का भतीजा ⇒ फुफेरा भाई

अतः **वह पुरुष औरत का फुफेरा भाई है।**

10. (d) औरत के कथनानुसार, उसकी (पुरुष की) माँ मेरे सास की इकलौती पतोहू है। अर्थात् पुरुष की माँ ही औरत की सास की इकलौती पतोहू है, यानी वह औरत स्वयं अपने सास की इकलौती पतोहू है, जोकि पुरुष की माँ है।

अतः वह पुरुष औरत का **पुत्र** है।

आरेखीय व्याख्या :

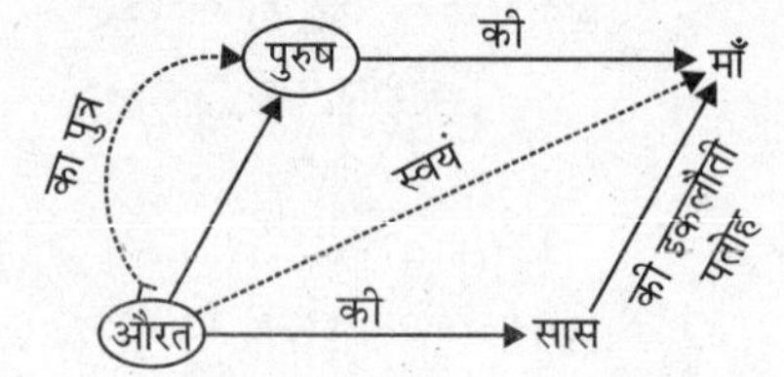

∵ औरत की सास की इकलौती पतोहू = स्वयं औरत

∵ स्वयं औरत = पुरुष की माँ

∴ पुरुष ⇒ औरत का पुत्र

अतः वह पुरुष औरत का **पुत्र** है।

11. (c) पुरुष के कथनानुसार, उसकी (मेरे पुत्र की) माँ तुम्हारी (औरत की) माँ की इकलौती पुत्रह है। चूँकि औरत की माँ की इकलौती पुत्री स्वयं वह औरत ही होगी। अर्थात् वह औरत ही उस पुरुष के पुत्र की माँ है। चूँकि पुत्र की माँ पत्नी होती है।

अतः वह औरत उस पुरुष की **पत्नी** है।

आरेखीय व्याख्या :

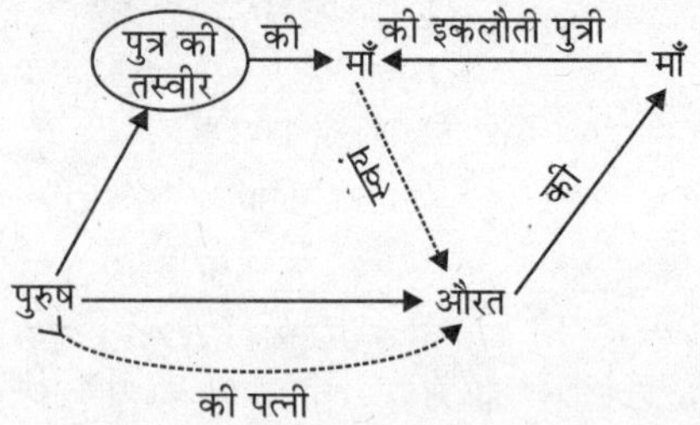

∵ औरत की माँ की इकलौती पुत्री = स्वयं औरत और स्वयं औरत = पुरुष के पुत्र की माँ

∵ पुत्र की माँ = पत्नी

∴ औरत ⇒ पुरुष की पत्नी

अतः वह औरत उस पुरुष की **पत्नी** है।

12. (b) A के कथनानुसार B की माँ उसकी (A की) माँ की सास है, यानी A की माँ B की माँ की **'पतोहू' है।**

आरेखीय व्याख्या :

चूँकि, B की माँ A की माँ सास है, इसलिए A की माँ **A की माँ B की माँ की पतोहू है।**

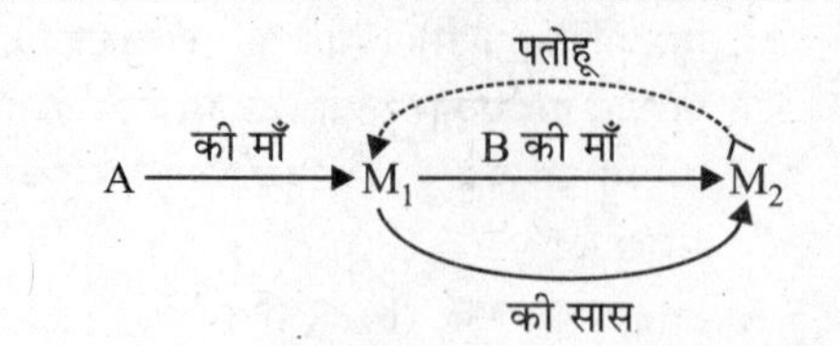

13. (e) पुरुष के कथनानुसार, तुम्हारे इकलौते भाई की बहन यानी कि औरत के भाई की बहन अर्थात् औरत की बहन उसकी (पुरुष की) माँ है, यानी वह औरत उसकी मौसी है और 'मौसी' नानी की पुत्री होती है। अतः, वह औरत पुरुष की नानी की पुत्री है।

आरेखीय व्याख्या :

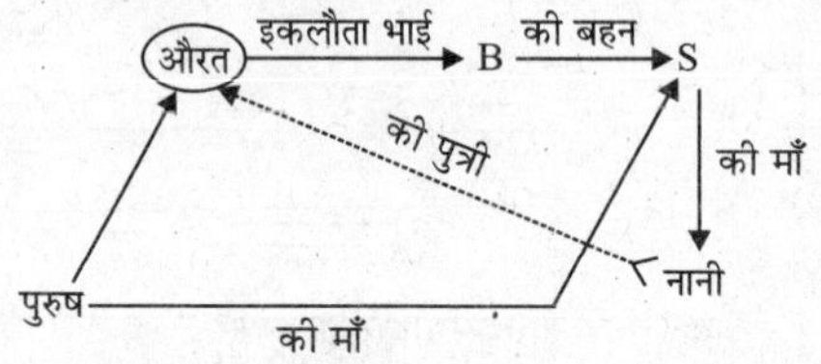

पुरुष की माँ का भाई = मामा; मामा की बहन = मौसी; मौसी ⇒ नानी की पुत्री

अतः वह औरत पुरुष की नानी की पुत्री है।

14. (d) प्रश्नानुसार, 'A' B और C का भाई है अर्थात् B और C, 'A' के भाई या बहन हैं। चूँकि 'D', C की माँ, यानी A, A का पिता है, यानी 'E', D का पति तथा A, B और C तीनों का पिता है। अब विकल्प पर गौर करने पर हम देख रहे हैं कि विकल्प (a), (b), (c) और (e) बिल्कुल सत्य हैं, लेकिन विकल्प (d) निश्चित रूप से सत्य नहीं माना जा सकता, क्योंकि A, B और C में 'A', B और C का भाई है यह तो बिल्कुल स्पष्ट है प्रश्न से स्पष्ट नहीं होता है।

अतः, 'B', E का पुत्र है या पुत्री निश्चित रूप से कहा नहीं जा सकता। इसलिए **'B', E** का पुत्र है यह निश्चित रूप से सत्य नहीं माना जा सकता।

आरेखीय व्याख्या :

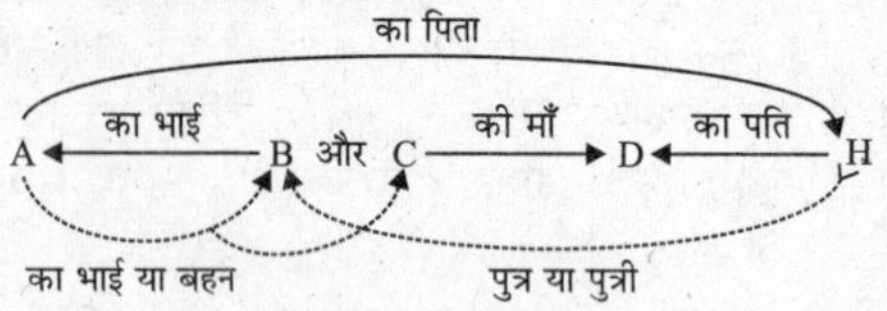

∵ A = B और C का भाई

∴ B और C = A की बहन या भाई

∵ D = C की माँ

∴ D = A, B और C तीनों की माँ

∵ E =A का पिता

∴ B ⇒ E का पुत्र या पुत्री

अतः 'B', E का पुत्र है यह **निश्चित** रूप से सत्य नहीं माना जा सकता।

15. (b) महिला के कथनानुसार, लड़के के मामा के मामा और मेरे (महिला के) मामा दोनों भाई हैं। यानी लड़के के मामा के मामा महिला के मामा हैं। चूँकि लड़के के मामा और महिला के मामा दोनों भाई हैं इसलिए लड़के के मामा और महिला दोनों भाई हैं इसलिए लड़के के मामा और महिला दोनों आपस में भाई-बहन हैं। चूँकि मामा की बहन माँ कहलाती है। अर्थात् वह लड़का उस महिला का पुत्र है। अतः महिला और लड़के के बीच माँ और पुत्र का संबंध है।

आरेखीय व्याख्या :

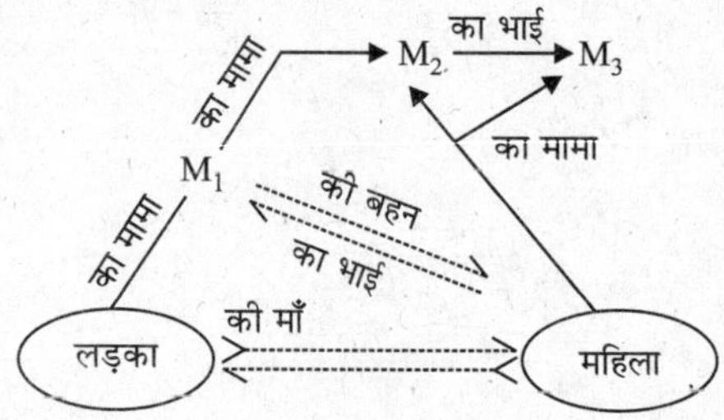

∵ M_2 और M_3 = लड़के का मामा M_1 एवं महिला का मामा

∴ लड़के मामा M_1 एवं महिला = भाई-बहन

∵ मामा की बहन = माँ

∴ लड़का और महिला ⇒ पुत्र और माँ

अतः, लड़का और महिला के बीच माँ और पुत्र का संबंध है।

16. (b) महेश के कथनानुसार, उसके (कमला के) पिताजी मेरे (महेश के) पिताजी के इकलौते पुत्र हैं, चूँकि महेश के पिताजी का इकलौता पुत्र स्वयं महेश है अर्थात् महेश ही कमला का पिताजी होगा।

अतः **महेश ⇒ कमला का पिता**

आरेखीय व्याख्या :

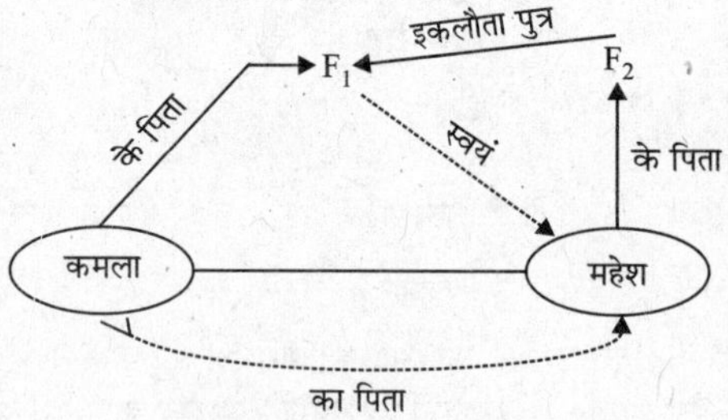

∵ कमला का पिता F_1 = महेश के पिता F_2 का इकलौता पुत्र = स्वयं महेश F_1

∴ महेश ⇒ कमला का पिता

17. (b) अशोक के कथनानुसार, वह मेरी बहन के इकलौता भाई का पुत्र हे, यानी सतीश अशोक की बहन का इकलौता भाई का पुत्र है, चूँकि अशोक की बहन का इकलौता भाई स्वयं अशोक ही होगा।

अतः सतीश अशोक का **पुत्र** है।

आरेखीय व्याख्या :

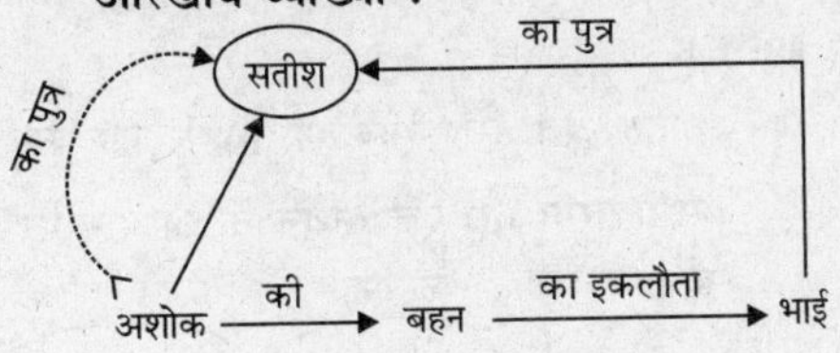

∵ सतीश = अशोक की बहन का इकलौता भाई का पुत्र,

∵ अशोक की बहन का इकलौता भाई = स्वयं 'अशोक'

∴ सतीश ⇒ अशोक का पुत्र

अतः सतीश अशोक का पुत्र है।

18. (e) औरत के कथनानुसार, इसके (पुरुष के) भाई का पिताजी यानी पुरुष का पिताजी मेरे दादाजी का इकलौता पुत्र है, यानी कि पुरुष का पिता ही औरत के भी पिता हैं। अर्थात् वह पुरुष औरत का भाई है।

अतः वह औरत पुरुष की बहन है।

आरेखीय व्याख्या :

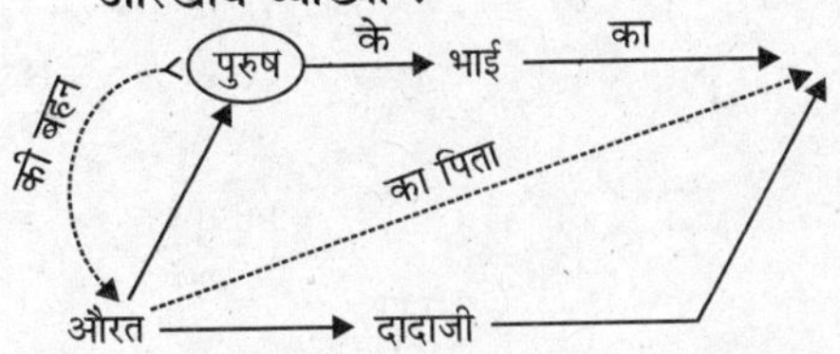

∵ पुरुष के भाई का पिताजी = औरत के दादाजी का इकलौता पुत्र

∴ पुरुष का पिताजी = औरत का पिताजी

∵ औरत ⇒ पुरुष की बहन

अतः वह औरत पुरुष की बहन है।

19. (d) सूरज के कथनानुसार, तस्वीर में है जो उसकी पुत्री शोभा मेरी (सूरज की) माँ की पौत्री है, अर्थात् वह (शोभा) सूरज की भतीजी या सूरज की पुत्री है।

अतः वह तस्वीर **सूरज का या सूरज के भाई** की है यह प्रश्न के कथनानुसार ज्ञात नहीं किया जा सकता।

आरेखीय व्याख्या :

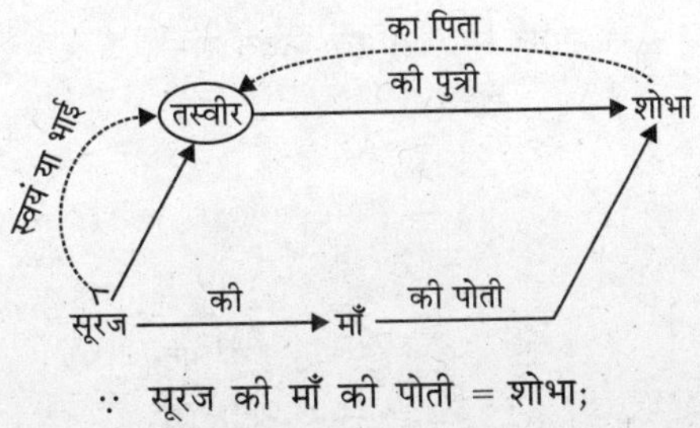

∵ सूरज की माँ की पोती = शोभा;

∵ तस्वीर वाला व्यक्ति = शोभा का पिता

∴ तस्वीर वाला व्यक्ति ⇒ स्वयं सूरज या सूरज का भाई

अतः वह तस्वीर सूरज की या सूरज के भाई की है यह कथनानुसार ज्ञात नहीं किया जा सकता है।

20. (d) उमेश के कथनानुसार, तस्वीर वाली लड़की की माँ का भाई मेरी माँ के पिता का इकलौता पुत्र है। अर्थात् लड़की के माँ का भाई उमेश का मामा है, यानी वह लड़की उमेश की बहन या मौसेरी बहन है।

अतः लड़ी की माँ उमेश की माँ या मौसी है।

आरेखीय व्याख्या :

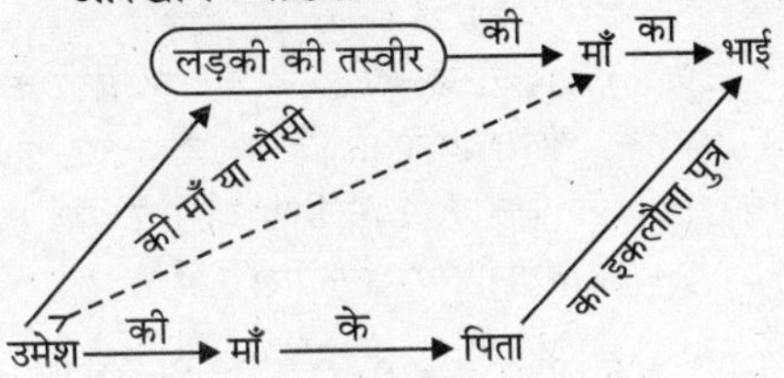

∵ माँ के पिता का इकलौता पुत्र = मामा;

मामा की बहन = माँ या मौसी

∴ लड़की की माँ ⇒ उमेश की माँ या मौसी

[∵ भाई इकलौता है, इसलिए बहन एक से अधिक भी हो सकती है।]

अतः लड़की की माँ उमेश की माँ या मौसी है।

21. (a) पुरुष के कथनानुसार उसकी (लड़के की) माँ तुम्हारी माँ की इकलौती पुत्री है। यानी लड़के की माँ ही स्वयं अपने माँ की इकलोती पुत्री होगी। अर्थात् वह औरत लड़के की माँ है।

अतः वह औरत पुरुष की पत्नी है।

आरेखीय व्याख्या :

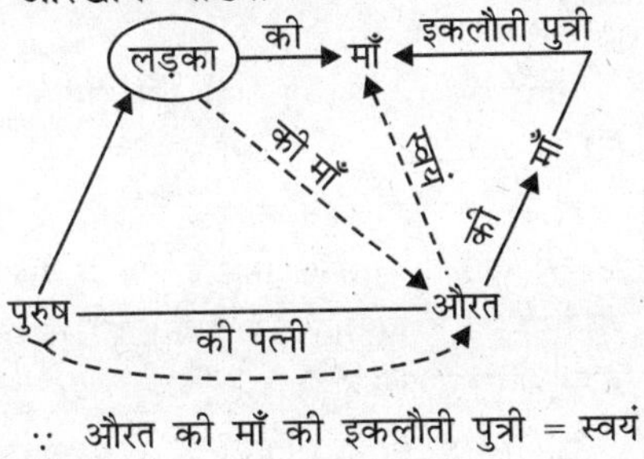

∵ औरत की माँ की इकलौती पुत्री = स्वयं औरत;

∵ औरत = पुरुष के लड़के की माँ

∴ औरत ⇒ पुरुष की पत्नी

अतः वह औरत उस पुरुष की पत्नी है।

22. (c) B के कथनानुसार, उसकी माँ A की माँ की इकलौती पुत्री है। यानी 'B' की माँ A की माँ की इकलौती पुत्री है। चूँकि A की माँ की इकलौती पुत्री स्वयं A है। अर्थात् 'B', A का पुत्र है।

अतः **'A', B की माँ है।**

आरेखीय व्याख्या

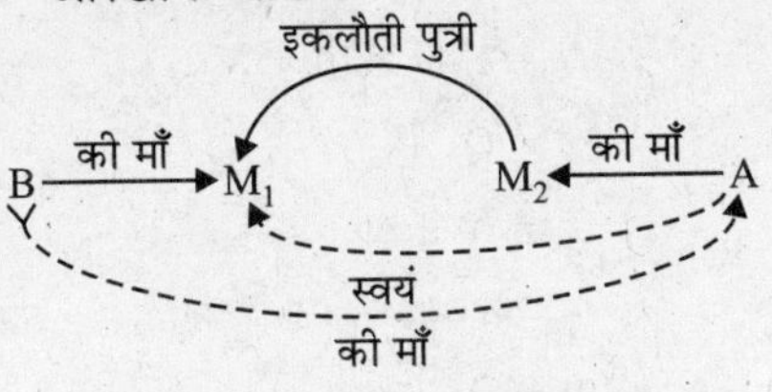

∵ A की माँ M_2 की इकलौती पुत्री = M_1

∵ A की माँ की इकलौती पुत्री = A

∴ M_1 = A

∵ B की माँ M_1 = A

∴ A ⇒ B की माँ

अतः **'A', B की माँ है।**

23. (d) M भाई है N का, K बहन है M की, P भाई है O का, O बेटी है N की, अर्थात् 'O' M की भतीजी है। चूँकि 'P', M की भतीजी 'O' का भाई है अर्थात् 'P', M का भतीजा है।

अतः, **P का चाचा M** है।

आरेखीय व्याख्या :

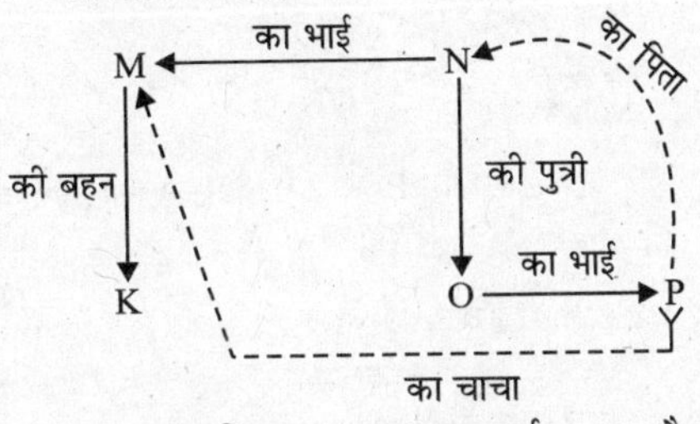

∵ P का पिता = N; N का भाई = M और पिता का

भाई = चाचा

∴ P का चाचा ⇒ M

अतः, 'M', P का **चाचा** है।

24. (b) चूँकि 'E' के चाचा को ज्ञात करता है अर्थात् हम 'E' के पिता के भाई को ज्ञात करेंगे। प्रश्नानुसार, 'E', 'F' का भाई है जो कि 'B' की पुत्री है यानि 'E', 'B' का पुत्र है जो कि 'A' का भाई है, यानि 'A', 'E' के पिता का भाई है।

अतः 'A', 'E' का **चाचा** है।

25. (d) चूँकि Q और Y बहन है, इसलिए 'A', Y का भगिना है, Y की माँ Z है, यानी 'Z', A का मामा है।

अतः, विकल्प (d) **A का मामा P है यह कथन सही है।**

आरेखीय व्याख्या :

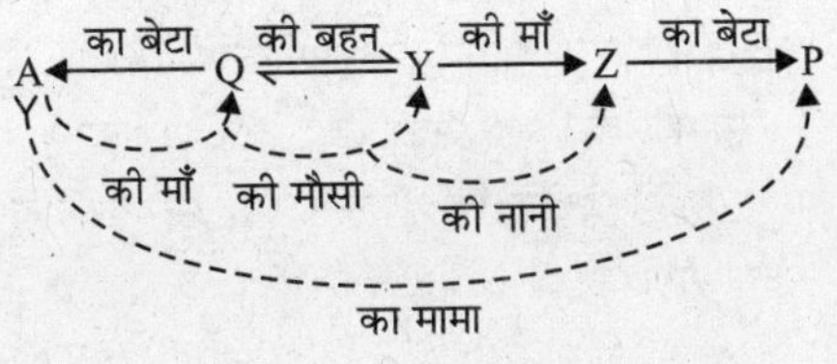

∵ Q = A की माँ, और Q और Y बहन है

∴ Y =A की मौसी

∵ Z = Q और Y की माँ

∴ Z =A की नानी

∵ माँ का भाई या नानी का पुत्र = मामा

∴ P ⇒ A का मामा

अतः, 'P', A का मामा है यह कथन सही है।

26. (b) A और B भाई है, C और D बहन है। A का पुत्र D का भाई है, यानी A का पुत्र, C ओर D दोनों का भाई है तथा C , एवं D दोनों A की पुत्री है। चूँकि 'B', C के पिता A का भाई है अर्थात् 'B', C का चाचा है, क्योंकि पिता का भाई चाचा होता है।

अतः, 'B', C का **चाचा** है।

आरेखीय व्याख्या :

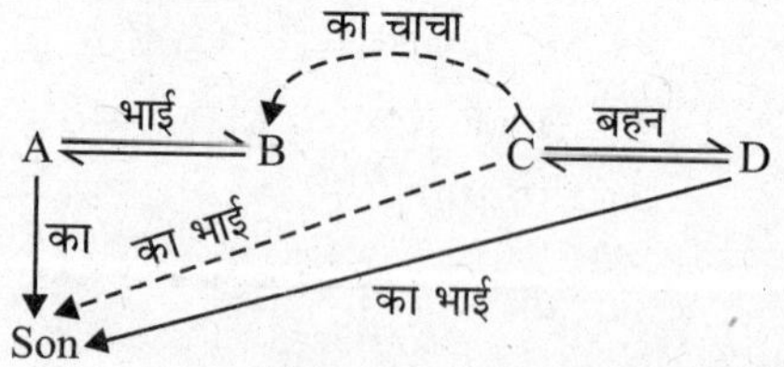

∵ A और B भाई हैं और A का पुत्र = D का भाई

∵ C और D बहन है,

∴ C = A की पुत्री

∵ B = C के पिता A का भाई

∴ B ⇒ C का चाचा

अतः, **'B', C** का **चाचा** है।

27. (e) **विकल्प एवं कथन के आधार पर–**

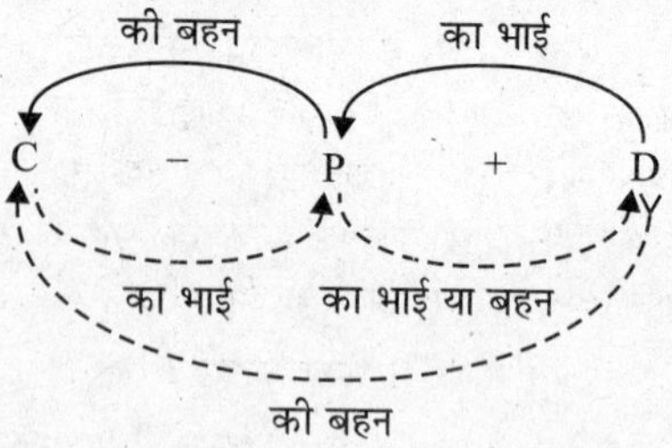

चूँकि 'C', D के भाई P की बहन है। अतः, **'C', D की भी बहन होगी।**

28. (b) चूँकि चाचा और भतीजा यानी 'A', M का चाचा है इस संबंध को निरुपित करने के लिए कथनानुसार 'M' के पिता और पिता का भाई का होना जरूरी है। इस आधार पर समीकरण (a) एवं (d) निरस्त हो जाते हैं। अतः, हम अब समीकरण (b) एवं (c) में देखेंगे कि किसमें ऐसा संबंध निरुपित किया गया है।

समीकरण (b) **पर गौर करने पर–**

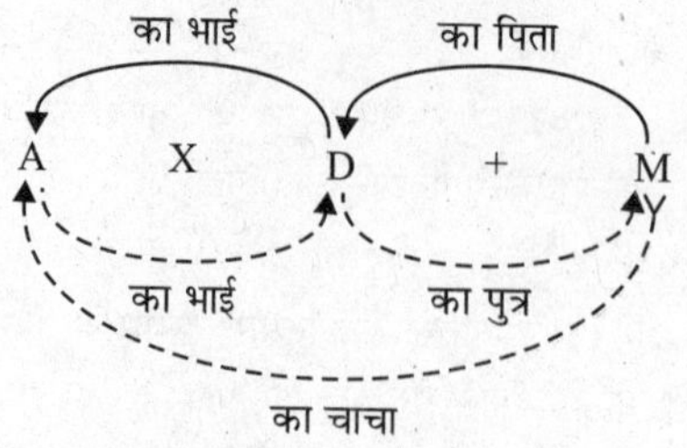

चूँकि 'A', M के पिता D का भाई है।

अतः, 'A', M का चाचा है।

अतः, **'A', M का चाचा है इसे समीकरण** (b) **निरुपित करता है।**

29. (a) उपर्युक्त प्रश्न के उत्तर देने के लिए कथन (c) की कोई आवश्यकता नहीं है, क्योंकि चाचा-भतीजा के संबंध को ज्ञात करने के लिए बहन के संबंध की आवश्यकता कथनानुसार बिल्कुल नहीं है।

30. (a) चूँकि 'M', R की पुत्री है इसके लिए कथनानुसार ऐसे ही समीकरण को हम देखेंगें जिसमें 'M' और M के पिता एवं माँ को निरुपित किया गया हो। इस प्रकार समीकरण (c) एवं (d) स्वतः निरस्त हो जाते हैं, क्योंकि इनमें पिता का संबंध निरुपित नहीं किया गया है। अब केवल समीकरण (a) एवं (b) बच जाते हैं। अतः, हम समीकरण (a) को अब देखेंगें।

समीकरण (a) **एवं कथन के आधार पर–**

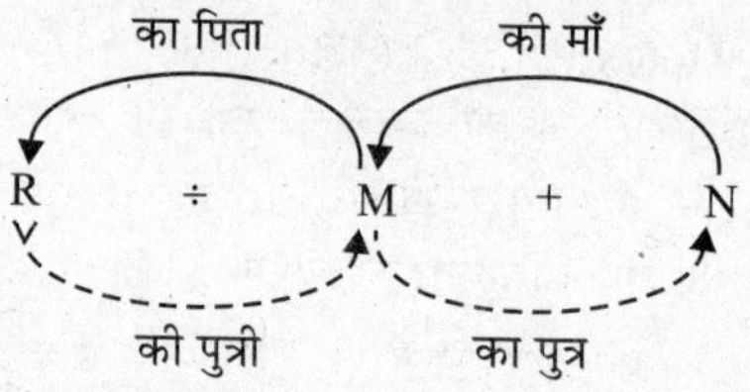

चूँकि 'R', 'N' की माँ 'M' का पिता है। अतः, 'M', R की पुत्री है।

अतः, 'M', R की पुत्री है इसे समीकरण (a) निरुपित करता है।

31. (b) उपर्युक्त प्रश्न के उत्तर दने के लिए कथन (c) की कोई अवश्यकता नहीं है, क्योंकि पिता-पुत्री के संबंध के लिए बहन के संबंध की कथनानुसार कोई आवश्यकता नहीं है।

32. (d) **'S',T** की भतीजी है यानी चाचा और भतीजी के संबंध को निरुपित करने के लिए 'S' के पिता एवं पिता के भाई संबंध को निरुपित करने वाला समीकरण का होना जरूरी है। अतः हम ऐसे समीकरण का चुनाव करेंगे जिसमें 'T', M का भाई तथा 'M', S का पिता का संबंध निरुपित होता हो। इस प्रकार समीकरण (a), (b) और (c) स्वतः निरस्त हो जाते हैं क्योंकि इनमें क्रमशः 'T', M का पिता, 'T', S के पिता एवं 'S', M के पिता का संबंध को निरुपित किया गया है।

इस प्रकार अब केवल समीकरण (d) शेष रह जाते हैं।

अतः, अब हम समीकरण (d) पर गौर करेंगे।

समीकरण (d) **एवं कथन के आधार पर–**

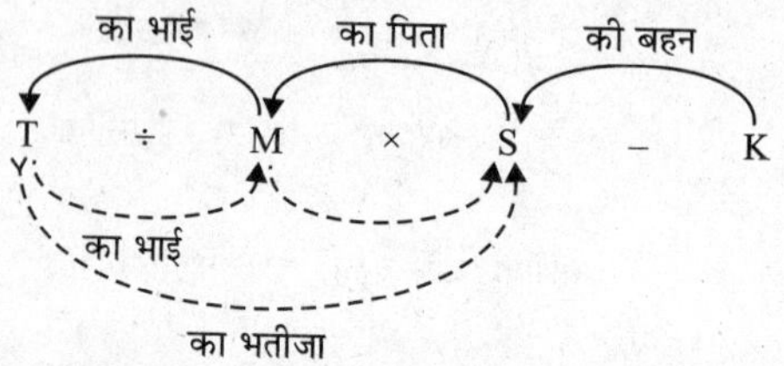

चूँकि 'S', T के भाई M की पुत्री है। अतः, 'S', T की भतीजी है।

अतः, **'S', T की भतीजी है इसे समीकरण** (d) **निरुपित करता है।**

33. (e) उपर्युक्त प्रश्न के उत्तर के लिए सभी कथनों का होना जरूरी है।

34. (a) **समीकरण** (a) **एवं कथन के आधार पर–**

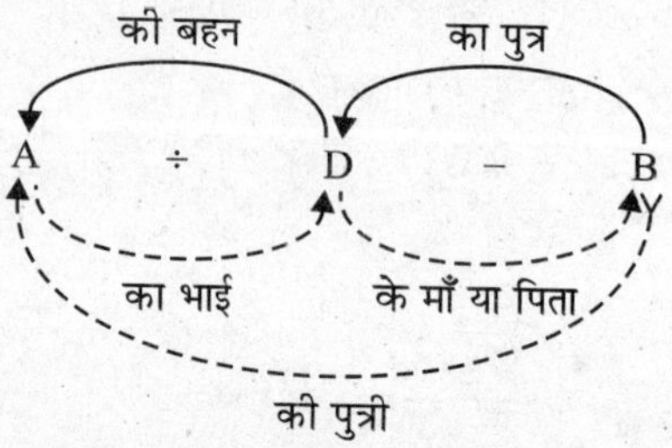

चूँकि 'A', B के पुत्र D की बहन है। अतः, 'A', B की पुत्री है।

अतः, **'A', B की पुत्री है इसे समीकरण** (a) **निरुपित करता है।**

35. (d) चूँकि पिता = माँ का पति, अर्थात् 'P', Q का पिता है इसे निरुपित करने वाले समीकरण को ज्ञात करने के लिए हमें ऐसे समीकरण को ज्ञात करने के लिए हमें ऐसे समीकरण को ज्ञात करना होगा जिसमें माँ, पिता और पुत्र का संबंध निरुपित किया गया हो, यहाँ हम देख रहे हैं कि विकल्प (b) एवं (c) में केवल दो व्यक्तियों के बीच के ही संबंध को निरुपित किया गया है, अतः यह अभीष्ट समीकरण नहीं हो सकता। इसलिए हम समीकरण (a) एवं (d) पर गौर करेंगे।

समीकरण (a) **एवं कथन से–**

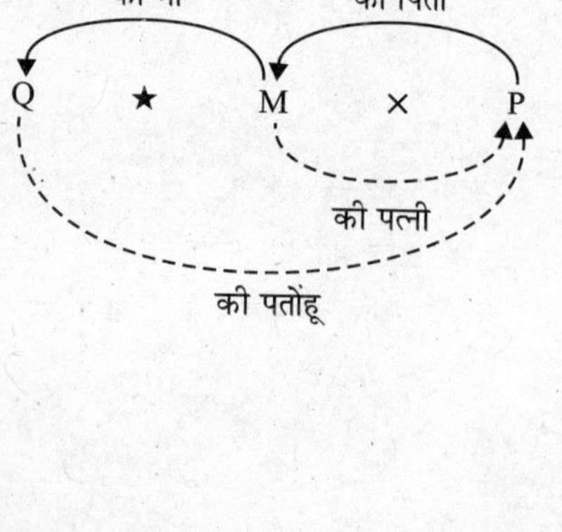

चूँकि 'M', P का पति है और 'Q', M की माँ है। इसलिए 'P', Q की पतोहू है। अतः यह अभीष्ट समीकरण नहीं है।

इसी प्रकार, समीकरण (d) एवं कथन से—

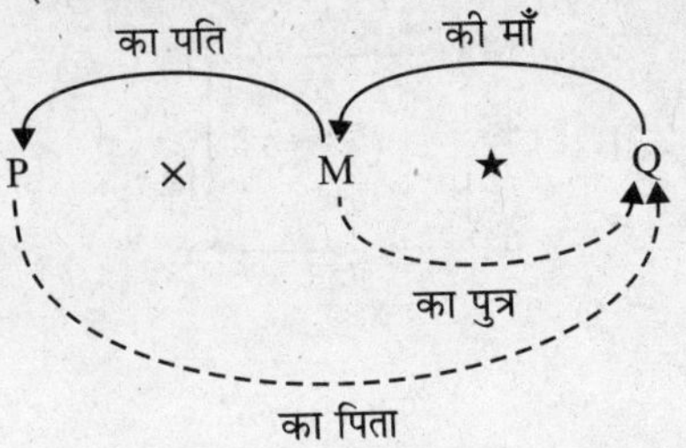

यहाँ हम देख रहे हैं कि 'M', Q की माँ है और 'P', Q की माँ M का पति है। चूँकि माँ का पति पिता होता है। अतः, 'P', Q का पिता है।

अतः, **समीकरण (d) यह निरुपित करता है कि 'P', Q का पिता है।**

36. (b)

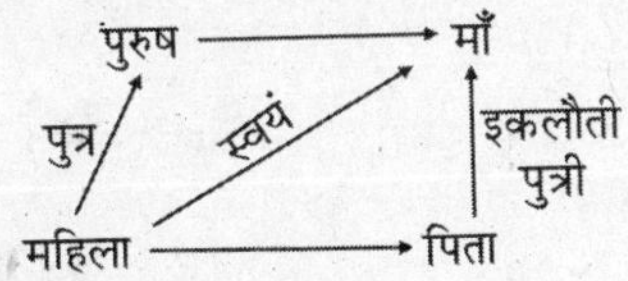

अतः पुरुष, महिला का पुत्र है।

37. (d)

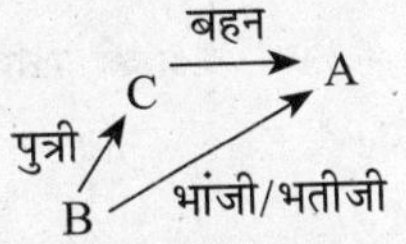

38. (c) बिमल > अमल > कमल

उत्पल > बिमल > परिमल

कमल > परिमल

अतः परिमल सबसे छोटा है।

39. (b)

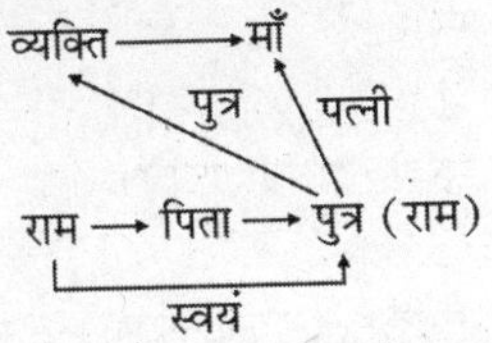

अतः राम अपने पुत्र का चित्र देख रहा था।

40. (b)

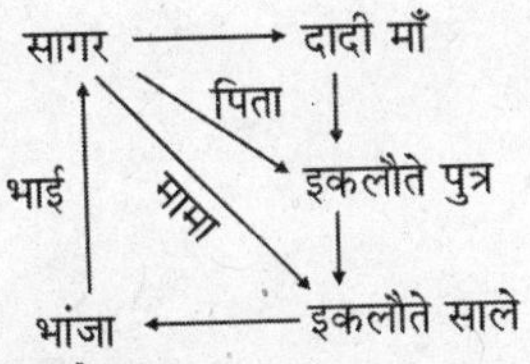

अतः सागर, मोहन का भाई है।

41. (c)

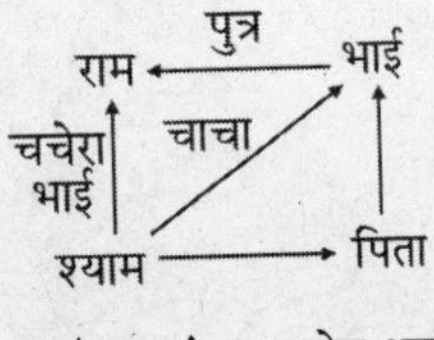

अतः राम, 'श्याम' का चचेरा भाई है।

42. (a)

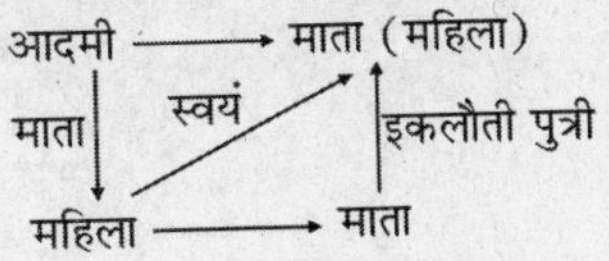

अतः महिला, उस आदमी की माता है।

43. (c)

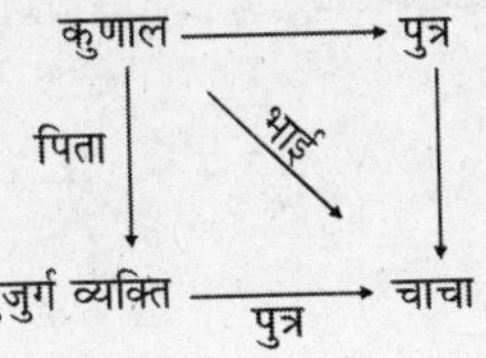

अतः बुजुर्ग व्यक्ति, कुणाल का 'पिता' है।

44. (c)

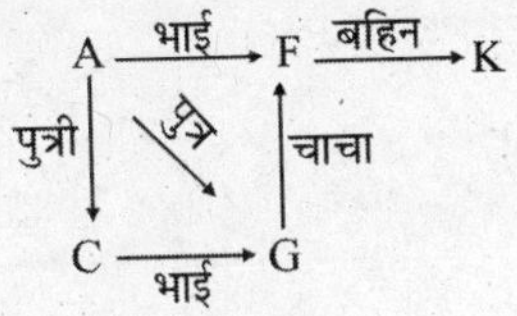

अतः, F, G का चाचा है।

45. (c)

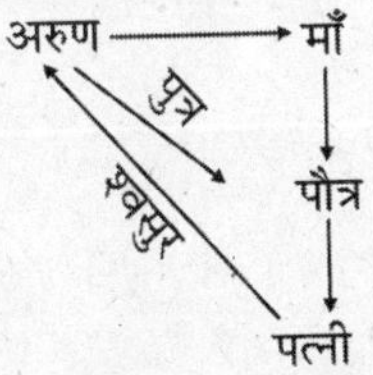

46. (b)

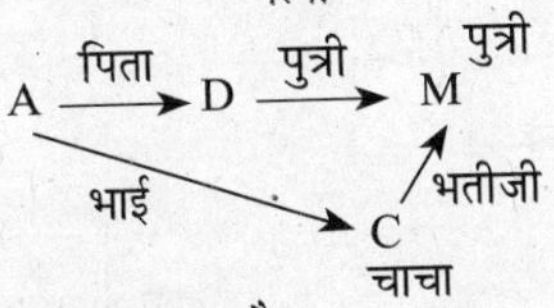

अतः, C, M का चाचा है।

47. (d)

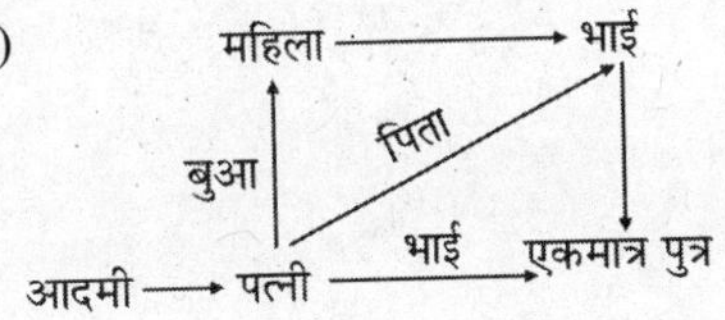

आदमी → पत्नी —भाई→ एकमात्र पुत्र

अतः वह महिला उस आदमी की पत्नी की बुआ है।

48. (d)

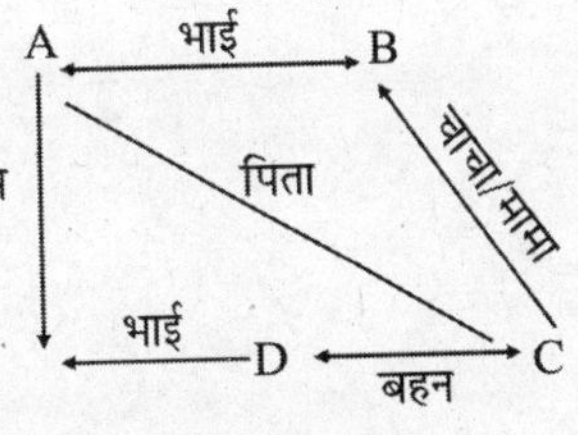

अतः 'B', 'C' का चाचा/मामा है।

49. (b)

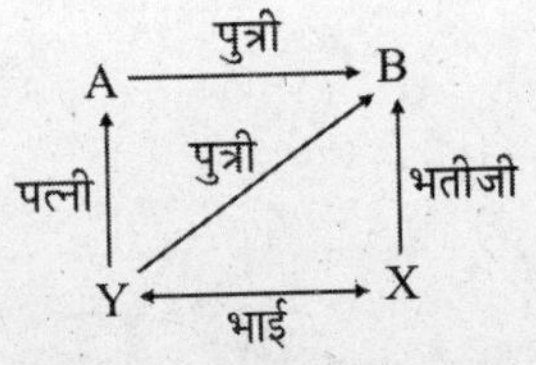

अतः 'B', 'X' की भतीजी है।

50. (b)

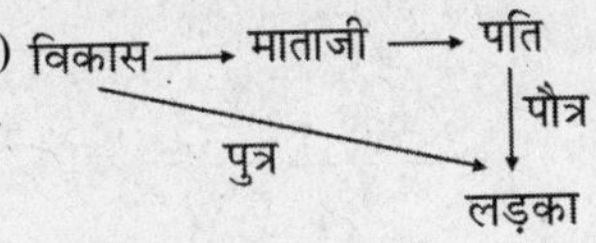

अतः लड़का, विकास का पुत्र है।

51. (d) एक संयुक्त परिवार में,

महिला सदस्य = 1 माता + 1 अविवाहित पुत्री + 3 पत्नियाँ + 2 × 2 पुत्रियाँ

= 1 + 1 + 3 + 4

= 9

52. (b) संबंध आरेख से,

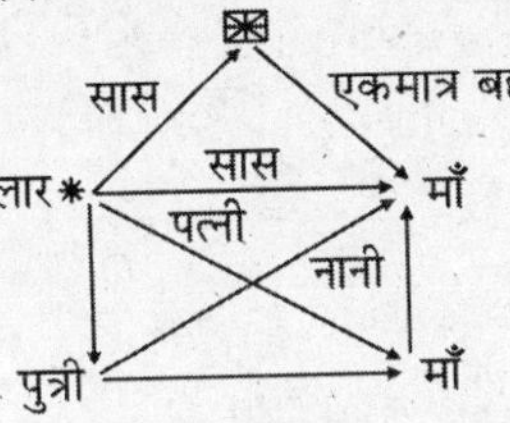

53. (d)

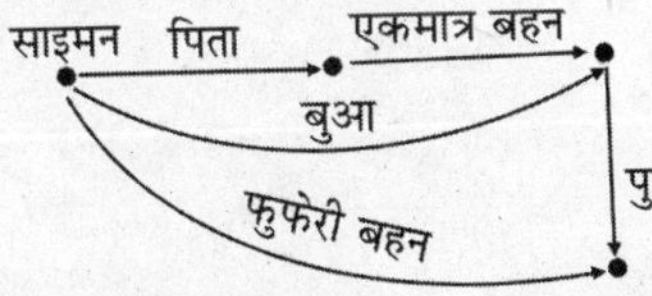

54. (d) प्रश्नानुसार,

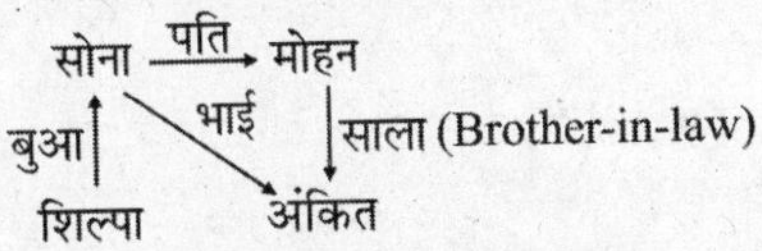

अतः अंकित, मोहन का साला (Brother-in-law) है।

55. (c)

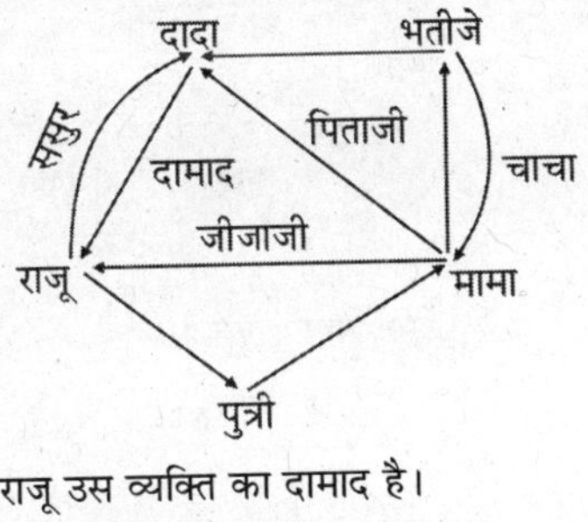

अतः राजू उस व्यक्ति का दामाद है।

56. (c) संबंध आरेख से,

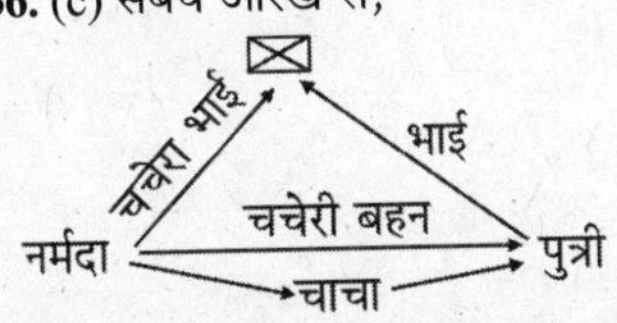

अतः वह व्यक्ति नर्मदा का चचेरा भाई है।

57. (c)

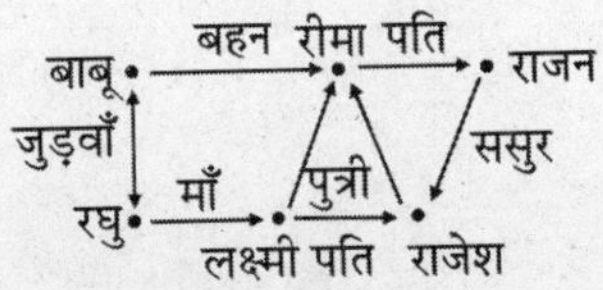

अतः राजेश, राजन का ससुर है।

58. (b)

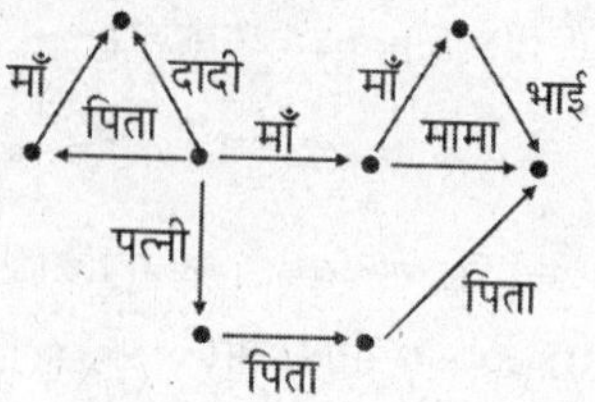

59. (d)

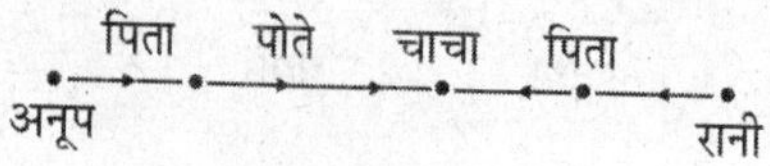

∴ अनूप, रानी का परदादा है।

60. (b) संबंध आरेख द्वारा,

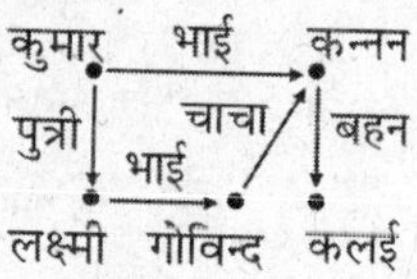

अतः कन्नन, गोविन्द का चाचा है।

61. (d) संबंध आरेख द्वारा,

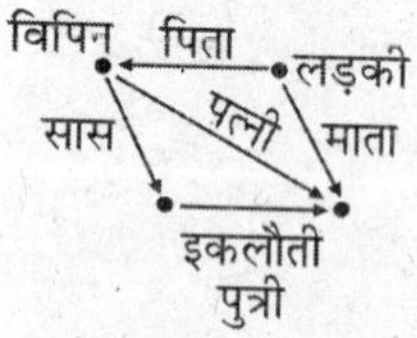

अतः विपिन उस लड़की का पिता है।

62. (b)

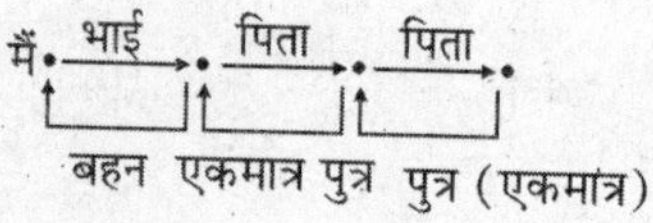

63. (c)

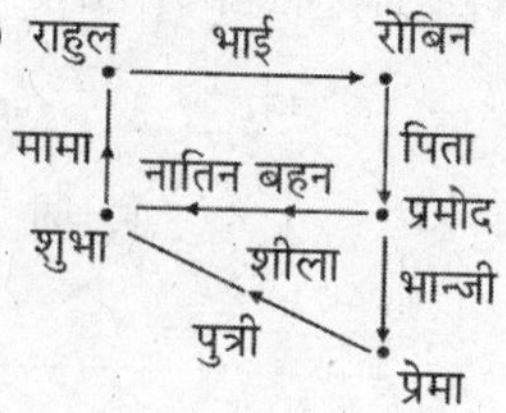

64. (d) मनुष्य का पिता

↓

पिता का पुत्र

अतः वह फोटोग्राफ इस व्यक्ति का स्वयं का है।

65. (a)

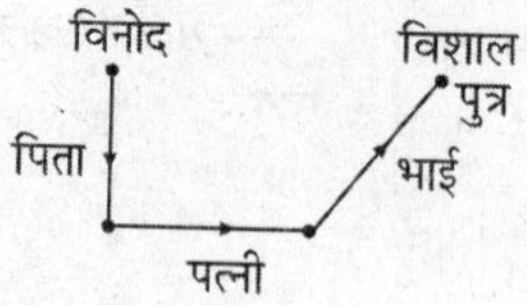

∴ विशाल, विनोद का ममेरा भाई है।

66. (a)

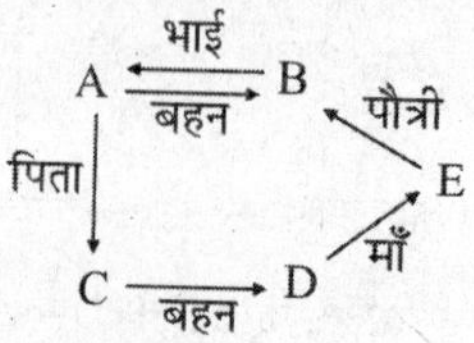

अतः B पौत्री है E की।

67. (a)

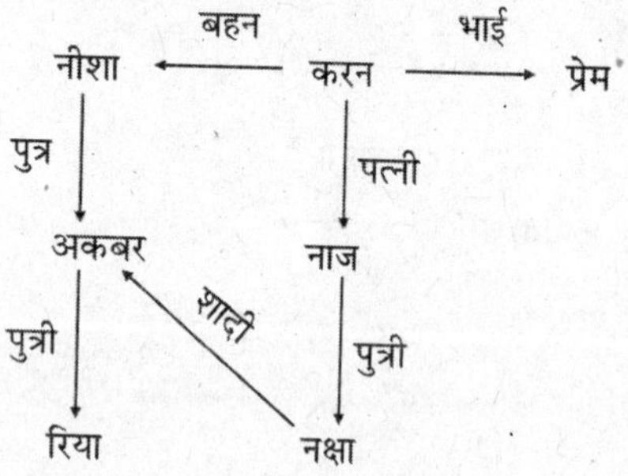

अतः नक्षा, नीशा की भतीजी है तथा नीशा, नक्षा की बुआ है।

68. (c)

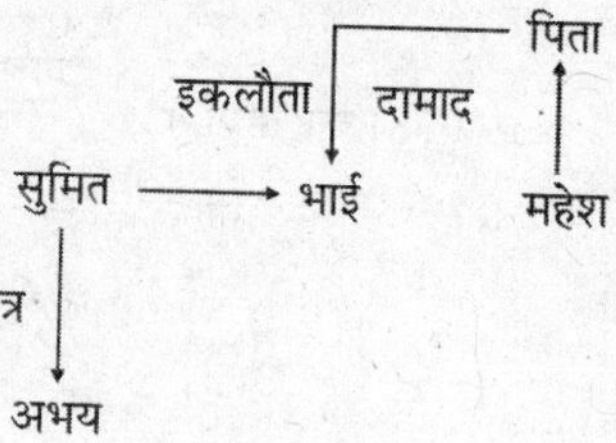

69. (b)

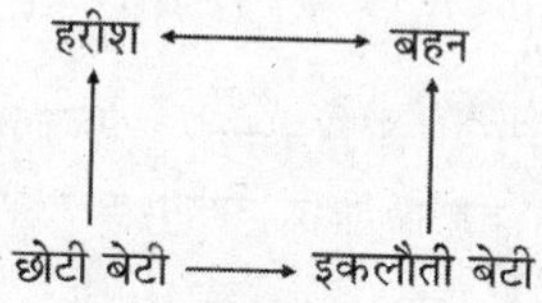

चचेरी बहन

70. (c)

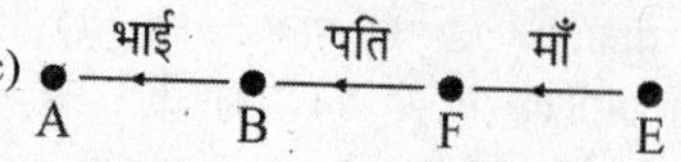

∴ E, A की भतीजी है।

71. (b)

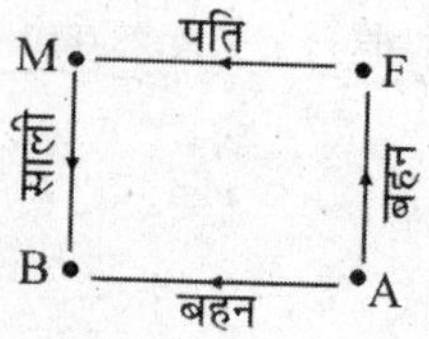

72. (c)

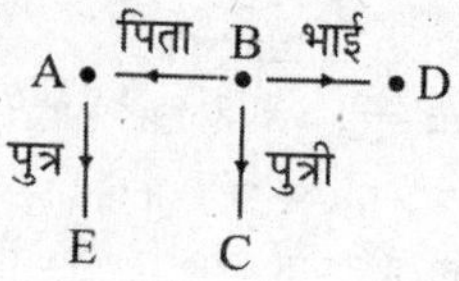

∴ E, C का चाचा है और C, E की भतीजी है।

73. (b)

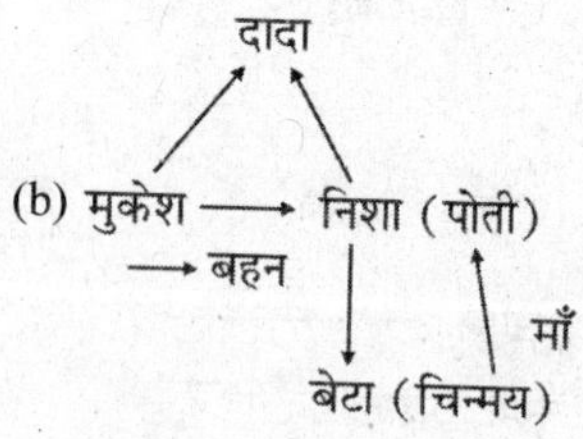

चिन्मय की माँ निशा, दादा की पोती है।

74. (c)

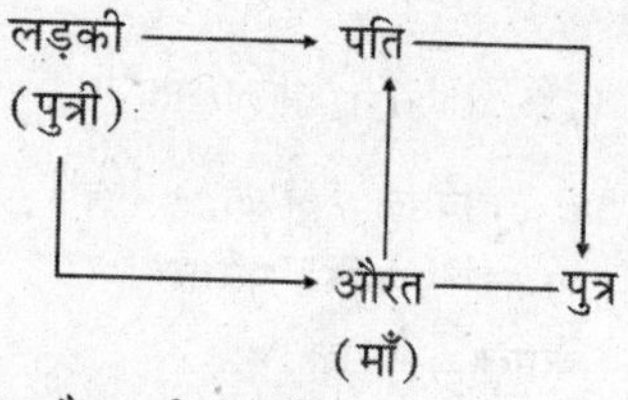

लड़की, औरत की पुत्री है।

75. (a) माँ

↓

सुरेश (इकलौता पुत्र)

↓

लड़का (इकलौता पुत्र)

सुरेश उस लड़के का पिता है।

❑❑❑

अध्याय 7

दिशा ज्ञान परीक्षण

अपने चारों ओर की दिशाओं से जो जानकरी एकत्र की जाती है उसे दिशा ज्ञान जानकारी कहा जाता है, परन्तु प्रतियोगियों से जब इससे संबंधित प्रश्न पूछे जाते हैं तो उन्हें घुमा-फिरा कर जटिल बना दिया जाता है। इस प्रकार के परीक्षण में प्रतियोगियों से किसी निश्चित बिन्दु या किसी निश्चित दिशा से अलग-अलग दूरियाँ एवं दिशाओं में भ्रमण करते हुए किसी निश्चित बिन्दु तक की प्रारंभिक स्थान से तय की गई सीधी दूरी या दिशा से संबंधित प्रश्न पूछे जाते हैं।

महत्वपूर्ण बिन्दु

दाएँ से बाएँ घूमने पर इसका प्रकार स्थिति बनती है–

- हमारा मुख यदि उत्तर की ओर है तो दाएँ हाथ पूर्व व बाएँ हाथ पश्चिम दिशा में रहेगा।
- और यदि हमारा मुख 90° दाएँ घूम जाये तो मुख पूर्व दिशा मे तथा दाएँ हाथ दक्षिण दिशा में और बाएँ उत्तर दिशा में हो जायेगा।
- मुख पूर्व से 90° दाएँ ओर घूमने पर दाएँ हाथ पश्चिम व बाएँ हाथ पूर्व दिशा में हो जाता है।
- यदि मुख को दक्षिण से 90° दाएँ घुमा दें तो मुख पश्चिम दिशा में और दाएँ हाथ उत्तर व बाएँ हाथ दक्षिण दिशा में हो जायेगा।

बनने बाली परछाई

- सूर्योदय के समय बनने वाली परछाईं सूर्य के विपरीत दिशा में बनेगी।
- सूर्यास्त के समय यदि उत्तर दिशा की ओर कोई खड़ा है तो उसकी परछाई हमेशा दाहिनी ओर पड़ेगी।
- सूर्यास्त के समय यदि दक्षिण दिशा की ओर कोई खड़ा है तो उसकी परछाई हमेशा बाईं ओर पड़ेगी।
- सुबह 8 बजे से लेकर मध्य दोपहर के 12 बजे तक परछाई हमेशा तिरछी बनती है।
- सूर्यास्त के एक घण्टा पूर्व तथा 1 बजे दिन के बाद भी परछाईं तिरछी बनेगी परन्तु ठीक 12 बजे परछाई नीची पड़ेगी।

प्रकार 1. नक्शे में दिशाओं की स्थिति

यहाँ प्रदर्शित आरेख के अनुसार, यदि मध्य बिन्दु पर कोई व्यक्ति खड़ा हो, तो उसके ऊपर की ओर उत्तर, नीचे की ओर दक्षिण तथा दाईं ओर पूर्व एवं बाईं ओर पश्चिम दिशा होगी, इसी प्रकार हम उत्तर एवं पश्चिम के बीच की दिशा को 'उत्तर-पश्चिम', दक्षिण एवं पश्चिम के बीच की दिशा को 'दक्षिण-पश्चिम, दक्षिण एवं पूर्व के बीच की दिशा को 'दक्षिण-पूर्व' तथा उत्तर एवं पूर्व के बीच की दिशा को 'उत्तर-पूर्व' मानते हैं।

यहाँ यह भी ध्यान देने वाला बिन्दु है कि दिशाओं के बीच कोण कितने-कितने अंश के होते हैं? इसे निम्न चित्र द्वारा समझा जा सकता है।

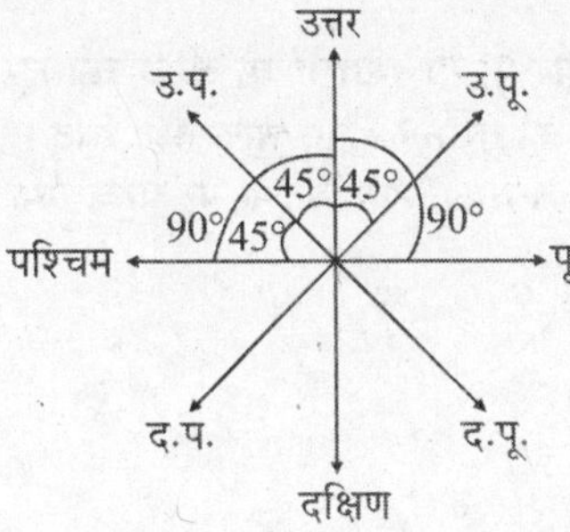

स्पष्टत: दिशाओं को इस प्रकार बाँटा गया है कि उनके बीच के कोण 45° के गुणज हों।

प्रकार 2. दाएँ तथा बाएँ मुड़ना

हम किसी दिशा की ओर मुख करके चल रहे हैं तथा किसी बिन्दु से हमें दाईं ओर मुड़ना हो, तो हमें अपनी दाईं ओर यानि घड़ी की सुई के चलने की दिशा में (Clockwise) 90° का कोण बनाते हुए मुड़ना चाहिए। ठीक इसी प्रकार यदि बाईं ओर मुड़ना हो, तो अपनी बाईं ओर यानि घड़ी की सुई के चलने की विपरीत दिशा में (Anticlockwise) 90° का कोण बनाते हुए मुड़ना चाहिए।

प्रतियोगी इस बात पर ध्यान दें कि दाएँ तथा बाएँ मुड़ने के लिए दक्षिणावर्त दिशा का ही प्रयोग करें तथा इससे प्रश्नों को हल करना अधिक सरल होगा। निम्न आकृतियों द्वारा इन्हें सरलता से समझा जा सकता है।

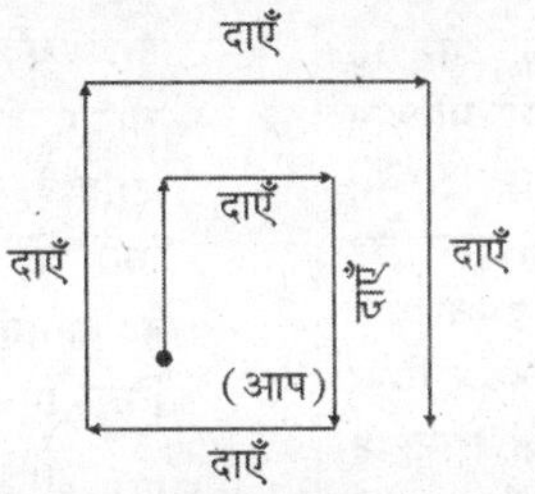

(दक्षिणावर्त)

चित्र (i)

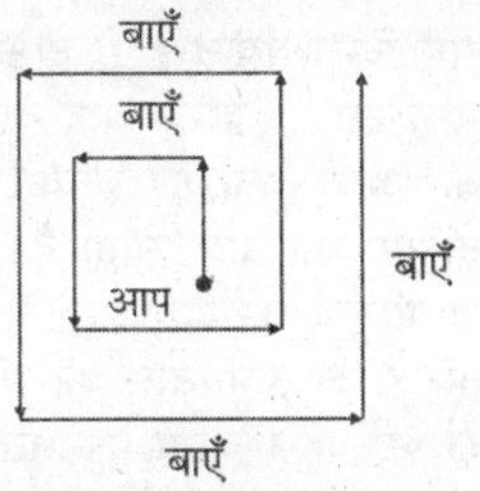

(वामावर्त)

चित्र (ii)

चित्रानुसार, जब भी दाएँ मुड़ने का निर्देश हो, तो घड़ी के चलने की दिशा अर्थात् दक्षिणावर्त दिशा में मुड़ जाएँ तथा जब भी बाएँ मुड़ने का निर्देश हो, तो घड़ी के चलने की दिशा के विपरीत अर्थात् वामावर्त दिशा में मुड़ जाएँ।

उदाहरणार्थ 1. रोहन दक्षिण दिशा की ओर 40 मीटर चलता है। बाईं ओर मुड़कर वह 20 मीटर चलता है, फिर दाईं ओर मुड़कर 20 मीटर चलता है, फिर दाईं ओर मुड़कर 20 मीटर चलता है, फिर दाईं ओर मुड़कर 20 मीटर चलता है और रुक जाता है। प्रारम्भिक बिन्दु से वह किस दिशा की ओर है?

(a) दक्षिण-पश्चिम
(b) दक्षिण
(c) उत्तर-पश्चिम
(d) वह प्रारम्भिक बिन्दु पर है

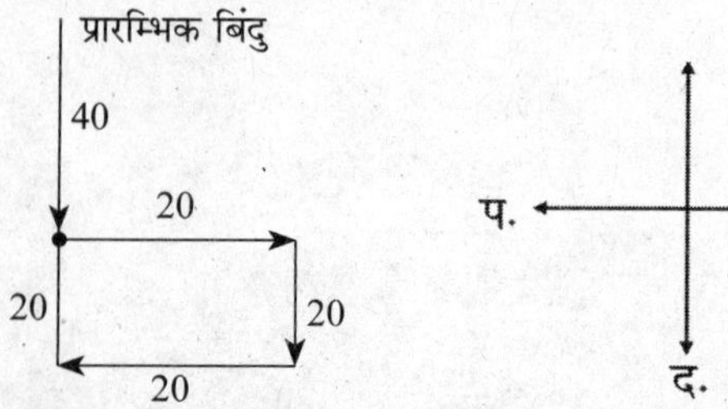

हल (b) अत: प्रश्न में जैसे-जैसे दाएँ एवं बाएँ के निर्देश मिलते रहे, हम व्यक्ति को वामावर्त (CW) तथा दक्षिणावर्त (ACW) घुमाते रहे। चित्र से स्पष्ट है कि रोहन अपने प्रारम्भिक स्थान से दक्षिण दिशा की ओर है।

प्रकार 3. दो स्थानों के बीच की दूरी

उदाहरण 2. A दक्षिण की तरफ 60 मी. चला तथा बिंदु F पर पहुँच गया पुनः उसने बाएँ 80 मी. दूरी तय की और बिंदु E पर पहुँच गया, तो बिंदु A एवं E की न्यूनतम दूरी बताएँ।

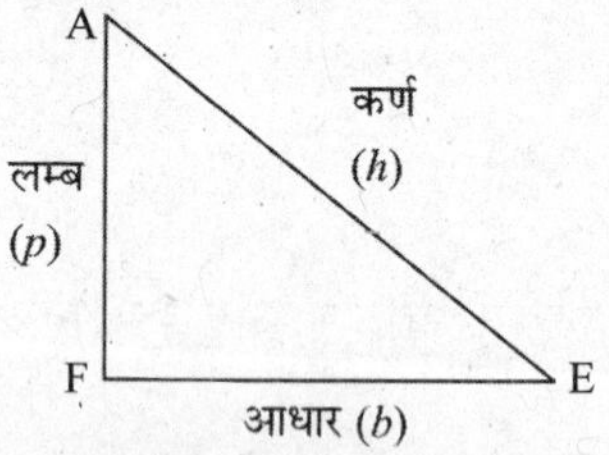

$(\text{कर्ण})^2 = (\text{लम्ब})^2 + (\text{आधार})^2$

$h^2 = p^2 + b^2$

अभीष्ट दूरी $AE = \sqrt{AF^2 + EF^2}$

$= \sqrt{60^2 + 80^2} = \sqrt{3600 + 6400}$

$= \sqrt{10000} = 100$ मी.

निम्नलिखित उदाहरणों से प्रश्नों को समझने में सरलता होगी।

उदाहरण 3. अमन पूर्व दिशा की ओर 5 किलोमीटर चला, फिर वह दाहिनी ओर घूमा और 8 किमी चला, फिर वह बाईं ओर घूमकर 5 किमी चला। अन्त में बाईं ओर मुड़ा और 8 किलोमीटर चला। वह अब अपने प्रारम्भिक स्थान से कितनी दूर है?

(a) 26 किमी (b) 17 किमी
(c) 10 किमी (d) 6 किमी

हल (c) अमन के चलने का मार्ग निम्नवत् है—

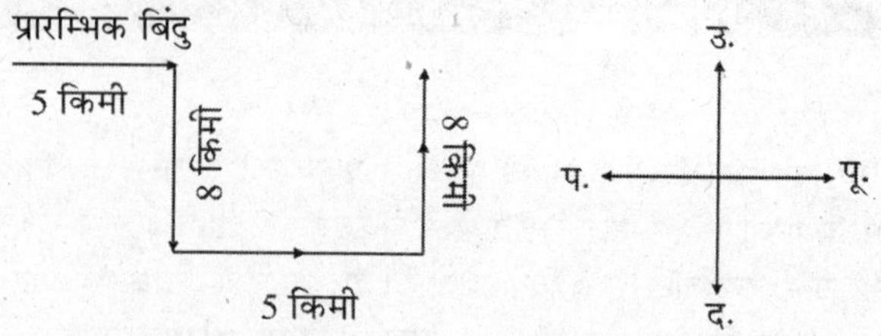

अत: अमन अपने प्रारम्भिक स्थान से 10 किमी दूर है।

उदाहरण 4. पंकज ने P बिन्दु से उत्तर की ओर चलना प्रारम्भ किया तथा वह 30 मीटर चला। फिर वह बाईं ओर घूमकर 40 मीटर चला और Q बिन्दु पर पहुँच गया। Q, P से किस दिशा में है?

(a) पूर्व (b) उत्तर-पूर्व
(c) दक्षिण (d) उत्तर-पश्चिम

हल (d) पंकज के चलने का मार्ग निम्नवत् है—

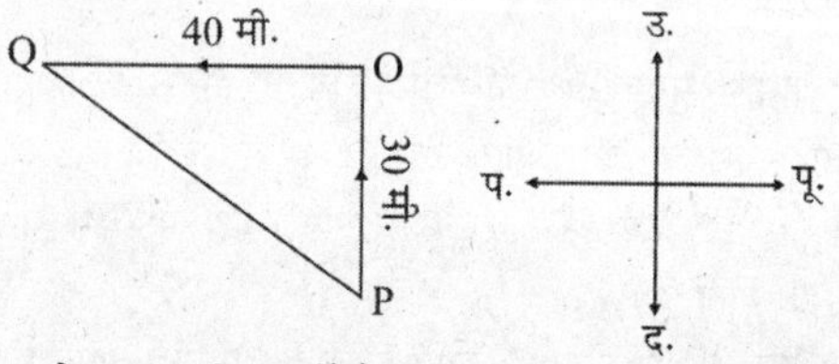

अत: Q, P के उत्तर-पश्चिम में है।

प्रश्नावली

1. रामू किसी बिन्दु P से दक्षिण की ओर 10 मी जाता है। इसके बाद वह 20 मी पश्चिम की ओर जाता है। इसके बाद वह 10 मी दक्षिण की ओर जाता है। इसके बाद वह 20 मी पूर्व की ओर जाता है और इसके बाद अंत में वह 5 मी उत्तर की ओर चलकर बिन्दु Q पर पहुँच जाता है। बताएँ कि बिन्दु P से बिन्दु Q तक की सीधी दूरी कितनी है?

(a) 15 मी (b) 5 मी
(c) 20 मी (d) 10 मी
(e) इनमें से कोई नहीं

2. 'B' 10 मी सामने की ओर और 10 मी दाईं ओर चलता है। इसके बाद वह प्रत्येक बार अपनी बाईं ओर मुड़ते हुए क्रमशः 5, 15 और 15 मी तय करता है। बताएँ कि वह अभी अपने प्रारंभिक स्थान से कितनी दूरी पर है?

(a) 10 मी (b) 20 मी
(c) 15 मी (d) 25 मी
(e) इनमें से कोई नहीं

3. उत्तर की ओर मुख करके रमेश 30 मी चलता हैं। इसके बाद वह बाईं ओर मुड़ जाता है और 50 मी चलता है। इसके बाद फिर वह बाईं ओर मुड़कर 30 मी चलता है। बताएँ कि वह अपने प्रारंभिक स्थान से किस दिशा में और कितनी दूरी पर है?

(a) 20 मी पूर्व (b) 20 मी दक्षिण
(c) 30 मी उत्तर (d) 20 मी पश्चिम
(e) इनमें से कोई नहीं

4. एक महिला पूर्व की ओर 5 मी जाती है। इसके बाद वह दक्षिण पश्चिम की ओर मुड़ जाती है और पुनः 5 मी जाती है इसके बाद फिर वह उत्तर-पश्चिम की ओर मुड़ जाती है और 5 मी जाती है। बताएँ कि वह अपने प्रारंभिक स्थान से किस दिशा में अभी स्थित है?

(a) पूरब में (b) उत्तर-पूर्व में
(c) पश्चिम में (d) दक्षिण-पूर्व में
(e) प्रारंभिक स्थान पर

5. यदि 'दक्षिण-पूर्व' उत्तर हो जाए, 'उत्तर-पूर्व' पश्चिम हो जाए और आगे भी परिवर्तन का यही क्रम जारी रहे, तो पश्चिम क्या होगा?

(a) दक्षिण-पश्चिम (b) दक्षिण-पूर्व
(c) उत्तर-पूर्व (d) उत्तर-पश्चिम
(e) दक्षिण

6. उत्तर की ओर मुख करके स्रष्टव्य 20 मी तय करता है। पुनः वह बाईं ओर मुड़ जाता है और 40 मी तय करता है। वह फिर बाईं ओर मुड़ जाता है और 20 मी तय करता है। इसके बाद वह दाईं ओर मुड़कर 20 मी तय करता है। बताएँ कि वह अपने प्रारंभिक स्थान से कितनी दूरी पर है?

(a) 60 मी (b) 30 मी
(c) 50 मी (d) 20 मी
(e) इनमें से कोई नहीं

7. अनीता 15 मी पश्चिम की ओर चलती है। इसके बाद वह दाईं ओर मुड़ जाती है और पुनः 15 मी चलती है, और फिर वह अपने

बाईं ओर मुड़कर 10 मी चलती है। फिर वह अपने बाईं ओर 15 मी यदि चलती है। बताएँ कि उसके चलने के प्रारंभिक स्थान से वर्तमान स्थान की सबसे छोटी दूरी कितनी है?

(a) 25 मी (b) 15 मी
(c) 45 मी (d) 55 मी
(e) 30 मी

8. रमेश 20 मी उत्तर की ओर जाता है। इसके बाद वह दाईं ओर मुड़ जाता है और 30 मी जाता है। अब वह पुनः दाईं ओर मुड़कर 35 मी जाता है। पुनः वह बाईं ओर मुड़ जाता है और 15 मी जाता है। इसके बाद वह पुलः बाईं ओर मुड़कर 15 मी जाता है और अंत में वह पुनः बाईं ओर मुड़कर 15 मी तय करता है। बताएँ कि वह अभी अपने प्रारंभिक स्थान से किस दिशा में और कितनी दूरी पर है?

(a) 45 मी पश्चिम (b) 45 मी पूर्व
(c) 15 मी पश्चिम (d) 15 मी पूर्व
(e) इनमें से कोई नहीं

9. चेतना अपने घर से सीधा 4 किमी चलती है और फिर दाईं ओर मुड़कर 2 किमी चलती है। इसके पश्चात् वह 45° दाईं ओर मुड़कर 2 किमी चलती है। यदि वह अब उत्तर-पश्चिम दिशा की ओर खड़ी है, तो उसने किस दिशा में चलना प्रारंभ किया था?

(a) पश्चिम (b) दक्षिण
(c) पूरब (d) उत्तर
(e) इनमें से कोई नहीं

10. रेखा जिसका मुख दक्षिण की ओर है। अपने बाईं ओर मुड़कर 15 मी चलती है। इसके बाद वह पुनः अपनी बाईं ओर मुड़कर 7 मी चलती है। इसके बाद पश्चिम की ओर मुख करके 15 मी चलती है। बताएँ कि वह अपने प्रारंभिक स्थान से कितनी दूरी पर अभी स्थित है?

(a) 44 मी (b) 37 मी
(c) 22 मी (d) 7 मी
(e) इनमें से कोई नहीं

11. मैं और मेरा मित्र आपस में 100 मी की दूरी पर हैं। हम दोनों एक-दूसरे की ओर चल पड़े। 30 मी जाने के बाद मेरा मित्र बाईं ओर मुड़ गया और 10 मी चला, इसके बाद वह दाईं ओर मुड़कर 20 मी गया, इसके बाद वह फिर दाईं ओर मुड़ा और उसी सड़क पर वापस आ गया जिससे उसने चलना प्रारंभ किया था, यदि हम दोनों समान गति से चलते हैं, तो इस स्थान पर हम दोनों के बीच कितना फासला होगा?

(a) 50 मी (b) 40 मी
(c) 30 मी (d) 20 मी
(e) इनमें से कोई नहीं

12. सुधीर दक्षिण की ओर 16 फीट चलता है; फिर उत्तर की ओर घूमकर 7 फीट चलता है और इसके बाद अपनी दाईं ओर घूमकर 12 फीट चलता है और फिर अंत में वह बाएँ घूमकर 9 फीट चलता है। बताएँ कि वह अपने प्रारंभिक स्थान से अभी कितनी दूर है?

(a) 16 फीट (b) 15 फीट
(c) 24 फीट (d) 17 फीट
(e) इनमें से कोई नहीं

13. S ने पश्चिम की ओर 5 किमी की दूरी तय की और बाईं ओर मुड़कर 3 किमी चला, पुनः वह दाईं ओर मुड़कर 9 किमी तय किया। इसके बाद वह उत्तर की ओर 3 किमी गया। बताएँ कि वह अपने प्रारंभिक स्थान से कितनी दूरी पर है?

(a) 6 किमी (b) 14 किमी
(c) 5 किमी (d) 3 किमी
(e) ज्ञात नहीं किया जा सकता

14. एक गाय को उसका मालिक, जिसके घर की दिशा पूर्व की ओर है, हर शाम बाहर ले जाता है। वे पश्चिम की ओर 200 मी और फिर दक्षिण की ओर 500 मी जाते हैं। अब उन्हें अपने घर पहुँचने के लिए कौन-सी दिशा पकड़नी चाहिए?

(a) उत्तर-पूर्व (b) उत्तर-पश्चिम
(c) उत्तर (d) पूर्व
(e) इनमें से कोई नहीं

15. मैं अपने घर से उत्तर की ओर 15 मी गयी, पश्चिम को मुड़ी और 10 मी जाकर दक्षिण की ओर मुड़ी और 5 मी चली। फिर मैं पूर्व की ओर मुड़कर 10 मी गयी। अब मैं अपने घर से किस दिशा की ओर हूँ?

(a) पश्चिम (b) उत्तर
(c) दक्षिण (d) पूर्व
(e) इनमें से कोई नहीं

16. एक पुरुष उत्तर की ओर चलता है। थोड़ी देर बाद वह अपने दाहिने ओर थोड़ा आगे जाकर अपने बाएँ घूम जाता है। अंत में 1 किमी का फासला पारकर वह पुनः अपने बाएँ घूम जाता है। बताएँ कि अब वह किस दिशा में चल रहा है?

(a) पश्चिम (b) उत्तर
(c) दक्षिण (d) पूर्व
(e) इनमें से कोई नहीं

17. A, B और C एक बिन्दु से भिन्न-भिन्न दिशाओं में जाते हैं ओर समान दूरी तय करते हैं। कुछ देर बाद A और C की दिशाओं द्वारा बनाये गये अनुप्रस्थ पथ पर B का पथ समकोण बनाता है। यदि B के दक्षिण-पश्चिम में C हो, तो A के किस दिशा में B होगा?

(a) उत्तर-पूर्व (b) उत्तर-पश्चिम
(c) दक्षिण-पश्चिम (d) दक्षिण-पूर्व
(e) इनमें से कोई नहीं

18. 'B', A के दक्षिण-पश्चिम की ओर है; 'C' B के पूर्व और A के दक्षिण-पूर्व की ओर है तथा 'D', C के उत्तर की ओर B और A के साथ समरेखा पर है। A के किस दिशा में D स्थित है?

(a) उत्तर (b) दक्षिण-पूर्व
(c) पूर्व (d) उत्तर-पूर्व
(e) इनमें से कोई नहीं

19. हिमांशु 30 मी उत्तर की ओर जाता है और फिर वह दाईं ओर मुड़ जाता है तथा 40 मी जाता है। फिर वह अपनी दाईं ओर मुड़कर 20 मी जाता है। पुनः वह अपनी दाईं ओर मुड़कर 40 मी जाता है। बताएँ कि वह अभी अपने प्रारंभिक स्थान से कितनी दूरी पर है?

(a) 40 मी (b) 10 मी
(c) 20 मी (d) 30 मी
(e) इनमें से कोई नहीं

20. बिपाशा पूर्व की ओर चलना प्रारंभ करती है, 75 मी चलने के बाद वह बाईं ओर मुड़ जाती है और 25 मी चलती है। इसके बाद वह फिर बाईं ओर मुड़ जाती है और 40 मी की दूरी तय करती है। और 40 मी की दूरी तय करती है। फिर वह बाईं ओर मुड़ जाती है और 25 मी की दूरी तय करती है। बताएँ कि वह अपने प्रारंभिक स्थान से कितनी दूरी पर है?

(a) 25 मी (b) 50 मी
(c) 140 मी (d) 35 मी
(e) इनमें से कोई नहीं

21. लशीका अपने घर से 15 किमी उत्तर की ओर जाती है। फिर वह पश्चिम की ओर मुड़ जाती है और 10 किमी तय करती है। इसके बाद वह दक्षिण की ओर मुड़ जाती है और 5 किमी तय करती है। अंत में वह पूर्व की ओर मुड़ जाती है ओर 10 किमी तय करती

है। बताएँ कि वह अपने घर से अभी किस दिशा में और कितनी दूरी पर हैं?
(a) 10 किमी दक्षिण (b) 5 किमी पश्चिम
(c) 20 किमी उत्तर (d) 10 किमी पूर्व
(e) इनमें से कोई नहीं

22. मेरे घर से श्याम 15 किमी पश्चिम की ओर गया। इसके बाद वह बाईं ओर मुड़ गया तथा 20 किमी तय करता है। पुनः वह पूर्व की ओर मुड़कर 25 किमी चलता है और अन्त में वह बाईं ओर मुड़कर 20 किमी चलता है। बताएँ कि वह मेरे घर से कितनी दूरी पर है?
(a) 80 किमी (b) 40 किमी
(c) 5 किमी (d) 10 किमी
(e) इनमें से कोई नहीं

23. एक महिला दक्षिण की ओर 30 मी जाती है। इसके बाद वह अपनी दाईं ओर मुड़ जाती है और पुनः 30 मी जाती है। फिर वह अपने बाईं ओर मुड़कर 20 मी जाती है। पुनः वह अपनी बाईं ओर मुड़कर 30 मी जाती है। बताएँ कि वह अब अपने प्रारंभिक स्थान से कितनी दूरी पर है?
(a) 60 मी (b) 30 मी
(c) 50 मी (d) 80 मी
(e) इनमें से कोई नहीं

24. संजय के स्कूल की बस जब उसके स्कूल पहुँचती है, तो उसका मुँह उत्तर की ओर होता है। संजय के घर से चलने के बाद वह दो बार दाईं ओर तथा स्कूल पहुँचने से पहले बाईं ओर मुड़ता है। बताएँ कि संजय के घर के सामने जब बस रुकी थी, तो बस का मुँह किस दिशा की ओर था?
(a) पूरब (b) दक्षिण
(c) उत्तर
(d) ज्ञात नहीं किया जा सकता
(e) इनमें से कोई नहीं

25. यदि किसी 'दक्षिण-पूर्व' को 'पूरब' कहा जाए, 'उत्तर-पश्चिम' का 'पश्चिम' कहा जाए, 'दक्षिण-पश्चिम' को 'दक्षिण' कहा जाए और आगे भी इसी प्रकार परिवर्तन का क्रम जारी रहे, तो 'उत्तर को क्या कहा जाएगा?
(a) उत्तर-पश्चिम (b) उत्तर-पूर्व
(c) पूरब (d) दक्षिण
(e) इनमें से कोई नहीं

26. P, Q, R और S ताश खेल रहे हैं। P और Q आपस में जोड़ीदार हैं। S कर मुख उत्तर की ओर है। यदि P का मुख पश्चिम की ओर हो, तो बताएँ कि किसका मुख दक्षिण की ओर है?
(a) S (b) Q
(c) R (d) आँकड़े अपर्याप्त
(e) उपर्युक्त में से कोई नहीं

27. एक पुरुष 12 किमी पश्चिम दिशा की ओर चलने के बाद 3 किमी दक्षिण एवं फिर 8 किमी पूर्व दिशा की ओर चलता है। बताएँ कि वह अपने प्रारंभिक स्थान से कितनी दूरी पर है?
(a) 15 किमी (b) 6 किमी
(c) 23 किमी (d) 5 किमी
(e) इनमें से कोई नहीं

28. B के घर पहुँचने के लिए A 100 मी दक्षिण की ओर और फिर 100 मी पूर्व की ओर जाता है। वहाँ से वे दोनों बाजार जाते हैं, जो B के घर से उत्तर-पूर्व में है। यदि बाजार A से घर से पूर्व में है, तो वह उसके घर से कितनी दूर है?
(a) 100 मी (b) 200 मी
(c) 300 मी (d) 150 मी
(e) इनमें से कोई नहीं

29. प्रारंभिक बिन्दु A से सुशील पूर्व की ओर 10 मी चलता है, तत्पश्चात् वह उत्तर की ओर 10 मी चलकर एक 5 मी ऊँचे पोल के पादमूल (Base) तक पहुँचता है जिसके शीर्ष पर जलने-बुझने वाली लाल रंग की बत्ती लगी हुई है। बताएँ कि बिन्दु A से लाल बत्ती की वास्तविक दूरी कितनी है?
(a) 10 मी (b) 18 मी
(c) 20 मी (d) 40 मी
(e) इनमें से कोई नहीं

निर्देश—(प्रश्न संख्या 30 से 32 तक): नीचे कुछ सूचनाएँ दी गई हैं, इन्हें पढ़कर प्रश्नों का उत्तर दें—
'बुरांड़ी गाँव', हाडौता गाँव से 14 किमी पश्चिम है। 'चम्पा, अमरावती से 14 किमी पूर्व है। 'हाडौता गाँव, रामनगर से 8 किमी उत्तर है। 'हाता', अमरावती से 15 किमी दक्षिण पर है। 'चम्पा', रामनगर के उत्तर है तथा वे दोनों गाँव एक ही सीधी रेखा में है।

30. कौन-सा गाँव चम्पा के ठीक दक्षिण में है?
(a) अमरावती
(b) बुरांडी
(c) हाडौता
(d) निर्धारित नहीं किया जा सकता
(e) इनमें से कोई नहीं

31. यदि पुल्कित हाडौता से चलना प्रारंभ करता है और वह अमरावती के लिए हाता होते हुए जाता है तथा फिर वह अमरावती से हाता लौट आता है तो बताएँ कि वह कितनी दूरी तय किया?
(a) 44 किमी (b) 29 किमी
(c) 43 किमी (d) 52 किमी
(e) इनमें से कोई नहीं

32. आनन्द अमरावती से चम्पा जाता है और वह फिर अमरावती लौट आता है, कुछ समय बाद वह होता और हाडौता होते हुए रामनगर जाता है तथा फिर हाडौता लौट आता है, तो बताएँ कि उस दिन उसने कितनी दूरी तय की?
(a) 87 किमी (b) 77 किमी
(c) 63 किमी (d) 57 किमी
(e) इनमें से कोई नहीं

निर्देश—यदि आप उत्तर दिशा में किसी स्थान से दौड़ना शुरू करते हैं और 4 किमी दौड़ने के बाद बाएँ मुड़ जाते हैं और 5 किमी दौड़ते हैं और फिर से बाएँ मुड़कर 5 किमी दौड़ते हैं और तब फिर से बाएँ मुड़कर 6 किमी दौड़ते हैं और दौड़ पूरा करने से पहले आप फिर से बाएँ मुड़कर 1 किमी दौड़ते हैं, तो इस जानकारी के आधार पर निम्नलिखित प्रश्न का उत्तर दीजिए—

33. दौड़ पूरा करने के स्थान से यदि आपको दौड़ शुरू करने के स्थान पर पहुँचना है, तो आप किस दिशा में दौड़ेंगे?
(a) पूर्व (b) दक्षिण
(c) पश्चिम (d) उत्तर

34. राजन ने अपने घर से चलना शुरू किया और 2 किमी पूर्व की ओर गया। उसके बाद दाएँ मुड़ गया और 3 किमी चला। फिर दुबारा दाएँ मुड़ गया और 3 किमी चला। वह फिर दाएँ मुड़ा और 1 किमी चला और अन्त में दाएँ मुड़ने के बाद और फिर 1 किमी चलने के बाद वह बिन्दु 'K' पर पहुँच गया, जब वह वहाँ पहुँचा, तो किस दिशा में चल रहा था?
(a) पश्चिम (b) दक्षिण
(c) उत्तर (d) पूर्व

35. सोहन अपने घर से 15 किमी चला फिर बाएँ मुड़कर 20 किमी चला वह फिर से पूर्व में मुड़कर 25 किमी चला और अन्त में बाएँ मुड़कर 20 किमी चला, वह अपने घर से कितनी दूर है?
(a) 10 किमी (b) 80 किमी
(c) 5 किमी (d) 40 किमी

36. गौरव उत्तर की ओर मुहँ करके खड़ा था। वह 40 मी चला और बाईं ओर मुड़कर 20 मी दूरी तय की, वह फिर बाईं ओर मुड़कर 40 मी चला, वह अपने प्रारम्भिक स्थान से कितनी दूरी पर है?
(a) 45 मी (b) 20 मी
(c) 40 मी (d) 15 मी

37. अपने घर से दक्षिण-पश्चिम की ओर मुख करके कविता 15 मी चलती है और फिर उत्तर की ओर मुड़कर 12 मी चलती है, वह अपने घर से, जो उसका प्रारम्भिक स्थान था, कितनी दूर थी?
(a) 15 मीटर (b) 12 मीटर
(c) 10 मीटर (d) 9 मीटर

38. शीला और बेला अपने दफ्तर से चलना शुरू करती हैं और दोनों विपरीत दिशा में 10-10 किमी चलती हैं, उसके बाद शीला बाएँ घुमकर 10 किमी चलती है। बेला दाएँ घूमकर 10 किमी चलती है, अब वे एक-दूसरे से कितनी दूरी पर होंगी?
(a) 10 किमी (b) 5 किमी
(c) 8 किमी (d) 20 किमी

39. एक मकान दक्षिणमुखी है। मकान के पिछले दरवाजे से अपने घर से बाहर आते हुए एक व्यक्ति 10 मीटर सीधे चला और घड़ी की विपरीत दिशा में 90° मुड़कर 20 मीटर चला, तब वह घड़ी की दिशा में 90° मुड़कर 5 मीटर चला और फिर से घड़ी की दिशा में 90° मुड़कर 25 मीटर चला। यदि वह घड़ी की दिशा में 45° मुड़ता है, तो उसका मुख किस दिशा में होगा?
(a) उत्तर-पूर्व (b) दक्षिण-पूर्व
(c) उत्तर-पश्चिम (d) दक्षिण-पश्चिम

40. उदित होते सूर्य की ओर अपनी पीठ करके, रेशमा चलना शुरू करती है। कुछ मिनट बाद, वह बाएँ घूम जाती है और चलती रहती है, तब थोड़ी देर बाद वह दाएँ घूम जाती है और फिर बाएँ घूम जाती है, उस क्षण वह किस दिशा में जा रही है?
(a) दक्षिण या पश्चिम
(b) पूर्व या दक्षिण
(c) पश्चिम या उत्तर
(d) उत्तर या दक्षिण

41. रघु ने 2 किमी दक्षिण दिशा में दौड़ लगाई तब वह दाएँ मुड़कर 5 किमी चला, वह फिर से दाएँ मुड़कर चला और 8 किमी दौड़ लगाई, अन्त में वह किस दिशा में चलता दिखाई दिया?
(a) उत्तर (b) पश्चिम
(c) दक्षिण (d) पूर्व

42. राम 2 किमी पूर्व की ओर चलता है, फिर वह दक्षिण की ओर मुड़ जाता है और 6 किमी चलता है, वह फिर पूर्व की ओर मुड़ जाता है और 2 किमी चलता है, फिर वह उत्तर की ओर मुड़ जाता है और 12 किमी चलता है, वह आरम्भिक बिन्दु से कितनी दूर है?
(a) 7 किमी (b) 7.1 किमी
(c) 7.2 किमी (d) 7.3 किमी

43. राजू को तारघर जाना था। अतः वह अपने घर से पूर्व की ओर 1.5 किमी चला, फिर दाईं ओर मुड़ गया और 2·5 किमी चला और फिर पूर्व की ओर मुड़ गया और 1 किमी चला और फिर दक्षिण की ओर मुड़ गया और 4 किमी चला और पश्चिम की ओर 2.5 किमी चलकर उस स्थान पर पहुँच गया, वह आरम्भिक बिन्दु से कितनी दूरी पर है?
(a) 6.5 किमी (b) 9.5 किमी
(c) 10 किमी (d) 9 किमी

44. आप उत्तर दिशा में 4 किमी यात्रा करते हैं, इसके बाद बाएँ मुड़ते हैं और पश्चिमी दिशा में 2 किमी यात्रा करते हैं, बाद में फिर बाएँ मुड़कर 4 किमी यात्रा करते हैं, आप आरम्भिक स्थान से कितने दूर हैं?
(a) 1 किमी (b) 2 किमी
(c) 3 किमी (d) 4 किमी

45. एक वाहन, बिन्दु A से चलकर 10 किमी उत्तर दिशा में चल कर, दाहिने मुड़कर 15 किमी चलता है। तब फिर से दाहिने मुड़कर 10 किमी चलकर बिन्दु B पर पहुँचता है, बिन्दु B पर पहुँचने के बाद वाहन प्रारम्भिक बिन्दु A से कितनी दूर है?
(a) 35 किमी (b) 15 किमी
(c) 10 किमी (d) 5 किमी

46. एक साइकिल सवार पूर्व की ओर 40 किमी जाता है, फिर उत्तर की ओर मुड़ता है और 20 किमी जाता है, फिर बाईं ओर मुड़ जाता है और 20 किमी जाता है, वह आरम्भिक बिन्दु से कितनी दूर है?
(a) 28·28 किमी (b) 10 किमी
(c) 20 किमी (d) 30 किमी

47. एक व्यक्ति प्रातः 8 बजे अपने घर की ओर जा रहा और देखता है कि उसकी परछाईं उसके दाईं ओर पड़ रही है, वह किस दिशा की ओर जा रहा है?
(a) उत्तर (b) दक्षिण
(c) पूरब (d) पश्चिम

48. एक नाव, घाट (जेटी) से पूर्व की ओर चलती है। 9 समुद्री मील जलयात्रा के पश्चात्, वह दाईं ओर मुड़कर 12 समुद्री मील और तय करती है। यदि उसे वापस घाट (जेटी) पर जाना है, तो अब उसकी वर्तमान स्थिति से न्यूनतम दूरी क्या होगी?
(a) 21 समुद्री मील (b) 20 समुद्री मील
(c) 18 समुद्री मील (d) 15 समुद्री मील

49. राजू 8 किमी उत्तर की ओर चलता है, बाएँ घूमता है और 4 किमी चलता है, फिर दाएँ घूमता है और 5 किमी चलता है, वह फिर दाएँ घूमता है और 4 किमी चलता है, वह आरम्भिक स्थल से कितनी दूर है?
(a) 21 किमी (b) 9 किमी
(c) 13 किमी (d) 17 किमी

50. रामदेव अपने घर के दक्षिण में 40 मी चलने के बाद बाएँ मुड़कर 10 मी चलता है। उसके बाद उत्तर में मुड़कर 20 मी चलता है और फिर अपने घर की ओर चलता है। वह किस दिशा में है?
(a) उत्तर-पश्चिम (b) उत्तर-पूर्व
(c) दक्षिण-पूर्व (d) दक्षिण-पश्चिम

51. पाँच सिपाही दक्षिण की ओर मुँह करके एक पंक्ति में खड़े हैं, शेखर, धनुष के निकटतम दाईं ओर है, बाला, बाशा और धनुष के बीच में है, डेविड पंक्ति के अन्तिम दाएँ छोर पर है। पंक्ति के बीच में कौन बैठा है?
(a) बाला (b) बाशा
(c) शेखर (d) धनुष

52. राजीव दक्षिण दिशा की ओर चल रहा है, वह दो बार बाईं ओर मुड़ता है और फिर दाईं ओर मुड़ता है, अब उसके सम्मुख कौन-सी दिशा है?
(a) उत्तर (b) दक्षिण
(c) पूर्व (d) पश्चिम

53. मीना उत्तर की ओर की जा रही है, वह तीन बार दाईं ओर मुड़ती है और फिर बाईं ओर मुड़ जाती है, अब वह किस दिशा की ओर जा रही है?
(a) पूरब (b) दक्षिण
(c) उत्तर (d) पश्चिम

54. राम उत्तर की ओर 12 किमी चलता है, फिर पश्चिम की ओर 10 किमी चलता है और 12 किमी दक्षिण की ओर चलता है, वह उस बिन्दु से कितना दूर है, जहाँ से उसने चलना आरम्भ किया था?
(a) 9 किमी (b) 13 किमी
(c) 8 किमी (d) 10 किमी

55. कुणाल कार से सीधा पूर्व की ओर यात्रा शुरू करता है। 75 किमी जाने के बाद वह अपनी कार बाईं ओर घुमाता है और सीधा 25 किमी जाता है, वह फिर बाएँ घूमता है और सीधा 40 किमी जाता है, वह फिर बाएँ घूमता है और 25 किमी जाता है, वह आरम्भिक स्थल से कितनी दूर है?
(a) 150 किमी (b) 35 किमी
(c) 25 किमी (d) 50 किमी

56. रमेश पश्चिम में 2 किमी चलकर अपने दाएँ मुड़ता है और 3 किमी चलकर फिर दाएँ मुड़ जाता है और 2 किमी चलता है और अंत में अपने दाएँ मुड़ जाता है, वह किस दिशा में मुँह करके खड़ा है?
(a) पूर्व (b) पश्चिम
(c) उत्तर (d) दक्षिण

उत्तर (हल/संकेत)

1. (a) रामू के जाने का क्रम निम्न प्रकार है–

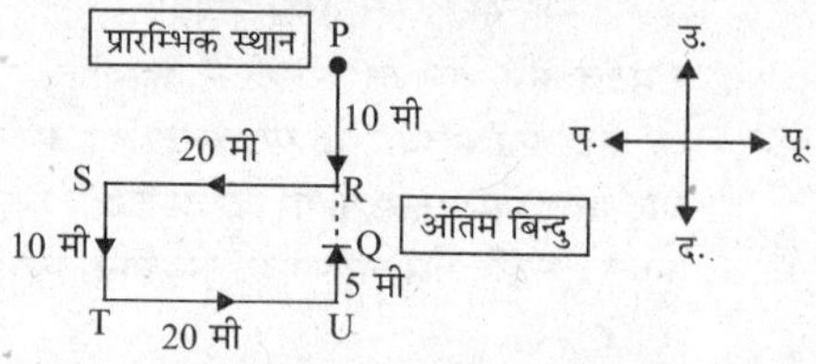

∵ ST = 10 मी और ST = RU

∴ RU = 10 मी

∵ RU = 10 मी और QU = 5 मी

∴ RQ = RU – QU = 10 – 5 = 5 मी

∵ PR = 10 मी और RQ = 5 मी

∴ PQ = PR + RQ = 10 + 5

⇒ 15 मी

अर्थात् बिन्दु P से बिन्दु Q तक सीधी दूरी **15 मी** है।

अतः **अभीष्ट दूरी ⇒ 15 मी**

2. (e) B के चलने का क्रम निम्न प्रकार है–

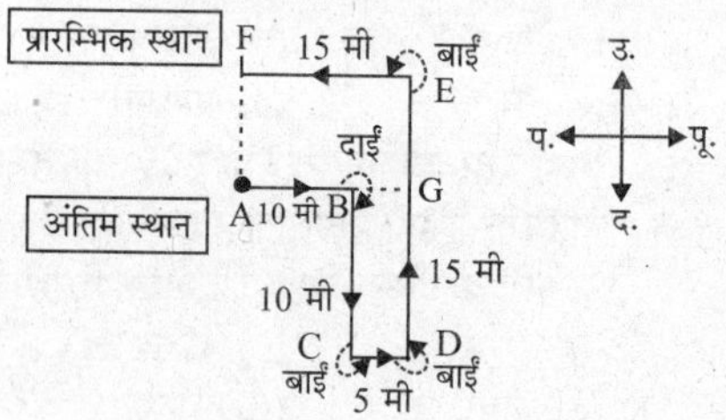

∵ BC = 10 मी और BC = GD

∴ GD = 10 मी

∵ ED = 15 मी और BC = GD

∴ EG = ED – GD

= 15 – 10 = 5 मी

∵ EG = 5 मी और EG =FA

∴ FA = 5 मी

अर्थात् B अपने प्रारंभिक स्थान से **5 मी** की दूरी पर है।

अतः **अभीष्ट दूरी ⇒ 5 मी**

3. (e) रमेश के चलने का क्रम निम्न प्रकार है–

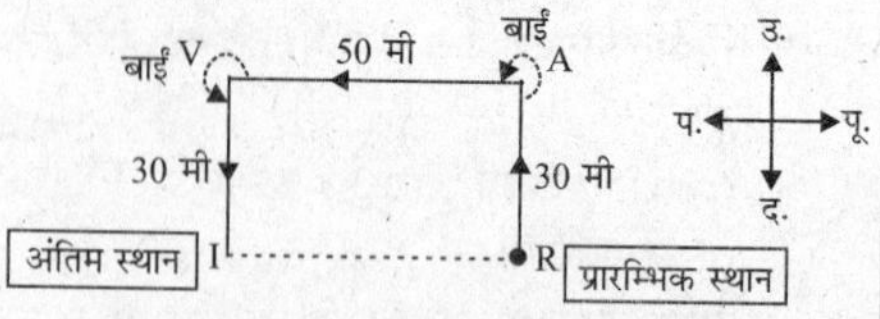

∵ AV = 50 मी और AV = RI

∴ RI ⇒ 50 मी

अर्थात् रमेश अपने प्रारंभिक स्थान से **50 मी, पश्चिम की ओर है।**

अतः **अभीष्ट दूरी और दिशा ⇒ 50 मी पश्चिम**

4. (c) महिला के जाने का क्रम निम्न प्रकार है–

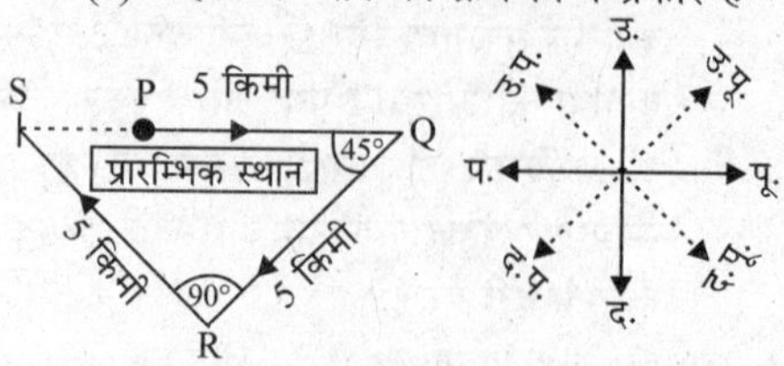

यहाँ आरेख से बिल्कुल स्पष्ट है कि बिन्दु S, बिन्दु P से पश्चिम की ओर है। अर्थात् वह महिला अपने प्रारंभिक स्थान से पश्चिम दिशा की ओर है।

अतः **अभीष्ट दिशा ⇒ पश्चिम**

5. (b) दिशाओं के परिवर्तन का क्रम निम्न प्रकार है–

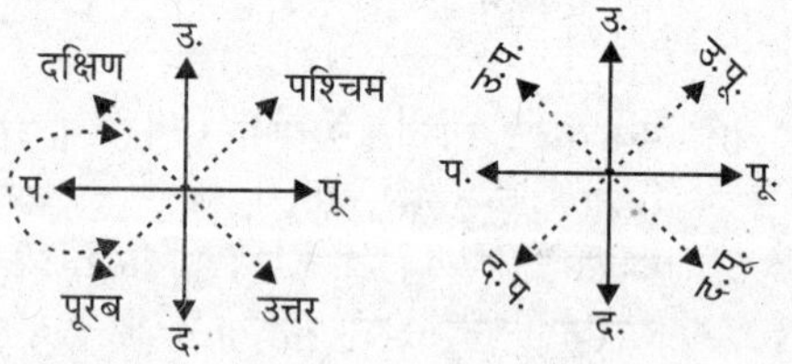

प्रश्नानुसार, दक्षिण-पूर्व, यदि 'उत्तर हो जाता है, तो ठीक इसके विपरीत ओर उत्तर-पश्चिम, 'दक्षिण' हो जाएगा। इसी प्रकार दक्षिण-पश्चिम, 'पूरब' हो जाएगा एवं ठीक इसके विपरीत उत्तर-पूर्व अब 'पश्चिम' हो जाएगा।

अब हम यहाँ देख रहे हैं कि वास्तविक 'पश्चिम' परिवर्तन के क्रम में दक्षिण एवं पूर्व के मध्य में है। अर्थात् परिवर्तन के बाद 'पश्चिम' **'दक्षिण-पूर्व'** हो जाएगा।

अतः **अभीष्ट पश्चिम ⇒ दक्षिण-पूर्व**

6. (a) स्रष्टव्य के जाने का क्रम निम्न प्रकार है–

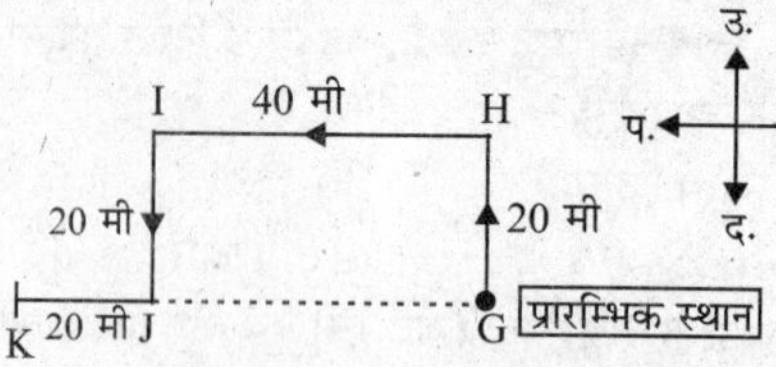

∵ HI = 40 मी और HI = GJ

∴ GJ = 40 मी

GJ = 40 मी और JK = 20 मी

∵ GK = GJ + JK

∴ = 40 + 20 ⇒ 60 मी

अर्थात्, स्रष्टव्य अपने प्रारंभिक स्थान से **60** मी दूरी पर है।

अतः **अभीष्ट दूरी ⇒ 60 मी**

7. (a) अनीता के चलने का क्रम निम्न प्रकार है–

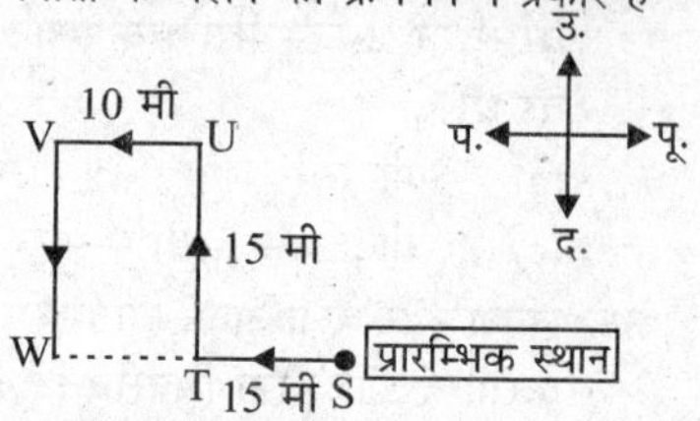

∵ UV = 10 मी और UV = TW

∴ TW = 10 मी

∵ ST = 15 मी और TW = 10 मी

∴ SW =ST + TW = 15 + 10

⇒ 25 मी

अर्थात् अनीता अपने प्रारंभिक स्थान से **25 मी** की दूरी पर है।

अतः **अभीष्ट दूरी ⇒ 25 मी**

8. (e) रमेश के जाने का क्रम निम्न प्रकार है–

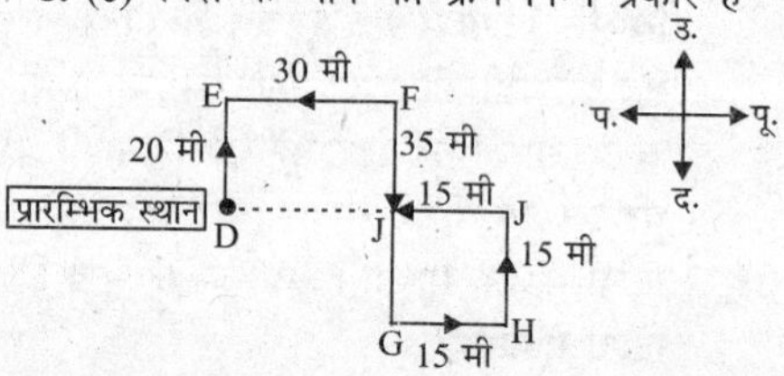

∵ EF = 30 मी और EF =DJ

∴ DJ = 30 मी

अर्थात् रमेश अपने प्रारंभिक स्थान से **30 मी** की दूरी पर पूर्व दिशा की ओर है।

अतः **अभीष्ट दूरी एवं दिशा ⇒ 30 मी, पूर्व**

9. (b) **चेतना के चलने का क्रम निम्न प्रकार है–**

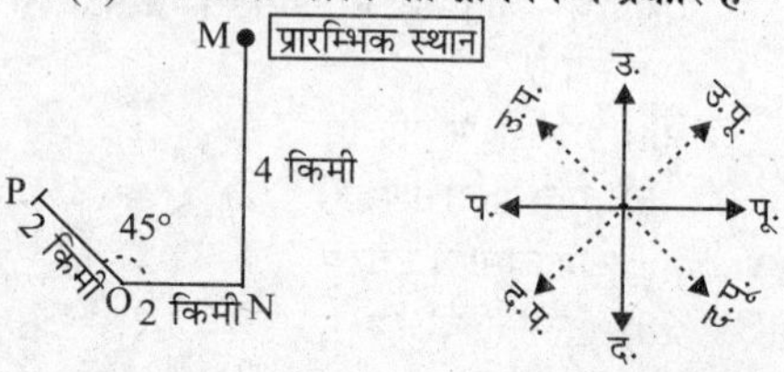

यहाँ सर्वप्रथम चेतना M से N की ओर चलना प्रारंभ किया है जो कि उत्तर से दक्षिण की ओर है।

अर्थात् चेतन सर्वप्रथम **'दक्षिण'** दिशा में चलना प्रारंभ किया था।

अतः **अभीष्ट दिशा ⇒ दक्षिण**

10. (d) रेखा के चलने का क्रम निम्न प्रकार है–

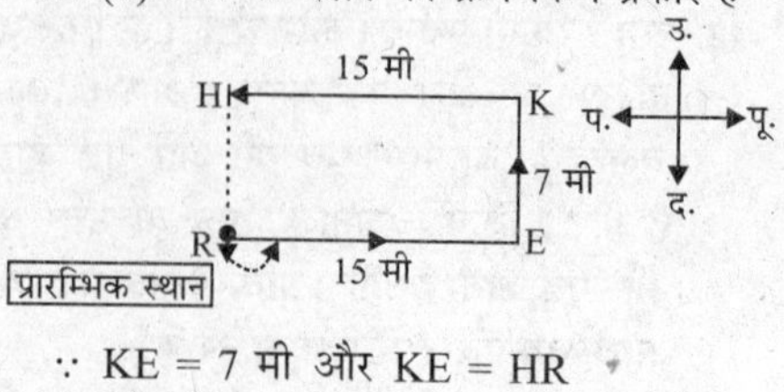

∵ KE = 7 मी और KE = HR

∴ HR ⇒ 7 मी

अर्थात् रेखा अपने प्रारंभिक स्थान से **7 मी** की दूरी पर है।

अत: **अभीष्ट दूरी ⇒ 7 मी**

11. (d) मैं और मेरे मित्र का चलने का क्रम निम्न प्रकार है–

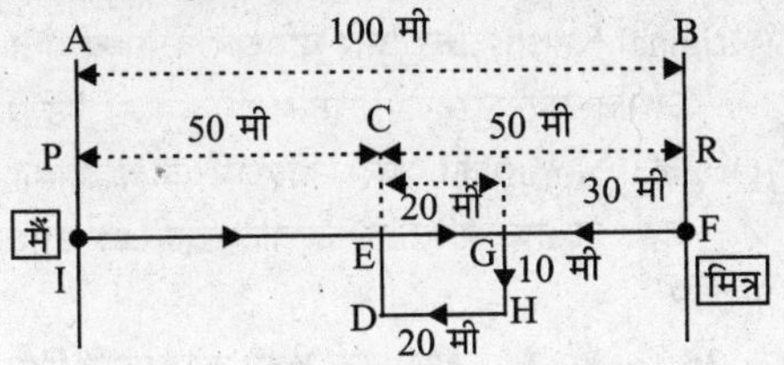

∵ AB = 100 मी और AB = PR

∴ PR = 100 मी

∵ PR = 100 मी

∴ PC = 50 मी

∵ PC = IE

∴ IE = 50 मी

∵ CR = 50 मी और CR =EF

∴ EF = 50 मी

∵ DH = EG

∴ EG = 20 मी (DH = 20 मी)

∴ FE = FG + EG

= 30 + 20 = 50 मी

∵ GH = ED

∴ ED = 10 मी

अब घुमाव पथ के साथ मित्र द्वारा तय की गई कुल दूरी

= FG + GH + DH + ED

= 30 + 10 + 20 + 10 =70 मी

अत:, मित्र ने 70 मी दूरी तय की है।

चूँकि, प्रश्नानुसार मित्र की चलने की गति और मेरे चलने की गति समान है।

∴ मित्र द्वारा तय की गई कुल दूरी = मेरे द्वारा तय की गई कुल दूरी

अत:, मेरे द्वारा तय की गई कुल दूरी = 70 मी

अब, मित्र द्वारा सड़क मार्ग पर सीधी रेखा में तय की गई दूरी = FG + EG = 30 + 20 एवं मरे द्वारा सड़क मार्ग पर तय की गई कुल दूरी = IE + EG = 50 + 20 = 70 मी

∴ मैं ओर मेरे मित्र के बीच का फासला = IG – FE

∵ IG = IE + EG = 50 + 20 = 70 मी (मेरे द्वारा सड़क मार्ग पर तय की गई सीधी दूरी) और

FE =50 मी (मित्र द्वारा प्रारंभिक बिन्दु से अंतिम बिन्दु तक सीधी दूरी)

∴ फासला = IG – EF =70 – 50 = 20 मी

अर्थात्, मैं और मेरे मित्र के बीच का फासला **20 मी** है।

अत: **अभीष्ट फासला ⇒ 20 मी**

विधि : EG = IG – FE

= 70 – 50 = 20 मी

अत: **अभीष्ट फासला ⇒ 20 मी**

12. (d) **सुधीर के चलने का क्रम निम्न प्रकार है–**

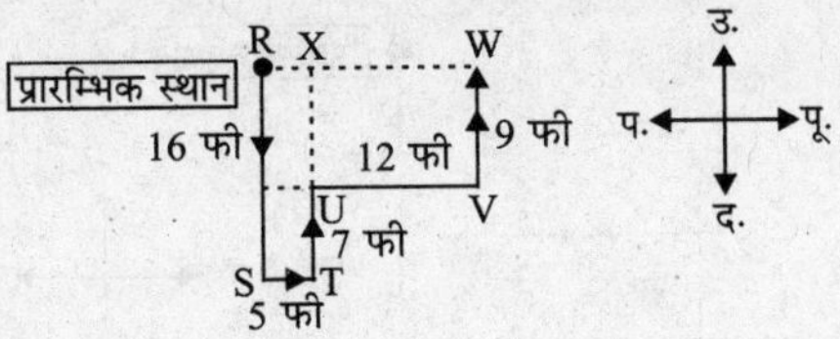

∵ ST = 5 फीट और ST = RX

∴ RX = 5 फीट

∵ UV = 12 फीट और UV = XW

∴ UV = 12 फीट

∴ RW = RX + XW = 5 + 12

⇒ 17 फीट

अर्थात् सुधीर अपने प्रारंभिक बिन्दु से **17 फीट** की दूरी पर है।

अत: **अभीष्ट दूरी ⇒ 17 फीट**

13. (b) **S के चलने का क्रम निम्न प्रकार है–**

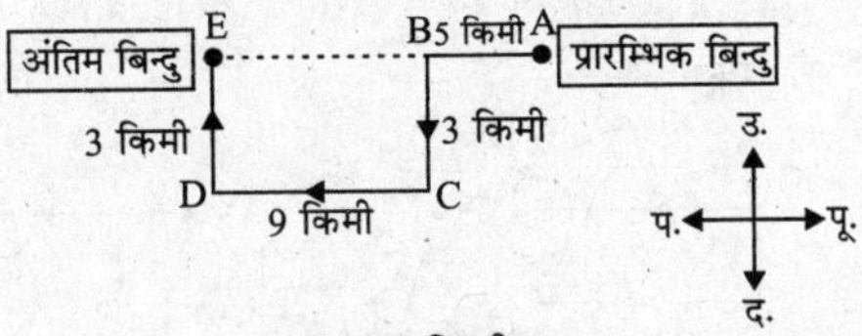

∵ DC = EB = 9 किमी

∴ EB = 9 किमी और BA = 5 किमी

∴ AE = BA + EB = 5 + 9 ⇒ **14 किमी**

अर्थात्, S अपने प्रारंभिक स्थान से 14 किमी की दूरी पर है।

अत: **अभीष्ट दूरी ⇒ 14 किमी**

14. (a) **गाय और उसके मालिक की यात्रा का क्रम निम्न प्रकार है–**

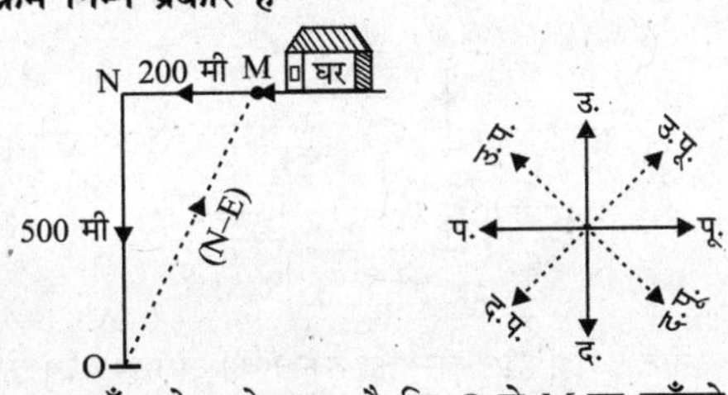

यहाँ आरेख से स्पष्ट है कि O से M पर पहुँचने के लिए **'उत्तर-पूर्व'** दिशा पकड़नी होगी।

अत: **अभीष्ट दिशा ⇒ उत्तर-पूर्व**

15. (b) **मेरे चलने का क्रम निम्न प्रकार है–**

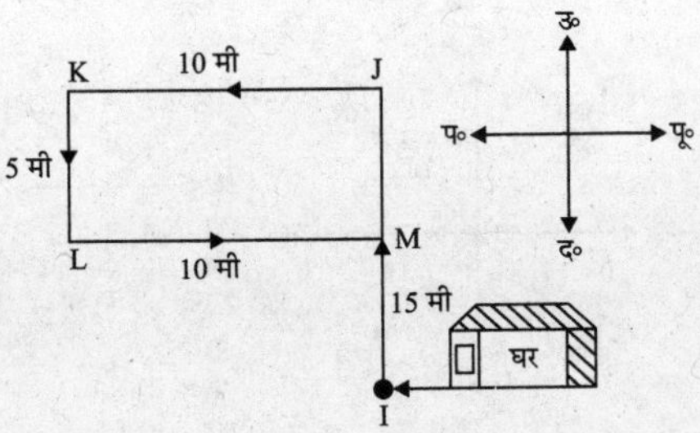

यहाँ आरेख से बिल्कुल स्पष्ट है कि I से M उत्तर की ओर है। अर्थात् वह अपने घर से उत्तर की ओर है।

अत: **अभीष्ट दिशा ⇒ उत्तर**

16. (a) **पुरुष के चलने का क्रम निम्न प्रकार है–**

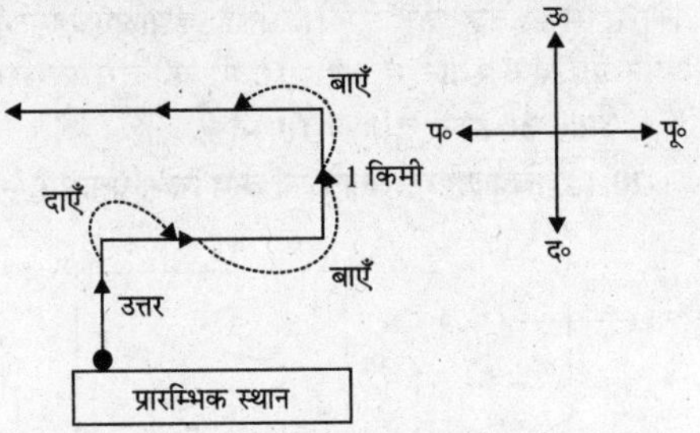

यहाँ आरेख से बिल्कुल स्पष्ट है कि वह पुरुष अभी **'पश्चिम'** दिशा की ओर चल रहा है।

अत: **अभीष्ट दिशा ⇒ पश्चिम**

17. (b) **A, B और C की यात्रा का क्रम निम्न प्रकार है–**

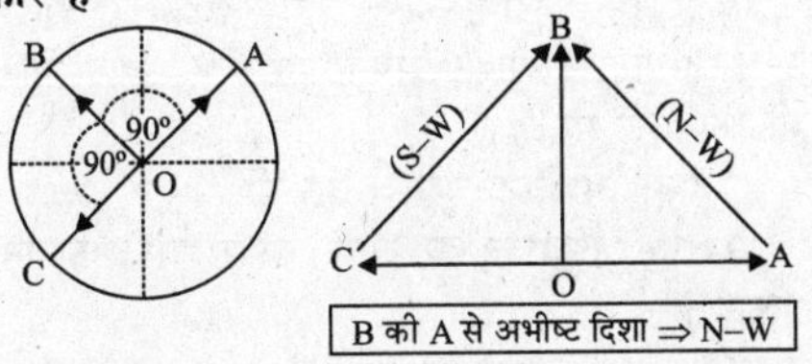

प्रश्नानुसार B के दक्षिण-पश्चिम में C है, जबकि यहाँ हम देख रहे हैं कि B के दक्षिण में C है।

अर्थात् मध्य बिन्दु O पर यदि B की स्थिति मानी जाए, जो प्रश्नानुसार C, B के दक्षिण-पश्चिम में हो जाएगा।

इसी प्रकार,

A को मध्य बिन्दु O पर मान लेने पर 'B' , A के उत्तर-पश्चिम में होगा।

अर्थात् 'B' , A के **उत्त-पश्चिम** दिशा में है।

अत: **अभीष्ट दिशा ⇒ उत्तर-पश्चिम**

18. (d) **A, B, C और D की स्थिति निम्न प्रकार है–**

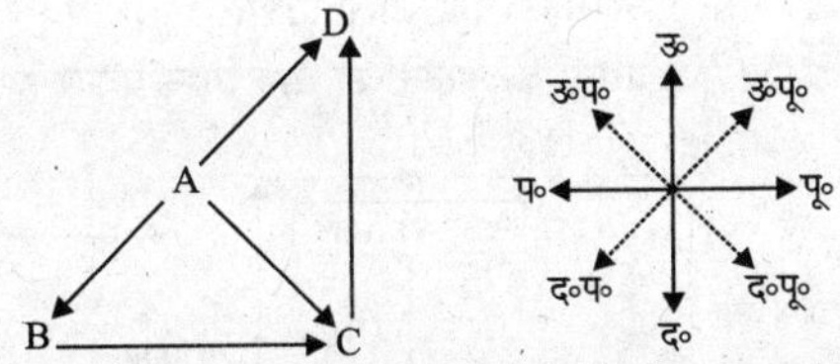

यहाँ आरेख से बिल्कुल स्पष्ट है कि 'D', A के **उत्तर-पूर्व** दिशा में स्थिति है।

अत: **अभीष्ट दिशा ⇒ उत्तर-पूर्व**

19. (b) **हिमांशु के जाने का क्रम निम्न प्रकार है–**

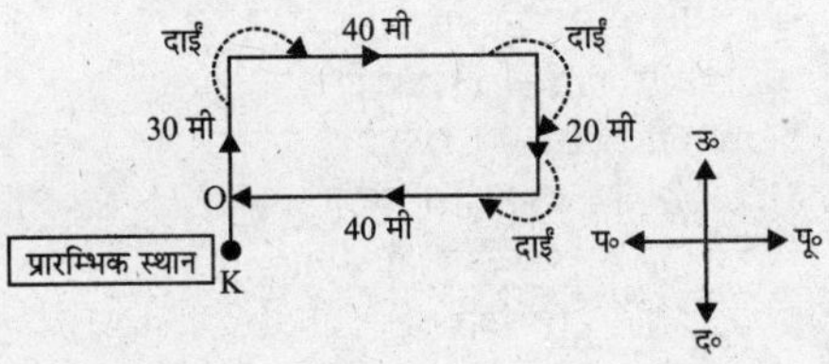

∵ MN = 20 मी और MN = LO
∴ LO = 20 मी
∵ KL = 30 मी और LO = 20 मी
∴ KO = KL – LO
= 30 – 20 = 10 मी

चूँकि हिमांशु की अंतिम स्थिति O बिन्दु पर है तथा K से O तक की दूरी 10 मी है, इसलिए हिमांशु अपने प्रारंभिक स्थान से अभी **10 मी** की दूरी पर है।

अतः **अभीष्ट दूरी = 10 मी**

20. (d) **बिपाशा के चलने का क्रम निम्न प्रकार है–**

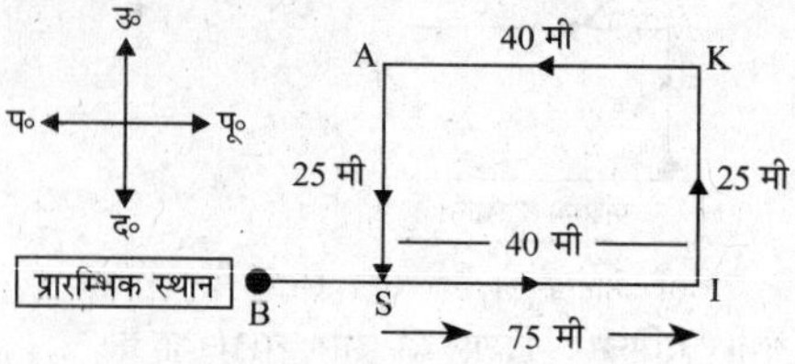

∵ AK = 40 मी और AK = SI
∴ SI = 40 मी
∵ BI = 75 मी और SI = 40 मी
∴ BS = BI – SI = 75 – 40 = 35 मी

अर्थात्, बिपाशा अपने प्रारंभिक स्थान से **35 मी** की दूरी पर है।

अतः **अभीष्ट दूरी = 35 मी**

21. (e) लशीका के अपने घर से जाने का निम्न प्रकार है–

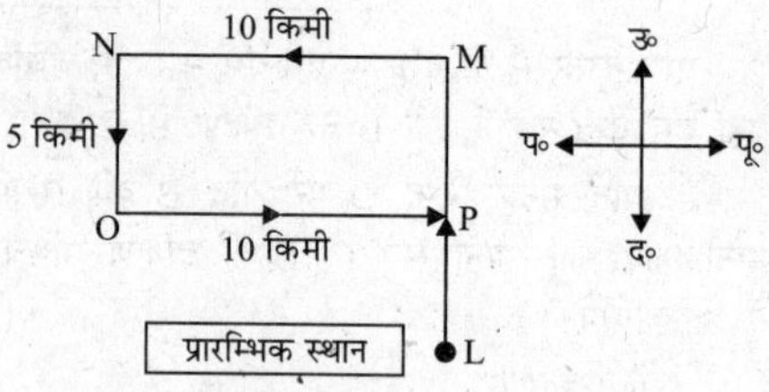

∵ NO = 5 किमी NO = MP
∴ MP = 5 किमी
∵ LM = 15 किमी और MP = 5 किमी
∴ LP = LM – MP
= 15 – 5 = 10 किमी

अर्थात् लशीका अपने घर से **उत्तर दिशा** में **10 किमी** की दूरी पर है।

अतः **अभीष्ट दूरी और दिशा = 10 किमी**

22. (d) **श्याम के चलने का क्रम निम्न प्रकार है–**

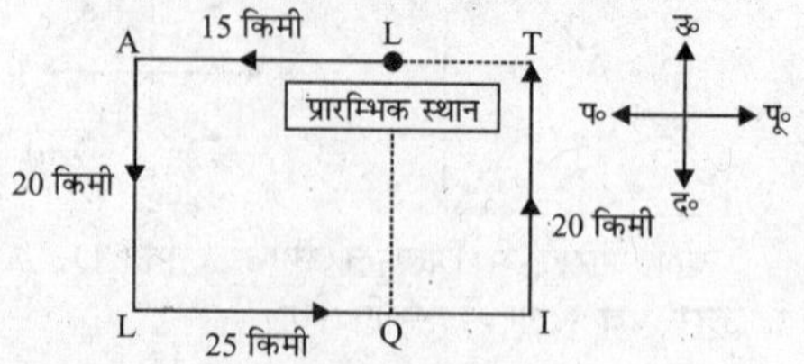

∵ LA = 15 किमी और LA = LQ
∴ LQ = 15 किमी
∵ LI = 25 किमी
और LQ = 15 किमी
∴ QI = LI – LQ
= 25 – 15 = 10 किमी
∵ QI = 10 किमी और QI = LT
∴ LT = 10 किमी

अर्थात् मेरे घर से श्याम **10 किमी** की दूरी पर है।

अतः **अभीष्ट दूरी ⇒ 10 किमी**

23. (c) **महिला के जाने का क्रम निम्न प्रकार है–**

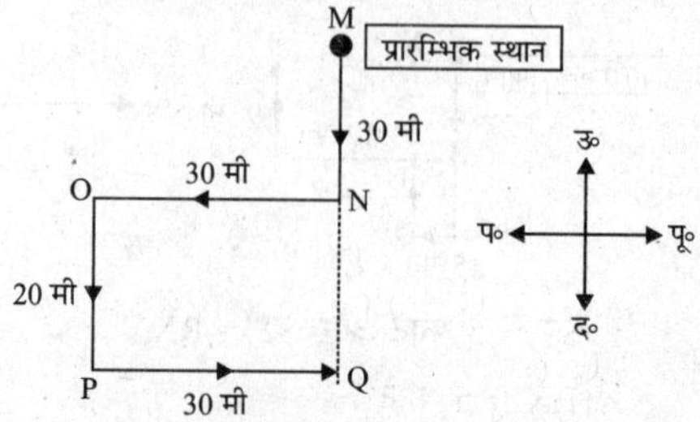

∵ OP = 20 मी और OP =NQ
∴ NQ = 20 मी
∵ MN = 30 मी और NQ = 20 मी
∴ MQ = MN + NQ
= 30 + 20 = 50 मी

अर्थात् वह महिला अपने प्रारंभिक स्थान से **50 मी** की दूरी पर है।

अतः **अभीष्ट दूरी = 50 मी**

24. (e) संजय के स्कूल बस के चलने का क्रम निम्न प्रकार है–

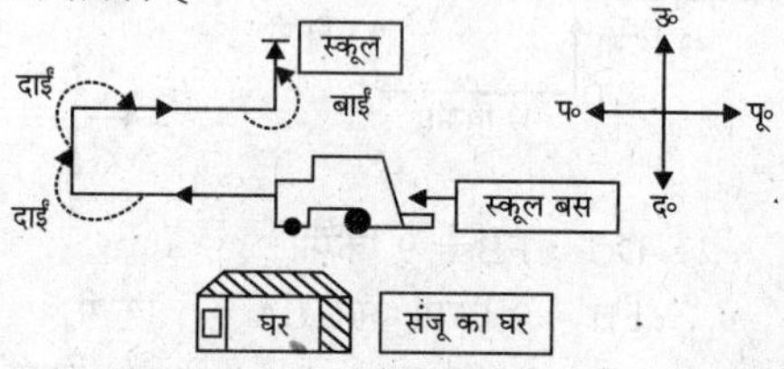

चित्र से बिल्कुल स्पष्ट है कि संजय की स्कूल बस जब उसके घर के पास रुकी थी, तो बस का मुँह **'पश्चिम'** की ओर था।

अतः **अभीष्ट दिशा ⇒ पश्चिम**

विधि : दक्षिण, दाएँ, बाएँ, बाएँ, बाएँ = पूरब ⇒ पश्चिम

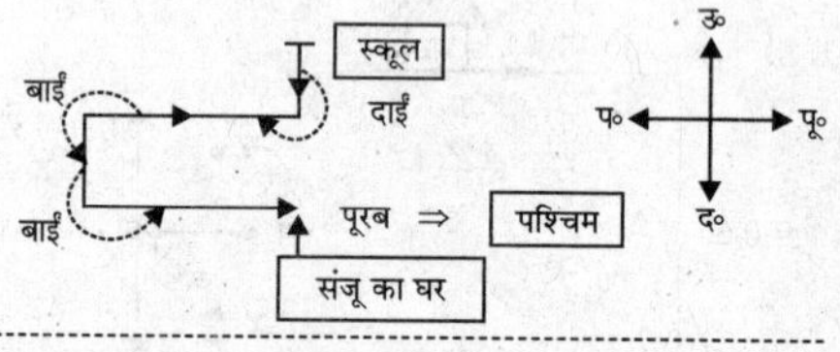

नोट : यहाँ हमने बस को स्कूल की ओर से प्रश्न के विपरीत दिशाओं में चलाते हुए संजय के घर के सामने जो बस की दिशा स्थिति प्राप्त हुई उस दिशा को विपरीत दिशा में परिवर्तित कर अभीष्ट दिशा प्राप्त की है।

25. (a) **दिशा परिवर्तन का क्रम निम्न प्रकार है–**

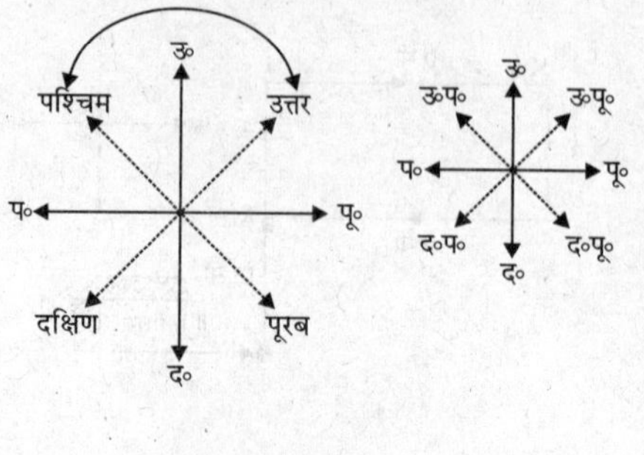

यहाँ प्रश्नानुसार, परिवर्तन के क्रम में दक्षिण-पूर्व, **'पूरब'** हो जाता है तथा उत्तर-पश्चिम, **'पश्चिम'** हो जाता है, इसी प्रकार परिवर्तन का क्रम जारी रहे तो उत्तर-पूर्व, **'उत्तर'** तथा दक्षिण-पश्चिम, **'दक्षिण'** हो जाएगा।

अब परिवर्तन के बाद वास्तविक उत्तर यानी (Original North) **उत्तर और पश्चिम** के मध्य में है।

अर्थात् प्रश्नानुसार,परिवर्तन के क्रम में 'उत्तर' (Original North) को **'उत्तर-पश्चिम'** कहा जाएगा।

अतः अभीष्ट परिवर्तन के बाद उत्तर ⇒ उत्तर-पश्चिम

26. (c) **P, Q, R और S के बैठने की स्थिति निम्न प्रकार है–**

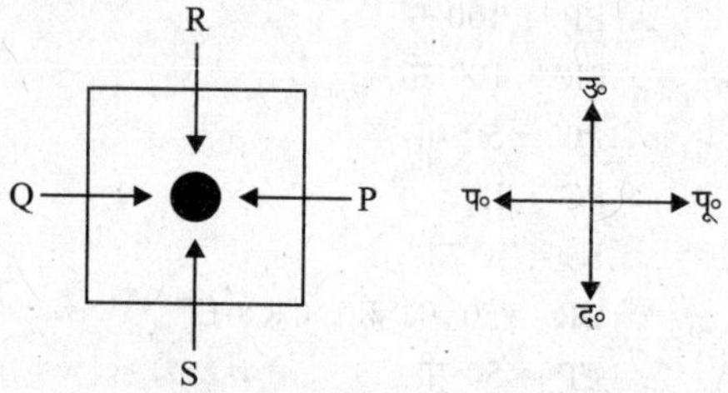

चूँकि प्रश्नानुसार, 'P' और 'Q' जोड़ीदार (Partner) हैं तथा 'P' का मुख पश्चिम की ओर है, इसलिए अवश्य ही 'Q' का मुख पूर्व की ओर होगा। इसी प्रकर R एवं S जोड़ीदार (Partner) हैं और तब यदि 'S' का मुख उत्तर की ओर है, तो निश्चित ही 'R' का मुख **दक्षिण** की ओर होगा।

अतः **अभीष्ट खिलाड़ी ⇒ R**

27. (d) **पुरुष के चलने का क्रम निम्न प्रकार है–**

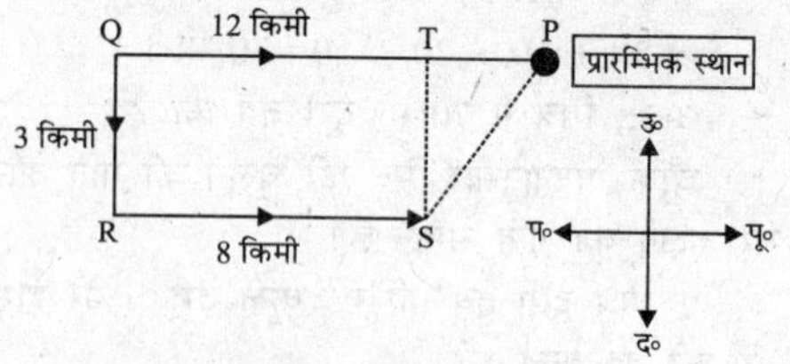

∵ RS = 8 किमी और RS = TQ
∴ TQ = 8 किमी
∵ PQ = 12 किमी और TQ = 8 किमी
∴ PT = PQ – TQ
= 12 – 8 = 4 किमी
∵ QR = 3 किमी और QR = TS
∴ TS = 3 किमी
∵ PT = 4 किमी और TS = 3 किमी
∴ PS = $\sqrt{(PT)^2 + (TS)^2}$
= $\sqrt{(4)^2 + (3)^2}$
= $\sqrt{25}$ = 5 किमी

अर्थात् वह पुरुष अपने प्रारंभिक स्थान से 5 किमी की दूरी पर है।

अतः **अभीष्ट दूरी = 5 किमी**

28. (b) **A और B के चलने का क्रम निम्न प्रकार है—**

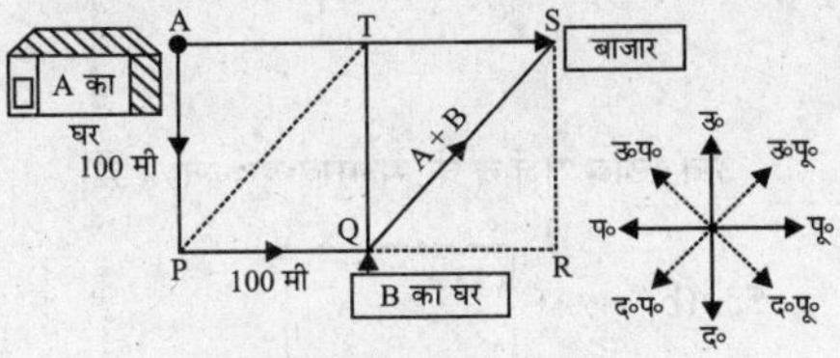

$\Delta ATP = \Delta TSQ$

$AT = TS$

$AT = 100$ मी और $PQ = AT$

$AT = 100$ मी और $AT = TS$

$TS = 100$ मी

$AS = AT + TS$

$= 100 + 100 = 200$ मी

अर्थात् बाजार 'A' के घर से **200 मी** की दूरी पर है।

अत: **अभीष्ट दूरी = 200 मी**

29. (e) **सुशील के चलने का क्रम निम्न प्रकार है—**

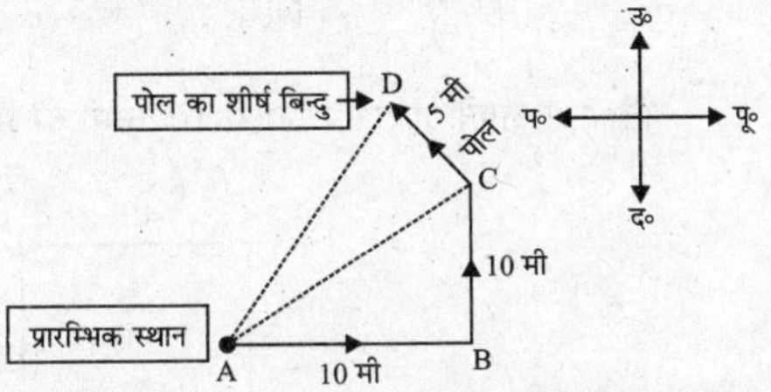

बिन्दु A से पोल के Base C तक की दूरी

$\because AB = 10$ मी और $BC = 10$ मी

$\therefore AC = \sqrt{(AB)^2 + (BC)^2}$

$= \sqrt{(10)^2 + (10)^2}$

= 200 अर्थात् प्रारंभिक स्थान से Pole के Base तक की दूरी

$AC = \sqrt{200}$ मी

इसी प्रकार,

प्रारंभिक बिन्दु A से पोल के शीर्ष बिन्दु D तक की दूरी

$\because AC = \sqrt{200}$ मी और $CD = 5$ मी

$\therefore AD = \sqrt{(AC)^2 + (CD)^2}$

$= \sqrt{(\sqrt{200})^2 + (5)^2}$

$= \sqrt{200 + 25}$

$= \sqrt{225} = 15$ मी

अर्थात् बिन्दु A से लाल बत्ती 'D' तक की वास्तविक दूरी **15 मी** है।

अत: **अभीष्ट दूरी = 15 मी**

प्रश्न संख्या 30 से 32 तक के प्रश्नों को हल करने के लिए गाँवों की स्थिति निम्न प्रकार है—

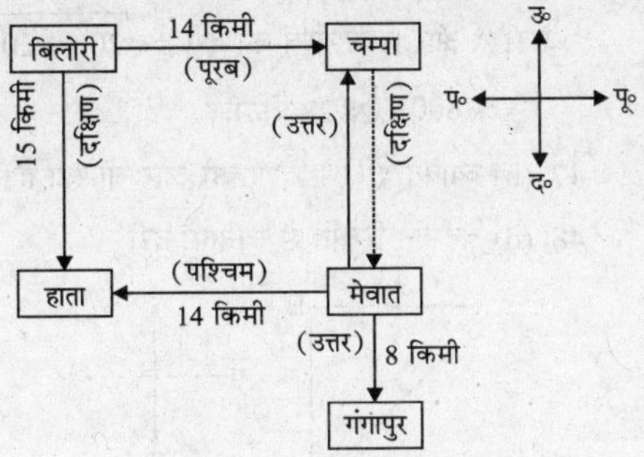

30. (c) चित्र से बिल्कुल स्पष्ट है कि गाँव 'हाडौता', चम्पा के ठीक दक्षिण में है।

अत: **अभीष्ट गाँव ⇒ हाडौता**

31. (a) **पुल्कित के भ्रमण का क्रम निम्न प्रकार है—**

हाडौता से बुरांडी = 14 किमी

बुरांडी से अमरावती = 15 किमी और

अमरावती से हाता = 15 किमी

कुल दूरी = 44 किमी

अर्थात् पुल्कित **44 किमी** की दूरी तय करता है।

अत: **अभीष्ट तय की गयी दूरी = 44 किमी**

संक्षिप्त विधि :

$14 + 15 \times 2 = 44$ किमी

32. (e) **आनन्द के भ्रमण का क्रम निम्न प्रकार है—**

अमरावती से चम्पा = 14 किमी

चम्पा से अमरावती = 14 किमी

अमरावती से बुरांडी = 15 किमी

बुरांडी से हाडौता = 14 किमी

हाडौता से रामनगर = 8 किमी

रामनगर से हाडौता = 8 किमी

कुल दूरी = 73 किमी

अर्थात् आनन्द ने उस दिन कुल **73 किमी** दूरी तय की।

अत: **अभीष्ट तय की गई दूरी = 73 किमी**

संक्षिप्त विधि :

$14 \times 2 + 15 + 14 + 8 \times 2$

= 73 मी

33. (c)

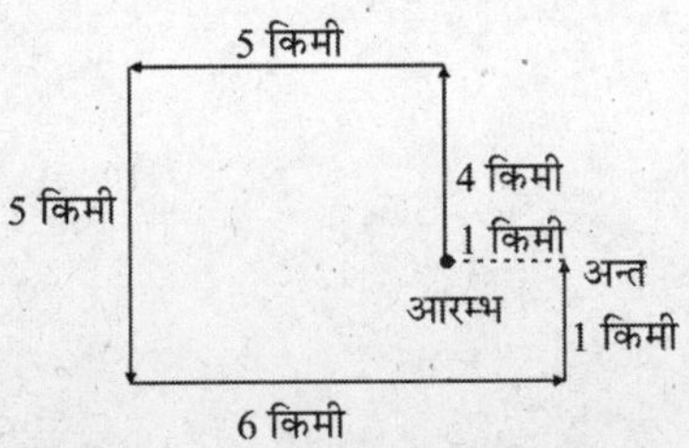

अत: दौड़ पूरा करने के स्थान से दौड़ शुरू करने के स्थान पर पहुँचने के लिए पश्चिम दिशा में दौड़ना होगा।

34. (d)

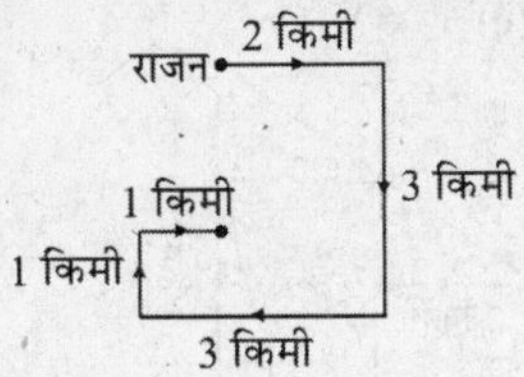

राजन पूर्व की ओर चल रहा है।

35. (a)

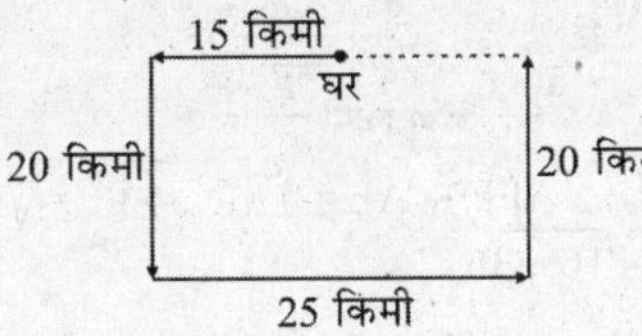

अत: सोहन अपने घर से 25 – 15 = 10 किमी दूर है।

36. (b)

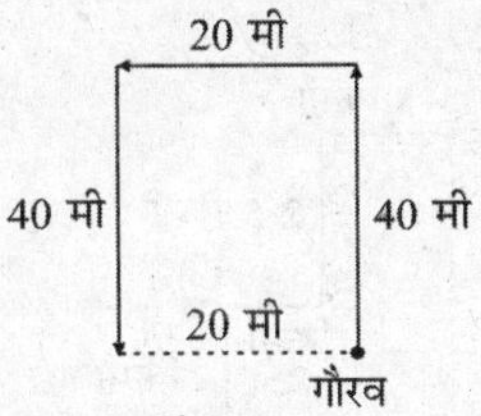

गौरव अपने प्रारम्भिक स्थान से 20 मी की दूरी पर है।

37. (d) अभीष्ट दूरी $= \sqrt{15^2 - 12^2} = \sqrt{225 - 144}$

$= \sqrt{81}$

= 9 मीटर

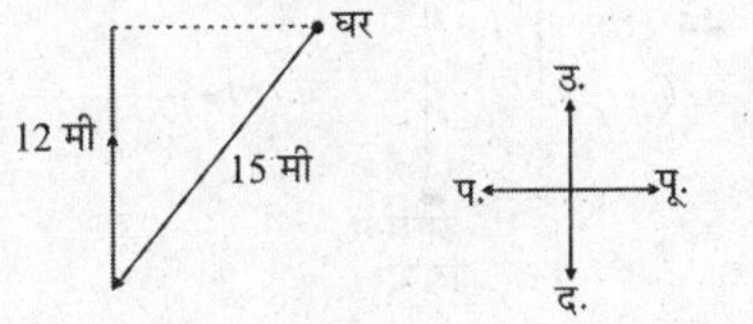

अत: कविता अपने घर से 9 मी दूर है।

38. (d)

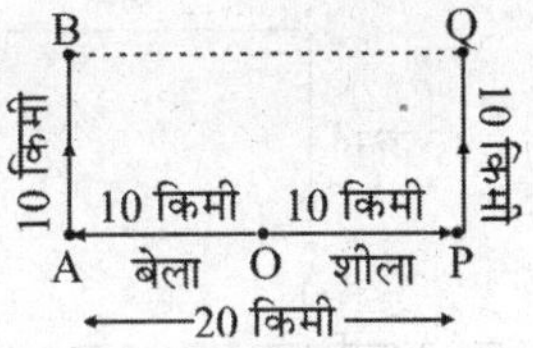

$\therefore$ BQ = (10 + 10) किमी

= 20 किमी

39. (b)

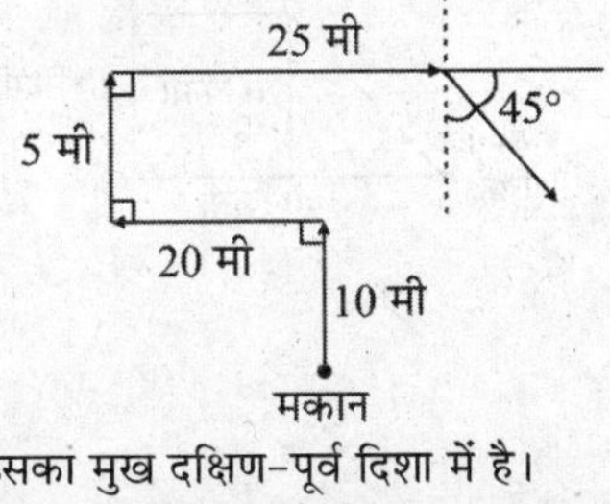

अत: उसका मुख दक्षिण-पूर्व दिशा में है।

40. (a)

41. (a)

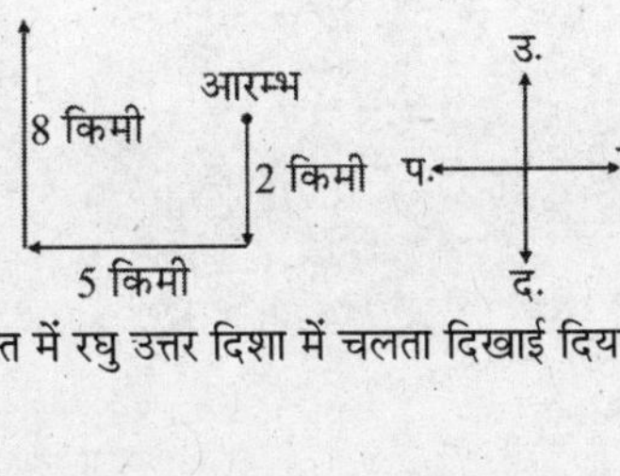

अत: अन्त में रघु उत्तर दिशा में चलता दिखाई दिया।

42. (c)

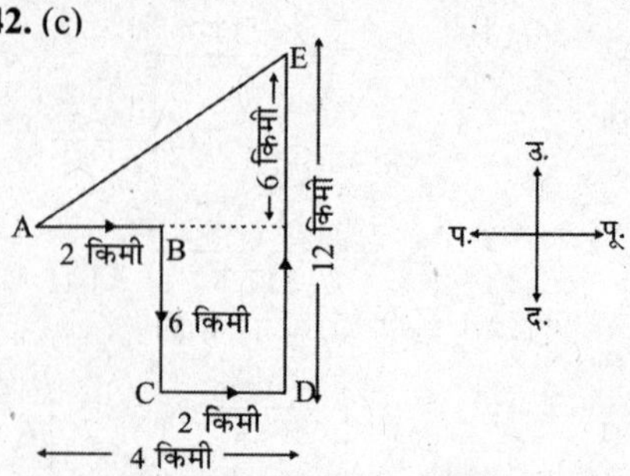

Δ AFE में $AE = \sqrt{AF^2 + EF^2} = \sqrt{(4)^2 + (6)^2}$
$= \sqrt{16+36}$

$= \sqrt{52} = 7{\cdot}2$ किमी

43. (a)

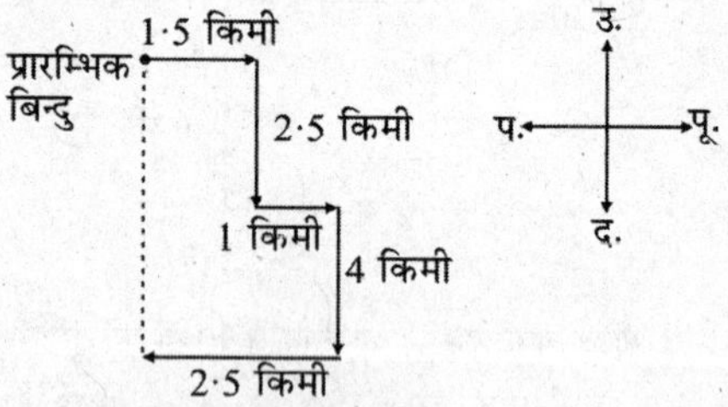

अत: राजू आरम्भिक बिन्दु से

$2{\cdot}5 + 4 = 6{\cdot}5$ किमी दूर है।

44. (b)

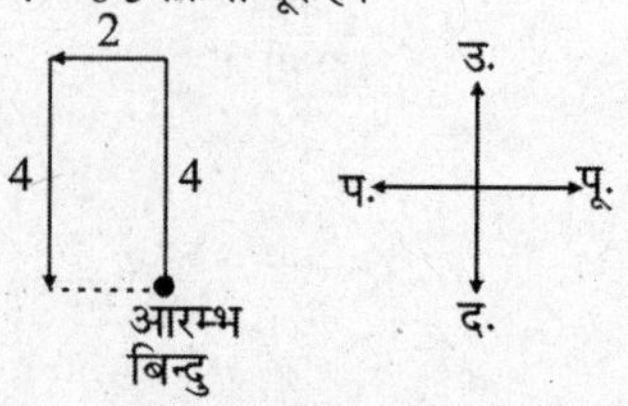

अत: आप आरम्भिक स्थान से 2 किमी दूर हैं।

45. (b)

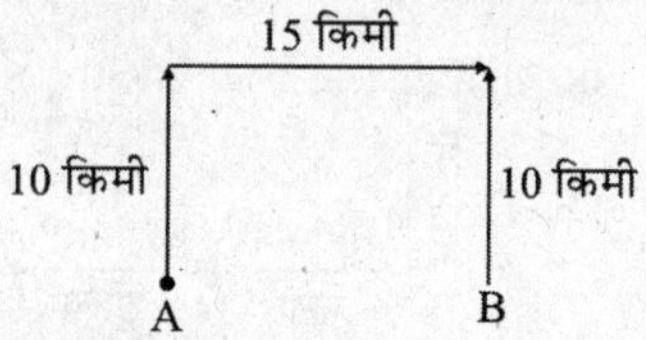

अत: वाहन प्रारम्भिक बिन्दु A से 15 किमी दूर है।

46. (a)

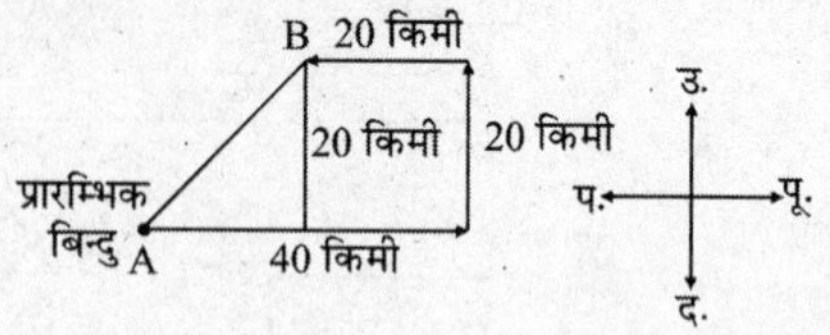

अत: A और B के बीच की दूरी $= \sqrt{20^2 + 20^2}$

$= \sqrt{800} = 28{\cdot}28$ किमी

47. (b) व्यक्ति दक्षिण दिशा की ओर जा रहा है।

48. (d) वर्तमान स्थिति से न्यूनतम दूरी

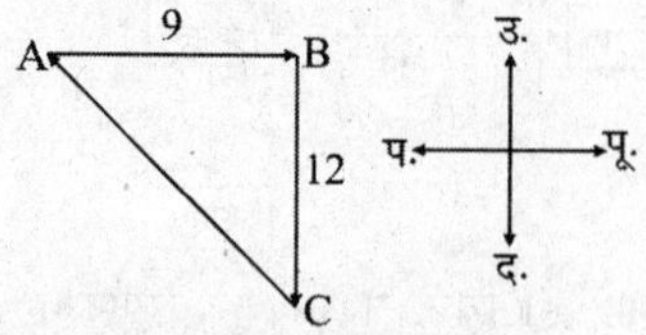

$AC = \sqrt{AB^2 + BC^2} = \sqrt{9^2 + 12^2}$

$= \sqrt{81+144} = \sqrt{225}$

= 15 समुद्री मील

49. (c)

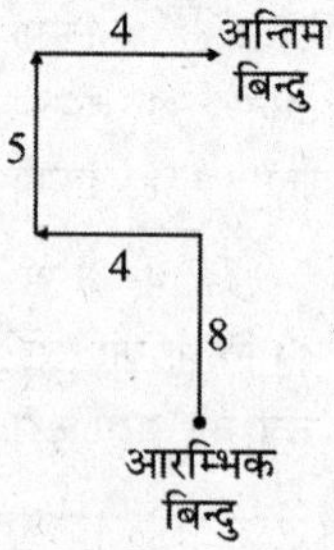

अत: राजू आरम्भिक स्थल से 8 + 5 = 13 किमी दूर है।

50. (a)

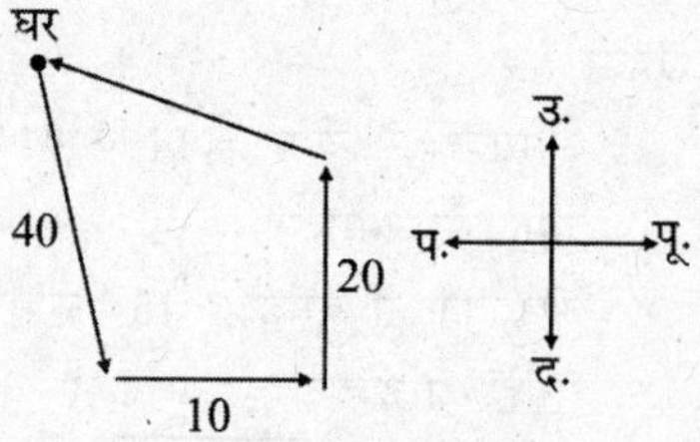

अत: रामदेव उत्तर-पश्चिम दिशा में है।

51. (d) पंक्ति में–

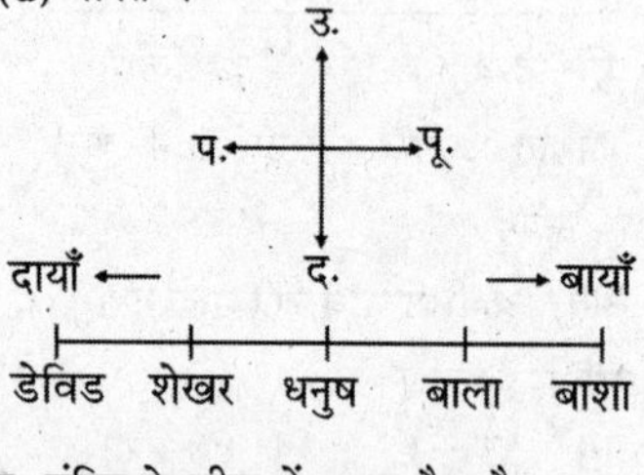

अत: पंक्ति के बीच में धनुष बैठा है।

52. (c) आरम्भिक बिन्दु

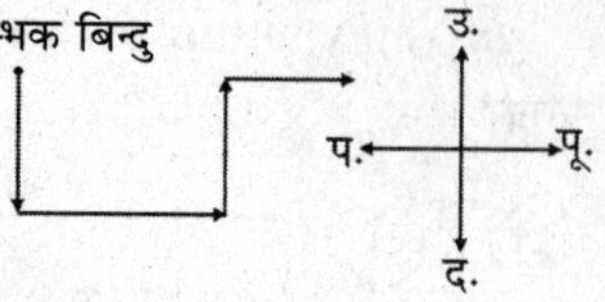

अत: अब राजीव के सम्मुख पूर्व दिशा है।

53. (b)

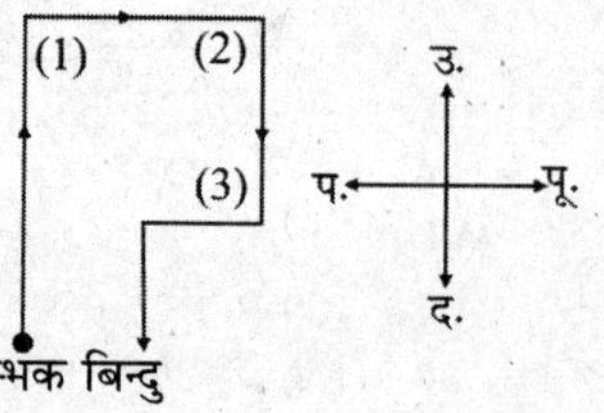

अत: मीना अन्त में दक्षिण दिशा की ओर जा रही है।

54. (d)

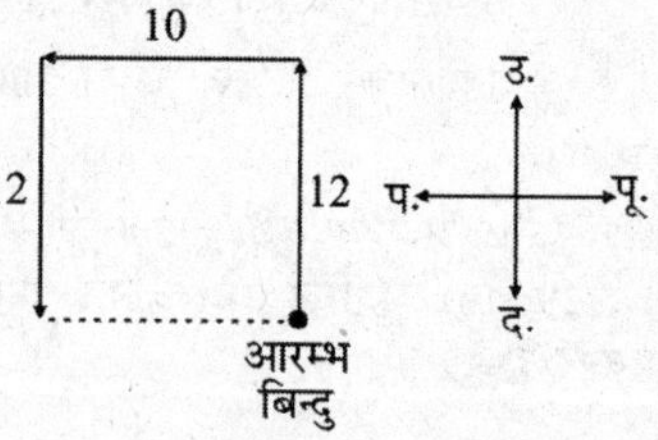

अत: राम अपने आरम्भ बिन्दु से 10 किमी दूर है।

55. (b)

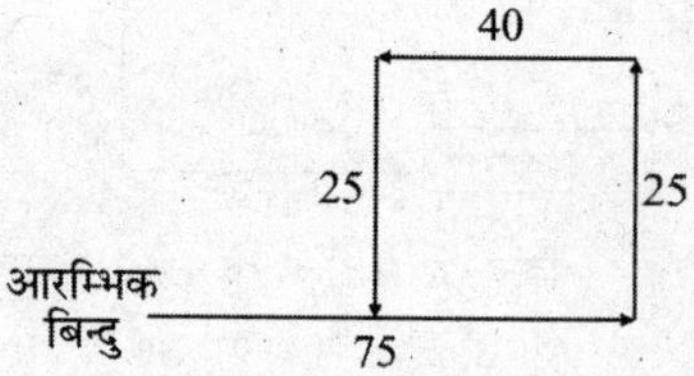

अत: कुणाल अपने आरम्भिक स्थान से 75 – 40 = 35 किमी की दूरी पर है।

56. (d)

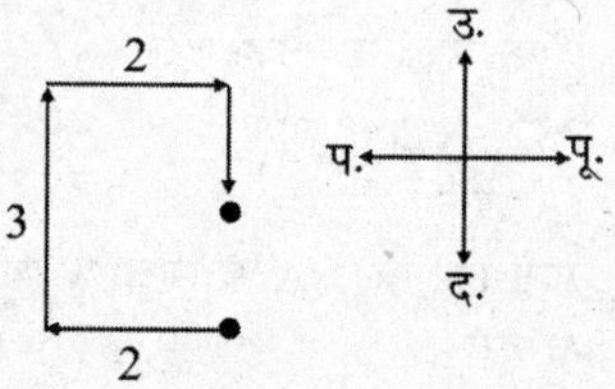

अत: रमेश दक्षिण दिशा में मुँह करके खड़ा है।

❑❑❑

अध्याय 8

व्यवस्थित क्रम परीक्षण

इस अध्याय के अन्तर्गत कुछ व्यक्तियों, वस्तुओं, संख्याओं तथा सूचनाओं इत्यादि का एक अव्यवस्थित क्रम समूह दिया जाता है जिसे परीक्षार्थियों को प्रश्न में कथित सूचनाओं के आधार पर एक निश्चित क्रम में व्यवस्थित करना होता है। इसके अन्तर्गत निम्न प्रकार के प्रश्न पूछे जाते हैं–

(1) वृत्तीय-क्रम परीक्षण
(2) लम्बाई या वजन संबंधी क्रम-परीक्षण
(3) उम्र संबंधी क्रम-परीक्षण
(4) स्थान संबंधी क्रम-परीक्षण
(5) शब्दों को सार्थक क्रम में व्यवस्थित करना
(6) शब्दों को शब्दकोश में वर्णों की स्थिति के अनुसार व्यवस्थित करना
(7) रेखीय-क्रम परीक्षण

प्रकार 1. वृत्तीय संबंधी क्रम परीक्षण

इस परीक्षण के अन्तर्गत आने वाले प्रश्नों में व्यक्तियों या वस्तुओं के समूह को वृत्ताकार रूप में खड़े या बैठी अवस्था में दर्शाया गया होता है जिनमें प्रत्येक का मुँह वृत्त के केन्द्र की तरफ होता है। यहाँ प्रेक्षक की स्थित वृत्तीय घेरे से बाहर होती है, परन्तु उसका भी मुँह वृत्त के केन्द्र की ओर होता है। यही कारण है कि प्रेक्षक की दिशा तथा वृत्ताकार पथ पर स्थित वस्तुओं और व्यक्तियों की दिशा समान होती है।

वर्णों की स्थिति दिशा के अनुसार इस प्रकार है–

A के बाईं ओर B
B के बाईं ओर C
C के बाईं ओर D
D के बाईं ओर E
E के बाईं ओर F

तथा F के बाईं ओर A है।
A के दाईं ओर F
F के दाईं ओर E
E के दाईं ओर D
D के दाईं ओर C
C के दाईं ओर B
तथा B के दाईं ओर A है।

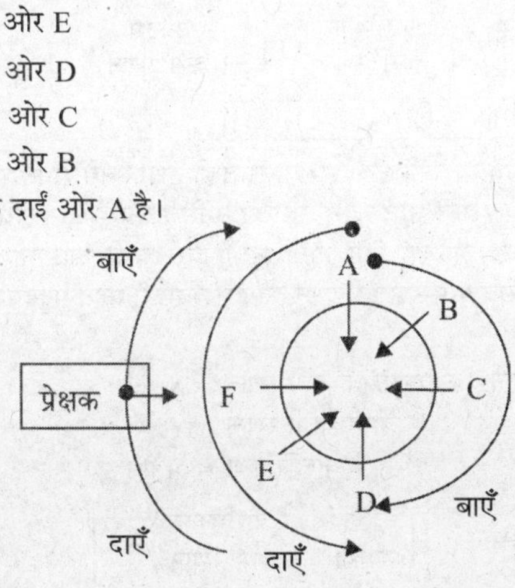

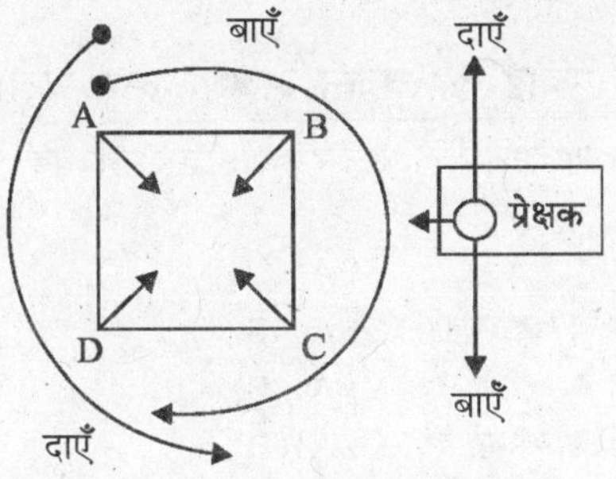

[याद रहे–चौकोर, आयताकार तथा वर्गाकार या किसी अन्य ज्यामितीय आकृति के रूप में स्थित व्यक्तियों या वस्तुओं के समूह में बाएँ तथा दाएँ दिशा का क्रम वृत्ताकार रूप में स्थित व्यक्तियों या वस्तुओं के दिशा के क्रम जैसा ही होता है।]

उदाहरण 1. छः मित्र एक वृत्त बनाकर बैठे हैं। धीरेन्द्र का मुख नवीन की तरफ है जोकि विनय के दाईं ओर तथा आलोक के बाईं ओर है। विनय, विनोद के बाईं ओर तीसरे स्थान पर स्थित है। यदि आलोक और मधुकर तथा विनोद और नवीन परस्पर स्थान बदल लें, तो नवीन के बाईं ओर कौन बैठा होगा?

(a) धीरेन्द्र (b) आलोक
(c) विनय (d) विनोद
(e) इनमें से कोई नहीं

हल (e) मित्रों के बैठने का क्रम निम्नवत् है–

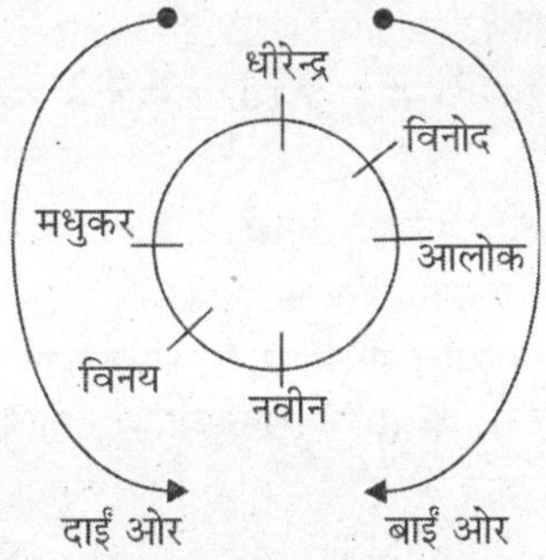

स्थितियों को बदलने पर नया क्रम निम्नवत् होगा–

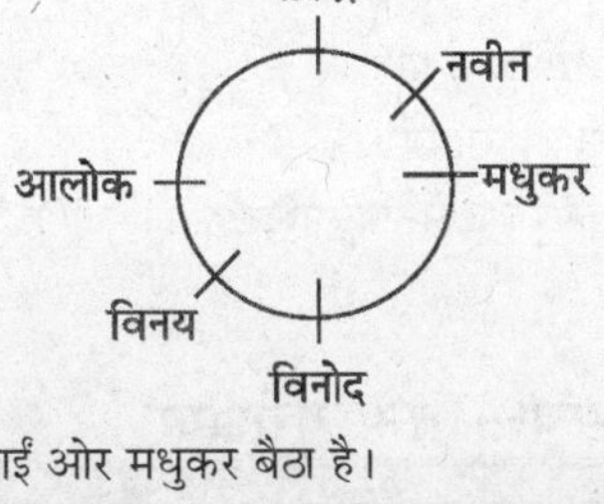

अत: नवीन के बाईं ओर मधुकर बैठा है।

उदाहरण 2. पाँच मित्र एक आयताकार टेबल पर खाना खाने बैठे हैं। E, C और A के बीच में बैठा है। E के दाएँ तीसरे स्थान पर B बैठा है जो A के तत्काल दाएँ है। यदि A के सामने C बैठा है तो बताएं कि E के सामने कौन बैठा होगा?

(a) B (b) C
(c) A (d) ज्ञात नहीं किया जा सकता

हल (c) मित्रों के बैठने का क्रम निम्नवत् है–

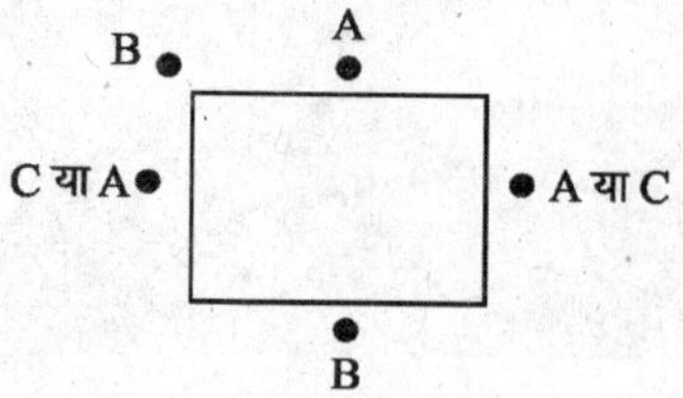

स्पष्टतः E के सामने मुँह किए हुए A बैठा है।

प्रकार 2. लम्बाई या वजन संबंधी क्रम परीक्षण

इस परीक्षण के अन्तर्गत आने वाले प्रश्न स्पष्टतः लम्बाई के बढ़ते या घटते क्रम पर आधारित होते हैं।

A, B से बड़ा है $\rightarrow A > B$ ...(1)
A, B से बड़ा या बराबर है $\rightarrow A \geq B$ ...(2)
A, B से छोटा है $\rightarrow A < B$ ...(3)
A, B से छोटा या बराबर है $\rightarrow A \leq B$ ...(4)

उपर्युक्त संकेत चिह्नों [$>$, $<$, $\geq$, $\leq$] द्वारा प्रश्नों को आसानी से हल किया जा सकता है।

उदाहरण 3. प्रमोद लम्बा है हेमन्त से, जो संजय से लम्बा नहीं है। राजन लम्बा है रंजन से, परन्तु उतना नहीं जितना हेमन्त है। जब उन्हें उनकी लम्बाई के बढ़ते क्रम में व्यवस्थित किया जाता है तो उनमें से कौन ऊपर से चौथे स्थान पर होगा?

(a) प्रमोद (b) संजय
(c) राजन (d) हेमन्त

हल (b)

प्रमोद > हेमन्त ...(1)
तथा संजय ≥ हेमन्त ...(2)
फिर हेमन्त > राजन > रंजन ...(3)

(1), (2) और (3) से,

प्रमोद > संजय ≥ हेमन्त > राजन > रंजन लम्बाई के बढ़ते क्रम में व्यवस्थित करने पर,

रंजन < राजन < हेमन्त ≤ **संजय** < प्रमोद

अतः ऊपर से चौथे स्थान पर संजय स्थित है।

उदाहरण 4. संगीता लम्बी है प्रतिभा से, परन्तु उतनी नहीं जितना कि निरूपमा है। सुप्रिया छोटी है लता से, जो संगीता से लम्बी है। लड़कियों की इस समूह में सबसे लम्बी कौन है?

(a) प्रतिभा (b) निरूपमा
(c) लता (d) ज्ञात नहीं किया जा सकता

हल (d)

निरूपमा > संगीता > प्रतिभा ...(1)
तथा लता > संगीता > सुप्रिया ...(2)

अतः (1) और (2) को देखने से यह स्पष्ट नहीं हो पाता है कि लता और निरूपमा में सबसे लम्बा कौन है?

प्रकार 3. उम्र संबंधी क्रम परीक्षण

यह क्रम परीक्षण लम्बाई या वजन संबंधी क्रम परीक्षण के समान ही होता है। प्रश्न में अन्तर सिर्फ इतना होता है कि "लम्बा या छोटा तथा भार अधिक या कम" के स्थान पर "बड़ा या छोटा" का उल्लेख रहता है जिससे उम्र संबंधी जानकारी प्राप्त हो जाती है। कभी-कभी तो प्रश्नों में उम्र संबंधी तथ्य भी प्रस्तुत किए गए होते हैं। इस प्रकार के प्रश्नों के हल की विधि लम्बाई या वजन संबंधी क्रम परीक्षण की तरह ही है।

उदाहरण 5. श्वेता, अरुण की बड़ी बहिन है, परन्तु सुषमा से 5 वर्ष छोटी है। प्रकाश, अरुण से 10 वर्ष छोटा, परन्तु नन्दन से 10 वर्ष बड़ा है। यदि उन्हें उनकी आयु के बढ़ते क्रम में व्यवस्थित किया जाता है तो नीचे से दूसरे स्थान पर कौन होगा/होगी?

(a) अरुण (b) सुषमा
(c) श्वेता (d) प्रकाश

हल (c)

सुषमा > श्वेता > अरुण ...(1)
तथा अरुण > प्रकाश > नन्दन ...(2)

(1) और (2) से,

सुषमा > श्वेता > अरुण > प्रकाश > नन्दन

∴ आयु के बढ़ते क्रम में व्यवस्थित करने पर,

नन्दन < प्रकाश < अरुण < **श्वेता** < सुषमा

अतः नीचे से दूसरे स्थान पर श्वेता स्थित है।

प्रकार 4. स्थान संबंधी परीक्षण

इसके अन्तर्गत निम्न प्रकार के प्रश्न पूछे जाते हैं–

(I) यदि किसी व्यक्ति का प्रारम्भिक तथा अंतिम क्रम स्थान दिया गया हो तो पंक्ति या समूह में स्थित कुल व्यक्तियों की संख्या ज्ञात करना–इस प्रकार के प्रश्नों के हल दो सूत्रों द्वारा बड़ी आसानी से निकाल सकते हैं, दोनों ही सूत्र प्रश्न को कम-से-कम समय में हल करने की क्षमता रखते हैं तथा साथ-ही-साथ सही हल देने में भी।

सूत्र : (I)

माना कि प्रारम्भिक क्रम स्थान = X
तथा अंतिम क्रम स्थान = Y
फिर, कुल संख्या = N

$$\text{कुल संख्या} = \left[\left(\begin{matrix}\text{प्रारम्भिक}\\\text{क्रम स्थान}\end{matrix} + \begin{matrix}\text{अंतिम}\\\text{क्रम स्थान}\end{matrix}\right) - 1\right]$$

अर्थात् $N = [(X + Y) - 1]$

सूत्र : (II)

माना कि प्रारम्भिक क्रम स्थान = X
तथा अंतिम क्रम स्थान = Y
फिर, कुल संख्या = N

$$\therefore \text{कुल संख्या} = \left[\left(\begin{matrix}\text{प्रारम्भिक}\\\text{क्रम स्थान}\end{matrix} - 1\right) + \left(\begin{matrix}\text{अंतिम}\\\text{क्रम स्थान}\end{matrix} - 1\right) + 1\right]$$

अर्थात् $N = \boxed{[(X - 1) + (Y - 1) + 1]}$

(II) यदि व्यक्तियों की कुल संख्या ज्ञात हो तथा उनमें से किसी एक व्यक्ति का प्रारम्भिक क्रम स्थान ज्ञात हो तो उसका अंतिम क्रम स्थान ज्ञात करना–इस प्रकार के प्रश्नों को अग्रवत् दिए दोनों सूत्रों द्वारा बड़ी आसानी से हल किया जा सकता है, दोनों सूत्र कम समय में प्रश्न को हल करने में बहुत मददगार साबित होंगे।

सूत्र : (I)

माना कि प्रारम्भिक क्रम स्थान = X
तथा अंतिम क्रम स्थान = Y
फिर, कुल संख्या = N

$$\text{अंतिम क्रम स्थान} = \left[\left(\begin{matrix}\text{कुल}\\\text{संख्या}\end{matrix} + \begin{matrix}\text{प्रारम्भिक}\\\text{क्रम स्थान}\end{matrix}\right) + 1\right]$$

अर्थात् $\boxed{Y = [(N - X + 1)]}$

सूत्र : (II)

माना कि प्रारम्भिक क्रम स्थान = X

तथा अंतिम क्रम स्थान = Y

फिर, कुल संख्या = N

$$\therefore \text{ अंतिम क्रम स्थान} = \left[\left(\begin{matrix}\text{कुल}\\ \text{संख्या}\end{matrix} - \begin{matrix}\text{प्रारम्भिक}\\ \text{क्रम स्थान}\end{matrix}\right) - 1\right]$$

अर्थात् $\boxed{Y = [(N - X - 1)]}$

(III) यदि व्यक्तियों की कुल संख्या तथा उनमें से किसी एक व्यक्ति का अंतिम क्रम स्थान ज्ञात हो तो उसका प्रारम्भिक क्रम स्थान ज्ञात करना—इस प्रकार के प्रश्नों को निम्नलिखित दोनों सूत्रों द्वारा बड़ी आसानी से कम समय में शुद्ध-शुद्ध हल कर सकते हैं। दोनों सूत्र अलग-अलग समान उत्तर ही देते हैं।

सूत्र : (I)

माना कि प्रारम्भिक क्रम स्थान = X

तथा अंतिम क्रम स्थान = Y

फिर कुल संख्या = N

$$\therefore \text{ प्रारम्भिक क्रम स्थान} = \left[\left(\begin{matrix}\text{कुल}\\ \text{संख्या}\end{matrix} - \begin{matrix}\text{अंतिम}\\ \text{क्रम स्थान}\end{matrix}\right) + 1\right]$$

अर्थात् $\boxed{X = [(N - Y) - 1]}$

सूत्र : (II)

माना कि प्रारम्भिक क्रम स्थान = X

तथा अंतिम क्रम स्थान = Y

फिर, कुल संख्या = N

$$\therefore \text{ प्रारम्भिक क्रम स्थान} = \left[\left(\begin{matrix}\text{कुल}\\ \text{संख्या}\end{matrix} - \begin{matrix}\text{अंतिम}\\ \text{क्रम स्थान}\end{matrix}\right) - 1\right]$$

अर्थात् $\boxed{X = [(N) - (Y - 1)]}$

(IV) यदि बाएँ एवं दाएँ से दो भिन्न व्यक्तियों के क्रम स्थान दिए गए हों, उसके बाद वे अपनी स्थितियाँ परस्पर बदल लेते हों, तत्पश्चात् उनमें से किसी एक व्यक्ति का बाएँ या दाएँ से क्रम स्थान ज्ञात हो तो दूसरे व्यक्ति का दाएँ या बाएँ का क्रम स्थान ज्ञात करना या पंक्ति या समूह में स्थित कुल व्यक्तियों की संख्या ज्ञात करना—

(i) यदि प्रथम व्यक्ति का बाएँ से पहला तथा दूसरे व्यक्ति का दाएँ से पहला क्रम स्थान दिया गया हो, उसके बाद दूसरे व्यक्ति का दाएँ से या बाएँ से दूसरा क्रम स्थान ज्ञात हो तो प्रथम व्यक्ति का बाएँ से या दाएँ से दूसरा क्रम स्थान ज्ञात करना या कुल व्यक्तियों की संख्या ज्ञात करना। इस प्रकार के प्रश्नों को निम्नलिखित सूत्रों द्वारा हल किया जा सकता है—

सूत्र : (I)

माना कि प्रथम व्यक्ति का बाएँ से पहला क्रम स्थान = X

तथा दूसरे व्यक्ति का दाएँ से पहला क्रम स्थान = Y

फिर, दूसरे व्यक्ति का दाएँ से दूसरा क्रम स्थान = Z

फिर कुल व्यक्तियों की संख्या = N

∴ कुल व्यक्तियों की संख्या

$$= \left[\left(\begin{matrix}\text{दूसरे व्यक्ति}\\ \text{का दूसरा}\\ \text{क्रम स्थान}\end{matrix} + \begin{matrix}\text{पहले व्यक्ति}\\ \text{का पहला}\\ \text{क्रम स्थान}\end{matrix}\right) - 1\right]$$

अर्थात् $\boxed{N = [(Z + X) - 1]}$

अतः प्रथम व्यक्ति का बाएँ से दूसरा क्रम स्थान

$$= \left[\begin{matrix}\text{दूसरे व्यक्ति के}\\ \text{दूसरे तथा पहले}\\ \text{क्रम स्थान में अन्तर}\end{matrix} + \begin{matrix}\text{प्रथम व्यक्ति}\\ \text{का पहला}\\ \text{क्रम स्थान}\end{matrix}\right]$$

अर्थात् प्रथम व्यक्ति का बाएँ से दूसरा क्रम स्थान = [(Z – Y) + X]

सूत्र : (II)

माना कि प्रथम व्यक्ति का बाएँ से पहला क्रम स्थान = X

तथा दूसरे व्यक्ति का दाएँ से पहला क्रम स्थान = Y

फिर, दूसरे व्यक्ति का दाएँ से दूसरा क्रम स्थान = Z

फिर, कुल व्यक्तियों की संख्या = N

∴ कुल व्यक्तियों की संख्या

$$= \left[\left(\begin{matrix}\text{प्रथम व्यक्ति का}\\ \text{पहला क्रम स्थान}\end{matrix} - 1\right) + \left(\begin{matrix}\text{दूसरे व्यक्ति का}\\ \text{दूसरा क्रम स्थान}\end{matrix} - 1\right) + 1\right]$$

अर्थात् $\boxed{N = [(X - 1) + (Z - 1) + 1]}$

(ii) यदि प्रथम व्यक्ति का बाएँ से पहला तथा दूसरे व्यक्ति का दाएँ से पहला क्रम स्थान दिया गया हो, उसके बाद पहले व्यक्ति का बाएँ से दूसरा क्रम स्थान ज्ञात हो तो दूसरे व्यक्ति का बाएँ से या दाएँ से दूसरा क्रम स्थान ज्ञात करना या कुल व्यक्तियों की संख्या ज्ञात करना। इस प्रकार के प्रश्नों को निम्नलिखित सूत्रों द्वारा बड़ी असानी से कम समय में शुद्ध-शुद्ध हल किया जा सकता है—

सूत्र : (I)

माना कि प्रथम व्यक्ति का बाएँ से पहला क्रम स्थान = X

तथा दूसरे व्यक्ति का दाएँ से पहला क्रम स्थान = Y

फिर, प्रथम व्यक्ति का बाएँ से दूसरा क्रम स्थान = Z

फिर, कुल व्यक्तियों की संख्या = N

∴ कुल व्यक्तियों की संख्या

$$= \left[\left(\begin{matrix}\text{दूसरे व्यक्ति}\\ \text{का दूसरा}\\ \text{क्रम स्थान}\end{matrix} + \begin{matrix}\text{प्रथम व्यक्ति}\\ \text{का पहला}\\ \text{क्रम स्थान}\end{matrix}\right) - 1\right]$$

अर्थात् $\boxed{N = [(Z + X) - 1]}$

अतः दूसरे व्यक्ति का दाएँ से दूसरा क्रम स्थान

$$= \left[\begin{matrix}\text{प्रथम व्यक्ति के दूसरे}\\ \text{और पहले क्रम स्थान}\\ \text{में अन्तर}\end{matrix} + \begin{matrix}\text{दूसरे व्यक्ति का}\\ \text{दाएँ से पहला}\\ \text{क्रम स्थान}\end{matrix}\right]$$

सूत्र : (II)

माना कि प्रथम व्यक्ति का बाएँ से पहला क्रम स्थान = X

तथा दूसरे व्यक्ति का दाएँ से पहला क्रम स्थान = Y

फिर, प्रथम व्यक्ति का बाएँ से दूसरा क्रम स्थान = Z

फिर, कुल व्यक्तियों की संख्या = N

∴ कुल व्यक्तियों की संख्या

$$= \left[\left(\begin{matrix}\text{दूसरे व्यक्ति का बाएँ}\\ \text{से पहला क्रम स्थान}\end{matrix} - 1\right) + \left(\begin{matrix}\text{प्रथम व्यक्ति का बाएँ}\\ \text{से दूसरा क्रम स्थान}\end{matrix} - 1\right) + 1\right]$$

अर्थात् $\boxed{N = [(Y - 1) + (Z - 1) + 1}$

उदाहरण 6. निवेदिता का अपनी कक्षा में ऊपर से 15वाँ तथा नीचे से 20वाँ स्थान है। कक्षा में कुल कितनी लड़कियाँ हैं?

(a) 36 (b) 34
(c) 35 (d) 33
(e) इनमें से कोई नहीं

हल (b)

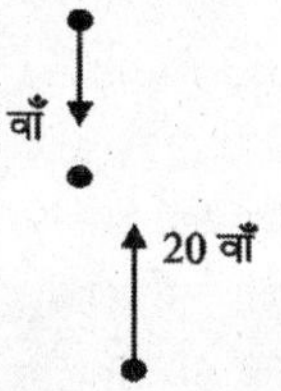

∴ कक्षा में कुल लड़कियाँ

$$= \left[\left(\begin{matrix}\text{निवेदिता का}\\ \text{ऊपर से क्रम}\\ \text{स्थान}\end{matrix} + \begin{matrix}\text{निवेदिता का}\\ \text{नीचे से क्रम}\\ \text{स्थान}\end{matrix}\right) - 1\right]$$

$= [(15 + 20) - 1] = [35 - 1] = 34$

द्वितीय विधि—

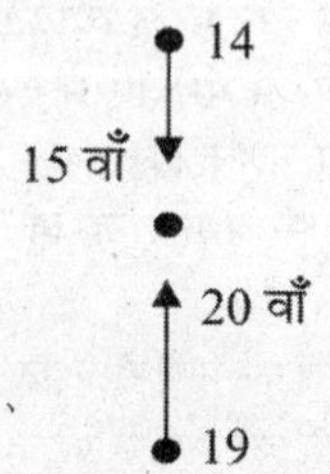

∴ कक्षा में कुल लड़कियाँ
$= 14 + 1 + 19 = 34$

उदाहरण 7. लड़कियों की एक पंक्ति में सुधा बाईं ओर से 10वीं तथा संजु दाईं ओर से 15वें स्थान पर है। जब सुधा और संजु परस्पर स्थान बदल लेती हैं तो सुधा का बाईं ओर 25वाँ स्थान हो जाता है? पंक्ति में कुल लड़कियों की संख्या कितनी है?

(a) 39 (b) 40
(c) 38 (d) ज्ञात नहीं कर सकते
(e) इनमें से कोई नहीं

हल (a)

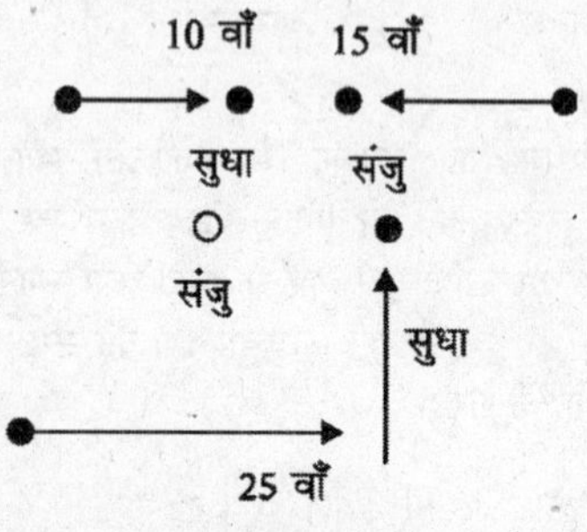

∴ पंक्ति में कुल लड़कियों की संख्या

$$= \left[\left(\begin{matrix}\text{सुधा का बाएँ}\\ \text{से दूसरा}\\ \text{क्रम स्थान}\end{matrix} + \begin{matrix}\text{संजु का दाएँ}\\ \text{से पहला}\\ \text{क्रम स्थान}\end{matrix}\right) - 1\right]$$

$= [(25 + 15) - 1] = [40 - 1] = 39$

द्वितीय विधि—

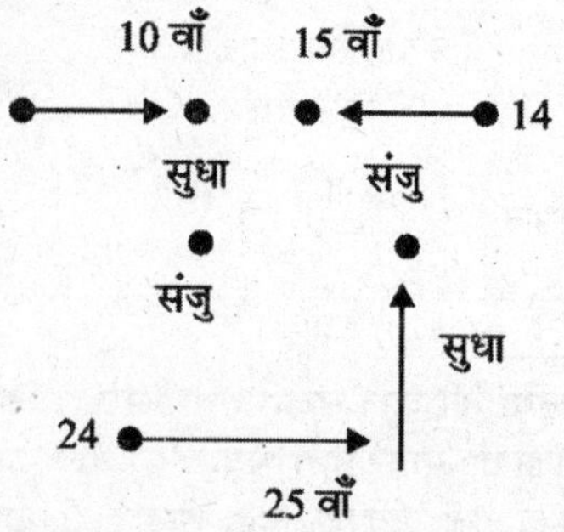

∴ पंक्ति में कुल लड़कियाँ $= 14 + 1 + 24 = 39$

प्रकार 5. शब्दों को सार्थक क्रम में व्यवस्थित करना

इस परीक्षण के अन्तर्गत प्रश्न में कुछ शब्द दिए जाते हैं, जिन्हें अभ्यर्थी को एक निश्चित सार्थक क्रम में व्यवस्थित करना होता है।

उदाहरण 8. नीचे दी गई इकाइयों को सामान्य से विशिष्ट के क्रमानुसार व्यवस्थित कीजिए—

1. वाक्य, 2. शब्द, 3. अध्याय, 4. वाक्यांश, 5. अनुच्छेद।

(a) 4, 3, 1, 2, 5
(b) 2, 3, 5, 4, 1
(c) 3, 5, 1, 4, 2
(d) 1, 3, 2, 4, 5

उत्तर (c) सामान्य से विशिष्ट के क्रमानुसार क्रम निम्नलिखित होगा—

$\frac{\text{अध्याय}}{3}, \frac{\text{अनुच्छेद}}{5}, \frac{\text{वाक्य}}{1}, \frac{\text{वाक्यांश}}{4}, \frac{\text{शब्द}}{2}$

उदाहरण 9. निम्नलिखित शब्दों को सार्थक क्रम में व्यवस्थित कीजिए।

1. इलाज, 2. डॉक्टर, 3. निदान, 4. रोगी, 5. स्वास्थ्य लाभ।

(a) 2, 4, 3, 1, 5
(b) 2, 4, 1, 3, 5
(c) 4, 1, 2, 3, 5
(d) 4, 2, 3, 1, 5

हल (d) सामान्य से सार्थक क्रम में व्यवस्थित करने पर क्रम निम्नवत् होगा—

$\frac{\text{रोगी}}{4}, \frac{\text{डॉक्टर}}{2}, \frac{\text{निदान}}{3}, \frac{\text{इलाज}}{1}, \frac{\text{स्वास्थ्य लाभ}}{5}$

प्रकार 6. शब्दों को शब्दकोश में वर्णों की स्थिति के अनुसार व्यवस्थित करना

इसके अन्तर्गत प्रश्न में कुछ शब्द दिए होते हैं, जिन्हें अभ्यर्थी को शब्दकोश में वर्णों की स्थिति के आधार पर व्यवस्थित करना होता है अर्थात् दिए गए सभी शब्द, अंग्रेजी शब्दकोश में किस क्रम से व्यवस्थित हैं, उस क्रम को निर्धारित करना है।

उदाहरण 10. नीचे दिए गए शब्दों को शब्दकोश के क्रमानुसार व्यवस्थित कीजिए—

1. Select, 2. Seldom, 3. Send, 4. Selfish, 5. Seller

(a) 2, 1, 5, 4, 3
(b) 2, 1, 4, 5, 3
(c) 2, 5, 4, 1, 3
(d) 1, 2, 4, 5, 3

हल (b) शब्दों को शब्दकोश के क्रमानुसार व्यवस्थित करने पर–

Seldom	Select	Selfish	Seller	Send
2	1	4	5	3

उदाहरण 11. नीचे दिए गए शब्दों को शब्दकोश के क्रमानुसार व्यवस्थित कीजिए–

1. Duteous, 2. Dwindle, 3. Duplicate, 4. Dungeon 5. Dwarf.

(a) 4, 3, 1, 2, 5
(b) 3, 1, 4, 2, 5
(c) 1, 4, 3, 5, 2
(d) 4, 3, 1, 5, 2

हल (d) शब्दों को शब्दकोश के क्रमानुसार व्यवस्थित करने पर–

Dungeon	Duplicate	Duteous	Dwarf	Dwindle
4	3	1	5	2

प्रकार 7. रेखीय क्रम परीक्षण

इस परीक्षण के अन्तर्गत आने वाले प्रश्नों में व्यक्तियों या वस्तुओं का अव्यवस्थित समूह दिया गया होता है जिन्हें अभ्यर्थी को प्रश्न के कथनानुसार उस अव्यवस्थित क्रम समूह को रेखा या पंक्ति में एक निश्चित क्रम में व्यवस्थित कर उनका सही हल प्राप्त करना होता है।

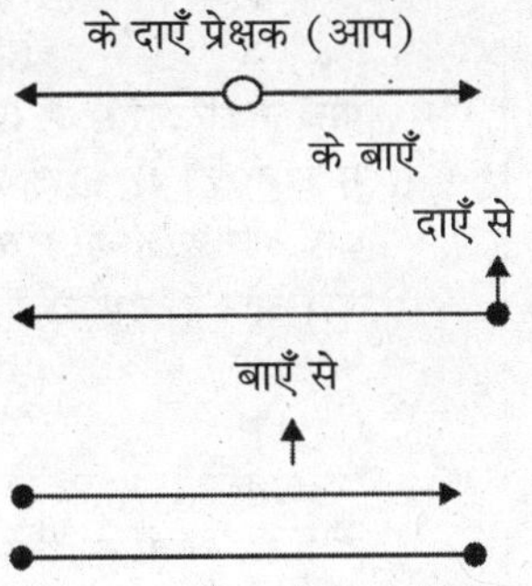

(रेखा या पंक्ति)

दिए गए आरेख से स्पष्ट है कि व्यक्ति जो पंक्तिबद्ध है, उसका बाएँ पक्ष, प्रेक्षक यानि आपके लिए दाएँ पक्ष होगा तथा व्यक्ति का दाएँ पक्ष, प्रेक्षक यानि आपके लिए बाएँ पक्ष होगा।

इस प्रकार के प्रश्नों के लिए उपर्युक्त आरेख की तरह दिशा अक्ष का सही इस्तेमाल नहीं किया गया तो प्रश्न के हल गलत हो जाते हैं। इसके अन्तर्गत आने वाले प्रश्नों में कभी-कभी दिशा के सापेक्ष बाएँ और दाएँ पक्ष का विवरण मिलता है, जिन्हें आरेख द्वारा आगे दर्शाया जा रहा है।

(I) यदि पंक्तिबद्ध व्यक्तियों का समूह उत्तर की तरफ मुँह किए खड़ा हो–

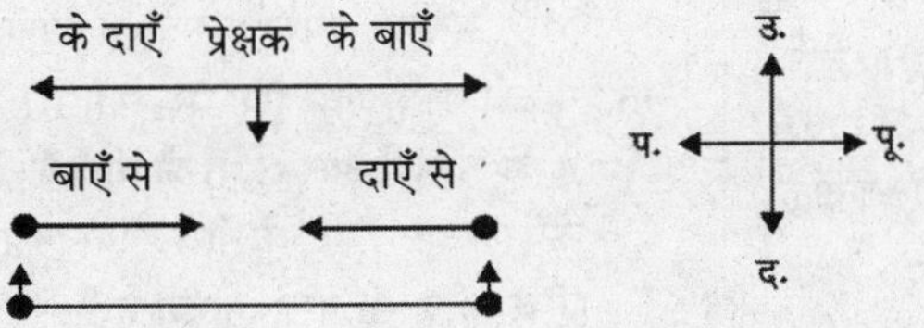

अर्थात् जब पंक्तिबद्ध व्यक्ति के समूह का मुँह उत्तर की तरफ है तो स्पष्ट ही प्रेक्षक यानि आपका मुँह दक्षिण की ओर होगा। तब व्यक्ति का बाएँ पक्ष, प्रेक्षक के लिए दाएँ पक्ष तथा व्यक्ति का दाएँ पक्ष, प्रेक्षक के लिए बायाँ पक्ष होगा।

(II) यदि पंक्तिबद्ध व्यक्तियों के समूहों का मुँह पश्चिम की तरफ हो–

आरेख से स्पष्ट है कि व्यक्तियों के समूह का मुँह पश्चिम होने से प्रेक्षक यानि आपका मुँह अवश्य ही पूर्व की ओर होगा। व्यक्ति की दाईं दिशा 'ऊपर से नीचे की ओर' तथा बाईं दिशा नीचे से ऊपर की ओर होगी, परन्तु याद रहे प्रेक्षक यानि आपके लिए यह दिशा विपरीत हो जाएगी, क्योंकि दिशा के निर्धारण में प्रेक्षक का विशेष महत्व होता है।

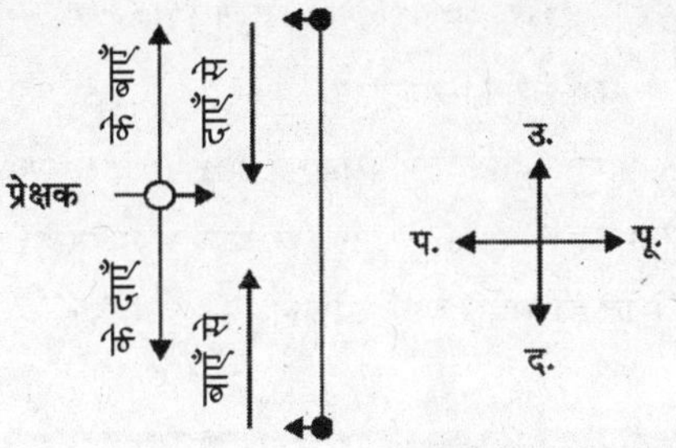

(III) यदि पंक्तिबद्ध व्यक्तियों के समूहों का मुँह दक्षिण की तरफ हो–

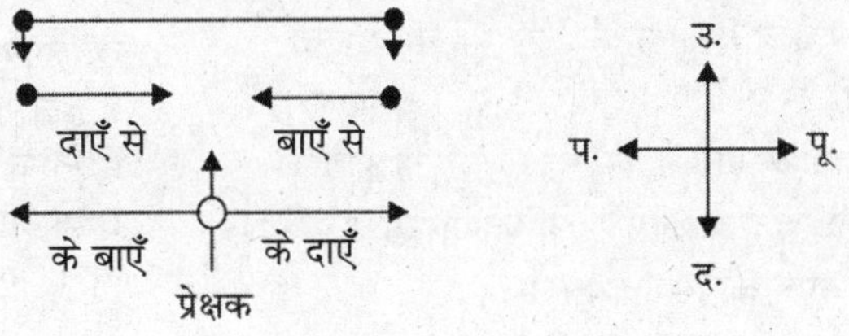

आरेख से स्पष्ट है कि पंक्तिबद्ध व्यक्तियों के समूह का मुँह दक्षिण की तरफ होने से प्रेक्षक यानि आपका मुँह अवश्य ही उत्तर की तरफ होगा। तब प्रेक्षक यानि आपका दायाँ पक्ष, पंक्तिबद्ध व्यक्तियों के समूहों का बायाँ पक्ष तथा प्रेक्षक का बायाँ पक्ष, पंक्तिबद्ध व्यक्ति के समूहों का दायाँ पक्ष होगा।

(IV) यदि पंक्तिबद्ध व्यक्तियों के समूहों का मुँह पूर्व की तरफ हो–

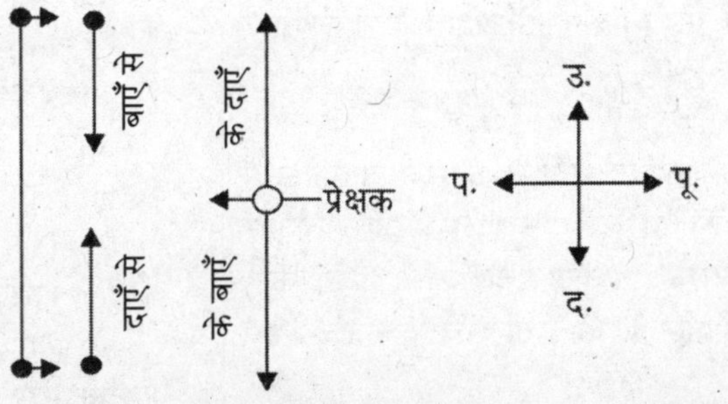

आरेख से स्पष्ट है कि पंक्तिबद्ध व्यक्तियों के समूहों का मुँह पूर्व की तरफ होने से प्रेक्षक यानि आपका मुँह अवश्य ही पश्चिम की ओर होगा। जिससे प्रेक्षक यानि आपका दायाँ पक्ष, पंक्तिबद्ध व्यक्तियों के समूहों का बायाँ पक्ष होगा तथा बायाँ पक्ष, व्यक्तियों के समूहों का दायाँ पक्ष होगा।

उदाहरण 12. पाँच मित्र राजन, रोशन, रूपेश, रंजीत तथा रंधीर एक पंक्ति में खड़े हैं, रंधीर, राजन के बाईं ओर तथा रोशन, रूपेश के दाईं ओर स्थित है। यदि रंजीत और रूपेश के बीच रोशन स्थित हो, तो बताएं कि रंजीत के बाएँ कौन स्थित होगा?

(a) राजन (b) रूपेश
(c) रोशन (d) रंजीत

हल (c) पाँचों मित्रों के पंक्ति में खड़ा होने का क्रम निम्नवत् है—

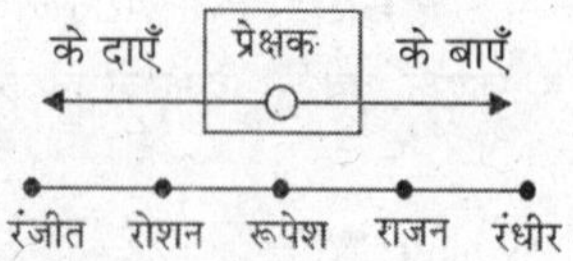

अत: रंजीत के बाएँ रोशन स्थित है।

उदाहरण 13. पाँच लड़कियाँ पश्चिम की ओर मुँह करके खड़ी हैं। रश्मि के दाहिनी ओर विनीता है। श्वेता और अर्पणा के बीच में गुंजन है। श्वेता दाहिने से तीसरे स्थान पर स्थित है। सबसे बाएँ कौन लड़की खड़ी है?

(a) रश्मि (b) श्वेता
(c) गुंजन (d) अर्पणा
(e) इनमें से कोई नहीं

हल (a) लड़कियों के खड़ा होने का क्रम निम्नवत् है—

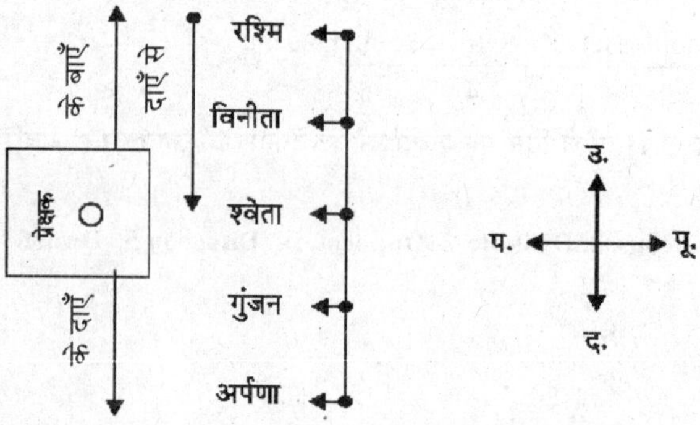

पंक्ति में सबसे बाएँ रश्मि खड़ी है।

प्रश्नावली

प्रकार-1

1. पाँच छात्र शिक्षक की ओर मुँह करके एक-दूसरे के पीछे मैदान में खड़े हुए हैं। मालिनी, अंजना के पीछे है, लेकिन गायत्री के आगे है। मीना, शेना के आगे है, लेकिन गायत्री के पीछे है। मीना की स्थिति क्या है?

(a) पहली से दूसरी
(b) बिलकुल अन्तिम
(c) अन्तिम से दूसरी
(d) बिलकुल पहली

2. एक पंक्ति में पाँच झोपड़ियाँ हैं। उनके नाम DIKOM हैं। K की दाईं ओर तथा D की बाईं ओर O है। I, D की दाईं ओर है और M की बाईं ओर है। कौन-सी झोपड़ी बीच में होगी?

(a) M (b) K
(c) D (d) O

3. एक जन्मदिन पार्टी में, 5 मित्र एक पंक्ति में बैठे हैं। 'M' बाईं ओर है 'O' के और दाईं ओर है 'P' के। 'S' बैठा है दाईं ओर 'T' के, किन्तु बाईं ओर 'P' के A तो बीच में कौन बैठा है?

(a) O (b) P
(c) S (d) M

4. एक सड़क पर एक पंक्ति में पाँच बसें M, N, O, P, Q हैं। बस M सामने और Q पिछले छोर पर खड़ी है। N बस M और O के बीच में खड़ी है। P बस O और Q के बीच में खड़ी है। कौन-सी बस पाँचों के तो बीच में खड़ी है?

(a) M (b) P
(c) N (d) O

5. छ: व्यक्ति A, B, C, D, E और F एक लाइन में चल रहे हैं। C, B के आगे है। D, A के पीछे है, किन्तु C के आगे है। E, A के पीछे है, किन्तु D के आगे है। F, A के आगे है। सबसे पीछे कौन चल रहा है?

(a) F (b) D
(c) B (d) C

6. पाँच बच्चे एक पंक्ति में बैठे हैं। 'C', 'F' के बाद बैठा है, लेकिन 'L' के बाद नहीं। यदि 'L', 'F' के बाद नहीं बैठा है और 'I' मध्य में बैठा है, 'G' के निकट की सीट कौन घेरे हुए है?

(a) केवल C (b) C और F
(c) I और L (d) केवल L

7. एक रेस्टोरेन्ट में, पाँच अतिथि एक पंक्ति में बैठे हैं। नीता, मंजू के बाईं ओर तथा नवीन के दाईं ओर बैठी है। रिशब, कविता के दाईं ओर तथा नवीन के बाईं ओर बैठा है। नवीन कहाँ बैठा है?

(a) दाएँ छोर पर
(b) मध्य में
(c) बाएँ छोर पर
(d) दाएँ से दूसरे स्थान पर

8. एक सभा में सात सदस्य एक पंक्ति में बैठे हैं। 'C' बैठा है 'B' के बाईं ओर किन्तु 'D' के दाईं ओर। 'A' बैठा है 'B' के दाईं ओर। 'F' बैठा है 'E' के दाईं ओर किन्तु 'D' के बाईं ओर। 'H' बैठा है 'E' के बाईं ओर। बीच में कौन बैठा है?

(a) C (b) D
(c) E (d) F

9. एक जन्मदिन पार्टी में, 5 मित्र एक पंक्ति में बैठे हैं। 'M' बाईं ओर है 'O' के और दाईं ओर है 'P' के। 'S' बैठा है दाईं ओर 'T' के, किन्तु बाईं ओर 'P' के। बीच में कौन बैठा है?

(a) O (b) P
(c) S (d) M

10. पाँच लड़कियाँ E, F, G, H और I एक पंक्ति में खड़ी हैं। H, G के दाईं ओर है। I, G के बाईं ओर है, किन्तु F के दाईं ओर। H. E के बाईं ओर है। दाएँ छोर पर कौन खड़ी है?

(a) F (b) G
(c) H (d) E

11. पाँच डिब्बे P, L, R, M तथा O पंक्तिबद्ध हैं। उनमें R, M के दाईं ओर और P के बाईं ओर है। L, P के दाईं ओर और D के बाईं ओर है। तदनुसार, बीच का डिब्बा कौन-सा है?

(a) P (b) L
(c) R (d) O

12. कामिनी और सुवर्णा के बीच में मनीषा बैठी है। स्मिता दाईं ओर बैठी है सुवर्णा के। कामिनी बाईं ओर है मनीषा के। बैठने का सही क्रम चुनिए—

(a) कामिनी, मनीषा, स्मिता, सुवर्णा
(b) कामिनी, मनीषा, सुवर्णा, स्मिता
(c) कामिनी, सुवर्णा, स्मिता, मनीषा
(d) मनीषा, सुवर्णा, स्मिता, कामिनी

13. पाँच पुस्तकें एक मेज पर रखी हैं। उनमें E, A के ऊपर है और C, B के नीचे है। A, B के ऊपर है और D, C के नीचे है। तदनुसार सबसे नीचे कौन-सी पुस्तक रखी है?

(a) C (b) D
(c) A (d) B

14. चार पुस्तकें एक-दूसरे के ऊपर रखी हुई हैं। K, A के ऊपर है, C, B के नीचे है। यदि A, B के ऊपर हो, तो सबसे ऊपर कौन-सी पुस्तक है?
(a) K (b) C
(c) A (d) B

15. एक पंक्ति में पाँच घर A, B, C, D, O हैं। A, B के दाएँ और C के बाएँ है। O, A के दाएँ है, B, D के दाएँ है। यह बताइए कि कौन-सा घर मध्य में है?
(a) O (b) A
(c) B (d) D

16. छः मित्र A, B, C, D, E और F पूरब की ओर मुँह करके एक पंक्ति में बैठे हैं। C बीच में है A और E के। B, E के निकटतम दाएँ लेकिन D के बाईं ओर है। F दाएँ छोर पर नहीं है। A के बाईं ओर कौन है?
(a) E (b) C
(c) D (d) F

17. पाँच लड़कियाँ M, N, O, P और Q एक पंक्ति में खड़ी हैं। 'P' 'Q' के दाईं ओर है। 'N' 'Q' के बाईं ओर है, लेकिन 'M' के दाईं ओर है। 'P' 'O' के बाईं ओर है। दाईं ओर अन्तिम छोर पर कौन खड़ी है?
(a) Q (b) N
(c) O (d) P

18. चार व्यक्ति A, B, C और D एक सीढ़ी पर ऊपर चढ़ रहे हैं। A सीढ़ी पर B से आगे है। B, A और C के बीच में है। यदि D, A से भी आगे है, तो सीढ़ी पर नीचे से तीसरा कौन है?
(a) A (b) B
(c) C (d) D

19. एक पंक्ति में पाँच खम्बे खड़े हैं। M, N के बाईं ओर है। O, P के दाईं ओर है, जो N के दाईं ओर है। यदि L, M के बाईं ओर है, तो बीच में कौन-सा खम्बा है?
(a) L (b) M
(c) N (d) O

20. एक ढेर में पाँच पुस्तकें पड़ी हैं। E, A के ऊपर है और C, B के नीचे है। A, B के ऊपर है और D, C के नीचे है, सबसे नीचे कौन-सी पुस्तक है?
(a) A (b) B
(c) C (d) D

21. छः मित्र A, B, C, D, E और F पूरब की ओर मुँह करके एक पंक्ति में बैठे हैं। 'C' बीच में है 'A' और 'E' के। 'B' 'E' के निकटतम दाएँ लेकिन 'D' के बाईं ओर है। 'F' दाएँ छोर पर नहीं है। 'D' के साथ कौन-सा जोड़ा बैठा है?
(a) CE (b) FA
(c) EB (d) FD

22. एक बेन्च पर 5 सहेलियाँ बैठी हैं। लिनी, निम्मी के दाहिनी ओर है, लेकिन निम्मी, मिनी और पिंकी के बीच में है। बिनी, पिंकी के बाईं ओर है। मिनी, बिनी के सन्निकट नहीं है। बाएँ छोर पर कौन है?
(a) बिनी (b) पिंकी
(c) निम्मी (d) मिनी

23. पाँच लोग A, B, C, D और E आपकी ओर मुँह करके एक पंक्ति में इस प्रकार बैठे हैं कि D बाईं ओर है C के और B दाईं ओर है E के। A दाईं ओर है C के और B बाईं ओर है D के। यदि E एक छोर पर है, तो बीच में कौन बैठा है?
(a) A (b) B
(c) C (d) D

24. पाँच व्यक्ति एक पंक्ति में खड़े हैं, 'J' 'N' के पीछे है, किन्तु 'P' के आगे है। 'L' और 'M' दोनों 'N' के आगे हैं। बीच में कौन खड़ा है?
(a) M (b) N
(c) J (d) K

25. पाँच मित्र एक पंक्ति में बैठे हैं। रमेश, हरि के निकटतम दाईं ओर है। इन्दर, रमेश और श्याम के बीच में बैठा है। गोपाल, हरि के निकटतम बाईं ओर बैठा है। बीच में कौन बैठा है?
(a) हरि (b) इन्दर
(c) रमेश (d) श्याम

प्रकार-2

1. 4 मित्र ABCD एक कॉफी शॉप में बैठे हैं। A व B आमने-सामने बैठे हैं। D, A के बगल में नहीं बैठा है, किन्तु वह A के चेहरे के भावों को स्पष्ट रूप से देख सकता है। B, C से बात कर रहा है, जो उसके सामने बैठा है। साथ-साथ कौन बैठे हैं?
(a) A और B (b) A और D
(c) D और C (d) A और C

2. 6 व्यक्ति एक कार्ड गेम खेल रहे हैं। सुरेश रघुबीर के सामने मुख करके बैठा हुआ है जो अजय की बाईं ओर और प्रमोद के दाईं ओर बैठा है। अजय धीरज की बाईं ओर है। योगेन्द्र प्रमोद की बाईं ओर है। यदि धीरज योगेन्द्र से और प्रमोद रघुबीर से सीट बदल लेते हैं, तो धीरज के बाईं ओर कौन बैठा होगा?
(a) अजय (b) योगेन्द्र
(c) रघुबीर (d) सुरेश

3. छः मित्र M, N, O, P, Q और R वृत्ताकार खड़े हैं। 'N', 'O' और 'P' के बीच में है। 'M', 'O' और 'Q'. के बीच में है। 'R', 'P' के साथ खड़ा है। 'M' और 'R' के बीच में कौन खड़ा है?
(a) N (b) O
(c) P (d) Q

4. प्रेम, राकेश, रोशन, संजय, तनुज, उदित एक वृत्त में उसके केन्द्र की ओर देखते हुए समान दूरी पर बैठे हैं। उनमें रोशन, प्रेम से दाएँ तीसरे स्थान पर है। राकेश, तनुज से बाएँ तीसरे स्थान पर है। उदित, प्रेम तथा तनुज के बीच में है, और संजय, उदित से बाएँ तथा दाएँ से तीसरे स्थान पर है। तदनुसार, तनुज के सामने कौन है?
(a) राकेश (b) संजय
(c) रोशन (d) प्रेम

5. B, A के दक्षिण-पश्चिम है, C, B के पूर्व है और A के दक्षिण-पूर्व है D, B तथा A की लाइन में C के उत्तर है। D, A की किस दिशा में स्थित है?
(a) दक्षिण-पश्चिम (b) उत्तर-पूर्व
(c) उत्तर (d) पूर्व

6. छः व्यक्ति एक वृत्त में बैठे हैं। A के सामने B है, B, E के दाईं ओर और C के बाईं ओर है। C, D के बाईं ओर है। F, A के दाईं ओर है। अब D, F के साथ और E, B के साथ अपनी सीट अदला-बदली कर लेते हैं। D के बाईं ओर कौन बैठा होगा?
(a) D (b) E
(c) A (d) B

7. छः लड़कियाँ इस प्रकार खड़ी हुई हैं कि वे अन्दर केन्द्र की ओर देखते हुए घेरा (वृत्त) बनाती हैं। सुब्बु पप्पू के बाईं ओर है, रेवती सुब्बु और निशा के बीच में है, अरुणा पप्पू और कीर्तन के बीच में है। पप्पू के बाईं ओर कौन है?
(a) अरुणा (b) सुब्बु
(c) कीर्तन (d) निशा

8. P, Q, R और S कैरम खेल रहे हैं। P, R और S, Q साझीदार हैं। S, R के दाईं ओर बैठा है, जो पश्चिम की ओर मुख करके बैठा है, तो Q किस दिशा में मुख करके बैठा है?
(a) दक्षिण (b) पूर्व
(c) पश्चिम (d) उत्तर

9. A, B, C, D तथा E एक गोल मेज के चारों ओर बैठे हुए हैं। A उनमें E तथा F के बीच है, E उनमें D के सामने है और C उनमें E के किसी ओर भी निकटवर्ती सीट पर नहीं बैठा है। तदनुसार, B के सामने कौन बैठा है?
(a) C (b) D
(c) F (d) इनमें से कोई नहीं

10. A, B, C, D, E और F केन्द्र की ओर मुँह करके एक वृत्त में बैठे हैं। D, F और B के बीच में है, A, D के बाईं ओर दूसरा है और E के दाईं ओर दूसरा है। D की ओर किसका मुँह है?
(a) E (b) B
(c) C (d) A

11. चार लोग M, N, O और P ताश खेल रहे हैं। M दाईं ओर है N के और P बाईं ओर है O के, तो निम्नलिखित में से कौन जोड़ीदार हैं?
(a) P और O (b) M और P
(c) M और N (d) N और P

12. A, B, C और D ताश खेल रहे हैं। A और B साथी हैं। D का मुँह उत्तर की ओर है। यदि A का मुँह पश्चिम की ओर है, तो किसका मुँह दक्षिण की ओर है?
(a) B (b) D
(c) C (d) A

13. A, B, C, D, E पाँच लड़के एक पार्क में एक वृत्त में बैठे हैं। A का मुँह दक्षिण-पश्चिम दिशा की ओर है, D का मुँह दक्षिण-पूर्व दिशा की ओर है। B और E क्रमश: A और D के ठीक सामने हैं। और C, D और B के बीच समान दूरी पर है। C का मुँह किस दिशा की ओर है?
(a) पश्चिम (b) दक्षिण
(c) उत्तर (d) पूर्व

14. कुछ मित्र अष्टभुज स्थान पर एक-एक कोने में बैठे हैं। सबका मुख बीच की ओर है। महिमा तिरछे रूप में राम के सामने बैठी है। राम सुषमा के दाहिने तरफ बैठा है। रवि सुषमा के बगल में और गिरधर के सामने बैठा है। गिरधर चंद्रा के बाएँ तरफ बैठा है। सावित्री महिमा के दाहिने तरफ नहीं है, लेकिन शालिनी के सामने है। शालिनी के दाहिने तरफ कौन बैठा है?
(a) रवि (b) महिमा
(c) गिरधर (d) राम

15. 6 व्यक्ति A, B, C, D, E, F दो पंक्तियों में बैठे हैं, प्रत्येक में 3. यदि E किसी सिरे पर नहीं है, D, F के बाएँ में दूसरा है, C, E का पड़ोसी है और D के विकर्णत: सामने बैठा है और B, F का पड़ोसी है, तो B के सामने कौन होगा?
(a) A (b) E
(c) C (d) D

प्रकार-3

1. A, B, C, D और E पाँच मित्र हैं। 'A' छोटा है कद में 'B' से, किन्तु 'E' से लम्बा है। 'C' सबसे लम्बा है। 'D' थोड़ा छोटा है 'B' से किन्तु 'A' से लम्बा है। सबसे छोटा कौन है?
(a) D (b) E
(c) A (d) B

2. सुषमा के अंक दीपक से अधिक थे। रुशिल के अंक अंश के बराबर थे। संहिता के अंक वासवी से कम थे। दीपक के अंक रुशिल से अधिक थे। वासवी के अंक अंश से कम थे। सबसे कम अंक किसके थे?
(a) वासवी (b) संहिता
(c) दीपक (d) अंश

3. राम श्याम से कद में लम्बा है। राम विनोद से छोटा है। श्याम प्रमोद से अधिक लम्बा है। सबसे छोटा कौन है?
(a) प्रमोद (b) राम
(c) श्याम (d) विनोद

4. प्रकाश राजेश से लम्बा है। राजेश जगन से लम्बा है। भानु प्रकाश से तो लम्बा है, किन्तु दिनेश से छोटा है। सबसे छोटा कौन है?
(a) राजेश (b) प्रकाश
(c) जगन (d) भानु

5. रोशन, हार्दिक से लम्बा है, हार्दिक, सुशील से छोटा है। निज़ा, हैरी से लम्बी है, किन्तु हार्दिक से छोटी है। सुशील, रोशन से छोटा है, तो सबसे लम्बा कौन है?
(a) सुशील (b) हार्दिक
(c) हैरी (d) रोशन

6. मोहन आयु में प्रबीर से बड़ा है। सुरेश, प्रबीर से छोटा है। मिहिर, सुरेश से बड़ा है, किन्तु प्रबीर से छोटा है। चारों में सबसे छोटा कौन है?
(a) मोहन (b) सुरेश
(c) प्रबीर (d) मिहिर

7. प्रकाश पिनाकिन से ऊँचा कूदता है, लेकिन इतना नहीं जितना केतन कूदता है। रोहन, प्रणव से नीचा कूदता है, लेकिन केतन से नीचा नहीं, सबसे नीचा कौन कूदता है?
(a) पिनाकिन (b) केतन
(c) रोहन (d) प्रणव

8. G, H से मोटा है, लेकिन M जितना मोटा नहीं है। Q भी M जितना मोटा नहीं है। समूह में सबसे पतला व्यक्ति कौन है?
(a) Q (b) H
(c) G (d) M

9. लक्ष्मी मीनू से आयु में बड़ी है। लीला, मोनू से बड़ी है। लेकिन लम्बी से छोटी है। लता, मीनू और हरि दोनों से छोटी है, किन्तु हरि मीनू से छोटा है। सबसे छोटा कौन है?
(a) लक्ष्मी (b) मीनू
(c) लीला (d) लता

10. वरुण लम्बा है संजय से, बिपुल लम्बा है वरुण से। कृष्णा उतना लम्बा नहीं है जितना बिपुल है, किन्तु वरुण से लम्बा है। सबसे लम्बा कौन है?
(a) बिपुल (b) कृष्णा
(c) संजय (d) बरुण

11. सतीश, किशोर, मोहन, अमित और रवि पाँच मित्र हैं। सतीश लम्बाई में किशोर से छोटा किन्तु रवि से लम्बा है। मोहन सबसे लम्बा है। अमित किशोर से थोड़ा छोटा और सतीश से थोड़ा लम्बा है। कौन अमित से लम्बा, लेकिन मोहन से छोटा है?
(a) अमित (b) किशोर
(c) सतीश (d) रवि

12. K, B से ज्यादा सुन्दर है। B, Y के समान सुन्दर नहीं है। J, B या Y के समान सुन्दर नहीं है। तद्नुसार, सुन्दरता की कोटि में सबसे निचले स्तर पर कौन है?
(a) Y (b) K
(c) B (d) J

13. आयु में सीता स्वप्ना से बड़ी है। लावन्या स्वप्ना से बड़ी है, लेकिन सीता से छोटी है। सुवर्णा हरि और स्वप्ना दोनों से छोटी है। स्वप्ना हरि से बड़ी है। सबसे छोटी कौन है?
(a) सीता (b) लावन्या
(c) सुवर्णा (d) हरि

14. सुरेश को अनिता से अधिक परन्तु लता से कम अंक मिले हैं। पदमा के अंक किरण से कम किन्तु सुरेश से अधिक हैं। यदि लता के अंक पदमा से कम हैं, तो सबसे अधिक किसने प्राप्त किए?
(a) पदमा (b) किरण
(c) लता (d) अनिता

15. आयु में सुमा ऊषा से बड़ी है। गीता ऊषा से छोटी है। प्रेमा सुमा से बड़ी है, तो उनमें सबसे बड़ी कौन है?
(a) सुमा (b) ऊषा
(c) गीता (d) प्रेमा

16. शैलेन्द्र, केशव, माधव, आशीष और राकेश पाँच मित्र हैं। शैलेन्द्र केशव से छोटा, किन्तु राकेश से लम्बा है। माधव सबसे लम्बा है। आशीष केशव से थोड़ा छोटा और शैलेन्द्र से थोड़ा लम्बा है। सबसे छोटा कौन है?
(a) राकेश (b) शैलेन्द्र
(c) आशीष (d) केशव

17. A, B, C, D तथा E प्रत्येक के पास अलग-अलग धनराशि है, C के पास केवल E से अधिक धनराशि है। B के पास D से अधिक परन्तु A से कम धनराशि है। इनमें से कौन के पास सर्वाधिक धनराशि है?
(a) B (b) A
(c) D (d) डाटा अपूर्ण

18. A, B, C, D और E पाँच नदियाँ हैं। A, B से छोटी है मगर E से लम्बी है। C सबसे लम्बी है। D, B से बहुत छोटी है और A से कुछ लम्बी है। सबसे छोटी नदी कौन-सी है?
(a) B (b) D
(c) A (d) E

19. A, B, C, D बहिनें हैं। B, A की अपेक्षा 5 वर्ष बड़ी है। C, D से 8 वर्ष बड़ी है तथा D, B से 6 वर्ष छोटी है। सबसे छोटी कौन है?

(a) D (b) C
(c) B (d) A

20. **(a) शशि सुनीता से 2 वर्ष बड़ी है।**
(b) सुनीता बिन्दु से 3 वर्ष बड़ी है।
(c) शेखर बिन्दु से 1 वर्ष बड़ा है।
कौन सबसे छोटा है?
(a) शशि (b) शेखर
(c) बिन्दु (d) सुनीता

प्रकार-4

1. **एक पंक्ति में, 25 वृक्ष एक-दूसरे से समान दूरी पर लगाए गए हैं। पहले और 25वें वृक्ष के बीच की दूरी 30 मीटर है। तीसरे और 15वें वृक्ष के बीच की दूरी क्या है?**
(a) 8 मीटर (b) 15 मीटर
(c) 16 मीटर (d) 18 मीटर
2. **मकानों की एक कतार में, छज्जे वाला मकान बाईं ओर के छोर से 25वाँ है और दाएँ छोर से चतुर्थ है। कतार में कितने मकान हैं?**
(a) 29 (b) 26
(c) 27 (d) 28
3. **लड़कियों की एक पंक्ति के दोनों छोर से सारिका का स्थान 19वाँ है। उस पंक्ति में कुल कितनी लड़कियाँ हैं?**
(a) 38 (b) 39
(c) 37 (d) 19
4. **सुनीता लड़कियों की एक पंक्ति में दोनों छोरों से 11वें स्थान पर है, उस पंक्ति में कितनी लड़कियाँ हैं?**
(a) 20 (b) 21
(c) 22 (d) 19
5. **लड़कियों की पंक्ति में, माया बाएँ से तेरहवें नम्बर पर है। मौली जो दाएँ से 23वें नम्बर पर है माया के दाएँ से तीसरे नम्बर पर है। पंक्ति में कुल कितनी लड़कियाँ/बच्चे हैं?**
(a) 38 (b) 36
(c) 35 (d) 34
6. **पेड़ों की एक पंक्ति में, एक पेड़ पंक्ति के दोनों सिरों से पाँचवें स्थान पर है। तदनुसार, उस पंक्ति में कुल कितने पेड़ हैं?**
(a) 10 (b) 11
(c) 8 (d) 9
7. **अक्षरों की एक पंक्ति में, एक अक्षर बाईं ओर से 5वें स्थान पर और दाईं ओर से 12वें स्थान पर है, पंक्ति में कुल कितने अक्षर हैं?**
(a) 15 (b) 16
(c) 17 (d) 18
8. **पेड़ों की एक पंक्ति में, एक पेड़ पंक्ति में बाईं ओर से 11वाँ है और दाईं ओर से 16वाँ, पंक्ति में कुल कितने पेड़ हैं?**
(a) 27 (b) 26
(c) 25 (d) 28
9. **एक कक्षा में ऊपर से कार्तिक का स्थान 17वाँ है और नीचे से 28वाँ है। कक्षा में कुल कितने विद्यार्थी हैं?**
(a) 45 (b) 41
(c) 40 (d) 44
10. **अनिल लड़कों की एक पंक्ति के दोनों ओर से पन्द्रहवें स्थान पर है। पंक्ति में कुल कितने लड़के हैं?**
(a) 15 (b) 16
(c) 30 (d) 29
11. **37 विद्यार्थियों की एक कक्षा में ऊषा का स्थान 21वाँ है। अन्त से उसका स्थान कौन-सा होगा?**
(a) 16 (b) 17
(c) 18 (d) 19
12. **पुस्तकों की एक पंक्ति में गणित की पाठ्य-पुस्तक बाईं ओर से 8वीं है और दाईं ओर से 13वीं। पंक्ति में कुल कितनी पुस्तकें हैं?**
(a) 19 (b) 20
(c) 22 (d) 21
13. **यदि एक पंक्ति में आगे से सातवाँ व्यक्ति, पीछे से दसवाँ व्यक्ति है, तो पंक्ति में कुल कितने व्यक्ति हैं?**
(a) 14 (b) 10
(c) 17 (d) 16
14. **सड़क के किनारे बाड़ पर 27 बन्दर बैठे हैं। 'राजू' नाम का बन्दर दाएँ से 11वें स्थान पर है। बाएँ से उसका स्थान क्या है?**
(a) 16वाँ (b) 17वाँ
(c) 18वाँ (d) 15वाँ
15. **बस स्टॉप पर एक पंक्ति में 'A' बाईं ओर से 7वाँ है और 'B' दाईं ओर से 9वाँ। वे दोनों अपने स्थानों की अदला-बदली कर लेते हैं। अब 'A' बाईं ओर से 11वाँ हो जाता है। पंक्ति में कुल कितने लोग हैं?**
(a) 10 (b) 20
(c) 19 (d) 18
16. **50 विद्यार्थियों की एक कक्षा में यश का स्थान 21वाँ है। अन्त से उसका कौन-सा स्थान है?**
(a) 29 (b) 28
(c) 27 (d) 30
17. **रमेश 33 विद्यार्थियों की एक कक्षा में 13वें स्थान पर है। श्रेणी अनुसार सुरेश से नीचे 5 विद्यार्थी हैं। रमेश और सुरेश के बीच कितने विद्यार्थी हैं?**
(a) 12 (b) 14
(c) 15 (d) 16
18. **एक कक्षा में सफल हुए लड़कों की सूची में राजन का 11वाँ स्थान है और नीचे की ओर से वह 31वें स्थान पर है। तीन लड़कों ने परीक्षा ही नहीं दी और एक फेल हो गया था। कक्षा में कुल कितने छात्र हैं?**
(a) 32 (b) 42
(c) 45 (d) 46
19. **एक परीक्षा में सफल हुए विद्यार्थियों में राहुल को 11वाँ स्थान मिला तथा वह नीचे से 47वें स्थान पर था। तीन विद्यार्थी परीक्षा में उपस्थित नहीं हो सके। एक विद्यार्थी असफल रहा। विद्यार्थियों की कुल संख्या क्या है?**
(a) 60 (b) 62
(c) 59 (d) 61
20. **राम कक्षा में शीर्ष से चौदहवें स्थान पर है और नीचे से तेइसवें स्थान पर है, कक्षा में कुल कितने विद्यार्थी हैं?**
(a) 36 (b) 37
(c) 35 (d) 38

प्रकार-5

1. **निम्नलिखित विकल्पों में से कौन-सा विकल्प नीचे दिए गए शब्दों का सार्थक क्रम दर्शाता है?**
1. दुर्घटना 2. न्यायाधीश
3. डॉक्टर 4. वकील
5. पुलिस
(a) 1, 2, 5, 4, 3 (b) 1, 3, 4, 2, 5
(c) 1, 3, 5, 4, 2 (d) 1, 2, 3, 4, 5
2. **अग्रलिखित विकल्पों में से कौन-सा विकल्प आगे दिए हुए शब्दों का सार्थक क्रम दर्शाता है?**
1. नदिका 2. सागर
3. सहायक नदी 4. नदी
5. समुद्र 6. वर्षा
(a) 6 1 3 4 5 2 (b) 5 6 1 3 2 4
(c) 6 5 3 1 2 4 (d) 6 4 1 3 5 2
3. **निम्नलिखित विकल्पों में से कौन-सा विकल्प नीचे दिए हुए शब्दों का सार्थक क्रम दर्शाता है?**
(1) पृथ्वी (2) बृहस्पति
(3) शुक्र (4) मंगल
(5) बुध
(a) 5, 3, 1, 2, 4 (b) 5, 3, 4, 1, 2
(c) 5, 3, 1, 4, 2 (d) 5, 3, 2, 4, 1

निर्देश—(प्रश्न 4 एवं 5) निम्न विकल्पों में से कौन-सा विकल्प नीचे दिए हुए शब्दों का सार्थक क्रम दर्शाता है?

4. **(1) वाक्य (2) शब्द**
(3) अध्याय (4) वाक्यांश
(5) अनुच्छेद (पैराग्राफ)
(a) 2, 4, 3, 1, 5 (b) 2, 4, 1, 5, 3
(c) 2, 5, 4, 1, 3 (d) 1, 2, 3, 4, 5
5. **1. एशिया 2. गोवा**
3. पणजी 4. भारत
5. विश्व
(a) 3, 2, 4, 1, 5 (b) 2, 3, 4, 1, 5
(c) 3, 2, 1, 4, 5 (d) 5, 1, 2, 3, 4

निर्देश—(प्रश्न संख्या 6 से 8 तक) निम्नलिखित विकल्पों में से कौन-सा विकल्प नीचे दिए हुए शब्दों का सार्थक क्रम दर्शाता है?

6. 1. घुटने के बल चलना
2. बैठना
3. दौड़ना
4. खड़े होना
5. चलना
(a) 1, 2, 4, 3, 5 (b) 1, 4, 5, 2, 3
(c) 1, 2, 4, 5, 3 (d) 1, 4, 2, 5, 3

7. निदान, शल्यक्रिया पश्चात् देखभाल, शल्यक्रिया, छुट्टी मिलना—
(a) छुट्टी मिलना, शल्यक्रिया, निदान, शल्यक्रिया पश्चात् देखभाल
(b) शल्यक्रिया, निदान, छुट्टी मिलना, शल्यक्रिया पश्चात् देखभाल
(c) निदान, शल्यक्रिया, शल्यक्रिया पश्चात् देखभाल, छुट्टी मिलना
(d) शल्यक्रिया पश्चात् देखभाल, छुट्टी मिलना, शल्यक्रिया, निदान

8. 1. परोसना 2. सब्जी
3. पैक करना 4. तैयार करना
5. स्टोर करना 6. काटना
(a) 2, 4, 6, 5, 3, 1
(b) 6, 4, 5, 1, 3, 2
(c) 2, 6, 4, 3, 5, 1
(d) 6, 4, 5, 1, 2, 3

निर्देश—(प्रश्न संख्या 9 से 11 तक) निम्नलिखित में से कौन-सा विकल्प नीचे दिए हुए शब्दों का सार्थक क्रम दर्शाता है?

9. 1. पढ़ना 2. सुनना
3. लिखना 4. बोलना
(a) 4, 2, 1, 3 (b) 2, 4, 3, 1
(c) 2, 4, 1, 3 (d) 4, 3, 2, 1

10. 1. प्रौढ़ता 2. शैशव
3. बचपन 4. किशोरावस्था
(a) 1, 3, 4, 2 (b) 2, 3, 4, 1
(c) 2, 4, 3, 1 (d) 1, 2, 3, 4

11. 1. दही 2. दूध
3. छाछ 4. गाय
5. घी 6. मक्खन
(a) 2, 5, 6, 4, 1, 3
(b) 4, 6, 2, 1, 3, 5
(c) 4, 2, 1, 3, 6, 5
(d) 2, 6, 4, 5, 3, 1

12. निम्नलिखित विकल्पों में से कौन-सा विकल्प नीचे दिए गए शब्दों का सार्थक क्रम दर्शाएगा?
1. खिड़की 2. नींव
3. फर्श 4. रोशनदान
5. छत
(a) 3, 2, 1, 4, 5 (b) 2, 3, 1, 4, 5
(c) 1, 2, 3, 4, 5 (d) 3, 1, 2, 4, 5

13. निम्नलिखित विकल्पों में से कौन-सा विकल्प नीचे दिए हुए शब्दों का सार्थक क्रम दर्शाता है?
1. नारंगी 2. जामुनी
3. लाल 4. नीला
5. हरा 6. पीला
7. बैंगनी
(a) 7, 2, 4, 5, 6, 1, 3
(b) 7, 2, 4, 6, 5, 1, 3
(c) 7, 2, 6, 4, 5, 1, 3
(d) 7, 2, 6, 4, 1, 5, 3

14. निम्नलिखित विकल्पों में से कौन-सा विकल्प नीचे दिए हुए शब्दों का सार्थक क्रम आरोही क्रम में दर्शाता है?
1. प्रेषण
2. कूटबद्ध करना
3. आदान (प्रापित)
4. कूटानुवाद
(a) 4, 2, 1, 3 (b) 1, 2, 3, 4
(c) 2, 1, 3, 4 (d) 2, 4, 3, 1

निर्देश—(प्रश्न संख्या 15 एवं 16 तक) निम्नलिखित विकल्पों में से कौन-सा विकल्प नीचे दिए गए शब्दों का सार्थक क्रम दर्शाता है?

15. 1. पुत्र 2. पति
3. पितामह (दादा) 4. भाई
5. पिता
(a) 1, 4, 2, 5, 3 (b) 1, 2, 4, 5, 3
(c) 1, 5, 2, 4, 3 (d) 1, 2, 3, 4, 5

16. 1. वयस्क 2. वृद्धावस्था
3. किशोर 4. बचपन
5. शिशु
(a) 1, 2, 3, 4, 5 (b) 3, 4, 5, 1, 2
(c) 5, 4, 3, 1, 2 (d) 1, 5, 4, 3, 2

17. निम्नलिखित विकल्पों में से कौन-सा विकल्प नीचे दिए गए शब्दों का सार्थक क्रम दर्शाता है?
1. पुलिस 2. दण्ड
3. अपराध 4. न्यायाधीश
5. निर्णय
(a) 1, 2, 4, 3, 5 (b) 5, 4, 3, 2, 1
(c) 3, 1, 4, 5, 2 (d) 3, 1, 2, 4, 5

18. दिए गए उत्तर विकल्पों में से कौन-सा विकल्प निम्नलिखित शब्दों का आरोही क्रम में सार्थक क्रम होगा?
1. समायोजन 2. बोध
3. स्कीम निर्माण 4. समावेश
5. अनुभूति
(a) 1, 2, 3, 5, 4 (b) 5, 2, 3, 4, 1
(c) 5, 1, 4, 2, 3 (d) 5, 2, 4, 3, 1

19. तितली के जीवन चक्र की अवस्थाओं के क्रमानुसार निम्नलिखित शब्दों को व्यस्थित करें—
1. तितली 2. सूंडी (इल्ली)
3. अण्डे 4. कौया (कोकुन)
(a) 1, 2, 3, 4 (b) 3, 2, 4, 1
(c) 3, 4, 2, 1 (d) 1, 4, 2, 3

20. निम्नलिखित विकल्पों में से कौन-सा विकल्प नीचे दिए हुए शब्दों का सार्थक क्रम दर्शाता है?
1. जोतना 2. निराई
3. बोआई 4. फसल काटना
(a) 1, 2, 3, 4 (b) 1, 3, 2, 4
(c) 2, 3, 1, 4 (d) 1, 2, 4, 3

21. निम्नलिखित विकल्पों में से कौन-सा विकल्प नीचे दिए गए शब्दों का सार्थक क्रम दर्शाता है?
1. सांध्य प्रकाश
2. ऊषाकाल
3. दोपहर (मध्या)
4. रात्रि
(a) 2, 1, 3, 4 (b) 2, 3, 1, 4
(c) 1, 2, 3, 4 (d) 1, 3, 2, 4

22. दिए गए विकल्पों में से कौन-सा विकल्प निम्नलिखित का आंतरिक परत से प्रारम्भ करते हुए सार्थक क्रम होगा?
1. जलमण्डल 2. वातावरण
3. जीवमण्डल 4. स्थलमण्डल
(a) 4, 1, 3, 2 (b) 2, 4, 3, 1
(c) 3, 1, 2, 4 (d) 1, 2, 3, 4

23. दिए गए शब्दों को एक सार्थक क्रम में व्यवस्थित कीजिए—
1. शिशु 2. किशोर
3. बालक 4. वृद्ध
5. वयस्क
(a) 3, 1, 2, 4, 5 (b) 1, 3, 2, 5, 4
(c) 3, 2, 4, 5, 1 (d) 5, 4, 3, 2, 1

प्रकार-6

1. निम्नलिखित शब्दों को शब्दकोश के क्रम में व्यवस्थित कीजिए—
1. Chemistry 2. Chamber
3. Cheap 4. Cheerful
(a) 2, 3, 4, 1 (b) 2, 1, 3, 4
(c) 3, 4, 2, 1 (d) 2, 4, 3, 1

2. निम्नलिखित शब्दों को शब्दकोश में दिए गए क्रम के अनुसार लिखें—
1. Hale 2. Hake
3. Halt 4. Hamlet
5. Ham
(a) 2, 1, 3, 5, 4 (b) 2, 3, 5, 4, 1
(c) 2, 1, 4, 3, 5 (d) 1, 3, 5, 2, 4

3. शब्दकोष में दिए वर्णक्रम के अनुसार लिखिए—

1. **Fenestration** 2. **Feather**
3. **Feed head** 4. **Feature**
5. **Feminine**

(a) 4, 2, 3, 1, 5 (b) 2, 4, 1, 5, 3
(c) 2, 4, 3, 5, 1 (d) 4, 2, 3, 5, 1

निर्देश—(प्रश्न संख्या 4 से 6 तक) निम्नलिखित प्रश्नों में शब्दों को शब्दकोश में दिए गए क्रम के अनुसार लिखें—

4. 1. **Intervention**
2. **Intertwine**
3. **Interview**
4. **Intervene**

(a) 4, 3, 2, 1 (b) 2, 4, 1, 3
(c) 2, 3, 4, 1 (d) 3, 4, 1, 2

5. 1. **Smoulder** 2. **Smother**
3. **Smuggle** 4. **Smudge**

(a) 4, 3, 2, 1 (b) 1, 4, 3, 2
(c) 1, 2, 3, 4 (d) 2, 1, 4, 3

6. 1. **Plate** 2. **Plane**
3. **Plaster** 4. **Plasma**
5. **Plastic**

(a) 2, 4, 3, 5, 1 (b) 1, 2, 3, 4, 5
(c) 2, 1, 5, 3, 4 (d) 2, 5, 3, 4, 1

7. निम्नलिखित शब्दों को शब्दकोश में दिए गए क्रम के अनुसार व्यवस्थित करें—

1. **extol** 2. **extinct**
3. **extra** 4. **extort**

(a) 1, 2, 3, 4 (b) 2, 1, 4, 3
(c) 4, 3, 1, 2 (d) 1, 2, 4, 3

8. निम्नलिखित शब्दों को शब्दकोश में दिए गए क्रम के अनुसार लिखें—

1. **Effluvium** 2. **Effluent**
3. **Effloresce** 4. **Effluerage**

(a) 4, 3, 2, 1
(b) 3, 4, 2, 1
(c) 4, 3, 1, 2
(d) 3, 2, 4, 1

निर्देश—(प्रश्न संख्या 9 एवं 10 तक) निम्नलिखित शब्दों को शब्दकोश में दिए गए क्रम के अनुसार लिखें—

9. 1. **Leaf** 2. **Learned**
3. **Leaved** 4. **Leak**
5. **Leaden**

(a) 5, 1, 4, 2, 3 (b) 5, 1, 4, 3, 2
(c) 3, 5, 1, 4, 2 (d) 1, 4, 2, 3, 5

10. 1. **Fish** 2. **Fan**
3. **Flesh** 4. **Feast**
5. **Fraud**

(a) 2, 4, 1, 3, 5 (b) 3, 5, 4, 2, 1
(c) 2, 4, 3, 1, 5 (d) 4, 2, 1, 5, 3

11. निम्नलिखित शब्दों को शब्दकोश में दिए गए क्रम के अनुसार लिखें—

1. **Decoration** 2. **Decorum**
3. **Declaration** 4. **Decision**

(a) 4, 2, 1, 3 (b) 4, 3, 1, 2
(c) 4, 3, 2, 1 (d) 3, 4, 1, 2

12. निम्नलिखित शब्दों को शब्दकोश में दिए गए क्रम के अनुसार लिखें—

1. **Forecast** 2. **Forget**
3. **Foreign** 4. **Forsook**
5. **Force**

(a) 3, 5, 1, 2, 4 (b) 5, 1, 3, 2, 4
(c) 5, 1, 3, 4, 2 (d) 5, 1, 2, 3, 4

13. निम्न विकल्पों में से कौन-सा विकल्प नीचे दिए हुए शब्दों का सार्थक आरोही क्रम दर्शाता है?

1. **Elephant** 2. **Cow**
3. **Amoeba** 4. **Ant**

(a) 1, 2, 4, 3 (b) 4, 2, 3, 1
(c) 3, 4, 2, 1 (d) 2, 3, 1, 4

14. निम्नलिखित शब्दों को शब्दकोश में दिए गए क्रम के अनुसार लिखें—

1. **Omnipotent** 2. **Omit**
3. **Omniscient** 4. **Omnivorous**

(a) 2, 1, 3, 4 (b) 3, 2, 1, 4
(c) 2, 3, 1, 4 (d) 2, 1, 4, 3

15. निम्नलिखित शब्दों को शब्दकोश में दिए गए क्रम के अनुसार लिखें—

1. **Slide** 2. **Slice**
3. **Slick** 4. **Sild**

(a) 4, 3, 2, 1 (b) 4, 2, 3, 1
(c) 2, 4, 1, 3 (d) 2, 3, 1, 4

16. निम्नलिखित शब्दों को शब्दकोश के अनुसार क्रम से रखें—

1. **Forge** 2. **Forget**
3. **Forgo** 4. **Forgive**
5. **Format**

(a) 5, 2, 4, 3, 1 (b) 1, 4, 3, 2, 5
(c) 3, 4, 5, 2, 1 (d) 1, 2, 4, 3, 5

17. निम्नलिखित शब्दों को अंग्रेजी शब्दकोश में दिए गए क्रम के अनुसार लिखें—

1. **Important** 2. **Impart**
3. **Improvise** 4. **Improve**

(a) 2, 1, 4, 3 (b) 3, 4, 1, 2
(c) 2, 1, 3, 4 (d) 1, 2, 3, 4

18. निम्नलिखित लम्बाइयों को छोटे से बड़े क्रम में व्यवस्थित कीजिए—

1. **Nanometre** 2. **Millimetre**
3. **Centimetre** 4. **Metre**
5. **Micrometre**

(a) 1, 2, 5, 3, 4 (b) 1, 5, 2, 3, 4
(c) 1, 5, 2, 4, 3 (d) 5, 1, 2, 3, 4

19. निम्नलिखित शब्दों को अंग्रेजी शब्दकोश के अनुसार क्रम में लिखें—

1. **Voyage** 2. **Voice**
3. **Vocation** 4. **Volume**

(a) 3, 2, 4, 1 (b) 2, 3, 4, 1
(c) 3, 4, 2, 1 (d) 2, 4, 3, 1

20. शब्दकोश में दूसरा शब्द निम्नलिखित में से कौन-सा होगा?

(a) Coventry (b) Covariant
(c) Covalent (d) Covenant

21. निम्नलिखित शब्दों को अंग्रेजी शब्दकोश में दिए गए क्रम के अनुसार लिखें—

1. **Activity** 2. **Attention**
3. **Arise** 4. **Absent**

(a) 2, 3, 4, 1 (b) 3, 2, 1, 4
(c) 4, 1, 3, 2 (d) 4, 3, 2, 1

22. निम्नलिखित शब्दों को शब्दकोश में दिए गए क्रम के अनुसार लिखिए—

1. **Command** 2. **Commit**
3. **Connect** 4. **Conceive**
5. **Conduct** 6. **Commerce**

(a) 1, 6, 2, 4, 5, 3
(b) 1, 2, 6, 5, 3, 4
(c) 6, 2, 1, 5, 4, 3
(d) 6, 1, 2, 4, 5, 3

23. निम्नलिखित शब्दों को शब्दकोश में दिए गए क्रम के अनुसार लिखिए—

1. **Obstacle** 2. **Observe**
3. **Obvious** 4. **Obtain**
5. **Obstruct**

(a) 2, 4, 1, 5, 3 (b) 2, 5, 4, 1, 3
(c) 2, 1, 5, 4, 3 (d) 4, 2, 1, 5, 3

प्रकार-7

1. यदि शब्दों को वे जिस क्रम से शब्दकोश में आते हैं उससे उल्टे क्रम में व्यवस्थित किया जाए, तो तीसरे स्थान पर कौन-सा शब्द आएगा?

(a) Occulist (b) Ordeum
(c) Odious (d) Odium

2. निम्नलिखित शब्दों को शब्दकोश में दिए गए क्रम के अनुसार व्यवस्थित करने पर तीसरे स्थान पर कौन-सा शब्द आएगा?

Amphibian, Amorphous, Ambiguous, Ambidextrous, Ambivalent

(a) Ambiguous (b) Amphibian
(c) Amorphous (d) Ambivalent

3. शब्दकोश में कौन-सा शब्द सबसे बाद में आता है?

Bonanza, Beautiful, Balance, Bottle

(a) Bottle (b) Bonanza
(c) Beautiful (d) Balance

4. शब्दकोश में कौन-सा शब्द तीसरे स्थान पर आता है?

Seize, Season, Secret, Seed

(a) Seed (b) Seize
(c) Season (d) Secret

5. शब्दकोश में निम्नलिखित में से कौन-सा शब्द तीसरे क्रम पर आएगा?
(a) Caught (b) Cough
(c) Calf (d) Cot

6. निम्नलिखित में से कौन-सा शब्द, शब्दकोश क्रम में चौथे स्थान पर आएगा?
(a) Hypothesis
(b) Humanity
(c) Hallucination
(d) Hearty

7. वर्णक्रमानुसार रखने पर तीसरा शब्द कौन-सा होगा?
(a) Dialysis (b) Diarchy
(c) Diamond (d) Diagonal

8. निम्नलिखित को शब्दकोश के क्रम में व्यवस्थित कीजिए, तो तीसरा शब्द कौन-सा होगा?
1. Particular 2. Particle
3. Participate 4. Partiality
(a) 2 (b) 3
(c) 4 (d) 1

9. शब्दकोश में तीसरे स्थान पर कौन-सा शब्द होगा?
(a) Ballium
(b) Ballistics
(c) Ballerina
(d) Ballistite

10. शब्दकोश में चौथे स्थान पर कौन-सा शब्द होगा?
(a) Intensive (b) Inheritance
(c) Instrument (d) Innocent

उत्तर (हल/संकेत)

प्रकार-1

1. (c) पंक्ति में–
अंजना > मालिनी > गायत्री > मीना > शेना
अत: मीना की स्थिति अन्तिम से दूसरी है।

2. (c) K O [D] I M

3. (b) बाएँ ← → दाएँ
T S P M O
अत: बीच में 'P' बैठा है।

4. (d) प्रश्नानुसार,
बस M N O P Q

5. (c) F > A > E > D > C > B
अत: सबसे पीछे 'B' चल रहा है।

6. (d) GLIFC
अत: 'G' के निकट की सीट केवल L है।

7. (b) बाएँ ← → दाएँ
कविता रिशब नवीन नीता संजू
अत: नवीन मध्य में बैठा है।

8. (b)
H E F [D] C B A
बाएँ ← → दाएँ

9. (b) बाएँ ← → दाएँ
T S P M O
अत: बीच में 'P' बैठा है।

10. (d) F I G H E
← बाएँ दाएँ →

11. (a) बाईं ← → दाईं
M R [P] L D

12. (b) कामिनी, मनीषा, सुवर्णा, स्मिता।

13. (b) E, A, B, C, D

14. (a) K, A, B, C

15. (b) D B A O C
∴ मध्य में A है।

16. (d) F →, A →, C →, E →, B →, D →
अत: A के बाईं ओर F है।

17. (c) M N Q P O

18. (a) D, A, B, C

19. (c) L M N P O

20. (d) E, A, B, C, D

21. (c) F A C E B D

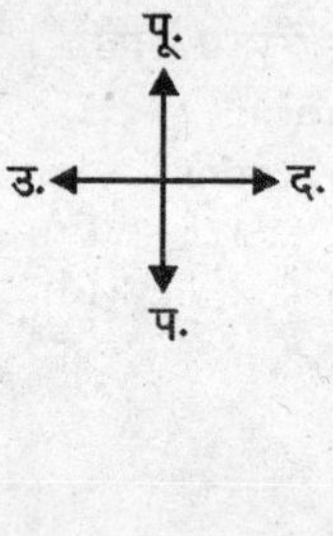

22. (a) बिनी पिंकी निम्मी मिनी लिनी

23. (d) E B D C A
अत: बीच में D बैठा है।

24. (b) पंक्ति में खड़े व्यक्तियों का क्रम–
M, L, N, J, P
अत: बीच में 'N' खड़ा है।

25. (c) एक पंक्ति में–
बाईं ओर ← → दाईं ओर
गोपाल हरि रमेश इन्दर श्याम
अत: रमेश बीच में बैठा है।

प्रकार-2

1. (d) A और C साथ-साथ बैठे हैं।

2. (d) आरम्भ में

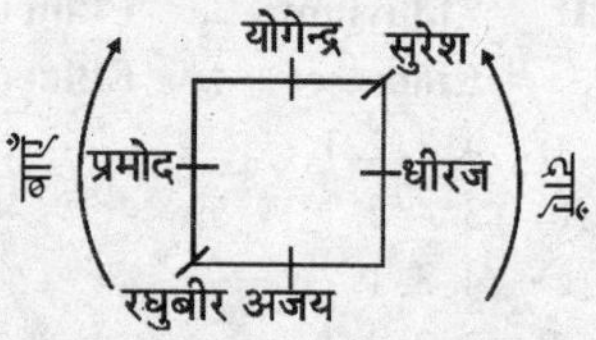

सीट बदलने के बाद

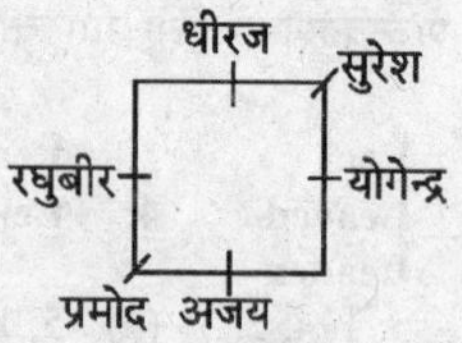

अत: सुरेश, धीरज के बाईं ओर बैठा होगा।

3. (d)

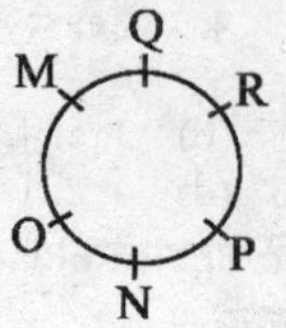

अत: 'M' और 'R' के बीच में 'Q' खड़ा है।

4. (a)

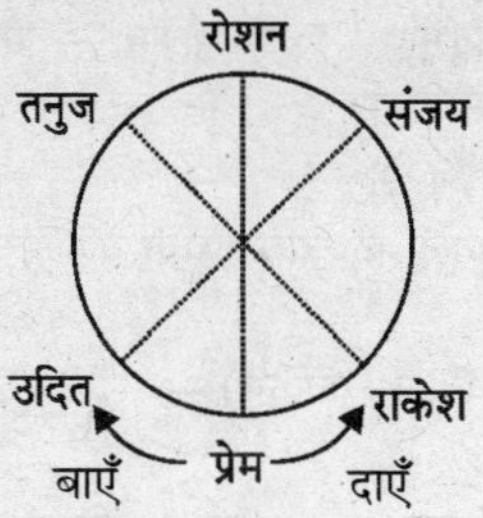

अत: तनुज के सामने राकेश है।

5. (b)

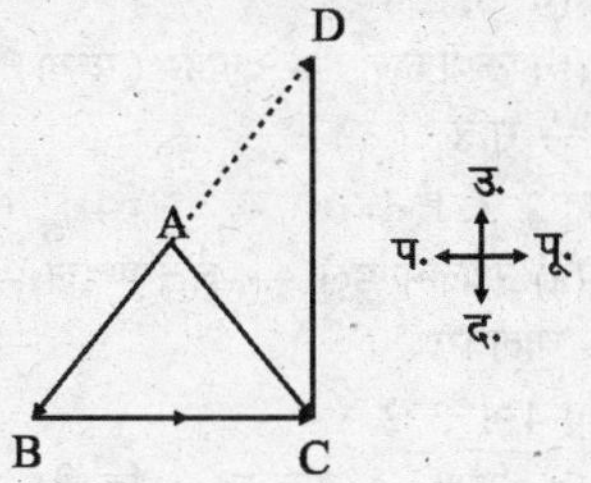

अत: D, A के उत्तर-पूर्व दिशा में स्थित है।

6. (c)

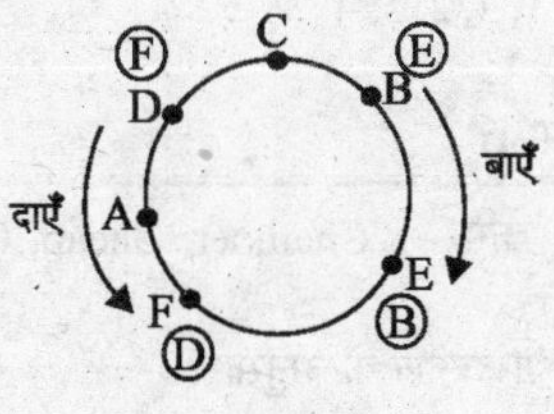

अत: D के बाईं ओर 'A' बैठा है।

7. (b)

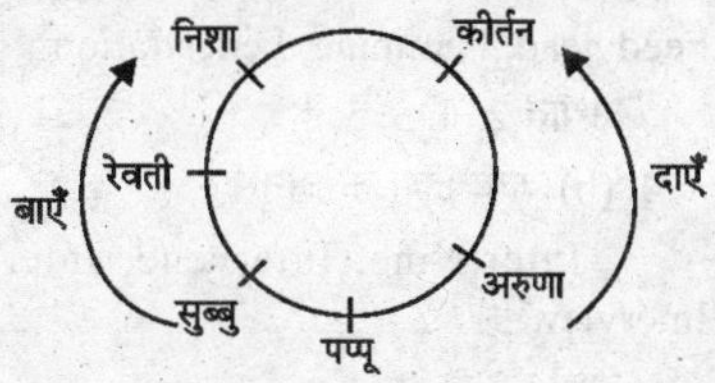

पप्पू के बाईं ओर सुब्बु है।

8. (d)

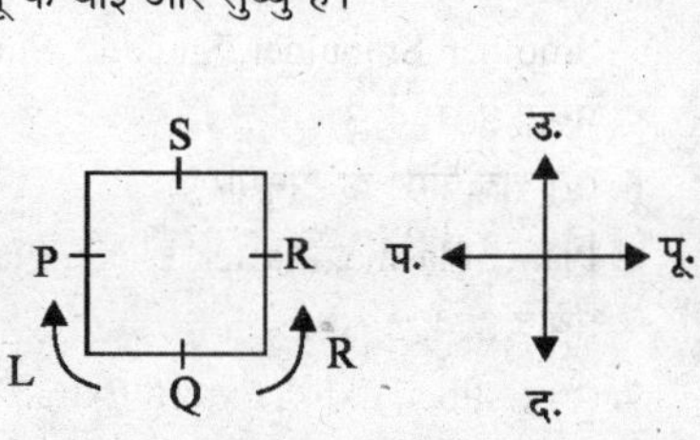

अत: Q उत्तर दिशा में मुख करके बैठा है।

9. (b)

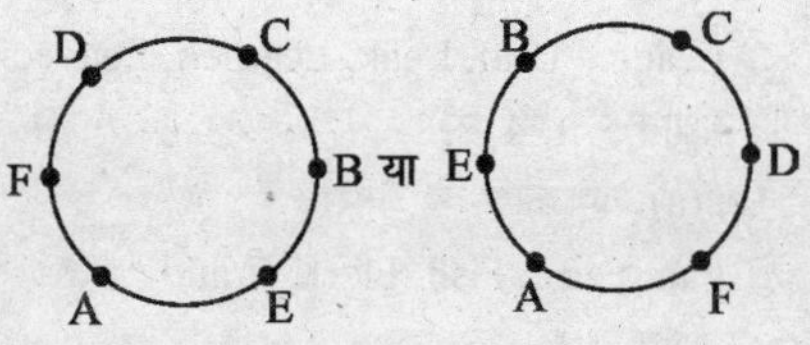

10. (c) प्रश्नानुसार,

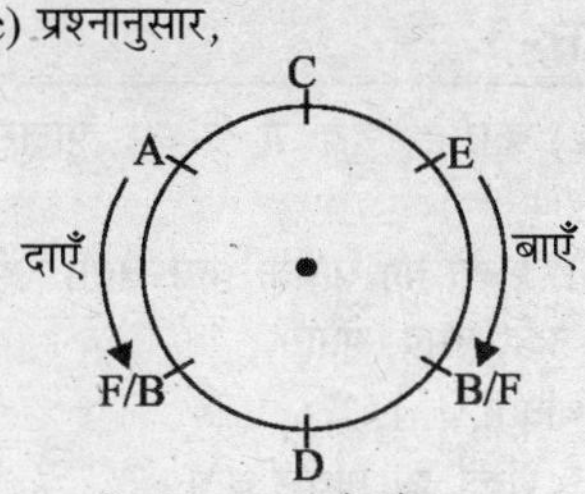

अत: D की ओर C का मुँह है।

11. (d)

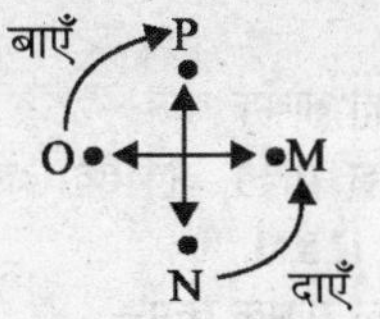

अत: N और P जोड़ीदार है।

12. (c)

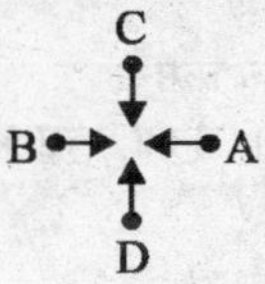

अत: C का मुँह दक्षिण की ओर है।

13. (d)

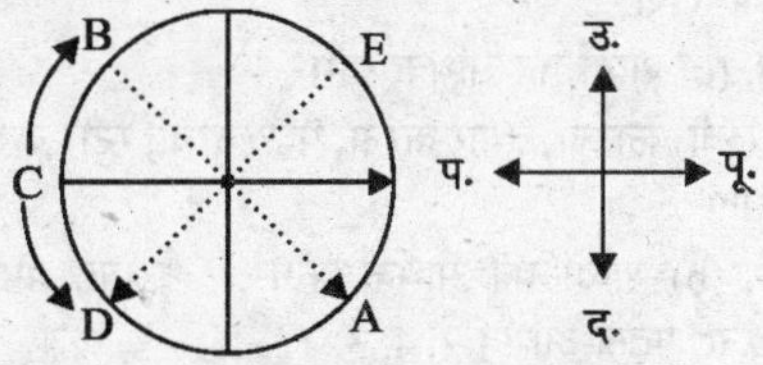

C का मुँह पूर्व की ओर है।

14. (a)

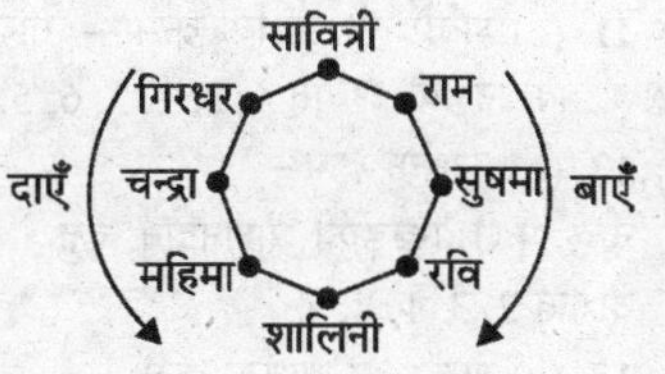

शालिनी की दाहिनी तरफ रवि बैठा है।

15. (b)

● ● ●
F B D

● ● ●
C E A

प्रकार-3

1. (b) कद के अनुसार–

E < A < D < B < C

अत: सबसे छोटा 'E' है।

2. (b) सुषमा > दीपक > रुशिल = अंश > वासवी > संहिता।

3. (a) कद के अनुसार–

विनोद > राम > श्याम > प्रमोद

अत: सबसे छोटा प्रमोद है।

4. (c) ऊँचाई के क्रमानुसार,

दिनेश > भानु > प्रकाश > राजेश > जगन

अत: सबसे छोटा जगन है।

5. (d) प्रश्नानुसार,

रोशन > सुशील > हार्दिक > निजा > हैरी

6. (b) मोहन > प्रबीर > मिहिर > सुरेश

अत: चारों में सबसे छोटा सुरेश है।

7. (a) केतन > प्रकाश > पिनाकिन

प्रणव > रोहन > केतन

अत: प्रणव > रोहन > केतन > प्रकाश > पिनाकिन

8. (b) प्रश्नानुसार,

M > G > H

M > Q

अत: सबसे पतला व्यक्ति 'H' है।

9. (d) लम्बी > लीला > मीनू > हरी > लता

10. (a) बिपुल > कृष्णा > वरुण > संजय

अत: सबसे लम्बा बिपुल है।

11. (b)

● < ● < ● < ● < ●

मोहन किशोर अमित सतीश रवि

किशोर, अमित से लम्बा, लेकिन मोहन से छोटा है।

12. (d) प्रश्नानुसार, K > B, Y > B, B > J तथा Y > J

अत: सबसे निचले स्तर पर सुन्दर J है।

13. (c)

● > ● > ● > ● > ●

सीता लावन्या स्वप्ना हरि सुवर्णा

14. (b) लता > सुरेश > अनिता

किरण > पदमा > सुरेश

पदमा > लता

अत: सबसे अधिक अंक किरण ने प्राप्त किए।

15. (d) ● < ● < ● < ●

प्रेमा सुमा ऊषा गीता

∴ सबसे बड़ी प्रेमा है।

16. (a) केशव > शैलेन्द्र > राकेश

केशव > आशीष > शैलेन्द्र

अत: माधव > केशव > आशीष > शैलेन्द्र > राकेश

अत: राकेश सबसे छोटा है।

17. (b) A > B > D > C > E

18. (d) C > B > D > A > E

19. (a) C > B > A > D

∴ सबसे छोटी D है।

20. (c) शशि > सुनीता > बिन्दु > शेखर > बिन्दु

∴ सबसे छोटी बिन्दु है।

प्रकार-4

1. (b) आवश्यक दूरी $= \frac{30}{(25-1)} \times (15-3)$

$= \frac{30}{24} \times 12 = 15$ मीटर

2. (d) 28

3. (c) पंक्ति में कुल लड़कियाँ = (19 + 19) – 1 = 37

4. (b) पंक्ति में–

$\xrightarrow{11वाँ}$ सुनीता $\xleftarrow{11वाँ}$

अत: पंक्ति में कुल लड़कियाँ = 11 + 11 – 1 = 22 – 1 = 21

5. (a) माया मौली

● ● ● ●

बाएँ से → 13 23 ← दाएँ

∴ कुल लड़कियाँ/बच्चे = 23 + 2 + 13 = 38

6. (d) पेड़ों की कुल संख्या = 5 + 5 – 1 = 9

7. (b) पंक्ति में कुल अभीष्ट अक्षर = (5 + 12) – 1 = 16

8. (b) पंक्ति में पेड़ों की संख्या = 11 + 16 – 1 = 26

9. (d) कार्तिक की कक्षा में कुल विद्यार्थी = 28 + 17 – 1 = 44

10. (d) पंक्ति में कुल अभीष्ट लड़के = (15 + 15) – 1 = 29

11. (b) अन्त से ऊषा का स्थान = (37 – 21) + 1वाँ = (16 + 1)वाँ = 17वाँ

12. (b) $\xrightarrow{8वाँ}$ गणित $\xleftarrow{13वाँ}$

अत: पंक्ति में कुल पुस्तकें = 8 + 13 – 1 = 20

13. (d) पंक्ति में कुल व्यक्ति = 7 + 10 – 1 = 16

14. (b) $\xrightarrow{x वें}$ राजू $\xleftarrow{11वें}$

$x + 11 - 1 = 27$

$x = 17$ वाँ

15. (c) पंक्ति में कुल लोगों की संख्या = 11 + 9 – 1 = 20 – 1 = 19

16. (d) यश का अन्त से स्थान = 50 – 21 + 1 = 30वाँ

17. (b) 12 + ● ● + 5

रमेश सुरेश

∴ अभीष्ट संख्या = 33 – (13 + 6) = 14

18. (c) कक्षा में कुल छात्रों की संख्या = 10 + 30 + 1 + 3 + 1 = 45

19. (d) विद्यार्थियों की कुल संख्या = 11 + 47 – 1 + 3 + 1 = 61

20. (a) कक्षा में कुल विद्यार्थियों की संख्या = 14 + 23 – 1 = 36

प्रकार-5

1. (c) क्रम → दुर्घटना, डॉक्टर, पुलिस, वकील, न्यायाधीश।

2. (d) शब्दों का सार्थक क्रम-वर्षा, नदी, नदिका, सहायक नदी, समुद्र, सागर

अर्थात् 6, 4, 1, 3, 5, 2

3. (c) शब्दों का सार्थक क्रम–

बुध, शुक्र, पृथ्वी, मंगल, बृहस्पति अर्थात् 5, 3, 1, 4, 2.

4. (b) शब्दों का सार्थक क्रम–

शब्द, वाक्यांश, वाक्य, अनुच्छेद, अध्याय

अर्थात् 2, 4, 1, 5, 3.

5. (a) शब्दों का सार्थक क्रम–

पणजी, गोवा, भारत, एशिया, विश्व

अर्थात् 3, 2, 4, 1, 5.

6. (c) शब्दों का सार्थक क्रम–

घुटने के बल चलना, बैठना, खड़े होना, चलना, दौड़ना

अर्थात् 1, 2, 4, 5, 3

7. (c) शब्दों का सार्थक क्रम–

निदान, शल्यक्रिया, शल्यक्रिया पश्चात् देखभाल, छुट्टी मिलना

8. (c) शब्दों का सार्थक क्रम–

सब्जी, काटना, तैयार करना, पैक करना, स्टोर करना, परोसना

9. (b) शब्दों का सार्थक क्रम – सुनना, बोलना लिखना, पढ़ना अर्थात् 2, 4, 3, 1.

10. (b) शब्दों का सार्थक क्रम – शैशव, बचपन, किशोरावस्था, प्रौढ़ता अर्थात् 2, 3, 4, 1.

11. (c) शब्दों का सार्थक क्रम – गाय, दूध, दही, छाछ, मक्खन, घी अर्थात् 4, 2, 1, 3, 6, 5.

12. (b) सार्थक क्रम–

नींव, फर्श, खिड़की, रोशनदान, छत

अर्थात् 2, 3, 1, 4, 5

13. (a) शब्दों का सार्थक क्रम–

बैंगनी, जामुनी, नीला, हरा, पीला, नारंगी, लाल

अर्थात् 7, 2, 4, 5, 6, 1, 3

14. (c) शब्दों का सार्थक क्रम है–

कूटबद्ध करना → प्रेषण → आदान (प्राप्ति) → कूटानुवाद

अर्थात् 2, 1, 3, 4.

15. (a) शब्दों का सार्थक क्रम–

पुत्र → भाई → पति → पिता → पितामह (दादा)

अर्थात् 1, 4, 2, 5, 3

16. (c) शब्दों का सार्थक क्रम–

शिशु → बचपन → किशोर → वयस्क → वृद्धावस्था

अर्थात् 5, 4, 3, 1, 2

17. (c) अपराध → पुलिस → न्यायाधीश → निर्णय → दण्ड

अर्थात् 3, 1, 4, 5, 2

18. (c) अनुभूति → समायोजन → समावेश → बोध → स्कीम निर्माण

अर्थात् 5, 1, 4, 2, 3

19. (c) तितली के जीवन चक्र की अवस्थाओं के क्रमानुसार–

अण्डे → कौआ (कोकुन) → सूंडी (इल्ली) → तितली

20. (b) जोतना → बोआई → निराई → फसल काटना

अर्थात् 1, 3, 2, 4

21. (b) ऊषाकाल → दोपहर (मध्या) → सांध्य प्रकाश → रात्रि

अर्थात् 2, 3, 1, 4

22. (a) स्थलमण्डल → जलमण्डल → जीवमण डल → वातावरण

अर्थात् 4, 1, 3, 2

23. (b) शिशु → बालक → किशोर → वयस्क → वृद्ध

अर्थात् 1, 3, 2, 5, 4

प्रकार-6

1. (a) क्रम → Chamber, Cheap, Cheerful, Chemistry.

2. (a) शब्दकोश के अनुसार,

Hake, Hale, Halt, Ham, Hamlet

अर्थात् 2, 1, 3, 5, 4

3. (c) शब्दकोश के अनुसार Feather, Feature, Feed head, Feminine, Fenestration

अर्थात् 2, 4, 3, 5, 1

4. (b) शब्दकोश के अनुसार,

Intertwine, Intervene, Intervention, Interview

अर्थात् 2, 4, 1, 3

5. (d) शब्दकोश के अनुसार,

Smother, Smoulder, Smudge, Smuggle

अर्थात् 2, 1, 4, 3

6. (a) शब्दकोश के अनुसार,

Plane, Plasma, Plaster, Platic, Plate

अर्थात् 2, 4, 3, 5, 1

7. (b) Extinct, Extol, Extort, Extra. 2, 1, 4, 3.

8. (d) शब्दों को शब्दकोश में दिए गए क्रम के अनुसार लिखने पर–

Effloresce, Effluent, Effluerage, Effuvium.

अर्थात् 3, 2, 4, 1

9. (a) शब्दकोश के अनुसार,

Leaden, Leaf, Leak, Learned, Leaved

अर्थात् 5, 1, 4, 2, 3

10. (a) शब्दकोश के अनुसार,

Fan, Feast, Fish, Flesh, Fraud

अर्थात् 2, 4, 1, 3, 5

11. (b) शब्दों को शब्दकोश में दिए गए क्रम के अनुसार–

Decision,, Declaration, Decoration, Decorum

अर्थात् 4, 3, 1, 2

12. (b) शब्दकोश के क्रम के अनुसार–

Force, Forecast, Foreign, Forget, Forsook

अर्थात् 5, 1, 3, 2, 4

13. (c) आरोही क्रम में–

Amoeba, Ant, Cow, Elephant

अर्थात् 3, 4, 2, 1

14. (a) शब्दकोश में दिए गए क्रम से–

Omit, Omnipotent, Omniscient, Omnivorous

2, 1, 3, 4

15. (b) शब्दकोश में दिए गए क्रम के अनुसार,

Sild, Slice, Slick, Slide

4, 2, 3, 1

16. (d) 1, 2, 4, 3, 5

17. (a) अंग्रेजी शब्दकोश में दिए गए क्रम के अनुसार–

Impart, Important, Improve, Improvise

अर्थात् 2, 1, 4, 3

18. (b) 1, 5, 2, 3, 4

19. (a) 3, 2, 4, 1

20. (b) Covalent, **Covariant,** Covenant, Coventry.

21. (c) अंग्रेजी शब्दकोश के अनुसार–

Absent, Activity, Arise, Attention

अर्थात् 4, 1, 3, 2.

22. (a) शब्दकोश के अनुसार–

Command, Commerce, Commit, Conceive, Conduct, Connect

अर्थात् 1, 6, 2, 4, 5, 3

23. (c) 2, 1, 5, 4, 3

प्रकार-7

1. (c) शब्दकोश के अनुसार,

Occulist, Odious, Odium, Ordeum

प्रश्नानुसार,

Ordeum—(1)
Odium—(2)
Odious—(3)
Occulist—(4)

अत: तीसरे स्थान पर 'Odious' शब्द आएगा।

2. (d) Ambidextrous, Ambiguous, Ambivalent, Amorphous, Amphibian.

3. (a) शब्दकोश के अनुसार,

Balance, Beautiful, Bonanza, Bottle

अत: 'Bottle' सबसे बाद में आता है।

4. (a) शब्दकोश के अनुसार,

Season, Secret, Seed, Seize

अत: 'Seed' तीसरे स्थान पर आता है।

5. (d) Calf, Caught, **Cot,** Cough

6. (a) शब्दकोश के क्रम से–

Hallucination → Hearty → Humanity → Hypothesis

अत: शब्द Hypothesis चौथे स्थान पर आएगा।

7. (c) Diagonal, Dialysis, **Diamond,** Diarchy.

8. (a) Partiality, Participate, Particle, Particular.

9. (d) शब्दों का क्रम इस प्रकार है :

Ballerins, Ballistics, **Ballistite**, Ballium.

10. (a) शब्दकोश के अनुसार,

Inheritance, Innocent, Instrument, **Intensive.**

❑❑❑

अध्याय 9

घड़ी-संबंधी

घड़ी वैसे तो कलाई, मेज और दीवार आदि की शोभा बढ़ाने वाला तथा पूरे दिन समय बताने वाली वस्तु है परन्तु इसी घड़ी को जिसे हम साधारण कहते हैं। इस अध्याय से प्रतियोगी परीक्षाओं में विभिन्न प्रकार के प्रश्न पूछे जाते हैं। इसके कुछ महत्वपूर्ण तथ्य इस प्रकार हैं।

सर्वविदित है कि घड़ी में सुइयों का वृत्ताकार मार्ग 60 छोटे खानों में बंटा होता है। जैसे मिनट की सुई 20 छोटे खानों को पार करने में 20 मिनट का समय लेती है अर्थात् 20 मिनट की दूरी तय करेगी और अगर 40 छोटे खानों को पार करेगी तो 40 मिनट की दूरी तय करेगी।

नोट : मिनट की सुई द्वारा तय की गई दूरी को मिनट-दूरी कहते हैं।

आवश्यक बिन्दु

- प्रत्येक घंटे में दोनों सुइयाँ दो बार समकोण बनाती हैं, लेकिन 12 घंटे में दोनों सुइयाँ 22 बार अर्थात् 24 घंटे में 44 बार परस्पर समकोण बनाती हैं।
- एक दिन अर्थात् 24 घंटे में, प्रत्येक घंटे दोनों सुइयाँ एक ही दिशा में एक बार मिलती हैं लेकिन 12 घंटे में 11 बार तथा 24 घंटे में 22 बार विपरीत होती हैं। अर्थात् एक ही दिशा में तथा विपरीत दिशा में मिलाकर कुल 44 बार सुइयाँ एक सीध में होती हैं।
- एक घंटे में मिनट की सुई घंटे की सुई से 55 मिनट-दूरी आगे बढ़ जाती है।
- मिनट की सुई प्रत्येक मिनट में 6° घूमती है और घंटे की सुई $\frac{1^\circ}{2}$ घूमती है।
- प्रत्येक घंटे, सुइयां के बीच समकोण की स्थिति बनती है : (a) जब मिनट की सुई घंटे की सुई से 15 मिनट की दूरी पीछे हो, एवं (b) जब मिनट की सुई घंटे की सुई से 15 मिनट की दूरी आगे हो।
- प्रत्येक घंटे में, दोनों सुइयाँ एक बार एक-दूसरे से विपरीत दिशा में होती है और तब उनके बीच 30 मिनट की दूरी होती है।
- मिनट वाली (बड़ी) तथा घंटे वाली (छोटी) सुई प्रत्येक घंटे एक बार एक ही दिशा में मिलती हैं, जब उनके बीच 0 मिनट की दूरी होती है।
- सुइयाँ जब एक-दूसरे को n बार पार करके आपसी स्थिति में परिवर्तित कर लें, तो उनके बीच की दूरी $(n + 1) \times 61/13$ मिनट के बराबर होती हैं। दूसरे शब्दों में, दोनों सुइयों की परस्पर अदला-बदली छोटी सुई एवं बड़ी सुई के बीच 60/13 मिनट अथवा इसके किसी गुणक की दूरी का अन्तर होने पर होती है।
- स्थिति या स्थान परिवर्तन के दौरान जब सुइयाँ एक-दूसरे को n बार पार करती हैं, तो ये मिलकर $(n + 1) \times 60$ मिनट की दूरी तय करती है।
- घड़ी की सुइयों की आपसी स्थिति में कोई परिवर्तन तभी सम्भव है जब उनके बीच की दूरी $\frac{60}{13} > 4\frac{8}{13}$ मिनट (दूरी) के गुणक में हो। यह दूरी घंटे के सुई से दक्षिणावर्त (clockwise) दिशा में मिनट की सुई तक मापी जाती है।

उदाहरण 1. किसी घड़ी की मिनट एवं घंटे की सुइयाँ 1 और 2 के बीच कब आपस में मिलेगी?

(a) 1 बजकर 30 मिनट पर

(b) 1 बजकर 35 मिनट पर

(c) 1 बजकर $5\frac{5}{11}$ मिनट पर

(d) 1 बजकर $10\frac{8}{10}$ मिनट पर

हल (c) जब घड़ी में एक बजा होता है तब घंटे और मिनट सुइयों के बीच 5 मिनट दूरी होती है। अत: मिनट की सुई जब घंटे की अपेक्षा 5 मिनट की अधिक दूरी तय कर लेगी तब दोनों सुइयाँ आपस में मिलेगी।

∴ सुइयों के मिलने में लगा समय

$= 5 \times \frac{12}{11}$ मिनट $= \frac{60}{11}$ मिनट $= 5\frac{5}{11}$ मिनट।

उदाहरण 2. 2 और 3 बजे वह कौन-सा समय है जब घड़ी की दोनों सुइयाँ (मिनट और घंटे की) एक-दूसरे से 180° का कोण बनाती हैं?

(a) 2 बजकर 30 मिनट (b) 2 बजकर $22\frac{3}{11}$

(c) 2 बजकर $43\frac{7}{11}$ (d) 2 बजकर $25\frac{3}{11}$

हल (c) जब मिनट और घंटे की सुइयों के बीच 180° का कोण तब बनता है जब दोनों सुइयों के बीच 30 मिनट की दूरी होती है।

2 बजे दोनों सुइयों के बीच घड़ी की दिशा में 10 मिनट की दूरी होगी। इसलिए मिनट की सुई को (10 + 30) = 40 मिनट की अधिक दूरी तय करनी पड़ेगी। इस प्रक्रिया में लगा समय $= 40 \times \frac{12}{11} = \frac{480}{11} = 43\frac{7}{11}$ मिनट।

इसलिए, सुइयाँ 2 बजकर $43\frac{7}{11}$ मिनट पर 180° का कोण बनाएँगी।

उदाहरण 3. करुणा की घड़ी तेज चलती है। आज दोपहर को उसकी घड़ी 12 से 5 मिनट पीछे थी। लेकिन शाम 7 बजे उसकी घड़ी 7 बजकर, 9 मिनट बता रही थी। बताइए उसकी घड़ी ने कब ठीक समय बताया?

(a) 1 बजकर, 45 मिनट (b) 2 बजकर, 30 मिनट

(c) 2 बजकर, 40 मिनट (d) 2 बजकर, 45 मिनट

हल (d) चूँकि, 12 बजे घड़ी, 5 मिनट पीछे थी और 7 बजे घड़ी ने 7 बजकर, 9 मिनट का समय दिखाया अर्थात् 9 मिनट आगे हो गई। इस समय, घड़ी कुल मिलाकर 5 + 9 = 14 मिनट आगे हो गई। घड़ी 14 मिनट आगे हुई है 12 बजे से सात बजे के बीच में अर्थात्, 7 घंटे में।

इसलिए, घड़ी की प्रति घंटा तेज चलने की रफ्तार = 14/7 = 2 मिनट

चूँकि, घड़ी 5 मिनट मंद (Slow) थी। इसलिए, वह (घड़ी) सही समय तब बतायेगी जब यह 5 मिनट आगे या तेज हो जाय।

अब चूँकि, 2 मिनट तेज चलने में घड़ी 1 घंटे का समय लेती है।

इसलिए, 5 मिनट तेज चलने में घड़ी $\frac{1}{2} \times 5 = 2 \times \frac{1}{2}$ घंटे

अर्थात्, $2\frac{1}{2}$ घंटा या 2 बजकर 30 मिनट पर घड़ी जो 5 मिनट पीछे थी वह पूरा कर लेगी और इस प्रकार घड़ी सही समय (2 बजकर 45 मिनट) बजायेगी।

उदाहरण 4. घड़ी में संध्या के 5 व 6 बजे के मध्य घंटे की सुइयाँ कब विपरीत दिशा में होंगी?

(a) 6 बजे

(b) 5 बजकर 55 मिनट पर

(c) 5 बजकर $55\frac{1}{2}$ मिनट पर

(d) इनमें से कोई नहीं।

हल (a) जिस समय घड़ी में ठीक 5 बजे होंगे तो दोनों सुइयों के बीच दूरी = 25 मिनट। जब मिनट की सुई 55 मिनट अधिक चलेगी दोनों सुइयाँ विपरीत होंगी।

इस प्रक्रिया में लगा समय = 55 × 12/11 = 660/11 = 60 मिनट घंटा।

इसलिए 6 बजे दोनों सुइयां विपरीत होंगी।

प्रश्नावली

1. एक कछुआ 4 घंटे में एक किलोमीटर चलता है। प्रत्येक किलोमीटर के बाद वह 20 मिनट विश्राम करता है। यह बताइये कि 3.5 किलोमीटर की दूरी तय करने में उसे कितना समय लगेगा?

(a) 14 घंटे (b) 15 घंटे
(c) 13 घंटे (d) 12 घंटे

2. किसी घड़ी में 3 बजकर 20 मिनट पर दोनों की सुइयों के बीच कितना कोण होगा?

(a) 20º (b) 22º
(c) 27º (d) 21.5º

3. एक गोष्ठी (Meeting) में 8 : 30 के पन्द्रह मिनट पूर्व पहुँचने पर अनुज को ज्ञात हुआ कि वह आधा घंटा पहले उस व्यक्ति से आया है जो गोष्ठी के नियत समय से 40 मिनट देर से पहुँचा है। गोष्ठी का नियत समय (Scheduled Time) क्या था?

(a) 8 : 00 बजे (b) 8 : 05 बजे
(c) 8 : 15 बजे (d) 8 : 45 बजे

4. एक परिशुद्ध (Accurated) घड़ी 3 : 00 बजे का समय दर्शा रही है, घंटे की सुई के 135° घूमने के बाद समय होगा—

(a) 7 : 30 (b) 6 : 30
(c) 8 : 00 (d) 9 : 30

5. किसी घड़ी में 4 और 5 बजे के बीच किस समय दोनों सुइयाँ एक ही दिशा में होंगी?

(a) 4 बजकर $24\frac{8}{11}$ मिनट

(b) 4 बजकर $22\frac{9}{11}$ मिनट

(c) 4 बजकर $24\frac{10}{11}$ मिनट

(d) 4 बजकर $24\frac{9}{11}$ मिनट

6. 3 और 4 बजे के बीच किस समय घड़ी की मिनट वाली सुई घंटे वाली सुई से 20 मिनट आगे होगी?

(a) $3{:}47\frac{8}{11}$ बजे (b) $3{:}38\frac{2}{11}$ बजे

(c) $3{:}28\frac{4}{11}$ बजे (d) $3{:}45\frac{1}{11}$ बजे

7. एक व्यक्ति 60 किमी/घंटा की रफ्तार से स्कूटर पर चलता है और प्रत्येक घंटे के बाद 10 मिनट का विश्राम करता है। यदि उसे 210 किमी. जाना हो दिन के 12 बजे चलकर वह कब अपने गंतव्य पर पहुँचेगा?

(a) 16 बजे (b) 18 बजे
(c) 16 : 30 बजे (d) 18 : 30 बजे

8. एक दीवाल घड़ी में अंकों के स्थान पर अंग्रेजी वर्णाक्षरों के अक्षर जैसे 1 के स्थान पर A, 2 के स्थान पर C, 3 के स्थान पर E रख दें, और इसी प्रकार बदलते जाएं तो 8 : 30 बजे छोटी सुई की क्या स्थिति होगी?

(a) Q पर

(b) O पर

(c) O और Q के मध्य

(d) O और P के मध्य

9. एक घड़ी प्रत्येक घंटे में 15 सेकेण्ड आगे बढ़ जाती है। यदि उसे सोमवार अपरान्ह 1 बजे से सही प्रकार सेट कर चालू किया गया तो बुधवार को प्रायः 8 बजे क्या समय बतायेगी?

(a) 8 बजकर 8 मिनट 52 सेकेण्ड

(b) 8 बजकर 9 मिनट 2 सेकेण्ड

(c) 8 बजकर 10 मिनट 45 सेकेण्ड

(d) 8 बजकर 12 मिनट 35 सेकेण्ड

10. एक बस स्टैण्ड से हर 30 मिनट पर दिल्ली के लिए बस रवाना होती है। एक पूछताछ क्लर्क ने एक यात्री को बताया कि एक बस 10 मिनट पहले ही छूटी है और अगली बस 9:35 पूर्वान्ह पर छूटेगी। पूछताछ क्लर्क ने यात्री को सूचना कितने बजे दी है?

(a) 9:10 पूर्वान्ह (b) 8:55 पूर्वान्ह
(c) 9:08 पूर्वान्ह (d) 9:15 पूर्वान्ह

11. किसी कान्फ्रेंस हॉल में मीटिंग के लिए डायरेक्टर 9:20 प्रातः घुसे तथा मुख्य अतिथि इसके 30 मिनट बाद घुसे। मुख्य अतिथि मीटिंग प्रारम्भ होने के ठीक समय से पाँच मिनट लेट थे। मीटिंग प्रारम्भ होने का ठीक समय क्या था?

(a) प्रातः 9:45 बजे

(b) प्रातः 9:55 बजे

(c) प्रातः 9:50 पूर्वान्ह

(d) प्रातः 10:45 बजे

12. यदि घड़ी में समय 6:20 हो तथा मिनट की सुई उत्तर-पूर्व दिशा की ओर इंगित करती हो तो घंटे की सुई किस दिशा की ओर इंगित करेगी?

(a) पश्चिम (b) दक्षिण-पूर्व
(c) उत्तर-पूर्व (d) उत्तर-पश्चिम

13. एक घड़ी में समय दर्शा रही है। घंटे की सुई के 90 अंश घूमने के बाद क्या समय होगा?

(a) 8 बजे

(b) 7 बजे

(c) 6 बजे

(d) उपर्युक्त में से कोई नहीं।

14. एक व्यक्ति 30 किमी/घंटा रफ्तार से स्कूटर पर चलता है और प्रत्येक घंटे के बाद 10 मिनट का विश्राम करता है। यदि उसे 110 किमी. जाना है और 10:30 बजे प्रस्थान करता है, तो वह अपने गंतव्य पर कब पहुंचेगा?

(a) अपरान्ह 2:30 बजे

(b) अपरान्ह 2:40 बजे

(c) अपरान्ह 3:30 बजे

(d) अपरान्ह 3:40 बजे

15. 180 सीढ़ियों वाले एक मीनार पर चढ़ते समय एक पुरुष हर 30 सीढ़ियों को चढ़ने के पश्चात् 2 मिनट विश्राम करता है। मीनार के ऊपर पहुँचने तक उसने कितनी देर विश्राम किया?

(a) 30 मिनट (b) 12 मिनट
(c) 10 मिनट (d) 9 मिनट

16. आशीष अपने घर से 7 बजने से 20 मिनट पूर्व सुबह चलता है तथा 25 मिनट में कुणाल के घर पहुँच जाता है। वहाँ वे दोनों 15 मिनट में नाश्ता (Breakfast) करके आफिस के लिए चलते हैं तथा चलने के 35 मिनट पश्चात् आफिस पहुँच जाते हैं। कुणाल के घर से आफिस के लिए वे कब निकलते हैं?

(a) 7:40 A.M. (b) 7:20 A.M.
(c) 7:45 A.M. (d) 8:15 A.M.
(E) 7:55 A.M.

17. एक मंदिर के पुजारी ने एक भक्त को बताया कि मंदिर की घंटी प्रत्येक 45 मिनट के अन्तराल पर बजती है। अन्तिम घंटी 5 मिनट पूर्व बजी थी। अगली घंटी 7:45 A.M. पर बजेगी। पुजारी ने भक्त को किस समय यह जानकारी दी?

(a) 7:40 A.M. (b) 7:05 A.M.
(c) 7:00 A.M. (d) 6:55 A.M.

18. यदि घड़ी के डायल को 1 से 12 तक के अंकों द्वारा निरुपित करके उसके एकान्तर क्रम में (Alternate) अंग्रेजी वर्णमाला के वर्णों को प्रतिस्थापित किया जाता है जिसमें '1' के स्थान से 'D' प्रारम्भ करते हैं, तो कौन-सा अक्षर '8' को प्रदर्शित करेगा?

(a) H (b) N
(c) R (d) S
(E) इनमें से कोई नहीं

19. साढ़े आठ बजे घड़ी की सुइयाँ आपस में कितने का कोण बनाती हैं?

(a) 60º (b) 70º
(c) 75º (d) 80º

20. एक घड़ी में 4:30 बजे हैं, यदि मिनट की सुई पूर्व की ओर है, तो घण्टे की सुई किस दिशा में होगी?

(a) दक्षिण-पश्चिम (b) दक्षिण
(c) उत्तर-पूर्व (d) उत्तर

21. दिन में कितनी बार घड़ी की सुइयाँ सीधी होती हैं?

(a) 22 (b) 44
(c) 24 (d) 48

22. 9 बजे के बाद रात्रि 9 और 10 बजे के बीच एक दीवार घड़ी की घण्टा और मिनट की सुइयाँ एक-दूसरे की विपरीत दिशा में किस समय होंगी?

(a) 9 बजकर 15 मिनट
(b) 9 बजकर 16 मिनट
(c) 9 बजकर $16\frac{4}{11}$ मिनट
(d) 9 बजकर $17\frac{1}{11}$ मिनट

23. 6 और 7 बजे के बीच किस समय घड़ी की सुइयाँ एक-साथ होंगी?

(a) 6 बजकर $32\frac{8}{11}$ मिनट
(b) 6 बजकर $34\frac{8}{11}$ मिनट
(c) 6 बजकर $30\frac{8}{11}$ मिनट
(d) 6 बजकर $32\frac{5}{7}$ मिनट

24. एक घड़ी प्रत्येक एक घण्टे में 5 मिनट बढ़ जाती है सेकेण्ड की सुई एक मिनट के अन्दर कितने कोण के बराबर चक्कर लगाएगी?

(a) 360º (b) 360·5º
(c) 390º (d) 380º

25. यदि हम घड़ी के डायल पर दिन और रात का समय के घण्टे दर्शाते 1 से 24 अंकों को अंग्रेजी वर्णमाला के अक्षरों से 'C' से प्रारम्भ करके बदल दें, तो 16 बजे का समय कौन-सा अक्षर दर्शाएगा?

(a) W (b) P
(c) S (d) R

26. एक दर्पण में घड़ी के प्रतिबिम्ब में समय 3:45 दिखाई दे रहा है वास्तव में घड़ी में कितने बजे हैं?

(a) 8 : 00 (b) 8 : 10
(c) 8 : 15 (d) 8 : 30

27. एक घड़ी पर केवल 3, 6, 9 और 12 के स्थान पर बिन्दु लगे हुए हैं, उस घड़ी को दर्पण के सामने उल्टा रखा गया है : एक व्यक्ति को घड़ी के प्रतिबिम्ब में 4:50 बजे जैसे दिखाई देता है यह बताइए कि वास्तविक समय क्या है?

(a) 8 : 10 (b) 1 : 40
(c) 4 : 50 (d) 10 : 20

उत्तर (हल/संकेत)

1. (b) कछुआ 4 घंटे में 1 किलोमीटर (किमी.) चलता है और प्रत्येक किमी बाद 20 मिनट विश्राम करता है, इसलिए, 1 किमी की दूरी तय करने में लगा समय = 4 घंटे 20 मिनट और 3 किमी. की दूरी तय करने में लगा समय = 3 × 4 + 20 × 3 = 12 घंटे + 60 मिनट
= 13 घंटे।

आधा (1/2) किमी. की दूरी तय करने में लगा समय
= 2 घंटे

इसलिए, 3.5 किमी. की दूरी तय करने में 13 + 2 = 15 घंटे का समय लगेगा।

2. (a) जब मिनट की सुई 20 मिनट चलेगी तब घंटे की सुई 3 के निशान से $\frac{5}{60} \times 20 = \frac{5}{3}$ मिनट आगे बढ़ जायेगी।

इसलिए, सुइयों के बीच की दूरी = 3 तथा 4 के निशान के बीच की दूरी – 5/3 मिनट = 5 – 5/3 = 10/3 मिनट

अत: दोनों सुइयों के बीच का समकोण
$= \frac{10}{3} \times 6 = 20.$

3. (b) अनुज बैठक में 8:15 बजे पहुँचा, इसलिए 40 मिनट देर से पहुँचने वाला व्यक्ति बैठक में 8 + 15 + 30 = 8:45 मिनट पर पहुँचा।

इसलिए, बैठक का नियत समय 8:45 – 0:40 = 8:05 मिनट।

4. (a) दिये गये चित्र से स्पष्ट है कि 135° घूमने के बाद समय 7:30 (बजा) होगा।

5. (b) 4 बजे दोनों सुइयों के बीच की दूरी = 20 मिनट

इसलिए, दोनों सुइयां एक ही दिशा में होंगी—

$\frac{60 \times 20}{55} = 22\frac{9}{11}$ मिनट = 4 बजकर $22\frac{9}{11}$ मिनट

6. (b) घंटे की सुई से 20 मिनट आगे होने के लिए मिनट की सुई को (15 + 20) अथवा 35 मिनट की अधिक दूरी (मिनट-दूरी) तय करनी पड़ेगी।

इसलिए, इस प्रक्रिया में लगा समय = $35 \times \frac{12}{11}$ मिनट

$= \frac{420}{11}$ मिनट = $38\frac{2}{11}$ मिनट।

अत: 3 बजकर $38\frac{2}{11}$ मिनट पर मिनट की सुई घंटे की सुई से 20 मिनट आगे हो जायेगी।

7. (a) प्रश्नानुसार, व्यक्ति 60 किमी. चलता है। घंटे के बाद फिर 10 मिनट का विश्राम करता है। अर्थात् 1 घंटा + 10 = 60 + 10 = 70 मिनट में वह 60 किमी. चलता है।

180 किमी. चलने में लगा समय 3 × 70 = 210 मिनट
30 किमी. चलने में लगा समय = 30 मिनट
कुल समय = 210 + 30 + 240 मिनट = 4 घंटे

चूँकि वह 12 बजे प्रस्थान करता है इसलिए गन्तव्य तक उसके पहुँचने का समय 12 + 4 = 16 बजे को या 4 बजे।

8. (c) प्रश्नानुसार, 1 = A, 2 = C, 3 = E, 4 = G, 5 = I, 6 = K, 7 = M, 8 = O, 9 = Q, 10 = S, 11= T एवं 12 = W घड़ी में 8.30 बजे हैं, इसलिए 8.30 बजे छोटी सुई 8 और 9 के बीच (O और Q के बीच) होगी।

9. (c) सोमवार अपरान्ह 1 बजे से मंगलवार अपरान्ह 1 बजे तक का समय = 24 घंटे।

मंगलवार अपरान्ह 1 बजे से बुधवार प्रात: 8 बजे तक का समय = 11 + 8 = 19 घंटे।

कुल समय = 24 + 19 = 43 घंटे।

चूँकि, घड़ी 1 घंटे में 15 सेकेण्ड आगे बढ़ती है, इसलिए 43 घंटे में = 15 × 43 = 645 सेकेण्ड = 10 मिनट 45 सेकेण्ड।

इसलिए, बुधवार प्रात: 8 बजे उस घड़ी में समय होगा 8 बजकर 10 मिनट 45 सेकेण्ड।

10. (d) प्रश्नानुसार बस हर 30 मिनट पर दिल्ली के लिए रवाना होती है।

पिछली बस छूटने का समय = 9:35 – 0.30 = 9:05

क्लर्क द्वारा यात्री को दी गई सूचना का समय = 9:05 + 0.10 = 9:15 पूर्वान्ह।

11. (a) मुख्य अतिथि के आगमन का समय = 9:20 + 0:30 = 9:50 बजे प्रात:

मीटिंग का ठीक समय = 9:50 – 0.05 = प्रात: 9:45 बजे।

12. (b) चूँकि समय 6.20 है, इसलिए मिनट की बड़ी सुई उत्तर-पूर्व दिशा में तथा घंटे की छोटी सुई दक्षिण-पूर्व दिशा की ओर इंगित करेगी।

13. (b) नीचे दिये गये चित्र से स्पष्ट है कि घण्टे की सुई के 90 अंश घूमने के बाद घड़ी 7 बजे का समय दर्शाएगी।

14. (b) चूँकि, 30 किमी. चलने में 70 मिनट का समय लगता है। इसलिए 90 किमी. चलने में लगा समय = $\frac{70}{30} \times 90$ = 210 मिनट।

शेष 20 किमी. चलने में लगा समय $= 20 \times \frac{60}{30} =$ 40 मिनट

कुल लगा समय = 210 + 40 = 250 मिनट = 4 घंटा 10 मिनट

प्रस्थान का समय = 10.30 बजे

पहुँचने का समय = 10:30 + 4:10 = 14:40 = 2 बजकर 40 मिनट।

15. (c) 180वीं सीढ़ी तक पहुँचने के पूर्व पुरुष 30–30 सीढ़ियां चलने के बाद वह दो-दो मिनट का विश्राम लेता है। प्रश्नानुसार, 180वीं सीढ़ी पर पहुँचने के बाद वह अपने गन्तव्य पर पहुँच जायेगा।

पाँच बार विश्राम करने में लगा समय = 2 × 5 = 10 मिनट

16. (b) आशीष अपने घर से 6:40 पर चलता है। वह कुणाल के घर 25 मिनट में (6:40 + 25) = 7:05 A.M. पर पहुँच जाता है। दोनों नाश्ता करके 15 मिनट बाद (7.05 + 15) = 7:20 A.M. पर कुणाल के घर से ऑफिस के लिए निकलते हैं।

17. (b) चूँकि अगली घंटी 7:45 A.M. पर बजेगी, इसलिए इसे पूर्व अंतिम घंटी (7:45 – 0:45) = 7:00 A.M. पर बजी होगी (बजी थी)। प्रश्नानुसार, पिछली अन्तिम घंटी भक्त को जानकारी देने के 5 मिनट पहले बजी थी।

इसलिए, पुजारी द्वारा भक्त को जानकारी देने का समय = 7:00 A.M. + 5 मिनट, अर्थात् 7:05 A.M. पर दी गयी थी।

18. (c) बगल में प्रदर्शित चित्र देखें प्रश्नानुसार, घड़ी के डायल में अंग्रेजी वर्णमाला के वर्णों की स्थिति, चित्र में दिखाई गई है। स्पष्टतया, अंक '8' अक्षर 'R' को निरुपित करेगा।

19. (c) अभीष्ट कोण = 75°

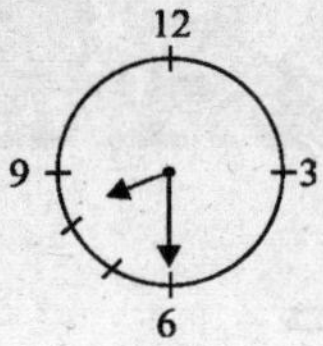

20. (c) उत्तर-पूर्व

21. (a) दिन में 22 बार घड़ी की सुइयाँ सीधी होती हैं।

22. (c) 9 बजकर $16\frac{4}{11}$ मिनट

23. (b) अभीष्ट समय

= 6 बजने के बाद $5 \times 6 \times \frac{12}{11}$ मिनट

= 6 बजकर $32\frac{8}{11}$ मिनट

24. (b) कोण 360.5°

25. (d) R अक्षर दर्शाएगा

26. (c) घड़ी में 8:15 बजे हैं।

27. (b)

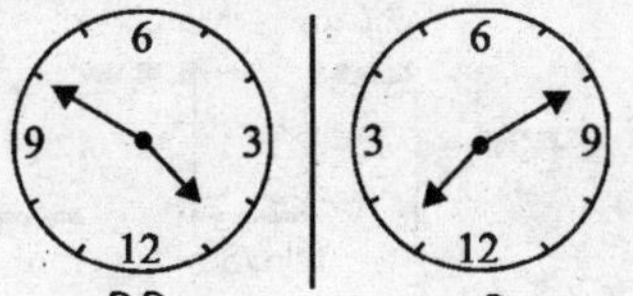

प्रतिबिम्ब 4 : 50 | वास्तविक 1 : 40

❑❑❑

अध्याय 10

कैलेण्डर

- **सामान्य वर्ष**—सामान्य वर्ष में वर्ष का पहला एवं अंतिम दोनों ही दिन समान होते हैं। [जैसे—1 जनवरी ⇒ सोमवार, तब 31 दिसम्बर ⇒ सोमवार]
- **लीप वर्ष**—लीप वर्ष में वर्ष का पहला दिन एवं अंतिम दिन दोनों ही असमान होते हैं तथा पहले दिन की तुलना में अंतिम दिन एक दिन बढ़ जाता है। [जैसे—1 जनवरी ⇒ सोमवार, तब 31 दिसम्बर ⇒ मगंलवार]
- **सप्ताह**—प्रत्येक सप्ताह में कुल 7 दिन होते हैं।
- **दिन**—किसी भी दिन में 7 जोड़ने पर या 7 दिन घटाने पर पुनः वही दिन प्राप्त होता है।

जैसे—

1 जनवरी = सोमवार —(+7)→ 8 जनवरी ⇒ सोमवार

15 अगस्त = बृहस्पतिवार —(–7)→ 8 अगस्त ⇒ बृहस्पतिवार

- **तिथियों की संख्या—**

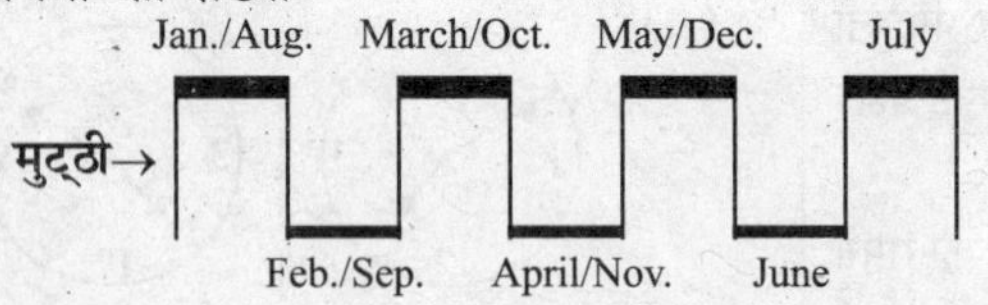

मुट्ठी—मुट्ठी पर अँगुलियों के उभरे एवं गर्त भागों पर क्रमश: जनवरी से दिसम्बर तक को व्यवस्थित करते हुए तिथियों का आकलन किया जाए तो उभरे भाग में व्यवस्थित होने वाले प्रत्येक माह में तिथियों की सख्या '31' तथा गर्त भाग में व्यवस्थित होने वाले प्रत्येक माह में तिथियों की सख्या '30' होती है। लेकिन सामान्य वर्ष में फरवरी की संख्या '28' जबकि लीप वर्ष में तिथियों की संख्या '29' होती है।

महत्वपूर्ण स्मरणीय तथ्य

- एक साधारण वर्ष = 365 दिन = 52 सप्ताह + 1 दिन
- एक लीप वर्ष = 366 दिन = 52 सप्ताह + 2 विषम दिन।
- 100 वर्ष = 76 साधारण वर्ष + 24 लीप वर्ष
  = 76 विषम दिन + 2 × 24 लीप दिन = 76 + 48 = 124 विषम दिन = 17 सप्ताह + 5 दिन = 5 विषम दिन।
- 200 वर्षों में विषम दिनों की संख्या = 2 × 5/7 = 1 सप्ताह + 3 दिन = 3 विषम दिन।
- 300 वर्षों में विषम दिनों की संख्या = 3 × 5 = 2 सप्ताह + 1 दिन = 1 विषम दिन।
- 400 वर्षों में विषम दिनों की संख्या 4 × 5 = 20 दिन अब चूँकि 400वां वर्ष लीप वर्ष होता है, अत: विषम दिनों की संख्या = 20 + 1 = 21, जो 7 से पूर्णतया विभाज्य है। (शेष 0; भागफल 3)। अर्थात् 0 विषम दिन; 400 वर्षों में कोई विषम दिन नहीं होता।
- 30 दिन वाले महीनों में विषम की संख्या = 30/7 = 4 सप्ताह + 2 दिन = 2 विषम दिन। 31 दिन वाले महीनों में विषम दिनों की संख्या = 31/7 = 4 सप्ताह + 3 दिन = 3 विषम दिन।
- फरवरी माह एक सामान्य/साधारण वर्ष में विषम दिनों की संख्या = 28/7 = 4 सप्ताह + 0 दिन = कोई विषम दिन नहीं।
- एक लीप वर्ष में विषम दिनों की संख्या = 29/7 = 4 सप्ताह + 1 दिन = 1 विषम दिन।
- लीप अथवा अधिवर्ष (Leap Year) 366 दिनों का होता है तथा लीप वर्ष की गणना हेतु उस (दिये गये) वर्ष को 4 से भाग देते हैं। यदि भागफल पूर्णांक में आता है तो वह वर्ष लीप वर्ष होगा।
- सभी शताब्दी वर्ष अधि वर्ष नहीं होते। तीन शताब्दी वर्षों को छोड़कर, चौथा शताब्दी वर्ष (400) लीप वर्ष होता है। अर्थात् शताब्दी वर्ष 400 वर्षों पर आता है।
- शताब्दी लीप वर्ष में 366 दिन होते हैं और इसे ज्ञात करने के संबंधित शताब्दी वर्ष को 400 से विभाजित करते हैं। यदि भागफल पूर्णांक में आता है तो वह वर्ष शताब्दी लीप वर्ष होगा।
- एक सौर वर्ष = 365 दिन, 5 घण्टा, 48 मिनट, $47\frac{1}{2}$ सेकेण्ड।
- कैलेण्डर का प्रारम्भ : सोमवार, 1 जनवरी 1 A, D.
- एक वृत्तीय चार्ट के अनुसार, दिनों के संगत विषम दिन निम्न प्रकार से होते हैं। रविवार = 0 सोमवार = 1, मंगलवार = 2, बुधवार = 3, **बृहस्पतिवार** = 4, शुक्रवार = 5, शनिवार = 0.
- किसी दिन या वार की पुनरावृत्ति प्रत्येक 7, 14, 21 28,.........364 दिनों के बाद होती है।
- किसी शताब्दी का अन्तिम दिन मंगलवार, बृहस्पतिवार तथा शनिवार नहीं हो सकता। लेकिन बुधवार, शुक्रवार तथा रविवार हो सकता है।
- किसी शताब्दी का पहला दिन सोमवार, मंगलवार, बृहस्पतिवार, शुक्रवार या शनिवार हो सकता है।
- अगर किसी साधारण वर्ष के किसी महीने की किसी तारीख को सोमवार या कोई भी वार है, तो अगले साधारण वर्ष में उसी महीनें की उसी तारीख को वह वार 1 से बढ़ जायेगा। यथा, अगर यदि 2006 में 1 जनवरी को रविवार है तो 2007 में 1 जनवरी को सोमवार होगा।
- प्रत्येक लीप वर्ष में किसी विशिष्ट दिन या तारीख का वार अगले वर्ष दो से बढ़ जायेगा। यथा, अगर 1 जनवरी, 2007 को सोमवार है तो 1 जनवरी, 2008 को बुधवार होगा।
- वर्ष में जनवरी, मार्च, मई, जुलाई, अगस्त, अक्टूबर और दिसम्बर, कुल साल महीने, प्रत्येक 31 दिनों के होते हैं।
- अप्रैल, जून, सितम्बर और नवम्बर, कुल चार महीने, प्रत्येक 30 दिन के होते हैं।

- वर्ष के चार भागों में दिनों की संख्या निम्न प्रकार से है—
  प्रथम तिमाही : 1 जनवरी से 31 मार्च : 90 (91, लीप वर्ष में दिन)
  दूसरी तिमाही : 1 अप्रैल से 30 जून : 91
  तीसरी तिमाही : 1 जूलाई से 30 सितम्बर : 92
  चौथी तिमाही : 1 अक्टूबर से 31 दिसम्बर : 92

उदाहरण 1. कामना को याद है कि उसके भाई का जन्म दिन 12 और 16 दिसम्बर के बीच में है। जबकि रमेश को याद है कि जन्म दिन 14 के बाद 17 के पहले है। कामना के भाई का जन्म दिन किस दिन है?

(a) 13 दिसम्बर (b) 14 दिसम्बर
(c) 16 दिसम्बर (d) 15 दिसम्बर
(e) इनमें से कोई नहीं।

हल (d) कामना के अनुसार उसके भाई का जन्म दिन = दिसम्बर 13, 14 या 15 को।

रमेश के अनुसार जन्म दिन = दिसम्बर 15 या 16 को। दोनों में 15 दिसम्बर उभयनिष्ठ तिथि/तारीख है। इसलिए, कामना के भाई का जन्म दिन 15 दिसम्बर है।

उदाहरण 2. यदि परसों शनिवार है तो कल से 3 दिन पहले कौन-सा दिन था?

(a) रविवार (b) शनिवार
(c) बृहस्पतिवार (d) सोमवार

हल (b) यदि परसों शनिवार है तो आज बृहस्पतिवार है। इसलिए भूतकाल में कल का दिन बुधवार होगा। बुधवार से तीन दिन पहले का दिन शनिवार होगा।

←——— भूतकाल— —भविष्यकाल ———→

कल आज कल परसों

शनि रवि सोम मंगल बुध बृह शुक्र शनि

उदाहरण 3. यदि 6 जनवरी के चार दिन बाद चौथे दिन शनिवार पड़ता है तो पिछले वर्ष के 1 दिसम्बर को कौन-सा दिन था?

(a) सोमवार (b) मंगलवार
(c) बुधवार (d) रविवार

हल (a) 6 जनवरी के बाद चौथा दिन = 10 जनवरी। प्रश्न से 10 जनवरी शनिवार है। पिछले वर्ष 1 दिसम्बर से 10 जनवरी तक (1 दिसम्बर को छोड़कर) 40 दिन हुए, अर्थात् 5 सप्ताह, और 5 दिन (विषम दिन)। इसलिए, शनिवार से 5 दिन पहले सोमवार होगा।

उदाहरण 4. अगर 1 जनवरी, 2000 को सोमवार हो तो 1 जनवरी 1990 को कौन-सा दिन था?

(a) बुधवार (b) मंगलवार
(c) बृहस्पतिवार (d) शनिवार

हल (a) प्रश्न में 1 जनवरी, 1990 तक 8 साधारण वर्ष और 2 लीप वर्ष (1992, 1996) होंगे। इसलिए विषम दिनों की संख्या = साधारण वर्षों की संख्या × 1 + लीप वर्षो की संख्या × 2 = 8 × 1 + 2 × 2 = 8 + 4 = 12 अर्थात् 1 सप्ताह, 5 शेष (विषम) दिन

1 जनवरी, 2000 से 1 जनवरी, 1990 तक 5 विषम दिन हुए। चूँकि विषम दिनों की गणना पीछे की तरफ की गई है। इसलिए दिन (वार) का पता लगाने के लिए आधारस्वरूप दिये गया दिन (1 जनवरी, 2000) सोमवार है, इसलिए 1 जनवरी 1990 को सोमवार 5 = बुधवार होगा।

याद रखें कि 5 दिन पीछे लौटने के बजाय हम (7-5) = 2 दिन आगे भी बढ़ सकते हैं क्योंकि तब भी हमें वही दिन प्राप्त होगा।

स्मरण रखें : पीछे लौटने हेतु दिनों की संख्या = आगे बढ़ने हेतु दिनों की संख्या।

उदाहरण 5. दी गयी विभिन्न जानकारियों के आधार पर कोई निश्चित दिन/तिथि ज्ञात करना।

इस प्रकार के प्रश्नों के दिन/तिथि के अनुमानित जानकारी दी गयी होती है। प्राप्त जानकारी ऐसी होती है कि किसी एक व्यक्ति द्वारा दी गई जानकारी के आधार पर निश्चित/निर्धारित दिन/तिथि नहीं निकाली जा सकती, किन्तु दोनों व्यक्तियों द्वारा दी गयी जानकारी के आधार पर निशिचित दिन/तिथि निकाली जा सकती है। प्रतियोगियों को दी गयी दोनों जानकारियों के माध्यम से एक निश्चित एवं निर्धारित दिन/तिथि ज्ञात करना होता है।

प्रश्नावली

1. यदि 1 मार्च 1997 को शुक्रवार हो, तो 1 मार्च 2000 को कौन-सा दिन होगा?
(a) सोमवार (b) मंगलवार
(c) बुधवार (d) शुक्रवार
(e) इनमें से कोई नहीं

2. 8 अगस्त 1955 को मंगलवार था, तो 21 अक्टूबर 1993 को कौन-सा दिन होगा?
(a) शनिवार (b) बुधवार
(c) मंगलवार (d) रविवार
(e) इनमें से कोई नहीं

3. 6 जून 1908 को रविवार था, तो 31 दिसम्बर 2003 को कौन-सा दिन होगा?
(a) बुधवार (b) शनिवार
(c) सोमवार (d) बृहस्पतिवार
(e) इनमें से कोई नहीं

4. यदि 5 मई 2003 को सोमवार हो, तो 5 मई 2004 को कौन-सा दिन होगा?
(a) मंगलवार (b) बुधवार
(c) बृहस्पतिवार (d) शुक्रवार
(e) इनमें से कोई नहीं

5. यदि 1 जनवरी 2003 को बुधवार हो, तो 1 जनवरी 2004 को कौन-सा दिन होगा?
(a) शुक्रवार (b) शनिवार
(c) बृहस्पतिवार (d) मंगलवार
(e) इनमें से कोई नहीं

6. यदि 8 जनवरी 2004 को बृहस्पतिवार हो, तो 8 जनवरी 2005 को कौन-सा दिन होगा?
(a) शनिवार (b) शुक्रवार
(c) बुधवार (d) सोमवार
(e) इनमें से कोई नहीं

7. यदि 12 जून 2003 को बुधवार हो, तो 28 जून 1905 को कौन-सा दिन था?
(a) मंगलवार (b) शुक्रवार
(c) बृहस्पतिवार (d) सोमवार
(e) इनमें से कोई नहीं

8. 5 मई 1906 को शनिवार हो, तो 10 मार्च 1904 को कौन-सा दिन होगा?
(a) शुक्रवार (b) बुधवार
(c) मंगलवार (d) शनिवार
(e) इनमें से कोई नहीं

9. 10 मार्च 1912 को बुधवार हो, तो 15 अगस्त 1899 को कौन-सा दिन होगा?
(a) सोमवार (b) रविवार
(c) मंगलवार (d) बृहस्पतिवार
(e) इनमें से कोई नहीं

10. 8 जून 1857 को रविवार हो, तो 6 जनवरी 1900 को कौन-सा दिन होगा?
(a) बुधवार (b) शुक्रवार
(c) रविवार (d) मंगलवार
(e) इनमें से कोई नहीं

11. यदि अगस्त की 28 तारीख को रविवार हो, तो 22 दिन पहले सप्ताह का कौन-सा दिन था?

(a) मंगलवार (b) शनिवार
(c) सोमवार (d) बुधवार
(e) रविवार

12. यदि किसी महीने कि पहली तारीख बृहस्पतिवार को पड़ती है, तो उसी महीने की 28 तारीख को कौन-सा दिन पड़ेगा?
(a) सोमवार (b) मंगलवार
(c) रविवार (d) बुधवार
(e) इनमें से कोई नहीं

13. यदि किसी माह का तीसरा दिन सोमवार है, तो निम्नलिखित में से उस माह के 21वें से 5वाँ दिन कौन-सा होगा?
(a) बृहस्पतिवार (b) सोमवार
(c) बुधवार (d) मंगलवार
(e) इनमें से कोई नहीं

14. यदि किसी महीने की पहली तारीख बीते हुए परसों के 5 दिन पहले पड़ती है, इस महीना की 19 तारीख को कौन-सा दिन पड़ेगा? यदि आज शुक्रवार हो?
(a) बृहस्पतिवार (b) बुधवार
(c) शनिवार (d) मंगलवार
(e) इनमें से कोई नहीं

15. यदि 1 फरवरी 1920 को बृहस्पतिवार था तो 5 मार्च 1920 को कौन-सा दिन होगा?
(a) बुधवार (b) बृहस्पतिवार
(c) मंगलवार (d) सोमवार
(e) इनमें से कोई नहीं

16. यदि किसी महीने की 3 तारीख को सोमवार हो, तो इसी महीने की 21 तारीख के 5 दिन पहले कौन-सा दिन होगा?
(a) रविवार (b) सोमवार
(c) मंगलवार (d) बुधवार
(e) इनमें से कोई नहीं

17. यदि 15 अगस्त के बाद का 10वाँ दिन गुरूवार हो, तो इस महीने के पहले वाले महीने का अंतिम दिन कौन-सा होगा?
(a) बुधवार (b) रविवार
(c) शुक्रवार (d) गुरूवार
(e) इनमें से कोई नहीं

18. यदि किसी महीने की 7 तारीख को शुक्रवार पड़ती हो,तो इसी महीने की 22 तारीख को कौन-सा दिन पड़ेगा?
(a) मंगलवार (b) सोमवार
(c) शनिवार (d) बुधवार
(e) इनमें से कोई नहीं

19. यदि किसी वर्ष 25 अगस्त को बृहस्पतिवार हो,तो उस महीने में कुल कितने सोमवार होंगे?
(a) 3 (b) 4
(c) 5 (d) 6
(e) इनमें से कोई नहीं

20. यदि वह वर्ष जोकि लीप वर्ष नहीं हो का पहला दिन शुक्रवार हो, तो उस वर्ष का आखिरी दिन कौन-सा होगा?
(a) शुक्रवार (b) रविवार
(c) सोमवार (d) मंगलवार
(e) इनमें से कोई नहीं

निर्देश–(प्रश्न संख्या 21 से 24 तक)–निम्नांकित अवतरण का ध्यानपूर्वक अध्ययन करके इन पर आधारित प्रश्नों का उत्तर दीजिए–

जार्जियन कैलेन्डर में एक सामान्य वर्ष में 365 दिन होते हैं। यदि वर्ष 4 से विभाज्य हो, तो उसे अधिवर्ष (लीप इयर) के रूप में जाना जाता है तथा इसमें 366 दिन होते है। लेकिन यदि वर्ष शताब्दी वर्ष हो,तो जैसे–1800 या 2000 तो यह तभी अधिवर्ष (लीप ईयर) होता है, जब यह 400 से विभाज्य हो।

21. यदि 29 सितम्बर को रविवार था तो 30 दिसम्बर 1906 को कौन-सा दिन होगा?
(a) रविवार (b) सोमवार
(c) शनिवार (d) बुधवार
(e) इनमें से कोई नहीं

22. यदि 15 जनवरी 1997 को बुधवार था तो 15 फरवरी 2006 को कौन-सा दिन होगा?
(a) सोमवार (b) मंगलवार
(c) बुधवार (d) गुरुवार
(e) इनमें से कोई नहीं

23. किस अधिवर्ष शताब्दी वर्ष का प्रथम दिन (जैसे–1 जनवरी 2000) शुरू हो सकता है?
(a) सोमवार को (b) शनिवार को
(c) रविवार को (d) शुक्रवार को
(e) इनमें से कोई नहीं

24. किसी शताब्दी वर्ष का प्रथम दिन (जैसे–1 जनवरी, 1900) शुरू हो सकता है–
(a) सोमवार को (b) रविवार को
(c) बुधवार को (d) शुक्रवार को
(e) इनमें से कोई नहीं

25. यदि किसी माह का पहला दिन शनिवार हो, तो 17 से गिनने पर कौन-सा दिन उस माह का तीसरा दिन होगा?
(a) सोमवार (b) रविवार
(c) बुधवार (d) बृहस्पतिवार
(e) इनमें से कोई नहीं

26. यदि किसी एक विशेष वर्ष का कोई एक महीना शुक्रवार को समाप्त होता है, तो उस महीनें में कुल कितने मंगलवार होंगे?
(a) 4 (b) 5
(c) 3 (d) 6
(e) इनमें से कोई नहीं

27. यदि किसी देश में राष्ट्रीय दिवस 'X' महीना के चौथे शनिवार को मनाया गया हो; तो बताएँ कि राष्ट्रीय दिवस कितने तारीख को मनाया गया था? यदि उस माह की पहली मंगलवार को पड़ती हो–
(a) 24 (b) 25
(c) 26 (d) 27
(e) इनमें से कोई नहीं

28. रमा को याद है कि वह अपने भाई से शनिवार को मिली थी जोकि किसी विशेष माह की 20 तारीख के बाद था। यदि उस माह की पहली तारीख मंगलवार को थी, तो रमा किस तारीख को अपने भाई से मिली थी?
(a) 23 (b) 24
(c) 25 (d) 26
(e) इनमें से कोई नहीं

29. किसी महीने का प्रत्येक रविवार चौथी ग्यारहवीं अठारहवीं या पच्चीसवीं तारीख को पड़ता है, तो महीना के अतिंम तारीख को कौन-सा दिन पड़ेगा? यदि महीना का प्रारम्भ बृहस्पतिवार से हो–
(a) शनिवार (b) मंगलवार
(c) बृहस्पतिवार (d) आँकड़े अधूरे हैं
(e) इनमें से कोई नहीं

30. यदि किसी महीने का छठा दिन मंगलवार हो, तो उस महीन की 28 तारीख से 5 दिन पहले कौन-सा दिन होगा?
(a) गुरुवार (b) शुक्रवार
(c) बुधवार (d) शनिवार
(e) इनमें से कोई नहीं

31. किसी महीने की 5 तारीख सोमवार के दो दिन बाद पड़ती है, तो इस माह के 19 के ठीक पहले कौन-सा दिन होगा?
(a) बुधवार (b) रविवार
(c) मंगलवार (d) सोमवार
(e) इनमें से कोई नहीं

32. शुक्रवार को एक आयोजित सम्मेलन के स्थान पर पहुँचकर मैंने जाना कि मैं निर्धारित दिन के दो दिन पूर्व ही पहुँच गया हूँ। यदि मैं आगामी बुधवार को वहाँ पहुँचता, तो कितने दिन विलम्ब हो जाती?

(a) 1 दिन (b) 2 दिन
(c) 3 दिन (d) 4 दिन
(e) इनमें से कोई नहीं

33. यदि किसी माह की 23 तारीख को रविवार हो, तो दो सप्ताह चार दिन बाद पहले कौन-सा दिन होगा?
(a) सोमवार (b) मगंलवार
(c) बुधवार (d) गुरुवार
(e) इनमें से कोई नहीं

34. यदि आगामी कल के 3 दिन बाद 15 जून पड़ता हैं, जोकि शुक्रवार है, तो इस महीने की अंतिम तारीख को कौन-सा दिन पड़ेगा?
(a) सोमवार (b) मंगलवार
(c) बुधवार (d) गुरुवार
(e) इनमें से कोई नहीं

35. वर्ष 1988 में स्वतंत्रता दिवस बुधवार को मनाया गया। वर्ष 1989 में यह किस दिन मनाया जाएगा?
(a) सोमवार (b) मंगलवार
(c) शुक्रवार (d) गुरुवार
(e) इनमें से कोई नहीं

36. यदि परसों मंगलवार था, तो अगले कल के ठीक बाद कौन-सा दिन होगा?
(a) सोमवार (b) बुधवार
(c) शुक्रवार (d) शनिवार
(e) इनमें से कोई नहीं

37. बीते हुए कल के दो दिन बाद कौन-सा दिन होगा?
(a) बुधवार (b) सोमवार
(c) शुक्रवार (d) मंगलवार
(e) इनमें से कोई नहीं।

38. यदि नवम्बर की पहली तारीख को सोमवार पड़ता है, तो 25 नवम्बर को कौन-सा दिन होगा?
(a) मंगलवार (b) बृहस्पतिवार
(c) बुधवार (d) शुक्रवार
(e) इनमें से कोई नहीं

39. यदि किसी वर्ष (जो लीप वर्ष न हो) का पहला दिन शुक्रवार हो, तो उस वर्ष का अन्तिम दिन कौन-सा होगा?
(a) शुक्रवार (b) रविवार
(c) सोमवार (d) मंगलवार
(e) इनमें से कोई नही

40. यदि परसों शनिवार हो, तो कल से तीन दिन पहले कौन-सा दिन था?
(a) बुधवार (b) रविवार
(c) मंगलवार (d) सोमवार
(e) इनमें से कोई नहीं

41. किसी महीने के तीन दिन बाद 4 तारीख को शनिवार आता है। उसी महीने की 27 तारीख को कौन-सा दिन होगा?
(a) सोमवार (b) बृहस्पतिवार
(c) शुक्रवार (d) शनिवार
(e) इनमें से कोई नहीं

42. यदि किसी महीने की 2 तारीख को रविवार पड़ता है, तो उसी महीने की 31 तारीख को कौन-सा दिन होगा?
(a) मंगलवार (b) शनिवार
(c) शुक्रवार (d) सोमवार
(e) इनमें से कोई नहीं

43. यदि 9 अप्रैल 2000 को शुक्रवार हो, तो 17 जुलाई 2000 को कौन-सा दिन होगा?
(a) शुक्रवार (b) बुधवार
(c) शनिवार (d) रविवार
(e) इनमें से कोई नहीं

44. 'सुरेश, राजेन्द्र से 314 दिन बड़ा है और 'कमला', सुरेश से 70 सप्ताह बड़ी है। यदि कमला का जन्म बुधवार को हुआ था तो राजेन्द्र का जन्म किस दिन हुआ था?
(a) सोमवार (b) मंगलवार
(c) बृहस्पतिवार (d) शुक्रवार
(e) इनमें से कोई नहीं

45. यदि आने वाले कल के तीन दिन बाद बुधवार हो, तो बीते हुए कल के तीन दिन पहले कौन-सा दिन था?
(a) शुक्रवार (b) मंगलवार
(c) रविवार (d) बृहस्पतिवार
(e) इनमें से कोई नहीं

46. 1 फरवरी 1920 को बृहस्पतिवार था, तो 5 मार्च 1920 को कौन-सा दिन होगा?
(a) बुधवार (b) बृहस्पतिवार
(c) मंगलवार (d) सोमवार
(e) इनमें से कोई नहीं

47. स्वतंत्रता दिवस के दस दिन बाद बृहस्पतिवार पड़ता हो, तो अगले माह के अन्तिम दिन को कौन-सा दिन पड़ेगा?
(a) सोमवार (b) बुधवार
(c) मंगलवार (d) बृहस्पतिवार
(e) इनमें से कोई नहीं

48. यदि 6 नवम्बर को मंगलवार था, तो पिछले माह के तीसरे बुधवार को कौन-सी तारीख थी?
(a) 18 (b) 20
(c) 17 (d) 19
(e) इनमें से कोई नहीं

49. यदि किसी महीने की 14 अप्रैल के परसों के दो दिन बाद सोमवार पड़ता हो, तो उसी महीने की अंतिम तारीख को कौन-सा दिन पड़ेगा?
(a) शनिवार (b) सोमवार
(c) रविवार (d) बुधवार
(e) इनमें से कोई नहीं

50. यदि किसी महीने की 5 तारीख को मंगलवार पड़ता हो, तो इसी महीने की 25 तारीख के 5 दिन पहले कौन-सा दिन पड़ेगा?
(a) सोमवार (b) शुक्रवार
(c) रविवार (d) बुधवार
(e) इनमें से कोई नहीं

51. यदि किसी माह (फरवरी के अतिरिक्त) का अन्तिम दिन बुधवार है, तो उस माह में कितने मंगलवार सम्भव हैं?
(a) 3 (b) 4
(c) 5 (d) 6

52. कमल का जन्म 29 फरवरी, 1988 को हुआ, 29-2-2004 तक उसने कितने जन्मदिन मनाए?
(a) 4 (b) 5
(c) 8 (d) 10

53. निम्नांकित में से किस वर्ष में फरवरी के महीने में 29 दिन नहीं थे?
(a) 2000 (b) 2004
(c) 1996 (d) 1966

54. यदि एक विशिष्ट वर्ष में 16 जून को शुक्रवार था, तो उसी वर्ष जुलाई माह में पहला शुक्रवार किस तारीख को पड़ेगा?
(a) 5 जुलाई (b) 6 जुलाई
(c) 7 जुलाई (d) 8 जुलाई

55. वर्ष 2000 ई. का 91वाँ दिन किस माह में पड़ेगा?
(a) फरवरी (b) अप्रैल
(c) मार्च (d) मई

56. सुरेश का जन्म 4 अक्टूबर, 1999 को हुआ था, शशि कान्त का जन्म सुरेश से 6 दिन पहले हुआ था, उस वर्ष स्वतन्त्रता दिवस रविवार को पड़ा था, शशिकान्त किस दिन जन्मा था?
(a) मंगलवार (b) बुधवार
(c) सोमवार (d) रविवार

57. आज रविवार है, पिछले बुधवार को 29 फरवरी, 2000 था, आगामी कल क्या होगा?
(a) 8 मार्च, 2000 (b) 4 फरवरी, 2000
(c) 1 मार्च, 2001 (d) 5 मार्च, 2000

58. यदि बीते कल से पहले दिन (परसों) बुधवार था, तो रविवार कब होगा?

(a) आज
(b) आने वाला कल
(c) आने वाले कल के बाद अगले दिन
(d) आने वाले कल के दो दिन बाद

59. यदि बीत गए परसों को रविवार था, तो आने वाले परसों को (कल से अगले दिन) कौन-सा दिन होगा?
(a) बुधवार (b) बृहस्पतिवार
(c) शुक्रवार (d) मंगलवार

60. यदि कल से पहले का दिन बृहस्पतिवार था, तो सोमवार कब आएगा?
(a) आज
(b) कल के बाद का दिन
(c) कल के दो दिन बाद
(d) आने वाले कल से पहले का दिन

61. यदि बीते कल से पहले दिन (परसों) रविवार था, तो बृहस्पतिवार कब होगा?
(a) कल से अगले दिन
(b) कल से दो दिन बाद
(c) आज
(d) आने वाले कल

62. यदि कल के बाद का दिन रविवार हो, तो कल से पहले का दिन कौन-सा था?
(a) गुरुवार (b) बुधवार
(c) मंगलवार (d) सोमवार

63. यदि 1 जनवरी को शुक्रवार है, तो एक अधिवर्ष में मार्च का प्रथम दिन क्या होगा?
(a) बुधवार (b) बृहस्पतिवार
(c) शुक्रवार (d) मंगलवार

64. यदि बीते कल से पहले दिन शुक्रवार था, तो आने वाले दिन से अगले दिन के दो दिन बाद कौन-सा दिन होगा?
(a) शनिवार (b) गुरुवार
(c) शुक्रवार (d) रविवार

65. यदि बीते कल से पहला दिन बुधवार था, तो रविवार कब होगा?
(a) आज से 3 दिन बाद
(b) आने वाला कल
(c) आज
(d) आने वाले कल से अगला दिन

उत्तर (हल/संकेत)

1. (b) 1 मार्च 1997 = शुक्रवार, तब 1 मार्च 2000 = ?

∵ 1 मार्च 1997 = शुक्रवार ←
∴ 1 मार्च 1998 = शनिवार ← +1
∵ 1 मार्च 1999 = रविवार ← +1
∴ 1 मार्च 2000 = मंगलवार ← +2

संक्षिप्त विधि :
$97 \rightarrow 98 \rightarrow 99 \rightarrow 2000$
$+1+1+2$
? ⇒ शुक्रवार + 4 ⇒ मंगलवार
अत: ? = **मंगलवार**

2. (e) **3.** (d)

4. (b) 5 मई 2003 = सोमवार, तब 5 मई 2004 = ?
∵ 5 मई 2004 = सोमवार + 2 दिन
∴ 5 मई 2004 = बुधवार + 2
अत: ? = **बुधवार**

5. (c) 1 जनवरी 2003 = बुधवार, तब 1 जनवरी 2004 = ?
∵ 1 जनवरी 2004 = बुधवार + 1 दिन
∴ 1 जनवरी 2004 = बृहस्पतिवार + 1
अत: ? = **बृहस्पतिवार**

6. (a) 8 जनवरी 2004 = बृहस्पतिवार, तब 8 जनवरी 2005 = ?
∵ 8 जनवरी 2004 = बृहस्पतिवार + 2 दिन
∴ 8 जनवरी 2005 = शनिवार
अत: ? = **शनिवार**

7. (a) **8.** (e) **9.** (d) **10.** (b)

11. (b) 28 तारीख = रविवार या, 28 − 22 = 6 तारीख = ?

28 ता. $\xrightarrow{-(7\times3)}$ 7 ता.
↑ रविवार ↑ रविवार

∵ 7 ता. = रविवार
∵ 6 ता. = शनिवार
अत: ? = **शनिवार**

12. (d) 1 तारीख = बृहस्पतिवार तब 28 ता. = ?

1 ता. $\xrightarrow{+(7\times4)}$ 29 ता.
↑ बृहस्पतिवार ↑ बृहस्पतिवार

∴ 29 ता. = बृहस्पतिवार
∴ 28 ता. = बुधवार
अत: ? = **बुधवार**

13. (d) प्रश्नानुसार
तीसरा दिन = 3 तारीख = सोमवार तब, 21वें तारीख से 5वाँ दिन = ?
21वें से 5वाँ दिन = 21 $\xrightarrow{+4}$ 25 तारीख

3 ता. $\xrightarrow{+(7\times3)}$ 24 ता.
↑ सोमवार ↑ सोमवार

∴ 24 ता. = सोमवार
∵ 25 ता. = मंगलवार
अत: ? = **मंगलवार**

14. (d)

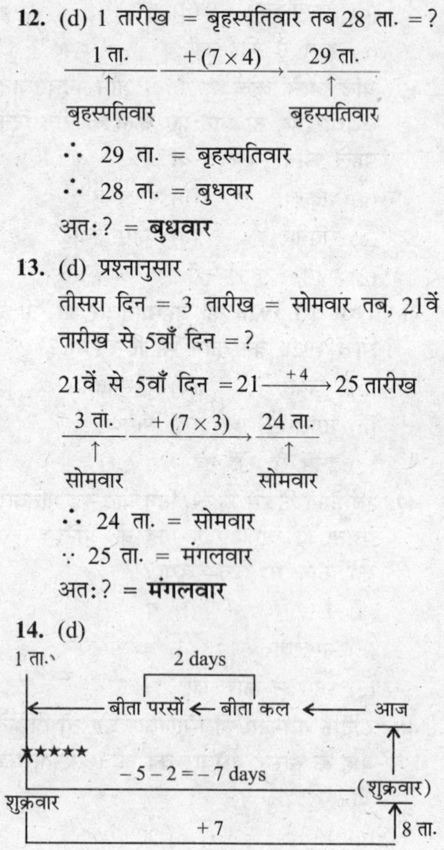

∵ 8 ता. = शुक्रवार
∴ 8 7 = 15 ता. = शुक्रवार
∴ 19 ता. = मंगलवार
अत: ? = **मंगलवार**

15. (c) 1 फरवरी 1920 = बृहस्पतिवार
तब, 5 मार्च 1920 = ?
∴ माह फरवारी में कुल दिनों की संख्या = 29

1 फरवरी $\xrightarrow{+(7\times4)}$ 29 ता.
↑ बृहस्पतिवार ↑ बृहस्पतिवार

∴ 29 ता. = बृहस्पतिवार
∴ 5 मार्च = मंगलवार
अत: ? = **मंगलवार**

16. (a) 3 ता. = सोमवार
तब 21 ता. के 5 दिन पहले = ?
21 ता. के 5 दिन पहले 21 − 5 = 16 ता.

or 3 ता. $\xrightarrow{+(7\times2)}$ 17 ता.
↑ सोमवार ↑ सोमवार

∴ 17 ता. = सोमवार
∴ 16 ता. = रविवार
अत: ? ⇒ **रविवार**

17. (b) 15 अगस्त के बाद का दसवाँ दिन = 15 + 10 ता. = गुरुवार

25 ता. $\xrightarrow{-(7\times3)}$ 4 ता.
↑ गुरुवार ↑ गुरुवार

∴ 4 ता. = गुरुवार
∴ 1 ता. = सोमवार (अगस्त)
∴ 31 जुलाई = रविवार
अत: ? = **रविवार**

18. (c) 7 ता. = शुक्रवार

तब, 22 ता. = ?

$\underset{\text{शुक्रवार}}{\underset{\uparrow}{7 \text{ ता.}}} \xrightarrow{+(7\times 2)} \underset{\text{शुक्रवार}}{\underset{\uparrow}{21 \text{ ता.}}}$

∵ 21 ता. = शुक्रवार

∴ 1 ता. = सोमवार (अगस्त में)

∴ 31 जुलाई = रविवार

अत: ? = **शनिवार**

19. (c) ∵ 25 अगस्त = बृहस्पतिवार

$\underset{\text{बृहस्पतिवार}}{\underset{\uparrow}{25 \text{ अगस्त}}} \xrightarrow{-(7\times 3)} \underset{\text{बृहस्पतिवार}}{\underset{\uparrow}{4 \text{ अगस्त}}}$

or,

∴ 1 अगस्त = सोमवार

∴ कुल सोमवार

$\Rightarrow 1 \xrightarrow{+7} 8 \xrightarrow{+7} 15 \xrightarrow{+7} 22 \xrightarrow{+7} 29$

अत: ? = **5**

20. (a) ∴ पहला दिन = शुक्रवार

∴ अंतिम दिन = शुक्रवार

Note : सामान्य वर्ष में वर्ष का पहला एवं अंतिम दोनों ही दिन समान होता है।

21. (a) **22.** (c) **23.** (b) **24.** (b) **25.** (c)

26. (a) माह में कुल दिनों की संख्या

= 28/29 या 30 या 31

∵ 28 ता. = शुक्रवार

तब, 25 ता. = मंगलवार

or, $\frac{25}{\text{tue}} \xrightarrow{-7} \frac{18}{\text{tue}} \xrightarrow{-7} \frac{11}{\text{tue}} \xrightarrow{-7}$

$\frac{4}{\text{tue}} \Rightarrow$ मंगलवार

अत: **कुल मंगलवार की संख्या ⇒ 4**

27. (c) राष्ट्रीय दिवस = चौथा शनिवार

∵ 1 तारीख = मंगलवार

∴ $1 \xrightarrow{+4} 5$ ता. = शनिवार

or $\frac{5}{\text{1st}} \xrightarrow{+7} \frac{12}{\text{2nd}} \xrightarrow{+7} \frac{19}{\text{3rd}} \xrightarrow{+7} \frac{26}{\text{4th}}$

अत: ? = **तारीख**

28. (d) 1 ता. = मंगलवार

∴ 5 ता. = शनिवार

or $\frac{5}{\text{sat}} \xrightarrow{+(7\times 2)} \frac{19}{\text{sat}} \xrightarrow{+7} \frac{26}{\text{sat}}$

(∵ 20 के बाद 26 ता. को शनिवार है।)

अत: ? = **तारीख**

29. (d) रविवार की तारीख = 4, 11, 18 & 25 / 1 ता. = बृहस्पतिवार

इन आँकड़ों के आधार पर यह व्यक्त नहीं होता है कि यह महीना कितने दिनों का है। अत:, इस स्थिति में महीना का अंतिम दिन कौन-सा होगा, यह ज्ञात करने के लिये दिये गए आँकड़े अधूरे हैं।

30. (b) 6 ता. = मंगल / 28 ता. से 5 दिन पहले = 28 – 5 = 23 ता.

$\underset{\text{मंगलवार}}{6 \text{ ता.}} \xrightarrow{+(7\times 2)} \underset{\text{मंगलवार}}{20 \text{ ता.}}$

∵ 20 ता. = मंगलवार

∴ 23 = ता. शुक्रवार

अत: ? = **शुक्रवार**

31. (a) 5 तारीख = सोमवार के दो दिन बाद = सोमवार + 3

= बृहस्पतिवार

[∵ दो दिन बाद = तीसरा दिन]

∵ 5 तारीख = बृहस्पतिवार

∴ 19 ता. के ठीक पहले = 18 ता.

or, $\underset{\text{बृहस्पतिवार}}{\underset{\uparrow}{5 \text{ ता.}}} \xrightarrow{-(7\times 2)} \underset{\text{बृहस्पतिवार}}{\underset{\uparrow}{19 \text{ ता.}}}$

∵ 19 ता. = मंगलवार

∴ 18 ता. = शुक्रवार

अत: ? = **बुधवार**

32. (c) सम्मेलन का निर्धारित दिन = शुक्रवार + 2 = रविवार

∵ रविवार + 3 दिन = बुधवार

∴ बुधवार = 3 दिन

अत: ? = **3 दिन**

33. (c) 23 तारीख = रविवार / दो सप्ताह 4 दिन = 7 × 2 + 4 = 18 दिन

23 – 18 = 5 ता. = ? दिन

$\underset{\text{रविवार}}{\underset{\uparrow}{23 \text{ ता.}}} \xrightarrow{-(7\times 3)} \underset{\text{रविवार}}{\underset{\uparrow}{2 \text{ ता.}}}$

∵ 2 ता. = रविवार

∴ 5 ता. ⇒ बुधवार

अत: ? ⇒ **बुधवार**

34. (c) आगामी कल के 3 दिन बाद = आगामी कल के बाद का चौथा दिन = 15 जून

∴ आगामी कल की तिथि = 15 – 4 = 11 ता. = शुक्रवार

∵ जून महीने में कुल दिनों की संख्या = 30

∴ अंतिम तारीख को पड़ने वाला दिन

$= \frac{11}{\text{शुक्र}} \xrightarrow{+(7\times 2)} \frac{25}{\text{शुक्र}}$

∵ 25 ता. = शुक्रवार

∴ 30 ता. = **बुधवार**

35. (d) स्वतंत्रता दिवस = 15 अगस्त

15 अगस्त 1988 = बुधवार तब, 15 अगस्त 1989 = ?

∵ 15 अगस्त 1988 = बुधवार +1 दिन

∴ 15 अगस्त 1989 = बृहस्पतिवार + 1

अत: ? = **बृहस्पतिवार**

Note : लीप वर्ष से सामान्य वर्ष में प्रवेश करने पर किसी निश्चित तिथि पर व्यवस्थित दिन अपने पूर्व दिन की तुलना में **'एक'** दिन बढ़ जाता है। यह नियम **'मार्च से दिसम्बर'** तक ही लागू होता है। जबकि **'जनवरी और फरवरी'** में यह पूर्व दिन की तुलना में **'दो'** दिन बढ़ जाता है।

36. (d) [परसों मंगलवार था = बीता हुआ परसों]

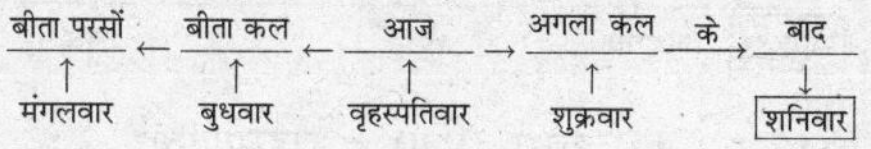

अत: ? = **बृहस्पतिवार**

37. (e)

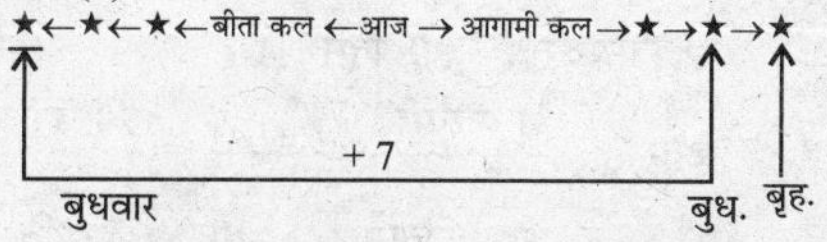

अत: ? = **बृहस्पतिवार**

38. (b) 1 नवम्बर = सोमवार तब, 25 नवम्बर = ?

$\underset{\text{सोमवार}}{\underset{\uparrow}{1 \text{ नवम्बर}}} \xrightarrow{+(7\times 3)} \underset{\text{सोमवार}}{\underset{\uparrow}{22 \text{ नवम्बर}}}$

∵ 22 नवम्बर = सोमवार

∴ 25 नवम्बर = बृहस्पतिवार

अत: ? = **बृहस्पतिवार**

39. (a) लीप वर्ष नहीं = सामान्य वर्ष

∵ 1 तारीख = शुक्रवार

∴ 31 दिसम्बर = शुक्रवार

अत: ? = **शुक्रवार**

40. (c)

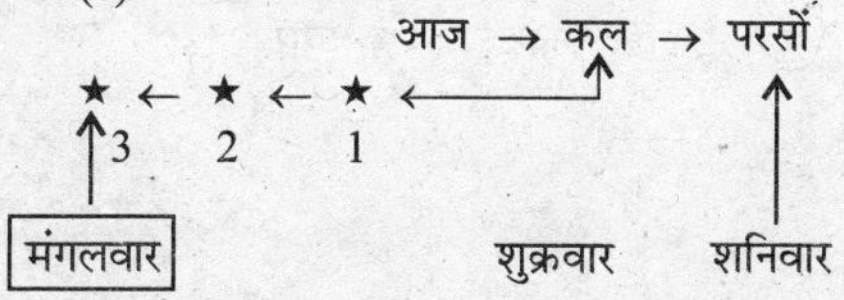

अत: ? = **मंगलवार**

41. (a) 4 ता. = शनिवार तब, 27 ता. = ?

$\underset{\text{शनिवार}}{\underset{\uparrow}{4 \text{ ता.}}} \xrightarrow{+(7\times 3)} \underset{\text{शनिवार}}{\underset{\uparrow}{25 \text{ ता.}}}$

∵ 25 ता. = शनिवार

∴ 27 ता. = सोमवार

अत: ? = **सोमवार**

42. (d) 2 तारीख = रविवार तब, 31 तारीख = ?

2 ता. —+(7 × 4)→ 30 ता.
↑ रविवार ↑ रविवार

∵ 30 ता. = रविवार

∴ 31 ता. = सोमवार

अत: ? = **सोमवार**

43. (c) **44.** (b)

45. (e) (तीन दिन बाद = चौथा दिन)

★ ← ★ ← ★ ← बीता कल ← आज → कल → ★ → ★ → ★ → ★
↑-2 ↑ -7 ↑
सोमवार बुधवार बुधवार

46. (c) 1 फरवरी 1920 = बृहस्पतिवार

तब, 5 मार्च 1920 = ?

∴ 1920 = लीप वर्ष

∴ फरवरी = 29 दिन

और or, 1 फरवरी ←+(7×4)— 29 फरवरी
↑ बृहस्पतिवार ↑ बृहस्पतिवार

∴ 29 फरवरी = बृहस्पतिवार

∴ 5 मार्च = मंगलवार

अत: ? = **मंगलवार**

47. (d) स्वंत्रता दिवस = 15 अगस्त / अगस्त /10 दिन बाद = 11वाँ दिन

स्वतंत्रता दिवस के 10 दिन बाद = 15 + 11 = 26 ता. = बृहस्पतिवार

∴ 26 ता. = बृहस्पतिवार

∴ 2 सितम्बर = बुधवार (1st)

or, 2 सितम्बर —+(7 × 4)→ 30 सितम्बर
↑ बृहस्पतिवार ↑ बृहस्पतिवार

अत: ? = **बृहस्पतिवार**

48. (c) 6 नबम्बर = मंगलवार

∴ 31 अक्टूबर = बुधवार

∴ 3 अक्टूबर = बुधवार (1st)

∴ तीसरा बुधवार = 3 + (7 × 2) = 17 ता.

अत: ? = **17**

49. (e) 14 अप्रैल के परसों = 14 + 2 = 16 अप्रैल

or 16 अप्रैल के दो दिन बाद = 16 + 3 = अप्रैल = सोमवार

∴ अप्रैल = 30 दिन

or, 19 अप्रैल —+7→ 26 अप्रैल
↑ सोमवार ↑ सोमवार

∴ 26 अप्रैल = सोमवार

∴ 30 अप्रैल = शुक्रवार

अत: ? = **शुक्रवार**

50. (d) 5 ता. = मंगलवार तथा 25 ता. के 5 दिन पहले

= 25 – 5 = 20 ता.

∴ 5 ता. = मंगलवार, तब 20 ता. = ?

or, 5 ता. —+(7×2)→ 19 ता.
↑ मंगलवार ↑ मंगलवार

∴ 19 ता. = मंगलवार

∴ 20 ता. = बुधवार

अत: ? = **बुधवार**

51. (c)

[2] 3 [9] 10 [16] 17 [23] 24 [30] 31
↓ बुधवार ↓ बुधवार

अत: 2, 9, 16, 23 व 30 को मंगलवार होगा।

52. (a) वर्ष 1988 तथा 2004 दोनों अधिवर्ष हैं तथा 29 फरवरी 4 साल में एक बार आती है।

इसलिए कमल ने जन्मदिन मनाए = $\frac{16}{4} = 4$

53. (d) 1966 लीप वर्ष नहीं है।

54. (c) 16 जून, 23 जून, 30 जून, 7 जुलाई को शुक्रवार होगा।

55. (b)

जनवरी	फरवरी	मार्च	अप्रैल
31	28	31	30

91वाँ दिन = 31 + 28 + 31 = 90

अत: 91वाँ दिन अप्रैल में पड़ेगा।

56. (a) शशिकान्त की जन्मतिथि = 28 सितम्बर

15 अगस्त से 28 सितम्बर तक दिनों की संख्या = 44

44 में विषम दिनों की संख्या = 2

∴ शशिकान्त का जन्मदिवस = मंगलवार

57. (d) बुधवार आज कल
↓ ↓ ↓↓↓↓
29 फरवरी, गुरु. शुक्र. शनि. रवि. सोमवार →
2000 5 मार्च, 2000

58. (c) परसों कल आज कल परसों
↓ ↓ ↓ ↓ ↓
बुधवार शुक्रवार शुक्रवार शनिवार रविवार

59. (b) परसों कल [आज] कल परसों
↓ ↓ ↓ ↓ ↓
रवि सोम मंगल बुध बृहस्पति

60. (b) कल से पहले कल आज कल कल के बाद
● ● ● ● ●
बृहस्पतिवार शुक्र शनि रवि सोमवार

अत: कल के बाद का दिन सोमवार आएगा।

61. (a) परसों ← बीता कल ← आज ← कल
(रविवार) (सोमवार) (मंगलवार) (बुधवार)
→ कल से अगला दिन (बृहस्पतिवार)

अत: कल से अगले दिन बृहस्पतिवार होगा।

62. (b) रविवार के पहले के पहले का दिन = शुक्रवार है।

अर्थात् कल का अर्थ गुरुवार है।

इसलिए, गुरुवार से पहले का दिन बुधवार होगा।

63. (d) 1 मार्च तक कुल विषम दिन = 3 + 1 = 4 दिन

अत: यदि 1 जनवरी को शुक्रवार है, तो अधिवर्ष में मार्च का प्रथम दिन मंगलवार होगा।

64. (b) बीते कल से पहले दिन शुक्रवार था।

∴ आज रविवार हुआ।

तथा आने वाले दिन से अगले दो दिन बाद गुरुवार होगा।

65. (d) आज शुक्रवार हुआ और रविवार आने वाले कल से अगला दिन होगा।

❑❑❑

अध्याय 11

आरेखीय निरूपण

आरेखीय निरूपण के माध्यम से तथा इसके अन्तर्गत समुच्चयों को प्रदर्शित किया जाता है तथा यह समुच्चय कई अवयवों से मिलकर बना है जिसे संयुक्त वेन आरेख द्वारा प्रदर्शित किया जाता है। इन प्रश्नों को हम निम्न प्रकार से वर्णित कर सकते हैं–

1. इस प्रकार के प्रश्नों में एक–दूसरे से संयुक्त कुछ आरेख दिए गये होते हैं, जिनके अन्दर विभिन्न स्थानों पर भिन्न–भिन्न संख्याओं को निरूपित किया गया होता है। प्रत्येक आरेख से अलग–अलग वर्ग को प्रदर्शित किया गया होता है। आपको इन्हें आरेख या इनके अन्दर दी गयी संख्याओं के माध्यम से किसी विशेष वर्ग में आने वाली वस्तुओं की संख्या या किसी विशेष संख्या के अन्तर्गत आने वाली वस्तुओं को प्रश्नानुसार ज्ञात करना होता है।
2. इस प्रकार के प्रश्नों में कुछ वस्तुओं के समूह दिए गए होते हैं तथा इनके नीचे कुछ आरेख दी गयी होती हैं। आपके प्रश्नानुसार इन आरेखों के माध्यम से उस आरेख को ज्ञात करना होता है, जोकि प्रश्न में दी गई वस्तुओं के समूह को पूर्ण एवं सही तौर पर वर्गीकृत करते हैं। या उनके बीच के संबंध को निरूपित करते हैं।
3. इस प्रकार के प्रश्नों में कुछ वस्तुओं के समूह दिए होते हैं तथा उनमें से कुछ को छायांकित कर दिया जाता है तथा परीक्षार्थी को छायांकित भाग का पता लगाना होता है।

सामान्यत: वेन आरेख को वृत्त के माध्यम से प्रकट किया जाता है। इसके अन्तर्गत संख्याएँ/अक्षर तथा वस्तुओं के समूह/वर्ग कोई भी हो सकते हैं। अलग–अलग तत्वों को उनके गुणों, आकारों तथा विशेषताओं के आधार पर प्रकट किया जाता है। ऐसे प्रश्नों में इन तत्वों के मध्य अन्तर्निहित संबंधों के आधार पर उचित आरेख को ज्ञात करना होता है। वेन आरेख के अन्तर्गत दो प्रकार के प्रश्नों की प्रकृति होती है जहाँ एक तरल समूह या वर्ग के द्वारा तत्वों को प्रकट किया जाता है वहीं दूसरी तरफ संख्या या अक्षर के द्वारा तत्वों को प्रस्तुत किया जाता है।

पहली प्रकृति (समूह या वर्ग द्वारा) इसके अन्तर्गत अलग–अलग गुणों तथा विशेषताओं को धारण किए हुए तत्वों को विकल्प में दिए आरेखों के द्वारा चुना जाता है। तत्वों के मध्य आरेखों का प्रारूप निम्नवत् हो सकता है।

- यदि पहले समूह A का दूसरे समूह B तथा दूसरे समूह B का तीसरे समूह C से कुछ संबंध है।

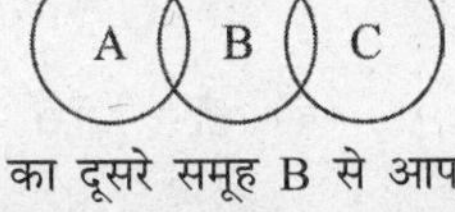

- यदि पहले समूह A का दूसरे समूह B से आपस में कुछ संबंध है लेकिन दोनों समूह C से पूर्णतया भिन्न हैं।

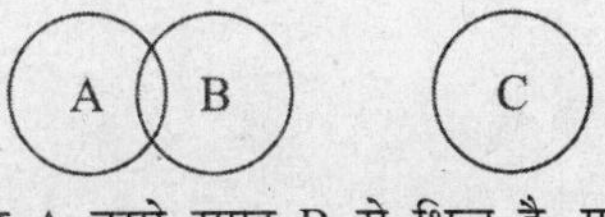

- यदि पहला समूह A दूसरे समूह B से भिन्न है, परन्तु दोनों समूह तीसरे समूह C में पूर्णतया समाहित हैं।

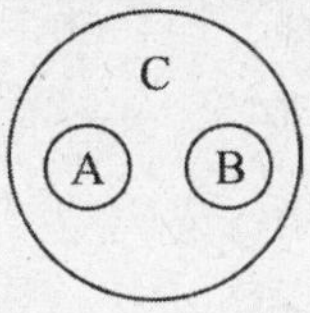

- यदि पहले समूह A का दूसरे समूह B तथा तीसरे समूह C से कुछ संबंध है, दूसरे समूह C का तीसरे समूह C का पहले समूह A तथा दूसरे समूह B से कुछ संबंध है।

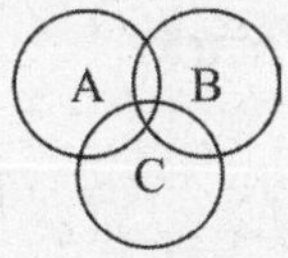

- यदि पहले समूह A तथा दूसरे समूह B से आपस में कुछ संबंध है तथा दोनों समूह तीसरे समूह C में पूर्णतया समाहित है।

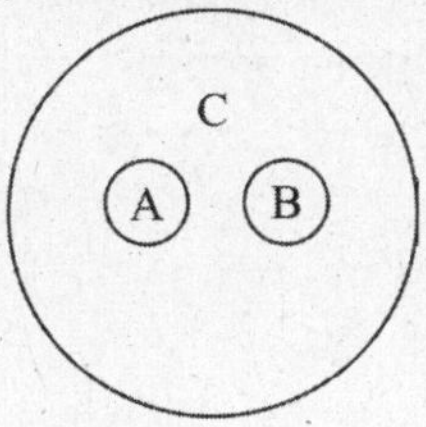

- यदि पहला समूह A दूसरे समूह B में निहित है लेकिन दोनों समूह तीसरे समूह C से पूर्णतया भिन्न है।

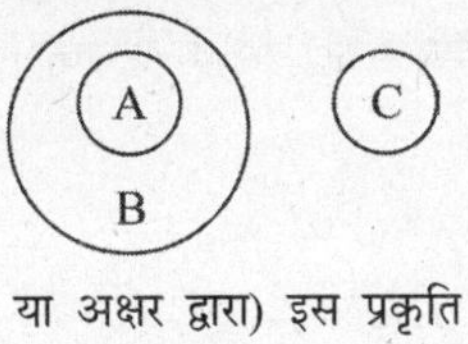

- दूसरी प्रकृति (संख्या या अक्षर द्वारा) इस प्रकृति के अन्तर्गत संख्याओं या अक्षरों को आरेख के अन्दर दिया गया होता है।

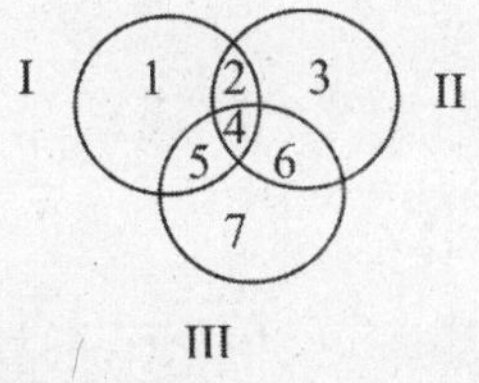

आरेख I में केवल संख्या 1 निहित है।
आरेख II में केवल संख्या 3 निहित है।
आरेख III में केवल संख्या 7 निहित है।
आरेख I और II में संख्या 2 निहित है।
आरेख II और III में संख्या 6 निहित है।
आरेख III और I में संख्या 5 निहित है।
आरेख I, II और III संख्या 4 निहित है।

प्रश्नावली-1

निर्देश—(प्रश्न संख्या 1 एवं 2) ऐसा आरेख ज्ञात कीजिए, जो निम्नलिखित श्रेणियों के बीच सर्वाधिक संबंध को दर्शाता है-

1. ईसाई, कैथोलिक, पोप

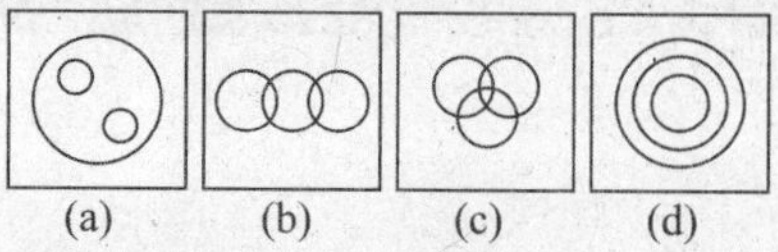

2. सब्जियाँ, आलू, खाद्य पदार्थ

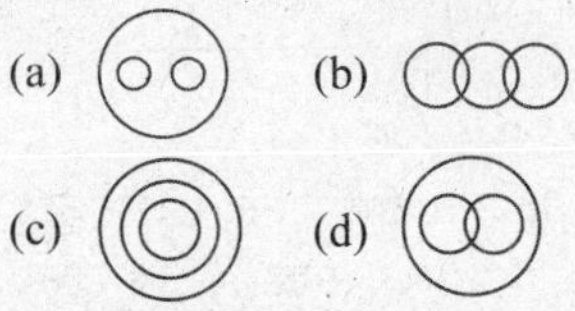

3. कौन-सा वेन डायग्राम शिक्षकों, विद्वानों और छात्रों को सही प्रकार से दर्शाता है?

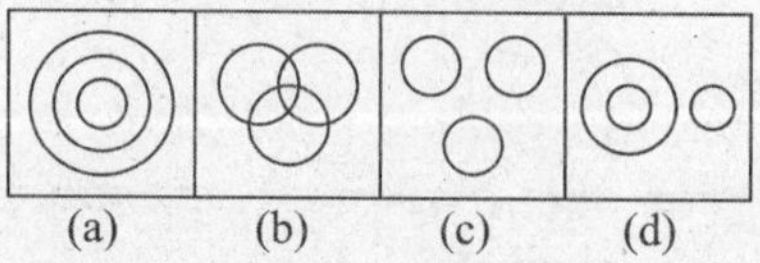

4. वह आरेख चुनिए जो नीचे दिए गए वर्गों के बीच संबंध का सही निरूपण करता है-
पुस्तकालय, पुस्तकें, रैक

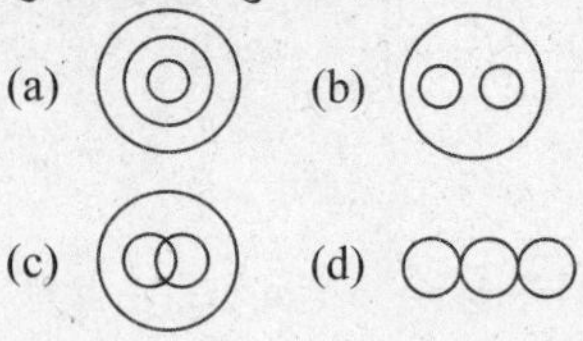

5. कौन-सी आकृति सम्पादक, समाचार-पत्र और पत्रकार के बीच संबंध को सर्वाधिक दर्शाती है?

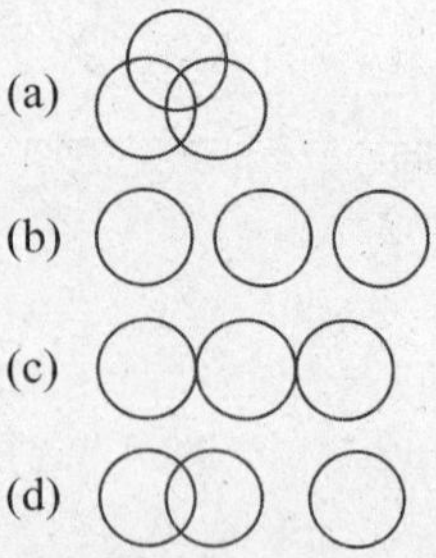

6. निम्नलिखित में से कौन-सी आकृति समाजशास्त्र, मनोविज्ञान और मानविकी के बीच संबंध को दर्शाती है?

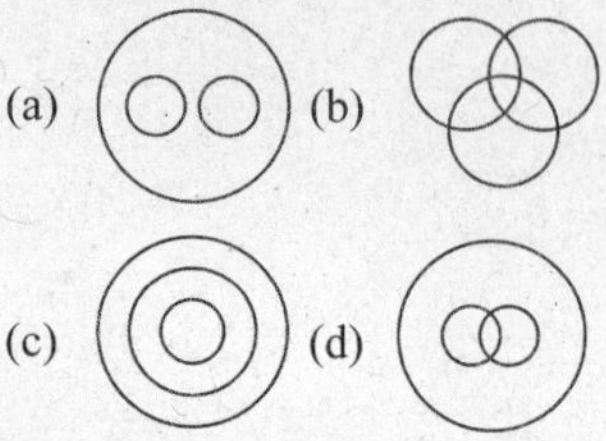

7. ऐसा चित्र बताइए जो निम्नलिखित श्रेणियों के बीच संबंध को सर्वाधिक दर्शाता है—
सोडा वॉटर, मिनरल वॉटर, लिक्विड

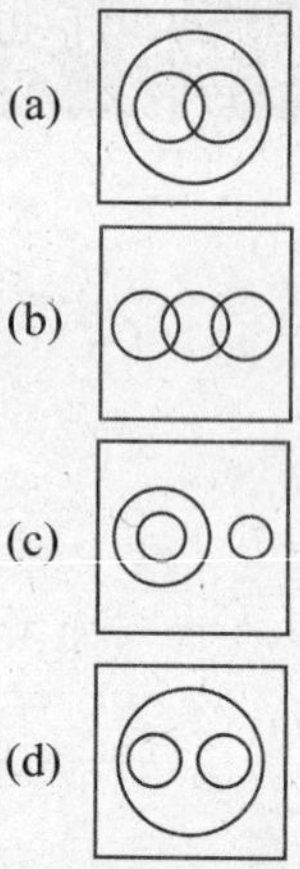

निर्देश—(प्रश्न संख्या 8 एवं 9) निम्नलिखित वेन आरेखों में से कौन-सा वर्गों के बीच संबंध का सही निरूपण करता है?

8. मानव, पक्षी, जीव

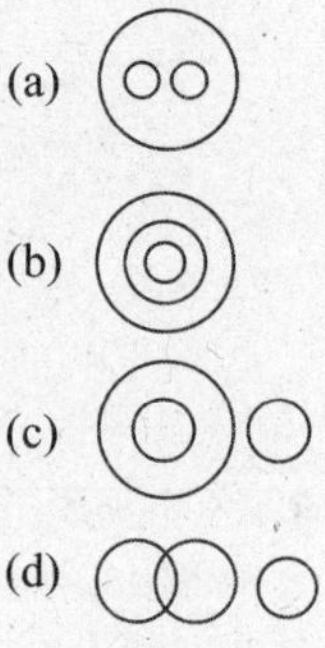

9. फल, सेब, सन्तरे

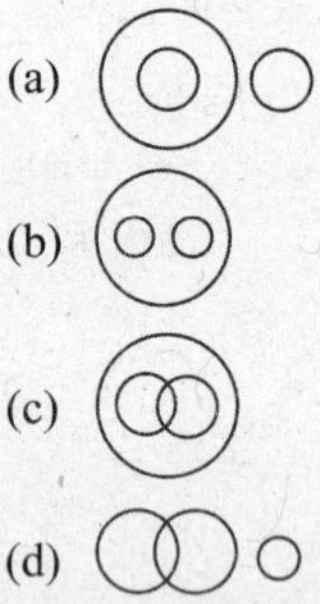

10. वह आरेख चुनिए जो नीचे दिए गए वर्गों के बीच संबंध का सही निरूपण करता है-
कागज, पुस्तकें, लेखन-सामग्री

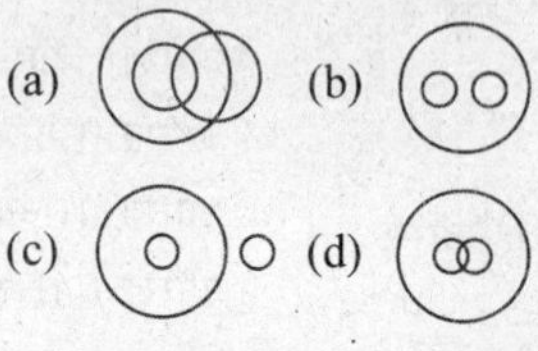

निर्देश—(प्रश्न संख्या 11 एवं 12) वह आरेख चुनिए जो नीचे दिए गए वर्गों के बीच संबंध का सही निरूपण करता है।

11. महिलाएँ, बहनें और पत्नियाँ

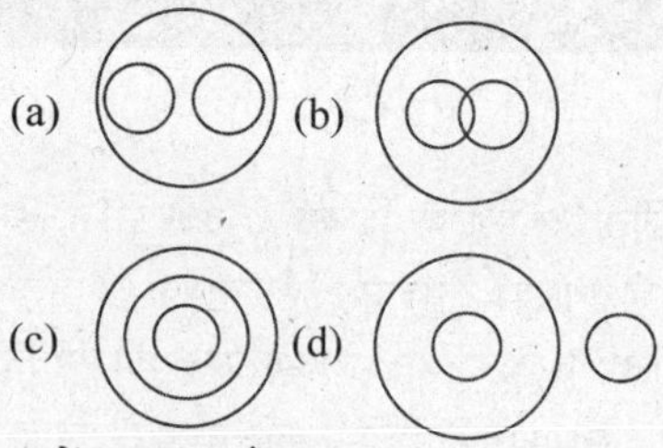

12. दालें, अरहर, मूँगदाल

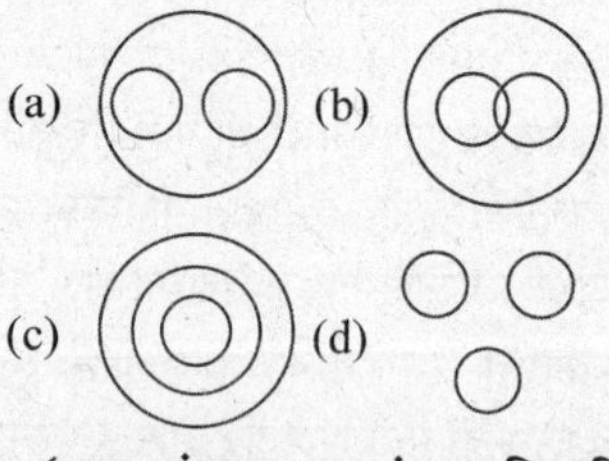

निर्देश—(प्रश्न संख्या 13 एवं 14) निम्नलिखित में से कौन-सा आरेख निम्न के बीच सही संबंध को दर्शाता है?

13. शेर, लोमड़ी और मांसभक्षी-

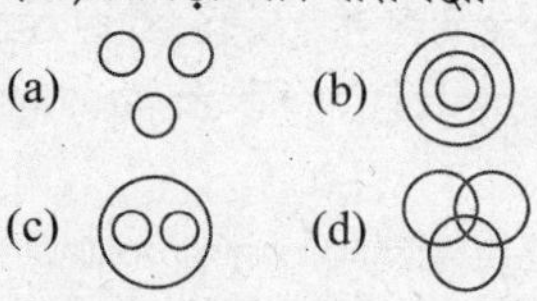

14. प्रबन्धक, मजदूर संघ और कामगार-

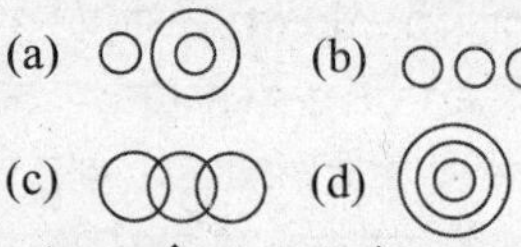

निर्देश—(प्रश्न संख्या 15 एवं 16) वह आरेख चुनिए जो नीचे दिए गए वर्गों के बीच संबंध का सही निरूपण करता है।

15. गायक, लड़के, नर्तक

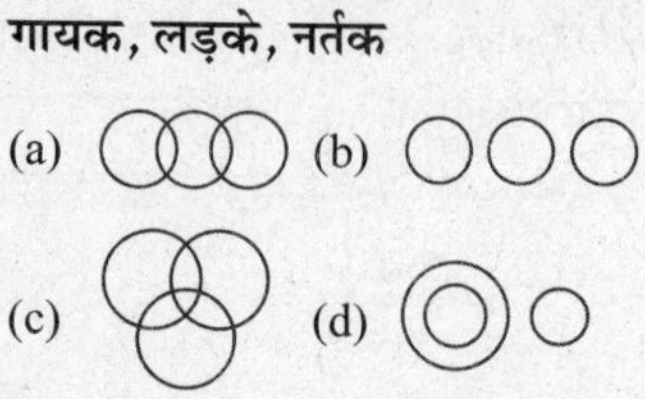

16. गहने, सोना, चाँदी

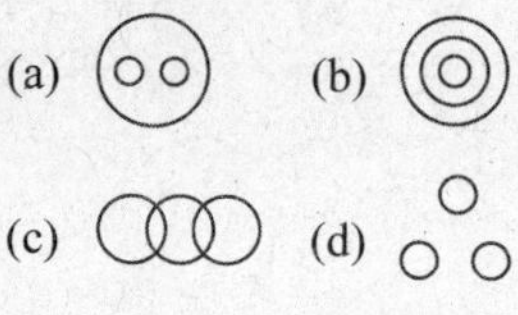

17. वह आरेख चुनिए, जो नीचे दिए गए वर्गों के बीच संबंध का सही निरूपण करता है—

जिला, राज्य, देश

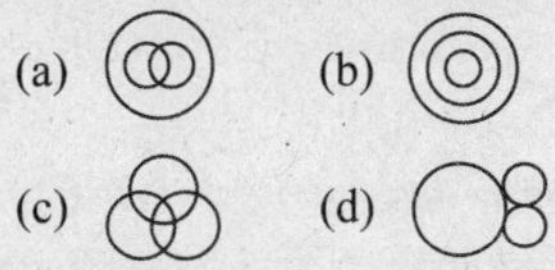
(a) (b) (c) (d)

18. वह आरेख चुनिए, जो नीचे दिए गए वर्गों के बीच संबंध का सही निरूपण करता है—
भाई, बहनें, परिवार

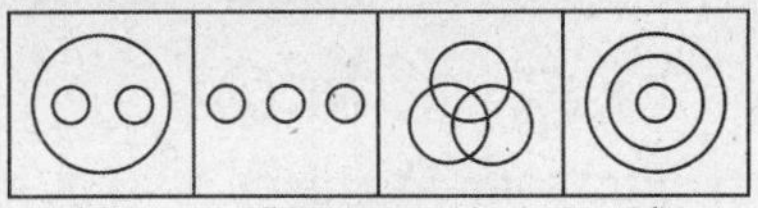
(a) (b) (c) (d)

19. वह वेन आरेख चुनिए जो प्रश्न में शब्दों के संबंध का सही निरूपण करता है—
कॉफी : चीनी : चाय

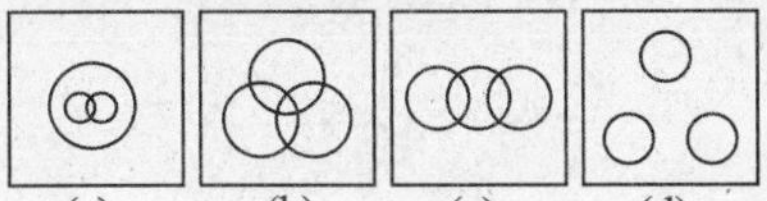
(a) (b) (c) (d)

20. निम्नलिखित में से कौन-सा आरेख मेज, कुर्सी और फर्नीचर के बीच सही संबंध दर्शाता है?

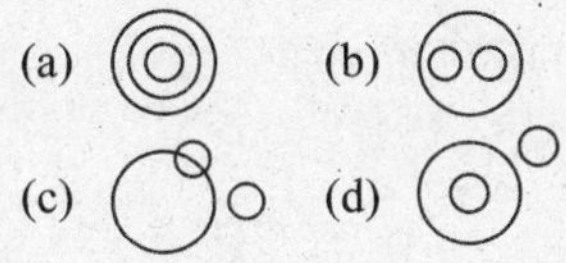
(a) (b) (c) (d)

निर्देश—(प्रश्न संख्या 21 एवं 24) निम्नलिखित में से कौन-सा आरेख निम्न के बीच सही संबंध को दर्शाता है?

1. उन छात्रों की संख्या जो न कन्नड़ कक्षाओं में जाते हैं और न ही अंग्रेजी कक्षाओं में जाते हैं।
2. उन छात्रों की संख्या जो केवल अंग्रेजी या केवल कन्नड़ कक्षाओं में जाते हैं।

A = कन्नड़ कक्षाएँ

B = अंग्रेजी कक्षाएँ

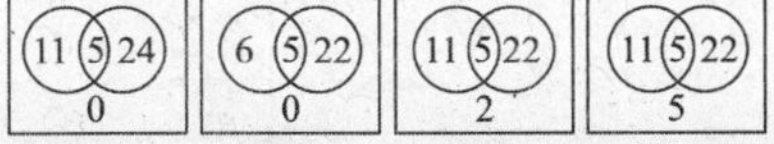

(a) (b) (c) (d)

21. 40 छात्रों में से 16 कन्नड़ कक्षाओं में जाते हैं और 27 अंग्रेजी की कक्षाओं में जाते हैं। यदि 5 छात्र दोनों कक्षाओं में जाते हैं वह वेन आरेख चुनिए जो दिखाता है—

(a) A (b) B
(c) C (d) D

22. वह आरेख चुनिए जो नीचे दिए गए वर्गों के बीच संबंध का सही निरूपण करता है-
भोजन, दही, चम्मच

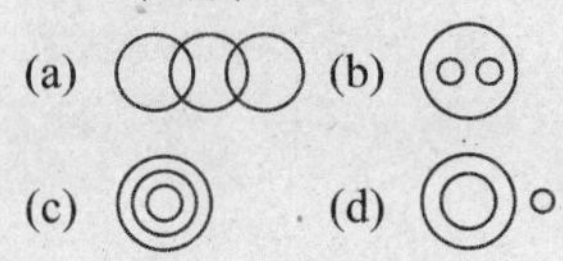
(a) (b) (c) (d)

23. वह आरेख चुनिए जो नीचे दिए गए वर्गों के बीच संबंध का सही निरूपण करता है-
सूर्य, ऊर्जा, प्रकाश

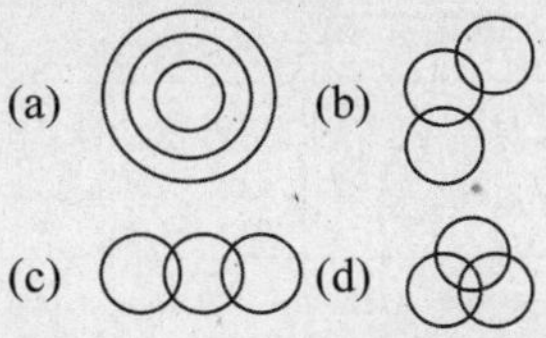
(a) (b) (c) (d)

24. निम्न में कौन-सी आकृति, दिल्ली, लखनऊ और उत्तर प्रदेश के पारस्परिक संबंध सबसे अच्छे ढंग से व्यक्त कर पाती है?

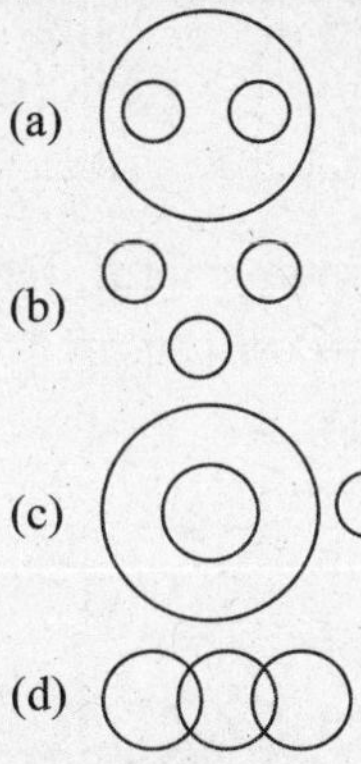
(a) (b) (c) (d)

25. वह आरेख चुनिए, जो नीचे दिए गए वर्गों के बीच संबंध का सही निरूपण करता है-
डॉक्टर, रोगी, मनुष्य

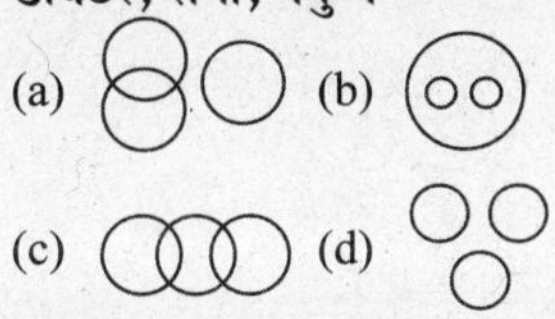
(a) (b) (c) (d)

26. निम्नलिखित में से कौन-सा आरेख शिक्षक, शिक्षित, नौकरी-पेशा के बीच सही संबंध को दर्शाता है?

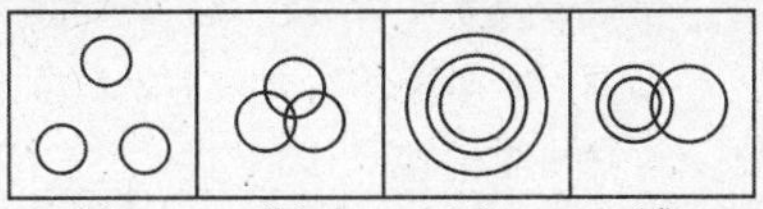
(a) (b) (c) (d)

27. निम्नलिखित में से कौन-सा आरेख स्तनपायी, गायें और कौवों के बीच संबंध को भली-भाँति दर्शाता है?

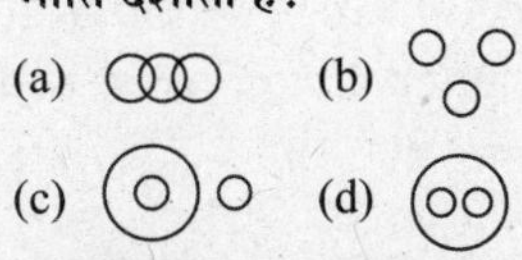
(a) (b) (c) (d)

28. निम्नलिखित में से कौन-सी आकृति मानव प्राणियों, लड़की और लड़का के बीच संबंध को भली-भाँति दर्शाती है?

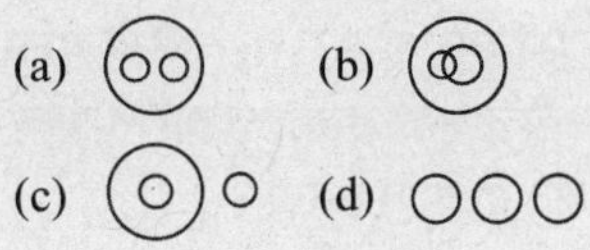
(a) (b) (c) (d)

29. उस आकृति को ज्ञात कीजिए, जो बगीचा, गुलाब तथा चमेली के संबंध का सर्वोत्तम प्रतिनिधित्व करती है—

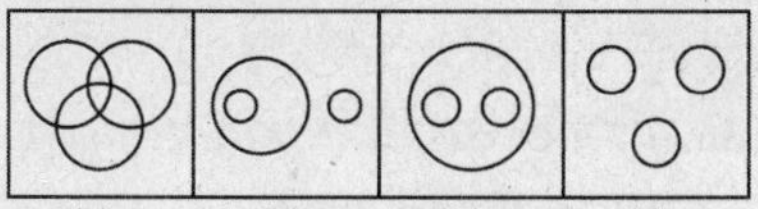
(a) (b) (c) (d)

30. वह आरेख पहचानिए जो नीचे दिए गए वर्गों के बीच संबंध का सही निरूपण करता है-
गौरैया, पक्षी, बिल्ली

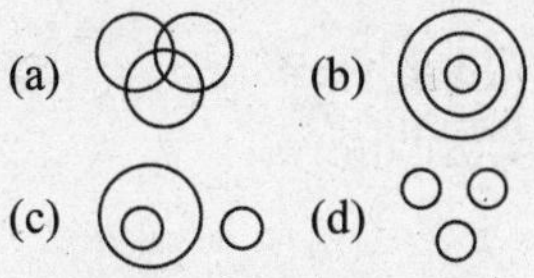
(a) (b) (c) (d)

31. वह आरेख पहचानिए जो नीचे दिए गए वर्गों के बीच संबंध का सही निरूपण करता है-
चाय, कॉफी, पेय

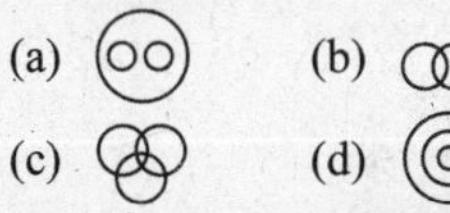
(a) (b) (c) (d)

32. घी, वसा, भोजन के बीच संबंध को कौन-सी आकृति सबसे सही दर्शाती है?

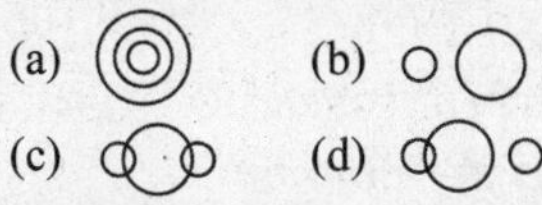
(a) (b) (c) (d)

33. निम्नलिखित में से कौन-सा आरेख चोर, पुलिस और अपराधी के बीच संबंध को सही रूप में दर्शाता है?

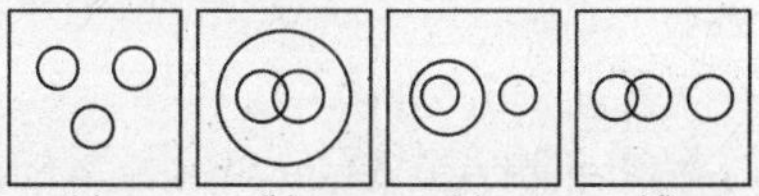
(a) (b) (c) (d)

34. वह आरेख पहचानिए, जो नीचे दिए गए वर्गों के बीच संबंध का सही निरूपण करता है-
एशिया, भारत, नई दिल्ली

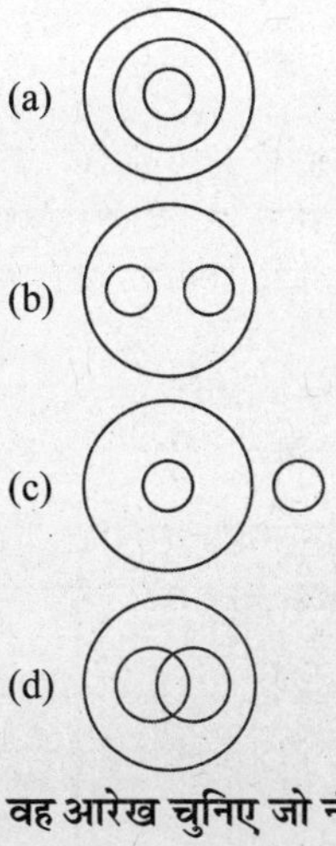
(a) (b) (c) (d)

35. वह आरेख चुनिए जो नीचे दिए गए वर्गों के बीच संबंध का सही निरूपण करता है।

स्तनपायी, कुत्ता, चमगादड़

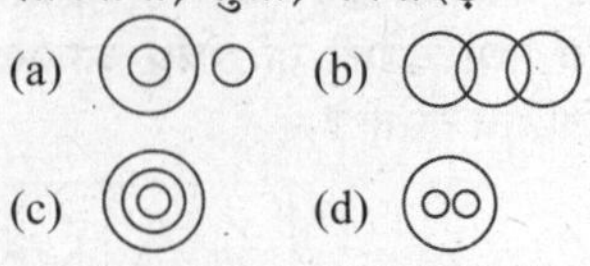

(a) (b) (c) (d)

36. निम्नलिखित में से कौन-सा आरेख विष (Poison), जैव उत्पाद और भोजन के बीच सही संबंध को दर्शाता है?

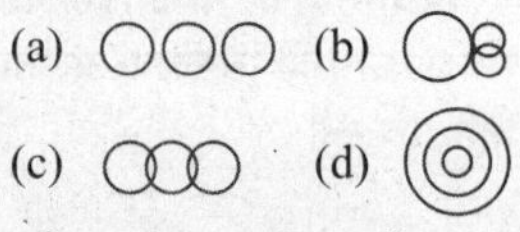

(a) (b) (c) (d)

37. कौन-सी आकृति सूर्य, चंद्र, अणु के बीच संबंध को दर्शाती है?

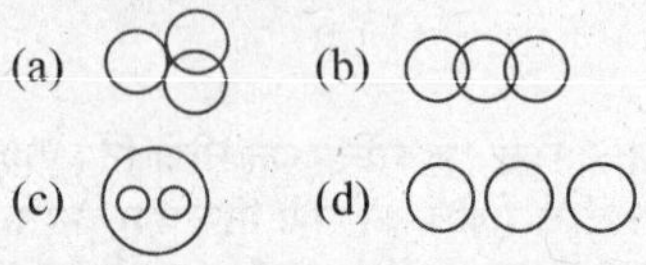

(a) (b) (c) (d)

38. यदि किसी व्यक्ति के पास बुद्धि, चरित्र और प्रतिष्ठा है, तो कौन-सी आकृति इन सभी को निरूपित करती है?

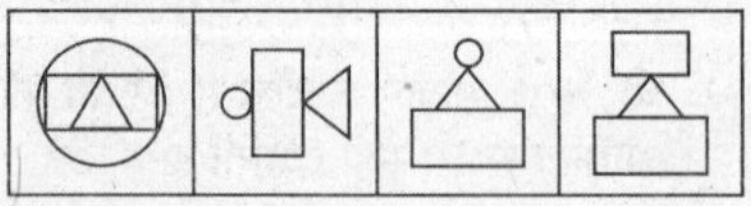

(a) (b) (c) (d)

39. उस आकृति को ज्ञात कीजिए जो निम्नलिखित समूह का प्रतिनिधित्व करती है-
(1) कवि (2) पेन (3) पुस्तक

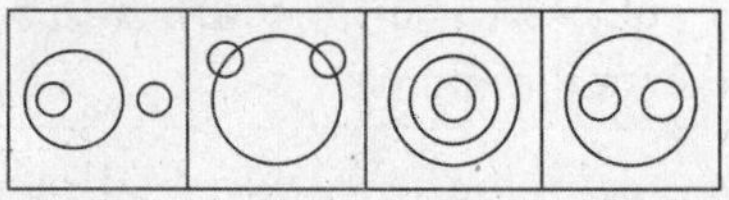

(a) (b) (c) (d)

40. निम्नलिखित में से कौन-सी आकृति शिक्षकों, प्रोफेसरों, और क्लर्कों के बीच संबंध को भली-भाँति दर्शाती है?

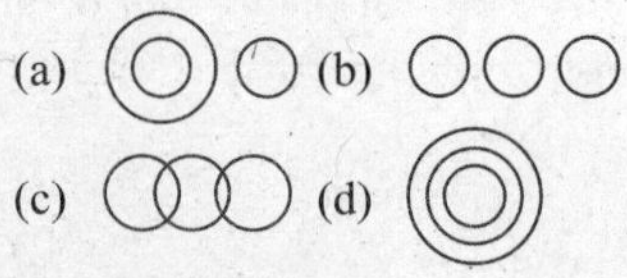

(a) (b) (c) (d)

41. निम्नलिखित में से कौन-सा इनसैट, एडूसैट, आर्यभट्ट और इसरो के बीच संबंध को सर्वोत्तम रूप से चित्रित करता है?

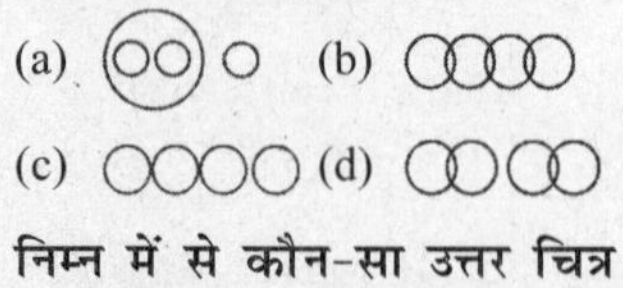

(a) (b) (c) (d)

42. निम्न में से कौन-सा उत्तर चित्र विमान, रेलगाड़ी तथा यात्रा के बीच सर्वोत्तम संबंध दर्शाता है?

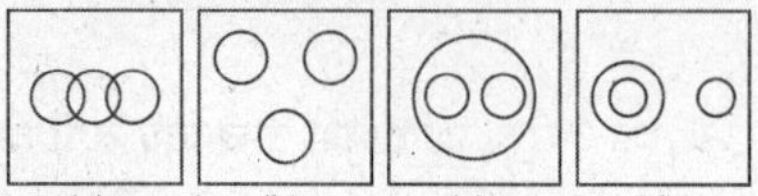

(a) (b) (c) (d)

43. कौन-सी उत्तर आकृति निम्नलिखित प्रश्न में दिए गए शब्दों के बीच सही संबंध को दर्शाती है?
कमीज, वस्त्र, कपड़े

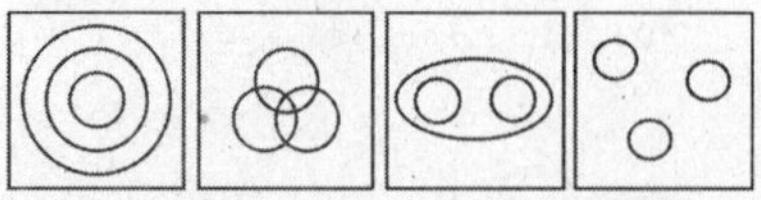

(a) (b) (c) (d)

44. निम्नलिखित में से कौन-सी आकृति दिन, वर्ष और महीनों के बीच संबंध को भली-भाँति दर्शाती है?

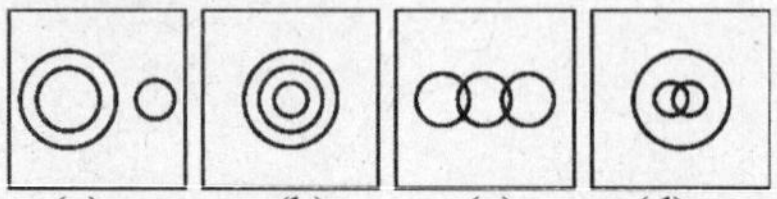

(a) (b) (c) (d)

45. कौन-सा आरेख मानव प्राणियों, शिक्षकों और स्नातकों के बीच संबंध का सही निरूपण करता है?

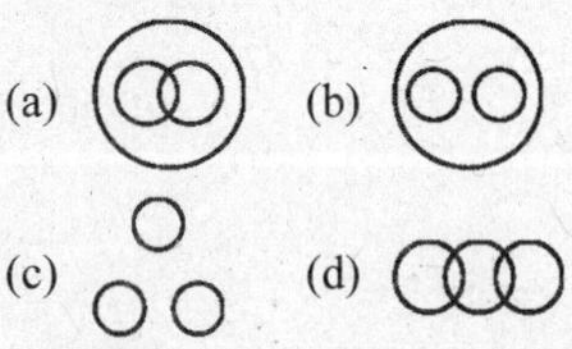

(a) (b) (c) (d)

46. निम्नलिखित आरेखों में से कौन-सा 'न्यायाधीश', 'चोर' और 'अपराधी' के बीच संबंध का सही निरूपण करता है?

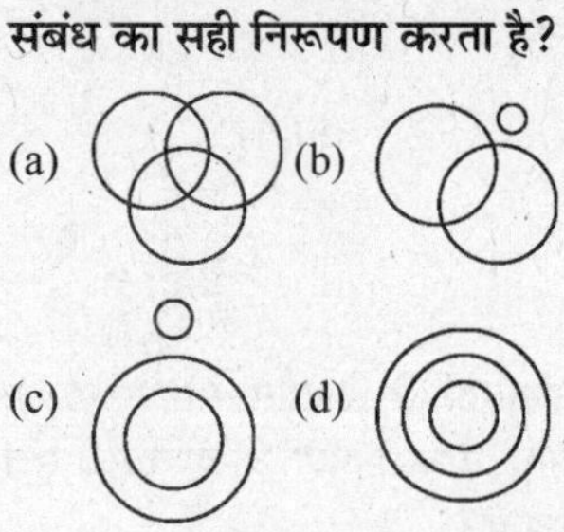

(a) (b) (c) (d)

47. निम्नलिखित में से कौन-सी आकृति घोड़ों, तोतों और पक्षियों के बीच संबंध को भली-भाँति दर्शाती है?

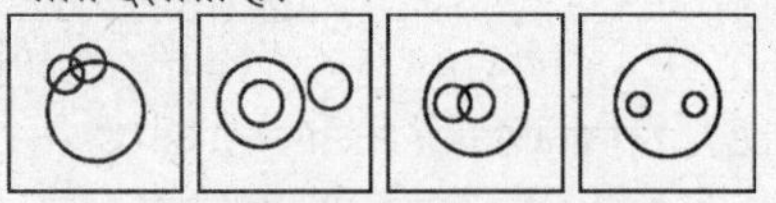

(a) (b) (c) (d)

48. निम्नलिखित में से कौन-सा आरेख डॉक्टर, विशेषज्ञ डॉक्टर और रोगियों के बीच सही संबंध दर्शाता है?

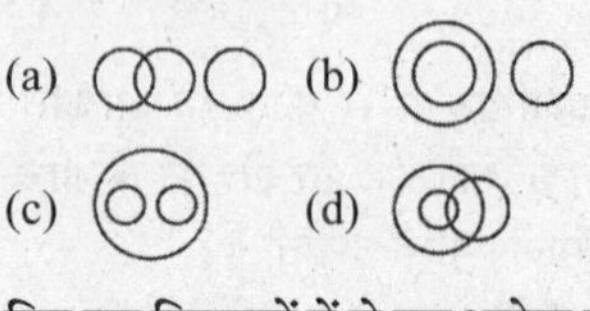

(a) (b) (c) (d)

49. दिए गए विकल्पों में से वह आरेख चुनिए, जो शार्क, व्हेल और समुद्री कछुओं के बीच संबंध का सही निरूपण करता है—

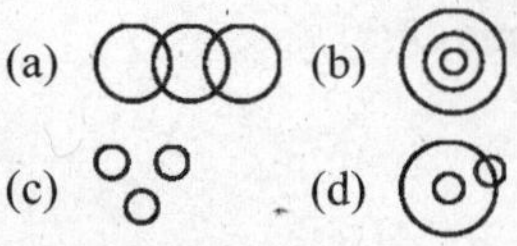

(a) (b) (c) (d)

50. निम्नलिखित चार आरेखों में से संगीतकारों, वादकों, वायलिन-वादकों के बीच सही संबंध कौन-सा आरेख दर्शाता है?

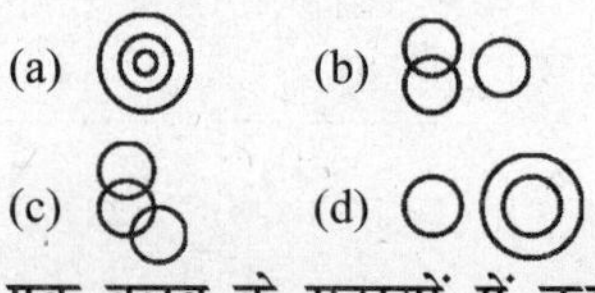

(a) (b) (c) (d)

51. एक क्लब के सदस्यों में कुछ महिला चिकित्सक हैं। तब निम्न आकृतियों में कौन-सी ऐसी है जो इस वक्तव्य का समर्थन नहीं करती है। (यहाँ M = सदस्य; F = महिला और D = चिकित्सक)

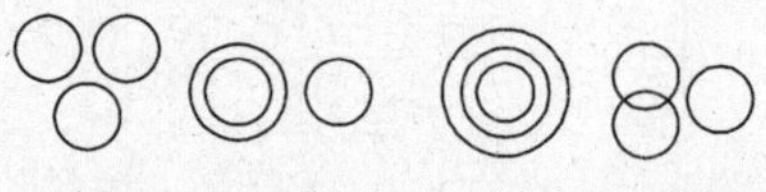

(a) (b) (c) (d)

52. निम्न में से कौन-सी आकृति संगीतकारों, वाद्यकारों और वायलन बजाने वालों को प्रदर्शित करती है?

(a) (b) (c) (d)

53. निम्नलिखित आरेखों में से किसमें धूम्रपान करने वाले, वकील और धूम्रपान न करने वाले प्रदर्शित हैं?

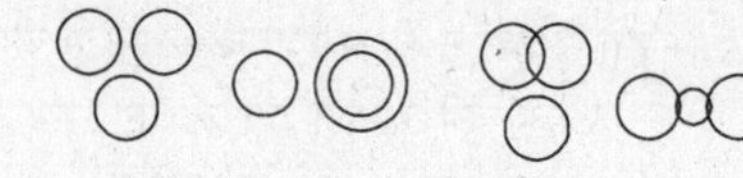

(a) (b) (c) (d)

54. निम्नलिखित में किसके द्वारा पुरुष, लड़के और फुटबॉल खिलाड़ी प्रदर्शित हैं?

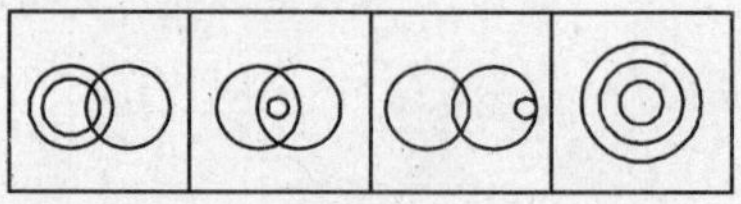

(a) (b) (c) (d)

55. निम्नांकित आरेखों में से किसके द्वारा स्तनधारियों, गायों और कौवों को प्रदर्शित किया गया है?

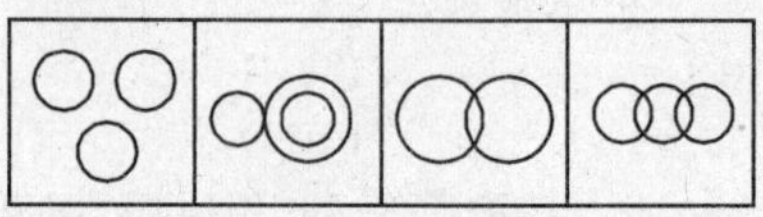

(a) (b) (c) (d)

56. निम्नलिखित आकृतियों में से कौन-सी आकृति उपाधि छात्रों, कला-स्नातक छात्रों और विज्ञान स्नातक छात्रों के संबंध को सूचित करती है?

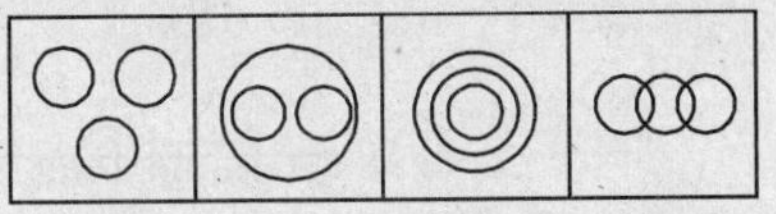

(a) (b) (c) (d)

57. निम्नलिखित में से कौन-सा ऐसा आरेख है, जो यह दर्शाता है कि कुछ क्रिकेट खिलाड़ी, टेनिस के खिलाड़ी हैं, कुछ टेनिस खिलाड़ी हॉकी के खिलाड़ी हैं लेकिन कोई क्रिकेट खिलाड़ी हॉकी का खिलाड़ी नहीं है?

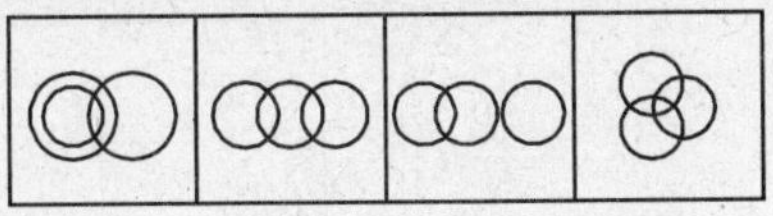

(a) (b) (c) (d)

58. निम्नलिखित में कौन-सी आकृति वृक्ष, हाथी और पशु के संबंध को भली-भाँति दर्शाती है?

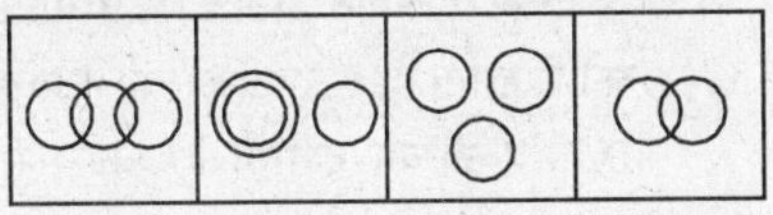

(a) (b) (c) (d)

59. निम्नलिखित में से कौन-सी आकृति पुरुषों, पिताओं तथा वकीलों के बीच संबंध दर्शाती है?

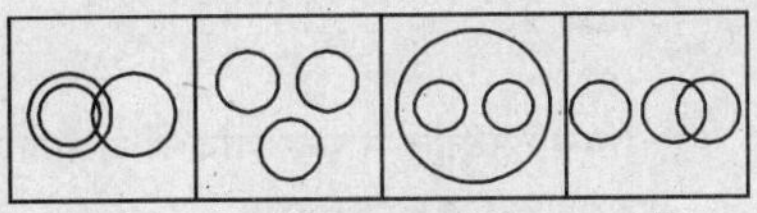

(a) (b) (c) (d)

60. निम्नलिखित आकृति में बलिष्ठ व अनुशासित लड़कों को कौन-से अंक प्रदर्शित करते हैं?

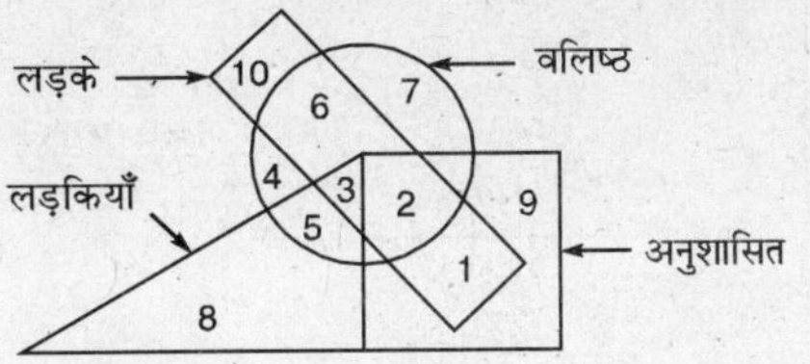

(a) 1 (b) 2
(c) 6 (d) 10

61. निम्नलिखित में से कौन-सी आकृति सही तरीके से चोर, जज और अपराधी के बीच के संबंध को दर्शाती है?

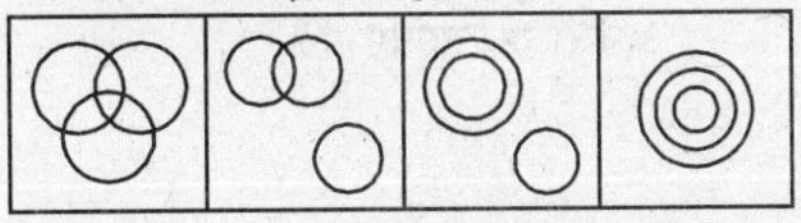

(a) (b) (c) (d)

62. निम्नलिखित में से कौन-सी आकृति भाषाओं, फ्रेंच, जर्मन के बीच संबंध दर्शाती है?

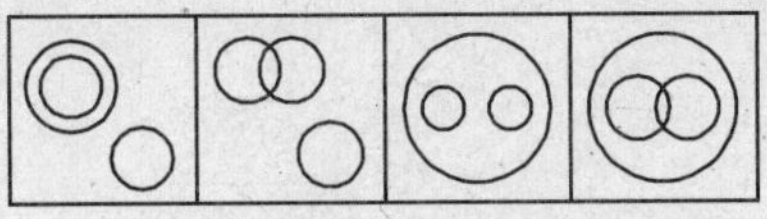

(a) (b) (c) (d)

63. निम्नलिखित में से कौन-सी आकृति मेजों, कुर्सियों और फर्नीचर के बीच संबंध दर्शाती है?

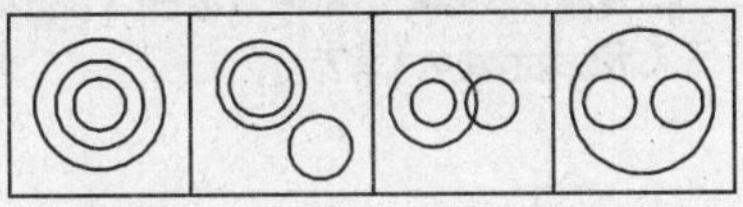

(a) (b) (c) (d)

निर्देश (प्रश्न सं० 64 से 66)—निम्नांकित प्रश्नों में उस आकृति को चुनिए, जो सबसे अच्छी तरह से तीनों वस्तुओं के बीच का संबंध दर्शाती हो।

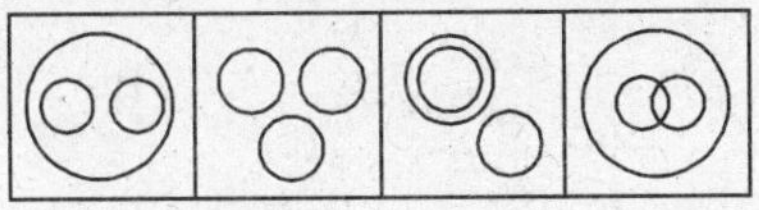

(a) (b) (c) (d)

64. सूर्य, चन्द्रमा, तारे
65. जीव, आदमी, पौधे
66. मरकरी, मंगल, ग्रह

प्रश्नावली-2

निर्देश—डायग्राम का अध्ययन कीजिए और प्रश्न का उत्तर दीजिए।

1. गाँवों में कार्यरत, अर्हित एवं अनुभवी डॉक्टरों का प्रतिनिधित्व कितना है?

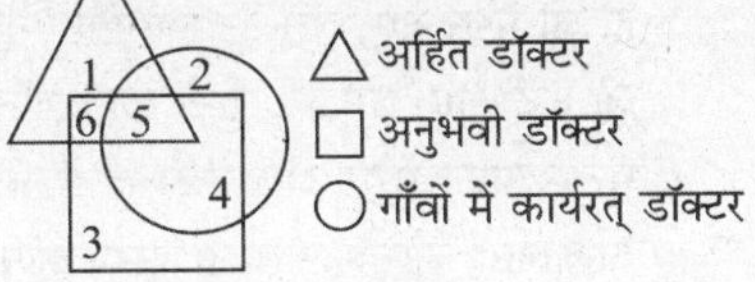

(a) 2 (b) 6
(c) 4 (d) 5

2. दिए गए वेन आरेख में, A तथा B दो निकटवर्ती राज्य हैं। यदि दोनों राज्यों की कुल जनसंख्या 90 लाख है तथा राज्य B में रहने वाले राज्य A के लोगों की संख्या 2 लाख है, तो राज्य A में रहने वाले राज्य B के लोगों की संख्या ज्ञात कीजिए-

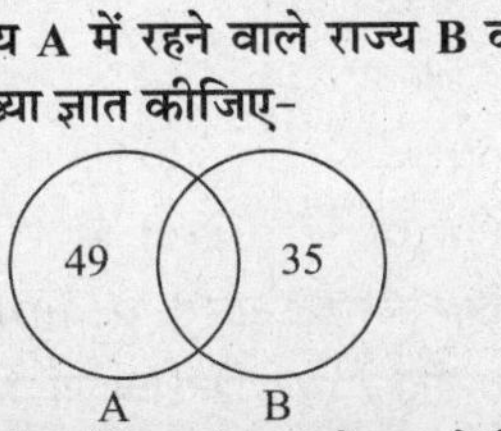

(वेन आरेख में जनसंख्या को लाखों में सूचित किया गया है।)

(a) 3 लाख (b) 6 लाख
(c) 2 लाख (d) 4 लाख

3. यदि यह संख्या व्यक्तियों की संख्या को सूचित करती है, तो इसमें युवा स्नातक कितने हैं?

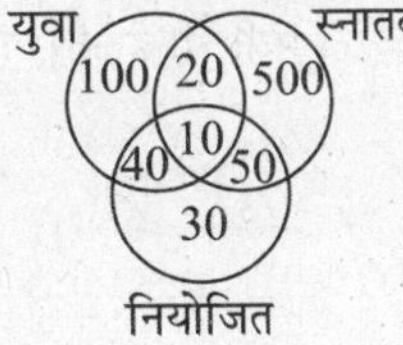

(a) 40 (b) 50
(c) 30 (d) 20

4. I से VII तक अंकित क्षेत्रों में से कौन-सा स्थान ऐसे शहरी शिक्षित लोगों को दर्शाता है जो परिश्रमी नहीं हैं?

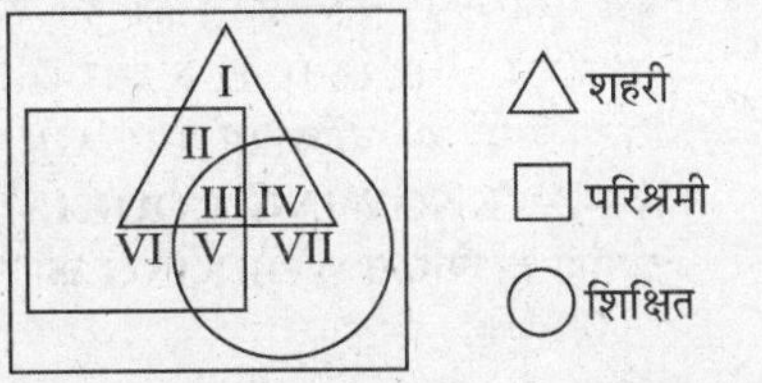

(a) I (b) II
(c) IV (d) III

5. दी गई आकृति में 10% छात्र और माता-पिता हैं तथा 10% छात्र और शिक्षक और माता-पिता हैं। 15% शिक्षक और माता-पिता हैं। 35% छात्र और शिक्षक हैं। कितने प्रतिशत केवल शिक्षक, माता-पिता और छात्र हैं?

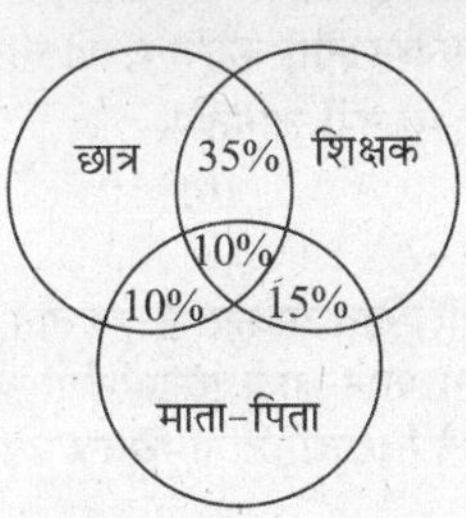

(a) 45, 40, 65 (b) 40, 45, 65
(c) 40, 65, 45 (d) 65, 40, 45

6. इस चित्र में, वृत्त कारोबारियों को, त्रिभुज शिक्षित व्यक्तियों को और आयत ₹ 10,000 से अधिक प्रति माह आय वाले व्यक्तियों को दर्शाता है। प्रतिमाह ₹ 10,000 से अधिक आय वाले शिक्षित कारोबारियों की संख्या है-

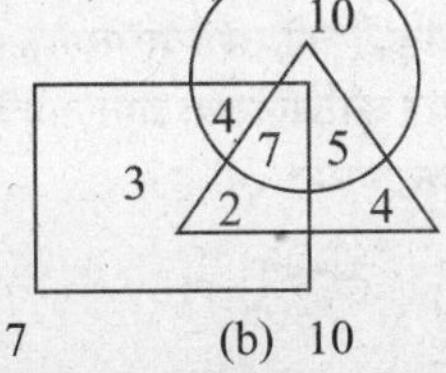

(a) 7 (b) 10
(c) 3 (d) 4

7. निम्नलिखित आकृति में, गम्भीर क्रिकेट खिलाड़ी लड़कों को किस अंक द्वारा दर्शाया गया है?

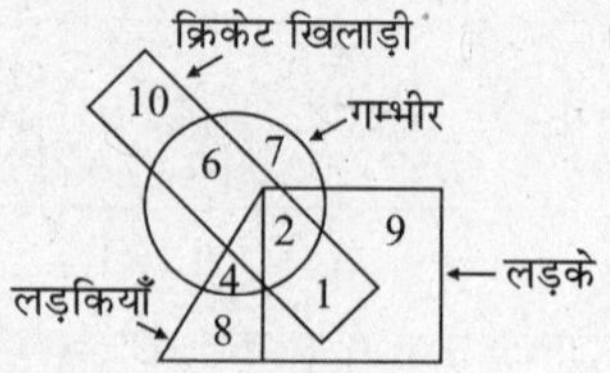

(a) 6 (b) 5
(c) 4 (d) 2

8. कम-से-कम कितने खिलाड़ी हॉकी और क्रिकेट खेलते हैं?

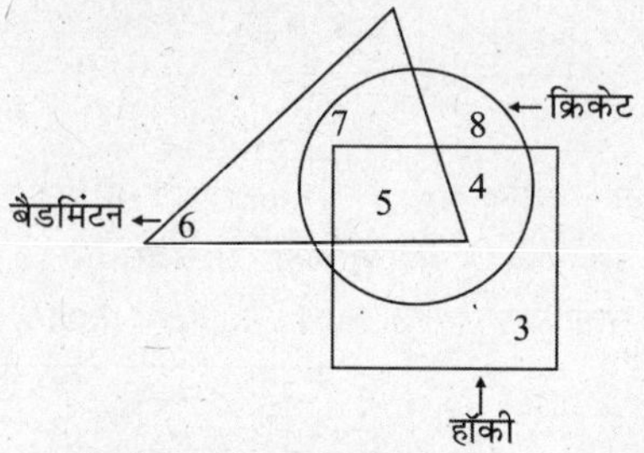

(a) 5 (b) 4
(c) 9 (d) 12

9. एक विभाग में 24 कर्मचारी टंकण जानते हैं और 11 आशुलिपि जानते हैं। 25 कम्प्यूटर का प्रयोग करना जानते हैं। 7 टंकण तथा आशुलिपि दोनों जानते हैं। 4 आशुलिपि तथा कम्प्यूटर जानते हैं, 12 टंकण तथा कम्प्यूटर जानते हैं और 3 तीनों जानते हैं। यदि उस विभाग में 50 कर्मचारी हों, तो उन कर्मचारियों की संख्या ज्ञात कीजिए, जो तीनों कार्य में से कोई भी नहीं जानते—

(a) 40 (b) 10
(c) 47 (d) 33

10. निम्नलिखित आकृति में वृत्त तीन अलग-अलग विषय पढ़ने वाले विद्यार्थियों को दर्शाते हैं। कितने विद्यार्थी तीनों विषय पढ़ते हैं?

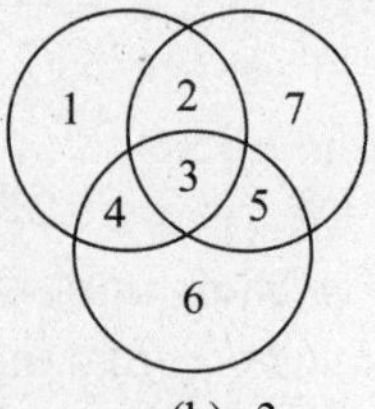

(a) 2 (b) 3
(c) 4 (d) 1

11. इस आकृति में शिक्षकों, गायकों तथा खिलाड़ियों को दर्शाया गया है। आकृति का अध्ययन कीजिए तथा ज्ञात कीजिए कि कितने शिक्षक, गायक भी हैं?

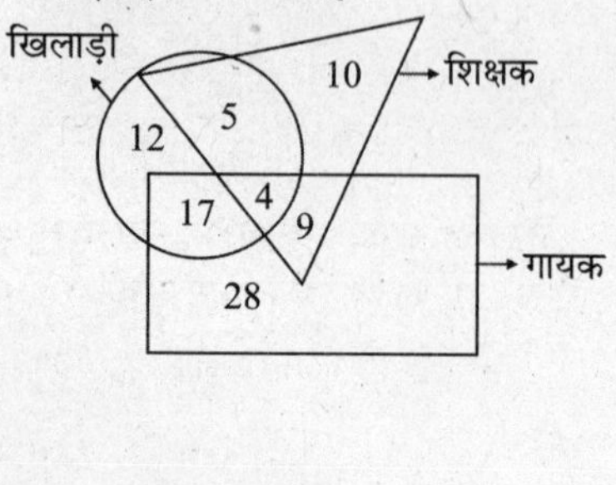

(a) 9 (b) 13
(c) 4 (d) 5

12. निम्न आकृति में एक गाँव में युवाओं के तीन वर्गों को दर्शाया गया है। इसके अनुसार, कितने शिक्षित युवा, गरीब हैं?

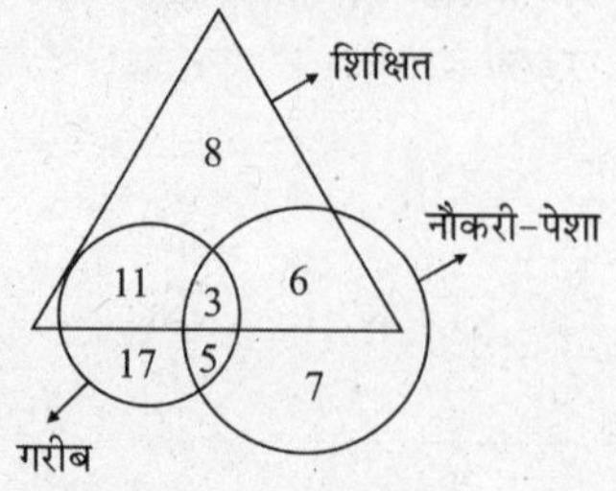

(a) 6 (b) 19
(c) 14 (d 9

13. 'R' व्यवसायियों को दर्शाता है, 'S' अमीर लोगों को दर्शाता है। 'T' ईमानदार व्यक्तियों को दर्शाता है। कौन-सी संख्या ईमानदार अमीरों को दर्शाएगी?

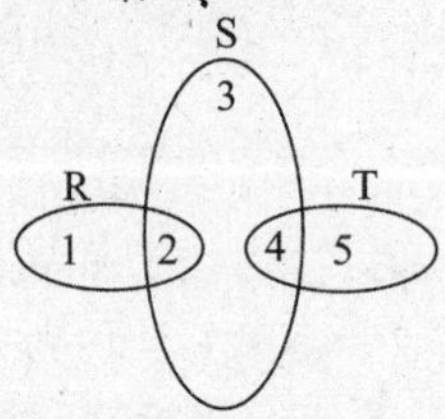

(a) 3 (b) 2
(c) 5 (d) 4

14. दी गई आकृति में त्रिभुज सांसदों को दर्शाता है, वर्ग मंत्रियों को दर्शाता है और वृत्त महिलाओं को दर्शाता है। कौन-सा भाग ऐसे सांसदों को दर्शाता है जो मंत्री भी हैं और महिलाएँ भी?

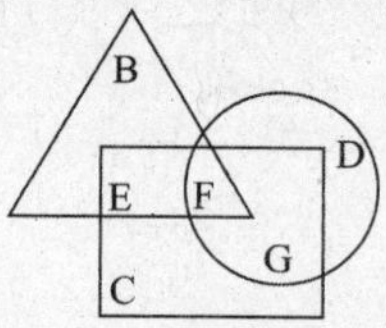

(a) G (b) E
(c) F (d) B

15. GRADUATES, WORKING और KNOW COOKING को दर्शाने वाले तीन वृत्त एक-दूसरे को काटते हैं। इन कटे हुए भागों को A, B, C, D, E, F और G अंकित किया गया है। कौन-सा भाग GRADUATES, KNOWING COOKING को दर्शाता है, लेकिन WORKING को नहीं?

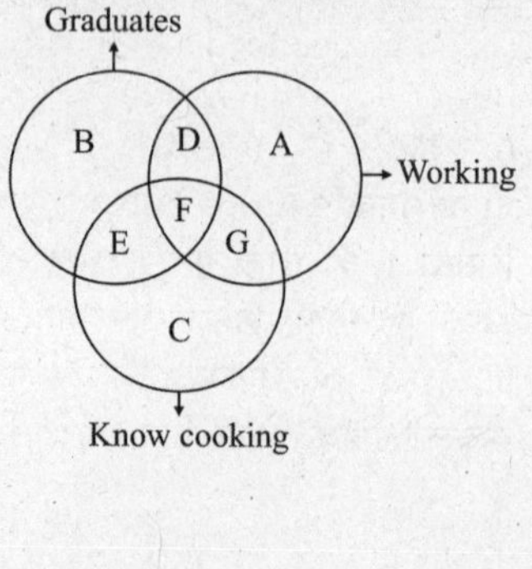

(a) E (b) D
(c) G (d) F

16. निम्न आरेख में वृत्त क्रिकेट खिलाड़ियों को निरूपित करता है, त्रिभुज हॉकी खिलाड़ियों को निरूपित करता है और वर्ग फुटबाल खिलाड़ियों को निरूपित करता है। फुटबाल और हॉकी दोनों खेलने वाले कितने हैं?

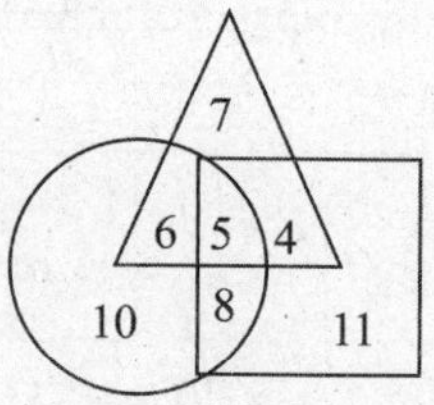

(a) 7 (b) 9
(c) 11 (d) 4

17. A डॉक्टरों को दिखाता है, B पियानों वादकों को दिखाता है, C लेखकों को दर्शाता है और D गायकों को दर्शाता है। कौन-सा कथन अत्यन्त उपयुक्त है?

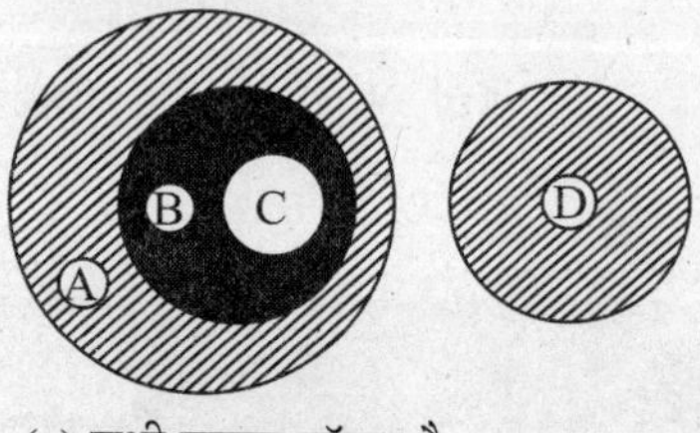

(a) सभी गायक डॉक्टर है
(b) सभी लेखक और पियानो वादक डॉक्टर हैं
(c) सभी पियानो वादक गायक हैं
(d) उपर्युक्त में से कोई भी नहीं

18. दी गई आकृति में, त्रिभुज उन लोगों को दर्शाता है, जो मैसूर गए, वृत्त उन लोगों को दर्शाता है, जो ऊटी गए, वर्ग उन लोगों को दर्शाता है, जो मुन्नार गए। मैसूर और ऊटी दोनों जगह जाने वाले लोगों को दर्शाने वाला हिस्सा कौन-सा है?

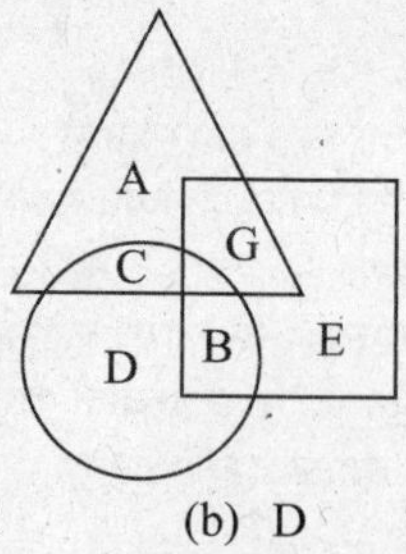

(a) C (b) D
(c) G (d) B

19. निम्नलिखित आरेख में, त्रिभुज माताओं को दर्शाता है, वृत्त शिक्षिकाओं को दर्शाता है और आयत महिलाओं के लिए है। कौन-सा अक्षर (A, B, C और D में से) ऐसी महिलाओं को दर्शाता है, जो माता भी हैं और शिक्षिका भी?

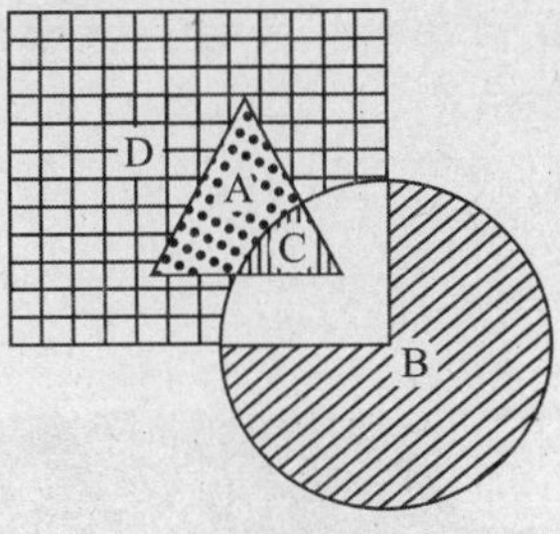

(a) A (b) B
(c) D (d) C

20. निम्नलिखित आकृति में प्रदर्शित है—

वृत्त : पुलिस
त्रिभुज : भ्रष्ट अधिकारी
वर्ग : कवि
आयत : विवाहित
विवाहित : आयत

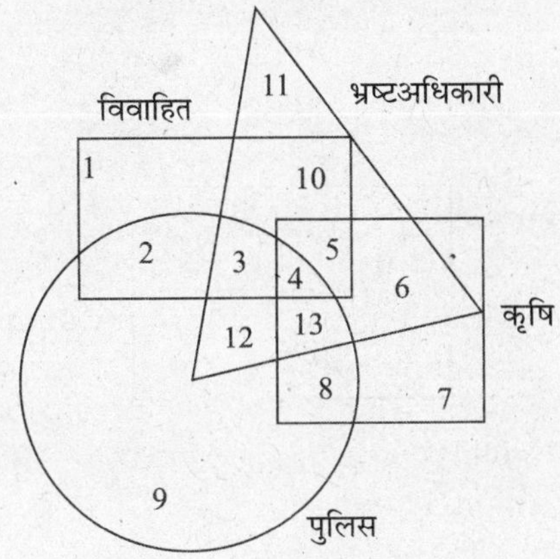

ऐसे अविवाहित पुलिस अधिकारियों का क्षेत्र बताइए जो भ्रष्ट नहीं हैं, किन्तु कवि हैं—

(a) 8 (b) 9
(c) 2 (d) 4

21. दिए गए आरेख में वृत्त, व्यावसायिकों को दर्शाता है, वर्ग नर्तकों को दर्शाता है, त्रिभुज संगीतकारों को दर्शाता है और आयत यूरोपियों को दर्शाता है। आरेख में भिन्न क्षेत्र 1 से 11 तक अंकित हैं—

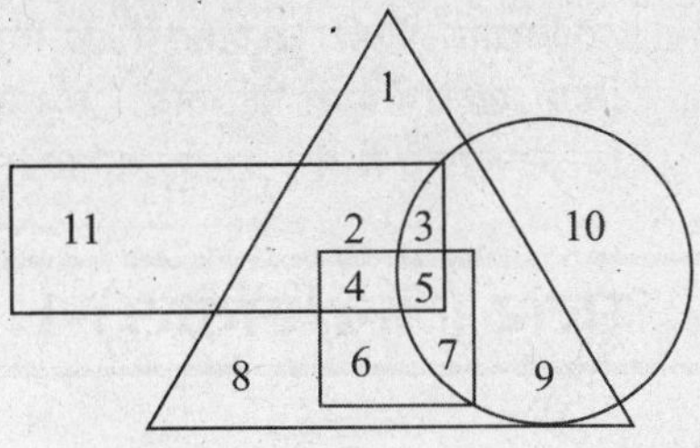

निम्नलिखित में से कौन संगीतकार नहीं है, परन्तु यूरोपियन है?

(a) 10 (b) 9
(c) 11 (d) 8

निर्देश—(प्रश्न संख्या 22 से 25) नीचे दिए गए चित्र अध्ययन करें और प्रश्नों का उत्तर दें।

चित्र में त्रिभुज डॉक्टर को, वृत्त खिलाड़ी को तथा आयत कलाकार को प्रदर्शित करता है।

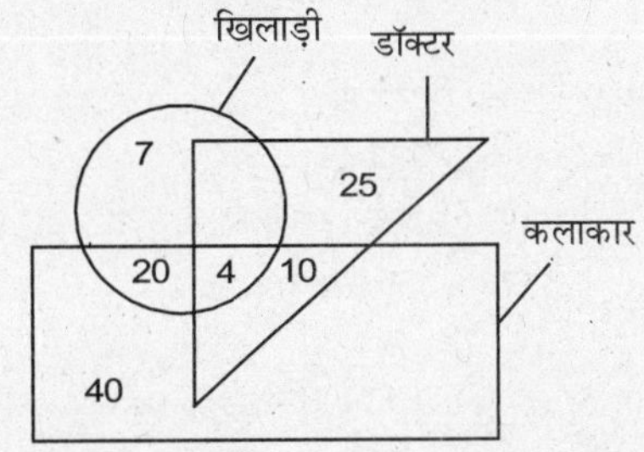

22. कितने डॉक्टर ऐसे हैं, जो खिलाड़ी और कलाकार दोनों हैं?

(a) 14 (b) 4
(c) 35 (d) 39

23. कितने कलाकार खिलाड़ी हैं?

(a) 24 (b) 20
(c) 34 (d) 35

24. कितने कलाकार ऐसे हैं, जो न तो खिलाड़ी हैं और न ही डॉक्टर?

(a) 20 (b) 35
(c) 32 (d) 40

25. कितने डॉक्टर ऐसे हैं, जो न तो खिलाड़ी हैं और न ही डॉक्टर?

(a) 24 (b) 7
(c) 25 (d) 10

निर्देश—(प्रश्न संख्या 26 से 30) नीचे दिए गए वेन आरेख की सहायता से निम्न प्रश्नों के उत्तर दें।

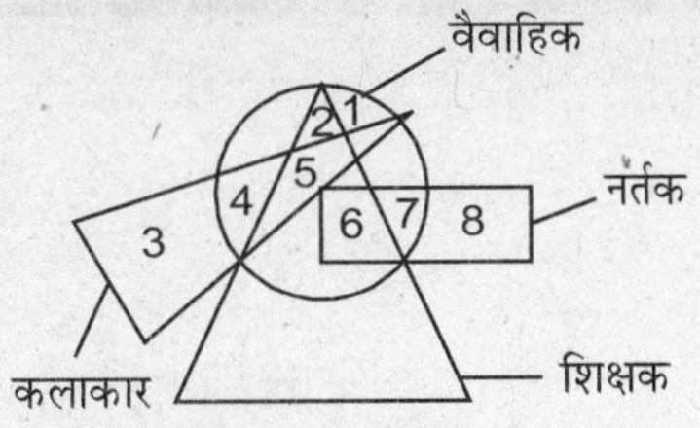

26. कौन-सा कथन सही है?

(a) कुछ नर्तक शिक्षक हैं।
(b) कुछ विवाहित शिक्षक नर्तक हैं।
(c) कुछ विवाहित नर्तक कलाकार हैं।
(d) कुछ कलाकार शिक्षक हैं।

27. विवाहित शिक्षकों को किस संख्या द्वारा दर्शाया गया है?

(a) 9 (b) 5
(c) 2 (d) 1

28. जो नर्तक विवाहित शिक्षक हैं, उन्हें किस संख्या से दर्शाया गया है?

(a) 9 (b) 8
(c) 7 (d) 6

29. विवाहित कलाकारों को किस संख्या से दर्शाया गया है?

(a) 5 (b) 4
(c) 3 (d) 2

30. जो विवाहित शिक्षक कलाकार हैं उन्हें किस संख्या से दर्शाया गया है?

(a) 5 (b) 3
(c) 2 (d) 7

प्रश्नावली-3

1. एक सरकारी बैठक में 130 विभागीय कर्मचारियों ने भाग लिया। उनमें से 66 चाय पीते हैं। 56 कॉफी पीते हैं और 63 जूस पीते हैं। 27 चाय या कॉफी पी सकते हैं, 25 कॉफी या जूस और 23 जूस या चाय पी सकते हैं। 5 कर्मचारी तीनों में से कुछ भी पी सकते हैं कितने केवल चाय पीते हैं?

(a) 21 (b) 22
(c) 18 (d) 20

2. अड़ोस-पड़ोस (प्रतिवेश) में 100 परिवारों में से 50 के पास रेडियो है, 75 के पास टी.वी. (दूरदर्शन) और 25 के पास वी.सी.आर. है। केवल 10 परिवारों के पास सभी तीनों चीजें हैं और सभी वी.सी.आर. मालिकों के पास टी.वी. भी हैं। यदि कुछ परिवारों के पास केवल रेडियो है, तो कितनों के पास केवल टी.वी. है?

(a) 30 (b) 35
(c) 40 (d) 45

3. एक नगर के सर्वेक्षण से पता चला कि सर्वेक्षित लोगों में से 65% टी.वी. (दूरदर्शन) पर समाचार देखते हैं, 40% समाचार-पत्र पढ़ते हैं और 25% समाचार-पत्र पढ़ते हैं और टी.वी. (दूरदर्शन) पर भी समाचार देखते हैं। सर्वेक्षित लोगों में से कितने प्रतिशत न, तो समाचार टी.वी. (दूरदर्शन) पर देखते हैं और न ही समाचार- पत्र पढ़ते हैं?

(a) 5% (b) 10%
(c) 20% (d) 15%

4. एक कक्षा में 70 विद्यार्थी गणित में पास हुए हैं, 50 अंग्रेजी में पास हुए हैं और 25 दोनों में पास हुए हैं और 5 दोनों में फेल हुए हैं। एक ही विषय में कितने विद्यार्थी फेल हुए हैं?

(a) 70 (b) 60
(c) 50 (d) 5

5. 40 विद्यार्थियों के एक समूह में कुछ चाय और कॉफी दोनों पीते हैं। कुछ केवल कॉफी या केवल चाय पीते हैं। चाय पीने वाले 26 विद्यार्थियों में से 16 केवल चाय पीते हैं। केवल कॉफी पीने वाले विद्यार्थियों की संख्या बताइए—

(a) 4 (b) 10
(c) 20 (d) 14

6. 50 विद्यार्थियों की एक कक्षा में, 12 विद्यार्थी किसी खेल में भाग नहीं लेते, 28 विद्यार्थी क्रिकेट खेलते हैं और 17 फुटबाल खेलते हैं कितने विद्यार्थी क्रिकेट और फुटबाल दोनों खेलते हैं?

(a) 7 (b) 10
(c) 17 (d) 31

उत्तर (हल/संकेत)-1

1. (d)

2. (c)

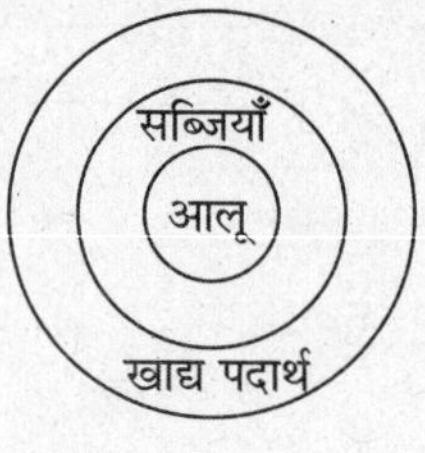

3. (d)

4. (a)

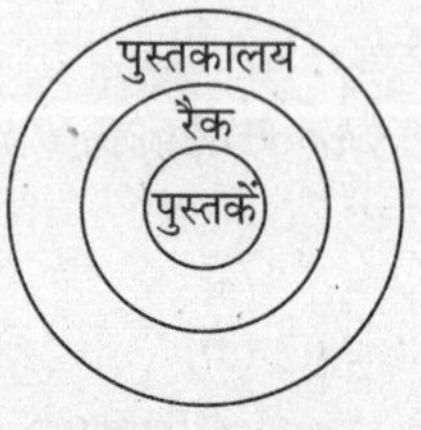

5. (d)

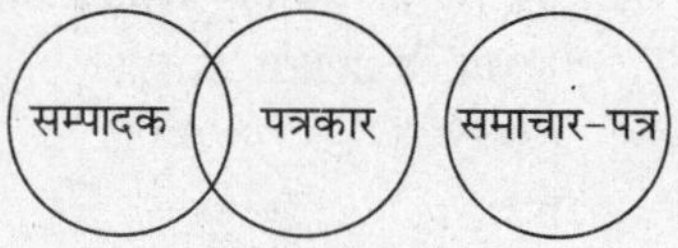

6. (a)

7. (d)

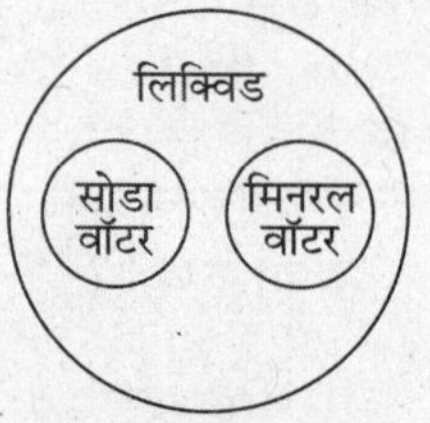

8. (a)

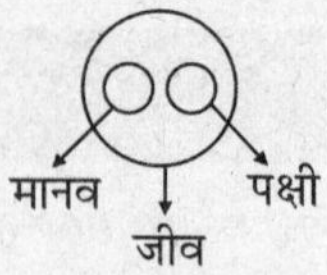

9. (b)

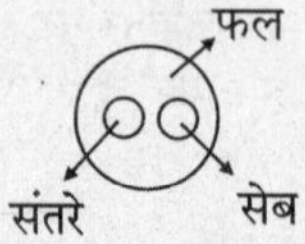

10. (c)

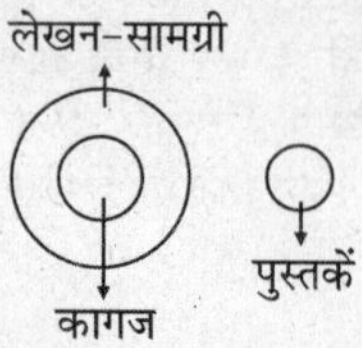

11. (b)

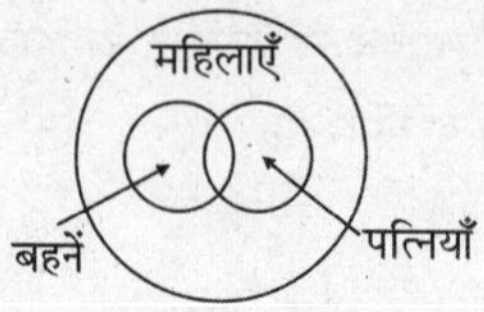

12. (a)

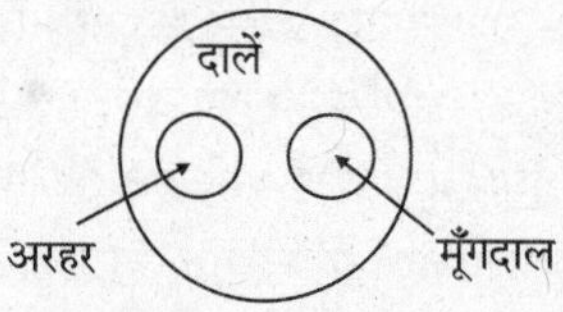

13. (c)

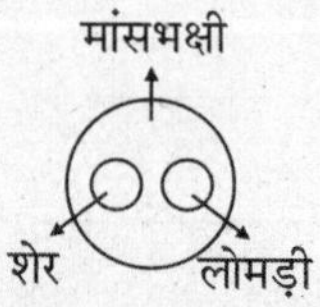

14. (a)

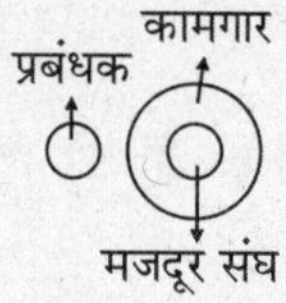

15. (c)

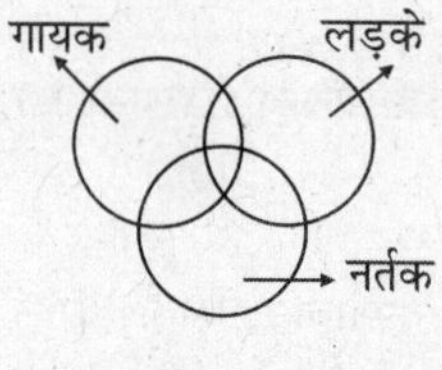

16. (a)

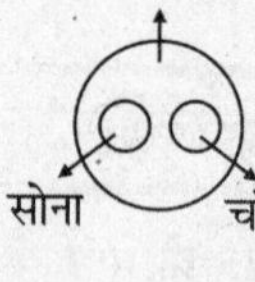

17. (b)

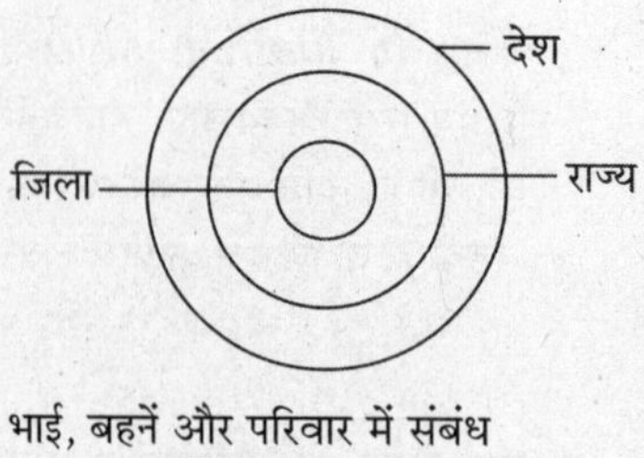

18. (a) भाई, बहनें और परिवार में संबंध

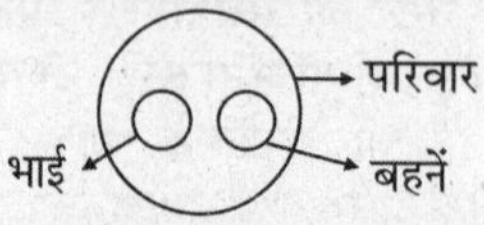

19. (c)

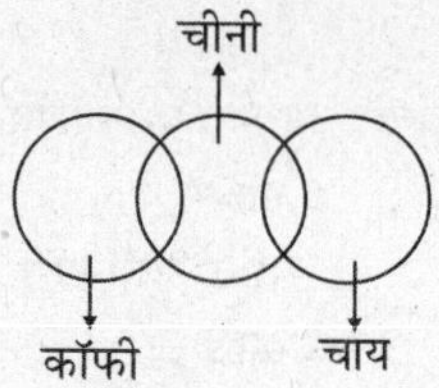

20. (b)

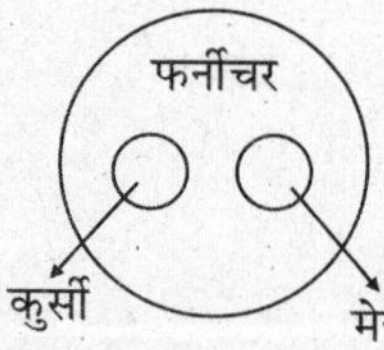

21. (c)

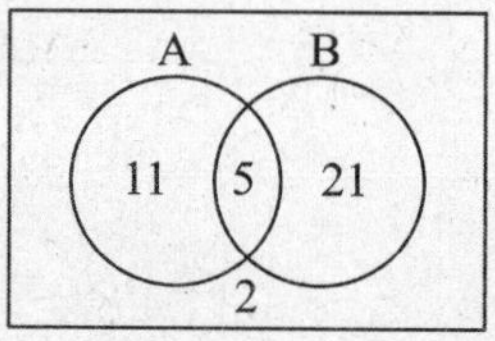

22. (d)

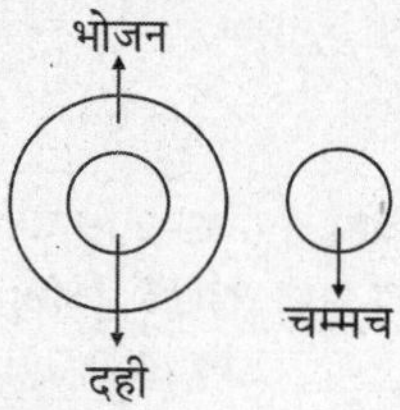

23. (b)

24. (c) उत्तर प्रदेश तथा दिल्ली दोनों अलग राज्य हैं तथा लखनऊ, उत्तर प्रदेश की राजधानी है। इसलिए, आकृति (c) इन पारस्परिक संबंध को अच्छे ढंग से व्यक्त करती है।

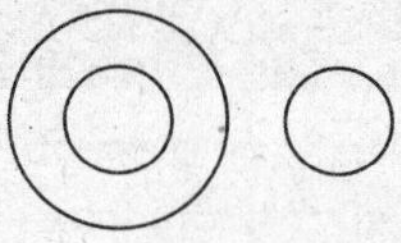

25. (b) दिए गए वर्गों के बीच संबंध का सही निरूपण—

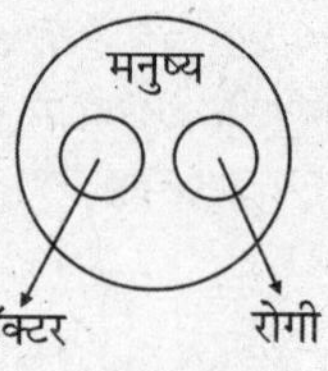

26. (d) शिक्षक, शिक्षित और नौकरी-पेशा के बीच आरेख संबंध—

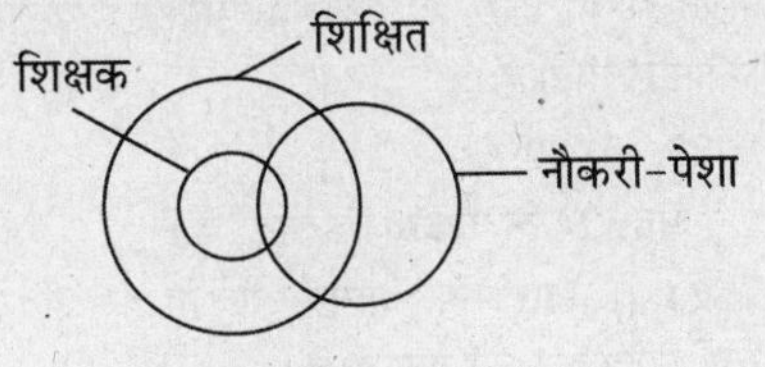

27. (c)

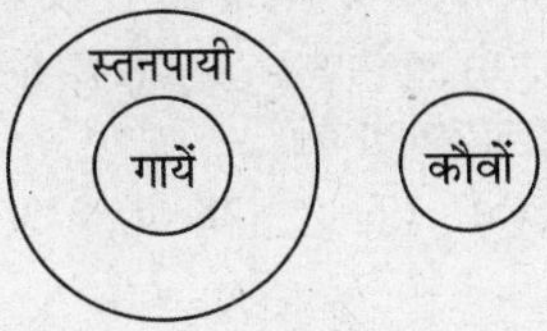

28. (b)

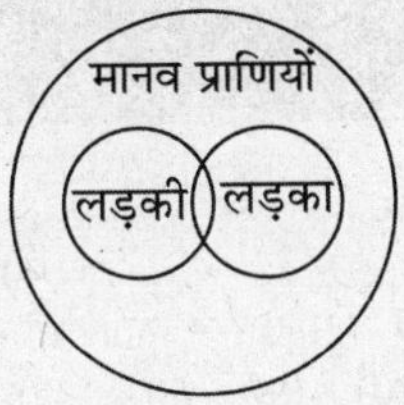

29. (c) संबंध का सर्वोत्तम प्रतिनिधित्व–

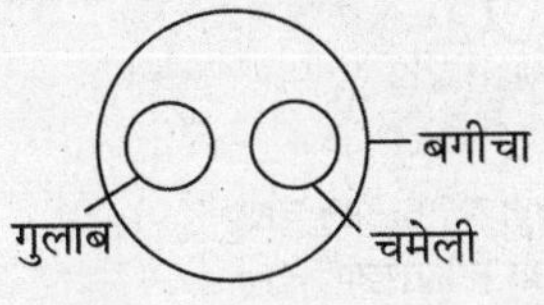

30. (c)

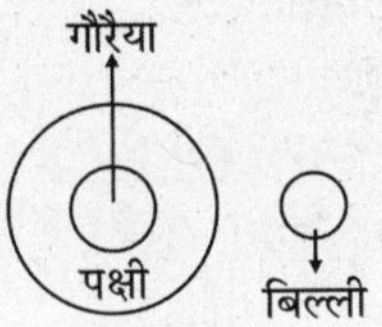

31. (a)

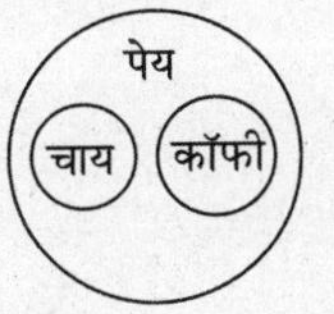

32. (a)

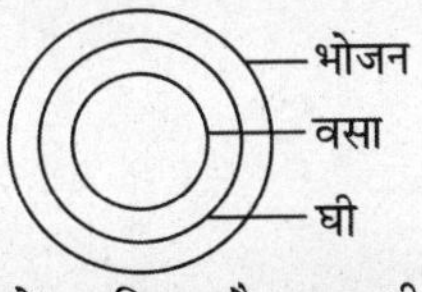

33. (c) चोर, पुलिस और अपराधी के बीच आरेख संबंध–

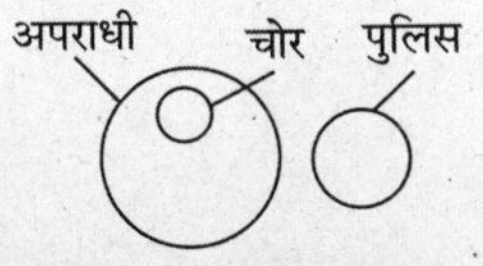

34. (a) **35.** (d) **36.** (c) **37.** (d) **38.** (a)

39. (d) कवि के पास दोनों होते हैं।

40. (a) सभी प्रोफेसर शिक्षक हैं, परन्तु क्लर्क अलग है।

41. (a) **42.** (c) **43.** (c) **44.** (b) **45.** (a)

46. (c) **47.** (b) **48.** (b) **49.** (c)

50. (a) सभी वायलिन-वादक, वादक हैं तथा सही वादक संगीतकार हैं.

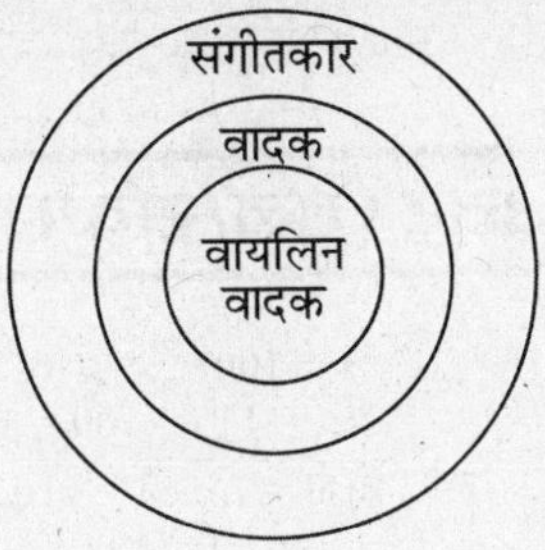

51. (b) चूँकि आकृति में डॉक्टर को नहीं दर्शाया गया है।

52. (a)

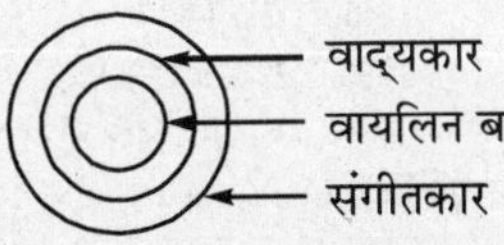

वायलिन बजाने वाले एक प्रकार के वाद्यकार हैं तथा वाद्यकार भी एक प्रकार के संगीतकार हैं।

53. (d)

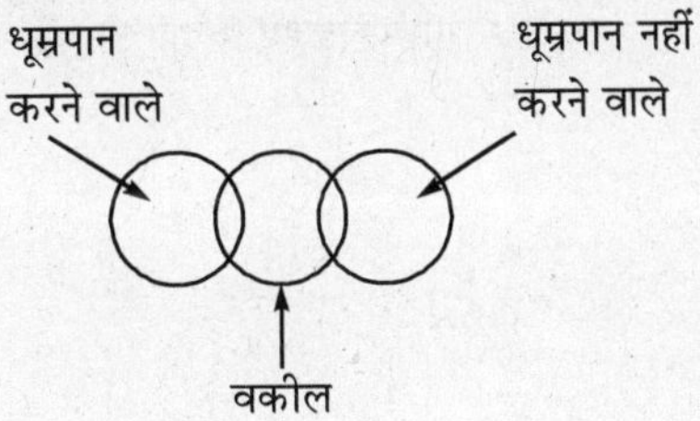

कुछ वकील धूम्रपान करने वाले तथा कुछ धूम्रपान नहीं करने वाले होते हैं।

54. (a)

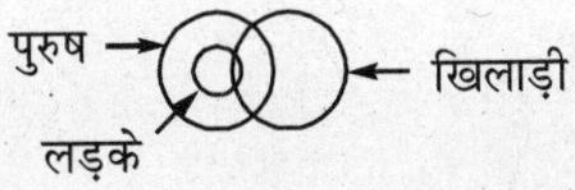

55. (b)

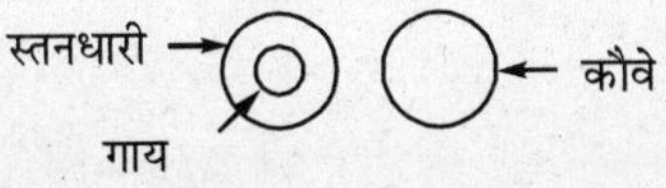

56. (b)

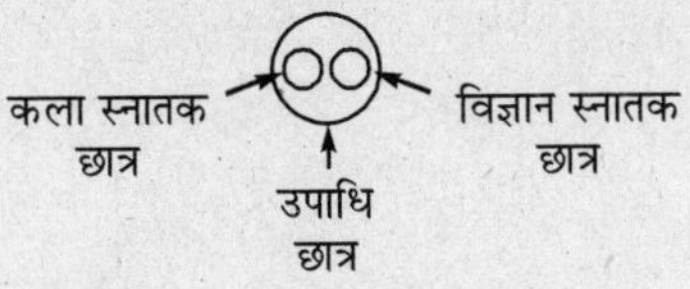

57. (b) **58.** (b) **59.** (a)

60. (b) बलिष्ठ, अनुशासित, लड़कों में लड़कियों के अतिरिक्त अन्य सभी सम्मिलित है। अत: A को छोड़ने पर (2) का अंक अभीष्ट पूर्ति करता है।

61. (c) चोर अपराधी के अन्तर्गत आता है लेकिन जज नहीं।

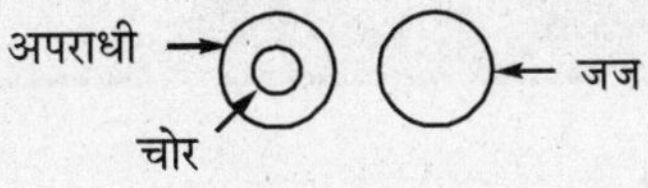

62. (c) फ्रेंच और जर्मन दो प्रकार की भाषाएँ हैं।

63. (d) फर्नीचर के अन्तर्गत ही मेज तथा कुर्सी दोनों आ जाते हैं।

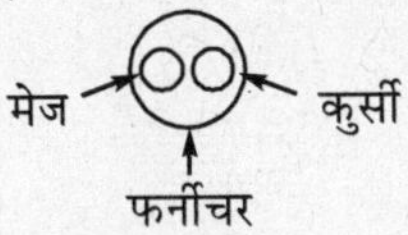

64. (c) सूर्य भी एक तारा है।

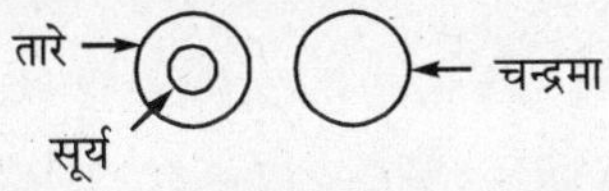

65. (a) पौधा और आदमी दोनों जीव हैं।

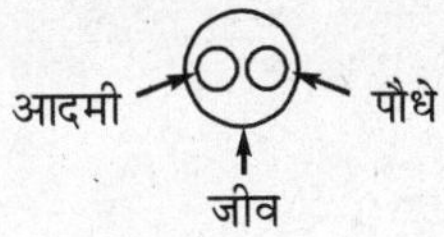

66. (a) मंगल और मरकरी दोनों ग्रह हैं।

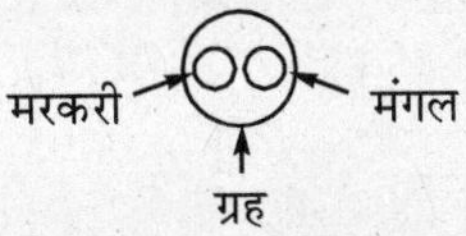

उत्तर (हल/संकेत)-2

1. (a) **2.** (d) **3.** (c)

4. (c) स्थान IV, शहरी शिक्षित लोगों को दर्शाता है जो परिश्रमी नहीं हैं।

5. (c) केवल शिक्षक = 100 – (35 + 10 + 15)
= 100 – 60 = 40%

केवल माता-पिता = 100 – (10 + 10 + 15)
= 100 – 35 = 65%

केवल छात्र = 100 – (10+10+35)
= 100 – 55 = 45%

6. (a) प्रति माह ₹ 10,000 से अधिक आय वाले शिक्षित कारोबारियों की संख्या 7 है।

7. (d) गम्भीर क्रिकेट खिलाड़ी लड़कों को अंक '2' द्वारा दर्शाया गया है।

8. (a)

9. (b) वेन आरेख द्वारा,

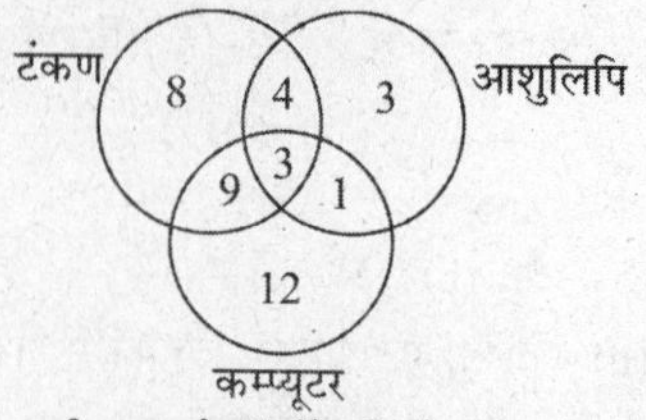

अभीष्ट कर्मचारियों की संख्या

$= 50 - (8 + 4 + 3 + 9 + 3 + 1 + 12)$

$= 50 - 40 = 10$

10. (b) 3 विद्यार्थी तीनों विषय पढ़ते हैं।

11. (a) शिक्षक की संख्या जो गायक भी हैं = 9

12. (c) शिक्षित युवा की संख्या जो गरीब हैं = 11 + 3 = 14

13. (d) संख्या '4' ईमानदार अमीरों को दर्शाती है।

14. (c) 'F' ऐसे सांसदों को दर्शाता है जो मंत्री भी हैं और महिलाएँ भी।

15. (a) **16.** (b) **17.** (c) **18.** (a) **19.** (d) **20.** (a) **21.** (c)

22. (b) संख्या 4 जोकि त्रिभुज के आलवा वृत्त एवं आयत से भी घिरी है। अत: 4 डॉक्टर, खिलाड़ी एवं कलाकार तीनों हैं।

23. (b) 20 + 4 = 24

अत: 24 कलाकार खिलाड़ी हैं।

24. (b) 40 सिर्फ आयत आकृति के अन्दर है जो सिर्फ कलाकार को दर्शाती है।

25. (b) 25 सिर्फ A आकृति के अन्दर है जो सिर्फ डॉक्टर को दर्शाती है।

26. (b) **27.** (c) **28.** (d) **29.** (b) **30.** (a)

उत्तर (हल/संकेत)-3

1. (a) वेन आरेख से,

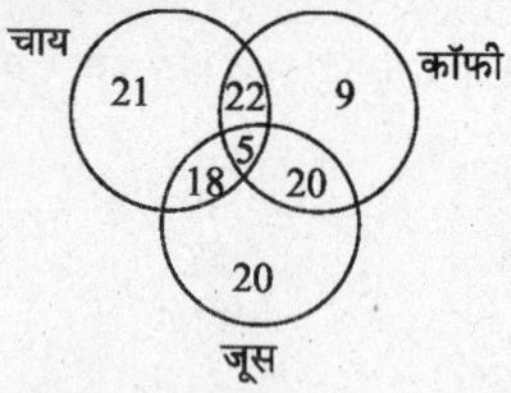

2. (b)

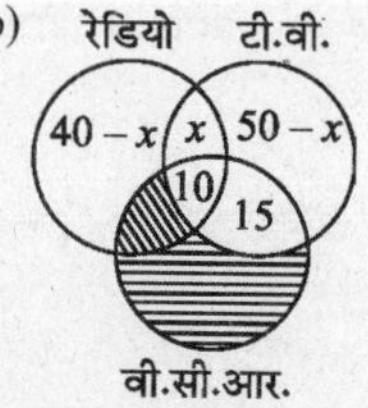

$(40 - x) + x + 10 + 15 + (50 - x) = 100$

$115 - 2x + x = 100$

$x = 115 - 100 = 15$

केवल टीवी = 75 – 15 – 10 – 15 = 35

3. (c)

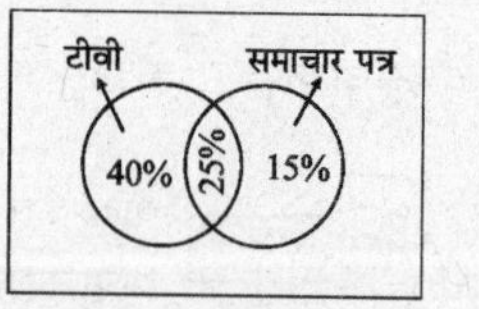

अभीष्ट प्रतिशत = 100 – (40 + 25 + 15) = 20%

4. (b)

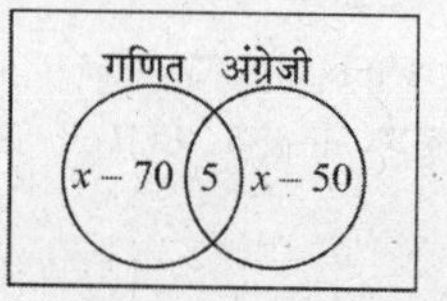

परीक्षा में सम्मिलित हुए विद्यार्थियों की संख्या = x

$x - 70 + 5 + x - 50 + 25 = x$

$x = 90$

एक विषय में फेल होने वालों की संख्या

$= (90 - 70) + (90 - 50) = 20 + 40 = 60$

5. (d)

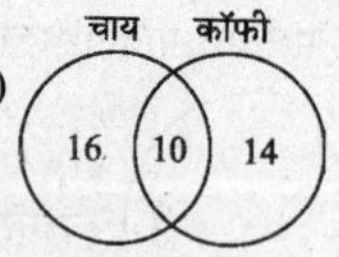

केवल कॉफी पीने वाले विद्यार्थियों की संख्या = 14

6. (a) जो विद्यार्थी क्रिकेट और फुटबाल दोनों खेलते = x

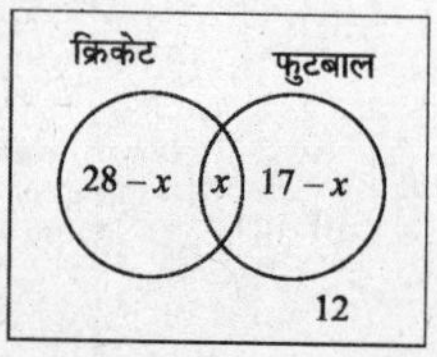

$28 - x + x + 17 - x + 12 = 50$

$-x = 50 - 28 - 17 - 12 = -7$

$x = 7$

❑❑❑

अध्याय 12

मैट्रिक्स

आव्यूह (Matrix) के अन्तर्गत प्रतियोगी परीक्षाओं में कई पूछे जाने वाले समान प्रश्न सामान्यत: सांकेतिक भाषा परीक्षण (कोडिंग-डिकोडिंग) के प्रश्न समान होते हैं। इनके अन्तर्गत एक ही साथ कई अक्षरों तथा संख्याओं का कोड एक या दो मैट्रिक्स में दिया जाता है। इसे हल करने के लिए सामान्यत: कोडिंग-डिकोडिंग में प्रयुक्त प्रक्रिया ही अपनाई जाती है।

उदाहरण 1. निम्नलिखित मैट्रिक्स का ध्यानपूर्वक अध्ययन करके यह पता लगाएँ कि नीचे दिये गए विकल्पों में से किस विकल्प में शब्द 'BRACK' के लिए उपयुक्त कोड है? इसको पहले पंक्ति उसके बाद स्तम्भ के आधार पर सजाया गया है।

	0	2	3	4	5
0	A	C	K	R	B
2	K	R	C	A	B
3	C	K	B	R	A
4	R	B	A	C	K
5	B	A	C	K	R

(a) 43, 30, 20, 04, 25 (b) 42, 04, 35, 23, 20
(c) 42, 04, 35, 32, 22 (d) 42, 04, 35, 23, 52

हल (b) ऐसे प्रश्नों को हल करने के लिए सर्वप्रथम हम दिये गए सभी अक्षरों के लिए प्रयुक्त होने वाले कोड निकालेंगे जैसे—

A → 00, 24, 35, 43, 52
C → 02, 23, 30, 44, 53
K → 03, 20, 32, 45, 54
R → 04, 22, 34, 40, 55
B → 05, 25, 33, 42, 50

यहाँ हम पाते हैं कि मैट्रिक्स में प्रत्येक अक्षर के लिए पाँच कोड उपलब्ध हैं। अत: विकल्पानुसार शब्द 'BRACK' के लिए विकल्प (b) में प्रयुक्त कोड 42, 04, 35, 23, 20 ही उपयुक्त कोड है।

निर्देश—(उदाहरण 2 एवं 3)—नीचे दिये गये प्रश्नों में एक शब्द केवल एक संख्या समूह द्वारा दर्शाया गया है जैसा कि विकल्पों में से किसी एक में दिया गया है। विकल्पों में दिये गए संख्या समूह अक्षरों के दो वर्गों द्वारा दर्शाये गए हैं जैसा कि नीचे दिये गए दोनों मैट्रिक्स में है। मैट्रिक्स-I के स्तम्भों और पंक्तियों की संख्या 0 से 4 दी गई है और मैट्रिक्स-II की 5 से 9। इन मैट्रिक्स से किसी भी अक्षर को पहले उसकी पंक्ति और बाद में स्तम्भ संख्या द्वारा दर्शाया जा सकता है। उदाहरण के लिए 'M' को 14, 21 आदि द्वारा दर्शाया जा सकता है। 'O' को 20, 32 आदि द्वारा दर्शाया जा सकता है इसी तरह से आपको प्रश्न में दिये गए शब्द के लिए समूह को पहचानना है।

उदाहरण 2. शब्द 'ROAD' को निम्न में से कौन दर्शाता है?

(a) 04, 20, 55, 78 (b) 23, 32, 98, 99
(c) 42, 32, 79, 58 (d) 11, 13, 67, 69

हल (d) चूँकि दिये गए विकल्पों से शब्द 'ROAD' को दर्शाने वाला कोड ज्ञात करना है। इसलिए हम सबसे पहले यह ज्ञात करेंगे कि शब्द 'ROAD' में प्रयुक्त प्रत्येक अक्षर के लिए कौन-कौन सा अंक-कोड प्रयुक्त किया गया है—

R = 04, 11, 23, 30, 42, O = 01, 13, 20, 32, 44, A = 55, 67, 79, 86, 98, D = 57, 69, 76, 88, 95

अब दिये गए विकल्पों का ध्यानपूर्वक अवलोकन करने पर हम पाते हैं कि 'ROAD' शब्द को 11, 13, 67 एवं 69 द्वारा दर्शाया गया है जो विकल्प (d) में मौजूद है। अत: विकल्प (d) अभीष्ट उत्तर होगा।

उदाहरण 3. शब्द 'MOSB' को निम्न में से कौन दर्शाता है?

(a) 02, 13, 34, 56 (b) 21, 00, 03, 88
(c) 33, 20, 11, 79 (d) 40, 13, 22, 89

(a) चूँकि दिये गए विकल्पों से शब्द 'MOSB' को दर्शाने वाला कोड ज्ञात करना है। इसलिए हम सर्वप्रथम यह ज्ञात करेंगे कि शब्द 'MOSB' में प्रयुक्त प्रत्येक। अक्षर के लिए कौन-कौन सा अंक-कोड प्रयुक्त किया गया है, इस प्रकार—

M = 02, 14, 21, 33, 40, O = 01, 13, 20, 32, 44, S = 03, 10, 22, 34, 41, B = 56, 68, 75, 87, 99

अब दिये गए विकल्पों का ध्यानपूर्वक अवलोकन करने पर हम पाते हैं कि 'MOSB' शब्द को 02, 13, 34 एवं 56 द्वारा दर्शाया गया है जो विकल्प (a) में मौजूद है। अत: अभीष्ट उत्तर (a) होगा।

प्रश्नावली

निर्देश—(प्रश्न संख्या 1 से 3 तक)—निम्नलिखित प्रत्येक प्रश्न के लिए दो मैट्रिक्स दिए गए हैं। इनमें से प्रत्येक में 25 खाने हैं। इन खानों में एक अंक एवं एक अक्षर लिखे हुए हैं। पहले मैट्रिक्स में 0 से 4 तक तथा दूसरे मैट्रिक्स में 5 से 9 तक अंक लिखे हुए हैं। शेष खानों में अक्षर लिखे हुए हैं। प्रत्येक प्रश्न में एक शब्द दिया गया है। आपको उस अंक युग्म समुच्चय को ज्ञात करना है, जो उस शब्द को निरूपित करता है। किसी अक्षर को पहले इसकी पंक्ति के अंक तथा फिर उसके स्तम्भ के अंक द्वारा प्रदर्शित करते हैं।

मैट्रिक्स-I

	0	1	2	3	4
0	J	S	U	Y	A
1	U	Y	A	J	S
2	Y	A	S	U	J
3	S	U	A	J	Y
4	A	S	Y	U	J

मैट्रिक्स-II

	5	6	7	8	9
5	E	M	L	R	O
6	R	O	E	M	L
7	O	L	M	E	R
8	L	E	R	O	M
9	M	O	E	R	L

1. **ROYAL**
 (a) 89, 97, 40, 14 (b) 58, 87, 20, 69
 (c) 65, 75, 34, 55 (d) 87, 75, 34, 69

2. **SAROJ**
 (a) 22, 32, 87, 96, 44
 (b) 30, 40, 98, 87, 44
 (c) 41, 12, 79, 88, 32
 (d) 14, 12, 57, 75, 24

3. **SURYA**
 (a) 41, 79, 57, 75
 (b) 14, 40, 42, 30
 (c) 30, 43, 65, 42, 40
 (d) 41, 14, 30, 65, 75

निर्देश—एक शब्द केवल एक संख्या समूह द्वारा दर्शाया गया है। जैसा कि विकल्पों में से किसी एक में दिया गया है। विकल्पों में दिए गए संख्या-समूह अक्षरों के दो वर्गों द्वारा दर्शाए गए हैं। जैसा कि नीचे दिए गए हैं। आव्यूह-I के स्तम्भ और पंक्ति की संख्या 0 से 4 में दी गई है और आव्यूह-II की 5 से 9 इन आव्यूहों से एक अक्षर को पहले उसकी पंक्ति और बाद में स्तम्भ संख्या दर्शाया जा सकता है।

उदाहरण के लिए A को 13, 23 आदि से दर्शाया जा सकता है। इसी प्रकार आपको प्रत्येक प्रश्न में दिये गए शब्दों के समूह को दर्शाना है।

4. **Matrix-I**

	0	1	2	3	4
0	D	K	A	E	C
1	C	D	K	A	E
2	K	C	E	A	D
3	K	C	D	E	A
4	E	D	A	K	

Matrix-II

	5	6	7	8	9
5	P	L	O	T	N
6	T	P	N	L	O
7	P	N	T	O	L
8	O	N	T	P	L
9	L	O	P	N	T

CODE :
 (a) 44, 96, 95, 22 (b) 31, 99, 77, 22
 (c) 30, 66, 86, 43 (d) 10, 85, 24, 03

निर्देश—(प्रश्न संख्या 5 से 9 तक)—नीचे दिये गए प्रश्नों में, एक शब्द को संख्याओं के समूह से दर्शाया गया है जैसा कि किसी एक विकल्प में दिया गया है। विकल्प में दिए गए संख्याओं के समूह को alphabets के दो वर्गों से दर्शाया गया है जैसा कि दोनों Matrices में दिया गया है। Matrix-I के स्तम्भों और पंक्तियों को 0 से 4 तक दर्शाया गया है तथा Matrix-II के स्तम्भों और पंक्तियों को 5 से 9 तक दर्शाया गया है। इन Matrixes के एक letter को पहले इसकी पंक्ति से तथा बाद में इसके स्तम्भों से दर्शाया जा सकता है।

Matrix-I

	0	1	2	3	4
0	F	A	N	O	I
1	I	O	F	A	N
2	A	N	O	I	F
3	O	F	I	N	A
4	N	I	A	F	O

Matrix-II

	5	6	7	8	9
5	S	E	H	B	T
6	H	S	E	T	B
7	B	T	S	E	H
8	E	H	T	B	S
9	T	S	E	H	B

5. **NEST**
 (a) 3, 85, 88, 86 (b) 21, 76, 77, 76
 (c) 14, 67, 66, 67 (d) 02, 56, 55, 59

6. **FAITH**
 (a) 43, 42, 41, 78, 89
 (b) 31, 34, 23, 76, 79
 (c) 24, 31, 10, 59, 57
 (d) 12, 20, 40, 68, 65

7. **FINE**
 (a) 31, 32, 33, 82 (b) 24, 19, 21, 78
 (c) 12, 10, 13, 67 (d) 00, 04, 02, 56

8. **HEAT**
 (a) 79, 53, 20, 87 (b) 65, 56, 13, 57
 (c) 57, 56, 01, 59 (d) 29, 85, 34, 93

9. **BOTH**
 (a) 88, 30, 85, 86 (b) 75, 22, 76, 79
 (c) 69, 67, 68, 59 (d) 58, 02, 68, 65

निर्देश—(प्रश्न संख्या 10 से 12 तक) निम्नलिखित प्रश्न नीचे दिए गए मैट्रिक्स पर आधारित हैं उसका अध्ययन करें और उत्तर दें।

Matrix-I

	0	1	2	3	4
0	D	O	B	A	I
1	O	B	A	I	D
2	B	A	I	D	O
3	A	I	D	O	B
4	I	D	O	B	A

Matrix-II

	5	6	7	8	9
5	W	N	R	M	L
6	N	R	M	L	W
7	R	M	L	W	N
8	M	L	W	N	R
9	L	W	N	R	M

10. **DRAW**
 (a) 41, 66, 23, 55 (b) 32, 75, 44, 76
 (c) 23, 57, 30, 68 (d) 14, 89, 12, 78

11. **BAND**
 (a) 43, 21, 97, 33 (b) 11, 21, 79, 41
 (c) 34, 44, 66, 14 (d) 20, 30, 89, 23

12. **BLOW**
 (a) 11, 68, 42, 69 (b) 21, 95, 33, 97
 (c) 34, 68, 10, 88 (d) 34, 86, 44, 78

निर्देश—(प्रश्न संख्या 13 से 15 तक)—नीचे दिये गए वर्ग को सौ Letters से भरा गया है। स्तम्भों और पंक्तियों को 0 से 9 तक की संख्याओं से दर्शाया गया है। एक Cell के Letter को दर्शाने के लिए पहले स्तम्भ फिर पंक्ति संख्या लिखी जाती है। उदाहरणस्वरूप G, जो कि तीसरे स्तम्भ तथा पहली पंक्ति में है, को 31 से दर्शाया जाएगा। प्रत्येक प्रश्न में, एक शब्द दिया गया है जिसे चारों विकल्पों में से किसी एक से दर्शाया जा सकता है। आपको सही विकल्प चुनना है।

	0	1	2	3	4	5	6	7	8	9
0	I	L	B	P	K	N	H	S	A	E
1	M	A	Q	G	T	V	I	O	N	U
2	H	R	W	J	A	X	B	E	C	I
3	T	Y	A	I	U	U	O	N	J	F
4	F	O	B	M	E	G	U	K	W	R
5	A	C	L	J	X	R	A	A	X	T
6	P	S	I	E	Z	L	V	W	D	L
7	Z	D	U	V	F	P	J	U	O	P
8	M	I	Z	Q	E	A	I	E	O	S
9	P	E	P	D	E	I	Q	P	C	G

13. **MIND**
 (a) 01, 61, 73, 36 (b) 08, 61, 55, 44
 (c) 34, 33, 50, 17 (d) 73, 33, 61, 17

14. **JAIL**
 (a) 32, 05, 25, 44 (b) 32, 05, 87, 96
 (c) 35, 23, 26, 33 (d) 83, 65, 25, 44

15. **BLOT**
 (a) 20, 10, 71, 22 (b) 24, 10, 26, 48
 (c) 34, 35, 63, 03 (d) 62, 25, 57, 95

निर्देश—(प्रश्न संख्या 16 से 18 तक)—निम्नलिखित प्रश्नों में एक शब्द केवल एक संख्या-समूह द्वारा बनाया जाता हैं। जैसा कि विकल्पों में किसी एक में दिया गया है। विकल्प में दिए गए संख्या समूह अक्षरों के दो वर्गों द्वारा बनाए जाते हैं। जैसा कि नीचे दिए गए 2 मैट्रिक्स में है। मैट्रिक्स-I के स्तम्भ और पंक्ति की संख्या 0 से 4 दी गई है और मैट्रिक्स-II की 5 से 9. इन मैट्रिक्स G से एक अक्षर को पहले उसकी पंक्ति और और बाद में स्तम्भ संख्या द्वारा बताया जा सकता है। उदाहरण के लिए A को 13, 20 आदि द्वारा बताया जा सकता है। 'S'

को 68, 87 आदि द्वारा बताया जा सकता है। इसी तरह से आपको प्रत्येक प्रश्न में दिए गए शब्द के लिए समूह बताना है।

मैट्रिक्स-I

	0	1	2	3	4
0	I	A	C	B	E
1	C	E	I	A	B
2	A	C	I	E	B
3	E	B	A	I	C
4	B	E	C	A	I

मैट्रिक्स-II

	5	6	7	8	9
5	T	S	H	M	R
6	M	R	T	S	H
7	R	T	M	H	S
8	H	M	S	R	T
9	S	T	R	H	M

16. BARE

(a) 12, 41, 67, 41
(b) 03, 20, 75, 41
(c) 30, 32, 59, 21
(d) 01, 23, 97, 33

17. HEAT

(a) 78, 41, 01, 55
(b) 85, 31, 32, 79
(c) 99, 11, 33, 75
(d) 65 13, 14, 69

18. BEST

(a) 01, 21, 87, 67
(b) 30, 33, 89, 79
(c) 24, 11, 78, 67
(d) 31, 41, 87, 85

निर्देश—(प्रश्न संख्या 19 से 23 तक)—निम्नलिखित प्रश्न नीचे दिए गए मैट्रिक्स पर आधारित हैं उसका अध्ययन करें और उत्तर दें।

मैट्रिक्स-I

	0	1	2	3	4
0	C	A	E	D	B
1	B	D	C	E	A
2	A	C	B	E	D
3	C	D	E	B	A
4	A	B	C	D	E

मैट्रिक्स-II

	5	6	7	8	9
5	Q	P	O	M	N
6	M	Q	P	N	O
7	P	N	O	Q	M
8	O	Q	N	P	M
9	N	O	Q	M	P

19. MCQA

(a) 65, 21, 66, 34
(b) 65, 23, 67, 34
(c) 76, 21, 67, 34
(d) 68, 43, 59, 67

20. COBM

(a) 42, 57, 41, 66
(b) 42, 57, 41, 58
(c) 21, 57, 41, 56
(d) 42, 56, 41, 58

21. EODA

(a) 44, 57, 11, 33
(b) 44, 57, 11, 31
(c) 45, 57, 11, 34
(d) 44, 57, 11, 34

22. PODA

(a) 88, 96, 24, 40 (b) 88, 95, 24, 40
(c) 87, 96, 24, 40 (d) 86, 95, 24, 40

23. POCA

(a) 98, 67, 43, 59 (b) 88, 85, 30, 14
(c) 99, 87, 30, 14 (d) 99, 85, 30, 24

निर्देश—(प्रश्न 24 एवं 25 तक)—निम्नलिखित प्रश्न नीचे दिए गए मैट्रिक्स पर आधारित हैं उसका अध्ययन करें और उत्तर दें।

मैट्रिक्स-I

	0	5	6	7	8	9
0	P	I	R	K	M	N
5	P	I	M	N	K	R
6	M	K	R	I	N	P
7	M	J	R	K	N	P
8	N	K	R	I	P	M
9	N	R	K	M	P	I

मैट्रिक्स-II

	0	1	2	3	4
0	A	B	O	T	S
1	O	T	S	B	A
2	A	S	T	O	B
3	T	B	O	A	S
4	S	T	O	A	B

24. RISK

(a) 96, 66, 88, 98
(b) 76, 21, 59, 89
(c) 59, 99, 21, 77
(d) 95, 12, 67, 98

25. STAP

(a) 12, 22, 14, 69
(b) 12, 14, 96, 41
(c) 41, 12, 14, 96
(d) 22, 41, 21, 96

26. एक शब्द केवल एक संख्या-समूह द्वारा दर्शाया गया है जैसा कि विकल्पों में से किसी एक में दिया गया है। विकल्पों में दिए गए संख्या-समूह अक्षरों के दो वर्गों द्वारा दर्शाए गए हैं, जैसा कि नीचे दिए गए दो आव्यूहों में है। आव्यूह-I के स्तम्भ और पंक्ति की संख्या 0 से 4 में दी गई है और आव्यूह-II की 5 से 9 इन आव्यूहों से एक अक्षर को पहले उसकी पंक्ति और बाद में स्तम्भ संख्या द्वारा दर्शाया जा सकता है। उदाहरण के लिए 'A' को 01, 14 आदि द्वारा दर्शाया जा सकता है तथा M को 56, 68 आदि द्वारा दर्शाया जा सकता है। इसी तरह से आपको प्रश्न में दिये शब्द 'EAGLE' के लिए समूह को पहचानना है—

आव्यूह-I

	0	1	2	3	4
0	P	A	G	R	Z
1	G	R	Z	P	A
2	Z	P	A	G	R
3	A	G	R	Z	P
4	R	Z	P	A	G

आव्यूह-II

	5	6	7	8	9
5	E	M	L	N	O
6	L	E	O	M	N
7	O	N	E	L	M
8	N	O	M	E	L
9	M	L	N	O	E

(a) 55, 14, 11, 78, 66
(b) 99, 01, 44, 96, 77
(c) 88, 22, 31, 89, 76
(d) 66, 43, 44, 79, 88

27. एक शब्द केवल एक संख्या-समूह द्वारा दर्शाया गया है। जैसा कि विकल्पों में से किसी एक में दिया गया है। विकल्पों में दिए गए संख्या-समूह अक्षरों के दो वर्गों द्वारा दर्शाए गए हैं। जैसा कि नीचे दिए गए दो आव्यूहों में है। आव्यूह-I के स्तम्भ और पंक्ति की संख्या 0 से 3 में दी गई है और आव्यूह-II की 4 से 7 इन आव्यूहों से एक अक्षर को पहले उसकी पंक्ति और बाद में स्तम्भ संख्या द्वारा दर्शाया जा सकता है। उदाहरण के लिए D को 01 द्वारा दर्शाया जा सकता है तथा R को 44 द्वारा दर्शाया जा सकता है। इसी तरह से आपको प्रश्न से दिए शब्द 'TALE' के लिए समूह को पहचानना है—

आव्यूह-I

	0	1	2	3
0	A	D	G	H
1	P	S	V	Z
2	C	F	I	M
3	T	L	E	Q

आव्यूह-II

	4	5	6	7
4	R	U	B	O
5	N	W	J	X
6	T	K	S	G
7	I	H	A	F

(a) 30, 76, 23, 32 (b) 00, 31, 64, 32
(c) 46, 13, 00, 23 (d) 64, 00, 31, 32

28. एक संख्या केवल एक शब्द-समूह द्वारा दर्शाई गई है। जैसा कि विकल्पों में से किसी एक में दिया गया है। विकल्पों में दिए गए शब्द-समूह संख्याओं के दो वर्गों द्वारा दर्शाए गए हैं। जैसा कि नीचे दिए गए दो आव्यूहों में है। आव्यूह-I के स्तम्भ और पंक्ति के शब्द A से E हैं और आव्यूह-II के O से T इन आव्यूहों से एक संख्या को पहले उसकी पंक्ति और बाद में स्तम्भ अक्षर द्वारा दर्शाया जा सकता है। उदाहरण के लिए, 'I' को 'AB', 'EB' आदि द्वारा दर्शाया जा सकता है तथा '8' को 'QQ', 'SP' आदि द्वारा दर्शाया जा सकता है। इसी तरह से आपको नीचे दी गई संख्या के लिए समूह को पहचानना है—

1506

आव्यूह-I

	A	B	C	D	E
A	1	2	3	4	5
B	4	1	2	3	5
C	3	2	5	1	4
D	5	4	1	2	3
E	3	1	4	5	2

आव्यूह-II

	P	Q	R	S	T
P	0	6	7	8	9
Q	9	8	6	7	0
R	0	7	9	8	6
S	8	9	0	6	7
T	6	0	7	9	8

(a) EB, DA, SS, TP
(b) AA, AE, PP, PQ

(c) BB, CC, DA, QR

(d) DC, BE, QR, RT

29. एक शब्द केवल एक संख्या-समूह द्वारा दर्शाया गया है। जैसा कि विकल्पों में से किसी एक में दिया गया है। विकल्पों में दिए गए संख्या-समूह अक्षरों के दो वर्गों द्वारा दर्शाए गए हैं। जैसा कि नीचे दिए गए दो आव्यूहों में है। आव्यूह-I के स्तम्भ और पंक्ति की संख्या 0 से 4 में दी गई है और आव्यूह-II की 5 से 9 इन आव्यूहों से एक अक्षर को पहले उसकी पंक्ति और बाद में स्तम्भ संख्या द्वारा दर्शाया जा सकता है। उदाहरण के लिए 'A' को 01, 14 आदि द्वारा दर्शाया जा सकता है तथा 'E' को 55, 66 आदि द्वारा दर्शाया जा सकता है। इसी तरह से आपको प्रश्न में दिए शब्द 'ORGAN' के लिए समूह को पहचानना है—

Matrix-I

	0	1	2	3	4
0	P	A	G	R	Z
1	G	R	Z	P	A
2	Z	P	A	G	R
3	A	G	R	Z	P
4	R	Z	P	A	G

Matrix-II

	5	6	7	8	9
5	E	M	L	N	O
6	L	E	O	M	N
7	O	N	E	L	M
8	N	O	M	E	L
9	M	L	N	O	E

(a) 67, 22, 31, 58, 22

(b) 86, 40, 23, 14, 96

(c) 98, 03, 44, 22, 58

(d) 75, 03, 11, 22, 76

30. एक शब्द केवल एक संख्या-समूह द्वारा दर्शाया गया है। जैसाकि विकल्पों में से किसी एक में दिया गया है। विकल्पों में दिए गए संख्या-समूह अक्षरों के दो वर्गों द्वारा दर्शाए गए हैं, जैसा कि नीचे दिए गए दो आव्यूहों में है। आव्यूह-I के स्तम्भ और पंक्ति की संख्या 0 से 4 में दी गई है और आव्यूह-II की 5 से 9 , इन आव्यूहों से एक अक्षर को पहले उसकी पंक्ति और बाद में स्तम्भ संख्या द्वारा दर्शाया जा सकता है। उदाहरण के लिए 'M' को 01, 10 आदि द्वारा दर्शाया जा सकता है तथा 'A' को 56, 65 आदि द्वारा दर्शाया जा सकता है। इसी तरह से आपको प्रश्न में दिए शब्द 'ROD' के लिए समूह को पहचानना है—

आव्यूह-I

	0	1	2	3	4
0	I	M	W	S	Q
1	M	W	S	Q	I
2	W	S	Q	I	M
3	S	Q	I	M	W
4	Q	I	M	W	S

आव्यूह-II

	5	6	7	8	9
5	O	A	D	R	N
6	A	D	R	N	O
7	D	R	N	O	A
8	R	N	O	A	D
9	N	O	A	D	R

(a) 56, 66, 86 (b) 58, 69, 65

(c) 58, 66, 78 (d) 67, 96, 57

31. एक शब्द केवल एक संख्या-समूह द्वारा दर्शाया गया है, जैसा कि विकल्पों में से किसी एक में दिया गया है। विकल्पों में दिए गए संख्या-समूह अक्षरों के दो वर्गों द्वारा दर्शाए गए हैं, जैसा कि नीचे दिए गए दो मैट्रिक्स में है। मैट्रिक्स-I के स्तम्भ और पंक्ति की संख्या 0 से 4 में दी गई है और मैट्रिक्स-II की 5 से 9 इन मैट्रिक्स से एक अक्षर को पहले उसकी पंक्ति और बाद में स्तम्भ संख्या द्वारा दर्शाया जा सकता है। उदाहरण के लिए 'B' को 11, 22, 43 आदि द्वारा दर्शाया जा सकता है तथा 'P' को 55, 75, 97 आदि द्वारा दर्शाया जा सकता है। इसी तरह से आपको नीचे दिए शब्द के लिए समूह को पहचानना है—

CATS

Matrix - I

	0	1	2	3	4
0	A	B	C	D	E
1	D	B	C	A	E
2	E	A	B	C	D
3	C	A	B	D	E
4	E	C	A	B	D

Matrix - II

	5	6	7	8	9
5	P	Q	R	S	T
6	T	P	Q	R	S
7	P	R	S	T	Q
8	Q	P	R	S	T
9	T	Q	P	R	S

(a) 00, 30, 95, 78

(b) 30, 13, 65, 88

(c) 41, 85, 10, 99

(d) 96, 75, 34, 58

32. एक शब्द केवल एक संख्या समूह में दर्शाया गया है जैसा कि विकल्पों में से किसी एक में दिया गया है। विकल्पों में दिए गए संख्या समूह, अक्षरों के दो वर्गों द्वारा दर्शाए गए हैं, जैसा कि नीचे दिए गए दो मैट्रिक्स में हैं। मैट्रिक्स-I के स्तम्भ और पंक्ति की संख्या 0 से 4 दी गई है और मैट्रिक्स-II की 5 से 9 तक। इन मैट्रिक्स से एक अक्षर के पहले उसकी पंक्ति और बाद में स्तम्भ संख्या द्वारा दर्शाया जा सकता है। उदाहरण के लिए L को 04, 31, 40 आदि द्वारा दर्शाया जा सकता है तथा B को 56, 98, 75 आदि के द्वारा दर्शाया जा सकता है। इसी तरह से दिए गए शब्द WINER के लिए संख्या-समूह पहचानिए—

आव्यूह-I

	0	1	2	3	4
0	W	N	R	M	L
1	N	R	M	L	W
2	R	M	L	W	N
3	M	L	W	N	R
4	E	W	N	R	M

आव्यूह-II

	5	6	7	8	9
5	O	B	E	I	D
6	D	O	B	E	I
7	B	E	I	D	O
8	E	I	D	O	B
9	I	D	O	B	L

(a) 23, 86, 32, 76, 34

(b) 32, 86, 33, 76, 43

(c) 32, 69, 22, 57, 43

(d) 00, 59, 33, 99, 98

33. एक शब्द केवल एक संख्या-समूह द्वारा दर्शाया गया है, जैसा कि विकल्पों में से किसी एक में दिया गया है। विकल्पों में दिए गए संख्या-समूह अक्षरों के दो वर्गों द्वारा दर्शाए गए हैं, जैसा कि नीचे दिए गए दो मैट्रिक्स में है। मैट्रिक्स-I के स्तम्भ और पंक्ति की संख्या I से 4 में दी गई है और मैट्रिक्स-II की 5 से 9 इन मैट्रिक्स से एक अक्षर को पहले उसकी पंक्ति और बाद में स्तम्भ संख्या द्वारा दर्शाया जा सकता है। उदाहरण के लिए, 'Y' को 01, 33, 42 आदि द्वारा दर्शाया जा सकता है तथा 'H' को 56, 75, 97 आदि द्वारा दर्शाया जा

सकता है। इसी तरह से आपको नीचे दिए शब्द के लिए समूह को पहचानना है—

मैट्रिक्स-I

	0	1	2	3	4
0	D	Y	A	M	K
1	A	M	K	D	Y
2	Y	A	M	K	D
3	M	K	D	Y	A
4	K	D	Y	A	M

मैट्रिक्स-II

	5	6	7	8	9
5	G	H	I	B	N
6	B	N	G	H	I
7	H	I	B	N	G
8	I	B	N	G	H
9	N	G	H	I	B

(a) 78, 43, 85, 11 (b) 10, 95, 59, 03
(c) 11, 21, 85, 66 (d) 43, 30, 44, 02

34. एक शब्द केवल एक संख्या-समूह द्वारा दर्शाया गया है। जैसा कि विकल्पों में से किसी एक में दिया गया है। विकल्पों में दिए गए संख्या-समूह अक्षरों के दो वर्गों द्वारा दर्शाए गए हैं। जैसा कि नीचे दिए गए दो आव्यूहों में है। आव्यूह-I के स्तम्भ और पंक्ति की संख्या 0 से 4 दी गई है और आव्यूह-II की 5 से 9, इन आव्यूहों से एक अक्षर को पहले उसकी पंक्ति और बाद में स्तम्भ संख्या द्वारा दर्शाया जा सकता है। उदाहरण के लिए I को 13, 21 आदि द्वारा दर्शाया जा सकता है तथा B को 57, 65 आदि द्वारा दर्शाया जा सकता है। इसी तरह से आपको प्रश्न में दिए शब्द 'FADE' के लिए समूह को पहचानना है।

आव्यूह-I

	0	1	2	3	4
0	I	E	A	O	U
1	A	O	U	I	E
2	E	I	O	U	A
3	O	U	E	A	I
4	U	A	I	E	O

आव्यूह-II

	5	6	7	8	9
5	F	D	B	G	H
6	B	G	H	F	D
7	D	F	G	H	B
8	G	H	D	B	F
9	H	B	F	G	D

(a) 76, 02, 75, 32
(b) 68, 20, 57, 14
(c) 55, 33, 65, 23
(d) 89, 10, 96, 41

35. एक शब्द केवल एक संख्या-समूह द्वारा बनाया जाता है जैसा कि विकल्पों में किसी एक में दिया गया है। विकल्प में दिए गए संख्या-समूह, अक्षरों के दो वर्गों द्वारा बनाए जाते हैं, जैसा कि नीचे दिए गए 2 मैट्रिसेज में है। मैट्रिक्स-I के स्तम्भ और पंक्ति की संख्या 0 से 4 दी गई है और मैट्रिक्स-II की 5 से 9 इन मैट्रिसेज से एक अक्षर को पहले उसकी पंक्ति और बाद में स्तम्भ संख्या द्वारा बताया जा सकता है। उदाहरण के लिए, A को 12, 24 आदि द्वारा बताया जा सकता है। R को 57, 76 आदि द्वारा बताया जा सकता है। दिए गए शब्दों के लिए समूह बताना है : 'EAST'

आव्यूह-I

	0	1	2	3	4
0	A	E	S	T	H
1	T	H	A	E	S
2	E	S	T	H	A
3	H	A	E	S	T
4	S	T	H	A	E

आव्यूह-II

	5	6	7	8	9
5	P	O	R	K	L
6	K	L	P	O	R
7	O	R	K	L	P
8	L	P	O	R	K
9	R	K	L	P	O

(a) 44, 32, 21, 03
(b) 32, 31, 02, 04
(c) 20, 43, 33, 11
(d) 13, 12, 14, 10

उत्तर (हल/संकेत)

1. (d) ROYAL
87, 75, 34, 69

2. (a) SAROJ
22, 32, 87, 96, 44

3. (c) SURYA
30, 43, 65, 42, 40

4. (d) पहली Matrix से, C को लिखेंगे
04, 10, 21, 31, 44
दूसरी Matrix से, O को लिखेंगे
57, 69, 78, 85, 96
पहली Matrix से, D को लिखेंगे
00, 11, 24, 32, 41
E का कोड लिखेंगे—
03, 14, 22, 33, 99
अत: चारों विकल्पों को मिलाने पर (d) के सभी कोड सही मिलते हैं।

5. (d) पहली Matrix से, N को लिखेंगे
02, 14, 21, 33, 40
दूसरी Matrix से E को लिखेंगे
56, 67, 77, 89, 96
दूसरी Matrix से, S को लिखेंगे
55, 66, 77, 89, 96
दूसरी Matrix से T को लिखेंगे
59, 68, 76, 87, 95
अत: चारां विकल्पों को मिलाने पर (d) सही मिलता है।

6. (b) पहली Matrix से, F को लिखेंगे
00, 12, 34, 31, 43
पहली Matrix से, A को लिखेंगे
01, 13, 20, 34, 42
पहली Matrix से, I को लिखेंगे
04, 10, 23, 32, 41
दूसरी Matrix से T को लिखेंगे
59, 68, 76, 87, 95
दूसरी Matrix से, H को लिखेंगे
57, 65, 79, 86, 98
चारों विकल्पों को मिलाने पर, (b) के सभी कोड सही मिलते हैं।

7. (d) पहली Matrix से, F को लिख्रेंगे
00, 12, 24, 31, 43
पहली Matrix से, I को लिखेंगे
04, 10, 23, 32, 41
पहली Matrix से, N को लिखेंगे
02, 14, 21, 33, 40
दूसरी Matrix से, E को लिखेंगे
56, 67, 78, 85, 97
चारों विकल्पों को मिलाने पर, (d) के सभी कोड़ सही मिलते हैं।

8. (c) दूसरी Matrix से, H को लिखेंगे
57, 65, 79, 86, 98
दूसरी Matrix से, E को लिखेंगे
56, 67, 78, 85, 97
पहली Matrix से, A को लिखेंगे
01, 13, 20, 34, 42
दूसरी Matrix से, T को लिखेंगे
59, 68, 76, 87, 95
चारों विकल्पों को मिलाने पर (c) के सभी कोड सही मिलते हैं।

9. (b) दूसरी Matrix से, B को लिखेंगे
58, 69, 75, 88, 99

पहली Matrix से, O को लिखेंगे
03, 11, 22, 30, 44
दूसरी Matrix से, T को लिखेंगे
59, 68, 76, 87, 95
दूसरी Matrix से, H को लिखेंगे
57, 65, 79, 86, 98
चारों विकल्पों को मिलाने पर, (b) के सभी कोड सही मिलते हैं।

10. (c) पहली Matrix से, D को लिखेंगे
00, 14, 23, 32, 41
दूसरी Matrix से, R को लिखेंगे
57, 66, 75, 89, 98
पहली Matrix से A को लिखेंगे
03, 12, 21, 30, 44
दूसरी Matrix से, W को लिखेंगे
55, 69, 78, 87, 96
चारों विकल्पों को मिलाने पर, (c) के सभी कोड सही मिलते हैं।

11. (b) पहली Matrix से, B को लिखेंगे
02, 11, 20, 34, 43
पहली Matrix से, A को लिखेंगे
03, 12, 21, 30, 44
दूसरी Matrix से, N को लिखेंगे
56, 65, 79, 88, 97
पहली Matrix से, D को लिखेंगे
00, 14, 23, 32, 41
चारों विकल्पों को मिलाने पर, (b) के सभी कोड सही मिलते हैं।

12. (a) पहली Matrix से, B को लिखेंगे
02, 11, 20, 34, 43
दूसरी Matrix से, L को लिखेंगे
59, 68, 77, 86, 95
पहली Matrix से, O को लिखेंगे
01, 10, 24, 33, 42
दूसरी Matrix से, W को लिखेंगे
55, 69, 78, 87, 96
चारों विकल्पों को मिलाने पर, (a) के सभी कोड सही मिलते हैं।

13. (c) M को लिखेंगे—01, 34, 08
I को लिखेंगे—00, 61, 92, 33, 87, 88
N को लिखेंगे—50, 81, 73
D को लिखेंगे—86, 17, 39
चारों विकल्पों को मिलाने पर, (c) के सभी कोड सही मिलते हैं।

14. (b) J को लिखेंगे—32, 83, 35
A को लिखेंगे—05, 11, 23, 42, 58, 65, 75, 80
I को लिखेंगे—61, 92, 33, 87, 88, 00
L को लिखेंगे—10, 25, 96
चारों विकल्पों को मिलाने पर, (b) के सभी कोड सही मिलते हैं।

15. (d) B को लिखेंगे—20, 24, 62
L को लिखेंगे—10, 25, 96
O को लिखेंगे—14, 29, 57, 63, 71, 79, 97
T को लिखेंगे—03, 41, 95
चारों विकल्पों को मिलाने पर, (d) के सभी कोड सही मिलते हैं।

हल (प्रश्न संख्या 16 से 18 तक)–प्रश्न में पूछे गए शब्दों में प्रयुक्त अक्षरों का कोड निम्नलिखित है–

B = 03, 14, 24, 31, 40 R = 9, 66, 75, 88, 97
A = 01, 13, 20, 32, 43 S = 56, 68, 79, 87, 95
E = 04, 11, 23, 30, 41 T = 55, 67, 76, 89, 96
H = 57, 69, 78, 85, 98
16. (b) 17. (a) 18. (c)

हल (प्रश्न संख्या 19 से 23 तक)–प्रश्न में पूछे गए शब्दों में प्रयुक्त अक्षरों का कोड निम्नलिखित है–

A = 01, 14, 20, 34, 40 M = 58, 65, 79, 89, 98
B = 04, 10, 22, 33, 41 O = 57, 69, 77, 85, 96
C = oo, 12, 21, 30, 42 P = 56, 67, 75, 88, 99
D = 03, 11, 24, 31, 43 Q = 55, 66, 78, 86, 97
E = 02, 13, 23, 32, 44
19. (a) 20. (b) 21. (d) 22. (a) 23. (b)

हल (प्रश्न संख्या 24 एवं 25 तक)–प्रश्नानुसार

A = 00, 14, 20, 33, 43 P = 56, 69, 79, 88, 98
I = 55, 67, 75, 87, 99 R = 59, 66, 76, 86, 95
K = 58, 65, 77, 85, 96 S = 04, 12, 21, 34, 40
T = 03, 11, 22, 30, 41

24. (c) 59 99 21 77
↓ ↓ ↓ ↓
R I S K

25. (b) 12 22 14 69
↓ ↓ ↓ ↓
S T A P

26. (b) 99 01 44 96 77
↓ ↓ ↓ ↓ ↓
E A G L E

27. (d) 64 60 31 32
↓ ↓ ↓ ↓
T A L E

28. (b) AA, AE, PP, PQ

29. (c) 98 03 44 22 58
↓ ↓ ↓ ↓ ↓
O R G A N

30. (d) 57 96 57
↓ ↓ ↓
R O D

31. (b) 30 → C
13 → A
65 → T
88 → S

32. (b) 32, 86, 33, 76, 43
↓ ↓ ↓ ↓ ↓
W I N E R

33. (c) 11 → M 21 → A
85 → I 66 → N

34. (a) 76, 02, 75, 32
↓ ↓ ↓ ↓
F A D E

35. (d) 13 12 14 10
↓ ↓ ↓ ↓
E A S T

❑❑❑

अध्याय 13

लुप्त संख्याओं को भरना

इस अध्याय से संबंधित समस्याएँ श्रेणी से मिलती-जुलती हैं, लेकिन इसमें जोड़, घटाव, गुणा, भाग सभी का प्रयोग एक साथ भी इस्तेमाल में लाया जाता है। सामान्यत: ये समस्याएँ किसी भी नियम विशेष के तहत् कार्य करती हैं। इससे संबंधित प्रश्नों को समझने हेतु निम्नलिखित उदाहरणों का अध्ययन करें–

उदाहरण 1. निम्नलिखित प्रश्न में खाली स्थान (?) पर कौन-सा अंक आएगा?

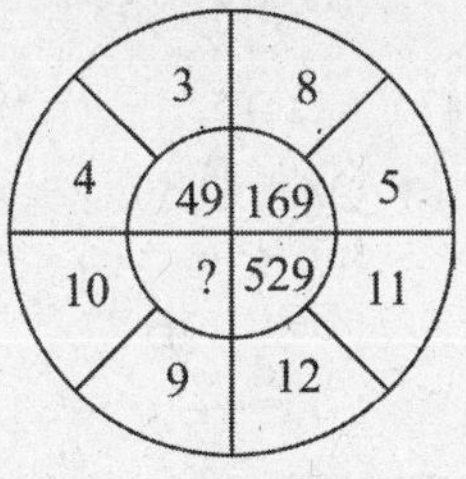

(a) 361 (b) 136 (c) 631 (d) 163

हल (a) $(4 + 3)^2 = (7)^2 = 49$

$(8 + 5)^2 = (13)^2 = 169$

$(11 + 12)^2 = (23)^2 = 529$

इसी प्रकार, $(10 + 9)^2 = (19)^2 = 361$

$\therefore$ अभीष्ट संख्या = 361

उदाहरण 2. निम्नलिखित शृंखला में प्रश्नवाचक चिह्न (?) के स्थान पर क्या आएगा?

9	17	16
5	4	8
5	4	?
9	17	8

(a) 6 (b) 4 (c) 18 (d) 9

हल (b) पहले कॉलम में

$9 \times 5 \div 5 = 9$

दूसरे कालम में $17 \times 4 \div 4 = 17$

इसी प्रकार तीसरे कॉलम में

$16 \times ? \div 8 = 8$

$\therefore$ $16 ? = 64$

$\therefore$ $? = 4$

अभीष्ट संख्या = 4

उदाहरण 3.

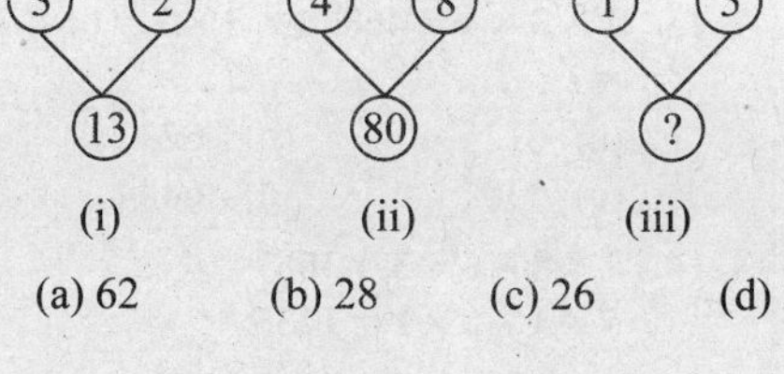

(i) (ii) (iii)

(a) 62 (b) 28 (c) 26 (d) 32

उपर्युक्त दी गई शृंखला में प्रश्नवाचक चिह्न (?) के स्थान पर क्या आएगा?

हल (c) (i) $3^2 + 2^2 = 9 + 4 = 13$

(ii) $4^2 + 8^2 = 16 + 64 = 80$

(iii) इसी प्रकार, $1^2 + 5^2 = 1 + 25 = 26$

$\therefore$ अभीष्ट संख्या = 26

उदाहरण 4. निम्न दी गई शृंखला में प्रश्नवाचक चिह्न (?) के स्थान पर कौन-सा अंक आना चाहिए?

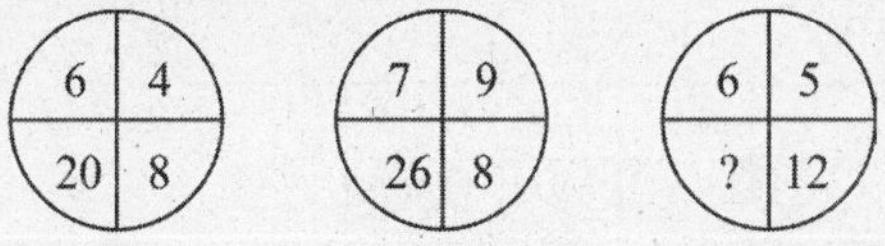

(i) (ii) (iii)

(a) 52 (b) 25 (c) 28 (d) 82

हल (b) (i) $6 + 4 + 8 = 18 + 2 = 20$

(ii) $7 + 9 + 8 = 24 + 2 = 26$

(iii) इसी प्रकार,

$6 + 5 + 12 = 23 + 2 = 25$

$\therefore$ अभीष्ट संख्या = 25

उदाहरण 5.

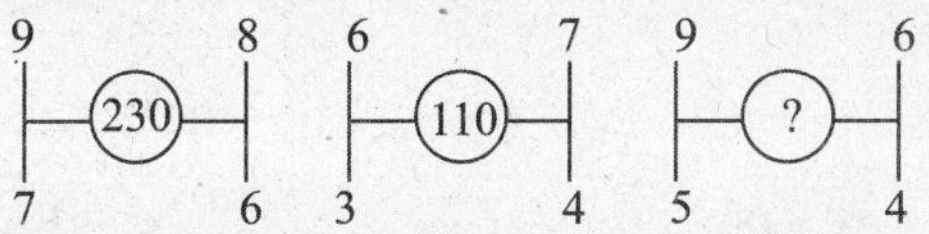

(i) (ii) (iii)

(a) 158 (b) 185 (c) 581 (d) 851

उपर्युक्त दी गई शृंखला में प्रश्नवाचक चिह्न (?) के स्थान पर क्या होगा?

हल (a) (i) $9^2 + 8^2 + 7^2 + 6^2 = 81 + 64 + 49 + 36 = 230$

(ii) $6^2 + 7^2 + 3^2 + 4^2 = 36 + 49 + 9 + 16 = 110$

(iii) इसी प्रकार,

$9^2 + 6^2 + 5^2 + 4^2 = 81 + 36 + 25 + 16 = 158$

$\therefore$ अभीष्ट संख्या = 158

उदाहरण 6.

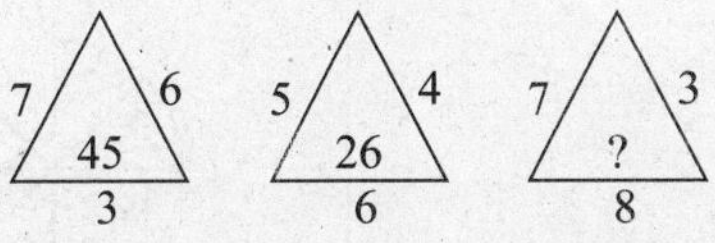

(i) (ii) (iii)

(a) 92 (b) 29 (c) 62 (d) 59

उपर्युक्त प्रश्न में प्रश्नवाचक चिह्न (?) के स्थान पर क्या होगा?

हल (b) (i) $7 \times 6 + 3 = 45$

(ii) $5 \times 4 + 6 = 26$

(iii) इसी प्रकार,

$7 \times 3 + 8 = 29$

$\therefore$ अभीष्ट संख्या = 29

उदाहरण 7.

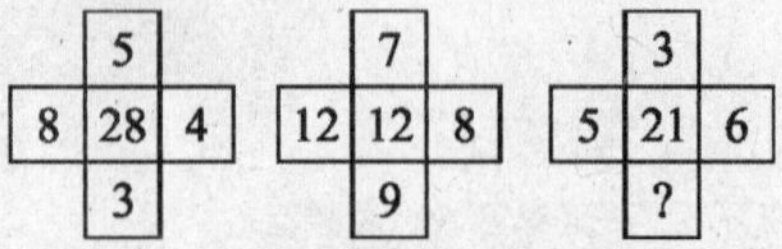

(i) (ii) (iii)

(a) 8 (b) 9 (c) 4 (d) –1

उपर्युक्त प्रश्न में प्रश्नवाचक चिह्न (?) के स्थान पर कौन-सा अंक आना चाहिए?

हल (d) (i) $(8 \times 5) - (4 \times 3) = 28$

(ii) $(12 \times 7) - (8 \times 9) = 12$

(iii) इसी प्रकार,

$(5 \times 3) - (6 \times x) = 21$

∴ $15 - 6x = 21$

अत: अभीष्ट संख्या $= x = 1$

उदाहरण 8. निम्नलिखित दी गई शृंखला में प्रश्नवाचक चिह्न (?) के स्थान पर कौन-सा अंक आएगा?

4A	6C	24B
5A	?	45C
9B	4C	36A

(a) 9B (b) 8C (c) 10A (d) 12A

हल : हर कॉलम में A और B आता है।

∴ दूसरी पंक्ति में 'B' आएगा, क्योंकि A और C आ चुका है।

पंक्ति I में $4A \times 6C = 24B$

पंक्ति III में $9B \times 4C = 36A$

पंक्ति II में $5A \times x = 45C$

या, $x = \frac{45C}{5A} = \boxed{9B}$

अत: अभीष्ट अंक = 9B

उदाहरण 9. निम्नलिखित प्रश्न में प्रश्नवाचक चिह्न (?) के स्थान पर कौन-सी संख्या भरी जाएगी?

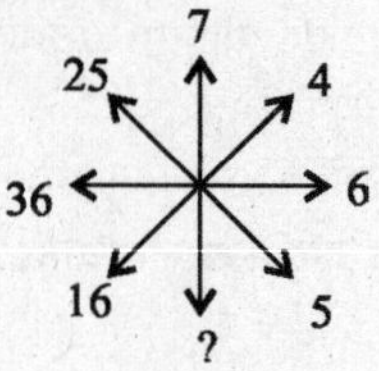

(a) 94 (b) 47 (c) 52 (d) 49

हल : $(5)^2 = 25$

$(6)^2 = 36$

$(4)^2 = 16$

∴ $(7)^2 = 49$

अत: अभीष्ट अंक = 49

प्रश्नावली

1.

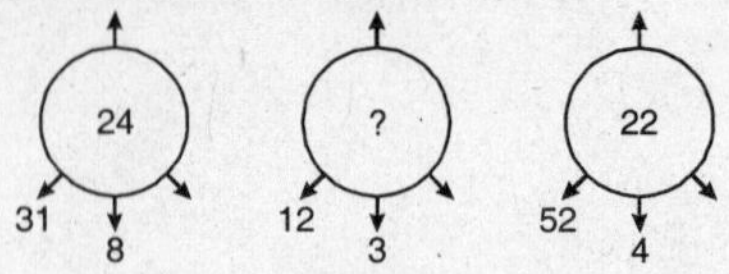

(a) (b) (c)

(a) 9 (b) 7
(c) 4 (d) 12

2.

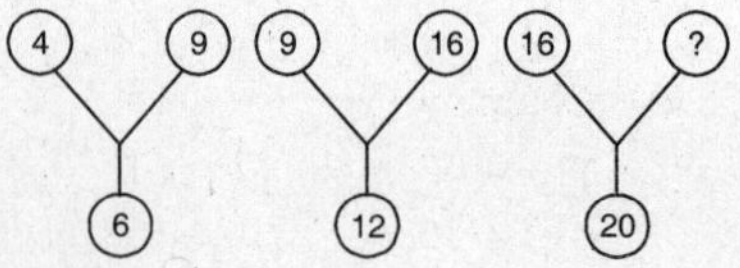

(a) (b) (c)

(a) 60 (b) 50
(c) 25 (d) 21

3.

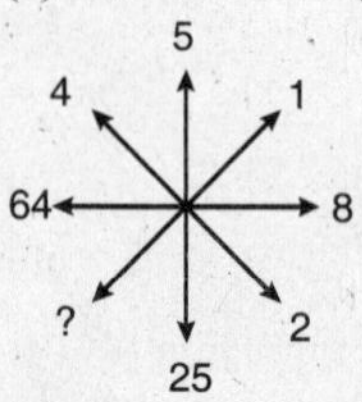

(a) 1 (b) 2
(c) 3 (d) 4

4.

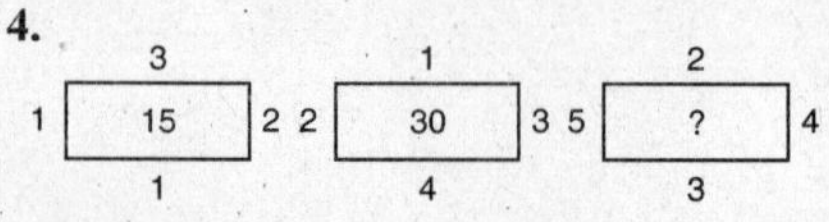

(a) 45 (b) 14
(c) 60 (d) 54

5.

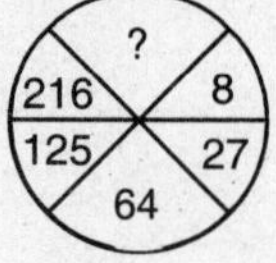

(a) 4 (b) 305
(c) 343 (d) 729

6.

3C	**21D**	**7E**
7I	**21K**	**3M**
4D	**?**	**7J**

(a) 11E (b) 28G
(c) 35I (d) 48E

7.

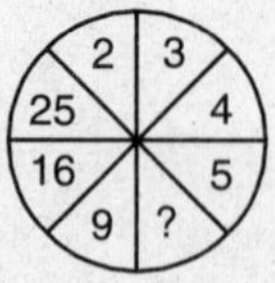

(a) 8 (b) 4
(c) 10 (d) 11

8.

4	**8**	**20**
9	**3**	**15**
6	**6**	**?**

(a) 24 (b) 18
(c) 20 (d) 22

9.

4	**5**	**3**
4	**4**	**4**
3	**?**	**5**

(a) 10 (b) 4
(c) 9 (d) 15

10.

7	**4**	**1**
8	**5**	**2**
9	**6**	**?**

(a) 9 (b) 5
(c) 3 (d) 2

11. $\mathbf{2 + 3 + 4 + 7 = 4237}$
$\mathbf{5 + 6 + 7 + 8 = 7568}$
$\mathbf{1 + 3 + 5 + 7 = ?}$

(a) 5137 (b) 5173
(c) 5371 (d) 7135

12. $\mathbf{7 \times 9 \times 8 = 978, 5 \times 3 \times 4 = 354, 9 \times 2 \times 3 = ?}$

(a) 329 (b) 293
(c) 392 (d) 239

13. $\mathbf{2 \times 3 \times 4 = 468, 4 \times 3 \times 2 = 864, 3 \times 1 \times 2 = ?}$

(a) 612 (b) 624
(c) 636 (d) 648

14. $\mathbf{7 \times 8 \times 6 \times 3 = 3687}$
$\mathbf{5 \times 3 \times 2 \times 1 = 1235}$

$9 \times 8 \times 5 \times 3 = ?$
(a) 3598 (b) 5398
(c) 8953 (d) 3589

निर्देश—(प्रश्न संख्या 15 से 19 तक) निम्नलिखित प्रश्नों में दिए गए विकल्पों में से लुप्त संख्या ज्ञात कीजिए—

15. **101 : 15** **48 : 184**
[38] [?]
35 :43 **56 : 34**
(a) 127 (b) 142
(c) 198 (d) 158

16. **289 121**
? 169
(a) 81 (b) 225
(c) 144 (d) 100

17. **2-6-8; 4-12-16; 6-18-24; ?-?-32**
(a) 14, 18 (b) 16, 16
(c) 4, 28 (d) 8, 24

18.

5	5	5
3	?	3
6	5	8
3	5	4

(a) 2 (b) 4
(c) 1 (d) 3

19.

03	(49)	04
04	(81)	05
07	(?)	04

(a) 101 (b) 121
(c) 65 (d) 79

निर्देश—(प्रश्न संख्या 20 एवं 21) दिए गए विकल्पों में से लुप्त संख्या ज्ञात कीजिए—

20.

4	8	10	320
2	?	3	180
9	6	4	216

(a) 22 (b) 30
(c) 28 (d) 20

21.

18	11	19
12	13	16
36	4	?

(a) 36 (b) 9
(c) 35 (d) 7

निर्देश (प्रश्न संख्या 22 एवं 23) निम्नलिखित प्रश्नों में दिए गए विकल्पों में से लुप्त संख्या ज्ञात कीजिए—

22.

36	64	100
6	8	10
12	16	?

(a) 10 (b) 20
(c) 22 (d) 110

23.

2	7	8
7	5	3
3	8	?
42	280	120

(a) 4 (b) 5
(c) 6 (d) 7

निर्देश—(प्रश्न संख्या 24 से 28 तक) दिए गए विकल्पों में से लुप्त अंक ज्ञात कीजिए—

24.
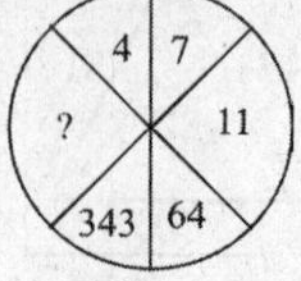

(a) 1231 (b) 1321
(c) 1331 (d) 1332

25.

I.	40	32	72	12
II.	30	24	54	9
III.	54	?	90	15

(a) 49 (b) 46
(c) 48 (d) 36

26.
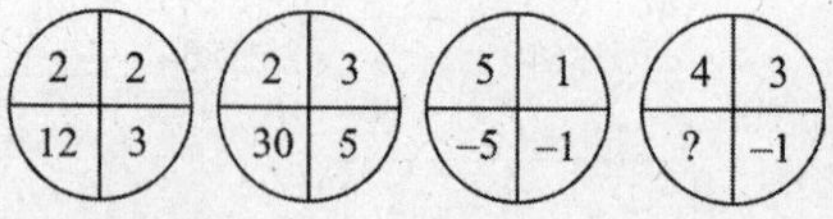

(a) 7 (b) –12
(c) 12 (d) 9

27.

(a) 451 (b) 154
(c) 702 (d) 535

28.
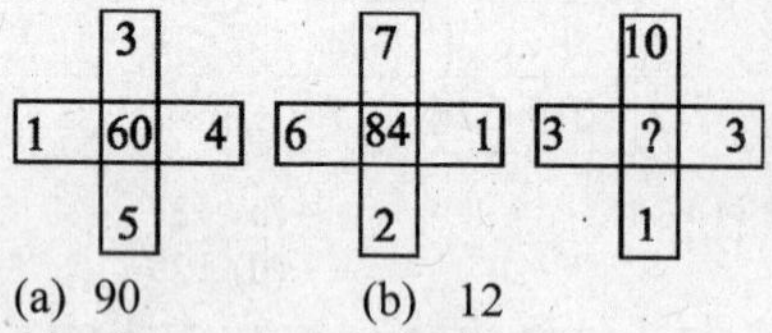

(a) 90 (b) 12
(c) 48 (d) 16

निर्देश—(प्रश्न संख्या 29 से 32) निम्नलिखित प्रश्नों में दिए गए विकल्पों में से लुप्त अंक/अक्षर ज्ञात कीजिए—

29. **AXE, ESI, IOM, ?**
(a) PST (b) MKQ
(c) QLM (d) MQI

30. **3, ..., 18, 33, 53, 78**
(a) 6 (b) 9
(c) 8 (d) 12

31.

48	96	1440
24	48	720
8	16	240
2	4	?

(a) 180 (b) 120
(c) 60 (d) 6

32. **72 61 51 42 ...?...**
(a) 34 (b) 36
(c) 31 (d) 33

निर्देश—(प्रश्न संख्या 33 से 36 तक) निम्नलिखित चार प्रश्नों में दिए गए विकल्पों में से लुप्त अंक ज्ञात कीजिए—

33.
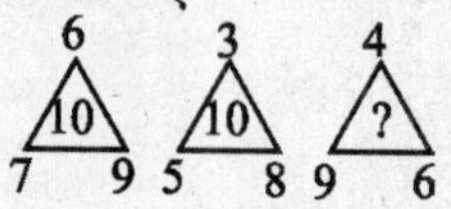

(a) 11 (b) 15
(c) 10 (d) 20

34.
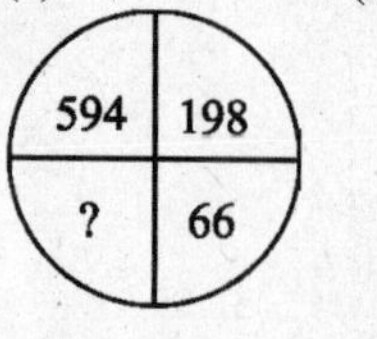

(a) 33 (b) 22
(c) 11 (d) 12

35.
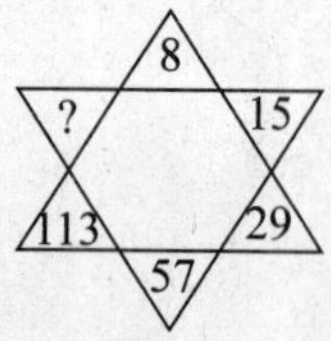

(a) 243 (b) 225
(c) 231 (d) 221

36.

2	7	14
3	4	5
75	165	?

(a) 165 (b) 185
(c) 425 (d) 285

निर्देश—(प्रश्न 37 से 39) दिए गए विकल्पों में से संबंधित शब्द अक्षरों/संख्या को चुनिए—

37.

16	17	18
61	71	81
26	62	?
103	150	125

(a) 16 (b) 36
(c) 46 (d) 26

38.

(a) 39 (b) 25
(c) 33 (d) 27

39. 7, 10, 3, 5, 11, 6, 8, 13, 5, 3, 5, 2, 6, 12, ?
(a) 6 (b) 5
(c) 3 (d) 4

निर्देश–(प्रश्न संख्या 40 से 43 तक) निम्नलिखित प्रश्नों में दिए गए विकल्पों में से लुप्त अंक ज्ञात कीजिए–

40.

3	21	7
4	?	3
2	16	8

(a) 12 (b) 5
(c) 10 (d) 1

41.

8	13	10
7	12	9
10	15	?

(a) 19 (b) 5
(c) 8 (d) 12

42.

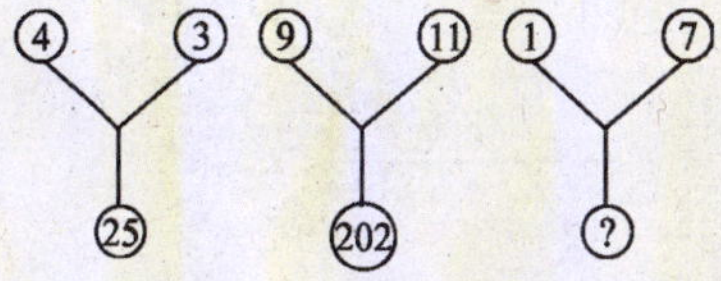

(a) 75 (b) 100
(c) 25 (d) 50

43.

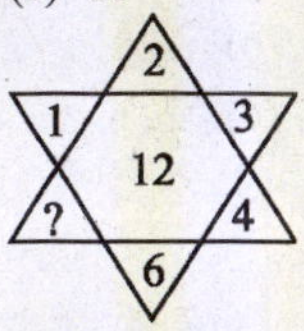

(a) 6 (b) 8
(c) 1 (d) 12

निर्देश–(प्रश्न संख्या 44 से 46 तक) दिए गए विकल्पों में से लुप्त अंक ज्ञात कीजिए–

44.

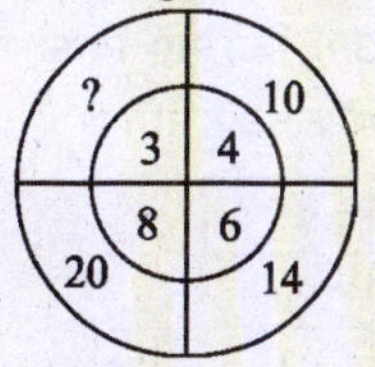

(a) 24 (b) 12
(c) 18 (d) 19

45.

9	6	?
8	5	6
7	4	6
65	26	36

(a) 10 (b) 7
(c) 8 (d) 9

46.

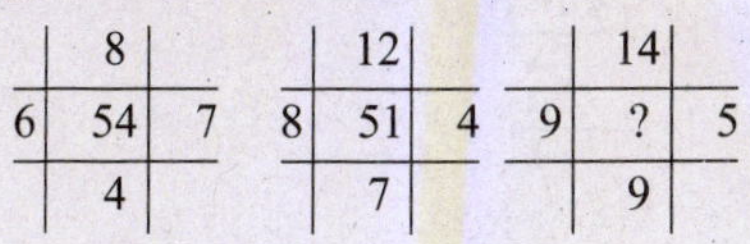

(a) 76 (b) 53
(c) 68 (d) 71

निर्देश–(प्रश्न संख्या 47 से 51 तक) दिए गए विकल्पों में से लुप्त अंक ज्ञात कीजिए–

47.

I.	25	15	40	8
II.	65	25	90	|?|
III.	45	15	60	12

(a) 6 (b) 12
(c) 24 (d) 18

48.

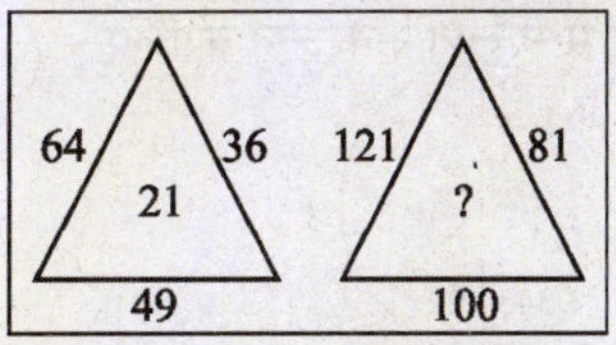

(a) 20 (b) 40
(c) 10 (d) 30

49.

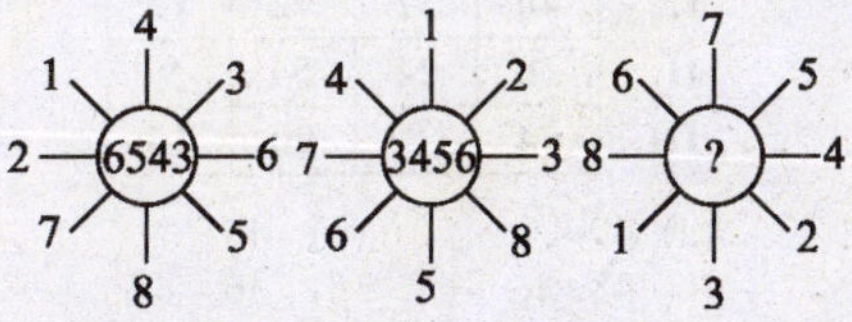

(a) 5634 (b) 6543
(c) 5364 (d) 3564

50.

2	4	2
3	9	3
4	16	4
8	64	?

(a) 24 (b) 16
(c) 8 (d) 9

51.

18	21	24
3	9	3
6	4	8
21	26	?

(a) 24 (b) 27
(c) 22 (d) 29

निर्देश–(प्रश्न संख्या 52 से 54 तक) एक अनुक्रम दिया गया है, जिसमें एक पद/संख्या लुप्त है, दिए गए विकल्पों में से लुप्त पद/संख्या ज्ञात कीजिए–

52. 17, 19, 23, 29, ?
(a) 39 (b) 33
(c) 35 (d) 31

53. 5, 3, 8, 16, 4, 20; 15, 4, 19; 12, ?, 16; 3, 9, 12
(a) 4 (b) 3
(c) 2 (d)

54.

AZ	BY	CX
BX	CZ	DY
CY	DX	?

(a) DZ (b) AY
(c) BX (d) EZ

55. लुप्त संख्या ज्ञात कीजिए–

6	9	4
24	36	16
192	288	128
162	?	108

(a) 279 (b) 252
(c) 243 (d) 251

निर्देश–(प्रश्न संख्या 56 से 58 तक) दिए गए उत्तरों में से लुप्त संख्या ज्ञात कीजिए–

56.

7	8	5
6	9	?
2	3	6
84	216	900

(a) 90 (b) 70
(c) 65 (d) 30

57.

2	3	4	?
3	1	4	2
4	2	2	6
5	5	2	2
196	121	144	225

(a) 4 (b) 5
(c) 6 (d) 3

58.

96	?	168
32	48	56
16	24	28

(a) 52 (b) 144
(c) 64 (d) 38

निर्देश–(प्रश्न संख्या 59 से 61 तक) दिए गए उत्तरों में से लुप्त संख्या ज्ञात कीजिए–

59.

2		4
3	3	3
1	0	2

5		3
6	?	6
1		6

(a) 5 (b) 2
(c) 3 (d) 1

60.

18	
16	20

20	
18	22

8	
9	?

(a) 6 (b) 7
(c) 10 (d) 11

61.

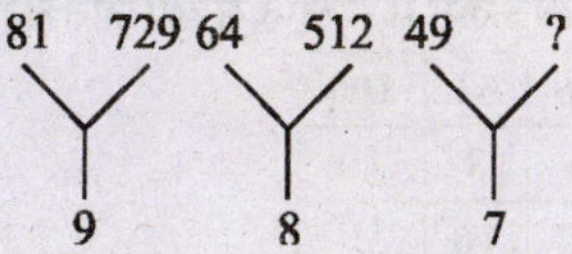

(a) 444 (b) 515
(c) 343 (d) 373

निर्देश—(प्रश्न संख्या 62 से 64 तक) दिए गए विकल्पों में से लुप्त अंक ज्ञात कीजिए—

62. 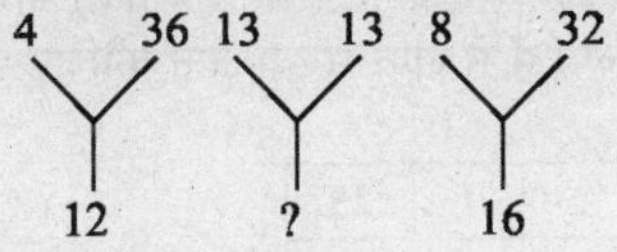

(a) 8 (b) 13
(c) 4 (d) 12

63.

5	7	9
4	8	2
8	6	?
160	336	108

(a) 4 (b) 7
(c) 6 (d) 8

64.

6	7	4
5	3	5
7	?	6
3	3	6

(a) 7 (b) 3
(c) 8 (d) 5

निर्देश—(प्रश्न संख्या 65 से 67 तक) दिए गए विकल्पों में से श्रृंखला का लुप्त पद ज्ञात कीजिए—

65. B, F, K, ?, X
(a) P (b) Q
(c) R (d) S

66. 10, 18, 28, 40, 54, 70, ?
(a) 85 (b) 86
(c) 87 (d) 88

67. LMPS, VWZC, FGJM, ...?....
(a) MNQS (b) OPRT
(c) PQTW (d) QTWX

निर्देश—(प्रश्न संख्या 68 एवं 69 तक) दिए गए विकल्पों में से लुप्त अंक ज्ञात कीजिए—

68.

7	9	8
2	4	3
5	7	6
16	32	?

(a) 17 (b) 23
(c) 43 (d) 73

69. 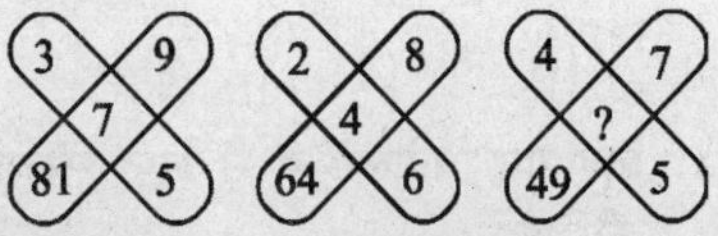

(a) 1 (b) 8
(c) 6 (d) 16

निर्देश—(प्रश्न संख्या 70 से 72 तक) दिए गए विकल्पों में से लुप्त संख्या ज्ञात कीजिए—

70. 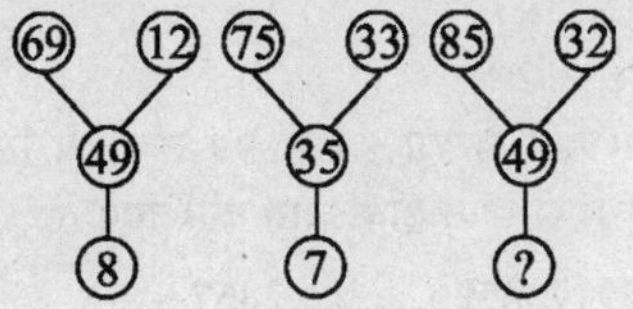

(a) 5 (b) 9
(c) 3 (d) 4

71.

7	9	4
6	8	?
8	2	8
336	144	192

(a) 4 (b) 5
(c) 6 (d) 7

72.

7	3	3
3	5	8
6	9	?
126	135	168

(a) 9 (b) 8
(c) 7 (d) 6

निर्देश—(प्रश्न संख्या 73 एवं 74) में दिए गए विकल्पों में से लुप्त अंक ज्ञात कीजिए—

73.

3	5	7
4	5	8
5	7	9
26	38	?

(a) 40 (b) 48
(c) 50 (d) 58

74.

1	3	4
9	6	7
80	?	33

(a) 42 (b) 35
(c) 27 (d) 29

75. दिए गए विकल्पों में से लुप्त अंक ज्ञात कीजिए—

4	8	20
9	3	15
6	6	?

(a) 20 (b) 18
(c) 16 (d) 24

76. दिए गए विकल्पों में से लुप्त अंक ज्ञात कीजिए—

2	2	4
4	8	16
6	?	36

(a) 32 (b) 15
(c) 48 (d) 18

77. दिए गए उत्तरों में से लुप्त संख्या ज्ञात कीजिए—

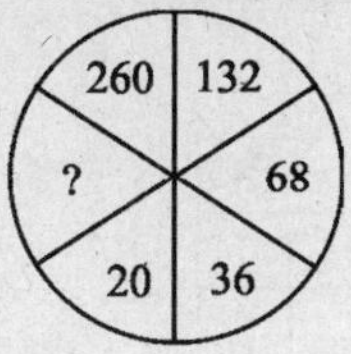

(a) 12 (b) 10
(c) 9 (d) 8

निर्देश—(प्रश्न संख्या 78 से 84 तक) नीचे दिए गए विकल्पों में से लुप्त अंक ज्ञात कीजिए—

78. 2, 5, 10, 19, 36, ?
(a) 70 (b) 71
(c) 68 (d) 69

79. 1944, 108, ...?..., 6, 3
(a) 16 (b) 18
(c) 11 (d) 12

80.

251	(12)	107
381	(?)	125

(a) 14 (b) 24
(c) 11 (d) 16

81.

354	(110)	526
297	(?)	631

(a) 128 (b) 116
(c) 135 (d) 143

82. 0,7, 26, 63, ...?...
(a) 125 (b) 126
(c) 217 (d) 124

83.

8	10	12
5	7	9
12	14	?

(a) 16 (b) 15
(c) 18 (d) 17

84.

4	9	2
3	5	7
8	1	?

(a) 9 (b) 6
(c) 15 (d) 14

निर्देश—(प्रश्न संख्या 85 एवं 86) दिए गए विकल्पों में से लुप्त अंक ज्ञात कीजिए—

85. 1, 4, 10, 22, 46, ...?
(a) 56 (b) 76
(c) 94 (d) 70

86. 4, 5, 20, 100, ...?
(a) 1990 (b) 1890
(c) 2000 (d) 1000

निर्देश—(प्रश्न संख्या 87 एवं 88) दिए गए विकल्पों में से लुप्त अंक ज्ञात कीजिए—

87.

7	56	8
9	63	7
12	?	5

(a) 17 (b) 25
(c) 60 (d) 119

88.

4	5	8
3	?	2
4	10	4
48	200	65

(a) 185 (b) 40
(c) 20 (d) 4

निर्देश—(प्रश्न संख्या 89 से 91 तक) दिए गए विकल्पों में से लुप्त अंक ज्ञात कीजिए—

89.

18	16	7
35	25	?
7	23	58
24	32	64

(a) 19 (b) 15
(c) 13 (d) 14

90.

2	4	6
6	2	4
4	?	2

(a) 2 (b) 4
(c) 6 (d) 8

91.

9	3	7
12	2	9
13	5	?

(a) 5 (b) 8
(c) 15 (d) 56

निर्देश—(प्रश्न संख्या 92 एवं 93) दिए गए विकल्पों में से लुप्त संख्या ज्ञात कीजिए—

92.

8	10	17
11	?	10
16	11	8

(a) 14 (b) 15
(c) 12 (d) 13

93.

4	10	16
6	12	18
8	?	20

(a) 18 (b) 10
(c) 12 (d) 14

निर्देश—(प्रश्न संख्या 94 से 99 तक) में दिए गए विकल्पों में से लुप्त अंक ज्ञात कीजिए।

94. 3917, 3526, ...?..., 2857
(a) 3174 (b) 3389
(c) 2682 (d) 3082

95.

16	49	64
25	36	81
9	13	?

(a) 22 (b) 17
(c) 14 (d) 21

96.

3	4	6
5	7	3
1	2	7
35	69	?

(a) 94 (b) 84
(c) 42 (d) 82

97. 5, 11, 24, 51, 106, ...?...
(a) 122 (b) 217
(c) 221 (d) 115

98. 19 18 34 32 44 41
2 4 ?
(a) 6 (b) 9
(c) 4 (d) 3

99. 4 3 2
3 6 2 100 7
? 5
(a) 49 (b) 64
(c) 81 (d) 71

निर्देश—(प्रश्न संख्या 100 एवं 101) प्रत्येक प्रश्न में दिए गए विकल्पों में से लुप्त अंक ज्ञात कीजिए।

100.

6	8	6
3	4	5
2	2	?
34	34	32

(a) 11 (b) 2
(c) 21 (d) 34

101. 17–6 24–13
31–? 38–27
(a) 20 (b) 21
(c) 22 (d) 23

102. दिए गए विकल्पों में से लुप्त अंक ज्ञात कीजिए—

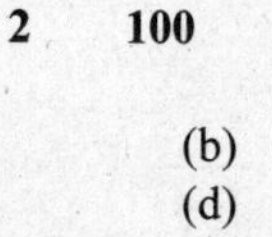

(a) 2 (b) 52
(c) 66 (d) 28

निर्देश—(प्रश्न संख्या 103 से 108 तक) नीचे दिए गए विकल्पों में से लुप्त संख्या ज्ञात कीजिए—

103.

5	1	25
6	2	18
10	4	25
3	3	?

(a) 4 (b) 10
(c) 9 (d) 3

104. 2311, 4529, ?, 8989
(a) 6755 (b) 7243
(c) 6353 (d) 5662

105. 21, 30, 38, ?, 51, 56, 60
(a) 45 (b) 80
(c) 35 (d) 55

106. 6, 14, 30, ?
(a) 33 (b) 54
(c) 29 (d) 27

107. 4 5 10
36 2 49 2 ? 2
(a) 64 (b) 144
(c) 55 (d) 100

108.

16	32	48	64
17	34	51	68
18	36	54	?

(a) 76 (b) 77
(c) 72 (d) 74

निर्देश—(प्रश्न संख्या 109 एवं 110) नीचे दिए गए विकल्पों में से लुप्त संख्या ज्ञात कीजिए—

109.

6	18	9
12	36	18
24	?	36

(a) 54 (b) 60
(c) 18 (d) 72

110.

3	5	8
5	7	6
4	2	?
60	70	144

(a) 3 (b) 4
(c) 18 (d) 48

111. दिए गए विकल्पों में से लुप्त संख्या ज्ञात कीजिए—

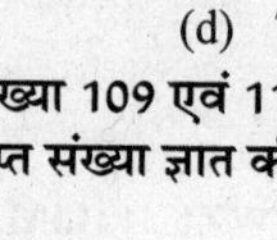

(a) 28 (b) 30
(c) 24 (d) 26

निर्देश—(प्रश्न संख्या 112 एवं 113) नीचे दिए गए विकल्पों में से लुप्त अंक ज्ञात कीजिए—

112.

2	24	48
3	9	27
4	?	40

(a) 10 (b) 16
(c) 12 (d) 32

113.

81	36	25
49	100	36
9	64	16
139	200	?

(a) 107 (b) 77
(c) 27 (d) 50

निर्देश—(प्रश्न संख्या 114 से 116 तक) दिए गए विकल्पों में से लुप्त संख्या ज्ञात कीजिए—

114.

81	64	16
4	9	49
36	16	25
108	96	?

(a) 230 (b) 140
(c) 120 (d) 410

115.

25	5	5
30	5	6
35	?	5

(a) 5 (b) 4
(c) 6 (d) 7

116.

24	51	67
2	4	6
5	7	5
53	211	?

(a) 135 (b) 235
(c) 347 (d) 407

निर्देश—(प्रश्न संख्या 117 एवं 118) दिए गए विकल्पों में से लुप्त संख्या ज्ञात कीजिए—

117.

24	25	50
24	20	10
4	9	3
12	5	?

(a) 15 (b) 20
(c) 5 (d) 10

118.

63	7	9
30	5	6
20	4	?

(a) 3 (b) 5
(c) 2 (d) 8

119. दिए गए उत्तरों में से लुप्त संख्या ज्ञात कीजिए—

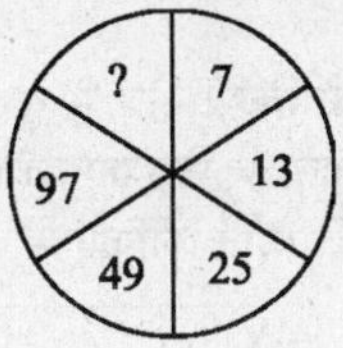

(a) 7 (b) 192
(c) 193 (d) 98

निर्देश—(प्रश्न संख्या 120 एवं 121) दिए गए विकल्पों में से लुप्त अंक ज्ञात कीजिए—

120.

4	20	5
5	?	6
9	45	5

(a) 25 (b) 30
(c) 15 (d) 21

121.

11	20	35
4	3	2
5	3	2
49	63	?

(a) 39 (b) 72
(c) 112 (d) 100

122. दिए गए विकल्पों में से लुप्त संख्या ज्ञात कीजिए—

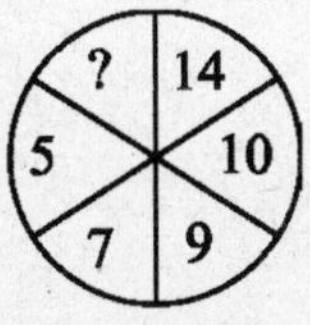

(a) 3 (b) 4
(c) 18 (d) 2

123. दिए गए विकल्पों में से लुप्त संख्या ज्ञात कीजिए—

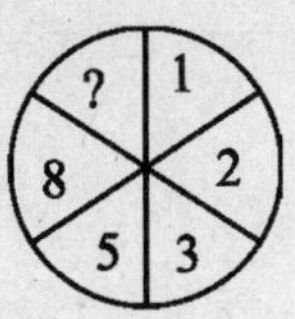

(a) 10 (b) 12
(c) 13 (d) 15

निर्देश—(प्रश्न संख्या 124 एवं 125) दिए गए विकल्पों में से लुप्त संख्या ज्ञात कीजिए—

124.

15	11	20
2	3	1
5	6	7
35	39	?

(a) 27 (b) 24
(c) 30 (d) 35

125.

3	15	5
5	35	7
9	?	5

(a) 45 (b) 25
(c) 42 (d) 35

निर्देश—(प्रश्न संख्या 126 एवं 127) दिए गए विकल्पों में से लुप्त अंक ज्ञात कीजिए—

126.

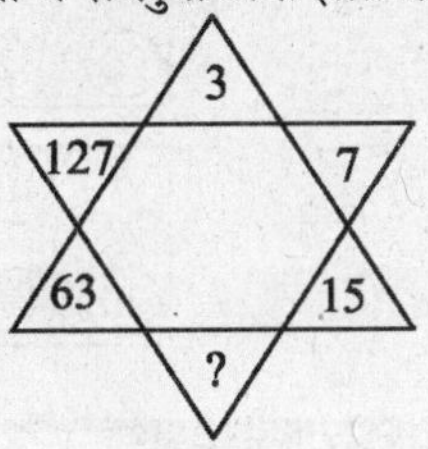

(a) 37 (b) 35
(c) 31 (d) 29

127.

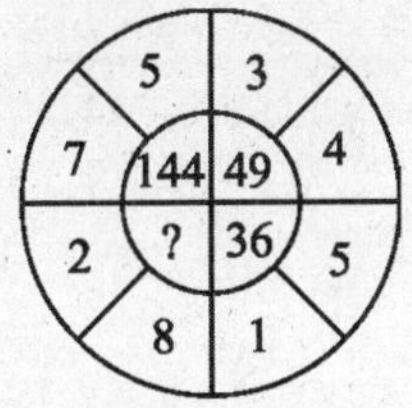

(a) 100 (b) 81
(c) 64 (d) 121

निर्देश—(प्रश्न संख्या 128 एवं 129) नीचे दी गई श्रृंखला में लुप्त संख्या बताइए—

128. 1, 5, 14, 30, 55, ?

(a) 91 (b) 95
(c) 93 (d) 90

129.

1234	**(36)**	**5678**
2345	**(?)**	**6789**

(a) 41 (b) 40
(c) 33 (d) 44

निर्देश—(प्रश्न संख्या 130 एवं 131) दिए गए विकल्पों में से लुप्त संख्या चुनिए—

130.

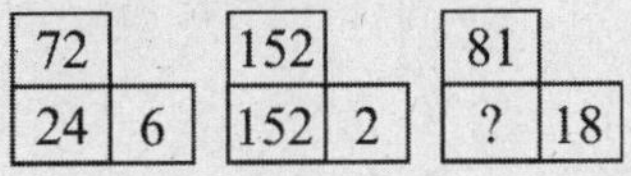

(a) 32 (b) 81
(c) 9 (d) 28

131.

3	9
6561	?

(a) 18 (b) 54
(c) 27 (d) 81

निर्देश—(प्रश्न संख्या 132 से 135 तक) दिए गए विकल्पों में से लुप्त संख्या चुनिए—

132.

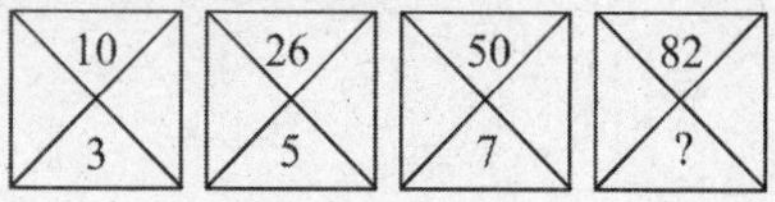

(a) 19 (b) 28
(c) 9 (d) 12

133.

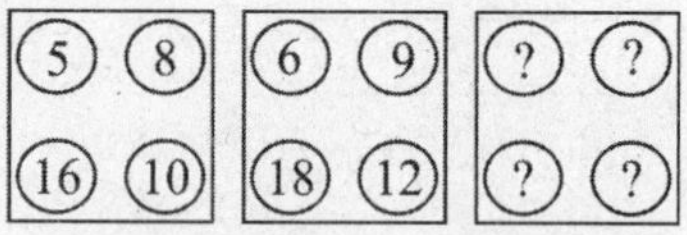

(a)

(b)

(c)

(d)

134.

40	41	?
36	54	37
78	97	65

(a) 22 (b) 28
(c) 26 (d) 24

135.

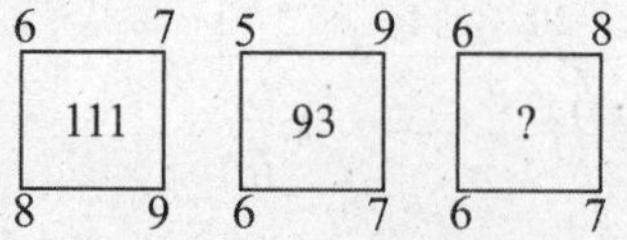

(a) 87 (b) 152
(c) 98 (d) 92

136. भारत के किसी क्षेत्र में कुल वर्षा प्रति वर्ष घटती जाती है। दिए गए आँकड़ों से वर्षा घटने की प्रवृत्ति ज्ञात कीजिए—

वर्ष	वर्षा (मिमी में)
2009	26
2010	25
2011	23
2012	20
2013	16
2014	11
2015	?

(a) 6 मिमी (b) 7 मिमी
(c) 5 मिमी (d) 8 मिमी

137. मदुरै के एक गाँव की जनसंख्या वर्ष प्रति वर्ष बढ़ रही है। निम्नलिखित सूचना के आधार पर वर्ष 2013 में जनसंख्या (लाख) में मालूम कीजिए—

वर्ष	जनसंख्या
2008	4
2009	7
2010	13
2011	22
2012	34
2013	7

(a) 49 (b) 46
(c) 45 (d) 43

138. नीचे प्याज की प्रत्येक 15 दिन की कीमतें दिखाई गई हैं। फरवरी के तीसरे सप्ताह में प्याज की कीमत मालूम कीजिए—

अवधि	कीमतें
दिसम्बर प्रथम सप्ताह	20
दिसम्बर तीसरा सप्ताह	60
जनवरी प्रथम सप्ताह	40
जनवरी तीसरा सप्ताह	120
फरवरी प्रथम सप्ताह	100
फरवरी तीसरा सप्ताह	?

(a) 140 (b) 300
(c) 180 (d) 320

उत्तर (हल/संकेत)

1. (d) जिस प्रकार, चित्र A में,

$3 \times 2 + 8 \times 2 + 1 \times 2 = 24$

तथा चित्र C में,

$5 \times 2 + 4 \times 2 + 2 \times 2 = 22$

इसी प्रकार चित्र B में,

$1 \times 2 + 3 \times 2 + 2 \times 2 = 12 = ?$

2. (c) जिस प्रकार, चित्र A में,

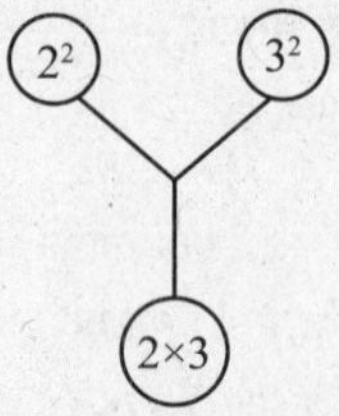

तथा चित्र B में,

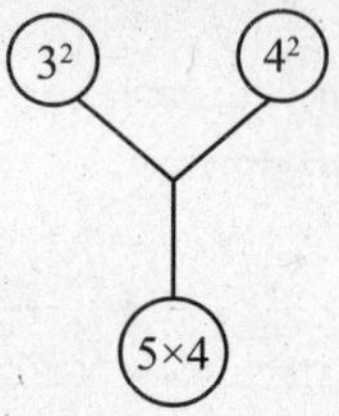

इसी प्रकार चित्र C में,

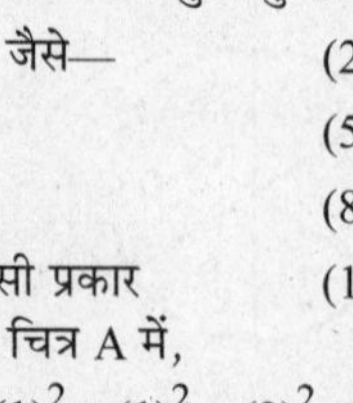

अत: लुप्त संख्या 25 होगी।

3. (a) प्रत्येक सम्मुख भुजा संख्या का वर्ग है।

जैसे— $(2)^2 = 4$

$(5)^2 = 25$

$(8)^2 = 64$

इसी प्रकार $(1)^2 = 1$

4. (d) चित्र A में,

$(1)^2 + (1)^2 + (2)^2 + (3)^2 = 15$

चित्र B में, $(2)^2 + (4)^2 + (3)^2 + (1)^2 = 30$

अत: चित्र C में,

$(5)^2 + (3)^2 + (4)^2 + (2)^2 = 54$

5. (c) प्रत्येक त्रिभुज में प्राकृतिक संख्याओं का घन

$(2)^3 = 8$

$(3)^3 = 27$

$(4)^3 = 64$

$(5)^3 = 125$

$(6)^3 = 216$

इसी प्रकार अगले त्रिभुज में $(1)^3 = 1$ होगा।

या $(7)^3 = 343$ होगा।

6. (b) चूँकि पहली पंक्ति में अक्षर अंग्रेजी वर्णमाला के क्रम में हैं, $C \rightarrow D \rightarrow E$

दूसरी पंक्ति में एक अक्षर का अन्तर है

$I \xrightarrow{+1} K \xrightarrow{+1} M$

इसलिए तीसरी पंक्ति में दो अक्षर का अन्तर होगा।

$D \xrightarrow{+2} G \xrightarrow{+2} J$

अत: 28G विकल्प (b) सही है।

7. (b) सभी त्रिभुजों के सम्मुख त्रिभुज में उस संख्या का वर्ग है।

$(3)^2 = 9$

$(4)^2 = 16$

$(5)^2 = 25$

अत: $(2)^2 = 4$ होगा।

8. (b) प्रथम पंक्ति में $20 = 8 \times 2 + 4$

द्वितीय पंक्ति में $15 = 3 \times 2 + 9$

इसी प्रकार तृतीय पंक्ति में $6 \times 2 + 6 = 18$

9. (b) प्रथम पंक्ति में, $4 + 5 + 3 = 12$
द्वितीय पंक्ति में, $4 + 4 + 4 = 12$
तृतीय पंक्ति में, $3 + x + 5 = 12$
$x = 12 - 8$
$= 4$

10. (c) प्रथम स्तम्भ में,
$7 \xrightarrow{+1} 8 \xrightarrow{+1} 9$
द्वितीय स्तम्भ में,
$4 \xrightarrow{+1} 5 \xrightarrow{+1} 6$
इसी प्रकार तृतीय स्तम्भ में,
$1 \xrightarrow{+1} 2 \xrightarrow{+1} 3$

11. (a) जिस प्रकार,
2 + 3 + 4 + 7 = 4 2 3 7
तथा
5 + 6 + 7 + 8 = 7 5 6 8
उसी प्रकार,
1 + 3 + 5 + 7 = 5 1 3 7

12. (b) जिस प्रकार,
7 × 9 × 8 = 9 7 8
तथा
5 × 3 × 4 = 3 5 4
उसी प्रकार,
9 × 2 × 3 = 2 9 3

13. (b) जिस प्रकार,
2 × 3 × 4 = 4 5 6 (× 2, × 2, × 2)
तथा
4 × 3 × 2 = 8 6 4 (× 2, × 2, × 2)
उसी प्रकार,
3 × 2 × 1 = 6 2 4 (× 2, × 2, × 2)

14. (d) जिस प्रकार,
7 × 8 × 6 × 3 = 3 6 8 7
तथा
5 × 3 × 2 × 1 = 1 2 3 5
उसी प्रकार,
9 × 8 × 5 × 3 = 3 5 8 9

15. (b) जिस प्रकार, $(101 + 15) - (35 + 43) = 38$
उसी प्रकार, $(48 + 184) - (56 + 34) = 142$

16. (b) जिस प्रकार $\sqrt{289} + \sqrt{121} = 28$
उसी प्रकार $\sqrt{225} + \sqrt{169} = 28$
अत: प्रश्नवाचक चिह्न (?) के स्थान पर 225 आएगा।

17. (d) जिस प्रकार, $2 \times 3 = 6, 2 \times 4 = 8$
$4 \times 3 = 12, 4 \times 4 = 16$
$6 \times 3 = 18, 6 \times 4 = 24$
उसी प्रकार, $8 \times 3 = 24, 8 \times 4 = 32$
अत: अभीष्ट संख्याएं 8 और 24 हैं।

18. (b) जिस प्रकार, $5 - 3 = 2 \rightarrow 6 \div 2 = 3$
$5 - 3 = 2 \rightarrow 8 \div 2 = 4$
उसी प्रकार, $5 - 4 = 1 \rightarrow 5 \div 1 = 5$
अत: अभीष्ट संख्या 4 है।

19. (b) जिस प्रकार,
$03 + 04 = 07 \rightarrow (07)^2 = 49$
$04 + 05 = 09 \rightarrow (09)^2 = 81$
उसी प्रकार,
$07 + 04 = 11 \rightarrow (11)^2 = 121$

20. (b) $4 \times 8 \times 10 = 320$
तथा $9 \times 6 \times 4 = 216$
$\therefore$ $2 \times \boxed{30} \times 3 = 180$

21. (b) $18 \sim 12 \rightarrow 6 \rightarrow (6)^2 = 36$
$11 \sim 13 \rightarrow 2 \rightarrow (2)^2 = 4$
$9 \sim 6 \rightarrow 3 \rightarrow (3)^2 = 9$

22. (b) जिस प्रकार, स्तम्भ I
$36 \div 6 \Rightarrow 6 \times 2 = 12$
तथा स्तम्भ II
$64 \div 8 \Rightarrow 8 \times 2 \Rightarrow 16$
उसी प्रकार, स्तम्भ III
$100 \div 10 \Rightarrow 10 \times 2 = 20$
अत: प्रश्नवाचक चिह्न के स्थान पर 20 होगा।

23. (b) जिस प्रकार, स्तम्भ I
$2 \times 7 \times 3 = 42$
तथा स्तम्भ II
$7 \times 5 \times 8 \Rightarrow 28$
उसी प्रकार, स्तम्भ III
$8 \times 3 \times ? = 120$
$? = 5$
अत: प्रश्नवाचक चिह्न के स्थान पर 5 होगा।

24. (c) जिस प्रकार, $4^3 = 64$
$7^3 = 343$
उसी प्रकार, $? = 11^3$
$= 1331$

25. (d) जिस प्रकार, $40 + 32 = 72$
और $30 + 24 = 54$
उसी प्रकार, $54 + ? = 90$
$? = 90 - 54 = 36$

26. (b) जिस प्रकार, $2 \times 2 \times 3 = 12$
$2 \times 3 \times 5 = 30$
और $5 \times 1 \times (-1) = -5$
उसी प्रकार, $? = 4 \times 3 \times (-1) = -12$

27. (b) जिस प्रकार,
$(0 + 6 + 4 + 3 + 1 + 5) \times 7$
$= 19 \times 7 = 133$
□ $(8 + 2 + 5 + 3 + 4 + 6) \times 7$
$= 28 \times 7 = 196$
उसी प्रकार,
$(2 + 1 + 5 + 7 + 3 + 4) \times 7$
$= 22 \times 7 = 154$

28. (a) जिस प्रकार, $3 \times 4 \times 5 \times 1 = 60$
और $7 \times 1 \times 2 \times 6 = 84$
उसी प्रकार, $? = 10 \times 3 \times 1 \times 3 = 90$

29. (b) $A \xrightarrow{+4} E \xrightarrow{+4} I \xrightarrow{+4} \boxed{M}$
$X \xrightarrow{-5} S \xrightarrow{-4} O \xrightarrow{-4} \boxed{K}$
$E \xrightarrow{+4} I \xrightarrow{+4} M \xrightarrow{+4} \boxed{Q}$

30. (c) 3, $\boxed{8,}$ 18, 33, 53, 78
+5 +10 +15 +20 +25
+5 +5 +5 +5

31. (c) जिस प्रकार, $48 \div 2 = 24$,
$24 \div 3 = 8$,
$8 \div 4 = 2$
और $96 \div 2 = 48$,
$48 \div 3 = 16$,
$16 \div 4 = 4$
उसी प्रकार, $1440 \div 2 = 720$,
$720 \div 3 = 240$,
$? = 240 \div 4 = 60$

32. (a) 72, 61, 51, 42, [34]

−11 −10 −9 −8

33. (a) 9 + 7 = 16 − 6 = 10

8 + 5 = 13 − 3 = 10

9 + 6 = 15 − 4 = [11]

34. (b) 22 × 3 = 66

66 × 3 = 198

198 × 3 = 594

35. (b) 8 + 7 = 15

15 + 14 = 29

29 + 29 = 57

57 + 56 = 113

113 + 112 = 225 = ?

36. (d) 2 + 3 = 5 × 15 = 75

7 + 4 = 11 × 15 = 165

14 + 5 = 19 × 15 = [285]

37. (d) 16 + 61 + 26 = 103

17 + 71 + 62 = 150

18 + 81 + [26] = 125

38. (a) 3 5 8 13 22 [39]

×2 − 1 ×2 − 2 ×2 − 3 ×2 − 4 ×2 − 5

39. (a) पहला अंक + तीसरा अंक = दूसरा अंक

7, 10, 3 ⇒ 7 + 3 = 10

5, 11, 6 ⇒ 5 + 6 = 11

8, 13, 5 ⇒ 8 + 5 = 13

3, 5, 2 ⇒ 3 + 2 = 5

6, 12, [6] ⇒ 6 + [6] = 12

40. (a) जिस प्रकार, 3 × 7 = 21,

2 × 8 = 16

उसी प्रकार, 4 × 3 = 12

41. (d) जिस प्रकार, 8 − 1 = 7,

7 + 3 = 10

और 13 − 1 = 12,

12 + 3 = 15

उसी प्रकार, 10 − 1 = 9,

? = 9 + 3 = 12

42. (d) जिस प्रकार, $4^2 + 3^2 = 25$,

और $9^2 + 11^2 = 202$

उसी प्रकार, $? = 1^2 + 7^2$

= 1 + 49 = 50

43. (d) जिस प्रकार, 2 × 6 = 12,

3 × 4 = 12

उसी प्रकार, 1 × ? = 12

∴ ? = 12

44. (d) जिस प्रकार, 3 + 4 = 7 + 3 = 10,

4 + 6 = 10 + 4 = 14,

6 + 8 = 14 + 6 = 20.

उसी प्रकार, ? = 8 + 3

= 11 + 8 = 19

45. (b) जिस प्रकार, 9 × 8 − 7 = 72 − 7 = 65

और 6 × 5 − 4 = 30 − 4 = 26

उसी प्रकार, ? × 6 − 3 = 39

? × 6 = 42

? = 7

46. (c) जिस प्रकार,

6 × 7 + (8 + 4) = 42 + 12 = 54

और 8 × 4 + (12 + 7) = 32 + 19 = 51

उसी प्रकार, ? = 9 × 5 + (14 + 9)

= 45 + 23

? = 68

47. (d) जिस प्रकार, 25 + 15 = 40

40 ÷ 5 = 8

उसी प्रकार, 65 + 25 = 90

∴ $? = \frac{90}{5} = 18$

48. (d) जिस प्रकार,

$\sqrt{64} + \sqrt{36} + \sqrt{49} = 8 + 6 + 7 = 21$

उसी प्रकार,

∴ $? = \sqrt{121} + \sqrt{81} + \sqrt{100}$

= 11 + 9 + 10 = 30

49. (c) जिस प्रकार, $\frac{4+8}{2} = \frac{12}{2} = 6$

$\frac{3+7}{2} = \frac{10}{2} = 5$

$\frac{6+2}{2} = \frac{8}{2} = 4$

$\frac{5+1}{2} = \frac{6}{2} = 3$

उसी प्रकार, $\frac{7+3}{2} = \frac{10}{2} = 5$

$\frac{5+1}{2} = \frac{6}{2} = 3$

$\frac{4+8}{2} = \frac{12}{2} = 6$

$\frac{2+6}{2} = \frac{8}{2} = 4$

? = 5364

50. (c) जिस प्रकार, 2 × 2 = 4,

3 × 3 = 9,

4 × 4 = 16

∴ ? × 8 = 64

? = 8

51. (d) जिस प्रकार, 18 + (16 − 3) = 21

21 + (9 − 4) = 26,

उसी प्रकार, ? = 24 + (8 − 3) = 24 + 5

= 29

52. (d) सभी अभाज्य संख्याएँ हैं।

53. (a) पहला अंक + दूसरा अंक = तीसरा अंक

5, 3, 8 ⇒ 5 + 3 = 8

16, 4, 20 ⇒ 16 + 4 = 20

15, 4, 19 ⇒ 15 + 4 = 19

12, [4], 16 ⇒ 12 + [4] = 16

3, 9, 12 ⇒ 3 + 9 = 12

54. (d) E Z

55. (c) ? = 288 − (9 + 36) = 243

56. (d) जिस प्रकार, 7 × 6 × 2 = 84

और 8 × 9 × 3 = 216

उसी प्रकार, 5 × ? × 6 = 900

? = 30

57. (b) जिस प्रकार,

$(2 + 3 + 4 + 5)^2 = (14)^2 = 196$

और $(3 + 1 + 2 + 5)^2 = (11)^2 = 121$

उसी प्रकार, $(? + 2 + 6 + 2)^2 = 225$

? + 10 = 15

? = 5

58. (b) जिस प्रकार, 16 × 2 = 32

⇒ 32 × 3 = 96

और 28 × 2 = 56

⇒ 56 × 3 = 168

उसी प्रकार, ? = 48 × 3 = 144

59. (c) जिस प्रकार,

(4 + 3 + 2) − (2 + 3 + 1) = 9 − 6 = 3

उसी प्रकार, ? = (3 + 6 + 6) − (5 + 6 + 1)

= 15 − 12 = 13

60. (b) जिस प्रकार, 16 + 2 = 18,

18 + 2 = 20

और 18 + 2 = 20,

20 + 2 = 22

उसी प्रकार, 9 − 1 = 8,

? = 8 − 1 = 7

61. (c) जिस प्रकार, $\frac{729}{81} = 9$

और $\frac{512}{64} = 8$

उसी प्रकार, $\frac{?}{49} = 7$

? = 49 × 7

= 343

62. (b) जिस प्रकार, 4 × 3 = 12 : 12 × 3 = 36

और 8 × 2 = 16 : 16 × 2 = 32

उसी प्रकार, ? = 13 × 1 = 13 : 13 × 1 = 13

63. (c) जिस प्रकार, 5 × 4 × 8 = 160

7 × 8 × 6 = 336

उसी प्रकार, 9 × 2 × ? = 108

? = 6

64. (c) जिस प्रकार, 6 + 5 + 7 + 3 = 21

और 4 + 5 + 6 + 6 = 21

उसी प्रकार, 7 + 3 + ? + 3 = 21

? = 21 − 13 = 8

65. (b) B F K [Q] X

+4 +5 +6 +7

66. (d) 10 18 28 40 54 70 $\boxed{88}$

+8 +10 +12 +14 +16 +18

67. (c)

L M P S V W Z C F G J M $\boxed{P\ Q\ T\ W}$

+1 +3 +3 +3 +1 +3 +3 +3 +1 +3 +3 +3 +1 +3 +3

68. (b) जिस प्रकार, $7 + 2^2 + 5 = 7 + 4 + 5 = 16$

और $9 + 4^2 + 7 = 9 + 16 + 7 = 32$

उसी प्रकार, $? = 8 + 3^2 + 6 = 8 + 9 + 6 = 23$

69. (c) जिस प्रकार,

$(81 \div 9) - (5 - 3) = 9 - 2 = 7$

और $(64 \div 8) - (6 - 2) = 8 - 4 = 4$

उसी प्रकार,

$(49 \div 7) - (5 - 4) = 7 - 1 = 6$

70. (d) जिस प्रकार,

$69 - (12 + 49) = 69 - 61 = 8$

और $75 - (33 + 35) = 75 - 68 = 7$

उसी प्रकार,

$? = 85 - (32 + 49) = 85 - 81 = 4$

71. (c) जिस प्रकार,

और $7 \times 6 \times 8 = 336$

$9 \times 8 \times 2 = 144$

उसी प्रकार, $4 \times ? \times 8 = 192$

$? = 6$

72. (c) जिस प्रकार, $7 \times 3 \times 6 = 126$

और $3 \times 5 \times 9 = 135$

उसी प्रकार, $3 \times 8 \times ? = 168$

$? = 7$

73. (c) जिस प्रकार,

$(3 + 4 + 5) \times 2 + 2 = 26$

और $(5 + 6 + 7) \times 2 + 2 = 38$

उसी प्रकार, $(7 + 8 + 9) \times 2 + 2 = 50$

74. (c) जिस प्रकार,

$(1 + 9) \times (9 - 1) = 10 \times 8 = 80$

और $(4 + 7)(7 - 4) = 11 \times 3 = 33$

उसी प्रकार, $? = (3 + 6)(6 - 3) = 9 \times 3 = 27$

75. (b) जिस प्रकार, $4 + 8 \times 2 = 4 + 16 = 20$

और $9 + 3 \times 2 = 9 + 6 = 15$

उसी प्रकार, $? = 6 + 6 \times 2 = 6 + 12 = 18$

76. (d) $2 \times 1 + 2 = 4$

$4 \times 2 + 8 = 16$

$6 \times 3 + ? = 36$

$? = 36 - 18$

$\therefore$ $? = 18$

77. (a) $\boxed{12} \times 2 - 4 = 20$

$20 \times 2 - 4 = 36$

$36 \times 2 - 4 = 68$

$68 \times 2 - 4 = 132$

$132 \times 2 - 4 = 260$

$\therefore$ $? = 12$

78. (d) $2 \times 2 + 1 = 5$

$5 \times 2 + 0 = 10$

$10 \times 2 - 1 = 19$

$19 \times 2 - 2 = 36$

$36 \times 2 - 3 = \boxed{69}$

79. (b) $3 \times 2 = 6$

$6 \times 3 = \boxed{18}$

$18 \times 6 = 108$

$108 \times 18 = 1944$

80. (d) $251 - 107 = 144 = (12)^2$

$381 - 125 = 256 = (16)^2$

81. (b) $354 + 526 = 880 \div 8 = 110$

$297 + 631 = 928 \div 8 = 116$

82. (d) $1^3 - 1 = 0$

$2^3 - 1 = 7$

$3^3 - 1 = 26$

$4^3 - 1 = 63$

$5^3 - 1 = 124$

83. (a) $10 - 8 = 2 + 10 = 12$

$7 - 5 = 2 + 7 = 9$

$14 - 12 = 2 + 14 = \boxed{16}$

84. (b) इसमें दिए गए स्तम्भों का योग 15 है।

$7 + 2 + x = 15$

$\boxed{x = 6}$

85. (c) 1, 4, 10, 22, 46, $\boxed{?\ 94}$

×2+2 ×2+2 ×2+2 ×2+2 ×2+2

$\therefore$ $? = 46 \times 2 + 2 = 92 + 2 = 94$

86. (c) 4 5 20 100 $\boxed{?=2000}$

×20 ×5 ×100

$\therefore$ $? = 20 \times 100 = 2000$

87. (c) जिस प्रकार, $7 \times 8 = 36$

तथा $9 \times 7 = 63$

उसी प्रकार, $12 \times 5 = \boxed{60}$

88. (d) जिस प्रकार, $4 \times 3 \times 4 = 48$

तथा $8 \times 2 \times 4 = 64$

उसी प्रकार, $5 \times ? \times 10 = 200$

$\Rightarrow$ $? = \frac{20}{5} = 4$

89. (d) $7 + 35 - 18 = 24$

$23 + 25 - 16 = 32$

इसी प्रकार, $58 + ? - 7 = 65$

$? = 65 + 7 - 58$

$? = 14$

90. (c) $2 + 6 + 4 = 12$

$6 + 4 + 2 = 12$

इसी प्रकार, $4 + 2 + ? = 12$

$? = 12 - (4 + 2)$

$\therefore$ $? = \boxed{6}$

91. (b) $9 \times 12 \times 13 = 1404$

$3 \times 2 \times 5 = 30$

$7 \times 9 \times ? = 504$

$\therefore$ $? = \frac{504}{7 \times 9} = \boxed{8}$

92. (a) $8 + 10 + 17 = 35$

और $16 + 11 + 8 = 35$

तब $11 + ? + 10 = 35$

$? = 35 - 11 - 10$

$? = \boxed{14}$

93. (d) स्तम्भ के अनुसार,

$(4 + 8) \times \frac{1}{2} = 6$

$(16 + 20) \times \frac{1}{2} = 18$

$\therefore$ $(10 + ?) \times \frac{1}{2} = 12$

$\Rightarrow$ $? = 24 - 10 = \boxed{14}$

94. (a) $3917 - 391 = 3526$

$? = 3526 - 352 = 3174$

$3174 - 317 = 2857$

95. (b) $\sqrt{16} + \sqrt{25} = 4 + 5 = 9$

$\sqrt{49} + \sqrt{36} = 7 + 6 = 13$

$? = \sqrt{64} + \sqrt{81} = 8 + 9 = 17$

96. (a) $(3)^2 + (5)^2 + (1)^2 = 9 + 25 + 1 = 35,$

$(4)^2 + (7)^2 + (2)^2 = 16 + 49 + 4 = 69,$

$\therefore$ $? = (6)^2 + (3)^2 + (7)^2 = 36 + 9 + 49 = \boxed{94}$

97. (b) $5 \times 2 + 1 = 11,$

$11 \times 2 + 2 = 24,$

$24 \times 2 + 3 = 51,$

$51 \times 2 + 4 = 106,$

$106 \times 2 + 5 = \boxed{217}$

98. (a) $19 - 18 = 1 \Rightarrow 1 \times 2 = 2,$

$34 - 32 = 2 \Rightarrow 2 \times 2 = 4,$

$44 - 41 = 3 \Rightarrow 3 \times 2 = \boxed{6}$

99. (a) $4 + 2 = 6 \Rightarrow (6)^2 = 36,$

$3 + 7 = 10 \Rightarrow (10)^2 = 100,$

$2 + 5 = 7 \Rightarrow (7)^2 = \boxed{49}$

100. (b) $6 \times 3 + 2 = 20,$

$8 \times 4 + 2 = 34$

इसी प्रकार, $6 \times 5 + ? = 32$

$\therefore$ $? = 32 - 30 = \boxed{2}$

101. (a) $17 - 11 = 6,$
$24 - 11 = 13$
तथा $38 - 11 = 27$
इसी प्रकार,
$31 - 11 = \boxed{20}$

102. (c) 4 → 6 → 10 → 18 → 34 → $\boxed{66}$
(+2, +4, +8, +16, +32)

103. (d) $\frac{5^2}{1} = 25, \frac{6^2}{2} = \frac{36}{2} = 18$

$\frac{10^2}{4} = \frac{100}{4} = 25, ?, \frac{3^2}{3} = \frac{9}{3} = \boxed{3}$

104. (a) 2311 → 4529 → $\boxed{? = 6755}$ → 8989
(+2218, +2226, +2234)
(+8, +8)

$\therefore \; ? = 4529 + 2226 = \boxed{6755}$

105. (a)

$21 \xrightarrow{+9} 30 \xrightarrow{+8} 38 \xrightarrow{+7} \boxed{45}$

$\xrightarrow{+6} 51 \xrightarrow{+5} 56 \xrightarrow{+4} 60$

106. (b)

$6 \xrightarrow{+8} 14 \xrightarrow{+16} 30 \xrightarrow{+24} \boxed{54}$

107. (b) $4 + 2 = 6 \xrightarrow{+6^2} 36$

$5 + 2 = 7 \xrightarrow{+7^2} 49$

$10 + 2 = 12 \xrightarrow{12^2} 144$

108. (c)

$16 \xrightarrow{16\times2} 32 \xrightarrow{16\times3} 48 \xrightarrow{16\times4} 64$

$17 \xrightarrow{17\times2} 34 \xrightarrow{17\times3} 51 \xrightarrow{17\times4} 68$

$18 \xrightarrow{18\times2} 36 \xrightarrow{18\times3} 54 \xrightarrow{18\times4} \boxed{72}$

109. (d) $6 \times 2 = 12 \Rightarrow 12 \times 2 = 24$
$9 \times 2 = 18 \Rightarrow 18 \times 2 = 36$
तब, $18 \times 2 = 36$
$? = 36 \times 2$
$? = \boxed{72}$

110. (a) जिस प्रकार, $3 \times 5 \times 4 = 60$
$5 \times 7 \times 2 = 70$
उसी प्रकार, $8 \times 6 \times ? = 144$
$? = \frac{144}{8\times6}$
$? = \boxed{}$

111. (d) $6 + 2 = 8$
$8 + 3 = 11$
$11 + 4 = 15$
$15 + 5 = 20$
$? = 20 + 6 = \boxed{26}$

112. (a) जिस प्रकार, $2 \times 24 = 48$
तथा $3 \times 9 = 27$
उसी प्रकार, $4 \times ? = 40$
$\therefore \; ? = \boxed{10}$

113. (b) जिस प्रकार, $81 + 49 + 9 = 139$
तथा $36 + 100 + 64 = 200$
उसी प्रकार, $? = 25 + 36 + 16$
$= \boxed{77}$

114. (b) $\sqrt{81}\times\sqrt{4}\times\sqrt{36} = 9 \times 2 \times 6 = 108$

$\sqrt{64}\times\sqrt{9}\times\sqrt{16} = 8 \times 3 \times 4 = 96$

$\therefore \; \sqrt{16}\times\sqrt{49}\times\sqrt{25} = 4 \times 7 \times 5 = \boxed{140}$

115. (d) $5 \times 5 = 25$
$5 \times 6 = 30$
तथा $? \times 5 = 35$
$\therefore \; ? = \boxed{7}$

116. (d) $24 \times 2 + 5 = 53$
तथा $51 \times 4 + 7 = 211$
$\therefore \; ? = 67 \times 6 + 5 = \boxed{407}$

117. (b) $12 \times 4 - 24 = 24$
$9 \times 5 - 20 = 25$
इसी प्रकार, $? \times 3 - 10 = 50$
$? \times 3 = 60$
$? = 20$

118. (b) $7 \times 9 = 63$
$5 \times 6 = 30$
इसी प्रकार, $4 \times ? = 20$
$? = \boxed{5}$

119. (c) 7 → 13 → 25 → 49 → 97 → $\boxed{193}$
(+6, +12, +24, +48, +96)
(×2, ×2, ×2, ×2)

120. (b) $4 \times 5 = 20$
$9 \times 5 = 45$
तब, $? = 5 \times 6 = \boxed{30}$

121. (b) $11 \times 4 + 5 = 49$
$20 \times 3 + 3 = 63$
$? = 35 \times 2 + 2 = \boxed{72}$

122. (c) $5 \times 2 = 10$
$7 \times 2 = 14$
अत: $9 \times 2 = \boxed{18}$

123. (c) $2 + 1 = 3$
$3 + 2 = 5$
$5 + 3 = 8$
$8 + 5 = \boxed{13}$

124. (a) $15 \times 2 + 5 = 35$
$11 \times 3 + 6 = 39$
$? = 20 \times 1 + 7 = \boxed{27}$

125. (a) जिस प्रकार, $3 \times 5 = 15$
$5 \times 7 = 35$
इसी प्रकार, $? = 9 \times 5 = \boxed{45}$

126. (c) $3 \times 2 + 1 = 7$
$7 \times 2 + 1 = 15$
$63 \times 2 + 1 = 127$
$15 \times 2 + 1 = \boxed{31}$

127. (a) $(3 + 4)^2 = 49$
$(5 + 1)^2 = 36$
$(7 + 5)^2 = 144$
$(8 + 2)^2 = \boxed{100}$

128. (a)

1 → 5 → 14 → 30 → 55 → $\boxed{?=91}$
($+2^2$, $+3^2$, $+4^2$, $+5^2$, $+6^2$)

$\therefore \; ? = 55 + 6^2 = 55 + 36 = 91$

129. (d) जिस प्रकार,
$1 + 2 + 3 + 4 + 5 + 6 + 7 + 8 \rightarrow 36$
उसी प्रकार,
$2 + 3 + 4 + 5 + 6 + 7 + 8 + 9 \rightarrow \boxed{44}$

130. (c) $\frac{72}{6} = 12 \times 2 = 24$

$\frac{152}{2} = 76 \times 2 = 152$

$\frac{81}{18} = 4{\cdot}5 \times 2 = 9$

131. (d) $3, 3^2, (9)^2, (81)^2$

132. (c) $(3)^2 + 1 = 10;$
$(5)^2 + 1 = 26;$
$(7)^2 + 1 = 50;$
$(9)^2 + 1 = 82$

133. (d) $5 \times 2 = 10;$
$6 \times 2 = 12;$
$\boxed{7\times2=14};$
$8 \times 2 = 16;$
$9 \times 2 = 18;$
$\boxed{10\times2=20}$

134. (c) $40 + 36 + 2 = 78$
$41 + 54 + 2 = 97$
$x + 37 + 2 = 65$
$\Rightarrow x = 65 - 39 = 26$

135. (d) $(6 \times 8) + (7 \times 9) = 111$
$(5 \times 6) + (9 \times 7) = 93$
$(6 \times 6) + (8 \times 7) = \boxed{92}$

136. (c) 26 → 25 → 23 → 20 → 16 → 11 → $\boxed{5}$
(–1, –2, –3, –4, –5, –6)

$\therefore \; ? = 11 - 6 = 5$ मिमी

137. (a) 4 → 7 → 13 → 22 → 34 → $\boxed{49}$
(+3, +6, +9, +12, +15)

138. (b) 20 → 60, 40 → 120, 100 → $\boxed{300}$
(×3, ×3, ×3)

❑❑❑

अध्याय 14

गणितीय समस्याएँ

इस अध्याय में गणित के प्रारम्भिक नियम, जो कि '**बोडमास**' पर आधारित हैं, से संबंधित प्रश्न किए जाते हैं, मूलत: जोड़, घटाव, गुणा व भाग के चिह्नों पर आधारित प्रश्न ही हल किए जाते हैं।

इस तरह के प्रश्नों को हल करने हेतु ध्यान रखें कि, पहले 'का' कर पीछे भाग, गुणा करो तब जोड़, घटाव, अर्थात् उसी को अंग्रेजी के शब्दों का लघुकरण करके हम BODMAS जानते हैं।

1. B = Bracket (कोष्ठक)
2. O = Of (का)
3. D = Division (भाग)
4. M = Multiplication (गुणा)
5. A = Addition (जोड़)
6. S = Subtraction (घटाव)

किसी भी प्रश्न में उपर्युक्त चिह्न यदि आते हैं, तो उनके सरलीकरण में ध्यान रखें कि उक्त क्रम का अनुसरण करना आवश्यक है।

समस्याएँ सीधे रूप में नहीं पूछी जाती हैं, आपको प्रश्न में दिए गए मूल चिह्नों को बदलकर उसका मान निकालने को कहा जाता है।

उदाहरण 1. यदि $40 + 10 = 30$, $18 + 8 = 10$, तो $60 + 60 = ?$

(a) 120 (b) 3600
(c) 0 (d) 90

हल (c) हम देखते हैं, कि उदाहरण में दिए गए हल में $40 + 10 = 30$ तथा $18 + 8 = 10$ है, जो कि घटाने पर प्राप्त होता है, अत:

$$60 + 60 = 60 - 60 = \mathbf{0}$$

उदाहरण 2. यदि $15 \times 20 \times 60 = 20 \times 60 \times 15$
$21 \times 42 \times 63 = 42 \times 63 \times 21$
तो $19 \times 17 \times 41 = ?$

(a) $17 \times 19 \times 41$ (b) $17 \times 41 \times 19$
(c) $19 \times 41 \times 17$ (d) $41 \times 19 \times 17$

हल (b) प्रश्न में दिए गए उदाहरण में बीच की संख्या प्रारम्भ में अन्तिम संख्या को बीच में तथा प्रारम्भ की संख्या को अन्त में लिखा गया है

इसलिए $19 \times 17 \times 41 = \boxed{17 \times 41 \times 19}$

उदाहरण 3. यदि + का अर्थ ×, × का अर्थ ÷, ÷ का अर्थ – तथा – का अर्थ + हो, तो $(22 \times 2 \div 4 - 5) + 8 = ?$

(a) 14 (b) 28
(c) 96 (d) 56
(e) उपर्युक्त में से कोई नहीं

हल (c) निर्देशानुसार चिह्न बदलने पर प्राप्त हुआ

व्यंजक $= (22 \div 2 - 4 + 5) \times 8$
$= (11 - 4 + 5) \times 8$
$\Rightarrow = (16 - 4) \times 8$
$\Rightarrow (12) \times 8 = \mathbf{96}$

विकल्प (c) में 96 है।

उदाहरण 4. यदि 10×2 का अर्थ 5, $10 \div 4$ का अर्थ 14, $10 + 4$ का अर्थ 6 तथा $10 - 4$ का अर्थ 40 है, तो
$10 \times 5 \div 4 + 3 - 2 = ?$

(a) 4 (b) 0
(c) 15 (d) 2

हल (b) उपर्युक्त निर्देश को देखने से पता चलता है कि × का अर्थ ÷ है, ÷ का अर्थ + है, + का अर्थ है – है तथा – का अर्थ × है,

इसलिए निर्देशानुसार, चिह्न बदलने पर,

व्यंजक $= 10 \div 5 + 4 - 3 \times 2$
$= 2 + 4 - 3 \times 2 = 2 + 6 - 6 = 6 - 6 = \boxed{0}$

विकल्प (b) में 0 है।

उदाहरण 5. यदि + का अर्थ ÷, – का अर्थ ×, ÷ का अर्थ + एवं × का अर्थ – हो, तो निम्नलिखित में से कौन-सा समीकरण सही है?

(a) $2 - 40 + 10 \div 6 \times 8 = 5$
(b) $20 \div 7 - 30 + 6 \div 2 = 43$
(c) $10 - 2 \div 4 \times 10 + 5 = 32$
(d) $10 \div 5 - 4 \times 18 + 13 = 24$

हल (d) विकल्प (a) चिह्न बदलने पर :

$2 \times 40 \div 10 + 6 - 8 = 5$
$\Rightarrow 2 \times 4 + 6 - 8 = 5$
$\Rightarrow 8 + 6 - 8 = 5$
$\Rightarrow 14 - 8 = 5$
$\Rightarrow$ **6 = 5** गलत है।

विकल्प (b) $20 + 7 \times 30 \div 6 + 2 = 40$
$\Rightarrow 20 + 7 \times 5 + 2 = 43$
$\Rightarrow 20 + 35 + 2 = 43$
$\Rightarrow$ **57 = 43** गलत है।

विकल्प (c)

$10 \times 2 + 4 - 10 \div 5 = 32$
$\Rightarrow 10 \times 2 + 4 - 2 = 32$
$\Rightarrow 20 + 4 - 2 = 32$
$\Rightarrow 24 - 2 = 32$
$\Rightarrow$ **22 = 32** गलत है।

विकल्प (d)

$10 + 5 \times 4 - 18 \div 3 = 24$
$\Rightarrow 10 + 5 \times 4 - 6 = 24$
$\Rightarrow 10 + 20 - 6 = 24$
$\Rightarrow 30 - 6 = 24$
$\Rightarrow$ **24 = 24** सही है।

अत: विकल्प (d) सही हुआ।

प्रश्नावली

1. यदि 'A' का अर्थ '×', 'B' का अर्थ '–' और 'C' का अर्थ '+' हो, तो → (6 A 6) B (10 B 5) C (2 C 2) = ?
(a) 15 (b) 20
(c) – 30 (d) 35
(e) इनमें से कोई नहीं

2. यदि '+' का अर्थ '–', '–' का अर्थ '×', '×' का अर्थ '÷' और '÷' का अर्थ '+' हो, तो → 36 + 20 – 3 × 30 ÷ 2 = ?
(a) 12 (b) 30
(c) – 36 (d) 36
(e) इनमें से कोई नहीं

3. यदि '×' का अर्थ '–', '–' का अर्थ '×, '+' का अर्थ '÷' और '÷' का अर्थ '+' हो, तो → 10 – 10 × 50 – 2 + 20 ÷ 10 = ?
(a) 100 (b) 105
(c) 65 (d) 205
(e) इनमें से कोई नहीं

4. यदि '÷' का अर्थ '+', '–' का अर्थ '÷, '×' का अर्थ '–' और '+' का अर्थ '×' हो, तो → $\frac{(36 \times 4) - 8 \times 4}{4 + 8 \times 2 \div 1} = ?$
(a) 8 (b) 16
(c) 1 (d) 0
(e) इनमें से कोई नहीं

5. यदि '+' का अर्थ '×', '–' का अर्थ '÷', '×' का अर्थ '+' और '÷' का अर्थ '–' हो, तो → 20 ÷ 10 + 3 – 15 × 3 = ?
(a) 21 (b) 20
(c) 15 (d) 10
(e) इनमें से कोई नहीं

6. यदि '+' का अर्थ '÷', '÷' का अर्थ '–' का अर्थ '×' और '×' का अर्थ '+' हो, तो → 12 + 6 ÷ 3 – 2 × 8 = ?
(a) 8 (b) 2
(c) 4 (d) – 2
(e) इनमें से कोई नहीं

7. यदि '+' का अर्थ '÷', '–' का अर्थ '×', '÷' का अर्थ '–' और '×' का अर्थ '+' हो, तो → 8 + 6 ÷ 4 – 7 × 3 ?
(a) $\frac{42}{3}$ (b) $-\frac{71}{3}$
(c) 12 (d) $-\frac{23}{2}$
(e) इनमें से कोई नहीं

8. यदि '+' का अर्थ '–', '–' का अर्थ '÷', '÷' का अर्थ '×' और '×' का अर्थ '+' हो, तो → 10 × 5 ÷ 4 – 2 + 2 = ?
(a) 18 (b) – 3
(c) – 8 (d) – 18
(e) इनमें से कोई नहीं

9. यदि '×' का अर्थ '–', '–' का अर्थ '÷', '+' का अर्थ '×' और '÷' का अर्थ '+' हो, तो निम्नलिखित समीकरण का मान क्या होगा?
16 × 8 ÷ 4 × 3 + 9 = ?
(a) 10 (b) 9
(c) 19 (d) – 15
(e) इनमें से कोई नहीं

10. यदि '+' का अर्थ '÷', '÷' का अर्थ '–', '–' का अर्थ '×' और '×' का अर्थ '+' हो, तो → 8 + 2 ÷ 3 – 4 × 6 = ?
(a) $15\frac{1}{3}$ (b) 12
(c) – 15 (d) – 2
(e) इनमें से कोई नहीं

11. यदि '+' का अर्थ '×', '–' का अर्थ '+' और '×' का अर्थ '+' हो, तो → 5 + 4 – 18 × 3 का मान क्या होगा?
(a) 26 (b) 14
(c) – 34 (d) 6
(e) इनमें से कोई नहीं

12. यदि '+' का अर्थ '–', '–' का अर्थ '×', '÷' का अर्थ '+' और '×' का अर्थ '÷' हो, तो → 10 × 5 ÷ 3 – 2 + 3 = ?
(a) 7 (b) $17\frac{2}{3}$
(c) $-2\frac{6}{16}$ (d) 5
(e) इनमें से कोई नहीं

13. यदि '+' का अर्थ '×', '–' का अर्थ '÷', '×' का अर्थ '–' और '÷' का अर्थ '+' हो, तो → 9 + 8 + 8 – 4 × 9 = ?
(a) 65 (b) 11
(c) 17 (d) 26
(e) इनमें से कोई नहीं

14. यदि 'x' का अर्थ '+', 'y' का अर्थ '–', 'z' का अर्थ '÷' एवं 'p' का अर्थ '×' हो, तो → 10p 2x 5y 5 का मान क्या होगा?
(a) 25 (b) 10
(c) 15 (d) 20
(e) इनमें से कोई नहीं

15. यदि '–' का अर्थ '+', '+' का अर्थ '–', '×' का अर्थ '÷' और '÷' का अर्थ '×' हो, तो नीचे लिखे गये समीकरणों में से कौन-सा समीकरण सत्य है?
(a) 30 + 5 – 4 ÷ 10 × 5 = 58
(b) 30 + 5 ÷ 4 – 10 × 5 = 22
(c) 30 – 5 + 4 ÷ 10 × 5 = 62
(d) 30 × 5 – 4 ÷ 10 + 5 = 41
(e) इनमें से कोई नहीं

16. यदि '+' का अर्थ '÷', '×' का अर्थ '+', '–' का अर्थ '×' और '÷' का अर्थ '–' हो, तो नीचे लिखे गये समीकरण में से कौन-सा समीकरण सत्य है?
(a) 36 + 6 – 3 × 5 ÷ 3 = 20
(b) 36 × 6 + 7 ÷ 2 – 6 = 24
(c) 36 ÷ 6 + 3 × 5 – 3 = 45
(d) 36 – 6 + 3 × 5 ÷ 3 = 64
(e) इनमें से कोई नहीं

17. यदि '+' का अर्थ '×', '÷' का अर्थ '–', '×' का अर्थ '+' और '–' का अर्थ '+' हो, तो निम्नलिखित व्यंजक का मान क्या होगा?
4 + 11 ÷ 5 – 55 = ?
(a) – 46.5 (b) – 11
(c) 94 (d) 79
(e) इनमें से कोई नहीं

18. यदि P = 6, J = 4, L = 8 और M = 24 हो, तो दी गई संख्याओं में से कौन-सी संख्या निम्नलिखित समीकरण का अभीष्ट मान होगा?
M × J ÷ L + J = ?
(a) 16 (b) 0
(c) 36 (d) 8
(e) 52

19. यदि '×' का अर्थ '÷', '–' का अर्थ '×', '÷' का अर्थ '+' और '+' का अर्थ '–' हो, तो → (3 – 18 ÷ 11) × 13 ÷ 6 का मान क्या होगा?
(a) 18 (b) 13
(c) 11 (d) 1
(e) इनमें से कोई नहीं

20. यदि '+' का अर्थ '÷', '×' का अर्थ '–', '÷' का अर्थ '×' और '–' का अर्थ '+' हो, तो निम्नलिखित व्यंजक का मान क्या होगा?
9 + 3 ÷ 4 – 8 × 2 = ?
(a) $-6\frac{1}{4}$ (b) $6\frac{3}{4}$
(c) 18 (d) $-1\frac{3}{4}$
(e) इनमें से कोई नहीं

21. यदि '×' का अर्थ '÷', '–' का अर्थ '×, '÷' का अर्थ '+' और '+' का अर्थ '–' हो, तो → (3 – 15 ÷ 11) × 8 + 6 = ?
(a) 1 (b) 4
(c) 0 (d) 8
(e) इनमें से कोई नहीं

22. यदि '+' का अर्थ '×', '–' का अर्थ '÷', '×' का अर्थ '+' और '÷' का अर्थ '–' हो, तो → (18 + 10 × 20) – 8 ÷ 6 = ?
(a) 35 (b) 92
(c) 26 (d) 19
(e) इनमें से कोई नहीं

23. निम्नलिखित प्रश्न में प्रयुक्त चिह्न इस प्रकार हैं—

Δ = के बराबर
⊗ = के बराबर नहीं
\+ = से बड़ा
∅ = से कम
– = से कम नहीं
O = से बड़ा नहीं

प्रश्न को पढ़िए और सही उत्तर पर निशान लगाइए यदि **X-Y-Z** तो यह नहीं है—

(a) X O Y + Z (b) X ⊗ Y Δ Z
(c) X ∅ Y + Z (d) X ∅ Y – Z

24. यदि – का अर्थ +, + का अर्थ ×, ÷ का अर्थ –, × का अर्थ ÷ है, तो 27 + 3 ÷ 6 + 9 – 8 = ?
(a) 15 (b) 14·5
(c) 35 (d) 3·5

25. यदि '**a**' '÷' को दर्शाता है, '**b**' + को दर्शाता है, '**c**' – को दर्शाता है और '**d**' × को दर्शाता है तो 24a6d4b9c8 = ?
(a) 6 (b) 20
(c) 19 (d) 17

26. कुछ समीकरण किसी व्यवस्था के आधार पर हल किए गए हैं, उसी आधार पर हल न किए गए समीकरण का सही उत्तर ज्ञात कीजिए.
7 × 6 × 4 = 674, 8 × 5 × 3 = 583, 9 × 1 × 2 = ?
(a) 462 (b) 727
(c) 192 (d) 292

27. यदि '+' का मान '×', '–' का मान '÷', '×' का मान '–' और '÷' का मान '+' तब 16 ÷ 64 – 8 × 4 + 2 का मान क्या होगा?
(a) 18 (b) 12
(c) 24 (d) 16

28. ÷ और ×, 10 और 5 को परस्पर बदलने पर निम्नलिखित में से क्या सही समीकरण बन जाता है?
(a) (30 ÷ 5) × 10 = 24
(b) (30 × 10) ÷ 5 = 60
(c) (30 ÷ 10) × 5 = 18
(d) (10 ÷ 30) × 5 = 70

29. नीचे दिए गए मानों का प्रयोग करके प्रश्न को हल कीजिए और उत्तर संख्यात्मक मान में दीजिए।
▭ = 10 ◇ = 6 Δ = 15 ○ = 3 □ = 9
(Δ + □) ÷ ○
(a) 10 (b) 6
(c) 12 (d) 8

30. यदि '–' का अर्थ है '+', '+' का अर्थ है '×' और '×' का अर्थ है '–' तो निम्नलिखित में से कौन-सा समीकरण सही नहीं है?
(a) 22 + 7 – 3 × 9 = 148
(b) 33 × 5 – 10 + 20 = 228
(c) 7 + 28 – 3 × 52 = 127
(d) 44 – 9 + 6 × 11 = 87

31. यदि '×' है '+' के लिए '÷' है '×' के लिए '–' है '+' के लिए और '+' है '–' के लिए, तो निम्न में से कौन-सा सही है?
(a) 40 ÷ 8 + 10 × 5 – 8 = 47
(b) 40 × 8 ÷ 10 + 5 – 8 = 123
(c) 40 ÷ 8 – 10 × 5 + 8 = 314
(d) 40 ÷ 8 – 10 × 5 + 8 = – 35

32. यदि '–' का अर्थ है जोड़ाना, '+' का अर्थ है घटाना, '+' का अर्थ है गुणा और '×' का अर्थ है भाग, तो निम्नलिखित में से कौन-सा समीकरण सही है?
(a) 50 × 5 ÷ 2 – 30 + 25 = 25
(b) 50 – 30 + 5 ÷ 2 × 30 = 25
(c) 40 + 35 × 2 – 50 ÷ 30 = 95
(d) 30 × 2 – 25 + 50 ÷ 5 = 100

33. निम्नलिखित समीकरण को सन्तुलित करने और * चिह्नों के स्थान पर प्रतिस्थापित करने के लिए गणितीय चिह्नों का सही क्रम समूह चुनिए—
12 * 3 * 4 = 6 * 8 * 8
(a) +, ×, –, × (b) ×, +, –, ×
(c) ×, +, ×, – (d) ×, –, ×, +

34. यदि '**P**' का अर्थ है '+', '**Q**' का अर्थ है '–', ''**R**' का अर्थ है '÷' और **S** का अर्थ है '×', तो निम्नलिखित समीकरण का मान क्या होगा?
18 S 36 R 12 Q 6 P 7 = ?
(a) 648 (b) 25
(c) 115 (d) 55

35. यदि ▭ का अर्थ है +, '□' का अर्थ है '×', '◯' का अर्थ है '–', 'Δ' का अर्थ है '÷', तो 15 ▭ 5 □ 4 ◯ P 16 Δ 8 = ?
(a) 12 (b) 16
(c) 28 (d) 33

36. यदि '×' का अर्थ है '+', '÷' का अर्थ है '–', '+' का अर्थ है '÷' और '–' का अर्थ है '×' तो दिए गए समीकरण का मान क्या होगा?
14 × 4 ÷ 70 + 10 – 2 = ?
(a) 33 (b) 15
(c) 30 (d) 4

37. यदि **P** का अर्थ है +, **Q** का अर्थ है ×, **B** का अर्थ है + और **G** का अर्थ है '–', तो निम्नलिखित समीकरण का मान ज्ञात कीजिए :
19 G 9 P15 B 5 Q 2 = ?
(a) 16 (b) 20
(c) 32 (d) 40

38. यदि × का अर्थ है +, + का अर्थ है ÷, – का अर्थ है × और '÷' का अर्थ है – तो
6 × 4 – 5 + 2 ÷ 1 = ?
(a) 10 (b) 11
(c) 12 (d) 15

39. यदि '**S**', का अर्थ है '–', '**Q**' का अर्थ है '×', '**R**' का अर्थ है '÷' और '**P**' का अर्थ है '+', तो
1 P 45 R 2 Q 2 S 4 = ?
(a) 40 (b) 42
(c) 36 (d) 36

40. निम्नलिखित समस्या में—

= ÷ के लिए है	+ – के लिए है
× = के लिए है	– > के लिए है
> + के लिए है	< × के लिए है
÷ < के लिए है	

नए प्रतीक बदले जाने पर केवल एक गलत होगा, गलत पहचानिए—
(a) 4 > 2 < 5 + 8 – 5
(b) 4 < 2 + 5 + 8 × 5
(c) 4 = 2 + 5 > 8 × 5
(d) 4 < 2 > 5 + 8 × 5

41. यदि **P** '÷' को निर्दिष्ट करता है, **R** '×' को, '**R** + को और **S** – को निर्दिष्ट करता है, तो
12 Q 15 P 3 R 4 S 6 = ?
(a) 68 (b) 70
(c) 57 (d) 58

42. यदि '+' के लिए '×', '×' के लिए '–', '÷' के लिए '+' और '–' के लिए '÷' लिखा जाए, तो निम्नलिखित में से कौन-सा सही है?
(a) 15 × 12 ÷ 18 – 4 = 40
(b) 72 + 9 – 13 ÷ 6 = 80
(c) 36 + 4 – 3 × 4 = 23
(d) 56 ÷ 13 – 14 + 6 = 160

43. यदि '÷' का अर्थ है '–', '–' का अर्थ '×', '×' का अर्थ है '+' और '+' का अर्थ है '÷', तो
20 × 60 ÷ 40 – 20 + 10 = ?
(a) 60 (b) 80
(c) 0 (d) 40

44. यदि '–' योग के लिए हो और '+' घटाने के लिए, '÷' गुणन के लिए तथा '×' विभाजन के लिए हो, तो निम्नलिखित में कौन-सा समीकरण सही है?
(a) 25 × 5 ÷ 20 – 27 + 7 = 120
(b) 25 + 5 × 27 ÷ 7 = 128
(c) 25 + 5 – 20 + 27 × 7 = 95
(d) 25 – 5 + 20 × 27 ÷ 7 = 100

45. यदि '–', '÷' का संकेत हो, '+', '×' का '÷', '–' का तथा '×', '+' का संकेत हो, तो निम्न. लिखित में से कौन-सा सही है?
(a) 10 × 5 ÷ 5 + 5 – 5 = 0
(b) 10 ÷ 5 × 5 ÷ 5 = 5
(c) 10 + 5 – 5 ÷ 5 × 5 = 10
(d) 10 – 5 + 5 ÷ 5 × 5 = 25

46. यदि '–' का अर्थ है '×', '×' का अर्थ है '+', '+' का अर्थ है '÷', और '÷' का अर्थ है '–' तो—
40 × 12 + 3 – 6 ÷ 60 = ?
(a) 44 (b) 16
(c) 7·95 (d) 4

47. यदि '+' का अर्थ है भाग, '–' का अर्थ है गुणा, '×' का अर्थ है घटाना और '÷' का अर्थ है जोड़ना तो–

(280 + 10 × 20) – 8 ÷ 6 = ?

(a) 58 (b) 70
(c) 112 (d) 392

48. यदि '–' R के लिए है, '+' A के लिए है, '÷' B के लिए है एवं '×' 'C' के लिए है, तो दत्त समीकरण का मूल्य क्या है? (BODMAS नियम लागू नहीं)

25 A 37 C 2 B 4 R 1 = ?

(a) 32 (b) 35
(c) 30 (d) 27

49. यदि A + के लिए है, Q – के लिए है V × के लिए है, R ÷ के लिए है, तो दिए गए समीकरण का मान क्या होगा?

225 R 5 A 64 Q 13 V 6 = ?

(a) 576 (b) 376
(c) 31 (d) 476

50. यदि A का अर्थ है ×, D का अर्थ है +, K का अर्थ है ÷ और N का अर्थ है –, तो–

20 D 15 A 6 N 13 A 4 = ?

(a) 158 (b) 328
(c) 468 (d) 58

उत्तर (हल/संकेत)

1. (d) दिया गया व्यंजक–
(6 A 6) B (10 B 5) C (2 C 2) = ?
प्रश्नानुसार, गणितीय चिह्नों को परिवर्तित करने पर–
(6 × 6) – (10 – 5) + (2 + 2)
= 36 – 5 + 4
= 40 – 5 = 35
अतः ? ⇒ **35**

2. (d) दिया गया व्यंजक–
36 + 20 – 3 × 30 ÷ 2 = ?
प्रश्नानुसार, गणितीय चिह्नों को परिवर्तित करने पर–
= 36 – 20 × 3 ÷ 30 + 2 = ?
= 36 – 60 ÷ 30 + 2
= 36 – 2 + 2
= 38 – 2 = 36
अतः ? ⇒ **36**

3. (b) दिया गया व्यंजक–
10 – 10 × 50 – 2 + 20 ÷ 10 = ?
प्रश्नानुसार, गणितीय चिह्नों को परिवर्तित करने पर–
= 10 × 10 – 50 × 2 ÷ 20 + 10
= 100 – 100 ÷ 20 + 10
= 100 – 5 + 10
= 110 – 5 = 105
अतः ? ⇒ **105**

4. (d) दिया गया व्यंजक–
$\frac{(36\times4)-8\times4}{4+8\times2+16\div1}=?$
प्रश्नानुसार, गणितीय चिह्नों को परिवर्तित करने पर–
$\frac{(36-4)\div8-4}{4\times8-2\times16+1}=?$
$=\frac{32\div8-4}{32-32+1}=\frac{0}{1}=0$
अतः ? ⇒ **0**

5. (a) दिया गया व्यंजक–
20 ÷ 10 + 3 – 15 × 3 = ?
प्रश्नानुसार, गणितीय चिह्नों को परिवर्तित करने पर–
20 – 10 × 3 ÷ 15 + 3 = ?
$=20-\frac{10\times3}{15}+3=21$
अतः ? ⇒ **21**

6. (c) दिया गया व्यंजक–
12 + 6 ÷ 3 – 2 × 8 = ?
प्रश्नानुसार, गणितीय चिह्नों को परिवर्तित करने पर–
12 ÷ 6 – 3 × 2 + 8 = ?
= 2 – 6 + 8 = 4
अतः ? ⇒ **4**

7. (b) दिया गया व्यंजक–
8 + 6 ÷ 4 – 7 × 3 = ?
प्रश्नानुसार, गणितीय चिह्नों को परिवर्तित करने पर–
8 ÷ 6 – 4 × 7 + 3 = ?
$=\frac{8}{6}-28+3=3+\frac{8}{6}-28$
$=\frac{26}{6}-28=-\frac{71}{3}$
अतः ? ⇒ $-\frac{71}{3}$

संक्षिप्त विधि : $\frac{4}{3}\underset{\times}{\ }-25=-\frac{71}{3}$

8. (a) दिया गया व्यंजक–
10 × 5 ÷ 4 – 2 + 2 = ?
प्रश्नानुसार, गणितीय चिह्नों को परिवर्तित करने पर–
10 + 5 × 4 ÷ 2 – 2 = ?
= 10 + 5 × 2 – 2 = 20 – 2 = 18
अतः ? ⇒ **18**

9. (d) दिया गया व्यंजक–
16 × 8 ÷ 4 × 3 + 9 = ?
प्रश्नानुसार, गणितीय चिह्नों को परिवर्तित करने पर–
16 – 8 + 4 – 3 × 9 = ?
= 16 – 8 + 4 – 27
= 16 + 4 – 8 – 27 = 20 – 35 = – 15
अतः ? ⇒ **– 15**

10. (d) दिया गया व्यंजक–
8 + 2 ÷ 3 – 4 × 6 = ?
प्रश्नानुसार, गणितीय चिह्नों को परिवर्तित करने पर–
8 ÷ 2 – 3 × 4 + 6 = ?
= 4 – 12 + 6 = 10 – 12 = – 2
अतः ? ⇒ **– 2**

11. (a) दिया गया व्यंजक–
5 + 4 – 18 × 3 = ?
प्रश्नानुसार, गणितीय चिह्नों को परिवर्तित करने पर–
5 × 4 + 18 ÷ 3 = ?
= 20 + 6 = 26
अतः ? ⇒ **26**

12. (d) दिया गया व्यंजक–
10 × 5 ÷ 3 – 2 + 3 = ?
प्रश्नानुसार, गणितीय चिह्नों को परिवर्तित करने पर–
10 ÷ 5 + 3 × 2 – 3 = ?
= 2 + 6 – 3 = 5
अतः ? ⇒ **5**

13. (a) दिया गया व्यंजक–
9 + 8 ÷ 8 – 4 × 9 = ?
प्रश्नानुसार, गणितीय चिह्नों को परिवर्तित करने पर–
9 × 8 + 8 ÷ 4 – 9 = ?
= 72 + 2 – 9 = 65
अतः ? ⇒ **65**

14. (d) दिया गया व्यंजक–
10p 2x 5y 5 = ?
प्रश्नानुसार, अक्षरों को गणितीय चिह्नों में परिवर्तित करने पर–
10 × 2 + 5 – 5 = ?
= 25 – 5 = 20
अतः ? ⇒ **20**

15. (d) विकल्प (d) से–
30 × 5 – 4 ÷ 10 + 5 = 41
प्रश्नानुसार, गणितीय चिह्नों को परिवर्तित करने पर–
30 ÷ 5 + 4 × 10 – 5 = 41
= 6 + 40 – 5 = 41
= 46 – 5 = 41
अतः विकल्प (d) सत्य है।

16. (a) विकल्प (a) से–
36 + 6 – 3 × 5 ÷ 3 = 20
प्रश्नानुसार, गणितीय चिह्नों को परिवर्तित करने पर–
36 ÷ 6 × 3 + 5 – 3 = 20
= 6 × 3 + 5 – 3 = 20

$= 23 - 3 = 20$ or, $20 = 20$
अत: विकल्प (a) सत्य है।

17. (c) दिया गया व्यंजक–
$4 + 11 \div 5 - 55 = ?$
प्रश्नानुसार, गणितीय चिह्नों को परिवर्तित करने पर–
$4 \times 11 - 5 + 55 = ?$
$= 44 - 5 + 55$
$= 55 + 44 - 5 = 94$
अत: **? ⇒ 94**

18. (a) दिया गया व्यंजक–
$M \times J \div L + J = ?$
प्रश्नानुसार, अक्षरों के आंकिक मान बैठाने पर–
$24 \times 4 \div 8 + 4 = ?$
$= 24 \times \frac{1}{2} + 4 = 16$
अत: **? ⇒ 16**

19. (c) दिया गया व्यंजक–
$(3 - 18 \div 11) \times 13 \div 6 = ?$
प्रश्नानुसार, गणितीय चिह्नों को परिवर्तित करने पर–
$(3 \times 18 + 11) \div 13 + 6 = ?$
$= (54 + 11) \div 13 + 6$
$= 65 \div 13 + 6$
$= 5 + 6 = 11$
अत: **? ⇒ 11**

20. (c) दिया गया व्यंजक–
$9 + 3 \div 4 - 8 \times 2 = ?$
प्रश्नानुसार, गणितीय चिह्नों को परिवर्तित करने पर–
$9 \div 3 \times 4 + 8 - 2 = ?$
$20 - 2 = 18$
अत: **? ⇒ 18**

21. (a) दिया गया व्यंजक–
$(3 - 15 \div 11) \times 8 + 6 = ?$
प्रश्नानुसार, गणितीय चिह्नों को परिवर्तित करने पर–
$(3 \times 15 + 11) \div 8 - 6 = ?$
$= 56 \div 8 - 6 = 7 - 6 = 1$
अत: **? ⇒ 1**

22. (d) दिया गया व्यंजक–
$(18 + 10 \times 20) - 8 \div 6 = ?$
प्रश्नानुसार, गणितीय चिह्नों को परिवर्तित करने पर–
$= (18 \times 10 + 20) \div 8 - 6 = ?$
$= (200) \div 8 - 6$
$= 25 - 6 = 19$
अत: **? ⇒ 19**

23. (a) $X - Y - Z \Rightarrow X \geq Y \geq Z$
विकल्प से,
$X\ O\ Y + Z \Rightarrow X \leq Y > Z$

24. (c) $27 \times 3 - 6 \times 9 + 8 = 81 - 54 + 8$
$= 27 + 8 = 35$

25. (d) $24a6d4b9c8 = 24 \div 6 \times 4 + 9 - 8$
$= 16 + 9 - 8 = 17$

26. (c) जिस प्रकार,
$7 \times 6 \times 4 = 674$
और,
$8 \times 5 \times 3 = 583$
उसी प्रकार,
$9 \times 1 \times 2 = \boxed{192}$

27. (d) $16 \div 64 - 8 \times 4 + 2$
$= 16 + 64 \div 8 - 4 \times 2$
$= 16 + 8 - 8 = 16$

28. (b) $(30 \times 10) \div 5 = 60$
चिह्न बदलने पर,
$(30 \div 5) \times 10 = 6 \times 10 = 60$

29. (d) $(\Delta + \square) \div O = (15 + 9) \div 3$
$= 24 \div 3 = 8$

30. (c) $22 \times 7 + 3 - 9 = 154 + 3 - 9 = 148$
$33 - 5 + 10 \times 20 = 33 - 5 + 200 = 228$
$7 \times 28 + 3 - 52 = 196 + 3 - 52$
$= 147$ (यह सही नहीं है)
$44 + 9 \times 6 - 11 = 44 + 54 - 11 = 87$

31. (b) $48 \times 8 \div 10 + 5 - 8$
चिह्न बदलने पर,
$= 40 + 8 \times 10 - 5 + 8$
$= 40 + 80 - 5 + 8 = 123$

32. (a) चिह्नों को बदलने पर–
$50 \div 5 \times 2 + 30 - 25$
$= 10 \times 2 + 30 - 25$
$= 20 + 30 - 25 = 25$

33. (c) $12 \times 3 + 4 = 6 \times 8 - 8$
$36 + 4 = 48 - 8$
$40 = 40$

34. (d) $18\ S\ 36\ R\ 12\ Q\ 6\ P\ 7 = 18 \times 36 \div 12 - 6 + 7$
$= 54 - 6 + 7 = 55$

35. (d) $15 \ \square\ 5\ \square + O\ 16\ \Delta\ 8$
$\Rightarrow 15 + 5 \times 4 - 16 \div 8$
$15 + 20 - 2 = 33$

36. (d) $14 + 4 - 70 \div 10 \times 2$
$= 14 + 4 - 7 \times 2$
$= 14 + 4 - 14 = 4$

37. (a) $19\ G\ 9\ P\ 15\ B\ 5\ Q\ 2 = 19 - 9 + 15 \div 5 \times 2$
$= 19 - 9 + 3 \times 2$
$= 19 - 9 + 6$
$= 25 - 9 = 16$

38. (d) प्रश्नानुसार,
$6 \times 4 - 5 + 2 \div 1 = 1 + 4 \times 5 \div 2 - 1$
$= 6 + 10 - 1 = 15$

39. (b) $1\ P\ 45\ R\ 2\ Q\ 2\ S\ 4$
$= 1 + 45 \div 2 \times 2 - 4$
$= 1 + 45 - 4 = 42$

40. (b) $4 > 2 < 5 + 8 - 5$
$= 4 + 2 \times 5 - 8 > 5$
$\Rightarrow 6 > 5$ (सत्य)
$4 < 2 + 5 + 8 \times 5$
$= 4 \times 2 - 5 - 8 = 5$
$\Rightarrow -5 = 5$ (असत्य)
$4 = 2 + 5 > 8 \times 5$
$\Rightarrow \quad 4 \div 2 - 5 + 8 = 5$
$\Rightarrow 5 = 5$ (सत्य)
$4 < 2 > 5 + 8 \times 5 \Rightarrow 4 \times 2 + 5 - 8 = 5$
$5 = 5$ (असत्य)

41. (d) $12\ Q\ 15\ P\ 3\ R\ 4\ S\ 6 = 12 \times 15 \div 3 + 4 - 6$
$= 12 \times 5 + 4 - 6$
$= 60 + 4 - 6$
$= 64 - 6$
$? = 58$

42. (c) $36 \div 4 \times 3 - 4 = 27 - 4 = 23$

43. (c) प्रश्नानुसार,
$20 + 60 - 40 \times 20 \div 10$
$= 20 + 60 - 40 \times 2$
$= 20 + 60 - 80 = 0$

44. (a) $25 \div 5 \times 20 + 27 - 7 = 120$
(सही)
$25 - 5 \div 20 + 27 \times 7 = 190$
(गलत)
$25 - 5 + 20 - 27 \div 7 = \frac{253}{7}$
(गलत)
$25 + 5 - 20 \div 27 \times 7 = \frac{670}{27}$
(गलत)

45. (c) $10 + 5 - 5 \div 5 \times 5 = 10$
प्रश्नानुसार, चिह्नों के क्रम बदलने पर–
$10 \times 5 \div 5 - 5 + 5$
$= 10 \times 1 - 5 + 5$
$= 10 - 5 + 5$
$= 15 - 5 = 10$

46. (d) $40 \times 12 + 3 - 6 \div 60$
$\Rightarrow 40 + 12 \div 3 \times 6 - 60$
$= 40 + 4 \times 6 - 60$
$= 40 + 24 - 60$
$= 64 - 60 = 4$

47. (b) $(280 + 10 \times 20) - 8 \div 6 = (280 \div 10 - 20) \times 8 + 6$
$= (28 - 20) \times 8 + 6$
$= 8 \times 8 + 6$
$= 64 + 6 = 70$

48. (c) $25\ A\ 37\ C\ 2\ B\ 4\ R\ 1$
$\Rightarrow 25 + 37 \times 2 \div 4 - 1$
$= 62 \times 2 \div 4 - 1$
$= 124 \div 4 - 1$
$= 31 - 1 = 30$

49. (c) $225\ R\ 5A\ 64\ Q\ 13\ V\ 6$
$= 225 \div 5 + 64 - 13 \times 6$
$= 45 + 64 - 78 = 31$

50. (d) $20\ D\ 15\ A\ 6\ M\ 13\ A\ 4 = 20 + 15 \times 6 - 13 \times 4$
$= 20 + 90 - 52 = 58$

❑❑❑

अध्याय **15**

औपबंधिक संख्या/अक्षर को ज्ञात करना

औपबंधिक संख्या/अक्षर (Conditional Number/Letter)—वह संख्या जो दी गई संख्याओं/अक्षरों के समूह में से किसी निर्धारित शर्त के अनुरूप एक विशेष निश्चित संख्या/अक्षर होती है उसे औपबंधिक संख्या/अक्षर (Conditional-Number/ Letter) कहते हैं।

इस प्रकार की परीक्षा में एक संख्याओं/अक्षरों की शृंखला दी गई होती है। जिनमें से प्रतियोगियों को प्रश्न में दी गई निर्धारित शर्तों के अनुरूप किसी विशेष निश्चित संख्या/अक्षर को ज्ञात करते हुए उस संख्या/अक्षर की कुल संख्या ज्ञात करनी होती है।

उदाहरण 1. निम्नलिखित संख्याओं की शृंखलाओं में ऐसे कितने '5' हैं जिनके ठीक पहले '4' है, लेकिन ठीक बाद में '3' नहीं है?

5 4 3 7 6 5 4 5 3 6 2 4 5 4 5 5 4 3 7 5 6 5 5 4 3 5

(a) 4 (b) 3

(c) 5 (d) 1

(e) 2

हल (b) 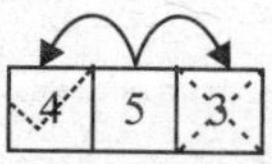

अर्थात् हमें शृंखला में स्थित उन सभी '5' को ज्ञात करना होगा जिनके पहले '4' हो लेकिन ठीक बाद में '3' नहीं हो।

दी गई शृंखला—5 4 3 7 6 5 4 5 3 6 2 4 [5] 4 [5] 5 4 3 7 5 6 4 [5] 5 4 3 5

यहाँ उपर्युक्त शृंखला में ऐसे केवल **'तीन'**, '5' हैं कि जिनके ठीक पहले '4' है लेकिन ठीक बाद में '3' नहीं है। अत: **अभीष्ट '5' की संख्या ⇒ 3 होगी।**

प्रश्नावली

1. निम्नलिखित शृंखला में ऐसे कितने '9' हैं जिनके ठीक पहले '6' हैं लेकिन ठीक बाद में '3' नहीं हैं?

9 6 2 3 9 6 9 6 8 2 9 6 9 5 4 2 9 5 9 6

(a) एक (b) दो

(c) तीन (d) चार

(e) इनमें से कोई नहीं

2. निम्नलिखित शृंखला में ऐसे कितने '2' हैं जिनके ठीक पहले '3' नहीं हो लेकिन ठीक बाद में '4' हो?

3 4 2 4 4 2 3 2 4 3 2 4 2 3 4 4 2 3 2 4 2 4 3 2 4

(a) 3 (b) 4

(c) 1 (d) 2

(e) इनमें से कोई नहीं

3. निम्नलिखित शृंखला में ऐसे कितने '8' हैं जिनके ठीक पहले '7' हों लेकिन ठीक बाद में '4' नहीं हों?

2 3 8 2 5 7 8 3 7 8 4 6 9 8 4 3 2 7 8 9 5 7 8 1 5 2 9

(a) एक (b) दो

(c) तीन (d) चार

(e) इनमें से कोई नहीं

4. निम्नलिखित संख्याओं की शृंखला में ऐसे कितने '6' हैं जिनके ठीक पहले '7' हो लेकिन ठीक बाद में '9' नहीं हो?

6 7 9 5 6 9 7 6 8 7 6 7 8 6 9 4 6 7 7 6 9 5 7 6 3

(a) एक (b) दो

(c) तीन (d) चार

(e) चार से अधिक

5. निम्नलिखित शृंखला में ऐसे कितने 'N' हैं जिनके ठीक बाद 'X' हो, लेकिन उस 'X' के ठीक बाद में 'T' न हो।

N X N T Q M N T M X N X C N Q M N N X Q N X T X NA M X N X M

(a) 7 (b) 4

(c) 5 (d) 2

(e) इनमें से कोई नहीं

6. निम्नलिखित संख्याओं की शृंखला में 1, 3 और 7 कितने बार एक साथ इस प्रकार क्रमबद्ध हैं कि '7' मध्य में हो तथा 1 और 3,'7' के दोनों बगल में हों?

2 9 7 3 1 7 3 7 7 1 3 3 1 7 3 8 5 7 1 3 7 7 1 7 3 9 0 6

(a) 5 (b) 3

(c) 4 (d) 5 से अधिक

(e) इनमें से कोई नहीं

7. नीचे दिए गए शृंखला में उन सभी '7' को गिनें जिनके ठीक पहले '5' नहीं हों, लेकिन ठीक बाद में '2' या '3' हो, बताएँ कि ऐसे कितने '7' शृंखला में हैं?

1 7 2 6 5 7 3 8 3 7 3 2 5 7 2 7 3 4 8 2 6 7 8

(a) 3 (b) 5

(c) 7 (d) 2

(e) 4

8. निम्नलिखित शृंखला में ऐसे कितने '5' हैं जिनके ठीक पहले '6' तथा ठीक बाद में 7 हों?

3 1 2 4 5 6 7 5 6 5 7 2 4 7 5 6 6 5 7

(a) 5 (b) 4

(c) 1 (d) 2

(e) 3

9. निम्नलिखित शृंखला में ऐसे कितने 'समसंख्याएँ' हैं जिनके ठीक पहले '6' तथा ठीक बाद में 3 हों?

6 6 3 6 8 3 9 4 3 6 7 3 6 4 3 2 8 6 4 6 8 2 6 6 3

(a) 2 (b) 3

(c) 4 (d) 1

(e) इनमें से कोई नहीं

10. निम्नलिखित शृंखला में ऐसे कितने '7' हैं जिनके ठीक पहले '6' हैं, लेकिन ठीक बाद में '4' नहीं हैं?

7 4 2 7 6 4 3 6 7 5 3 5 7 8 4 3 7 6 7 2 4 0 6 7 4 3

(a) 4 (b) 2
(c) 6 (d) 1
(e) इनमें से कोई नहीं

11. निम्नलिखित शृंखला में ऐसे कितने '9' हैं जिनके ठीक पहले '6' हैं, लेकिन ठीक बाद में '3' नहीं हैं?
6 9 3 7 6 9 6 3 9 6 4 6 9 4 7 6 6 6 9 3 6 9 7 6 9 2 9 6
(a) 5 (b) 4
(c) 2 (d) 3
(e) इनमें से कोई नहीं

12. 2 से विभाजित होने वाली संख्या के बाद और पहले कितने 7 आए हैं?
7, 2, 7, 6 , 7, 8, 7,5, 4, 7, 8, 5, 7, 6, 7, 2, 5, 7, 3 , 7 , 6, 8, 5, 7, 1, 7, 6, 7, 2, 7, 8, 6, 7, 2, 5
(a) 10 (b) 8
(c) 12 (d) 11

13. कितने 8 के बाद सम संख्या और पहले विषम संख्या है?
7, 8, 5, 6, 7, 8, 4, 3, 2, 1, 3, 8, 6, 4, 3, 7, 8, 4, 2, 1, 3, 8, 2, 8, 9
(a) 4 (b) 3
(c) 2 (d) 5

14. निम्नलिखित संख्या शृंखला में कितने 2, 1, 3 इस प्रकार उपस्थित हैं कि 1 बीच में है और दोनों 2 और 3 उसके किसी भी ओर हैं?
2, 1 , 3, 7, 2, 1, 3, 8, 2, 2, 3, 9, 3, 1, 2, 6, 5, 3, 2, 1, 7, 2, 3, 1, 2.
(a) 4 (b) 5
(c) 6 (d) 3

15. कितने '5' के बाद पूर्ण वर्ग और पहले सम संख्या है?
2 5 4 5 8 5 9 3 5 4 5 1 4 5 4
(a) 4 (b) 2
(c) 6 (d) 3

16. सम संख्या के बाद और विषम संख्या से पहले कितने '8' हैं?
1 8 4 3 8 1 4 8 3 2 8 7 8 4 8 5 6 8 7 8 4 1 8 6
(a) 3 (b) 4
(c) 9 (d) 5

17. निम्नलिखित संख्या शृंखला में ऐसे कितने '9' हैं जिनके बाद विषम संख्या और पहले सम संख्या है?
4 7 1 3 8 9 1 6 9 4 3 9 5 4 3 2 9 7 1 9 5 4 8 2 1 4 9 5 1 7 8
(a) 2 (b) 3
(c) 4 (d) 5

18. निम्नलिखित संख्या शृंखला में कितने '5' ऐसे हैं जिनके पहले '3' और बाद में '2' नहीं है?
5 2 4 3 5 4 6 7 8 5 3 2 5 7 3 5 6 4 2 3 5 4 7 5 2 3 5 8 3 5 6
(a) दो (b) तीन
(c) चार (d) चार से अधिक

19. निम्नलिखित संख्या शृंखला में ऐसे कितने '7' हैं, जिनसे पहले कोई सम संख्या है, किन्तु बाद में कोई विषम संख्या नहीं है?
4 3 7 5 2 3 7 2 1 3 6 7 5 4 2 7 4 2 7 1 2 2 7 6 5 7 2
(a) 3 (b) 4
(c) 1 (d) 2

20. निम्नांकित शृंखला में, कितनी 9 की संख्याएँ ऐसी हैं, जिनके पहले तथा बाद की संख्याएँ 2 द्वारा विभाज्य हैं?
89655359683496526973729413794173498453976153195742968532957489451
(a) 6 (b) 8
(c) 10 (d) 12

21. निम्नलिखित संख्या शृंखला में ऐसे कितने '4' हैं, जिनके तुरन्त बाद सम संख्या और तुरन्त पहले विषम संख्या है?
7 3 4 5 1 2 4 3 5 4 8 1 7 5 4 6 1 4 7 4 2 6 7 8 5 2
(a) 3 (b) 4
(c) 2 (d) 5

22. निम्नलिखित शृंखला में 8 से पहले और 7 के बाद न आने वाले कितने 6 हैं?
7 6 8 6 7 8 6 5 8 6 9 6 8 1 8 6 6 8 7 7 8 9 6 8 7 6
(a) 1 (b) 2
(c) 3 (d) 4

23. निम्नलिखित संख्या शृंखला में कितने '0' ऐसे हैं, जिनके तुरन्त बाद में 9 और तुरन्त पहले 5 की संख्याएँ हैं?
1 0 9 1 1 5 0 9 2 0 1 2 3 2 8 1 3 9 3 5 0 9 4 8 1 4 7 1 6 7 5 5 0 9 6 1 5
(a) 7 (b) 3
(c) 5 (d) 4

24. निम्नलिखित अक्षर शृंखला में कितने M ऐसे हैं जिनके तुरन्त बाद N है, किन्तु तुरन्त पहले N नहीं है?
NMWVMNMVWNMNMMNWVMN
(a) 1 (b) 2
(c) 3 (d) 4

25. निम्नलिखित अक्षर शृंखला में कितने 'M' इस प्रकार उपस्थित हैं, जिनके पहले 'W' है और बाद में 'V' है?
X U V M R S T M W N V M W O P M W U V M W A C W M V H P N V W M W T U N
(a) 3 (b) 2
(c) 1 (d) 5

26. निम्नलिखित अक्षर शृंखला में किनते BCN इस प्रकार उपस्थित हैं कि C मध्य में है और B और N उसके किसी भी ओर हैं?
BCMXNCXNBXNCBNCB YBCXNBCNABONMZCB
(a) 2 (b) 5
(c) 3 (d) 4

27. निम्नलिखित अंग्रेजी अक्षरों के अनुक्रम में कितने 'a b c' इस प्रकार उपस्थित हैं कि 'b' बीच में हो और 'a' तथा 'c' उसके किसी भी ओर हों?
q b c a j l c b a i d a e c h k a m b c n o a b c p k d c r b c h a q g a b c f e b c t u
(a) 6 (b) 4
(c) 3 (d) 2

28. निम्नलिखित शृंखला में G, K, R कितनी बार इस प्रकार आ रहे हैं कि K, G और R के मध्य में है?
D S G K U M G R D P G K R N G K D G K T N V Q S P O D
(a) 4 (b) 2
(c) 3 (d) 1

29. दी गई अक्षर शृंखला में कितने बार 'L' अक्षर TY के बीच में हैं?
BTLYDETLFTLYTLYZGHT-LILYTLY
(a) 3 (b) 5
(c) 4 (d) 6

30. निम्नलिखित अक्षर शृंखला में कितने P Q S इस प्रकार उपस्थित हैं कि Q मध्य में है और P और S उसके किसी भी ओर हैं?
M D R P Q G K P Q S L A P Q S T G K P Q G M D G P Q S T U
(a) 4 (b) 1
(c) 2 (d) 3

उत्तर (हल/संकेत)

1.(b) 

अर्थात् हमें शृंखला में मौजूद उन सभी '9' को ज्ञात करना होगा, जिनके ठीक पहले '6' हो लेकिन ठीक बाद '3' नहीं हो।

दी गई शृंखला—9 6 2 3 9 6 [9] 6 8 2 9 6 [9] 5 4 2 9 5 9 6

यहाँ उपर्युक्त शृंखला में ऐसे केवल '**दो**' '9' हैं जिनके ठीक पहले 6 हैं लेकिन ठीक बाद 3 नहीं है।

अत: **अभीष्ट 9 की संख्या ⇒ 2 होगी।**

2. (d) [3 | 2 | 4]

हमें शृंखला में मौजूद उन सभी '2' की गिनती करनी है, जिनके ठीक पहले '3' नहीं हो लेकिन ठीक बाद में '4' हो।

दी गई शृंखला—3 4 [2] 4 4 2 3 2 4 3 2 4 2 3 4 4 2 3 2 4 [2] 4 3 2 4

यहाँ उपर्युक्त शृंखला में ऐसे केवल '**दो**' '2' हैं जिनके ठीक पहले 3 नहीं हैं लेकिन ठीक बाद '4' है।

अत: **अभीष्ट '2' की संख्या ⇒ 2 होगी।**

3. (c) [7 | 8 | 4]

अर्थात् हमें शृंखला में मौजूद उन सभी '8' की गिनती करनी है, जिनके ठीक पहले '7' हो लेकिन ठीक बाद में '4' नहीं हो।

दी गई शृंखला—2 3 8 2 5 7 [8] 3 7 8 4 6 9 8 4 3 2 7 [8] 9 5 7 [8] 1 5 2 9

यहाँ उपर्युक्त शृंखला में ऐसे केवल '**तीन**' '8' हैं जिनके ठीक पहले 7 हैं लेकिन ठीक बाद '4' नहीं है।

अत: **अभीष्ट '8' की संख्या ⇒ तीन होगी।**

4. (c) [7 | 6 | 9]

अर्थात् हमें शृंखला में मौजूद उन सभी '6' की गिनती करनी है, जिनके ठीक पहले '7' हो लेकिन ठीक बाद में '9' नहीं हो।

दी गई शृंखला—6 7 9 5 6 9 7 [6] 8 7 [6] 7 8 6 9 4 6 7 7 6 9 5 7 [6] 3

यहाँ हम देख रहे हैं कि उपर्युक्त शृंखला में ऐसे केवल '**तीन**' '6' हैं जिनके ठीक पहले 7 हैं लेकिन ठीक बाद '9' नहीं है।

अत: **अभीष्ट '6' की संख्या ⇒ तीन होगी।**

5. (b) [N | X | T]

अर्थात् हमें शृंखला में मौजूद उन सभी 'N' की गिनती करनी है, जिनके ठीक बाद में 'X' हो लेकिन 'X' के बाद 'T' नहीं हो।

दी गई शृंखला— [N] X N T Q M N T M X [N] X C N Q M N [N] X Q N X T X N A M X [N] X M

यहाँ उपर्युक्त शृंखला में ऐसे केवल '**चार**' 'N' हैं जिनके ठीक बाद में X हैं लेकिन ठीक 'X' के बाद 'T' नहीं है।

अत: **अभीष्ट 'N' की संख्या ⇒ 4 होगी।**

6. (b) [1 | 7 | 3] या [3 | 7 | 1]

अर्थात् हमें शृंखला में मौजूद उन सभी '7' की गिनती करनी है, जिनके ठीक पहले '1' हो या '3' हो तथा बाद में '1' या '3' हो तथा बाद में '1' या '3' हो।

दी गई शृंखला—2 9 7 3 1 [7] 3 7 7 1 3 3 1 [7] 3 8 5 7 1 3 7 7 1 [7] 3 9 0 6

यहाँ उपर्युक्त शृंखला में ऐसे केवल '**तीन**' '7' हैं जिनके ठीक पहले 1 हैं तथा ठीक बाद '3' है।

अत: **अभीष्ट '7' की संख्या ⇒ 3 होगी।**

7. (a) [5 | 7 | 2] या [5 | 7 | 3]

अर्थात् हमें शृंखला में मौजूद उन सभी '7' की गिनती कर लेनी होगी, जिनके ठीक बाद में '2' या '3' हो लेकिन ठीक पहले '5' नहीं हो।

दी गई शृंखला—1 [7] 2 6 5 7 3 8 3 [7] 3 2 5 7 2 [7] 3 4 8 2 6 7 8

यहाँ उपर्युक्त शृंखला में ऐसे केवल '**तीन**' '7' हैं जिनके ठीक बाद में '2' या '3' हैं लेकिन ठीक पहले '5' नहीं है।

अत: **अभीष्ट '7' की संख्या ⇒ 3 होगी।**

8. (d) [6 | 5 | 7]

अर्थात् हमें शृंखला में मौजूद उन सभी '5' को ज्ञात करना होगा, जिनके ठीक पहले '6' हो या ठीक बाद में '7' हो।

दी गई शृंखला—3 1 2 4 5 6 7 5 6 [5] 7 2 4 7 5 6 6 [5] 7

यहाँ उपर्युक्त शृंखला में ऐसे केवल '**दो**' '5' हैं जिनके ठीक पहले 6 हैं तथा ठीक बाद '7' हैं।

अत: **अभीष्ट '5' की संख्या ⇒ 2 होगी।**

9. (c) [6 | सम-संख्या | 3]

अर्थात् हमें शृंखला में मौजूद उन सभी समसंख्याओं की गिनती कर लेनी होगी जिनके ठीक पहले '6' हो या ठीक बाद में '3' हो।

दी गई शृंखला—6 [6] 3 6 [8] 3 9 4 3 6 7 3 6 [4] 3 2 8 6 4 6 8 2 6 [6] 3

यहाँ हम देख रहे हैं कि उपर्युक्त शृंखला में मौजूद संख्या 6 8 4 और 6 ऐसे '**चार**' समसंख्याएँ हैं जिनके ठीक पहले 6 हैं तथा ठीक बाद में '3' है।

अत: **अभीष्ट सम-संख्याओं की संख्या ⇒ 4 होगी।**

10. (b) [6 | 7 | 1]

अर्थात् हमें शृंखला में मौजूद उन सभी '7' को ज्ञात करना है जिनके ठीक पहले '6' हो लेकिन ठीक बाद में '4' नहीं हो।

दी गई शृंखला—7 4 2 7 6 4 3 6 [7] 5 3 5 7 8 4 3 7 6 [7] 2 4 0 6 7 4 3

यहाँ उपर्युक्त शृंखला में केवल '**दो**' '7' ऐसे हैं लेकिन ठीक पहले 6 हैं लेकिन ठीक बाद '4' नहीं है।

अत: **अभीष्ट '7' की संख्या ⇒ 2 होगी।**

11. (b) [6 | 9 | 3]

अर्थात् हमें शृंखला में मौजूद उन सभी '9' की गिनती करनी है जिनके ठीक पहले '6' हो लेकिन ठीक बाद में '3' नहीं हो।

दी गई शृंखला—6 9 3 7 6 [9] 6 3 9 6 4 6 [9] 4 7 6 6 6 9 3 6 [9] 7 6 [9] 2 9 6

यहाँ उपर्युक्त शृंखला में ऐसे केवल '**चार**' '9' हैं जिनके ठीक पहले 6 हैं लेकिन ठीक बाद में '3' नहीं है।

अत: **अभीष्ट '9' की संख्या ⇒ 4 होगी।**

12. (c)

13. (a) ऐसे '8' चार—784, 386, 784 और 382 हैं।

14. (b) **2, 1, 3,** 7, **2, 1, 3,** 8, 2, 2, 3, 9, **3, 1, 2,** 6, 5, 3, 2, 1, 7, 2, **3, 1, 2.**

अत: यहाँ 4 ऐसे 2, 1, 3 उपस्थित हैं जिनके बीच में 1 है और दोनों 2 और 3 उसके किसी भी ओर हैं।

15. (d) 2 5 4 5 8 5 9 3 5 4 5 1 4 5 4

अत: यहाँ तीन ऐसे 5 हैं जिनके बाद पूर्ण वर्ग (4, 9, 4) और पहले सम संख्याएँ (2, 8, 4) हैं।

16. (b) 4 8 3, 2 8 7, 4 8 5, 6 8 7.

17. (b) 891, 297, 495

∴ अभीष्ट '9' = 3

18. (d)

19. (d) 4 3 7 5 2 3 7 2 1 3 6 7 5 4 2 7 4 2 7 1 2 2 7 6 5 7 2

20. (a) 896, 496, 294, 498, 296, 894

21. (a) 548, 546 तथा 742

22. (d) 867, 865, 869, 866.

23. (b) '509' वाली अभीष्ट संख्याएँ = 3

24. (c) 3, VMN, MMN, VMN.

25. (c) W M V के रूप में 'M' केवल एक है।

26. (c) BCMXNCXNBX**NCB** **NCB** YBCXN **BCN** ABONMZCB

अत: यहाँ तीन BCN इस प्रकार उपस्थित हैं कि C मध्य में है और B और N उसके किसी भी ओर हैं।

27. (c) c **b** a , a **b** c , a **b** c

28. (d) केवल एक ही K है जो G और R के मध्य में है।

29. (c) B**TLY**DETLF**TLY**TLYZGHT-LILY**TLY**

अत: दी गई अक्षर शृंखला में 4 बार 'L' अक्षर T और Y के बीच में है।

30. (d) M D R P Q G K **P Q S** L A **P Q S** T G K P Q G M D G **P Q S** T U

अत: दी हुई शृंखला में PQS, 3 बार है।

❑❑❑

अध्याय 16

अंकगणित संबंधी प्रश्न

1. जब किसी गणितीय व्यंजक में एक से अधिक कोष्ठक दिया गया हो, तब सरलीकरण का क्रम अन्त: कोष्ठक से बहिकोष्ठक होगा।
2. कभी-कभी गणितीय व्यंजक में प्रतिशत (%) का चिह्न भी दिया होता है। प्रतिशत का अर्थ है प्रति शतक (या प्रति सौ) अत: प्रतिशत का अर्थ होता है सौ से विभाजित करना प्रतिशत को। भिन्न में एवं भिन्न को प्रतिशत में बदला जा सकता है।
3. कभी-कभी गणितीय व्यंजक में बीजगणितीय सूत्र का समावेश रहता है। कुछ महत्वपूर्ण बीजगणितीय सूत्र इस प्रकार हैं–
   (i) $(a+b)^2 = a^2 + 2ab + b^2$
   (ii) $(a-b)^2 = a^2 - 2ab + b^2$
   (iii) $(a+b)^3 = a^3 + 3a^2b + 3ab^3 + b^3 = a^3 + b^3 + 3ab\,(a+b)$
   (iv) $(a-b)^3 = a^3 - 3a^2b + 3ab^2 - b^3 = a^3 - b^3 - 3ab\,(a-b)$
   (v) $(a^2 - b^2) = (a+b)\,(a-b)$
   (vi) $a^3 + b^3 = (a+b)\,(a^2 - ab + b^2)$
   (vii) $a^3 - b^3 = (a-b)\,(a^2 + ab + b^2)$
4. कभी-कभी गणितीय व्यंजक में वितरण नियम का भी समावेश रहता है। ये नियम इस प्रकार हैं–
   (i) $a\,(b+c) = ab + ac$
   (ii) $a\,(b-c) = ab - ac$
   (iii) $(a+b)\,(c+d) = ac + bc + ad + bd$
   (iv) $\dfrac{a+b+c}{d} = \dfrac{a}{d} + \dfrac{b}{d} + \dfrac{c}{d}$
5. लघुतम समापवर्त्य एवं महत्तम समापवर्तक [L.C.M. and H.C.F.]
   (i) कोई दो धनात्मक संख्या A और B के लिये A × B = A एवं B का ल.स. × A एवं B का म.स.
   (ii) भिन्न का ल.स. = $\dfrac{\text{अंश का ल.स.}}{\text{हर का म.स.}}$
   (iii) भिन्न का म.स. = $\dfrac{\text{अंश का म.स.}}{\text{हर का म.स.}}$
6. **अनुपात एवं समानुपात (Ratio and Proportion)**
   (i) दो संख्याओं 'a' एवं 'b' के अनुपात का अर्थ हुआ 'a' को 'b' से विभाजित करना इसे साधारणतया $a : b$ द्वारा निरूपित किया जाता है।
   (ii) 'समानुपात' का अर्थ होता है। दो अनुपातों के बीच समानता प्रदर्शित करना। इस प्रकार यदि $a : b = c : d$ तब a, b, c एवं c समानुपाती हैं। इसे सामान्यतया $a : b :: c : d$ द्वारा निरूपित किया जाता है। (:: चिह्न = इंगित करते है।)
   (iii) यदि केवल तीन संख्याओं के लिये समानुपात शब्द को प्रयोग होता है, तब संख्याएँ सतत् समानुपात (Continued Proportion) में होती है इस प्रकार–
   यदि a, b एवं c (Continued Proportion) में है, तब $a : b :: b : c$ अथवा $\dfrac{a}{b} = \dfrac{b}{c}$
   (iv) यदि $a : b :: c : d$ तब $a \times d = b \times c$
   (v) यदि $a : b :: b : c$ तब $a \times c = b \times b = b^2$
7. किसी भी अंकगणितीय व्यंजक में निम्नलिखित में से एक या एक से अधिक गणितीय क्रियाएँ होती हैं। जोड़, घटाव, गुणा तथा भाग। इसके अतिरिक्त 'का' एवं 'कोष्ठक' भी रहते हैं। यहाँ 'का' का अर्थ 'गुणा' होता है।
8. जब किसी गणितीय व्यंजक में एक से अधिक क्रियाएँ होती हैं और उन्हें सरल करना होता है, तब एक निश्चित क्रम में हम उन्हें एक-एक करके हल करते हैं, यह नियम संक्षेप में BODMAS नियम कहलाता है।
9. जब किसी गणितीय व्यंजक में एक ही गणितीय क्रिया एक से अधिक बार दी गई हो, तब सरल करने का क्रम बाईं से दाईं ओर होगा।
10. कोष्ठक चार प्रकार के होते हैं–
    (i) — रेखा कोष्ठक (Line Bracket)
    (ii) ( ) छोटा कोष्ठक (Simple Bracket)
    (iii) { } मझला कोष्ठक (Curly Bracket)
    (iv) [ ] बड़ा कोष्ठक (Square Bracket)
11. **क्षेत्रमिति (Mensuration)**

    A. त्रिभुज (Triangle)
    (i) विषमबाहु त्रिभुज का क्षेत्रफल = $\sqrt{s(s-a)(s-b)(s-c)}$
    जहाँ $s = \dfrac{a+b+c}{2}$
    (ii) समद्विबाहु त्रिभुज का क्षेत्रफल = $\dfrac{b}{4}\sqrt{4a^2 - b^2}$
    (iii) समबाहु त्रिभुज का क्षेत्रफल = $\dfrac{\sqrt{3}}{4} \times$ भुजा^{2} $[a^2]$ जहाँ a = भुजा
    (iv) समकोण त्रिभुज का क्षेत्रफल = $\dfrac{1}{2} \times$ समकोण बनाने वाली भुजाओं का गुणनफल $[x \times y]$
    (v) किसी समकोण त्रिभुज में कर्ण^2 = लम्ब^2 + आधार^2
    $z^2 = x^2 + y^2$
    (vi) किसी भी त्रिभुज का क्षेत्रफल = $\dfrac{1}{2} \times$ आधार $(x) \times$ शीर्ष लम्ब (y)
    (vii) किसी त्रिभुज की परिमिति = सभी भुजाओं का योग

    B. चतुर्भुज (Quadrilaterals)
    (i) समानान्तर चतुर्भुज का क्षेत्रफल = आधार × ऊँचाई $[(b \times h)]$
    (ii) समानान्तर चतुर्भुज की परिमिति
    = 2 × आसन्न भुजाओं का योग = $[2 \times (x+4)]$
    (iii) आयत का विकर्ण (d) = $\sqrt{\text{लम्बाई}^2 + \text{चौड़ाई}^2}$
    $= \left\{\sqrt{(l^2 + b^2)}\right\}$

(iv) आयत का क्षेत्रफल = लम्बाई × चौड़ाई [$l \times b$]

(v) आयत की परिमिति = 2[लम्बाई + चौड़ाई] [2(1 + b)]

(vi) समचतुर्भुज का क्षेत्रफल = $\frac{1}{2}\times$ पहला विकर्ण × दूसरा विकर्ण $\left[\frac{d_1 \times d_2}{2}\right]$

(vii) समचतुर्भुज की परिमिति = 4 × भुजा (4 × x)
जहाँ x = भुजा लम्बाई

(viii) वर्ग का विकर्ण = $\sqrt{2}$ भुजा $\left[\sqrt{2}\times x\right]$

(ix) वर्ग का क्षेत्रफल = भुजा^{2} = (x^2)

(x) वर्ग का क्षेत्रफल = $\frac{(\text{विकर्ण})^2}{2}\left[\frac{d^2}{2}\right]$

(xi) वर्ग की परिमिति = 4 × भुजा

(xii) समलम्ब चतुर्भुज का क्षेत्रफल = $\frac{1}{2}\times$ ऊँचाई × समानान्तर भुजाओं का योग = $\left[\frac{1}{2}\times h(x+y)\right]$

C. वृत्त (Circle)

(i) वृत्त का क्षेत्रफल = πr^2

(ii) वृत्त की परिधि = $2\pi r$

(iii) वत्त का व्यास = $2r$

(iv) वृत्तखण्ड या त्रिज्या खण्ड का क्षेत्रफल = $\frac{\pi r^2 \cdot \theta}{360}$

(v) चाप AB = $\frac{\pi r\theta}{180}$ यहाँ $x = \frac{22}{7}$ = 3.14 (लगभग)

(vi) अर्द्धवृत्त का क्षेत्रफल = $\frac{\pi r^2}{2}$

(vii) अर्द्धवृत्त की परिधि = $(\pi r + 2r) = r(\pi + 2)$

12. लाभ एवं हानि (Profit and Loss)

(i) लाभ = विक्रय मूल्य – क्रय मूल्य

(ii) % लाभ या हानि = $\frac{\text{विक्रय मूल्य} - \text{क्रय मूल्य}}{\text{क्रय मूल्य}}\times 100$

(iii) कुल विक्रय मूल्य = इकाई वस्तु का विक्रय मूल्य × वस्तुओं की संख्या

13. साधारण एवं चक्रवृद्धि ब्याज (Simple and Compound Interest)

(i) साधारण ब्याज = $\frac{P\times r\times t}{100}$

(ii) मिश्रधन = मूलधन + ब्याज

(iii) चक्रवृद्धि ब्याज = $P\left[1+\frac{r}{100}\right]^t - P$

14. समय एवं काम (Time and Work)

(i) यदि एक व्यक्ति किसी काम को x दिनों में कर सकता है, तब वह एक दिन में $\frac{1}{8}$ भाग काम कर सकता है। उसी प्रकार यदि वह $\frac{1}{x}$ भाग काम एक दिन में करता है, तो उस काम को x दिन में पूरा कर सकता है।

(ii) यदि एक व्यक्ति एक बच्चे की अपेक्षा चार गुना काम करता है, तब किसी काम को पूरा करने में अगर बच्चा चार दिन का समय लेता है, तो वह व्यक्ति उस काम को एक दिन में पूरा कर लेगा।

(iii) यदि एक नल किसी टैंक को x घण्टे में भर सकता है और दूसरा नल उसे y घण्टे में खाली कर सकता है, तब दोनों नल एक साथ खोलने पर एक घण्टे में $\left[\frac{1}{x}-\frac{1}{y}\right]$ भाग टैंक भरेगा। इसका अर्थ यह हुआ कि पूरा टैंक $\left(\frac{y}{y-x}\right)$ घण्टे में भरेगा।

(iv) अगर टैंक खाली करने में टैंक भरने से कम समय लगता है, तब टैंक कभी नहीं भरेगा।

15. समय एवं दूरी (Time and Distance)

(i) कुल तय की गयी दूरी = औसत चाल × समय

(ii) औसत चाल = $\frac{\text{कुल तय की गयी दूरी}}{\text{समय}}$

(iii) समय = $\frac{\text{कुल तय की गयी दूरी}}{\text{औसत चाल}}$

(iv) 1 किमी प्रति घण्टा = $\frac{5}{18}$ मीटर प्रति घण्टा

(v) 1 मीटर प्रति सेकेण्ड = $\frac{18}{5}$ किमी प्रति घण्टा

(vi) यदि कोई निश्चित दूरी x किमी प्रति घण्टा की चाल से तय की जाती है, तथा समान दूरी फिर y किमी प्रति घण्टे की चाल से तय की जाती है, तब सम्पूर्ण यात्रा के दौरान औसत चाल होगी $\frac{2xy}{x+y}$ किमी प्रति घण्टा।

16. साझेदारी (Partnership)

$$\frac{\text{A का लाभांश}}{\text{B का लाभांश}} = \frac{\text{A की पूँजी} \times \text{A का समय}}{\text{B की पूँजी} \times \text{B का समय}}$$

17. औसत (Average)

(i) बहुत-सी राशियों $x_1, x_2, x_3 \ldots x_n$ का औसत

$$= \frac{x_1 + x_2 + x_3 + \ldots + x_n}{n}$$

(ii) लगातार n तक की प्राकृत संख्याओं का औसत = $\frac{n+1}{2}$

(iii) लगातार n तक की प्राकृत संख्याओं के वर्गों का औसत

$$= \frac{(n+1)(2n+1)}{6}$$

(vi) लगातार n तक की प्राकृत संख्याओं के घनों का औसत

$$= \frac{n(n+1)^2}{4}$$

(v) लगातार n तक की पूर्ण संख्याओं का औसत = $\frac{n-1}{2}$

(vi) लगातार n पूर्ण संख्याओं का औसत = $\frac{n-1}{2}$

नोट : लगातार n तक की पूर्ण संख्या तथा लगातार n पूर्ण संख्या में फर्क है; जैसे–लगातार 4 तक पूर्ण संख्या कहने का अर्थ है, 0, 1, 2, 3, 4 जबकि लगातार 4 पूर्ण संख्या कहने का अर्थ है, 0, 1, 2, 3.

(vii) लगातार n पूर्ण संख्याओं के वर्गों का औसत $= \frac{(n-1)(2n-1)}{6}$

(viii) लगातार n तक पूर्ण संख्याओं के वर्गों का औसत $= \frac{n(2n+1)}{6}$

(ix) लगातार n पूर्ण संख्याओं के घनों का औसत $= \frac{2(n-1)^2}{4}$

(x) लगातार n तक की पूर्ण संख्याओं के घनों का औसत $= \frac{(n+1)n^2}{4}$

(xi) लगातार n सम संख्याओं का औसत $= (n + 1)$

(xii) लगातार n तक की सम संख्याओं का औसत $= \left[\frac{n}{2}+1\right]$

(xiii) लगातार n सम संख्याओं के वर्गों का औसत

$$= \frac{2(n+1)(2n+1)}{3}$$

(xiv) लगातार n तक की सम संख्याओं के वर्गों का औसत

$$= \frac{(n+1)(n+2)}{3}$$

(xv) लगातार n विषम संख्याओं का औसत $= \frac{(n+1)}{2}$

(xvii) लगातार n तक की विषम संख्याओं के वर्गों का औसत

$$= \frac{n(n+2)}{3}$$

(xviii) औसत चाल $= \frac{\text{कुल तय की गयी दूरी}}{\text{कुल लगा समय}}$

(xix) अगर असमान चाल से समान दूरियाँ तय की गयी हो, तो,

औसत चाल $= \frac{n}{\frac{1}{x_1}+\frac{1}{x_2}+\frac{1}{x_3}}$

उदाहरण हल सहित

उदाहरण 1. क्रिकेट टीम की औसत आयु 29 वर्ष है। इनमें से 25 तथा 28 वर्ष आयु वाले दो खिलाड़ियों के स्थान पर 24 वर्ष और 29 वर्ष आयु वाले नये खिलाडी आ गये, तो अब टीम की औसत आयु क्या है?

(a) 53 वर्ष (b) 35 वर्ष (c) 54 वर्ष (d) 45 वर्ष

हल (a) टीम से जाने वाले खिलाड़ियों की कुल आयु = (29 + 25) = 54 वर्ष

टीम में आने वाले नये खिलाड़ियों की कुल आयु = (24 + 29) = 53 वर्ष

चूँकि, जाने वाले और आने वाले खिलाड़ियों की कुल आयु में कोई फर्क नहीं पड़ रहा है, इसलिये उनकी औसत आयु में भी फर्क नहीं पड़ेगा।

उदाहरण 2. पिता की उम्र बेटे की उम्र की दोगुनी है, जबकि माता की उम्र पिता से 5 साल कम है, जबकि तीनों की उम्र का योग 145 है, तो माता की उम्र कितनी है?

(a) 35 (b) 45 (c) 55 (d) 65

हल (c) बेटा की उम्र $= x$

पिता की उम्र $= 2x$

∴ माता की उम्र $= 2x - 5$

प्रश्नानुसार, $x + 2x + 2x - 5 = 145$

$5x = 145 + 5$

$x = \frac{150}{5} = 30$ वर्ष

अत: माता की उम्र $= 2x - 5$

$= 2 \times 30 - 5 = 55$ वर्ष

उदाहरण 3. कोई संख्या 1 शेष छोड़ती है, जब 2, 3, 4, 5 तथा 6 से विभाजित की जाती है, लेकिन 7 से विभाज्य है। वह संख्या कौन-सी है?

(a) 301 (b) 103 (c) 203 (d) 405

हल (a) 2, 3, 4, 5, एवं 6 का L.C.M. = 60

अभीष्ट संख्या $= 60k + 1$ जो 7 से विभाजित हो,

जहाँ, $k = 1, 2, 3, ...$

अभीष्ट संख्या $= 60 \times 5 + 1 = 301$

उदाहरण 4. एक मीटिंग में 10 व्यक्ति उपस्थित थे, मीटिंग के अन्त में सभी ने एक-दूसरे से हाथ मिलाया, कुल कितने बार हाथ मिलाये गये?

हल (c) $\frac{n \times (n-1)}{2} = \frac{10\times(10-1)}{2}$

$= \frac{10\times 9}{2} = 45$ बार

उदाहरण 5. एक कमरे की लम्बाई और चौड़ाई क्रमशः 8 और 6 मीटर है। एक बिल्ली उस कमरे में घूम रही है।, आखिर में वह कोने में एक चूहे को पकड़ने के लिये विकर्ण के साथ भागती है। वह कितने मीटर भागती है?

(a) 10 मीटर (b) 20 मीटर (c) 15 मीटर (d) 25 मीटर

हल (a)

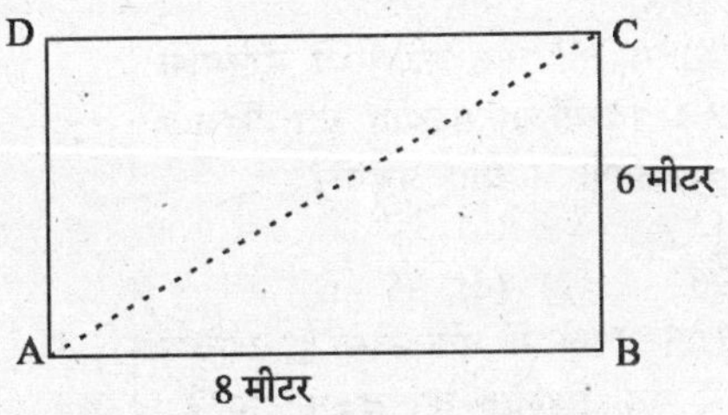

विकर्ण $= AC$

$= \sqrt{(AB)^2 + (BC)^2}$

$\Rightarrow \quad = \sqrt{(8)^2 + (6)^2}$

$\Rightarrow \quad \sqrt{64+36} = \sqrt{100}$

$= 10$ मीटर

उदाहरण 6. रघुनाथ एक मारुति कार द्वारा और राजकुमार एक रेसिंग कार द्वारा दिल्ली से पटना आते हैं। मारुति कार की रफ्तार 110 किमी. और रेसिंग कार की रफ्तार 210 किमी. प्रति घण्टा है। बारह मिनट चलने के बाद दोनों के बीच कितनी दूरी का अन्तर हो जायेगा?

(a) 42 (b) 20 (c) 24 (d) 40

हल (b) रघुनाथ द्वारा 110 किमी./घण्टा की गति से 12 मिनट में तय दूरी $= \frac{110}{60}\times 12 = 22$ किमी.

राजकुमार द्वारा 210 किमी./घण्टा की गति से 12 मिनट में तय दूरी

$= \frac{210}{60}\times 12 = 42$ किमी

∴ दोनों द्वारा तय दूरी का अन्तर = 42 – 22 = 20 किमी.

उदाहरण 7. जब 2^{20} को दशमलव के रूप में व्यक्त किया जाता है, तो संख्या कितने अंक की होगी?

(a) 5 (b) 6 (c) 8 (d) 7

हल (d) $2^{20} = (2^5)^4 = (32)^4$

$= (32^2)^2 = (1024)^2$

$= 1048576$

अंकों की कुल संख्या = 7[1, 0, 4, 8, 5, 7, 6]

प्रश्नावली

1. वह संख्या ज्ञात कीजिए, जिसे यदि ऊपर से नीचे तथा नीचे से ऊपर घुमा दिया जाए और उसके अंक एक-दूसरे का स्थान ले लें, तो उसमें 12 की वृद्धि हो जायेगी?
(a) 69 (b) 68
(c) 61 (d) 86

2. वह संख्या ज्ञात कीजिए, जिसके मूल अंकों के बीच दो समान अतिरिक्तांक रख दिए जाने मात्र से वह वर्ग संख्या बन जाती है।
(a) 45 (b) 86
(c) 96 (d) 54

3. यदि 50 आदमी 40 बिवरों को 30 दिन में खोदते हैं, तो 25 आदमी 20 बिवरों को कितने दिनों में खोदेंगे?
(a) 15 दिन (b) $22\frac{1}{2}$ दिन
(c) 30 दिन (d) 45 दिन

4. अगर 61 से 100 तक की सभी संख्याओं में से 3 से विभाजित संख्याएँ हटा दी जाएं तो शेष कितनी संख्याएं बचेंगी?
(a) 13 (b) 27
(c) 26 (d) 25

5. 6 खिलौने देखने में एक जैसे हैं, लेकिन उनमें से एक खिलौने का वजन कम है। कम-से-कम बार तराजू का प्रयोग करके उसका पता करना है। यह बताइये कि तराजू का प्रयोग कम-से-कम कितनी बार करना होगा?
(a) एक बार
(b) दो बार
(c) तीन बार
(d) तीन बार से अधिक

6. पाँच वर्ष पहले आशू की माँ आशू से तीन गुनी बड़ी थी। पाँच वर्ष बाद वह आशू से दोगुनी बड़ी रह जायेगी। आज आशू की आयु क्या है?
(a) 35 वर्ष (b) 10 वर्ष
(c) 20 वर्ष (d) 15 वर्ष

7. सतीश 10 मिनट में 500 शब्द टाइप कर सकता है और दिव्या 10 मिनट में 400 शब्द टाइप कर सकती है। वे दोनों मिलकर कितने समय में 3600 शब्द टाइप करेंगे?
(a) 40 मिनट (b) 60 मिनट
(c) 45 मिनट (d) 38 मिनट

8. माँ की वर्तमान आयु बेटी की आयु से तीन गुनी है। 12 वर्ष बाद माँ की उम्र बेटी की उम्र से दोगुनी होगी। बेटी की वर्तमान आयु कितनी है?
(a) 18 वर्ष (b) 16 वर्ष
(c) 14 वर्ष (d) 12 वर्ष

9. एक क्रिकेट मैच X, Y, Z तीनों मिलकर 108 रन बनाते हैं। Y और Z दोनों मिलकर 90 रन बनाते हैं तथा X और Z दोनों मिलकर 51 बनाते हैं। प्रत्येक ने कितने रन बनाए?
(a) 18, 57, 33 (b) 19, 56, 33
(c) 17, 58, 33 (d) 15, 60, 33

10. एक क्लब में 20% सदस्यों में प्रत्येक के पास केवल दो कारें हैं। शेष के 40% में प्रत्येक के पास 3 कारें हैं तथा शेष सदस्यों में प्रत्येक के पास केवल एक कार है। ऊपर दिए गए कथन में से कौन-सा कथन निश्चित रूप से सत्य है?
(a) कुल सदस्यों में से केवल 20% पर प्रत्येक के पास 3 कारें हैं
(b) कुल सदस्यों में से केवल 48% पर प्रत्येक के पास एक कारें हैं
(c) कुल सदस्यों में से 60% पर प्रत्येक के पास कम-से-कम दो कार अवश्य है
(d) कुल सदस्यों में से 80% पर प्रत्येक के पास कम-से-कम एक कार अवश्य है
(e) इनमें से कोई नहीं

11. पाँच परिणामों का औसत 46 है तथा इनके प्रथम चार परिणामों का औसत 45 है। पाँचवाँ परिणाम है—
(a) 1 (b) 10
(c) 46 (d) 50

निर्देश—(प्रश्न संख्या 12 से 16 तक) : निम्नलिखित ग्राफ का अध्ययन कीजिए तथा सही उत्तर का चयन कीजिए—

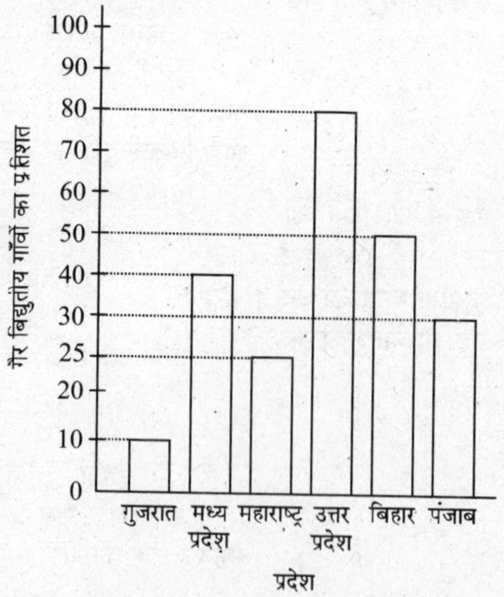

12. यदि केन्द्र सरकार अल्पमत विद्युतीकरण वाले राज्यों में निरन्तर विद्युतीकरण के लिए सहायता करना चाहती है, तो प्राथमिकता क्रम में कौन-सा राज्य चौथे क्रम में आएगा?
(a) मध्य प्रदेश (b) पंजाब
(c) महाराष्ट्र (d) बिहार

13. कौन-सा राज्य बिहार की तुलना में गैर-विद्युन्मय ग्रामों का आधी प्रतिशत रखता है?
(a) गुजरात (b) पंजाब
(c) महाराष्ट्र (d) मध्य प्रदेश

14. मध्य प्रदेश के अन्तर्गत कितने प्रतिशत ग्राम विद्युन्मय है?
(a) 45 (b) 55
(c) 35 (d) 60

15. कितने राज्यों के कम-से-कम 60% अथवा अधिक ग्राम विद्युन्मय है?
(a) 5 (b) 4
(c) 3 (d) 2

16. किस राज्य में ग्रामों का अधिकतम प्रतिशत विद्युन्मय है?
(a) उत्तर प्रदेश (b) बिहार
(c) गुजरात (d) महाराष्ट्र

17. यदि n तथा p दोनों विषम संख्याएँ हों, तो निम्नलिखित संख्याओं में से कौन-सी सम संख्या होगी?
(a) $n + p$ (b) np
(c) $np + 2$ (d) $n + p + 1$

18. मुम्बई के सर्वेक्षण से पता चला कि यहाँ के 65% लोग दूरदर्शन पर समाचार देखने हैं। 40% लोग समाचार-पत्र पढ़ते हैं तथा 25% लोग समाचार-पत्र पढ़ते हैं तथा दूरदर्शन पर समाचार देखते हैं। सर्वेक्षण किए गए लोगों में कितने प्रतिशत लोग ऐसे हैं, जो न तो दूरदर्शन पर समाचार देखते हैं और न समाचार-पत्र पढ़ते हैं?
(a) 0% (b) 5%
(c) 10% (d) 20%

19. नीचे दिए चित्र में दर्शाए गए वर्ग ABCD का क्षेत्रफल कितना है?

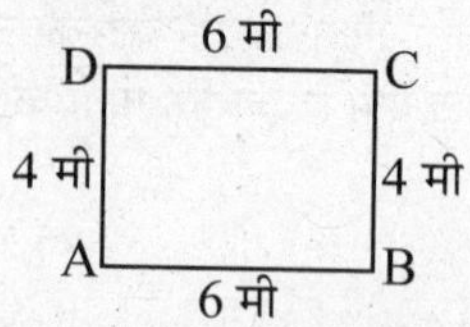

(a) 10 (b) 24 वर्ग मीटर
(c) 36 (d) 18

20. किसी गोल मेज के चारों ओर 7 व्यक्ति कितने प्रकार से बैठ सकते हैं, जबकि दो विशेष व्यक्ति एम-दूसरे के बगल में न बैठें?
(a) 5040 (b) 240
(c) 480 (d) 720

21. दो व्यक्तियों A और B को समान वेतन मिलता है। उनका मूल वेतन भिन्न-भिन्न है। भत्ते मूल वेतन के क्रमशः 65% और 80% हैं। मूल वेतन का अनुपात क्या है?

(a) 12 : 11 (b) 7 : 5
(c) 17 : 15 (d) 11 : 10

22. एक व्यक्ति आयताकार क्षेत्र के चारों ओर जाने में 6 किमी चलता है, यदि आयत का क्षेत्रफल 2 किमी है, तो लम्बाई और चौड़ाई के बीच का अन्तर ज्ञात कीजिए—

(a) 0.5 किमी (b) 0.75 किमी
(c) 2 किमी (d) 1 किमी

23. दो घोड़े A और B पहले चक्कर में 3 : 2 अनुपात की गति से दौड़ते हैं। दूसरे चक्कर में अनुपात बदलकर 4 : 7 हो जाता है, तीसरे चक्कर में अनुपात बदलकर 8 : 9 हो जाता है, दोनों घोड़ों के बीच कुल मिलाकर अनुपात में कितना अन्तर है?

(a) 1 (b) 3
(c) 4 (d) 2

24. ₹ 5,000 की राशि 5 वर्ष में ₹ 9,000 हो जाती है, तो ₹ 600 की राशि उसी दर पर कितने समय में ₹ 900 होगी?

(a) 5 वर्ष (b) 3 वर्ष
(c) 6 वर्ष (d) 2 वर्ष

25. 6 वर्ष पहले, राजू की आयु उसके भाई की आयु, जो 20 वर्ष थी, की आधी से 2 वर्ष कम थी। उसकी वर्तमान आयु क्या है?

(a) 12 वर्ष (b) 14 वर्ष
(c) 8 वर्ष (d) 10 वर्ष

26. 24 मीटर ऊँची दीवार पर चढ़ने वाला एक आदमी एक दिन में 16 मीटर चढ़ा, लेकिन शाम को 3 मीटर 40 सेमी नीचे फिसल गया, उस दिन वह आदमी कितनी दूर पहुँचा?

(a) 12·6 मीटर
(b) 11·4 मीटर
(c) 12 मीटर 40 सेमी
(d) 19 मीटर 40 सेमी

27. एक भोज के अन्त में 10 लोगों ने एक-दूसरे से हाथ मिलाया। कुल कितने बार हाथ मिलाना हुआ?

(a) 100 (b) 20
(c) 45 (d) 50

28. पिता और पुत्र की वर्तमान आयु का अनुपात क्रमशः 5 : 1 है। सात वर्ष के बाद यह अनुपात 3 : 1 हो जाता है। पुत्र की (वर्षों में) वर्तमान आयु क्या है?

(a) 8 (b) 7
(c) 6 (d) 5

29. मणि की आयु प्रभु से दोगुनी है, रमोना की आयु प्रभु से आधी है यदि मणि 60 वर्ष का है, तो रमोना की आयु ज्ञात कीजिए.

(a) 20 (b) 15
(c) 10 (d) 24

30. एक पिता की आयु अपने पुत्र की आयु की तिगुनी है। यदि उनकी आयु का योगफल 48 वर्ष है, तो पिता की आयु क्या है?

(a) 30 वर्ष (b) 32 वर्ष
(c) 36 वर्ष (d) 40 वर्ष

31. जोएल और टॉम 210 किमी. की दूरी पर स्थित नगर X से नगर Y की ओर यात्रा कर रहे थे। जोएल ने टॉम से 1 घण्टा 15 मिनट बाद यात्रा आरम्भ की, लेकिन वह 15 मिनट पहले पहुँच गया। यदि टॉम की औसत गति 42 किमी./घण्टा थी, तो जोएल की औसत गति ज्ञात करें?

(a) 50 किमी./घण्टा (b) 60 किमी./घण्टा
(c) 65 किमी./घण्टा (d) 70 किमी./घण्टा

32. एक विद्यालय में 2000 विद्यार्थी हैं। इन विद्यार्थियों में से 10 प्रतिशत कार द्वारा विद्यालय आते हैं। 40 प्रतिशत बस द्वारा आते हैं। उस विद्यालय के कितने विद्यार्थी विद्यालय पैदल चलकर आते हैं?

(a) 600 (b) 800
(c) 1200 (d) 1000

33.

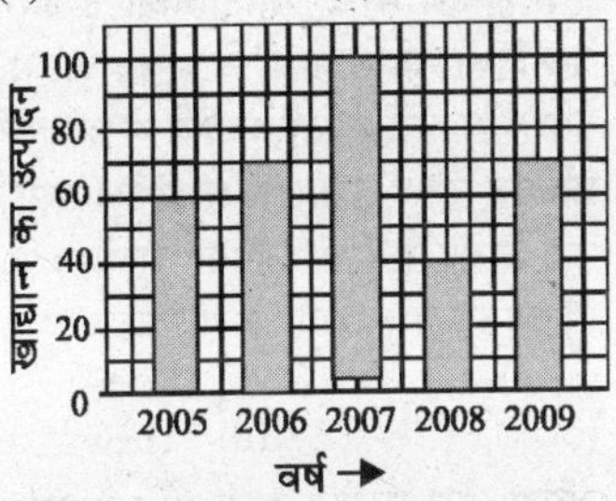

खाद्यान्न का (मिलियन टन में) उत्पादन दर्शाने वाले बार ग्राफ का अध्ययन करें।
दी गई अवधि में अधिकतम उत्पादन और न्यूनतम उत्पादन के बीच अनुपात क्या है?

(a) 1 : 2 (b) 2 : 3
(c) 3 : 4 (d) 5 : 2

34. गोविन्द की आयु 48 वर्ष है। वह अभी अपने पुत्र प्रेम की आयु से दोगुनी आयु के हैं। प्रेम 7 वर्ष पूर्व कितने वर्ष का था?

(a) 16 (b) 17
(c) 13 (d) 18

35. नगर 'क' और नगर 'ख' परस्पर 600 किमी. की दूरी पर हैं। जोशुआ नगर 'क' से नगर 'ख' के लिए रवाना हुआ और 65 किमी./घण्टा की औसत चाल (रफ्तार) से चला। उसी समय पर मेनन नगर 'ख' से नगर 'क' के लिए रवाना हुआ। वे दोनों 5 घण्टे बाद एक-दूसरे को मिले। मेनन की औसत चाल (रफ्तार) मालूम कीजिए—

(a) 55 किमी./घण्टा (b) 60 किमी./घण्टा
(c) 65 किमी./घण्टा (d) 120 किमी./घण्टा

36. एक बस ड्राइवर 200 किमी यात्रा करना चाहता है। वह 40 किमी./घण्टा की गति से यात्रा करता है। वह 3 विभिन्न होटलों में क्रमशः 15 मिनट, 30 मिनट और 15 मिनट के लिए आराम करता है। वह अपनी यात्रा प्रातः 9 बजे आरम्भ करता है। अपने अन्तिम गन्तव्य पर वह कितने बजे पहुँचेगा?

(a) 3·00 बजे पूर्वा (b) 3·00 बजे अपरा
(c) 3·30 बजे पूर्वा (d) 2·30 बजे अपरा

37. एक हाउसिंग सोसायटी में 60 परिवार रहते हैं। उनमें से 50% के पास कार है, 20% के पास दुपहिए वाहन हैं। कितने परिवारों के पास कोई वाहन नहीं है?

(a) 32 (b) 16
(c) 20 (d) 18

38. एक घर में 40 वॉट के 8 बल्ब हैं जो एक दिन में 5 घण्टे जलते हैं और 80 वॉट के चार बल्ब हैं जो एक दिन में 10 घण्टे जलते हैं, यदि बिजली की लागत ₹ 2 प्रति किलोवॉट प्रति घण्टा हो, तो मासिक बिल कितना होगा?

(a) ₹ 328 (b) ₹ 216
(c) ₹ 268 (d) ₹ 288

39. एक विद्यार्थी ने जिसने गणित के प्रश्न गलत किए उससे तिगुने सही हल किए, यदि उसे कुल 64 गणित के प्रश्न हल किए, तो उसने कितने गलत किए?

(a) 12 (b) 16
(c) 14 (d) 10

40. यदि एक संख्या 5 से अधिक, लेकिन 9 से कम हो और 7 से अधिक, लेकिन 11 से कम हो, तो संख्या क्या है?

(a) 5 (b) 6
(c) 7 (d) 8

41. यदि 16 किग्रा गेहूँ का लागत मूल्य ₹ 384 है, तो 90 किग्रा गेहूँ का लागत मूल्य क्या होगा?

(a) ₹ 2,016 (b) ₹ 2,024
(c) ₹ 2,610 (d) ₹ 2,160

42. वह छोटी-से-छोटी संख्या ज्ञात कीजिए, जिसमें से 8 घटाने पर वह 32, 36 और 40 से पूर्ण रूप से भाज्य होगी?

(a) 1440 (b) 1444
(c) 1146 (d) 1448

43. एक परिवार में एक व्यक्ति, उसकी पत्नी, उसके तीन पुत्र, उनकी पत्नियाँ और प्रत्येक पुत्र के परिवार में तीन-तीन बच्चे हैं। परिवार में कुल कितने सदस्य हैं?

(a) 12 (b) 13
(c) 15 (d) 17

44. एक कक्षा, जिसमें 'x' लड़कियाँ और 'y' लड़के हैं, का कितना भाग लड़कियों का है?

(a) $y(x+y)$ (b) $\frac{x}{xy}$

(c) $\frac{x}{(x+y)}$ (d) $\frac{y}{xy}$

45. एक चरवाहे के पास 17 भेड़ें थीं, उनमें से 9 को छोड़कर बाकी सब मर गईं, कितनी भेड़ें शेष हैं?

(a) 9 (b) 8
(c) 7 (d) 10

46. राजन आयु में अपने पिता से 20 वर्ष छोटा है, 5 वर्ष पूर्व उसके पिता उससे तीन गुना बड़े थे। उसके पिता की वर्तमान आयु ज्ञात कीजिए?

(a) 30 वर्ष (b) 35 वर्ष
(c) 36 वर्ष (d) 25 वर्ष

47. दो संख्याओं का योगफल 21 है और उनका गुणनफल 90 है, तो उनके वर्ग का योगफल कितना होगा?

(a) 441 (b) 728
(c) 261 (d) 860

48. एक महिला के पास उसके बैग में केवल 25 पैसे तथा 50 पैसे के सिक्के हैं। तदनुसार, यदि उसके पास कुल 40 सिक्के हों, जिनका योग ₹ 12·75 हो, तो 50 पैसे के सिक्कों की संख्या कितनी है?

(a) 11 (b) 13
(c) 15 (d) 17

49. एक कक्षा में 120 विद्यार्थी हैं। 25% विद्यार्थी वॉलीबाल खेलते हैं, शेष विद्यार्थियों में से 40% क्रिकेट खेलते हैं। शेष विद्यार्थियों में से 50% फुटबाल खेलते हैं। कक्षा में कितने विद्यार्थी कोई खेल नहीं खेलते?

(a) 29 (b) 30
(c) 27 (d) 32

50. एक सम्मेलन कक्ष में 75 व्यक्ति हैं। उनमें 20% कुर्सियों पर बैठे हैं। और शेष 40% लम्बी बेंचों पर बैठे हैं। तदनुसार, कितने व्यक्ति ऐसे हैं, जो कहीं पर नहीं बैठे हैं?

(a) 36 (b) 15
(c) 30 (d) 33

51. पाँच वर्ष पहले, राजू और रानी की आयु का अनुपात 1 : 10 था। आज उनकी आयु का योग 32 वर्ष है। 10 वर्ष बाद उनकी आयु क्या होगी?

(a) 7, 27 (b) 17, 35
(c) 15, 55 (d) 18, 38

52. 60 परिवारों में से 30% परिवारों के पास अपनी-अपनी कार है, शेष परिवारों में से 50% परिवारों के पास अपनी-अपनी मोटरसाइकिल हैं। शेष परिवारों में प्रत्येक के पास अपनी साइकिल है। कितने परिवारों के पास अपनी साइकिल है?

(a) 12 (b) 21
(c) 18 (d) 42

53. सुनीता के पिता की आयु इस समय उसकी आयु की चार गुनी है, 8 वर्षों बाद उसके पिता की आयु, उसकी आयु की तीन गुनी हो जाएगी। तदनुसार, इस समय सुनीता की आयु कितनी है?

(a) 18 वर्ष (b) 16 वर्ष
(c) 24 वर्ष (d) 20 वर्ष

54. कौन-सी संख्या 9 से विभाज्य नहीं है?

(a) 1232 (b) 423
(c) 11232 (d) 2160

55. इस समय अरुण और दीपक की आयु में 4 : 3 का अनुपात है, 6 वर्ष बाद अरुण की आयु 26 वर्ष होगी, इस समय दीपक की आयु क्या है?

(a) 15 वर्ष (b) 19 वर्ष
(c) 24 वर्ष (d) 12 वर्ष

56. एक चुनाव में $\frac{1}{2}$ मतदाताओं ने आनन्द को मत दिया, शेष आधों ने भुवन को मत दिया और शेष बचे मतदाताओं में से आधों ने चमन को मत दिया, 840 व्यक्तियों ने किसी को मत नहीं दिया, समस्त मतदाता सूची में से कितने प्रतिशत ने मत प्रयोग नहीं किया?

(a) 8·4 (b) 8·5
(c) 12·4 (d) 12·5

57. लीला और उसकी दादी माँ की आयु में 60 वर्ष का अन्तर है। 10 वर्ष के बाद उनकी यदि आयु का योगफल 100 वर्ष होगा, तो उनकी वर्तमान आयु क्या है?

(a) 20, 80 (b) 10, 70
(c) 15, 75 (d) 25, 85

58. यदि प्रत्येक संख्या में, सभी तीनों अंकों को आरोही क्रम में व्यवस्थित किया जाए, तो निम्नलिखित में से कौन-सी सबसे छोटी संख्या होगी?

(a) 284 (b) 573
(c) 961 (d) 369

59. पाइप A एक टैंक को 5 घण्टे में पूरा भर सकता है, परन्तु टैंक में रिसाव होने के कारण उसे भरने में 3 घण्टे अधिक लगते हैं। पाइप A को बन्द करने के बाद पूरे भरे हुए टैंक को रिसाव के कारण खाली होने में कितना समय लगेगा?

(a) 7·5 घण्टे
(b) 14 घण्टे 40 मिनट
(c) 12 घण्टे 20 मिनट
(d) 13 घण्टे 20 मिनट

60. A, B, C, D और E में कुछ आमों को आपस में इस प्रकार बाँटना है कि A से एक कम मिले, C को D की अपेक्षा 4 अधिक मिलें, E को B से 3 अधिक मिलें, और D को B के बराबर मिलें, सबसे कम आम किसको मिलेंगे?

(a) D (b) E
(c) A (d) B

61. 1865 लोगों में से 600 अंग्रेजी बोल सकते हैं और 1305 मराठी बोल सकते हैं, परन्तु 120 व्यक्ति दोनों में से कोई भी भाषा नहीं बोल सकते हैं, तो कितने लोग दोनों भाषा बोल सकते हैं?

(a) 220 (b) 440
(c) 120 (d) 1085

62. यदि किसी संख्या के $\frac{3}{8}$ और $\frac{3}{8}$ के बीच अन्तर 6 है, तो संख्या कितनी होगी?

(a) 240 (b) 120
(c) 96 (d) 144

63. एक मनुष्य अपने पुत्र से आयु में 24 वर्ष बड़ा है। दो वर्ष में, उसकी आयु अपने पुत्र की आयु की दोगुनी होगी। उसके पुत्र की वर्तमान आयु क्या है?

(a) 20 वर्ष (b) 18 वर्ष
(c) 14 वर्ष (d) 22 वर्ष

64. राजा ने यात्रा का $\frac{2}{5}$ भाग पूरा करने में 1 घण्टे का समय लिया, उसके बाद $\frac{1}{5}$ भाग पूरा करने में और 1 घण्टे का समय लिया, शेष 220 किमी की यात्रा करने में 45 मिनट का समय लिया, उसके द्वारा की गई पूरी यात्रा की दूरी बताइए—

(a) 550 किमी (b) 220 किमी
(c) 330 किमी (d) 440 किमी

65. पाँच अंकों की कौन-सी बड़ी-से-बड़ी संख्या 315 से भाज्य है?

(a) 99685 (b) 99999
(c) 99855 (d) 99568

66. यदि 3 ; 65 : : x : 195, तो x का मान ज्ञात कीजिए—

(a) 11 (b) 7
(c) 8 (d) 9

67. रमेश को कुछ आम मिले जिनमें पके हुए आमों की संख्या कच्चे वालों से 3 गुनी थी, यदि उसे कुल 68 आम मिले, तो उनमें से कितन आम कच्चे थे?

(a) 17 (b) 16
(c) 34 (d) 18

68. निखिल अपने भाई रोहन से आयु में 8 वर्ष छोटा है। रोहन की आयु क्या होगी, जब वह निखिल से आयु में दोगुना बड़ा है?

(a) 4 (b) 6
(c) 8 (d) 16

69. दो संख्याएँ A और B हैं, A + B = 35, A – B = 5, तो A × B = ज्ञात करें।
(a) 350 (b) 250
(c) 300 (d) 400

70. आयु में राम, श्याम से बड़ा है, लक्ष्मण, श्याम से बड़ा है, किन्तु राम से छोटा है। हनुमान, हरि और श्याम दोनों से छोटा है। श्याम हरि से बड़ा है, सबसे छोटा कौन है?
(a) राम (b) लक्ष्मण
(c) हनुमान (d) हरि

71. एक प्रश्न-पत्र में कुल 12 प्रश्न हैं, जिनमें से केवल छः प्रश्नों के उत्तर देना है। छः प्रश्नों का प्रत्येक का एक-एक विकल्प दिया गया है, प्रत्येक प्रश्न के चार-चार भाग हैं, प्रश्न-पत्र में प्रत्येक प्रश्न के भागों को मिलाकर कुल कितने प्रश्न हैं?
(a) 48 (b) 72
(c) 96 (d) 24

72. यदि ऐसी तीन संख्याओं का जो 2 : 3 : 4 के अनुपात में है, योग 990 है, तो वे कौन-सी संख्याएँ होंगी?
(a) 240, 360, 480
(b) 200, 300, 400
(c) 230, 345, 460
(d) 220, 330, 440

73. संलग्न आरेख में, AD = 2AB = *d*. छायांकित अंश का क्षेत्रफल है—

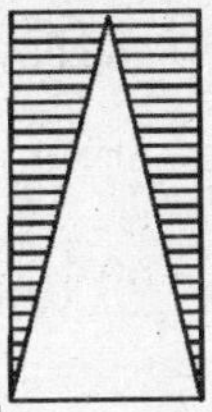

(a) $2d^2$ (b) $\frac{d}{2}$
(c) $\frac{d^2}{2}$ (d) $\frac{d^2}{4}$

74. एक मशीन जो एक फीते को 10 मीटर के टुकड़ों में काटती है, उसे एक बार काटने में 6 सेकेण्ड लगते हैं, उसे 3 किमी लम्बा फीता पूरी तरह से टुकड़ों में काटने में कितना समय लगेगा?
(a) 180 सेकेण्ड (b) 1794 सेकेण्ड
(c) 1800 सेकेण्ड (d) 174 सेकेण्ड

75. एक धनराशि को A, B, C, D के बीच 5 : 2 : 4 : 3 के अनुपात में बाँटा जाना है। यदि C को D की अपेक्षा ₹ 1,000 अधिक मिलता है, तो B का हिस्सा कितना होगा?
(a) ₹ 500 (b) ₹ 1,500
(c) ₹ 2,000 (d) ₹ 2,500

उत्तर (हल/संकेत)

1. (d) 86 को ऊपर से नीचे तथा नीचे से ऊपर घुमाने पर वह 98 में बदल जाएगा, जो 86 से 12 अधिक है।
अतः सही उत्तर (d) होगा।

2. (a) 45 के बीच दो अतिरिक्त अंक रखने पर वह 4225 बन जाता है, जो 65 का वर्ग है, अतः सही विकल्प (a) होगा।

3. (c) $\because \frac{40}{50\times30} = \frac{20}{25\times x}$

$\therefore x = \frac{50\times30\times20}{40\times25} = 30$ दिन

4. (c) 61 से 100 तक 3 से विभाजित कुल संख्या = 13
∴ इसे हटाने के बाद शेष संख्याएँ = 40 – 13 = 27

5. (b) दो बार

6. (d) $\because \frac{x+10}{3x+10} = \frac{1}{2}$
$\Rightarrow 2x + 20 = 3x + 10$
$\Rightarrow 2x - 3x = 10 - 20$
$\Rightarrow x = +10$
$\therefore x = 10$
अतः आज आशू की आयु = 10 + 5 = 15 वर्ष

7. (a) सतीश 10 मिनट में टाइप करता है, = 500 शब्द तथा दिव्या 10 मिनट में टाइप करती है, = 400 शब्द
∵ 900 शब्द दोनों मिलकर टाइप करेंगे = 10 मिनट में
∴ 3600 शब्द दोनों मिलकर टाइप करेंगे
$= \frac{10\times3600}{900} = 40$ मिनट में

8. (d) माना बेटी की आयु = x वर्ष
$\because \frac{x+12}{3x+12} = \frac{1}{2}$
$\Rightarrow 2x + 24 = 3x + 12$
$\therefore x = 12$
∴ बेटे की आयु = 12 वर्ष

9. (a) X द्वारा बनाए रनों की संख्या
= 108 – 90 = 18
Y द्वारा बनाए रनों की संख्या = 108 – 51 = 57
और Z द्वारा बनाए गए रनों की संख्या
= 51 – 18 = 33

10. (b) माना कि कुल सदस्यों की संख्या = 100
वैसे लोगों की संख्या जिनके पास मात्र 2 कारें है = 20
वैसे लोगों की संख्या जिनके पास मात्र 1 कारें है = 100 – (20 + 32) = 48
∴ इस प्रकार 48% लोगों के पास एक कार है।

11. (d) प्रथम 5 परिणामों की कुल संख्या
= 46 × 5
= 230
प्रथम 4 परिणामों की कुल संख्या
= 45 × 4 = 180
∴ पाँचवाँ परिणाम = 230 – 180 = 50

12. (b) पंजाब

13. (c) ∵ बिहार = 50%
∴ इसका आधा 25% महाराष्ट्र में है।

14. (d) 100 – 40 = 60%

15. (b) 4 राज्य (गुजरात, महाराष्ट्र, पंजाब, मध्य प्रदेश)

16. (c) गुजरात = (100 – 10) = 90%

17. (a) दो विषम संख्याओं का योग हमेशा समसंख्या होता है।

18. (d) 100 – (65 + 40 – 25) = 100 – 80 = 20%

19. (b) क्षेत्रफल = $(l \times b)$ = 6 × 4 = 24 वर्ग मीटर

20. (c) यदि दो विशेष व्यक्तियों को निकाल दें, तो ये दोनों व्यक्ति $\lfloor 2$ प्रकार से बैठ सकते हैं तथा शेष 5 व्यक्ति $\lfloor 5$ प्रकार से बैठ सकते हैं।
∵ दो विशिष्ट व्यक्ति बगल-बगल में बैठने के प्रकार
$= \lfloor 5 \times \lfloor 2$
= 120 × 2 = 240
∴ अभीष्ट प्रकार = $\lfloor 6 - \lfloor 5 \times \lfloor 2$
= 720 – 240 = 480

21. (a) माना A और B का मूल वेतन क्रमशः ₹ x और ₹ y हैं।
तब, $x + \frac{65}{100}x = y + \frac{80}{100}y$
$165x = 180y$
$\frac{x}{y} = \frac{180}{165} = \frac{12}{11}$
$x : y = 12 : 11$

22. (d) माना लम्बाई और चौड़ाई क्रमशः l और b हैं.
तब, $2(l + b) = 6$
$l + b = 3$ ...(i)

और, $l \times b = 2$ ...(ii)

समी. (i) व (ii) को हल करने पर,

$l - b = \sqrt{(l+b)^2 - 4lb} = \sqrt{(3)^2 - 4\times 2}$

$= \sqrt{9-8} = 1$ किमी

23. (a) पहले चक्कर में समय का अनुपात = 2 : 3

दूसरे चक्कर में = 7 : 4

तीसरे चक्कर में = 9 : 8

तब, घोड़े A द्वारा कुल लगा समय = 18 घण्टे

और घोड़े B द्वारा कुल लगा समय = 15 घण्टे

दोनों घोड़ों की चालों का अनुपात = 15 : 18 = 5 : 6

अतः चाल में अन्तर = 6 – 5 = 1

24. (b) दर = $\frac{(9000-5000)\times 100}{5000\times 5}$

$= \frac{4000\times 100}{5000\times 5} = 16\%$

अतः अभीष्ट समय = $\frac{(900-600)\times 100}{600\times 16}$

$= \frac{25}{8} \approx 3$ वर्ष

25. (b) माना, राजू की वर्तमान आयु = x वर्ष

और, उसके भाई की वर्तमान आयु = y वर्ष

6 साल पहले, राजू की आयु = $(x-6)$ वर्ष

और, उसके भाई की आयु = $(y-6)$ वर्ष

तो प्रश्नानुसार, $(x-6) = \frac{1}{2}(y-6) - 2$

और, $y - 6 = 20$ (दिया है)

तो $(x-6) = \frac{1}{2}\times 20 - 2$

$\Rightarrow (x-6) = 10 - 2$

$\Rightarrow x - 6 = 8$

$\Rightarrow x = 14$ वर्ष

अर्थात् राजू की वर्तमान आयु = 14 वर्ष

26. (a) उस दिन वह आदमी 16 मीटर – 3·4 मीटर = 12·6 मीटर दूर पहुँचा।

27. (c) $^{10}C_2 = 45$

28. (b) माना पुत्र की वर्तमान आयु = x वर्ष

तथा, पिता की वर्तमान आयु = $5x$ वर्ष

तब, $\frac{5x+7}{x+7} = \frac{3}{1}$

$5x + 7 = 3x + 21$

$2x = 14$

$x = 7$ वर्ष

29. (b) माना प्रभु की आयु = x वर्ष

तब, मणि की आयु = $2x$ वर्ष

और, रमोना की आयु = $\frac{x}{2}$ वर्ष

प्रश्नानुसार, $2x = 60$

$x = 30$

अतः रमोना की आयु = $\frac{30}{2} = 15$ वर्ष

30. (c) माना पिता की वर्तमान आयु = x वर्ष

तब, पुत्र की वर्तमान आयु = $\frac{x}{3}$ वर्ष

अतः $x + \frac{x}{3} = 48$

$4x = 48 \times 3$

$x = 36$ वर्ष

31. (b) टॉम द्वारा लगा समय = $\frac{210}{42} = 5$ घण्टे

और जोएल द्वारा लगा समय = 3·5 घण्टे

अतः औसत गति = $\frac{210}{3{\cdot}5}$ किमी/घण्टा

= 60 किमी/घण्टा

32. (d) पैदल चलकर आने वाले विद्यार्थियों की संख्या

$= \frac{[100-(10+40)]}{100}\times 2000$

$= \frac{50}{100}\times 2000 = 1000$

33. (d) अभीष्ट अनुपात = 100 : 40 = 5 : 2

34. (b) प्रेम की आयु = $\frac{48}{2} = 24$ वर्ष

तब, प्रेम की 7 वर्ष पूर्व आयु = 24 – 7 = 17 वर्ष

35. (a)

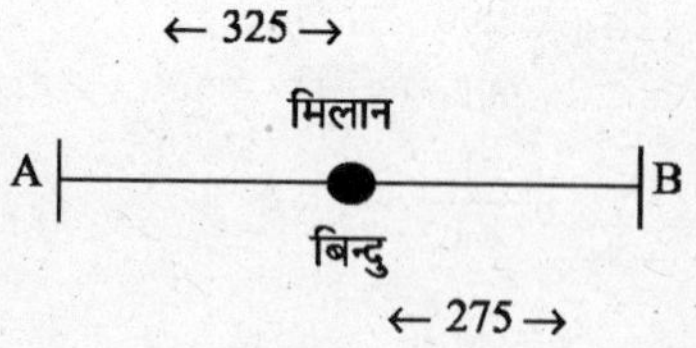

जोशुआ द्वारा चली गई दूरी = 5 × 65 = 325 किमी

शेष दूरी = 600 – 325 = 275 किमी

मेनन की औसत चाल = $\frac{275}{5}$

= 55 किमी/घण्टा

36. (b) कुल लगा समय = $\frac{200}{40} + \frac{(15+30+15)}{60}$

= (5 + 1) = 6 घण्टे

अतः बस ड्राइवर अपने अन्तिम गन्तव्य पर 3·00 बजे अपरा पहुँचेगा।

37. (d) परिवारों की संख्या जिनके पास कोई वाहन नहीं है।

$= \frac{30}{100}\times 60 = 18$

38. (d) मासिक बिल

$= \frac{(8\times 40\times 5 + 4\times 80\times 10)\times 30\times 2}{1000} = 288$

39. (b) माना गलत प्रश्नों की संख्या x है।

$\therefore$ सही प्रश्नों की संख्या = $3x$

$\therefore 3x + x = 64$

$\therefore x = \frac{64}{4} = 16$

40. (d) पहली स्थिति, $5 < x < 9$

दूसरी स्थिति, $7 < x < 11$

अतः आवश्यक संख्या = 8

41. (d) 90 किग्रा गेहूँ का लागत मूल्य

$= \frac{384\times 90}{16} =$ ₹ 2,160

42. (d) 32, 36 और 40 का ल.स. = 1440

अतः आवश्यक छोटी-से-छोटी संख्या

= 1440 + 8 = 1448

43. (d) परिवार में कुल सदस्यों की संख्या

= 1 + 1 + 3 + 3 + 3 × 3

= 1 + 1 + 3 + 3 + 9 = 17

44. (c) कक्षा में लड़कियों का भाग = $\frac{x}{x+y}$

45. (a) 9 भेड़ें शेष हैं।

46. (b) माना राजन के पिता की वर्तमान आयु = x वर्ष

तब, राजन की वर्तमान आयु = $(x-20)$ वर्ष

प्रश्नानुसार,

$x - 5 = 3(x - 20 - 5)$

$x - 5 = 3x - 75$

$2x = 70$

$x = 35$ वर्ष

47. (c) माना दो संख्याएँ x तथा y हों, तो प्रश्नानुसार,

$x + y = 21$

तथा $x \times y = 90$

$(x+y)^2 = x^2 + y^2 + 2xy$

$\Rightarrow (21)^2 = x^2 + y^2 + 2\times 90$

$\Rightarrow 441 = x^2 + y^2 + 180$

$\therefore x^2 + y^2 = 441 - 180 = 261$

48. (a) माना महिला के पास 25 पैसे के सिक्कों की संख्या = x

और, 50 पैसे के सिक्कों की संख्या = y

तब, 25 पैसे के सिक्कों का मूल्य = ₹$\frac{x}{4}$

और, 50 पैसे के सिक्कों का मूल्य = ₹$\frac{y}{2}$

तब, $\frac{x}{4} + \frac{y}{2} = 12{\cdot}75$ ...(i)

तथा $x + y = 40$ ...(ii)

समीकरण (i) व (ii) को हल करने पर,

$y = 11$

अतः 50 पैसे के सिक्कों की संख्या = 11

49. (c) वॉलीबाल खेलने वाले विद्यार्थी

$= 120\times \frac{25}{100} = 30$

क्रिकेट खेलने वाले विद्यार्थी $= 90\times \frac{40}{100} = 36$

फुटबाल खेलने वाले विद्यार्थी $= 54\times \frac{50}{100} = 27$

कोई खेल न खेलने वाले विद्यार्थी

= 120 – (36 + 30 + 27)

= 120 – 93 = 27

50. (a) 75 में से उन व्यक्तियों की संख्या जो कुर्सी पर बैठे हैं।

$\frac{75\times20}{100}=15$

बाकी बचे हुए व्यक्तियों की संख्या = 75 – 15 = 60

लम्बी बेंचों पर बैठे हुए व्यक्तियों की संख्या

$=\frac{60\times40}{100}=24$

उन व्यक्तियों की संख्या जो कहीं पर नहीं बैठे हैं।

75 – (15 + 24) = 36

51. (b) माना राजू और रानी की वर्तमान आयु

= x और y

$\frac{x-5}{y-5}=\frac{1}{10}$

$\Rightarrow\ 10x-50=y-5$

$\Rightarrow\ 10x-y=45$ ...(i)

$\Rightarrow\ x+y=32$ ...(ii)

हल करने पर–

$x=7$ और $y=25$

अत: 10 वर्ष बाद उनकी आयु

7 + 10 = 17, 25 + 10 = 35

52. (b) कार वाले परिवार = $60\times\frac{30}{100}=18$

मोटर साइकिल वाले परिवार

$=(60-18)\times\frac{50}{100}=21$

साइकिल वाले परिवार = (60 – 18 – 21) = 21

53. (b) माना इस समय सुनीता की आयु = x वर्ष

तब, सुनीता के पिता की आयु = $4x$ वर्ष

प्रश्नानुसार, 8 वर्षों बाद– $4x+8=3(x+8)$

$4x+8=3x+24$

$4x-3x=24-8$

$x=16$ वर्ष

54. (a) यदि कोई संख्या 9 से विभाज्य है तो उसे संख्या के अंकों का योग भी 9 से विभाज्य होगा।

इसलिए, 1 + 2 + 3 + 2 = 8

4 + 2 + 3 = 9

1 + 1 + 2 + 3 + 2 = 9

2 + 1 + 6 + 0 = 9

अत: संख्या 1232, 9 से विभाज्य नहीं है।

55. (a) माना अरुण की वर्तमान आयु = $4x$

तथा दीपक की वर्तमान आयु = $3x$

6 वर्ष बाद, $4x+6=26$

$\Rightarrow\ \boxed{x=5}$

अत: दीपक की वर्तमान आयु = $3x=3\times5=15$ वर्ष

56. (d) कुल मतों की संख्या

$=\frac{840\times100\times100\times100}{(100-50)(100-50)(100-50)}$

$=\frac{840\times1000000}{50\times50\times50}=6720$

अभीष्ट % $=\frac{840\times100}{6720}=12.5$

57. (b) माना लीला की आयु = x वर्ष

दादी की आयु = $(x+60)$ वर्ष

$\therefore\ (x+10)+(x+60)+10=100$

$\Rightarrow\ 2x+80=100$

$\Rightarrow\ x=10$ वर्ष

तथा दादी की आयु = (10 + 60) वर्ष = 70 वर्ष

58. (c) सभी तीनों अंकों को आरोही क्रम में व्यवस्थित करने पर–

$284\rightarrow248$

$573\rightarrow357$

$961\rightarrow169$

$369\rightarrow369$

अत: सबसे छोटी संख्या → 169 अर्थात् 961 होगी।

59. (d) माना रिसाव के कारण खाली होने में लगा समय x घण्टे हों तो,

$\frac{1}{5}-\frac{1}{x}=\frac{1}{8}$

$\Rightarrow\ \frac{1}{5}-\frac{1}{8}=\frac{1}{x}$

$\therefore\ x=\frac{40}{3}$ घण्टे = 13 घण्टे 20 मिनट

60. (c) A को मिले आम = B – 1

C को मिले आम = D + 4

E को मिले आम = B + 3

D को मिले आम = B को मिले आम

अब, D = B = A + 1

C = A + 5

E = A + 4

अत: सबसे कम आम A को मिलेंगे।

61. (a) वह लोग जो दोनों भाषा बोल सकते हैं।

= 1305 + 660 + 120 – 1865

= 220

62. (a) माना संख्या x हो, तो

$x\times\frac{3}{8}-x\times\frac{1}{3}=6$

$\Rightarrow\ \frac{9x-8x}{8\times3}=6$

$\therefore\ x=48\times3=144$

63. (d) माना पुत्र की वर्तमान आयु x वर्ष है तो, मनुष्य की वर्तमान आयु = $x+24$ वर्ष

दो वर्ष में $(x+24)+2=2(x+2)$

$x+26=2x+4$

$x=22$ वर्ष

64. (a) माना पूरी यात्रा की दूरी = x किमी

तब, $\left[1-\left(\frac{2}{5}+\frac{1}{5}\right)\right]x=220$

$\frac{2}{5}x=220$

$x=550$ किमी

65. (c) पाँच अंकों की बड़ी-से-बड़ी संख्या = 99999

जब 99999 को 315 से भाग दिया जाता है, तो शेष 144 आता है। इसलिए

पाँच अंकों की बड़ी-से-बड़ी संख्या 315 से भाज्य है।

= 99999 – 144 = 99855

66. (d) $\because$ 3 : 65 : : x : 195

$\therefore\ \frac{3}{65}=\frac{x}{195}$

$\therefore\ x=\frac{3\times195}{65}=9$

67. (a) माना कच्चे आम = x

तब, पके आम = $3x$

प्रश्नानुसार, $x+3x=68$

$4x=68$

$x=17$

68. (d) माना रोहन की आयु = x वर्ष

निखिल की आयु = $(x-8)$ वर्ष

$\therefore$ प्रश्नानुसार, $x=2(x-8)$

$\Rightarrow\ x=2x-16$

$\therefore\ x=16$ वर्ष

69. (c) A + B = 35 ...(i)

A – B = 5 ...(ii)

समीकरण (i) व (ii) से–

A = 20, B = 15

अत: A × B = 20 × 15 = 300

70. (c) हनुमान सबसे छोटा है।

[राम > लक्ष्मण > श्याम > हरि > हनुमान]

71. (a) कुल प्रश्नों की संख्या = 12

प्रत्येक प्रश्न के भाग = 4

$\therefore$ प्रश्न-पत्र में कुल प्रश्नों की संख्या

= 12 × 4 = 48

72. (d) माना संख्याएँ $2x$, $3x$ और $4x$ हैं।

तब, $2x+3x+4x=990$

$9x=990$

$x=110$

अत: संख्याएँ 220, 330 और 440 हैं।

73. (d) छायांकित भाग का क्षेत्रफल

$=d\times\frac{d}{2}-\frac{1}{2}d\times\frac{d}{2}$

$=\frac{d^2}{2}-\frac{d^2}{4}=\frac{d^2}{4}$

74. (b) आवश्यक समय = $\frac{3000\times6}{10}-6$

= 1800 – 6

= 1794 सेकेण्ड

75. (c) माना A, B, C व D का हिस्सा क्रमश: ₹ $5x$, $2x$, $4x$ व $3x$ हो, तो

$4x-3x=1,000$

$\therefore\ x=1,000$

$\therefore$ B का अभीष्ट हिस्सा = ₹ (2 × 1,000)

= ₹ 2,000

□□□

अध्याय 17

पहेली परीक्षण

प्राय: प्रतियोगी परीक्षाओं में अभ्यार्थियों से ऐसे प्रश्न पूछे लिए जाते हैं, जिनसे वह पज्जल (परेशान) हो जाते हैं, क्योंकि वह उक्त सूचनाओं से अवगत नहीं होते हैं और अपना बहुमूल्य समय उन्हीं प्रश्नों को हल करने में लगा देते हैं। जिससे उनके अन्य प्रश्न भी छूट जाते हैं। अत: इस प्रकार के प्रश्नों को सरलतापूर्वक हल करने की विधि द्वारा समझकर शीघ्र हल किया जा सके। प्रश्नों के कुछ मुख्य विषय, जैसे—रिश्ता, दिशा, बैठने की स्थिति आदि से संबंधित होता है। इसके अन्तर्गत अभ्यर्थी को कुछ सूचनाएँ अव्यवस्थित रूप में दिए जाते हैं तथा उसे सत्य मानते हुए क्रमवत व्यवस्थित करके प्रश्नों का उत्तर देना होता है।

प्रश्नों के प्रकार

1. बैठने की व्यवस्था
2. किताबों को सजाना
3. व्यक्ति, व्यवसाय तथा शौक
4. वर्गीकरण करना
5. घटनाओं को क्रमगत करना
6. तुलनात्मक समस्याएं
7. शर्तों के अनुसार समूह बनाना

प्रकार 1. बैठने की व्यवस्था

उदाहरण 1. P, Q, R, S और T एक घेरे में बैठे हैं, और उनका मुंह केन्द्र की ओर है।

(i) R, T के तुरन्त बाईं ओर

(ii) P, S, और T के बीच बैठा है?

1. R के तत्काल बाईं ओर कौन बैठा है?

(a) T　　(b) P

(c) Q　　(d) S

(e) तय नहीं कर सकते

2. उपुर्यक्त प्रश्न का उत्तर पाने के लिए निम्नलिखित में से किस कथन के बिना काम चल सकता है?

(a) कोई नहीं　　(b) केवल (ii)

(c) केवल (ii) या (iii)　　(d) केवल (iii)

(e) इनमें से कोई नहीं।

हल

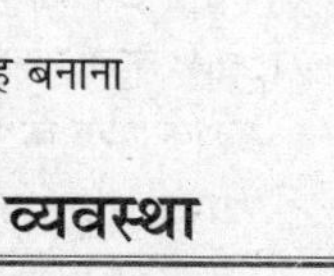

1. (e) R के तत्काल बाईं ओर Q है।

2. (a) सभी की जरूरत है, इसलिए उत्तर होगा कोई नहीं।

प्रकार 2. किताबों को सजाना

उदाहरण 2. 6 पुस्तकें एक के ऊपर एक रखी गईं है। इतिहास की पुस्तक नागरिक शास्त्र की पुस्तक के ठीक ऊपर है, जो गणित की पुस्तक के ठीक ऊपर है। कम्प्यूटर की पुस्तक सबसे ऊपर नहीं है। अंग्रेजी और भौतिक शास्त्र की किताब के बीच में 4 पुस्तकें हैं।

1. नागरिक शास्त्र और कम्प्यूटर की पुस्तक के बीच कौन-सी पुस्तक है?

(a) गणित　　(b) भौतिकी

(c) इतिहास　　(d) ज्ञात नहीं कर सकते

(e) इनमें से कोई नहीं।

2. भातिकशास्त्र के ऊपर कितनी पुस्तकें हैं?

(a) एक भी नहीं　　(b) तीन

(c) पाँच　　(d) तय नहीं कर सकते

(e) इनमें से कोई नहीं।

हल

स्थिति : I	स्थिति : II
1. अंग्रेजी/भौतिकशास्त्र	1. अंग्रेजी/भौतिकशास्त्र
2. कम्प्यूटर	2. इतिहास
3. इतिहास	3. नागरिकशास्त्र
4. गणित	4. कम्प्यूटर
5. भौतिकशास्त्र/अंग्रेजी	6. भौतिकशास्त्र/अंग्रेज

1. (d) (तय नहीं कर सकते)

2. (d) (तय नहीं कर सकते)

प्रकार 3. व्यक्ति, व्यवसाय तथा शौक

उदाहरण 3.

निर्देश—(प्रश्न संख्या 1 से 3 तक) : (i) A, B, C, D, E और F एक परिवार के छ: सदस्य है।

(ii) इनमें से एक डॉक्टर है।

(iii) परिवार में दो विवाहित युगल है।

(iv) F जो कि डॉक्टर है, E का पिता है।

(v) A एक छात्रा है और उसका पति वकील है।

(vi) 'B', 'D' की दादी है और एक गृहणी है।

(vii) 'C', 'A' का ससुर है और एक इन्जीनियर है।

(viii) 'D', 'E' की बहन है?

1. 'E' किस प्रकार 'B' से संबंधित है?

(a) पौत्र　　(b) पौत्री

(c) दामाद　　(d) पुत्र

(e) पौत्री या पौत्र

2. निम्नलिखित में से कौन-सा विवाहित युगलों में से एक है?
(a) FD (b) FB
(c) FA (d) CF
(e) इनमें से कोई नहीं।

3. परिवार में कितनी महिला सदस्य है?
(a) दो (b) तीन
(c) दो या तीन (d) तीन या चार
(e) इनमें से कोई नहीं।

हल (प्रश्न संख्या 1 से 3) के उत्तर के लिए तालिका :

(विवाहित: B ↔ C; विवाहित युगल: A ↔ F)

	A	B	C	D	E	F
पेशा	छात्र	गृहणी	इंजीनियर	वकील/छात्रा	वकील/छात्रा	डॉक्टर
संबंध पत्नी	F की दादी	D की ससुर	A का	B और C की पौत्री/E की बहन	D का भाई/बहन	E का पिता, D का पिता,
	D और E की माँ	C की पत्नी F की माँ	B का पति F का पिता	F एवं A की पुत्री	F का पुत्र/पुत्री B और C का पौत्र/पौत्री	A का पति B और C का पुत्र
लिंग	महिला	महिला	पुरुष	महिला	महिला/पुरुष	पुरुष

हल

1. (e) 'E', 'B' की पौत्री/पौत्री है।

2. (c) 'F', 'A' एक विवाहित युगल है।

3. (d) चूँकि E महिला है या पुरुष स्पष्ट नहीं है, अत: महिला सदस्यों की संख्या ज्ञात नहीं की जा सकती। विकल्पानुसार तीन या चार है।

उदाहरण 4. पाँच मित्र A, B, C, D और E एक समूह में यात्रा कर रहे हैं।

(i) इस समूह में एक टेनिस का खिलाड़ी एक क्रिकेट का खिलाड़ी ओर एक शतरंज का खिलाड़ी है।

(ii) 'A' जोकि एक डॉक्टर का पुत्र है टेनिस के खिलाड़ी के अधिक उपार्जित करता है।

(iii) 'S' एक अविवाहित महिला है।

(iv) इस समूह में एक ही विवाहित जोड़ा है जिसका 'B' पति है।

(v) 'E', 'C' का भाई है और वह न तो शतरंज का खिलाड़ी है और न ही क्रिकेट का खिलाड़ी है।

(vi) इस समूह में कोई खिलाड़ी सबसे कम धन उपार्जित करता है?

1. सबसे अधिक धन कौन उपार्जित करता है?
(a) E (b) C (c) A (d) R
(e) ज्ञात नहीं किया जा सकता

2. 'C' की बहन कौन है?
(a) D (b) A (c) E (d) B
(e) आँकड़े अपर्याप्त हैं

3. निम्नलिखित में से कौन-सा पुरुष मित्रों का समूह है?
(a) A, C, E (b) A, B, E
(c) B, E, C (d) A, B, C
(e) इनमें से कोई नहीं

4. 'B' की पत्नी कौन है?
(a) D (b) C (c) A (d) E
(e) इनमें से कोई नहीं

5. शतरंज का खिलाड़ी कौन है?
(a) E (b) D (c) B (d) C. (e) A

(प्रश्न-संख्या 1 से 5) के उत्तर के लिए तालिका–

(का पति: B → C; का भाई: E → C)

A	B	C	D	E
↓ डॉक्टर का पुत्र	↓ क्रिकेट का खिलाड़ी	↓ विवाहित महिला	↓ अविवाहित महिला	↓ R का भाई
↓ टेनिस के खिलाड़ी से अधिक उपार्जित करता है।	↓ सबसे कम उपार्जन R का पति	↓ (खिलाड़ी) Q की पत्नी	(खिलाड़ी)	~~(शतरंज क्रिकेट)~~
↓ शतरंज का खिलाड़ी	×	×	×	↓ टेनिस का खिलाड़ी

हल

1. (c) 'A' सबसे अधिक धन उपार्जित करता है।

2. (e) आँकड़े अपर्याप्त हैं।

3. (b) 'A', B और 'E' पुरुष मित्रों का समूह है।

4. (b) 'C', B की पत्नी है।

5. (e) 'A' शतरंज का खिलाड़ी है।

प्रश्नावली

निर्देश–(प्रश्न संख्या 1 से 4 तक) नीचे दी गई जानकारियों का अध्ययन करके इन पर आधारित प्रश्नों का उत्तर दीजिए–

(i) A, B, C, D और E पाँच व्यक्तियों का एक समूह है।

(ii) इस समूह में एक अर्थशास्त्र, एक इतिहास और एक भूगोल के व्याख्याता हैं।

(iii) 'A' और 'D' अविवाहित महिला हैं, जो कि किसी भी विषय की विशेषज्ञ नहीं हैं

(iv) कोई भी महिला अर्थशास्त्र या भूगोलवेत्ता नहीं है।

(v) इस समूह में एक विवाहित जोड़ा हैं, जिनमें E पति है।

(vi) 'B', C का भाई है, जो कि न तो इतिहासकार है और न ही भूगोलवेत्ता है।

1. अर्थशास्त्र के व्याख्याता कौन हैं?
(a) A (b) B
(c) C (d) D
(e) E

2. भूगोल के व्याख्याता कौन हैं?
(a) A (b) B
(c) C (d) D
(e) E

3. 'E' की पत्नी कौन है?
(a) A (b) B
(c) C (d) D
(e) E

4. निम्नलिखित में से कौन-सा समूह पुरुषों का है?

(a) ABC (b) BCD
(c) BC (d) BE
(e) इनमें से कोई नहीं

निर्देश—(प्रश्न संख्या 5 से 9 तक) निम्नलिखित जानकारियों को ध्यानपूर्वक पढ़कर इन पर आधारित प्रश्नों का उत्तर दीजिए—

(i) सात विद्यार्थी जिन्हें A, B, C, D, E, F और G नाम दिये गए हैं, जो परीक्षाओं की एक श्रृंखला में शामिल हुए।
(ii) किन्हीं भी दो विद्यार्थियों को समान अंक नहीं मिले।
(iii) 'G' को हमेशा 'A' से अधिक अंक मिले।
(iv) 'A' को हमेशा 'B' से अधिक अंक मिले।
(v) प्रत्येक बार या तो 'C' को उच्चतम अंक मिले और 'E' ने न्यूनतम अंक प्राप्त किया या वैकल्पिक रूप में 'S' को उच्चतम अंक मिले और 'F' अथवा 'B' को न्यूनतम अंक मिले।

5. यदि 'G' का क्रम पाँचवाँ है, तो निम्नलिखित में से कौन-सा सत्य है?
(a) 'C' को दूसरा क्रम मिला
(b) 'B' को चौथा क्रम मिला
(c) 'E' को तीसरा क्रम मिला
(d) 'D' को उच्चतम अंक मिले
(e) 'F' को न्यूनतम अंक मिले

6. यदि 'C' को सर्वाधिक अंक मिलते हैं, तो 'G' को कौन-सा क्रम से नीचे नहीं मिलना चाहिए?
(a) तीसरा (b) पाँचवा
(c) दूसरा (d) चौथा
(e) छठा

7. यदि 'D' का दूसरा क्रम मिलता है, तो निम्नलिखित में से कौन-सा सत्य है?
(a) 'A' को 'C' से अधिक अंक मिलता है।
(b) 'G' को 'D' से अधिक अंक मिलता है।
(c) 'E' को 'B' से अधिक अंक मिलता है।
(d) 'A' को 'G' से अधिक अंक मिलता है।
(e) 'F' को 'G' से अधिक अंक मिलता है।

8. यदि 'D' को छठा क्रम मिला हो और 'B' का क्रम पाँचवाँ है तो निम्नलिखित में से कौन-सा सत्य हो सकता है?
(a) 'G' को या तो पहला या चौथा क्रम मिलता है दूसरा क्रम मिला
(b) 'C' को या तो दूसरा या तीसरा क्रम मिलता है
(c) 'A' को या तो दूसरा या पाँचवाँ क्रम मिलता है
(d) 'F' को या तो तीसरा या चौथा क्रम मिलता है
(e) 'E' को या तो चौथा या पाँचवाँ क्रम मिलता है

9. यदि 'G' का क्रम दूसरा और 'B' का क्रम पाँचवाँ हो, तो निम्नलिखित में से कौन-सा सत्य होना चाहिए?
(a) 'D' का क्रम तीसरा है
(b) 'A' का क्रम तीसरा है
(c) 'G' का क्रम चौथा है
(d) 'E' का क्रम छठा है
(e) 'F' का क्रम छठा है

निर्देश—(प्रश्न संख्या 10 से 14 तक) अग्रलिखित जानकारियों को ध्यानपूर्वक पढ़कर इन पर आधारित प्रश्नों का उत्तर दीजिए—

(i) एक कार प्रदर्शनी में सात विभिन्न कम्पनियों की कारें— बोलेरो, एम्बेसडर, फिएट, मारुति, नैनो, बैडफोर्ड तथा फार्गो को पूर्व दिशा की ओर सामने करके एक पंक्ति में प्रदर्शित किया गया था।
(ii) बोलेरो कार फार्गो के ठीक दाईं ओर थी।
(iii) फार्गो कार फिएट के दाईं ओर चौथी थी।
(iv) मारुति कार एम्बेसडर तथा बैडफोर्ड के बीच थी।
(v) फिएट जो कि एम्बेसडर कार के बांई ओर तीसरी थी, एक अंतिम छोर पर थी।

10. नैनो कार की सही स्थिति निम्नलिखित में से कौन-सी थी?
(a) मारुति के दाईं ओर पाँचवीं
(b) बोलेरो एवं फार्गो के बीच में
(c) केडीलिक के ठीक दाईं ओर
(d) बैडफोर्ड के ठीक बाईं ओर
(e) इनमें से कोई नहीं

11. निम्नलिखित में कौन-सा निश्चित रूप से सही है?
(a) मारुति, नैनो के दाईं ओर चौथी है
(b) बोलेरो कार नैनो के ठीक बाईं ओर है
(c) फार्गो कार बोलेरो कार के ठीक दाईं ओर है
(d) फार्गो कार एम्बेसडर तथा फिएट कारों के बीच में है
(e) इनमें से कोई नहीं

12. कौन-सी कारें बोलेरो कार के ठीक दोनों ओर हैं?
(a) एम्बेसडर और फार्गो
(b) फिएट और नैनो
(c) मारुति और फिएट
(d) एम्बेसडर और मारुति
(e) इनमें से कोई नहीं

13. निम्नलिखित में से कौन-सा निश्चित रूप से सही है?
(a) बैडफोर्ड किसी एक छोर पर है
(b) मारुति, एम्बेसडर के ठीक बाईं ओर है
(c) फिएट, मारुति के दाईं ओर दूसरी है
(d) बैडफोर्ड फिएट के ठीक बाईं ओर है
(e) इनमें से कोई नहीं

14. निम्नलिखित में से कौन-से कारों का समूह एम्बेसडर कार के दाईं ओर है?
(a) बोलेरो, फार्गो और मारुति
(b) नैनो, कैडीलिक और फार्गो
(c) बैडफोर्ड, कैडीलिक और फार्गो
(d) मारुति, बैडफोर्ड और फिएट
(e) इनमें से कोई नहीं

निर्देश—(प्रश्न संख्या 15 से 19 तक) निम्नलिखित जानकारियों को ध्यानपूर्वक अध्ययन करके नीचे दिये गए प्रश्नों का उत्तर दीजिए—

(i) एक पॉली क्लीनिक में पाँच डॉक्टरों का गुट P, Q, R, S और T मौजूद हैं।
(ii) इस गुट में मनोविश्लेषण, शल्य चिकित्सक और ऐनस्थेटिस्ट विशेषज्ञ डॉक्टर हैं।
(iii) 'P' और 'S' अविवाहित महिलाएँ हैं और विशेषज्ञ नहीं है।
(v) इस गुट में एक विवाहित जोड़ा भी है जिसमें 'T' पति है।
(vi) 'Q', R का भाई है जो कि न तो शल्य चिकित्सक और न ही एनेस्थेटिस्ट है।

15. इस गुट में महिला डॉक्टर कितनी हैं?
(a) 3 (b) 4
(c) 2 (d) 5
(e) इनमें से कोई नहीं

16. निम्नलिखित जोड़ा में से कौन-सा विवाहित जोड़ा है?
(a) T, S (b) P, Q
(c) T, R (d) P, S
(e) इनमें से कोई नहीं

17. निम्नलिखित में से किस गुट के सभी डॉक्टर पुरुष हैं?
(a) P, R (b) Q, T
(c) R, S (d) P, T
(e) इनमें से कोई नहीं

18. शल्य चिकित्सक कौन है?
(a) R (b) S
(c) P (d) Q
(e) इनमें से कोई नहीं

19. निम्नलिखित में किस गुट के सदस्यों का आपस में रिश्ता है?
(a) P, R, S (b) R, S, T
(c) Q, R, S (d) P, Q, R
(e) इनमें से कोई नहीं

निर्देश—(प्रश्न संख्या 20 से 24 तक) निम्नलिखित कथनों को ध्यानपूर्वक पढ़कर नीचे दिये गए प्रश्नों का उत्तर दीजिए—

किसी परिवार में अ, ब, स, द, य और र छः सदस्य हैं। इनमें से प्रत्येक व्यक्ति का दो पेशा है। पहला मुख्य पेशा और दूसरा अतिरिक्त पेशा। 'द' का अतिरिक्त पेशा पेंटिंग है, जबकि अन्य दो व्यक्तियों का यह मुख्य पेशा है। 'ब', 'य' और 'र' का बढ़ईगिरी एक पेशा है, 'र' का मुख्य पेशा इलेक्ट्रिशियन है, जोकि 'स' और 'य' दोनों का अतिरिक्त पेशा है। पेंटिंग और टाईपिंग 'अ' का पेशा है, लेकिन मुख्य पेशा और अतिरिक्त पेशा को ध्यान में रखते हुए यह 'द' का ठीक उल्टा है। वेल्डिंग इनमें केवल एक व्यक्ति का अतिरिक्त पेशा है। इस परिवार में केवल एक ही महिला सदस्य है, जिसका टाइपिंग मुख्य पेशा है।

20. निम्नलिखित में से कौन-से समूह का पेंटिंग मुख्य पेशा है?
(a) ब और स (b) अ और स
(c) स और द (d) अ, स और द
(e) ब, स और द

21. इस परिवार में महिला सदस्य कौन है?
(a) अ (b) ब
(c) स (d) द
(e) इनमें से कोई नहीं

22. 'स' का मुख्य पेशा क्या है?
(a) टाईपिंग (b) वेल्डिंग
(c) पेंटिंग (d) इलेक्ट्रिशियन
(e) बढ़ईगिरी

23. 'र' के ही तरह मुख्य पेशा और अतिरिक्त पेशा दोनों एक ही समान किसका पेशा है?
(a) अ (b) ब
(c) स (d) द
(e) किसी का नहीं

24. मुख्य पेशा और अतिरिक्त पेशा की अवहेलना करते हुए किसका पेशा 'र' के समान है?
(a) द (b) स
(c) अ (d) य
(e) इनमें से कोई नहीं

निर्देश—(प्रश्न संख्या 25 से 29 तक) निम्नलिखित जानकारियों को ध्यानपूर्वक अध्ययन करके इन पर आधारित प्रश्नों का उत्तर दीजिए—

M, N, O, P, Q और R एक परिवार के सदस्य हैं। इनमें से दो विवाहित जोड़ा हैं। 'B' एक लेखक है तथा 'E' का पिता है। 'R', O का दादा है जो कि एक जज है। 'P', Q की दादी है तथा वह एक गृहिणी है। इस परिवार में एक लेखक, एक जज, एक डॉक्टर, एक गृहिणी और दो छात्र हैं।

25. निम्नलिखित में कौन-सा दो विवाहितों का जोड़ा है?
(a) QP, OR (b) RP, OM
(c) RP, NM (d) RP, NQ
(e) इनमें से कोई नहीं

26. 'M' का पति कौन है?
(a) R (b) Q
(c) O (d) P
(e) B

27. 'Q' की बहन कौन है?
(a) N (b) O
(c) R (d) आँकड़े अपर्याप्त हैं
(e) इनमें से कोई नहीं

28. निम्नलिखित में 'A' का पेशा कौन-सा हो सकता है?
(a) लेखक या डॉक्टर (b) डॉक्टर
(c) लेखक (d) गृहिणी
(e) गृहिणी या डॉक्टर

29. निम्नलिखित में कौन-सा निश्चित तौर पर पुरुषों का समूह है?
(a) QR (b) NRQ
(c) NR (d) NPM
(e) इनमें से कोई नहीं

निर्देश—(प्रश्न संख्या 30 से 34 तक) नीचे दी गई जानकारी को ध्यानपूर्वक अध्ययन करके इनसे संबंधित प्रश्नों का उत्तर दीजिए—

M, N, O, P, Q और R एक परिवार के सदस्य हैं। इनमें से दो विवाहित जोड़ा है। 'O' एक डॉक्टर है जो कि इस परिवार का अविवाहित सदस्य है। 'R' का पुत्र जोकि 'N' का पिता है, वह वकील है। 'Q' एक शिक्षिका है जोकि 'M' की पत्नी है। 'P', O की दादी है जोकि एक गृहिणी है। 'N' कॉलेज में अध्ययन कर रहा है जोकि अपने सेवानिवृत दादा 'R' का बहुत प्यारा है। 'O', N की बहन है।

30. 'M' का पेशा क्या है?
(a) वकील (b) डॉक्टर
(c) शिक्षक (d) सेवानिवृत
(e) इनमें से कोई नहीं

31. इस परिवार में कितनी महिलाएँ हैं?
(a) तीन
(b) दो
(c) चार
(d) ज्ञात नहीं किया जा सकता
(e) इनमें से कोई नहीं

32. 'O' की माँ कौन है?
(a) R या Q (b) Q
(c) P (d) आँकड़े अपर्याप्त हैं
(e) इनमें से कोई नहीं

33. 'O' की बहन कौन है?
(a) P (b) N
(c) M (d) आँकड़े अपर्याप्त हैं
(e) इनमें से कोई नहीं

34. निम्नलिखित में कौन-सा विवाहितों का जोड़ा है?
(a) MO, PR (b) MQ, OR
(c) MQ, PR (d) MP, QR
(e) इनमें से कोई नहीं

निर्देश—(प्रश्न संख्या 35 से 39 तक) निम्नलिखित जानकारियों को ध्यानपूर्वक अध्ययन करके इन पर आधारित प्रश्नों का उत्तर दीजिए—

(i) P, Q, R, S T और U एक बस में यात्रा कर रहे हैं।
(ii) इनमें से दो पत्रकार, दो सम्पादक, एक फोटोग्राफर और एक लेखक हैं।
(iii) फोटोग्राफर 'P' का विवाह 'S' से हुआ है जोकि पत्रकार है।
(iv) लेखक का विवाह 'Q' से हुआ है जिसका पेशा 'U' के समान है।
(v) P, Q, R और S दो विवाहित जोड़ा हैं और इनमें से किसी का भी पेशा समान नहीं है।
(vi) 'U', R का भाई है।

35. 'R', U से किस प्रकार से संबंधित है?
(a) चाचा (b) भतीजा
(c) बहन (d) भाई
(e) निश्चित तौर पर कुछ नहीं कहा जा सकता

36. निम्नलिखित में कौन-सा पतियों का जोड़ा है?
(a) PQ (b) RS
(c) PR (d) QS
(e) ज्ञात नहीं किया जा सकता

37. निम्नलिखित में कौन-सा सम्पादक का जोड़ा है?
(a) TU (b) QU
(c) PQ (d) RT
(e) ST

38. निम्नलिखित में कौन-सा एक विवाहित जोड़ा है?
(a) QS (b) RT
(c) PT (d) QR
(e) PQ

39. निम्नलिखित में कौन-सा पत्रकार का जोड़ा है?
(a) QS (b) SU
(c) ST (d) RT
(e) PQ

निर्देश—(प्रश्न संख्या 40 से 44 तक) निम्नलिखित जानकारियों को ध्यानपूर्वक अध्ययन करके इन पर आधारित प्रश्नों का उत्तर दीजिए—

पाँच नगरों A, B, C, D और E में से दो पर्वतीय नगर तथा तीन मैदानी नगर हैं जिनमें से दो बन्दरगाह हैं। इन पाँच नगरों में से चार प्रादेशिक राजधानियाँ हैं। इनमें से दो औद्योगिक नगर हैं। दो में लगभग 20 लाख की आबादी है, जबकि शेष दो में प्रत्येक की आबादी 50 लाख से अधिक है। इनमें से दो नगर एक ही अक्षांश पर हैं और अन्य दो एक ही देशान्तर पर, दोनों बन्दरगाह न तो एक ही अक्षांश पर हैं और न ही एक देशांतर पर हैं। इन दोनों में से एक औद्योगिक नगर है। एक ही अक्षांश पर स्थित दो नगरों में से एक औद्योगिक नगर है। दोनों औद्योगिक नगरों में से प्रत्येक की आबादी 50 लाख से अधिक है। पर्वतीय नगरों में से एक का देशान्तर वही है जो एक बन्दरगाह का है, जबकि दूसरे के अक्षांश और देशान्तर दोनों ही अन्य नगरों से भिन्न हैं। औद्योगिक नगरों में से एक न तो पर्वतीय नगर है और न बन्दरगाह। पर्वतीय नगर भी औद्योगिक नगरों में से ही एक नहीं है। पर्वतीय नगरों में से केवल एक ही, जिसका देशान्तर वही है जो एक बन्दरगाह का, प्रादेशिक राजधानी है। 'B' एक पर्वतीय नगर है जबकि 'E' का देशान्तर वही है जोकि 'A' का और वह एक बन्दरगाह है। 'D' का अक्षांश वही है जो कि 'C' का है तथा वहाँ की आबादी लगभग 20 लाख है।

40. कौन-सा नगर प्रादेशिक राजधानी नहीं है?
(a) A (b) B
(c) C (d) D
(e) इनमें से कोई नहीं

41. वह नगर कौन-सा है जो कि न तो पर्वतीय नगर है और न ही बन्दरगाह है?
(a) A (b) B
(c) C (d) D
(e) इनमें से कोई नहीं

42. 'E' के अतिरिक्त कौन-सा नगर बन्दरगाह है?
(a) A (b) B
(c) C (d) D
(e) इनमें से कोई नहीं

43. कौन-से दो नगर औद्योगिक नगर हैं?
(a) A,C (b) C, D
(c) DE (d) C,E
(e) इनमें से कोई नहीं

44. वह नगर कौन-सा है जो कि एक बन्दरगाह है परन्तु औद्योगिक नगर नहीं है?
(a) A (b) B
(c) C (d) D
(e) इनमें से कोई नहीं

निर्देश—(प्रश्न संख्या 45 से 50 तक) निम्नलिखित जानकारियों को ध्यानपूर्वक अध्ययन करके इन पर आधारित प्रश्नों का उत्तर दीजिए—

Mr. S, Mr. T, Mrs. U, Miss V, Mr. W और Miss X एक कॉलेज के छः सदस्य हैं। ये प्रिंसपल, असिस्टेंट प्रिंसपल, कैशियर, स्टेनोग्राफर, प्रोफेसर एवं लाइब्रेरियन के पद पर कार्यरत हैं। लेकिन ये दिये गए क्रम में ही हो ऐसा जरूरी नहीं है। 'असिस्टेंट प्रिंसपल', प्रिंसपल का पौत्र है। 'कैशियर', स्टेनोग्राफर का दामाद है। Mr. S अविवाहित है। Mr. T की उम्र 22 वर्ष है। Miss M प्रोफेसर की सौतेली बहन है, और Mr. W प्रिंसपल के पड़ोसी हैं। Mr. T को पौत्र या दामाद नहीं हो सकता क्योंकि वे केवल 22 वर्ष के हैं।

45. प्रिंसपल निम्न में से कौन है?
(a) Mr S (b) Mr. T
(c) Mrs. U (d) Miss V
(e) इनमें से कोई नहीं

46. असिस्टेंट प्रिंसपल निम्न में से कौन है?
(a) Mr S (b) Mr. T
(c) Mr. W (d) Mrs. V
(e) इनमें से कोई नहीं

47. कैशियर निम्न में से कौन है?
(a) Mr S (b) Mr. W
(c) Miss. X (d) Mrs U
(e) इनमें से कोई नहीं

48. स्टेनोग्राफर निम्न में से कौन है?
(a) Mr T (b) Mr. W
(c) Mrs. U (d) Miss X
(e) इनमें से कोई नहीं

49. प्रोफेसर निम्न में से कौन है?
(a) Mrs. U (b) Mr. S
(c) Miss. X (d) Mrs W
(e) इनमें से कोई नहीं

50. लाइब्रेरियन निम्न में से कौन है?
(a) Mrs. U (b) Miss. X
(c) Miss. V (d) Mr. W
(e) इनमें से कोई नहीं

निर्देश—(प्रश्न संख्या 51 से 55 तक) निम्नलिखित जानकारियों को ध्यानपूर्वक अध्ययन करके इन पर आधारित प्रश्नों का उत्तर दीजिए—

किसी सड़क पर एक कतार में चार घर अवस्थित हैं। इन घरों में P, Q, R और S अलग-अलग रहा करते हैं। इनमें से एक वकील, एक प्रोफेसर, एक मैनेजर और एक संगीतकार है। प्रत्येक का घर अलग-अलग रंग—हरा, ब्लू, गुलाबी तथा नारंगी रंगों से रंगा हुआ है।

प्रोफेसर का घर हरा और ब्लू घर के बीच में है। P जो कि वकील नहीं है R का एक मात्र पड़ोसी है। संगीतकार गुलाबी रंग के घर में रहता है तथा अन्य दो व्यक्ति उनके तथा मैनेजर के घर के बीच में रहते हैं। S और वकील बिल्कुल आस-पास (Adjacent) घरों में रहते हैं और इनमें से किसी के घर का रंग ब्लू या नारंगी नहीं है।

51. मैनेजर कौन है तथा उसके घर का रंग क्या है?
(a) R, ब्लू (b) Q, ब्लू
(c) P, नारंगी (d) S, गुलाबी
(e) इनमें से कोई नहीं

52. गुलाबी रंग के घर में कौन रहता है तथा उसका पेशा क्या है?
(a) Q, मैनेजर (b) Q, वकील
(c) P, प्रोफेसर (d) R, प्रोफेसर
(e) इनमें से कोई नहीं

53. नारंगी रंग के घर में कौन रहता है?
(a) P, प्रोफेसर (b) Q, प्रोफेसर
(c) R, प्रोफेसर (d) S, संगीतकार
(e) इनमें से कोई नहीं

54. S का पेशा क्या है?
(a) प्रोफेसर (b) वकील
(c) मैनेजर (d) संगीतकार
(e) इनमें से कोई नहीं

55. Q का पड़ोसी कौन है—
(a) P, R
(b) P, S
(c) S,R
(d) ज्ञात नहीं किया जा सकता
(e) इनमें से कोई नहीं

निर्देश—(प्रश्न संख्या 56 से 60 तक) निम्नलिखित जानकारियों को ध्यानपूर्वक अध्ययन करके इन पर आधारित प्रश्नों का उत्तर दीजिए—

छः लड़के A, B, C, D, E और F एवं पाँच लड़कियाँ P, Q, R, S और T के बीच में से पाँच सदस्यों की एक टीम का चयन किया जाना है। जिनकी कुछ शर्तें नीचे दी गयी है।

(i) एक टीम जिसमें 'A', B या C के साथ जा सकता है परन्तु 'B', C के साथ नहीं जा सकता।
(ii) D का टीम सहयोगी के रूप में P को जाना है लेकिन E नहीं जा सकता।
(iii) 'F', R या S के साथ टीम में सम्मिलित नहीं किया जा सकता।
(iv) S और T को एक साथ जाना हे परन्तु 'Q', R के साथ नहीं जा सकता।
उपर्युक्त शर्तों के आधार पर टीम के चयन प्रक्रिया पर विचार करते हुए नीचे दिये गए प्रश्नों का उत्तर दीजिए—

56. यदि B और R एक साथ हों तथा टीम में तीन सदस्य लड़के हो, तो B और R के अलावा टीम में कौन-से सदस्य होंगे?
(a) FDP (b) AST
(c) CDP (d) ADP
(e) इनमें से कोई नहीं

57. यदि तीन सदस्य लड़कियाँ हो और B भी एक सदस्य हो, तो टीम किस प्रकार से संयोजित होगा?
(a) BCQST (b) ABPST
(c) ABQRT (d) BDPST
(e) इनमें से कोई नहीं

58. यदि P एक सदस्य हो तथा कम-से-कम दो सदस्य लड़कियाँ हो, तो P के अलावा टीम के सदस्य नहीं हो सकते?
(a) DQST (b) ACDR
(c) BDST (d) ABDQ
(e) इनमें से कोई नहीं

59. यदि B एक सदस्य हो और केवल एक लड़की को शामिल किया गया हो, तो B के अलावा टीम में और कौन-कौन से सदस्य होंगे?
(a) DEFQ (b) CEFQ
(c) AEFQ (d) AEFR
(e) इनमें से कोई नहीं

60. यदि दो सदस्य लड़कियाँ हो और C एक सदस्य हो, तो C के अलावा टीम में कौन-कौन से सदस्य होंगे?
(a) AFST (b) AEST
(c) BEST (d) DEPQ
(e) इनमें से कोई नहीं

निर्देश—(प्रश्न संख्या 61 से 66 तक) निम्नलिखित गद्यांश को ध्यानपूर्वक अध्ययन करके इन पर आधारित प्रश्नों का उत्तर दीजिए—
पाँच मित्र P, Q, R, S एवं T एक पार्टी में सम्मिलित होते हैं। S पार्टी में सबसे पहले आता है। जो सबसे बाद में आता है वह सबसे कम खाता एवं पीता है। 'P', R से कम खाता है परन्तु Q एवं S से अधिक पीता है। 'S', P से कम खाता है और R से पहले पार्टी से चला जाता है। 'Q', R से अधिक खाता है एवं S तथा T से पहले पार्टी से चला जाता है। 'R', Q से अधिक किन्तु S से कम पीता है।

61. सबसे कम निम्न में से कौन पीता है?
(a) P
(b) S
(c) E
(d) ज्ञात नहीं किया जा सकता।
(e) इनमें से कोई नहीं

62. D के ठीक बाद निम्न में से कौन आता है?
(a) P
(b) R
(c) Q
(d) ज्ञात नहीं किया जा सकता।
(e) इनमें से कोई नहीं

63. सबसे कम निम्न में से कौन पीता है?
(a) R
(b) P
(c) Q
(d) ज्ञात नहीं किया जा सकता।
(e) इनमें से कोई नहीं

64. सबसे बाद निम्न में से कौन जाता है?
(a) T
(b) P
(c) R
(d) ज्ञात नहीं किया जा सकता।
(e) इनमें से कोई नहीं

65. सबसे पहले निम्न में से कौन जाता है?
(a) Q
(b) S
(c) T
(d) ज्ञात नहीं किया जा सकता।
(e) इनमें से कोई नहीं

66. सबसे अधिक निम्न में से किसने पिया?
(a) Q
(b) P
(c) R
(d) ज्ञात नहीं किया जा सकता।
(e) इनमें से कोई नहीं

67. छः छात्र A, B, C, D, E, F जमीन पर बैठे हुए हैं। A और B का संबंध रूबी हाउस से है, जबकि शेष का संबंध एमराल्ड हाउस से है। D और F लम्बे हैं, जबकि अन्य छात्रों का कद छोटा है। C और D ने चश्मा लगाया है, जबकि अन्य छात्रों ने नहीं। एमराल्ड हाउस की कौन-सी लड़की लम्बी है और चश्मा पहने हुए है?
(a) B (b) A
(c) D (d) C

68. चार आदमी राम, श्याम, जदू, मधु का विवाह रमा, श्यामा, जया, माला के साथ हुआ है, किन्तु दिए हुए क्रम में नहीं। दम्पति रायपुर, शिखर, जम्मू, मुंबई में रहते हैं, किन्तु दिए हुए क्रम में नहीं—
(1) आदमियों, उनकी पत्नियों और उनके शहरों के नाम के प्रथम अक्षर आपस में मेल नहीं खाते हैं।
(2) श्यामा, जदू की पत्नी नहीं है।
(3) जदू, मुम्बई में नहीं रहता है।
जदू की पत्नी कौन है?
(a) श्यामा (b) जया
(c) माला (d) रमा

69. रमा, शीला और मैरी अच्छा नृत्य करती हैं। रेखा, लीना और रमा अच्छा गाती हैं। मैरी, रमा और शीला अच्छी चित्रकारी करती हैं। इनमें से कौन-सभी तीनों चीजें अच्छा करती हैं?
(a) शीला (b) लीना
(c) रमा (d) मैरी

70. (i) A तथा B, तमिल तथा मलयालम बोल सकते हैं।
(ii) C तथा D, अंग्रेजी तथा हिन्दी बोल सकते हैं।
(iii) B तथा D, मलयालम तथा हिन्दी बोल सकते हैं।
(iv) A तथा C, तमिल तथा अंग्रेजी बोल सकते हैं।
तदनुसार, वह कौन है, जो अंग्रेजी, हिन्दी तथा मलयालम बोल सकता है?
(a) C (b) D
(c) A (d) B

71. आनन्द, डेविड, करीम और मानो खेलों के शौकीन हैं। हर किसी का हॉकी, शतरंज, क्रिकेट और फुटबाल में से एक भिन्न मनपसन्द खेल है। डेविड क्रिकेट और हॉकी के मैच नहीं देखता। आनन्द को हॉकी, शतरंज और क्रिकेट अच्छी नहीं लगती। मानो क्रिकेट नहीं देखता, करीम का मनपसन्द खेल कौन-सा है?
(a) शतरंज (b) क्रिकेट
(c) फुटबाल (d) हॉकी

72. A, B, C, D गणितज्ञों और E, F, G, H भौतिक विज्ञानियों में से एक पाँच सदस्यीय अनुसंधान दल चुना जाना है। कम-से-कम 3 गणितज्ञ दल में होने चाहिए। तथापि—
- **'A', 'D' के साथ काम नहीं करना चाहता।**
- **'B', 'E' के साथ काम नहीं करना चाहता।**
- **'F', 'G' के साथ काम नहीं करना चाहता।**
- **'D', 'F' के साथ काम नहीं करना चाहता।**

यदि 'B' को चुन लिया गया है, तो दल में अन्य किसको रखना ही होगा?
(a) C (b) D
(c) F (d) G
(e) इनमें से कोई नहीं

73. A, B, C, D, E, F, G, H आठ कवि हैं। A, B, C, D मध्यकालीन कवि हैं और E, F, G, H आधुनिक कवि है। आधुनिक कवि और मध्यकालीन कवि प्रश्न-पत्र में बारी-बारी से, एक के बाद दूसरे वर्ष आते हैं। आधुनिक कवियों में जो E को पसन्द करते हैं वे F को भी पसन्द करते हैं, जो G को पसन्द करते हैं वे H को भी पसन्द करते हैं। प्रश्न-पत्र निर्माता (प्राश्निक) ने F पर एक पुस्तक लिखी है और वह उस पर प्रश्न नहीं पूछना चाहता। पिछले वर्ष A पर एक प्रश्न था। इस वर्ष किस कवि पर प्रश्न आने की सम्भावना है?

(a) C (b) D
(c) E (d) F

74. आठ मित्र A, B, C, D, E, F, G और H एक गोल मेज के चारों ओर इसी क्रम में समान दूरी पर बैठे हैं। उनकी स्थिति दक्षिणावर्त दिशा में है। यदि G, जोकि उत्तर में बैठा है C से अपनी सीट बदल लेता है और B अपनी सीट F से बदल लेता है, तो अब F के दाईं ओर कौन बैठा हुआ है?
(a) A (b) G
(c) B (d) E

75. A और B फुटबाल और हॉकी खेलते हैं। C और D बैडमिन्टन और क्रिकेट खेलते हैं। B और C क्रिकेट और फुटबाल खेलते हैं। A और D हॉकी और बैडमिन्टन खेलते हैं। उसे पहचानिए जो बैडमिन्टन, हॉकी और फुटबाल खेलता है।
(a) D (b) C
(c) A (d) B

76. एक सामूहिक तस्वीर खिंचवाने के लिए पाँच लड़के एक कतार में बैठे हुए हैं। मानव के बाएँ तरफ और ऋषि के दाहिने तरफ शुभम बैठा है। मानव के दाहिने तरफ रितेश बैठा हुआ है। मानव और रितेश के बीच में पारस बैठा हुआ है। सबसे बाएँ तरफ कौन बैठा हुआ है?
(a) मानव (b) शुभम
(c) रितेश (d) ऋषि

निर्देश—(प्रश्न संख्या 77 से 82 तक) निम्नलिखित जानकारी का ध्यानपूर्वक अध्ययन कीजिए और दिये गये प्रश्नों के उत्तर दीजिए।

ईशा, स्वाति, रवि, मोहन, रूचि, राजा, सोहन और रानी आठ मित्र अलग-अलग प्रकार की गाड़ी जैसे—आल्टो, स्कॉर्पियो और वैगनआर में यात्रा कर रहे हैं।

प्रत्येक गाड़ी में कम-से-कम एक महिला है। यह गाड़िया तीन शहर—द्वारका, वाराणसी और आगरा जा रही हैं। यात्रा केवल तीन दिनों—सोमवार, मंगलवार और बुधवार की है। प्रत्येक शहर में कम-से-कम एक महिला तो गई। प्रत्येक दिन कम-से-कम एक महिला ने यात्रा की है। ईशा और मोहन एक ही दिन एक ही प्रकार की गाड़ी से द्वारका जाते हैं। राजा सोमवार को ऑल्टो से जाता है पर वह आगरा नहीं जाता। आगरा जाने वाला व्यक्ति स्कॉर्पियो से सोमवार को यात्रा करता है। वैगनआर केवल मंगलवार को केवल वाराणसी जाती है। सोहन, ऑल्टो से वाराणसी जाता है, व ईशा से एकदम पहले वाले दिन जाता है, रूचि ऑल्टो से आगरा जाती है। वैगनआर से कोई भी पुरुष नहीं जाता है ईशा और स्वाति एक ही दिन यात्रा करते हैं। रवि बुधवार को स्कॉर्पियो से वाराणसी जाता है। रानी मंगलावार को यात्रा नहीं करती है कोई भी व्यक्ति सोमवार को द्वारका नहीं जाता है। मोहन और सोहन एक ही प्रकार की गाड़ी में यात्रा करते हैं। रूचि और रवि एक ही दिन यात्रा करते हैं।

77. रूचि किस दिन यात्रा करती है?
(a) सोमवार
(b) बुधवार
(c) सोमवार या मंगलवार
(d) मंगलवार
(e) इनमें से कोई नहीं

78. निम्न में से कौन सोमवार को वाराणसी जाते हैं?
(a) राजा और रानी
(b) सोहन और राजा
(c) स्वाति और सोहन
(d) रानी और स्वाति
(e) इनमें से कोई नहीं

79. कितने व्यक्ति द्वारका जाते हैं?
(a) एक
(b) दो
(c) तीन
(d) ज्ञात नहीं किया जा सकता
(e) इनमें से कोई नहीं

80. स्वाति किस गाड़ी से यात्रा करती है?
(a) स्कॉर्पियो (b) ऑल्टो
(c) वैगनआर (d) ऑल्टो या स्कॉर्पियो
(e) इनमें से कोई नहीं

81. निम्न में से कौन-सा संयोजन सही है?
(a) ईशा—वैगनआर—द्वारका—मंगलवार
(b) रवि—स्कॉर्पियो—वाराणसी—बुधवार
(c) रूचि—ऑल्टो—द्वारका—सोमवार
(d) रानी—ऑल्टो—वाराणसी—बुधवार
(e) उपरोक्त में से कोई नहीं

82. निम्न में से कौन-सा कथन सत्य है?
(a) सोहन—सोमवार को वाराणसी जाता है
(b) मोहन—मंगलवार को स्कॉर्पियो से यात्रा करता है
(c) राज—ऑल्टो से यात्रा करता है
(d) स्वाति—बुधवार को वाराणसी जाता है
(e) उपरोक्त में से कोई नही

उत्तर (हल/संकेत)

हल : (प्रश्न संख्या 1 से 4 तक) उत्तर के लिए तालिका—

व्यक्ति	A	B	C	D	E
विशेषज्ञ	×	अर्थशास्त्र	इतिहास	×	भूगोल
सबंध	अविवाहित महिला	'C' का भाई	'E' की पत्नी	अविवाहित महिला	'C' का पति

हल :

1. (b) 'B' अर्थशास्त्र का व्याख्याता है।
2. (e) 'E' भूगोल का व्याख्याता है।
3. (c) 'C', 'E' की पत्नी है।
4. (d) 'B' और 'E' पुरुषों का समूह है।

हल :(प्रश्न संख्या 5 से 9 तक) के लिए A, B, C, D, E, F और G का क्रम निर्धारण की तालिका—

I. सामान्य स्थिति—

1	2	3	4	5	6	7
C	D	F	G	A	B	E

II. वैकल्पिक स्थिति—

	1	2	3	4	5	6	7
	D	C	G	A	E	F	B
या	1	2	3	4	5	6	7
	D	C	E	G	A	B	F

हल :

5. (d)

1	2	3	4	5	6	7
[D]	C	E	F	G	A	B

↑ (संभावना)

चूँकि 'G' का क्रम पाँचवाँ है। अत: इस स्थिति में 'A' और 'B' का क्रम क्रमश: छठा और सातवाँ होगा। प्रश्नानुसार हमें ज्ञात है कि जब 'B' को न्यूनतम अंक प्राप्त होता है, तो उस सिथति में 'D' को उच्चतम अंक प्राप्त होता है।

अत:, 'D' को उच्चतम अंक मिले यह सत्य है।

6. (d)

	1	2	3	4	5	6	7
	C	D	F	[G]	A	B	E
या	C	[G]	A	B	D	F	E
या	C	D	[G]	A	B	F	E

चूँकि 'C' का क्रम प्रथम है, इसलिए 'E' का क्रम सातवाँ होगा। इस स्थिति में 'G' का क्रम चार से नीचे नहीं हो सकता है, क्योंकि हर स्थिति में 'A' और 'B' उसके बाद में आएँगे। अत: 'G' का क्रम चौथा या दूसरा या तीसरा होगा।

अत:, 'G' का क्रम 'चार' से नीचे नहीं हो सकता।

7. (e)

1	2	3	4	5	6	7
C	D	F	G	A	B	E

जब 'D' का क्रम दूसरा है तो 'C' का क्रम प्रथम होगा तथा 'E' का क्रम सातवाँ होगा। चूँकि 'G' के

अंक 'A' और 'B' से अधिक है। अतः, पहला, दूसरा, तीसरा और चौथा विकल्प संभव नहीं है।

अतः, विकल्पानुसार 'F' को 'G' से अधिक अंक मिलेंगे।

8. (d)

A	B	C	D	E	F	G
4	5	1	6	7	2	3
4	5	1	6	7	3	2
3	5	1	6	7	4	2

चूँकि 'D' का क्रम छठा है और 'B' का क्रम पाँचवाँ है इसलिए 'C' का क्रम पहला और 'E' का क्रम सातवाँ होगा। इस प्रकार अन्य का उपर्युक्त क्रम संभव है।

अतः, विकल्पानुसार 'F' को तीसरा या चौथा क्रम मिला है, सत्य हो सकता है।

9. (d)

C	D	F	G	A	B	E
1	2	3	4	5	6	7
D	C	G	A	B	[E]	F

पूर्व दिशा की ओर

चूँकि 'C' का क्रम दूसरा है इसलिए 'D' का क्रम पहला होगा, क्योंकि प्रश्नानुसार हमेशा या तो 'C' या तो 'D' प्रथम क्रम पर आते हैं। इसी प्रकार चूँकि 'B' का क्रम पाँचवाँ है। अतः 'G' और 'A' का क्रमशः तीसरा और चौथा होगा।

अतः, विकल्पानुसार 'E' का क्रम छठा है सत्य होगा।

हल : (प्रश्न संख्या 10 से 14 तक) के लिए प्रदर्शित कारों की स्थिति निम्न प्रकार है—

[सभी कार पूर्व दिशा की ओर मुख करके खड़ी हैं।]

→ फिएट
→ बैडफोर्ड
→ मारुति
→ एम्बेसडर
→ फार्गो
→ बोलेरो
→ नैनो

हल :

10. (c) 'नैनो कार', बोलेरो कार के ठीक दाईं ओर है।

11. (b) 'बोलेरो कार', नैनो कार के ठीक बाईं ओर है।

12. (e) 'फार्गो और एम्बेसडर', बोलेरो कार के ठीक दोनों ओर है।

13. (b) 'मारुति', एम्बेसडर के ठीक बाईं ओर है।

14. (b) 'नैनो, बोलेरो और फार्गो', एम्बेसडर के दायीं ओर है।

हल (प्रश्न संख्या 15 से 19 तक) के लिए उत्तर तालिका—

P	Q	R	S	T
अविवहित महिला	'R' का भाई	'T' की पत्नी	अविवाहित महिला	'R' का पति
विशेषज्ञ नहीं	न शल्य चिकित्सक न ही एनेस्थेटिस्ट (मनोविश्लेषक)	न मनोविश्लेषक न ही शल्य चिकित्सक (एनेस्थेटिस्ट)	विशेषज्ञ नहीं	शल्य चिकित्सक

हल :

15. (a) इस गुट में महिला डॉक्टरों की संख्या 'तीन' है।

16. (c) 'T' और 'R' विवाहितों का जोड़ा है।

17. (e) इनमें से कोई नहीं।

18. (e) 'T' शल्य चिकित्सक है।

19. (e) किसी भी गुट के सदस्यों में आपस में रिश्ता नहीं है।

हल : (प्रश्न संख्या 20 से 24 तक) अ, ब, स, द, य और र छः सदस्यों का पेशा निम्न तालिका के अनुसार है—

अ		ब		स		द		य		र	
मु.पे.	अ.पे.	मु.पे.	अ.पे.	मु.पे.	अ.पे.	मु.पे.	अ.पे.	मु.पे.	अ.पे.	मु.पे.	अ.पे.
पेंटिंग	टाईपिंग	बढ़ाई-गिरी	वेल्डिंग	पेंटिंग	इलेक्ट्रि-शियन	टाइपिंग	पेंटिंग	बढ़ाई-गिरी	इलेक्ट्रि-शियन	इलेक्ट्रि-शियन	बढ़ई-गिरी
						महिला					

हल :

20. (b) 'अ' और 'स' का पेंटिंग मुख्य पेशा है।

21. (d) 'द' इस परिवार की महिला सदस्य है।

22. (c) 'स' का मुख्य पेशा पेंटिंग है।

23. (e) 'र' की ही तरह एक समान मुख्य पेशा और अतिरिक्त पेशा किसी का नहीं है।

24. (d) मुख्य पेशा और अतिरिक्त पेशा की अवहेलना करते हुए 'य' का पेशा 'र' के पेशा के समान है।

हल : (प्रश्न संख्या 25 से 29 तक) के लिए उत्तर तालिका—

M	N	O	P	Q	R
'N' की पत्नी	'M' का पति एवं 'Q' का पिता	'R' का पौत्र/ पौत्री	'Q' की दादी तथा 'M' की माँ	'M' एवं 'N' का पुत्र/पुत्री	'O' का दादा एवं 'N' का पति
शिक्षक	अभियंता	विद्यार्थी	गृहिणी	विद्यार्थी	वकील

हल :

25. (c) RP और NM दो विवाहितों का जोड़ा है।

26. (e) 'N', M का पति है।

27. (d) 'O' महिला है या पुरुष है यह कथन से स्पष्ट नहीं होता है। अर्थात् आँकड़े अपर्याप्त हैं।

28. (b) 'M' एक शिक्षक है।

29. (c) 'NR' निश्चित तौर पर पुरुषों का समूह है। यहाँ 'Q' को इसलिए नहीं लिया गया क्योंकि वह पुरुष है या महिला इसकी निश्चित जानकारी कथन में नहीं दी गई है।

हल : (प्रश्न संख्या 30 से 34 तक) के लिए उत्तर तालिका—

M	N	O	P	Q	R
'N' और 'O' का पिता तथा 'Q' का पति	'O' का भाई तथा 'M' और 'Q' का पुत्र	'N' की बहन तथा 'M' और 'Q' की पुत्री	'R' की पत्नी	'N' और 'O' की माँ 'M' की पत्नी	'N' और 'R' का दादा एवं 'P' का पति तथा 'M' का पिता
वकील	कॉलेज में अध्ययनरत	अविवाहित डॉक्टर	गृहिणी	शिक्षिका	सेवानिवृत
(पुरुष)	(पुरुष)	(महिला)	(महिला)	(महिला)	(पुरुष)

हल :

30. (a) 'M' एक वकील है।

31. (a) इस परिवार में 'तीन' महिलाएँ हैं।

32. (b) 'Q', 'O' की माँ है।

33. (e) 'O' की बहन कोई नहीं है।

34. (c) MQ, PR विवाहितों का जोड़ा है।

हल : (प्रश्न संख्या 35 से 39 तक) के लिए उत्तर तालिका—

P	Q	R	S	T	U
फोटोग्राफर	सम्पादक	लेखक	पत्रकार	पत्रकार	सम्पादक
'S' से विवाहित	'R' से विवाहित	'Q' से विवाहित	'P' से विवाहित	X	'R' का भाई
'S' का पति या 'S' की पत्नी	'R' का पति या 'R' की पत्नी	'U' का भाई या बहन	'P' का पति या 'P' की पत्नी	X	X

हल :

35. (e) 'R', U से किस प्रकार से संबंधित है इसके बारे में निश्चित तौर पर कुछ भी नहीं कहा जा सकता, क्योंकि कथन से यह तो स्पष्ट है कि 'U', R का भाई है, लेकिन 'R', U का भाई या बहन भी हो सकती है, अर्थात इनके संबंध के बारे में निश्चित तौर पर कुछ भी नहीं कहा जा सकता।

36. (e) दी गई जानकारी में कौन किससे विवाहित है केवल इतना ही जिक्र किया गया है, किन्तु इसमें कौन पति है या कौन पत्नी है इसकी जानकारी कथन में नहीं दी गई है। अतः, पतियों का जोड़ा कौन है यह ज्ञात नहीं किया जा सकता।

37. (b) QU सम्पादक का जोड़ा है।

38. (d) 'QR' एक विवाहित जोड़ा है।

39. (c) 'ST' पत्रकार का जोड़ा है।

हल : (प्रश्न संख्या 40 से 44 तक) के लिए उत्तर तालिका—

नगर	पर्वतीय	बन्दरगाह	औद्योगिक नगर	प्रादेशिक राजधानी	5 लाख से कम	20 लाख	50 लाख से अधिक	समान अक्षांश	समान देशांतर
A	√	×	×	√	√	×	×	×	√
B	√	×	×	×	√	×	×	×	×
C	×	×	√	√	×	×	√	√	×
D	×	√	×	√	×	√	×	√	×
E	×	√	√	√	×	×	√	×	√

हल :

40. (b) नगर 'B' प्रादेशिक राजधानी नहीं है।

41. (c) नगर 'C' ने तो पर्वतीय नगर और न ही बन्दरगाह है।

42. (d) नगर 'E' के अतिरिक्त नगर 'D' एक बन्दरगाह है।

43. (d) नगर 'C' और 'E' औद्यागिक नगर हैं।

44. (d) नगर 'D' बन्दरगाह है पर औद्योगिक नगर नहीं है।

हल : (प्रश्न संख्या 45 से 50 तक) के लिए उत्तर तालिका—

Mr. S	Mr. T	Mrs. U	Miss. V	Mr. W	Miss X
अविवाहित	22 वर्ष	×	×	प्रिंसपल के पड़ोसी	X
Mrs, U का पौत्र	दादा/श्वसुर Mr. W का दामाद	असिस्टेंट प्रिंसपल की दादी	प्रोफेसर की सौतेली बहन	Mr. T का श्वसुर	Miss V की सौतेली बहन
असिस्टेंट प्रिंसपल	कैशियर	प्रिंसपल	लाइब्रेरियन	स्टेनोग्राफर	प्रेफेसर

45. (c) Mrs. U प्रिंसपल है।

46. (a) Mr, S असिस्टेंट प्रिंसपल है।

47. (e) Mr. T कैशियर है।

48. (b) Mr. W स्टेनोग्राफर है।

49. (c) Miss. X प्रोफेसर है।

50. (c) Miss. V लाइब्रेरियन है।

हल : (प्रश्न संख्या 51 से 55 तक) के लिए उत्तर तालिका—

रंग→	गुलाबी	हरा	नारंगी	ब्लू
पेशा→	संगीतकार	वकील	प्रोफेसर	मैनेजर
व्यक्ति→	S	Q	P	R

51. (a) 'R' मैनेजर है तथा उसके घरा का रंग ब्लू है।

52. (e) 'S' गुलाबी रंग के घर में रहता है तथा वह संगीतकार है।

53. (a) प्रोफेसर 'P' नारंगी रंग के घर में रहता है।

54. (d) 'S' संगीतकार है।

55. (b) 'P' एवं 'S', Q के पड़ोसी हैं।

हल : (प्रश्न संख्या 56 से 60 तक) के लिए टीम के सदस्यों के संयोजन की प्रक्रिया निम्नवत् है—

टीम के सदस्यों का संयोजन

	9(लड़का)				(लड़की)					
A	B	C	D	E	F	P	Q	R	S	T
B or C	A	A	P	P & D	R or S	D	R	F	F	S
X	C	B	E	×	×	E	×	Q	T	×

उपर्युक्त संयोजन की प्रक्रिया में दर्शाये गए टीम के सदस्यों के संबंधों के आधार पर हम आसानी से इन पर आधारित प्रश्नों का उत्तर ज्ञात कर सकते हैं।

हल :

56. (d) उपर्युक्त तालिका में दिये गए संयोजन संबंधों पर गौर करने पर हम देख रहे हैं कि 'F', R के साथ, 'C', B के साथ टीम में चयनित नहीं किये जा सकते साथ विकल्प (b) में T दो लड़कियाँ मौजूद हैं जबकि प्रश्नानुसार 'R' के अलावा केवल एक ही लड़की को टीम में चयनित किया जा सकता है। अतः, इस स्थिति में विकल्प (1, (b) और (c) निरस्त हो जाएँगे।

अतः, अभीष्ट सदस्य ⇒ ADP

57. (d) उपर्युक्त तालिका में दिये गए संयोजन संबंधों पर गौर करने पर हम देख रहे हैं कि **'B'**, **C** के साथ; **'Q'**, **R** के साथ तथा **'P'**, **D** के बगैर टीम में चयनित नहीं किये जा सकतें अतः, इस स्थिति में विकल्प (a), (b) और (c) निरस्त हो जाएँगे।

अतः, अभीष्ट संयोजित सदस्य ⇒ BDPST होगा।

58. (e) चूँकि **'P'** दिये गए विकल्पों में से प्रत्येक सदस्यों के साथ चयनित किया जा सकता है तथा प्रत्येक विकल्पों में सम्मिलित सदस्यों के बीच किसी भी प्रकार का प्रतिबंध नहीं है। अतः, ऐसे कोई भी टीम का सदस्य नहीं हैं जोकि 'P' के साथ नहीं जा सकते हों।

59. (c) उपर्युक्त तालिका में दिये गए संयोजन संबंधों पर गौर करने **'D'**, **E** के साथ; **'C'**, **B** के साथ तथा **'F'**, **R** के साथ टीम में चयनित नहीं किये जा सकते। अतः, इस स्थिति में विकल्प (a), (b) और (d) निरस्त हो जाएँगें।

अतः, अभीष्ट सदस्य ⇒ AEFQ होंगें।

60. (b) उपर्युक्त तालिका में दिये गए संयोजन संबंधों पर गौर करने पर हम देख रहे हैं कि 'F', S के साथ; 'B', C के साथ तथा 'D', E के साथ टीम में चयनित नहीं किये जा सकते। अतः, इस स्थिति में विकल्प (a), (b) और (d) निरस्त हो जाएँगें।

अतः, अभीष्ट सदस्य ⇒ AEST होंगे।

हल : (प्रश्न संख्या 61 से 66 तक) के लिए उत्तर तालिका—

क्रम	I	II	III	IV	V	
आता→	S	P/Q/R/	Q/R/P	R/P/Q	U	
	P >	Q >	S >	T >	R ←	
जाता→	Q >	P >	T >	S >	R ←	(संभावना)
	Q >	S >	T>	R>	P ←	
खाता→	Q >	R >	P >	S >	E	
पीता→	P >	S >	R >	Q >	T	

Clue :

★ 'Q' अन्य से अधिक खाता है। इसलिए वह सबसे कम पीने वाला नहीं हो सकता।

★ 'S' पार्टी में सबसे पहले आता है। इसलिए वह सबसे कम खाने वाला नहीं हो सकता।

★ उपर्युक्त दोनों स्थितियों के आधार पर सबसे कम खाने वाला एवं सबसे कम पीने वाला के रूप में उपयुक्त 'T' को ही माना जाएगा। और इस प्रकार 'T' ही पार्टी में सबसे अंत में आने वाला भी होगा।

हल :

61. (c) 'T' सबसे कम पीता है।

62. (d) 'S' के ठीक बाद में कौन आता है। यह ज्ञात नहीं किया जा सकता।

63. (c) 'Q' सबसे अधिक खाता है।

64. (d) सबसे बाद में कौन जाता है, यह ज्ञात नहीं किया सकता।

65. (d) सबसे पहले कौन जाता है, यह ज्ञात नहीं किया जा सकता।

66. (b) 'P' ने सबसे अधिक पीया।

67 (c) लड़की D लम्बी है तथा चश्मा पहने हुए है।

68. (c)

राम	श्यामा	जम्मू
श्याम	रमा	मुम्बई
जदू	माला	शिखर
मधु	जया	रायपुर

69. (c)

नाम	नृत्य	गाना	चित्रकारी
रमा	✓	✓	✓
शीला	✓		✓
मैरी	✓		✓
रेखा		✓	
लीना		✓	

अत: रमा तीनों चीजें अच्छा करती हैं।

70. (b)

	तमिल	मलयालम	अंग्रेजी	हिन्दी
A	✓	✓	✓	×
B	✓	✓	×	✓
C	✓	×	✓	✓
D	×	✓	✓	✓

अत: जो अंग्रेजी, हिन्दी तथा मलयालम बोल सकता है वह D है।

71. (b)

व्यक्ति	मनपसन्द खेल
आनन्द	फुटबाल
डेविड	शतरंज
करीम	क्रिकेट
मानो	हॉकी

72. (a) तीन संयोजन सम्भव हैं—

1. B, C, D, G, H

2. A, B, C, F, H

3. A, B, C, G, H

∴ 'C' को रखना ही होगा.

73. (e) दिए गए विकल्प में से कोई नहीं है।

74. (a) प्रश्नानुसार,

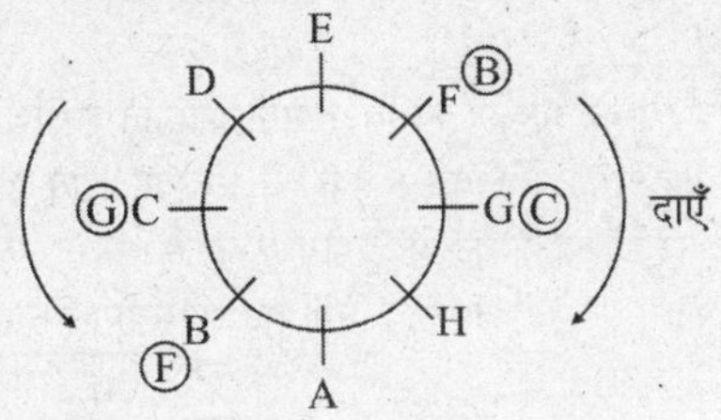

अत: 'F' के दाएँ 'A' बैठा है।

75. (c)

	फुटबाल	हॉकी	बैडमिन्टन	क्रिकेट
A	✓	✓	✓	
B	✓	✓		✓
C	✓		✓	✓
D	✓	✓	✓	

76. (d) ऋषि, शुभम, मानव, पारस और रितेश में सबसे बाएँ तरफ ऋषि बैठा है।

हल : (प्रश्न संख्या 77 से 82 तक) के लिए उत्तर तालिका

व्यक्ति	गाड़ी	शहर	दिन	
ईशा		ऑल्टो	द्वारका	मंगलवार
स्वाति	वैगनआर	वाराणसी	मंगलवार	
रवि		स्कॉर्पियो	वाराणसी	बुधवार
मोहन	ऑल्टो	द्वारका	मंगलवार	
रुचि	ऑल्टो	आगरा	बुधवार	
राज		ऑल्टो	वाराणसी	सोमवार
सोहन	ऑल्टो	वाराणसी	सोमवार	
रानी		स्कॉर्पियो	आगरा	सोमवार

77. (b) रुचि, बुधवार के दिन यात्रा करती है।

78. (b) सोहन और राज, सोमवार को वाराणसी जाते हैं।

79. (b) दो व्यक्ति द्वारका जाते हैं।

80. (c) स्वाति, वैगनआर से यात्रा करती है।

81. (b) रवि—स्कॉर्पियो—वाराणसी—बुधवार, सही संयोजन है।

82. (a) सोहन, सोमवार को वाराणसी जाता है।

❑❑❑

अध्याय 18

पासा

पासा, घन या घनाभ के आकार की त्रिआयामी आकृति है। जिसमें कुल 6 सतहें होती हैं। पासा की सतह पर 1 से लेकर 6 तक की संख्याएँ अंकित रहती हैं। इन संख्याओं के स्थान पर अन्य संख्याओं का भी प्रयोग संभव है। कभी-कभी संख्याओं के स्थान पर बिन्दुओं, अक्षरों, चिह्नों या आकृतियों का भी प्रयोग किया जाता है।

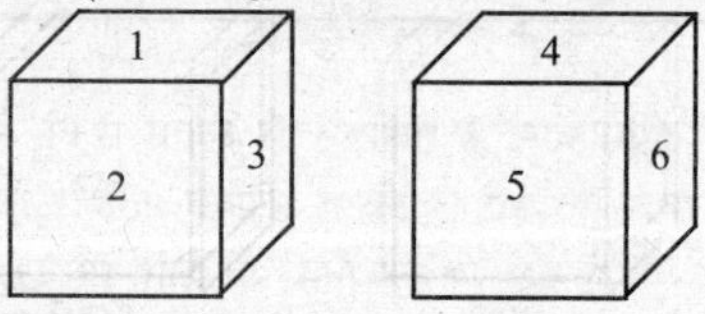

(1) (2)

पूछे जाने वाले प्रश्नों का स्वरूप

1. पासा के खाली अथवा प्रश्नांकित (?) सतह पर स्थित संख्या या आकृति का अनुमान लगाना।
2. किसी पासा के सही प्रसारित रूप को पहचानना।
3. पासा के प्रसारित रूप से उसके वास्तविक स्वरूप का आकलन करना।
4. पासा के किसी निश्चित संख्या या आकृति वाली सतह की विपरीत सतह पर अंकित संख्या या आकृति का पता लगाना।

पासा की प्रसारित होने वाली सतहें

पासे की सभी सतहों के मध्य संबंधों की जानकारी प्राप्त करने के लिए पासे का प्रसार महत्वपूर्ण है। पासा 6 सतहों की एक बंद आकृति है। अगर हम पासे को बंद किन्तु खोखली आकृति मान ली जाय तो इसके सतहों का प्रसार करके इसे द्विविमीय आकृति में बदल जा सकता है। नीचे दिए गए चित्र से स्पष्ट हो रहा है।

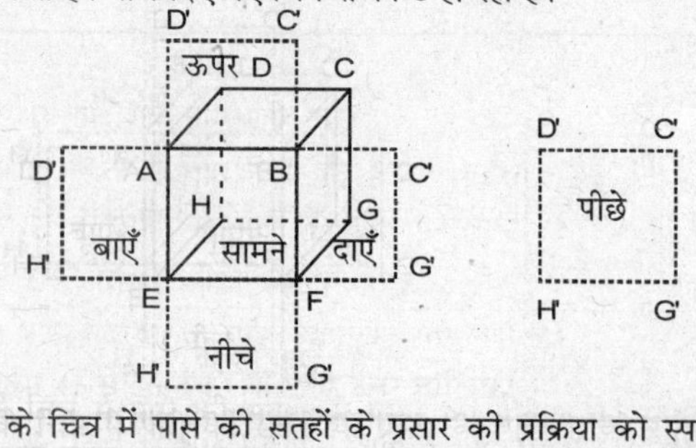

उपरोक्त के चित्र में पासे की सतहों के प्रसार की प्रक्रिया को स्पष्ट किया गया है। इस प्रकार पासा अपने प्रसारित रूप में निम्न प्रकार का दिखेगा।

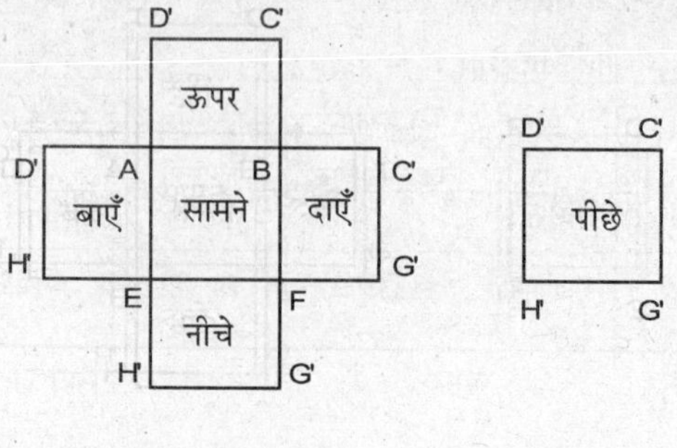

चूँकि प्रसार सामने वाली सतह को आधार मान कर किया गया था अत: छूटी हुई इसकी विपरीत या पीछे की सतह को अलग से दिखाया गया है। पीछे की सतह, जो अलग से दिखायी गयी है, को शेष चार सताहें के साथ जोड़ा जा सकता है क्योंकि जैसा कि पहले ही बताया गया है, प्रत्येक सतह चार अन्य (संलग्न) सतहों से जुड़ी है। अत: पीछे वाली सतह भी चार अन्य सतहों से जुड़ी होंगी। यह ऊपर, नीचे, दाएँ तथा बाएँ वाली सतहों के साथ जुड़ी होती हैं। स्पष्टत: सभी सतहों के संयुक्त चित्र में इसे सामने वाली सतह को छोड़कर शेष चार में से किसी भी सतह के साथ जुड़ी हुई दिखा सकते हैं। इस प्रकार प्रसारित सतहों की निम्न चार वैकल्पिक स्थितियाँ प्राप्त होंगी–

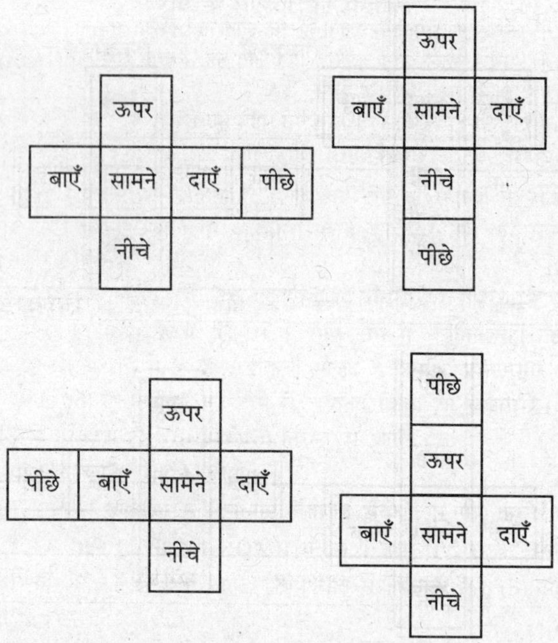

पासा की विपरीत सतहें

प्रारम्भिक स्तर पर किसी पासे का प्रसार पूर्व में बताए गए चार प्रकार से कर सकते हैं।

(i) ऊपर की सतह की विपरीत सतह = नीचे की सतह

(ii) दाएँ की सतह की विपरीत सतह = बाएँ की सतह

(iii) सामने की सतह की विपरीत सतह = पीछे की सतह

प्रसारित चित्र में संख्याओं को भरने की प्रवधि

प्रसारित चित्र में संख्याओं को सफलतापूर्वक भर लेने से पासा पर आधारित प्रत्येक प्रश्न का उत्तर सफलतापूर्वक दिया जा सकता है।

नीचे एक पासा की दो स्थितियाँ दी गयी हैं तथा इनकी सहायता से प्रसारित चित्र में संख्याओं को भरा गया है–

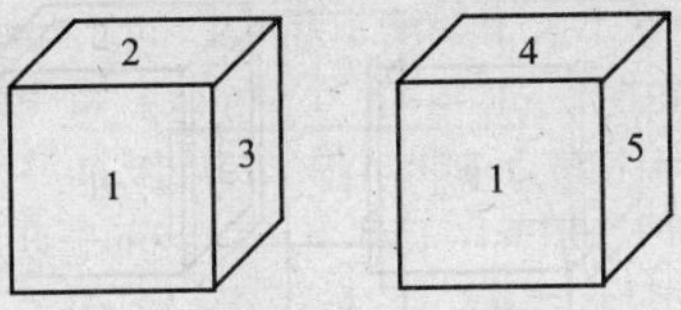

(1) (2)

प्रसारित चित्र को इन स्तरों से में भरा जा सकता है–

(1) प्रसारित चित्र बनाएँ तथा ऊपर वर्णित चार संख्याओं (1, 2, 3 तथा 6) को उचित स्थान पर भरें–

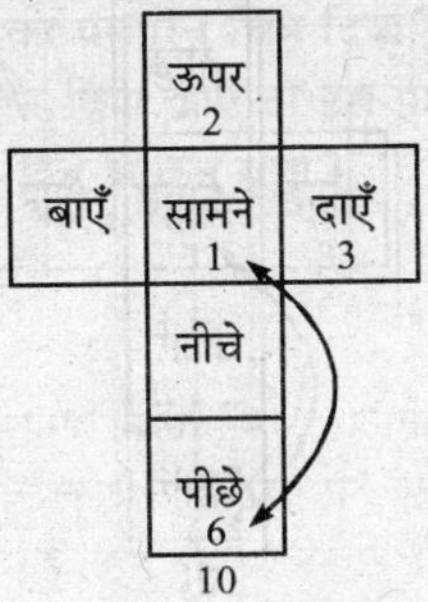

इस प्रकार प्रसारित चित्र के चार खानों को सरलता से भरा जा सकता है।

अब प्रसारित चित्र के बचे हुए दो खानों को भरने के लिए इन स्तरों के–

(i) अपने बाएँ हाथ की तीन अंगुलियों—अंगूठा, तर्जनी तथा मध्यमा को एक-दूसरे से लम्बाई में फैलाएँ–

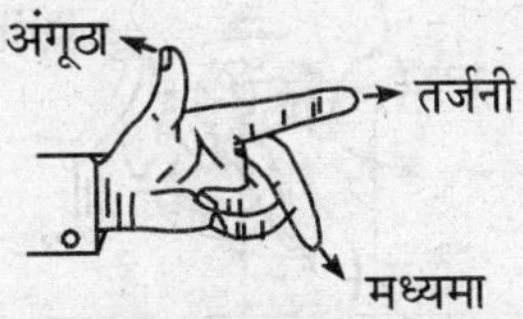

(ii) इसके पश्चात पासे की दूसरी स्थिति को पूरा करें–

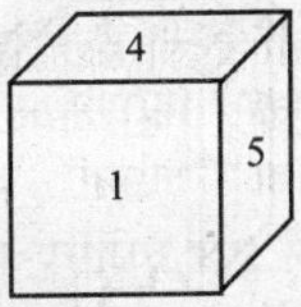

(iii) अब बाएँ हाथ की बीच की अंगुली (मध्यमा) को पासा के उस सतह के सामने करें जिस पर उभयनिष्ठ संख्या अंकित है। इस दौरान अंगुलियाँ चरण (1) में बताई गयी विधि के अनुसार खुली रहेंगी तथा पासा की दूसरी स्थिति प्रयुक्त होगी।

4 की तरफ संकेत करती हुई तर्जनी

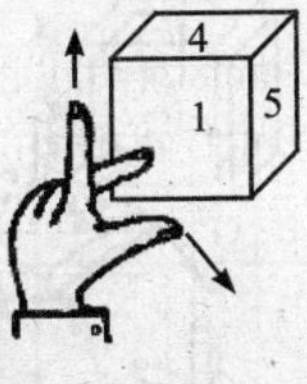

5 की तरफ संकेत करता हुआ अंगूठा।

उक्त चित्र से स्पष्ट है कि अंगुलियों को फैलाने और बीच की अंगुली को 1 वाली सतह के सामने करने पर अंगूठा दाईं सतह पर अंकित संख्या को इंगित करेगा तथा तर्जनी ऊपर की सतह पर अंकित संख्या 4 को संकेतित करेगी। अत: अंगूठा = 5 तथा तर्जनी = 4 याद रखें।

(iv) इस प्रकार चार खाने से भरे हुए प्रसारित चत्रि का उपयोग करें। अपनी मध्यमा को इसकी उस सतह पर रखें जिस पर 1 अंकित है तथा अंगुलियों को उसी प्रकार फैलाए रहें। इस प्रकार आपका अंगूठा 3 की तरफ संकेत करेगा तथा आप की तर्जनी 2 की तरफ संकेत करेगी।

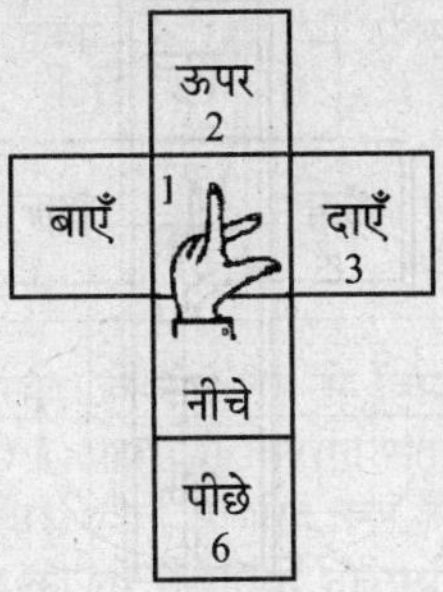

(v) बीच की अंगुली को प्रसारित चित्र के 1 वाली सतह पर रखे हुए अपने हाथ को घड़ी की दिशा में तब तक घुमायें जब तक तर्जनी और अंगूठा दोनों साथ-साथ प्रसारित चित्र के खाली खानों के सामने न आ जायें।

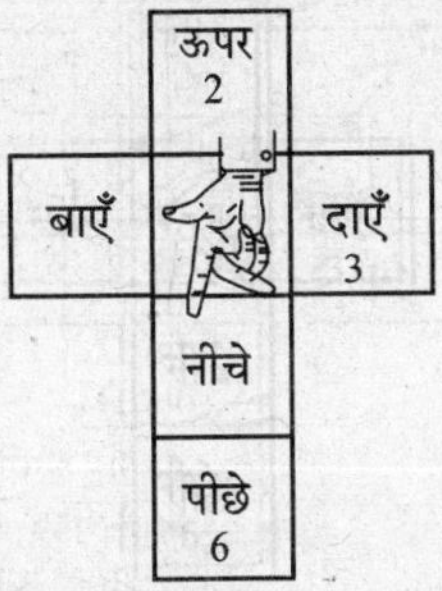

हाथ को इस प्रकार घुमाने से तर्जनी 'नीचे' वाली सतह की तरफ संकेत करेगी तथा अंगूठा 'बाएँ' वाली सतह की तरफ संकेत करेगा। स्तर (3) के वक्त अंगूठा = 5 तथा तर्जनी = 4 तय किया गया था। अत: बाएँ वाले खाने में 5 तथा नीचे वाले खाने में 4 भरा जाएगा।

(vi) यहाँ पूर्ण प्रसारित चित्र बनाया गया है।

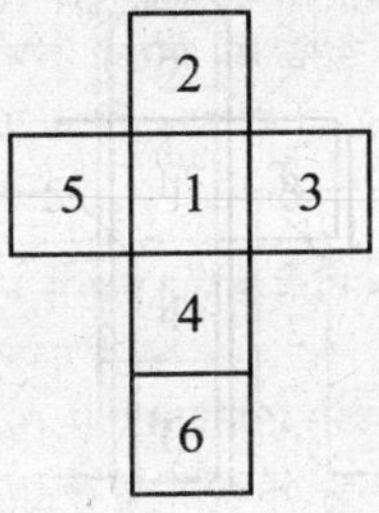

सतहों को खिसकाना

उपर्युक्त प्रश्नों के अतिरिक्त के प्रश्नों भी आते हैं उसे प्रश्नों को हल करने के लिए प्रसारित चित्र में प्रदर्शित सतहों को खिसकाना पड़ता है। इस प्रकार प्रसारित चित्र की कई वैकल्पिक स्थितियाँ हो सकती हैं।

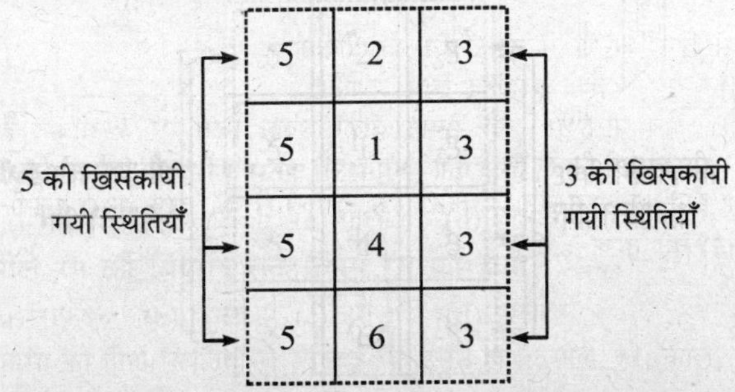

पासा की कोई भी सतह चार अन्य (संलग्न) सतहों से जुड़ी होती है। सतह 3 तथा 5 के लिए 1, 2, 4 तथा 6 संलग्न सतहें हैं। अत: सतह 3 तथा 5 को

खिसकाकर इनमें से किसी भी सतह के पास लाया जा सकता है। खिसकायी गई स्थिति को असतत (Dotted) रेखाओं द्वारा दर्शाया जाता है।

इसके अतिरिक्त वह सतह जिस पर 6 अंकित है को भी निम्न प्रकार से खिसकाया जा सकता है।

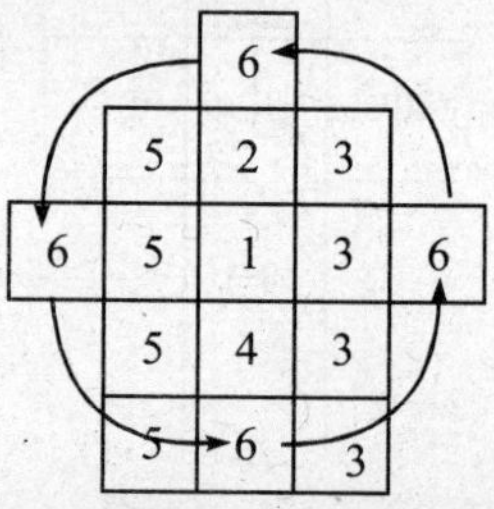

अत: यदि सतह 2 तथा सतह 4 को खिसकाया जाय तो इसकी विभिन्न संभावनाएँ निम्न चित्र द्वारा व्यक्त की जा सकती हैं–

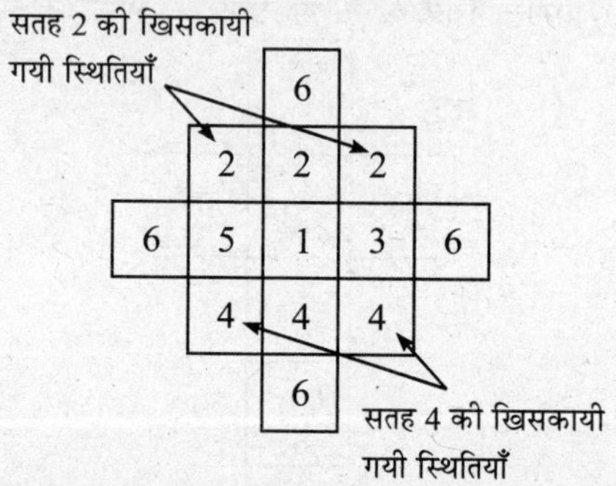

छुपी हुई संख्या को ज्ञात करना

अब तक प्रस्तुत विश्लेषण की सहायता से पास की लुप्त संख्या को ज्ञात किया जा सकता है।

उदाहरणस्वरूप चित्र (i) तथा (ii) में दी गयी पासा की दोनों स्थितियाँ दर्शायी गयी हैं। इन दोनों स्थितियों के बाद इसी पासे की 3 और स्थितियाँ दी गयी हैं तथा प्रत्येक में एक सतह की संख्या लुप्त कर दी गयी है। यदि इन लुप्त संख्याओं को ज्ञात करना हो तो इन्हें निम्न प्रकार से ज्ञात करेंगे–

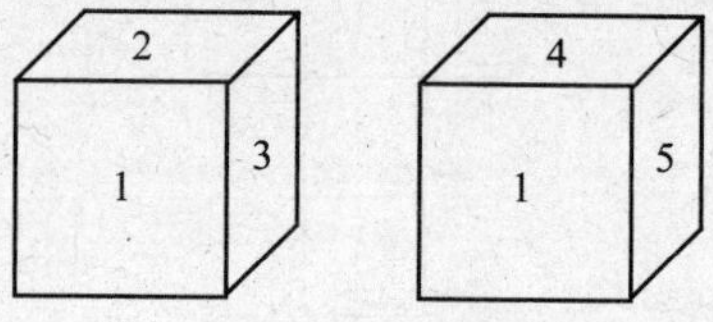

(i) (ii)

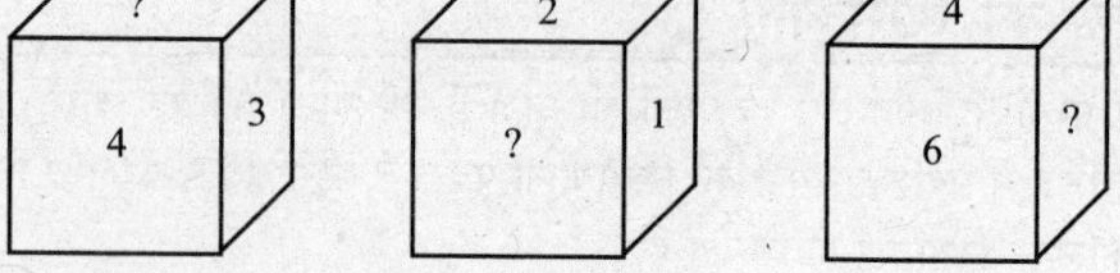

(a) (b) (c)

इसे निम्न चरणों में हल किया जा सकता है–

(i) सबसे पहले प्रसारित चित्र बनाएँ।

(ii) अब पासा (a) की सामने वाली सतह, जिस पर 4 अंकित है, पर अपनी मध्यमा को रखते हुए तीनों अंगुलियों को बताई गयी विधि के अनुसार फैलाएँ। इस प्रकार मध्यमा 4 की तरफ, अंगूठा 3 की तरफ तथा तर्जनी प्रश्न चिह्न (?) की तरफ होगी।

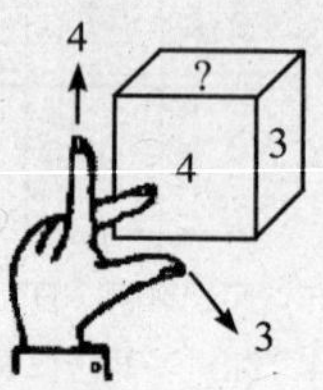

(iii) अब प्रसारित चित्र में जहाँ 4 हो वहाँ अपनी मध्यमा रखें तथा अँगूठा 3 की तरफ करें। प्रारंभिक अव्यवस्था में अँगूठा 3 की तरफ नहीं हो पाएगा। (देखें चित्र a) क्योंकि सतह 3 सतह 4 से थोड़ी दूर है। 3 वाली सतह को हम 4 वाली सतह के पास खिसका सकते हैं। इस प्रकार अंगूठा 3 की तरफ हो जाएगा (देखें चित्र b)।

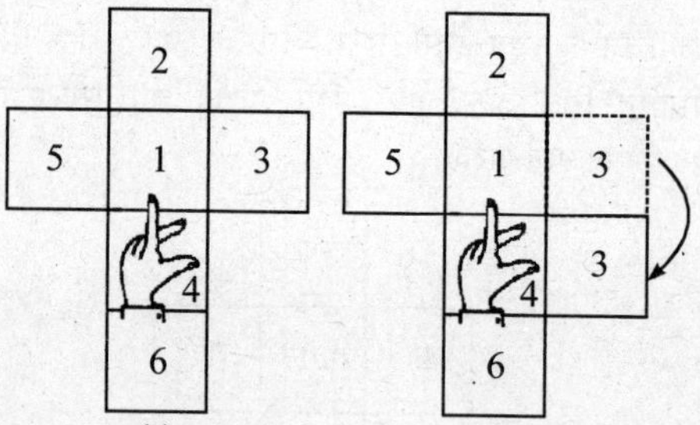

(a) (b)

जब मध्यमा 4 तथा अंगूठा 3 की तरफ होगा तब तर्जनी स्वयं ही 1 की तरफ हो जाएगी। चूँकि पासा पर तर्जनी ने प्रश्नचिह्न को संकेतित किया था तथा प्रसारित चित्र में 1 को संकेतित कर रही है अत: प्रश्न चिह्न के स्थान पर 1 होगा। अत: पासा (a) पर की लुप्त संख्या 1 होगी।

(iv) पासा (b) के लिए भी इसी प्रक्रिया को अपनाना होगा। अनी मध्यमा को पासा (b) की सतह 2 पर रखें। इस प्रकार तर्जनी 1 की तरफ तथा अंगूठा प्रश्न चिह्न की तरफ संकेत करेगा।

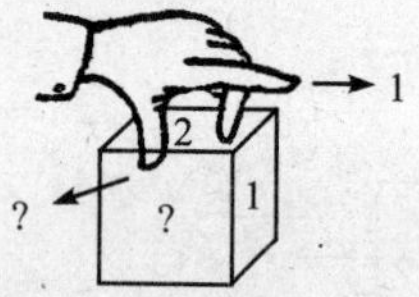

(v) अब मध्यमा को प्रसारित चित्र की 2 वाली सतह पर रखें तथा तर्जनी घुमाकर 1 की तरफ ले जाएँ। 5 वाली सतह को थोड़ा खिसकाकर ऊपर 2 के पास ले जाएँ। इस प्रकार अँगूठा जो प्रश्न चिह्न की तरफ संकेत कर रहा था अब 5 की तरफ संकेत करेगा। अत: पासा (b) के प्रश्नांकित सतह पर 5 होगा।

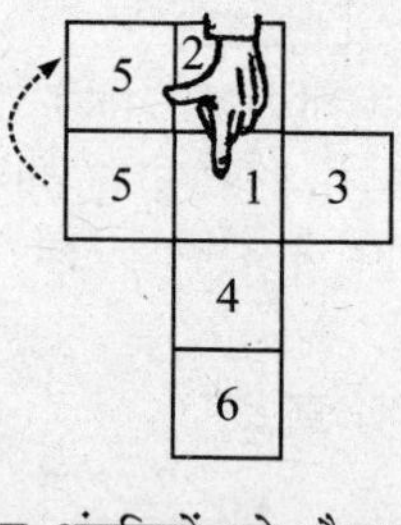

(vi) पासा (c) के लिए अंगुलियों को फैलाकर मध्यमा को 6 पर रखें। इस प्रकार तर्जनी 4 को तथा अंगूठा प्रश्नचिह्न को संकेतित करेगा।

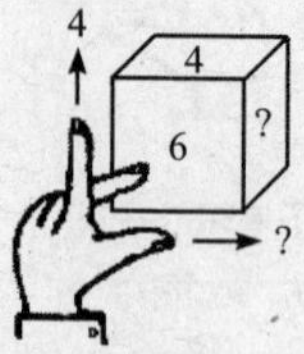

(vii) अब मध्यमा को प्रसारित चित्र में 6 पर रखकर तर्जनी को 4 की तरफ करें। 3 वाली सतह को नीचे खिसकाकर 6 के पास लाएँ इस प्रकार अंगूठा जो प्रश्न चिह्न की तरफ संकेत कर रहा था अब 3 की तरफ संकेत करेगा। इस प्रकार पासा (c) के प्रश्नांकित सतह पर 3 होगा।

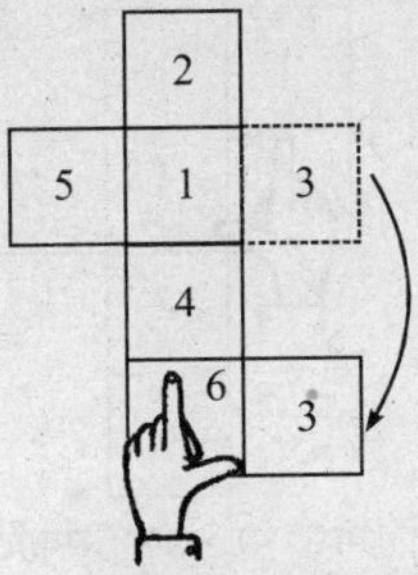

उदाहरण 1. नीचे एक पासा का प्रसारित चित्र दिया गया है। यदि इसे मोड़कर पासा के रूप में परिवर्तित कर दिया जाए तो इस पासा की 3 वाली सतह की विपरीत सतह पर कौन-सी संख्या अंकित होगी?

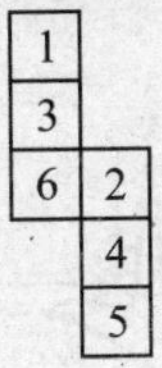

(a) 4 (b) 6

(c) 7 (d) 5

हल : पासा के प्रसारित चित्र का यह भी एक रूप है। इसमें भी विपरीत सतहों को पहचान गिनती के नियम द्वारा की जा सकती है। विपरीत सतहों को वक्र तार द्वारा दिखाया गया है।

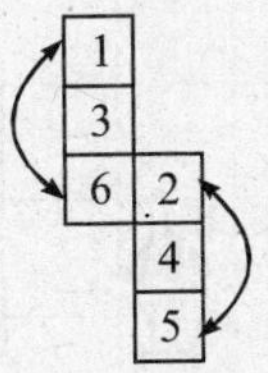

स्पष्टत: 1 तथा 6 एवं 2 तथा 5 आपस में विपरीत सतहों पर स्थित हैं। अत: शेष 3 तथा 4 भी आपस में विपरीत सतहों पर स्थित होंगे। अत: इसके द्वारा निर्मित पासा की 3 सतह की विपरीत सतह पर संख्या 4 होगी।

उदाहरण 2. नीचे एक पासे का प्रसारित रूप दिया गया है तथा उसके बाद विकल्पों में चार और प्रसारित रूप दिए गए हैं। विकल्पों में से कोई एक प्रसारित रूप प्रश्न में दिए गए प्रसारित रूप के समान है। उसे पहचानें—

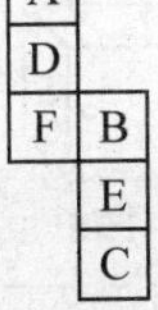

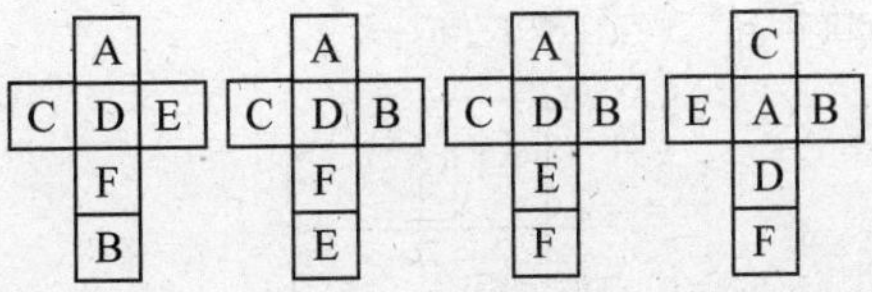

(a) (b) (c) (d)

हल : सबसे पहले प्रश्न में दिए गए प्रसारित रूप से विपरीत सतहों को ज्ञात करें—

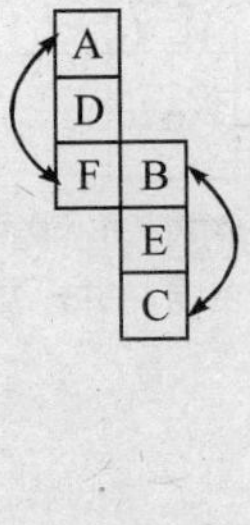

स्पष्टत: A F, B C तथा D E अक्षरें आपस में विपरीत सतहों पर स्थित हैं।

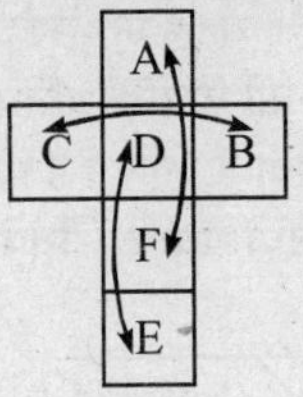

अब विकल्प (b) में स्थित प्रसारित रूप से विपरीत सतहें को ज्ञात करें—

यहाँ A F, B C तथा D E आपस में विपरीत सतहें हैं। चूँकि दोनों स्थितियों में विपरीत सतहें समान हैं अत: दोनों प्रसारित रूप से समान हैं।

उदाहरण 3. नीचे एक पासे की दो स्थितियाँ दी गयी हैं। बताइए सतह 5 की विपरीत वाली सतह पर कौन-सी संख्या अंकित है? (सतहों पर 1 से 6 तक की संख्याओं का प्रयोग हुआ है)

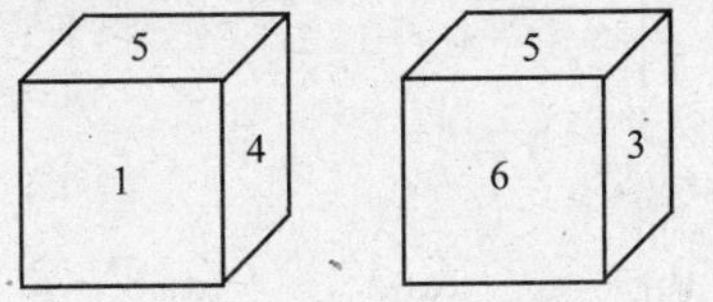

(i) (ii)

(a) 2 (b) 3

(c) 4 (d) 6

हल : दोनों स्थितियों में उभयनिष्ठ संख्या = 5

दोनों स्थितियों में छुपी हुई संख्या = 2

5 की विपरीत सतह पर 2 होगा।

उदाहरण 4. नीचे एक पासा की तीन स्थितियाँ दी गयी हैं। बताइए यदि 8 ऊपर हो तो नीचे क्या होगा?

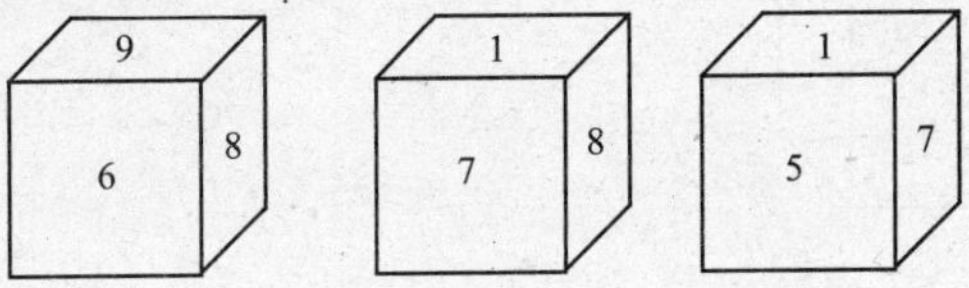

(i) (ii) (ii)

(a) 6 (b) 4 (c) 7 (d) 5

हल : तीनों स्थितियों के अध्ययन से पता चलता है कि पासा की सतहों पर संख्याओं 1, 5, 6, 7, 8 तथा 9 का प्रयोग हुआ है।

स्थिति (i) तथा स्थिति (ii) में उभयनिष्ठ संख्या 8 है।

स्थिति (i) तथा स्थिति (ii) में न दिखायी देने वाली संख्या 5 है।

अत: संख्याएँ 8 तथा 5 विपरीत सतहों पर अंकित हैं। इस प्रकार यदि 8 ऊपर होगा तो 5 नीचे होगी।

उदाहरण 5. एक पासा की सभी सतहों को अलग-अलग रंगों से रंगा गया है। निम्न पासा स्थितियों का अध्ययन कीजिए—

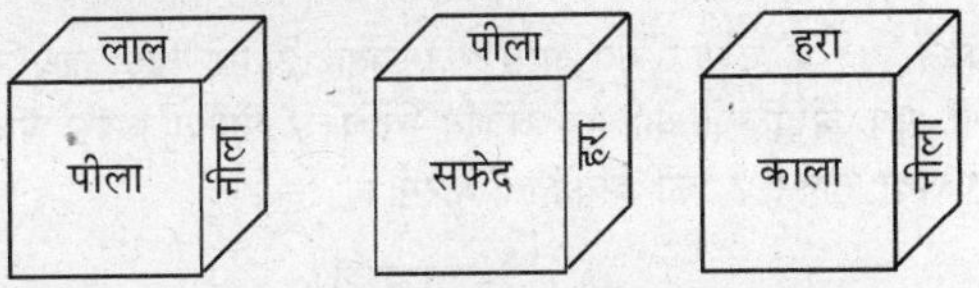

(i) (ii) (ii)

1. **नीले रंग की विपरीत सतह किस रंग की होगी?**

(a) सफेद (b) लाल (c) पीला (d) हरा

2. **पीले रंग की विपरीत सतह किस रंग की होगी?**

(a) सफेद (b) काला (c) हरा (d) पीला

हल : पासा की तीनों स्थितियों से स्पष्ट है कि इसमें लाल, पीले, हरे, काले, सफेद तथा नीले रंगों का प्रयोग हुआ है।

1. स्थिति (i) तथा (iii) में उभयनिष्ठ रंग = नीला

स्थिति (i) तथा (iii) में न दिखाई देने वाला रंग = सफेद

अत: नीले रंग की विपरीत सतह पर सफेद रंग होगा।

उदाहरण 6. नीचे चित्र में पासे की दोनों स्थितियाँ दी गयी हैं। उसके बाद इसी पासे की 3 और स्थितियाँ दी गयी हैं लेकिन इनमें कोई न कोई संख्या लुप्त है। लुप्त संख्या के स्थान पर (?) दिया गया है। आपको बताना है कि (?) के स्थान पर कौन-सी संख्या आएगी?

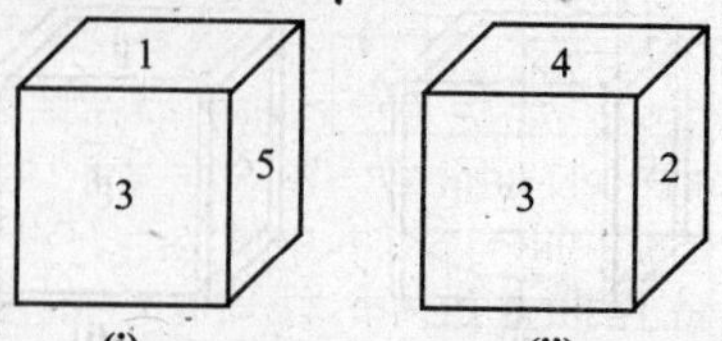

(i) (ii)

1.

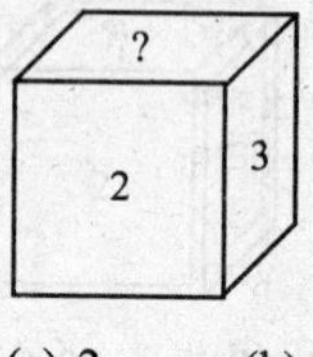

(a) 2 (b) 1 (c) 5 (d) 6

2.

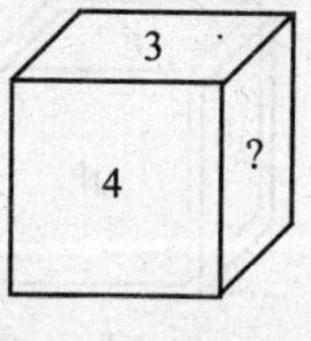

(a) 1 (b) 2 (c) 6 (d) 5

3.

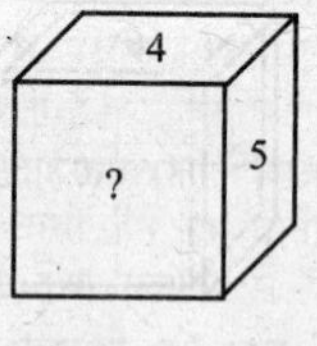

(a) 6 (b) 2 (c) 1 (d) 3

हल : (i) इस तरह के प्रश्नों को हल करने से पूर्व सर्वप्रथम प्रसारित चित्र बनाना चाहिए।

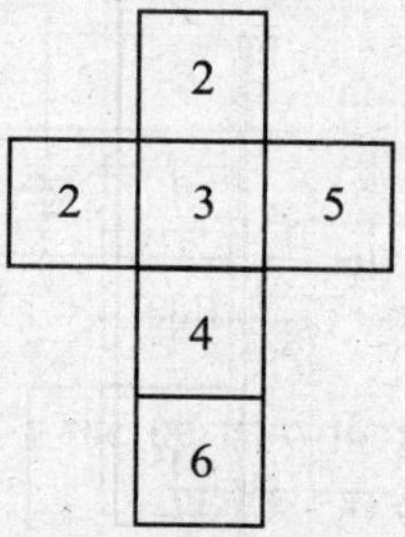

(ii) प्रश्न (1) में दर्शाए गए पासे की सतह 2 पर बाएँ हाथ की मध्यमा को रखें तथा शेष अंगुलियों को पूर्व वर्णित विधि से फैलाएँ। इस प्रकार मध्यमा 2, अंगूठा 3 तथा तर्जनी ? को संकेतित करेगी।

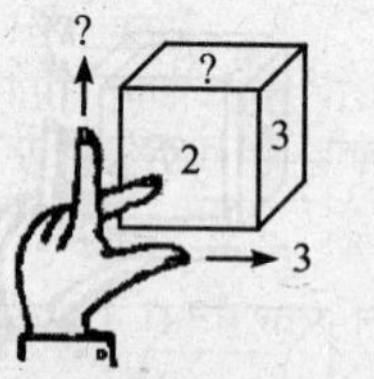

(iii) अब मध्यमा को प्रसारित चित्र की सतह 2 पर रखें तथा अंगूठे को 3 की तरफ करें। सतह 1 को बाईं ओर खिसका- कर सतह 2 के समीप लाएँ ताकि तीनों सतहें आस-पास उपलब्ध हो जायँ।

इस प्रकार तर्जनी जो पासे पर ? को संकेतित कर रही थी अब प्रसारित चित्र पर 1 को संकेतित कर रही है। अत: प्रश्न (1) की पासा स्थिति में लुप्त संख्या 1 होगी।

(iv) अब प्रश्न (2) की पासा स्थिति में सतह 4 पर अपनी मध्यमा रखें। इस प्रकार मध्यमा 4 को, तर्जनी 3 को तथा अंगूठा को संकेतित करेगा।

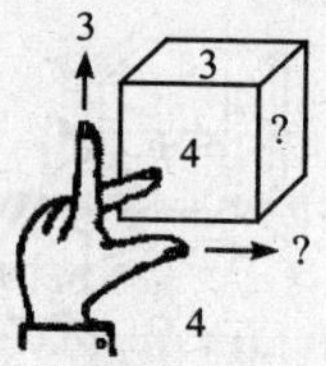

(v) पुन: प्रसारित चित्र में मध्यमा को 4 पर रखें तथ तर्जनी को 3 की तरफ उन्मुख करें। सतह 5 को नीचे खिसकाकर 4 के पास लाएँ ताकि तीनों सतहें पास-पास हो जायँ।

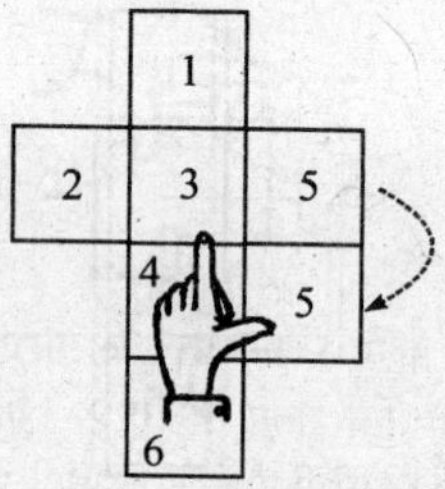

इस तरह अंगूठा जो पासा पर ? की तरफ संकेत कर रहा था अब 5 की तरफ संकेत कर रहा है। अत: प्रश्न (2) में लुप्त संख्या 5 होगी।

(vi) प्रश्न (3) के लिए अपनी मध्यमा को पासा की सतह 4 पर रखें। इस प्रकार मध्यमा 4 को तर्जनी 5 को अंगूठा ? को संकेतित करेगा।

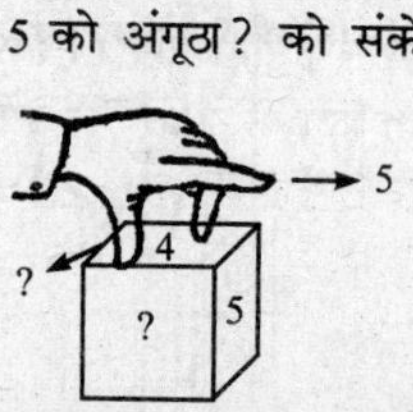

(vii) अब अपना हाथ प्रसारित चित्र पर समायोजित करें। प्रसारित चित्र में सतह 5 को खिसका कर सतह 4 के पास लाएँ। प्रसारित चित्र में 4 पर मध्यमा को रखें तथा तर्जनी को 5 की तरफ करें–

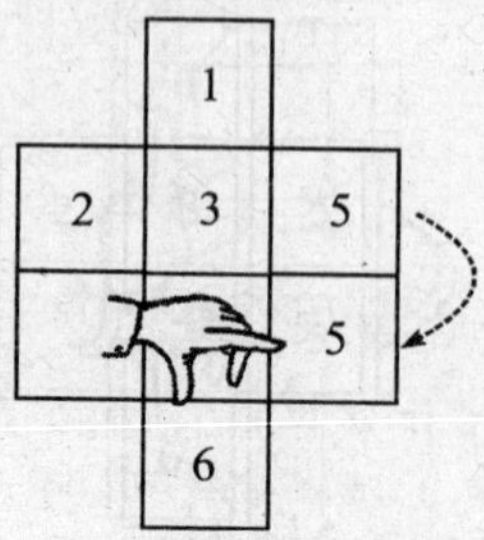

इस समायोजन के पश्चात् अंगूठा जो पासा पर ? की तरफ संकेत कर रहा था अब 6 की तरफ संकेत कर रहा है। अत: प्रश्न (3) में लुप्त संख्या 6 होगी।

प्रश्नावली

1. नीचे दी गई आकृतियों में 6 के विपरीत फलक पर कौन-सी संख्या है?

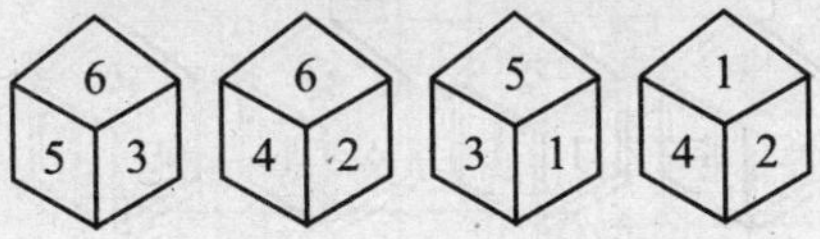

(a) 1 (b) 6
(c) 5 (d) 4

निर्देश—(प्रश्न संख्या 2 एवं 3) नीचे दिए गए पासों का प्रसारित रूप दिया गया है यदि इन्हें मोड़कर पासे के रूप में परिवर्तित किया जाए जो कौन-सा बन सकता है?

2.

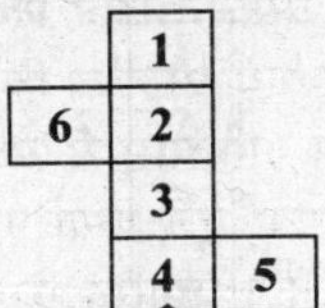

(a) 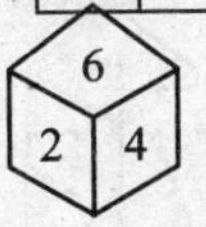

(b) 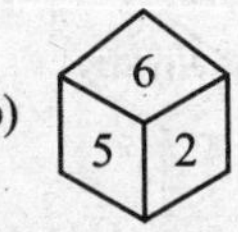

(c) 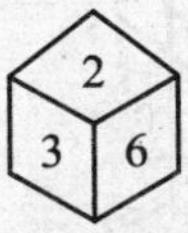

(d) 

3.

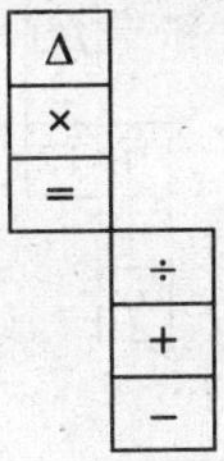

(a) 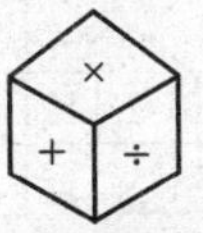

(b) 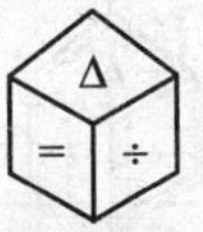

(c) 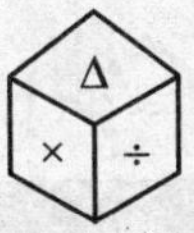

(d) 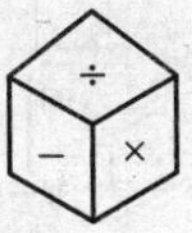

4. बताइए कि प्रश्नवाचक चिह्न (?) के स्थान पर कौन-सा अक्षर होगा?

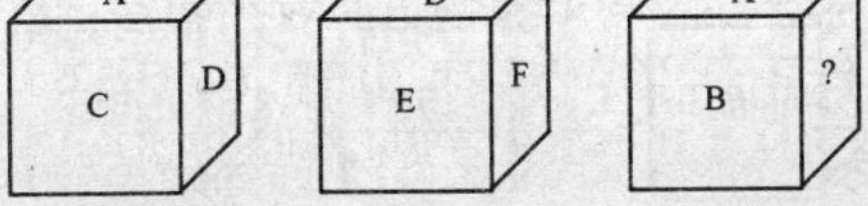

(i) (ii) (iii)

(a) C (b) D
(c) A (d) B

5. बताइए प्रश्नवाचक चिह्न (?) के स्थान पर कौन-सी संख्या होनी चाहिए?

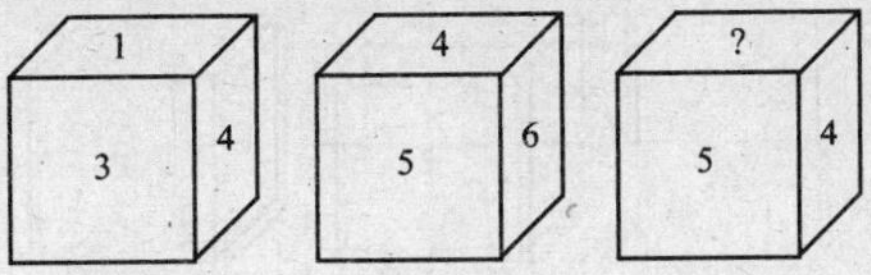

(i) (ii) (iii)

(a) 4 (b) 3
(c) 5 (d) 6

6. नीचे तीन चित्र दिए गए हैं। इनमें से चित्र (i) तथा (ii) एक ही पासे की दो स्थितियाँ हैं। आपको बताना है कि क्या तीसरा चित्र भी इसी पासा की ही कोई स्थिति है?

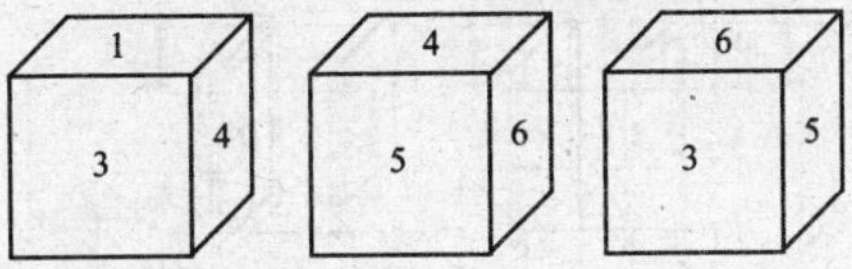

(i) (ii) (iii)

(a) हाँ
(b) नहीं
(c) संभवत:
(d) बताया नहीं जा सकता है

7. नीचे एक पासा की तीन स्थितियाँ दी गयी हैं तथा उसके बाद चार वैकल्पिक प्रसारित रूप दिए गए हैं। यदि पासा की सतहों को खोल दिया जाय तो यह किस विकल्प के समान दिखेगी?

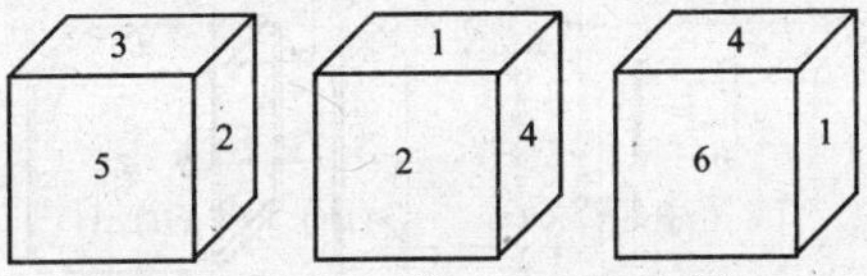

(i) (ii) (iii)

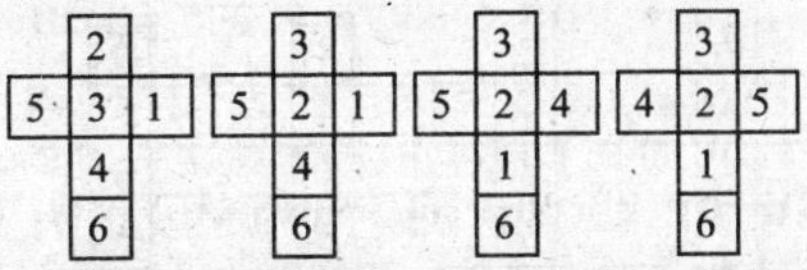

(a) (b) (c) (d)

8. नीचे चार चित्र दिए गए हैं। इनमें से प्रथम तीन चित्र एक ही पासे से संबंध हैं। क्या चौथा चित्र भी इसी पासा से संबंध है?

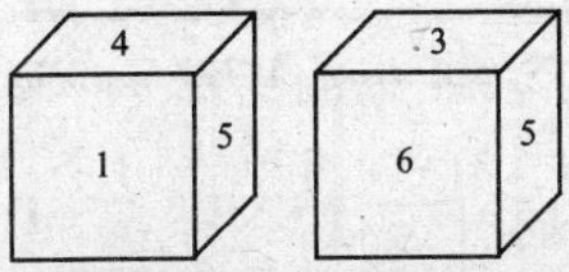

(i) (ii)

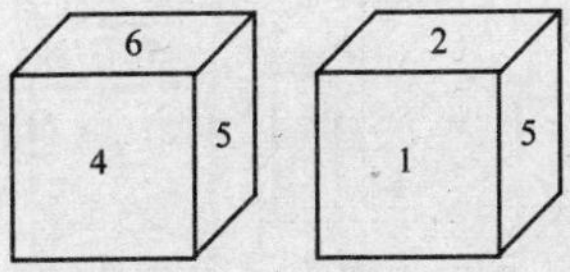

(iii) (iv)

(a) हाँ
(b) नहीं
(c) संभवत:
(d) बताया नहीं जा सकता है

9. नीचे कुछ पासा स्थितियाँ दी गई हैं। बताइए इसमें कुल कितने पासों का प्रयोग किया गया है? पासे पर 1 से 6 तक की संख्याएँ प्रयुक्त हुई हैं—

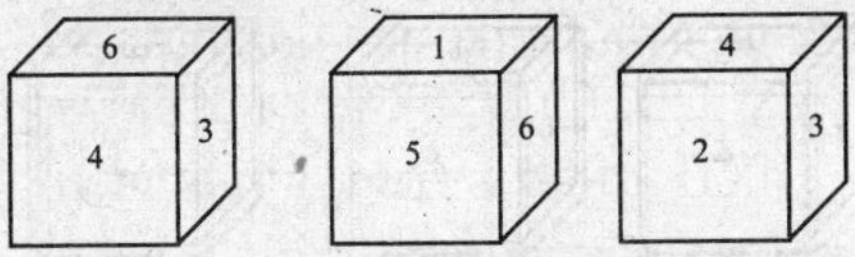

(i) (ii) (ii)

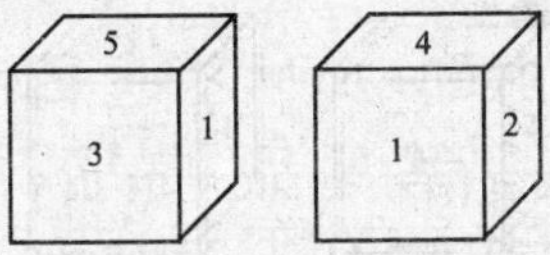

(iv) (v)

(a) 1 (b) 2
(c) 3 (d) 4

10. निम्न पासा-चित्रों के आधार पर 3 की विपरीत सतह बतायें—

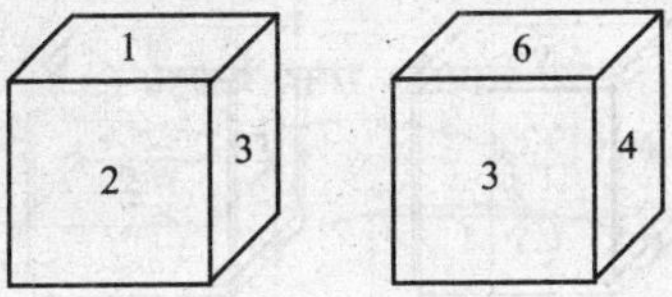

(a) 4 (b) 5
(c) 2 (d) 6

11. निम्न पासा-चित्रों के आधार पर 6 की विपरीत सतह बतायें—

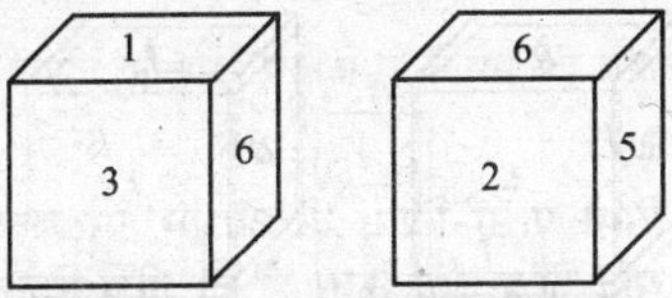

(i) (ii)

(a) 4 (b) 5
(c) 2 (d) 6

12. निम्न चित्र में R की विपरीत सतह पर स्थित अक्ष बतायें। (इसमें प्रयुक्त अक्षर, P, Q, R, S, T तथा X है)

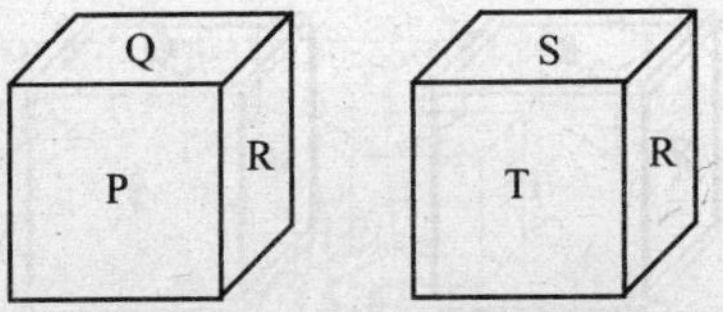

(i) (ii)

(a) P (b) S
(c) T (d) X

13. नीचे दिए गए पासे में यदि P उपर हो तो नीचे क्या होगा? तीनों चित्र एक ही पासे की विभिन्न स्थितियाँ हैं।

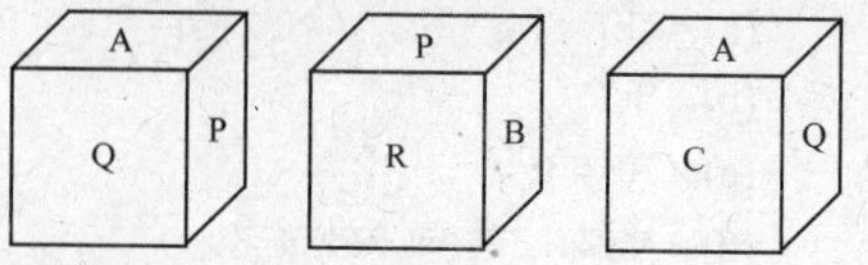

(i) (ii) (iii)

(a) A (b) B
(c) C (d) Q

14. निम्न पासा-चित्रों के आधार पर बतायें कि वृत के विपरीत सतह पर कौन-सी आकृति होगी?

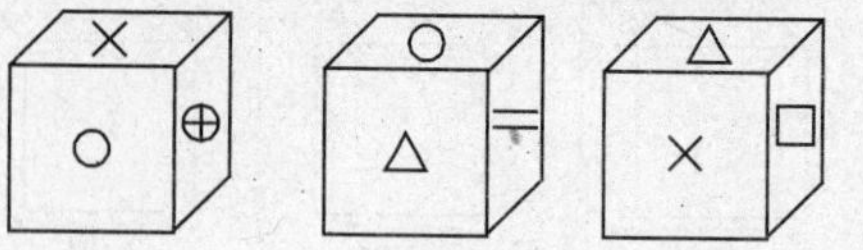

(i) (ii) (iii)

(a) ▭ (b) ×
(c) △ (d) =

निर्देश—निम्न चित्रों के आधार पर प्रश्न संख्या 14 से 16 तक का उत्तर दें।

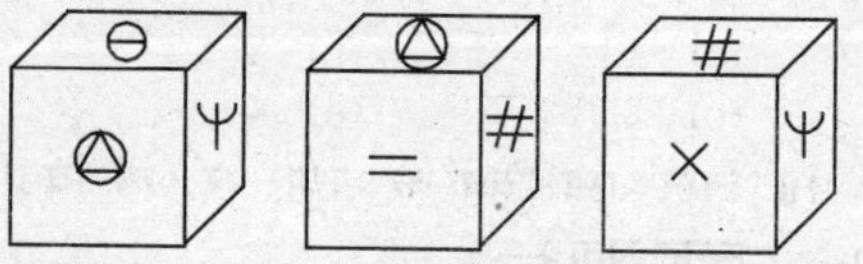

(i) (ii) (iii)

15. Ψ की विपरीत सतह बताइए—
(a) × (b) =
(c) △⃝ (d) ⊖

16. # की विपरीत सतह बतायें—
(a) ⊖ (b) Ψ
(c) × (d) =

17. △⃝ की विपरीत सतह बतायें—
(a) = (b) ⊖
(c) Ψ (d) ×

18. निम्न पासा-चित्रों के आधार पर बतायें कि यदि पाँच बिंदु ऊपर हों तो नीचे कितने बिंदु होंगे?

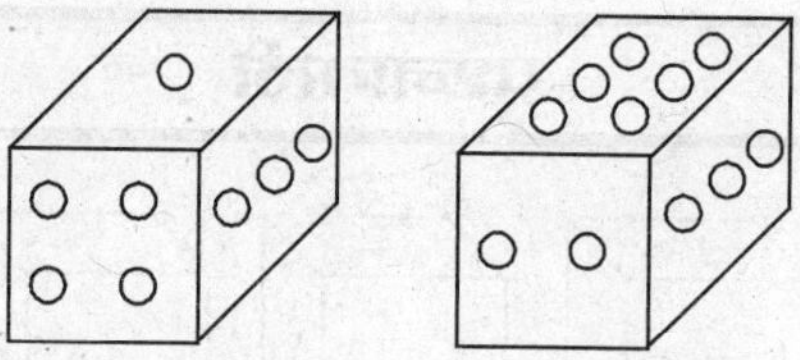

(i) (ii)

(a) 3 बिंदु (b) 4 बिंदु
(c) 5 बिंदु (d) 1 बिंदु

19. निम्न पासा-चित्रों के आधार पर बतायें कि प्रश्नवाचक चिह्नों (?) के स्थान पर क्या होगा?

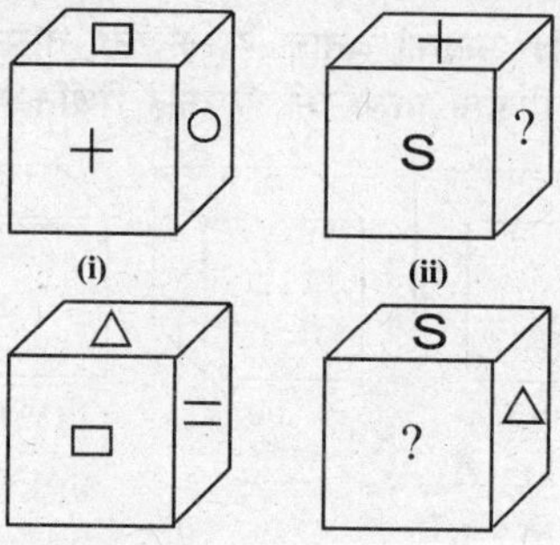

(i) (ii) (iii) (iv)

(a) ○ तथा + (b) ○ तथा ▭
(c) ▭ तथा + (d) △ तथा +

20. निम्न पासा को यदि घड़ी की विपरीत दिशा में 180° घुमा दिया जाय तो कौन-कौन से अंक छुपे हुए रहेंगे?

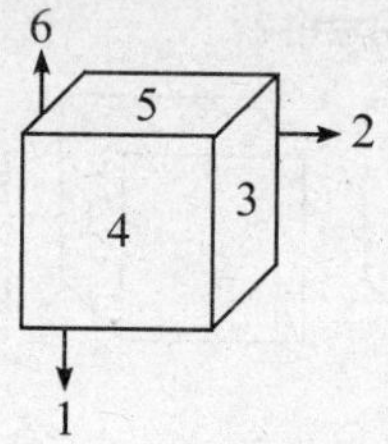

(a) 1, 3, 4 (b) 1, 3, 5
(c) 1, 4, 6 (d) 1, 2, 3

21. नीचे एक पासे का प्रसारित चित्र दिया गया है। चार विकल्पों (a), (b), (c) तथा (d) में भी प्रसारित चित्र दिए गए हैं जिनमें से एक प्रसारित चित्र दिए गए मूल प्रसारित चित्र के समरूप है। इस प्रसारित चित्र को पहचानिए—

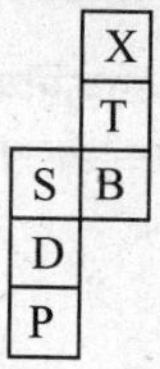

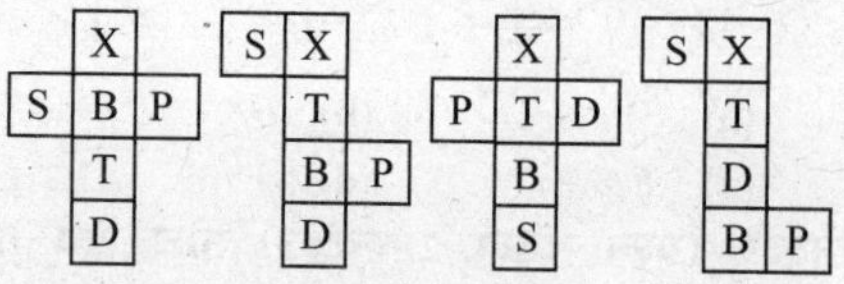

(a) (b) (c) (d)

22. नीचे एक पासे का प्रसारित चित्र दिया गया है तथा उसे बाद चार विकल्पों (a), (b), (c) तथा (d) में भी प्रसारित चित्र दिए गए हैं। विकल्पों में दिए गये प्रसारित चित्रों में से तीन प्रसारित चित्र उसी पासे से संबंध हैं जिस पासे से दिया गया मूल प्रसारित चित्र संबंध है। इनमें से भिन्न प्रसारित चित्र को पहचानिए—

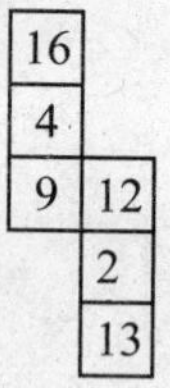

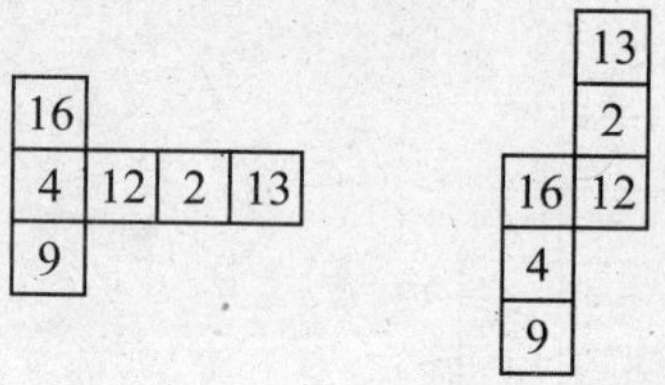

(a) (b)

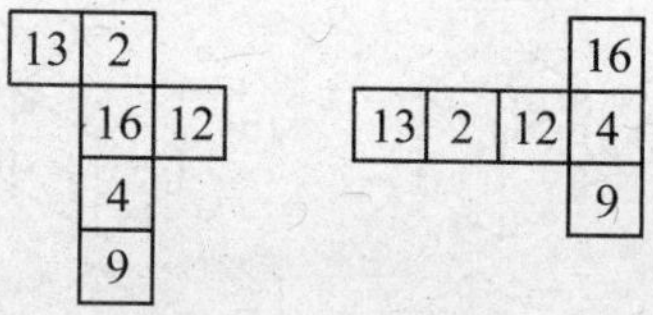

(c) (d)

उत्तर (हल/संकेत)

1. (a)

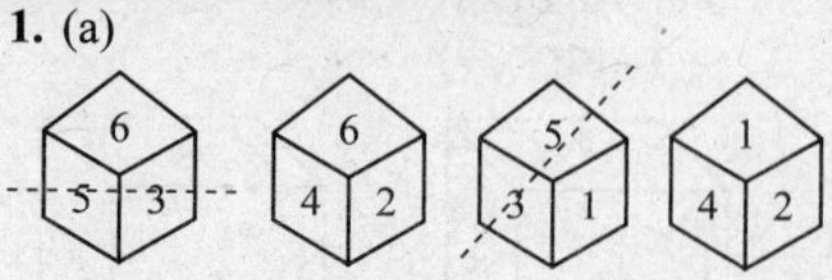

6 ⇒ 1

2. (c)

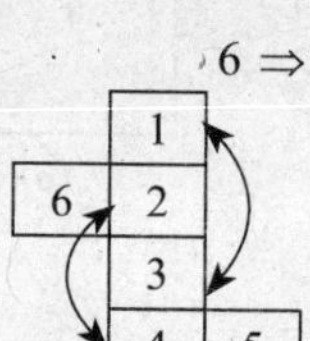

1 ⇒ 3
2 ⇒ 4
6 ⇒ 5

नोट—दोनों विपरीत फलकें एक साथ कभी दिखाई नहीं देती हैं।

3. (c)

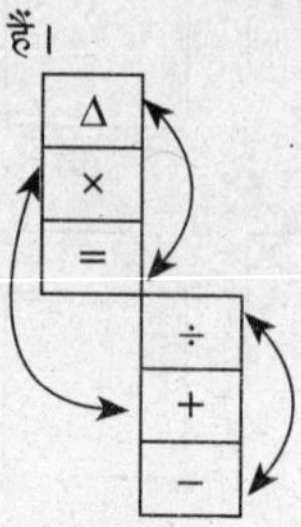

Δ ⇒ =
÷ ⇒ −
× ⇒ +

4. (a) प्रसारित चित्र बनाकर हल किया जा सकता है। पूरी प्रक्रिया आठ चरणों में केवल चित्रों के माध्यम से दी जा रही है। स्थिति (i) तथा (ii) से स्पष्ट है कि D व B आस में विपरीत सतहों पर हैं।

(i)

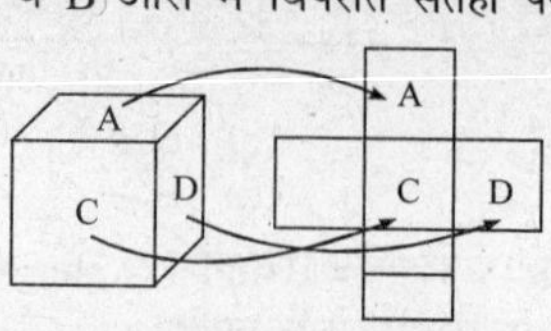

(a)

(ii)

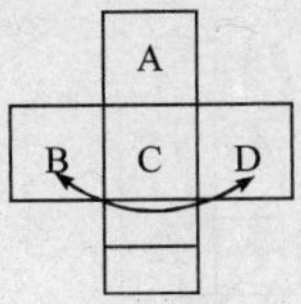

(b)

(iii)

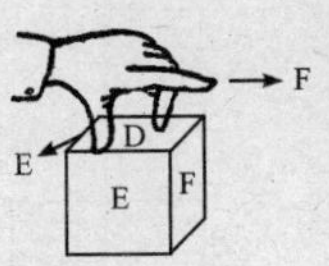

(c)

(iv)

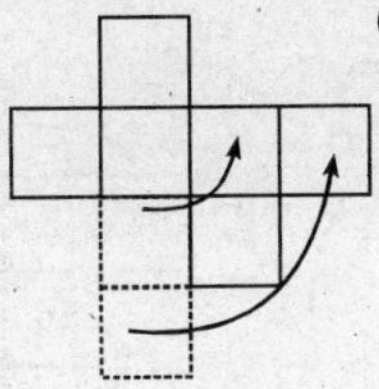

(d)

(v)

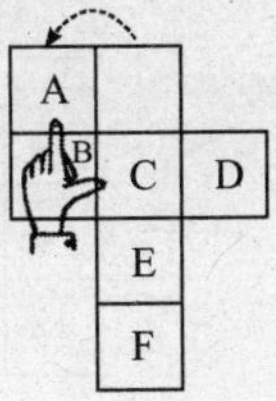

(e)

(vi)

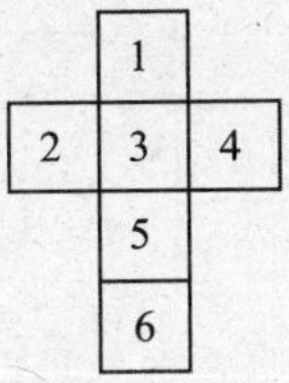

(vii)

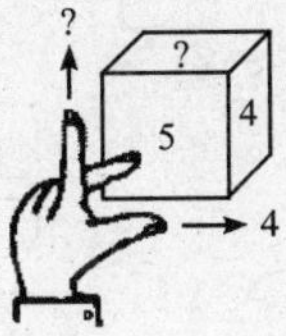

(viii)

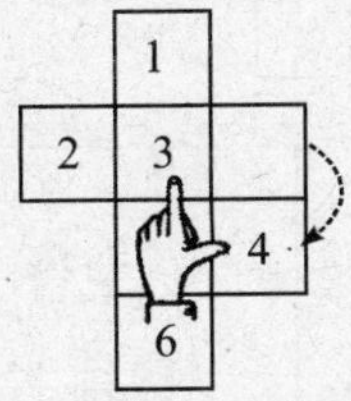

स्पष्टत: प्रश्नचिह्न के स्थान पर C होगा–

5. (b) प्रसारित चित्र निम्न प्रकार का होगा–

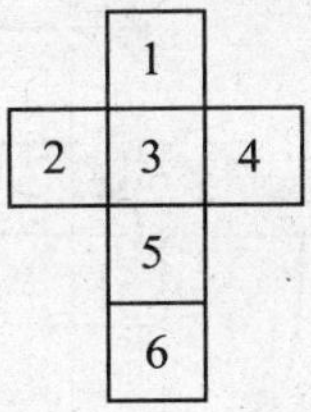

प्रश्नांकित संख्या का पता निम्न प्रकार से लगाएँ।

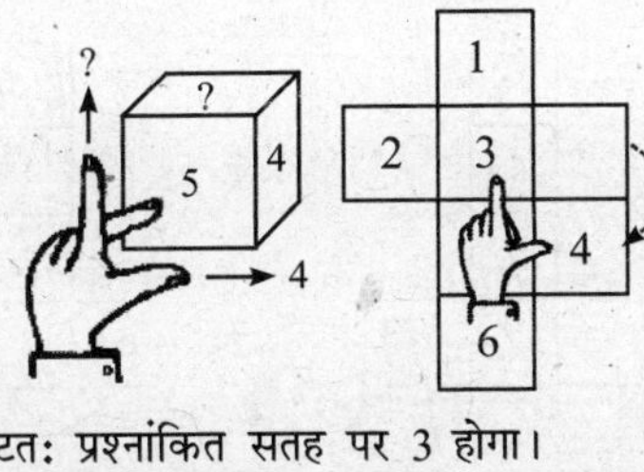

स्पष्टत: प्रश्नांकित सतह पर 3 होगा।

6. (b) पासे की स्थिति (i) तथा (ii) प्रश्न 4 के समान ही है। अत: प्रसारित चित्र भी समान होगा।

प्रसारित चित्र से स्पष्ट है कि 3 तथा 6 विपरीत सतहों की संख्याएँ हैं। ये दोनों ही एक साथ स्थिति (iii) में रिखाई दे रही हैं जो कि संभव नहीं है। अत: यह स्थिति किसी दूसरे पासा की है।

7. (b) प्रसारित चित्र बनाने पर यह (b) जैसा प्राप्त होगा।

8. (a) (i) तथा (ii) की सहायता से प्रसारित चित्र बनाने पर यह निम्न प्रकार का प्राप्त होगा–

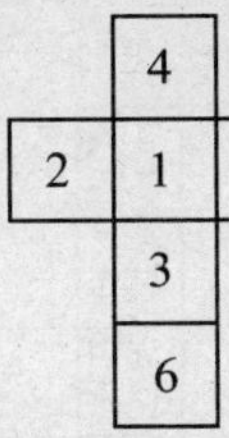

इस प्रसारित चित्र के पासा की चौथी स्थिति संतुष्ट हो जाती है। अत: यह पासा मूल पासे से संबंध है। पुष्टि के लिए बाएँ हाथ की अंगुलियों का प्रयोग निम्न प्रकार से करें–

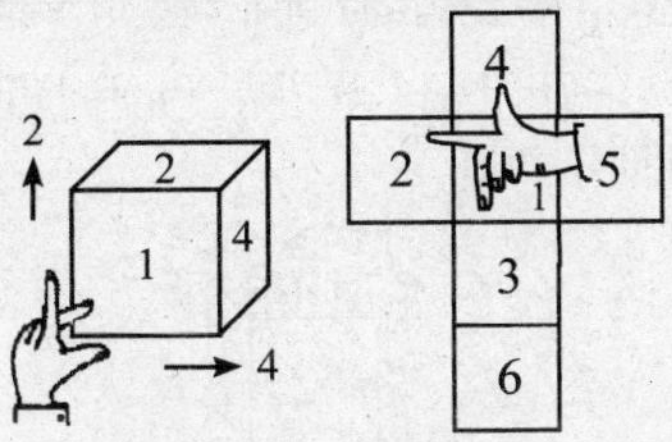

स्पष्टत: पासे के अनुसार अंगुलियाँ प्रसारित चित्र में भी समायोजित हो जा रही हैं।

9. (b) प्रस्तुत प्रश्न में दो भिन्न पासों का प्रयोग किया गया है। स्थिति (i), (ii) तथा (iii) एक पासा की तथा स्थिति (iv) एवं (v) दूसरे पासा को निरूपित करती हैं। निम्न प्रसारित चित्रों को देखें।

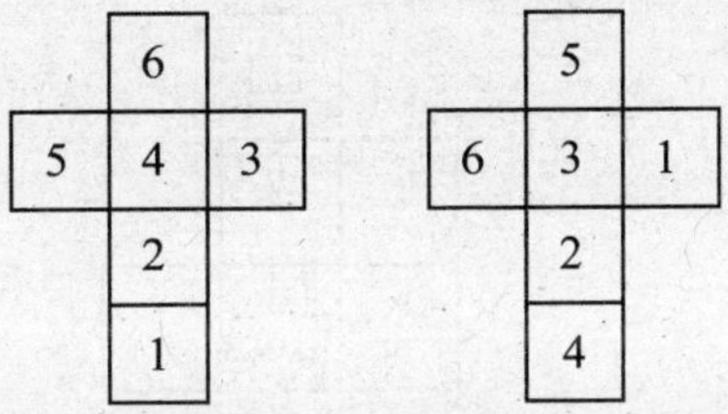

(i), (ii) तथा (iii) का प्रसारित रूप — (iv) तथा (v) का प्रसारित रूप

10. (b) दोनों में उभयनिष्ठ संख्या = 3

न दिखाई देने वाली संख्या = 5

अत: 3 व 5 आपस में विपरीत सतहों पर हैं।

11. (a) उभयनिष्ठ संख्या = 6

छुपी हुई संख्या = 4

अत: 6 तथा 4 आपस में विपरीत सतहों पर स्थिति हैं।

12. (d) दोनों में उभयनिष्ठ अक्षर = R

दोनों में लुप्त अक्षर = X

अत: R तथा X आपस में विपरीत सतहों पर स्थित है।

13. (c) पासे पर प्रयुक्त अक्षर = A, B, C, P, Q तथा R

(i) तथा (ii) में उभयनिष्ठ अक्षर = P

(i) तथा (ii) में लुप्त अक्षर = C

अत: P तथा C आपस में विपरीत सतहों पर स्थित हैं।

इसलिए यदि P ऊपर होगा तो C नीचे होगा।

14. (a) प्रयुक्त चिह्न : ○ ⊕ △ ▭ = तथा ×

(i) तथा (ii) में उभयनिष्ठ चिह्न = ○

(i) तथा (ii) में लुप्त चिह्न = ▭

अत: O तथा ▭ आपस में विपरीत सतहों पर स्थित हैं।

15. (b) Ψ की विपरीत सतह → =

16. (a) # की विपरीत सतह → ⊖

17. (d) ◬ की विपरीत सतह → ×

18. (a) पांच बिन्दु ऊपर हों तो नीचे तीन बिन्दु होंगे।

19. (a) (i), (ii) तथा (iii) की तुलना करने पर प्रयुक्त कुल चिह्न : S,+, =, ○, ▭, △

(i) तथा (iii) में उभयनिष्ठ चिह्न = ▭

(i) तथा (iii) में न दिखाई देने वाला (या लुप्त) चिह्न = S

अत: □ तथा S विपरीत सतहों पर स्थित है।

प्रस्तुत प्रश्न हेतु पासे का प्रसारित चित्र बनाना आवश्यक होगा। इसे निम्न प्रक्रिया के अंतर्गत बनाएँ (प्रसारित चित्र बनाने के लिए स्थित (i) तथा (iii) की सहायता ली जाएगी क्योंकि ये पूर्ण पासे हैं)।

(i) पासा की स्थिति (i) के चिह्नों को प्रसारित चित्र में भरें। सामने, दाएँ तथा ऊपर की सतहों का ध्यान रखें।

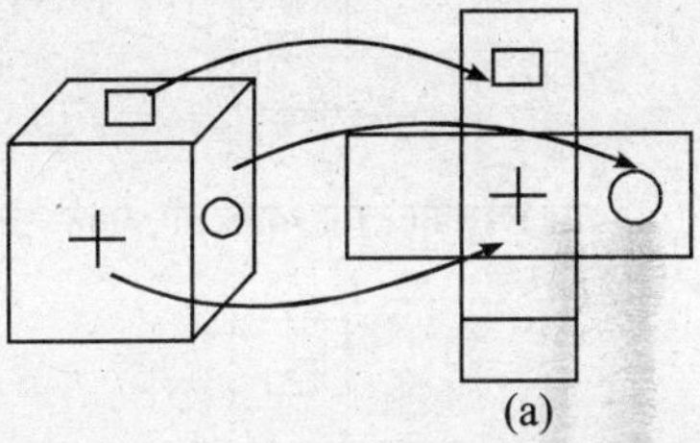

(a)

(ii) अब चित्र (a) में ▭ की विपरीत सतह पर स्थित चिह्न को भरें। गिनती के नियम की सहायता लें।

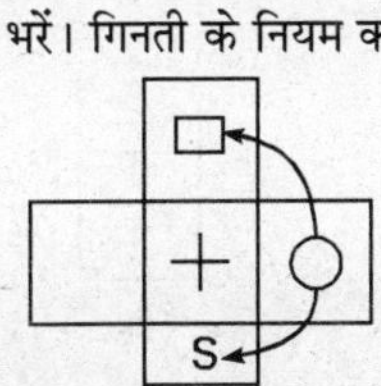

(b)

(iii) अब स्थिति (iii) के पासे में चिह्न ▭ (क्योंकि यह (i) के साथ उभयनिष्ठ हैं) पर मध्यमा को रखकर अंगुलियों को फैलाएँ।

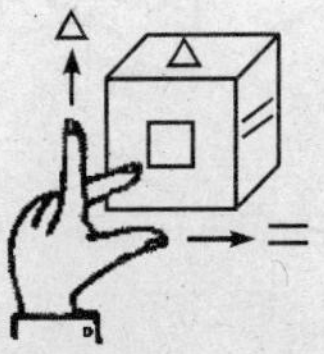

(c)

इस प्रकार तर्जनी Δ को तथा अंगूठा = को संकेतित करेगा।

(iv) अपनी अंगुलियों को अब प्रसारित चित्र पर समायोजित करें। इसके अंतर्गत मध्यमा को □ पर रखकर शेष दोनों अंगुलियों को खाली खानों की तरफ घुमाएँ। किन्तु दोनों खाली खाने चिह्न □ से दूर हैं। अत: सबसे पहले सतहों को खिसकाना पड़ेगा। आप जानते हैं कि सबसे नीचे वाला खाना ऊपर आ सकता है। इसी प्रकार बाएँ वाले खाने को भी थोड़ा ऊपर खिसकाएँ।

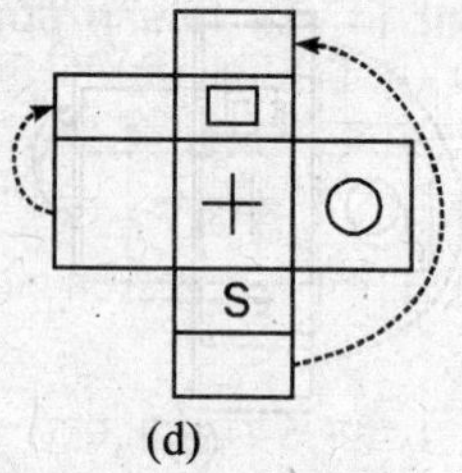

(d)

(v) अब चित्र (d) पर अंगुलियों को समायोजित करके उचित चिह्नों को भर लें।

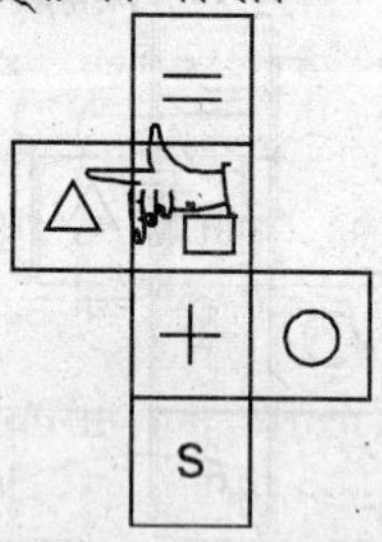

(e)

(vi) अब खिसकाए गए खानों को अपने मूल स्थान पर लाएँ।

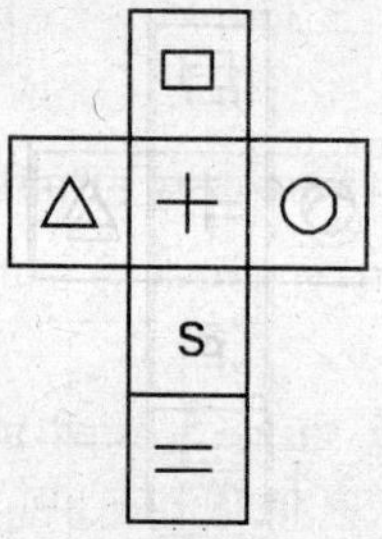

(f)

(vii) अब स्थिति (ii) वाले पासे पर अंगुलियों को समायोजित करें।

(g)

यहाँ मध्यमा तथा तर्जनी क्रमश: S एवं + को संकेतित कर रही हैं तथा अंगूठा प्रश्न चिह्न को संकेतित कर रहा है।

(viii) अंगुलियों को प्रसारित चित्र पर पुन: समायोजित करें। साथ ही वृत वाले खाने को खिसकाकर S के पास लाएँ।

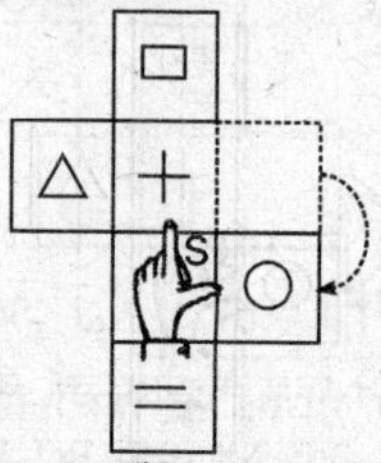

(h)

यहाँ अंगूठा वृत्त की तरफ संकेत कर रहा है। अत: स्थिति (ii) के प्रश्न चिह्न वाली सतह पर वृत्त 'O' होगा।

(ix) अब स्थिति (iv) वाले पासे पर अंगुलियों को समायोजित करें।

इस प्रकार तर्जनी Δ तथा मध्यमा S को संकेतित करेंगे। प्रश्न चिह्न वाले खाने की तरफ अंगूठा संकेत कर रहा है।

(x) पुन: अंगुलियों को प्रसारित चित्र पर समायोजित करें। Δ वाले खाने को खिसकाकर S वाले खाने के सम्पर्क में लाएँ।

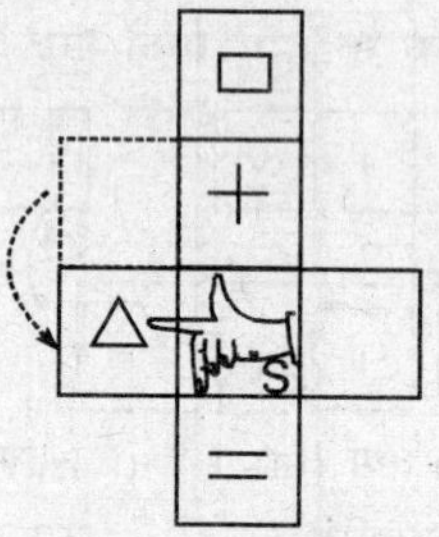

इस प्रकार अंगूठा + को संकेतित करेगा। अत: स्थिति (iv) में प्रश्नचिह्न के स्थान पर + होगा।

20. (a) अंक छुपे हुए रहेंगे $\rightarrow$ 1, 3, 4

21. (b)

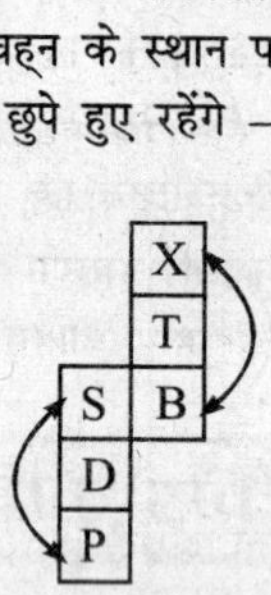

दिए गए चित्र में S तथा P एवं X तथा B आपस में विपरीत सतहों पर स्थित हैं। (गिनती के नियम द्वारा) अत: शेष T तथा D भी आपस में विपरीत सतहों पर स्थित होंगे।

अक्षरों की यही स्थिति विकल्प B के भी साथ है।

22. (d) दी गयी मूल आकृति निम्न प्रकार से परिवर्तित होकर विकल्प (d) जैसी आकृति में परिवर्तित होंगे।

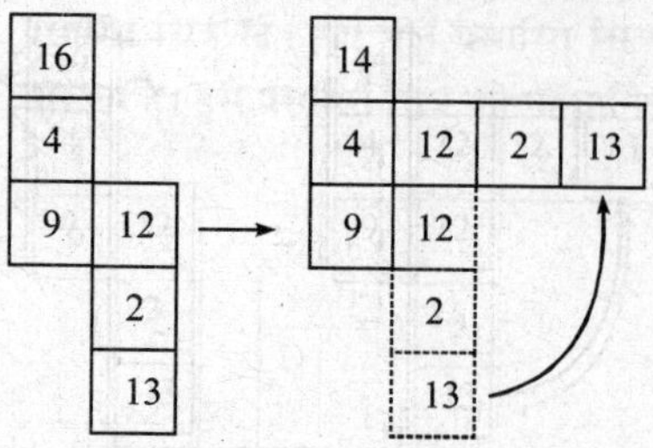

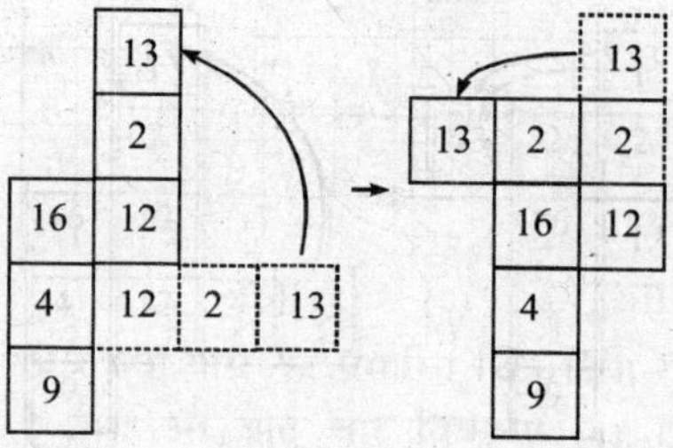

या

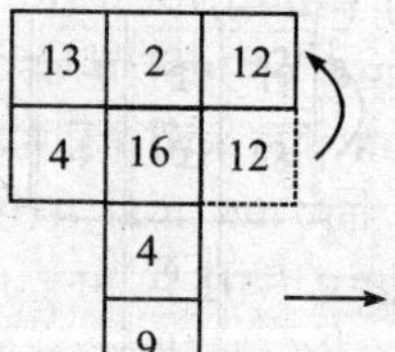

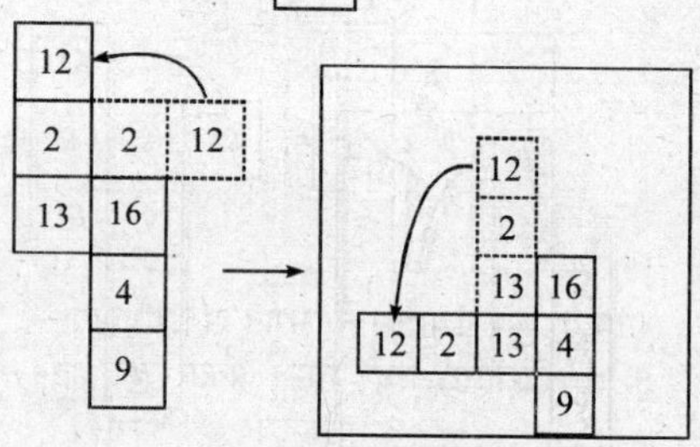

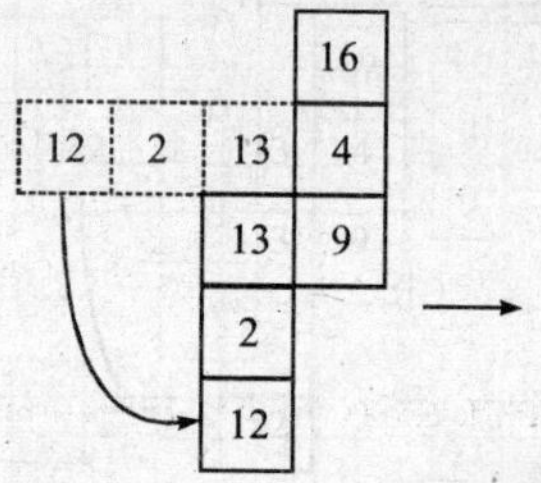

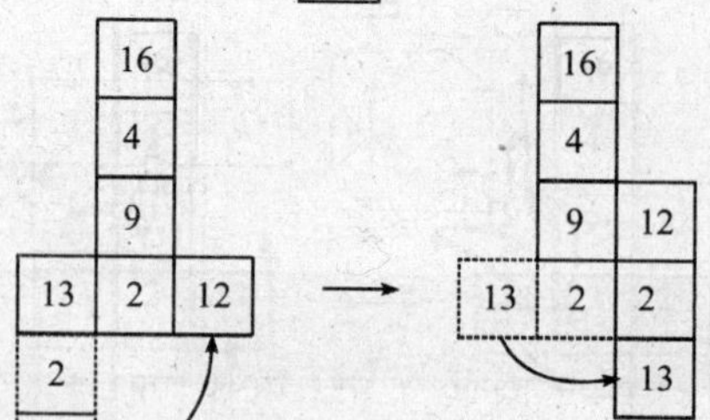

उल्लेखनीय है कि संख्याएँ 12, 2 तथा 13 वाली सतहें किस प्रकार 16, 4 तथा 9 वाली सतहों पर पलट रही हैं। ऐसे प्रश्नों में सतहों को मात्र खिसकाने से काम नहीं चलता है। ये सतहें पलटती हुई पुन: अपनी मूल स्थिति में चली जाएंगी। इसी प्रकार अन्य तरीकों से संगठित सतहों को पलटने का अभ्यास स्वयं करें।

□□□

अध्याय 19

घन और घनाभ

घन (Cube)—घन ऐसी त्रिआयामी वस्तु को कहते हैं जिसकी लम्बाई, चौड़ाई तथा ऊँचाई तीनों एक समान होती हैं, उसे घन कहते हैं। जैसे—लूडो का पासा।

घनाभ (Cuboid)—घनाभ ऐसी त्रिआयामी वस्तु को कहा जिसकी लम्बाई, चौड़ाई से अधिक हो और ऊँचाई चौड़ाई से कम हो, अर्थात् ऐसी त्रिआयामी वस्तु जिसकी लम्बाई, चौड़ाई और ऊँचाई तीनों असमान हों, ऐसे वस्तु को घनाभ कहते हैं। जैसे—माचिस का डिब्बा, स्कूल बॉक्स आदि।

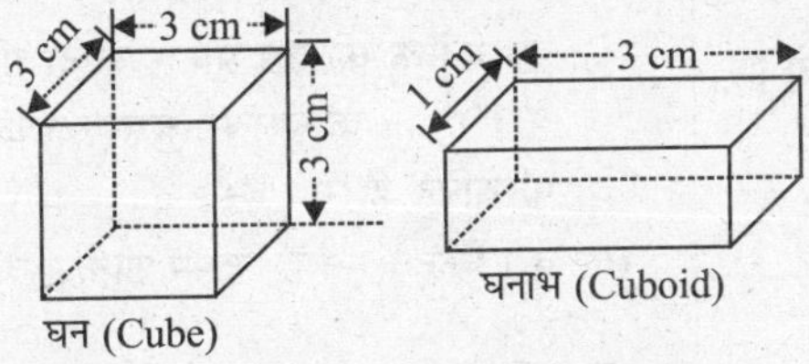

I. घन (Cube) **II. घनाभ (Cuboid)**

महत्वपूर्ण बिन्दु

[A] आकृति के आधार पर घन और घनाभ की विशेषताएँ

I. एक घन में हमेशा उपस्थित रहते हैं—

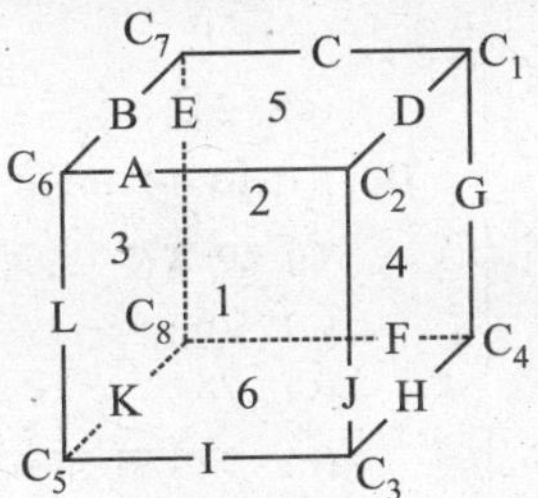

घन (Cube)

- लम्बाई = चौड़ाई = ऊँचाई
- आठ कोना (Eight Corners)
- बारह किनारा (Twelve edges)
- छः फलक (Six surfaces)

इस गए घन आकृति में अंक 1, 2, 3, 4, 5 तथा 6 से घन के फलकों को; A, B, C, D, E, F, G, H, I, J, K तथा L के माध्यम से घन के किनारे को तथा C_1, C_2, C_3, C_4, C_5, C_6, C_7 और C_8 से घन के कोने को प्रदर्शित किया गया है।

II. एक घनाभ में हमेशा उपस्थित रहते हैं—

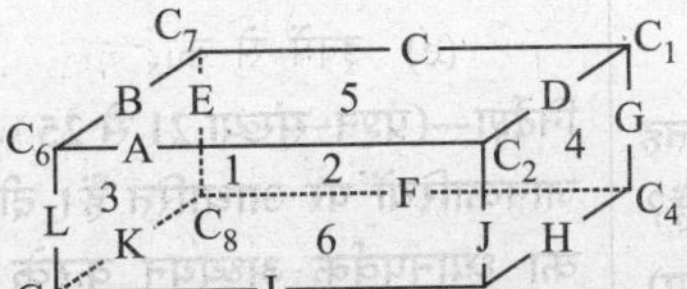

घनाभ (Cuboid)

चित्र से स्पष्ट है कि घनाभ की लम्बाई, चौड़ाई और ऊँचाई तीनों ही एक-दूसरे से विपरीत होती हैं, जबकि अन्य विशेषताएँ एकदम ही घन के अनुरूप होती हैं।

[B] एक ठोस घन/घनाभ को छोटे-छोटे समान घनों/घनाभ में काटने के बाद उसके विभिन्न भागों पर स्थित घनों/घनाभों का अभिनिर्धारण

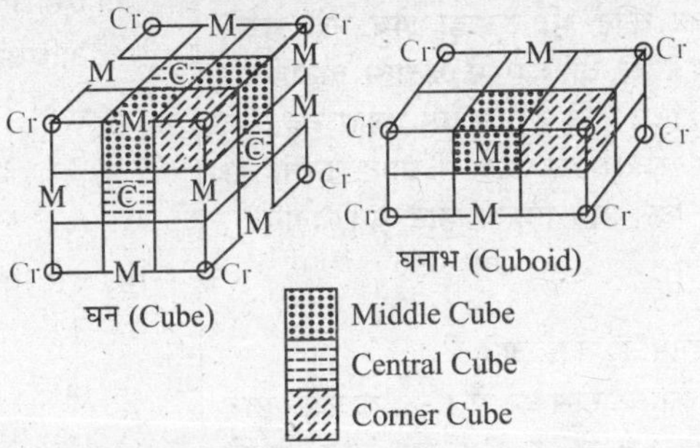

उपर्युक्त आरेख में, 'C' → Central Cube, 'M' → Middle cube एवं 'Cr' → Corner cube को निरूपित किया गया है।

- **Central cube :** यह हरेक फलक (surface) के ठीक केन्द्र पर स्थित होता है।
- **Middle cube :** यह हरेक किनारे (Edge) के ठीक मध्य में स्थित होता है।
- **Corner cube :** यह हरेक कोने पर स्थित होता है। इसकी विशेषता यह है कि यह हमेशा 'आठ' होता है।
- **Inner cube :** यह हरेक फलक के central cube से मध्य में स्थित होता है।

रंग के आधार पर घनों का अभिनिर्धारण

- **Central cube :** यह हरेक फलक (Surface) के एकदम बीच में स्थित होता है तथा इसकी केवलमात्र एक ही सतह रंगी होती है।
- **Middle cube :** यह हरेक किनारे के बीच पर स्थित होता है तथा इसके मात्र दो सतह रंगे होते हैं।
- **Corner cube :** यह कोने पर स्थित होते हैं तथा इसकी संख्या हमेशा 'आठ' होती है, तथा इसके तीन सतह रंगे होते हैं।
- **Inner cube :** यह हरेक कोने के central cube से बीच में स्थित होता है। इसके कोई भी सतह रंगे नहीं होते हैं।

एक ठोस घन को छोटे-छोटे घनों में काटने की तकनीक

यदि रामू को एक 3 सेमी की छड़ दे दी जाए और कहा जाए कि 1-1 सेमी के छोटे-छोटे तीन टुकड़ों में विभाजित करें, तो रामू उसे एक-एक सेमी पर दो बार काट देगा यानि कि तीन से.मी. के छड़ को एक-एक सेमी के छड़ में परिवर्तित करने के लिए रामू केवल दो बार करेगा। जैसा कि नीचे के आरेख में दर्शाया गया है।

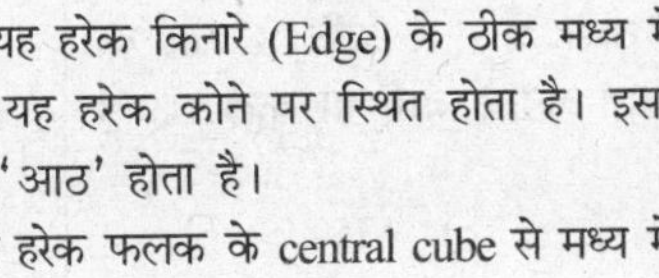

cutting times = total length-one cube length = 3 – 1 = 2 times

यहाँ स्पष्ट हैं कि उपर्युक्त आरेख में 3 सेमी के छड़ को 1-1 सेमी के छड़ में परिवर्तित करने के लिए सिर्फ दो बार काटा गया है।

प्रश्नावली

1. कोई आयताकार ब्लॉक जिसका आयाम 6 × 4 × 2 cm है, का यदि 1 cm आयाम वाले छोटे-छोटे घनों में परिवर्तित कर दिया जाए, तो कुल कितने घन प्राप्त होंगे?
(a) 64 (b) 48
(c) 32 (d) 96
(e) इनमें से कोई नहीं

2. एक बढ़ई को एक बड़ा ठोस घन इस शर्त पर दिया जाता है कि वह इसे छोटे-छोटे घनों में परिवर्तित कर दे तथा इस क्रम में घन का कोई भी टुकड़ा शेष नहीं बचे। उसे मजदूरी के रूप में प्रत्येक कटाई पर ₹7.50 दिये जाते हैं और इस प्रकार वह कुल ₹ 135 मजदूरी के रूप में प्राप्त करता है। बताएँ कि उसने कितने छोटे घन बनाए?
(a) 243 (b) 343
(c) 216 (d) 225
(e) इनमें से कोई नहीं

3. 4 cm के एक ठोस घन से 1 cm के छोटे-छोटे घन प्राप्त करने के लिए इसे कुल कितने बार काटने होंगे?
(a) 3 (b) 9
(c) 6 (d) 2
(e) इनमें से कोई नहीं

4. 5 cm के ठोस घन से यदि 1 cm के छोटे-छोटे घन बनाये जाएँ तो कुल कितने घन बनेंगे?
(a) 115 (b) 125
(c) 625 (d) 64
(e) इनमें से कोई नहीं

5. एक घन में सदैव होते हैं—
(a) बारह किनारा (b) 8 कोना
(c) 4 फलक (d) 6 कोना
(e) इनमें से कोई नहीं

निर्देश—(प्रश्न संख्या 6 से 15 तक) : एक ठोस घनाभ के दो विपरीत सतहों को काला रंग से, दो विपरीत सतहों को लाल रंग से तथा शेष सतहों को हरे रंग से रंग दिया गया है। इसके बाद इसे 72 घनों में इस प्रकार से काटा गया है कि 64 घन छोटे आकार के तथा 8 घन बड़े आकार के प्राप्त हों। बड़े घनों के किसी भी सतह पर काला रंग नहीं होना चाहिए।

6. ऐसे कितने घन हैं जिनके कम-से-कम एक सतह लाल रंग से रंगे हुए हैं?
(a) 40 (b) 16
(c) 32 (d) 64
(e) इनमें से कोई नहीं

7. ऐसे कितने घन हैं जिनके केवल एक सतह रंगे हुए हैं?
(a) 10 (b) 8
(c) 16 (d) 24
(e) इनमें से कोई नहीं

8. ऐसे कितने घन हैं जिनके केवल दो सतह रंगे हुए हैं?
(a) 48 (b) 40
(c) 32 (d) 16
(e) इनमें से कोई नहीं

9. ऐसे कितने घन हैं जिनके दो या दो से अधिक सतह रंगे हुए हैं?
(a) 32 (b) 64
(c) 56 (d) 48
(e) इनमें से कोई नहीं

10. ऐसे कितने घन हैं जिनके तीन सतह रंगे हुए हैं?
(a) 8 (b) 4
(c) 12 (d) 2
(e) इनमें से कोई नहीं

11. ऐसे कितने घन हैं जिनके कोई भी सतह रंगे हुए नहीं हैं?
(a) 4 (b) 8
(c) 12 (d) 6
(e) इनमें से कोई नहीं

12. ऐसे कितने घन हैं जिनके कम-से-कम एक सतह पर हरा रंग से रंगे हुए हैं?
(a) 30 (b) 16
(c) 32 (d) 40
(e) इनमें से कोई नहीं

13. ऐसे कितने घन हैं जिनके कम-से-कम एक सतह लाल या हरा रंग से रंगे हुए हैं?
(a) 72 (b) 64
(c) 32 (d) 40
(e) इनमें से कोई नहीं

14. ऐसे कितने घन हैं जिनके एक सतह पर लाल रंग तथा ठीक इसके विपरीत सतह पर हरा रंग से रंगे हुए हैं?
(a) 0 (b) 4
(c) 8 (d) 2
(e) इनमें स कोई नहीं

15. ऐसे कितने घन हैं जिनके दो निकटवर्ती सतह क्रमशः लाल और हरा रंग से रंगे हुए हैं? (केवल दो ही सतह को consider करते हुए)
(a) 8 (b) 16
(c) 24 (d) 32
(e) इनमें से कोई नहीं

निर्देश—(प्रश्न संख्या 16 से 20 तक) : नीचे दी गई जानकारियों पर आधारित हैं। दी गई जानकारियों का ध्यानपूर्वक अध्ययन करके इन पर आधारित प्रश्नों का उत्तर दीजिए—

(i) एक आयताकार लकड़ी का ब्लॉक है जिसकी लम्बाई 7 cm, चौड़ाई 5 cm एवं ऊँचाई 2 cm है।

(ii) दोनों ओर जिसका आयाम 5 cm × 2 cm है नीले रंग से रंगे गए हैं।

(iii) दोनों ओर जिसका आयाम 7 cm × 2 cm है, काले रंग से रंगे गए हैं।

(iv) दोनों ओर जिसका आयाम 7 cm × 5 cm है, लाल रंग से रंगे गए हैं।

(v) इस ब्लॉक को इस प्रकार काटा गया है कि ये 1-1 cm के बराबर-बराबर छोट घनों में परिवर्तित हो गये हैं।

16. ऐसे कितने घन हैं जिसमें तीनों सतह रंगे हुए हैं?
(a) 18 (b) 14
(c) 8 (d) 12
(e) 10

17. कुल घनों की संख्या कितनी होगी?
(a) 48 (b) 56
(c) 70 (d) 27
(e) 243

18. ऐसे कितने घन हैं जिसके केवल दो सतह रंगे हुए हैं?
(a) 26 (b) 20
(c) 28 (d) 30
(e) इनमें से कोई नहीं

19. ऐसे कितने घन हैं जिसके दो सतहों पर काला रंग रंगे हुए हैं?
(a) 4 (b) 8
(c) 28 (d) 56
(e) इनमें से कोई नहीं

20. ऐसे कितने घन हैं जिसके तीन सतह रंग हुए और तीन सतह बिना रंगे हुए हैं?
(a) 4 (b) 8
(c) 6 (d) 10
(e) इनमें से कोई नहीं

निर्देश—(प्रश्न-संख्या 21 से 25 तक) : नीचे दी गई जानकारियों पर आधारित हैं। दी गई जानकारियों का ध्यानपूर्वक अध्ययन करके इनपर आधारित प्रश्नों का उत्तर दीजिए—

एक 3 cm के ठोस घन के सभी सतहों को लाल रंग से रंग दिया गया है और इसके बाद इसे काटकर 1 cm

आकार वाले छोटे-छोटे घनों में परिवर्तित कर दिया गया है। पासा की सतह पर 1 से लेकर 6 तक की संख्याएँ अंकित रहती हैं। इन संख्याओं के स्थान पर अन्य संख्याओं का भी प्रयोग संभव है। कभी-कभी संख्याओं के स्थान पर बिन्दुओं, अक्षरों, चिह्नों या आकृतियों का भी प्रयोग किया जाता है।

21. ऐसे कितने घन हैं जिनके केवल एक सतह रंगे हुए हैं?
(a) 4 (b) 6
(c) 1 (d) 9
(e) इनमें से कोई नहीं

22. ऐसे कितने घन हैं जिनके तीन सतह रंगे हुए हैं?
(a) 4 (b) 6
(c) 8 (d) 12
(e) इनमें से कोई नहीं

23. कितने ऐसे घन हैं जिनके केवल दो सतह रंगे हुए हैं?
(a) 6 (b) 6
(c) 8 (d) 12
(e) इनमें से कोई नहीं

24. ऐसे कितने घन हैं जिनके कोई भी सतह रंगे हुए नहीं हैं?
(a) 0 (b) 1
(c) 4 (d) 6
(e) 8

25. ऐसे कितने घन हैं जिनके कम-से-कम दो सतह रंगे हुए हैं?
(a) 15 (b) 18
(c) 21 (d) 20
(e) इनमें से कोई नहीं

निर्देश—(प्रश्न सख्या 26 से 33 तक) नीचे दी गई जानकारियों पर आधारित हैं। दी गई जानकारियों का ध्यानपूर्वक अध्ययन करके इनपर आधारित प्रश्नों का उत्तर दीजिए—

एक ठोस घन के दो निकटवर्ती (adjacent) सतहों को लाल रंग से तथा ठीक इनके विपरीत सतहों को काला रंग से तथा शेष सतहों को हरे रंग से रंगा गया है। इसके बाद इसे काटकर 64 छोटे-छोटे घनों में परिवर्तित कर दिया गया है।

26. ऐसे कितने घन हैं जिनके एक या दो सतह रंगे हुए हों तथा तीन सतह रंगे हुए नहीं हों?
(a) 8 (b) 24
(c) 28 (d) 48
(e) 56

27. ऐसे कितने घन हैं जिनके कोई भी सतह रंगे हुए नहीं हैं?
(a) 0 (b) 4
(c) 8 (d) 16
(e) 24

28. ऐसे कितने घन हैं जिसके एक सतह पर हरा एवं ठीक इसके निकटवर्ती (adjacent) सतह पर काला या लाल रंग रंगे हुए हैं?
(a) 8 (b) 16
(c) 24 (d) 28
(e) 36

29. ऐसे कितने घन हैं जिनके केवल एक सतह रंगे हुए हैं?
(a) 48 (b) 32
(c) 24 (d) 16
(e) 8

30. ऐसे कितने घन हैं जिनके तीन सतह रंगे हुए हैं?
(a) 0 (b) 4
(c) 8 (d) 16
(e) 24

31. ऐसे कितने घन हैं जिनके कम-से-कम एक सतह पर लाल रंगे हुए हैं?
(a) 4 (b) 16
(c) 28 (d) 48
(e) इनमें से कोई नहीं

32. ऐसे कितने घन हैं जिनके एक सतह पर लाल तथा ठीक इसके विपरीत सतह पर काला रंग रंगे हुए हैं।
(a) 0 (b) 2
(c) 4 (d) 6
(e) 8

33. ऐसे कितने घन हैं जिनके दो निकटवर्ती सतह या तो लाल या फिर काला रंग से रंगे हुए हैं?
(a) 2 (b) 8
(c) 16 (d) 24
(e) इनमें से कोई नहीं

निर्देश—(प्रश्न संख्या 34 से 38 तक) : नीचे दी गई जानकारियों पर आधारित हैं। दी गई जानकारियों का ध्यानपूर्वक अध्ययन करके इनपर आधारित प्रश्नों का उत्तर दीजिए—

एक ठोस घन के चार सतहों को पीला रंग से तथा दो विपरीत सतहों को लाल रंग से रंगकर इसे 64 छोटे-छोटे घनों में काटा गया है।

34. कितने ऐसे घन हैं जिनके सतह को लाल रंग से रंगा गया हैं?
(a) 8 (b) 16
(c) 24 (d) 32
(e) इनमें से कोई नहीं

35. ऐसे कितने घन हैं जिनक केवल एक सतह रंगे हुए हैं वह भी पीला रंग से?
(a) 8 (b) 16
(c) 24 (d) 32
(e) इनमें से कोई नहीं

36. ऐसे कितने घन हैं जिनके एक सतह रंगे हुए हैं वह भी लाल रंग से?
(a) 8 (b) 16
(c) 20 (d) 24
(e) इनमें से कोई नहीं

37. ऐसे कितने घन हैं जिनके कम-से-कम एक सतह पीला रंग से रंगे हुए हैं?
(a) 8 (b) 16
(c) 40 (d) 48
(e) इनमें से कोई नहीं

38. ऐसे कितने घन हैं जिनके तीनों सतहों पर पीला रंग से रंगे हुए हैं?
(a) 0 (b) 4
(c) 8 (d) 16
(e) इनमें से कोई नहीं

निर्देश—(प्रश्न संख्या 39 से 48 तक) : नीचे दी गई जानकारियों पर आधारित हैं। दी गई जानकारियें का ध्यानपूर्वक अध्ययन करके इनपर आधारित प्रश्नों का उत्तर दीजिए—

एक 6 cm के ठोस घन के दो विपरीत सतहों को लाल रंग से, दो विपरीत सतहों को नीला रंग से तथा शेष सतहों को काला रंग से रंग दिया गया है। इसके बाद इसे छोटे-छोटे 1 cm के ठोस घन में काटा गया है।

39. ऐसे कितने घन हैं जिसके कोई भी सतह रंगे हुए नहीं हैं?
(a) 80 (b) 64
(c) 72 (d) 28
(e) इनमें से कोई नहीं

40. ऐसे कितने घन हैं जिनके केवल एक सतह रंगे हुए हैं?
(a) 144 (b) 88
(c) 96 (d) 102
(e) इनमें से कोई नहीं

41. ऐसे कितने घन हैं जिनके केवल दो सतह रंगे हुए हैं?
(a) 36 (b) 48
(c) 24 (d) 12
(e) इनमें से कोई नहीं

42. ऐसे कितने घन हैं जिनके तीन सतह रंगे हुए हैं?
(a) 6 (b) 8
(c) 4 (d) 10
(e) इनमें से कोई नहीं

43. ऐसे कितने घन हैं जिनके तीनों सतह अलग-अलग रंगों से रंगे हुए हैं।
(a) 6 (b) 10
(c) 12 (d) 8
(e) एक भी नहीं

44. ऐसे कितने घन हैं जिनके दो सतह रंगे हुए हैं वह भी लाल और काला रंग से?

(a) 24 (b) 18
(c) 16 (d) 12
(e) इनमें से कोई नहीं

45. ऐसे कितने घन हैं जिनके केवल एक सतह रंगे हुए हैं वह भी लाल रंग से?

(a) 32 (b) 84
(c) 36 (d) 21
(e) इनमें से कोई नहीं

46. ऐस कितने घन हैं जिनके दो सतह काला रंग से रंगे हुए हैं?

(a) 2 (b) 4
(c) 6 (d) 8
(e) एक भी नहीं

47. ऐसे कितन घन हैं जिनके एक सतह नीला रंग से तथा दूसरा सतह लाल रंग से रंगे हुए हैं? (अन्य सतह रंगे हुए या बिना रंगे भी हो सकते है)

(a) 24
(b) 28
(c) 26
(d) 12
(e) इनमें से कोई नहीं

48. ठोस घन को छरेटे-छोटे घनों में परिवर्तित करने पर कुल कितने घन प्राप्त हैं?

(a) 148
(b) 225
(c) 64
(d) 216
(e) इनमें से कोई नहीं

उत्तर (हल/संकेत)

1. (b)

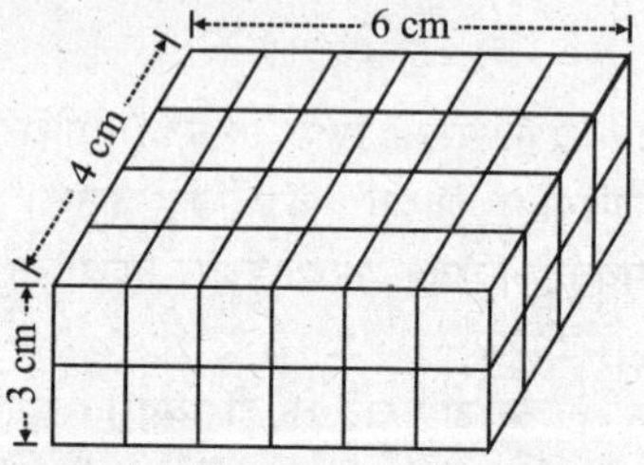

आयताकार ब्लॉक (Rectangular Block)

संक्षिप्त विधि :

$6 \times 4 \times 2 \Rightarrow 48$

आरेख से बिल्कुल स्पष्ट है कि यहाँ प्रत्येक Layer में 24 घन हैं।

अतः **अभीष्ट घनों की संख्या = 24 × 2 = 48**

2. (b)

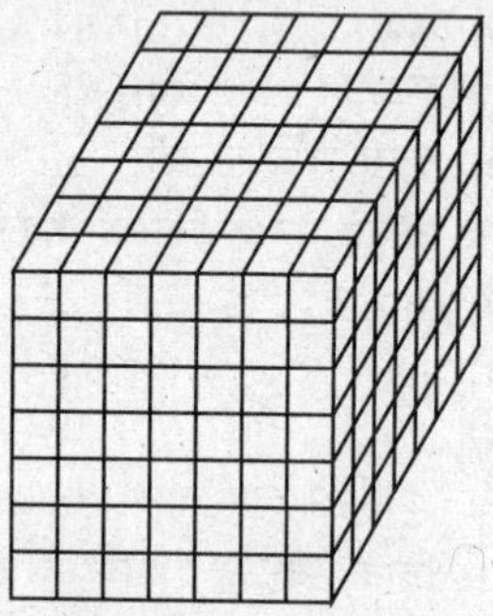
घन (Cube)

कुल दी गई मजदूरी = ₹ 135

प्रत्येक कटाई पर दी गई मजदूरी = ₹ 7.50

$\therefore$ कटाई की संख्या $= \frac{135}{7.50} = 18$

$\because$ कुल कटाई = 18

$\therefore$ एक ओर से की गई कटाई की संख्या

$= \frac{18}{3} = 6$

$\therefore x = 6 + 1 = 7$

$\therefore$ कुल घनों की संख्या $= (x)^3 = (7)^3 = 343$

अतः **अभीष्ट घनों की संख्या = 343**

Note : किसी भी घन से पुनः प्राप्त करने के लिए उसे तीन ओर से काटने होते हैं। यानि कि तीन ओर से काटने पर बढ़ई ने 18 बार काटा है। यानि कि उसने एक ओर से छः बार काटे होंगे और हम जानते हैं कि एक ओर से जितने बार काटे जाते हैं उससे एक अधिक खण्ड का निर्माण होता है। यानि एक ओर से छः बार काटने पर हमें 7 खण्ड प्राप्त होंगे। इस प्रकार $x = 7$ होगा। अतः कुल घनों की संख्या $= (x)^3 = 343$ होगा।

3. (b) **संक्षिप्त विधि :**

कुल कटाई की संख्या $= ((4 - 1) \times 3) = 9$

4. (b) **संक्षिप्त विधि :**

$x = 5$

$\therefore$ कुल घनों की संख्या $= (x)^3$
$= (5)^3 \Rightarrow 125$

5. (e) विकल्पानुसार,

किसी घन में बारह किनारा एवं 8 कोने होते हैं।

6. (a) आरेख से बिल्कुल स्पष्ट है कि Top face पर स्थित 20 घन तथा Bottom face पर स्थित 20 घन लाल रंग से रंगे गए हैं।

अतः **अभीष्ट घनों की संख्या ⇒ 40**

7. (c) हम जानते हैं कि केवल central cube के ही एक सतह रंगे होते हैं। यहाँ आरेख से स्पष्ट है कि ऐसे कुल '16' घन हैं जिनके केवल एक सतह रंगे हुए हैं।

One side Painted cube = 4 in Top face + 4 in Bottom face + 4 in Front face + 4 in Back face = 4 + 4 + 4 + 4 = 16

अतः **अभीष्ट घनों की संख्या = 16**

8. (e) हम जानते हैं कि दो सतह केवल Middle cube के रंगे होते हैं।

अलग-अलग face पर स्थित Middle cube की संख्या निम्न हैं–

Top & Right face = 4, Bottom & Right face =4

Top & Left face = 4,
Bottom & Left face = 4
Top & Front face = 2,
Top & Back face = 2
Bottom & Front face = 2, Bottom & Back face=2

$= 4 + 4 + 4 + 4 + 2 + 2 + 2 + 2$
$= 4 \times 4 + 2 \times 4$
$= 24$

अतः **अभीष्ट घनों की संख्या = 24**

9. (a) हम जानते हैं कि middle cube के दो सतह एवं corner cube के तीन सतह रंगे होते हैं।

उपर्युक्त प्रश्न के अनुसार,

middle cube = 24 एवं corner cube = 8 (अकाट्य सत्य)

अतः **अभीष्ट घनों की संख्या = 24 + 8 = 32**

10. (a) हम जानते हैं कि केवल corner cube के ही तीन सतह रंगे होते हैं। यह एक अकाट्य सत्य है कि किसी भी घन या घनाभ में corner cube सदैव 8 होते हैं।

अतः **अभीष्ट घनों की संख्या = 8**

11. (b) हम जानते हैं कि Inner cube के कोई भी सतह रंगे नहीं होते हैं। यहाँ ऐसे कुल 8 घन हैं। जो निम्नवत् हैं–

(1) Front face के central cube से अंदर की ओर 2nd layer पर स्थित घन = 4

(2) Back face के central cube से अंदर की ओर 2nd layer पर स्थित घन = 4

अतः **अभीष्ट घनों की संख्या = 8**

12. (d) कम-से-कम एक सतह पर हरे रंग से रंगे हुए घन निम्न हैं–

(i) Right face पर स्थित कुल घन = 20

(ii) Left face पर स्थित कुल घन = 20

अतः **अभीष्ट घनों की संख्या = 20 × 2 = 40**

13. (e) आरेख से स्पष्ट है कि यहाँ कि यहाँ एक सतह पर लाल रंग से रंगे हुए घनों की संख्या

$= 20 \times 2 = 40$

तथा एक सतह पर हरे रंग से रंगे हुए घनों की संख्या $= 20 \times 2 = 40$

अतः **अभीष्ट घनों की संख्या = 40 + 40 = 80**

14. (a) ऐसे एक भी घन नहीं हैं जिनके एक सतह पर लाल तथा ठीक इसके विपरीत सतह पर हरा रंग से रंगे गए हों।

अतः **अभीष्ट घनों की संख्या = 0**

15. (a) आरेख से बिल्कुल स्पष्ट है कि ऐसे कुल '8' घन हैं जिसके दो निकटवर्ती सतह लाल और हरे रंग से रंगे गए हैं।

Top & Front face Middle cube = 2
Top & Back face Middle cube = 2
Bottom & Front face Middle cube = 2
Bottom & Back face Middle cube = 2

अत: **अभीष्ट घनों की संख्या = 2 × 4 = 8**

अब आएँ, आरेख के साथ घनों से संबंधित विविध प्रश्नों के हल सहित उत्तर पर एक नजर डालें–

I. हल (प्रश्न संख्या 16 से 20 तक) के प्रश्नों का हल सहित उत्तर पर एक नजर डालें–

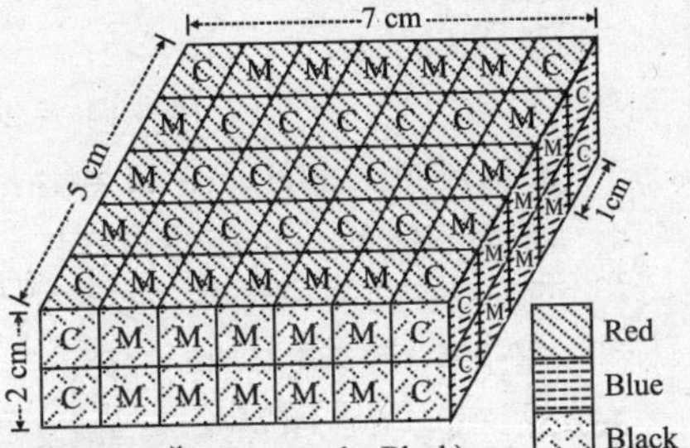

आयताकार ब्लॉक (Rectangular Block)

Here No. of cubes
In Upper layer → 35
In Bottom Layer → 35

C ⇒ central cube, Cr ⇒ corner cube & M ⇒ middle cube

16. (c) हम जानते हैं कि cube या cuboid में केवल corner cube ही ऐसे होते हैं जिनके कि तीनों सतह रंगे जा सकते हैं। साथ ही यह एक अकाट्य सत्य है कि cube या cuboid में हर हाल में corner cube केवल 8 होते हैं। यहाँ आरेख से भी स्पष्ट है कि केवल कोने पर स्थित घनों में तीनों रंग लगे हुए हैं।

अत: **अभीष्ट घनों की संख्या = 8**

17. (b) आरेख से बिल्कुल स्पष्ट है कि यहाँ आयताकार ब्लॉक में 35-35 छोटे घनों के दो यह (layer) व्यवस्थित किये गए हैं।

अत: **अभीष्ट घनों की संख्या = 35 × 2 = 70**

18. (e) हम जानते हैं कि middle cube में ही केवल दो सतह रंगे होते हैं। अत: हम corner cube एवं central cube को छोड़कर अन्य cubes को ज्ञात कर लें, तो केवल दो सतह पर रंगे घन प्राप्त हो जाएँगे।

आरेख से,
central cube = 15 × 2 = 30
corner cube = 8

∵ Total cubes = 70 और central + corner cube = 30 + 8 = 38

अत: **अभीष्ट middle cube = 70 – 38 = 32**

19. (e) आरेख से स्पष्ट है कि ऐसे एक भी घन नहीं हैं जिनके दो सतहों पर काला रंग से रंगे गए हों।

अत: **अभीष्ट घनों की संख्या = 0**

20. (b) हम जानते हैं कि केवल corner cube में ही तीन सतह रंगे हुए और तीन सतह बिना रंगे हुए होते हैं। अत:, अभीष्ट cube प्राप्त करने के लिए हम केवल corner cube ज्ञात करेंगे।

अत: **अभीष्ट घनों की संख्या = 8**

हल : अब आएँ, (प्रश्न संख्या 21 से 25 तक) प्रश्नों का हल सहित उत्तर पर एक नजर डालें–

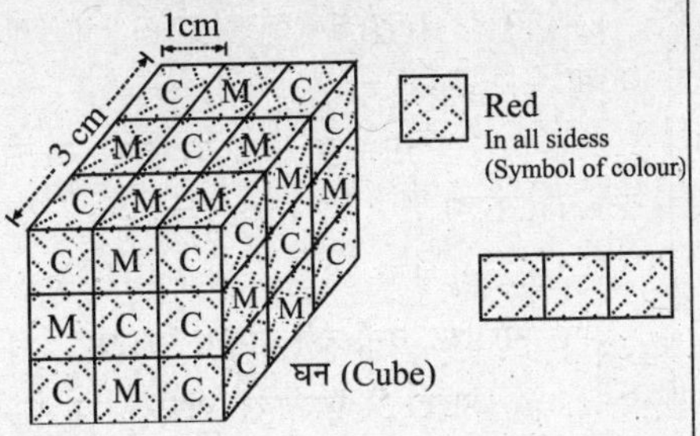

Here, $x \Rightarrow 3$

C = central cube, M = Middle cube &
Cr = corner cube

21. (b) हम जानते हैं कि केवल एक सतह central cube के रंगे होते हैं।

∵ एक फलक पर एक सतह में केवल रंगे घन यानि central cube की संख्या = 1

∴ छ: फलकों पर एक सतह में केवल रंगे घन यानि central cube की संख्या = 1 × 6 = 6

अत: **अभीष्ट घनों की संख्या = 6**

संक्षिप्त विधि :

central cube $= 6\,(x - 2)^2$
$= 6\,(3 - 2)^2$
$= 6 \times 1 = 6$

अत: **एक सतह पर रंगे घनों की संख्या = 6**

22. (c) हम जानते हैं कि केवल corner cube के तीनों सतह रंगे हुए होते हैं।

अत: **अभीष्ट घनों की संख्या = 8**

23. (d) हम मानते हैं कि दो सतह केवल middle cube के रंगे होते हैं और यहाँ ऐसे 12 घन हैं।

संक्षिप्त विधि :

middle cube $= 12\,(x - 2)$
$= 12\,(3 - 2)$
$= 12$

अत: **अभीष्ट घनों की संख्या = 12**

24. (b) हम जानते हैं कि Iner cube के कोई भी सतह रंगे नहीं होते हैं। यहाँ ऐसा केवल एक घन है।

संक्षिप्त विधि :

Inner cube $= (x - 2)^3$
$= (3 - 2)^3$
$= 1$

अत: **अभीष्ट घनों की संख्या = 1**

25. (d) कम-से-कम दो सतह = दो सतह रंगे घन + दो से अधिक सतह रंगे घन

हम जानते हैं कि middle cube के दो सतह रंगे होते हैं तथा corner cube के तीन सतह रंगे होते हैं। अत: हम middle cube एवं corner cube की संख्या को एक साथ जोड़ लें, तो हमें अभीष्ट घनों की संख्या ज्ञात हो जाएगी, यहाँ ऐसे 20 घन हैं।

संक्षिप्त विधि :

Middle cube $= 12\,(x - 2)$
$= 12\,(3 - 2)$
$= 12$

corner cube = 8

अत: **अभीष्ट घनों की संख्या = 12 + 8 = 20**

Or,

संक्षिप्त विधि :

∵ central cube $= 6\,(x - 2)^2$
$= 6\,(3 - 2)^2$
$= 6$

∵ inner cube $= (x - 2)^3$
$= (3 - 2)^3$
$= 1$

∴ At least two side painted cube = Total No. of cube – (central cube + Inner cube)
= 27 – (6 + 1) ⇒ 20

अत: **अभीष्ट घनों की संख्या = 20**

अब आएँ, आरेख के साथ प्रश्न-संख्या (26 से 33) तक के प्रश्नों का हल सहित उत्तर पर एक नजर डालें–

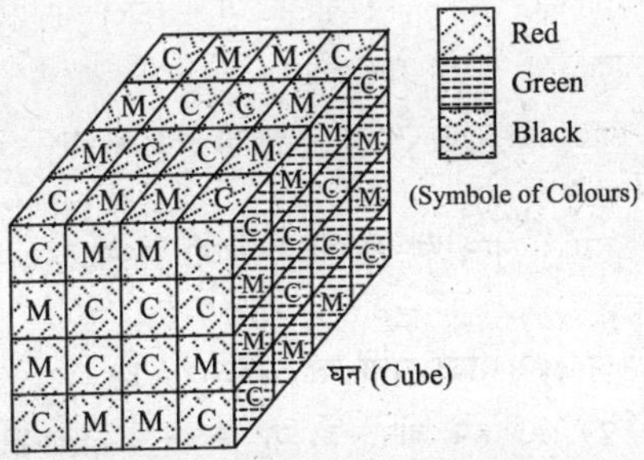

Here,
(a) Top and Front faces coloured → Red\
(b) Back and Bottom faces coloured → Black
(c) Right and Left faces coloured → Green
(d) No. of Total cubes → 64
(e) C ⇒ central cube,
M ⇒ Middle cube
Cr ⇒ corner cube
(f) $x \Rightarrow 4$

26. (d) चूँकि हमें एक या दो सतह रंगे हुए घनों की संख्या ज्ञात करनी है। अत: हम कुल घनों की

संख्या से तीन सतह रंगे हुए घन यानि कि corner cube एवं कोई भी सतह रंगे नहीं यानि कि inner cube की संख्या को घटा दें, तो हमें अभीष्ट घन प्राप्त हो जाएँगे।

$\because$ Total No. of cube $\Rightarrow$ 64
Total No. of corner cube $\Rightarrow$ 8
Total No. of Inner cube
$= (x-2)^3 = (4-2)^3$
$\Rightarrow 8$ [$\because$ $x = 4$]

$\therefore$ One or two side painted cube = Total No. of cube—(corner cube + inner cube)
$= 64 - (8 + 8) = 48$

अत: **अभीष्ट घनों की संख्या = 48**

27. (c) हम जानते हैं कि केवल inner cube ही ऐसे होते हैं जिनके कोई भी सतह रंगे हुए नहीं होते हैं। अत: अभीष्ट घन प्राप्त करने के लिए हमें inner cube ज्ञात करना होगा।

$\because$ $x = 4$
$\therefore$ inner cube $= (x-2)^3$
$= (4-2)^3$
$= 8$

अत: **अभीष्ट घनों की संख्या = 8**

28. (b) प्रश्नानुसार हमें ऐसे घन ज्ञात करने हैं जिसके एक सतह पर हरा रंग हो तथा इसके निकटवर्ती सतह (adjacent) पर काला या लाल रंग हो। यानि कि इस स्थिति में हम केवल ऐसे घन ही ज्ञात करेंगे जिनके दो सतह रंगे हुए हों यानि हमें ऐसे middle cube ज्ञात करने होंगे जोकि हरा + काला या हरा + लाल रंगों से रंगे गए हों।

हरा + काला रंग से रंगे घनों की संख्या = $4 \times 2 = 8$

हरा + लाल रंग से रंगे घनों की संख्या = $4 \times 2 = 8$

अत: **अभीष्ट घनों की संख्या = 16**

29. (c) हम जानते हैं कि केवल central cube के एक सतह रंगे हुए होते हैं। अत: अभीष्ट घनों की संख्या ज्ञात करने के लिए हमें कुल central cube ज्ञात करना होगा।

$\because$ एक सतह पर स्थित central cube की संख्या = 4

$\therefore$ छ: सतह पर स्थित central cube की संख्या $= 6 \times 4 = 24$

30. (c) हम जानते हैं कि केवल corner cube के ही तीन सतह रंगे होते हैं। यह सत्य है कि किसी भी घन में कुछ 8 ही corner cube होते हैं।

अत: **अभीष्ट घनों की संख्या = 8**

31. (c) कम-से-कम एक सतह का तात्पर्य यह है कि हमें उन सभी घनों को ज्ञात करना है जिनके हर हाल में एक सतह तो लाल हो ही साथ ही साथ एक-से-अधिक सतह भी लाल हों तो वो भी घन कम-से-कम एक सतह रंगे घनों की संख्या में ही आ जाएँगे।

$\because$ एक सतह पर लाल रंग से रंगे घनों की संख्या = 24 और दो सतह पर लाल रंग से रंगे घनों की संख्या = 4

$\therefore$ कम-से-कम एक सतह पर लाल रंग से रंगे घनों की संख्या
$= 24 + 4 = 28$

अत: **अभीष्ट घनों की संख्या $\Rightarrow$ 28**

32. (a) आरेख से बिल्कुल स्पष्ट है कि ऐसे भी घन नहीं है जिनके एक सतह पर लाल तथा ठीक इसके विपरीत सतह काला रंग से रंगे हुए हों इसलिये कि प्रत्येक ओर से काला रंग से रंगे घन लाल रंग से रंगे घन के 2 layer के बाद स्थित हैं। अत: ऐसे एक भी घन सम्भव नहीं है।

अत: **अभीष्ट घनों की संख्या = 0**

33. (e) दो निकटवर्ती सतहों पर लाल रंग से रंगें घनों की संख्या = 2

दो निकटवर्ती सतहों पर काला रंग से रंगे घनों की संख्या =2

अत: **अभीष्ट घनों की संख्या = 2 + 2 = 4**

अब आएँ, आरेख के साथ प्रश्न-संख्या (34 से 38) तक के प्रश्नों का हल सहित उत्तर पर एक नजर डालें—

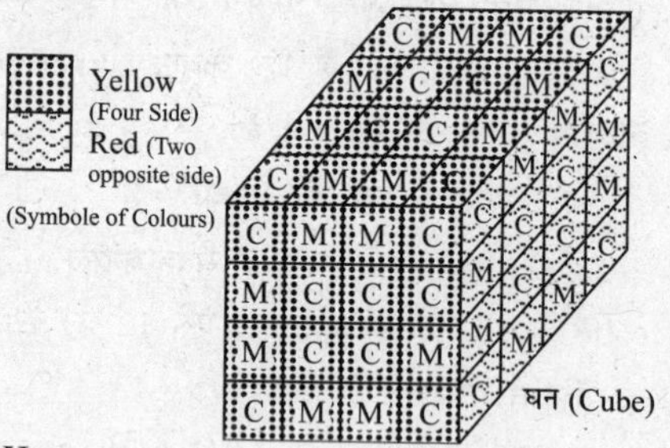

Here,
$x \Rightarrow 4$
C $\Rightarrow$ central cube, M $\Rightarrow$ Middle cube and Cr $\Rightarrow$ corner cube
Total No. of cube $\Rightarrow$ 64

34. (d) यहाँ हम देख रहे हैं कि केवल Right एवं Left Face को लाल रंग से रंगा गया है। अत:, हम दोनों Face पर स्थित घनों की संख्या ज्ञात कर लें, तो हम अभीष्ट घनों की संख्या प्राप्त हो जाएगी।

$\because$ Right face पर लाल रंगों से रंगे हुए घनों की संख्या = 16

$\because$ एक face पर 16 घन

$\therefore$ Right एवं Left दोनों Face पर स्थित घनों की संख्या
$= 16 \times 2 = 32$

अत: **अभीष्ट घनों की संख्या = 32**

35. (b) हम जानते हैं कि एक सतह केवल central cube के रंगे होते हैं। अत: हम कुल central cube ज्ञात करके उसमें से दो सतह पर स्थित central cubes को घटा दें, तो हमें अभीष्ट घन प्राप्त हो जाएँगे। यहाँ ऐसे कुल 16 घन हैं।

संक्षिप्त विधि :
Central cube $= 6\,(x-2)^2$
$= 6\,(4-2)^2 = 24$

$\because$ छ: सतह पर central cube की संख्या = 24
$\therefore$ 4 सतह पर central cube की संख्या = 16
[$\because$ पीला रंग चार ही सतह पर लगाये गए हैं।]

अत: **अभीष्ट घनों की संख्या = 16**

36. (a) अभीष्ट घनों की संख्या = $4 \times 2 \Rightarrow 8$

37. (d) $\because$ Top face में पीला रंग से रंगे हुए घनों की संख्या = 16 और Bottom face में पीला रंग से रंगे हुए घनों की संख्या = 16

$\because$ Front face में पीला रंग से रंगे हुए घनों की संख्या = 8 और Back face में पीला रंग से रंगे हुए घनों की संख्या = 8

अत: कम-से-कम एक सतह पर पीला रंग से रंगे हुए घनों की संख्या = $16 \times 2 + 8 \times 2 = 48$

अत: **अभीष्ट घनों की संख्या = 48**

38. (a) आरेख से बिल्कुल स्पष्ट है कि ऐसा एक भी घन नहीं है जिसके तीनों सतह पर पीला रंग रंगे हुए हों।

अत: **अभीष्ट घन की संख्या = 0**

अब आएँ, आरेख के साथ प्रश्न-संख्या (39 से 48) तक के प्रश्नों का हल सहित उत्तर पर एक नजर डालें—

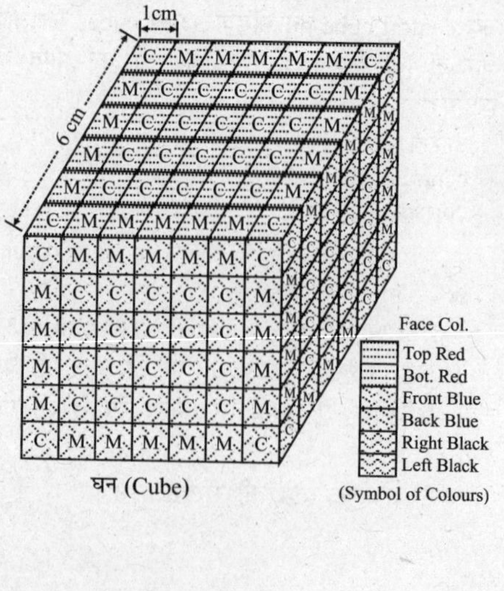

Here,

$x = 6$

C = central cube; M = middle cube and Cr = corner cube

Two opposite face Painted → Red

Two opposite face Painted → Blue

Two opposite face Painted → Black

39. (b) हम जानते हैं कि Inner cube के एक भी सतह रंगे नहीं होते हैं। यहाँ ऐसे कुल 64 घन हैं।

संक्षिप्त विधि :

Inner cube $= (x-2)^3$

$= (6-2)^3$

$= (d)^3 = 64$

अत: अभीष्ट घनों की संख्या = 64

40. (c) हम जानते हैं कि central cube के केवल एक सतह रंगे होते हैं। यहाँ ऐसे 96 घन हैं।

संक्षिप्त विधि :

Central cube $= 6\,(x-2)^2$

$= 6\,(6-2)^2$

$= 6\,(d)^2$

अत: अभीष्ट घनों की संख्या = 96

41. (b) हम जानते हैं कि Middle cube के केवल दो सतह रंगे होते हैं। यहाँ ऐसे 48 घन हैं।

संक्षिप्त विधि :

Middle cube $= 12\,(x-2)$

$= 12\,(6-2)$

$= 48^2$

अत: अभीष्ट घनों की संख्या = 48

42. (b) हम जानते हैं कि केवल corner cube के तीन सतह रंगे होते हैं।

अत: अभीष्ट घनों की संख्या = 8

43. (d) हम जानते हैं कि तीन सतह corner cube में होते हैं। यहाँ आरेख से बिल्कुल स्पष्ट है कि यहाँ ऐसे 8 घन हैं जो कि corner पर स्थित हैं उनके तीनों सतह अलग-अलग रंगों से रंगे हुए हैं।

अत: अभीष्ट घनों की संख्या = 8

44. (c) आरेख से बिल्कुल स्पष्ट हैं कि ऐसे '16' घन हैं जिनके दो सतह लाल और काला रंग से रंगे हुए हैं।

अत: अभीष्ट घनों की संख्या = 16

Calculation :

Top + Right face Middle cube = 4

Top + Left face Middle cube = 4

Bottom + Right face Middle cube = 4

Bottom + Left face Middle cube = 4

Total No. of Required cube ⇒ 16

45. (a) हम जानते हैं कि central cube के केवल एक सतह रंगे होते हैं। चूँकि घन के दो ही सतहों पर लाल रंग लगाएँ गए हैं। अत:, central cube के कुल योग में 4 face पर स्थित central cube को हटा दिया जाए, तो आसानी से दो face पर पर स्थित central cube ज्ञात किया जा सकता है।

46. (e) चूँकि दो विपरित फलकों पर **'काला'** रंग लगाया गया है। अत: ऐसे एक भी घन नहीं होंगे जिनके दो सतहों पर काला रंग हो।

अत: अभीष्ट घनों की संख्या ⇒ एक भी नहीं

47. (a) प्रश्नानुसार अभीष्ट घन निम्न है–

In Upper front edge = 6

In Upper Back edge = 6

In Bottom Front edge = 6

In Bottom Back edge = 6

Total = 6 × 4 = 24

अत: अभीष्ट घनों की संख्या = 24

48. (d) $\because x = 6$

$\therefore$ Total No.s of cube $= x^3 = 6^3 = 216$

अत: अभीष्ट घनों की संख्या = 216

अब आएँ, आरेख के साथ प्रश्न-संख्या (6 से 15) तक के प्रश्नों का हल सहित उत्तर पर एक नजर डालें–

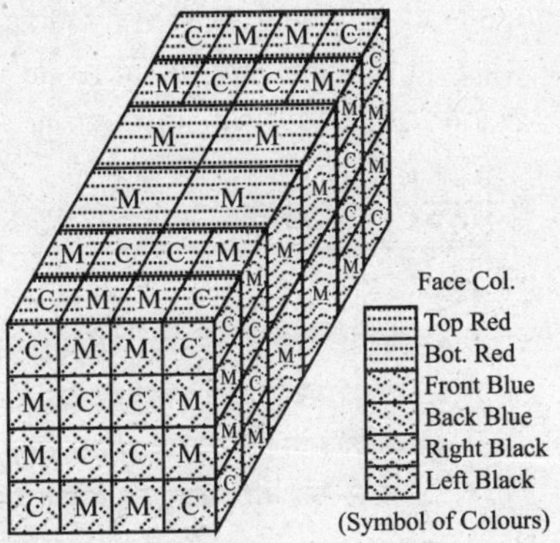

घनाभ (Cuboid)

Here,

C ⇒ central cube, M ⇒ middle cube and Cr ⇒ corner cube

Total No. of cube ⇒ 72

Total No. of smaller cubes ⇒ 64

Total No. of big cubes ⇒ 8

Two opposite face Painted → Red

Two opposite face Painted → Black

Two opposite face Painted → Green

❑❑❑

अध्याय 20

इनपुट एवं पासवर्ड

प्रायः प्रतियोगी परीक्षाओं में इनपुट एवं पासवर्ड से प्रश्नों का समावेश रहता है इसके अन्तर्गत दी गई सूचनाएँ अव्यवस्थित अवस्था में दी जाती हैं तथा परीक्षार्थीयों से यह उम्मीद की जाती है कि उसे प्रश्न में दिखाए गए नियम के अनुसार व्यवस्थित करके प्रश्नो का उत्तर देने में सहज अनुभव करेंगे।

महत्वपूर्ण बिन्दु

इनपुट

- इसमें एक ही नियम को बार-बार दोहराया जाता है।
- यह सिर्फ अक्षरों अथवा अंकों के बढ़ते या घटते क्रम में रखा जाता है।
- यदि आगे का चरण देकर आपसे इनपुट अथवा पीछे का चरण ज्ञात करने को कहा जाए, तो हमेशा उत्तर होगा, "निर्धारित नहीं कर सकते।"

पासवर्ड

- पासवर्ड को एक रूप से करने के लिये प्राप्त अक्षरों को अपनी ओर से 1, 2, 3.....से कूटबद्ध कर लें तथा अक्षरों को बार-बार न लिखकर अपने द्वारा किए गए कोड को ही विभिन्न चरणों तक निकाल लें।
- पासवर्ड में 1 या 2 नियमों का चरणबद्ध तरीके से प्रयोग किया जाता है।
- पासवर्ड कोई भी चरण ज्ञात रहने पर, आगे-पीछे का चरण ज्ञात किया जाता है।

उदाहरण 1. एक कम्प्यूटर डिवाइस को अंकों के रूप में एक निश्चित नियम के तहत व्यवस्थित किया जाता है। विभिन्न चरणों में उस नियम-विशेष को दिया जा रहा है।

इनपुटः	85	16	36	04	19	97	63	09
चरण I.	97	85	16	36	04	19	63	09
चरण II.	97	85	63	16	36	04	19	09
चरण III.	97	85	63	36	16	04	19	09
चरण IV.	97	85	63	36	19	16	04	09
चरण V.	97	85	63	36	19	16	09	04

चरण V ही सही अन्तिम चरण है।

1. दिए गए इनपुट का चरण 5 क्या होगा?

इनपुट : 25 08 35 11 88 67 23

(a) 88 67 35 25 23 11 08
(b) 88 67 35 25 08 11 23
(c) 8 11 23 25 35 67 88
(d) 88 67 35 25 23 07 11
(e) इनमें से कोई नहीं

2. यदि चरण IV : 92 86 71 69 15 19 06 63 58 है, तो निश्चित रूप से इसका इनपुट क्या होगा?

(a) 86 92 69 71 15 19 06 63 58
(b) 15 86 19 92 06 69 63 58 71
(c) 15 19 06 63 58 86 92 69 71
(d) निर्धारित नहीं कर सकते
(e) इनमें से कोई नहीं

3. नीचे दिए गए इनपुट का अन्तिम चरण क्या होग?

इनपुट : 03 31 43 22 11 09

(a) IV (b) V
(c) VI (d) निर्धारित नहीं कर सकते
(e) इनमें से कोई नहीं

4. नीचे दिए गए इनपुट का चरण 3 क्या होगा?

इनपट : 09 25 16 30 32 19 17 06

(a) 32 09 25 16 30 19 17 06
(b) 32 30 09 25 16 19 17 06
(c) 32 30 25 09 16 19 17 06
(d) 32 25 09 16 30 19 17 06
(e) इनमें से कोई नहीं

5. इनपुट : 16 09 25 27 06 05 का अन्तिम चरण क्या होगा?

(a) I (b) II
(c) III (d) IV
(e) इनमें से कोई नहीं

हल : **उपर्युक्त प्रश्न में संख्याओं को घटते क्रम में सजाया गया है, प्रत्येक चरण में एक संख्या का स्थान परिवर्तित किया गया है।**

अत :

1. (a)

इनपुटः	25	08	35	11	88	67	23
चरण I.	88	25	08	35	11	67	23
चरण II.	88	67	25	08	35	11	23
चरण III.	88	67	35	25	08	11	23
चरण IV.	88	67	35	25	23	08	11
चरण V.	88	67	35	23	23	11	08

2. (d) चरण IV प्रश्न में दिया गया है तथा इनपुट पूछा जा रहा है, जो कि सम्भव नहीं है। अतः विकल्प (d) निर्धारित नहीं कर सकते हैं, होगा।

3. (b)

इनपुटः	03	31	43	22	11	67	09
चरण I.	43	03	31	22	11	67	09
चरण II.	43	31	03	22	11	11	09
चरण III.	43	31	22	03	11	11	09
चरण IV.	43	31	22	11	03	08	09
चरण V.	43	31	22	11	09	11	03

चरण V अन्तिम चरण हुआ।

4. (b) इनपुटः 09 25 16 30 32 19 17 06
चरण I. 32 09 25 16 30 19 17 06
चरण II. 32 30 09 25 16 19 17 06
चरण III. 32 30 25 09 16 19 17 06

5. (b) इनपुटः 16 09 25 27 06 05
चरण I. 27 16 09 25 06 05
चरण II. 27 25 16 09 06 05
चरण II अन्तिम चरण हुआ।

उदाहरण 2. मथुरा के प्रसिद्ध संग्राहलय ने अपने पर्यटकों के लिए पास कोड की प्रणाली का प्रचलन किया है। पास कोड एक मशीन द्वारा संचालित होता है और प्रातः 9 बचे से सायंकाल 4 बजे तक प्रत्येक एक घण्टे के लिए बदलता है। बीच में दोपहर 1 से 2 बजे तक भोजन का समय रहता है। जिसके फलस्वरूप प्रवेश वर्जित रहता है। बैच क्रम से निर्मित पास कोड को नीचे दिए हुए क्रम के अनुसार दिखाया गया है—

(1) 9 बजे प्रातः प्रारम्भ होने पर बैच I के लिए पास कोड—if you want to enter then take order.
(2) 10 बजे प्रातः प्रारम्भ होने पर बैच II के लिए पास कोड—want to enter you if than take order.
(3) 11 बजे प्रातः प्रारम्भ होने पर बैच III का पास कोड—enter you if to want then take order.
(4) 12 बचे दोपहर प्रारम्भ होने पर बैच IV का पास कोड—if to want you enter then take order.
(5) 2 बजे दोपहर प्रारम्भ होने पर बैच VI का पास कोड—want you enter to if then take order.
(6) 3 बजे दोपहर प्रारम्भ होने पर बैच VI का पास कोड—enter to you want then take order.

1. अमिता संग्रहालय में 11बजे प्रातः आई, तो उन्हें मिलने वाला पास कोड था। what are you doing now daily for it.
यदि वह 3 बजे शाम में संग्रहालय आती है। तो इनका पास कोड क्या होता?
(a) what doing you now are daily for it.
(b) what doing you are now daily for it.
(c) what are doing you noe dialy for it.
(d) are what doing now you dialy for it.
(e) इनमें से कोई नहीं

2. निक्की ने संग्रहालय में 2 बजे दोपहर प्रवेश किया, तो उन्हें मिलने वाला पास कोड था—
see at the from of look watch in
यदि वह 10 बजे प्रातः संग्रहालय में आती है, तो उसका पास कोड क्या होगा?
(a) see from at the of look watch in.
(b) see from the at look of watch in.
(c) from see the at of look wathc in.
(d) see from the at of look watch in.
(e) इनमें से कोई नहीं

हल : सभी को संकेतबद्ध कर लें।

1. 9 A. M. : बैच I :

if	you	want	to	entre	then	take	order
1	2	3	4	5	6	7	8

2. 10 A. M. : बैच II :

want	to	enter	you	if	then	take	order
3	4	5	2	1	6	7	8

3. 11 A. M. : बैच III :

enter	you	it	to	want	then	take	order
5	2	1	4	3	6	7	8

4. 12 A. M. : बैच IV :

if	to	want	you	enter	then	take	order
1	4	3	2	5	6	7	8

5. 2 P. M. : बैच V :

wnat	you	enter	to	if	then	take	order
3	2	5	4	1	6	7	8

6. 3 P. M. : बैच VI :

enter	to	if	you	want	then	take	order
5	4	1	2	3	6	7	8

1. (b) 11 बजे का पास कोड :

5	2	1	4	3	6	7	8
what	are	you	doing	now	daily	for	its

∴ 3 बजे शाम का पास कोड :

5	4	1	2	3	6	7	8
what	doing	you	are	now	dialy	for	it

2. (d) 2 बजे दोपहर का पास कोड :

3	2	1	2	3	6	7	8
see	at	the	from	of	look	watch	in

∴ 10 बजे प्रातः का पास कोड :

3	4	5	2	1	6	7	8
see	from	the	at	of	look	watch	in

प्रश्नावली

निर्देश—(प्रश्न-संख्या 1 से 4 तक) : नीचे दी गई जानकारी को ध्यान से पढ़कर इन पर आधारित प्रश्नों का उत्तर दीजिए—

एक शब्द संयोजन मशीन को जब इनपुट की एक लाइन दी जाती है तो वह उन्हें एक चरण में एक नियम के तहत व्यवस्थित कर संयोजित करती है। नीचे इनपुट का वर्णन और इसे पुनः संयोजन में शामिल चरण दिये गए हैं :

इनपुट : **As if it on as Zoo figure of in at**
(I) चरण : as As if it on Zoo figure of in at
(II) चरण : as As at if it on Zoo figure of in
(III) चरण : as As at figure if it on Zoo of in
(IV) चरण : as As at figure if in it on Zoo of
(V) चरण : as As at figure if in it of on Zoo

(इस प्रकार चरण (V) दिये गए इनपुट का अंतिम चरण है)

इन नियमों के तहत जैसा कि ऊपर के चरणों में दर्शाया गया है, नीचे दिये गए प्रश्नों में उन उपयुक्त चरण को ज्ञात कीजिए जो कि दिये गए इनपुट के लिए आवश्यक है।

1. इनपुट : You are at fault on this का निम्न में से कौन-सा चरण are at fault on you this होगा?
(a) I (b) II
(c) III (d) IV
(e) V

2. इनपुट : am ace all if is का III चरण कौन-सा होगा?
(a) all am ace if is
(b) ace all am is if
(c) ace am all is if
(d) is if am ace all
(e) इनमें से कोई नहीं

3. यदि किसी इनपुट का IV चरण इस प्रकार था—an apple at cot was red on one side, तो निम्न में से कौन-सा निश्चित रूप से इनपुट होगा?
(a) apple at an cot was red on one side
(b) Cot an at apple was red on one side
(c) was cot red an on at one apple side
(d) तय नहीं कर सकते
(e) इनमें से कोई नहीं

4. इनपुट : **Him and His either or her** कौन-सा चरण इस इनपुट का अंतिम चरण होगा?
(a) I (b) II
(c) III (d) IV
(e) V

निर्देश—(प्रश्न-संख्या 5 से 9 तक) : नीचे दी गई जानकारी को ध्यान से पढ़कर इन पर आधारित प्रश्नों का उत्तर दीजिए—

एक शब्द संयोजन मशीन को जब इनपुट की एक लाइन दी जाती है तो वह उसे प्रत्येक चरण में एक नियम के तहत व्यवस्थित कर संयोजित करती है। नीचे इनपुट का वर्णन और इसे पुनः संयोजन में शामिल चरण दिये गए हैं :

इनपुट : And for though As as at to on am

(I) चरण : am And for though As as at to on

(II) चरण : am And as for though As at to on

(III) चरण : am And as As for though at to on

(IV) चरण : am And as As at for though to on

(V) चरण : am And as As at for on though to

(इस प्रकार चरण (V) दिये गए इनपुट का अंतिम चरण है)

इन नियमों के तहत जैसा कि ऊपर के चरणों में दर्शाया गया है, नीचे दिये गए प्रश्नों में उन उपयुक्त चरण को ज्ञात कीजिए जो कि दिये गए इनपुट एवं आउटपुट के लिए आवश्यक हैं।

5. **किसी इनपुट का III चरण इस प्रकार था—at function join Monday us the on, तो निम्नलिखित में से कौन-सा 'I' चरण होगा?**
(a) join at the function us on Monday
(b) at Monday join us the on function
(c) at function join us the on Monday
(d) तय नहीं कर सकते
(e) इनमें से कोई नहीं

6. **यदि किसी इनपुट का II चरण—a and choose pick for dress party the हो, तो उसका IV चरण क्या होगा?**
(a) a and choose dress for pick party the
(b) a and choose dress for party pick the
(c) a and choose dress pick for party the
(d) तय नहीं कर सकते
(e) इनमें से कोई नहीं

7. **निम्नलिखित इनपुट का III चरण क्या होगा?**
इनपुट : If we go out for the entire week
(a) entire if we go out for the week
(b) entire for go if out we the week
(c) entire for if we go out the week
(d) entire for go if we out the week
(e) इनमें से कोई नहीं

8. **निम्नलिखित इनपुट के लिए कौन-सा चरण अंतिम चरण होगा?**
इनपुट : Send him and her for the journey
(a) IV (b) I
(c) III (d) II
(e) V

9. **इनपुट : So do all of us are,** का कौन-सा चरण **all are do so of us** होगा?
(a) I (b) II
(c) III (d) IV
(e) V

निर्देश—(प्रश्न-संख्या 10 से 14 तक) : नीचे दी गई जानकारी को ध्यान से पढ़कर इन पर आधारित प्रश्नों का उत्तर दीजिए—

शब्दों को व्यवस्थित करने वाला एक मशीन को जब इनपुट लाइन द्वारा इनपुट दी जाती है तो वह उसे प्रत्येक चरण में एक विशेष नियम के तहत पुनर्व्यवस्थित करती है। नीचे इनपुट का उदाहरण एवं पुनर्व्यवस्था के चरण दिये गए हैं :

इनपुट : Go for to Though By easy To Access at

(I) चरण : Access Go for to Though By easy To at

(II) चरण : Access at Go for to Though By easy To

(III) चरण : Access at By Go for to Though easy To

(IV) चरण : Access at By easy Go for to Though To

(V) चरण : Access at By easy for Go to Though To

(VI) चरण : Access at By easy for Go Though to To

(VII) चरण : Access at By easy for Go Though To to

(इस प्रकार उपर्युक्त इनपुट का चरण (VII) अंतिम चरण है)

उपर्युक्त चरणों में जो नियम दिया गया है उसके अनुसार दिये गए प्रश्नों में ज्ञात करें कि दिये गए इनपुट एवं आउटपुट के लिए उपयुक्त चरण कौन-सा है?

10. **इनपुट : every and peer to an for, का निम्न में से कौन-सा चरण—an and every for peer to होगा?**
(a) II (b) IV
(c) V (d) III
(e) इनमें से कोई नहीं

11. **इनपुट : Together over series on feast the so, का कौन-सा चरण अंतिम से ठीक पहला चरण होगा?**
(a) II (b) III
(c) IV (d) V
(e) इनमें से कोई नहीं

12. **किसी इनपुट का II चरण इस प्रकार था—and Do pet to on that, तो निम्न में से कौन-सा निश्चित रूप से इनपुट होगा?**
(a) Do and pet to on that
(b) Do pet to and that on
(c) Do on pet to and that
(d) तय नहीं कर सकते
(e) इनमें से कोई नहीं

13. **इनपुट : Over Go For through at one, का कौन-सा चरण अंतिम चरण होगा?**
(a) III (b) IV
(c) V (d) VII
(e) II

14. **इनपुट : Story for around on was He at, का निम्न में से कौन-सा IV चरण होगा?**
(a) around at He for story on was
(b) around at for He story on was
(c) around at for He on story was
(d) around at for He on was story
(e) इनमें से कोई नहीं

निर्देश—(प्रश्न संख्या 15 से 21 तक) : किसी संख्या व्यवस्थापन मशीन को जब संख्या की इनपुट लाइन दी जाती है, तो वह उन्हें हर चरण में एक विशेष नियम के अनुसार पुनर्व्यवस्थित करती है। नीचे इनपुट और उनकी पुनर्व्यवस्था का एक उदाहरण दिया गया है।

इनपुट : 39 121 48 18 76 112 14 45 63 96

चरण I. 14 39 121 48 18 76 76 45 63 96

चरण II. 14 39 48 18 76 112 112 63 96 121

चरण III. 14 18 48 48 76 112 112 63 96 121

चरण IV. 14 18 48 48 76 45 45 96 112 121

चरण V. 14 18 45 45 48 76 76 96 112 121

चरण VI. 14 18 45 45 48 63 63 96 112 121

(यदि अन्तिम व्यवस्था है तथा छठा चरण इस इनपुट का अन्तिम चरण है।)

15. निम्नलिखित इनपुट के लिए तीसरा चरण निम्नलिखित में से कौन होगा?

इनपुट : 45 78 97 132 28 16 146 54 54 99 112

(a) 16 28 45 78 97 196 54 99 112 132
(b) 16 28 45 97 78 54 99 112 132 146
(c) 16 28 45 78 97 132 54 99 112 146
(d) 16 28 45 97 78 132 99 54 112 146
(e) इनमें से कोई नहीं

16. यदि निम्नलिखित एक इनपुट का पाँचवाँ चरण हो, तो उसका तीसरा चरण क्या होगा?

चरण V : 17 32 43 82 69 93 49 56 99 106

(a) 17 32 43 82 69 93 49 56 99 106
(b) 17 32 82 43 69 93 49 56 99 106
(c) 17 32 82 69 93 43 49 56 99 106
(d) 17 32 82 69 43 93 56 49 99 106
(e) निश्चित नहीं किया जा सकता

17. यदि इनपुट का दूसरा चरण निम्नलिखित के अनुसार दिया जाय, तो उसी इनपुट में पाँचवाँ चरण क्या होगा?

चरण II : 22 49 32 88 69 132 101 185

(a) 22 32 49 88 69 101 132 195
(b) 22 32 69 49 88 101 132 185
(c) 22 32 49 69 101 88 132 185
(d) 22 32 49 88 69 132 101 185
(e) इनमें से कोई नहीं।

18. निम्नलिखित इनपुट के लिए अन्तिम आउट-पुट प्राप्त करने हेतु कितने चरणों की आवश्यकता होगी?

चरण : 101 85 66 49 73 39 142 25 115 74

(a) 5 (b) 6
(c) 7 (d) 8
(e) इनमें से कोई नहीं।

19. निम्नलिखित इनपुट का द्वितीय चरण क्या होगा?

इनपुट : 47 62 17 92 86 42 24 79

(a) 17 24 47 62 86 42 79 92
(b) 17 27 62 86 42 24 79 92
(c) 17 24 47 62 92 46 42 79
(d) 17 27 62 86 24 42 79 92
(e) इनमें से कोई नहीं।

20. निम्नलिखित इनपुट का तीसरा चरण क्या होगा?

इनपुट : 68 182 39 39 129 46 21 58

(a) 21 39 68 93 129 46 58 182
(b) 21 39 68 129 93 46 58 182
(c) 21 68 39 93 129 46 58 182
(d) निश्चित नहीं किया जा सकता
(e) इनमें से कोई नहीं।

21. निम्नलिखित इनपुट का अन्तिम चरण क्या होगा?

इनपुट : 138 63 49 93 89 122 32 71

(a) 32 49 71 63 89 93 122 138
(b) 32 49 71 71 93 89 122 138
(c) 32 49 63 71 89 93 122 138
(d) निश्चित नहीं किया जा सकता
(e) इनमें से कोई नहीं।

निर्देश—(प्रश्न संख्या 22 से 26 तक) : एक प्रदर्शनी के लिए प्रवेश टिकट पर पासवर्ड है, जो कि हर दिन के लिए निर्धारित शब्दों के एक सेट के आधार पर हर घण्टे बदल जाता है। नीचे एक उदाहरण दिया गया है। जो बतलाता है कि आगे के घण्टों मे कोड और पुर्नव्यवस्था के चरण क्या होंगे? समय 9.00 बजे प्रात: से 3.00 बजे दोपहर रखा गया है।

दिन का पहला पासवर्ड

पहला बैच— 9.00 प्रात: से 10.00 बजे प्रात: is not ready cloth simple harmony buring.

दूसरा बैच—10.00 बजे प्रात: से 11.00 बजे प्रात: ready not is cloth burning harmony simple.

तीसरा बैच—11.00 बजे प्रात: से 11.00 बजे प्रात: ready not is cloth burning harmony simple.

चौथा बैच—12.00 बजे दोपहर से 1 बजे दोपहर—not is cloth iready burning harmony simple.

पाँचवाँ बैच—1.00 बजे से 2.00 बजे दोपर—ready cloth is not simple harmony burning.

इस तरह से जारी रहता है।

22. अगर दिन के दूसरे दिन का पासवर्ड इस प्रकार है, 'come along net or else key lot', तो चौथे बैच का पासवर्ड क्या होगा? (अर्थात् 12 से 1 बजे दोपहर का बैच)

(a) alone net or come else key lot
(b) or net along came lot key else
(c) come or net along lot key else
(d) net or came along else key lot
(e) इनमें से कोई नहीं

23. अगर प्रात: 11 बजे से 12.00 बजे दोपहर तक का पासवर्ड था—soap shy miss pen yet the she', तो पहले बैच के लिए पासवर्ड क्या था?

(a) shy miss pen soap yet the she
(b) pen miis shy soap she the yet
(c) miss shy soap pen she the yet
(d) soap pen miss shy she the yet
(e) इनमें से कोई नहीं

24. अगर छठे बैच के लिए पासवर्ड अर्थात् 2.00 बजे दोपहर से 3.00 बजे दोपहर तक के बीच के लिए पासवर्ड है—'are trap cut the but say lap', तो दूसरे बैच अर्थात् 10 से 11 बजे प्रात: वाले बैच के लिए पासवर्ड क्या होगा?

(a) are he cut trap lap say but
(b) cut he are trap but say lap
(c) he cut trap are lap say but
(d) trap are he cut lap say but
(e) इनमें से कोई नहीं

25. अगर पहले बैच के लिए पासवर्ड 'rate go long top we lot have था, तो कौन-से बैच का पासवर्ड होगा? 'go rate tap long have let we—

(a) दूसरे (b) तीसरे
(c) चौथे (d) पौचवें
(e) इनमें से कोई नहीं

26. दिन का पहला पासवर्ड—'camel road not toy say me not', 12 से 1 बजे दोपहर के चौथे बैच के लिए क्या पासवर्ड होगा?

(a) toy camel road no say me not
(b) toy no road camel not me say
(c) road camel toy not me say
(d) road camel toy no not me say
(e) इनमें से कोई नहीं

निर्देश—(प्रश्न संख्या 27 से 31 तक) : किसी कम्पनी के सुरक्षा विभाग में एक कम्प्यूटरी कृत मशीन है, जोकि लोगों के VI अलग-अलग बैचों के लिए शब्दों की अलग-अलग पुनर्व्यवस्था करके पासवर्ड सृजित करती है ये बैच 6 अलग-अलग समयों पर रिपोर्ट करते हैं, नीचे पुनर्व्यवस्था का इनपुट और उसके विविध चरण दिए गए हैं।

इनपुट : mahant has gone out for some owrk
चरण I. work some for out mahant has gone
चरण II. wokr some for out gone has mahant
चरण III. wokr mahant has gone some four out
चरण IV. work mahant has gone out for some
चरण V. Some for out gone work mahant has

उपर्युक्त चरणों में दिए गए नियमों के अनुसार, नीचे दिए गए प्रश्नों में दिए गए इनुपट के लिए उपयुक्त चरण ज्ञात कीजिए—

27. एक इनपुट का तीसरा चरण इस तरह है—tomorrow the grass will by cut be.

निम्नलिखित में से कौन-सा निश्चित रूप से पहला चरण होगा?

(a) tomorrow by cut be the grass will

(b) the grass will be cut by tomorro

(c) tomorrow by cut be will grass the

(d) the grass will be tomorrow by cut

(e) इनमें से कोई नहीं

28. एक इनपुट का प्रथम चरण है—cream white the like sky was looking निम्नलिखित में से कौन-सा V चरण का पहला शब्द होगा?

(a) cream (b) white

(c) like (d) looking

(e) इनमें से कोई नहीं

29. इनपुट : is your it clean factory is this keep

इनमें से V चरण के अन्तिम दो शब्द कौन-से होंगे?

(a) .....this clean

(b) .....your it

(c) .....factory this

(d) .....factory clean

(e) इनमें से कोई नहीं

30. इनपुट : milk there be today will no afternoon.

निम्नलिखित में से कौन-सा चरण इस तरह पढ़ा जाएगा?

'no will today be there milk after-noon'.

(a) VI (b) V

(c) III (d) IV

(e) इनमें से कोई नहीं

31. इनपुट : krishna gave the Person five ripe organies.

(a) five ripe oranges Person the gave Krishna

(b) organes ripe five Person krishna gave the

(c) Person organes ripe five krishna gave the

(d) Organes ripe five Person the gave krihsna

(e) इनमें से कोई नहीं

निर्देश—(प्रश्न संख्या 32 से 36 तक) : जब एक शब्द/अंक व्यवस्थापन मशीन को शब्द अंकों के सैट के रूप में निवेश दिया जाता है। तो वह उन्हें एक नियम विशेष का पालन करते हुए पुनर्व्यवस्थित करती है तथा उस नियम का पालन करते हुए पुनर्व्यवस्थित पूरी होने तक चरणवार उत्पाद तैयार करती है।

निम्नलिखित उदाहरण निवेश तथा अन्तिम चरण तक पुनर्व्यवस्थापन के चरणों से संबंधित है—

निवेश : pour ask 57 dear 39 fight 1728

चरण I. ask pour 57 dear 39 fight 17 28

चरण II. ask 57 pour dear 39 fight 17 28

चरण III. ask 57 dear pour 39 fight 17 28

चरण IV. ask 57 dear 39 pour fight 17 28

चरण V. ask 57 dear 39 figth pour 17 28

चरया VI. ask 57 dear 39 fight 28 pour 17

तथा चरण VI अन्तिम उत्पाद है।

32. यदि एक निवेश का पहनला चरण 'car 17 vas tiger 92 87 like 52' है, तो निम्नलिखित में से चौथा चरण कौन-सा होगा?

(a) car 92 like 87 tiger 52 17

(b) car 92 like 87 17 vas tiger 52

(c) car 92 like 87 tiger 17 vas 52

(d) car 92 like 17 vas tiger 52

(e) इनमें से कोई नहीं

33. निवेश : 19 feat 34 28 dog bag take 43 निम्नलिखित में से कौन-सा चरण 'bag 43 dog 19 feat 34 28 take' होगा?

(a) II

(b) IV

(c) I

(d) निश्चित नहीं किया जा सकता

(e) इनमें से कोई नहीं

34. यदि एक निवेश का चौथा चरण 'ago 85 elite 79 exile fat 2641' है, तो निवेश के उत्पादन का द्वितीय चरण निश्चत रूप से निम्नलिखित में से कौन-सा था?

(a) ago 85 79 elite fat 26 exile

(b) ago 85 exile elite 41 26 fat 79

(c) ago 85 26 exile 45 elite 79 fat

(d) तय नहीं कर सकते

(e) इनमें से कोई नहीं

35. यदि एक निवेश का चरण-II 'cut 97 38 end for 29 46 down' है, तो निम्नलिखित में से कौन-सा चरण होगा?

(a) V (b) IV

(c) VI (d) VII

(e) इनमें से कोई नहीं

36. निवेश : zeal for 49 31 high 22 track 12 तृतीय चरण निम्नलिखित में से कौन-सा होगा?

(a) for 49 hight 31 track 22 zeal 12

(b) for 49 hight 31 zeal 22 track 12

(c) for 49 hight 31 zeal 22 track 12

(d) for 49 hight 31 track zeal 22 12

(e) इनमें से कोई नहीं

उत्तर (हल/संकेत)

हल (प्रश्न संख्या 1 से 4 तक) के लिए संयोजन मशीन द्वारा व्यवस्थित किये गये चरणों की व्याख्या—

यहाँ हम देख रहे हैं कि प्रश्न में दिये गए इनपुट के सभी शब्दों को संयोजन मशीन प्रत्येक चरण में एक शब्द को शब्द-कोष के क्रम में व्यवस्थित करते हुए पाँच चरणों में दिये गए इनपुट को व्यवस्थित की गइ है। जैसे—

इनपुट : As if it on $\frac{\text{as}}{1}$ Zoo figure of in at

(I) चरण : $\frac{\text{as}}{1}$ As if it on Zoo figure of in at यहाँ हम देख रहे हैं कि इनपुट के पाँचवें शब्द 'as' को चरण (I) में प्रथम स्थान में रखा गया है। चूँकि शब्द-कोष में शब्द **'as'** इनपुट में दिये गए अन्य शब्द से पहले स्थान पर आता है।

(II) चरण : as As $\frac{\text{at}}{2}$ if it on Zoo $\frac{\text{figure}}{3}$ of in यहाँ हम देख रहे हैं कि (I) चरण से (II) चरण को संयोजित करने के क्रम में (I) चरण के अंतिम अक्षर **'at'** को (II) चरण में 'As' के बाद तथा अन्य शब्दों से पहले रखा गया है। इसलिए कि दिये गए शब्दों में 'As' के बाद शब्द-कोष में 'at' आता है।

(III) चरण : as As at $\frac{\text{figure}}{3}$ if it on Zoo of $\frac{\text{in}}{4}$ यहाँ हम देख रहे हैं कि (II) चरण से (III) चरण को संयोजित करने के क्रम में (II) चरण के आठवें शब्द 'figure' को 'at' के बाद तथा अन्य शब्दों से पहले रखा गया है, इसलिए कि दिये गए शब्दों में शब्द 'figure' शब्द-कोष में 'at' के बाद तथा अन्य शब्दों से पहले आता है।

(IV) चरण : as As at figure if $\frac{\text{in}}{4}$ it on Zoo $\frac{\text{of}}{5}$ यहाँ हम देख रहे हैं कि चरण (III) से (IV) वें

चरण को संयोजित करने के क्रम में चरण (III) के अंतिम शब्द 'in' को 'if' के बाद तथा अन्य शब्दों से पहले रखा गया है, क्योंकि शब्द 'in' शब्द-कोष में शब्द 'if' के बाद तथा अन्य शब्दों से पहले आता है।

(V) चरण : as As at figure if in it $\frac{\text{of}}{5}$ on Zoo,

यहाँ हम देख रहे हैं कि चरण (IV) से चरण (V) को संयोजित करने के क्रम में चरण (IV) के अंतिम शब्द 'of' को चरण (IV) के 'it' शब्द के बाद तथा on एवं Zoo शब्द से पहले रखा गया है। इसलिए कि दिये गए शब्दों में शब्द 'of' शब्द-कोष में शब्द 'it' के बाद तथा on एवं Zoo शब्द से पहले आता है।

इस प्रकार से चरण (V) में इनपुट के सभी शब्द बिल्कुल शब्द-कोष के क्रम में हो गए हैं। अतः संयोजन की कार्यवाही पूर्ण हो गई। अतः, अब हम इन्हीं नियमों को अनुसरण करते हुए आसानी से प्रश्न 21 से 24 तक के प्रश्नों का उत्तर ज्ञात कर सकते हैं।

1. (d) **इनपुट :** You $\frac{\text{are}}{1}$ at fault on this.

I. चरण : $\frac{\text{are}}{1}$ you $\frac{\text{at}}{2}$ fault on this.

II. चरण : are $\frac{\text{at}}{2}$ you $\frac{\text{fault}}{3}$ on this.

III. चरण : are at $\frac{\text{falt}}{3}$ you $\frac{\text{on}}{4}$ this.

IV. चरण : are at fault $\frac{\text{on}}{4}$ you $\frac{\text{this}}{5}$

V. चरण : are at fault on $\frac{\text{this}}{5}$ you.

अतः, **इनपुट : 'You are at fault on this'** का 'are at fault on you this' **'चौथा चरण'** होगा।

2. (e) **इनपुट :** am $\frac{\text{ace}}{1}$ all if is

I. चरण : ace am $\frac{\text{all}}{2}$ if is

चूँकि दिये गए शब्द में शब्द 'ace' शब्द-कोष में अन्य शब्द से पहले आता है।

II. चरण : ace $\frac{\text{all}}{2}$ am if is

चूँकि दिये गए शब्दों में शब्द 'all' शब्द-कोष में शब्द 'ace' के बाद लेकिन अन्य शब्द से पहले आता है।

अतः, प्रश्न में दिये गए इनपुट का दूसरा **चरण 'ace all am if is'** होगा।

3. (c) चूँकि इनपुट का चौथा चरण 'an apple at cot was red on one side' है, यानी कि इस चरण को प्राप्त करने के लिए संयोजन मशीन को चार बार यानी चार शब्दों को शब्द-कोष के क्रम में व्यवस्थित करना पड़ा होगा। अतः, हम ऐसे विकल्प पर गौर करेंगे जिनमें चार बार दिये गए शब्दों को व्यवस्थित करने पर उपर्युक्त वाक्य प्राप्त हो जाए।

अतः, **"Was cot red an on at one apple side"** निश्चित रूप से इनपुट होगा। जैसे—

इनपुट : was cot red $\frac{\text{an}}{1}$ on at one apple side

I. चरण : $\frac{\text{an}}{1}$ was cot red on at one $\frac{\text{apple}}{2}$ side

II. चरण : an $\frac{\text{apple}}{2}$ was cot red on $\frac{\text{at}}{3}$ one side

III. चरण : an apple $\frac{\text{at}}{3}$ was $\frac{\text{cot}}{4}$ red on one side

IV. चरण : an apple at $\frac{\text{cot}}{4}$ was red on one side

अतः, उत्तर विकल्प (c) उपर्युक्त प्रश्न का निश्चित रूप से 'इनपुट' होगा।

24. (c) **इनपुट :** Him $\frac{\text{and}}{1}$ His either or her

I. चरण : $\frac{\text{and}}{1}$ Him His $\frac{\text{either}}{2}$ or her

II. चरण : and $\frac{\text{either}}{2}$ Him His or $\frac{\text{her}}{3}$

III. चरण : and either $\frac{\text{her}}{3}$ Him His or

यहाँ हम देख रहे हैं कि **'तीन'** ही चरण में सभी शब्द, शब्द-कोष के क्रम में पूर्ण व्यवस्थित हो गये हैं। अतः दिये गए इनपुट का चरण (III) अंतिम चरण होगा।

5. (b) **III चरण :** at function join Monday us the on, तो I चरण = ?

विकल्प (2) से,

at Monday $\frac{\text{join}}{3}$ us the on $\frac{\text{function}}{2}$

$\Rightarrow$ $\frac{\text{at function}}{2}$ $\frac{\text{join}}{3}$ Monday us the on

अतः **अभीष्ट चरण ⇒ at Monday join us the on function**

हल : चूँकि 'I' चरण ज्ञात करना है। अतः हमें ऐसे विकल्प को ज्ञात करना होगा जिसमें **'दो'** संशोधन करने पर हमें दिया गया III चरण प्राप्त हो जाए। जैसा कि केवल विकल्प (b) से ही संभव है। इसलिए कि विकल्प (b) को 'I' चरण मानते हुए 'दूसरे' एवं 'तीसरे' चरण में क्रमशः **'function'** एवं **'join'** शब्द को शब्दकोष के क्रमानुसार संयोजित करने पर दिया गया III चरण का आउटपुट प्राप्त हो जाता है।

अतः हमारा उत्तर **विकल्प (b) होगा।**

6. (a) **II चरण :**

$\frac{\text{a and choose}}{\text{(proper chain)}}$ pick $\frac{\text{for}}{4}$ $\frac{\text{dress}}{3}$ party the.

$\Rightarrow$ $\frac{\text{a and choose}}{\text{(Pr oper chain)}}$ $\frac{\text{dress}}{3}$ $\frac{\text{for}}{4}$ Pick party the.

अतः **अभीष्ट IV चरण ⇒ a and choose dress for pick party the**

हल : चूँकि IV चरण ज्ञात करना है। अतः, हम ऐसे विकल्प का चयन करेंगे जो कि दिये गए आउटपुट में क्रमशः तीसरा एवं चौथा संशोधन करने पर प्राप्त हो जाए। जैसा कि केवल विकल्प (a) से संभव है।

7. (d) **इनपुट :** If $\frac{\text{we}}{3}$ go out $\frac{\text{for}}{2}$ the $\frac{\text{entire}}{1}$ week

$\Rightarrow$ $\frac{\text{entire}}{1}$ $\frac{\text{for}}{2}$ $\frac{\text{go}}{3}$ if we out the week

अतः **अभीष्ट III चरण ⇒ entire for go if we out the week**

हल : चूँकि हमें III चरण ज्ञात करना है। अतः हम दिये गए इनपुट के केवल **'तीन'** शब्दों को शब्दकोष के क्रमानुसार संयोजित करेंगे। यहाँ हम देख रहे हैं कि ऐसा केवल विकल्प (d) में है। अतः हमारा उत्तर विकल्प (d) होगा।

8. (e) **इनपुट :** Send $\frac{\text{him}}{4}$ $\frac{\text{and}}{1}$ $\frac{\text{her}}{3}$ $\frac{\text{for}}{2}$ the $\frac{\text{journey}}{5}$

$\Rightarrow$ $\frac{\text{and}}{1}$ $\frac{\text{for}}{2}$ $\frac{\text{her}}{3}$ $\frac{\text{him}}{4}$ $\frac{\text{journey}}{5}$ send the

अतः **अभीष्ट अंतिम चरण ⇒ V**

हल : उपर्युक्त इनपुट में यहाँ हम देख रहे हैं कि केवल **'पाँच'** शब्दों को शब्दकोष के क्रमानुसार संयोजित करने पर इनपुट के प्रत्येक शब्द शब्दकोष के क्रमानुसार संयोजित हो जाते हैं। अतः दिये गए इनपुट का अंतिम चरण **V चरण** होगा।

9. (c) **इनपुट** : So $\frac{\text{do}}{3}\frac{\text{all}}{1}$ of us $\frac{\text{are}}{2}$

⇒ $\frac{\text{all}}{1}\frac{\text{are}}{2}\frac{\text{do}}{3}$ so of us

अत: **अभीष्ट चरण ⇒ III**

हल : यहाँ हम देख रहे हैं कि उपर्युक्त इनपुट के केवल **'तीन'** ही शब्दों को शब्दकोष के क्रमानुसार संयोजित करने पर हमें दिया गया आउटपुट 'all are do so of us' प्राप्त हो जाता है। अत: अभीष्ट चरण III होगा।

10. (d) **इनपुट** : $\frac{\text{every}}{\text{(self)}}\frac{\text{and}}{2}$ peer to $\frac{\text{an}}{1}\ \frac{\text{for}}{3}$

⇒ $\frac{\text{an}}{1}\frac{\text{and}}{2}\frac{\text{every}}{\text{(self)}}\frac{\text{for}}{3}$ peer to

अत: **अभीष्ट चरण ⇒ III**

हल : चूँकि शब्द an एवं and के बाद शब्द 'every' स्वयं ही शब्दकोष के क्रम में व्यवस्थित हो गये हैं। अत: केवल एक शब्द **'for'** को तीसरे शब्द के रूप में संयोजित करने पर हमें प्रश्न में दिया गया आउटपुट प्राप्त हो जाता है। अत: दिया गया आउट चरण III होगा।

11. (d) **इनपुट :**

Together $\frac{\text{over}}{3}\frac{\text{series}}{4}\frac{\text{on}}{2}\frac{\text{feast}}{1}\frac{\text{the}}{6}\frac{\text{so}}{5}$

अत: **अभीष्ट चरण ⇒ V**

हल : यहाँ हम देख रहे हैं कि दिये गए इनपुट के शब्दों को शब्दकोष के क्रम में **'छ:'** बार संयोजित करने पर दिया गय इनपुट का प्रत्येक शब्द पूर्णरूप से शब्दकोष के क्रमानुसार संयोजित हो जाते हैं चूँकि पूर्ण संयोजन का चरण VI है।

अत: **अंतिम से ठीक पहला चरण V होगा।**

12. (e) **II चरण** : and Do pet to on that, तो इनपुट = ?

विकल्प से,

(a) Do $\frac{\text{and}}{1}$ pet to on that

⇒ $\frac{\text{and}}{1}$ Do pet to on that

(b) $\frac{\text{Do}}{\text{(self)}}$ pet to $\frac{\text{and}}{1}$ that $\frac{\text{on}}{2}$

⇒ $\frac{\text{and}}{1}\ \frac{\text{Do}}{\text{(self)}}\ \frac{\text{on}}{2}$ pet to that

(c) $\frac{\text{Do}}{\text{(self)}}\frac{\text{on}}{\text{(self)}}\frac{\text{pet}}{\text{(self)}}$ to $\frac{\text{and}}{1}\frac{\text{that}}{2}$

⇒ $\frac{\text{and}}{1}\ \frac{\text{Do on pet}}{\text{(self)}}\frac{\text{that}}{2}$ to

अत: **अभीष्ट इनपुट ⇒ इनमें से कोई नहीं**

हल : चूँकि हमें II चरण के रूप में दिये गए आउटपुट का इनपुट ज्ञात करना है। अत:, हम दिये गए विकल्पों में से ऐसे विकल्प का चयन करेंगे जिसमें प्रयुक्त शब्दों को केवल **'दो'** बार यानी दो शब्दों को शब्दकोष के क्रमानुसार संयोजित करने पर हमें दिया गया आउटपुट प्राप्त हो जाए, लेकिन यहाँ हम देख रहे हैं कि ऐसा कोई भी विकल्प मौजूद नहीं है।

अत: **इनमें से कोई नहीं** विकल्प इसका उत्तर होगा।

13. (b) **इनपुट** : Over $\frac{\text{Go}}{3}\frac{\text{For}}{2}$ through $\frac{\text{at}}{1}\frac{\text{one}}{4}$

⇒ $\frac{\text{at}}{1}\frac{\text{For}}{2}\frac{\text{Go}}{3}\frac{\text{one}}{4}$ over through

अत: **अभीष्ट अंतिम चरण ⇒ IV**

हल : यहाँ हम देख रहे हैं कि उपर्युक्त इनपुट के केवल **'चार'** शब्दों को शब्दकोष के क्रमानुसार संयोजित कर देने पर इनपुट के प्रत्येक शब्द शब्दकोष के क्रमानुसार संयोजित हो जाते हैं।

अत: उपर्युक्त इनपुट का **चरण IV** अंतिम चरण होगा।

14. (b) **इनपुट** : Story $\frac{\text{for}}{3}\frac{\text{around}}{1}$ on was $\frac{\text{He}}{4}\frac{\text{at}}{2}$

⇒ $\frac{\text{around}}{1}\frac{\text{at}}{2}\frac{\text{for}}{3}\frac{\text{He}}{4}$ Story on was

अत: अभीष्ट IV चरण ⇒ around at for He Story on was

हल : चूँकि हमें IV चरण ज्ञात करना है। अत: हम दिये गए इनपुट में प्रयुक्त केवल **'चार'** शब्दों को शब्दकोष के क्रमानुसार संयोजित करेंगे। यहाँ हम देख रहे हैं कि ऐसा करने पर हमें उपयुक्त आउटपुट प्राप्त होता है जो कि विकल्प (b) में है।

अत: **विकल्प (b)** हमारा उत्तर होगा।

हल (प्रश्न संख्या 15 से 21 तक) प्रश्नानुसार, व्यवस्थापन निम्नलिखित प्रकार से है—इनपुट के प्रथम चरण में सबसे छोटी संख्या पहले स्थान पर आती है। तथा चरण द्वितीय से तृतीय में सबसे बड़ी संख्या अन्तिम स्थान पर पहुँचती है तथा चरण तृतीय से चतुर्थ में सबसे छोटी से बड़ी संख्या द्वितीय स्थान पर तथा चरण चतुर्थ से पंचम में सबसे बड़ी से छोटी संख्या अन्तिम द्वितीय स्थान पर आती है और यही क्रम जारी रहता है।

15. (e) इस प्रकार के व्यवस्थापन में किसी भी चरण से निश्चित इनपुट का पता नहीं लगाया जा सकता है।

16. (d) **इनपुट :**
101 85 6 49 73 39 142 25 115 74

चरण I. 25 101 85 33 49 73 39 142 115 74
चरण II. 25 101 85 66 49 73 39 142 115 74
चरण III. 25 39 101 85 66 49 73 115 74 142
चरण IV. 25 39 101 85 66 49 73 39 115 74 142
चरण V. 25 39 101 85 66 49 73 115 74 142
चरण VI. 25 39 49 85 66 73 74 102 115 142
चरण VII. 25 39 49 85 66 73 74 101 115 142
चरण VIII. 25 39 49 66 73 74 85 101 115 142

अत: इस इनपुट का आठवाँ चरण अन्तिम चरण होगा।

17. (c) **इनपुट :**
45 78 97 132 28 16 146 54 99 112
चरण I. 16 45 78 97 132 28 146 54 99 112
चरण II. 16 45 78 97 132 28 54 99 112 146
चरण III. 16 28 45 78 97 132 54 99 112 146

18. (e) **चरण II.** 22 49 32 88 69 132 101 185
चरण III. 22 32 49 88 69 132 101 185
चरण IV. 22 32 49 88 69 132 101 185
चरण V. 22 32 49 69 88 101 132 185

19. (b) **इनपुट** : 47 62 17 92 86 42 24 79
चरण I. 17 47 62 92 86 42 24 79
चरण II. 17 47 62 86 42 24 79 92

20. (a) **इनपुट** : 68 182 39 93 129 46 21 58
चरण I. 21 68 182 39 93 129 46 58
चरण II. 21 68 39 93 129 46 58 182
चरण III. 21 39 68 93 129 46 58 182

21. (c) **इनपुट** : 138 63 49 93 89 122 32 71
चरण I. 32 138 63 49 93 89 122 71
चरण II. 32 63 49 93 89 112 71 138
चरण III. 32 49 63 93 89 122 71 138
चरण IV. 32 46 63 93 89 71 122 138
चरण V. 32 49 63 71 93 89 122 138
चरण VI. 32 49 63 71 89 93 122 138

छठा अन्तिम चरण होगा।

नोट : इस तरह के प्रश्न में यह ज्ञात हे, कि अन्तिम चरण एक आरोही क्रम है।

हल (प्रश्न संख्या 22 से 26 तक) प्रश्नानुसार, प्रदत्त बैच की स्थितियों को देखने से शब्दों की निम्नलिखित शृंखला दिखाई दे रही है।

प्रथम बैच—1 2 3 4 5 6 7
दूसरा बैच—3 2 1 4 7 6 5
तीसरा बैच—4 1 2 3 5 6 7

आगे आरोही क्रम परिवर्तन 10 बचे से एक-एक घण्टा के अन्तराल के लिए निश्चित समय तक जारी रहता है।

22. (a) **दूसरा बैच**—came along net or else key lot

तीसरा बैच—or net along came lot key else

चौथा बैच—along net or came else key lot

23. (a) **तीसरा बैच**—11 बजे से 12 बजे दोपहर—soap shy miss pen yet the she

दूसरा बैच—10 बजे से 11 बजे—pen miss shy soap the yet

पहला बैच—9 से 10 बजे—shy miss pen soap yet the she

24. (b) 2 बचे से 3 बजे दोपहर—छठा बैच—are trap cut he but say lap

1 बजे से 2 बजे दोपहर—पाँचवाँ बैच—cut trap are he lap say but

12 बजे से 1 बजे दोपहर चौथा बैच—he are trap cut but say lap

11 बजे से 12 बजे दोपहर तीसरा बैच—trap are he cut lap say but

10 बजे से 11 बजे दूसरा बैच—cut he are trap but say lap

25. (c) **पहला बैच**—rate go long top we let have

दूसरा बैच—long go rate top have let we

तीसरा बैच—to rate go long we let have

चौथा बैच—go rate to long have let we

26. (d) 9 बजे से 10 बजे—पहला पासवर्ड—camel road no toy say me not

10 बजे से 11 बजे—दूसरा पासवर्ड—no road camel toy not me say

11 बजे से 12 बजे—तीसरा पासवर्ड—toy camel road no say me not

12 बजे से 1 बजे दोपहर—चौथा पासवर्ड—road camel toy not not me say

हल (प्रश्न संख्या 27 से 31 तक) प्रश्नानुसार,

इनपुट : mahant has gone out for some work

1 2 3 4 5 6 7

चरण I. work some for out mahant has gone

7 6 5 4 1 2 3

चरण II. work some for out gone has mahant

7 6 5 4 3 2 1

चरण III. work mahant has gone some for out

7 6 5 4 3 2 1

चरण IV. work mahant has gone out for some

7 1 2 3 4 5 6

चरण V. some for out gone work mahant has

6 5 4 3 7 1 2

चरण VI. soem for out gone has mahant work

6 5 4 3 2 1 7

27. (a) **तीसरा चरण:**

tomorrow the grass will by cut be
7 1 2 3 6 5 4

पहला चरण :
7 6 5 4 1 2 3
tomorrow by cut be the grass will

28. (b) **चरण : I.**

cream white the like sky was looking
7 6 5 4 1 2 3

चरण V.
6 5 4 3 7 1 2
white the like looking cream sky was

29. (e) **इनपुट :**

1 2 3 4 6 7
is yor it factory this keep

चरण V.

6 5 4 3 7 1 2
this factory clean it keep is your

30. (e) **इनपुट :**

1 2 3 4 5 6 7
milk there be today will no afternoon

∴ 6 5 4 3 2 1 7
no will today be there milk afternoon

इस प्रकार 6543217 चरण VI का संकेत है।

31. (d) **इनपुट :**

1 2 3 4 5 6 7 Krishna gave the person five ripe orange

∴ **चरण II.**

7 6 5 4 3 2 1
orange ripe five peson the gave Krishan

हल (प्रश्न संख्या 32 से 36 तक) प्रश्नानुसार, इनपुट से प्रत्येक अगले चरण में अंग्रेजी शब्दकोष के अनुसार शब्दों तथा आवरोही क्रम में संख्याओं को एकान्तर क्रम में व्यवस्थित किया गया है।

32. (b) **चरण I.** car 17 vas tiger 92 87 like 52

चरण II. car 92 17 vas tiger 87 like 52

चरण III. car 92 like 17 vas tiger 87 52

चरण IV. car 92 like 87 17 vas tiger 52

33. (b) **निवेश** : 19 feat 34 28 dog bag take 43

चरण I. bat 19 feat 34 28 dog take 43

चरण II. bag 43 19 feat 34 28 doe take

चरण III. bag 43 dog 19 feat 34 28 dog take

अतः दिया गया चरण तीसरा चरण होगा।

34. (d) इस व्यवस्था में किसी दिए गए चरण के लिए, उससे पहले का चरण निश्चित रूप से प्रापत नहीं किया जा सकता है।

35. (a) **चरण II.** cut 97 38 end for 29 46 down

चरण III. cut 97 down 38 end for 29 46

चरण IV. cut 97 down 46 38 end for 29

चरण V. cut 97 down 46 end 38 for 29

दी गई व्यवस्था में यही अन्तिम चरण है।

36. (c) **निवेश** : zeal for 49 31 high 22 track 12

चरण I. for zeal 49 31 high 22 track 12

चरण II. for 49 zeal 31 high 22 track 12

चरण III. for 49 high zeal 31 22 track 12

❑❑❑

अध्याय 21

असमानता

तार्किक शब्द कोष के अन्तर्गत असमानता का अर्थ होता है–दिये गये तथ्यों के आधार पर परस्पर बड़ा, छोटा, बराबर अथवा बराबर नहीं के बारे में जानकारी हासिल करना गणितीय कथन एवं निष्कर्ष के अध्याय से प्राय: सभी प्रतियोगी परीक्षाओं में प्रश्नों का समावेश निहित होता है। ऐसे प्रश्नों को सरलतापूर्वक हल करने के लिए निम्न बिन्दुओं का अध्ययन किया जा सकता है।

कथनों से संयोजन के विशेष तथ्य–

कथन : $Z < P, P \geq Q, Q \leq N$

- 1st→कथनों को संयोजित करते समय दिये गए निर्देश के अतिरिक्त अपनी ओर से कोई भी कल्पना नहीं करें।
- 2nd→दिये गए कथन को हमें हमेशा ही Decreasing order में संयोजित करना चाहिए।
  जैसे–$Z > P \Rightarrow P > Z, P \geq Q, N \leq Q$
- 3rd→Decreasing order में संयोजित करने के बाद हमें यह प्रयास करना चाहिये कि कथन में दिये गए अधिक- से-अधिक खण्ड आपस में संयोजित हो जाएँ।
  जैसे–$P > Z, P \geq Q, N \geq Q$
  यहाँ हम देख रहे हैं कि 'P', Z और Q से तो बड़ा है लेकिन 'P', N से बड़ा है या छोटा है या बराबर है इसकी निश्चितता व्यक्त नहीं की जा सकती। लेकिन एक तथ्य जो और हम देख रहें हैं वह यह है कि P और N दोनों ही Q से बड़े भी हैं। साथ ही P और N दोनों ही Q के बराबर भी हैं।
- 4th→उपर्युक्त चरणों के बाद हमें यह प्रयास करना चाहिये कि संयोजन की अधिक-से-अधिक कितनी संभावनाएँ प्राप्त हो सकती है।
  जैसे–$P > Z, P \geq Q, N \geq Q$
  $\underline{P > Z / P > Q / N > Q}$ या $\underline{P > Z = Q = N}$
  ↑ ↑
  (संभावना)
  यहाँ हमें निम्न संभावनाएँ प्राप्त हो रही हैं–
  (i) 'P', Z से बड़ा है (ii) 'P', Q से बड़ा है (ii) 'N', Q से बड़ा है। या, (i) 'P' Z, Q और N तीनों से बड़ा है (ii) 'Z',Q और N बराबर है।

प्रश्नों का प्रारूप

निर्देश–(प्रश्न संख्या 1 से 5 तक): प्रत्येक प्रश्न में कुछ चिह्न (a), $(\underline{a})$, = (c) तथा $(\underline{c})$ प्रयोग किये गए है जिनकों निम्नवत दर्शाया गया है।

A (a) B का आशय है कि → 'A', B से छोटा है।

A $(\underline{a})$ B का आशय है कि → 'A', या तो B से छोटा या 'A', B के बराबर है।

A = B का आशय है कि → 'A', B से बराबर है।

A (c) B का आशय है कि → 'A', B से बड़ा है।

A $(\underline{c})$ B का आशय है कि → 'A', या तो B से बड़ा है या 'A', B के बराबर है।

निम्नलिखित प्रत्येक प्रश्नों में दिये गए कथनों को सही मानते हुए यह ज्ञात करें कि निष्कर्ष I और II में से कौन-सा/ कौन-से निष्कर्ष निश्चित रूप से सत्य है/हैं?

उत्तर (a) दीजिए, यदि केवल निष्कर्ष I सत्य है।
उत्तर (b) दीजिए, यदि केवल निष्कर्ष II सत्य है।
उत्तर (c) दीजिए, यदि या तो निष्कर्ष I या फिर II सत्य है।
उत्तर (d) दीजिए, यदि न तो निष्कर्ष I और न ही निष्कर्ष II सत्य है और
उत्तर (e) दीजिए, यदि निष्कर्ष I और II दोनों सत्य हैं।

1. **कथन : Z (a) P, P $(\underline{c})$ Q, Q (a) N**
   निष्कर्ष : I. Z $(\underline{a})$ N II. N (c) P
2. **कथन : Z $(\underline{a})$ P, P = N, N $(\underline{c})$ T**
   निष्कर्ष : I. Z$(\underline{c})$ T, II. Z (a) T
3. **कथन : M (c) P, P $(\underline{a})$ R, R Q**
   निष्कर्ष : I. M = R II. M (c) R
4. **कथन : S $(\underline{c})$ Q, M $(\underline{a})$ Q, Q (c) R**
   निष्कर्ष : I. P (c) R II. S $(\underline{c})$ P
5. **कथन : P (a) R, R (c) M, M $(\underline{a})$ K**
   निष्कर्ष : I. P $(\underline{c})$ K II. P (c) K

अत:, अब आएँ उन महत्वपूर्ण तथ्यों पर एक नजर डालें जो कि इस प्रकार के प्रश्नों को हल करने के लिये नितांत आवश्यक है–

हल करने की प्रक्रिया–इस प्रकार के प्रश्नों को हल करने के लिये निम्नलिखित तथ्यों पर ध्यान देना अति आवश्यक है।

I. कथनों का गणितीय चिह्नों के साथ निरूपण
II. कथनों का गणितीय नियमों के आधार पर संयोजन
III. निष्कर्षों का गणितीय चिह्नों के साथ निरूपण
IV. निष्कर्षों की सत्यता का निर्धारण

प्रश्नावली

निर्देश–(प्रश्न संख्या 1 से 5 तक): निम्न प्रश्नों में ★, $\underline{★}$, = @ और $\underline{@}$ चिह्नों को निम्न अर्थों में इस्तेमाल किया गया है।

A ★ B का अर्थ है→A बड़ा है B से
A $\underline{★}$ B का अर्थ है→या तो 'A', B से बड़ा है या बड़ B से
A = B का अर्थ है→A बराबर है B के
A @ B का अर्थ है→A छोटा है B से
A $\underline{@}$ B का अर्थ है→A या तो B से छोटा है या उसके समतुल्य है।

अब यदि हम मान लें कि प्रत्येक प्रश्न में दिये गए तीनों कथन सत्य हैं, तो यह बात ज्ञात करें

कि दिये गए निष्कर्ष I और II में से कौन-सा निष्कर्ष निश्चित रूप से सत्य है?

उत्तर (a) दीजिए, यदि केवल निष्कर्ष I सत्य है।

उत्तर (b) दीजिए, यदि केवल निष्कर्ष II सत्य है।

उत्तर (c) दीजिए, यदि यातो निष्कर्ष I या फिर II सत्य है।

उत्तर (d) दीजिए, यदि न तो निष्कर्ष I और न ही II सत्य है।

उत्तर (e) दीजिए, यदि निष्कर्ष I और II दोनों सत्य है।

1. कथन : R @ M, M ★ P, R ★ L
निष्कर्ष : I. M = L II. P = L

2. कथन : M = T, T @ Z, S ★ M
निष्कर्ष : I. Z ★ M II. Z = M

3. कथन : T ★ P, P @ S, P = M
निष्कर्ष : I. S ★ M II. T @ S

4. कथन : L @ C, C ★ Z, Z @ F
निष्कर्ष : I. C ★ F II. F = C

5. कथन : Z @ B, N ★ S, B @ N
निष्कर्ष : I. B = Z II. S @ B

निर्देश–(प्रश्न संख्या 6 से 10 तक) : इन प्रश्नों में ©, ©, =,@, @ आदि चिह्नों को नीचे दिये गए अर्थों के अनुसार प्रयोग किया गया है।

A © B का अर्थ है → A बड़ा है B से

A © B का अर्थ है→ A या तो B से बड़ा है या उसके समतुल्य है।

A = B का अर्थ है→ A बराबर है B के

A @ B का अर्थ→'A', B से छोटा है।

A @ B का अर्थ→A या तो B से छोटा है या समतुल्य है।

अब प्रत्येक प्रश्न में यह मानकर कि तीनों कथन सत्य हैं यह तय कीजिए कि I और II में से कौन-सा निष्कर्ष निश्चित रूप से सत्य है?

उत्तर (a) दीजिए, यदि केवल निष्कर्ष I सत्य है।

उत्तर (b) दीजिए, यदि केवल निष्कर्ष II सत्य है।

उत्तर (c) दीजिए, यदि या तो निष्कर्ष I अथवा II सत्य है।

उत्तर (d) दीजिए, यदि न तो निष्कर्ष I और न ही II सत्य है।

उत्तर (e) दीजिए, यदि निष्कर्ष I और II दोनों सत्य हैं।

6. कथन : Q @ R, R @ M, M © D
निष्कर्ष : I. D © R II. D © Q

7. कथन : M @ K, K © R, R © P
निष्कर्ष : I. P @ K II. P © M

8. कथन : T © M, M = P, P © R
निष्कर्ष : I. R © T II. T © R

9. कथन : P @ Q, Q © K, K @ M
निष्कर्ष : I. M = Q II. M © Q

10. कथन : P © F, M @ F, F © N
निष्कर्ष : I. M © C II. M © C

निर्देश–(प्रश्न संख्या 11 से 15 तक) : निम्नलिखित प्रश्नों में @, $, #, © और % प्रतीकों का नीचे बताए अर्थों के अनुसार प्रयोग किया गया है–

'P $ Q' का अर्थ है 'P, Q से छोटा नहीं है'

'P © Q' का अर्थ है 'P, Q से न तो बड़ा है न बराबर है'

'P # Q' का अर्थ है 'P, Q से न तो छोटा है न बराबर है'

'P % Q' का अर्थ है 'P, Q से बड़ा नहीं है'

'P @ Q' का अर्थ है 'P, Q से न तो बड़ा है न छोटा है'

अब निम्नलिखित प्रत्येक प्रश्न में दिए गए कथनों को सत्य मानते हुए पता लगाइए कि उनके नीचे दिए गए चार निष्कर्षों I, II, III और IV में से कौन-सा (से) निश्चित रूप से सत्य है (हैं) और तदनुरूप उत्तर दीजिए?

11. कथन : R # J, J $ D, D, @ K, K % T
निष्कर्ष : I. T # D
II. T @ D
III. R # K
IV. J $ T
(a) केवल या तो I या II सत्य है
(b) केवल III सत्य है
(c) केवल III व IV सत्य हैं
(d) केवल या तो I या II और III सत्य हैं
(e) इनमें से कोई नहीं

12. कथन : T % R, R $ M, M @ D, D © H
निष्कर्ष : I. D % R
II. H # R
III. T © M
IV. T % D
(a) केवल I सत्य है
(b) केवल I व IV सत्य हैं
(c) केवल I व II सत्य हैं
(d) केवल II व IV सत्य हैं
(e) इनमें से कोई नहीं

13. कथन : M @ B, B # N, N $ R, R © K
निष्कर्ष : I. K # B
II. R © B
III. M $ R
IV. N © M
(a) केवल I व III सत्य हैं
(b) केवल I व II सत्य हैं
(c) केवल II व IV सत्य हैं
(d) केवल II, III व IV सत्य हैं
(e) इनमें से कोई नहीं

14. कथन : F # H, H @ M, M © E, E $ J
निष्कर्ष : I. J © M
II. E # M
III. M © F
IV. F # E
(a) केवल I व II सत्य हैं
(b) केवल II व III सत्य हैं
(c) केवल I, II व III सत्य हैं
(d) केवल II, III व IV सत्य हैं
(e) इनमें से कोई नहीं

15. कथन : D % A, A @ B, B © K, K % M
निष्कर्ष : I. B $ D
II. K # A
III. M # B
IV. A © M
(a) केवल I, II व IV सत्य हैं
(b) केवल I, II व III सत्य हैं
(c) केवल II, III व IV सत्य हैं
(d) केवल I, III व IV सत्य हैं
(e) I, II, III व IV सभी सत्य हैं

निर्देश–(प्रश्न संख्या 16 से 20 तक): प्रत्येक प्रश्न नीचे दिये गए संकेतों पर आधारित है। प्रत्येक प्रश्न में संकेतों पर ही आधारित दो कथन दिए गए हैं तथा उनके नीचे पाँच निष्कर्ष दिये गए है। आपको यह ज्ञात करना है कि दिये गए कथनों के आधार पर कौन-सा निष्कर्ष निकाला जा सकता है?

'A' का अर्थ→से बड़ी नहीं (Not greater than)

'B' का अर्थ→से बराबर (Equal to)

'C' का अर्थ→से कम (Less than)

'D' का अर्थ→से कम नहीं (Not less than)

'E' का अर्थ→के बराबर नहीं (Not equal to)

'F' अर्थ→से बड़ी नहीं (Not greater than)

16. कथन : (pA3q) और (3qC2r)
(a) p c 2 r (b) p F 2 r
(c) p d 2 r (d) p B 2 r
(e) इनमें से कोई नहीं

17. कथन : (2 m D 3n) और (3n Bq)
(a) mCq (b) 3nE2m
(c) 2mDq (d) 2mAq
(e) इनमें से कोई नहीं

18. कथन : (3xF2y) और (2yD3r)
(a) 3xB3r (b) 3xA3r
(c) 3xF3r (d) 3xC3r
(e) इनमें से कोई नहीं

19. कथन : (3aA2b) और (3aFq)
(a) 2bCq (b) 2bDq
(c) 2bBq (d) 2bAq
(e) qF2b

20. कथन : (2xBy) और (2yA3z)

(a) 2xD3z (b) 2xB6z
(c) 3xc3z (d) 3zB3y
(e) 3zF4x

निर्देश–(प्रश्न संख्या 21 से 25 तक) : तक के प्रत्येक प्रश्न में संकेतों के माध्यम से कुछ संबंध व्यक्त किये गए है। जोकि निम्नलिखित हैं–

'÷' का अर्थ है→बराबर (Equal to)
'×' का अर्थ है→से बड़ा नहीं (Not greater than)
'+' का अर्थ है→से कम (Less than)
'ϕ' का अर्थ है→से कम नहीं (Not less than)
'□' का अर्थ है→से बड़ा (Greater than)
'Δ' का अर्थ है→से बड़ा नहीं (Not equal than)

उपर्युक्त संकेतों के आधार पर नीचे दिये गए प्रत्येक प्रश्न का सही उत्तर ज्ञात कीजिए–

21. यदि a Δ b + c, हो, तो नीचे दिये गये कौन-समीकरण इससे Imply नहीं करता है?

(a) a □ b × c (b) a Δ b □ c
(c) a ϕ b Δ c (d) a × b ×c
(e) a + b Δ c

22. यदि a ÷ b □ c, हो, तो नीचे दिया गया कौन-सा समीकरण इससे Imply करता है?

(a) a + b + c (b) a □ b + c
(c) a + b □ c (d) a + b Δ c
(e) a ÷ b ϕ c

23. यदि a + b Δ c हो, तो नीचे दिया गया कौन-सा समीकरण इससे Imply नहीं करता है?

(a) a Δ b + c (b) a × b □ c
(c) a ÷ b □ c (d) a + b ϕ c
(e) इनमें से कोई नहीं

24. यदि a + b + c हो, तो नीचे दिया गया कौन-सा समीकरण इससे Imply करता है?

(a) a ÷ b ϕ c (b) a × b ÷ c
(c) a × b Δ c (d) a ÷ b Δ c
(e) a ϕ b □ c

25. यदि a ϕ b ϕ c हो, तो नीचे दिया गया कौन-सा समीकरण इससे Imply नहीं करता है?

(a) a Δ b ÷ c (b) a × b □ c
(c) a Δ b □ c (d) a + b ϕ c
(e) a Δ b Δ c

निर्देश–(प्रश्न संख्या 26 से 30 तक)—नीचे दिये गए प्रश्नों में @, @, =, ★ और ★ चिह्नों का प्रयोग किया गया है, जिसका अर्थ निम्न है–

P @ Q का अर्थ है→P बड़ा है Q से
P $\underline{@}$ Q का अर्थ है→P या तो बड़ा है Q से या उसके बराबर है।
P = Q का अर्थ है→'P', Q के बराबर है
P ★ Q का अर्थ है→P छोटा है Q से
P $\underline{★}$ Q का अर्थ है→P या तो छोटा है Q से या उसके बराबर है।

नीचे दिये गए प्रत्येक प्रश्न में यह मानते हुए कि दिया गया कथन सत्य है, यह ज्ञात कीजिए कि I और II दोनों निष्कर्षों में से कौन-सा निष्कर्ष निश्चित रूप से सत्य है?

उत्तर (a) दीजिए, यदि केवल निष्कर्ष I सत्य है।
उत्तर (b) दीजिए, यदि केवल निष्कर्ष I सत्य है।
उत्तर (c) दीजिए, यदि केवल निष्कर्ष II सत्य है।
उत्तर (d) दीजिए, यदि या तो निष्कर्ष I या फिर II सत्य है।
उत्तर (e) दीजिए, यदि निष्कर्ष I और II दोनों सत्य है।

26. कथन : S ★ M, M @ L, L $\underline{@}$ Z
निष्कर्ष : I. S = Z II. S ★ L

27. कथन : J = V, V ★ N, R ★ J
निष्कर्ष : I. R ★ N II. J @ N

28. कथन : L $\underline{@}$ U, C ★ L, C @ B
निष्कर्ष : I. U = C II. L @ B

29. कथन : D @ F, F = S, S ★ M
निष्कर्ष : I. D @ M II. F $\underline{@}$ M

30. कथन : S @ T, M ★ K, T = K
निष्कर्ष : I. S = Z II. S ★ L

निर्देश : (प्रश्न-संख्या 31 से 35)—निम्न प्रश्नों में निम्न चिह्नों का प्रयोग किया गया है।

A @ B का अर्थ है→A छोटा है B से
A $\underline{@}$ B का अर्थ है→या तो A छोटा है B से या फिर उसके बराबर है।
A = B का अर्थ है→A बराबर है B के
A © B का अर्थ है→'A', B से बड़ा है।
A $\underline{©}$ B का अर्थ है→A या तो B से बड़ा है या वह B के बराबर है।

नीचे गिये गए प्रत्येक प्रश्न में यह तय करना है कि प्रत्येक कथन के नीचे दिये गए I एवं II निष्कर्षों में से कौन-सा निष्कर्ष निश्चित रूप से सत्य है?

उत्तर (a) दीजिए, यदि केवल निष्कर्ष I सत्य है।
उत्तर (b) दीजिए, यदि केवल निष्कर्ष II सत्य है।
उत्तर (c) दीजिए, यदि या तो निष्कर्ष I या फिर II सत्य है।
उत्तर (d) दीजिए, यदि न तो निष्कर्ष I और न ही II सत्य है।
उत्तर (e) दीजिए, यदि निष्कर्ष I और II दोनों सत्य है।

31. कथन : T @ R, R $\underline{@}$ K, K $\underline{©}$ M
निष्कर्ष : I. T $\underline{@}$ M II. M $\underline{©}$ T

32. कथन : M @ K, K $\underline{©}$ P
निष्कर्ष : I. M © P II. M = P

33. कथन : D $\underline{@}$ M, Q $\underline{©}$ M
निष्कर्ष : I. D © M II. D $\underline{©}$ Q

34. कथन : F = K, K $\underline{©}$ M, M $\underline{©}$ R
निष्कर्ष : I. F = M II. F © T

35. कथन : Z © R, P © R, M @ P
निष्कर्ष : I. Z © P II. M © T

उत्तर (हल/संकेत)

1. (d) कथन : R @ M, M ★ P, R $\underline{★}$ L

R @ M = R < M ⇒ M > R ...(i)
M ★ P ⇒ M > P ...(ii)
R ★ L = R ≥ L ⇒ या तो R > L या R = L ...(iii)

तीनों कथनों को एक साथ संयोजित करने पर–
M > P & M > R L/M > P & M > R = L(संभावनाएँ)

निष्कर्ष : I. M = L ⇒ M = L
II. P = L ⇒ P = L

यहाँ निष्कर्ष Ist में 'M = L' को दर्शाया गया है जोकि कथनों के संयोजन के बिल्कुल ही अनुरूप नहीं है। साथ ही निष्कर्ष II में 'P = L' को दर्शाया गया है जो भी कथनों के संयोजन के बिल्कुल ही अनुरूप नहीं है क्योंकि कथनों के संयोजन के आधार पर 'P' और 'L' के बीच कोई भी संबंध निश्चित रूप से स्थापित नहीं किया जा सकता।

अत: **न तो निष्कर्ष I और न ही II दोनों में से कोई भी निष्कर्ष सत्य नहीं है।**

2. (c) कथन : M = T, T $\underline{@}$ Z, S ★ M,

M = T ⇒ M = T ...(i)
T $\underline{@}$ Z = T ≤ Z = Z ≥ T ⇒ यातो Z > T या Z = T ...(ii)
S ★ M ⇒ S > M ...(iii)

तीनों कथनों को एक साथ संयोजित करने पर S > M = T % Z > T = M/S > M = T = Z (संभावनाएँ)

निष्कर्ष: I. Z ★ M ⇒ Z > M
II. Z = M ⇒ Z = M

यहाँ दिये गए दोनों ही निष्कर्ष अलग- अलग, कथनों के संभावित संयोजन के अनुरूप है।

अत: **या तो निष्कर्ष I या फिर II सत्य है।**

3. (a) कथन : T ★ P, P @ S, P = M
T ★ P ⇒ T > P ...(i)

P @ S = P < S ⇒ S > P ...(ii)
P = M ⇒ P = M ...(iii)
तीनों कथनों को एक साथ संयोजित करने पर—
T > P = M & S > P = M
निष्कर्ष : I. S ★ M ⇒ S > M
II. T @ S = T < S ⇒ S > T

यहाँ निष्कर्ष Ist में 'S > M' को दर्शाया गया है जोकि उपर्युक्त कथनों के संयोजन के बिल्कुल ही अनुरूप है। जबकि निष्कर्ष II में 'S > T' को दर्शाया गया है जोकि कथनों के संयोजन के बिल्कुल ही अनुरूप नहीं है क्योंकि कथनों के संयोजन के आधार पर S और T के बीच कोई भी निश्चित संबंध स्थापित नहीं किया जा सकता।

अत:, **केवल निष्कर्ष I सत्य है।**

4. (d) **कथन :** L @ C, C ★ Z, Z @ F
L @ C = L > C ⇒ C > L . ..(i)
C ★ Z ⇒ C > Z ...(ii)
Z @ F = Z ≤ F = F ≥ Z ⇒ या तो F > Z या F = Z ...(iii)
तीनों कथनों को एक साथ संयोजित करने पर—
C > L, C > Z & F > Z/C > L & C > Z = F (संभावनाएँ)
निष्कर्ष : I. C ★ F ⇒ C > F
II. F = C ⇒ F = C

यहाँ निष्कर्ष 1st में 'C > F' को दर्शाया गया है जो कि कथनों के संभावित संयोजन के केवल एक ही संयोजन के अनुरूप है साथ ही निष्कर्ष 2nd कथनों के संयोजन के बिल्कुल ही अनुरूप नहीं है। अर्थात् दोनों ही निष्कर्ष असत्य है।

अत: **न तो I और न ही II दोनों में से कोई भी निष्कर्ष सत्य नहीं हैं।**

5. (d) **कथन :** Z @ B, N ★ S, B @ N
Z @ B = Z < B ⇒ B > Z ...(i)
N ★ S = N ≥ S ⇒ या तो N > S या N = S ...(ii)
B @ N = B < N ⇒ N > B ...(iii)
तीनों कथनों को एक साथ संयोजित करने पर—
N > S & N > B > Z/N = S > B > Z (संभावनाएँ)
निष्कर्ष : I. B = Z ⇒ B = Z
II. S @ B = S < B ⇒ B > S

यहाँ निष्कर्ष 1st में 'B = Z' तथा निष्कर्ष 2nd में 'B > S' को दर्शाया गया है जो कि कथनों के संयोजित संभावनाओं के बिल्कुल ही अनुरूप नहीं हैं।

अत: **न तो I और न ही II दोनों में से कोई भी निष्कर्ष सत्य नहीं है।**

★ [A @ B ⇒ A < B / A @ B ⇒ A ≤ B/A = B ⇒ A = B/A © B ⇒ A > B/A © B ⇒ A≤ B]

[A © B ⇒ A > B/A A © B ⇒ A ≥ B/A = B ⇒ A = B/A @ B ⇒ A < B /A @B ⇒ A ≤ B]

6. (d) **कथन :** Q @ R, R @ M, M © D
Q @ R = Q < R ⇒ R > Q ...(i)
R @ M = R < M ⇒ M > R ...(ii)
M © D ⇒ M > D ...(iii)
तीनों कथनों को एक साथ संयोजित करने पर—
M > R > Q & M > D
निष्कर्ष : I. D © R ⇒ D > R
II. D © Q ⇒ D > Q

उपर्युक्त कथनों के संयोजन के आधार पर 'D और R' या 'D और 'Q' के बीच कोई भी सम्बन्ध स्थापित नहीं किया जा सकता है

अत: **न तो निष्कर्ष I और न ही II दोनों में से कोई भी निष्कर्ष सत्य नहीं है।**

7.(a) **कथनः** M @ K, K © R, R © P
M @ K = M > K ⇒ K > M ...(i)
K © R ⇒ K > R ...(ii)
R © P ⇒ R > P ...(iii)
तीनों कथनों को एक साथ संयोजित करने पर—
K > M & K > R > P
निष्कर्ष : I. P @ K = P > K ⇒ P K > P
II. P © M ⇒ P > M

यहाँ निष्कर्ष Ist में K > P को दर्शाया गया है जोकि कथनों के संयोजित क्रम के बिल्कुल ही अनुरूप है। लेकिन निष्कर्ष II में P > M को दर्शाया गया जोकि कथनों के संयोजित क्रम के बिल्कुल ही अनुरूप नहीं है। क्योंकि कथनों के संयोजन के आधार पर P और M के बीच कोई भी निश्चित संबंध स्थापित नहीं किया जा सकता।

अत: **केवल निष्कर्ष I सत्य है।**

8.(e) **कथन :** T © M, M = P, P © R
T © M ⇒ T > M ...(i)
M = P ⇒ M > P ...(ii)
P © R ⇒ P > R ...(iii)
तीनों कथनों को एक साथ संयोजित करने पर—
T > M = P > R
निष्कर्ष : I. R @ T = R < T ⇒ T > R
II. T © R ⇒ T > R

यहाँ दोनों ही निष्कर्षों में T > R का दर्शाया गया है जोकि कथनों के संयोजित क्रम के बिल्कुल ही अनुरूप है।

अत: **निष्कर्ष I एवं II दोनों ही सत्य हैं।**

9. (d) **कथन :** P @ Q, Q © K, K @ M
P @ Q = P < Q ⇒ Q > P ...(i)
Q © K = Q > K ...(ii)
K @ M = K < M ⇒ M > K ...(iii)
तीनों कथनों को एक साथ संयाजित करने पर—
Q > P, Q > K > M ⇒ M > K
निष्कर्ष : I. M © Q ⇒ M > Q
II. M © Q ⇒ M > Q

उपर्युक्त कथनों के संयोजन के आधार पर M और Q के बीच कोई भी संबंध स्थापित नहीं किया जा सकता।

अत: न तो निष्कर्ष I और न ही II दोनों में से कोई भी निष्कर्ष सत्य नहीं है।

10. (d) **कथन :** P © F, M @ F, F © N
P © F = P ≤ F ⇒ या तो P > F या P = F...(i)
M @ F = M < F ⇒ F > M ...(ii)
F © N ⇒ R > N ...(iii)
तीनों कथनों को एक साथ संयोजित करने पर—
P > F > M & F > N /P = F > M & F = P > N (संभावनाएँ)
निष्कर्ष : I. M © C ⇒ M > C
II. M @ C = M > C

उपर्युक्त कथन में 'C' का कोई जिक्र नहीं किया गया है। अत: ऐसी स्थिति में 'C' युक्त कोई भी निष्कर्ष निकाला ही नहीं जा सकता। अत: न तो निष्कर्ष I और न ही निष्कर्ष II दोनों में से कोई भी निष्कर्ष सत्य नहीं हैं।

[A @ Q ⇒ P > Q/P @ Q ⇒ P ≥ Q/P = Q ⇒ P = Q/P □ Q = P < Q /P □ Q ⇒ P ≤ Q]

हल : (प्रश्न संख्या 11 से 15 तक) प्रश्नानुसार,

11. (d)
R # J ⇒ R > J
J $ D ⇒ J ≥ D
D @ K ⇒ D = K
तथा K % T ⇒ K ≤ T
∴ R > J ≥ D = K ≤ T
निष्कर्ष :
I. T # D⇒ T > D या तो I या (✓)
II. T @ D ⇒ T = D II सही है (✓)
III. R # K ⇒ R > K (✓)
IV. J $ T⇒ J ≥ T (×)

12. (a)
T % R ⇒ T ≤ R
R $ M ⇒ R ≥ M
M @ D ⇒ M = D
D © H ⇒ D < H
∴ H > D = M ≤ R ≥ T
निष्कर्ष :
I. D % R ⇒ D ≤ R (✓)
II. H # R ⇒ H > R (×)
III. T © M ⇒ T < M (×)
IV. T % D ⇒ T ≤ D (×)

13. (c)
M @ B⇒M = B
B # N ⇒ B > N

N $ R ⇒ N ≥ R
R © K ⇒ R < K
∴ M = B > N ≥ R < K

निष्कर्ष :

I. K # B ⇒ K > B (×)
II. R © B ⇒ R < B (✓)
III. M $ R ⇒ M ≥ R (×)
IV. N © M ⇒ N < M (✓)

14. (b) F # H ⇒ F > H
H @ M ⇒ H = M
M © E ⇒ M < E
E $ J ⇒ E ≥ J
∴ F > H = M < E ≥ J

निष्कर्ष :

I. J © M ⇒ J < M (×)
II. E # H ⇒ E > H (✓)
III. M © F ⇒ M < F (✓)
IV. F # E ⇒ F > E (×)

15. (e) D % A ⇒ D ≤ A
A @ B ⇒ A = B
B © K ⇒ B < K
K % M ⇒ K ≤ M
∴ D ≤ A = B < K ≤ M

निष्कर्ष :

I. B $ D ⇒ B ≥ D (✓)
II. K # A ⇒ K > A (✓)
III. M # B ⇒ M > B (✓)
IV. A © M ⇒ A < M (✓)

16. (a) कथन (pA 3q) और (3q [c] 2 r)

pA 3q = p ≯ 3q = p ≤ 3q = 3q ≥ p ⇒ या तो 3q > p या 3q = p ...(i)

3q [c] 2 r = 3q < 2r ⇒ 2r > 3q ...(ii)

दोनों कथनों को एक साथ संयोजित करने पर–

2r > 3q > p/ 2r > 3q = p (संभावनाएँ)

निष्कर्ष : विकल्प से–

(a) p C 2 r = p < 2r ⇒ 2 r > p
(b) p F 2 r ⇒ p > 2 r
(c) p D 2 r = p ≮ 2 r = p ≥ 2 r ⇒ या तो p > 2 r या p = 2 r
(d) p B 2 r ⇒ p = 2r

यहाँ केवल निष्कर्ष (a) कथनों के संयोजन के दोनों ही संभावनाओं के बिल्कुल अनुरूप है।

अत: **केवल निष्कर्ष विकल्प (a) सत्य है।**

17. (b) **कथन** : (2m D 3n) और (3n Bq)

2mD 3n = 2 m ≮ 3n = 2m ≥ 3n ⇒ या तो 2m > 3n या 2m = 3n ...(i)

3nBq ⇒ 3n = q ...(ii)

दोनों कथनों को एक साथ संयोजित करने पर–

2m > 3n = q/2m = 3m = q (संभावनाएँ)

निष्कर्ष : विकल्प से–

(a) m c q = m < q ⇒ q > m
(b) 3n E 2m = 3n ≠ 2m ⇒ या तो 3n > 2m या 2m > 3n
(c) 2m Dq = 2m <| q = 2m ≥ q ⇒ या तो pm > q या 2m = q
(d) 2 m A q = 2 m >| q = 2 m ≤ q = q ≥ 2 m ⇒ या तो q > 2m या q = 2m

यहाँ केवल निष्कर्ष (c) कथनों के संयोजन के दोनों ही संभावनाओं के अनुरूप है।

अत: **केवल निष्कर्ष विकल्प (b) सत्य है।**

18. (c) **कथन** : (3xF 2y) और (2y D3r) 3xF2y ⇒ 3x>2y ...(i)

2y D 3r = 2y ≮ 3r = 2y ≥ 3r ⇒ या तो 2y > 3r या 2y = 3r ...(iii)

दोनों कथनों को एक संयोजित करने पर–

3x > 2y > 3r / 3x > 2y = 3r (संभावनाएँ)

निष्कर्ष : विकल्प से–

(a) 3x B 3r ⇒ 3x = 3r
(b) 3 x A 3r = 3x ≯ 3r = 3x ≤ 3r = 3r ≥ 3 x ⇒ या तो 3r > 3x या 3r = 3x
(c) 3x F 3r ⇒ 3x > 3r
(d) 3x C 3r = 3x < 3r ⇒ 3r > 3x

यहाँ केवल निष्कर्ष (c) कथनों के संयोजन के दोनों ही संभावनाओं के बिल्कुल अनुरूप है।

अत: **केवल निष्कर्ष विकल्प (c) सत्य है।**

19. (c) **कथन** : (3a A 2 b) और (3a F q) 3 a A 2 b = 3 a ≯ 2 b = 3 a < 2 b = 3 a ≤ 2 b ≥ 3 a ⇒ या तो 2 b > 3 a या 2 b = 3 a ...(i)

3a F q ⇒ 3 a > q ...(ii)

दोनों कथनों को एक संयोजित करने पर–

2b > 3 a > q/2 b = 3 a > q (संभावनाएँ)

निष्कर्ष : विकल्प से–

(a) 2 b [c] q = 2 b < q ⇒ q > 2 b
(b) 2 b D q = 2 b ≮ q = 2 b ≥ d ⇒ या तो 2 b > q या 2 b = q
(c) 2 b B q = 2 b = q
(d) 2 b A q = 2 b ≯ q = 2 b ≥ q = q ≥ 2 b ⇒ या तो q > 2 या q = 2 b
(e) q F 2 b ⇒ q > 2 b

यहाँ अन्य विकल्पों की तुलना में केवल निष्कर्ष विकल्प (c) कथनों के संयोजन के अधिक-से-अधिक अनुरूप है।

अत: **केवल निष्कर्ष विकल्प (c) सत्य है।**

20. (b) **कथन** : (2x By) और (2y A3z)

2x By = 2z = y ...(i)

2y A 3z = 2y |> 3z = 2y ≤ 3z = 3z ≥ 2y ⇒ या तो 3z > 2y या 3z = 2y

दोनों कथनों को एक साथ संयोजित करने पर–

3z > 2y > 2x / 3z = 2y > 2x (संभावनाएँ)

निष्कर्ष : विकल्प से–

(a) 2 x D 3 z = 2 x ≮ 3 z = 2 x ≥ 3z ⇒ या तो 2 x > 3z या 2x = 3z
(b) 2 x B 6 z ⇒ 2 x = 6 z
(c) 2 x C 3 z = 2 x < 3 z ⇒ 3 z > 2x
(d) 3 z B 3y ⇒ 3 z = 3y
(e) 3 z F 4 x ⇒ 3 z > 4x

यहाँ केवल निष्कर्ष विकल्प (c) कथनों के संयोजित दोनों ही संभावनाओं के अनुरूप है।

अत: **केवल निष्कर्ष विकल्प (c) सत्य है।**

[÷ ⇒ = / × ⇒ / + ⇒ < / ϕ ⇒ / < / □ ⇒ > / Δ ⇒ ≠]

[÷ ⇒ = / × ⇒ / + ⇒ ≤ / + ⇒ < / ϕ = < ⇒ ≥ / □ ⇒ ≥ / □⇒ > Δ = ≠ ⇒ या तो > या <]

21. (b) a Δ b + c = a ≠ b < c ⇒ a > b < c या a < b < c

विकल्प से–

(a) a □ b × c ⇒ a > b ≤ c
(b) a Δ b □ c = a ≠ b> c ⇒ a > b > c या a < b>c
(c) a ϕ b Δ c = a ≥ b ≠ c ⇒ a ≥ b > c या a ≥ b>c
(d) a × b × c ⇒ a ≤ b < c
(e) a + b Δ c = a < b ≠ c ⇒ a < b < c या a < b>c

यहाँ समीकरण विकल्प (b) की प्रत्येक स्थिति में 'b > c' दर्शाया गया है, जोकि किसी भी हालत में संभव नहीं है।

अत: समीकरण विकल्प (b) प्रश्न में दिये गए समीकरण से Imply नहीं करता है।

22. (e) a ÷ b □ c ⇒ a = b > c विकल्प से–

(a) a + b + c ⇒ a < b < c
(b) a □ b + c ⇒ a >b <c
(c) a ÷ b □ c ⇒ a = b > c (बिल्कुल प्रश्न के समरूप)

[**Note** : समरूप विकल्प को Imply के श्रेणी में नहीं रखा जाता है। इसलिए विकल्प (c) Imply नहीं माना जाएगा।]

(d) a + b Δ c = a < b ≠ c ⇒ a < b < c या a < b>c
(e) a ÷ b ϕ c = a = b ≥ c ⇒ a = b = c या a = b>c

यहाँ समीकरण विकल्प (b) बिल्कुल प्रश्न के अनुरूप है। अत:, इसे Implication नहीं मान सकते। जबकि समीकरण विकल्प (e) बिल्कुल ही प्रश्न से Imply करता है।

23. (c) a + b Δ c = a < b ≠ c ⇒ a < b > c या a <b<c

विकल्प से–

(a) a Δ b + c = a ≠ b < c ⇒ a > b < c या a < b<c

(b) a × b □ c = a ≤ b > c ⇒ a = b > c या a < b>c

(c) a ÷ b □ c ⇒ a = b > c

(d) a + b ϕ c = a < b ≥ c ⇒ a = b > c या a < b=c

(e) a Δ b Δ c = a ≠ b ≠ c ⇒ a = b > c या a > b>c

यहाँ समीकरण विकल्प (c) में 'a = b' दर्शाया गया है, जो कि प्रश्नानुसार किसी भी हाल में सम्भव नहीं है।

अतः **समीकरण विकल्प (c) प्रश्न से Imply नहीं करता है।**

24. (c) a + b + c ⇒ a < b < c 'l c > b > a

विकल्प से–

(a) a ÷ b ϕ c = a = b ≥ c ⇒ a = b > c या a = b=c

(b) a × b ÷ c = a ≤ b = c ⇒ a = b = c या a < b=c

(c) a × b Δ c = a ≤ b ≠ c ⇒ a < b < c या a = b>c

(d) a ÷ b Δ c = a = b ≠ c ⇒ a < b > c या a = b>c

(e) a ϕ b □ c = a ≥ b > c ⇒ a > b > c या a = b<c

यहाँ हम देख रहे हैं कि केवल समीकरण विकल्प (c) प्रश्न में दिये गए समीकरण से Imply करता है।

25. (d) a ϕ b ϕ c = a ≥ b ≥ c ⇒ a > b > c या a=b=c

(a) a Δ b ÷ c = a ≠ b = c ⇒ a > b = c या a < b=c

(b) a × b □ c = a ≤ b > c ⇒ a = b > c या a < b>c

(c) a Δ b □ c = a ≠ b > c ⇒ a > b > c या a < b>c

(d) a + b ϕ c = a < b ≥ c ⇒ a < b = c या a < b>c

(e) a Δ b Δ c = a ≠ b ≠ c ⇒ a > b > c या a < b<c

यहाँ समीकरण विकल्प (d) के प्रत्येक स्थिति में 'a < b' को दर्शाया गया है, जो कि किसी भी हाल में प्रश्न में दिये गए समीकरण से Imply नहीं करता है।

[P @ Q ⇒ P < Q / P @ Q ⇒ P ≤ Q/P = Q ⇒ P = Q/P = Q ⇒ P = Q/P ★ Q ⇒ P < Q/P ★ Q ⇒ P ≤ Q]

26. (d) **कथन** : S ★ M, M @ L, L@ Z

S ★ M = S < M ⇒ M > S ...(i)

M @ L ⇒ M > L ...(ii)

L @ Z = L ≥ Z ⇒ या तो L > Z या L = Z ...(iii)

तीनों कथनों को एक साथ संयोजित करने पर–

M < S & M > L > Z / M >S & M > L = Z (संभावनाएँ)

निष्कर्ष: I. S = Z ⇒ S = Z

II. S ★ L = S ≤ L = L ≥ S ⇒ या तो L > S या L = S

दिए गए दोनों ही निष्कर्ष उपर्युक्त कथनों के संयोजित संभावनाओं के बिल्कुल ही अनुरूप नहीं है। क्योंकि कथनों के संयोजन के आधार पर S और Z या L और S के बीच में कोई भी संबंध स्थापित नहीं किया जा सकता।

अतः **न तो I और न ही II दोनों में से कोई भी निष्कर्ष सत्य नहीं है।**

27. (a) **कथन** : J = V, V ★ N, R ★J

J = V ⇒ J = V ...(i)

V ★ N = V < N ⇒ N > V ...(ii)

R★ J = R ≤ J = J ≥ R ⇒ या तो J > R या J = R ...(iii)

तीनों कथनों को एक साथ संयोजित करने पर–

N > V = J > R / N > J = V = R (संभावनाएँ)

निष्कर्ष : I. R ★ N = R < N ⇒ N > R

II. J @ N ⇒ J > N

यहाँ निष्कर्ष में 1st 'N > R'

को दर्शाया गया है जोकि कथनों के संयोजित दोनों ही संभावनाओं के बिल्कुल ही अनुरूप है।

अतः **केवल निष्कर्ष I सत्य है।**

28. (b) **कथन** : L @ U, C ★ L, C @ B

L @ U = L ≥ U ⇒ या तो L > U या L = U...(i)

C ★ L = C < L ⇒ L > C ...(ii)

C @ B ⇒ C < B ...(iii)

तीनों कथनों को एक साथ संयोजित करने पर–

L > U & L > C > B / U = L > C > B (संभावनाएँ)

निष्कर्ष : I. U = C ⇒ U = C

II. L @ B ⇒ L > B

यहाँ निष्कर्ष 1st में 'U = C' को दर्शाया गया है जोकि कथनों के संयोजित संभावनाओं के बिल्कुल ही अनुरूप नहीं है। जबकि निष्कर्ष 2nd में 'L > B' को दर्शाया गया है जोकि संयोजित संभावनाओं के दोनों ही स्थितियों के अनुरूप है।

अतः **केवल निष्कर्ष II सत्य है।**

29. (d) **कथन** : D @ F, F = S, S ★ M

D @ F ⇒ D > F ...(i)

F = S ⇒ F = S ...(ii)

S ★ M = S ≤ M = M ≥ S ⇒ या तो M > S या M = S ...(iii)

तीनों कथनों को एक साथ संयोजित करने पर–

D > F = S & M > S = F / D > F = S = M (संभावनाएँ)

निष्कर्ष : I. D @ M ⇒ D > M

II. F @ M = F ≥ M ⇒ या तो F > M या F =M

यहाँ दिये गये दोनों ही निष्कर्ष कथनों के संयोजित संभावनाओं के किसी भी स्थिति के अनुरूप नहीं है।

अतः **न तो निष्कर्ष I और न ही II सत्य है।**

30. (a) **कथन** : P @ T, M ★ K, T = K

P @ T ⇒ P > T ...(i)

M ★ K = M < K ⇒ K > M ...(ii)

T = K ⇒ T = K ...(iii)

तीनों कथनों को एक साथ संयोजित करने पर–

P > T = K > M

निष्कर्ष : I. T @ M ⇒ T > M

II. T = M ⇒ T = M

यहाँ निष्कर्ष 1st में 'T > M' को दर्शाया गया है जोकि कथनों के संयोजित क्रम के बिल्कुल ही अनुरूप है। जबकि निष्कर्ष 2nd कथनों के संयोजित क्रम के बिल्कुल ही अनुरूप नहीं हैं।

अतः **केवल निष्कर्ष I सत्य है।**

31. (d) **कथन** : T @ R, R @ K, K © M

T @ R = T < R ⇒ R > T ....(i)

R @ K = R ≤ K = K ≥ R⇒ या तो K > R या K = R ...(ii)

K © M = K ≥ M ⇒ या तो K > M या K = M ...(iii)

तीनों कथनों को एक साथ संयोजित करने पर–

K > R > T & K > M/K = R = M > T (संभावनाएँ)

निष्कर्ष : I. T @ M = T ≤ M ⇒ M ≥ T ⇒ या तो M > T या M = T

II. M © T = M ≥ T ⇒ या तो M > T या M = T

यहाँ दिये गए दोनों ही निष्कर्षों में या तो M > T या M = T को दर्शाया गया है जो कि कथनों के संयोजन के बिल्कुल ही अनुरूप नहीं हैं।

अतः **न तो I और न ही II दोनों में से कोई भी निष्कर्ष सत्य नहीं है।**

32. (a) **कथन** : M © K, K © P

M © K = M ≥ K ⇒ या तो M > K या M = K ...(i)

K © P ⇒ K > P ...(ii)

दोनों कथनों को एक साथ संयोजित करने पर–

M < K > P /M = K > P (संभावनाएँ)

निष्कर्ष : I. M © P ⇒ M > P

II. M = P ⇒ M = P

यहाँ निष्कर्ष 1st में 'M > P' को दर्शाया गया है जोकि कथनों के संयोजन के दोनों ही संभावनाओं के बिल्कुल ही अनुरूप है। जबकि निष्कर्ष 2nd में 'M = P' को दर्शाया गया है जोकि कथनों के किसी भी संभावित के अनुरूप नहीं हैं।

अत: **केवल निष्कर्ष I सत्य है।**

33. (d) **कथन :** D $\underline{@}$ M, Q $\underline{\copyright}$ M

D $\underline{@}$ M = D ≤ M = M ≥ D ⇒ या तो M > D या M = D ...(i)

Q $\underline{\copyright}$ M = Q ≥ M ⇒ या तो Q > M या Q = M ...(ii)

दोनों कथनों को एक साथ संयोजित करने पर–

Q > M > D /Q = M = D (संभावनाएँ)

निष्कर्ष : I . D © Q ⇒ D > Q

II. D $\underline{\copyright}$ Q = D ≥ Q ⇒ या तो D > Q या D = Q

दिये गए दोनों ही निष्कर्ष कथनों के संयोजन के किसी भी संभावना के अनुरूप नहीं है।

अत: **न तो I और न ही II दोनों में से कोई भी निष्कर्ष सत्य नहीं है।**

34. (c) **कथन :** F = K, K $\underline{\copyright}$ M,M $\underline{\copyright}$ R

F = K ⇒ F = K ...(i)

K $\underline{\copyright}$ M = K ≥ M ⇒ या तो K > M या K = M ...(ii)

M $\underline{\copyright}$ R = M ≥ R ⇒ या तो M > R या M = R ...(iii)

तीनों कथनों को एक साथ संयोजित करने पर–

F = K > M > R /F = K = M = R (संभावनाएँ)

निष्कर्ष : I. F = R ⇒ F = R

II. F © R ⇒ F > R

यहाँ दिये गए दोनों ही निष्कर्ष अलग-अलग, कथनों के संयोजित संभावनाओं के अनुरूप है। इसलिए इन्हें न ही एक साथ सत्य और न ही एक साथ असत्य या न ही अलग-अलग सत्य माना जा सकते हैं।

अत: **या तो निष्कर्ष I या फिर II सत्य है।**

35. (d) **कथन :** Z © R, P © R, M @ P

Z © R ⇒ Z > R ...(i)

P © R ⇒ P > R ...(ii)

M © P = M < P ⇒ P > M ...(iii)

तीनों कथनों को एक साथ संयोजित करने पर–

Z < R, P < R & P < M

निष्कर्ष : I. Z © P ⇒ Z > P

II. M © Z ⇒ M > Z

दिये गए दोनों ही निष्कर्ष कथनों के संयोजन के बिल्कुल ही अनुरूप नहीं हैं। क्योंकि कथनों के संयोजन क आधार पर 'Z और P' या 'M और Z' के बीच कोई भी निश्चित संबंध स्थापित नहीं किया जा सकता है।

अत: **न तो I और न ही II दोनों में से कोई भी निष्कर्ष सत्य नहीं हैं।**

[A ★ B A > B/A $\underline{★}$ B ⇒ A ≥ B/A = B ⇒ B/A @ B ⇒ A < B/A $\underline{@}$B ⇒ A ≤ B]

❑❑❑

भाग–II
विश्लेषणात्मक तर्कशक्ति
(Analytical Reasoning)

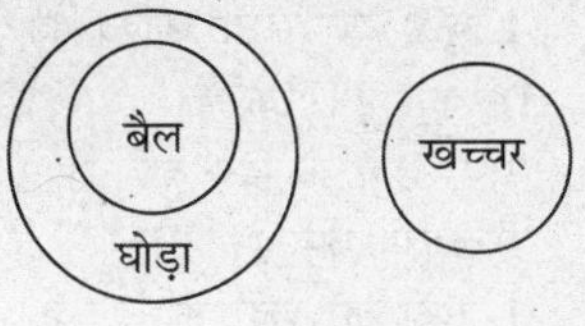

आकृति (II)

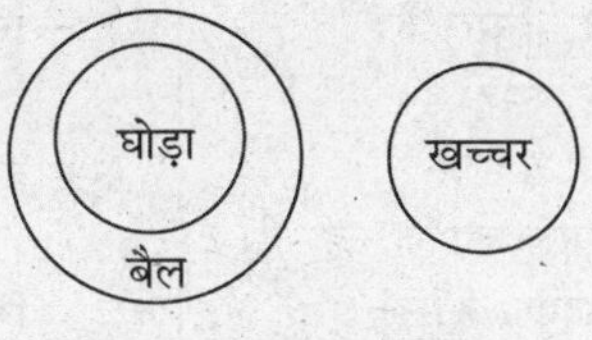

आकृति (III)

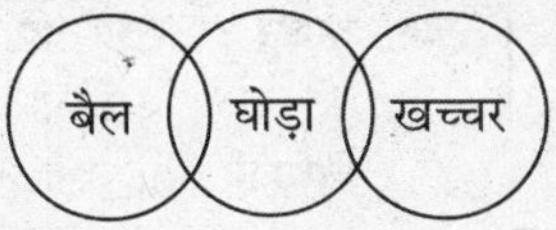

इस प्रकार निश्चित रूप से केवल 6 निष्कर्ष निकाल सकते हैं—

(1) कोई खच्चर बैल नहीं है।

(2) कोई घोड़ा खच्चर नहीं है।

(3) कुछ बैल खच्चर नहीं है।

(4) कुछ खच्चर बैल नहीं है।

(5) कुछ खच्चर घोड़ा नहीं है।

(6) कोई घोड़ा खच्चर नहीं है।

इसके अलावा बैल से घोड़ा के बारे में जो भी निष्कर्ष निकलेंगे वो सम्भावित होंगे, क्योंकि कथन में इन दोनों के संबंध के बारे में कुछ भी नहीं कहा गया है अत: हम विपरीत नियम का सहारा लेंगे।

जैसे—

(1) (I) कोई बैल घोड़ा नहीं है—आकृति I से सिर्फ
(II) कुछ बैल घोड़ा हैं—आकृति II, III व IV से।

(2) (I) सभी बैल घोड़ा हैं—आकृति II से सिर्फ
(II) कुछ बैल घोड़ा नहीं हैं—आकृति I से सिर्फ

इस प्रकार हम अकेले किसी को भी सही नहीं मानेंगे लेकिन यदि दोनों निष्कर्ष को एक साथ देखें तो हम कहते हैं कि या तो निष्कर्ष I या निष्कर्ष II (1 तथा 2 दोनों का) सही है।

प्रकार 4.

हल : कुछ बैल खच्चर नहीं है, कुछ खच्चर घोड़ा नहीं हैं।

इसकी आकृति जो बनेगी वो कुछ है (Some) वाले के अनुसार ही लेकिन, निष्कर्ष नकारात्मक आएगा।

हल :

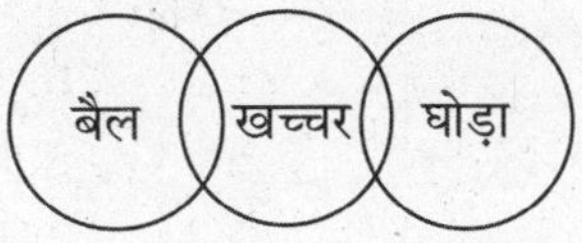

(I)

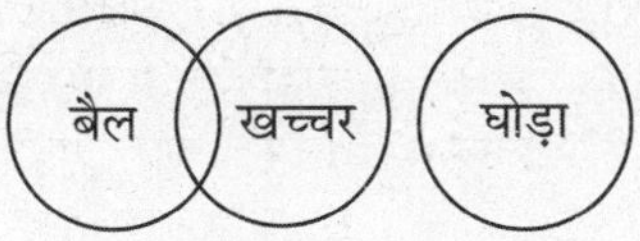

(II)

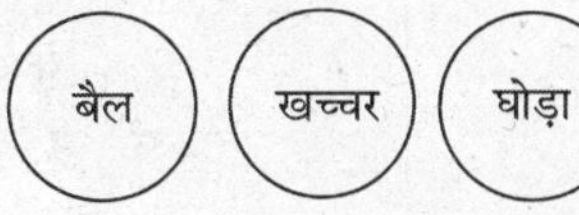

(III)

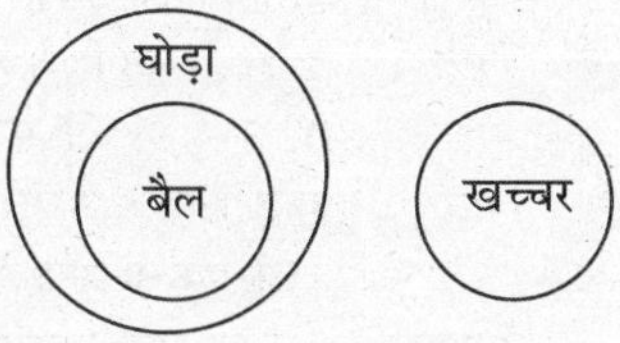

(IV)

निष्कर्ष : कुछ खच्चर बैल नहीं हैं, तथा कुछ घोड़ा बैल नहीं हैं, निश्चित रूप से निकलेगा। बाकी निष्कर्ष विपरीत नियम के अनुसार।

प्रश्नावली

निर्देश—(प्रश्न संख्या 1 से 51 तक): निम्नलिखित दिये गए प्रत्येक प्रश्न में दो कथन दिये गए हैं, जिनके नीचे दो निष्कर्ष (I) और (II) दिये गए हैं। दिये गए दोनों कथन सर्वज्ञात तथ्यों से मेल न रखने वाले हों फिर भी आप उन दोनों कथनों को सत्य समझें और सर्वज्ञात तथ्यों की अवहेलना करते हुए दिये गए निष्कर्षों में से कौन-सा निष्कर्ष दिये गए कथनों के आधार पर तर्कसंगत रूप से निकलता है, इसका निर्णय कीजिए—

उत्तर (a) **दीजिए,** यदि केवल निष्कर्ष (I) निकलता है।

उत्तर (b) **दीजिए,** यदि केवल निष्कर्ष (II) निकलता है।

उत्तर (c) **दीजिए,** यदि या तो निष्कर्ष (I) अथवा निष्कर्ष (II) निकलता है।

उत्तर (d) **दीजिए,** यदि न तो (I) और न ही (II) निष्कर्ष निकलता है।

उत्तर (e) **दीजिए,** यदि निष्कर्ष (I) एवं (II) दोनों निकलते हैं।

1. कथन : सभी माताएँ ताइयाँ हैं।
सभी ताइयाँ महिलाएँ हैं।
निष्कर्ष : I. सभी महिलाएँ माताएँ हैं।
II. सभी महिलाएँ ताइयाँ हैं।

2. कथन : सभी पेन्सिल ईंटें हैं।
सभी ईंटें बोतल हैं।
निष्कर्ष : I. कुछ बोतल कलम हैं।
II. कुछ बोतल ईंटें हैं।

3. कथन : सभी कलम ईंटें हैं।
सभी ईंटें बोतल हैं।
निष्कर्ष : I. सभी पेन्सिल बोतल हैं।
II. सभी ईंटें पेन्सिल हैं।

4. कथन : कुछ चारपाईयाँ खरगोश हैं।
टेबुल एक चारपाईयाँ है।
निष्कर्ष : I. कुछ खरगोश चारपाइयाँ हैं।
II. टेबुल एक खरगोश नहीं है।

5. कथन : सभी कबूतर कोयल हैं।
कुछ कोयल प्लेट हैं।
निष्कर्ष : I. कुछ कबूतर प्लेट हैं।
II. कुछ प्लेट कबूतर हैं।

6. कथन : सभी लड़के लड़कियाँ हैं।
कोई भी लड़की मूर्ख नहीं है।
निष्कर्ष : I. कोई भी मूर्ख लड़की नहीं है।
II. कोई भी लड़का मूर्ख नहीं है।

7. कथन : सभी बिल्लियाँ पुस्तकें हैं।
सभी पुस्तकें गायक हैं।
निष्कर्ष : I. सभी बिल्लियाँ गायक हैं।
II. सभी पुस्तकें बिल्लियाँ हैं।

8. कथन : कुछ बिल्लियाँ बिल्ली के बच्चे हैं।
सभी बकरियाँ बिल्ली के बच्चे हैं।
निष्कर्ष : I. कुछ बिल्लियाँ बकरियाँ हैं।
II. कुछ बकरियाँ बिल्लियाँ हैं।

9. कथन : सभी मोर घर हैं।
कोई भी घर लोमड़ी नहीं हैं
निष्कर्ष : I. सभी मोर लोमड़ी हैं।
II. कोई भी घर लोमड़ी नहीं है।

10. कथन : सभी पैन कुत्ते हैं।
कुछ पैन हल्के हैं।
निष्कर्ष : I. कुछ कुत्ते पैन हैं।
II. कुछ हल्के चीज कुत्ते नहीं हैं।

11. कथन : सभी पेड़ फूल हैं।
कुछ फूल कलम हैं।
निष्कर्ष : I. सभी कलम पेड़ हैं।
II. कुछ फूल पेड़ हैं।

12. कथन : सभी हेलीकॉप्टर बस हैं।
सभी बस कार हैं।
निष्कर्ष : I. सभी बस हेलीकॉप्टर हैं।
II. सभी हेलीकॉप्टर कार हैं।

13. कथन : कुछ लड़के बादल हैं।
वरुण एक लड़का है।
निष्कर्ष : I. कुछ बादल लड़के हैं।
II. कुछ लड़के बादल नहीं हैं।

14. कथन : सभी सड़कें लड़ाकू विमान हैं।
सभी लड़ाकू विमान तोते हैं।

निष्कर्ष : I. सभी तोते सड़क हैं।
II. सभी तोते लड़ाकू विमान हैं।

15. कथन : सभी कुर्सियाँ सेब हैं।
कुछ सेब टेबुल हैं।
निष्कर्ष : I. सभी सेब कुर्सी हैं।
II. कुछ टेबुल सेब नहीं हैं।

16. कथन : कुछ लड़के बादल हैं।
गोपाल एक लड़का है।
निष्कर्ष : I. गोपाल बादल है।
II. कुछ लड़के बादल नहीं हैं।

17. कथन : कुछ पक्षी बादल हैं।
घोड़ा एक पक्षी है।
निष्कर्ष : I. कुछ बादल पक्षी हैं।
II. घोड़ा बादल नहीं हैं।

18. कथन : सभी सड़कें घड़ियाँ हैं।
सभी घड़िया बाज हैं।
निष्कर्ष : I. सभी सड़कें बाज हैं।
II. सभी घड़ियाँ सड़कें हैं।

19. कथन : कुछ शिक्षक महिला हैं।
रेखा एक शिक्षक है।
निष्कर्ष : I. रेखा एक महिला शिक्षक है।
II. रेखा एक पुरुष शिक्षक है।

20. कथन : सभी खिलाड़ी सिगरेट खोर हैं।
कुछ सिगरेट खोर शराबी हैं।
निष्कर्ष : I. कुछ शराबी खिलाड़ी हैं।
II. कुछ खिलाड़ी शराबी हैं।

21. कथन : सभी टेबुल चींटियाँ हैं।
सभी चींटियाँ कुर्सियाँ हैं।
निष्कर्ष : I. कुछ टेबुल चींटियाँ हैं।
II. कुछ कुर्सियाँ टेबुल हैं।

22. कथन : सभी टेबुल चींटियाँ हैं।
कुछ चींटियाँ कुर्सियाँ हैं।
निष्कर्ष : I. सभी चींटियाँ टेबुल हैं।
II. कुछ कुर्सियाँ चींटियाँ नहीं हैं।

23. कथन : कुछ डॉक्टर मूर्ख हैं।
सुरेश डॉक्टर है।
निष्कर्ष : I. कुछ मूर्ख डॉक्टर हैं।
II. सुरेश मूर्ख है।

24. कथन : कुछ चूहे खरगोश हैं।
सभी चूहे मच्छर हैं।
निष्कर्ष : I. कुछ मच्छर खरगोश हैं।
II. कोई भी खरगोश मच्छर नहीं है।

25. कथन : सभी पंखे कप हैं।
सभी कप तकिए हैं।
निष्कर्ष : I. सभी पंखे तकिए हैं।
II. सभी कप पंखे हैं।

26. कथन : सभी हाथी पक्षी हैं।
कुछ पक्षी गायें हैं।
निष्कर्ष : I. कुछ गायें पक्षी हैं।
II. कुछ हाथी गायें हैं।

27. कथन : सभी कागज पेन्सिल हैं।
सभी पेन्सिल रबड़ हैं।
निष्कर्ष : I. कुछ रबड़ कागज हैं।
II. कुछ पेन्सिलें कागज नहीं हैं।

28. कथन : सभी काँच दर्पण हैं।
कुछ दर्पण लाल हैं।
निष्कर्ष : I. सभी दर्पण काँच हैं।
II. कुछ काँच लाल हैं।

29. कथन : बहुत से घोड़े बादल हैं।
सभी बादल गधे हैं।
निष्कर्ष : I. कुछ गधे घोड़े हैं
II. कुछ बादल घोड़े हैं।

30. कथन : सभी पेन्सिल पेन हैं।
सभी पेन रबड़ हैं।
निष्कर्ष : I. सभी रबड़ पेन हैं।
II. सभी पेन पेन्सिल हैं।

31. कथन : कुछ पक्षी हाथी हैं।
कुछ हाथी पत्थर हैं।
निष्कर्ष : I. कुछ पत्थर पक्षी हैं।
II. कुछ हाथी पक्षी हैं।

32. कथन : कुछ चूहे बिल्ली हैं।
सभी बिल्ली गाय हैं।
निष्कर्ष : I. कुछ चूहे गाय हैं।
II. कुछ गाय चूहे हैं।

33. कथन : सभी पुरुष औरतें हैं।
कुछ औरतें रोबोट हैं।
निष्कर्ष : I. कुछ औरतें पुरुष हैं।
II. कुछ पुरुष रोबोट हैं।

34. कथन : सभी कार बन्दूक हैं।
कोई भी बन्दूक सड़क नहीं है।
निष्कर्ष : I. सभी बंदूक कार हैं।
II. कोई भी बन्दूक सड़क नहीं है।

35. कथन : सभी विद्यार्थी लड़के हैं।
कोई भी लड़का मूर्ख नहीं है।
निष्कर्ष : I. कोई भी विद्यार्थी मूर्ख नहीं है।
II. इस कक्षा में कोई भी लड़की नहीं है।

36. कथन : सभी मनुष्य टेबल हैं।
सभी टेबल स्नातक हैं।
निष्कर्ष : I. सभी टेबल मनुष्य हैं।
II. सभी मनुष्य स्नातक हैं।

37. कथन : कुछ रसोईयाँ सुस्त हैं।
कुछ लड़के सुस्त हैं।
निष्कर्ष : I. कुछ लड़के रसोईयाँ हैं।
II. कुछ रसोईयाँ लड़के हैं।

38. कथन : अधिकतर ट्रेन सभ्य व्यक्ति हैं।
कुछ सभ्य व्यक्ति टैंक हैं।
निष्कर्ष : I. कुछ टैंक सभ्य व्यक्ति हैं।
II. कुछ ट्रेन टैंक हैं।

39. कथन : सभी छुट्टी के दिन वर्ष हैं।
कुछ वर्ष तारे हैं।
निष्कर्ष : I. सभी तारे छुट्टी के दिन हैं
II. सभी तारे वर्ष हैं।

40. कथन : सभी नींबू आम हैं।
कोई भी आम सस्ता नहीं है।
निष्कर्ष : I. सभी आम नींबू हैं।
II. कोई भी नींबू सस्ता नहीं है।

41. कथन : कुछ पक्षी गायें हैं।
सभी गायें बिल्लियाँ हैं।
निष्कर्ष : I. कुछ बिल्लियाँ पक्षी हैं।
II. कुछ पक्षी बिल्लियाँ नहीं हैं।

42. कथन : सभी बकरियाँ कुत्ते हैं।
कुछ तोते कुत्ते हैं।
निष्कर्ष : I. सभी बकरियाँ तोते हैं।
II. कुछ कुत्ते तोते हैं।

43. कथन : कुछ मुर्गियाँ बैल हैं।
कुछ बैल वृक्ष हैं।
निष्कर्ष : I. कुछ वृक्ष मुर्गियाँ हैं।
II. कुछ मूर्गियाँ वृक्ष हैं।

44. कथन : कुछ चॉक पेन हैं।
कुछ पेन पेन्सिल हैं।
निष्कर्ष : I. कुछ चॉक पेन्सिल हैं।
II. कुछ पेन्सिल चॉक हैं।

45. कथन : सभी लैम्प फूल हैं।
कुछ फूल वृक्ष हैं।
निष्कर्ष : I. सभी लैम्प वृक्ष हैं।
II. सभी वृक्ष फूल हैं।

46. कथन : सभी खिलाड़ी लड़के हैं।
सभी लड़के लम्बे हैं।
निष्कर्ष : I. सभी खिलाड़ी लम्बे हैं।
II. सभी खिलाड़ी लड़के हैं।

47. कथन : कुछ फाउन्टेन पहिए हैं।
कुछ पहिए टेबलेट हैं।
निष्कर्ष : I. कुछ फाउन्टेन टेबलेट हैं।
II. कुछ टेबलेट पहिए हैं।

48. कथन : सभी मशीनों खिड़कियाँ हैं।
सभी खिड़कियाँ बादल हैं।
निष्कर्ष : I. सभी मशीनें बादल हैं।
II. सभी बादल मशीनें हैं।

49. कथन : सभी धावक बिस्तर हैं।
कोई भी बिस्तर तीर नहीं है।
निष्कर्ष : I. कोई भी धावक तीर नहीं है।
II. कुछ बिस्तर धावक हैं।

50. कथन : कुछ पुरुष औरत हैं।
सभी पुरुष उल्लू हैं।
निष्कर्ष : I. कुछ उल्लू पुरुष हैं।
II. कोई भी औरत उल्लू नहीं है।

51. कथन : सभी पेन्सिलें पेन हैं।
कोई भी पेन पुस्तक नहीं है।

निष्कर्ष : I. कोई भी पेन्सिल पुस्तक नहीं है।
II. कुछ पेन पेन्सिलें हैं।

(a) केवल I तर्कसंगत रूप से निकलता है।
(b) केवल I, II और IV तर्कसंगत रूप से निकलते हैं।
(c) केवल II और IV तर्कसंगत रूप से निकलते हैं।
(d) केवल I और IV तर्कसंगत रूप से निकलते हैं।
(e) सभी तर्कसंगत रूप से निकलते हैं।

निर्देश (प्रश्न संख्या 52 से 54 तक) : नीचे दिये गए प्रत्येक प्रश्न में दो कथन दिये गए हैं जिनके पश्चात् I, II, III, और IV चार निष्कर्ष दिये गए हैं। दोनों कथन सर्वज्ञात तथ्यों से मेल न रखते हों तो भी आप उन्हें सत्य समझें। आप दिये गए सभी निष्कर्षों को पढ़ें और फिर उन सर्वज्ञात तथ्यों की अवहेलना करते हुए तय करें कि दिये गए कथनों के आधार पर कौन-सा निष्कर्ष तर्कसंगत रूप से निकाला जा सकता है।

52. कथन : सभी गाजरें आलू हैं।
सभी आलू बैंगन हैं।

निष्कर्ष : I. सभी गाजरें बैंगन हैं।
II. सभी बैंगन गाजरें हैं।
III. सभी आलू गाजरें हैं।
IV. कुछ बैंगन आलू हैं।

(a) केवल I और II तर्कसंगत रूप से निकलते हैं।
(b) केवल II, III और IV तर्कसंगत रूप से निकलते हैं।
(c) केवल I, III, और IV तर्कसंगत रूप से निकलते हैं।
(d) या तो केवल II या फिर III तर्कसंगत रूप से निकलते हैं।
(e) इनमें से कोई नहीं।

53. कथन : सभी बकरियाँ तोते हैं।
सभी तोते कौवे हैं।

निष्कर्ष : I. सभी तोते कौवे हैं।
II. सभी बकरियाँ कौवे हैं।
III. कुछ कौवे बकरियाँ हैं।
IV. कुछ तोते बकरियाँ हैं।

(a) केवल I और II तर्कसंगत रूप से निकलते हैं।
(b) केवल II, III और IV तर्कसंगत रूप से निकलते हैं।
(c) केवल I, III, और IV तर्कसंगत रूप से निकलते हैं।

54. कथन : सभी कवि लेखक हैं।
सभी लेखक गायक हैं।

निष्कर्ष : I. सभी कवि गायक हैं।
II. कुछ गायक लेखक हैं।
III. कुछ कवि गायक हैं।
IV. कुछ कवि गायक नहीं हैं।

(a) केवल I, II और IV तर्कसंगत रूप से निकलते हैं।
(b) केवल II, III और IV तर्कसंगत रूप से निकलते हैं।
(c) केवल II और III या IV तर्कसंगत रूप से निकलते हैं।
(d) या तो केवल III या फिर IV और II तर्कसंगत रूप से निकलते हैं।
(e) सभी तर्कसंगत रूप से निकलते हैं।

उत्तर (हल/संकेत)

1. (d) जब दोनों कथन 'पूर्णव्यापी सकारात्मक' (Universal Affirmative) हों तो निष्कर्ष हमेशा 'पूर्णव्यापी सकारात्मक' (Universal Affirmative) में ही निकाले जाते हैं। यहाँ निष्कर्ष **(I)** एक अवैध निष्कर्ष है क्योंकि इस स्थान पर **'सभी माताएँ महिला हैं'** होना चाहिए था। इसी प्रकार निष्कर्ष **(II)** भी अवैध है क्योंकि इसमें 'मध्य पद' (Middle Term) **'ताइयाँ'** का प्रयोग किया गया है जोकि न्याय के नियम के विरुद्ध है।

अत:, **निष्कर्ष (I) एवं (II) दोनों निष्कर्ष अवैध हैं।**

2. (e) जब दोनों कथन 'पूर्णव्यापी सकारात्मक' (Universal Affirmative) हो साथ ही 'मध्यपद' Middle Term) व्याप्त हो, तो निष्कर्ष हमेशा 'पूर्णव्यापी सकारात्मक' (Unviversal Affirmative) में निकाले जाते हैं। यहाँ निष्कर्ष (I) **'सभी कलम बोतल हैं'** होना चाहिए, जबकि निष्कर्ष (I) में 'कुछ बोतल कलम हैं' को दर्शाया गया है जो कि निगमनात्मक निष्कर्ष का एक वैध रूपान्तरण (Conversion) है। इसी प्रकार निष्कर्ष **(II) 'कुछ बोतल ईंटें हैं'** दूसरा कथन 'सभी ईंटें बोतल हैं' का एक वैध रूपान्तरण है। दोनों निष्कर्ष अवैध हैं।

अत:, **निष्कर्ष (I) एवं (II) दोनों तर्कसंगत रूप से निकलते हैं।**

3. (a) यह भी न्याय उपर्युक्त नियम के ही अनुसार है। यहाँ निष्कर्ष (I) **'सभी पेन्सिल बोतल हैं'** दिये गए कथन का एक वैध निगमनात्मक निष्कर्ष है। जबकि निष्कर्ष (II) अवैध है, क्योंकि इसमें 'मध्यपद' (Middle Term) **'ईंटें' का प्रयोग किया गया है, जोकि न्याय के नियम के विरुद्ध है।**

अत:, **केवल निष्कर्ष (I) तर्कसंगत रूप से निकलता है।**

4. (a) जब दोनों कथन 'अंशव्यापी सकारात्मक' (Particular Affirmative) हों,तो ऐसे कथनों के आधार पर मध्याश्रित न्याय के नियमानुसार कोई भी वैध निष्कर्ष नहीं निकाले जा सकते, क्योंकि इस स्थिति में 'मध्यपद' आंशिक रूप से (Partially Distributed) हो जाता है। जबकि न्याय के नियमानुसार तर्कसंगत वैध निष्कर्ष के लिए 'मध्यपद' को पूर्णरूप से व्याप्त होना चाहिए। यहाँ निगमनात्मक मध्याश्रित न्याय के नियमानुसार दोनों निष्कर्ष अवैध हैं जबकि अनन्तरानुमान (Immediate Inference) के नियमानुसार निष्कर्ष **(I) 'कुछ खरगोश चारपाइयाँ हैं'** पहले कथन का एक वैध रूपान्तरण है।

अत:, **केवल निष्कर्ष (I) तर्कसंगत रूप से निकलता है।**

5. (d) जब पहला कथन 'पूर्णव्यापी सकारात्मक' (Universal Affirmative) हो तथा दूसरा कथन 'अंशव्यापी सकारात्मक' (Particula Affirmative) हो, तो मध्याश्रित न्याय के नियमानुसार कोई भी वैध निष्कर्ष नहीं निकाले जा सकते, क्योंकि इस स्थिति में 'मध्यपद' अव्याप्त हो जाते हैं।

अत:, **निष्कर्ष (I) एवं (II) दोनों अवैध हैं।**

6. (e) जब दोनों कथन 'पूर्णव्यापी सकारात्मक' (Universal Affirmative) हों तथा दूसरा कथन 'पूर्णव्यापी सकारात्मक' (Universal Affirmative) हो साथ ही 'मध्यपद' (Middle Term) व्याप्त हों, तो मध्याश्रित न्याय के नियमानुसार निष्कर्ष हमेशा 'पूर्णव्यापी नकारात्मक' (Universal Negative) में निकाले जाते हैं। यहाँ निष्कर्ष (I) **'कोई भी मूर्ख लड़का नही है।'** न्याय के नियमानुसार अवैध है जबकि अनन्तरानुमान के नियमानुसार यह दूसरे कथन का एक वैध रूपान्तरण है। जबकि निष्कर्ष **(II) 'कोई भी लड़का मूर्ख नहीं है।'** दिये गए दोनों कथनों के आधार पर निकाला गया एक वैध निगमनात्मक निष्कर्ष है।

अत:, **निष्कर्ष (I) एवं (II) दोनों तर्कसंगत रूप से निकलते हैं।**

7. (a) जब दोनों कथन 'पूर्णव्यापी सकारात्मक' (Universal Affirmative) हों साथ ही 'मध्यपद' व्याप्त हो, तो न्याय के नियमानुसार निष्कर्ष हमेशा 'पूर्णव्यापी सकारात्मक' (Universal Affirmative) में निकाले जाते हैं। यहाँ निष्कर्ष **(I) 'सभी बिल्लियाँ गायक हैं'** दिये गए दोनों कथनों के आधार पर निकाला गया एक वैध निगमनात्मक निष्कर्ष है। जबकि निष्कर्ष **(II)** अवैध है क्योंकि इसमें 'मध्य पद' (Middle Term) **'पुस्तक'** का प्रयोग किया गया है जोकि न्याय के नियम के विरुद्ध है।

अत:, **निष्कर्ष (I) तर्कसंगत रूप से निकलता है।**

8. (d) जब पहला कथन 'अंशव्यापी सकारात्मक' (Partcular Affirmative) हो तथा दूसरा कथन 'पूर्णव्यापी सकारात्मक' (Universal Affirmative) हो साथ ही 'मध्यपद' वयाप्त हो, तो न्याय के नियमानुसार निष्कर्ष हमेशा 'अंशव्यापी सकारात्मक' में निकाले जाते

हैं यहाँ निष्कर्ष (I) एवं (II) दोनों निष्कर्ष अवैध हैं क्योंकि दिये गए कथन में 'मध्यपद' अव्याप्त है।

अतः, **निष्कर्ष (I) एवं (II) दोनों अवैध हैं।**

9. (d) जब पहला कथन 'पूर्णव्यापी सकारात्मक' (Universal Affirmative) हो तथा दूसरा कथन 'पूर्णव्यापी सकारात्मक' (Universal Affirmative) हो , तो न्याय के नियमानुसार निष्कर्ष हमेशा 'पूर्णव्यापी नकारात्मक' में निकाले जाते हैं। यहाँ निष्कर्ष **(I)** एक अवैध निष्कर्ष है क्योंकि यह सकारात्मक में निकाला गया है साथ ही साथ निष्कर्ष **(II)** भी अवैध है क्योंकि इसमें 'मध्य पद' (Middle Term) **'घर'** का प्रयोग किया गया है जोकि न्याय के नियम के विरुद्ध है।

अतः, **निष्कर्ष (I) एवं (II) दोनों अवैध हैं।**

10. (d) जब पहला कथन 'पूर्णव्यापी सकारात्मक' (Universal Affirmative) हो तथा दूसरा कथन 'अंशव्यापी सकारात्मक' (Particular Affirmative) हो, तो संभावित निष्कर्ष या तो अंशव्यापी सकारात्मक या अंशव्यापी नकारात्मक में निकाले जा सकते हैं। यहाँ न्याय के नियमानुसार दोनों निष्कर्ष अवैध हैं। जबकि अनन्तरानुमान के नियमानुसार निष्कर्ष **(I) 'कुछ कुत्ते पैन हैं'** पहले कथन का एक वैध रूपान्तरण है।

अतः, **केवल निष्कर्ष (I) तर्कसंगत हैं।**

11. (b) यह भी उपर्युक्त नियम के ही अनुसार है। न्याय के नियमानुसार निष्कर्ष (I) एवं (II) दोनों निष्कर्ष अवैध हैं, जबकि अनन्तरानुमान के नियमानुसार निष्कर्ष **(II) 'कुछ फूल पेड़ हैं'** पहला कथन का एक वैध रूपान्तरण है।

अतः, **केवल निष्कर्ष (II) तर्कसंगत रूप से निकलता है।**

12. (b) जब दोनों कथन 'पूर्णव्यापी सकारात्मक' (Universal Affirmative) हों तथा 'मध्यपद' हो, तो न्याय के नियमानुसार निष्कर्ष हमेशा 'पूर्णव्यापी सकारात्मक' में निकाले जाते हैं। यहाँ निष्कर्ष **(I)** अवैध है क्योंकि इसमें 'मध्यपद' बस का प्रयोग किया गया है जो कि न्याय के नियम के विरुद्ध है। जबकि निष्कर्ष **(II) 'सभी हेलीकॉप्टर कार हैं'** दिये गए दोनों कथनों के आधार पर निकाला गया न्याय के नियमानुसार एक वैध निगमनात्मक निष्कर्ष है।

अतः, **केवल निष्कर्ष (II) तर्कसंगत रूप से निकलता है।**

13. (a) जब मध्यपद (Middle Term) अव्याप्त हो, तो न्याय के नियमानुसार कोई भी वैध निष्कर्ष नहीं निकाले जा सकते । यहाँ न्याय के नियमानुसार निष्कर्ष **(I)** एवं **(II)** दोनों निष्कर्ष अवैध हैं। जबकि अनन्तरानुमान के नियमानुसार निष्कर्ष **(I) 'कुछ बादल लड़के हैं'** पहला कथन का एक वैध रूपन्तरण है।

अतः, **केवल निष्कर्ष (I) तर्कसंगत रूप से निकलता है।**

14. (d) जब दोनों कथन 'पूर्णव्यापी सकारात्मक' (Universal Affirmative) हों तथा 'मध्यपद' व्याप्त हो, तो न्याय के नियमानुसार निष्कर्ष हमेशा 'पूर्णव्यापी सकारात्मक' में निकाले जाते हैं। यहाँ निष्कर्ष **(I)** एवं **(II)** दोनों निष्कर्ष निगमनात्मक न्याय के अनुसार अवैध हैं क्योंकि इसमें पद **'तोता'** को कथन से अधिक व्यापक कर दिया गया है जोकि निगमनात्मक न्याय के नियम विरुद्ध है।

अतः, **केवल निष्कर्ष (I) एवं (II) दोनों असंगत हैं।**

15. (d) जब पहला कथन 'पूर्णव्यापी सकारात्मक' (Universal Affirmative) हों तथा दूसरा कथन 'अंशव्यापी सकारात्मक' हो साथ ही 'मध्यपद अव्याप्त हो, तो न्याय के नियमानुसार कोई भी वैध निष्कर्ष नहीं निकाले जा सकतें लेकिन इस स्थिति में संभावित निष्कर्ष (Either some or some not) में निकाले जा सकते हैं यहाँ निष्कर्ष **(I)** एवं **(II)** दोनों निष्कर्ष अवैध हैं, क्योंकि दोनों निष्कर्ष में 'मध्यपद' **सेब** का प्रयोग किया गया है साथ ही साथ पहला निष्कर्ष 'पूर्णव्यापी सकारात्मक' में निकाला गया है।

अतः, **निष्कर्ष (I) एवं (II) दोनों निष्कर्ष असंगत हैं।**

16. (d) जब मध्यपद (Middle term) अव्याप्त हो, तो न्याय के नियमानुसार कोई भी वैध निष्कर्ष नहीं निकाले जा सकते। यहाँ न्याय के नियमानुसार दोनों निष्कर्ष अवैध हैं।

अतः, **निष्कर्ष (I) एवं (II) दोनों असंगत हैं।**

17. (I) उपर्युक्त प्रश्न के नियमानुसार ही इसमें भी न्याय के नियमानुसार दोनों निष्कर्ष अवैध हैं। जबकि अनन्तरानुमान के दृष्टिकोण से निष्कर्ष **(I) 'कुछ बादल पक्षी हैं'** पहला कथन का एक वैध रूपान्तरण है।

अतः, **केवल निष्कर्ष (I) तर्कसंगत रूप से निकलता है।**

18. (d) जब दोनों कथन 'पूर्णव्यापी सकारात्मक' (Universal Affirmative) हो तथा 'मध्यपद' (Middle Term) व्याप्त हो, तो न्याय के नियमानुसार निष्कर्ष हमेशा 'पूर्णव्यापी सकारात्मक' में निकाले जाते हैं। यहाँ निष्कर्ष **(I) सभी सड़कें बाज हैं'** न्याय के नियमानुसार दोनों कथनों के आधार पर निकाला गया एक वैध निष्कर्ष है। जबकि निष्कर्ष **(II)** अवैध है, क्योंकि इसमें मध्यपद **'घड़ियाँ'** का प्रयोग किया गया है।

अतः, **केवल निष्कर्ष (I) तर्कसंगत रूप से निकलता है।**

19. (c) जब पहला कथन 'अंशव्यापी सकारात्मक' (Particular Affirmative) हों तथा दूसरा कथन पूर्णव्यापी सकारात्मक हो साथ ही कथन में जो पद उद्देश्य के स्थान पर हो वही पद दूसरे कथन के विधेय के स्थान पर हो तो अपवादिक न्याय के नियमानुसार ऐसे कथनों के आधार पर संभावनापूर्ण निष्कर्ष निकाले जा सकते हैं। यहाँ निष्कर्ष **(I) 'रेखा एक महिला शिक्षक है'** तथा निष्कर्ष **(II) 'रेखा एक पुरुष शिक्षक है'** ऐसे निष्कर्ष को Either I or II के रूप में माना जा सकता है। लेकिन इन निष्कर्षों को पूर्णरूपेण वैध नहीं माना जा सकता। क्योंकि ऐसे निष्कर्ष एक साथ तो सत्य नहीं हो सकते लेकिन एक साथ दोनों असत्य हो सकते हैं।

अतः, **या तो निष्कर्ष (I) या तो (II) तर्कसंगत रूप से निकलता है।**

Note : न्याय के प्रश्नों में नाम के आधार पर लिंग निर्धारण नहीं किया जाता है। जैसा कि उपर्युक्त प्रश्न के व्याख्या में दर्शाया गया है। यूँ तो 'राधा' **को साधारणतया एक** लड़की का नाम माना जाता है। पर न्याय में 'राधा' के बारे में कुछ भी पूर्णरूपेण कहना संभव नहीं हो सकता। क्योंकि 'राधा' या तो **'पुरुष'** या **'महिला'** दोनों में से कुछ भी हो सकती है।

20. (d) जब पहला कथन 'पूर्णव्यापी सकारात्मक' (Universal Affirmative) हों तथा दूसरा कथन 'अंशव्यापी सकारात्मक' हो तथा मध्य पद अव्याप्त हो, तो न्याय के नियमानुसार कोई भी वैध निष्कर्ष नहीं निकाले जा सकते। यहाँ निष्कर्ष **(I)** एवं **(II)** दोनों निष्कर्ष अवैध हैं

अतः, **निष्कर्ष (I) एवं (II) दोनों निष्कर्ष असंगत हैं।**

21. (e) जब दोनों कथन 'पूर्णव्यापी सकारात्मक' (Universal Affirmative) हों तथा मध्यपद (Middle Term) व्याप्त हो, तो ऐसे कथनों से न्याय के नियमानुसार निष्कर्ष 'पूर्णव्यापी सकारात्मक' में निकाले जाते हैं। यहाँ निगमनात्मक न्याय के दृष्टिकोण से दोनों निष्कर्ष अवैध हैं। जबकि अनन्तरानुमान के दृष्टिकोण से निष्कर्ष अवैध हैं। जबकि अनन्तरानुमान के दृष्टिकोण से निष्कर्ष **(I) 'कुछ कुर्सियाँ टेबुल चींटियाँ हैं'** पहले कथन का एक वैध Implication है साथ ही साथ निष्कर्ष **(II) 'कुछ कुर्सियाँ टेबुल हैं'** निगमनात्मक निष्कर्ष 'सभी टेबुल कुर्सियाँ हैं, का एक बैध Conversion है

अतः, **निष्कर्ष (I) एवं (II) दोनों तर्कसंगत रूप से निकलते हैं।**

22. (d) जब पहला कथन 'पूर्णव्यापी सकारात्मक' (Universal Affirmative) हों तथा दूसरा कथन 'अंशव्यापी सकारात्मक' हो, तो न्याय के नियमानुसार कोई भी निश्चित वैध निष्कर्ष नहीं निकाले जा सकते यहाँ निष्कर्ष (I) एवं (II) दोनों निष्कर्षों में मध्यपद **'चींटियाँ'** का प्रयोग किया गया है, जो कि न्याय के नियम के विरुद्ध है।

अतः, **निष्कर्ष (I) एवं (II) दोनों असंगत हैं।**

23. (a) जब मध्यपद (Middle term) अव्याप्त हो, तो न्याय के नियमानुसार कोई भी बैध निष्कर्ष नहीं निकाले जा सकतें यहाँ न्याय के नियमानुसार दोनों निष्कर्ष अवैध हैं। जबकि अनन्तरानुमान के नियमानुसार निष्कर्ष **(I) 'कुछ मूर्ख डॉक्टर हैं'** पहले कथन का एक वैध रूपान्तरण है।

अतः, **केवल निष्कर्ष (I) तर्कसंगत रूप से निकलता है।**

24. (a) जब पहला कथन 'अंशव्यापी सकारात्मक' (Particular Affirmative) हों तथा दूसरा कथन 'पूर्णव्यापी सकारात्मक' हो तथा मध्यपद कम-से-कम एक कथन में व्याप्त हो, तो न्याय के नियमानुसार निष्कर्ष 'अंशव्यापी सकारात्मक' में निकाले जा सकते हैं। यहाँ निष्कर्ष **(I) 'कुछ मच्छर खरगोश हैं'** दिये गए कथन का एक वैध निष्कर्ष है। जबकि निष्कर्ष **(II)** अवैध है।

अतः, **केवल निष्कर्ष (I) तर्कसंगत रूप से निकलता है।**

25. (a) जब दोनों कथन 'पूर्णव्यापी सकारात्मक' (Universal Affirmative) हों साथ ही साथ 'मध्यपद व्याप्त हो, तो न्याय के नियमानुसार निष्कर्ष हमेशा पूर्णव्यापी सकारात्मक में निकाले जाते हैं। यहाँ निष्कर्ष **(I) 'सभी पंखे तकिए हैं'** दिये गए कथनों के आधार पर निकाला गया एक वैध निगमनात्मक निष्कर्ष है। जबकि निष्कर्ष **(II)** अवैध है क्योंकि इसमें 'मध्य पद' (Middle Term) **'कप'** का प्रयोग किया गया है जोकि न्याय के नियम के विरुद्ध है।

अतः, **केवल निष्कर्ष (I) तर्कसंगत रूप से निकलता हैं।**

26. (a) जब पहला कथन 'पूर्णव्यापी सकारात्मक' (Universal Affirmative) हों तथा दूसरा कथन 'अंशव्यापी सकारात्मक' हो, तो न्याय के नियमानुसार कोई भी वैध निष्कर्ष नहीं निकाले जा सकते। यहाँ न्याय के नियमानुसार दोनों निष्कर्ष अवैध हैं जबकि अनन्तरानुमान के दृष्टिकोण से निष्कर्ष **(I) 'कुछ गायें पक्षी हैं'** दूसरे कथन का एक वैध रूपान्तरण है।

अतः, **केवल निष्कर्ष (I) तर्कसंगत रूप से निकलता है।**

27. (a) जब दोनों कथन 'पूर्णव्यापी सकारात्मक' (Universal Affirmative) हो, तो न्याय के नियमानुसार निष्कर्ष 'पूर्णव्यापी सकारात्मक' में निकाले जाते हैं। यहाँ न्याय के नियमानुसार दोनों निष्कर्ष अवैध हैं। जबकि अनन्तरानुमान के दृष्टिकोण से निष्कर्ष **(I) 'कुछ रबड़ कागज हैं'** दिये गए कथनों के आधार पर निकाले जाने वाले वैध रूपान्तरण है।

अतः, **केवल निष्कर्ष (I) तर्कसंगत रूप से निकलता है।**

28. (d) जब मध्यपद अव्याप्त हो, तो ऐसे कथनों के आधार पर न्याय के नियमानुसार कोई भी निश्चित वैध निष्कर्ष नहीं निकाले जा सकते हैं।

अतः, **निष्कर्ष (I) एवं (II) दोनों असंगत हैं।**

29. (e) जब पहला कथन 'अंशव्यापी सकारात्मक (Patricular Affirmative) हो तथा दूसरा कथन 'पूर्णव्यापी सकारात्मक' हो साथ ही साथ मध्यपद व्याप्त हो, तो न्याय के नियमानुसार निष्कर्ष हमेशा 'अंशव्यापी सकारात्मक' में निकाले जाते हैं। यहाँ न्याय के नियमानुसार दोनों निष्कर्ष अवैध हैं। जबकि अनन्तरानुमान के दृष्टिकोण से निष्कर्ष **(I) 'कुछ गधे घोड़े हैं'** निगमनात्मक न्याय के नियमानुसार निकाले जाने वाले निष्कर्ष 'कुछ घोड़े गधे हैं' का एक वैध रूपान्तरण है। जबकि निष्कर्ष **(II) 'कुछ बादल घोड़े हैं'** पहला कथन 'बहुत से घोड़े बादल हैं' का तार्किक रूप **'कुछ घोड़े बादल हैं'** का एक वैध रूपान्तरण है।

अतः, **निष्कर्ष (I) एवं (II) दोनों निष्कर्ष तर्कसंगत रूप से निकलते हैं।**

30. (d) जब दोनों कथन 'पूर्णव्यापी सकारात्मक' (Universal Affirmative) हों तथा मध्यपद व्याप्त हो, तो न्याय के नियमानुसार निष्कर्ष हमेशा 'पूर्णव्यापी सकारात्मक' में निकाले जाते हैं। यहाँ **(I)** एवं **(II)** दोनों निष्कर्ष अवैध हैं क्योंकि इनमें मध्यपद **'पेन'** का प्रयोग किया गया है जोकि निगमनात्मक न्याय के नियम के विरुद्ध है।

अतः, **निष्कर्ष (I) एवं (II) दोनों असंगत हैं।**

31. (b) जब दोनों कथन अंशव्यापी सकारात्मक हो, तो न्याय के नियमानुसार कोई भी वैध निष्कर्ष नहीं निकाले जा सकते। यहाँ न्याय के नियमानुसार दोनों निष्कर्ष अवैध हैं जबकि अनन्तरानुमान के दृष्टिकोण से निष्कर्ष **(II) 'कुछ हाथी पक्षी हैं'** पहले कथन का एक वैध रूपान्तरण हैं।

अतः, **केवल निष्कर्ष (II) तर्कसंगत रूप से निकलता है।**

32. (e) जब दोनों कथन 'अंशव्यापी सकारात्मक' (Particular Affirmative) हों तथा दूसरा कथन 'पूर्णव्यापी सकारात्मक' हो तथा मध्यपद व्याप्त हो, तो न्याय के नियमानुसार निष्कर्ष हमेशा 'अंशव्यापी सकारात्मक' में निकाले जाते हैं। यहाँ न्याय के नियमानुसार निष्कर्ष **(I) 'कुछ चूहे गाय हैं'** दिये गए कथन का एक वैध निगमनात्मक निष्कर्ष है। जबकि निष्कर्ष **(II) 'कुछ गाय चूहे हैं'** निष्कर्ष (I) का एक वैध रूपान्तरण है।

अतः, **निष्कर्ष (I) एवं (II) दोनों तर्कसंगत रूप से निकलते हैं।**

33. (a) जब पहला कथन 'पूर्णव्यापी सकारात्मक' (Universal Affirmative) हों तथा दूसरा कथन 'अंशव्यापी सकारात्मक' हो साथ ही मध्यपद अव्याप्त हो, तो न्याय के नियमानुसार ऐसे कथनों से कोई भी वैध निष्कर्ष नहीं निकाले जा सकते। यहाँ न्याय के नियमानुसार दोनों निष्कर्ष अवैध हैं जबकि अनन्तरानुमान के नियमानुसार निष्कर्ष **(I) 'कुछ औरतें पुरुष हैं'** पहले कथन का एक वैध रूपान्तरण है।

अतः, **केवल निष्कर्ष (I) तर्कसंगत रूप से निकलता हैं।**

34. (b) जब पहला कथन 'पूर्णव्यापी सकारात्मक' (Universal Affirmative) हों तथा दूसरा कथन पूर्णव्यापी नकारात्मक हो, तो निष्कर्ष हमेशा 'पूर्णव्यापी नकारात्मक' में निकाले जाते हैं। यहाँ निष्कर्ष **(I)** अवैध है जबकि निष्कर्ष **(II) 'कोई भी कार सड़क नहीं है'** दिये गए कथनों के आधार पर निकाला गया एक वैध निष्कर्ष है।

अतः, **केवल निष्कर्ष (II) तर्कसंगत रूप से निकलता है।**

35. (a) उपर्युक्त प्रश्न के जैसा ही इसमें भी निष्कर्ष **'पूर्णव्यापी नकारात्मक'** में निकलेंगें यहाँ निष्कर्ष **(I) 'कोई भी विद्यार्थी मूर्ख नहीं है'** दिये गए कथन के आधार पर निकाला गया एक वैध निष्कर्ष है। जबकि निष्कर्ष **(II)** कथन से अधिक व्यापक होने के कारण अवैध है।

अतः, **केवल निष्कर्ष (I) तर्कसंगत रूप से निकलता है।**

36. (b) जब दोनों कथन 'पूर्णव्यापी सकारात्मक' (Universal Affirmative) हों साथ ही मध्यपद व्याप्त हो, तो न्याय के नियमानुसार निष्कर्ष हमेशा 'पूर्णव्यापी सकारात्मक' में निकाले जाते हैं। यहाँ निष्कर्ष **(I)** अवैध है क्योंकि इसमें मध्यपद **'टेबुल'** का प्रयोग किया गया है जोकि न्याय के नियम के विरुद्ध है। जबकि निष्कर्ष **(II) 'सभी मनुष्य स्नातक हैं'** निगमनात्मक न्याय के नियमानुसार एक वैध निष्कर्ष है।

अतः, **केवल निष्कर्ष (II) तर्कसंगत रूप से निकलता है।**

37. (d) जब पहला कथन 'अंशव्यापी सकारात्मक' हो तथा दूसरा कथन 'पूर्णव्यापी सकारात्मक' हो तथा मध्यपद **'अव्याप्त'** हो तो न्याय के नियमानुसार कोई भी वैध निष्कर्ष नहीं निकाले जा सकते।

अतः, **निष्कर्ष (I) एवं (II) दोनों निष्कर्ष असंगत हैं।**

38. (a) जब दोनों कथन 'अंशव्यापी सकारात्मक' (Particular Affirmative) हों तो न्याय के नियमानुसार कोई भी वैध निष्कर्ष नहीं निकाले जा सकते, क्योंकि ऐसे कथनों में मध्यपद अव्याप्त होते हैं जबकि तर्कसंगत न्याय के लिए मध्यपद का व्याप्त होना जरूरी है। यहाँ न्याय के नियमानुसार दोनों निष्कर्ष अवैध हैं। जबकि अनन्तरानुमान के नियमानुसार निष्कर्ष **(I) 'कुछ टैंक सभ्य व्यक्ति हैं'** दूसरा कथन का एक वैध रूपान्तरण है।

अतः, **केवल निष्कर्ष (I) तर्कसंगत रूप से निकलता है**

39. (d) जब मध्यपद (Midde term) अव्याप्त हो, तो न्याय के नियमानुसार कोई भी वैध निष्कर्ष नहीं निकाले जा सकते।

अतः, **निष्कर्ष (I) एवं (II) दोनों असंगत हैं।**

40. (b) जब पहला कथन 'पूर्णव्यापी सकारात्मक' (Universal Affirmative) हों तथा दूसरा कथन 'पूर्णव्यापी नकारात्मक' (Universal Affirmative) हो तथा मध्यपद व्याप्त हो, तो न्याय के नियमानुसार निष्कर्ष हमेशा 'पूर्णव्यापी नकारात्मक' में निकाले जाते हैं। यहाँ न्याय के नियमानुसार निष्कर्ष **(I)** अवैध है जबकि निष्कर्ष **(II) 'कोई भी नींबू सस्ता नहीं है'** दिये गए कथनों के आधार पर निकाला गया एक वैध निष्कर्ष है।

अतः, **केवल निष्कर्ष (II) तर्कसंगत रूप से निकालता है।**

41. (a) जब पहला कथन अंशव्यापी सकारात्मक हो तथा दूसरा कथन 'पूर्णव्यापी सकारात्मक' हो साथ ही साथ मध्यपद व्याप्त हो, तो न्याय के नियमानुसार निष्कर्ष हमेशा 'अंशव्यापी सकारात्मक' में निकाले जाते हैं। यहाँ निष्कर्ष **(I) 'कुछ बिल्लियाँ पक्षी हैं'** निगमनात्मक निष्कर्ष 'कुछ पक्षी बिल्लियाँ हैं' का एक वैध रूपान्तरण है। जबकि निष्कर्ष **(II)** अवैध है।

अतः, **केवल निष्कर्ष (I) तर्कसंगत रूप से निकलता है।**

42. (b) जब मध्यपद (Middle term) अव्याप्त हो, तो न्याय के नियमानुसार कोई भी वैध निष्कर्ष नहीं निकाले जा सकते हैं यहाँ न्याय के नियमानुसार दोनों निष्कर्ष अवैध हैं। जबकि अनन्तरानुमान या साक्षात् अनुमान के दृष्टिकोण से निष्कर्ष **(II) 'कुछ कुत्ते तोते हैं'** दूसरे कथन का एक वैध रूपान्तरण है।

अतः, **केवल निष्कर्ष (II) तर्कसंगत रूप से निकलता है।**

43. (d) जब दोनों कथन 'अंशव्यापी सकारात्मक' (Particular Affirmative) हो, तो न्याय के नियमानुसार ऐसे कथनों से कोई भी वैध निष्कर्ष नहीं निकाले जा सकते, क्योंकि ऐसे कथनों में मध्यपद आंशिक रूप से व्याप्त होते हैं।

अतः, **निष्कर्ष (I) एवं (II) दोनों असंगत हैं।**

44. (d) उपर्युक्त प्रश्न के ही तरह इसमें भी कोई वैध निष्कर्ष नहीं निकाले जा सकते।

अतः, **निष्कर्ष (I) एवं (II) दोनों असंगत हैं।**

45. (a) जब दोनों कथन 'पूर्णव्यापी सकारात्मक' (Universal Affirmative) हों तथा मध्यपद व्याप्त हो, तो न्याय के नियमानुसार निष्कर्ष हमेशा 'पूर्णव्यापी सकारात्मक' में निकाले जाते हैं। यहाँ निष्कर्ष **(I) 'सभी लैम्प वृक्ष हैं'** निगमनात्मक न्याय के नियमानुसार दिये गए कथनों के आधार पर निकाला गया एक वैध निष्कर्ष है। जबकि निष्कर्ष **(II)** अवैध है क्योंकि इसमें 'मध्य पद' (Middle Term) **'फूल'** का प्रयोग किया गया है।

अतः, **केवल निष्कर्ष (I) तर्कसंगत रूप से निकलता है।**

46. (a) जब दोनों कथन 'पूर्णव्यापी सकारात्मक' (Universal Affirmative) हों तथा मध्यपद व्याप्त हो तो न्याय के नियमानुसार निष्कर्ष हमेशा 'पूर्णव्यापी सकारात्मक' में निकाले जाते हैं। यहाँ निष्कर्ष **(I) 'सभी खिलाड़ी लम्बे हैं'** निगमनात्मक न्याय के नियमानुसार दिये गए कथन के आधार पर निकाला गया एक वैध निष्कर्ष है। जबकि निष्कर्ष **(II)** अवैध है क्योंकि इसमें न्याय के नियम के विरुद्ध मध्यपद **'लड़के'** का प्रयोग किया गया है।

अतः, **केवल निष्कर्ष (I) तर्कसंगत रूप से निकलता है।**

47. (b) जब दोनों कथन 'अंशव्यापी सकारात्मक' (Particular Affirmative) हो, तो न्याय के नियमानुसार ऐसे कथनों के आधार पर कोई भी वैध निष्कर्ष नहीं निकाले जा सकते हैं। यहाँ न्याय के नियमानुसार दोनों निष्कर्ष अवैध हैं। जबकि अनन्तरानुमान के नियमानुसार निष्कर्ष **(II) कुछ टेबलेट पहिए हैं'** दूसरे कथन का एक वैध रूपान्तरण है।

अतः, **केवल निष्कर्ष (II) तर्कसंगत रूप से निकलता है।**

48. (a) जब दोनों कथन 'पूर्णव्यापी सकारात्मक' (Universal Affirmative) हों तथा मध्यपद व्याप्त हो, तो न्याय के नियमानुसार निष्कर्ष हमेशा 'पूर्णव्यापी सकारात्मक' में निकाले जाते हैं। यहाँ निष्कर्ष **(I) 'सभी मशीनें बादल हैं'** निगमनात्मक न्याय के नियमानुसार एक वैध निष्कर्ष है। जबकि निष्कर्ष **(II)** अवैध है क्योंकि इसमें पद **'बादल'** को कथन से अधिक व्याप्त कर दिया गया है।

अतः, **केवल निष्कर्ष (I) तर्कसंगत रूप से निकलता है।**

49. (e) जब पहला कथन 'पूर्णव्यापी सकारात्मक' (Universal Affirmative) हों तथा दूसरा कथन 'पूर्णव्यापी नकारात्मक' हो, तो न्याय के नियमानुसार निष्कर्ष हमेशा 'पूर्णव्यापी नकारात्मक' में निकाले जाते हैं। यहाँ निष्कर्ष **(I) 'कोई भी धावक तीर नहीं है'** न्याय के नियमानुसार दिये गए कथन के आधार पर निकाला गया एक वैध निगमनात्मक निष्कर्ष है। जबकि निष्कर्ष **(II) 'कुछ बिस्तर धावक हैं'** पहले कथन का एक वैध रूपान्तरण है।

अतः, **निष्कर्ष (I) एवं (II) दोनों तर्कसंगत रूप से निकलते है।**

50. (a) जब पहला कथन 'अंशव्यापी सकारात्मक' (Particular Affirmative) हो तथा दूसरा कथन 'पूर्णव्यापी सकारात्मक' हो साथ ही मध्यपद व्याप्त हो तो न्याय के नियमानुसार निष्कर्ष हमेशा 'अंशव्यापी सकारात्मक' में निकाले जाते हैं। यहाँ निगमनात्मक न्याय के नियमानुसार निष्कर्ष (I) एवं (II) दोनों निष्कर्ष अवैध हैं। जबकि अनन्तरानुमान के दृष्टिकोण से निष्कर्ष **(I) 'कुछ उल्लू पुरुष हैं'** निगमनात्मक निष्कर्ष 'कुछ पुरुष उल्लू हैं' का एक वैध रूपान्तरण है।

अतः, **केवल निष्कर्ष (I) तर्कसंगत रूप से निकलता है।**

51. (b) जब पहला कथन 'पूर्णव्यापी सकारात्मक' (Universal Affirmative) हो तथा दूसरा कथन पूर्णव्यापी नकारात्मक (Universal Negative) हो साथ ही साथ मध्यपद व्याप्त हो, तो न्याय के नियमानुसार निष्कर्ष हमेशा 'पूर्णव्यापी नकारात्मक' में निकाले जाते हैं। यहाँ निगमनात्मक न्याय के नियमानुसार निष्कर्ष (I) **'कोई भी पेन्सिल** पुस्तक नहीं हैं' दिये गए कथन के आधार पर निकाला गया एक वैध निष्कर्ष है। जबकि निष्कर्ष (II) **'कुछ पेन पेन्सिलें हैं'** दिये गए पहले कथन का एक वैध रूपान्तरण (conversion) है।

अतः, **निष्कर्ष (I) एवं (II) दोनों ही तर्कसंगत रूप से निकलते हैं।**

52. (d) जब दोनों कथन 'पूर्णव्यापी सकारात्मक' (Universal Affirmative) हों तथा 'मध्यपद' व्याप्त हो तो न्याय के नियमानुसार निष्कर्ष हमेशा 'पूर्णव्यापी सकारात्मक' (Universal Affirmative) में निकाले जाते हैं। यहाँ निष्कर्ष (I) **'सभी गाजरें बैंगन हैं'** निगमनात्मक न्याय के नियमानुसार दिये गए कथन का एक वैध निष्कर्ष है जबकि निष्कर्ष (III) में मध्यपद **'आलू'** का प्रयोग किया गया है जोकि न्याय के नियम के विरुद्ध है। इसी प्रकार न्याय के नियमानुसार निष्कर्ष (IV) **'कुछ बैगन आलू हैं'** यह भी अवैध है लेकिन अनन्तरानुमान के दृष्टिकोण से यह दिये गए द्वितीय कथन का एक वैध रूपान्तरण (conversion) है।

अतः **केवल निष्कर्ष (I) एवं (IV) तर्कसंगत रूप से निकलते हैं।**

53. (e) जब दोनों कथन 'पूर्णव्यापी सकारात्मक' (Universal Affirmative) हों तथा 'मध्यपद' (Middle Term) व्याप्त हो तो न्याय के नियमानुसार निष्कर्ष हमेशा 'पूर्णव्यापी सकारात्मक' में निकाले जाते हैं। यहाँ निष्कर्ष (II) **'सभी बकरियाँ कौवे हैं'** निगमनात्मक न्याय के नियमानुसार दिये गए कथनों के आधार पर निकाला गया एक वैध निष्कर्ष है। जबकि न्याय के नियमानुसार अन्य सभी निष्कर्ष अवैध हैं। लेकिन अनन्तरानुमान के नियमानुसार निष्कर्ष (III) **'कुछ कौवे बकरियाँ हैं'** निष्कर्ष (II) का एक वैध रूपान्तरण (conversion) है।

अतः **केवल निष्कर्ष (II) एवं (III) तर्कसंगत रूप से निकलते हैं।**

54. (d) जब पहला कथन 'पूर्णव्यापी सकारात्मक' (Universal Affirmative) हो तथा दूसरा कथन 'अंशव्यापी सकारात्मक' (Particular Affirmative) हो, तो ऐसे कथनों के आधार पर Either **'Some'** or **'Some not'** में संभावित निष्कर्ष निकाले जा सकते हैं। ऐसे निष्कर्ष कभी भी एक-साथ सत्य नहीं होते हैं लेकिन एक साथ असत्य हो सकते हैं। यहाँ निष्कर्ष (III) **'कुछ कवि गायक हैं'** दोनों संभावित निष्कर्ष हैं। इनमें या तो (III) या (IV) दोनों में से कोई एक ही निष्कर्ष सत्य हो सकता है या दोनों निष्कर्ष असत्य भी हो सकते हैं। इसी प्रकार न्याय के नियमानुसार निष्कर्ष (I) एवं (II) दोनों अवैध हैं। जबकि अनन्तरानुमान के दृष्टिकोण से निष्कर्ष (II) **'कुछ गायक लेखक हैं'** दिये गए द्वितीय कथन का एक वैध रूपान्तरण (conversion) है।

अतः **या तो (III) या फिर (IV) और (II) निष्कर्ष तर्कसंगत रूप से निकलते हैं।**

❑❑❑

अध्याय 2

कथन एवं तर्क

किसी कथन के सही अथवा गलत विचार प्रस्तुत करने को तर्क (Arguments) कहते हैं। इसके अन्तर्गत तर्क-वितर्क की क्षमता का परीक्षण किया जाता है। प्रश्न के माध्यम से यह तय किया जाता है कि कौन-सा तर्क प्रबल है और कौन-सा निर्बल यदि तर्क दी गई समस्या के पक्ष में है तो उसे प्रबल तर्क और यदि उसके विपक्ष में है तो उसे निर्बल तर्क कहते हैं।

प्रमुख बिन्दु

1. Assumption या opposit to fact यदि तर्क के रूप में दिए गए हों तो उसे निर्बल बनाता है।
2. Negative approach को न अपनाएँ।
3. यदि तर्क वाले वाक्य में कुछ शब्द जैसे—'एकमात्र', 'सिर्फ', 'केवल' आदि लगा हो तो वो तर्क को निर्बल बनाते हैं।
4. निदान, सलाह या फैसला यदि कथन से सीधा संबंध रखता हो तो मान्य होगा।
5. Argument कभी भी Dual या Ambiguous नहीं होना चाहिए।
6. Repeatation of Statement या Opinion of particulars तर्क को निर्बल बनाते हैं।

प्रकार 1

किसी अन्य की नकल नहीं होनी चाहिए।

उदाहरण 1.

कथन : क्या भारत में पॉलीथिन की थैलियों पर प्रतिबन्ध लगा देना चाहिए?

तर्क : I. नहीं, पॉलीथिन की थैलियाँ बड़ी सस्ती तथा सुविधाजनक होती हैं।

II. हाँ, क्योंकि बहुत से देश ऐसा कर रहे हैं।

हल : तर्क-I कमजोर है, क्योंकि कोई भी चीज कितनी ही सस्ती और सुविधाजनक क्यों न हो यदि उसका बुरा प्रभाव पड़ता है तो वह कभी अच्छी नहीं हो सकती।

तर्क-II दूसरे से नकल की बात है इसलिए अवैध हो जाता है।

प्रकार 2

तर्क कथन से स्पष्ट रूप से संबंधित होना चाहिए।

उदाहरण 2.

कथन : क्या भारत में सभी शारीरिक रूप से स्वस्थ युवकों के लिए अल्पावधि सैनिक प्रशिक्षण आवश्यक कर देना चाहिए?

तर्क : I. हाँ, भारतीय सैन्य दल में जवानों तथा अधिकारियों की बड़ी आवश्यकता है।

II. हाँ, इससे युवाओं में अनुशासन तथा राष्ट्रीय अस्मिता का संचार होगा।

हल : सिर्फ तर्क-II प्रबल है, क्योंकि सैनिक प्रशिक्षण में अनुशासन व राष्ट्रीय अस्मिता की ही बात सिखायी जाती है जिसका कि संचार अवश्य होगा। तर्क-I निर्बल हो जाता है, क्योंकि यह कथन के आलोक में सटीक नहीं बैठता है।

प्रकार 3

यदि किसी व्यक्ति का मंतव्य मात्र हो, चाहे वह व्यक्ति कितना भी महान या श्रेष्ठ क्यों न हो मान्य नहीं होता।

उदाहरण 3.

कथन : क्या वर्तमान आर्थिक सुधार कार्यक्रम हमारे देश की आर्थिक व्यवस्था को अत्यन्त ही सुदृढ़ कर देंगे?

तर्क : I. नहीं, A नामक अर्थशास्त्री ने वर्तमान आर्थिक सुधार कार्यक्रम को भारतीय वातावरण के प्रतिकूल बताया है।

II. हाँ, प्रधानमंत्री का ऐसा ही मानना है।

हल : दोनों ही तर्क किसी न किसी व्यक्ति का मंतव्य मात्र हैं जो तर्क को निर्बल बनाते हैं।

प्रकार 4

सामाजिक, राजनीतिक, धार्मिक, कानूनी या अन्य आधारों पर सर्वमान्य होना चाहिए तथा उसका सही कार्य या प्रभाव होना चाहिए।

उदाहरण 4.

कथन : क्या सरकार को लॉटरी चलाने पर प्रतिबन्ध लगा देना चाहिए?

तर्क : I. नहीं, इससे जुड़े लोगों की रोजी-रोटी बन्द हो जायेगी।

II. हाँ, क्योंकि जुआ खिलवाना या खेलना कानूनन अपराध है।

हल : तर्क-I अवैध हो जाता है, क्योंकि लॉटरी बुरी चीज है और इसका दूरगामी प्रभाव भी गलत है साथ-साथ कानूनन अवैध माना जाता है। लेकिन तर्क-II वैध है, क्योंकि ये कथन को प्रबलता प्रदान करता है।

प्रश्नावली

निर्देश—(प्रश्न संख्या 1 से 52 तक): महत्वपूर्ण प्रश्नों के बारे में निर्णय करते समय यह वांछित है कि हमें प्रबल और निर्बल तर्कों के बीच अंतर कर पाने में, जहाँ तक कि वे प्रश्न से संबंधित हैं, सक्षम होना चाहिए। 'प्रबल' तर्क महत्वपूर्ण होने के साथ-ही-साथ प्रश्न से सीधे संबंधित होने चाहिए। 'निर्बल' तर्क प्रश्न से सीधे संबंधित नहीं होते हैं और गौण होते हैं या प्रश्न के नगण्य पहलू से संबंधित होते हैं।

नीचे दिये गए प्रत्येक प्रश्न में एक प्रश्न और उसके नीचे दो तर्क दिये गए हैं 'I' और 'II' क्रमांक दिया गया है। आपको यह तय करना है कि इनमें से कौन-सा तर्क 'प्रबल' है और कौन-सा तर्क 'निर्बल' है?

उत्तर (a) दीजिए, यदि केवल तर्क I प्रबल हो।

उत्तर (b) दीजिए, यदि केवल तर्क II प्रबल हो।

उत्तर (c) दीजिए, यदि या तो तर्क I या फिर II प्रबल हो।

उत्तर (d) दीजिए, यदि न तो I और न ही II प्रबल हो।

उत्तर (e) दीजिए, यदि I और II दोनों प्रबल हों।

1. कथन : क्या संपूर्ण भारत में केवल एक विश्वविद्यालय होना चाहिए?

तर्क : I. हाँ, शिक्षा के स्तरों में एकरूपता लाने का केवल यही एक रास्ता है।

II. नहीं, यह प्रशासनीय दृष्टिकोण से असंभव है।

2. कथन : क्या उच्च शिक्षा को कुछ समय के लिए पूर्णत: बंद कर दिया जाना चाहिए?

तर्क : I. नहीं, यह देश के प्रगति में रुकावट डालेगा।

II. हाँ, यह शिक्षित बेरोजगारी को कम करेगा।

3. कथन : क्या विद्यार्थियों को राजनीति में भाग लेना चाहिए?

तर्क : I. हाँ, यह उनमें नेतृत्व के गुणों को विकसित करता है।

II. नहीं, उन लोगों को अध्ययन करना चाहिए तथा अपने भविष्य को बनाना चाहिए।

4. कथन : क्या भारत को अपनी ऊर्जा की आवश्यकता की पूर्ति के लिए सौर ऊर्जा से विद्युत उत्पन्न करना चाहिए?

तर्क : I. हाँ, अधिकतर ऊर्जा के स्रोत जिनका वर्तमान में उपयोग किया जा रहा है समाप्ति की ओर है।

II. नहीं, सौर ऊर्जा से विद्युत उत्पन्न करने के लिए काफी पूँजी की आवश्यकता होती है, जिसका कि भारत में कमी है।

5. कथन : क्या राजकीय लॉटरी को बंद कर देना चाहिए?

तर्क : I. हाँ, सरकार को जुआ खेलने की आदत को बढ़ावा नहीं देना चाहिए।

II. नहीं, सरकार को कर से प्राप्त होने वाली बहुत बड़ी धनराशि का नुकसान होगा।

6. कथन : क्या लोगों को आयकर बचाना चाहिए?

तर्क : I. हाँ, कर काफी अधिक है।

II. नहीं, ऐसा करना राष्ट्रद्रोह है।

7. कथन : क्या ग्रामीण क्षेत्रों में कुटीर उद्योग को प्रोत्साहित किया जाना चाहिए?

तर्क : I. हाँ, ग्रामवासी सृजनात्मक होते हैं।

II. हाँ, यह कुछ हद तक बेरोजगारी की समस्या को दूर करने में सहायता करेगा।

8. कथन : क्या उद्योगों में ऊँची चिमनियाँ लगाई जानी चाहिए?

तर्क : I. हाँ, यह जमीनी स्तर पर प्रदूषण को कम करता है।

II. नहीं, यह ऊपरी वातावरण में प्रदूषण को बढ़ा देता है।

9. कथन : क्या हमें ओजोन परत की सुरक्षा करनी चाहिए?

तर्क : I. हाँ, यह नुकसानदेह अल्ट्रावाइलेट किरण से हमारी रक्षा करता है।

II. नहीं, इससे कोई नुकसान नहीं है।

10. कथन : क्या भारत को कश्मीर को पाकिस्तान के हवाले कर देना चाहिए?

तर्क : I. नहीं, यह एक सुन्दर राज्य है, यह काफी विदेशी मुद्रा उपार्जित करता है।

II. हाँ, यह विवाद को समाप्त करने में सहायक होगा।

11. कथन : क्या सभी शरणार्थियों को अपनी मातृभूमि वापस जाने के लिए बाध्य किया जाना चाहिए?

तर्क : I. हाँ, वे लोग कॉलोनी का निर्माण करते हैं तथा बहुत अधिक जमीन पर कब्जा कर लेते हैं।

II. नहीं, उन लोगों ने अपना घर भूख या भय से छोड़ दिया है। मानवीय आधार पर उन्हें वापस जाने के लिए बाध्य नहीं किया जाना चाहिए।

12. कथन : क्या भारत में लोक अदालत एवं मोबाइल कोर्टों को प्रोत्साहित किया जाना चाहिए?

तर्क : I. हाँ, यह बहुत से लोगों को त्वरित न्याय दिलाने में सहायता करता है।

II. नहीं, प्राय: यह कोर्ट न्याय में पक्षपात करता है।

13. कथन : क्या रंगीन टी. वी. पर कर पुन: बढ़ा दिया जाना चाहिए?

तर्क : I. हाँ, रंगीन टी. वी. विलासिता की सामग्री है और इसे केवल धनी व्यक्ति ही खरीदते हैं।

II. नहीं, टी. वी. गरीबों के द्वारा भी खरीदा जाता है।

14. कथन : क्या प्रजातंत्र में सभी समाचार-पत्र सरकार द्वारा नियंत्रित होने चाहिए?

तर्क : I. हाँ, विभिन्न प्रकार के समाचार-पत्र लोगों को केवल गुमराह करते हैं।

II. नहीं, नियंत्रित समाचार-पत्र अपनी विश्वस- नीयता खो देती है।

15. कथन : क्या अपने देश में मांसाहारी भोजन पर पूर्णत: प्रतिबंध लगा देना चाहिए?

तर्क : I. हाँ, हमारे देश के अधिकतर लोगों को ध्यान में रखते हुए यह अधिक खर्चीला है।

II. नहीं, प्रजातांत्रिक देश में किसी भी चीज पर प्रतिबंध नहीं लगाना चाहिए।

16. कथन : क्या कामगारों को फैक्ट्री के मैनेजमेंट में सम्मिलित होने की अनुमति दी जानी चाहिए?

तर्क : I. हाँ, यह आज के दौर का मैनेजमेंट सिद्धांत है।

II. नहीं, बहुत-से कामगार अशिक्षित हैं इसलिए उनकी सहभागिता निरर्थक है।

17. कथन : क्या कॉलेज एवं विश्वविद्यालय में स्टूडेंट यूनियन होना चाहिए?

तर्क : I. नहीं, यह कैम्पस में राजनैतिक वातावरण बना देगा।

II. हाँ, यह बहुत जरूरी है, विद्यार्थी भविष्य के नेता हैं।

18. कथन : क्या मुम्बई में नई बड़ी इंडस्ट्रीज शुरू करनी चाहिए?

तर्क : I. हाँ, यह काम का नया अवसर प्रदान करेगा।

II. नहीं, यह नगर के प्रदूषण को और भी बढ़ा देगा।

19. कथन : क्या प्रजातंत्र से राजतंत्र अच्छा है?

तर्क : I. हाँ, यदि कुर्सी किसी एक शासक के हवाले होगी तो कुर्सी के लिए महत्वाकांक्षी लड़ाई नहीं होगी।

II. नहीं, लोग प्रजातंत्र में अधिक संतुष्ट और खुश हैं।

20. कथन : क्या एकल परिवार से संयुक्त परिवार अच्छा है?

तर्क : I. हाँ, संयुक्त परिवार सुरक्षा प्रदान करता है और काम के बोझ को कम करता है।

II. नहीं, एकल परिवार ज्यादा स्वतंत्रता प्रदान करता है।

21. कथन : क्या देश के सभी सुदूर प्रांतों को सड़क द्वारा जोड़ दिया जाना चाहिए?

तर्क : I. नहीं, यह ग्रामीणों के शांतिपूर्ण जीवन को बाधित कर देगा।
II. हाँ, इसे जल्द-से-जल्द पूरा करना चाहिए।

22. कथन : क्या दूरदर्शन को पूर्ण स्वायत्तता प्रदान किया जाना चाहिए?
तर्क : I. हाँ, यह स्वच्छ एवं निष्पक्ष रूप से महत्वपूर्ण खबरों को प्रसारित करने में दूरदर्शन को सहायता करेगा।
II. नहीं, महत्वपूर्ण खबरों के प्रसारण का निर्णय कुछ ही लोगों के द्वारा किया जाएगा जो कि जरूरी नहीं प्रत्येक दृष्टिकोण से स्वच्छ हो।

23. कथन : क्या धूम्रपान पर प्रतिबंध लगा देना चाहिए?
तर्क : I. हाँ, यह निश्चित रूप से स्वास्थ्य समस्या है।
II. नहीं, इसके उत्पादक क्या करेंगे?

24. कथन : क्या भारत के सभी विश्वविद्यालयों का पाठ्यक्रम एक समान होना चाहिए?
तर्क : I. हाँ, क्यों नहीं?
II. नहीं, भारत जैसे विशाल देश में स्थानीय जरूरत के लिए भिन्नता जरूरी है।

25. कथन : क्या सभी के लिए स्नातक तक शिक्षा अनिवार्य बना दिया जाना चाहिए?
तर्क : I. हाँ, यह बहुत अधिक वांछनीय है।
II. नहीं, इसका क्या उपयोग है?

26. कथन : क्या भारत को प्रक्षेपास्त्र विकास कार्यक्रम को बंद कर देना चाहिए?
तर्क : I. हाँ, U.S.A. की यही इच्छा है।
II. नहीं, राष्ट्र को हमेशा अपने प्रतिरक्षा के लिए तैयार रहना चाहिए।

27. कथन : क्या वृक्षों की कटाई पर पूर्णतः प्रतिबंध लगा दिया जाना चाहिए?
तर्क : I. हाँ, पर्यावरण संतुलन को बहाल करने के लिए यह जरूरी है।
II. नहीं, पूर्ण प्रतिबंध लकड़ी उद्योग के लिए हानिकारक है।

28. कथन : क्या प्रदूषण पर नियंत्रण किया जा सकता है?
तर्क : I. हाँ, यदि सभी महसूस करते हैं कि यह हानिकारक है और इससे छुटकारा पाने के लिए सहयोग करें तो प्रदूषण को नियंत्रित किया जा सकता है।
II. नहीं, जनसामान्य के आने-जाने के मार्ग में भीड़, कारखाने, उद्योग, तथा बढ़ती हुई जनसंख्या जो अधिक-से-अधिक भू-अधिग्रहण कर घर बनाने के लिए करते हैं। यह नियंत्रण के बाहर है।

29. कथन : क्या भारत में सभी संभावित विभागों में कम्प्यूटर का उपयोग किया जाना चाहिए?
तर्क : I. हाँ, यह काम में कार्यक्षमता एवं शुद्धता लाएगा।
II. नहीं, यह चिरस्थायी मानवीय स्रोतों के साथ अन्याय होगा जो कि वर्तमान में उपयोग किये जा रहे हैं।

30. कथन : क्या जंगली जानवरों को फँसाने पर पूर्ण प्रतिबंध लगा देना चाहिए?
तर्क : I. हाँ, फँसाने वाले काफी धन बना रहे हैं।
II. नहीं, शिकार एवं फँसाने पर प्रतिबंध प्रभावकारी नहीं हैं।

31. कथन : क्या 'लाई डिटेक्टर' से परीक्षण करने पर पूर्ण अभियुक्त से अनुमति लेनी चाहिए?
तर्क : I. हाँ, ऐसा कानूनी प्रावधान है।
II. हाँ, ऐसी एक परम्परा है।

32. कथन : क्या किसी संस्थान में पदोन्नति के लिए केवल वफादारी ही मापदण्ड होना चाहिए?
तर्क : I. हाँ, वफादार पुरुष के बिना कोई भी संस्थान विशेष कार्य नहीं कर सकता।
II. नहीं, यह छल एवं पक्षपात को बढ़ाता है।

33. कथन : क्या स्थान परिवर्तनीय खेती करना चाहिए?
तर्क : I. नहीं, यह अपव्ययी व्यवसाय है।
II. हाँ, खेती के आधुनिक तरीके भी खर्चीले हैं।

34. कथन : क्या शिक्षित लोगों को गाँवों में कार्य करना चाहिए?
तर्क : I. हाँ, इसलिए कि वे कृषि को पूर्ण परिवर्तन एवं पिछड़े वातावरण को मोहक बना सकते हैं।
II. नहीं, शिक्षितों को केवल शहरों में नौकरी करना चाहिए अन्यथा उनका शिक्षा व्यर्थ हो जाएगा।

35. कथन : क्या प्राइवेट एजेंसी के द्वारा प्रकाशित गाईडों पर प्रतिबंध लगा देना चाहिए?
तर्क : I. हाँ, इसलिए कि तभी विद्यार्थी मूल पाठ्य-पुस्तक को पढ़ना शुरू करेंगे।
II. नहीं, इसलिए कि यह कमजोर विद्यार्थी को अंतिम समय में में बहुत अधिक सहायता करता है

36. कथन : क्या भारत को सैन्य-शक्ति बिल्कुल नहीं रखना चाहिए?
तर्क : I. नहीं, विश्व में अन्य कोई भी देश अहिंसा पर विश्वास नहीं करता है।
II. हाँ, बहुत-से भारतीय अहिंसा पर विश्वास करते हैं।

37. कथन : क्या धर्म पर प्रतिबंध लगा देना चाहिए?
तर्क : I. हाँ, यह लोगों में धर्मांधता बढ़ाता है।
II. नहीं, धर्म लोगों को आपस में जोड़ता है।

38. कथन : क्या भारत में सरकारी कर्मचारियों के हड़ताल पर पूर्ण प्रतिबंध लगा देना चाहिए?
तर्क : I. हाँ, कर्मचारियों को अनुशासन सिखाने का केवल यही एक रास्ता है।
II. नहीं, यह उन्हें प्रजातंत्र में दिये गए नागरिक के अधिकार से वंचित करता है।

39. कथन : क्या भारत को परमाणु बम बनाना चाहिए?
तर्क : I. हाँ, यह देश की प्रभुत्व एवं अखण्डता की रक्षा के लिए अति आवश्यक है।
II. हाँ, यह इस क्षेत्र में राष्ट्रों की शक्ति में अस्थिरता उत्पन्न कर देगा।

40. कथन : क्या युवा उद्यमियों को उत्साहित करना चाहिए?
तर्क : I. हाँ, वह देश के औद्योगिक विकास में सहायता करेगा।
II. हाँ, वह बेरोजगारी को कम करेगा।

41. कथन : क्या स्कूल में धर्म की शिक्षा दी जानी चाहिए?
तर्क : I. नहीं, यह धर्मनिरपेक्षता के विरुद्ध है।
II. हाँ, धर्म की शिक्षा बच्चों में नैतिक मूल्यों को समझाने में सहायता करता है।

42. कथन : क्या परीक्षा में खुली पुस्तक प्रणाली लागू किया जाना चाहिए?
तर्क : I. हाँ, इसलिए कि यह पूर्णतः नकल को समाप्त कर देगा।
II. नहीं, इसलिए कि सभी विद्यार्थी 100% अंक प्राप्त कर लेंगे।

43. कथन : क्या धूम्रपान पर रोक लगा देना चाहिए?
तर्क : I. हाँ, क्यों नहीं?
II. नहीं, यह तम्बाकू उद्योग में कार्यरत हजारों कामगारों को बेरोजगार कर देगा।

44. कथन : क्या शिक्षा के क्षेत्र में हड़ताल पर प्रतिबंध लगा देना चाहिए?

तर्क : I. हाँ, यह पेशे से संबंधित नैतिक नियम के विरुद्ध है।

II. हाँ, यह विद्यार्थियों को विरुद्धता से प्रभावित करता है।

45. कथन : क्या उच्च शिक्षा को केवल अतियोग्य व्यक्तियों के लिए सीमाबद्ध कर देना चाहिए?

तर्क : I. नहीं, यह लोकतंत्र के सिद्धांत के विरुद्ध है।

II. हाँ, केवल योग्य ही इस विषय-सुख के पात्र हैं।

46. कथन : क्या उच्च शिक्षा कुछ ही योग्य व्यक्तियों के लिए आरक्षित कर देना चाहिए?

तर्क : I. नहीं, यह बेरोजगारी बढ़ा देगा।

II. हाँ, यह उच्च शिक्षा के अपव्यय को कम करेगा।

47. कथन : क्या नौकरी हेतु अभ्यर्थियों के चुनाव के लिए ली जाने वाली प्रतियोगिता परीक्षा में केवल वस्तुनिष्ठ प्रश्न होने चाहिए?

तर्क : I. हाँ, वस्तुनिष्ठ प्रश्न निर्धारण के लिए विश्वसनीय है।

II. नहीं, ऐसे प्रश्नों की संख्या हमेशा बहुत अधिक होती है जिनका उत्तर देना होता है।

48. कथन : क्या विश्वविद्यालय स्तर के पत्राचार कोर्स को रोक देना चाहिए?

तर्क : I. नहीं, U.S.A. जैसे प्रगतिशील देश में भी ऐसा कोर्स है।

II. हाँ, यह पर्याप्त रूप में डाक विभाग के बोझ को कम करेगा।

49. कथन : क्या निजी उपक्रम को टेलीविजन सेवा चलाने की अनुमति दी जानी चाहिए?

तर्क : I. हाँ, प्रगतिशील पश्चिमी देशों में ऐसा किया गया है।

II. नहीं, इसे निजी हाथों में देना खतरनाक है।

50. कथन : क्या सिर्फ योग्य लेखकों के लेख प्रकाशित होने चाहिए?

तर्क : I. हाँ, इससे अधिक कागज बचेगा जिसकी आपूर्ति कम है।

II. नहीं, योग्य तथा अयोग्य के बीच रेखा खींचना संभव नहीं है।

51. कथन : क्या स्कॉउट और गाइड का प्रशिक्षण स्कूल में अनिवार्य कर देना चाहिए?

तर्क : I. हाँ, यह प्रशिक्षण विद्यार्थियों में अनुशासन का विकास करेगा।

II. नहीं, यह शिक्षा में कठोर अनुशासन ला देगा।

52. कथन : क्या उन लोगों को जो दहेज लेते हैं उन्हें दंडित किया जाना चाहिए?

तर्क : I. हाँ, इसलिए कि जो लोगा कानून को भंग करते हैं उन्हें जरूर दंडित करना चाहिए।

II. नहीं, दहेज प्रथा हमारे समाज में अनादि काल से चलते आ रहा है।

उत्तर (हल/संकेत)

1. (b) तर्क 'I' प्रबल नहीं है क्योंकि इसमें '**केवल**' शब्द का प्रयोग करके इसे Particularise कर दिया गया है। जबकि तर्क 'II' प्रबल है, क्योंकि संपूर्ण भारत के कॉलेजों में परीक्षा आयोजन एवं डिग्रियाँ प्रदान करना एक विश्वविद्यालय के द्वारा संभव नहीं।

अत: **केवल तर्क 'II' प्रबल है।**

2. (a) यह अकाट्य सत्य है कि उच्च शिक्षा देश के प्रगति के लिए आवश्यक है। अत: इसे बंद करने पर देश की प्रगति बाधित हो जाएगी। अत: तर्क 'I' प्रबल है। जबकि तर्क 'II' निर्बल है, क्योंकि उच्च शिक्षा को बंद कर देने पर शिक्षित बेरोजगारी कम नहीं होगी, बल्कि बेरोजगारी को कम करने के लिए रोजगार के अवसर उपलब्ध कराने होंगे।

अत: **केवल तर्क 'I' प्रबल है।**

3. (c) चूँकि राजनीति में भाग लेने पर विद्यार्थियों में नेतृत्व का गुण विक"त होता है यह ठीक है लेकिन इसके दूसरे पहलू पर गौर किया जाए तो यह बिल्कुल स्पष्ट है कि राजनीति में भाग लेने पर उनका अध्ययन अवश्य प्रभावित होगा जो कि उनके भविष्य के लिए ठीक नहीं है। अत: अलग-अलग दृष्टिकोण से दोनों तर्क प्रबल हैं।

अत: **या तो तर्क 'I' या फिर 'II' प्रबल है।**

4. (a) अधिकतर ऊर्जा के स्रोत जिनका वर्तमान में उपयोग किया जा रहा है, वह समाप्ति की ओर है, अत: सौर ऊर्जा से भारत को विद्युत उत्पन्न करना चाहिए क्योंकि यह एक सस्ता और अच्छा विकल्प है।

अत: **केवल तर्क 'I' प्रबल है।**

5. (b) लोग अपनी इच्छा से जुआ खेलते हैं। अत: तर्क 'I' प्रबल नहीं है। जबकि तर्क 'II' प्रबल है क्योंकि सरकार को लॉटरी से बहुत अधिक कर की प्राप्ति होती है जोकि बंद करने पर प्राप्त नहीं हो सकेगी।

अत: **केवल तर्क 'II' प्रबल है।**

6. (b) सरकार जो भी आयकर लेती है उसका उपयोग जनकल्याण में करती है। अत: आयकर बचाना एक राष्ट्रद्रोह है। अत: तर्क 'II' प्रबल है। जबकि तर्क 'I' निर्बल है क्योंकि कर हमेशा उचित लगाये जाते हैं।

अत: **केवल तर्क 'II' प्रबल है।**

7. (b) ग्रामवासी सृजनात्मक होते हैं यह कथन से सार्थक संबंध स्थापित नहीं करता है। अत: तर्क 'I' निर्बल है। प्रश्न का भाव कुटीर उद्योग को प्रोत्साहित करने से है जिसका एक ही मकसद है कि बेरोजगारी को दूर किया जाए। अत: ग्रामीण क्षेत्रों में कुटीर उद्योग को प्रोत्साहित करने पर निश्चित ही कुछ हद तक बेरोजगारी की समस्या दूर कर सकता है।

अत: **केवल तर्क 'II' प्रबल है।**

8. (a) जमीनी स्तर पर प्रदूषण स्वास्थ्य के लिए अधिक हानिकारक है। अत: ऊँची चिमनियाँ लगाकर इसे बहुत हद तक बचाव किया जा सकता है।

अत: **केवल तर्क 'I' प्रबल है।**

9. (a) यदि ओजोन परत क्षतिग्रस्त हो जाएगी तो अल्ट्रावाइलेट किरण पृथ्वी पर पहुँच जाएगी जोकि जीव-जंतुओं के लिए हानिकारक है। अत: निश्चित ही हमें ओजोन परत की देखरेख करनी चाहिए। क्योंकि ओजोन परत इसे रोके रहती है।

अत: **केवल तर्क 'I' प्रबल है।**

10. (d) कश्मीर, भारत का एक अभिन्न अंग है और कोई भी देश अपनी अखण्डता को बरकरार रखना चाहता है, इसलिए किसी भी कीमत पर भारत, कश्मीर पाकिस्तान के हवाले नहीं कर सकता है। यहाँ विदेशी मुद्रा का उपार्जन या सुन्दर राज्य कोई विशेष मायने नहीं रखता बल्कि यह देश की अखण्डता का सवाल है।

अत: **तर्क 'I' एवं 'II' दोनों निर्बल हैं।**

11. (b) कोई भी शौक से अपनी मातृभूमि नहीं छोड़ता है अत: मानवीय मूल्य के आधार पर बेवस लोगों को अपने मातृभूमि जाने को बाध्य नहीं किया जाना चाहिए।

अत: **केवल तर्क 'II' प्रबल है।**

12. (a) न्यायालय अपक्षपात न्याय के लिए होते हैं। अत: तर्क 'II' निर्बल है जबकि तर्क 'I' प्रबल है क्योंकि बहुत से लोग न्यायालय खर्च के वजह से तथा अन्य कारणों से जा भी नहीं सकते हैं साथ-ही-साथ यूँ भी न्यायालय में बहुत अधिक मुकदमें दर्ज होने के कारण शीघ्र न्याय नहीं मिल पाता है। अत: प्रत्येक व्यक्ति को न्याय दिलाने एवं न्याय में विलम्बता को दूर करने के लिए लोक अदालत एवं मोबाइल कोर्टों को प्रोत्साहित करना एक सही निर्णय है।

अत: **केवल तर्क 'I' प्रबल है।**

13. (d) दोनों तर्क कल्पना पर आधारित हैं, अत: तर्क 'I' एवं 'II' दोनो निर्बल हैं।

14. (b) यदि समाचार पत्र पर सरकार का नियंत्रण होगा तो यह अपनी स्वायता खो बैठेगी, जिसके कारण यह निष्पक्ष या सरकार के विरुद्ध समाचार प्रकाशित नहीं कर सकेगी, चूँकि प्रजातंत्र में अपनी अभिव्यक्ति व्यक्त करने का अधिकार संविधान प्रदत्त है। इसलिए समाचार पत्र पर सरकार का नियंत्रण नहीं होना चाहिए क्योंकि इससे यह अपनी विश्वसनीयता खो देगी, अत: तर्क 'II' प्रबल है जबकि तर्क 'I' निर्बल है इसलिए कि विभिन्न प्रकार के समाचार पत्र लोगों को विभिन्न समाचारों से अवगत कराते हैं न कि केवल गुमराह करते हैं।

अत: **केवल तर्क 'II' प्रबल है।**

15. (b) संविधान द्वारा प्रदत्त किसी भी अधिकार पर प्रतिबंध नहीं लगाया जा सकता।

अत: **केवल तर्क 'II' प्रबल है।**

16. (a) फैक्टरी अधिनियम के तहत कामगारों को मैनेजमेंट में सम्मिलित होने का अधिकार प्राप्त है, अत: उन्हें निश्चित रूप से मैनेजमेंट में सम्मिलित होने की अनुमति मिलनी चाहिए।

अत: **केवल तर्क 'I' प्रबल है।**

17. (e) कॉलेज एवं विश्वविद्यालय में स्टूडेंट यूनियन होने पर निश्चित ही कैम्पस में राजनैतिक वातावरण बन जाएगा, जो कि विद्यार्थियों के लिए हानिकारक है, साथ ही साथ इसका दूसरा पहलू यह भी है कि विद्यार्थी ही भविष्य के नेता होते हैं, इसलिए नेता बनने से पूर्व उन्हें राजनीति का ज्ञान होना भी जरूरी है।

अत: **तर्क 'I' एवं 'II' दोनों प्रबल है।**

18. (e) बेरोजगारी एवं प्रदूषण दोनों ही अलग-अलग विकट समस्या है। यदि बड़ी इंडस्ट्रीज लगायी जाती है, तो निश्चित ही इसमें अधिक से अधिक व्यक्तियों को काम मिलेगा जिससे बेरोजगारी कम होगी लेकिन इसका दूसरा, पहलू यह भी है कि इससे प्रदूषण भी बढ़ेगा।

अत: **तर्क 'I' एवं 'II' दोनों प्रबल हैं।**

19. (d) दोनों ही कथन कल्पना पर आधारित हैं।

अत: **तर्क 'I' एवं 'II' दोनों निर्बल हैं।**

20. (e) संयुक्त परिवार सुरक्षा प्रदान करता है तथा काम के बोझ को कम कर देता है इसलिए कि ऐसे परिवार में सभी मिल-जुलकर काम करते हैं, साथ ही यह सत्य है कि एकल परिवार में ज्यादा स्वतंत्रता रहती है कोई भी निर्णय आप अपनी मर्जी से ले सकते हैं जबकि संयुक्त परिवार में कोई भी निर्णय अकेले नहीं लिया जा सकता। अत: दोनों तर्क अलग-अलग दृष्टिकोणों से प्रबल हैं।

अत: **तर्क 'I' एवं 'II' दोनों प्रबल हैं।**

21. (b) सुदूर प्रांतों को सड़क द्वारा जोड़ने पर यह लोगों के आवागमन में सहायता करेगा, अत: तर्क 'II' प्रबल है, जबकि तर्क 'I' निर्बल है क्योंकि इससे ग्रामीणों का शांतिपूर्ण जीवन बाधित नहीं बल्कि उनके जीवन में और भी खुशहाली आ जाएगी।

अत: **केवल तर्क 'II' प्रबल है।**

22. (a) कोई भी मीडिया बिना स्वायत्तता के स्वच्छ एवं निष्पक्ष खबर प्रसारित नहीं कर सकती। अत: स्वच्छ एवं निष्पक्ष खबरों के प्रसारण हेतु दूरदर्शन को पूर्णस्वायत्तता निश्चित रूप से दिया जाना चाहिए। अत: तर्क 'I' प्रबल है, जबकि तर्क 'II' निर्बल है क्योंकि यह प्रश्न के विशेष मुद्दे से परे हैं।

अत: **केवल तर्क 'I' प्रबल है।**

23. (a) धूम्रपान स्वास्थ्य के लिए हानिकारक है, अत: निश्चित ही इस पर प्रतिबंध लगा देना चाहिए अत: तर्क 'I' प्रबल है, तबकि तर्क 'II' निर्बल है क्योंकि यह प्रश्नसूचक है।

अत: **केवल तर्क 'I' प्रबल है।**

24. (b) तर्क 'I' निर्बल है इसलिए कि यह प्रश्नसूचक है। जबकि तर्क 'II' प्रबल है इसलिए कि भारत जैसे विशाल देश में सभी विश्वविद्यालयों का पाठ्यक्रम एक समान नहीं किया जा सकता, क्योंकि प्रत्येक प्रांत की अपनी अलग संस्कृति है।

अत: **केवल तर्क 'II' प्रबल है।**

25. (d) सभी के लिए स्नातक तक शिक्षा अनिवार्य कर देने का कोई औचित्य नहीं है साथ-ही यह संभव नहीं है। अत: तर्क 'I' निर्बल है। इसी प्रकार तर्क 'II' भी निर्बल है क्योंकि यह प्रश्नसूचक है।

अत: **तर्क 'I' एवं 'II' दोनों निर्बल हैं।**

26. (b) तर्क 'I' निर्बल है, क्योंकि यह तुलनात्मक है। जबकि तर्क 'II' प्रबल है इसलिए कि बदलते परिवेश में प्रतिरक्षा के स्तर को कायम रखने के लिए आधुनिक तकनीकी युक्त अस्त्रों की राष्ट्र को जरूरत है, अत: भारत को प्रक्षेपास्त्र विकास कार्यक्रम नहीं बंद करना चाहिए।

अत: **केवल तर्क 'II' प्रबल है।**

27. (e) पर्यावरण के संतुलन को बनाये रखने में वृक्ष बहुत ही महत्वपूर्ण भूमिका निभाता है अत: पर्यावरण के संतुलन को बहाल रखने को लिए इसकी कटाई पर पूर्णत: प्रतिबंध लगाना जरूरी है। लेकिन दूसरे दृष्टिकोण से विचार किया जाए तो यह भी उचित नहीं है कि पूर्णत: प्रतिबंध लगा दिया जाए, क्योंकि हमारे दैनिक जीवन में उपयोग की जाने वाली बहुत-सी ऐसी वस्तुएं हैं जो कि लकड़ियों द्वारा निर्मित होती हैं, अत: पूर्णत: प्रतिबंध लगा देने पर यह लकड़ी के उत्पाद एवं लकड़ी उद्योग दोनों को प्रभावित करेगा, अत: अलग-अलग दृष्टिकोण से विचार किया जाए तो पक्ष एवं विपक्ष में दिये गए दोनों ही तर्क प्रबल हैं।

अत: **तर्क 'I' एवं 'II' दोनों प्रबल हैं।**

28. (c) यदि सभी महसूस करें कि प्रदूषण स्वास्थ्य के लिए हानिकारक है तथा सभी मिलकर इसे रोकने का प्रयास करें, तो यह संभव है कि इस पर नियंत्रण हो जाए, जबकि दूसरी ओर आने-जाने के मार्ग में भीड़, कारखाने, उद्योग, बढ़ती हुई जनसंख्या आदि को नियंत्रित कर पाना संभव नहीं है, अर्थात् दोनों तर्क स्पष्ट नहीं बल्कि संभावनायुक्त हैं।

अत: **या तो तर्क 'I' या फिर 'II' प्रबल है।**

29. (a) कार्यक्षमता एवं शुद्धता को कायम करने के लिए कम्प्यूटर एक उपयोगी साधन है, अत: कार्यक्षमता एवं शुद्धता के दृष्टिकोण से सभी संभावित विभागों में इसका उपयोग किया जाना चाहिए, अत: तर्क 'I' प्रबल है। जबकि तर्क 'II' निर्बल है क्योंकि यह कल्पना पर आधारित है।

अत: **केवल तर्क 'I' प्रबल है।**

30. (d) प्राकृतिक वातावरण की रक्षा के लिए जंगली जानवरों को फँसाने पर या शिकार करने पर प्रतिबंध लगाना जरूरी है। लेकिन दिया गया तर्क 'I' एवं 'II' दोनों इस परिपेक्ष्य में निर्बल हैं, क्योंकि इनका प्रश्न से सीधा एवं सार्थक संबंध नहीं है।

अत: **तर्क 'I' एवं 'II' दोनों निर्बल हैं।**

31. (b) लाई डिटेक्टर एक यंत्र है जिसके द्वारा झूठ पकड़ा जाता है। यह एक परम्परा चली आ रही है कि लाई डिटेक्टर से परीक्षण के पूर्व अभियुक्त से अनुमति लेनी होती है, जबकि ऐसा कोई भी कानूनी प्रावधान नहीं है।

अत: **केवल तर्क 'II' प्रबल है।**

32. (d) कोई भी संस्थान केवल वफादार पुरुष होने पर विशेष कार्य नहीं कर सकता बल्कि विशेष कार्य हेतु विशेष कार्य क्षमता वाले एवं निपुण पुरुषों की आवश्यकता होती है। अत: पदोन्नति के लिए केवल वफादारी को ही मापदण्ड माना जाना चाहिए। इसके पक्ष में तर्क 'I' निर्बल है। इसी प्रकार तर्क 'II' भी निर्बल है, क्योंकि कथन में जब वफादारी की बात की जा रही है, तो वहाँ छल का सवाल ही नहीं उठता है।

अत: **तर्क 'I' एवं 'II' दोनों निर्बल हैं।**

33. (d) स्थान परिवर्तनीय खेती नहीं करना चाहिए इसलिए कि यह अपव्ययी व्यवसाय है यह पूर्णत: स्पष्ट तर्क नहीं है, साथ ही साथ तर्क 'II' में आधुनिक खेती के तरीके के नकारात्मक पहलू को व्यक्त किया गया है जो कि प्रश्न से संबंधित नहीं है। अर्थात् दोनों ही तर्क निर्बल हैं।

अत: **तर्क 'I' एवं 'II' दोनों निर्बल हैं।**

34. (a) गाँवों में कार्य करने से शिक्षा व्यर्थ नहीं होगा, बल्कि इसका समुचित उपयोग होगा, क्योंकि शिक्षित लोग ही कृषि को पूर्ण परिवर्तित तथा गाँवों के पिछड़े वातावरण को मोहक बना सकते हैं।

अत: **केवल तर्क 'I' प्रबल है।**

35. (b) तर्क 'I' कल्पना पर आधारित है, क्योंकि गाईडों पर प्रतिबंध लगा देने पर वे शिक्षकों से

ट्यूशन भी पढ़ सकते हैं। यह कोई जरूरी नहीं कि वे पाठ्य-पुस्तक ही पढ़ेंगे। लेकिन तर्क 'II' प्रबल है क्योंकि यह कमजोर विद्यार्थी को कम समय में तैयारी करने के लिए काफी सहायक है।

अत: **केवल तर्क 'II' प्रबल है।**

36. (d) सैन्य शक्ति नहीं रखने के पक्ष में या विपक्ष में दिये गए कोई भी तर्क प्रबल नहीं हैं। जबकि वास्तविकता यह है कि देश की सुरक्षा के लिए सैन्य-शक्ति आवश्यक है।

अत: **दिए गए तर्क 'I' एवं 'II' दोनों निर्बल हैं।**

37. (b) धर्मांधता को बढ़ाने के आधार पर धर्म पर प्रतिबंध लगाने का कोई विशेष औचित्य नहीं है। अत: तर्क 'I' निर्बल है। जबकि तर्क 'II' प्रबल है क्योंकि यह सार्वभौम सत्य है कि धर्म भगवान और मानवता के नाम पर लोगों को आपस में जोड़ता है।

अत: **केवल तर्क 'II' प्रबल है।**

38. (b) कर्मचारियों को अनुशासन सिखाने का केवल यही तरीका नहीं है कि हड़ताल पर पूर्ण प्रतिबंध लगा दिया जाए, क्योंकि अन्य तरीकों से भी कर्मचारियों को अनुशासित किया जा सकता है। यहाँ तर्क 'I' में **'केवल'** लगाकर तर्क को Particularise कर दिया गया है। अत: तर्क 'I' पूर्णत: प्रबल नहीं है। जबकि तर्क 'II' प्रबल है इसलिए कि **'हड़ताल'** नागरिकों का संविधान द्वारा प्रदत्त अधिकार है और प्रजातंत्र में किसी को उसके अधिकार से वंचित नहीं किया जा सकता।

अत: **केवल तर्क 'II' प्रबल है।**

39. (a) बहुत से ऐसे भी राष्ट्र हैं जोकि परमाणु बम बना चुके हैं इसलिए अपने देश के प्रभुत्व एवं अखण्डता की रक्षा के लिए यह अति आवश्यक है कि भारत परमाणु बम बनाए। अत: तर्क 'I' प्रबल है। जबकि तर्क 'II' प्रश्न से सीधे संबंधित नहीं है।

अत: **केवल तर्क 'I' प्रबल है।**

40. (e) यदि युवा उद्यमियों को उत्साहित किया जाता है, तो वे अपने उद्योग के साथ अन्य भी उद्योगों को लगाएंगे जिससे कि देश का विकास तो होगा ही साथ-ही साथ उद्योगों के द्वारा अन्य लोगों को रोजगार के अवसर भी प्राप्त हो जाएंगे।

अत: **तर्क 'I' एवं 'II' दोनों प्रबल हैं।**

41. (b) धर्मनिरपेक्षता का यह अर्थ नहीं होता है कि लोगों में धर्म की जानकारी न हो बल्कि धर्म की जानकारी रहने पर ही हम एक-दूसरे के धर्म का आदर करेंगे जोकि हमारे आपसी संबंध को मजबूत करेगा।

अत: **केवल तर्क 'II' प्रबल है।**

42. (d) खुली पुस्तक प्रणाली लागू करने पर परीक्षा में नकल पूर्णत: समाप्त हो जाएगी यह संभव नहीं है इसलिए कि तब पुस्तकों की नकल की जाएगी, साथ-ही-साथ सभी विद्यार्थी 100% अंक प्राप्त कर लेंगे यह भी संभव नहीं है। क्योंकि यह जरूरी नहीं है कि पुस्तक खोलकर परीक्षा देने पर वे सही उत्तर ही लिख सकें।

अत: **तर्क 'I' एवं 'II' दोनों निर्बल हैं।**

43. (b) तर्क 'I' प्रश्न का उत्तर नहीं बल्कि प्रश्न पर ही प्रश्न किया गया है। जबकि तर्क 'II' प्रबल है इसलिए कि धूम्रपान की किसी पर बाध्यता नहीं होती है बल्कि लोग अपने इच्छा से धूम्रपान करते हैं। साथ ही धूम्रपान उत्पाद पर स्पष्ट वैधानिक चेतावनी दी गई होती है कि यह स्वास्थ्य के लिए हानिकारक है। लेकिन यदि इस पर रोक लगा दी जाए तो यह सत्य है कि हजारों कामगार बेरोजगार हो जाएंगे जो कि बेरोजगारी की एक नई समस्या खड़ा कर देगा। अत: धूम्रपान पर रोक नहीं लगाना चाहिए।

अत: **केवल तर्क 'II' प्रबल है।**

44. (b) तर्क 'I' निर्बल है चूँकि हड़ताल किसी भी कर्मचारी का बहुत बड़ा हथियार है जिससे वे अपने अधिकार की रक्षा करते हैं या अपने अधिकार के लिए आवाज उठाते हैं। अत: यह नैतिक नियम के विरुद्ध नहीं बल्कि संविधान द्वारा प्रदत्त अधिकार है। जबकि हड़ताल से विद्यार्थी प्रभावित होते हैं यह सत्य है। अत: इस दृष्टिकोण से हड़ताल पर रोक लगाया जा सकता है।

अत: **केवल तर्क 'II' प्रबल है।**

45. (d) लोकतंत्र का यह सिद्धांत नहीं है कि यदि आपके पास उच्च शिक्षा हेतु योग्यता न हो फिर भी आपको उच्च शिक्षा दिया जाए। अत: उच्च शिक्षा को अतियोग्य व्यक्तियों के लिए सीमाबद्ध कर देना लोकतंत्र के विरुद्ध नहीं है। अत: तर्क 'I' निर्बल है। इसी प्रकार तर्क 'II' भी निर्बल है इसलिए कि **'विषय-सुख'** का प्रयोग करके तर्क का अर्थ बदल दिया गय है।

अत: **तर्क 'I' एवं 'II' दोनों निर्बल हैं।**

46. (b) तर्क 'I' स्पष्ट रूप से निर्बल है इसलिए कि इसका प्रश्न से कोई संबंध नहीं है। जबकि तर्क 'II' प्रबल है क्योंकि अयोग्य व्यक्तियों को भी उच्च शिक्षा दिया जाए तो उन पर किया जाने वाला खर्च व्यर्थ होगा लेकिन योग्य व्यक्ति पर यही खर्च सार्थक होगा। अत: स्पष्ट है कि उच्च शिक्षा के अपव्यय को कम करने के लिए उच्च शिक्षा केवल योग्य व्यक्तियों के लिए आरक्षित कर देना चाहिए।

अत: **केवल तर्क 'II' प्रबल है।**

47. (a) लिखित परीक्षा में परीक्षार्थी एवं परीक्षक के चिंतन में कभी समानता नहीं होती है। जबकि वस्तुनिष्ठ प्रश्नों के द्वारा ली गई परीक्षा में परीक्षाथी एवं परीक्षक दोनों के चिंतन समान होते हैं। क्योंकि प्रत्येक सही उत्तर के लिए परीक्षक को निर्धारित अंक में कोई कटौती नहीं करनी होगी। साथ ही साथ वस्तुनिष्ठ परीक्षा में बैठने के लिए पूर्ण ज्ञान की जरूरत होती है क्योंकि प्रश्न दिये गये पाठ्यक्रम से कहीं से भी पूछे जा सकते हैं और इस प्रकार वास्तव में यह योग्य अभ्यर्थियों का निर्धारण कर देता है। अत: तर्क 'I' प्रबल है। जबकि तर्क 'II' निर्बल है इसलिए कि यह Generalised कर दिया गया है।

अत: **केवल तर्क 'I' प्रबल है।**

48. (d) तर्क 'I' निर्बल है, क्योंकि प्रबल तर्क तुलनात्मक नहीं होते हैं। इसी प्रकार तर्क 'II' भी निर्बल है क्योंकि डाक विभाग लोगों की सेवा के लिए होते हैं।

अत: **तर्क 'I' एवं 'II' दोनों निर्बल हैं।**

49. (d) तर्क 'I' निर्बल है, क्योंकि प्रबल तर्क तुलनात्मक नहीं होते हैं। इसी प्रकार तर्क 'II' भी निर्बल है क्योंकि निजी हाथों में जाने पर किसी भी उपक्रम की कार्यक्षमता में वृद्धि होती है।

अत: **तर्क 'I' एवं 'II' दोनों निर्बल हैं।**

50. (d) तर्क 'I' का कथन से कोई संबंध नहीं है, यानी कि तर्क 'I' निर्बल है। इसी प्रकार तर्क 'II' भी निर्बल है क्योंकि योग्य एवं अयोग्य के बीच एक कुशल प्रकाशक की रेखा खींच सकता है।

अत: **तर्क 'I' एवं 'II' दोनों निर्बल हैं।**

51. (a) तर्क 'I' प्रबल है, क्योंकि यह कथन से सीधा संबंधित है, साथ ही यह कथन के भाव को सार्थक कर रहा है, जबकि तर्क 'II' कल्पना पर आधारित है।

अत: **केवल तर्क 'I' प्रबल है।**

52. (a) दहेज लेना कानूनन जुर्म है। अत: जो लोग दहेज लेते हैं उन्हें निश्चित तौर पर दंडित किया जाना चाहिए। अत: तर्क 'I' प्रबल है। जबकि तर्क 'II' निर्बल है क्योंकि आदिकाल से ही क्यों न चलता आ रहा हो लेकिन यदि यह असंवैधानिक है तो इसके लिए दण्ड अवश्य होना चाहिए।

अत: **केवल तर्क 'I' प्रबल है।**

53. (e) यदि अपहरणकर्त्ता के शर्त से सहमत नहीं होते हैं, तो वो अपहृत व्यक्ति के साथ कुछ भी कर सकता है। अत: उनके चंगुल से छुड़ाने के लिए कोई भी कीमत चुकाना चाहिए। लेकिन दूसरे दृष्टिकोण से फिरौती को देना अपहरणकर्त्ता को कुकर्म करने के लिए प्रोत्साहित करता है। अत: अपहरणकर्त्ता की शर्त नहीं माननी चाहिए। इस प्रकार पक्ष एवं विपक्ष में दिये गए दोनों ही तर्क प्रबल हैं।

अत: **तर्क 'I' एवं 'II' दोनों प्रबल हैं।**

54. (d) कॉलेज को विश्वविद्यालय का दर्जा दिया जाना चाहिए इस प्रश्न के पक्ष या विपक्ष में दिया गया कोई भी तर्क ठोस कारण और वास्तविकता पर आधारित नहीं है।

अत: **तर्क 'I' एवं 'II' दोनों निर्बल हैं।**

❑❑❑

अध्याय 3

कथन एवं निष्कर्ष

किसी भी विषय के बारे में प्रस्तुत की गई प्रतिक्रिया या विचार अभिव्यक्ति को कथन कहा जाता है, परन्तु उपलब्ध कथन को आधार मानकर जो अनुमान लगाकर विचार प्रकट किया जाता है उसे निष्कर्ष कहते हैं। प्राय: प्रतियोगी परीक्षाओं में इससे संबंधित प्रश्न पूछे जाते हैं। कथन में कही गयी बात से संबंधित मूल बातों का निष्कर्ष आसानी से निकाल सकें। इसके लिए आवश्यक है, कि अपनी सोच की सीमाओं को सीमित दायरे में लाकर मूल बात का पता लगाया जाए।

इससे संबंधित कुछ उदाहरण इस प्रकार है—

निर्देश :

उत्तर (a) दें, यदि सिर्फ निष्कर्ष I निकलता है।

उत्तर (b) दें, यदि सिर्फ निष्कर्ष II निकलता है।

उत्तर (c) दें, यदि या तो I या II निष्कर्ष निकलता है।

उत्तर (d) दें, यदि न तो I न ही II निकलता है।

उत्तर (e) दें, यदि दोनों निष्कर्ष निकलते हैं।

1. यदि निष्कर्ष में निश्चित रूप से, बिल्कुल, एकदम, शतप्रतिशत, एकमात्र, केवल, सदा से, सभी, हमेशा, प्रत्येक आदि शब्द जुड़े हों, तो उसे न मानें, लेकिन यदि निष्कर्ष जो कथन का सीधा परिणाम है, तो मान्य होता है अर्थात् Special Matter को Generalise नहीं करना चाहिए।

उदाहरण 1.

कथन : सीधे विपणन में कम्पनी इस बात को जान सकती है कि ग्राहकों की क्या समस्याएँ होती हैं तथा उन्हें उन समस्याओं को दुरुस्त करने का भी मौका मिलता है, तब ग्राहक एक निष्ठावान खरीददार बन जाता है।

निष्कर्ष : I. उत्तरदायी कम्पनियाँ सीधे विपणन से लाभ उठाती हैं।

II. सीधा विपणन व्यापार में सफलता की एकमात्र कुंजी है।

हल : निष्कर्ष I कथन से सीधे संबंधित है, इसलिए मान्य है, लेकिन निष्कर्ष II को एकमात्र शब्द कमजोर बना देता है।

2. कथन की जानकारी के अतिरिक्त किसी अन्य बात को नहीं सोचें।

उदाहरण 2.

कथन : 'X' कम्पनी टेलीविजन सेट्स की बिक्री इन दिनों काफी बढ़ गई है।

निष्कर्ष : I. दूसरी कम्पनी के सेट्स की बिक्री घट गई है।

II. 'X' कम्पनी के टेलीविजन सेट्स की बिक्री पहले नही के बराबर थी।

हल : कथन में दूसरी कम्पनियों के टेलीविजनों के सन्दर्भ में कुछ नहीं कहा गया है अत: निष्कर्ष I नहीं निकलता है, जबकि निष्कर्ष II के निहितार्थ का कथन के निहितार्थ से कोई संबंध नहीं है।

3. अनुमान तथा पूर्वधारणा से बचना चाहिए तथा यह ध्यान रखना चाहिए कि निष्कर्ष कार्यवाही का रूप न लें।

उदाहरण 3.

कथन : बड़ी संख्या में बच्चों को अस्पताल में भर्ती कराया गया है। उनकी बीमारी के लक्षणों से लगता है कि उनका भोज्य पदार्थ जहरीला था। ऐसा लगता है कि डिब्बाबंद दूधों में ही खराबी थी।

निष्कर्ष : I. प्राय: डिब्बाबंद दूध जहरीले हो जाते हैं।

II. बाजार में उपलब्ध विभिन्न डिब्बाबंद दूधों की जाँच की गई है।

हल : निष्कर्ष I एक पूर्वानुमान है, जबकि निष्कर्ष II के बारे में कथन से कोई भी जानकारी नहीं मिलती है।

4. सलाह, परिणाम, निवारण, आदि यदि कथन से सीधे जुड़े हुए हों तो वे मान्य होते हैं।

उदाहरण 4.

कथन : संसार के कई देशों में खनिज तेल के अपार भण्डार हैं, परन्तु खपत इतनी है कि अपनी आवश्यकताओं की पूर्ति के लिए खाड़ी देशों से आयात करना पड़ता है। इसकी खपत में इतनी तेजी से वृद्धि हो रही है कि संसार के तेल के भण्डार के जल्द ही खत्म होने का डर बन गया है।

निष्कर्ष : I. खनिज तेल का संरक्षण बहुत ही आवश्यक है।

II. खाड़ी देश अपनी आवश्यकता से अधिक खनिज तेल का उत्पादन करते हैं।

हल : निष्कर्ष I एक सलाह है, जो कथन के अंतिम वाक्य से एवं निष्कर्ष II कथन के प्रथम वाक्य से स्पष्ट तौर पर निकलता है। अत: कथन के आलोक में दोनों निष्कर्ष वैध ठहरते हैं।

5. प्रचार या विज्ञप्ति से संबंधित कथन हो, तो निष्कर्ष के रूप में यदि उससे सीधे जुड़ी बात कही गयी हो जो उसके मूल उद्देश्य की पूर्ति करती हो तो मान्य होगी, क्योंकि प्रचार या विज्ञप्ति यही सोचकर दिया जाता है कि लोग उसे पढ़ेंगे, समझेंगे और मानेंगे। ध्यान रहे निष्कर्ष कथन से सीधे-सीधे जुड़ा होना चाहिए।

उदाहरण 5.

कथन : यदि आप एक कुशल मैकेनिकल इंजीनियर हैं, तो हम आपको अपने प्रबन्ध में लगाना चाहते हैं—

कम्पनी 'X' द्वारा एक विज्ञापन।

निष्कर्ष : I. कम्पनी X सोचती है कि इंजीनियर एक बेहतर कार्य निष्पादक होते हैं।

II. कम्पनी X को प्रबन्धकों की आवश्यकता है।

हल : कथन के संदर्भ में दोनों ही निष्कर्ष सही हैं, क्योंकि कम्पनी ऐसा मानती है कि इंजीनियर एक बेहतर कार्य-निष्पादक होता है तथा उसे प्रबन्धकों की आवश्यकता भी है, इसलिए उसने ऐसा विज्ञापन दिया है। कथन के अंतिम भाग में चाहत की बात की गयी है जिससे भी कम्पनी की आवश्यकता का पता लगता है।

6. कभी-कभी किसी समस्या के दो ही पक्ष होते हैं। यदि उनमें से एक कथन में दिया गया हो, तो दूसरा निश्चित रूप से निष्कर्ष होगा।

उदाहरण 6.

कथन : छोटी बीमार नहीं है।

निष्कर्ष : छोटी स्वस्थ है।

हल : निष्कर्ष निश्चित रूप से मान्य होगा, क्योंकि यहाँ दो ही पक्ष उजागर होते हैं, कि यदि कोई व्यक्ति बीमार नहीं है, तो वह स्वस्थ ही होगा।

7. यदि किसी कानून या विधि या संशोधन की चर्चा कथन में की जा रही हो, तो उससे जुड़ी तथ्यात्मक बात निष्कर्ष के रूप में मान्य होगी, क्योंकि किसी भी संशोधन, कानून या विधि बनाने का उद्देश्य ही केवल यह होता है कि आम लोग उसे मानेंगे। ध्यान रहे निष्कर्ष कथन से सीधा-सीधा जुड़ा होना चाहिए।

उदाहरण 7.

कथन : न्यायालय की वर्तमान सक्रियता की जड़ें अस्सी के दशक में ही गहरी होनी प्रारम्भ हो गयी थीं जब न्यायालयों ने एक के बाद एक ऐसे निर्णय दिए जिससे सरकारी अधिकारियों तथा सत्ताहीन राजनीतिज्ञों को अपनी कार्यप्रणाली में सुधार करने के लिए बाध्य होना पड़ा।

निष्कर्ष : I. सरकारी अधिकारी एवं राजनीतिज्ञ न्यायालय की बात मानने के लिए बाध्य हैं।

II. सरकारी अधिकारी एवं सत्ताहीन राजनीतिज्ञ न्यायालय के अधीन कार्य करते हैं।

हल : 'बाध्य' शब्द का प्रयोग निष्कर्ष I को वैधता प्रदान कर देता है। निष्कर्ष II Extra Assumption है अत: वैध नहीं है।

8. भूतकाल की बात को सामान्यत: नहीं मानना चाहिए, क्योंकि यदि आज की बात कथन में कही गयी है, तो कल जो बीत गया है उस समय उसकी स्थिति क्या थी उसके बारे में कुछ नहीं कहा जा सकता है। हाँ, यदि कथन में भूतकाल की ऐसी बात कही गयी हो जो निष्कर्ष के रूप में वैध हो।

उदाहरण 8.

कथन : सेवानिवृत्त आई. पी. एस. अधिकारी श्री सिंह ने केन्द्रीय जाँच ब्यूरो संस्थान के निदेशक का कार्यभार ग्रहण कर लिया है। आशा है कि अब संस्थान के प्रशासन में सुधार होगा।

निष्कर्ष : I. श्री सिंह से पहले संस्थान में कोई निदेशक नहीं था।

II. श्री सिंह इससे पूर्व इसी पद पर किसी अन्य विभाग में भी कार्यरत् रह चुके हैं।

हल : दोनों ही निष्कर्ष मान्य नहीं होंगे, क्योंकि दोनों सूचनाएँ भूतकाल की हैं, जिनके बारे में कथन में कुछ भी नहीं कहा गया है।

9. भविष्यकाल की बात को निष्कर्ष के रूप में सामान्यत: नहीं मानना चाहिए, क्योंकि वर्तमान को देखकर भविष्य के बारे में सिर्फ अनुमान लगाया जा सकता है, निष्कर्ष नहीं निकाला जा सकता। नीचे दिए गए उदाहरण में future पर आधारित बात को सिर्फ एक निष्कर्ष के आधार पर समझे।

उदाहरण 9.

कथन : मुख्यमंत्री ने कृषि मंत्रालय की अनियमितताओं को देखते हुए कृषि मंत्री से कहा है कि वे या तो कल तक इस्तीफा दे दें या फिर मंत्रिमण्डल से बर्खास्त होने के लिए तैयार रहें।

निष्कर्ष : I. कृषि मंत्री कल तक इस्तीफा दे देंगे।

हल : कथन में दी गई सूचना के आधार पर ऐसी सम्भावना है कि कृषि मंत्री इस्तीफा दे देंगे या बर्खास्त कर दिए जायेंगे, परन्तु दूसरे निष्कर्ष के अभाव में निष्कर्ष I कमजोर हो जाता है। यद्यपि निष्कर्ष में कही गयी बात कथन में निहित है, परन्तु दूसरे के अभाव में यह सिर्फ भविष्य की बात रह जाती है।

प्रश्नावली

निर्देश—(प्रश्न संख्या 1 से 34 तक) : निम्नलिखित प्रत्येक प्रश्न में एक कथन दिया गया है जिनके नीचे इन पर आधारित दो निष्कर्ष I एवं II दिये गए हैं। दिये गए कथन सर्वमान्य मान्यताओं से सर्वथा विपरीत ही क्यों न हों फिर भी आपको उन्हें सत्य मानना है। इसके बाद आपको दिये गए कथन तथा निष्कर्षों पर विचार करते हुए यह निर्णय करना है कि दिये गए कथन के आधार पर दिये गए निष्कर्षों में से कौन-सा तर्कसंगत रूप से निकलता है।

(a) यदि केवल निष्कर्ष I तर्कसंगत हो।

(b) यदि केवल निष्कर्ष II तर्कसंगत हो।

(c) यदि या तो I या फिर II निष्कर्ष तर्कसंगत हो।

(d) यदि न तो I और न ही II निष्कर्ष तर्कसंगत हों।

(e) यदि निष्कर्ष I एवं II दोनों ही तर्कसंगत हों।

1. कथन : देश की जनसंख्या यूँ ही बढ़ती रही, तो आये दिन देश की जनता को एक जून की रोटी तथा आश्रय के लिए एक इंच जमीन भी नसीब नहीं होगी।

निष्कर्ष : I. कृषि को अधिक-से-अधिक उन्नत किया जाना चाहिए।

II. जनसंख्या को नियंत्रित करना आवश्यक है।

2. कथन : मैनेजर ने शुशांत को उसके सहकर्मियों की उपस्थिति में अपमानित किया।

निष्कर्ष : I. मैनेजर सुशांत को पसंद नहीं करता है।

II. सुशांत अपने सहकर्मियों के बीच लोकप्रिय नहीं था।

3. कथन : कोई भी नौजवान जो शादी के दहेज को एक शर्त बनाता है वह अपने बड़प्पन को समाप्त करता है तथा स्त्री जाति का अपमान करता है।

निष्कर्ष : I. जो भी शादी में दहेज लेते हैं उनकी समाज द्वारा भर्त्सना की जानी चाहिए।

II. जो शादी में दहेज नहीं लेते हैं वे स्त्री जाति का सम्मान करते हैं।

4. कथन : मुम्बई से चेन्नई तक 900 किमी. सड़क की दूरी को समुद्री मार्ग से तय करने पर 280 किमी. कम किया जा सकता है जो कि प्रतिवर्ष ₹ 7.96 करोड़ के ईंधन की बचत में सहायक होगा।

निष्कर्ष : I. सड़क यातायात की अपेक्षा समुद्री यातायात प्राय: सस्ता होता है।

II. इससे प्रचुर मात्रा में ईंधन की बचत नहीं होगी।

5. कथन : उच्च स्तरीय निर्माण कार्य हेतु सक्षम अनुभवी ठेकेदारों से मुहरबंद निविदा आमंत्रित किये जाते हैं।

निष्कर्ष : I. निविदाएँ केवल सक्षम अनुभवी ठेकेदारों से आमंत्रित किये जाते हैं।

II. निर्माण कार्य के निविदाओं में सक्षम व्यक्ति को ज्ञात करना कठिन है।

6. कथन : आजकल पत्रिकाओं के पृष्ठ कम्प्यूटर विज्ञापन से भरे होते हैं लेकिन भारत में वास्तविक कम्प्यूटर क्रांति धीरे-धीरे फैल रही है, परंतु सरकारी संगठनों में ऐसा नहीं है।

निष्कर्ष : I. केन्द्र तथा राज्य सरकार दोनों ही तेजी से कम्प्यूटरीकरण कर रही हैं।

II. सरकार पत्रिकाओं के पृष्ठों को अपने कम्प्यूटरों के विज्ञापन से नहीं भरती है।

7. कथन : महासागर यूरेनियम सहित सामान्यत: प्रत्येक खनिज के भंडार गृह हैं, लेकिन अधिकतर अन्य खनिजों की तुलना में यह बहुत कम मात्रा में पाया जाता है—1000 ग्राम पानी में लगभग 3 ग्राम।

निष्कर्ष : I. समुद्री जल में स्वर्ण पाया जाता है।

II. महासागरीय बंदरगाहों के विकिरण हानिकारक हैं।

8. कथन : उसने वर्तमान परीक्षा पद्धति को रोकने तथा उसके स्थान पर अन्य परीक्षा पद्धति की आवश्यकता पर जोर दिया, क्योंकि अन्य परीक्षा पद्धति से विद्यार्थी की वास्तविक योग्यता का मापन हो सकता है।

निष्कर्ष : I. वर्तमान परीक्षा पद्धति विद्यार्थी की वास्तविक योग्यता का मापन करने में सक्षम नहीं है।

II. परीक्षाओं को समाप्त कर देना चाहिए।

9. कथन : स्वदेशोत्पन्न कच्चे तेल के उत्पादन की अपेक्षा घरेलू माँग तेजी से बढ़ रही है।

निष्कर्ष : I. घरेलू माँग में कमी की जानी चाहिए।

II. कच्चे तेल का आयात किया जाना चाहिए।

10. कथन : अच्छा, सबसे अच्छा का शत्रु है।

निष्कर्ष : I. तुम्हें अपने सबसे अच्छे शत्रु के साथ अच्छा व्यवहार करना चाहिए।

II. सर्वश्रेष्ठ व्यक्ति अच्छाई पसंद नहीं करते हैं।

11. कथन : एक दिवसीय क्रिकेट का यह निचोड़ है कि कितनी तेजी से रन बनाये जाते हैं और कितने संयम और जोश के साथ गेंद फेंकी जाती है और अच्छी तरह से खेला जाये, तो विपक्ष के हाथ एवं पैरों को फुलाया जा सकता है।

निष्कर्ष : I. कपिलदेव ने भारत के लिए 1983 में जब प्रुडेन्शियल कप जीता था, तो उसके पास उपर्युक्त सभी गुण मौजूद थे।

II. अन्य टीमों ने जिसने प्रुडेन्शियल टूर्नामेंट में भाग लिया था उनमें ये गुण मौजूद नहीं थे।

12. कथन : किसी समस्या से बचने का सबसे अच्छा तरीका है कि हम उसे सुलझाएँ।

निष्कर्ष : I. यदि तुम उस समस्या का समाधान नहीं करोगे, तो तुम्हारा जीवन नीरस हो जाएगा।

II. समस्या से बचने के लिए तुम्हारे पास कोई न कोई उपाय होना चाहिए।

13. कथन : फैशन कुरूपता का इतना असह्य रूप है कि हमें उसमें प्रत्येक छः महीने के बाद परिवर्तन करना होता है।

निष्कर्ष : I. फैशन डिजाइनर जनता की मानसिकता को अच्छी तरह समझते ही नहीं हैं।

II. प्रायः जनता न्यूनाधिक रूप से नवीनता के प्रति ग्रहणशील होती है।

14. कथन : अध्ययन व्यक्ति को पूर्ण बनाता है, संवाद उसको विदग्ध बनाता है और लेखन उसे परम शुद्ध बना देता है।

निष्कर्ष : I. उद्देश्य गर्भित एवं सुनिश्चित अभिव्यक्ति केवल विस्तृत लेखन द्वारा प्राप्त होती है।

II. विस्तृत अध्ययन मनुष्य को पूर्ण बनाती है।

15. कथन : दानव अपने मतलब के लिए धर्म ग्रन्थों के दृष्टांत प्रस्तुत कर सकता है।

निष्कर्ष : I. अशुद्ध अन्तःकरण वाले व्यक्ति के भी कुछ सिद्धांत होते हैं।

II. वास्तविक पांडित्य धर्म-ग्रंथों में प्राप्त होता है।

16. कथन : प्राचीन व्यवस्था बदलती है और नई व्यवस्था उसका स्थान ग्रहण कर लेती है।

निष्कर्ष : I. पुराने विचारों को त्याग दें, क्योंकि वे जीर्ण हो गए हैं।

II. परिवर्तन प्रकृति का नियम है।

17. कथन : उन सभी राजनीतिक बंदियों को जमानत पर छोड़ दिया गया था, जो कि राजनीतिक घटनाओं के अलावा अन्य कारणों से जेल गये थे। वैसे व्यक्तियों की जमानत नामंजूर कर दी गयी थी जो कि हत्या में शामिल थे।

निष्कर्ष : I. कोई भी राजनीतिक बंदी ने हत्या नहीं की था।

II. कुछ राजनीतिज्ञों को गिरफ्तार नहीं किया गया था।

18. कथन : प्राप्त सभी पूर्व अभिलेखों से यह स्पष्ट होता है कि प्राचीन भारत में भी गुरु और शिष्य दोनों ने ज्ञान की मात्रा के बजाय ज्ञान के गुण को महत्व प्रदान किया।

निष्कर्ष : I. ज्ञान की मात्रा को महत्व देना निकृष्ट कार्य है।

II. प्राचीन भारत में शिक्षक और विद्यार्थियों के बीच शैक्षिक मूल्यों की समानता थी।

19. कथन : भारत में निर्मित विभिन्न टी.वी. सेटों में से 'सोलर' नामक टी.वी. की बिक्री सबसे अधिक है।

निष्कर्ष : I. भारत में निर्मित विभिन्न टी.वी. सेटों की बिक्री के आँकड़े मालूम हैं।

II. भारत में निर्मित अन्य टी.वी. सेटों की अपेक्षा 'सोलर' टी.वी. सेट की बिक्री सर्वाधिक है।

20. कथन : मरुस्थलों में एक जगह से दूसरी जगह जाने के लिए ऊँट के बिना काम नहीं चल सकता।

निष्कर्ष : I. मरुस्थल में ऊँट ही आवागमन का सबसे सस्ता साधन है।

II. मरुस्थलों में ऊँट अधिकता में उपलब्ध होते हैं।

21. कथन : दस व्यक्ति जो कि प्रतीक्षा सूची में थे उन्हें अंततः फ्रंटियर मेल में आरक्षण मिल ही गया।

निष्कर्ष : I. प्रतीक्षा सूची के यात्रियों को प्रायः फ्रंटियर मेल में आरक्षण कठिनाई से मिलता है।

II. फ्रंटियर मेल में उपलब्ध शायिकाओं की संख्या अपेक्षाकृत कम हैं।

22. कथन : महँगे सेब खराब नहीं हो सकते।

निष्कर्ष : I. बाजार में जब सेबों की आपूर्ति में कमी होती है, तो इसकी कीमत बढ़ जाती है।

II. सेब की जितनी अधिक कीमत होगी उसकी किस्म उतनी ही अच्छी होती है।

23. कथन : समाचार-पत्रों का महत्व शिक्षा के अतिरिक्त मनोरंजन के रूप में भी माना जाना चाहिए।

निष्कर्ष : I. लोग समाचार-पत्र शिक्षा की दृष्टि से खरीदते हैं।

II. समाचार-पत्रों के मनोरंजन महत्व को अनुभव किया जाने लगा है।

24. कथन : 'श्याम', हरि का पिता नहीं है। 'हरि', सुरेश का पुत्र है। सुरेश को तीन पुत्र हैं।

निष्कर्ष : I. 'हरि', श्याम का भाई है।

II. 'सुरेश', हरि का पिता है।

25. कथन : 'गीता', सीता से सुंदर है लेकिन उतनी सुन्दर नहीं जितनी की रीता है।

निष्कर्ष : I. सीता, उतनी सुन्दर नहीं है जितनी कि गीता सुन्दर है।

II. 'सीता', रीता से सुन्दर है।

26. कथन : सभी धनी व्यक्ति तेज नहीं हैं।

निष्कर्ष : I. कुछ तेज व्यक्ति धनी हैं।

II. कुछ धनी व्यक्ति तेज नहीं हैं।

27. कथन : कुछ व्यक्ति मूर्ख हैं।

निष्कर्ष : I. सभी व्यक्ति मूर्ख हैं।

II. कुछ व्यक्ति मूर्ख नहीं हैं।

28. कथन : सभी पुरुष वयस्क हैं।
निष्कर्ष : I. कुछ पुरुष वयस्क हैं।
II. कोई भी पुरुष अवयस्क नहीं है।

29. कथन : यदि मनुष्य चाह ले, तो उसके लिए कोई भी कार्य असंभव नहीं है।
निष्कर्ष : I. मनुष्य के लिए कुछ कार्य असंभव हैं।
II. मनुष्य के लिए हर कार्य असंभव है।

30. कथन : ऊर्जा के अलौकिक स्रोतों का प्रयोग ऊर्जा की कमी को मिटा देगा।
निष्कर्ष : I. आधुनिक तकनीक धीरे-धीरे ऊर्जा के लौकिक स्रोतों का स्थान ले रहा है।
II. पर्यावरण का अति दोहन ऊर्जा के लौकिक स्रोतों के क्षय का कारण है।

31. कथन : वयस्कों की शिक्षा में वृद्धि देश के विकास और वृद्धि में सहायक होगी।
निष्कर्ष : I. शिक्षित लोग नई खोज कम ही करते हैं।
II. विकासशील देशों में शैक्षिक अनुपात ज्यादा है।

32. कथन : भारत के शहरी एवं ग्रामीण क्षेत्रों में विकास समान नहीं हैं।
निष्कर्ष : I. ग्रामीण निर्धनता शहरी निर्धनता से ज्यादा है।
II. परिवार का असीमित आकार भारत में निर्धनता का कारण है।

33. कथन : अपराध अपराधी के जैविक बनावट और उसके पारिवारिक संबंधों का क्रिया-कलाप है।
निष्कर्ष : I. सगे-जुड़वों की अपेक्षा समरूप जुड़वों में अपराध की घटनाएँ अधिक होती हैं।
II. ऐसे परिवार जहाँ माता-पिता में अपनत्व और स्नेह का अभाव रहता है बच्चे अपना नैतिक चेतना का विकास करने में विफल होते हैं।

34. कथन : भारत में 10% शीर्ष गृहस्थों के पास राष्ट्रीय आय का 35% है।
निष्कर्ष : I. जब अर्थव्यवस्था का विकास तेजी से होता है तो कुछ ही लोगों के पास धन की आपूर्ति हो पाती है।
II. भारत में राष्ट्रीय आय का वितरण असमान है।

उत्तर (हल/संकेत)

1. (b) कथनानुसार, देश की जनसंख्या यूँ ही बढ़ती रही, तो आये दिन देश की जनता को एक जून की रोटी तथा आश्रय के लिए **एक इंच जमीन** भी नसीब नहीं होगी, इससे बिल्कुल स्पष्ट है कि जनसंख्या पर नियंत्रण करना ही हर हाल में आवश्यक है, क्योंकि जब एक इंच आश्रय के लिए ही जमीन नहीं बचेगी, तो कृषि के लिए जमीन का सवाल ही नहीं उठता। जबकि केवल जनसंख्या के नियंत्रण करने पर ही आश्रय एवं खाद्यान्न संकट दोनों ही स्थितियों से निपटा जा सकता है।

अतः **केवल निष्कर्ष II तर्कसंगत है।**

2. (d) मैनेज़र सुशांत को पसंद करता है या नहीं, या सुशांत अपने सहकर्मियों के बीच लोकप्रिय है या नहीं इस बात का कथन से कोई भाव स्पष्ट नहीं होता है।

अतः **दोनों ही निष्कर्ष असंगत हैं।**

3. (e) कोई भी नौजवान जो शादी के लिए दहेज को एक शर्त बनाता है वह अपने बड़प्पन को समाप्त करता है तथा स्त्री जाति का अपमान करता है। इसका तात्पर्य यह है कि शर्त रखने वाले अपनी नीचता को प्रदर्शित करते हैं। अतः समाज द्वारा निश्चित ही उनकी भर्त्सना की जानी चाहिए। जबकि जो शादी में दहेज नहीं लेते हैं इसका अर्थ स्पष्ट है कि वे स्त्री जाति का सम्मान करते हैं।

अतः **निष्कर्ष I एवं II दोनों ही असंगत हैं।**

4. (d) कथन में मुम्बई से चेन्नई तक के समुद्री यातायात के संदर्भ में जिक्र किया गया है। अतः इस आधार पर यह मान लेना कि **समुद्री यातायात,** सड़क यातायात की अपेक्षा प्रायः सस्ते होते हैं उचित नहीं है। साथ ही साथ कथन में ईंधन की बचत की चर्चा की गई है जबकि निष्कर्ष II इसके ठीक विपरीत है।

अतः **निष्कर्ष I एवं II दोनों असंगत हैं।**

5. (a) कथनानुसार निविदा सक्षम अनुभवी ठेकेदारों से आमंत्रित किये गए हैं जिसका तात्पर्य है कि अनुभवहीन ठेकेदारों से निविदा आमंत्रित नहीं किये जाते हैं। अर्थात् केवल निविदाएँ केवल अनुभवी ठेकेदारों से ही आमंत्रित किये जाते हैं। साथ ही साथ निविदा का तात्पर्य है कि कम-से-कम लागत में उच्च श्रेणी का कार्य निष्पादन; जो कि एक सक्षम व्यक्ति ही कर सकता है। अतः निर्माण कार्य के निविदाओं में सक्षम व्यक्ति को ज्ञात करना कठिन नहीं है।

अतः **केवल निष्कर्ष I तर्कसंगत है।**

6. (d) भारत में वास्तविक कम्प्यूटर क्रांति धीरे-धीरे फैल रही है परंतु सरकारी संगठनों में ऐसा नहीं है। चूँकि सरकारी संगठन भारत में ही हैं, अतः भारत में ही वास्तविक कम्प्यूटर क्रांति धीरे-धीरे फैल रही है जिसका तात्पर्य यह भी हो सकता है कि सरकारी संगठनों में यह तेजी से नहीं फैल रही है या सरकारी संगठनों में ऐसा नहीं है। कथन के इस पहलू पर विचार किया जाए तो यह भी संभावना व्यक्त होती है कि हो सकता है कि केन्द्र तथा राज्य सरकार दोनों ही तेजी से कम्प्यूटरीकरण कर रही हैं। अतः इस आधार पर निश्चित निष्कर्ष नहीं प्राप्त किया जा सकता। साथ-ही-साथ सरकार पत्रिकाओं में अपने कम्प्यूटरों के विज्ञापन देती है या नहीं इसका कथन में कोई भी जिक्र नहीं है।

अतः **निष्कर्ष I एवं II दोनों असंगत हैं।**

7. (a) कथनानुसार, चूँकि महासागर प्रत्येक खनिज के भंडार गृह हैं अर्थात् निश्चित ही समुद्री जल में स्वर्ण मौजूद होगा, क्योंकि स्वर्ण भी एक खनिज है। साथ ही समुद्री जल ही महासागर में मिलते हैं।

अतः **केवल निष्कर्ष I तर्कसंगत है।**

8. (a) कथनानुसार वर्तमान परीक्षा पद्धति को रोकने तथा अन्य परीक्षा पद्धति की आवश्यकता पर जोर दिया गया है। क्योंकि अन्य परीक्षा पद्धति से ही विद्यार्थियों की वास्तविक योग्यता का मापन हो सकता है। इसका तात्पर्य है कि **वर्तमान परीक्षा पद्धति** विद्यार्थियों की वास्तविक योग्यता का मापन करने में सक्षम नहीं है।

अतः **केवल निष्कर्ष I तर्कसंगत है।**

9. (c) स्वदेशोत्पन्न कच्चे तेल के उत्पादन की अपेक्षा घरेलू माँग तेजी से बढ़ रही है। चूँकि माँग बढ़ रही है अतः निश्चित ही आपूर्ति में अस्थिरता उत्पन्न होगी। अतः या तो कच्चे तेल का आयात किया जाना चाहिए या फिर घरेलू माँग में कमी की जानी चाहिए, तभी माँग की अस्थिरता को नियंत्रित किया जा सकता है।

अतः **या तो I या फिर II निष्कर्ष तर्कसंगत है।**

10. (a) अच्छा सबसे अच्छा का शत्रु है। यानी कि सबसे अच्छा शत्रु के साथ अच्छा व्यवहार करके उसकी शत्रुता पर विजय प्राप्त की जा सकती है।

अतः **केवल निष्कर्ष I तर्कसंगत है।**

11. (a) कथनानुसार तेजी से रन बनाये जाएं तथा संयम और जोश के साथ गेंद फेंकी जाए और अच्छी तरह खेला जाए, तो विपक्ष के हाथ एवं पैरों को फुलाया जा सकता है यानी कि उस पर विजय प्राप्त की जा सकती है। अतः यदि कपिल देव ने भारत के लिए प्रुडेन्शियल कप जीता होगा तो उसके पास यानी उसके टीम के पास निश्चित ही उपर्युक्त सभी गुण मौजूद होंगे। यह बिल्कुल ही कथन की पुष्टि करता है। जबकि अन्य टीमों में ये गुण मौजूद थे या नहीं थे इस बात की कथन से पुष्टि नहीं होती है।

अतः **केवल निष्कर्ष I असंगत है।**

12. (d) यह सत्य है कि कुछ समस्याएँ जीवन को नीरस कर देती हैं परंतु कथन में किसी विशेष समस्या का जिक्र नहीं किया गया है जो कि जीवन को नीरस ही बना दे। अतः कथनानुसार निष्कर्ष I तर्कसंगत

अध्याय 4

कथन एवं पूर्वधारणाएं

कुछ अन्य बातें जिसका विशेष ध्यान रखें—

पूर्वधारणा का अभिप्राय है, अनुमान लगाना। उपलब्ध सूचना के आधार पर उससे संबंधित बात का पता लगाने को पूर्वधारणा कहा जाता है।

महत्वपूर्ण बिन्दु

- ये सभी शब्द जैसे—सभी, प्रत्येक, हरेक, कुल आदि पूर्वधारणा वाले वाक्य में जुड़े हों, तो वो स्वीकार्य नहीं होंगे।
- यदि पूर्वधारणा किसी कथन से संबंधित तथ्य की Partialy बात करती हो, तो स्वीकार्य होगी।
- यदि किसी कथन के एक से अधिक कारण अनुमानित हों, तो वो तभी मान्य होंगे जब सारे के सारे पूर्वधारणा वाले वाक्य में दिए गए हों।
- कथन में विद्यमान समस्या को अपने स्वयं के साथ जोड़कर ही हल खोजें इससे अनुमान लगाना आसान हो जाएगा।
- पूर्वधारणा कथन के भीतर का ही कोई तथ्य यदि हो, तो वो स्वीकार नहीं होगा।
- पूर्वधारणा निष्कर्ष से हमेशा असमान होती है इसलिए निष्कर्ष को कभी नहीं मानें।
- विज्ञापन सामान्यत: यह सोचकर दिया जाता है कि लोग उसे मान सकते हैं।
- सरकारी आदेश आदि को साधारणत: जनसाधारण द्वारा स्वीकार किये जाने की आशा की जाती है इसलिए पूर्वधारणा के रूप में ये मान्य होते हैं।

प्रकार 1

पूर्वधारणा का निहितार्थ कथन के निहितार्थ के विपरीत नहीं होना चाहिए।

उदाहरण 1.

कथन : यदि आज धूप उगती है तो आलू की फसल को लाभ पहुँचेगा।

पूर्वधारणा : **I.** आज धूप उगना आलू की फसल के लिए लाभदायक है।

II. यदि आज धूप नहीं उगती है, तो आलू की फसल को हानि पहुँचेगी।

हल : दोनों ही पूर्वधारणाएँ अंतर्निहित नहीं हैं। प्रथम पूर्वधारणा ठीक कथन का ही शब्दों के हेर-फेर के साथ पुनर्व्यक्तिकरण है, जबकि दूसरी पूर्वधारणा का निहितार्थ कथन के निहितार्थ के विपरीत है।

प्रकार 2

सलाह, परामर्श आदि को माना जाता है, क्योंकि सलाह देने वाला यही सोचकर सलाह देता है कि आप उसकी बात मान सकते हैं।

उदाहरण 2.

कथन : "अगर तुम अपनी फैक्ट्री को सफल बनाना चाहते हो, तो तुम्हें कठोर परिश्रम करना चाहिए।" ए ने बी से कहा।

पूर्वधारणा : **I.** बी, ए की सलाह सुनता है।

II. फैक्ट्री का सफल होना वांछनीय है।

हल : पूर्वधारणा I अंतर्निहित है, क्योंकि यह एक सलाह से संबंधित है और आमतौर पर जब कोई किसी की सलाह सुनता है तभी सलाह दी जाती है। कथन के निहितार्थ के आलोक में पूर्वधारणा II भी वैध ठहरती है।

प्रकार 3

सामान्यत: निषेधात्मक सूचनाएँ मान्य होती हैं।

उदाहरण 3.

कथन : "धूम्रपान निषेध" एक गाड़ी के डिब्बे में एक सूचना पट्ट।

पूर्वधारणा : **I.** साधारणतया लोग ऐसी सूचना का सम्मान करेंगे।

II. कुछ लोग डिब्बे में धूम्रपान करना पसंद करते हैं।

हल : दोनों पूर्वधारणाएँ कथन के आलोक में निहित हैं। ऐसी सूचनाएँ देने के पीछे यह तथ्य छिपा होता है कि लोग आमतौर पर इसका सम्मान करेंगे। पूर्वधारणा II भी वैध ठहरती है, क्योंकि यदि लोगों द्वारा ऐसा नहीं किया जाता तो इस तरह की सूचना का कोई औचित्य नहीं था पर ऐसी सूचनाएँ तब दी जाती हैं जब निषेधित कार्य हो रहा हो या होने की सम्भावना हो।

प्रकार 4

किसी कथन से संबंधित पूर्वधारणाओं में यदि भूत या भविष्य की बात की जाए, तो सामान्यत: मान्य नहीं होतीं।

उदाहरण 4.

कथन : सेवानिवृत्त आई. पी. एस. अधिकारी श्री मंगलम ने कारा विभाग के निर्देशक का कार्यभार ग्रहण कर लिया है। आशा है कि अब संस्थान के प्रशासन में सुधार होगा।

पूर्वधारणा : **I.** श्री मंगलम के पहले संस्थान में कोई निदेशक नहीं था।

II. निदेशक से यह उम्मीद की जाती है कि वह संस्थान का प्रशासन देखें।

हल : पूर्वधारणा I भूतकाल की बात करती है जोकि कथन में निहित नहीं है, जबकि पूर्वधारणा II कथन के आलोक में वैध ठहरती है।

प्रकार 5

कुछ विशेष शब्द जैसे, 'सकना', 'सकता है', 'संभव है' आदि पूर्वधारणा वाले वाक्य में, लगे हों तो आमतौर पर मान्य होते हैं।

उदाहरण 5.

नौकरी के लिए अभ्यर्थियों के चयन हेतु किए जाने वाले साक्षात्कार में उनके व्यक्तित्व के गुणों का मापन होना चाहिए।

पूर्वधारणा : **I.** कार्य का निष्पादन व्यक्तित्त्व के गुणों पर निर्भर करता है।

II. व्यक्तित्त्व के गुणों को साक्षात्कार द्वारा मापा जा सकता है।

हल : दोनों ही पूर्वधारणाएँ वैध ठहरती हैं। पूर्वधारणा I का निहितार्थ कथन के आलोक में वैध ठहरता है तथा पूर्वधारणा II कथन के अनुरूप है और साथ-साथ Tips को भी follow करती है।

प्रकार 6

पूर्वधारणा यदि कथन का मात्र रूपान्तरण या Restatement हो तो उसे नहीं मानते हैं।

उदाहरण 6.

ईमानदार व्यक्ति सदा सच बोलते हैं।

नहीं है साथ-ही-साथ किसी भी समस्या से बचने के लिए उपाय होते नहीं बल्कि उपाय निकाले जाते हैं।

अत: **निष्कर्ष I एवं II दोनों तर्कसंगत हैं।**

13. (b) प्रत्येक छ: महीने के बाद परिवर्तन करना होता है। कथन के इस वाक्य से स्पष्ट है कि जनता प्राय: न्यूनाधिक रूप से नवीनता के प्रति ग्रहणशील होती है। जबकि फैशन डिजाइनर जनता की मानसिकता को अच्छी तरह समझते ही नहीं हैं यह तर्कसंगत नहीं है, क्योंकि यदि वे समझते नहीं, तो परिवर्तन का कोई सवाल ही पैदा नहीं होता।

अत: **केवल निष्कर्ष II तर्कसंगत है।**

14. (e) उद्देश्यगर्भित एवं सुनिश्चित अभिव्यक्ति के लिए परम शुद्ध होना आवश्यक है। चूँकि लेखन व्यक्ति को परमशुद्ध बना देता है। अत: निष्कर्ष I सही है साथ ही साथ निष्कर्ष II भी सही है, क्योंकि अध्ययन मनुष्य को पूर्ण बनाता है।

अत: **निष्कर्ष I एवं II दोनों तर्कसंगत हैं।**

15. (a) कथनानुसार, दानव अपने मतलब के लिए धर्म ग्रंथों के दृष्टांत प्रस्तुत कर सकता है। अर्थात् अशुद्ध अंत:करण वाले व्यक्ति यानी दानवों के भी कुछ सिद्धांत होते हैं।

अत: **केवल निष्कर्ष I तर्कसंगत है।**

16. (b) प्राचीन व्यवस्था बदलती है और नई व्यवस्था उसका स्थान ग्रहण कर लेती है। अर्थात् कोई भी व्यवस्था परिवर्तनशील है। अर्थात् परिवर्तन प्रकृति का नियम है।

अत: **केवल निष्कर्ष II तर्कसंगत है।**

17. (b) कोई भी राजनीतिक बंदी न हत्या की थी या नहीं इस बात की कथन से पुष्टि नहीं होती है। जबकि कथनानुसार, उन सभी राजनीतिक बंदियों को जमानत पर छोड़ दिया गया जो कि राजनीतिक घटनाओं के अलावा अन्य कारणों से जेल गये थे। चूँकि उन सभी का तात्पर्य कुछ ही होता है। अर्थात् कुछ ही को गिरफ्तार किया गया था। कुछ राजनीतिज्ञों को गिरफ्तार नहीं किया गया था।

अत: **निष्कर्ष II तर्कसंगत है।**

18. (b) कथनानुसार, प्राचीन भारत में गुरु और शिष्य दोनों ने ज्ञान की मात्रा के बजाय ज्ञान के गुण को महत्व प्रदान किया यानी कि दोनों मतों में समानता थी। अर्थात् प्राचीन भारत में शिक्षक और विद्यार्थियों के बीच शैक्षिक मूल्यों की समानता होगी।

अत: **केवल निष्कर्ष II तर्कसंगत है।**

19. (e) कथन में अन्य टी.वी. सेटों से **'सोलर'** टी.वी. का तुलनात्मक ब्यौरा व्यक्त किया गया है। हम जानते हैं कि किसी भी चीज का तुलनात्मक अध्ययन करने के लिए उसके पर्याप्त आँकड़ों का उपलब्ध होना अनिवार्य है अत: इससे बिल्कुल स्पष्ट है कि भारत में विभिन्न टी.वी. सेटों की बिक्री के आँकड़े ज्ञात हैं। साथ-ही-साथ कथनानुसार विभिन्न सेटों में से 'सोलर' टी.वी. की बिक्री सबसे अधिक है इससे स्पष्ट है कि भारत में निर्मित अन्य टी.वी. सेटों की अपेक्षा 'सोलर' टी.वी. की बिक्री सर्वाधिक है।

अत: **निष्कर्ष I एवं II दोनों तर्कसंगत हैं।**

20. (e) कथनानुसार, मरुस्थल में एक जगह से दूसरे जगह जाने के लिए **ऊँट के बिना** काम नहीं चल सकता। इससे स्पष्ट है कि मरुस्थल में ऊँट ही आवागमन का एकमात्र साधन है। चूँकि यह एकमात्र साधन है तो निश्चित ही मरुस्थल में इसकी अधिकता होगी और यदि अधिकता होगी, तो माँग में कमी आना स्वाभाविक है। जो इस बात की पुष्टि करता है कि यह ही एक आवागमन का सस्ता साधन है।

अत: **निष्कर्ष I एवं II दोनों तर्कसंगत हैं।**

21. (a) कथनानुसार, प्रतीक्षा सूची में शामिल व्यक्तियों को **अंतत:** आरक्षण मिला इससे स्पष्ट है कि फ्रंटियर मेल में प्रतीक्षा सूची में शामिल व्यक्ति को आसानी से आरक्षण नहीं मिल पाता यानी कि प्रतीक्षा सूची में शामिल व्यक्ति को आरक्षण कठिनाई से प्राप्त होता है। जबकि शायिकाओं की संख्या कम है या अधिक इसका कथन से कोई भी भाव व्यक्त नहीं होता है।

अत: **केवल निष्कर्ष I तर्कसंगत है।**

22. (b) महँगे सेब खराब नहीं हो सकते। इसका तात्पर्य यह है कि जितने ही सेब कीमती होंगे वे उतने ही अच्छे होंगे।

अत: **केवल निष्कर्ष II तर्कसंगत है।**

23. (a) समाचार-पत्र का महत्व शिक्षा के अतिरिक्त मनोरंजन के रूप में भी करना चाहिए। यहाँ **माना जाना चाहिए** से स्पष्ट है कि लोग समाचार-पत्र को मनोरंजन के दृष्टिकोण से मानते नहीं हैं अर्थात् लोग समाचार-पत्र को शिक्षा की दृष्टि से खरीदते हैं।

अत: **केवल निष्कर्ष I तर्कसंगत है।**

24. (b) हरि और श्याम के बीच कथन में कोई भी संबंध व्यक्त नहीं किया गया है। अत: 'हरि', श्याम का भाई है या नहीं है यह ज्ञात नहीं किया जा सकता। जबकि कथनानुसार यदि 'हरि', सुरेश का पुत्र है, तो निश्चित ही 'सुरेश', हरि का पिता होगा।

अत: **केवल निष्कर्ष II तर्कसंगत है।**

25. (a) कथनानुसार, 'गीता', सीता से सुंदर है लेकिन उतनी सुंदर नहीं जितनी कि रीता है। यानि कि 'रीता', गीता और सीता दोनों से सुंदर है। चूँकि गीता, सीता से सुंदर है इससे स्पष्ट होता है कि सीता उतनी सुंदर नहीं है जितनी कि गीता सुंदर है।

अत: **केवल निष्कर्ष I तर्कसंगत है।**

26. (b) चूँकि 'सभी नहीं' का तार्किक रूप 'कुछ नहीं' होता है। अत: सभी धनी व्यक्ति तेज नहीं हैं इससे स्पष्ट है कि कुछ धनी व्यक्ति तेज नहीं हैं।

अत: **केवल निष्कर्ष II तर्कसंगत है।**

27. (c) कुछ व्यक्ति मूर्ख हैं इसका तात्पर्य है कि या तो सभी व्यक्ति मूर्ख हैं या फिर कुछ व्यक्ति मूर्ख नहीं हैं, इसलिए कि **'अंशव्यापी सकारात्मक'** वाक्य का Implication करने पर निष्कर्ष या तो 'पूर्णव्यापी सकारात्मक' या फिर **'अंशव्यापी नकारात्मक'** में निकलते हैं।

अत: **या तो I या फिर II निष्कर्ष तर्कसंगत है।**

28. (e) यहाँ दोनों निष्कर्ष वैध हैं इसलिए कि निष्कर्ष I कुछ पुरुष वयस्क हैं तथा निष्कर्ष II कोई भी पुरुष अवयस्क नहीं है दोनों ही, कथन सभी पुरुष वयस्क हैं, का क्रमश: Implication और obversion है।

अत: **निष्कर्ष I एवं II दोनों तर्कसंगत हैं।**

29. (b) कथनानुसार, यदि मनुष्य चाह ले, तो कोई भी कार्य उसके लिए असंभव नहीं है। इसका तात्पर्य है कि मनुष्य के लिए कोई भी कार्य संभव है।

अत: **केवल निष्कर्ष II तर्कसंगत है।**

30. (e) ऊर्जा के अलौकिक स्त्रोतों का प्रयोग ऊर्जा की कमी को मिटा देगा इसका तात्पर्य यह है कि ऊर्जा की कमी को मिटाने के लिए **लौकिक स्त्रोतों** के स्थान पर अलौकिक स्त्रोतों का प्रयोग किया जा रहा है। यानि कि अलौकिक स्त्रोत लौकिक स्त्रोत का स्थान ले रहे हैं। साथ-ही-साथ कथन में अलौकिक स्त्रोतों पर जोर दिया गया है, यानि कि लौकिक स्त्रोत समाप्त हो रहे हैं, अर्थात् पर्यावरण का अति दोहन किया गया है। इसलिए कि ऊर्जा के लौकिक स्त्रोत पर्यावरण में ही विद्यमान होते हैं।

अत: **निष्कर्ष I एवं II दोनों तर्कसंगत हैं।**

31. (b) कथनानुसार, वयस्कों की शिक्षा में वृद्धि देश के विकास और वृद्धि में सहायक होगी। यहाँ विकास को शिक्षा के साथ जोड़ा गया है। यानि कि शिक्षित लोग विकास में सहायक होते हैं। चूँकि किसी भी देश का विकास तभी संभव है जबकि नई से नई उन्नत तकनीकी की खोज हो और यह तभी संभव है जबकि शिक्षित लोगों की संख्या अधिक हो। अत: शिक्षित लोग नई खोज कम ही करते हैं जो कथनानुसार तर्कसंगत नहीं है। जबकि विकासशील देशों में शैक्षिक अनुपात ज्यादा है, यह बिल्कुल तर्कसंगत है।

अत: **केवल निष्कर्ष II तर्कसंगत है।**

32. (d) दोनों ही निष्कर्षों में निर्धनता पर जोर दिया गया है। जबकि कथन शहरी एवं ग्रामीण क्षेत्रों के विकास की असमानता से संबंधित है।

अत: **निष्कर्ष I एवं II दोनों असंगत हैं।**

33. (e) यहाँ दोनों ही निष्कर्ष तर्कसंगत हैं। क्योंकि जैविक बनावट एक-से होने पर समरूप जुड़वों में से कोई एक यदि अपराधी हो, तो वह समरूपता का फायदा उठाकर आसानी से अपराध कर सकता है। साथ-ही-साथ माता-पिता के कलह से भी बच्चे अपनी चेतना खो देते हैं और अपराध की ओर अग्रसरित हो जाते हैं, इसलिए कि किसी भी बच्चे को पहली नैतिक चेतना माता-पिता से ही प्राप्त होती है।

अत: **निष्कर्ष I एवं II दोनों तर्कसंगत हैं।**

34. (b) कथनानुसार, 10% शीर्ष गृहस्थों के पास राष्ट्रीय आय का 35% है, यानी कि शेष 90% लोगों के पास राष्ट्रीय आय का केवल 65% ही है। इससे बिल्कुल स्पष्ट है कि भारत में राष्ट्रीय आय का वितरण समान नहीं है।

अत: **केवल निष्कर्ष II तर्कसंगत है।**

❑❑❑

पूर्वधारणा : **I.** सच बोलने वाले व्यक्ति ईमानदार होते हैं।

II. जो ईमानदार होते हैं वे सच बोलते हैं।

हल : प्रथम पूर्वधारणा कथन का रूपान्तरण है तथा दूसरी पूर्वधारणा कथन का Restatement है इसलिए दोनों पूर्वधारणाएँ अवैध हैं।

प्रकार 7

कथन में जो बात कही गयी है पूर्वधारणा उस पर ही आधारित होनी चाहिए। कथन से बाहर न जाएँ या बढ़-चढ़कर अनुमान न लगाएँ। पूर्वधारणा का निहितार्थ कथन के निहितार्थ से भिन्न नहीं होना चाहिए।

उदाहरण 7.

कथन : रजतपट पर आने वाले अधिकांश चेहरे फिल्म जगत् की प्रसिद्ध हस्तियों के पुत्र-पुत्रियाँ हैं।

पूर्वधारणा : **I.** उन्हें अभिनय कला विरासत में प्राप्त हुई है।

II. दूसरे नौजवानों को न तो फिल्मों में दिलचस्पी है न उनमें अभिनय करने की प्रतिभा है।

हल : उक्त कथन के संदर्भ में पूर्वधारणा I अवैध ठहरती है, क्योंकि कथन से ऐसा कुछ भी अनुमान लगाना over assumption होगा। पूर्वधारणा II का निहितार्थ कथन के निहितार्थ से भिन्न है।

प्रश्नावली

निर्देश—(प्रश्न संख्या 1 से 42 तक) : नीचे दिये गए प्रत्येक प्रश्न में एक कथन दिया गया है और उसके नीचे दो पूर्वधारणाएँ दी गई हैं जिन्हें क्रमांक (I) और (II) से दर्शाया गया है। कोई मानी हुई या गृहित बात पूर्वधारणा कहलाती है। आपको दिये हुए कथन और दी हुई पूर्वधारणाओं को ध्यान में रखते हुए उन दोनों पूर्वधारणाओं में से कौन-सी पूर्वधारणा कथन में सन्निहित है, इसका निर्णय करना है? आप अपना उत्तर दीजिए—

उत्तर (a) दीजिए, यदि केवल पूर्वधारणा (I) कथन में सन्निहित है।

उत्तर (b) दीजिए, यदि केवल पूर्वधारणा (II) कथन में सन्निहित है।

उत्तर (c) दीजिए, यदि या तो (I) अथवा (II) पूर्वधारणा कथन में सन्निहित है।

उत्तर (d) दीजिए, यदि न तो (I) और न ही (II) पूर्वधारणा कथन में सन्निहित हो।

उत्तर (e) दीजिए, यदि पूर्वधारणा (I) एवं (II) दोनों कथन में सन्निहित हों।

1. कथन : यदि इस वर्ष 15 जून के पहले वर्षा शुरू नहीं हुई तो अधिकतर किसानों को कष्ट सहना पड़ेगा।

पूर्वधारणाएँ : I. उचित समय पर वर्षा खेती के लिए आवश्यक है।

II. अधिकतर किसान खेती के लिए सामान्यतया वर्षा पर निर्भर रहते हैं।

2. कथन : कम्प्यूटर की शिक्षा स्कूल स्तर से ही शुरू करनी चाहिए।

पूर्वधारणाएँ : I. कम्प्यूटर सीखना आसान है।

II. कम्प्यूटर शिक्षा प्राप्त करने पर नौकरी आसानी से मिल जाती है।

3. कथन : ''कार्यक्रम 9 : 30 बजे शुरू होगा, सभी से निवेदन है कि आप 9 : 30 बजे तक उपस्थित हो जाएँ।'' यह वाक्य किसी निमंत्रण पत्र पर छपी हुई घोषणा है।

पूर्वधारणाएँ : I. यदि आमंत्रित व्यक्ति 9 : 30 बजे तक नहीं आएँगे, तो तब-तक प्रोग्राम शुरू नहीं होगा।

II. प्रोग्राम कार्यक्रमानुसार शुरू होगा।

4. कथन : कीमती चीजें अलमारी में बंद रखिए व सभी को सज्जन कहिए।

पूर्वधारणाएँ : I. कीमती चीजें जो अलमारी में बंद रखी जाती हैं, उसे चुराया नहीं जा सकता है।

II. चोरी अपराध है।

5. कथन : ''सभी लोग मनोरंजन कार्यक्रम में सम्मिलित होने के लिए आमंत्रित हैं। यह नि:शुल्क है।'' यह एक अखबार में दी गई घोषणा है।

पूर्वधारणाएँ : I. कुछ व्यक्ति हालाँकि मनोरंजन कार्यक्रम में रूचि रखते हैं, लेकिन टिकट नहीं खरीद सकते हैं।

II. अधिकतर नि:शुल्क कार्यक्रम अच्छे स्तर के होते हैं।

6. कथन : मूर्ख की तरह मैंने बस से जाने का निर्णय किया।

पूर्वधारणाएँ : I. मैं मूर्ख हूँ।

II. मैं मूर्ख नहीं हूँ।

7. कथन : यह आयुर्वेदिक टॉनिक रक्त प्रवाह को सुधारता है तथा आपके चेहरे को निखारता है।

पूर्वधारणाएँ : I. लोग चेहरे को निखारना चाहते हैं।

II. रक्त प्रवाह के अनियमितता से चेहरे का निखार कम हो जाता है।

8. कथन : सभी व्यक्ति समाचार-पत्र पढ़ना पसंद करते हैं।

पूर्वधारणाएँ : I. समाचार-पत्र पढ़ने के लिए होते हैं।

II. प्रत्येक व्यक्ति शिक्षित है।

9. कथन : भारी वर्षा के बावजूद भी यातायात में बाधा नहीं पड़ी।

पूर्वधारणाएँ : I. वर्षा यातायात के संचालन को प्रभावित नहीं करती।

II. वर्षा काल के दौरान यातायात के प्रबंधन में पर्याप्त सावधानियाँ ली गई थीं।

10. कथन : 'चलती हुई रेलगाड़ी से झाँकना या लटकना खतरनाक है' रेलगाड़ी के डिब्बे में एक सूचना।

पूर्वधारणाएँ : I. लोग प्राय: ऐसी सूचनाओं की ओर ध्यान देते हैं।

II. रेलवे प्राधिकरण का यह कर्त्तव्य है कि वह यात्रियों की सुरक्षा का ध्यान रखें।

11. कथन : 'X' कोचिंग कक्षाओं में भर्त्ती हों, हम आपकी सफलता की गारंटी देते हैं।

पूर्वधारणाएँ : I. ऐसी कोचिंग कक्षाएँ अच्छी तरह से सुसज्जित हैं।

II. कोचिंग कक्षाओं में जाने वाले छात्र सफलता की आशा करते हैं।

12. कथन : वैधानिक चेतावनी : सिगरेट पीना स्वास्थ्य के लिए हानिकारक है।

पूर्वधारणाएँ : I. सिगरेट नहीं पीने से स्वास्थ्य में वृद्धि होती है।

II. वास्तव में इस चेतावनी की कोई जरूरत नहीं है।

13. कथन : कृपया पूँजी निवेश करने के निर्णय लेने से पहले हमसे सम्पर्क करें।

पूर्वधारणाएँ : I. यदि आप हमसे सम्पर्क नहीं करेंगे, तो आप गलत निर्णय कर लेंगे।

II. यह सही निर्णय लेने के लिए आवश्यक है।

14. कथन : "ट्रेन के अन्दर सिगरेट न पीएँ, यह सुरक्षा के लिए जरूरी है।"—एक सूचना।

पूर्वधारणाएँ : I. ट्रेन के अन्दर सुरक्षा वांछनीय है।

II. साधारणतया लोग ऐसी सूचना पर ध्यान नहीं देते हैं।

15. कथन : खबाली में अध्ययन केन्द्र खोलना बेकार होगा।

पूर्वधारणाएँ : I. खबाली के निवासी अशिक्षित हैं।

II. खबाली के निवासियों को अध्ययन में रुचि नहीं है।

16. कथन : यदि आप हमारी दुकान से खरीदते हैं, तो आप अपनी मुद्रा का वास्तविक मूल्य प्राप्त कर सकते हैं।

पूर्वधारणाएँ : I. अन्य दुकानों के वस्तुओं की कीमत उसके मूल्य से अधिक है।

II. लोग अपनी मुद्रा का पूर्ण मूल्य चाहते हैं।

17. कथन : आप एक ही रात में सफलता के शिखर पर नहीं पहुँच सकते।

पूर्वधारणाएँ : I. लोग सफलता के शिखर पर पहुँचना चाहते हैं।

II. सफलता के शिखर पर पहुँचने के लिए अथक प्रयास की जरूरत होती है।

18. कथन : यदि आप निपुण है, तो हमारे पास आपके लिए काम उपलब्ध है।

पूर्वधारणाएँ : I. आप निपुण हैं।

II. हमें एक निपुण व्यक्ति की आवश्यकता है।

19. कथन : "आप अपनी हिफाजत करें, हम आपके धन की हिफाजत करेंगे इसलिए हमारे साथ बचत करें"—एक बैंक का विज्ञापन।

पूर्वधारणाएँ : I. लोग विज्ञापन पढ़ते हैं।

II. भड़कीले नारे लोगों का ध्यान आकृष्ट करते हैं।

20. कथन : यह पुस्तक इस प्रकार से तैयार की गई है कि एक सामान्य व्यक्ति भी जो विज्ञान पढ़ने की इच्छा रखता है बगैर शिक्षक के भी अध्ययन कर सकता है।

पूर्वधारणाएँ : I. सामान्य व्यक्ति बिना शिक्षक के विज्ञान का अध्ययन करना चाहता है।

II. यह पुस्तक शिक्षक का एक अच्छा विकल्प है।

21. कथन : वर्तमान संचार पद्धति में सुधार की जरूरत है।

पूर्वधारणाएँ : I. सुधार से स्थिति बदलती है।

II. वर्तमान संचार-पद्धति पुरानी हो गई है।

22. कथन : यदि डिग्री का संबंध नौकरी से समाप्त कर दिया जाता है, तो लड़के कॉलेज में दाखिला लेने से पहले दो बार सोचेंगे।

पूर्वधारणाएँ : I. लड़कियाँ नौकरी के लिए प्रयास नहीं करती हैं।

II. नौकरी पाने के लिए डिग्री की कोई आवश्यकता नहीं होगी।

23. कथन : आवेदकों की संख्या को घटाने के लिए योग्यता के मापदण्ड को बदला जाय।

पूर्वधारणाएँ : I. वर्तमान योग्यता के मापदण्ड निम्न स्तरीय हैं।

II. अधिक संख्या में आवेदक वांछनीय नहीं हैं।

24. कथन : सभी व्यक्ति उपन्यास पढ़ना पसंद करते हैं।

पूर्वधारणाएँ : I. केवल उपन्यास ही पढ़ने की चीज है।

II. कोई भी व्यक्ति दूसरी चीज पढ़ना पसंद नहीं करता है।

25. कथन : क्रीड़ांगन में प्रवेश करने से पहले यह सूचना पढ़िए।

पूर्वधारणाएँ : I. लोग शिक्षित हैं।

II. कोई अंधा व्यक्ति मैदान में नहीं आता है।

26. कथन : घाटा पूर्ति के लिए करों को बढ़ाया जाए।

पूर्वधारणाएँ : I. घाटा हुआ है।

II. वर्तमान कर बहुत कम है।

27. कथन : खबाली में डाकघर खोलना बेकार है।

पूर्वधारणाएँ : I. खबाली के निवासियों को डाकघर की कोई आवश्यकता नहीं है।

II. खबाली में पर्याप्त संख्या में डाकघर हैं।

28. कथन : यदि हम गरीब परिवारों के बच्चों के लिए पहले दर्जे की पाठशाला उपलब्ध करा सकें और पाठशाला में उचित हाजिरी की व्यवस्था की जा सके तो शिक्षा के क्षेत्र में यह एक महत्त्वपूर्ण उपलब्धि होगी।

पूर्वधारणाएँ : I. सभी गरीब परिवारों के बच्चे अच्छी पाठशालाओं में नहीं जाते हैं।

II. गरीब परिवार के बच्चे नियमित पाठशाला नहीं जाते हैं।

29. कथन : "एल्यूमीनियम का प्रयोग करें—पैकिंग के लिए यह बहुउपयोगी धातु है।"—एक विज्ञापन

पूर्वधारणाएँ : I. एल्यूमीनियम एकमात्र बहुउपयोगी धातु है।

II. कुछ कम्पनियाँ धात्विक पैकिंग का प्रयोग करती हैं।

30. कथन : चलती ट्रेन में न लटकें—एक चेतावनी।

पूर्वधारणाएँ : I. इस प्रकार की चेतावनी का कुछ असर होगा।

II. चलती बस की अपेक्षा चलती ट्रेन में लटकना ज्यादा खतरनाक है।

31. कथन : "यदि आपको योग के अभ्यास के प्रति चाहत हो, तो अवश्य भारत आएँ।"—एक आमंत्रण।

पूर्वधारणाएँ : I. केवल भारत ही ऐसा स्थान है जहाँ योग को प्रभावकारी रूप से सीखा जा सकता है।

II. कुछ विदेशियों को योग के अभ्यास के प्रति चाहत है।

32. कथन : दस अभ्यर्थी जो कि प्रतीक्षा सूची में थे। अतंतः उनका इस कोर्स में दाखिला कर लिया गया है।

पूर्वधारणाएँ : I. प्रतीक्षा सूची में शामिल अभ्यर्थी का दाखिला सामान्यतया नहीं होता है।

II. प्रतीक्षा सूची में बहुत-से अभ्यर्थी थे।

33. कथन : बम्बई के उपनगरीय वासियों को अपने कार्यालय सही समय पर पहुँचने के लिए ट्रेन अत्यंत उपयोगी परिवहन का साधन है।

पूर्वधारणाएँ : I. ट्रेन ही बम्बई के उपनगर में परिवहन का एकमात्र साधन है।

II. केवल ट्रेन ही समय से चलती है।

34. कथन : मनोरंजन के साथ ही साथ शिक्षण के भी क्षेत्र में टेलीविजन की उपयोगिता है इस बात से इन्कार नहीं किया जा सकता।

पूर्वधारणाएँ : I. लोग टेलीविजन को केवल मनोरंजन के लिए लेते हैं।

II. शिक्षण के क्षेत्र में टेलीविजन की उपयोगिता को सही तौर पर स्वीकार नहीं किया जाता है।

35. कथन : दिल्ली से प्रकाशित होने वाले सभी समाचार पत्रों में से, 'द टाईम एण्ड स्पेश' के पाठक बड़े पैमाने पर हैं।

पूर्वधारणाएँ : I. दिल्ली के सभी समाचार-पत्रों का विस्तार ज्ञात है।

II. 'द टाईम एण्ड स्पेश' के अलावा दिल्ली से प्रकाशित होने वाली कोई भी समाचार-पत्र के पाठक बड़े पैमाने पर नहीं हैं।

36. कथन : यदि आप सुन्दर हैं, तो हम आपकी सुन्दरता को ग्रहण करेंगे। यदि आप सुन्दर नहीं हैं तो हम आपको खूबसूरत बनाएँगे—एक फोटो स्टूडियो का विज्ञापन।

पूर्वधारणाएँ : I. लोग सुन्दर बनना पसंद करते हैं।

II. आदमी सुन्दर न हो फिर भी फोटो सुन्दर हो सकती है।

37. कथन : यदि आप सुन्दर हैं, तो हम आपकी सुन्दरता को ग्रहण करेंगे। यदि आप सुन्दर नहीं हैं तो हम आपको खूबसूरत बनाएँगे—एक फोटो स्टूडियो का विज्ञापन।

पूर्वधारणाएँ : I. नई पीढ़ी के लोगों की यह एक समस्या है कि वे कैसे सुन्दर दिखें।

II. कोई भी व्यक्ति सुन्दर बनना नहीं चाहता है।

38. कथन : नई शिक्षा नीति पर विचार किया जा रहा है जोकि शिक्षण प्रणाली में महत्त्वपूर्ण परिवर्तन करेगा।

पूर्वधारणाएँ : I. वर्तमान शिक्षा प्रणाली में परिवर्तन की आवश्यकता है।

II. वर्तमान शिक्षा प्रणाली राष्ट्रीय आवश्यकता को मद्देनजर करते हुए असंगत है।

39. कथन : सफलता प्राप्त व्यक्ति को अपने-आपको सही रूप से परखने की क्षमता होती है।

पूर्वधारणाएँ : I. अन्य की परख का सफलता प्राप्त व्यक्ति के लिए कोई उपयोगिता नहीं है।

II. सफलता प्राप्त व्यक्ति गलत निर्णय नहीं कर सकते।

40. कथन : 'ABC' ट्यूब का उपयोग करें। यह अन्य की अपेक्षा पाँच वर्ष अधिक टिकाऊ है।

पूर्वधारणाएँ : I. लोग केवल उन्हीं ट्यूबों को प्राथमिकता देते हैं जो कि टिकाऊ हों।

II. अन्य ट्यूबें टिकाऊ नहीं हैं।

41. कथन : आप तब जानते हैं कि आपका सूट अच्छा है जब लोग आपसे उस दर्जी के बारे में पूछते हैं जिसने इसकी सिलाई की है।

पूर्वधारणाएँ : I. यदि आपका सूट अच्छा नहीं है तो लोग दर्जी के बारे में नहीं पूछते हैं।

II. लोग एक अच्छे सूट के मापदण्ड को जानना चाहते हैं।

42. कथन : टी.वी. पर प्रसारित होने वाले शिक्षा से संबंधित कार्यक्रम विद्यार्थियों को बिना शिक्षक के पढ़ने में सहायता करते हैं।

पूर्वधारणाएँ : I. विद्यार्थी बिना शिक्षक के अध्ययन करना चाहते हैं।

II. शिक्षक एक अध्याय को नहीं पढ़ा सकता।

उत्तर (हल/संकेत)

1. (e) यदि इस वर्ष 15 जून के पहले वर्षा शुरू नहीं हुई तो अधिकतर किसानों को कष्ट सहना पड़ेगा। चूँकि कथन conditional है, यानी कि 15 जून के पहले वर्षा होना जरूरी है अर्थात् खेती के लिए उचित समय पर वर्षा होना अत्यावश्यक है। अत: पूर्वधारणा (I) सही है। चूँकि कथन में अधिकतर किसानों की संकट की बात कही गई है यानी कि अधिकतर किसान सामान्यतया वर्षा पर निर्भर रहते हैं। अत: पूर्वधारणा (II) भी सही है।

अत: **पूर्वधारणाएँ (I) एवं (II) दोनों कथन में सन्निहित हैं।**

2. (a) कम्प्यूटर शिक्षा स्कूल स्तर से ही शुरू करनी चाहिए इस बात से बिल्कुल स्पष्ट है कि कम्प्यूटर सीखना आसान है, क्योंकि कठिन होती तो स्कूल के बच्चों को नहीं "खाई जा सकती। अत: पूर्वधारणा (I) बिल्कुल सही है। जबकि पूर्वधारणा (II) बिल्कुल गलत है क्योंकि इसे कथन से अधिक व्यापक कर दिया गया है।

अत: **केवल पूर्वधारणा (I) कथन में सन्निहित है।**

3. (b) कार्यक्रम 9 : 30 बजे शुरू होगा। सभी से निवेदन है कि आप 9 : 30 बजे तक उपस्थित हो जाएँ। इससे स्पष्ट है कि कार्यक्रम अपने निर्धारित समय पर शुरू हो जाएगा क्योंकि उपस्थिति के समय को conditional कर दिया गया है। अत: इससे स्पष्ट है कि प्रोग्राम कार्यक्रमानुसार शुरू होगा। अत: पूर्वधारणा (II) बिल्कुल सही है जबकि पूर्वधारणा (I) गलत है, क्योंकि आमंत्रित व्यक्ति के आने या न आने पर प्रोग्राम के कार्यक्रम में कोई फेर-बदल नहीं किया जा सकता।

अत: **केवल पूर्वधारणा (II) कथन में सन्निहित है।**

4. (a) कीमती चीजें अलमारी में बंद रखिए इससे स्पष्ट है कि कीमती चीजें बाहर नहीं रखी जातीं क्योंकि बाहर रखने से चोरी होने की संभावना रहती है। अर्थात् इससे स्पष्ट है कि जो चीजें कीमती हों उसे अलमारी में बंद रखने पर उसे कोई चुरा नहीं सकता और इस स्थिति में जब आपकी चीज चोरी होगी ही नहीं तो आप सभी को सज्जन कहेंगे ही।

अत: **केवल पूर्वधारणा (I) कथन में सन्निहित है।**

5. (a) सभी लोग मनोरंजन कार्यक्रम में सम्मिलित होने के लिए आमंत्रित हैं। यह नि:शुल्क है। इससे स्पष्ट होता है कि कुछ लोग शुल्क लगने के कारण सम्मिलित नहीं हो सकते हैं। यानी कि कुछ व्यक्ति हालांकि मनोरंजन कार्यक्रम में रुचि रखते हैं लेकिन टिकट नहीं खरीद सकने के कारण सम्मिलित नहीं हो सकते हैं। अत: पूर्वधारणा (I) बिल्कुल सही है। पूर्वधारणा (II) गलत है क्योंकि नि:शुल्क कार्यक्रम अच्छे होते हैं या खराब होते हैं इस बात का कथन से कोई स्पष्टीकरण नहीं होता है।

अत: **केवल पूर्वधारणा (I) कथन में सन्निहित है।**

6. (c) मूर्ख की तरह मैंने बस से जाने का निर्णय किया। चूँकि मूर्ख की तरह निर्णय करने वाला मूर्ख होता है। अत: मैं मूर्ख हूँ या हो सकता हूँ कि परिस्थितिवश मैंने मूर्ख जैसा निर्णय लिया था यानी कि मैं मूर्ख नहीं हूँ। यहाँ दोनों पूर्वधारणाएँ संदेहास्पद हैं। क्योंकि एक की सत्यता दूसरे की असत्यता को व्यक्त करता है। ऐसे पूर्वधारणाओं में कोई एक ही सही होती है। अन्यथा दोनों गलत होते हैं।

अत: **या तो पूर्वधारणा (I) या तो (II) कथन में सन्निहित है।**

7. (e) चूँकि लोग चेहरे को निखारना चाहते हैं तथा रक्त प्रवाह के अनियमितता से चेहरे का निखार कम हो जाता है। इसलिए कथन में रक्त प्रवाह के सुधार एवं चेहरे के निखार पर जोर दिया गया है।

अत: **पूर्वधारणाएँ (I)** एवं **(II) दोनों कथन में सन्निहित हैं।**

8. (a) पूर्वधारणा (I) बिल्कुल कथन में सन्निहित है। चूँकि समाचार-पत्र पढ़ने के लिए होते हैं, इसलिए सभी व्यक्ति इसे पढ़ना पसंद करते हैं। कथन में 'पढ़ने' पर जोर दिया गया है। जबकि पूर्वधारणा (II) में **'प्रत्येक व्यक्ति'** की बात कह कर इसे कथन से व्यापक कर दिया गया है क्योंकि यह जरूरी नहीं है कि प्रत्येक व्यक्ति समाचार पत्र पढ़ना ही पसंद करे। अत: पूर्वधारणा (II) गलत है।

अत: **केवल पूर्वधारणा (I) कथन में सन्निहित है।**

9. (b) भारी वर्षा के बावजूद भी यातायात में बाधा नहीं पड़ी। इस कथन से बिल्कुल स्पष्ट है कि वर्षा यातायात के संचालन को प्रभावित करती है साथ ही साथ चूँकि बाधा नहीं पड़ी यानी कि इसका अर्थ है कि वर्षाकाल के दौरान यातायात के प्रबंधन में अवश्य ही पर्याप्त सावधानियाँ बरती गई होंगी।

अत: **केवल पूर्वधारणा (II) कथन में सन्निहित है।**

10. (e) रेलगाड़ी के डिब्बे में सूचना दी गई है। इसका मकसद रेलवे प्राधिकरण का रहा होगा कि यात्रीगण ऐसी सूचनाओं पर ध्यान देंगे। अत: पूर्वधारणा (I) यानी लोग ऐसी सूचनाओं पर ध्यान देते हैं बिल्कुल सही है। साथ ही खतरे की बात कही गई है। अर्थात् खतरे से बचाव के लिए ऐसी सूचना का देना रेलवे प्राधिकरण का कर्त्तव्य है। यानी कि पूर्वधारणा (II) भी बिल्कुल सही है।

अत: **पूर्वधारणा (I)** एवं **(II) दोनों कथन में सन्निहित हैं।**

11. (b) हम आपकी सफलता की गारंटी देते हैं ऐसा विज्ञापन से स्पष्ट है कि विद्यार्थी सफलता की आशा करते हैं, इसलिए कोचिंग ने सफलता की गारंटी देने का विज्ञापन कराया है। अत: केवल पूर्वधारणा (II) कथन में सन्निहित है। पूर्वधारणा (I) गलत है क्योंकि इसमें कथन से बाहर की बात व्याप्त है।

अत: **केवल पूर्वधारणा (II) कथन में सन्निहित है।**

12. (d) पूर्वधारणाएँ (I) एवं (II) दोनों गलत हैं। चूँकि सिगरेट नहीं पीने से स्वास्थ्य में वृद्धि या कमी होती है इस बात का कथन से कोई संबंध नहीं है। साथ ही कोई भी चेतावनी तभी दी जाती है जबकि उसकी जरूरत महसूस हो, यानी कि पूर्वधारणा (II) के अनुसार वास्तव में इस चेतावनी की कोई जरूरत नहीं है, यह बिल्कुल गलत पूर्वधारणा है।

अत: **न तो (I) और न ही (II) दोनों में से कोई भी पूर्वधारणा कथन में सन्निहित नहीं है।**

13. (b) कथन से यह भाव बिल्कुल स्पष्ट हो रहा है कि कोई ऐसी ऐजेंसी है जो कि पूँजी निवेश के क्षेत्र में सलाह देती है, यानी कि लोगों को सही निर्णय लेने के लिए इसकी आवश्यकता पड़ती है। अत: पूर्वधारणा (II) कथन में सन्निहित है। दूसरी बात, यह कोई जरूरी नहीं है कि लोग ऐसी ऐजेंसी से सम्पर्क किए बगैर पूँजी निवेश करेंगे तो वह गलत ही हो, क्योंकि बहुत-से लोग स्वयं निर्णय भी लेते हैं जो बिल्कुल सही होता है।

अत: **केवल पूर्वधारणा (II) कथन में सन्निहित है।**

14. (a) चूँकि सुरक्षा को ध्यान में रखते हुए ऐसी सूचना दी गई है यानी कि ट्रेन के अन्दर सुरक्षा वांछनीय है। अत:, पूर्वधारणा (I) सही है। पूर्वधारणा (II) गलत है क्योंकि लोग ध्यान नहीं देते हैं तो फिर सूचना देने की क्या जरूरत थी? यानी कि लोग ध्यान देते हैं तभी तो सूचना दी गई।

अत: **केवल पूर्वधारणा (I) कथन में सन्निहित है।**

15. (c) खबाली में अध्ययन केन्द्र खोलना बेकार होगा। इसका यह तात्पर्य है कि हो सकता है कि वहाँ के निवासी अशिक्षित हों या फिर वहाँ के निवासियों को अध्ययन में रुचि न हो पर दोनों पूर्वधारणाएँ स्पष्ट नहीं बल्कि संदेहास्पद हैं।

अत: **या तो पूर्वधारणा (I) अथवा (II) कथन में सन्निहित है।**

16. (e) यदि आप हमारी दुकान से खरीदते हैं, तो आप अपनी मुद्रा का वास्तविक मूल्य प्राप्त कर सकते हैं। यहाँ **'हमारे दुकान'** पर तथा **'मुद्रा के वास्तविक मूल्य'** दोनों पर जोर दिया गया है। अर्थात् यह इस आशय की पुष्टि करता है कि अन्य दुकानों में वस्तुओं की कीमत उसके मूल्य से अधिक है, लेकिन हमारी दुकान में आप अपने मुद्रा का वास्तविक मूल्य प्राप्त कर सकते हैं। साथ-ही-साथ यह इस बात की भी पुष्टि करता है कि लोग अपनी मुद्रा का पूर्ण मूल्य चाहते हैं, क्योंकि मुद्रा के पूर्ण मूल्य की प्राप्ति की भी बात कथन में कही गई है। अर्थात् दोनों पूर्वधारणाएँ सही हैं।

अत: **पूर्वधारणा (I) एवं (II) दोनों कथन में सन्निहित हैं।**

17. (b) लोग सफलता के शिखर पर पहुँचना चाहते हैं या नहीं यह कथन से स्पष्ट नहीं है, लेकिन, 'आप एक ही रात में सफलता के शिखर पर नहीं पहुँच सकते हैं'—यह इस आशय की पुष्टि करता है कि सफलता के शिखर पर पहुँचने के लिए अथक प्रयास की जरूरत होती है। यानि कि यह एक ही रात में संभव नहीं है।

अत: **केवल पूर्वधारणा (II) कथन में सन्निहित है।**

18. (b) पूर्वधारणा (I) गलत है क्योंकि इसमें कथन को दोहराया गया है। कथनानुसार, यदि आप **निपुण** हैं तो हमारे पास आपके लिए काम उपलब्ध है। यह इस आशय की पुष्टि करता है कि काम उपलब्ध कराने वाले को निपुण व्यक्ति की आवश्यकता है।

अत: **केवल पूर्वधारणा (II) कथन में सन्निहित है।**

19. (e) चूँकि लोग विज्ञापन को पढ़ते हैं साथ ही साथ भड़कीले नारों पर लोगों का ध्यान अधिक आकृष्ट होता है इसी उद्देश्य से बैंक ने विज्ञापन दिया है। ताकि इन भड़कीले विज्ञापन से आकृष्ट होकर लोग बैंक में बचत करने के लिए आएँ।

अत: **पूर्वधारणाएँ (I) एवं (II) दोनों कथन में सन्निहित हैं।**

20. (b) पूर्वधारणा (I) कथन में सन्निहित नहीं है इसलिए कि सामान्य व्यक्ति बिना शिक्षक के विज्ञान का अध्ययन करना चाहता है या नहीं चाहता है इस बात का कथन में कोई जिक्र नहीं किया गया है। पूर्वधारणा (II) कथन में सन्निहित है इसलिए कि सामान्य व्यक्ति बिना शिक्षक के अध्ययन कर सकता है। यह इस बात की पूर्ण रूप से पुष्टि करता है कि यह पुस्तक शिक्षक का एक अच्छा विकल्प है।

अत: **केवल पूर्वधारणा (II) कथन में सन्निहित है।**

21. (b) सुधार से स्थिति बदलती है या नहीं बदलती है इस बात का कथन से कोई स्पष्टीकरण प्राप्त नहीं होता है। यानी कि पूर्वधारणा (I) गलत है। लेकिन कथन में **'सुधार'** पर जोर डाला गया है जोकि इस बात की ओर इंगित करता है कि वर्तमान संचार पद्धति पुरानी हो गई है जिसमें सुधार की जरूरत है।

अत: **पूर्वधारणा (II) कथन में सन्निहित है।**

22. (b) कथन में लड़कियों के बारे में बात नहीं कही गई है। अर्थात् पूर्वधारणा (I) कथन से बाहर की बात होने के कारण अमान्य हो जाएगी। पूर्वधारणा (II) सही है क्योंकि जब नौकरी से डिग्री का संबंध ही नहीं रहेगा तो स्वाभाविक है कि डिग्री की कोई आवश्यकता नहीं होगी।

अत: **केवल पूर्वधारणा (II) कथन में सन्निहित है।**

23. (b) वर्तमान योग्यता के मापदण्ड निम्नस्तरीय हैं या उच्च स्तरीय कथन में इस बात की कोई चर्चा नहीं की गई है। यानी कि पूर्वधारणा (I) गलत है। लेकिन आवेदकों की संख्या घटाने की बात इस तर्क पर बल देती है कि अधिक संख्या में आवेदक वांछनीय नहीं हैं।

अत: **पूर्वधारणा (II) कथन में सन्निहित है।**

24. (d) पूर्वधारणा (I) में **'केवल'** शब्द का प्रयोग करके इसे Particularise कर दिया गया है। अत: पूर्वधारणा (I) गलत है। इसी प्रकार पूर्वधारणा (II) में भी **'कोई भी'** शब्द का प्रयोग तथा अन्य सामग्रियों की चर्चा करके इसे कथन से व्यापक कर दिया गया है। चूँकि कथन में ऐसी कोई भी बात का जिक्र नहीं किया गया है कि लोगों की दूसरी पसंद है या नहीं?

अत: **न तो पूर्वधारणा (I) और न ही (II) दोनों में से कोई भी पूर्वधारणा कथन में सन्निहित नहीं है।**

25. (a) क्रीड़ांगन में प्रवेश के पहले यह सूचना पढ़िए। इस कथन से बिल्कुल स्पष्ट है कि क्रीड़ांगन में प्रवेश करने वाले लोग शिक्षित हैं। अत: पूर्वधारणा

(I) सही है। लेकिन कोई अंधा व्यक्ति मैदान में आता है या नहीं आता है इस पूर्वधारणा का कथन से कोई संबंध नहीं है।

अत: **केवल पूर्वधारणा (I) कथन में सन्निहित है।**

26. (a) घाटा पूर्ति के लिए करों को बढ़ाया जाए इस कथन से बिल्कुल स्पष्ट है कि घाटा हुआ है। अत: पूर्वधारणा (I) सही है। जबकि पूर्वधारणा (II) गलत है क्योंकि वर्तमान कर बहुत कम है या बहुत अधिक है इस बात का कथन से कोई संबंध नहीं है।

अत: **केवल पूर्वधारणा (I) कथन में सन्निहित है।**

27. (b) पूर्वधारणा (I) कथन में सन्निहित नहीं है, क्योंकि किसी भी स्थान के निवासी को डाकघर की आवश्यकता होती ही है। पूर्वधारणा (II) से यह बिल्कुल व्यक्त हो जाता है कि खबाली में डाकघर खोलना क्यों बेकार है? अत: कथन एवं पूर्वधारणा (II) में नियमानुसार सार्थक Questioning and Answering व्यक्त है।

अत: **केवल पूर्वधारणा (II) कथन में सन्निहित है।**

28. (e) पहले दर्जे की पाठशाला उपलब्ध करा सकें और पाठशाला में **उचित हाजिरी की व्यवस्था** की जा सके इससे बिल्कुल स्पष्ट है कि गरीब परिवार के बच्चे अच्छे पाठशालाओं यानी पहले दर्जे के पाठशालाओं में नहीं जाते है।। साथ ही पाठशाला में **उचित हाजिरी हो** इससे स्पष्ट है कि गरीब परिवार के बच्चे नियमित रूप से पाठशाला नहीं जाते हैं।

अत: **पूर्वधारणाएँ (I) एवं (II) दोनों कथन में सन्निहित हैं।**

29. (b) एल्युमिनियम एकमात्र बहुउपयोगी धातु है। यहाँ **'एकमात्र'** लगाकर इस पूर्वधारणा को Particularise कर दिया गया है। अत: पूर्वधारणा (I) गलत है। चूँकि एल्युमिनियम एक बहुउपयोगी धातु है और कुछ कम्पनियाँ धात्विक पैकिंग का प्रयोग करती हैं, इसलिए कथन में एल्युमिनियम के प्रयोग के लिए विज्ञापन दिया गया है। कि यह एक पैकिंग के लिए बहुउपयोगी धातु है।

अत: **केवल पूर्वधारणा (II) कथन में सन्निहित है।**

30. (a) कथनानुसार, चलती ट्रेन में न लटकें यह चेतावनी दी गई है। चूँकि किसी भी चेतावनी का कुछ न कुछ असर जरूर पड़ता है, इसलिए ऐसी चेतावनी दी गई है। अत: पूर्वधारणा (I) इस प्रकार की चेतावनी का कुछ असर होगा, बिल्कुल सही है। जबकि पूर्वधारणा (II) में बस एवं ट्रेन की तुलना की गई है जो कि कथन से बाहर की बात है, यानी पूर्वधारणा (II) गलत है।

अत: **केवल पूर्वधारणा (I) कथन में सन्निहित है।**

31. (b) भारत आएँ से स्पष्ट है कि विदेशियों को यह आमंत्रण दिया जा रहा है। यानी कि विदेशियों में योग के अभ्यास के प्रति चाहत है तभी ऐसा निमंत्रण दिया गया है। अत: पूर्वधारणा (II) सही है। जबकि पूर्वधारणा (I) गलत है, क्योंकि भारत ही एक ऐसा स्थान है कहकर पूर्वधारणा को Particularise कर दिया गया है।

अत: **पूर्वधारणा (II) कथन में सन्निहित है।**

32. (d) कथन में दाखिला होने की बात कही जा रही है जबकि पूर्वधारणा (I) में दाखिला नहीं होने की बात कही गई है अर्थात् पूर्वधारणा (I) कथन के बिल्कुल विपरीत है इसी प्रकार कथन में सिर्फ **'दस'** अभ्यर्थियों की बात कही गई है जबकि पूर्वधारणा (II) में बहुत से अभ्यर्थियों का जिक्र किया गया है। अत: पूर्वधारणा (II) भी गलत है।

अत: **न तो पूर्वधारणा (I) और न ही (II) दोनों में से कोई भी पूर्वधारणा कथन में सन्निहित नहीं है।**

33. (b) ट्रेन ही बम्बई के उपनगर में परिवहन का **'एकमात्र'** साधन है ऐसा कथन में कुछ भी नहीं कहा गया है। यहाँ 'एकमात्र' लगाकर पूर्वधारणा (I) को Particularise कर दिया गया है। यानी कि पूर्वधारणा (I) गलत है। सही समय पर पहुँचने के लिए ट्रेन अत्यंत उपयोगी परिवहन का साधन है कथन के इस वाक्य से स्पष्ट है कि–केवल ट्रेन ही सही समय से चलती है, यानी कि पूर्वधारणा (II) सही है।

अत: **केवल पूर्वधारणा (II) कथन में सन्निहित है।**

34. (e) कथन में शिक्षण की उपयोगिता पर भी बल दिया गया है जो कि इस बात को इंगित करता है कि लोग केवल मनोरंजन के लिए टेलीविजन लेते हैं। यानी कि पूर्वधारणा (I) सही है। शिक्षण के भी क्षेत्र में इसकी उपयोगिता से इन्कार नहीं किया जा सकता है ऐसा कहने का तात्पर्य यह है कि शिक्षण के क्षेत्र में लोग इसे सही तौर पर स्वीकार नहीं करते हैं।

अत: **पूर्वधारणा (I) एवं (II) दोनों कथन में सन्निहित हैं।**

35. (e) दिल्ली से प्रकाशित होने वाले सभी समाचार पत्रों की अपेक्षा **'द टाईम एण्ड स्पेश'** के पाठक बड़े पैमाने पर हैं इससे स्पष्ट है कि यह तुलना तभी की जा सकती है जबकि सभी समाचार-पत्रों के पाठक का विस्तार ज्ञात हो। यानी कि पूर्वधारणा (I) सही है। 'द टाईम एण्ड स्पेश' के पाठक बड़े पैमाने पर हैं इससे स्पष्ट होता है कि इसके अलावा किसी भी समाचार-पत्र के पाठक बड़े पैमाने पर नहीं हैं।

अत: **पूर्वधारणा (I) एवं (II) दोनों कथन में सन्निहित हैं।**

36. (e) यदि आप सुन्दर नहीं हैं, तो हम आपको खूबसूरत बनाएँगे इस विज्ञापन को देने का यही मकसद रहा होगा कि–लोग सुन्दर फोटो बनवाने के लिए आकर्षित होंगे। यानी कि लोग सुन्दर बनना चाहते हैं। साथ ही साथ **'हम सुन्दर बनाएँगे'** यह इस बात पर जोर देता है कि स्टूडियो ने ऐसा विज्ञापन तभी दिया होगा जबकि फोटो को सुन्दर बनाया जा सकता हो। यानी कि आदमी सुन्दर न हो फिर भी उसके फोटो को सुन्दर बनाया जा सकता है।

अत: **पूर्वधारणाएँ (I) एवं (II) दोनों कथन में सन्निहित हैं।**

37. (d) नई पीढ़ी की यह समस्या है या नहीं ऐसा कथन में कुछ भी नहीं कहा गया है। साथ ही कोई भी व्यक्ति सुन्दर नहीं बनना चाहता है यदि ऐसा रहता तो फिर स्टूडियो के द्वारा विज्ञापन देने का कोई औचित्य ही नहीं रहता क्योंकि कोई भी विज्ञापन देने के पीछे औचित्य अवश्य होता है।

अत: **न तो पूर्वधारणा (I) और न ही (II) दोनों में से कोई भी पूर्वधारणा कथन में सन्निहित नहीं है।**

38. (e) कथन में 'शिक्षण प्रणाली में महत्त्वपूर्ण परिवर्तन' पर बल दिया गया है। यानी इससे स्पष्ट है कि शिक्षा प्रणाली में परिवर्तन की आवश्यकता है। साथ ही साथ वर्तमान प्रणाली राष्ट्रीय आवश्यकता के मद्देनजर असंगत है इसलिए नई शिक्षा नीति पर विचार किया जा रहा है, ताकि राष्ट्रीय आवश्यकता की पूर्ति हो सके।

अत: **पूर्वधारणा (I) एवं (II) दोनों कथन में सन्निहित हैं।**

39. (e) अन्य की परख की सफलता प्राप्त व्यक्ति को इसलिए आवश्यकता नहीं होती है क्योंकि वे खुद अपनी सही परख करने की क्षमता रखते हैं। यानी कि पूर्वधारणा (I) सही है। साथ ही साथ जो सही परख करता हो वह गलत निर्णय ले ही नहीं सकता। अर्थात् पूर्वधारणा (II) भी सही है।

अत: **पूर्वधारणाएँ (I) एवं (II) दोनों सही हैं।**

40. (e) कथन में 'अन्य की अपेक्षा पाँच वर्ष अधिक टिकाऊ' पर जोर दिया गया है। यानी कि अन्य टयूबें टिकाऊ नहीं हैं, इसलिए अन्य से इसकी तुलना की गई है। साथ ही पाँच वर्ष अधिक इस आशय की पुष्टि करता है कि लोग अधिक टिकाऊ टयूबों को ही प्राथमिकता देते हैं।

अत: **पूर्वधारणाएँ (I) एवं (II) दोनों कथन में सन्निहित हैं।**

41. (a) यदि आपका सूट अच्छा है तभी लोग दर्जी के बारे में पूछते हैं। कथन के इस वाक्य से स्पष्ट है कि यदि आपका सूट अच्छा नहीं है तो लोग दर्जी के बारे में नहीं पूछते हैं यानी कि पूर्वधारणा (I) सही है। लोग अच्छे सूट को देखने पर ही दर्जी के बारे में पूछते हैं इससे स्पष्ट है कि लोगों को अच्छे और खराब सूट के मापदण्ड की जानकारी है। अत: लोग एक अच्छे सूट के मापदण्ड को जानना चाहते हैं, ऐसी पूर्वधारणा बिल्कुल गलत है।

अत: **केवल पूर्वधारणा (I) कथन में सन्निहित है।**

42. (d) विद्यार्थी बिना शिक्षक के अध्ययन करना चाहते हैं या नहीं चाहते हैं,यह कथन से बिल्कुल स्पष्ट नहीं होता। यानी पूर्वधारणा (I) गलत है। पूर्वधारणा (II) भी गलत है इसलिए कि शिक्षक अध्याय को पढ़ा सकते हैं या नहीं ऐसा कथन में कुछ भी नहीं कहा गया है। अर्थात् दोनों बातें कथन से बाहर हैं।

अत: **न तो पूर्वधारणा (I) और (II) दोनों में से कोई भी पूर्वधारणा कथन में सन्निहित नहीं है।**

❑❑❑

अध्याय 5

कथन एवं कार्यवाहियाँ

कार्यवाही के विशिष्ट नियम

- यदि समस्या सर्वमान्य तथ्यों पर आधारित हो, तो ऐसी कार्यवाही का चयन करें जो सर्वमान्य हो।
- यदि समस्या पूर्व की किसी अन्य समस्या से मिलती जुलती प्रतीत हो, तो ऐसी समस्या को पूर्व के अनुभव के आधार पर हल करें। अर्थात् ऐसी कार्यवाही का चयन करें जो पूर्व के अनुभव पर आधारित हो।
- यदि समस्या सामान्य ज्ञान पर आधारित हो, तो ऐसी ही कार्यवाही का चयन करें जो कि सामान्य ज्ञान के आधार पर समस्या के समाधान को प्रदर्शित करती हो।
- यदि समस्या का समाधान तार्किक दृष्टिकोण से कल्पना के आधार पर संभव हो, तो ऐसी कार्यवाही का चयन करें जो कि यथार्थ कल्पना पर आधारित हो।
- ऐसी ही कार्यवाही का चयन करें जो कि समस्या को बिल्कुल हल करती प्रतीत हो या समस्या को कम करती हो या उसमें सुधार को प्रदर्शित करती हो।
- सर्वप्रथम समस्या का इस दृष्टिकोण से विचार करते हुए आकलन करें कि दी गई समस्या, जटिल है या साधारण है।
- यदि समस्या जटिल हो, तो ऐसी कार्यवाही का चयन करें जो कि त्वरित एवं ठोस कार्यवाही को प्रदर्शित करती हो।
- यदि समस्या साधारण हो, तो ऐसी कार्यवाही का चयन करें जो कि सुधार को प्रदर्शित करती हो।

उदाहरण—कथन : संयुक्त मोर्चा सरकार से भारतीय जनता पार्टी के द्वारा समर्थन वापस ले लेने के कारण चुनाव के ग्यारह माह बाद ही देश में राजनैतिक अस्थिरता की स्थिति उत्पन्न हो गई है।

कार्यवाहियाँ : I. देश में अविलम्ब मध्यावधि चुनाव कराना चाहिए।

II. तमाम राजनैतिक पार्टियों को अपने स्वार्थ की भावना से ऊपर उठकर देश एवं जनता के हित को सर्वोपरि समझते हुए आपस में मिलकर अविलम्ब स्थायी सरकार का गठन करना चाहिए।

हल : भारतीय जनता पार्टी के समर्थन वापस ले लेने के कारण देश में राजनैतिक अस्थिरता उत्पन्न हो गई, कथन के इस वाक्य से इस बात की पुष्टि होती है कि—कोई भी पार्टी पूर्ण बहुमत में नहीं रही होगी जिसके कारण ही कुछ पार्टियों की मिली-जुली सरकार का गठन किया गया होगा। लेकिन अस्थिरता को समाप्त करने के लिए यदि मध्यावधि चुनाव कराये जाएं तो यह कोई जरूरी नहीं है कि किसी भी पार्टी को सरकार बनाने हेतु पूर्ण बहुमत प्राप्त हो ही जाए साथ-ही-साथ चुनाव सम्पन्न कराने में देश एवं जनता पर एक अतिरिक्त खर्च भी बढ़ जाएगा। इसलिए कार्यवाही 'I' तर्कसंगत नहीं है। लेकिन, यदि तमाम राजनैतिक पार्टियाँ देश एवं जनता के हित को ध्यान में रखते हुए आपस में मिलकर स्थायी सरकार का गठन कर लें तो राजनैतिक अस्थिरता तथा चुनावों में होने वाले खर्चों को टाला जा सकता है।

अतः **केवल कार्यवाही 'II' तर्कसंगत है।**

प्रश्नावली

निर्देश—(प्रश्न संख्या 1 से 40 तक) : नीचे दिये गए प्रश्नों के प्रत्येक प्रश्न में एक कथन तथा उसके नीचे दो कार्यवाहियाँ दी गई हैं जिन्हें क्रमांक 'I' एवं 'II' दिया गया है। कोई भी कार्यवाही कथन में दी गई जानकारी के आधार पर उठाई गई समस्या या नीति से संबंधित ऐसा कदम या प्रशासनिक निर्णय होता है जो कि समस्या से संबंधित किसी सुधार, अनुवर्ती कार्यवाहियों अथवा किसी आगामी कार्यवाही करने के लिए लिया जाता है। आपको कथन में दी गई प्रत्येक बातें सत्य माननी हैं और फिर निर्णय करना है कि सुझायी गई दो कार्यवाहियों में से कौन-सी अनुगमन हेतु तर्कसंगत प्रतीत होती है।

उत्तर (a) दीजिए, यदि केवल कार्यवाही I तर्कसंगत है।

उत्तर (b) दीजिए, यदि केवल कार्यवाही II तर्कसंगत है।

उत्तर (c) दीजिए, यदि या तो कार्यवाही I अथवा II कार्यवाही तर्कसंगत है।

उत्तर (d) दीजिए, यदि न तो I और न ही II कार्यवाही तर्कसंगत हैं।

उत्तर (e) दीजिए, यदि I और II दोनों कार्यवाहियाँ तर्कसंगत हों।

1. कथन : पंजाब में अधिकतर व्यक्ति अस्थि फ्लोरोसिस नामक रोग के शिकार होते जा रहे हैं।

कार्यवाहियाँ : I. वहाँ के लोगों को फ्लोराइड का अधिक सेवन करना चाहिए।

II. पंजाब सरकार को कुँओं तथा अन्य जलाशयों में टारटेरिक एसिड एवं कैल्सियम डलवाना चाहिए।

2. कथन : सरकारी स्कूल के शिक्षक प्रत्येक वर्ष एक लम्बी अवधि तक हड़ताल कर देते हैं, जिससे विद्यार्थियों को काफी कठिनाई और परेशानियों का सामना करना पड़ता है।

कार्यवाहियाँ : I. सरकार को प्रत्येक वर्ष हड़ताल से पूर्व शिक्षकों के विभिन्न माँगों की समीक्षा करनी चाहिए।

II. हड़ताल की पूरी अवधि का वेतन काट लेना चाहिए।

3. कथन : देश में ऐसे बहुत-से प्राइवेट मेडिकल एवं इंजीनियरिंग कॉलेज खुल गए हैं, जिनको सरकार से मान्यता प्राप्त नहीं है। ऐस कॉलेज के संस्थापक विद्यार्थी के भविष्य से खेल रहे हैं।

कार्यवाहियाँ : I. सरकार को सभी प्राइवेट कॉलेजों का सरकारीकरण कर देना चाहिए।

II. सरकार को समय-समय पर मान्यता प्राप्त कॉलेजों की सूची प्रकाशित करनी चाहिए।

4. कथन : जिला के आलू उत्पादक आलू के भंडारण एवं उसके समुचित विपणन के अभाव में माटी के मोल पर आलू बेचने को विवश हो गये हैं।

कार्यवाहियाँ : I. सरकार को अविलम्ब नाफेड (राष्ट्रीय विपणन बोर्ड) के माध्यम से आलू खरीदने की योजना पारित करनी चाहिए।

II. सरकार को कोल्ड स्टोरेज की व्यवस्था करनी चाहिए।

5. कथन : आज भी दलितों पर अत्याचार एवं दमनात्मक कार्रवाई जारी है।

कार्यवाहियाँ : I. दलितों को संगठित होकर अत्याचार एवं दमनात्मक कारवाई का डटकर मुकाबला करना चाहिए।

II. सरकार को दलितों के लिए अलग राज्य की व्यवस्था करनी चाहिए।

6. कथन : नगर निगम धनाभाव के कारण नागरिकों को सुविधा मुहैया कराने में असमर्थ हो चुकी है।

कार्यवाहियाँ : I. नगर निगम को बंद कर देना चाहिए।

II. नगर निगम को अपने टैक्स के दर को बढ़ाते हुए टैक्स की वसूली के लिए मुस्तैदी के साथ पहल करनी चाहिए।

7. कथन : किसी राज्य के मुख्यमंत्री के विरुद्ध सी.बी.आई. ने न्यायालय में आरोप पत्र दाखिल कर दिया।

कार्यवाहियाँ : I. मुख्यमंत्री को नैतिकता के आधार पर अविलम्ब अपने पद से इस्तीफा दे देना चाहिए।

II. यदि मुख्यमंत्री इस्तीफा न दें, तो उस राज्य के विधान सभा को भंग कर राष्ट्रपति को राष्ट्रपति शासन लागू कर देना चाहिए।

8. कथन : विभिन्न बैंकों की वार्षिक रिपोर्ट से आयकर विभाग को एक राष्ट्रीय पार्टी के फंड में हांगकांग से तीन करोड़ ₹ आने का सुराग का पता चला।

कार्यवाहियाँ : I. आयकर विभाग को अविलम्ब इसकी जाँच के लिए हांगकांग में भारतीय आयकर विभाग के किसी वरिष्ठ अधिकारी को प्रतिनियुक्त करना चाहिए।

II. आयकर विभाग को अविलम्ब उस पार्टी के कोषाध्यक्ष से इसकी पूछताछ करनी चाहिए।

9. कथन : भारतीय जेलों में सामाजिक, आर्थिक एवं शैक्षणिक आधार पर कैदियों का वर्गीकरण किया जा रहा है तथा उनके द्वारा किये गए अपराधों को ध्यान में न रखते हुए भेद-भाव की नीति अपनायी जा रही है।

कार्यवाहियाँ : I. मानवाधिकार आयोग को इसकी जाँच करनी चाहिए।

II. सरकार को सामाजिक, आर्थिक एवं शैक्षणिक आधार पर कैदियों के लिए अलग-अलग जेलों की व्यवस्था करनी चाहिए।

10. कथन : चुनाव आयोग के आदेश के बावजूद भी बिहार में मतदाता फोटो पहचान-पत्र जारी नहीं किया जा सका, जिससे चुनाव में पुनः अवैध मत पड़ने की आशंका है।

कार्यवाहियाँ : I. चुनाव आयोग को बिहार में अधिक- से-अधिक चुनाव पर्यवेक्षक नियुक्त कर देने चाहिए।

II. चुनाव आयोग को बिहार के चुनाव पर रोक लगा देनी चाहिए।

11. कथन : उत्तर प्रदेश राज्य पथ परिवहन निगम विगत कई वर्षों से घाटे पर चल रही है, जिसके कारण विभागीय कर्मचारियों के सामने भुखमरी की स्थिति उत्पन्न हो गई है।

कार्यवाहियाँ : I. सरकार को पथ परिवहन निगम के कर्मचारियों को अन्य विभागों में नौकरी दे देनी चाहिए।

II. सरकार को पथ परिवहन निगम को बंद कर देना चाहिए।

12. कथन : प्रीमियर कोचिंग सेन्टर के लगातार स्थान परिवर्तन के कारण अनगिनत विद्यार्थियों को सुव्यवस्थित ढंग से प्रतियोगिता की तैयारी में काफी कठिनाई हुई।

कार्यवाहियाँ : I. संस्थान को किसी भी स्थान पर चलाने से पहले संस्थान के डॉयरेक्टर को स्थान का एक निश्चित अवधि तक का अनुबंध करा लेना चाहिए।

II. डॉयरेक्टर महोदय को स्थायी जगह का चुनाव कर लेना चाहिए।

13. कथन : प्रादेशिक राजनीतिक दल ने आरोप लगाया है कि हिमाचल प्रदेश में भूमि की जमीन को चाय बगीचों के मालिक गैर चाय उत्पादन के कार्य के लिए प्राईवेट संस्था एवं राज्य हाउसिंग बोर्ड को बेच रहे हैं। इस घपले में प्रदेश सरकार की मंत्रिमंडल के किसी सहयोगी का भी हाथ है।

कार्यवाहियाँ : I. सरकार को अविलम्ब इस पर प्रतिबंध लगानी चाहिए।

II. इस घोटाले में लिप्त मंत्रिमंडल के सदस्य को अविलम्ब मंत्रिमंडल से निष्काषित कर देना चाहिए।

14. कथन : पूर्वोत्तर राज्यों की आर्थिक स्थिति लगातार दयनीय होती जा रही है, जिसके कारण उद्योग लगातार घाटे में चल रहा है।

कार्यवाहियाँ : I. सरकार को पूर्वोत्तर राज्यों में औद्योगीकरण को बढ़ावा देना चाहिए।

II. राज्य सरकार को अपने सभी कर्मचारियों का वेतन भुगतान रोक देना चाहिए।

15. कथन : जनकल्याण से जुड़ी सरकार की अधिकांश ऐजेंसियाँ खासकर जो आवास मुहैया कराने के तथाकथित जिम्मेदारियों का निर्वाह करती हैं, वह राज्य के नीति निर्देशक तत्वों को ताक पर रखकर आम जनता के साथ क्रूर मजाक कर रही हैं।

कार्यवाहियाँ : I. जनता को (एम.आर.टी. पी.सी.) एकाधिकार एवं प्रतिबंधित व्यापार व्यवहार आयोग के समक्ष इनकी शिकायत करनी चाहिए।

II. सरकार को अविलम्ब ऐसी ऐजेंसियों के खिलाफ कड़ी

से कड़ी कार्रवाई करनी चाहिए।

16. कथन : दक्षिण एशियाई देशों में खाद्य वस्तुओं की जरूरत होने के बावजूद भी अन्य देशों की अपेक्षा भारतीय खाद्य उत्पादों की मांग में लगातार कमी होती जा रही है।

कार्यवाहियाँ : I. भारतीय खाद्य निर्यातकों को मांग की कमी के कारण की अविलम्ब जाँच करनी चाहिए।

II. भारतीय खाद्य निर्यातकों को दक्षिण एशियाई देशों को खाद्य निर्यात बंद कर देना चाहिए।

17. कथन : भारत में लोकतंत्र होने की वजह से ऐसे भी लोग सांसद एवं विधायक निर्वाचित हो जाते हैं जो कि कई बार गंभीर आरोप में जेल की हवा खा चुके हैं। ऐसे लोग जिसकी जिंदगी में एक मुजरिम का दाग है, वे भला क्या सरकार चलाएंगे।

कार्यवाहियाँ : I. लोकतांत्रिक शासन व्यवस्था के कारण सरकार किसी के अधिकार का हनन नहीं कर सकती।

II. सरकार को निर्वाचन प्रणाली में संशोधन करना चाहिए।

18. कथन : रेलवे कर्मचारियों की लापरवाही एवं बेटिकट यात्रियों के यात्रा करने से भारतीय रेल सेवा हमेशा घाटे पर चल रही है।

कार्यवाहियाँ : I. रेलवे को विदेशी कम्पनी को सौंप देना चाहिए।

II. रेलवे को निजी कम्पनी को सौंप देना चाहिए।

19. कथन : भारत के द्वारा अमरीका को प्रति वर्ष औसतन 25 करोड़ डॉलर मूल्य के बराबर खाद्य उत्पाद के निर्यात में से 15 प्रतिशत उत्पादों को अमरीकी कानून के तहत खराब मानते हुए अमरीका में अस्वीकृत कर दिया जाता है।

कार्यवाहियाँ : I. भारतीय खाद्य निर्यातकों को अपने खाद्य उत्पादों की गुणवत्ता बढ़ानी चाहिए।

II. भारतीय खाद्य निर्यातकों को आधुनिक खाद्य प्रसंस्करण प्रौद्योगिकी का विकास करना चाहिए।

20. कथन : दहेज निरोधक कानून बनने के बाद भी दहेज प्रथा आज के समाज में एक अभिशाप के रूप में बढ़ती ही जा रही है। अनगिनत बहु-बेटियाँ दहेज की बेदी पर नित्य प्रतिदिन चढ़ायी जा रही हैं।

कार्यवाहियाँ : I. प्रत्येक विवाह सरकार को न्यायालय में कराने का आदेश पारित कर देना चाहिए।

II. दहेज से सरकार को प्रतिबंध हटा लेना चाहिए।

21. कथन : अमेरिका अपनी मिसाइल कार्यक्रम को और भी घातक बनाने का प्रयास कर रहा है जबकि दूसरी ओर वह भारत को परमाणु अप्रसार संधि पर हस्ताक्षर करने के लिए लगातार दबाव डाल रहा है।

कार्यवाहियाँ : I. भारत को अमेरिका के इस भेद-भाव पूर्ण नीति के खिलाफ अंतर्राष्ट्रीय मंचों पर आवाज उठानी चाहिए।

II. भारत को परमाणु अप्रसार संधि पर हस्ताक्षर कर देना चाहिए।

22. कथन : पूर्वी ईरान में आये शक्तिशाली भूकंप से करीब एक हजार लोग मृत तथा करीब चालीस हजार लोग घायल अवस्था में पाये गए।

कार्यवाहियाँ : I. घायलों को अविलम्ब स्वास्थ्य सेवा उपलब्ध करानी चाहिए।

II. प्रभावित क्षेत्र में सरकार को अविलम्ब शिविर, खाद्य सामग्री एवं पेयजल की व्यवस्था करनी चाहिए।

23. कथन : यूरिया, फास्फेट और पोटाश में सर्वाधिक उपभोग यूरिया का है। कृषि वैज्ञानिकों के दृष्टिकोण से इनके उपयोग का आदर्श अनुपात 4 : 2 : 1 है जबकि फिलहाल देश के कृषक 8.4 : 2.6 : 1 के अनुपात में इनका उपयोग कर रहे हैं। यदि उपयोग की यह स्थिति बनी रही तो निकट भविष्य में यूरिया की उपलब्धता एवं खपत के बीच का अंतर बढ़कर 80 लाख टन हो जाएगा।

कार्यवाहियाँ : I. सरकार को यूरिया का आयात करना चाहिए।

II. सरकार को यूरिया की कीमत बढ़ा देनी चाहिए।

24. कथन : राजधानी में मलेरिया का प्रकोप तेज़ी से बढ़ता जा रहा है।

कार्यवाहियाँ : I. नगर निगम को अविलम्ब सड़कों एवं नालों की सफाई तथा डी.डी.टी. का छिड़काव कराना चाहिए।

II. लोगों को सेफगार्ड (मच्छरदानी) लगाकर सोना चाहिए।

25. कथन : सरकारी स्कूल पर्याप्त संख्या में होने के बावजूद भी देश के प्रत्येक भाग में कॉन्वेंट स्कूलों की संख्या दिन-प्रतिदिन बढ़ती जा रही है।

कार्यवाहियाँ : I. सरकार को कॉन्वेंट स्कूलों पर प्रतिबंध लगा देना चाहिए।

II. सरकार को अधिक-से-अधिक स्कूल खोलने चाहिए।

26. कथन : शहर के किसी कॉलेज के समीप एक बच्चे को पुलिस ने नशीले ड्रग्स की बिक्री करते हुए पकड़ा।

कार्यवाहियाँ : I. पुलिस को उस बच्चे को पीटना चाहिए।

II. पुलिस को उस बच्चे से ड्रग्स आपूर्तिकर्त्ता के बारे में पूछ-ताछ करनी चाहिए।

27. कथन : इंटरमीडिएट शिक्षा परिषद् द्वारा विश्वविद्यालय के अधिकांश वरिष्ठ शिक्षकों को अलग कर ऐसे लोगों को परीक्षक नियुक्त किया गया है जिनका शिक्षा से कोई सरोकार नहीं है।

कार्यवाहियाँ : I. शिक्षकों को इसके खिलाफ आवाज उठानी चाहिए।

II. कुल सचिव महोदय को अविलम्ब उन नियुक्ति को निरस्त कर उनके स्थान पर वरिष्ठ शिक्षकों को परीक्षक के रूप में नियुक्ति करना चाहिए।

28. कथन : प्रख्यात पेंटर मकबूल फिदा हुसैन ने हिन्दुओं की देवियों की कुछ विवादास्पद पेंटिंग्स बनाकर हिन्दुओं की भावनाओं को ठेस पहुँचाई है।

कार्यवाहियाँ : I. सरकार को अविलम्ब उसके विवादास्पद पैंटिंग्स पर प्रतिबंध लगा देना चाहिए।

II. मकबूल फिदा हुसैन को कड़ी-से- कड़ी सजा दी जानी चाहिए।

29. कथन : आज की राजनीति इतनी गंदी हो चुकी है कि निर्वाचन के पूर्व कुछ राजनीतिज्ञ अपने निजीस्वार्थ के कारण असामाजिक तत्वों से संबंध स्थापित कर निर्वाचन प्रणाली के साथ खिलवाड़ तथा न जाने कितनी मासूम जनता की खून की होली खेलकर जन प्रतिनिधि के सीट पर आसीन हो जाते हैं।

कार्यवाहियाँ : I. प्रत्येक प्रत्याशी का मनोवैज्ञानिक परीक्षण द्वारा उम्मीदवारता से पूर्व मानसिक शक्ति तथा चारित्रिक जाँच करनी चाहिए।

II. निर्वाचन पद्धति को इस प्रकार परिवर्तित कर देना चाहिए कि प्रत्याशी के रूप में नामांकन दाखिला करने से पूर्व प्रत्याशी को प्रतियोगिता परीक्षा देनी हो।

30. कथन : पुलिस विभाग से लोगों का विश्वास उठता जा रहा है और यही वजह है कि बहुत-से लोग जायज शिकायत लेकर भी पुलिस के पास जाने से कतराते हैं, क्योंकि पुलिस विभाग के कुछ पुलिस पदाधिकारी एवं कर्मचारियों के गलत व्यवहार के कारण मानव रक्षा के लिए स्थापित यह विभाग मानव की रक्षक नहीं बल्कि मानव भक्षक बन गई है।

कार्यवाहियाँ : I. पुलिस विभाग को बंद कर देना चाहिए।

II. पुलिस विभाग से टॉर्चर पद्धति को हटा देना चाहिए।

31. कथन : दिल्ली राज्य पथ परिवहन निगम में कार्यरत कर्मचारियों को पिपछले पाँच वर्षों से वेतन नहीं मिल रहा है।

कार्यवाहियाँ : I. सरकार को पथ परिवहन निगम को बंद कर देना चाहिए।

II. सरकार को पथ परिवहन निगम का निजीकरण कर देना चाहिए।

32. कथन : छत्तीसगढ़ रज्य विद्युत बोर्ड में कार्यरत कर्मचारियों को पिछले पाँच वर्षों से वेतन नहीं मिल रहा है।

कार्यवाहियाँ : I. छत्तीसगढ़ राज्य विद्युत बोर्ड को अपने अन्य खर्चों में कमी करनी चाहिए।

II. छत्तीसगढ़ राज्य विद्युत बोर्ड को अपनी कार्य कुशलता में सुधार लानी चाहिए।

33. कथन : देश में आत्महत्या करने वाले लोगों की संख्या दिन-प्रतिदिन बढ़ती जा रही है।

कार्यवाहियाँ : I. आत्महत्या को बढ़ावा देने वाले टी.वी. कार्यक्रमों के प्रसारण पर सरकार को प्रतिबंध लगा देना चाहिए।

II. चिंता एवं तनाव से मुक्ति के लिए सरकार को प्रत्येक जिले में जन चेतना कायम करने वाले संस्थान खोलने चाहिए।

34. कथन : आज प्रतियोगिता परीक्षा का यह हाल है कि परीक्षा से कई दिन पूर्व ही प्रश्न-पत्र चोरी-छिपे ऊँची दामों में बाजार में उपलब्ध हो जाते हैं जिससे अनगिनत प्रतिभाशाली छात्रों का तथा देश का भविष्य अंधकार की गर्त की ओर बढ़ता जा रहा है।

कार्यवाहियाँ : I. प्रत्येक परीक्षा में एक ही विषय के अलग-अलग प्रारूपों में प्रश्नपत्र तैयार करवाना चाहिए।

II. सरकार को एक निश्चित अवधि तक जब तक कि परीक्षा संपन्न न हो जाए प्रश्नपत्र सेंटर तथा वैसे प्रेस के सभी कर्मचारी जहाँ प्रश्नपत्र की छपाई हुई हो इन सभी को कड़ी निगरानी में नजरबंद कर देना चाहिए।

35. कथन : भारतीय कंपनियों के पास विदेशी कंपनियों जैसी उच्च तकनीकी तथा आधुनिक मशीनें उपलब्ध नहीं होने की वजह से सरकार के उदारीकरण नीति के फलस्वरूप विदेशी कंपनियों के आगमन से भारतीय कंपनियों को काफी नुकसान होने की आशंका है।

कार्यवाहियाँ : I. सरकार को विदेशी कंपनियों के आगमन पर रोक लगा देना चाहिए।

II. सरकार को भारतीय कंपनियों को बंद कर देना चाहिए।

36. कथन : देश के प्रत्येक शहर में पेट्रोल एवं डीजल चालित वाहनों के धुएँ से शहर का वातावरण दिन-प्रतिदिन प्रदूषित होता जा रहा है। इसके साथ ही साथ विद्युत आपूर्ति की भी देश के आगे एक जटिल समस्या बनी हुई है।

कार्यवाहियाँ : I. पेट्रोल एवं डीजल चालित वाहनों पर रोक लगा देना चाहिए।

II. प्रत्येक शहर में विद्युत से चलने वाले वाहनों की व्यवस्था करनी चाहिए।

37. कथन : राजस्थान में शिक्षा की स्थिति इतनी दयनीय हो गई है कि आए दिन शिक्षकगण हड़ताल पर बैठते हैं जिससे विद्यार्थियों के भविष्य के आगे एक प्रश्नचि जुड़ गया है।

कार्यवाहियाँ : I. हड़ताल करने वाले शिक्षकों को अविलम्ब निष्काषित कर देना चाहिए।

II. सरकार को शिक्षकों के प्रतिनिधि के साथ शिक्षकों की उचित समस्या का अवलोकन करते हुए न्यायसंगत समाधान करना चाहिए। इसके बावजूद भी वे हड़ताल न समाप्त करें तो उन्हें निलम्बित कर देना चाहिए।

38. कथन : प्रायः सभी सरकारी डॉक्टर अपने निजी स्वार्थ में वशीभूत होकर अपनी निजी क्लीनिक चलाने में लगे हुए हैं। सरकारी हॉस्पिटलों का आलम यह है कि वहाँ वे अपनी शालीनता, तत्परता एवं कर्तव्यनिष्ठा हर कुछ ताख पर रख देते हैं। जिससे अनगिनत निर्धन एवं असहाय लोगों की जानें जा रही हैं।

कार्यवाहियाँ : I. सरकार को सभी डॉक्टरों की निजी प्रैक्टिस पर रोक लगा देनी चाहिए।

II. सरकार को सभी सरकारी हॉस्पिटलों का निजीकरण (प्राइवेट) कर देना चाहिए।

39. कथन : राजनीति में इसी प्रकार अपराधियों की भागीदारी बढ़ती रही तो भारत में एक दिन अपराधी तंत्र कायम हो जाएगा जो कि अंग्रेजों की गुलामी

की दासता और अत्याचार से भी कहीं अधिक भयानक होगा।

कार्यवाहियाँ : I. निर्वाचन आयोग को ऐसी पार्टियों को जिसमें अपराधियों को शामिल किया गया हो या प्रत्यक्ष या अप्रत्यक्ष रूप से उनकी पार्टी में भागीदारी हो, ऐसी पार्टियों की मान्यता रद्द कर देनी चाहिए।

II. अपराधियों के लिए अलग राजनीति क्षेत्र गठित कर देना चाहिए।

40. कथन : बिहार में करोड़ों रुपयों के पशुपालन घोटाले में बिहार के सत्तारूढ़ पार्टी के बहुत से मंत्रियों के लिप्त होने की आशंका व्यक्त की जा रही है।

कार्यवाहियाँ : I. विपक्षी पार्टी को न्यायालय में जनहित याचिका दायर करनी चाहिए।

II. न्यायालय को सी.बी.आई. से इस घोटाले की अविलम्ब जाँच करवानी चाहिए।

उत्तर (हल/संकेत)

1. (b) अस्थि फ्लोरोसिस फ्लोराइड की अधिकता वाले जल के सेवन से ही होता है। अत: कार्यवाही 'I' बिल्कुल असंगत है। जबकि **टारटेरिक एसिड** एवं **कैल्सियम** से उपचारित करने के बाद फ्लोराइड की मात्रा न्यूनतम हो जाती है, जो कि किसी भी प्रकार से हानिकारक नहीं होता।

अत: **केवल कार्यवाही 'II' अनुगमन हेतु तर्कसंगत है।**

2. (a) सरकार यदि प्रत्येक वर्ष हड़ताल से पूर्व शिक्षकों की विभिन्न माँगों की समीक्षा कर ली जाए तो हड़ताल होगी ही नहीं।

अत: **केवल कार्यवाही 'I' अनुगमन हेतु तर्कसंगत है।**

3. (b) सभी प्राइवेट कॉलेजों का सरकारीकरण संभव नहीं है, क्योंकि इससे सरकार पर अतिरिक्त वित्तीय बोझ आ पड़ेगा। इसलिए कार्यवाही 'I' असंगत है। जबकि कार्यवाही 'II' तर्कसंगत है इसलिए कि अधिकतर विद्यार्थी जानकारी न होने के कारण ही ऐसे कॉलेजों के चंगुल में फँस जाते हैं। अत: समय-समय पर मान्यता प्राप्त कॉलेजों की सूची प्रकाशित होने पर विद्यार्थियों का भविष्य सुरक्षित रहेगा।

अत: **केवल कार्यवाही 'II' अनुगमन हेतु तर्कसंगत है।**

4. (e) सरकार यदि नेफेड (राष्ट्रीय विपणन बोर्ड) के माध्यम से आलू की खरीददारी करेगी तो आलू उत्पादकों को उचित मूल्य प्राप्त हो जाएगा। साथ-ही-साथ उत्पादक आलू के भंडारण की व्यवस्था न होने के कारण ही माटी के मोल आलू बेचने को विवश हो गये हैं, इसी वजह से कि भंडारण के अभाव में नष्ट हो जाएगी। लेकिन कोल्ड स्टोरेज की व्यवस्था होने पर आसानी से इस समस्या का समाधान हो जाएगा।

अत: **कार्यवाही 'I' एवं 'II' दोनों ही अनुगमन हेतु तर्कसंगत हैं।**

5. (a) दलितों पर अत्याचार एवं दमनात्मक कार्रवाई आज भी जारी है। इसका अर्थ है कि वे संगठित नहीं हैं, क्योंकि कोई भी असामाजिक तत्व असंगठित लोगों के ऊपर ही अत्याचार करने की सोच सकता है। इसलिए यदि दलित लोग संगठित होकर अत्याचार एवं दमनात्मक कार्रवाई का मुकाबला करें तो आसानी से इस समस्या का निदान हो सकता है।

अत: **केवल कार्यवाही 'I' अनुगमन हेतु तर्कसंगत है।**

6. (b) कार्यवाही 'I' असंगत है, क्योंकि इससे समस्या और भी जटिल हो जाएगी। चूँकि धनाभाव के कारण ऐसी समस्या उत्पन्न हुई है इसका तात्पर्य यही है कि या तो मौजूदा टैक्स कम था या फिर वसूली नहीं होती है। अत: टैक्स के दर को बढ़ाते हुए सही तरीके से वसूली की जाए तो निश्चित ही इस समस्या का समाधान हो सकता है।

अत: **केवल कार्यवाही 'II' अनुगमन हेतु तर्कसंगत है।**

7. (3) यह पूर्व से चली आ रही एक नीति है कि जिस किसी भी राजनेता पर आरोप पत्र दाखिल किये गए हैं वे नैतिकता के आधार पर अपने पद से इस्तीफा दिये हैं। साथ-ही-साथ यह निष्पक्ष जाँच के लिए जरूरी भी है, लेकिन यदि मुख्यमंत्री स्वेच्छा से नैतिकता के आधार पर इस्तीफा न दें तो राज्य में जनाक्रोश बढ़ने की पूरी संभावना रहती है और इस तथ्य को मद्देनजर रखते हुए राष्ट्रपति को उस राज्य में राष्ट्रपति शासन लागू कर देना एक उचित कदम होगा।

अत: **या तो कार्यवाही 'I' या फिर 'II' अनुगमन हेतु तर्कसंगत है।**

8. (e) विभिन्न बैंकों की वार्षिक रिपोर्ट से आयकर विभाग को यह ज्ञात हुआ है, अर्थात् एक राष्ट्रीय पार्टी ने आयकर विभाग से यह बात छिपाई थी, यानि कि यह धन काला धन भी हो सकता है। अत: इन तथ्यों को मद्देनजर रखते हुए आयकर विभाग की यह जिम्मेदारी है कि अपने स्तर से इसकी जाँच करे। क्योंकि आयकर एक ऐसा राजस्व है जो कि जनता के हित के लिए अदायगी की जाती है।

अत: **कार्यवाही 'I' एवं 'II' दोनों अनुगमन हेतु तर्कसंगत हैं।**

9. (a) भारतीय **संविधान** में किसी भी व्यक्ति के लिए जुर्म के आधार पर दंड देने की प्रक्रिया है। साथ-ही-साथ जुर्म के आधार पर ही जेलों में उनका वर्गीकरण का प्रावधान है। अत: सामाजिक, आर्थिक एवं शैक्षणिक आधार पर वर्गीकरण करना अनुचित है। अत: कार्यवाही 'II' असंगत है, जबकि कार्यवाही 'I' तर्कसंगत है क्योंकि मानवाधिकार आयोग का गठन मानव के अधिकारों के हनन को रोकने के लिए ही किया गया है। अत: मानवाधिकार आयोग को इसकी जाँच करनी चाहिए। यह एक उचित कदम है।

अत: **केवल कार्यवाही 'I' अनुगमन हेतु तर्कसंगत है।**

10. (a) कार्यवाही 'II' असंगत है क्योंकि चुनाव को सामान्य परिस्थिति में रोका नहीं जा सकता। जबकि कार्यवाही 'I' तर्कसंगत है क्योंकि अधिक-से-अधिक पर्यवेक्षक नियुक्त किये जाएंगे तो निश्चित ही अवैध मत पर कुछ हद तक रोक लगेगी, अर्थात् कुछ तो सुधार अवश्य होगा।

अत: **केवल कार्यवाही 'I' अनुगमन हेतु तर्कसंगत है।**

11. (d) पथ परिवहन निगम घाटे पर चल रही है, इसका तात्पर्य यह है कि प्रबंधन में कमजोरी है। अत: समस्या का निदान तभी संभव है जबकि प्रबंधन व्यवस्था को सुधारा जाए। यहाँ दोनों ही कार्यवाहियाँ असंगत हैं क्योंकि यदि अन्य विभागों में नौकरी दे दी जाए तो उस विभाग का खर्च बढ़ जाएगा जो कि पुन: नई समस्या खड़ा कर सकता है। साथ-ही-साथ यदि परिवहन निगम को बंद कर दिया जाए तो परिवहन निगम के सभी कर्मचारी बेरोजगार हो जाएंगे जो कि फिर से सरकार के सामने एक नई समस्या हो जाएगी।

अत: **कार्यवाही 'I' एवं 'II' दोनों ही असंगत हैं।**

12. (c) कथन में लगातार स्थान परिवर्तन से उत्पन्न समस्या की बात कही गई है जो इस बात को इंगित करती है कि संस्थान को स्थायी जगह उपलब्ध नहीं है। साथ-ही-साथ जहाँ भी संस्थान चलाया गया उस स्थान का निश्चित अवधि तक के लिए अनुबंध नहीं कराया गया होगा जिसके वजह से ही विद्यार्थियों को कठिनाई हुई। अत: संस्थान के डॉयरेक्टर या तो स्थान का निश्चित अवधि तक अनुबंध करा लें या स्थायी जगह का चुनाव कर लें तो इस समस्या का निश्चित ही समाधान हो सकता है।

अत: **या तो कार्यावाही 'I' या फिर 'II' अनुगमन हेतु तर्कसंगत है।**

13. (e) चूँकि भूमि सुधार कानून से छूट वाली चाय के बगीचा **सरकार की संपत्ति** होती है। चाय बगीचों के मालिक को इसका हक केवल **चाय उत्पादन** के लिए होता है। अतः सरकार की इन संपत्तियों की बिक्री करना कानूनी जुर्म है तथा इस कार्य में लिप्त कोई भी व्यक्ति जुर्म का समान भागीदार है अतः इस पर प्रतिबंध लगाना तथा इसमें भागीदारी निभाने वाले व्यक्ति को दंड देना अनिवार्य है।

अतः **कार्यवाही 'I' एवं 'II' दोनों ही अनुगमन हेतु तर्कसंगत हैं।**

14. (d) आर्थिक स्थिति के लगातार दयनीय होने के कारण उद्योगों में लगातार **घाटा** हो रहा है। अतः इस स्थिति में औद्योगीकरण को बढ़ावा देना उपयुक्त कदम नहीं है, बल्कि घाटा को कम करने के उपाय एवं घाटा की वजह का निराकरण जरूरी है। साथ-ही-साथ राज्य सरकार को अपने तमाम कर्मचारियों का वेतन भुगतान को रोक देना भी एक गलत निर्णय है क्योंकि इससे और एक नई समस्या उत्पन्न हो जाएगी।

अतः **कार्यवाही 'I' एवं 'II' दोनों ही असंगत हैं।**

15. (e) आवास मुहैया कराने की जगह **क्रूर** मजाक कर रही हैं। यानि कि आवास मुहैया कराने में अनियमित, भेदभाव या आर्थिक शोषण कर रही हैं। अतः जनता एम.टी.पी.सी. के समक्ष इसकी शिकायत करे तथा सरकार इन एजेंसियों के पदाधिकारियों के खिलाफ कड़ी-से-कड़ी कार्रवाई करे तो इस आवासीय समस्या का निश्चित ही समाधान हो सकता है।

अतः **कार्यवाही 'I' एवं 'II' दोनों ही अनुगमन हेतु तर्कसंगत हैं।**

16. (a) दक्षिण ऐशियाई देशों में खाद्य वस्तुओं की जरूरत होने के बावजूद भी अन्य देशों की अपेक्षा भारतीय खाद्य उत्पादों की माँग में कमी होती जा रही है। अतः भारतीय खाद्य निर्यातकों को निश्चित ही इस कमी होने का कारण जानना चाहिए ताकि उन कारणों को समाधान करके निर्यात को बढ़ाया जा सके। जबकि कार्यवाही 'II' बिल्कुल असंगत है क्योंकि निर्यात बंद कर देने पर देश में एक नयी आर्थिक समस्या उत्पन्न हो जाएगी।

अतः **केवल कार्यवाही 'I' अनुगमन हेतु तर्कसंगत है।**

17. (b) असामाजिक तत्वों का भी सांसद एवं विधायक के रूप में निर्वाचित हो जाना इस बात का द्योतक है कि निर्वाचन प्रणाली दोषपूर्ण है। अतः निर्वाचन प्रणाली में ऐसा संशोधन किया जाए कि असामाजिक तत्व प्रत्याशी हो ही न पायें तो निश्चित ही इस समस्या का समाधान हो सकता है। साथ ही साथ संविधान प्रदत्त अधिकार का यह अर्थ नहीं है कि एक मुजरिम भी सरकार के सीट पर आसीन हो, अतः ऐसे तत्वों को रोकना अधिकार हनन की श्रेणी में नहीं आता है।

अतः **केवल कार्यवाही 'II' अनुगमन हेतु तर्कसंगत है।**

18. (d) रेलवे सेवा के घाटे पर चलने की वजह कर्मचारियों की लापरवाही तथा बेटिकट यात्री को ठहराया गया है। अतः रेलवे प्रशासन मुस्तैदी के साथ अपने कार्य-कलाप में सुधार लायें तो इस समस्या का निश्चित ही समाधान हो सकता है। जबकि इन छोटी समस्याओं के आधार पर विदेशी कम्पनी या निजी कंपनी को रेल सेवा सौंप देना उचित कदम नहीं है।

अतः **कार्यवाही 'I' एवं 'II' दोनों ही असंगत हैं।**

19. (e) चूँकि खाद्य उत्पादों को **खराब** मानते हुए अस्वीकृत कर दिया जाता है अर्थात् यदि गुणवत्ता में सुधार किया जाए तथा आधुनिक खाद्य प्रसंस्करण प्रौद्योगिकी का इस्तेमाल करते हुए निर्यात किया जाए तो निश्चित ही इस समस्या का समाधान हो सकता है।

अतः **कार्यवाही 'I' एवं 'II' दोनों ही अनुगमन हेतु तर्कसंगत हैं।**

20. (d) प्रत्येक विवाह न्यायालय में हो ऐसा संभव नहीं है और ऐसा हो भी जाए तो यह जरूरी नहीं है कि न्यायालय के समक्ष विवाह करने वाले दहेज न लिए हों। अतः कार्यवाही 'I' असंगत है जबकि कार्यवाही 'II' बिल्कुल असंगत है क्योंकि इससे दहेज को और भी बढ़ावा मिल जाएगा।

अतः **न तो कार्यवाही 'I'** और न ही **'II' दोनों ही असंगत हैं।**

21. (a) चूँकि अमेरिका खुद तो अपनी **मिसाइल** कार्यक्रम को और **घातक** बनाने का प्रयास कर रहा है जबकि दूसरी ओर वह भारत को **परमाणु अप्रसार संधि** पर हस्ताक्षर करने के लिए लगातार दबाव डाल रहा है जो कि भेद-भावपूर्ण नीति है क्योंकि किसी को रोकने से पहले उसे खुद को रोकना चाहिए। अतः भारत को अमेरिका के इस नीति के खिलाफ अन्तर्राष्ट्रीय मंचों में आवाज उठानी चाहिए।

अतः **केवल कार्यवाही 'I' अनुगमन हेतु तर्कसंगत है।**

22. (e) सरकार का कर्त्तव्य है कि जीवन की रक्षा करे। अतः घायलों को अविलम्ब स्वास्थ्य सेवा उपलब्ध कराना साथ- ही-साथ शिविर, खाद्य सामग्री तथा पेयजल की आपूर्ति करना निश्चित ही उचित कदम है क्योंकि जीवन रक्षा के लिए यह नितांत आवश्यक है।

अतः **कार्यवाही 'I' एवं 'II' दोनों ही तर्कसंगत हैं।**

23. (b) चूँकि कृषक **आदर्श** अनुपात की अवहेलना कर रहे हैं जिसके कारण ही उपलब्धता एवं खपत का अंतर बढ़ने की आशंका व्यक्त की गई है। अतः सरकार यदि यूरिया की कीमत बढ़ा दे तो इसकी खपत में निश्चित ही कमी आ जाएगी जो कि उत्पन्न होने वाली समस्या का एक आसान समाधान है जबकि आयात करना अनावश्यक एवं निराधार है।

अतः **केवल कार्यवाही 'II' अनुगमन हेतु तर्कसंगत है।**

24. (e) चूँकि मलेरिया मच्छर के द्वारा प्रसारित होता है और मच्छर गंदगी से फैलते हैं। अतः यदि सफाई की व्यवस्था कर दी जाए तथा डी.डी.टी. का छिड़काव करा दिया जाए तो मच्छर समाप्त हो जाएंगे जिससे निश्चित ही मलेरिया का समाधान हो सकता है साथ-ही-साथ लोग यदि सेफगार्ड (मच्छरदानी) का इस्तेमाल करेंगे तो मच्छर के काटने की आशंका रहेगी ही नहीं और इस प्रकार मलेरिया के प्रसार को रोका जा सकता है।

अतः **कार्यवाही 'I' एवं 'II' दोनों ही अनुगमन हेतु तर्कसंगत हैं।**

25. (d) कथन में सरकारी स्कूल **पर्याप्त** संख्या में बताए गए है। अतः सरकार को और भी अधिक-से-अधिक स्कूल खोलने का कोई तात्पर्य नहीं है। लेकिन समस्या यह है कि सरकार स्कूलों के पर्याप्त संख्या में होने के बावजूद भी कान्वेंट स्कूलों की संख्या दिन-प्रतिदिन बढ़ती जा रही है। इसका तात्पर्य यह है कि सरकारी स्कूलों में सुचारू ढंग से पढ़ाई की व्यवस्था नहीं है। अतः इस परिस्थिति में सरकार द्वारा कान्वेंट स्कूलों पर प्रतिबंध लगाने का भी कोई औचित्य नहीं है, क्योंकि इसकी जिम्मेवार स्वयं सरकार है।

अतः **कार्यवाही 'I' एवं 'II' दोनों ही असंगत हैं।**

26. (b) किसी बाल अपराधी को पीटना सामाजिक एवं नैतिकता के आधार पर बिल्कुल गलत है क्योंकि बच्चे नासमझी के कारण ही गुमराह कर दिये जाते हैं। अतः कार्यवाही 'I' का कोई औचित्य नहीं है। जबकि कार्यवाही 'II' तर्कसंगत है, क्योंकि बच्चे से पूछ-ताछ करके ड्रग्स आपूर्तिकर्त्ता तक पहुँचा जा सकता है।

अतः **केवल कार्यवाही 'II' अनुगमन हेतु तर्कसंगत है।**

27. (e) शिक्षक ही विद्यार्थियों के भाग्य निर्माता हैं, अतः शिक्षकों का कर्त्तव्य है कि अनुचित तरीके से नियुक्त किये गये परीक्षकों के खिलाफ आवाज उठायें क्योंकि इसमें विद्यार्थियों तथा देश के भविष्य का सवाल है। साथ-ही-साथ कुल सचिव महोदय को स्थिति की गंभीरता को देखते हुए अविलम्ब उन नियुक्ति को निरस्त कर उपयुक्त शिक्षकों की नियुक्ति करनी चाहिए।

अतः **कार्यवाही 'I' एवं 'II' दोनों अनुगमन हेतु तर्कसंगत हैं।**

28. (e) किसी भी व्यक्ति के द्वारा किसी की धार्मिक भावनाओं को ठेस पहुँचाना एक गंभीर जुर्म है। अतः सरकार को अविलम्ब मकबूल फिदा हुसैन की पेंटिंग्स पर प्रतिबंध लगा देना चाहिए क्योंकि ऐसा नहीं किया गया तो धार्मिक उन्माद फैल सकता है तथा चूँकि

उसकी पेंटिंग्स धार्मिक उन्माद को भड़काने वाली थी तथा उसने किसी के धार्मिक भावनाओं से खिलवाड़ किया है। इस तथ्य को मद्देनजर रखते हुए सरकार को निश्चित ही उसे कड़ी-से-कड़ी सजा देनी चाहिए।

अतः **कार्यवाही 'I' एवं 'II' दोनों ही अनुगमन हेतु तर्कसंगत हैं।**

29. (a) यदि सरकार मनोवैज्ञानिक परीक्षण करवाती है तो निश्चित ही इससे प्रत्याशियों की मानसिक शक्ति तथा चारित्रिक गतिविधियों की जाँच हो जाएगी और इस प्रकार राजनीति में अवश्य ही असामाजिक तत्वों का प्रवेश समाप्त हो सकता है। लेकिन प्रतियोगिता परीक्षा के आयोजन का ऋणात्मक परिणाम भी निकल सकता है, क्योंकि इसमें प्रतियोगिता परीक्षा में पूछे जाने वाले प्रश्न पत्र का परीक्षा से पूर्व बाहर निकल जाना या मूल्यांकन में धांधली या अन्य समस्याएं भी उठ सकती हैं।

अतः **केवल कार्यवाही 'I' अनुगमन हेतु तर्कसंगत हैं।**

30. (d) पुलिस विभाग को बंद कर देने से सामाजिक असुरक्षा और भी बढ़ जाएगी तथा कार्यवाही 'II' में दिये गए समस्या से कोई संबंध नहीं है।

अतः **कार्यवाही 'I' एवं 'II' दोनों ही असंगत है।**

31. (b) दिल्ली परिवहन निगम के कर्मचारियों को पिछले पाँच वर्षों से वेतन नहीं मिल रहा है जो विभागीय अकुशलता को प्रदर्शित करता है साथ-ही-साथ यह सरकार की अक्षमता का भी परिचायक है। अतः इस समस्या के निदान के लिए सरकार को पथ परिवहन निगम का निजीकरण कर देना ही उपयुक्त कदम होगा क्योंकि अनुभव बताते हैं कि निजी क्षेत्र के उपक्रम का सरकारी क्षेत्रों के उपक्रम से चुस्त एवं दुरुस्त प्रबंधन होता है।

अतः **केवल कार्यवाही 'II' अनुगमन हेतु तर्कसंगत है।**

32. (e) छत्तीसगढ़ राज्य विद्युत बोर्ड के कर्मचारियों को चूँकि पाँच वर्षों से वेतन नहीं मिल रहा है। इसका तात्पर्य यह है कि विद्युत बोर्ड अन्य मदों में अधिक खर्च करती होगी या फिर कार्यकुशलता में वांछनीय कुशलता नहीं है। अतः यदि विद्युत बोर्ड अपने अन्य खर्चों में कमी कर दें तथा अपनी कार्यकुशलता में सुधार लाये तो निश्चित ही इस समस्या का समाधान हो सकता है।

अतः **कार्यवाही 'I' एवं 'II' दोनों ही अनुगमन हेतु तर्कसंगत हैं।**

33. (e) आत्महत्या करने वाले लोगों की संख्या बढ़ती जा रही है जो कि एक गंभीर समस्या है। चूँकि लोग मानसिक तनाव तथा अन्य चिंता के कारण एवं कुछ बाह्य कारणों से प्रेरित होकर ऐसी कुकृत्य कर बैठते हैं। अतः इसके रोकथाम के लिए सरकार को **आत्महत्या** को बढ़ावा देने वाले टी.वी. कार्यक्रमों के प्रसारण पर प्रतिबंध लगा देना एक उचित कदम है साथ-ही-साथ प्रत्येक जिले में जन **चेतना** कायम करने वाली संस्था को खोलना भी उचित है, क्योंकि इससे निश्चित ही इस समस्या का समाधान हो सकता है।

अतः **कार्यवाही 'I' एवं 'II' दोनों ही अनुगमन हेतु तर्कसंगत हैं।**

34. (b) अलग-अलग प्रारूपों में प्रश्नपत्र तैयार करवाने पर भी यह जरूरी नहीं है कि प्रश्नपत्र आउट न हो क्योंकि यहाँ समस्या प्रश्नपत्र के आउट हो जाने से है। अतः कार्यवाही 'I' तर्कसंगत नहीं है, जबकि परीक्षा संपन्न होने तक यदि प्रश्नपत्र **सेंटर** तथा प्रेस के **सभी कर्मचारी** को नजरबंद कर दिया जाए तो प्रश्नपत्र आउट होने का कोई सवाल ही नहीं उठता।

अतः **केवल कार्यवाही 'II' अनुगमन हेतु तर्कसंगत है।**

35. (d) कथनानुसार विदेशी कंपनियों के आगमन से भारतीय कंपनियों को इसलिए काफी नुकसान होने की आंशका है कि भारतीय कंपनियों के पास **उच्च तकनीकी** तथा **आधुनिक मशीनें** उपलब्ध नहीं है। लेकिन इस स्थिति को मद्देनजर रखते हुए विदेशी कंपनियों के आगमन पर रोक लगा देना उचित कदम नहीं है क्योंकि विदेशी कंपनियों के आगमन से देश की बेरोजगारी तो दूर होगी ही साथ-ही साथ देश की आर्थिक स्थिति भी सुदृढ़ होगी। जबकि दूसरी ओर भारतीय कंपनियों को बंद कर देना भी अनुचित है क्योंकि इससे अनगिनत लोग बेरोजगार हो जाएंगे साथ-ही-साथ देश का औद्योगिक विकास ठप हो जाएगा तथा देश विदेशी कंपनियों की मुहताज हो जाएगी जिससे देश पुनः गुलामी की ओर अग्रसर हो जाएगा।

अतः **कार्यवाही 'I' एवं 'II' दोनों ही असंगत हैं।**

36. (d) पेट्रोल एवं डीजल चालित वाहनों पर रोक लगा देना उचित कदम नहीं है क्योंकि इससे परिवहन की एक नई समस्या खड़ी हो जाएगी। साथ-ही-साथ प्रत्येक शहर में विद्युत चालित वाहनों की व्यवस्था करना भी आसान नहीं है, क्योंकि देश की विद्युत परियोजनाएं इतनी विकसित नहीं हैं कि वो परिवहन के लिए भी विद्युत आपूर्ति कर सकें।

अतः **कार्यवाही 'I' एवं 'II' दोनों ही असंगत हैं।**

37. (b) हड़ताल किसी भी कर्मचारी को अपना विरोध प्रकट करने के लिए दिया गया एक संवैधानिक अधिकार है। अतः हड़ताल करने वाले शिक्षकों को निष्कासित करना न्याय संगत नहीं है। जबकि शिक्षकों के प्रतिनिधि के साथ शिक्षकों की समस्या का सरकार अवलोकन करे तो निश्चित ही इस समस्या का समाधान हो सकता है।

अतः **केवल कार्यवाही 'II' अनुगमन हेतु तर्कसंगत है।**

38. (d) सभी डॉक्टरों की निजी प्रैक्टिस पर रोक लगाना उचित नहीं है क्योंकि समस्या सरकारी डॉक्टरों से संबंधित है। साथ-ही-साथ यदि हॉस्पिटलों का निजीकरण कर दिया जाए तो यह निर्धन और असहाय लोगों के सामने और भी जटिल समस्या उत्पन्न कर देगी क्योंकि निजीकरण कर देने के बाद निःशुल्क सेवा अवश्य ही समाप्त हो जाएगी।

अतः **कार्यवाही 'I' एवं 'II' दोनों ही असंगत हैं।**

39. (a) अपराधियों की भागीदारी को रोकने के लिए यह आवश्यक है कि ऐसी राजनीतिक पार्टियाँ जिसका संबंध अपराधियों से हो ऐसी पार्टियों की मान्यता निर्वाचन आयोग रद्द कर दे, क्योंकि यदि ऐसा किया गया तो कोई भी पार्टी अपनी पार्टी में अपराधी को शामिल नहीं करेगी। कार्यवाही 'II' बिल्कुल असंगत है क्योंकि अलग राजनीति क्षेत्र गठन कर देने पर अपराधियों का और भी मनोबल बढ़ जाएगा।

अतः **केवल कार्यवाही 'I' अनुगमन हेतु तर्कसंगत है।**

40. (e) चूँकि सत्तारूढ़ पार्टी के बहुत से मंत्रियों के घोटाले में लिप्त होने की आशंका व्यक्त की गई है। अतः विपक्षी पार्टी के द्वारा न्यायालय के समक्ष जनहित याचिका दायर करना एक उचित कदम है, साथ ही साथ न्यायालय द्वारा सी.बी.आई. से घोटाले की जाँच कराना भी तर्कसंगत है।

अतः **कार्यवाही 'I' एवं 'II' दोनों ही तर्कसंगत हैं।**

❑❑❑

अध्याय 6

पूर्वधारणाएँ/परिकल्पनाएँ

पूर्वधारणा (Assumptions)

मानी गई या गृहित या अप्रत्यक्ष रूप से परिकल्पित अवधारणा, जो कि किसी कथन में सन्निहित यथार्थ को निरूपित करता है उसे परिकल्पना या पूर्वधारणा कहते हैं।

दूसरे वाक्यों में, हम इसे इस प्रकार भी कह सकते हैं कि बहुत-सी ऐसी बातें हैं जो कि पूर्णत: स्पष्ट रूप से न कही गई हों लेकिन श्रोता इसका आशय भली-भाँति समझ लेते हैं। ऐसे ही अप्रत्यक्ष स्वीकारात्मक आशय को परिकल्पना या पूर्वधारणा कहते हैं

जैसे--हम किसी साधारण रेस्तरां में जाने पर वेटर से सिर्फ इतना ही कहते हैं कि, **'पानी लाओ'**—लेकिन, हम देखते हैं कि वेटर आदेश पाते ही पानी के साथ खाए जाने वाले अन्य खाद्य सामग्रियों को भी ले आता है। जबकि हमारे कहने का भी यही आशय था कि वह पानी के साथ-साथ खाइ जाने वाली अन्य सामग्रियों को भी लाये। लेकिन हमने अन्य सामग्रियों का उससे जिक्र नहीं किया था फिर भी वेटर ने अन्य खाद्य सामग्रियों को भी हमारे सामने प्रस्तुत कर दिया। यहाँ वेटर के द्वारा अन्य सामग्रियों को भी लेते आना वेटर द्वारा की गई परिकल्पना थी।

अत: हम कह सकते हैं कि किसी भी कथन का छुपा हुआ वह आशय जो स्वीकारात्मक हो उसे परिकल्पना कहते हैं।

इस प्रकार की परीक्षण में एक कथन दिया गया होता है तथा इसके बाद दो या तीन या चार पूर्वधारणाएँ दी गई होती हैं। आपको दिये गए कथन एवं दी गई पूर्वधारणाओं पर विचार करते हुए यह ज्ञात करना होता है कि दी गई दोनों या चारों पूर्वधारणाओं में से कौन-सी पूर्वधारणा दिये गए कथन में सन्निहित है।

पूर्वधारणा के विशिष्ट नियम

1. कोई भी पूर्वधारणा कथन के आधार पर निकाला गया निष्कर्ष नहीं होना चाहिए।
2. ऐसी पूर्वधारणा जो समान कर्म पर किसी कारण (cause) के फलस्वरूप दो वस्तुओं पर समान प्रभाव को व्यक्त करता है, ऐसी पूर्वधारणा को वैध मानना चाहिए।
3. ऐसी पूर्वधारणा जो किसी सुधार, लाभदायक प्रभाव, लाभदायक परिणाम को प्रदर्शित करता है, ऐसी पूर्वधारणा को वैध मानना चाहिए।
4. एक कथन का एक से अधिक पूर्वधारणा (Assumption) निकाली जा सकती है।
5. कोई भी पूर्वधारणा सामान्य होनी चाहिए।
6. कोई भी पूर्वधारणा कथन से अधिक व्यापक नहीं होनी चाहिए।
7. पूर्वधारणा और कथन एक-दूसरे के सार्थक होनी चाहिए।
8. पूर्वधारणा और कथन के बीच (So, Cause, What, Why, Questioning & Answering) Reason पूर्ण रूप से व्याप्त होनी चाहिए।
9. पूर्वधारणा में कथन का यथार्थ भाव सन्निहित होना चाहिए।
10. पूर्वधारणा में कथन की पुनरावृत्ति (Repetition) नहीं होनी चाहिए।
11. कोई भी पूर्वधारणा में कथन से बाहर की बात यानी कि पूर्वधारणा कथन से व्यापक नहीं होनी चाहिए।
12. ऐसी पूर्वधारणा जो कि जनहित के लिए सूचित किये गए कथन के प्रभाव एवं सूचना देने वाले के कर्त्तव्यबोध को प्रदर्शित करता हो तथा जिसे न जारी करने पर हानिकारक प्रभाव की संभावना हो, ऐसी पूर्वधारणा को वैध मानना चाहिए।
13. ऐसी पूर्वधारणा जो जनहित के लिए किये गए अनुरोध युक्त कथन के परिणाम को व्यक्त करता हो, ऐसी पूर्वधारणा को वैध मानना चाहिए।

उदाहरण—कथन : LG खरीदें—यह L.C.D. दस साल की गारंटीयुक्त है।

पूवधारणाएँ : I. लोग लम्बे समय की गारंटी की ओर आकर्षित होते हैं।
II. लोग L.C.D. खरीदना चाहते हैं।

हल : पूर्वधारणा (I) बिंल्कुल सही है, क्योंकि यह सही है कि लम्बे समय की गारंटी देने पर लोग उस वस्तु को खरीदने की ओर आकर्षित होंगे। जबकि पूर्वधारणा (II) का कथन से कोई संबंध व्यक्त नहीं हो रहा है, क्योंकि पूर्वधारणा (II) में न ही ओनिडा टी.वी. और न ही किसी प्रकार की गारंटी की बात व्यक्त की गई है। अत: पूर्वधारणा (II) कथन में सन्निहित नहीं है।

अत: **केवल पूर्वधारणा (I) कथन में सन्निहित है।**

प्रश्नावली

निर्देश—(प्रश्न संख्या 1 से 39 तक): नीचे दिये गए प्रत्येक प्रश्न में एक कथन दिया गया है और उसके नीचे दो पूर्वधारणाएँ दी गई हैं जिन्हें क्रमांक (I) और (II) से दर्शाया गया है। कोई मानी हुई या गृहित बात पूर्वधारणा कहलाती है। आपको दिये हुए कथन और दी हुई पूर्वधारणाओं को ध्यान में रखते हुए उन दोनों पूर्वधारणाओं में से कौन-सी पूर्वधारणा कथन में सन्निहित है, इसका निर्णय करना है? आप अपना उत्तर दीजिए—

उत्तर (a) दीजिए, यदि केवल पूर्वधारणा (I) कथन में सन्निहित है।

उत्तर (b) दीजिए, यदि केवल पूर्वधारणा (II) कथन में सन्निहित है।

उत्तर (c) दीजिए, यदि या तो (I) अथवा (II) पूर्वधारणा कथन में सन्निहित है।

उत्तर (d) दीजिए, यदि न तो (I) और न ही (II) पूर्वधारणा कथन में सन्निहित हो।

उत्तर (e) दीजिए, यदि पूर्वधारणा (I) एवं (II) दोनों कथन में सन्निहित हों।

1. कथन : यदि इस वर्ष 15 जून के पहले वर्षा शुरू नहीं हुई तो अधिकतर किसानों को कष्ट सहना पड़ेगा।

पूर्वधारणाएँ : I. उचित समय पर वर्षा खेती के लिए आवश्यक है।
II. अधिकतर किसान खेती के लिए सामान्यत: वर्षा पर निर्भर रहते हैं।

2. कथन : कम्प्यूटर की शिक्षा स्कूल स्तर से ही शुरू करनी चाहिए।

पूर्वधारणाएँ : I. कम्प्यूटर सीखना आसान है।
II. कम्प्यूटर शिक्षा प्राप्त करने पर नौकरी आसानी से मिल जाती है।

3. कथन : ''कार्यक्रम 9 : 30 बजे शुरू होगा, सभी से निवेदन है कि आप 9 : 30 बजे तक उपस्थित हो जाएँ।'' यह वाक्य किसी निमंत्रण पत्र पर छपी हुई घोषणा है।

पूर्वधारणाएँ : I. यदि आमंत्रित व्यक्ति 9 : 30 बजे तक नहीं आएँगे, तो तब-तक प्रोग्राम शुरू नहीं होगा।

II. प्रोग्राम कार्यक्रमानुसार शुरू होगा।

4. कथन : कीमती चीजें आलमारी में बंद रखिए व सभी को सज्जन कहिए।

पूर्वधारणाएँ : I. कीमती चीजें जो आलमारी में बंद रखी जाती हैं, उसे चुराया नहीं जा सकता है।

II. चोरी अपराध है।

5. कथन : ''सभी लोग मनोरंजन कार्यक्रम में सम्मिलित होने के लिए आमंत्रित हैं। यह निःशुल्क है।'' यह एक अखबार में दी गई घोषणा है।

पूर्वधारणाएँ : I. कुछ व्यक्ति हालाँकि मनोरंजन कार्यक्रम में रूचि रखते हैं, लेकिन टिकट नहीं खरीद सकते हैं।

II. अधिकतर निःशुल्क कार्यक्रम अच्छे स्तर के होते हैं।

6. कथन : मूर्ख की तरह मैंने बस से जाने का निर्णय किया।

पूर्वधारणाएँ : I. मैं मूर्ख हूँ।

II. मैं मूर्ख नहीं हूँ।

7. कथन : यह आयुर्वेदिक टॉनिक रक्त प्रवाह को सुधारता है तथा आपके चेहरे को निखारता है।

पूर्वधारणाएँ : I. लोग चेहरे को निखारना चाहते हैं।

II. रक्त प्रवाह के अनियमितता से चेहरा का निखार कम हो जाता है।

8. कथन : सभी व्यक्ति समाचार-पत्र पढ़ना पसंद करते हैं।

पूर्वधारणाएँ : I. समाचार-पत्र पढ़ने के लिए होते हैं।

II. प्रत्येक व्यक्ति शिक्षित है।

9. कथन : भारी वर्षा के बावजूद भी यातायाद में बाधा नहीं पड़ी।

पूर्वधारणाएँ : I. वर्षा यातायात के संचालन को प्रभावित नहीं करती।

II. वर्षा काल के दौरान यातायात के प्रबंधन में पर्याप्त सावधानियाँ ली गई थीं।

10. कथन : 'चलती हुई रेलगाड़ी से झाँकना या लटकना खतरनाक है' रेलगाड़ी के डिब्बे में एक सूचना।

पूर्वधारणाएँ : I. लोग प्रायः ऐसी सूचनाओं की ओर ध्यान देते हैं।

II. रेलवे प्राधिकरण का यह कर्त्तव्य है कि वह यात्रियों की सुरक्षा का ध्यान रखें।

11. कथन : 'X' कोचिंग कक्षाओं में भर्त्ती हों, हम आपकी सफलता की गारंटी देते हैं।

पूर्वधारणाएँ : I. ऐसी कोचिंग कक्षाएँ अच्छी तरह से सुसज्जित हैं।

II. कोचिंग कक्षाओं में जाने वाले छात्र सफलता की आशा करते हैं।

12. कथन : वैधानिक चेतावनी : सिगरेट पीना स्वास्थ्य के लिए हानिकारक है।

पूर्वधारणाएँ : I. सिगरेट नहीं पीने से स्वास्थ्य में वृद्धि होती है।

II. वास्तव में इस चेतावनी की कोई जरूरत नहीं है।

13. कथन : कृपया पूँजी निवेश करने के निर्णय लेने से पहले हमसे सम्पर्क करें।

पूर्वधारणाएँ : I. यदि आप हमसे सम्पर्क नहीं करेंगे, तो आप गलत निर्णय कर लेंगे।

II. यह सही निर्णय लेने के लिए आवश्यक है।

14. कथन : ''ट्रेन के अन्दर सिगरेट न पीएँ, यह सुरक्षा के लिए जरूरी है।''—एक सूचना।

पूर्वधारणाएँ : I. ट्रेन के अन्दर सुरक्षा वांछनीय है।

II. साधारणतया लोग ऐसी सूचना पर ध्यान नहीं देते हैं।

15. कथन : खबाली में अध्ययन केन्द्र खोलना बेकार होगा।

पूर्वधारणाएँ : I. खबाली के निवासी अशिक्षित हैं।

II. खबाली के निवासियों को अध्ययन में रुचि नहीं है।

16. कथन : यदि आप हमारे दुकान से खरीदते हैं, तो आप अपने मुद्रा का वास्तविक मूल्य प्राप्त कर सकते हैं।

पूर्वधारणाएँ : I. अन्य दुकानों के वस्तुओं की कीमत उसके मूल्य से अधिक है।

II. लोग अपने मुद्रा का पूर्ण मूल्य चाहते हैं।

17. कथन : आप एक ही रात में सफलता के शिखर पर नहीं पहुँच सकते।

पूर्वधारणाएँ : I. लोग सफलता के शिखर पर पहुँचना चाहते हैं।

II. सफलता के शिखर पर पहुँचने के लिए अथक प्रयास की जरूरत होती है।

18. कथन : यदि आप निपुण है, तो हमारे पास आपके लिए काम उपलब्ध है।

पूर्वधारणाएँ : I. आप निपुण हैं।

II. हमें एक निपुण व्यक्ति की आवश्यकता है।

19. कथन : ''आप अपनी हिफाजत करें, हम आपके धन की हिफाजत करेंगे इसलिए हमारे साथ बचत करें''—एक बैंक का विज्ञापन।

पूर्वधारणाएँ : I. लोग विज्ञापन पढ़ते हैं।

II. भड़कीले नारे लोगों का ध्यान आकृष्ट करते हैं।

20. कथन : यह पुस्तक इस प्रकार से तैयार की गई है कि एक सामान्य व्यक्ति भी जो विज्ञान पढ़ते की इच्छा रखता है बगैर शिक्षक के भी अध्ययन कर सकता है।

पूर्वधारणाएँ : I. सामान्य व्यक्ति बिना शिक्षक के विज्ञान का अध्ययन करना चाहता है।

II. यह पुस्तक शिक्षक का एक अच्छा विकल्प है।

21. कथन : वर्तमान संचार पद्धति में सुधार की जरूरत है।

पूर्वधारणाएँ : I. सुधार से स्थिति बदलती है।

II. वर्तमान संचार-पद्धति पुरानी हो गई है।

22. कथन : यदि डिग्री का संबंध नौकरी से समाप्त कर दिया जाता है, तो लड़के कॉलेज में दाखिला लेने से पहले दो बार सोचेंगे।

पूर्वधारणाएँ : I. लड़कियाँ नौकरी के लिए प्रयास नहीं करती है।

II. नौकरी पाने के लिए डिग्री की कोई आवश्यकता नहीं होगी।

23. कथन : आवेदकों की संख्या को घटाने के लिए योग्यता के मापदण्ड को बदला जाये।

पूर्वधारणाएँ : I. वर्तमान योग्यता के मापदण्ड निम्न स्तरीय है।

II. अधिक संख्या में आवेदक वांछनीय नहीं हैं।

24. कथन : सभी व्यक्ति उपन्यास पढ़ना पसंद करते हैं।

पूर्वधारणाएँ : I. केवल उपन्यास ही पढ़ने की चीज है।

II. कोई भी व्यक्ति दूसरी चीज पढ़ना पसंद नहीं करता है।

25. कथन : क्रीड़ांगन में प्रवेश करने से पहले यह सूचना पढ़िए।

पूर्वधारणाएँ : I. लोग शिक्षित हैं।

II. कोई अंधा व्यक्ति मैदान में नहीं आता है।

26. कथन : घाटा पूर्ति के लिए करों को बढ़ाया जाए।

पूर्वधारणाएँ : I. घाटा हुआ है।

II. वर्तमान कर बहुत कम है।

27. कथन : खबाली में डाकघर खोलना बेकार है।

पूर्वधारणाएँ : I. खबाली के निवासियों को डाकघर की कोई आवश्यकता नहीं है।

II. खबाली में पर्याप्त संख्या में डाकघर हैं।

28. कथन : यदि हम गरीब परिवारों के बच्चों के लिए पहले दर्जे की पाठशाला उपलब्ध करा सकें और पाठशाला में उचित हाजिरी की व्यवस्था की जा सके तो शिक्षा के क्षेत्र में यह एक महत्त्वपूर्ण उपलब्धि होगी।

पूर्वधारणाएँ : I. सभी गरीब परिवारों के बच्चे अच्छी पाठशालाओं में नहीं जाते हैं।

II. गरीब परिवार के बच्चे नियमित पाठशाला नहीं जाते हैं।

29. कथन : ''एल्युमिनियम का प्रयोग करें–पैकिंग के लिए यह बहुउपयोगी धातु है।''–एक विज्ञापन

पूर्वधारणाएँ : I. एल्युमिनियम एकमात्र बहुउपयोगी धातु है।

II. कुछ कम्पनियाँ धात्विक पैकिंग का प्रयोग करती हैं।

30. कथन : चलती ट्रेन में न लटकें–एक चेतावनी।

पूर्वधारणाएँ : I. इस प्रकार के चेतावनी का कुछ असर होगा।

II. चलती बस की अपेक्षा चलती ट्रेन में लटकना ज्यादा खतरनाक है।

31. कथन : ''यदि आपको योग के अभ्यास के प्रति चाहत हो, तो अवश्य भारत आएँ।''–एक आमंत्रण।

पूर्वधारणाएँ : I. केवल भारत ही ऐसा स्थान है जहाँ योगा को प्रभावकारी रूप से सीखा जा सकता है।

II. कुछ विदेशियों को योगा के अभ्यास के प्रति चाहत है।

32. कथन : दस अभ्यर्थी जो कि प्रतीक्षा सूची में थे। अतंत: उनका इस कोर्स में दाखिला कर लिया गया है।

पूर्वधारणाएँ : I. प्रतीक्षा सूची में शामिल अभ्यर्थी का दाखिला सामान्यतया नहीं होता है।

II. प्रतीक्षा सूची में बहुत-से अभ्यर्थी थे।

33. कथन : बम्बई के उपनगरीय वासियों को अपने कार्यालय सही समय पर पहुँचने के लिए ट्रेन अत्यंत उपयोगी परिवहन का साधन है।

पूर्वधारणाएँ : I. ट्रेन ही बम्बई के उपनगर में परिवहन का एकमात्र साधन है।

II. केवल ट्रेन ही समय से चलती है।

34. कथन : मनोरंजन के साथ ही साथ शिक्षण के भी क्षेत्र में टेलीविजन की उपयोगिता है इस बात से इन्कार नहीं किया जा सकता।

पूर्वधारणाएँ : I. लोग टेलीविजन को केवल मनोरंजन के लिए लेते हैं।

II. शिक्षण के क्षेत्र में टेलीविजन की उपयोगिता को सही तौर पर स्वीकार नहीं किया जाता है।

35. कथन : दिल्ली से प्रकाशित होने वाले सभी समाचार पत्रों में से, 'द टाईम एण्ड स्पेस' के पाठक बड़े पैमाने पर हैं।

पूर्वधारणाएँ : I. दिल्ली के सभी समाचार-पत्रों का विस्तार ज्ञात है।

II. 'द टाईम एण्ड स्पेस' के अलावे दिल्ली से प्रकाशित होने वाली कोई भी समाचार-पत्र के पाठक बड़े पैमाने पर नहीं हैं।

36. कथन : यदि आप सुन्दर हैं, तो हम आपकी सुन्दरता को ग्रहण करेंगे। यदि आप सुन्दर नहीं हैं तो हम आपको खूबसूरत बनाएँगे–एक फोटो स्टूडियो का विज्ञापन।

पूर्वधारणाएँ : I. लोग सुन्दर बनना पसंद करते हैं।

II. आदमी सुन्दर न हो फिर भी फोटो सुन्दर हो सकता है।

37. कथन : यदि आप सुन्दर हैं, तो हम आपकी सुन्दरता को ग्रहण करेंगे। यदि आप सुन्दर नहीं हैं तो हम आपको खूबसूरत बनाएँगे–एक फोटो स्टूडियो का विज्ञापन।

पूर्वधारणाएँ : I. नई पीढ़ी के लोगों की यह एक समस्या है कि वे कैसे सुन्दर दीखें।

II. कोई भी व्यक्ति सुन्दर बनना नहीं चाहता है।

38. कथन : नई शिक्षा नीति पर विचार यिा जा रहा है जोकि शिक्षण प्रणाली में महत्त्वपूर्ण परिवर्तन करेगा।

पूर्वधारणाएँ : I. वर्तमान शिक्षा प्रणाली में परिवर्तन की आवश्यकता है।

II. वर्तमान शिक्षा प्रणाली राष्ट्रीय आवश्यकता को मद्देनजर करते हुए असंगत है।

39. कथन : सफलता प्राप्त व्यक्ति को अपने-आपको सही रूप से परखने की क्षमता होती है।

पूर्वधारणाएँ : I. अन्य की परख का सफलता प्राप्त व्यक्ति के लिए कोई उपयोगिता नहीं है।

II. सफलता प्राप्त व्यक्ति गलत निर्णय नहीं कर सकते।

निर्देश–(प्रश्न संख्या 40 से 44 तक): नीचे दिये गए प्रत्येक प्रश्न में एक कथन दिया गया है और उसके नीचे तीन पूर्वधारणाएँ दी गई हैं, जिन्हें क्रमांक (I), (II) और (III) से प्रदर्शित किया गया है। कोई मानी हुई या गृहित बात पूर्वधारणा कहलाती है। आपको दिये हुए कथन और दी हुई पूर्वधारणाओं को ध्यान में लेकर उन तीनों पूर्वधारणाओं में से कौन-सी पूर्वधारणा कथन में सन्निहित है, इसका निर्णय करना है और फिर तय कीजिए कि (a), (b), (c), (d) और (e) में से कौन-सा उत्तर सही है?

40.. कथन : अमित सोनी ने कंचन के भाई बरूण से कहा, ''मैं कंचन ने जन्म दिवस पर इस बार अजय के द्वारा लिखित रिजनिंग की एक पुस्तक भेंट करूँगा।

पूर्वधारणाएँ : I. कंचन के पास अजय के द्वारा लिखी गई रिजनिंग की कोई पुस्तक नहीं है।

II. जन्म दिवस पर पुस्तक स्वीकार करने योग्य उपहार है।

III. कंचन को अजय के द्वारा लिखित पुस्तक पसंद है।

(a) केवल I और III सन्निहित हैं
(b) केवल I और II सन्निहित हैं
(c) केवल II सन्निहित है
(d) कोई भी सन्निहित नहीं है
(e) सभी सन्निहित हैं।

41. कथन : अच्छे लोग ही राजनीति से प्रदूषण हटा सकेंगे—एक बुद्धिजीवी नेता का कथन।

पूर्वधारणाएँ : I. फिलहाल राजनीति में जितने लोग हैं सभी बुरे हैं।

II. राजनीति में बुरे लोग शामिल हैं।

III. राजनीति का माहौल दयनीय हो चुका है।

(a) केवल I और III सन्निहित हैं
(b) केवल I और II सन्निहित हैं
(c) केवल III सन्निहित है
(d) केवल II सन्निहित है
(e) केवल II और III सन्निहित हैं

42. कथन : चेहरे की सौन्दर्यता के लिए 'फेयर एण्ड लवली' क्रीम इस्तेमाल करें—एक विज्ञापन।

पूर्वधारणाएँ : I. केवल फेयर एण्ड लवली क्रीम ही चेहरे को सौन्दर्य बनाती है।

II. बाजार में अन्य कोई क्रीम उपलब्ध नहीं है।

III. लोग चेहरे को सुन्दर बनाना चाहते हैं।

(a) केवल I और III सन्निहित हैं
(b) केवल II सन्निहित हैं
(c) कोई नहीं
(d) केवल III सन्निहित है
(e) केवल II और III सन्निहित हैं

43. कथन : हमने सतीप्रथा को जिस प्रकार समाज से उखाड़ फेंका उसी प्रकार हमें जातिप्रथा को भी समाज से उखाड़ना होगा।

पूर्वधारणाएँ : I. हमें अन्तरजातीय विवाह को बढ़ावा देना चाहिए।

II. अभी भी समाज में जातिप्रथा है।

III. लोग जाति-पाती का भेदभाव करते हैं।

(a) केवल I और II सन्निहित हैं
(b) केवल II और III सन्निहित हैं
(c) सभी सन्निहित है
(d) केवल III सन्निहित है
(e) इनमें से कोई नहीं

44. कथन : सफलता प्राप्त करने के बाद भी अपने धैर्य को कायम रखें।

पूर्वधारणाएँ : I. साधारणतया बहुत-से लोग सफलता प्राप्त करने के बाद धैर्य खो देते हैं।

II. प्रत्येक व्यक्ति सफल हो सकता है।

III. अधीर व्यक्ति सफल नहीं हो सकता।

(a) केवल III सन्निहित हैं
(b) केवल II और III सन्निहित हैं
(c) केवल I और या तो II या III सन्निहित हैं
(d) केवल I और III सन्निहित हैं
(e) सभी सन्निहित हैं।

उत्तर (हल/संकेत)

1. (e) यदि इस वर्ष 15 जून के पहले वर्षा शुरू नहीं हुई तो अधिकतर किसानों को कष्ट सहना पड़ेगा। चूँकि कथन conditional है, यानी कि 15 जून के पहले वर्षा होना जरूरी है अर्थात् खेती के लिए उचित समय पर वर्षा होना अत्यावश्यक है। अत: पूर्वधारणा (I) सही है। चूँकि कथन में अधिकतर किसानों की संकट की बात कही गई है यानी कि अधिकतर किसान सामान्यतया वर्षा पर निर्भर रहते हैं। अत: पूर्वधारणा (II) भी सही है।

अत: **पूर्वधारणाएँ (I) एवं (II) दोनों कथन में सन्निहित हैं।**

2. (a) कम्प्यूटर शिक्षा स्कूल स्तर से ही शुरू करनी चाहिए इस बात से बिल्कुल स्पष्ट है कि कम्प्यूटर सीखना आसान है, क्योंकि कठिन होती तो स्कूल के बच्चों को नहीं सिखाई जा सकती। अत: पूर्वधारणा (I) बिल्कुल सही है। जबकि पूर्वधारणा (II) बिल्कुल गलत है क्योंकि इसे कथन से अधिक व्यापक कर दिया गया है।

अत: **केवल पूर्वधारणा (I) कथन में सन्निहित है।**

3. (b) कार्यक्रम 9 : 30 बजे शुरू होगा। सभी से निवेदन है कि आप 9 : 30 बजे तक उपस्थित हो जाएँ। इससे स्पष्ट है कि कार्यक्रम अपने निर्धारित समय पर शुरू हो जाएगा क्योंकि उपस्थिति के समय को conditional कर दिया गया है। अत: इससे स्पष्ट है कि प्रोग्राम कार्यक्रमानुसार शुरू होगा। अत: पूर्वधारणा (II) बिल्कुल सही है जबकि पूर्वधारणा (I) गलत है, क्योंकि आमंत्रित व्यक्ति के आने या न आने पर प्रोग्राम के कार्यक्रम में कोई फेर-बदल नहीं किया जा सकता।

अत: **केवल पूर्वधारणा (II) कथन में सन्निहित है।**

4. (a) कीमती चीजें आलमारी में बंद रखिए इससे स्पष्ट है कि कीमती चीजें बाहर नहीं रखी जातीं क्योंकि बाहर रखने से चोरी होने की संभावना रहती है। अर्थात् इससे स्पष्ट है कि जो चीजें कीमती हों उसे आलमारी में बंद रखने पर उसे कोई चुरा नहीं सकता और इस स्थिति में जब आपकी चीज चोरी होगी ही नहीं तो आप सभी को सज्जन कहेंगे ही।

अत: **केवल पूर्वधारणा (I) कथन में सन्निहित है।**

5. (a) सभी लोग मनोरंजन कार्यक्रम में सम्मिलित होने के लिए आमंत्रित हैं। यह नि:शुल्क है। इससे स्पष्ट होता है कि कुछ लोग शुल्क लगने के कारण सम्मिलित नहीं हो सकते हैं। यानी कि कुछ व्यक्ति हालांकि मनोरंजन कार्यक्रम में रुचि रखते हैं लेकिन टिकट नहीं खरीद सकने के कारण सम्मिलित नहीं हो सकते हैं। अत: पूर्वधारणा (I) बिल्कुल सही है। पूर्वधारणा (II) गलत है क्योंकि नि:शुल्क कार्यक्रम अच्छे होते हैं या खराब होते हैं इस बात का कथन से कोई स्पष्टीकरण नहीं होता है।

अत: **केवल पूर्वधारणा (I) कथन में सन्निहित है।**

6. (c) मूर्ख की तरह मैंने बस से जाने का निर्णय किया। चूँकि मूर्ख की तरह निर्णय करने वाला मूर्ख होता है। अत: मैं मूर्ख हूँ या हो सकता है कि परिस्थितिवश मैंने मूर्ख जैसा निर्णय लिया था यानी कि मैं मूर्ख नहीं हूँ। यहाँ दोनों पूर्वधारणाएँ संदेहास्पद हैं। क्योंकि एक की सत्यता दूसरे की असत्यता को व्यक्त करता है। ऐसे पूर्वधारणाओं में कोई एक ही सही होती है। अन्यथा दोनों गलत होते हैं।

अत: **या तो पूर्वधारणा (I) या तो (II) कथन में सन्निहित है।**

7. (e) चूँकि लोग चेहरे को निखारना चाहते हैं तथा रक्त प्रवाह के अनियमितता से चेहरे का निखार कम हो जाता है। इसलिए कथन में रक्त प्रवाह के सुधार एवं चेहरे के निखार पर जोर दिया गया है।

अत: **पूर्वधारणाएँ (I) एवं (II) दोनों कथन में सन्निहित हैं।**

8. (a) पूर्वधारणा (I) बिल्कुल कथन में सन्निहित है। चूँकि समाचार-पत्र पढ़ने के लिए होते हैं, इसलिए सभी व्यक्ति इसे पढ़ना पसंद करते हैं। कथन में 'पढ़ने' पर जोर दिया गया है। जबकि पूर्वधारणा (II) में **'प्रत्येक व्यक्ति'** की बात कह कर इसे कथन से व्यापक कर दिया गया है क्योंकि यह जरूरी नहीं है कि प्रत्येक व्यक्ति समाचार पत्र पढ़ना ही पसंद करे। अत: पूर्वधारणा (II) गलत है।

अत: **केवल पूर्वधारणा (I) कथन में सन्निहित है।**

9. (b) भारी वर्षा के बावजूद भी यातायात में बाधा नहीं पड़ी। इस कथन से बिल्कुल स्पष्ट है

कि वर्षा यातायात के संचालन को प्रभावित करती है साथ ही साथ चूँकि बाधा नहीं पड़ी यानी कि इसका अर्थ है कि वर्षाकाल के दौरान यातायात के प्रबंधन में अवश्य ही पर्याप्त सावधानियाँ बरती गई होंगी।

अतः **केवल पूर्वधारणा (II) कथन में सन्निहित है।**

10. (e) रेलगाड़ी के डिब्बे में सूचना दी गई है। इसका मकसद रेलवे प्राधिकरण का रहा होगा कि यात्रीगण ऐसी सूचनाओं पर ध्यान देंगे। अतः पूर्वधारणा (I) यानी लोग ऐसी सूचनाओं पर ध्यान देते हैं बिल्कुल सही है। साथ ही खतरे की बात कही गई है। अर्थात् खतरे से बचाव के लिए ऐसी सूचना का देना रेलवे प्राधिकरण का कर्त्तव्य है। यानी कि पूर्वधारणा (II) भी बिल्कुल सही है।

अतः **पूर्वधारणा (I)** एवं **(II) दोनों कथन में सन्निहित हैं।**

11. (b) हम आपकी सफलता की गारंटी देते हैं ऐसा विज्ञापन से स्पष्ट है कि विद्यार्थी सफलता की आशा करते हैं, इसलिए कोचिंग सफलता की गारंटी देने का विज्ञापन करायी है। अतः केवल पूर्वधारणा (II) कथन में सन्निहित है। पूर्वधारणा (I) गलत है क्योंकि इसमें कथन से बाहर की बात व्याप्त है।

अतः **केवल पूर्वधारणा (II) कथन में सन्निहित है।**

12. (d) पूर्वधारणाएँ (I) एवं (II) दोनों गलत हैं। चूँकि सिगरेट नहीं पीने से स्वास्थ्य में वृद्धि या कमी होती है इस बात का कथन से कोई ताल्लुकात नहीं है। साथ ही कोई भी चेतावनी तभी दी जाती है जबकि उसकी जरूरत महसूस हो, यानी कि पूर्वधारणा (II) के अनुसार वास्तव में इस चेतावनी की कोई जरूरत नहीं है, यह बिल्कुल गलत पूर्वधारणा है।

अतः **न तो (I) और न ही (II) दोनों में से कोई भी पूर्वधारणा कथन में सन्निहित नहीं है।**

13. (b) कथन से यह भाव बिल्कुल स्पष्ट हो रहा है कि कोई ऐसी ऐजेंसी है जो कि पूँजी निवेश के क्षेत्र में सलाह देती है, यानी कि लोगों को सही निर्णय लेने के लिए इसकी आवश्यकता पड़ती है। अतः पूर्वधारणा (II) कथन में सन्निहित है। दूसरी बात, यह कोई जरूरीर नहीं है कि लोग ऐसी ऐजेंसी से सम्पर्क किए बगैर पूँजी निवेश करेंगे तो वह गलत ही हो, क्योंकि बहुत-से लोग स्वयं निर्णय भी लेते हैं जो बिल्कुल सही होता है।

अतः **केवल पूर्वधारणा (II) कथन में सन्निहित है।**

14. (a) चूँकि सुरक्षा को ध्यान में रखते हुए ऐसी सूचना दी गई है यानी कि ट्रेन के अन्दर सुरक्षा वांछनीय है। अतः, पूर्वधारणा (I) सही है। पूर्वधारणा (II) गलत है क्योंकि लोग ध्यान नहीं देते हैं तो फिर सूचना देने की क्या जरूरत थी? यानी कि लोग ध्यान देते हैं तभी तो सूचना दी गई।

अतः **केवल पूर्वधारणा (I) कथन में सन्निहित है।**

15. (c) खबाली में अध्ययन केन्द्र खोलना बेकार होगा। इसका यह तात्पर्य है कि हो सकता है कि वहाँ के निवासी अशिक्षित हों या फिर वहाँ के निवासियों को अध्ययन में रुचि न हो पर दोनों पूर्वधारणाएँ स्पष्ट नहीं बल्कि संदेहास्पद हैं।

अतः **या तो पूर्वधारणा (I) अथव (II) कथन में सन्निहित है।**

16. (e) यदि आप हमारे दुकान से खरीदते हैं, तो आप अपने मुद्रा का वास्तविक मूल्य प्राप्त कर सकते हैं। यहाँ **'हमारे दुकान'** पर तथा **'मुद्रा के वास्तविक मूल्य'** दोनों पर जोर दिया गया है। अर्थात् यह इस आशय की पुष्टि करता है कि अन्य दुकानों में वस्तुओं की कीमत उसके मूल्य से अधिक है, लेकिन हमारे दुकान में आप अपने मुद्रा का वास्तविक मूल्य प्राप्त कर सकते हैं। साथ-ही-साथ यह इस बात की भी पुष्टि करता है कि लोग अपने मुद्र का पूर्ण मूल्य चाहते हैं, क्योंकि मुद्रा के पूर्ण मूल्य की प्राप्ति की भी बात कथन में कही गई है। अर्थात् दोनों पूर्वधारणाएँ सही हैं।

अतः **पूर्वधारणा (I) एवं (II) दोनों कथन में सन्निहित हैं।**

17. (b) लोग सफलता के शिखर पर पहुँचना चाहते हैं या नहीं यह कथन से स्पष्ट नहीं है, लेकिन, 'आप एक ही रात में सफलता के शिखर पर नहीं पहुँच सकते हैं'—यह इस आशय की पुष्टि करता है कि सफलता के शिखर पर पहुँचने के लिए अथक प्रयास की जरूरत होती है। यानि कि यह एक ही रात में संभव नहीं है।

अतः **केवल पूर्वधारणा (II) कथन में सन्निहित है।**

18. (b) पूर्वधारणा (I) गलत है क्योंकि इसमें कथन को दोहराया गया है। कथनानुसार, यदि आप **निपुण** हैं तो हमारे पास आपके लिए काम उपलब्ध है। यह इस आशय की पुष्टि करता है कि काम उपलब्ध कराने वाले को निपुण व्यक्ति की आवश्यकता है।

अतः **केवल पूर्वधारणा (II) कथन में सन्निहित है।**

19. (e) चूँकि लोग विज्ञापन को पढ़ते हैं साथ ही साथ भड़कीले नारों पर लोगों को ध्यान अधिक आकृष्ट होता है इसी उद्देश्य से बैंक ने विज्ञापन दिया है। ताकि इन भड़कीले विज्ञापन से आकृष्ट होकर लोग बैंक में बचत करने के लिए आएँ।

अतः **पूर्वधारणाएँ (I) एवं (II) दोनों कथन में सन्निहित हैं।**

20. (b) पूर्वधारणा (I) कथन में सन्निहित नहीं है इसलिए कि सामान्य व्यक्ति बिना शिक्षक के विज्ञान का अध्ययन करना चाहता है या नहीं चाहता है इस बात की कथन में कोई जिक्र नहीं की गई है। पूर्वधारणा (II) कथन में सन्निहित है इसलिए कि सामान्य व्यक्ति बिना शिक्षक के अध्ययन कर सकता है। यह इस बात की पूर्ण रूप से पुष्टि करता है कि यह पुस्तक शिक्षक का एक अच्छा विकल्प है।

अतः **केवल पूर्वधारणा (II) कथन में सन्निहित है।**

21. (b) सुधार से स्थिति बदलती है या नहीं बदलती है इस बात का कथन से कोई स्पष्टीकरण प्राप्त नहीं होता है। यानी कि पूर्वधारणा (I) गलत है। लेकिन कथन में **'सुधार'** पर जोर डाला गया है जोकि इस बात की ओर इंगित करता है कि वर्तमान संचार पद्धति पुरानी हो गई है जिसमें सुधार की जरूरत है।

अतः **पूर्वधारणा (II) कथन में सन्निहित है।**

22. (b) कथन में लड़कियों के बारे में बात नहीं कही गई है। अर्थात् पूर्वधारणा (I) कथन से बाहर की बात होने के कारण अमान्य हो जाएगी। पूर्वधारणा (II) सही है क्योंकि जब नौकरी से डिग्री का संबंध ही नहीं रहेगा तो स्वाभाविक है कि डिग्री की कोई आवश्यकता नहीं होगी।

अतः **केवल पूर्वधारणा (II) कथन में सन्निहित है।**

23. (b) वर्तमान योग्यता के मापदण्ड निम्नस्तरीय है या उच्च स्तरीय कथन में इस बात की कोई चर्चा नहीं की गई है। यानी कि पूर्वधारणा (I) गलत है। लेकिन आवेदकों की संख्या घटाने की बात इस तर्क पर बल देता है कि अधिक संख्या में आवेदक वांछनीय नहीं हैं।

अतः **पूर्वधारणा (II) कथन में सन्निहित है।**

24. (d) पूर्वधारणा (I) में **'केवल'** शब्द का प्रयोग करके इसे Particularise कर दिया गया है। अतः पूर्वधारणा (I) गलत है। इसी प्रकार पूर्वधारणा (II) में भी **'कोई भी'** शब्द का प्रयोग तथा अन्य सामग्रियों की चर्चा करके इसे कथन से व्यापक कर दिया गया है। चूँकि कथन में ऐसी कोई भी बात का जिक्र नहीं किया गया है कि लोगों की दूसरी पसंद है या नहीं?

अतः **न तो पूर्वधारणा (I) और न ही (II) दोनों में से कोई भी पूर्वधारणा कथन में सन्निहित नहीं है।**

25. (a) क्रीड़ांगन में प्रवेश के पहले यह सूचना पढ़िए। इस कथन से बिल्कुल स्पष्ट है कि क्रीड़ांगन में प्रवेश करने वाले लोग शिक्षित हैं। अतः पूर्वधारणा (I) सही है। लेकिन कोई अंधा व्यक्ति मैदान में आता है या नहीं आता है इस पूर्वधारणा का कथन से कोई संबंध नहीं है।

अतः **केवल पूर्वधारणा (I) कथन में सन्निहित है।**

26. (a) घाटा पूर्ति के लिए करों को बढ़ाया जाए इस कथन से बिल्कुल स्पष्ट है कि घाटा हुआ है। अतः पूर्वधारणा (I) सही है। जबकि पूर्वधारणा (II) गलत है क्योंकि वर्तमान कर बहुत कम है या बहुत अधिक है इस बात का कथन से कोई संबंध नहीं है।

अतः **केवल पूर्वधारणा (I) कथन में सन्निहित है।**

27. (b) पूर्वधारणा (I) कथन में सन्निहित नहीं है, क्योंकि किसी भी स्थान के निवासी को डाकघर की आवश्यकता होती ही है। पूर्वधारणा (II) से यह बिल्कुल व्यक्त हो जाता है कि खबाली में डाकघर खोलना क्यों बेकार है? अतः कथन एवं पूर्वधारणा (II) में नियमानुसार सार्थक Questioning and Answering व्यक्त है।

अतः **केवल पूर्वधारणा (II) कथन में सन्निहित है।**

28. (e) पहले दर्जे की पाठशाला उपलब्ध करा सकें और पाठशाला में **उचित हाजिरी की व्यवस्था** की जा सके इससे बिल्कुल स्पष्ट है कि गरीब परिवार के बच्चे अच्छे पाठशालाओं यानी पहले दर्जे के

पाठशालाओं में नहीं जाते है।। साथ ही पाठशाला में **उचित हाजिरी हो** इससे स्पष्ट है कि गरीब परिवार के बच्चे नियमित रूप से पाठशाला नहीं जाते हैं।

अत: **पूर्वधारणाएँ (I) एवं (II) दोनों कथन में सन्निहित हैं।**

29. (b) एल्युमिनियम एकमात्र बहुउपयोगी धातु हे। यहाँ **'एकमात्र'** लगाकर इस पूर्वधारणा को Particularise कर दिया गया है। अत: पूर्वधारणा (I) गलत है। चूँकि एल्युमिनियम एक बहुउपयोगी धातु है और कुछ कम्पनियाँ धात्विक पैकिंग का प्रयोग करती हैं, इसलिए कथन में एल्युमिनियम के प्रयोग के लिए विज्ञापन दिया गया है। कि यह एक पैकिंग के लिए बहुउपयोगी धातु है।

अत: **केवल पूर्वधारणा (II) कथन में सन्निहित है।**

30. (a) कथनानुसार, चलती ट्रेन में न लटकें यह चेतावनी दी गई है। चूँकि किसी भी चेतावनी का कुछ न कुछ असर जरूर पड़ता है, इसलिए ऐसी चेतावनी दी गई है। अत: पूर्वधारणा (I) इस प्रकार की चेतावनी का कुछ असर होगा, बिल्कुल सही है। जबकि पूर्वधारणा (II) में बस एवं ट्रेन की तुलना की गई है जो कि कथन से बाहर की बात है, यानी पूर्वधारणा (II) गलत है।

अत: **केवल पूर्वधारणा (I) कथन में सन्निहित है।**

31. (b) भारत आएँ से स्पष्ट है कि विदेशियों को यह आमंत्रण दिया जा रहा है। यानी कि विदेशियों में योगा के अभ्यास के प्रति चाहत है तभी ऐसा निमंत्रण दिया गया है। अत: पूर्वधारणा (II) सही है। जबकि पूर्वधारणा (I) गलत है, क्योंकि भारत ही एक ऐसा स्थान है कहकर पूर्वधारणा को Particularise कर दिया गया है।

अत: **पूर्वधारणा (II) कथन में सन्निहित है।**

32. (d) कथन में दाखिला होने की बात कही जा रही है जबकि पूर्वधारणा (I) में दाखिला नहीं होने की बात कीह गई है अर्थात् पूर्वधारणा (I) कथन के बिल्कुल विपरीत है इसी प्रकार कथन में सिर्फ **'दस'** अभ्यर्थियों की बात कही गई है जबकि पूर्वधारणा (II) में बहुत से अभ्यर्थियों का जिक्र किया गया है। अत: पूर्वधारणा (II) भी गलत है।

अत: **न तो पूर्वधारणा (I) और न ही (II) दोनों में से कोई भी पूर्वधारणा कथन में सन्निहित नहीं है।**

33. (b) ट्रेन ही बम्बई के उपनगर में परिवहन का **'एकमात्र'** साधन है ऐसा कथन में कुछ भी नहीं कहा गया है। यहाँ 'एकमात्र' लगाकर पूर्वधारणा (I) को Particularise कर दिया गया है। यानी कि पूर्वधारणा (I) गलत है। सही समय पर पहुँचने के लिए ट्रेन अत्यंत उपयोगी परिवहन का साधन है कथन के इस वाक्य से स्पष्ट है कि–केवल ट्रेन ही सही समय से चलती है, यानी कि पूर्वधारणा (II) सही है।

अत: **केवल पूर्वधारणा (II) कथन में सन्निहित है।**

34. (e) कथन में शिक्षण की उपयोगिता पर भी बल दिया गया है जो कि इस बात को इंगित करता है कि लोग केवल मनोरंजन के लिए टेलीविजन लेते हैं। यानी कि पूर्वधारणा (I) सही है। शिक्षण के भी क्षेत्र में इसकी उपयोगिता से इन्कार नहीं किया जा सकता है ऐसा कहने का तात्पर्य यह है कि शिक्षण के क्षेत्र में लोग इसे सही तौर पर स्वीकार नहीं करते हैं।

अत: **पूर्वधारणा (I) एवं (II) दोनों कथन में सन्निहित हैं।**

35. (e) दिल्ली से प्रकाशित होने वाली सभी समाचार पत्रों की अपेक्षा **'द टाईम एण्ड स्पेस'** के पाठक बड़े पैमाने पर हैं इससे स्पष्ट है कि यह तुलना तभी की जा सकती है जबकि सभी समाचार-पत्रों के पाठक का विस्तार ज्ञात हो। यानी कि पूर्वधारणा (I) सही है। 'द टाईम एण्ड स्पेस' के पाठक बड़े पैमाने पर हैं इससे स्पष्ट होता है कि इसके अलावे किसी भी समाचार-पत्र के पाठक बड़े पैमाने पर नहीं हैं।

अत: **पूर्वधारणा (I) एवं (II) दोनों कथन में सन्निहित हैं।**

36. (e) यदि आप सुन्दर नहीं हैं, तो हम आपको खूबसूरत बनाएँगे इस विज्ञापन को देने का यही मकसद रहा होगा कि–लोग सुन्दर फोटो बनवाने के लिए आकर्षित होंगे। यानी कि लोग सुन्दर बनना चाहते हैं। साथ ही साथ **'हम सुन्दर बनाएँगे'** यह इस बात पर जोर देता है कि स्टूडियो ने ऐसा विज्ञापन तभी दिया होगा जबकि फोटो को सुन्दर बनाया जा सकता हो। यानी कि आदमी सुन्दर न हो फिर भी उसके फोटो को सुन्दर बनाया जा सकता है।

अत: **पूर्वधारणाएँ (I) एवं (II) दोनों कथन में सन्निहित हैं।**

37. (d) नई पीढ़ी की यह समस्या है या नहीं ऐसी कथन में कुछ भी नहीं कहा गया है। साथ ही कोई भी व्यक्ति सुन्दर नहीं बनना चाहता है यदि ऐसा रहता तो फिर स्टूडियो के द्वारा विज्ञापन देने का कोई औचित्य ही नहीं रहता क्योंकि कोई भी विज्ञापन देने के पीछे औचित्य अवश्य होता है।

अत: **न तो पूर्वधारणा (I) और न ही (II) दोनों में से कोई भी पूर्वधारणा कथन में सन्निहित नहीं है।**

38. (e) कथन में 'शिक्षण प्रणाली में महत्त्वपूर्ण परिवर्तन' पर बल दिया गया है। यानी इससे स्पष्ट है कि शिक्षा प्रणाली में परिवर्तन की आवश्यकता है। साथ ही साथ वर्तमान प्रणाली राष्ट्रीय आवश्यकता के मद्देनजर असंगत है इसलिए नई शिक्षा नीति पर विचार किया जा रहा है, ताकि राष्ट्रीय आवश्यकता की पूर्ति हो सके।

अत: **पूर्वधारणा (I) एवं (II) दोनों कथन में सन्निहित हैं।**

39. (e) अन्य की परख की सफलता प्राप्त व्यक्ति को इसलिए आवश्यकता नहीं होती है क्योंकि वे खुद अपनी सही परख करने की क्षमता रखते हैं। यानी कि पूर्वधारणा (I) सही है। साथ ही साथ जो सही परख करता हो वह गलत निर्णध ले ही नहीं सकता। अर्थात् पूर्वधारणा (II) भी सही है।

अत: **पूर्वधारणाएँ (I) एवं (II) दोनों सही हैं।**

40. (c) कथन में **'अजय'** के द्वारा लिखित रिजनिंग की पुस्तक पर जोर डाला गया है अर्थात् कंचन के पास अजय द्वारा लिखित रिजनिंग की कोई पुस्तक नहीं होगी या होगी इसका कथन से कोई ताल्लुकात नहीं है। जबकि पुस्तक भेंट करने का आशय यह है कि जन्म दिवस पर पुस्तक स्वीकार करने योग्य उपहार है। लेकिन कंचन की पसंद क्या है इसके बारे में कथन में कोई जिक्र नहीं किया है।

अत: **केवल पूर्वधारणा (II) कथन में सन्निहित है।**

41. (e) कथन में **'बुद्धिजीवी नेता'** की भी फिलहाल राजनीति में जितने लोग हैं सभी बुरे हैं यह पूर्वधारणा गलत है, क्योंकि राजनीति के अंदर बुद्धिजीवी नेता भी आ रहे हैं। यहाँ **'अच्छे लोग'** को तात्पर्य है कि राजनीति में बुरे लोग भी शामिल हैं तथा **'प्रदूषण हटाने'** का आशय यह है कि राजनीति का माहौल दयनीय हो चुका है।

अत: **केवल पूर्वधारणाएँ (II) और (III) कथन में सन्निहित हैं।**

42. (d) केवल **'फेयर एण्ड लवली'** चेहरे को सुन्दर बनाता है तथा बाजार में अन्य कोई क्रीम उपलब्ध नहीं है इन पूर्वधारणाओं का कथन से कोई ताल्लुकात नहीं है। कथन में चेहरे की सौन्दर्यता पर जोर दिया गया है जो कि इस आशय की पुष्टि करता है कि–लोग चेहरे को सुन्दर बनाना चाहते हैं।

अत: **केवल पूर्वधारणा (III) कथन में सन्निहित है।**

43. (e) जाति प्रथा को तभी समाप्त किया जा सकता है जबकि हम अन्तरजातीय विवाह को बढ़ावा दें, यानी कि पूर्वधारणा (I) बिल्कुल सही है। कथन में जाति प्रथा को उखाड़ने की बात कही गई है जो कि इस आशय की पुष्टि करता है कि लोग जाति-पाति का भेद-भाव करते हैं, अर्थात् पूर्वधारणा (III) भी सही है। जबकि पूर्वधारणा (II) गलत है क्योंकि इसमें कथन को ही दोहराया गया है।

अत: **केवल पूर्वधारणाएँ (I) और (III) कथन में सन्निहित हैं।**

44. (d) **'धैर्य को कायम रखें'** कथन का यह वाक्य इस आशय की पुष्टि करता है कि लोग सफलता प्राप्त करने के बाद धैर्य खो देते हैं।, अर्थात् पूर्वधारणा (I) बिल्कुल सही है, पूर्वधारणा (II) गलत है क्योंकि प्रत्येक व्यक्ति सफल हो सकता है या नहीं हो सकता है इसके बारे में कथन में कोई चर्चा नहीं की गई है। सफलता प्राप्त करने के **'बाद भी'** धैर्य कायम रखें इसका यह आशय है कि सफलता प्राप्त करने के पहले भी धैर्य की जरूरत होती है। अर्थात् अधीर व्यक्ति सफल नहीं हो सकता, अर्थात् पूर्वधारणा (III) सही है।

अत: **केवल पूर्वधारणाएँ (I) एवं (III) कथन में सन्निहित हैं।**

❑❑❑

अध्याय 7

कथन पर्याप्तता

कथन पर्याप्तता में परीक्षार्थियों से उनके तर्कपूर्ण उत्तर की आशा की जाती है ऐसे प्रश्नों में जैसे—रिश्ता, दिशा, गणितीय समस्या, कोडिग-डिकोडिंग किसी से भी पूछा जा सकता है। इसके लिए जरूरी है, कथनों के सामर्थ्य को पहचानना कि वह किस हद तक अभीष्ट प्रश्न का उत्तर देने में योग्य है।

उदाहरण 1. R का पिता कौन है?

I. V तथा S भाई हैं।

II. S की पत्नी O की पत्नी की बहन है।

हल : कथन I से पता चलता है कि T तथा S आपस में भाई हैं।

तथा कथन II से पता चलता है कि S की पत्नी R की पत्नी की बहन है, लेकिन यह कहीं से पता नहीं चलता है कि R का पिता कौन है। इसलिए दोनों को मिलाकर भी उत्तर देना सम्भव नहीं है।

उदाहरण 2. राखी का वर्ग में स्थान क्या है?

I. वर्ग में 26 विद्यार्थी हैं।

II. 9 विद्यार्थी राखी से कम अंक लाए हैं।

हल : कथन I से कुल विद्यार्थियों का पता चलता है तथा कथन II से यह पता चलता है कि 9 विद्यार्थियों ने उससे कम अंक लिए। इसलिए दोनों अकेले उत्तर देने में असमर्थ हैं, परन्तु दोनों को मिलाने के बाद यह पता चलता है कि 26 विद्यार्थियों में जब 9 विद्यार्थियों ने कम अंक लिए, तो राखी का क्रम 17वाँ हो गया।

उदाहरण 3. महीने में 15 तारीख को कौन-सा दिन पड़ेगा?

I. महीने का अंतिम दिन बुधवार है।

II. महीने के तीसरे शनिवार को 17 तारीख थी।

हल : कथन I से यह जानकारी तो मिलती है कि महीने का अंतिम दिन कौन-सा था, लेकिन यह निश्चित नहीं हो पाता कि महीना 30 दिन का या 31 दिन का है। दूसरे कथन से यह स्पष्ट हो जाता है कि यदि 17 तारीख को महीने का तीसरा शनिवार था तो 15 तारीख को कौन-सा दिन होगा। अत: कथन II अकेले उत्तर देने का समर्थ है।

उदाहरण 4. रमन का जन्मदिन इस वर्ष किस दिन को पड़ेगा?

I. वह दिन जनवरी में 13-15 के बीच बुधवार को पड़ता है।

II. उसका जन्मदिन शुक्रवार को नहीं है।

हल : कथन I से स्पष्ट रूप से पता चल जाता है कि बुधवार को उसका जन्मदिन पड़ता है, लेकिन कथन II से सिर्फ इतना पता चलता है कि जन्मदिन शुक्रवार को नहीं है। इसके अलावा शेष 6 दिन में किसी दिन भी पड़ सकता है।

अत: कथन I अकेले उत्तर देने में समर्थ है।

उदाहरण 5. एक निश्चित कूट भाषा में '16' का अर्थ 'स्टॉप स्मोकिंग' और 49 का तात्पर्य है "इन्जुरियस हैबिट" तो बताएँ कि 9 तथा 4 कूट का प्रयोग किसके लिए किया गया है?

I. 147 का अर्थ है, 'स्टॉप बैड हैबिट'

II. 849 का अर्थ है, 'स्मोकिंग इज इन्जुरियस'

हल : कथन I में 147 तथा प्रश्न 4, 9 आ चुका है देखने के बाद पता चलता है कि कूट '4' का प्रयोग हैबिट के लिए हुआ है, तो शेष इन्जुरियस का कूट '9' हो जाएगा।

कथन II में 869 से तथा प्रश्न में 16 से मिलान से का अर्थ 6 का स्मोकिंग तथा शेष 9 का अर्थ इन्जुरियस का पता चलता है, फलस्वरूप 49 में से 4 का अर्थ हैबिट हो जाएगा।

अत: कथन I में दी गई जानकारी या फिर कथन II में दी गई जानकारी प्रश्न का उत्तर देने के लिए पर्याप्त है।

महत्वपूर्ण बिन्दु

1. प्रश्न में दिए गए संबंधों की बारीकियों का भली प्रकार अध्ययन करें।
2. निर्णय लेने में उतावले न हों।
3. कोई भी पूर्वधारणा आदि नहीं बनाना चाहिए।
4. दिए गए कथनों की जाँच अच्छी तरह करें।
5. जब एक ही कथन उत्तर देने में पर्याप्त हो तो दूसरे को शामिल न करें।

प्रश्नावली

निर्देश—(प्रश्न संख्या 1 से 43 तक) प्रत्येक प्रश्न में एक प्रश्न और उसके नीचे दो कथन I और II दिये गए हैं। आपको तय करना है कि क्या कथन में दी गई जानकारी प्रश्न का उत्तर ज्ञात करने के लिए पर्याप्त है। दोनो कथनों को पढ़िए और—

उत्तर (a) **दीजिए,** यदि केवल कथन I में दी गई जानकारी प्रश्न का उत्तर ज्ञात करने के लिए पर्याप्त है जबकि केवल कथन II में दी गई जानकारी प्रश्न का उत्तर ज्ञात करने के लिए पर्याप्त नहीं है।

उत्तर (b) **दीजिए,** यदि केवल कथन II में दी गई जानकारी प्रश्न का उत्तर ज्ञात करने के लिए पर्याप्त है जबकि केवल कथन I में दी गई जानकारी प्रश्न का उत्तर ज्ञात करने के लिए पर्याप्त नहीं है।

उत्तर (c) **दीजिए,** यदि या तो केवल कथन I में दी गई जानकारी या फिर केवल कथन II में दी गई जानकारी प्रश्न का उत्तर ज्ञात करने के लिए पर्याप्त है।

उत्तर (d) **दीजिए,** यदि कथन I और कथन II में दी गई जानकारी एक-साथ मिलकर भी प्रश्न का उत्तर ज्ञात करने के लिंए पर्याप्त नहीं है।

उत्तर (e) **दीजिए,** यदि कथन I और कथन II दोनों में दी गई जानकारी एक साथ मिलकर प्रश्न का उत्तर ज्ञात करने के लिए पर्याप्त नहीं है।

1. अब से आठ वर्ष बाद A और B की कुल आयु कितनी होगी?

I. A की वर्तमान आयु 20 वर्ष है।

II. 'B', A से बड़ा है।

2. एक जाँच परीक्षा में शामिल छात्रों ने A,B,C,D या E ग्रेड प्राप्त किया। यदि इनमें से 20% छात्रों ने A या B ग्रेड प्राप्त किया और 60% छात्रों ने C या D ग्रेड प्राप्त किया तो कितने छात्रों ने E ग्रेड प्राप्त किया?

I. 50 छात्रों ने A या B ग्रेड प्राप्त किया।

II. वर्ग में कुल 250 छात्र थे।

3. सीता को कितनी बहन है?

I. उसके माता-पिता को चार जीवित बच्चे हैं।

II. उसकी जितनी बहन हैं उसका दुगुना भाई हैं।

4. यदि A किसी पुस्तकालय की पुस्तकों की गिनती करने में 16 दिन लगाता है, तो B उसे गिनती करने में कितना दिन लगायेगा?

I. 'A', B से दोगुनी गति से गिनता है।

II. इस पुस्तकालय में कुल 10,000 पुस्तकें हैं।

5. किसी विशेष वर्ष के किसी विशेष महीने में कितने सोमवार है?

I. महीना का प्रारम्भ मंगलवार से होता है।

II. महीना बुधवार को समाप्त होता है।

6. लवली की जन्म तिथि क्या है?
I. उसका जन्म आज से 20 वर्ष पुर्व हुआ था।
II. 13 अप्रैल, 1989 को वह 19 वर्ष की हो जाएगा।

7. 'मोहन' प्रदीप से लम्बा है और 'राम' दीपक से लम्बा है। इनमें से सबसे लम्बा कौन है?
I. 'प्रदीप' राम से लम्बा है।
II. 'मोहन' राम से लम्बा है।

8. अभी यह घड़ी 3:00 बजे संध्या को निरूपित कर रही है जो कि सही समय भी है। दूसरी बार जब यह 3:00 बजे संध्या निरूपित करेगी, तो बताएँ इसका सही समय से कितना अंतर होगा?
I. घड़ी प्रत्येक एक घंटे में आधा मिनट धीमी हो जाती है।
II. प्रत्येक 25 घंटे के बाद घड़ी 2 मिनट रुक जाती है।

9. चार नाटक A, B, C, और D चार लगातार दिनों में एक-एक करके खेला गया। नाटक D किस दिन खेला गया?
I. प्रथम नाटक शुक्रवार को खेला गया तथा इसके ठीक बाद नाटक C खेला गया है।
II. नाटक A और C के खेले जाने के दिनों के बीच में एक दिन का अंतराल है।

10. लड़के और लड़कियों के राजकीय हॉकी टीम में सेंट फ्रांसिस स्कूल के खिलाड़ियों की संख्या कुल खिलाड़ियों की संख्या का 1/3 है। बताएँ कि इस टीम में खिलाड़ियों की कुल संख्या कितनी है
I. टीम में लड़के एवं लड़कियों की संख्या का अनुपात 2 : 1 है।
II. टीम में सेंट फ्रांसिस स्कूल की दो लड़कियाँ हैं।

11. यदि कार्यालय में भोजन अवकाश सहित 9 घंटा कार्य होता है, तो कार्यालय में कितने बजे से कार्य प्रारम्भ होता है?
I. कार्यालय 5 बजे शाम को बंद होता है।
II. भोजन अवकाश का समय 1:00 से 1:30 बजे तक है जो 4 घंटे के बाद दिया जाता है।

12. रामू की शादी किस वर्ष हुई?
I. सितम्बर 1987 में उसको एक पुत्र हुआ।
II. 1985 में वह कार्य में संलग्न था।

13. किसी कक्षा में 20% विद्यार्थी पुनरावृत है, 30% दूसरे स्कूल से आये हैं और शेष निचले ग्रेड से प्रोन्नत किये गए हैं। बताएँ कि कुल कितने विद्यार्थी पुनरावृत हैं?
I. 60 विद्यार्थी दूसरे स्कूल से आये हैं।
II. 100 विद्यार्थी निचले ग्रेड में थे।

14. चार सेमिनार A, B, C, और D प्रतिदिन एक-एक करके चार लगातार दिनों में आयो. जित किये गए। यह आवश्यक नहीं है कि इन्हें उपर्युक्त क्रम में ही आयोजित किया गया। सेमिनार C किस दिन आयोजित किया गया?
I. प्रथम सेमिनार 23 तारीख दिन बुधवार को आयोजित किया गया तथा इसके ठीक बाद सेमिनार D आयोजित किया गया।
II. सेमिनार A को 25 तारीख को नही आयोजित किया गया। A और B के बीच एक दिन का अंतराल था।

15. रवि अपने वर्ग में 18वें स्थान पर है। उसका अंतिम से स्थान क्या है?
I. वर्ग में 57 विद्यार्थी है।
II. राजू जो कि उसी वर्ग में 10वें स्थान पर है, अंतिम से 48वें स्थान पर है।

16. किसी सांकेतिक भाषा में `Pit nac mit' का अर्थ, लाल पैंट सर्ट है। किस सांकेतिक कोड का अर्थ 'पैंट' है?
I. `Mit tim nac sir' का अर्थ, उसने लाल पैंट पहना।
II. `Nee jie pit' का अर्थ, सर्ट गंदा है।

17. मोहन की उम्र क्या है?
I. 'राजू', मोहन से 2 वर्ष बड़ा है।
II. राजू की बड़ी बहन सितम्बर 1960 ई. में पैदा हुई थी।

18. 'राघव', विजय से बड़ा है और 'राजीव', गिरीश से छोटा है। इनमें से सबसे छोटा कौन है?
I. 'राघव', राजीव से बड़ा है।
II. 'विजय', गिरीश से बड़ा है।

19. A, B, C और D चार मित्रों में से सबसे भारी कौन है?
I. B और C आपस में मिलकर भी D से हल्के हैं
II. A और B आपस में मिलकर भी D से हल्के हैं

20. 'A', B से लम्बा है। 'D', E से नाटा है। सबसे लम्बा कौन है?
I. 'B', E से लम्बा है।
II. 'B', D से लम्बा है।

21. B की बहन कौन है?
I. 'A', B का भाई है।
II. B का पिता A की माता का पति है।

22. समीर की जन्मतिथि क्या है?
I. समीर के पिता की शादी 10 जनवरी 1965 ई० को हुई।
II. समीर का जन्म माता-पिता की शादी के ठीक 2 वर्ष बाद हुआ।

23. समान वजन वाले 20 गेंदों का कुल वजन कितना होगा?
I. एक गेंद के आठवें भाग का वजन 20 ग्राम है।
II. दो गेंदों की तुलना में चार गेंदों का वजन 320 ग्राम अधिक है।

24. अमर, प्रकाश, संदीप और अशोक के बीच सबसे बड़ा कौन है?
I. 'अमर', संदीप से बड़ा है।
II. 'प्रकाश', संदीप और अशोक दोनों से बड़ा है।

25. इस पुस्तक में कुल कितने पृष्ठ हैं?
I. मैंने पुस्तक के प्रारंभ से 300 पृष्ठ तक गिना।
II. मेरी पत्नी ने उसी पुस्तक के अंत से प्रारंभ करके 300 पृष्ठ गिनी।

26. 'अकोला' नागपुर से कितनी दूरी पर है?
I. 'अकोला' रामपुर से 70 किमी. दूर है और ये दोनों शहर नागपुर से बराबर दूरी पर स्थित हैं।
II. 'विलासपुर', अकोला से 70 किमी दूर है एंव अकोला और नागपुर के ठीक बीच में अवस्थित है।

27. अंतिम वर्ष के वर्ग में कितने छात्र हैं?
I. अंतिम वर्ष के वर्ग में लड़कों की संख्या लड़कियों की संख्या की दूनी है।
II. अंतिम वर्ष के सभी छात्रों की उम्र का कुल योग 399 वर्ष है और उनकी औसत उम्र 19 वर्ष है।

28. महात्मा की मूर्ति का मुख किस दिशा की ओर है?
I. मूर्ति नगर के उत्तरी छोर की दिशा में अवस्थित है।
II. 5 बजे शाम को मूर्ति की छाया पूरब की ओर पड़ती है।

29. दो अंको वाली एक संख्या के कुल अंकों का योग 9 है। वह संख्या क्या है?
I. संख्याओं के अंको का आपस में स्थान परिवर्तन करने पर वह मूल संख्या से 9 बढ़ जाती है।
II. दोनों अंकों का अंतर 1 है।

30. 8 वर्ष के दीपक को पार्टी में सम्मिलित होने की अनुमति क्यों नहीं मिली?
I. पार्टी केवल 10 वर्ष से अधिक उम्र वाले बच्चों के लिए थी।
II. पार्टी 16 वर्ष से अधिक उम्र वाले बच्चों के लिए नहीं थी।

31. राजीव की कुल मासिक आय कितनी है।
I. राजीव को अपने वेतन के रूप में वार्षिक आमदनी ₹ 48,000 है।
II. वेतन के अतिरिक्त राजीव के आय का स्रोत उसके मकान का किराया है जो वह अपने किरायेदार से प्राप्त करता है जोकि कुल ₹ 4,000 हैं।

32. किसी विशेष वर्ष के विशेष माह में कितने रविवार पड़ते हैं?
I. माह सोमवार से शुरू होता है।
II. माह बुध को समाप्त होता है।

33. आज के दिन राहुल की आयु कितनी है?
I. राहुल का जन्म 5 अगस्त, 1947 को हुआ था।
II. आज 14 अकटूबर, 1990 है।

34. 'A', C से लम्बा है और 'D', E से नाटा है। इनमें से सबसे नाटा कौन है?

I. 'D' A से लम्बा है।
II. 'C' D से नाटा है।

35. मार्च महीने का अंतिम दिन कौन-सा दिन होगा?
I. 'D' A से लम्बा है।
II. 'C' D से नाटा है।

36. राघव का मासिक वेतन क्या है?
I. 'राघव' मिस्टर शेट्टी से ₹ 400 प्रतिमास अधिक निकासी करता है।
II. मिस्टर शेट्टी का वार्षिक वेतन ₹ 14,400 है।

37. किसी वर्ग में अशोक का 15वां स्थान है। वर्ग में कितने छात्र हैं?
I. अशोक और गोपाल के बीच 3 विद्यार्थी हैं।
II. गोपाल वर्ग में 10वें स्थान पर है।

38. कैलाश की जन्म तिथि क्या है?
I. उसने 20 वर्ष पहले जन्म लिया है।
II. 13 अप्रैल, 1989 को वह 19 वर्ष का हो जाता है।

39. कंचन का अजय से क्या संबंध है?
I. 'संजू', कंचन के चाचा की पुत्री है।
II. अजय के पुत्र अविनाश की दादी की कंचन इकलौती पतोहू है।

40. किसी कक्षा में रमेश का क्रमांक ऊपर से 11वां है जबकि आशीष का क्रमांक नीचे से 15वां है। बताएं कि आशीष का ऊपर से क्रमांक क्या होगा?
I. इस कक्षा में कुल 40 विद्यार्थी हैं।
II. 'आशीष', रमेश से 15 स्थान नीचे है।

41. बच्चों की किसी कतार में सुधानन्द एवं वेदानन्द के बीच में कुल कितने बच्चे हैं?
I. इस कतार में कुल 25 बच्चे हैं।
II. सुधानन्द का स्थान बाएं से 10वां है।

42. सुधानन्द का राकेश से क्या संबंध है?
I. 'आशा', सुधानन्द की इकलौती बहन है।
II. 'आशा', राकेश के दादाजी के इकलौते पुत्र की पुत्री है।

43. राहुल का मुख अभी किस दिशा की ओर है?
I. वह अपने घर से निकलने के बाद दो बार दाईं और तथा एक बार बाईं ओर मुड़कर 4 किमी की दूरी तय करता है।
II. उसके घर का दरवाजा पूरब की ओर है।

निर्देश : प्रश्न संख्या (44 से 50) तक के प्रत्येक प्रश्न में एक प्रश्न और उसके नीचे दो तीन या चार कथन दिये गए हैं। आपको तय करना है कि क्या कथन में दी गयी जानकारी प्रश्न का उत्तर ज्ञात करने के लिए पर्याप्त है। आप अपना उत्तर इसके बाद विकल्पानुसार दीजिए—

44. शुभम् के जन्म-दिन की पार्टी में कितने इंजीनियर आये थे? इसे ज्ञात करने के लिए कौन-सा कथन जरुरी है?
I. शुभम् के पिता इलेक्ट्रिकल इंजीनियर हैं।
II. शुभम् के जन्म दिन की पार्टी में उपस्थित प्रत्येक इंजीनियर ने प्रत्येक इंजीनियर से हाथ मिलाया था।
III. इस पार्टी में इंजीनियरों के द्वारा कुल 105 बार हाथ मिलाये गए।
(a) केवल I और II (b) केवल I और III
(c) केवल III (d) केवल II और III
(e) उपर्युक्त सभी

45. "कोई व्यक्ति मूर्ख नहीं है।" इस निष्कर्ष को प्राप्त करने के लिए नीचे दिये गए कौन-से कथन आवश्यक हैं?
I. सभी व्यक्ति मूर्ख हैं।
II. सभी मूर्ख बुद्धिमान हैं।
III. सभी बुद्धिमान चालाक हैं।
IV. सभी चालाक धूर्त हैं।
(a) केवल I और III
(b) केवल I और II
(c) केवल I, II और IV
(d) केवल II और III या IV
(e) कोई नहीं।

46. "प्रत्येक स्कूल के पास छात्र हैं।"। इस निष्कर्ष को प्राप्त करने के लिए नीचे दिये गए कौन-से कथन आवश्यक हैं?
I. छात्र केवल स्कूल में हैं।
II. कुछ स्कूल में शिक्षक नहीं हैं।
III. कोई भी स्कूल बिना छात्र के नहीं हैं।
IV. स्कूल का अर्थ केवल छात्र के लिए है।
(a) केवल I और II (b) केवल II
(c) केवल III (d) केवल III और IV
(e) उपर्युक्त सभी

47. 'कुछ लड़कियाँ सुन्दर है'। इस निष्कर्ष को प्राप्त करने के लिए नीचे दिया गया कौन-सा कथन आवश्यक है?
I. सभी लड़कियाँ औरतें हैं।
II. सभी औरतें माताएँ हैं।
III. सभी औरतें सुन्दर हैं।
IV. कोई भी लड़की सुन्दर नहीं है।
(a) केवल I और II
(b) केवल या तो I और III या फिर IV
(c) केवल III और IV
(d) उपर्युक्त सभी
(e) उपर्युक्त में

48. रेखा वर्तमान में बिंदु से कितनी बड़ी है? इस बात की जानकारी हासिल करने के लिए कौन-सा कथन आवश्यक है?
I. 'आशा', रेखा से 3 वर्ष बड़ी है।
II. 'रेखा', बिंदु से दुगुनी बड़ी है।
III. तीन वर्ष पहले 'रेखा', बिन्दु से तिगुनी बड़ी थी।
(a) केवल I और III
(b) केवल I
(c) केवल II और III
(d) केवल या तो I या II
(e) उपर्युक्त सभी

49. किसी माह की 21 तारीख से 5वाँ दिन कौन-सा दिन होगा? इस बात की जानकारी हासिल करने के लिए कौन-सा कथन आवश्यक है?
I. यह माह 31 दिनों का है।
II. यह माह फरवरी से ठीक पहले आता है।
III. इस माह का तीसरा दिन सोमवार को पड़ता है।
IV. इस माह की 8 तारीख को शनिवार था।
(a) केवल
(b) केवल I और II
(c) केवल या तो III या फिर IV
(d) केवल IV
(e) इनमें से कोई नहीं

50. 18 Q 12 P R 5 S 6 = ? इस समीकरण को हल करने के लिए कौन-सी जानकारी आवश्यक है?
I. ★ **Q** $\Delta \Rightarrow$ ★ $\times \Delta$
II. £ P $\uparrow \Rightarrow$ **£** $\div \uparrow$
III. R • $\Rightarrow$ + •
IV. * **S** $\Rightarrow$ * –
(a) केवल I, II और IV
(b) केवल II और III
(c) केवल I
(d) केवल I, II और IV
(e) उपर्युक्त में

उत्तर (हल/संकेत)

1. (d) कथन 'II' में B की आयु का कोई जिक्र नहीं किया गया है। अतः कथन I एवं II दोनों एक साथ मिलकर भी प्रश्न का उत्तर ज्ञात करने हेतु अपर्याप्त हैं।
अतः **उत्तर प्रारूपानुसार (d) होगा।**

2. (c) **प्रश्न एवं कथन I से,**
C या D = 60% और
A या B = 20% $\Rightarrow$ 50
$\therefore$ E = 100 – (60 + 20)
$\Rightarrow$ 20% $\Rightarrow$ 50 [$\because$ 20% $\Rightarrow$ 50]
अतः 50 छात्रों ने E ग्रेड प्राप्त किया है।
इसी प्रकार,
प्रश्न एवं कथन II से,
C या D = 60 % और A या B = 20% $\Rightarrow$ 50
$\therefore$ E = 100 – (60 + 20) $\Rightarrow$ 20%
$\because$ कुल छात्रों की संख्या = 250
$\therefore$ E = 250 × $\frac{1}{5} \Rightarrow 50\,[20\% = \frac{1}{5}]$
अतः 50 छात्रों नें E ग्रेड प्राप्त किया है।
यहां दोनों कथन अलग-अलग प्रश्न का उत्तर ज्ञात करने के लिए पर्याप्त हैं।
अतः **उत्तर प्रारूपानुसार (c) होगा।**

3. (e) **कथन I एवं II से,**

माता-पिता

↓ ↓ ↓ ↓

सीता बहन भाई भाई

उपर्युक्त आरेख से बिल्कुल स्पष्ट है कि सीता को केवल एक बहन है।

अत: कथन I एवं II दोनों एक साथ मिलकर प्रश्न का उत्तर ज्ञात करने के लिए पर्याप्त हैं।

अत: **उत्तर प्रारूपानुसार (e) होगा।**

4. (a) **कथन I से,**

A = 2 B या A = 2B = 16 दिन

2B ⇒ 16 दिन

∴ B = 16 × 2 = 32 दिन

अत: B 32 दिनों में पुस्तकों की गिनती कर देगा।

अत: **उत्तर प्रारूपानुसार (a) होगा।**

5. (c) **कथन I से,**

1 तारीख —(+7)→ 8 तारीख

मंगलवार मंगलवार

∵8 तारीख = मंगलवार

∴7 तारीख = सोमवार

अत: कुल सोमवार की संख्या = 7, 14, 21, 28 = **चार**

इसी प्रकार,

कथन II से,

(सोमवार)

तारीख 28 → 26 —(−7)→ 19 —(−7)→ 12 —(−7)→ 5 ⇒ चार

तारीख 29 → 27 —(−7)→ 20 —(−7)→ 13 —(−7)→ 6 ⇒ चार (सोमवार)

तारीख 30 → 28 —(−7)→ 21 —(−7)→ 14 —(−7)→ 7 ⇒ चार

तारीख 31 → 29 —(−7)→ 22 —(−7)→ 15 —(−7)→ 8 ⇒ चार

(बुधवार)

अत: कुल सोमवार की संख्या ⇒ **चार**

यहाँ कथन I एवं II दोनों ही अलग-अलग इस प्रश्न का उत्तर ज्ञात करने के लिए पर्याप्त है।

अत: **उत्तर प्रारूपानुसार (c) होगा।**

6. (b) **कथन II से,**

13 अप्रैल, 1989 को लवली की उम्र = 19 वर्ष

∴लवली की जन्म तिथि

= 13 अप्रैल, 1989 – 19 वर्ष

= 13 अप्रैल, 1970

अत: **उत्तर प्रारूपानुसार (b) होगा।**

7. (c) **प्रश्न एवं कथन I से,**

M > P >, R > D ...(i)

P > R ...(ii)

(i) एवं (ii) दोनों समीकरण को एक साथ संयोजित करने पर लम्बाई का क्रम–

[M] > P > R > D

अत: इनमें से सबसे लम्बा '**मोहन**' है।

इसी प्रकार,

प्रश्न एवं कथन II से,

M > P >, R > D ...(i)

M > R ...(ii)

(i) एवं (ii) दोनों समीकरणों को एक साथ संयोजित करने पर लम्बाई का क्रम

[M] > R > P > R > D

↑ ↑

(संभावना)

अत: इनमें से सबसे लम्बा '**मोहन**' है।

यहां कथन I एवं II दोनों ही अलग-अलग प्रश्न का उत्तर ज्ञात करने के लिए पर्याप्त हैं।

अत: **उत्तर प्रारूपानुसार (c) होगा।**

8. (c) **कथन I से,**

अभीष्ट अंतर = $24 \times \frac{1}{2} \Rightarrow 12$ मिनट

कथन II से,

घड़ी के समय में कोई अंतर नहीं पड़ेगा क्योंकि दूसरी बार संध्या 3 बजे तक 24 घंटे ही पूरे होगें जबकि घड़ी 25 घंटे के बाद 2 मिनट रुक जाती है।

अत: **उत्तर प्रारूपानुसार (c) होगा।**

9. (d) **कथन I से,**

शुक्र	शनि	रवि	सोम
ABD		A	A
	C	B	B
		D	D

(संभावित)

यहां की D तीन संभावित स्थितियां बन रही है। अत: D किस दिन खेला गया यह कथन I के आधार पर ज्ञात नहीं किया जा सकता।

इसी प्रकार

कथन II से,

कथन II में दिन का उल्लेख ही नहीं है। अत: D किस दिन खेला गया ज्ञात नहीं किया जा सकता।

अब, कथन I एवं II दोनों से,

शुक्र	शनि	रवि	सोम
A/D	C	A/D	B

(संभावना)

यहां D की दो संभावित स्थितियां हमें प्राप्त हो रहीं हैं। अत: D किस दिन खेला गया यह ज्ञात करने कि लिए कथन I एवं 'II' दोनों एक साथ मिलकर भी अपर्याप्त हैं।

अत: **उत्तर प्रारूपानुसार (d) होगा।**

10. (d)कथन I एवं II दोनों में दी गयी जानकारी प्रश्न का उत्तर ज्ञात करने के लिए अपर्याप्त हैं।

11. (c)**कथन I से,**

संध्या से →

[5] →4→3→2→1→12→11→10→9→ [8]

घंटा→1 2 3 4 5 6 7 8 9वां घंटा

(कार्य प्रारंभ का समय)←

अभीष्ट समय = 5 : 00 बजे –9 घंटा = 8 बजे सुबह

अत: कथन I में दी गयी जानकारी प्रश्न का उत्तर ज्ञात करने के लिए पर्याप्त है।

इसी प्रकार,

कथन II से,

भोजन अवकाश का समय = 1 : 00 से 1 : 30 बजे तक

अभीष्ट समय = 1 → 12 → 11 → 10 → 9

(कार्य प्रारंभ का समय)

अत: कथन II में दी गयी जानकारी प्रश्न का उत्तर ज्ञात करने के लिए पर्याप्त है।

अत: **उत्तर प्रारूपानुसार (c) होगा।**

12. (d) कथन I एवं II दोनों में दी गयी जानकारियों को एक-साथ मिलाकर भी प्रश्न का उत्तर ज्ञात नहीं किया जा सकता।

13. (a) **प्रश्न एवं कथन I से,**

प्रश्नानुसार →

दूसरे स्कूल से आये विद्यार्थी = 30%

और पुनरावृत (Repeators) विद्यार्थी = 20%

कथनानुसार दूसरे स्कूल से आये विद्यार्थियों की संख्या = 60

∴ 30% = 60

∵ $20\% = \frac{20 \times 60}{30} = 40$

पुनरावृत विद्यार्थियों की कुल संख्या ⇒ 40

कथन II से,

चूँकि कथन II से यह स्पष्ट नहीं होता है कि कितने विद्यार्थी निचले ग्रेड में थे। उनमें से सभी को या कुछ को प्रोन्नत किया गया है। अत: कथन II प्रश्न का उत्तर ज्ञात करने के लिए अपर्याप्त है।

अत: उपर्युक्त प्रश्न का उत्तर ज्ञात करने के लिए केवल कथन I पर्याप्त है।

अत: **उत्तर प्रारूपानुसार (a) होगा।**

14. (e) **कथन I से,**

सेमिनार के आयोजन की तिथि

→ 23 ता०–24 ता०–25 ता०–26 ता०

दिन →	बुधवार	वृहस्पतिवार	शुक्रवार	शनिवार
सेमिनार →	A	D	B	C
	B	C	A	
	C	A	B	

↑ ↑ ↑

(संभावना)

यहां सेमिनार 'C' के आयोजन की तीन संभावित स्थितियां बन रही हैं। अतः कथन 'I' में दी गयी जानकारी प्रश्न का उत्तर ज्ञात करने के लिए अपर्याप्त है।

इसी प्रकार केवल कथन II से भी प्रश्न का उत्तर ज्ञात नहीं किया जा सकता क्योंकि सेमिनार कब से प्रारंभ हुआ है तथा किस दिन आयोजित किया गया था इसकी जानकारी अस्पष्ट है।

अब आएँ, कथन I एवं II को एक साथ लेकर हल करने की प्रक्रिया पर एक नजर डालें—

कथन I एवं II से,

सेमिनार के आयोजन का क्रम अग्र प्रकार से है—

तिथि →	23	24	25	26
दिन →	बुधवार	बृहस्पतिवार	शुक्रवार	शनिवार
सेमिनार →	A	D	B	C

उपर्युक्त तालिका से स्पष्ट है कि सेमिनार 'C' का आयोजन शनिवार को किया गया था।

अतः **उत्तर प्रारूपानुसार (e) होगा।**

15. (c) **प्रश्न एवं कथन I से,**

प्रश्नानुसार → रवि का क्रमांक = 18 वाँ

कथनानुसार→ वर्ग में कुल विद्यार्थियों की संख्या = 57

∴रवि का अंतिम से क्रमांक = 57 – 17 = 40

अतः कथन I में दी गयी जानकारी प्रश्न का उत्तर ज्ञात करने के लिए पर्याप्त है।

इसी प्रकार,

प्रश्न एवं कथन II से,

प्रश्नानुसार→ रवि का क्रमांक = 18वाँ

कथनानुसार→ राजू का क्रमांक = 10 वाँ और अंतिम से क्रमांक = 48वाँ

∴कुल विद्यार्थियों की संख्या = 48 + 10 – 1 = 57

अतः रवि का अंतिम से क्रमांक = 57 – 17 = 40

अतः कथन II में भी दी गयी जानकारी प्रश्न का उत्तर ज्ञात करने कि लिए पर्याप्त है।

यहां या तो कथन I या फिर कथन II दोनों में दी गई जानकारी प्रश्न का उत्तर ज्ञात करने के लिए अलग-अलग पर्याप्त है।

अतः उत्तर **प्रारूपानुसार (c) होगा।**

16. (d) **प्रश्न एवं कथन I से,**

Pit nac mit → लाल पैंट सर्ट ...(i)

Mit tim nac sir → उसने लाल पैंट पहना ...(ii)

तो, पैंट = ?

यहां समीकरण (i) एवं (ii) दोनों में शब्द 'लाल' और पैंट दोनों ही common हैं। अतः इस स्थिति में शब्द 'पैंट' का निशिचत कोड ज्ञात नहीं किया जा सकता।

अतः कथन I प्रश्न का उत्तर ज्ञात करने के लिए अपर्याप्त है।

इसी प्रकार,

प्रश्न एवं कथन II से,

Pit nac mit → लाल पैंट सर्ट ...(i)

Nee Jie Pit → सर्ट गंदा है ...(ii)

तो, पैंट = ?

यहाँ केवल समीकरण (i) में शब्द 'लाल' एवं 'पैंट' तथा सांकेतिक कोड के रूप में 'nac एवं mit' का प्रयोग किया है। अतः 'पैंट' का निश्चित कोड क्या होगा यह ज्ञात नहीं किया जा सकता।

प्रश्न कथन I तथा II से,

Pit nac mit → लाल पैंट सर्ट ...(i)

Mit tim nac sir → उसने लाल पैंट पहना ...(ii)

Nee jie pit → सर्ट गंदा है ...(iii)

तो, पैंट = ?

यहाँ शब्द 'लाल' और 'पैंट' तथा सांकेतिक कोड 'Nac' एवं 'mit' दोनों ही दोनों समीकरणें में मौजूद हैं। अतः इस स्थिति में 'पैंट' का निश्चित रूप से क्या कोड होगा यह ज्ञात नहीं किया जा सकता।

अतः **उत्तर प्रारूपानुसार (d) होगा।**

17. (d) **कथन I से,**

राजू और मोहन के उम्र का अंतर = 2 वर्ष

यहाँ काथन I में दी गई जानकारी में केवल उम्र का अतंर दिया गया है जबकि उम्र ज्ञात करने के लिए राजू या मोहन में से किसी एक उम्र की जानकारी होना आवश्यक है।

अतः कथन I प्रश्न का उत्तर ज्ञात करने के लिए अपर्याप्त है। इसी प्रकार कथन II भी प्रश्न का उत्तर ज्ञात करने के लिए अपर्याप्त है।

अतः **उत्तर प्रारूपानुसार (d) होगा।**

18. (b) प्रश्न एवं कथन I से,

राघव > विजय ...(i)

गिरीश > राजीव ...(ii)

राघव > विजय ...(iii)

तीनों समीकरणों को एक साथ संयोजित करने पर,

गिरीश > राघव > विजय > गिरीश > विजय > राजीव > विजय > [राजीव]

यहाँ सबसे छोटे सदस्य के रूप में विजय एवं राजीव दोनों की संभावना बन रही है। अतः इनमें सबसे छोटा कौन है, यह निश्चित रूप से ज्ञात नही किया जा सकता।

अतः कथन I में दी गयी जानकारी प्रश्न का उत्तर ज्ञात करने के लिए अपर्याप्त है।

इसी प्रकार,

प्रश्न एवं कथन II से,

राघव > विजय ...(i)

गिरीश > राजीव ...(ii)

विजय > गिरीश ...(iii)

तीनों समीकरणों को एक साथ संयोजित करने पर,

राघव > विजय > गिरीश > [राजीव]

उपर्युक्त आरेख क्रम से स्पष्ट है कि इनमें सबसे छोटा 'राजीव' है। अतः इस स्थिति में ABC और D में कौन सबसे भारी है ज्ञात नहीं किया जा सकता।

अतः **उत्तर प्रारूपानुसार (b) होगा।**

19. (d) **कथन I से,**

D > B + C

चूँकि उपर्युक्त समीकरण में 'A' का संबंध व्यक्त नहीं किया गया है। अतः इस स्थिति में A, B, C और D में कौन सबसे भारी है, ज्ञात नहीं किया जा सकता।

अतः कथन I में दी गई जानकारी प्रश्न का उत्तर ज्ञात करने के लिए अपर्याप्त है।

इसी प्रकार,

कथन II से,

D > A + B

चूँकि उपर्युक्त समीकरण में 'C' का संबंध व्यक्त नहीं किया गया है। अतः इस स्थिति में भी कौन सबसे भारी है, यह ज्ञात नहीं किया जा सकता।

अतः कथन II भी प्रश्न का उत्तर ज्ञात करने के लिए अपर्याप्त है।

20. (a) **प्रश्न एवं कथन I से,**

A > B ...(i)

E > D ...(ii)

B > E ...(iii)

तीनों समीकरणों को एक साथ संयोजित करने पर—

[A] > B > E > D

उपर्युक्त क्रम से बिल्कुल स्पष्ट है कि इनमें सबसे लम्बा 'A' है।

21. (d) कथन I एवं II अकेले या साथ मिलकर हर स्थिति में प्रश्न उत्तर ज्ञात करने के लिए अपर्याप्त है।

22. (e) **कथन I एवं II से,**

समीर की जन्म तिथि = 10 – 01– 1965 + 2 वर्ष = 10 – 01 – 1967

अतः **उत्तर प्रारूपानुसार (e) होगा।**

23. (c) **कथन I से,**

20 गेंदों का कुल वजन

$= \frac{1}{8} \times 20 \times 20 = 3200$ ग्राम

इसी प्रकार कथन II से,

4 गेंद -2 गेंद = 2 गेंद = 320 ग्राम

∵ 1 गेंद को वजन = 160 ग्राम

∴ 20 गेंद का वजन = 160 × 20 = 3200 ग्राम

यहाँ या तो कथन I या फिर कथन II दोनों ही अलग-अलग प्रश्न का उत्तर ज्ञात करने के लिए पर्याप्त है।

अतः **उत्तर प्रारूपानुसार (c) होगा।**

24. (d) कथन I एवं II दोनों ही प्रश्न का उत्तर ज्ञात करने के लिए अपर्याप्त हैं।

25. (d) कथन I एवं II दोनों ही प्रश्न का उत्तर ज्ञात करने के लिए अपर्याप्त है।

26. (b) **कथन I से,**

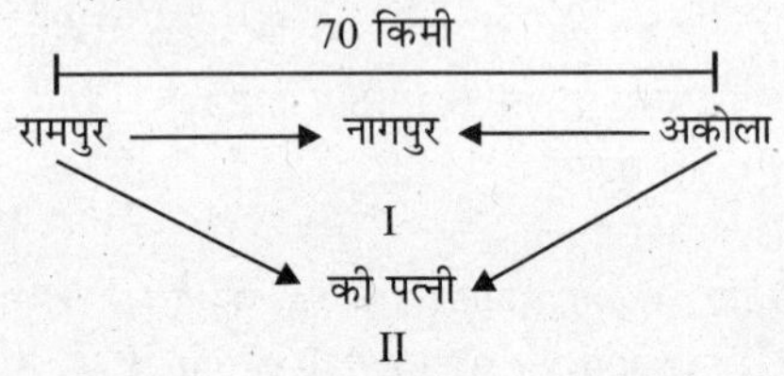

यहाँ नागपुर की दो स्थितियाँ निरूपित हो रही हैं। यदि I स्थिति को माना जाए, तो दूरी निकालना संभव है, परन्तु II स्थिति को माना जाए तो नागपुर की दूरी निकालना संभव नहीं है क्योंकि इससे स्पष्ट नहीं होता कि नागपुर, अकोला और रामपुर से कितनी दूरी पर है।

अत: कथन I से प्रश्न का उत्तर ज्ञात नहीं किया जा सकता।

इसी प्रकार,

कथन II से,

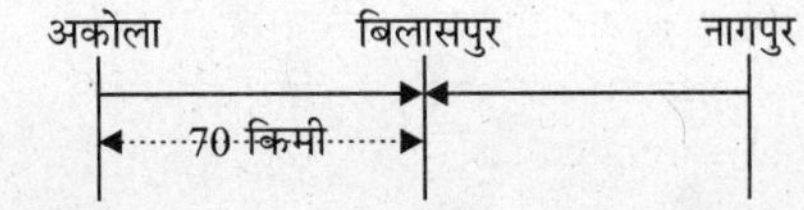

चूँकि विलासपुर अकोला और नागपुर के ठीक बीच में है। अत: यदि अकोला से विलासपुर 70 किमी. है, तो विलासपुर से नागपुर भी 70 किमी होगा।

अत: अकोला से नागपुर की दूरी = 70 + 70 = 140 किमी होगी। अर्थात् केवल कथन II प्रश्न का उत्तर ज्ञात करने के लिए पर्याप्त है। अत: उत्तर प्रारूपानुसार हमारा उत्तर (b) होगा।

27. (b) **कथन II से,**

अंतिम वर्ष के सभी छात्रों की उम्र का कुल योग = 399 वर्ष, औसत उम्र = 19 वर्ष

$\because$ कुल छात्रों की संख्या = $\frac{399}{19} = 21$

अत: कथन II प्रश्न का उत्तर ज्ञात करने के लिए पर्याप्त है। अत: **उत्तर प्रारूपानुसार (b) होगा।**

28. (d) कथन I एवं II दोनों एक साथ मिलकर भी प्रश्न का उत्तर ज्ञात करने के लिए पर्याप्त नहीं है। क्योंकि उत्तरी छोर से यह स्पष्ट नहीं होता है कि महात्माजी की मूर्ति का मुख किस दिशा में अवस्थित है। साथ ही साथ मूर्ति का मुख किसी भी ओर हो 5 बजे शाम में उसकी छाया पूरब की ओर ही पड़ेगी।

29. (e) माना कि संख्या का इकाई का अंक = x, और दहाई का अंक = y, तो

संख्या = $10y + x$,

संख्या को उलटने पर = $10x + y$

प्रश्नानुसार,

$x + y = 9$ ...(i)

कथन I से,

$10x + y - 10y + x = 9$

या $9x - 9y = 9$

कथन II से,

$x - y = 1$ ...(ii)

अब, समीकरण (i) से समीकरण (ii) को घटाने पर,

$$\begin{array}{r} x+y=9 \\ x-y=1 \\ -\;\;+\;\;- \\ \hline 2y=8 \end{array}$$

$\therefore\ y = \frac{8}{2} = 4$

$\because\ x = 5 = 9$

$\therefore\ x = 5$

अत: $x = 5$ एवं $x = 4$

अत: अभीष्ट संख्या $\Rightarrow$ 45

अर्थात् कथन I एवं II दोनों मिलकर प्रश्न का उत्तर ज्ञात करने के लिए पर्याप्त हैं।

अत: **उत्तर प्रारूपानुसार (e) होगा।**

30. (a) चूँकि पार्टी 10 वर्ष से अधिक उम्र वाले बच्चों के लिए थी इसलिए दीपक को पार्टी में सम्मिलित होने की अनुमति नहीं दी गई क्योंकि, उसकी उम्र 8 वर्ष यानी शामिल होने की उम्र से 2 वर्ष कुछ दिन कम थी।

अत: केवल कथन I प्रश्न का उत्तर ज्ञात करने के लिए पर्याप्त है।

अत: **उत्तर प्रारूपानुसार (a) होगा।**

31. (d) कथन I से यह स्पष्ट नहीं है कि राजीव को अन्य स्रोतों से कितनी आमदनी होती है। इसी प्रकार कथन II से भी यह स्पष्ट नहीं होता है कि मकान किराया मासिक है या वार्षिक। अत: कथन I एवं II दोनों ही प्रश्न का उत्तर ज्ञात करने के लिए अपर्याप्त हैं।

अत: **उत्तर प्ररूपानुसार (d) होगा।**

32. (c)**कथन I से,**

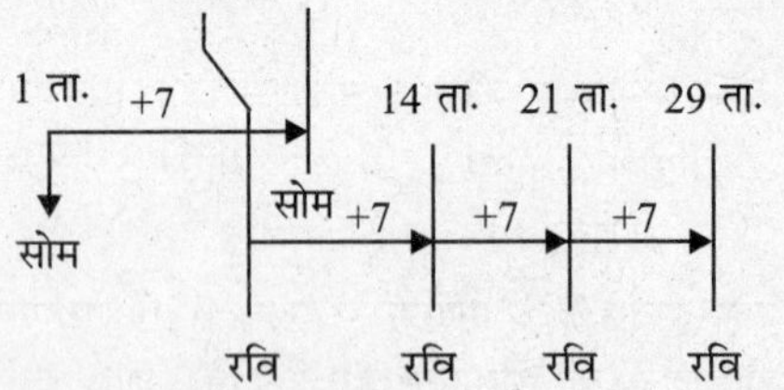

आरेख से स्पष्ट है कि किसी विशेष वर्ष के विशेष महीने में कुल 'चार' रविवार पड़ते हैं।

इसी प्रकार,

कथन II से,

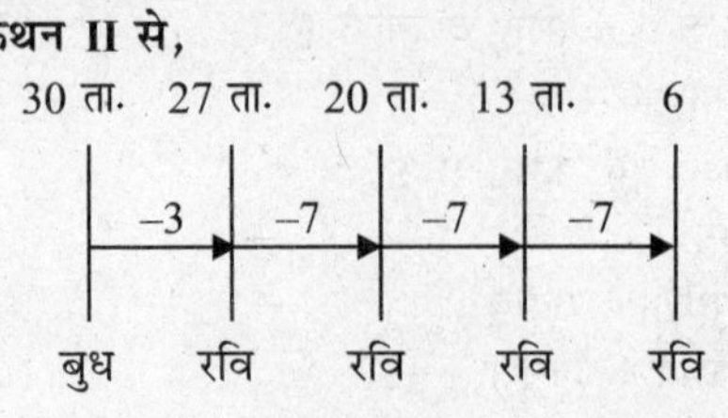

यहाँ भी आरेख से बिल्कुल स्पष्ट है कि किसी वर्ष के विशेष महीने में कुल 'चार' रविवार पड़ते हैं।

यहाँ या तो कथन I या फिर कथन II अलग-अलग प्रश्न का उत्तर ज्ञात करने के लिए पर्याप्त हैं।

अत: **उत्तर प्रारूपानुसार (c) होगा।**

33. (e) **कथन I एवं II से,**

आज की तिथि = 14 – 10 – 1990

राहुल की जन्म, तिथि = 05 – 08 – 1947

$\therefore$ राहुल की आज के दिन आयु

= 14 – 10 – 1990 – 05 – 08 – 1947

$$\begin{array}{r} =1990-10-14 \\ -1947-08-05 \\ \hline 43-2-9 \end{array}$$

अत: राहुल की आज की आयु = 43 वर्ष 2 महीना 9 दिन।

अत: **उत्तर प्रारूपानुसार (e) होगा।**

34. (c) प्रश्न एवं कथन I से,

$A > C$ ...(i)

$E > D$ ...(ii)

$D > A$ ...(iii)

तीनों समीकरण को एक साथ संयोजित करने पर इनका क्रम निम्नवत् से होगा-

$E > D > A > \boxed{C}$

उपर्युक्त क्रम से स्पष्ट है कि इनमें सबसे छोटा 'C' है।

इसी प्रकार,

प्रश्न एवं कथन II से,

$A > V$ ...(i)

$E > D$ ...(ii)

$D > C$ ...(iii)

तीनों समीकरण को एक साथ संयोजित करने पर इनका क्रम निम्नवत् होगा–

$A >\ E >\ A >\ D >\ A > \boxed{C}$

(संभावना)

उपर्युक्त क्रम से भी स्पष्ट है कि इनमें सबसे छोटा 'C' है। यहाँ या तो कथन I या फिर II दोनों ही प्रश्न का उत्तर ज्ञात करने के लिए पर्याप्त हैं।

अत: **उत्तर प्रारूपानुसार (c) होगा।**

35. (a) यदि माह मार्च का पहला दिन एवं वर्ष दिया गया हो, तो आसानी से मार्च महीने का अंतिम दिन ज्ञात किया जा सकता है। अत: कथन 'I' से प्रश्न का उत्तर ज्ञात किया जा सकता है। अत: कथन जबकि कथन II अपर्याप्त है क्योंकि वर्ष के प्रथम दिन से यह ज्ञात नहीं हो सकेगा कि वह वर्ष General year है या Leap Year और इस स्थिति में फरवरी माह में दिन के घटने-बढ़ने के कारण माह मार्च के दिन में अंतर आ जाएगा।

अत:, केवल कथन I प्रश्न का उत्तर ज्ञात करने के लिए पर्याप्त है।

अत: **उत्तर प्रारूपानुसार (a) होगा।**

36. (e) **कथन I एवं II से,**

राघव का वेतन = मिस्टर शेट्टी से ₹ 400 प्रतिमास अधिक

मिस्टर शेट्टी का सालाना वेतन = ₹ 14,400

∴ मिस्टर शेट्टी का मासिक वेतन

$= \frac{14,400}{12} =$ ₹ 1200

अतः राघव का मासिक वेतन = 1200 + 400 = ₹ 1600

अतः **उत्तर प्रारूपानुसार (e) होगा।**

37. (d) कथन I एवं II दोनों ही प्रश्न का उत्तर ज्ञात करने के लिए अपर्याप्त हैं।

अतः **उत्तर प्रारूपानुसार (d) होगा।**

38. (b) **कथन II से**

13 अप्रैल, 1989 को कैलाश की आयु = 19 वर्ष

∴कैलाश की जन्म तिथि

= 13 अप्रैल, 1989 – 19 वर्ष

= 13 अप्रैल 1970

अतः केवल कथन II प्रश्न का उत्तर ज्ञात करने के लिए पर्याप्त है।

अतः **उत्तर प्रारूपानुसार (b) होगा।**

39. (b) **कथन II से,**

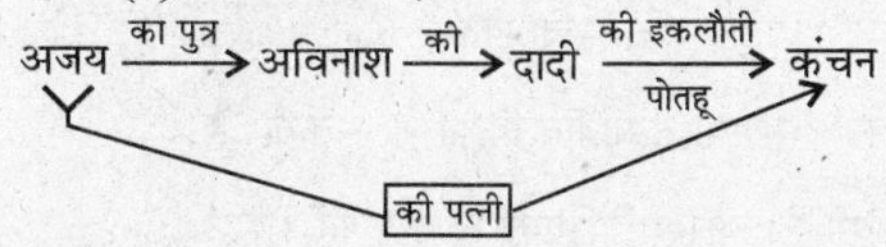

पुत्र की दादी = माँ, की इकलौती पतोहू = पत्नी

अतः, आरेख से बिल्कुल स्पष्ट है कि कंचन, अजय की 'पत्नी' है।

अतः **उत्तर प्रारूपानुसार (b) होगा।**

40. (c) **प्रश्न एवं कथन I से,**

आशीष का नीचे से क्रमांक = 15वाँ

कक्षा में विद्यार्थियों की कुल संख्या = 40

∴आशीष का ऊपर से क्रमांक = 40 – 14 = 26

अतः, आशीष का ऊपर से क्रमांक 26वाँ है।

अतः कथन I प्रश्न का उत्तर ज्ञात करने के लिए पर्याप्त है।

इसी प्रकार,

प्रश्न एवं कथन II से,

रमेश का ऊपर से क्रमांक = 11वाँ

आशीष का नीचे से क्रमांक = 15वाँ

आशीष की स्थिति = रमेश से 15 स्थान नीचे अर्थात् ऊपर से आशीष का क्रमांक = 11 + 15 = 26वाँ

अतः कथन II भी प्रश्न का उत्तर ज्ञात करने के लिए पर्याप्त है।

अतः, **उत्तर प्रारूपानुसार (c) होगा।**

41. (d) कथन I एवं II दोनों ही प्रश्न का उत्तर ज्ञात करने के लिए अपर्याप्त हैं। क्योंकि वेदानन्द की स्थिति ज्ञात नहीं है

अतः **उत्तर प्रारूपानुसार (d) होगा।**

42. (e) **कथन I एवं II से,**

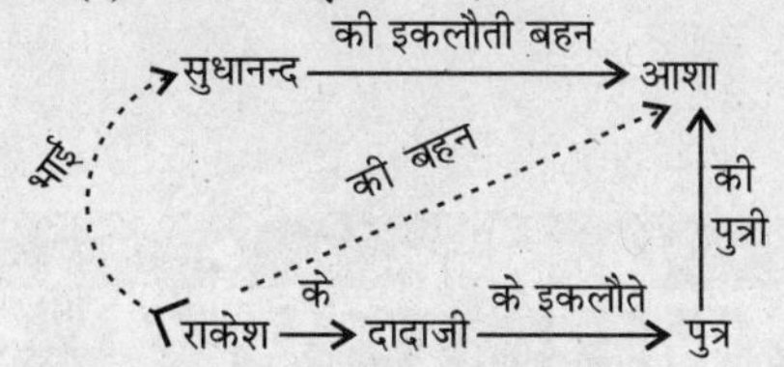

राकेश के दादाजी का इकलौता पुत्र = राकेश का पिता, पिता की पुत्र = बहन और बहन का भाई = भाई।

अतः 'सुधानन्द', राकेश का भाई है।

अतः **उत्तर प्रारूपानुसार (e) होगा।**

43. (e) **कथन I एवं II से,**

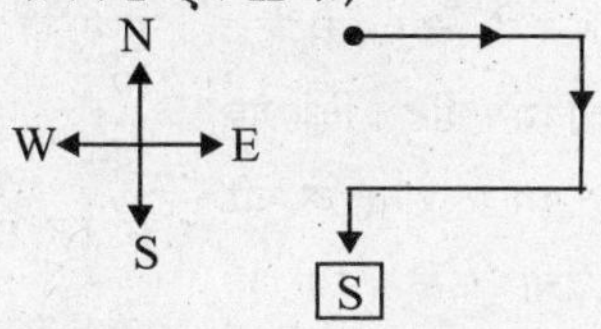

आरेख से बिल्कुल स्पष्ट है कि राहुल का मुख **'दक्षिण'** दिशा की ओर है। अतः, कथन I एवं II दोनों एक साथ मिलकर प्रश्न का उत्तर ज्ञात करने के लिए पर्याप्त हैं।

अतः, **उत्तर प्रारूपानुसार (e) होगा।**

44. (d) **कथन II एवं III से,**

$$\frac{n \times (n-1)}{2} = 105 \therefore n = 15$$

$$\left[\frac{15 \times (15-1)}{2} = 105\right]$$

अतः, शुभम् के जन्म दिन के पार्टी में कुल '15' इंजीनियर आये थे।

अतः **विकल्पानुसार उत्तर (d) होगा।**

45. (b) **कथन I एवं II से,**

सभी व्यक्ति मूर्ख हैं + सभी मूर्ख बद्धिमान हैं ⇒ सभी व्यक्ति (A) बुद्धिमान हैं $\xrightarrow{\text{Obv.}}$ (a) कोई भी व्यक्ति

(A) (E)

अबुद्धिमान नहीं है

$[A + A \Rightarrow A \xrightarrow{\text{Obv.}} E]$

अतः **विकल्पानुसार उत्तर (b) होगा।**

46. (c) **कथन III से,**

कोई भी स्कूल बिना छात्र के नहीं हैं। $\xrightarrow{\text{Obv.}}$ प्रत्येक स्कूल के पास छात्र हैं।

अतः, **विकल्पानुसार (c) होगा।**

47. (b) कथन I और III से,

सभी लड़कियाँ औरतें हैं + सभी औरतें सुन्दर

(A) (A)

हैं ⇒ सभी लड़कियाँ सुन्दर हैं। $\xrightarrow{\text{Imp.}}$ कुछ लड़कियाँ

(A)

सुन्दर हैं। $[A + A = A \xrightarrow{\text{Imp.}} I]$

अतः कथन I और III निष्कर्ष प्राप्त करने के लिए पर्याप्त हैं।

इसी प्रकार,

कथन IV से,

कोई भी लड़की सुन्दर नहीं है $\xrightarrow{\text{Imp.}}$ लड़की सुन्दर

(A) (A)

हैं $\xrightarrow{\text{Imp.}}$ कुछ लड़कियाँ सुन्दर हैं।

(I)

$[E \xrightarrow{\text{Obv.}} A \xrightarrow{\text{Imp.}} I]$

अतः, कथन IV भी निष्कर्ष प्राप्त करने के लिए पर्याप्त है। अर्थात् या तो I और III या फिर IV कथन निष्कर्ष प्राप्त करने के लिए पर्याप्त हैं।

अतः **विकल्पानुसार उत्तर (b) होगा।**

48. (c) कथन II और III से,

माना कि बिन्दु की आयु = x, तो रेखा की आयु = $2x$

प्रश्नानुसार, $2x - 3 = 3(x - 3)$

या, $2x - 3 = 3x - 9$

∴ $x = 6$ वर्ष

∴ $2x = 2 \times 6 = 12$ वर्ष

अतः, रेखा और बिन्दु के आयु का अंतर = 12 – 6 = 6 वर्ष अर्थात् रेखा, बिन्दु से 6 वर्ष बड़ी है।

अतः **विकल्पानुसार उत्तर (c) होगा।**

49. (d) **कथन III से,**

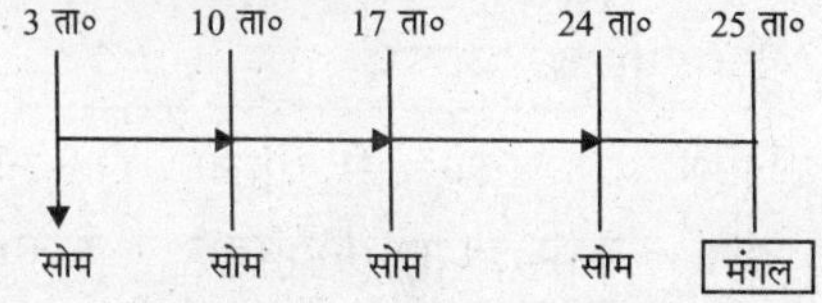

21 से 5 वाँ = 21 + 4 = 25 ता० ⇒ मंगलवार

अतः, कथन III प्रश्न का उत्तर ज्ञात करने के लिए पर्याप्त है।

इसी प्रकार,

कथन IV से,

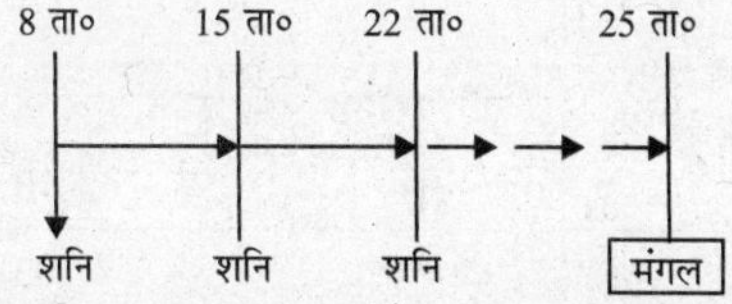

अतः, कथन IV प्रश्न का उत्तर ज्ञात करने के लिए पर्याप्त है।

अतः, प्रश्न का उत्तर ज्ञात करने के लिए या तो कथन III या फिर कथन IV अकेले ही पर्याप्त हैं।

अतः **विकल्पानुसार उत्तर (d) होगा।**

50. (e) 18 Q 12 P 4 R 5 S 6 = ?

कथन I, II, III और IV से,

अक्षरों का मान बैठाने पर → 18 × 12 ÷ 4 + 5 – 6 = ?

अतः, ? = 53

अतः, **विकल्पानुसार उत्तर (e) होगा।**

❑❑❑

अध्याय 8

आँकड़ों के अनुसार निर्णय करना

अत: प्रतियोगियों से परीक्षा में पूछे जाने वाले प्रश्न में सर्वप्रथम किसी व्यक्ति /व्यक्ति समूह से संबंधित कोई समस्या दी गई होती है। जिसके समाधान के लिए नीचे कुछ विशेष परिस्थितियाँ या शर्तें दी गई होती हैं तथा इसके पश्चात् निर्णय प्रारूप दिये गए होते हैं। आपको दिये गए प्रत्येक प्रश्न में निहित किसी व्यक्ति/व्यक्ति समूह के बारे में दी गई सभी जानकारियों तथा दी गई शर्तों के आधार पर विचार करते हुए निर्णय प्रारूपानुसार (उत्तर प्रारूपानुसार) यह निर्णय करना होता है कि किसी व्यक्ति/व्यक्ति समूह के लिए कौन-सा पूरी तरह से सही है।

आँकड़ा (Data)–आँकड़ा उसे कहते हैं जो किसी व्यक्ति/वस्तु/विषय के सन्दर्भ में उपलब्ध जानकारी को व्यक्त करता है।

निर्णय (Decision)–किसी व्यक्ति/वस्तु/विषय के सन्दर्भ में प्राप्त सभी जानकारियों के आधार पर विचार करते हुए किया गया सकारात्मक या नकारात्मक फैसला को निर्णय कहा है।

प्रश्नों के प्रारूप

निर्देश (प्रश्न संख्या 1 से 5 तक) : निम्नलिखित जानकारियों के ध्यानपूर्वक अध्ययन करके इन पर आधारित प्रश्नों के उत्तर दीजिए।

किसी प्राविधिक विद्यालय में नामांकन कराने के लिए अभ्यर्थियों को निम्नलिखित शर्तों को निश्चित रूप से पूरा करना होगा। अभ्यर्थी निश्चित रूप से–

(a) कला विषय के साथ Std.XII की परीक्षा उत्तीर्ण हो।

(b) 1 अप्रैल, 2018 को उसकी उम्र 16 वर्ष से कम न हो।

(c) निम्नलिखित दर से डोनेशन अदा करें।

Std. XII की परीक्षा में प्राप्त अंक	ट्रस्टी एवं कर्मचारियों के पुत्र/पुत्री के लिए	अन्य सभी के लिए
80% से अधिक	₹ 10,000	₹ 20,000
71% से 97%	₹ 20,000	₹ 40,000
61% से 70%	₹ 40,000	₹ 80,000

यदि कोई अभ्यर्थी 90 से अधिक अंक प्राप्त किया हो तो उसके डोनेशन में छूट के लिए चेयरमेन से सिफारिश किया जाना चाहिए।

(d) नामांकन के बाद समय नगद या ड्राफ्ट के द्वारा डोनेशन एवं वार्षिक शुल्क ₹ 10000 अदा करना होगा।

(e) यदि कोई अभ्यर्थी कुल रकम से कम पर 80% से अधिक रकम अदा करता हो तो उसका अस्थायी नामांकन किया जा सकता है।

(f) यदि कोई अभ्यर्थी कुल रकम का 50% या निर्धारित रकम से कम अदा करता हो तो उसका नामांकन नही किया जा सकता है।

(g) यदि कोई अभ्यर्थी निर्धारित रकम के 80% से कम लेकिन 50% से अधिक अदा करता हो तो ऐसे अभ्यर्थी के नामांकन के प्रिंसिपल अपने अधिकार का प्रयोग कर सकता है।

उपरोक्त शर्तो और जानकारियों के आधार पर नीचे दिये गए प्रत्येक प्रश्न के सन्दर्भ में यह निर्णय कीजिए कि प्रत्येक अभ्यर्थी के विरुद्ध किस प्रकार की कार्रवाई की जाएगी। आप ऐसा कोई भी अनुमान न लगायें जो कि प्रश्न में नही दिया गया हो। अब आप उत्तर दीजिए–

(a) यदि अभ्यर्थी का नामांकन किया जा सकता है।

(b) यदि अभ्यर्थी का अस्थायी नामांकन किया जा सकता है।

(c) यदि अभ्यर्थी की सिफारिश प्रिंसिपल से की जाए।

(d) यदि अभ्यर्थी की सिफारिश चेयरमैन से की जाए।

(e) यदि अभ्यर्थी का नामांकन नही किया जाए।

1. देवांश जिसकी उम्र 17 वर्ष है उसने विज्ञान विषय के साथ Std-XII में 75 अंक प्राप्त किया है। वह डोनेशन एवं कुल शुल्क के रूप में ₹ 60000 अदा कर सकता है।

2. अमित ने प्रज्ञा कॉलेज से कला विषय के साथ Std-XII में 85 अंक प्राप्त किया है तथा उसकी उम्र 17 वर्ष है। वह नामांकन के समय कुल ₹ 30000 अदा कर सकता है।

3. ज्योति जिसकी उम्र 18 वर्ष है उसने विज्ञान विषय के साथ Std-XII में 65 अंक प्राप्त की है। वह नामांकन के समय ₹ 50000 दे सकती है।

4. आर्थर जो कि इस कालेज के लेवोरेटरी टेक्निीशियन का पुत्र है। वह कला विषय के साथ Std-XII में 95 अंक प्राप्त किया है। उसकी जन्म तिथि 10 अक्टूबर, 1972 है। वह केवल वार्षिक शुल्क अदा कर सकता है।

5. संगीति जिसकी उम्र $16\frac{1}{2}$ वर्ष है। कला विषय के Std-XII में 67x अंक प्राप्त की है। वह इस कालेज के प्रिंसिपल की पुत्री है उसने ₹ 22000 का ड्राफ्ट अदा किया है।

हल (प्रश्न संख्या 1 से 5 तक) के लिए उत्तर तालिका–

शर्त	A	B	C+D					C		E	F	G	–	–
प्र.स.	विषय	1 अप्रैल, 2018 को उम्र	अंकों के आधार पर डोनेशन + नामांकन शुल्क					चेयरमैन से सिफारिश के के लिए अंक (डोनेशन में छूट हेतु)		अस्थायी नामांकन के लिए अंक	नामांकन	प्रिंसिपल के अधीन	नामांकन कुल रकम	अभ्यर्थी द्वारा अदा की गयी
			ट्रस्टी/कर्मचारियों के पुत्र/पुत्री के लिए			सामान्य अभ्यर्थियों के लिए								
	कला	कम से कम 16 वर्ष	80% से अधिक	71% से 79%	61% से 70%	80% से अधिक	71% से 79%	61% से 70%	90% से अधिक	80% से अधिक राशि जमा करने पर	50% या निर्धारित रकम से कम अदा करने पर + सभी शर्तों को पूरा नहीं करने पर	80% से कम पर 50% से अधिक अदा करने पर	सभी निर्धारित शर्तों को पूरा करने पर	
			10,000	20,000	40,000	20,000	40,000	80,000	......	......	......	......	......	......
			+10,000	+10,000	+10,000	+10,000	+10,000	+10,000	......	......	......	......	......	......
			20,000	30,000	50,000	30,000	50,000	90,000	......	......	......	......	......	......
1.	√	√	×	×	×	×	√	×	×	×	×	×	√	50,000
2.	√	√	×	×	×	√	×	×	×	×	×	×	√	30,000
3.	√	√	×	×	×	×	×	√	×	×	×	√	×	50,000
4.	√	×	√	×	×	×	×	×	×	×	×	×	×	10,000
5.	√	√	×	×	√	×	×	×	×	×	√	×	×	......

1. (a) देवांश ने सभी निर्धारित शर्तो को पूरा किया है जो कि उपर्युक्त तालिका से बिल्कुल स्पष्ट है। अत उसका नामांकन किया जा सकता है।

2. (a) अमित ने सभी निर्धारित शर्तो को पूरा किया है जो कि उपर्युक्त तालिका से बिल्कुल स्पष्ट है। अत उसका नामांकन किया जा सकता है।

3. (c) ज्योति को निर्धारित शर्तो के अनुसार ₹ 80,000 + 10,000 = 90,000 अदा करनी चाहिए जबकि वह केवल ₹ 50,000 ही अदा करती है जो कि निर्धारित रकम के 50% से अधिक है। अत शर्त G के अनुसार उसकी सिफारिश प्रिंसिपल से की जाएगी।

4. (e) आर्थर की उम्र 1 अप्रैल, 1988 को 16 वर्ष पूरी नही होती है। अत: कम आयु होने के कारण उसका नामांकन नहीं किया जा सकता ।

5 (e) संगीति को निर्धारित शर्तो के अनुसार ₹ 40,000 + 10,000 = 50,000 अदा करना चाहिए, परन्तु वह केवल ₹ 22,000 अदा करती है जो कि निर्धारित रकम के 50% से भी कम है अत शर्त F के अनुसार उसका नामांकन नही किया जा सकता है।

प्रश्नावली

निर्देश–(प्रश्न संख्या 1 से 10 तक) : निम्नलिखित जानकारियों को ध्यानपूर्वक अध्ययन करके इन पर आधारित प्रश्नों का उत्तर दीजिए।

किसी संस्थान में प्रबंधन पाठ्यक्रम में दाखिला के लिए निम्नलिखित होना चाहिए।

(a) अभ्यर्थी को कम-से-कम 50x अंकों के साथ स्नातक होना चाहिए।

(b) 1 जनवरी, 1991 को अभ्यर्थी की उम्र कम-से-कम 19 वर्ष होनी चाहिए।

(c) अभ्यर्थी ने प्रवेश परीक्षा में कम-से-कम 60x अंक प्राप्त किया हो।

(d) अभ्यर्थी ने स्नातक में अपने एक विषय के रूप में गणित अवश्य लिया हो।

(e) अभ्यर्थी को मासिक शिक्षण शुल्क ₹ 500 और एकमुश्त ₹ 10,000 अदा करने में सक्षम होना चाहिए।

(f) ऐसा अभ्यर्थी जो शर्त (a) को छोड़कर अन्य सभी शर्तों को पूरा करता हो, तो उसका मामला चेयरमैन को संदर्भित किया जाएगा। यह प्रावधान सिर्फ अंकों के प्रतिशत में कमी की स्थिति में लागू हो।

(g) ऐसा अभ्यर्थी जो अन्य सभी शर्तो को पूरा करता हो लेकिन मासिक शिक्षण-शुल्क और एकमुश्त राशि ₹ 10,000 से कम जमा कर सकता हो, तो उसका मामला संस्थान के निदेशक को संदर्भित किया जाएगा।

(h) ऐसा अभ्यर्थी जो अन्य सभी शर्तों को पूरा करता है पर वह अब-तक स्नातक के परीक्षा का रिजल्ट प्राप्त नहीं किया है। उसका अस्थायी नामांकन किया जाएगा।

उपर्युक्त शर्तों के आधार पर नीचे प्रश्न में दिये गए प्रत्येक अभ्यर्थी के बारे में उनके विवरण को पढ़ते हुए आपको यह निर्णय करना है कि प्रत्येक अभ्यर्थी के विरुद्ध कौन-सी कार्यवाही की जाएगी। आपको अपनी ओर से कुछ भी कल्पना नहीं करनी है। दिये गए जानकारियों के आधार पर आप अपना उत्तर दीजिए–

(a) यदि अभ्यर्थी का नामांकन किया जाएगा।

(b) यदि अभ्यर्थी का नामांकन नहीं किया जाएगा।

(c) यदि अभ्यर्थी का अस्थायी नामांकन किया जाएगा।

(d) यदि अभ्यर्थी के मामले को संस्थान के निदेशक को संदर्भित किया जाएगा।

(e) यदि अभ्यर्थी के मामले को संस्थान के चेयरमैन को संदर्भित किया जाएगा।

1. सुशील सहाय ने गणित के साथ प्रथम श्रेणी में स्नातक की डिग्री प्राप्त की है। उसकी जन्मतिथि 1 अप्रैल, 1969 है। उसने प्रवेश परीक्षा में 75x अंक प्राप्त किया है और वह एकमुश्त ₹ 10,000 और प्रतिमाह ₹ 500 शिक्षण शुल्क अदा करने को तैयार है।

2. प्रीती की उम्र 17 मार्च, 1990 को 18 1/2 वर्ष थी। वह 55x अंकों के साथ 1989 में स्नातक की डिग्री प्राप्त की है। उसने प्रवेश परीक्षा में 65x अंक प्राप्त किया है। वह एकमुश्त ₹ 10,000 और प्रतिमाह ₹ 500 शिक्षण-शुल्क अदा करने को तैयार है।

3. तरुण द्वारा गणित के साथ स्नातक है। उसने स्नातक एवं प्रवेश परीक्षा दोनों में 65x अंक प्राप्त किया है। वह एकमुश्त ₹ 10,000 और प्रतिमाह ₹ 500 शिक्षण-शुल्क अदा करने को तैयार है। 20 दिसम्बर, 1989 को वह 20 वर्ष का था।

4. नीरज शर्मा गणित से स्नातकोत्तर है। वह स्नातक में 52x अंक प्राप्त किया था। 5 जनवरी, 1989 को उसकी उम्र 17 1/2 वर्ष थी। वह प्रवेश परीक्षा में 60x अंक प्राप्त किया है। वह एकमुश्त ₹ 5,000 और प्रतिमाह ₹ 500 शिक्षण, शुल्क अदा कर सकता है।

5. अशोक श्रीवास्तव गणित से स्नातक है। उसने स्नातक में 45x एवं प्रवेश परीक्षा में 65x अंक प्राप्त किया है। 17 मार्च, 1991 को उसकी उम्र 20 वर्ष हो जाएगी। वह एकमुश्त ₹ 10,000 और प्रतिमाह ₹ 500 शिक्षण-शुल्क अदा कर सकता है।

6. सुनील गुप्ता गणित से स्नातक है। वह प्रवेश परीक्षा में 78x अंक प्राप्त किया है। 20 नवम्बर 1990 को उसकी उम्र 20 वर्ष था। वह एकमुश्त ₹ 10,000 तथा प्रतिमाह ₹ 500 शिक्षण-शुल्क अदा कर सकता है।

7. प्रवीण द्वारी प्रथम श्रेणी के साथ गणित में स्नातक है। 30 जून, 1991 को वह 20 वर्ष का हो जाएगा। वह प्रवेश परीक्षा में 85x अंक प्राप्त किया है। वह एकमुश्त ₹ 10,000 और प्रतिमाह ₹ 500 शिक्षण-शुल्क अदा कर सकता है।

8. लीना गणित के साथ स्नातक है। वह स्नातक एवं प्रवेश परीक्षा दोनों में 80x अंक प्राप्त की है। 20 दिसम्बर, 1989 को वह 18 वर्ष की थी। वह एकमुश्त ₹ 5,000 और प्रतिमाह ₹ 500 शिक्षण-शुल्क अदा कर सकती है।

9. प्रमीला भाटिया गणित के साथ स्नातक की परीक्षा दी है। 1 जनवरी, 1990 को उसकी उम्र 19 वर्ष थी। वह एकमुश्त ₹ 10,000 और प्रतिमाह ₹ 500 शिक्षण-शुल्क अदा कर सकता है।

10. रमेश सिंह वाणिज्य से स्नातक है। वह स्नातक एवं प्रवेश परीक्षा में क्रमशः 45x और 75x अंक प्राप्त किया है। 30 सितम्बर, 1991 को वह 20 वर्ष का हो जाएगा। वह एकमुश्त ₹ 10,000 और प्रतिमाह ₹ 500 शिक्षण-शुल्क अदा कर सकता है।

निर्देश—(प्रश्न संख्या 11 से 20 तक) : निम्नलिखित जानकारियों का ध्यानपूर्वक अध्यन करके इन पर आधारित प्रश्नों का उत्तर दीजिए—

ज्येष्ठ व्यक्तियों की राष्ट्रीय परिषद की सदस्यता का आवेदन करने के लिए किसी व्यक्ति को—

(a) जिला या राज्य स्तर पर कम-से-कम एक बार आधिकारी होना चाहिए।

(b) 1 जुलाई, 1990 को कम-से-कम 35 वर्ष की आयु का होना चाहिए।

(c) कम-से-कम 15 वर्ष तक दल का सदस्य रहा होना चाहिए

(d) यदि कोई कम-से-कम 12 वर्ष तक दल का सदस्य न रहा हो, तो ऐसे व्यक्ति को राज्य स्तर का अधिकारी नहीं बनाया जाता है।

(e) यदि कोई व्यक्ति राष्ट्रीय स्तर का अधिकारी हो, तो शर्त (b) और (c) लागू नहीं होती है।

(f) यदि कोई व्यक्ति दल के महत्त्वपूर्ण सदस्य का रिश्तेदार हो तथा (b), (c) और (d) इन शर्तों को पूरा नहीं करता हो, तो इस मामले को दल के अध्यक्ष को संदर्भित करना चाहिए।

(g) जिस व्यक्ति पर कोई आरोप हो, उस व्यक्ति के मामले को राष्ट्रीय पुनर्निरीक्षण समिति को संदर्भित करना चाहिए।

(h) यदि किसी व्यक्ति के बारे में अधूरी जानकारी हो, तो अधिक जानकारी की माँग की जा सकती है।

इन निर्देशों के आधार पर यह निश्चित करें कि उम्मीदवार को किस निर्देश के अन्तर्गत रखा जाए। आप अपना उत्तर दीजिए—

(a) यदि उम्मीदवार सीधे प्रविष्ट हो सकता हो।

(b) यदि व्यक्ति को अध्यक्ष के पास संदर्भित करना पड़े।

(c) यदि व्यक्ति को राष्ट्रीय पुनर्निरीक्षण समिति को संदर्भित करना पड़े।

(d) यदि व्यक्ति के बारे में जानकारी अधूरी हो।

(e) यदि वह आवेदन न कर सके।

11. शशि गत 15 वर्ष से दल के केवल सदस्य हैं और उन्हें एक बहुत ही अनुशासित कार्यकर्त्ता के रूप में स्वीकार किया गया है। वह राष्ट्रीय स्तर के सदस्य के रिश्तेदार हैं।

12. 1940 में जन्मा अशोक वर्मा जिला स्तर पर सचिव की हैसियत से दल का सदस्य बना और अब राष्ट्रीय स्तर के अनुशासन प्रकोष्ठ का सदस्य है। वह पुनर्विचार समिति के अध्यक्ष का निकटवर्ती रिश्तेदार है।

13. 1940 को जन्मा पटेल 1974 से 1978 तक दल के राष्ट्रीय स्तर के यूनिट का खजांची था। तब यह पाया गया कि उसने बहुत सारा पैसा एकत्र किया।

14. रिया 1955 में जन्मी थी। वह 18 वर्ष की आयु में दल की सदस्य बनी और छः साल बाद उसे जिला स्तर का अधिकारी बना दिया गया।

15. नीलम की आयु 28 वर्ष है और जबसे दिसम्बर 1984 में वह दल में शामिल हुई तबसे वह राष्ट्रीय स्तर की अधिकारी है।

16. इस समय चालीस वर्ष की आयु वाला रवि दल के भूतपूर्व अध्यक्ष का चचेरा भाई है। वह 15 वर्षों के लिए विभिन्न स्तरों पर दल सचिव रहा।

17. विनीता 1985 में पार्टी की सदस्य बनी और अब राष्ट्रीय पुनर्निरीक्षण समिति की सदस्या है।

18. 1960 से रमाशंकर इस दल में रहा है। वह जब 20 वर्ष का था और दल में दो वर्षों तक रह चुका था तब उसे अनुसाशनहीनता के कारण दल से दो महीनों के लिए निकाल दिया गया था।

19. जनवरी 1935 में जन्मा मनोज 1968 से 1972 तक दल के राज्य स्तरीय यूनिट का सचिव था।

20. रजत दिसम्बर 1950 में जन्मा और मई 1980 तक पार्टी में रहा है और वर्तमान राष्ट्रपति का निकटवर्ती रिश्तेदार है। गत एक वर्ष से जिला स्तर के सचिव के रूप में काम कर रहा है।

निर्देश—(प्रश्न संख्या 21 से 30 तक) : निम्नलिखित जानकारियों का ध्यानपूर्वक अध्ययन करके इनपर आधारित प्रश्नों के उत्तर दीजिए। राष्ट्रीय पुरुष फुटबाल टीम में चयन हेतु अभ्यर्थी को अग्र मापदण्ड पूरा करना है।

(a) अभ्यर्थी स्नातक की शिक्षा प्राप्त कर रहा हो।

(b) वह स्कुल फुटबाल टीम में भाग ले चुका हो।

(c) यदि वह जिला टीम का सदस्य हो तो इस स्थिति में उसे शर्त (b) में छुट दिया जा सकता है।

(d) उसे कम से कम 5'6" लम्बा होना चाहिए।

(e) उसे कम से कम 54 किग्रा. का होना चाहिए।

(f) यदि अभ्यर्थी राज्य स्तर खिलाड़ी हो तो इस स्थिति में उसे (d) या (e) में छुट दिया जा सकता है।

(g) यदि अभ्यर्थी किसी प्रसिद्ध खिलाड़ी का पुत्र हो तथा वह शर्त (a) और (b) को पुरा नही करता हो, तो इस स्थिति में उसका मामला सरकार को संदर्भित किया जाएगा।

(h) यदि अभ्यर्थी शर्त (a) को छोडकर अन्य सभी शर्तों को पुरा करता हो तो उसका मामला चयन समिति के चेयरमैन को संदर्भित किया जाएगा

(i) यदि किसी अभ्यर्थी के द्वारा पूरी जानकारी प्रस्तुत नहीं की गई हो, तो उससे उन जानकारियों की पूछताछ की जाएगी।

नीचे दिये गए प्रत्येक प्रश्न में एक-एक व्यक्ति के बारे में विवरण दिया गया है। आपको यहाँ जो भी जानकारियाँ दी गई हैं उसके आधार पर आपको निर्णय करना है कि प्रत्येक अभ्यर्थी के विरुद्ध कौन-सी कार्यवाही की जाएगी। आप अपना उत्तर दीजिए-

(a) यदि उसका चयन किया जाएगा।
(b) यदि उसके मामले को चेयरमैन को संदर्भित किया जाएगा।
(c) यदि उससे अन्य जानकारियों की पूछताछ की जाएगी।
(d) यदि उसके मामले को सरकार को संदर्भित किया जाएगा।
(e) यदि उसका चयन नहीं किया जाएगा।

21. मॉन्टी एक प्रसिद्ध फुटबॉल खिलाड़ी का पुत्र है। वह स्नातक की शिक्षा प्राप्त कर रहा है। वह 5'7" लम्बा है तथा उसका वजन 64 किग्रा है। वह जिला फुटबॉल टीम का कैप्टन है।

22. संजय उसी कॉलेज में स्नातक की शिक्षा प्राप्त कर रहा है वह राज्य स्तरीय फुटबॉल टीम में भाग ले चुका है तथा उसका वजन 58 किग्रा है।

23. मुकुल जो कि कक्षा X का विद्यार्थी है। वह जिला फुटबॉल टीम का सदस्य है। वह 5'9" लम्बा है तथा उसका वजन 59 किग्रा है।

24. हर्षित स्नातक की शिक्षा प्राप्त कर रहा है। वह राज्य फुटबॉल टीम का खिलाड़ी है वह 5'8" लम्बा है तथा उसका वजन 58 किग्रा है।

25. समर 5'8" लम्बा है तथा उसका वजन 55 किग्रा है। वह राज्य फुटबॉल टीम का सदस्य है।

26. नीलू डीग्री कॉलेज की विद्यार्थी है। वह राज्य फुटबॉल टीम में भाग ले चुकी है। उसका वजन 56 किग्रा है तथा वह 5'4" लम्बा है।

27. शानू डिग्री कॉलेज का एक विद्यार्थी है। वह स्कूल फुटबॉल टीम का सदस्य था। वह 5'10" लम्बा है और उसका वजन 53 किग्रा है।

28. अंशुल जो प्रसिद्ध खिलाड़ी का पुत्र है, वह राज्य फुटबॉल टीम का कैप्टन है।

29. शिवा एक प्रसिद्ध खिलाड़ी का पुत्र है, वह स्कूल में पढ़ रहा है और वह किसी भी टीम में भाग नहीं ले सका है। वह 5'7" लम्बा है और उसका वजन 62 किग्रा है।

30. 5'10" लम्बा पॉन्टी जो कि स्नातक है। उसका वजन 60 किग्रा है। वह स्कूल फुटबॉल टीम में भाग ले चुका है।

निर्देश—(प्रश्न संख्या 31 से 40 तक) : निम्नलिखित जानकारियों को ध्यानपूर्वक अध्ययन करके इनपर आधारित प्रश्नों का उत्तर दीजिए—

किसी संस्थान द्वारा कुछ विद्यार्थियों को निःशुल्क शिक्षा देने का निर्णय किया गया है यदि वे निम्नलिखित शर्तों को पूरा करते हों-

(a) उस विद्यार्थी की पारिवारिक आय प्रतिवर्ष ₹ 24,000 से अधिक नहीं होनी चाहिए।

(b) उस विद्यार्थी ने हायर सेकेण्ड्री एवं ग्रेजुएशन में 60x से कम अंक प्राप्त न किया हो।

(c) उस विद्यार्थी की उम्र 30 जून, 1992 को 22 वर्ष से अधिक नहीं होनी चाहिए।

(d) उस विद्यार्थी ने अन्य छात्रवृत्ति नहीं प्राप्त की हो।

(e) यदि कोई विद्यार्थी शर्त (a) को छोड़कर अन्य सभी शर्तों को पूरा करता हो तथा वह जिला स्तर पर खेल-कुद में श्रेष्ठ प्रदर्शन किया हो, तो उसे निःशुल्क शिक्षा प्रदान की जा सकती है।

(f) यदि किसी विद्यार्थी ने ग्रेजुएशन में 90x अंक प्राप्त किया हो लेकिन हायर सेकेण्ड्री में 60x से कम अंक प्राप्त किया हो, तो उसे निःशुल्क शिक्षा प्रदान किया जा सकता है।

(g) यदि किसी विद्यार्थी की पारिवारिक आय प्रतिवर्ष ₹ 12,000 से कम हो, तो उसके मामले को शर्त (d) में छूट देने के लिए प्रिंसिपल को संदर्भित किया जाएगा।

(h) यदि किसी विद्यार्थी ने हायर सेकेण्ड्री और ग्रेजुएशन में कम-से-कम 80x अंक प्राप्त किया हो, तो इस स्थिति में उसे शर्त (c) में छूट प्रदान करने के लिए रजिस्ट्रार को संदर्भित किया जाएगा।

उपर्युक्त शर्तों के आधार पर आपको यह निर्णय करना है कि प्रत्येक विद्यार्थी के विरुद्ध कौन-सी कार्यवाही की जाएगी। आपको किसी भी विद्यार्थी के बारे में अपनी ओर से कुछ भी कल्पना नहीं करनी है। आप अपना उत्तर दीजिए-

(a) यदि विद्यार्थी को निःशुल्क शिक्षा प्रदान की जा सकती है।
(b) यदि विद्यार्थी को निःशुल्क शिक्षा प्रदान नहीं की जा सकती है।
(c) यदि दिये गए आँकड़े अपर्याप्त हैं।
(d) यदि मामला प्रिंसिपल को संदर्भित किया जाएगा।
(e) यदि मामला रजिस्ट्रार को संदर्भित किया जाएगा।

31. रितेश ने हायर सेकेण्ड्री और ग्रेजुएशन दोनों में 75x अंक प्राप्त किया है। उसकी जन्म तिथि 20 मार्च, 1960 है। उसे अन्य कोई भी छात्रवृत्ति प्रदान नहीं की गई है। उसकी पारिवारिक आय प्रतिवर्ष ₹ 20,000 है।

32. कृष्णा ने ग्रेजुएशन और हायर सेकेण्ड्री दोनों मे 65x अंक प्राप्त किया है। वह 5 अगस्त, 1993 को 25 वर्ष का हो जाएगा। उसकी पारिवारिक आय प्रतिमाह ₹ 2,400 है। उसे अन्य कोई भी छात्रवृत्ति प्रदान नहीं की गई है।

33. बबीता 25 मार्च, 1994 को 24 वर्ष की हो जागी। उसने ग्रेजुएशन में 65x अंक प्राप्त किया है। उसकी पारिवारिक आय प्रतिवर्ष ₹ 10,000 है। उसे उच्चशिक्षा के लिए राज्यस्तरीय छात्रवृत्ति प्रदान की गई है।

34. केतन की उम्र 26 जून, 1992 को 19 वर्ष है। उसने हायर सेकेण्ड्री और ग्रेजुएशन दोनों में 65x अंक प्राप्त किये हैं। उसकी पारिवारिक आय प्रतिवर्ष ₹ 20,000 है। उसे अन्य कोई भी छात्रवृत्ति प्रदान नहीं की गई है।

35. दिव्यम 20 जुलाई, 1990 को 20 वर्ष का था। उसने हायर सेकेण्ड्री और ग्रेजुएशन दोनों में 80x अंक प्राप्त किया है। उसकी पारिवारिक आय प्रतिवर्ष ₹ 15,000 है। उसने अन्य कोई भी छात्रवृत्ति प्राप्त नहीं की है।

36. अवतांश का जन्म 15 दिसम्बर, 1960 को हुआ था। उसने ग्रेजुएशन में 95x अंक प्राप्त किया है। उसकी पारिवारिक आय प्रतिवर्ष ₹ 22,000 है। उसने अन्य कोई भी छात्रवृत्ति प्राप्त नहीं की है।

37. शिवम ने हायर सेकेण्ड्री और ग्रेजुएशन दोनों में 70x अंक प्राप्त किया है। वह जिला टेबुल टेनिस चैम्पियन है। 15 फरवरी, 1992 को उसकी उम्र 22 वर्ष थी। उसकी पारिवारिक आय प्रतिमाह ₹ 1,800 है।

38. 28 अक्टूबर, 1989 को सुषमा की उम्र 18 वर्ष की थी। उसने ग्रेजुएशन में 95x एवं हायर सेकेण्ड्री में 55x अंक प्राप्त किया है। उसने अन्य कोई भी छात्रवृत्ति प्राप्त नहीं की है।

39. अरशद का जन्म 10 अक्टूबर, 1974 को हुआ था। वह जिला गोल्फ चैम्पियन है। उसने अन्य कोई भी छात्रवृत्ति प्राप्त नहीं की है। उसने हायर सेकेण्ड्री और ग्रेजुएशन दोनों में 55x अंक प्राप्त किया हैं। उसकी पारिवारिक आय प्रतिवर्ष ₹ 20,000 है।

40. निर्मल जो 20 दिसम्बर, 1973 को जन्म लिया था, उसने हायर सेकेण्ड्री में 90x और ग्रेजुएशन में 50x अंक प्राप्त किया हैं। उसने अन्य कोई भी छात्रवृत्ति प्राप्त नहीं की है। उसकी पारिवारिक आय प्रतिमाह ₹ 1,500 है।

निर्देश—(प्रश्न संख्या 41 से 50 तक) : निम्नलिखित जानकारियों का ध्यानपूर्वक अध्ययन करके इन पर आधारित प्रश्नों का उत्तर दीजिए। भारत के बड़े शहर

में एक विशिष्ट क्लब की सदस्यता प्राप्त करने के लिए निम्नलिखित शर्तें हैं-

(a) क्लब की सदस्यता केवल उन्हीं को दी जाएगी जो कि प्रथम श्रेणी के अधिकारी हों या ऐसे भारतीय जिनका व्यापार विदेशों के साथ भी हो। क्लब के मालिक को यह अधिकार है कि वे ऐसे प्राइवेट डाक्टरों और वकीलों को सदस्यता प्रदान कर सकते हैं जिनकी मासिक आय ₹ 20,000 हो। ऐसे खिलाड़ी जो अंतर्राष्ट्रीय खेलों में भारत का प्रतिनिधित्व किये हैं, उन्हें प्रबंध समिति विशेष सुविधा प्रदान करेगी।

(b) सदस्यता प्राप्त करने के लिए भारत का नागरिक होना अनिवार्य है, जबकि ऐसे भारतीय जोकि विदेशों में बस चुके हैं, क्लब के मालिक उन्हें भी सदस्यता प्रदान कर सकते हैं।

(c) सदस्य का नाम किसी भी प्रकार के घोटाले से जुड़ा नहीं होना चाहिए। यदि किसी का नाम घोटाले में शामिल था लेकिन न्यायालय ने उसे बाइज्जत बरी कर दी हो, तो प्रबंध समिति ऐसे व्यक्ति को क्लब की सदस्यता प्रदान कर सकती है।

(d) कोई भी व्यक्ति जो इस क्लब की सदस्यता प्राप्त करना चाहता है उसे किसी ऐसे व्यक्ति की जमानत देनी होगी जोकि इस क्लब का सदस्य हो या विधायक हो।

आप अपना उत्तर दीजिए—

(a) सदस्यता स्वत: प्राप्त होगी।
(b) क्लब के मालिक की सिफारिश की जरुरत होगी।
(c) प्रबंध समिति कि सिफारिश की जरुरत होगी।
(d) जानकारियों के अभाव में कोई भी निर्णय नहीं लिया जा सकता है।
(e) सदस्यता नहीं प्रदान की जा सकती है।

41. मि० सुधानन्द अम्बानी एक भारतीय व्यापारी हैं। वे आभूषणों का व्यापार हाँककाँग से करते हैं। इस क्लब के किसी सदस्य ने उनकी सिफारिश की है। उनके नाम से व्यापार घोटाला का मामला था लेकिन न्यायालय ने उन्हें बाइज्जत बरी कर दिया है।

42. मि० राकेश झा हॉकी के बहुत अच्छे खिलाड़ी हैं। उनका U.S.A. से व्यापारिक संबंध है। उनके पास एक स्थानीय विधायक का सिफारिश पत्र है।

43. डॉ० मनोज कुमार को इस क्लब के एक सदस्य की सिफ़ारिश प्राप्त हैं वे भारतीय हैं और साथ ही साथ प्रथम श्रेणी के पदाधिकारी भी हैं। उनके ऊपर किसी भी प्रकार का इल्जाम नहीं है।

44. मिस कंचन जोकि एक प्रसिद्ध टेबुल टेनिस की खिलाड़ी हैं उसने बहुत-से अंतर्राष्ट्रीय खेलों में भारत का प्रतिनिधित्व किया है। उनके नाम के साथ कुछ विवाद जुड़े थे जिसे न्यायालय ने आधारहीन माना। वह भारत की नागरिक हैं तथा उन्हें एक विधायक का सिफारिश पत्र प्राप्त है।

45. मैडम माया फ्रांस में एक प्रसिद्ध डॉक्टर हैं। वे फ्रांस की नागरिक हैं तथा उनकी मासिक आय ₹ 50,000 है। उनका चरित्र अच्छा है। उन्हें क्लब के एक ऐसे सदस्य की सिफारिश प्राप्त है जो कि डॉक्टर हैं।

46. मि० परितोष जोकि ईरान के एक व्यापारी हैं। उनका नाम किसी भी विवाद या घोटाले से जुड़ा नहीं है। क्लब के एक सदस्य ने उनकी सिफारिश की है। वे करोड़पति हैं।

47. मि० सुनील कुमार भारत के एक प्रसिद्ध वकील हैं। उनकी मासिक आय ₹ 28,000 है। एक विधायक ने उनकी जमानत दी है। वे एक विवाद को लेकर लड़ रहे हैं जिसमें उनका तथा उनके सचिव का नाम जुड़ा है।

48. मिथिलेश अम्बानी जो कि एक व्यापारी हैं। उनके बहुत-से कपड़ों की फैक्ट्री है। उनका आस्ट्रेलिया में एक बहुत अच्छा शो रूम भी है। वे बास्केट बॉल के राष्ट्रीय स्तर के खिलाड़ी हैं। उनके नाम से कोई भी विवाद नहीं है।

49. मि० विकाश जोकि बास्केट बॉल के एक प्रसिद्ध भारतीय खिलाड़ी हैं। उन्होंने बहुत-से देशों में भारत का प्रतिनिधित्व किया है। उन्हें एक विधायक की सिफारिश पत्र प्राप्त है। उनका नाम एक विवाद से जुड़ा है। जिसे वे बिल्कुल आधाहरहीन बताते हैं।

50. डॉ० राजेश को दर्शनशास्त्र में डॉक्टरेट की उपाधि प्राप्त है। भारत में जन्म होने के कारण वे एक अच्छे टेनिस के खिलाड़ी हैं। उन्हें अपने एक फार्म से ₹ 30,000 की आय प्राप्त होती है। उनके पास इसी क्लब के एक सदस्य की सिफारिश पत्र है।

निर्देश—(प्रश्न संख्या 51 से 60 तक) : किसी क्षेत्रीय इंजीनियरिंग कॉलेज में मैकेनिकल, इलेक्ट्रीकल, इलेक्ट्रॉनिक, और टेली कम्यूनीकेशन और ऐरोनेटिकल इंजीनियरींग पाठ्यक्रम में दाखिला प्राप्त करने के लिए निम्नलिखित शर्तें हैं-

अभ्यर्थी निश्चित रूप से-

(a) विज्ञान विषय के साथ Std. XII की परीक्षा कम-से-कम 65x अंकों के साथ उत्तीर्ण किया हो।
(b) उसकी उम्र 1 अप्रैल, 1992 को कम-से-कम 17 वर्ष हो।
(c) प्रवेश परीक्षा में उसने कम-से-कम 78x अंक प्राप्त किया हो।
(d) वह प्रतिमह शिक्षण-शुल्क ₹ 450 देने में सक्षम हो।
(e) वह एक मुश्त ₹ 20,000 अदा करने में सक्षम हो।
(f) ऐसी स्थिति में जब कोई अभ्यर्थी सभी शर्तों को पूरा करता हो पर एक मुश्त केवल ₹ 12,000 देने में सक्षम हो, तो उसके मामले को संस्थान के निदेशक को संदर्भित किया जाएगा।
(g) यदि अभ्यर्थी को Std. XII के निर्धारित प्रतिशत अंकों को छोड़कर अन्य सभी शर्तों को पूरा करता हो, तो उसके मामले को चेयरमैन को संदर्भित किया जाएगा।
(h) एक अभ्यर्थी जोकि सभी शर्तों को पूरा करता हो लेकिन उसने अब-तक Std. XII के फाइनल परीक्षा का रिजल्ट प्राप्त नहीं किया हो। उसका अस्थायी नामांकन किया जा सकता है।

आपको उपर्युक्त शर्तों और प्रत्येक प्रश्न में दी गई जानकारी के आधार पर यह निर्णय करना है कि उनके विरुद्ध नामांकन में कौन-सी कार्यवाही की जाएगी। आपको किसी भी विद्यार्थी के बारे में अपनी ओर से कोई भी कल्पना नहीं करनी है। आप अपना उत्तर दीजिए-

(a) यदि विद्यार्थी का नामांकन नहीं किया जाएगा।
(b) यदि विद्यार्थी का नामांकन किया जाएगा।
(c) यदि विद्यार्थी का मामला निदेशक को संदर्भित किया जाएगा।
(d) यदि विद्यार्थी का मामला चेयरमैन को संदर्भित किया जाएगा।
(e) यदि विद्यार्थी का अस्थायी नामांकन किया जाएगा।

51. निर्मल ने विज्ञान विषय के साथ Std. XII की परीक्षा में 70x अंक प्राप्त किया है तथा प्रवेश परीक्षा में उसने 79x अंक प्राप्त किया है। 1 अप्रैल, 1992 को उसकी उम्र 18 वर्ष थी। वह प्रतिमाह शिक्षण शुल्क के रूप में ₹ 450 देने में सक्षम है साथ ही वह एक मुश्त केवल ₹ 12,000 अदा कर सकता है।

52. विकाश झा ने विज्ञान के साथ Std. XII की परीक्षा में 66% अंक प्राप्त किया है। 1 मार्च, 1991 को उसकी उम्र 17-5 वर्ष थी और उसने प्रवेश परीक्षा में 80% अंक प्राप्त किया है। वह ₹ 450 प्रतिमाह शिक्षण शुल्क और एकमुश्त ₹ 20,000 जमा करने में सक्षम है।

53. श्याम ने विज्ञान के साथ Std. XII की परीक्षा में 61% अंक प्राप्त किया है। 1 अगस्त, 1991 को उसकी उम्र 20 वर्ष हो जाएगी। उसने प्रवेश परीक्षा में 81% अंक प्राप्त किया है। वह शिक्षण शुल्क के रूप में प्रतिमाह ₹ 450 तथा एक मुश्त ₹ 20,000 अदा कर सकता है।

54. अविनाश ने विज्ञान के साथ Std. XII की परीक्षा में 68% अंक प्राप्त यिका है। 1 जनवरी, 1992 को उसकी उम्र 18 वर्ष थी। प्रवेश परीक्षा में उसने 84% अंक प्राप्त किया है। वह शिक्षण शुल्क के रूप में प्रतिमाह ₹ 450 तथा एक मुश्त ₹ 20,000 अदा करने में सक्षम है।

55. शंकर ने विज्ञान के साथ Std. XII की परीक्षा में 63% अंक प्राप्त किया है। वह 25 जुलाई, 1973 को पैदा हुआ था। प्रवेश परीक्षा में उसने 80% अंक प्राप्त किया है। वह शिक्षण शुल्क के रूप में प्रतिमाह ₹ 450 तथा एक मुश्त ₹ 20,000 अदा करने में सक्षम है।

56. विनीता ने 60% अंक के साथ Std. XII की परीक्षा पास की है। 1 फरवरी, 1992 को उसकी उम्र 19 वर्ष थी। वह शिक्षण शुल्क के रूप में प्रतिमाह ₹ 450 तथा एकमुश्त ₹ 20,000 अदा कर सकती है।

57. नरेन्द्र गुप्ता ने विज्ञान के साथ Std. XII की परीक्षा में 74% अंक प्राप्त किया है। प्रवेश परीक्षा में उसने 85% अंक प्राप्त किया है। 1 अप्रैल, 1992 को उसकी उम्र 18 वर्ष थी। वह शिक्षण शुल्क के रूप में प्रतिमाह ₹ 450 तथा एकमुश्त केवल ₹ 12,000 अदा करने में सक्षम है।

58. ममता ने विज्ञान के साथ Std. XII की परीक्षा में 62% अंक प्राप्त किया है। उसकी जन्म तिथि 1 मार्च, 1973 है। प्रवेश परीक्षा में उसने 82x अंक प्राप्त किया है। वह शिक्षण शुल्क के रूप में प्रतिमाह ₹ 450 तथा एकमुश्त ₹ 10,000 अदा कर सकता है।

59. अमृत रंजन चौधरी ने विज्ञान के साथ Std. XII की परीक्षा में 75x अंक तथा प्रवेश परीक्षा में 80x अंक प्राप्त किया है। 1.4.92 को उसकी उम्र 17 वर्ष थी। वह शिक्षण शुल्क के रूप में प्रतिमाह ₹ 450 तथा एकमुश्त ₹ 20,000 अदा कर सकता है।

60. अशोक श्रीवास्तव ने विज्ञान के साथ Std. XII की परीक्षा में 80x अंक तथा प्रवेश परीक्षा में 85x अंक प्राप्त किया है। उसकी उम्र 1 अप्रैल, 1993 को 19 वर्ष थी। वह शिक्षण शुल्क के रूप में प्रतिमाह ₹ 450 तथा एकमुश्त ₹ 20,000 अदा कर सकता है।

निर्देश–(प्रश्न संख्या 61 से 70 तक) : निम्नलिखित जानकारियों को ध्यानपूर्वक अध्ययन करके इनपर आधारित प्रश्नों का उत्तर दीजिए। हाउस कॉपरेटिव प्रेस अपार्टमेंट द्वारा पत्रकारों को पत्रकार कॉलोनी में प्लॉट आवंटन किया जाना है जिनकी निम्नलिखित शर्तें हैं-

(a) पत्रकार का अपने नाम से या अपनी पत्नी के नाम से इस शहर में कोई घर नहीं होना चाहिए।
(b) वह इस शहर में कम-से-कम 5 वर्षों से रह रहा हो।
(c) प्लॉट 'A' वैसे पत्रकारों को आवंटित किया जाएगा जिनका संबंध राष्ट्रीय स्तर के समाचार पत्रों या पत्रिकाओं से कम-से-कम 15 वर्ष रहा हो। यदि वह 20 वर्ष किसी स्थानीय प्रेस अपार्टमेंट' के चेयरमैन उन्हें प्लॉट 'A' प्राप्त करने का विशेष अधिकार देंगे।
(d) ऐसे पत्रकार जो स्थानीय प्रेस से कम-से-कम 10 वर्ष और राष्ट्रीय से 5 वर्ष या स्थानीय प्रेस से 16 वर्ष संबंधित रहे हों उन्हें प्लॉट 'B' आवंटित किया जाएगा। यदि वे राष्ट्रीय प्रेस से 7 वर्ष और स्थानीय प्रेस से 5 वर्ष संबंधित हों, तो प्लॉट 'B' के आवंटत के लिए 'हाउस कॉपरेटिव प्रेस अपार्टमेंट' के सचिव अपनी स्वीकृति देंगे।

अब आप अपना उत्तर दीजिए-

(a) प्लॉट 'A' आवंटित किया जाएगा।
(b) 'हाउस कॉपरेटिव प्रेस अपार्टमेंट' के चेयरमैन के सिफारिश पर प्लॉट 'A' आवंटित किया जाएगा।
(c) प्लॉट 'B' आवंटित किया जाएगा।
(d) 'हाउस कॉपरेटिव प्रेस अपार्टमेंट' के सचिव के सिफारिश पर प्लॉट 'B' आवंटित किया जाएगा।
(e) प्लॉट आवंटित नहीं किया जाएगा।

61. प्रभाकर 12 वर्ष राष्ट्रीय समाचार पत्र, 4 वर्ष स्थानीय प्रेस से संबंधित रहा, वह अविवाहित है तथा इस शहर में 10 वर्षों से रह रहा है। उसे अपना घर नहीं है।

62. निहार 7 वर्ष राष्ट्रीय स्तर के पत्रिका, 6 वर्ष स्थानीय समाचारपत्र से संबंधित रहा। उसका सुदुरगाँव में अपना एक घर है। वह इस शहर में 6 वर्षों से है।

उत्तर (हल/संकेत)

हल (प्रश्न संख्या 1 से 10 तक) प्रश्नानुसार तालिका—

	a	b	c	d	e		f	g	h		
क्र. सं.	स्नातक में कम-से-कम प्राप्त अंक	1.1.91 को आयु कम-से कम	प्रवेश परीक्षा में प्राप्त अंक (कम-से-कम)	स्नातक में एक विषय	मासिक शिक्षण शुल्क देने में सक्षम	वार्षिक शुल्क एकमुश्त अदा करने में सक्षम	a अंकों के कमी की स्थिति में	c वार्षिक शुल्क एकमुश्त अदा करने पर न हुआ हो	स्नातक का फाइनल रिजल्ट प्राप्त	निर्णय उत्तर विकल्पानुसार	उत्तर विकल्प
	50%	19%	60%	गणित	₹ 500	₹ 10,000	50% से कम	₹ 10,000 से कम	–	–	–
I.	√	√	√	√	√	√	–	–	–	नामांकन किया जाएगा	A
II.	×	√	√	√	□√	√	√	–	–	चेयरमैन को संदर्भित	E
III.	√	√	√	√	√	×	–	√	–	निदेशक को संदर्भित	D
IV.	√	√	√	√	√	√	–	–	√	अस्थायी नामांकन किया जाएगा	C
V.	यदि अभ्यर्थी छूट के बावजूद भी या एक से अधिक शर्तों को पूरा नहीं करता हो या कोई जानकारी उपलब्ध नहीं हो, तो									नामांकन नहीं किया जाएगा	B

उपर्युक्त तालिका के आधार पर हम आसानी से दिये गए प्रश्नों का उत्तर ज्ञात कर सकते हैं। अतः अब आएँ, उपर्युक्त तालिका के आधार पर दिये गए प्रश्नों के व्याख्यात्मक उत्तर पर एक नजर डालें–

1. (a) सुशील सहाय सभी शर्तों को पूरा करता है। अतः उसका नामांकन किया जाएगा।

2. (b) प्रीती अन्य सभी शर्तों को पूरा करती है पर स्नातक में उसका एक विषय गणित था या नहीं यह जानकारी उपलब्ध नहीं है। अतः उसका नामांकन नहीं किया जाएगा।

3. (a) तरुण सभी शर्तों को पूरा करता है। अतः उसका नामांकन किया जाएगा।

4. (d) नीरज शर्मा शर्त (e) पूर्ण रूप से पूरा नहीं करते हैं पर चूँकि वे एकमुश्त ₹ 5,000 देने में सक्षम हैं। अतः इस स्थिति में शर्त (h) के तहत उसके मामले को निदेशक को संदर्भित किया जाएगा।

5. (e) अशोक श्रीवास्तव शर्त (a) पूर्ण रूप से पूरा नहीं करते हैं इसलिए कि स्नातक में उन्हें सिर्फ 45x अंक प्राप्त है। अतः शर्त (f) के तहत उनके मामले का चेयरमैन को संदर्भित किया जाएग।

6. (b) सुनील गुप्ता ने स्नातक में कितना प्रतिशत अंक प्राप्त किया है इसकी कोई जानकारी उपलब्ध नहीं है। यानी कि वह शर्त (a) पूरा नहीं करता है। अतः उसका नामांकन नहीं किया जाएगा।

7. (a) प्रवीण सभी शर्तों को पूरा करता है। अतः, उसका नामांकन किया जाएगा। (प्रथम श्रेणी का तात्पर्य 60x से अधिक अंक)

8. (d) लीना एकमुश्त ₹ 10,000 छोड़कर अन्य सभी शर्तों को पूरा करती है। चूँकि वह एकमुश्त केवल ₹ 5,000 अदा कर सकती है। अतः शर्त (g) के तहत उसके मामले को निदेशक को संदर्भित किया जाएगा।

9. (b) प्रमीला भाटिया के शर्त (a) और (c) की कोई जानकारी उपलब्ध नहीं है। यानी कि स्नातक में एवं प्रवेश परीक्षा में उसने कितने अंक प्राप्त किये थे इसका यहाँ कोई जिक्र नहीं है। अतः वह शर्त (a) और (c) पूरा नहीं करती है। अतः उसका नामांकन नहीं किया जाएगा।

10. (e) रमेश सिंह स्नातक में केवल 45x अंक प्राप्त किया है। जबकि स्नातक में कम-से-कम 50x अंक निर्धारित किये गए हैं। चूँकि वह अन्य सभी शर्तों को पूरा करता है। अतः शर्त (f) के तहत उसके मामले को चेयरमैन को संदर्भित किया जाएगा।

हल (प्रश्न संख्या 11 से 20 तक) प्रश्नानुसार तालिका—

	a	b	c	d	e	f	g	h		
क्र. सं.	जिला या राज्य स्तर पर कम-से-कम एक बार अधिकारी	1 जुलाई, 1990 को कम-से-कम आयु	दल का सदस्य रहा हो कम-से-कम	ऐसा व्यक्ति राज्य स्तर का अधिकारी नहीं होगा जो दल में कम-से-कम वर्ष रहा नहीं हो	राष्ट्रीय स्तर का अधिकारी होने पर शर्तों में छूट	दल के महत्वपूर्ण सदस्य का रिश्तेदार होने पर शर्तों में छूट	अरोपित व्यक्ति को संदर्भित किया जाएगा	एक या एक से अधिक जानकारी उपलब्ध न होने पर उत्तर	उत्तर विकल्पानुसार निर्णय	उत्तर विकल्प
	जिला राज्य	35 वर्ष	15 वर्ष	12 वर्ष	b और c	b,c और d	राष्ट्रीय पुनर्निरीक्षण समिति को	जानकारी अधूरी		
I.	√ –	√	√	–	–	–	–	–	सीधे प्रविष्टि	A
II.	– √	√	√	–	–	–	–	–	सीधे प्रविष्टि	A
III.	√ or√	√	√	–	–	–	√	–	पुनर्निरीक्षण समिति को संदर्भित	C
IV.	√ or √	×	×	×	–	√	–	–	अध्यक्ष को संदर्भित	B
V.	√ or √	×	×	–	√	–	–	–	सीधे प्रविष्टि	C
VI.	एक या एक से अधिक शर्तों की जानकारी उपलब्ध नहीं हो								जानकारी अधूरी	B
VII.	एक या एक से अधिक ऐसे शर्तों को पूरा न करता हो जिसमें किसी शर्त के तहत छूट हो								आवेदन नहीं कर सकता	E

उपर्युक्त तालिका के आधार पर हम आसानी से दिये गए प्रश्नों का उत्तर ज्ञात कर सकते हैं। अतः अब आएँ, उपर्युक्त तालिका के आधार पर दिये गए प्रश्नों के व्याख्यात्मक उत्तर पर एक नजर डालें–

10. (e) रमेश सिंह स्नातक में केवल 45x अंक प्राप्त किया है। जबकि स्नातक

11. (e) शशि केवल राष्ट्रीय-स्तर के सदस्य हैं। यानी कि वे शर्त (a) पूरा नहीं करते हैं। अतः वे आवेदन नहीं कर सकते हैं।

12. (a) अशोक वर्मा सभी शर्तों को पूरा करता है। अतः उसे सीधे प्रविष्टि मिलेगी।

13. (c) पटेल पर आरोप है। अतः उसे पुनर्निरीक्षण समिति को संदर्भित किया जाएगा।

14. (d) रिया 1 जुलाई के पहले या बाद में पैदा हुई है यह स्पष्ट नहीं हैं अतः उसकी उम्र 35 वर्ष है या इससे कम यह ज्ञात करना संभव नहीं हैं अतः जानकारी अधूरी है।

15. (a) नीलम सभी शर्तों को पूरा करती है, क्योंकि राष्ट्रीय स्तर के अधिकारी होने के कारण उसे शर्त (b) और (c) में छूट प्राप्त है। अतः उसे सीधे प्रविष्टि प्राप्त होगी।

16. (d) रवि शर्त (b) और (c) को पूरा करता है पर शर्त (a) के बारे में जानकारी उपलब्ध नहीं है, क्योंकि वह किस स्तर का अधिकारी था, यह स्पष्ट नहीं है। अतः जानकारी अधूरी है।

17. (e) विनीता आवेदन नहीं कर सकती क्योंकि वह सिर्फ 5 वर्ष से राष्ट्रीय स्तर की सदस्य है।

18. (c) रमाशंकर के खिलाफ अनुशासनहीनता का आरोप है। अतः, उसे दल के पुनर्निरीक्षण समिति को संदर्भित किया जाएगा।

19. (a) मनोज की उम्र 55 वर्ष है तथा वह चार वर्ष तक दल का राज्य स्तर का सचिव रह चुका है। अतः, वह दल में कम-से-कम 16 वर्ष अवश्य पूरा कर चुका है; क्योंकि राज्य स्तर के अधिकारी बनने के लिए कम-से-कम दल में 12 वर्ष पूरा करना अनिवार्य है। इस प्रकार वह निर्धारित शर्तों को पूरा करता है। अतः उसे सीधे प्रविष्टि प्राप्त होगी।

20. (d) रजत कब से पार्टी में है यह स्पष्ट नहीं है। यानी शर्त (c) की जानकारी उपलब्ध नहीं है। अतः जानकारी अधूरी है।

हल (प्रश्न संख्या 21 से 30 तक) प्रश्नानुसार तालिका—

तालिका–1

नियम संख्या	शर्तें						अतिरिक्त शर्तें			निर्णय	उत्तर विकल्प
	a	b	c	d	e	f	g	h	i		
1.	√	√	×	√	√	–	–	–	–	चयन	A
2.	√	×	√	√	√	–	–	–	–	चयन	A
3.	√	√	×	×	√	√	–	–	–	चयन	A
4.	√	√	×	√	×	√	–	–	–	चयन	A
5.	×	×	√	√	√	–	√	–	–	सरकार को संदर्भित	D
6.	×	b	×	√	√	–	–	√	–	चेयरमैन को संदर्भित	B
7.	जानकारी अधूरी हो					–	–	–	√	पूछताछ	C
8.	छूट के बावजूद शर्तों को पूरी न करें									चयन नहीं किया जाएगा।	E

यहां शर्त –a ⇒स्नातक में अध्ययनरत, b ⇒स्कूल फुटबॉल टीम का सदस्य, c ⇒ जिला टीम का सदस्य, d ⇒ 5' 6" लम्बाई, e ⇒ कम–से–कम 54 किग्रा वजन, f ⇒ राज्य स्तर का खिलाड़ी, g ⇒ प्रसिद्ध खिलाड़ी का पुत्र, h ⇒ a के अतिरिक्त अन्य शर्तें पूरा हो, i ⇒ जानकारी अधूरी हो।

21. (a) मॉन्टी को शर्त 'c' के तहत शर्त 'b' में छूट प्राप्त है और इस प्रकार है निर्धारित सभी शर्तों को पूरा कर लेता है। अत: उसका चयन किया जाएगा।

22. (c) संजय राज्य स्तरीय खिलाड़ी है इसलिए उसे शर्त 'f' के तहत शर्त 'd' या 'e' में छूट दी जा सकती है लेकिन वह शर्त 'b' और 'c' की जानकारी प्रस्तुत नहीं किया है। अत: शर्त 'i' के तहत उससे उन जानकारियों की पूछताछ की जाएगी।

23. (b) मुकुल चूँकि जिला फुटबॉल टीम का सदस्य है अत:, उसे शर्त 'c' के तहत शर्त 'b' में छूट दी जा सकती है। इस प्रकार वह शर्त 'a' के सिवाय अन्य सभी शर्तों को पूरा कर लेता है। अत:, इस स्थिति में शर्त 'h' के तहत उसके मामले को चेयरमैन को संदर्भित किया जाएगा।

24. (c) हर्षित ने शर्त 'b' और 'c' का विवरण प्रस्तुत नहीं किया है। अत:, शर्त 'i' के तहत उससे उन जानकारियों की पूछताछ की जाएगी।

25. (c) समर ने शर्त 'a', 'b' और 'c' का ब्योरा प्रस्तुत नहीं किया है। अत:, शर्त 'i' के तहत उससे उन जानकारीयों की पूछताछ की जाएगी।

26. (c) नीलू ने शर्त 'b' और 'c' की जानकारी प्रस्तुत नहीं की है। अत:, शर्त 'i' के तहत उससे उन जानकारियों की पूछताछ की जाएगी।

27. (e) शानू का वजन 53 किग्रा का है जबकि चयन के लिए कम–से–कम 54 किग्रा का होना अनिवार्य है। इस प्रकार वह शर्त 'e' को पूरा नहीं कर रहा है। अत:, उसका चयन नहीं किया जाएगा।

28. (c) अंशुल प्रसिद्ध खिलाड़ी का पुत्र है इसलिए शर्त 'g' के तहत उसे शर्त 'a' और 'b' में छूट दी जा सकती है। साथ–ही–साथ वह राज्य फुटबॉब टीम का कैप्टन भी है इसलिए शर्त 'g' के तहत उसे शर्त 'd' या 'e' में भी छूट दी जा सकती है। इसके बावजूद भी शर्त 'c' की जानकारी प्रस्तुत न करने के कारण उससे जानकारी 'c' के बारे में पूछताछ की जाएगी।

29. (e) शिवा प्रसिद्ध खिलाड़ी का पुत्र है तथा शर्त (a) और (b) को पूरा नहीं करता है, अत: शर्त 'g' के तहत उसके मामले को सरकार को संदर्भित किया जा सकता था लेकिन वह शर्त 'c' को पूरा नहीं करता है। अत:, उसका चयन नहीं किया जाएगा।

30. (c) पॉन्टी शर्त 'a' पूरा नहीं करता है तथा शर्त 'c' की जानकारी प्रस्तुत नहीं की है। अत:, शर्त 'i' के तहत उससे शर्त 'c' की जानकारी की पूछताछ की जाएगी।

तालिका–II

नियम संख्या	शर्तें						अतिरिक्त शर्तें			तालिका No–1 नियम के अनुरूप	निर्णय उत्तर विकल्प के साथ
	a	b	c	d	e	f	g	h	i		
1.	√	R_C	√	√	√	–	√	–	–	2	(A) चयन किया जाएगा
2.	√	?	?	R_f	√	√	–	–	√	7	(C) जानकारियों की पूछताछ
3.	R_a	R_c	√	√	√	–	–	√	–	6	(B) चेयरमैन को संदर्भित
4.	√	?	?	√	√	√	–	–	√	7	(C) जानकारियों की पूछताछ
5.	?	?	?	√	√	√	–	–	√	7	(C) जानकारियों की पूछताछ
6.	√	?	?	√	√	√	–	–	√	7	(C) जानकारियों की पूछताछ
7.	√	√	×	√	×	–	–	–	–	8	(E) चयन नहीं किया जाएगा
8.	R_g	R_g	?	?	R_f	√	√	–	√	7	(C) जानकारियों की पुछताछ
9.	R_g	R_g	×	√	√	–	√	–	–	8	(C) चयन नहीं किया जाएगा
10.	×	√	?	√	√	×	×	×	√	7	(C) जानकारियों की पूछताछ

Note : उपर्युक्त तालिका में 'R' को छूट दर्शाने के लिए निरूपित किया गया है तथा जिस शर्त के अनुसार वह छूट दी गई है उस शर्त को 'R' के ठीक दाईं ओर निरूपित किया गया है।

नीचे दी गई तालिका के आधार पर हम आसानी से दिये गये प्रश्नों का उत्तर ज्ञात कर सकते हैं। अत:, अब आएँ, तालिका के आधार पर प्रश्नों के व्याख्यात्मक उत्तर पर एक नजर डालें—

31. (b) रितेश शर्त 'a', 'b' और 'd' पूरा करता है लेकिन वह शर्त 'c' पूरा नहीं कर रहा है क्योंकि उसकी आयु 22 वर्ष से अधिक हो रही है। अत:, उसे नि:शुल्क शिक्षा प्रदान नहीं किया जा सकता।

32. (b) कृष्णा शर्त 'a' और 'c' को पूरा नहीं करता है। अत:, उसे नि:शुल्क शिक्षा प्रदान नहीं किया जा सकता।

33. (b) बबीता शर्त 'c' पूरा नहीं करती है। इसलिए कि उसकी उम्र 22 वर्ष से अधिक है। अत:, उसे नि:शुल्क शिक्षा प्रदान नहीं की जा सकती।

34. (a) केतन 'a', 'b', 'c' और 'd' चारों शर्तों को पूरा कर रहा है। अत:, उसे नि:शुल्क शिक्षा प्रदान की जा सकती है।

35. (a) दिव्यम 'a', 'b', 'c' और 'd' चारों शर्तों को पूरा कर रहा है। अत:, उसे नि:शुल्क शिक्षा प्रदान की जा सकती है।

36. (a) अवतांश राजा 'a', 'b', 'c' और 'f' चारों शर्तों को पूरा कर रहा है। अत:, शर्त 'f' के तहत उसे नि:शुल्क शिक्षा प्रदान किया जा सकता है।

37. (b) शिवम शर्त 'c' पूरा नहीं कर रहा है। अत:, उसे नि:शुल्क शिक्षा प्रदान नहीं किया जा सकता है।

38. (a) सुषमा शर्त 'a', 'c' और 'd' पूरा कर रही है। साथ-ही-साथ चूँकि वह ग्रेजुएशन में 95x और हायर सेकेण्ड्री में 55x अंक प्राप्त की है। अत:, शर्त 'f' के तहत उसे नि:शुल्क शिक्षा प्रदान किया जा सकता है।

39. (b) दीपिका शर्त 'b' को पूरा नहीं करती है। इसलिए कि हायर सेकेण्ड्री एवं ग्रेजुएशन दोनों में उसे 55x अंक प्राप्त हुए हैं। अत:, उसे नि:शुल्क शिक्षा प्रदान नहीं की जा सकती।

40. (b) अरशद ने यदि हायर सेकेण्ड्री में 50x एवं ग्रेजुएशन में 90x अंक प्राप्त किये होते, तो शर्त 'f' के तहत उसे नि:शुल्क शिक्षा प्रदान की जा सकती थी; लेकिन उसने हायर सेकेण्ड्र में 90x एवं ग्रेजुएशन में 50x अंक प्राप्त किये हैं। इस प्रकार वह न तो शर्त 'b' और न ही शर्त 'f' को पूरा करता है। अत:, उसे नि:शुल्क शिक्षा प्रदान नहीं किया जा सकता है।

नीचे दी गई तालिका के आधार पर हम आसानी से दिये गए प्रश्नों का उत्तर ज्ञात कर सकते हैं। अब आएँ, प्रश्नों के व्याख्यात्मक उत्तर पर एक नजर डालें—

हल (प्रश्न संख्या 31 से 40 तक) प्रश्नानुसार तालिका—

	(मुख्य शर्तें)						(अतिरिक्त शर्तें)					
	a	b		c	d	e	f		g	h		
क्रमांक सं०	पा० आ० प्रतिवर्ष 24,000 से अधिक नहीं	हा. से. 60% से कम नहीं	ग्रेजु. 60% से कम नहीं	आयु 30-6-92 22 वर्ष से अधिक नहीं	अन्य छात्रवृत्ति प्राप्त न की हो	जिलास्तर पर खेल कूद में सर्वश्रेष्ठ प्रदर्शन	हायर सेकेण्ड्री 60% से कम	ग्रेजुएशन में 90% से अधिक	पा. अ. ₹ 12,000 से कम तो शर्त 'd' में छूट हेतु प्रिंसिपल को संदर्भित	हायर सेकेण्डी एवं ग्रेजुएशन मे कम-से-कम 80% अंक हो, शर्त 'c' में छूट हेतु रजिस्ट्रार को संदर्भित	निर्णय	उत्तर विकल्प
I.	√	√	√	√	√	–	–	–	–	–	नि:शुल्क शिक्षा	A
II.	√	√	√	√	√	–	–	–	–	–	नि:शुल्क शिक्षा	A
III.	√	√	√	√	√	–	–	–	–	–	नि:शुल्क शिक्षा	A
IV.	12,00 रु० से कम	√	√	√	√	–	–	–	–	–	प्रिंसिपल को संदर्भित	D
V.	√	80%	80%	×	√	–	–	–	–	√	रजिस्ट्रार को संदर्भित	E
VI.	जब अभ्यर्थी के बारे में एक या एक से अधिक जानकारी अधूरी हो।										आँकड़ा अपर्याप्त	C
VII.	जब अभ्यर्थी अतिरिक्त शर्त के बावजूद भी निर्धारित शर्तों को पूरा न करता हो।										नि:शुल्क शिक्षा नहीं	B

41. (c) मि० सुधानन्द सभी शर्तों को पूरा करता है, लेकिन चूँकि उसके विरुद्ध घोटाले का मामला था पर न्यायालय द्वारा उन्हें बाइज्जत बरी कर दिया गया। अत:, इस समिति में शर्त 'c' के तहत उन्हें सदस्यता प्राप्त करने के लिए प्रबंध समिति की सिफारिश की जरूरत होगी।

42. (d) मि० राकेश के बारे में शर्त 'd' के अतिरिक्त कोई भी जानकारी उपलब्ध नहीं है। अत:, जानकारियें के अभाव में कोई भी निर्णय किया जा सकता।

43. (a) डॉ० मनोज सभी शर्तों को पूरा करते हैं। अत:, उन्हें स्वत: सदस्यता प्राप्त हो जाएगी।

44. (a) मिस कंचन सभी शर्तों को पूरा करती है लेकिन चूँकि उसके विरुद्ध घोटाला का मामला था पर न्यायालय द्वारा उन्हें बाइज्जत बरी कर दिया गया। अत:, इस स्थिति में शर्त 'c' के तहत उन्हें सदस्यता प्राप्त करने के लिए प्रबंध समिति की "फारिश की जरुरत होगी।

45. (e) मैडम माया शर्त 'b' को पूरा नहीं करती है। अत:, उसे सदस्यता प्रदान नहीं की जाएगी।

46. (e) मि० परितोष भी शर्त 'b' को पूरा नहीं करता है। अत:, उसे सदस्यता प्रदान नहीं की जाएगी।

47. (e) मि. सुनील कुमार का मामला न्यायालय के अधीन है। अत:, उन्हें शर्त 'c' तहत क्लब की सदस्यता प्रदान नहीं की जाएगी।

48. (d) मिथिलेश अम्बानी के बारे में शर्त 'd' की जानकारी उपलब्ध नहीं है। अत:, जानकारियों के अभाव में कोई निर्णय नहीं किया जा सकता है।

49. (e) मि० विकाश का नाम विवाद से जुड़ा हे। अत:, शर्त 'c' को पूरा नहीं करने के कारण उसे सदस्यता प्रदान नहीं की जा सकती।

50. (e) डॉ० राजेश शर्त 'a' को पूरा नहीं करता है। अत:, उसे सदस्यता प्रदान नहीं की जा सकती।

हल (प्रश्न संख्या 51 से 60 तक) प्रश्नानुसार तालिका—

			(मुख्य शर्तें)					(अतिरिक्त शर्तें)			
	a		b	c	d	e	f	g	h	निर्णय	उत्तर विकल्प
स्थिति क्रम संख्या	विषय विज्ञान	अंक कम-से-कम 65%	1.4.92 को आयु 17 वर्ष कम-से-कम	प्रवेश परीक्षा में कम-से-कम अंक 78%	प्रतिमाह शिक्षण शुल्क देने में सक्षम ₹ 450	एकमुश्त अदा करने में सक्षम ₹ 20,000	एकमुश्त अदा करने में सक्षम ₹ 20,000	↓ (Aअंक)	↓ फाइनल रिजल्ट प्राप्त नहीं	↑ ↓ ↑ ↓	↑ ↓ ↑ ↓
I.	√	√	√	√	√	√	–	–	–	नमांकन किया जाएगा।	B
II.	√	√	√	√	√	×	√	–	–	निदेशक को सदंर्भित किया जाएगा।	C
III.	√	×	√	√	√	√	–	√	–	चेयरमैन को संदर्भित किया जाएगा।	D
IV.	√	√	√	√	√	√	–	–	√	अस्थायी नामांकन किया जाएगा।	E
V.	यदि एक या एक से अधिक शर्त पूरी न हो, तो →									नामांकन नहीं किया जाएगा।	A

उपर्युक्त तालिका के आधार पर हम आसानी से दिये गए प्रश्नों का उत्तर ज्ञात कर सकते हैं। अब आएँ, प्रश्नों के व्याख्यात्मक उत्तर पर एक नजर डालें–

51. (c) निर्मल शर्त 'e' के अतिरिक्त अन्य दिये गए प्रश्न का उत्तर ज्ञात कर सकते हैं।

52. (b) विकाश झा सभी मुख्य शर्तों को पूरा करता है। अत: उसका नामांकन किया जाएगा।

53. (d) श्याम शर्त 'a' के अंकों के प्रतिशत को छोड़कर अन्य सभी मुख्य शर्तों को पूरा करता है। अत:, अंकों का प्रतिशत कम होने के कारण अतिरिक्त शर्त 'g' के तहत उसके मामले को चेयरमैन को संदर्भित किया जाएगा।

54. (b) अविनाश सभी मुख्य शर्तों को पूरा करता है। अत: उसका नामांकन किया जाएगा।

55. (d) शंकर शर्त 'A' के अंकों के प्रतिशत को छोड़कर अन्य सभी मुख्य शर्तों को पूरा करता है। अत: अंकों का प्रतिशत कम होने के कारण अतिरिक्त शर्त 'g' के तहत उसके मामले को चेयरमैन को संदर्भित किया जाएगा।

56. (d) यह प्रश्न-संख्या '5' के जैसा ही है। अत:, उसके मामले को भी चेयरमैन को संदर्भित किया जाएगा।

57. (c) नरेन्द्र गुप्ता शर्त 'e' के अतिरिक्त अन्य सभी मुख्य शर्तों को पूरा करता है। चूँकि वह एक मुश्त ₹ 12,000 देने में सक्षम है। अत:, अतिरिक्त शर्त 'f' के तहत उसके मामले को निदेशक को संदर्भित किया जाएगा।

58. (a) ममता शर्मा 'a' के अंकों को तथा शर्त 'e' के राशि को पूरा नहीं करती है। अत:, उसका नामांकन नहीं किया जाएगा।

59. (b) अमृत रंजन चौधरी सभी मुख्य शर्तों को पूरा करता है। अत: उसका नामांकन किया जाएगा।

60. (b) अशोक श्रीवास्तव भी सभी मुख्य शर्तों को पूरा करता है। अत: उसका नामांकन किया जाएगा।

हल (प्रश्न संख्या 61 से 62 तक) प्रश्नानुसार तालिका—

	a	b	c		d						
स्थिति क्रम संख्या	पत्रकार को या उसकी पत्नी को इस शहर में अपना घर	इस शहर में रहता हो कम-से-कम	राष्ट्रीय स्तर के समाचार-पत्र या पत्रिका में सेवा की हो	स्थानीय प्रेस से जुड़ा रहा हो	स्थानीय प्रेस से संबंधित रहा हो	राष्ट्रीय प्रेस से संबंधित रहा हो	स्थानीय प्रेस से संबंधित रहा हो	राष्ट्रीय प्रेस से संबंधित रहा हो	राष्ट्रीय प्रेस से संबंधित रहा हो	आवंटित प्लॉट का निर्णय	उत्तर विकल्प
	नहीं हो	5 वर्ष से	15 वर्ष	20 वर्ष	10 वर्ष	5 वर्ष	16 वर्ष	7 वर्ष	5 वर्ष		
I.	√	√	√	–	–	–	–	–	–	A	A
II.	√	√	–	√	–	–	–	–	–	A चेयरमैन के सिफारिश पर	B
III.	√	√	–	–	√	√	–	–	–	B	C
IV.	√	√	–	–	–	–	√	–	–	B	C
V.	√	√	–	–	–	–	√	–	–	B सचिव के सिफारिश पर	D
VI.	यदि निर्धारित शर्तों में से एक या एक से अधिक शर्तों को पूरा न करता हो, तो									प्लाट आवंटित नहीं किया जाएगा।	E

उपर्युक्त तालिका के आधार पर हम आसानी से दिये गए प्रश्नों का उत्तर ज्ञात कर सकते हैं। अब आएँ, तालिका के आधार पर दिये गए प्रश्नों के व्याख्यात्मक उत्तर पर एक नजर डालें–

61. (e) प्रभाकर शर्त 'c' और 'd' पूरा करता है। अत:, उसे सचिव के सिफारिश पर प्लॉट 'B' आवंटित किया जाएगा।

62. (d)निहार शर्त 'a', 'b' और d पूरा करता है। अत:, उसे सचिव के सिफारिश पर प्लॉट 'B' आवंटित किया जाएगा।

❑❑❑

भाग–III
अभाषिक तर्कशक्ति
(Non-verbal Reasoning)

अध्याय 1

श्रृंखला

- श्रृंखला के अध्याय से जो प्रश्न आते हैं वे शब्दिक और अशाब्दिक दोनों प्रकार के होते हैं।
- श्रृंखला से संबंधित प्रश्न में आकृतियाँ दो ग्रुपों में विभाजित हैं। एक प्रश्न आकृतियों का ग्रुप होता है, तथा दूसरा उत्तर आकृतियों का ग्रुप। प्रश्न आकृतियाँ एक निश्चित क्रम में बाएँ से दाएँ की ओर सजी होती हैं। यदि श्रृंखला का क्रम जारी रहे, तो प्रश्न आकृतियों के बाद आने वाली आकृति कौन-सी होगी? परीक्षार्थियों को उत्तर विकल्पों से इसको ज्ञात करना होता है।
- **दर्पण प्रतिबिम्ब एवं जल प्रतिबिम्ब**
  आकृतियों की संख्या (वृद्धि, ह्रास)
  - ❖ स्थानान्तरण
  - ❖ आकृतियों की संख्या
  - ❖ छोटी एवं बड़ी आकृतियाँ
  - ❖ आकृतियों की स्थिति
- **Clockwise Direction—घड़ी की सुई की चलने की दिशा**

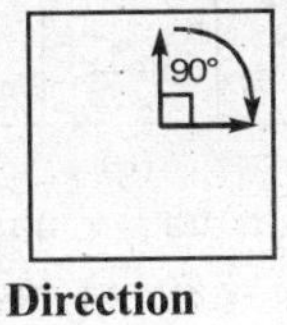

Clockwise Direction

चित्र में तीर clockwise direction में 90° से घूम जाता है। अत:, इस तीर की गति clockwise direction हुई।

- **Anti-clockwise Direction**—घड़ी की सुई के चलने की विपरीत दिशा

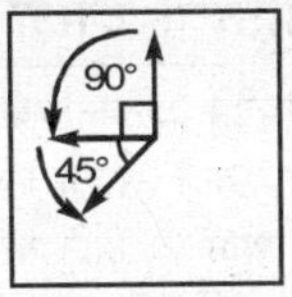

चित्र में तीर का चिह्न घड़ी की सूई की गति की विपरीत दिशा में पहली बार 90° से घूम जाती है। इसके बाद भी इसी दिशा में 45° से घूम जाती है। श्रृंखला पर आधारित प्रश्न मुख्यत: निम्न स्थितियों पर निर्भर करते हैं, अत: प्रश्नों को हल करने के लिये इन स्थितियों को ध्यान में रखना आवश्यक होगा—

- **आकृति का घूर्णन :**
  (i) Clockwise Direction (दक्षिणावर्त दिशा)
  (ii) Anti clockwise Direction (वामवर्त दिशा)
- **आकृतियों की संख्या :** प्रत्येक वर्ग में आकृतियों की संख्या—

प्रश्न आकृतियाँ

उदाहरण 1.

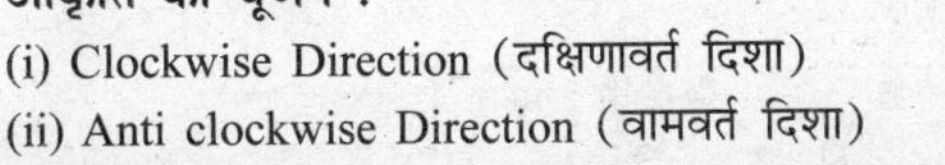

उत्तर आकृतियाँ

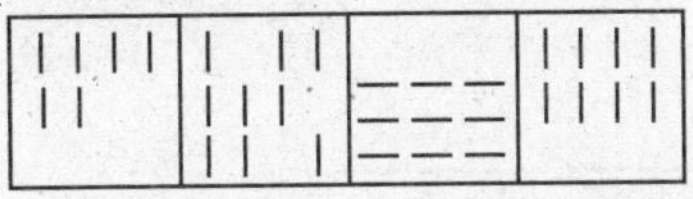

(a) (b) (c) (d)

हल (d): पहली से दूसरी आकृति में एक रेखा की वृद्धि होती है, दूसरी से तीसरी में दो रेखा की, पुन:, तीसरी से चौथी में एक रेखा अर्थात् क्रमश: 1 एवं 2 की संख्या में भुजाओं की संख्या में वृद्धि हो रही है।

- **आकृतियों की स्थिति—**

प्रश्न आकृतियाँ

उदाहरण 2.

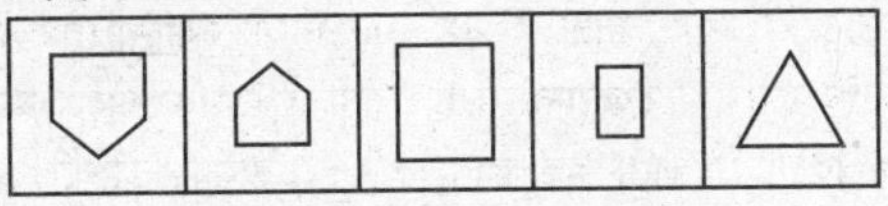

उत्तर आकृतियाँ

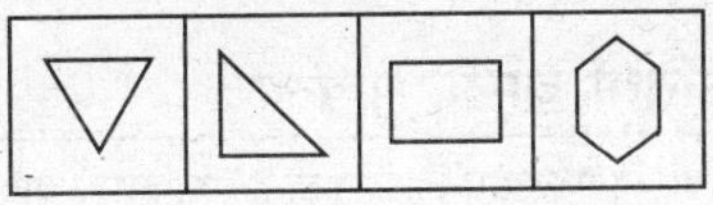

(a) (b) (c) (d)

हल (a): आकृतियाँ छोटी होकर अपने स्थान पर उलट जाती है। इस प्रकार पाँचवीं आकृति उलटकर छोटी होकर (a) की तरह हो जायेगी।

इसके अलावा श्रृंखला के प्रश्न कई अन्य बातों पर भी निर्भर कर सकते हैं।

- **छोटी एवं बड़ी आकृति—**

प्रश्न आकृतियाँ

उदाहरण 3.

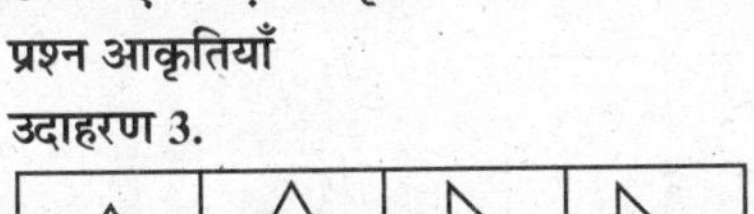

उत्तर आकृतियाँ

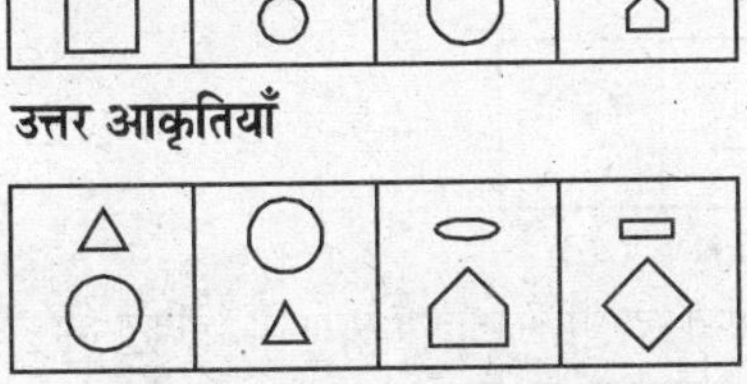

(a) (b) (c) (d)

हल (c): यहाँ छोटी आकृति बड़ी तथा बड़ी आकृति छोटी होकर नई आकृति में बदल जाती है। इस प्रकार इसका उत्तर (c) होगा।

- **घूर्णन (Rotation) :** आकृतियों का घूर्णन घड़ी की सुई की दिशा में या उसके विपरीत दिशा में होता है। इस घूर्णन को हम कोण या भुजा के सापेक्ष मापते हैं।

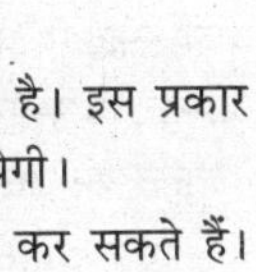

चित्र में स्पष्ट किया गया है कि तीर B से C तक आता है, तो इसे 45° से घूमना कहेंगे या 1/2 भुजा से। क्योंकि

यह घड़ी की सूई की दिशा में घूम रहा है, अतः यहाँ घूर्णन दक्षिणावर्त दिशा (clock-wise) में हो रहा है।
उसी प्रकार,
B से D तक 90° से या 1 भुजा
B से E तक 135° से या $1\frac{1}{2}$ भुजा।
B से F तक 180° से या 2 भुजा।
इसी प्रकार आगे.........

- **दर्पण एवं जल प्रतिबिम्ब :** दर्पण और जल प्रतिबिम्ब पर आधारित प्रश्नों का अध्ययन शृंखला पर आधारित प्रश्नों में भी उपयोग किया जा सकता है।
- **स्थानान्तरण :**

प्रश्न आकृतियाँ

उदाहरण 4.

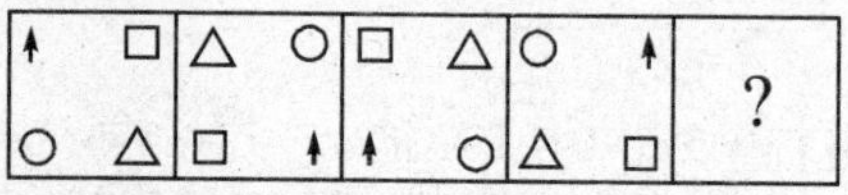

उत्तर आकृतियाँ

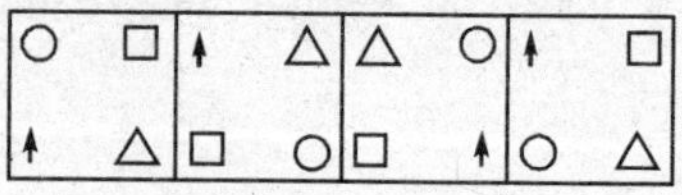

(a) (b) (c) (d)

हल (c): इसे देखने से स्पष्ट होता है कि आकृतियाँ एकान्तरित क्रम में पहले विकर्णवत् एक-दूसरे से स्थानान्तरित हो जाती हैं, उसके बाद एक-एक भुजा Clockwise दिशा में आगे बढ़ जाती है। इस प्रकार इसकी अगली आकृति, विकल्प (c) की तरह होगी।

प्रकार-1 : चार आकृतियों वाली शृंखला

इसके अंतर्गत प्रश्नों में चार आकृतियों का एक क्रम दिया रहता है तथा इसके बाद आने वाली आकृति को उत्तर-विकल्पों में से चुनना होता है। शृंखला के बीच में भी किसी आकृति के स्थान पर प्रश्नवाचक चिह्न हो सकता है तथा इसके स्थान पर आने वाली आकृति को उत्तर आकृतियों के विकल्प से चुनना होता है।

प्रश्न आकृतियाँ

उदाहरण 5.

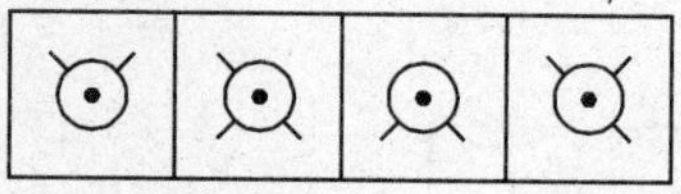

उत्तर आकृतियाँ

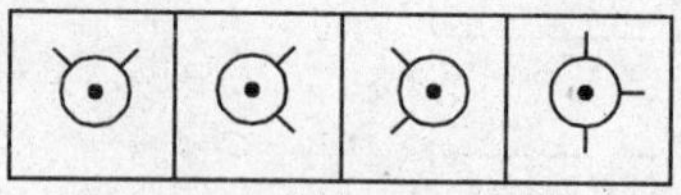

(a) (b) (c) (d)

हल (a) : प्रश्नाकृतियों में एकान्तरित रूप से आकृतियाँ समान हैं, लेकिन आकृति की स्थिति में परिवर्तन हो जाता है। एकान्तरित आकृतियाँ 180° से घूम रही हैं। इस प्रकार पाँचवीं आकृति उत्तर विकल्प (a) की तरह होगी।

प्रकार-2 : लुप्त आकृति वाली शृंखला

इस प्रकार के प्रश्नों में एक शृंखला दी होती है। इस शृंखला-क्रम के कोई बीच की या पहली आकृति के स्थान पर प्रश्नवाचक चिह्न (?) दिया रहता है। इसके बाद उत्तर आकृतियों के चार विकल्प दिये होते हैं। अभ्यर्थियों को इन उत्तर विकल्पों में से उस आकृति को चुन कर प्रश्नवाचक चिह्न (?) के स्थान पर रखना होता है, जिससे कि प्रश्नाकृतियों का क्रम पूरा हो जाये। उस उत्तर-विकल्प का क्रमांक ही उस प्रश्न का उत्तर होता है।

उदाहरण 6.

प्रश्न आकृतियाँ

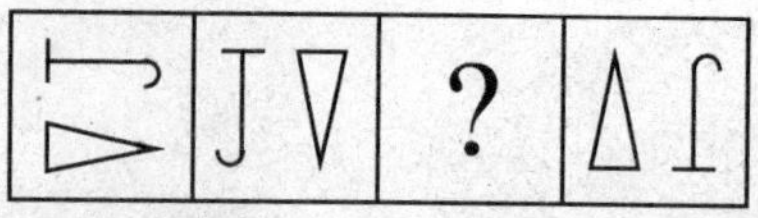

उत्तर आकृतियाँ

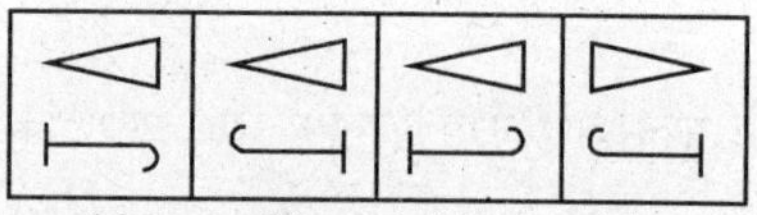

(a) (b) (c) (d)

हल (b): दी गई प्रश्नाकृतियों के क्रम को देखें। ध्यान से देखने पर स्पष्ट है कि दोनों डिजाइन अपने स्थान पर 90° से दक्षिणावर्त दिशा में घूम जाती हैं तथा एक भुजा वामावर्त दिशा में आगे बढ़ती जाती है। इस पैटर्न को ध्यान में रखते हुए उत्तर-विकल्पों में से विकल्प (b) को प्रश्नवाचक चिह्न पर रखने से शृंखला पूरी हो जाती है। अतः इस प्रश्न का उत्तर विकल्प (b) होगा।

उदाहरण 7.

प्रश्न आकृतियाँ

उत्तर आकृतियाँ

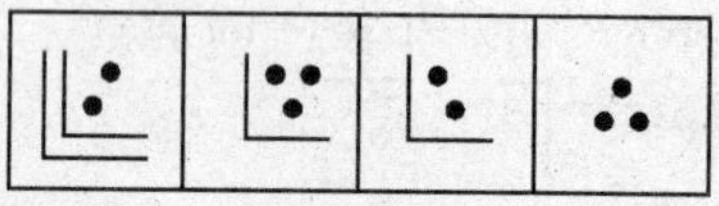

(a) (b) (c) (d)

हल (a) : इस शृंखला में एकान्तर क्रम से क्रमशः रेखाकृति और काली बिन्दी एक-एक से कम होते जा रहे हैं। अतः प्रश्नवाचक चिह्न (?) के स्थान पर आने वाली काली बिन्दी में एक की कमी होगी, जबकि रेखाकृतियों की संख्या दूसरी आकृति के समान होगी। अतः, इसका सही उत्तर विकल्प (a) होगा।

प्रकार-3 : तीन आकृतियों वाली शृंखला

इस प्रकार के प्रश्नों में शृंखला की तीन प्रश्नाकृतियों दी होती हैं तथा एक प्रश्नवाचक चिह्न दिया होता है। ये तीन आकृतियाँ अपना एक क्रम बनाती हैं। इसी क्रम के आधार पर प्रश्नवाचक चिह्न के स्थान पर आने वाली उत्तर आकृति को चुनना होता है। प्रश्नवाचक चिह्न या तो तीन आकृतियों के बाद या बीच में भी हो सकते हैं।

उदाहरण 8.

प्रश्न आकृतियाँ

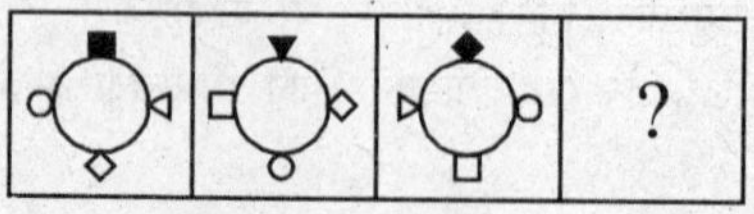

उत्तर आकृतियाँ

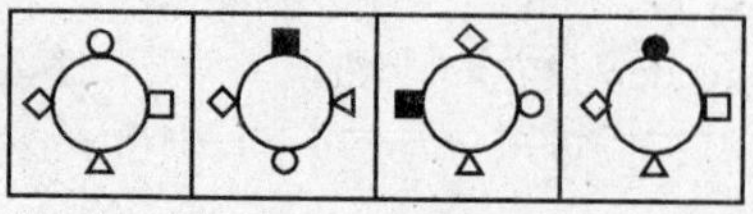

(a) (b) (c) (d)

हल (d) : इन प्रश्नाकृतियों में वृत्त से लगी छोटी-छोटी आकृतियाँ 90° से 90° से या कहें कि एक-एक भुजा से वामावर्त दिशा (Anti clockwise direction) में अगले स्थान पर खिसक जाती है तथा प्रत्येक में ऊपर जाने वाली आकृति काली हो जाती है। अतः इसका उत्तर विकल्प (d) होगा।

प्रश्नावली

निर्देश—(प्रश्न संख्या 1 एवं 2) : दिए गए विकल्पों में से लुप्त आकृति ज्ञात कीजिए—

1. प्रश्न आकृतियाँ

उत्तर आकृतियाँ

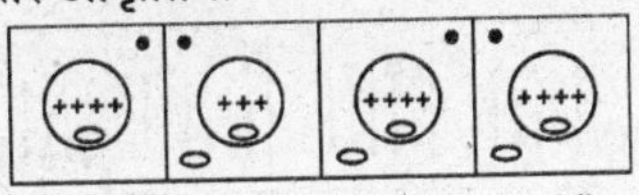

(a) (b) (c) (d)

2. प्रश्न आकृतियाँ

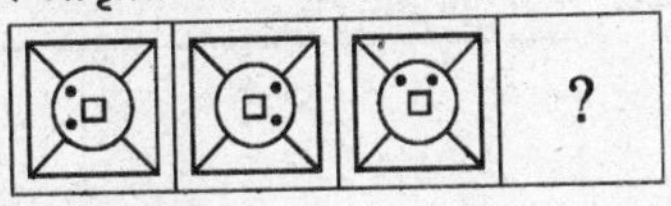

उत्तर आकृतियाँ

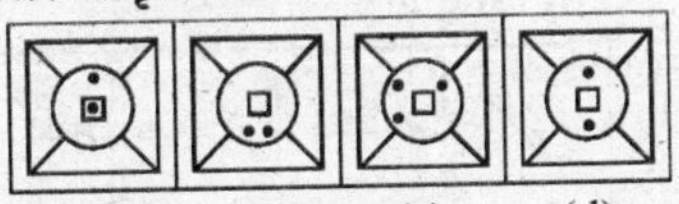

(a) (b) (c) (d)

3. दिए गए विकल्पों में से उसे चुनिए, जो अनुक्रम को पूरा करेगा—

प्रश्न आकृतियाँ

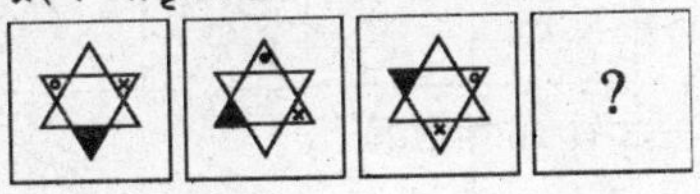

उत्तर आकृतियाँ :

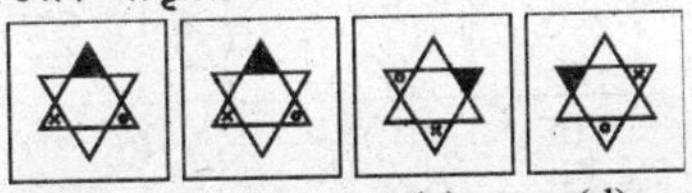

(a) (b) (c) (d)

4. इस प्रश्न में प्रश्न आकृति का एक भाग अलग किया गया है। ऐसा विकल्प चुनिए, जो अलग करने के बाद सही रूप दर्शाता हो—

प्रश्न आकृतियाँ

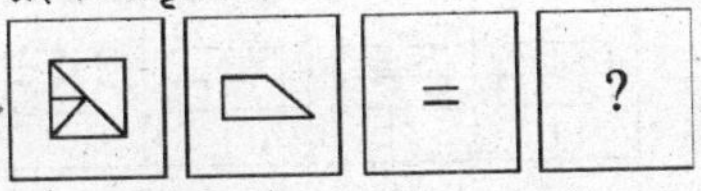

उत्तर आकृतियाँ

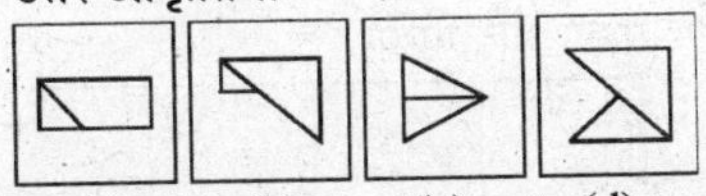

(a) (b) (c) (d)

5. अनुक्रम में अगला चित्र कौन-सा होगा?

प्रश्न आकृतियाँ

J	F	M	A	?

उत्तर आकृतियाँ

J	S	A	M
(a)	(b)	(c)	(d)

6. अनुक्रम में अगला चित्र कौन-सा होगा?

प्रश्न आकृतियाँ

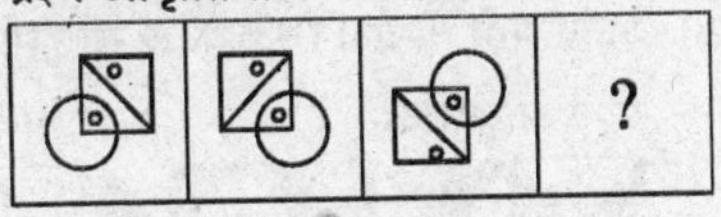

उत्तर आकृतियाँ

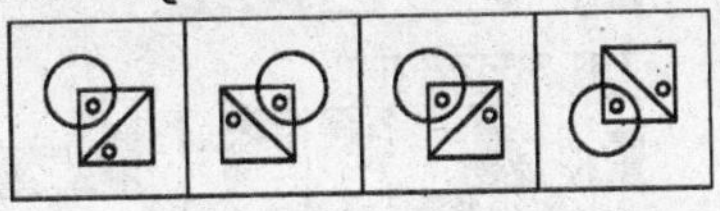

(a) (b) (c) (d)

7. शृंखला में आगे क्या आएगा?

प्रश्न आकृतियाँ

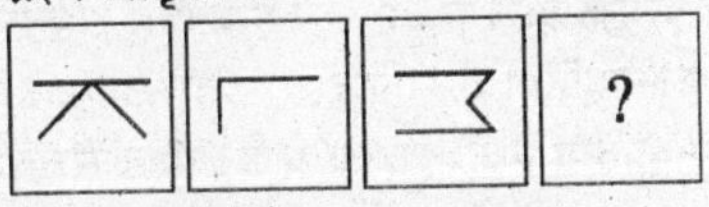

उत्तर आकृतियाँ

(a) (b) (c) (d)

8. दिए गए विकल्पों में से वह सही विकल्प चुनिए जो अनुक्रम को पूरा करेगा—

प्रश्न आकृतियाँ

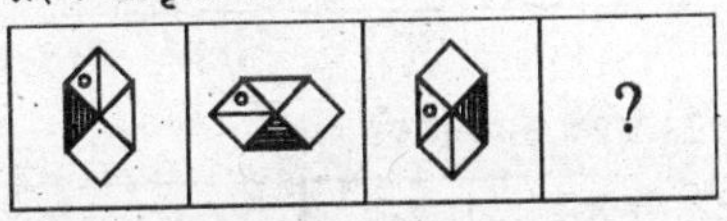

उत्तर आकृतियाँ

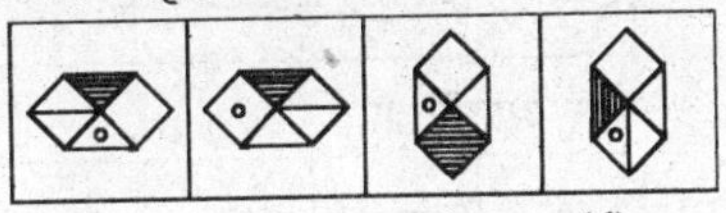

(a) (b) (c) (d)

9. दिए गए विकल्पों में से संबंधित आकृति चुनिए—

प्रश्न आकृतियाँ

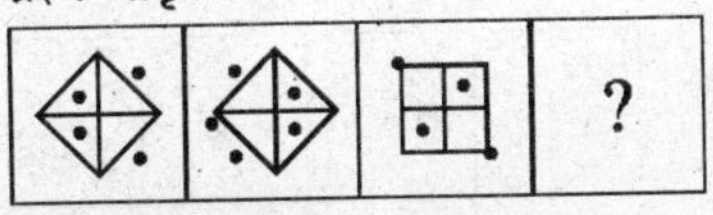

उत्तर आकृतियाँ

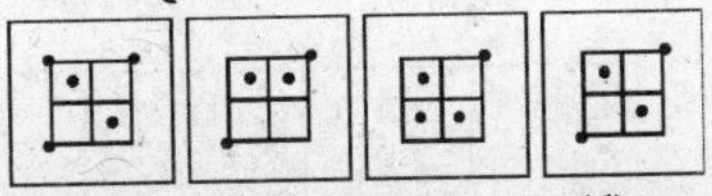

(a) (b) (c) (d)

10. अनुक्रम में अगला चित्र कौन-सा होगा?

प्रश्न आकृतियाँ

M	T	W	T	?

उत्तर आकृतियाँ

F	O	U	R
(a)	(b)	(c)	(d)

11. दिए गए विकल्पों में से शृंखला की लुप्त आकृति ज्ञात कीजिए—

प्रश्न आकृतियाँ

उत्तर आकृतियाँ

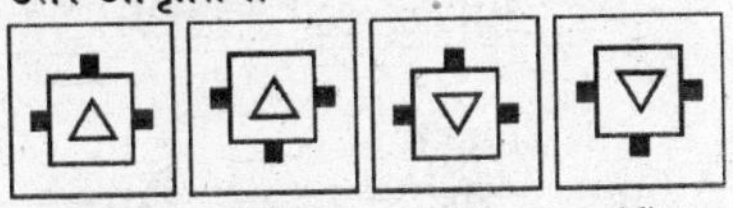

(a) (b) (c) (d)

12. अनुक्रम में अगला चित्र कौन-सा होगा?

प्रश्न आकृतियाँ

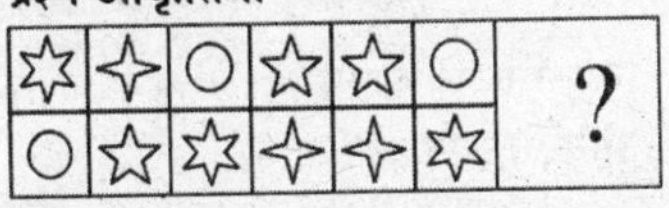

उत्तर आकृतियाँ

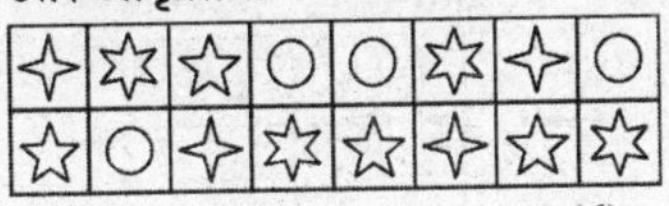

(a) (b) (c) (d)

13. दिए गए विकल्पों में से शृंखला की लुप्त आकृति ज्ञात कीजिए—

प्रश्न आकृतियाँ

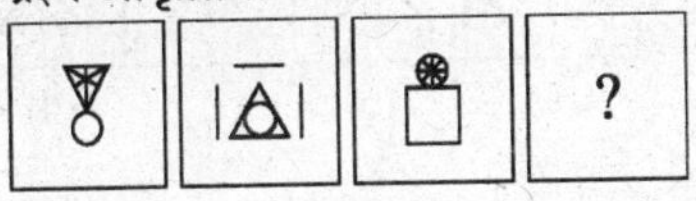

उत्तर आकृतियाँ

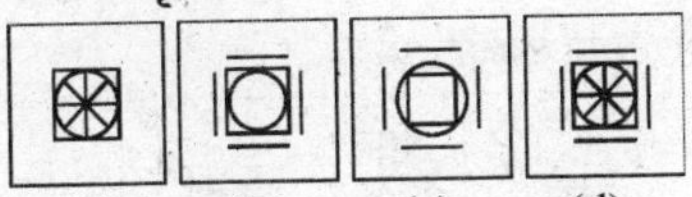

(a) (b) (c) (d)

14. अनुक्रम में अगला चित्र कौन-सा होगा?

प्रश्न आकृतियाँ

उत्तर आकृतियाँ

(a) (b) (c) (d)

15. दिए गए विकल्पों में से उसे चुनिए जो अनुक्रम को पूरा करेगा—

प्रश्न आकृतियाँ

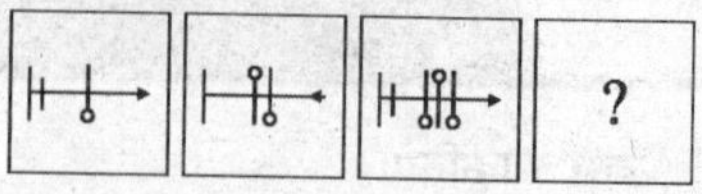

उत्तर आकृतियाँ

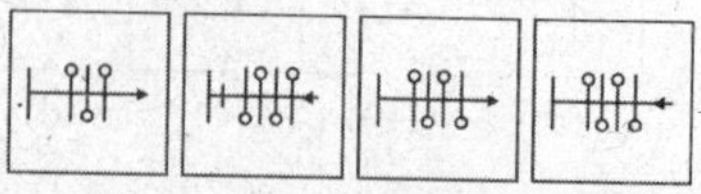

(a) (b) (c) (d)

16. दिए गए विकल्पों में से वह सही विकल्प चुनिए जो अनुक्रम को पूरा करेगा—

प्रश्न आकृतियाँ

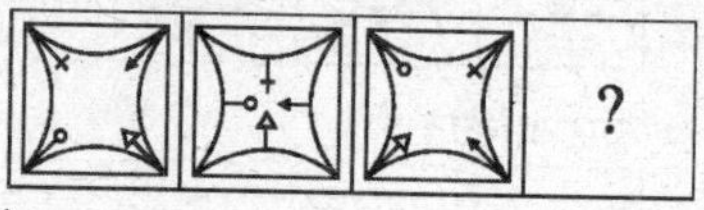

उत्तर आकृतियाँ

(a) (b) (c) (d)

17. दिए गए विकल्पों में से शृंखला की लुप्त आकृति ज्ञात कीजिए—

प्रश्न आकृतियाँ

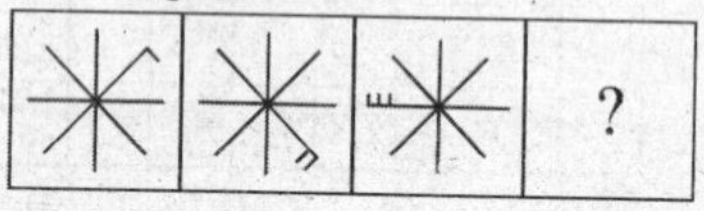

उत्तर आकृतियाँ

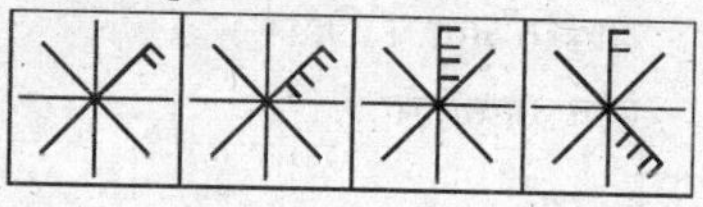

(a) (b) (c) (d)

दिए गए विकल्पों में से लुप्त आकृति ज्ञात कीजिए—

18. प्रश्न आकृतियाँ

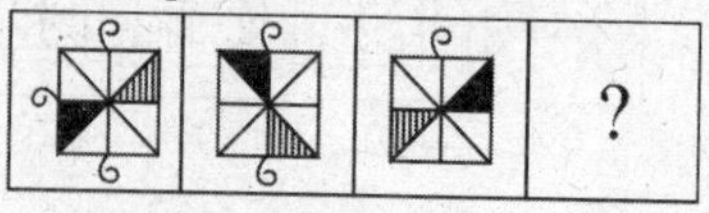

उत्तर आकृतियाँ

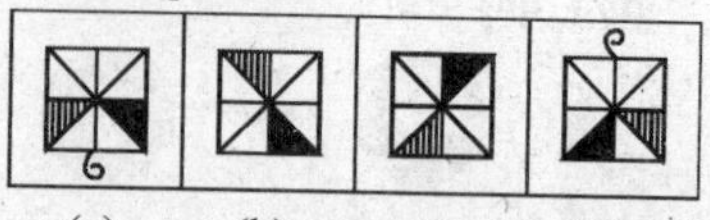

(a) (b) (c) (d)

दिए गए विकल्पों में से लुप्त आकृति ज्ञात कीजिए—

19. प्रश्न आकृतियाँ

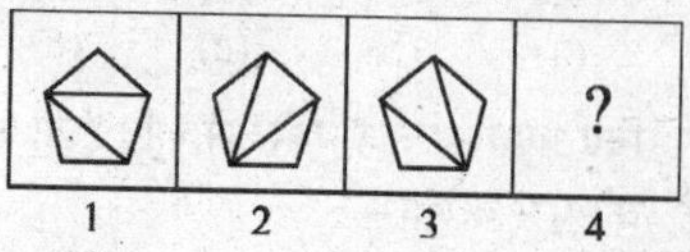

1 2 3 4

उत्तर आकृतियाँ

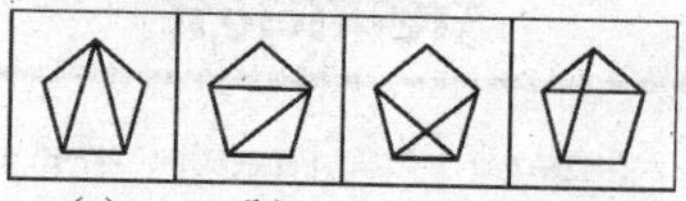

(a) (b) (c) (d)

20. अनुक्रम में अगला चित्र कौन-सा होगा?

प्रश्न आकृतियाँ

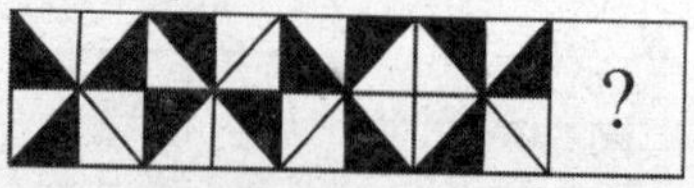

उत्तर आकृतियाँ

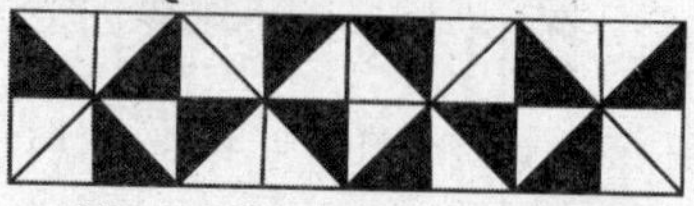

(a) (b) (c) (d)

निर्देश—(प्रश्न संख्या 21 से 40 तक) : नीचे दिये गये प्रत्येक प्रश्न में आकृतियों का दो समूह हैं। एक प्रश्न आकृतियों का, तो दूसरा उत्तर-आकृतियों का। प्रश्नाकृतियाँ एक शृंखला में हैं। प्रश्न सूचक चिह्न के स्थान पर आने वाली आकृति को चुनें।

21. प्रश्न आकृतियाँ

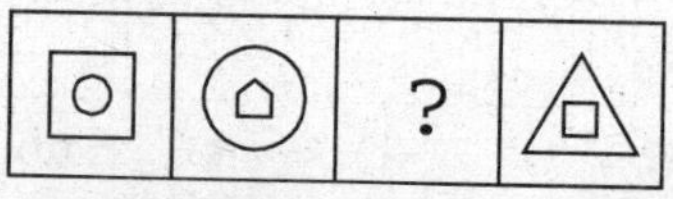

उत्तर आकृतियाँ

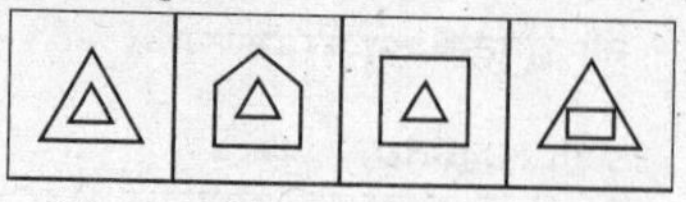

(a) (b) (c) (d)

22. प्रश्न आकृतियाँ

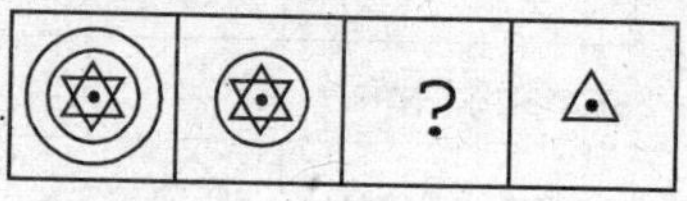

उत्तर आकृतियाँ

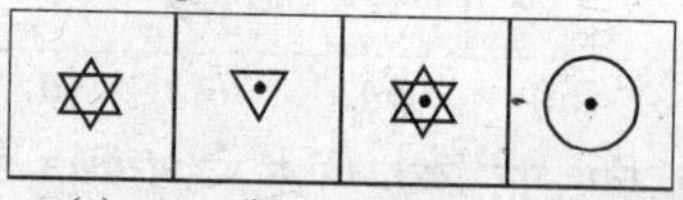

(a) (b) (c) (d)

23. प्रश्न आकृतियाँ

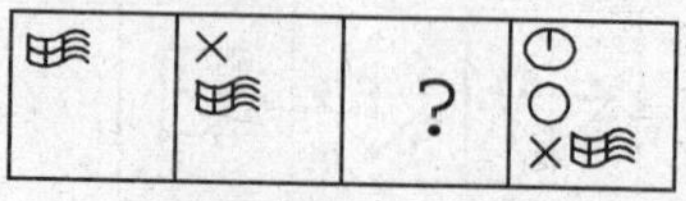

उत्तर आकृतियाँ

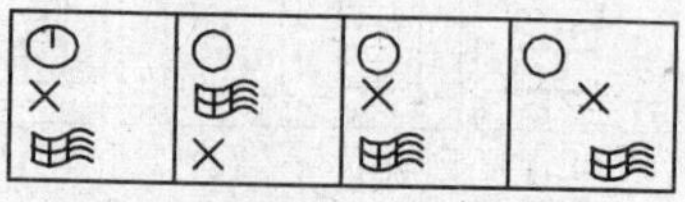

(a) (b) (c) (d)

24. प्रश्न आकृतियाँ

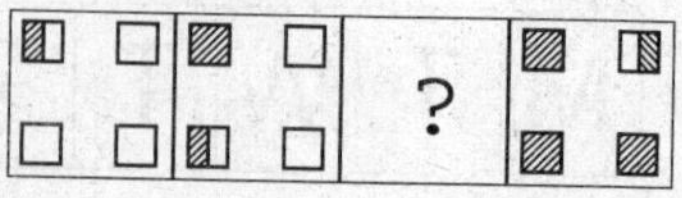

उत्तर आकृतियाँ

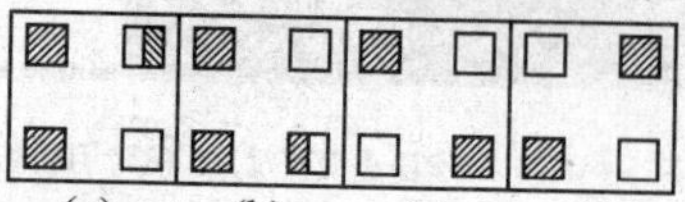

(a) (b) (c) (d)

25. प्रश्न आकृतियाँ

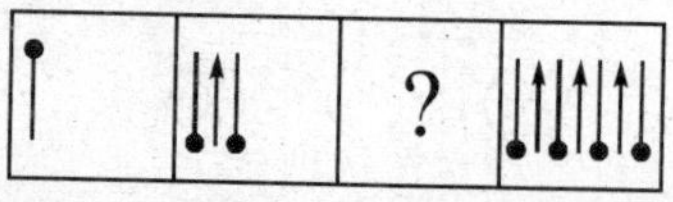

उत्तर आकृतियाँ

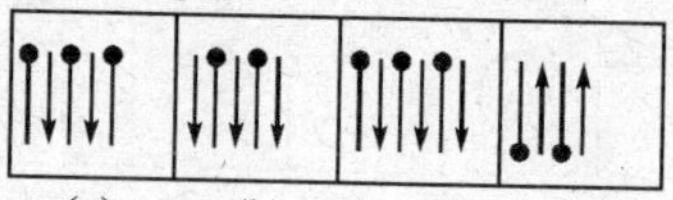

(a) (b) (c) (d)

26. प्रश्न आकृतियाँ

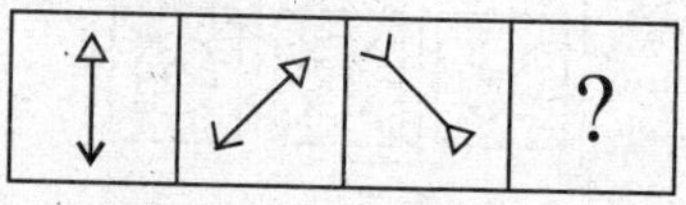

उत्तर आकृतियाँ

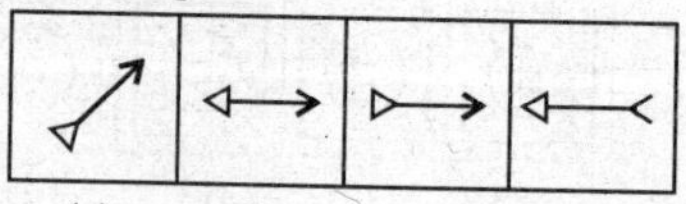

(a) (b) (c) (d)

27. प्रश्न आकृतियाँ

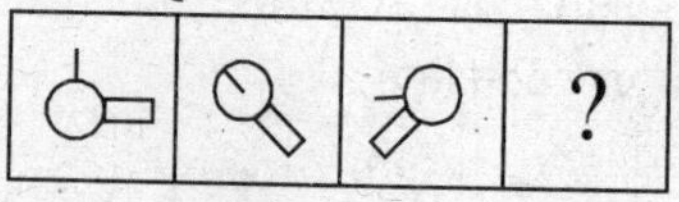

उत्तर आकृतियाँ

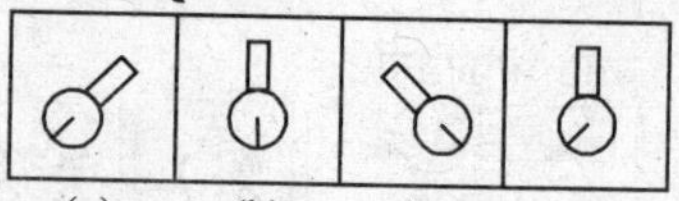

(a) (b) (c) (d)

28. प्रश्न आकृतियाँ

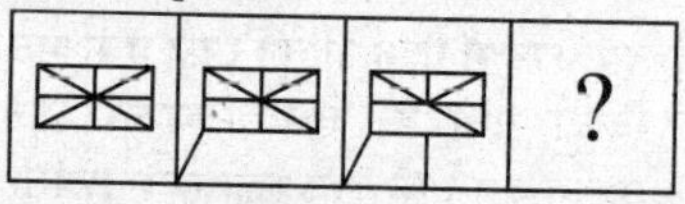

उत्तर आकृतियाँ

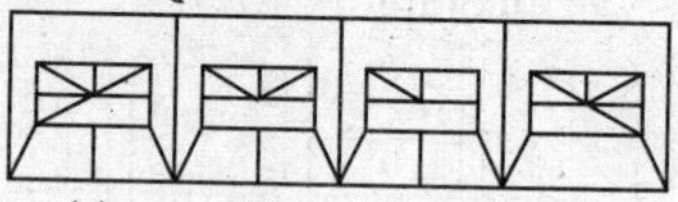

(a) (b) (c) (d)

29. प्रश्न आकृतियाँ

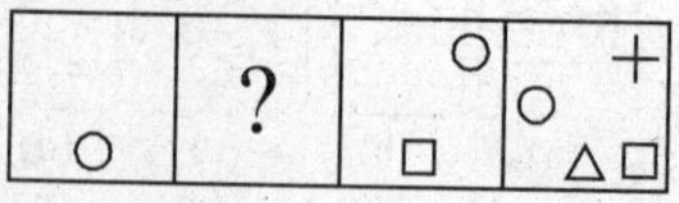

उत्तर आकृतियाँ

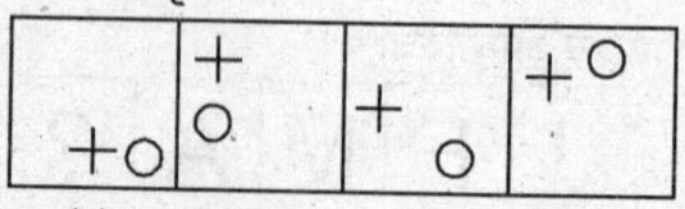

(a) (b) (c) (d)

30. प्रश्न आकृतियाँ

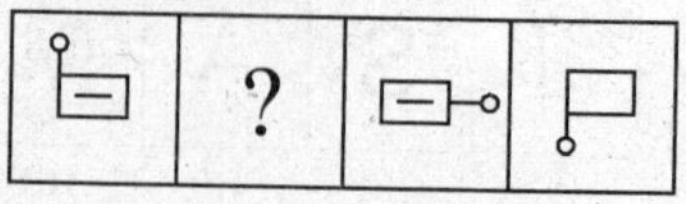

उत्तर आकृतियाँ

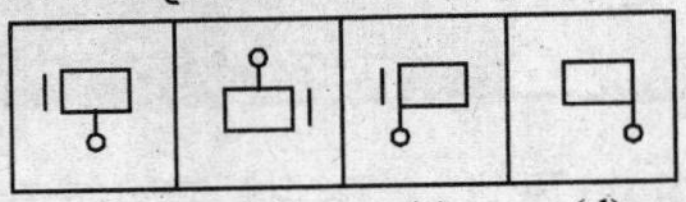

(a) (b) (c) (d)

31. प्रश्न आकृतियाँ

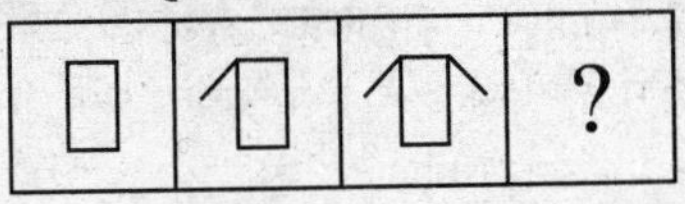

उत्तर आकृतियाँ

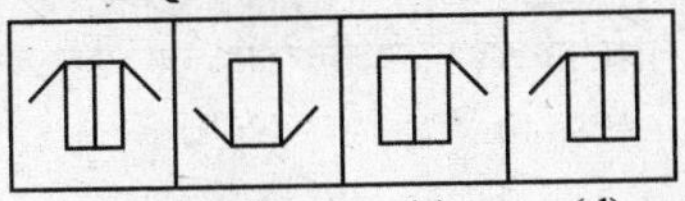

(a) (b) (c) (d)

32. प्रश्न आकृतियाँ

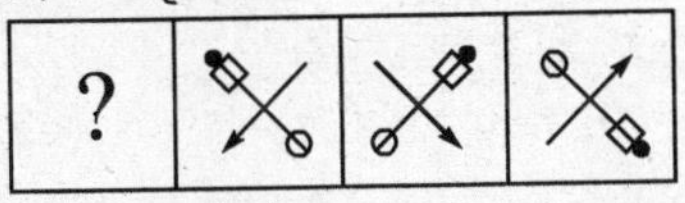

उत्तर आकृतियाँ

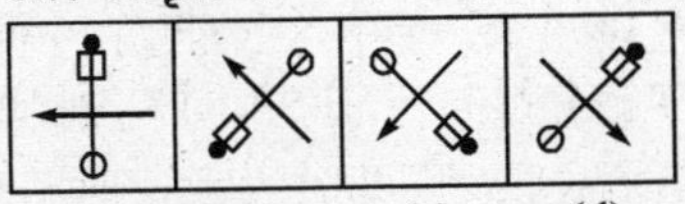

(a) (b) (c) (d)

33. प्रश्न आकृतियाँ

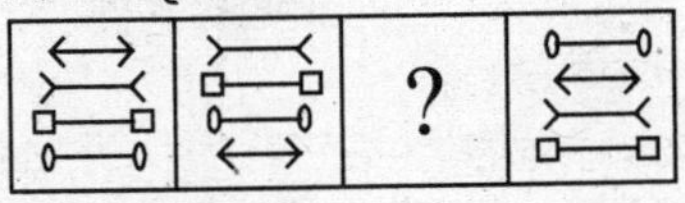

उत्तर आकृतियाँ

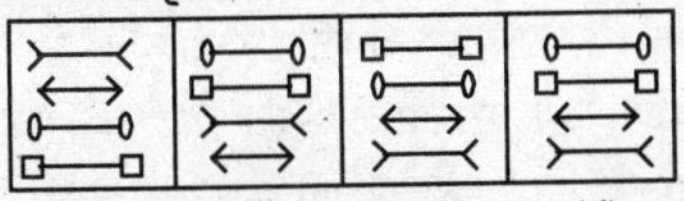

(a) (b) (c) (d)

34. प्रश्न आकृतियाँ

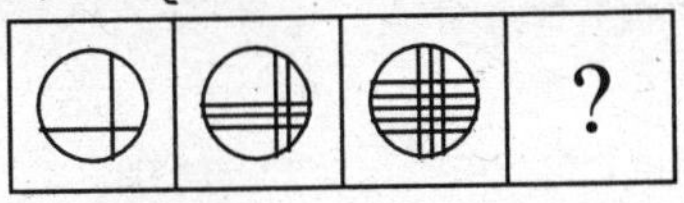

उत्तर आकृतियाँ

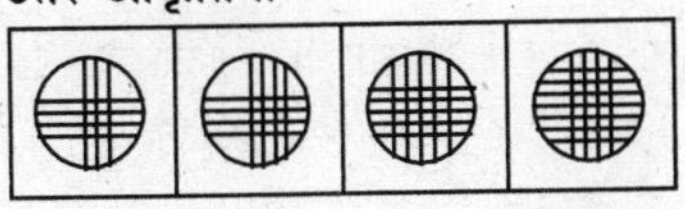

(a) (b) (c) (d)

35. प्रश्न आकृतियाँ

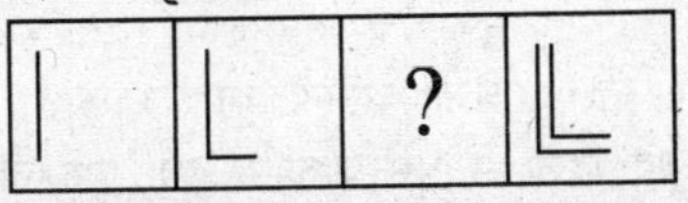

उत्तर आकृतियाँ

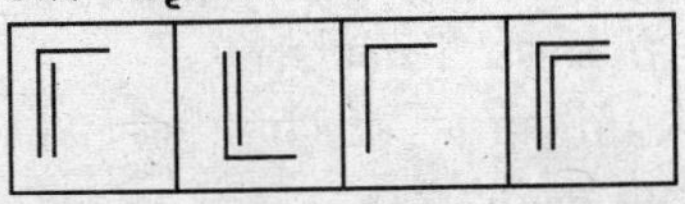

(a) (b) (c) (d)

36. प्रश्न आकृतियाँ

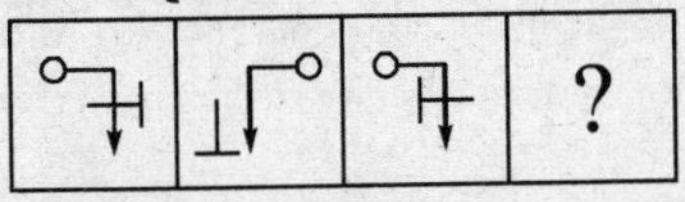

उत्तर आकृतियाँ

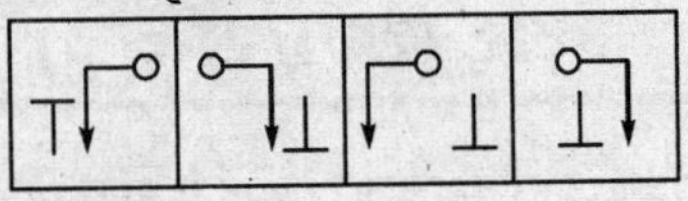

(a) (b) (c) (d)

37. प्रश्न आकृतियाँ

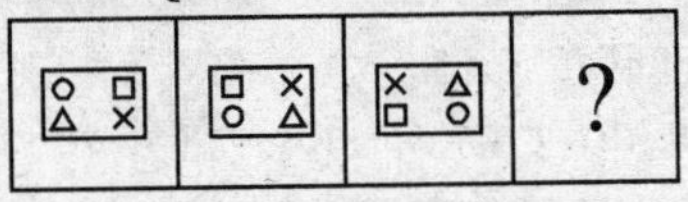

उत्तर आकृतियाँ

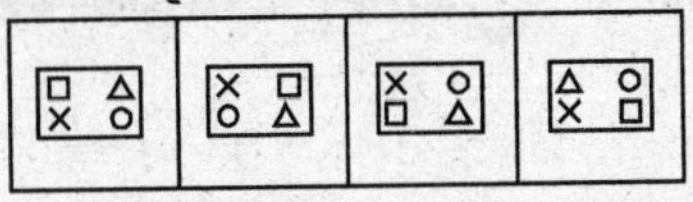

(a) (b) (c) (d)

38. प्रश्न आकृतियाँ

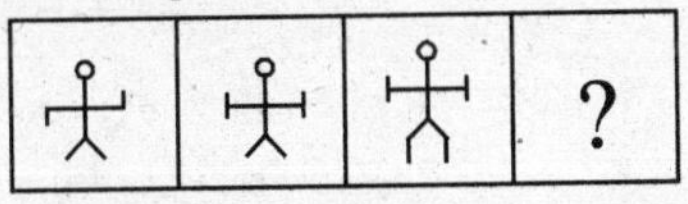

उत्तर आकृतियाँ

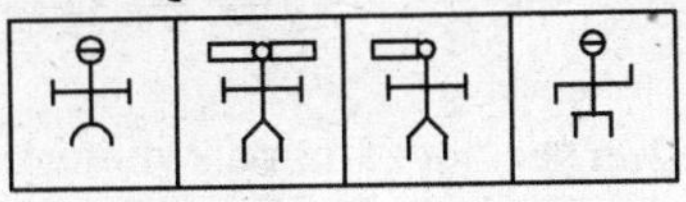

(a) (b) (c) (d)

39. प्रश्न आकृतियाँ

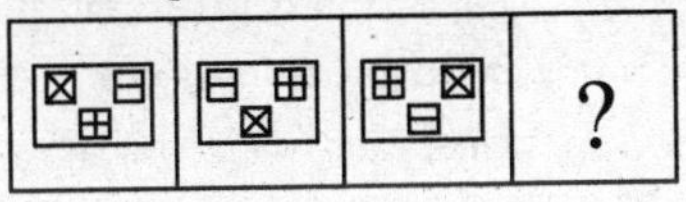

उत्तर आकृतियाँ

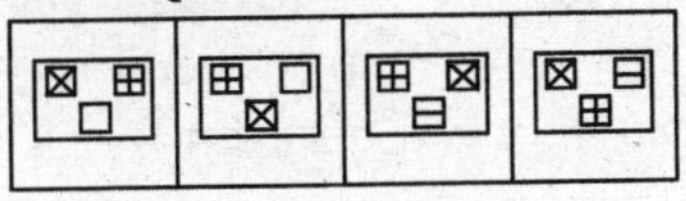

(a) (b) (c) (d)

40. प्रश्न आकृतियाँ

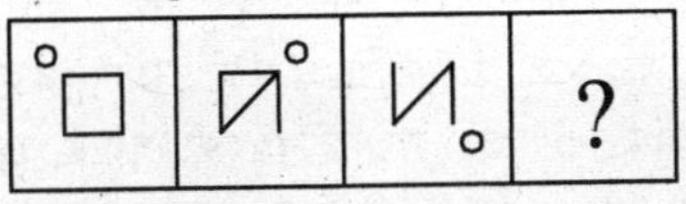

उत्तर आकृतियाँ

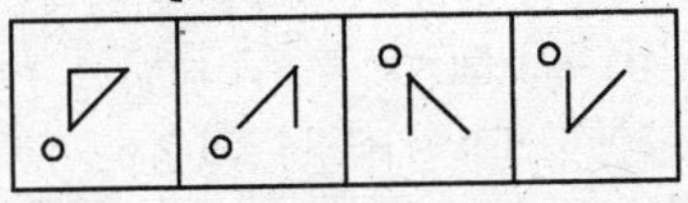

(a) (b) (c) (d)

निर्देश—(प्रश्न संख्या 41 से 46 तक) : नीचे दिये गये प्रत्येक प्रश्न में चार चित्र दिये गये हैं। विकल्प (a), (b), (c) तथा (d) में से अगला सही चित्र चुनें। ताकि प्रश्न आकृति सही क्रम का पालन करें।

41. प्रश्न आकृतियाँ

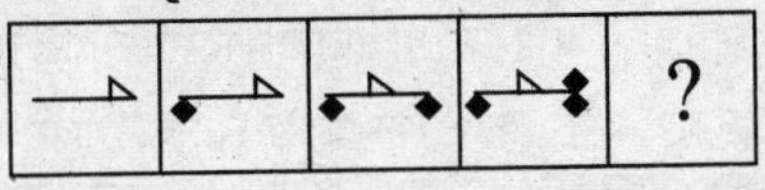

उत्तर आकृतियाँ

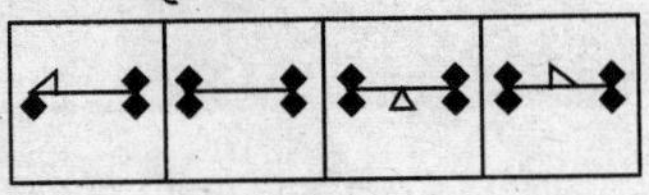

(a) (b) (c) (d)

42. प्रश्न आकृतियाँ

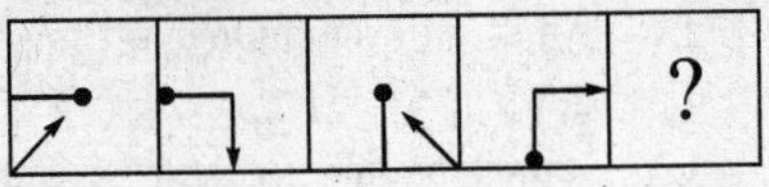

उत्तर आकृतियाँ

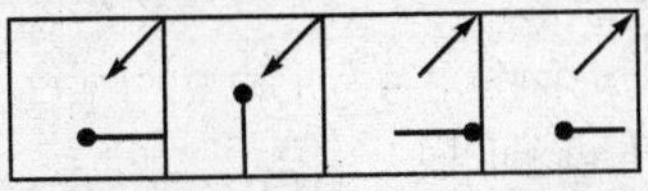

(a) (b) (c) (d)

43. प्रश्न आकृतियाँ

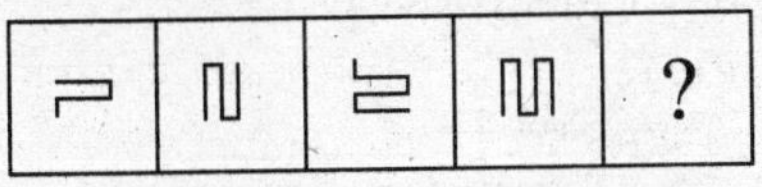

उत्तर आकृतियाँ

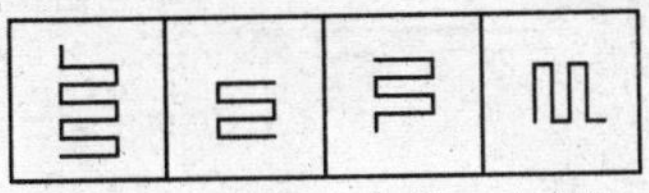

(a) (b) (c) (d)

44. प्रश्न आकृतियाँ

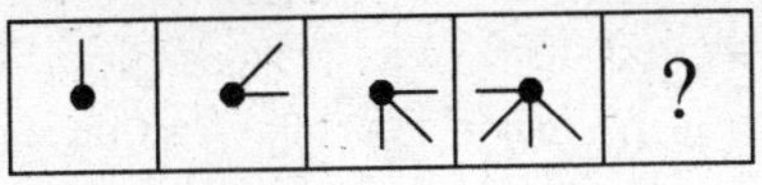

उत्तर आकृतियाँ

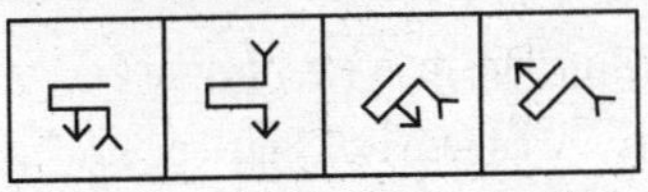

(a) (b) (c) (d)

45. प्रश्न आकृतियाँ

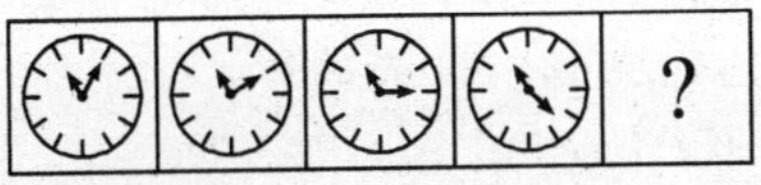

उत्तर आकृतियाँ

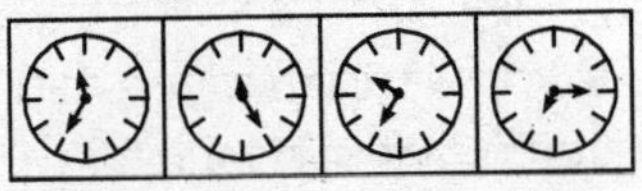

(a) (b) (c) (d)

46. प्रश्न आकृतियाँ

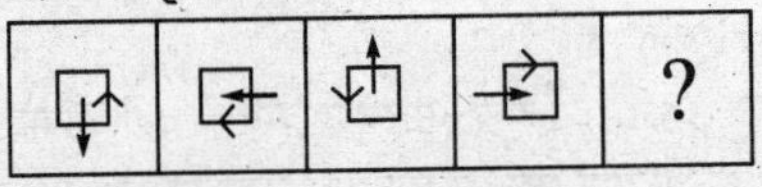

उत्तर आकृतियाँ

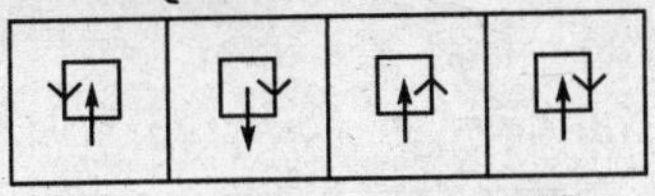

(a) (b) (c) (d)

उत्तर (हल/संकेत)

1. (d) प्रत्येक अगली आकृति में '+' का निशान एक बढ़ जाता है तथा ऊपर की बिन्दी बाएं से दाएं छोर बदलती रहती है।

2. (b) वृत्त के भीतर आकृति पलट कर विपरीत दिशा में पहुँच जाती है।

3. (a) अगली आकृति 90° घड़ी की दिशा में में घूमकर बन रही है। अतः उत्तर आकृति (a) अनुक्रम को पूरा करेगी।

4. (c) आकृति में से भाग को अलग करने का उत्तर विकल्प (c) आएगा।

5. (d) प्रत्येक अक्षर अंग्रेजी के महीने का प्रथम अक्षर है इसी क्रम को जारी रखते हुए, January, February, March, April, May होगा।

6. (c) प्रश्नाकृति 1 से 2 तथा 3 से उत्तर आकृति एक-दूसरे का दर्पण प्रतिबिम्ब है।

7. (c) दी हुई श्रृंखला K, L, M तथा N को प्रदर्शित करती है।

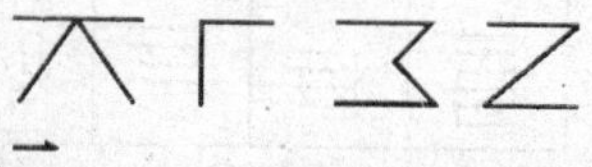

(बढ़ते हुए)

8. (b) आकृति 2 और 4 अपनी पूर्ण आकृति को 90° घड़ी की सुइयों की विपरीत दिशा में तथा वृत्त को घड़ी की सुइयों की दिशा में एक स्थिति आगे बढ़ाया जा रहा है।

9. (d) आकृति 2, आकृति '1' की दर्पण प्रतिबिम्ब है। इसी प्रकार उत्तर आकृति, प्रश्न आकृति 3 की दर्पण प्रतिबिम्ब होगी।

10. (a) सप्ताह के दिन का प्रथम अक्षर - Monday, Tuesday, Wednesday, Thursday, Friday के क्रम में है।

11. (a) भीतर की आकृति बाहर आकर बड़ी तथा बाहरी आकृति भीतर चली जाती है।

12. (b) घड़ी की सुई की दिशा में एक स्थान आकृति बढ़ रही है।

13. (c) प्रथम से द्वितीय आकृति में नीचे की डिजाइन ऊपर की डिजाइन के मध्य में बनती है तथा ऊपर की डिजाइन के अन्दर बने तीनों रेखाएं बाहर बनती हैं। यही प्रक्रिया तीसरी से चौथी आकृति में होती है।

14. (d) भीतर की आकृति 45°, 90° के क्रम में आगे बढ़ती है तथा प्रत्येक अगली आकृति में छायांकित हो जाती है।

15. (d) प्रत्येक अगली आकृति में दाएँ का तीर पलटता है तथा बाएँ छोर पर एक बार बड़ी रेखा तथा अगली बार इसके साथ छोटी रेखा भी बनती है तथा मध्य में डिजाइन प्रत्येक बार पलटकर नई बनती है।

16. (d) प्रत्येक अगली आकृति में मुख्य डिजाइन अन्दर की चारों डिजाइनें क्रमशः अगले स्थान पर दक्षिणावर्त दिशा में सरकती है।

17. (c) प्रत्येक अगली आकृति में मुख्य डिजाइन पर बनी रेखाओं की एक, दो तीन व चार संख्या हो रही हैं। तथा ये रेखाएं 90°, 135°, 90° क्रमशः दक्षिणावर्त दिशा में घूमकर बनती हैं।

18. (b) प्रत्येक अगली आकृति में वर्ग के अन्दर रेखांकित व छायांकित भाग दो खाने दक्षिणावर्त सरकते हैं तथा वर्ग के बाहर बनी डिजाइनें एक-एक करके लुप्त होती हैं।

19. (b) त्रिभुज का आधार क्रमशः घड़ी की सुइयों के चलने की विपरीत दिशा में एक भुजा सरक रहा है।

20. (a) क्रम में बढ़ते हुए आकृति (b) का निर्माण होगा।

21. (b) अंदर की डिजाइन बाहर आ जाती है तथा बाहर की डिजाइन छोटी होकर नवीन आकृति में बदलकर अंदर आ जाती है।

22. (c) बाहर से क्रमशः एक-एक डिजाइन लुप्त होते जा रही है।

23. (c) प्रत्येक अगली प्रश्नाकृति में डिजाइनें आधी-आधी भुजा वामावर्त दिशा में खिसक रही हैं तथा उनके पहले एक नयी डिजाइन आ जाती है।

24. (b) प्रत्येक बार क्रम से दो वर्ग में आधा-आधा वर्ग रेखांकित होते जा रहा है।

25. (a) डिजाइनें उलट-पलट रही हैं तथा इसी तरह के दो-दो डिजाइन जुड़ती जा रही हैं।

26. (c) प्रत्येक अगली बार प्रश्नाकृति क्रमशः 45°, 90°, 135°,.....से दक्षिणावर्त दिशा में घूम जाती है तथा एकान्तर क्रम से प्रत्येक सिरे से लगी डिजाइन उलट जाती है।

27. (d) वृत्त से लगी आयताकार डिजाइन दक्षिणावर्त दिशा में क्रमशः 45°, 90°, 135°, से घूमती जाती है तथा छोटी भुजा एकान्तरित क्रम से क्रमशः अंदर-बाहर होते हुए वामावर्त दिशा में 45° से घूमती जाती है।

28. (b) प्रत्येक अगली बार वर्ग के अंदर की भुजाओं में लगातार एक-एक भुजा का ह्रास (वामावर्त दिशा में) होते जा रहा है तथा बाहर में इसी दिशा में एक-एक भुजा बढ़ती जा रही है।

29. (a) प्रत्येक अगली बार वृत्त क्रमशः $\frac{1}{2}$, 1, $1\frac{1}{2}$ .....भुजाओं से वामावर्त दिशा में घूमते जा रही है तथा प्रत्येक बार पहली आकृति के स्थान पर कई आकृति आ जाती है तथा उसके बारे यह आकृति भी वृत्त की भाँति ही खिसकते जाती है।

30. (b) प्रत्येक बार वृत्त से युक्त भुजा क्रमशः $\frac{1}{2}$, 1, $1\frac{1}{2}$.....भुजा से दक्षिणावर्त दिशा में खिसक रही है तथा अंदर की भुजा क्रमशः अंदर-बाहर होते हुए एक-एक भुजा से इसी दिशा में खिसक रही है।

31. (a) प्रत्येक अगली बार आयत से एक-एक भुजा जुड़ती जा रही है।

32. (b) प्रत्येक अगली बार आकृति 90° दक्षिणावर्त दिशा में घूम जाती है तथा प्रत्येक बार तीर अपने स्थान पर उलट जाता है।

33. (c) प्रत्येक बार ऊपर की डिजाइन सबसे नीचे तथा नीचे की डिजाइनें उत्तरोत्तर एक-एक कर ऊपर खिसकने लगती हैं।

34. (d) प्रत्येक अगली प्रश्नाकृति में क्षैतिज तथा उर्ध्वाधर रेखाओं में क्रमशः दो और एक भुजा की वृद्धि हो रही है।

35. (d) प्रत्येक अगली प्रश्नाकृति में एक भुजा की निश्चित क्रम में वृद्धि होकर 'L' बनता जा रहा है।

36. (a) प्रत्येक अगली प्रश्नाकृति में डिजाइन '—|' दक्षिणावर्त दिशा में 90° से घूम रही है तथा शेष दूसरी डिजाइन प्रत्येक बार दाएँ-बाएँ उलट-पलट रही है।

37. (d) प्रत्येक अगली प्रश्नाकृति में वृत्त के अंदर की डिजाइनें एक-एक भुजा से वामावर्त दिशा में खिसक रही हैं।

38. (b) प्रत्येक अगली प्रश्नाकृति में दोनों तरफ डिजाइनों में वृद्धि हो रही है।

39. (d) प्रत्येक अगली प्रश्नाकृति में डिजाइनें वामावर्त दिशा में अगले स्थान पर आ जाती हैं।

40. (b) प्रत्येक अगली प्रश्नाकृति में निश्चित क्रम में एक-एक भुजा का ह्रास हो रहा है तथा वृत्त दक्षिणावर्त दिशा में 90° से घूम रहा है।

41. (d) प्रत्येक अगली बार बड़ी रेखा से एक-एक कालांकित वर्ग क्रम से जुड़ते जा रहा है।

42. (a) प्रत्येक आकृति में डिजाइन और आध ी भुजा वामावर्त सरकता व पलटता है। इसी प्रकार '|' भी पहले अपने स्थान पर पलटता है तब वामावर्त दिशा में सरकता है।

43. (c) आकृति प्रत्येक बार 90° से घूम जाती है तथा एक-एक भुजा पैटर्न के अनुसार बढ़ती जा रही है।

44. (a) प्रत्येक अगली बार आकृति 45° से वामावर्त दिशा में घूम जाती है तथा एक तीर दूसरे तरफ चला जाता है, जबकि एक तीर आधी-आधी भुजा से वामावर्त खिसक रहा है।

45. (b) बड़ी की सुई (मिनट वाली) 1-1 चिह्न पर आगे बढ़ रही है।

46. (b) प्रत्येक अगली प्रश्न आकृति में तीर वामावर्त दिशा में एक-एक भुजा से खिसक रहा है तथा बाहर क्रमशः तीर अंदर-बाहर हो रहा है।

□□□

अध्याय 2

सादृश्य/समानता/समरूपता

सादृश्य (Analogy)—सादृश्यता परीक्षण में एक चित्र का किसी दूसरे चित्र से किसी भी प्रकार से विद्यमान समानता रखता है अर्थात् दूसरे शब्दों में सादृश्यता यह बतलाता है कि किन्हीं दो आकृतियों के बीच किस प्रकार की समानता है। इसके माध्यम असमानता को भी पता ज्ञात किया जाता है। मनुष्य के जीवन में इसका प्रमुख स्थान है।

इसके अंतर्गत पूछे जाने वाले प्रश्नों में प्रश्न आकृति के दो जोड़े (Pairs) दिये होते हैं। इसके दाएँ या नीचे में उत्तर आकृतियों के समूह दिये होते हैं। प्रश्न आकृति के प्रथम जोड़े के दोनों आकृतियों के बीच एक निश्चित संबंध होता है। यह संकल्प दूसरे जोड़े की दोनों आकृतियों के बीच होना चाहिए। इस प्रकार इन चार प्रश्न-आकृतियों में तीन आकृति दी होती हैं तथा एक आकृति का ध्यान खाली या प्रश्नवाचक चिह्न से भरा होता है। यह प्रश्नवाचक चिह्न इन चार में से किसी भी आकृति के स्थान पर हो सकता है। जिस जोड़े की दोनों आकृतियाँ दी होती हैं, उनके बीच जो भी संबंध हैं, को ज्ञात कर उसी संबंध के चार पर तीसरी आकृति के साथ लगे प्रश्नवाचक चिह्न पर आने वाली आकृति के स्थान पर और संकल्प से चुनना होता है। उस उत्तर आकृति का भी उस प्रश्न का उत्तर होता है।

उदाहरण

आकृतियों के बीच संबंध होने के कई आधार हो सकते हैं।

प्रकार 1. आकार (Size)—

इसके अंतर्गत आकृतियों के आकार में परिवर्तन होता है।

उदाहरण 1.

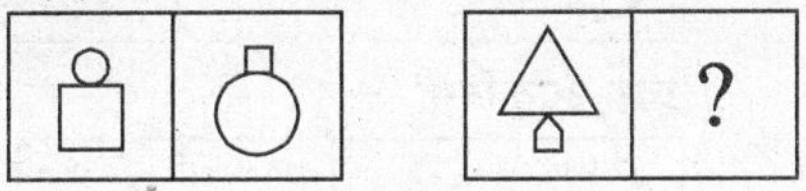

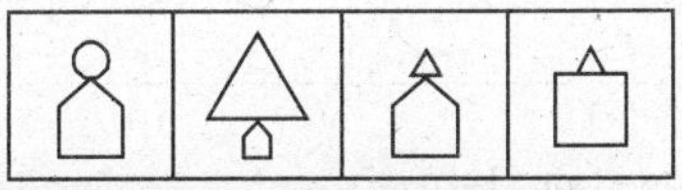

(a) (b) (c) (d)

हल (c): प्रथम जोड़े में छोटी आकृति बड़ी तथा बड़ी आकृति छोटी हो जाती है। यही संबंध दूसरे जोड़े की पहली आकृति तथा उत्तर आकृति (c) के साथ भी है।

प्रकार 2. दर्पण प्रतिबिम्ब (Mirror Image)

किसी भी प्रश्न आकृति के जोड़े में एक आकृति दूसरे का दर्पण प्रतिबिम्ब हो सकती है तथा कि पहले बताया जा चुका है कि दर्पण बिम्ब में बाएँ का भाग दाएँ तथा दाएँ का बाएँ हो जाता है।

उदाहरण 2.

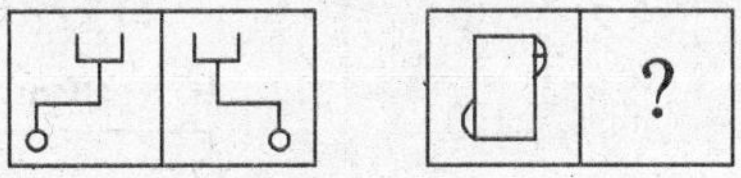

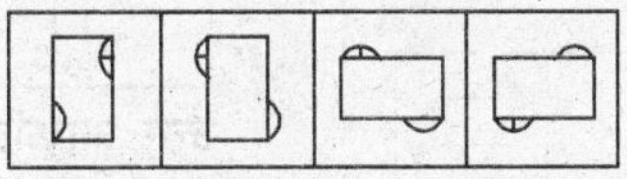

(a) (b) (c) (d)

हल (b): चूँकि पहले जोड़े की प्रथम आकृति का दर्पण प्रतिबिम्ब दूसरी आकृति है। उसी प्रकार दूसरे जोड़े की प्रथम आकृति का दर्पण प्रतिबिम्ब उत्तर आकृति (b) की तरह होगी।

प्रकार 3. जल प्रतिबिम्ब (Water Images)

जल प्रतिबिम्ब में आकृति या चित्र ऊपर-नीचे उलट जाता है।

उदाहरण 3.

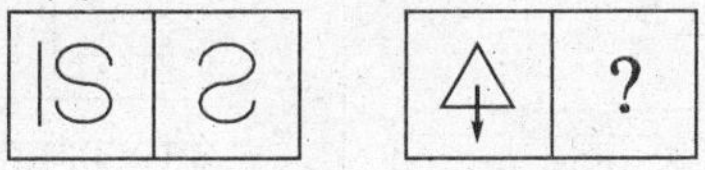

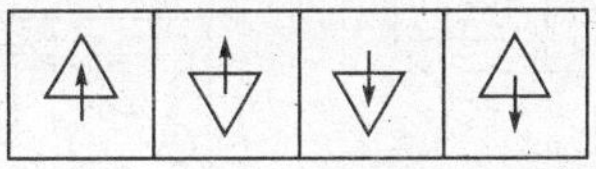

(a) (b) (c) (d)

हल (b) : इसमें S का जल प्रतिबिम्ब होगा। उसी प्रकार का जल प्रतिबिम्ब होगा।

प्रश्नावली

निर्देश—(प्रश्न संख्या 1 से 38 तक) : नीचे प्रत्येक प्रश्न में आकृतियाँ दो समुदाय में दी गई हैं। पहला समुदाय प्रश्न-आकृतियों का है और दूसरा उत्तर-आकृतियों का प्रश्न आकृतियों के प्रथम जोड़े की दोनों आकृतियों के बीच कोई संबंध स्थापित होता है। वैसा ही संबंध दूसरे जोड़े की तीसरी और चौथी आकृति के बीच होगा। प्रश्नवाचक चिह्न पर उत्तर विकल्प से कौन-सी आकृति आयेगी?

1. प्रश्न आकृतियाँ

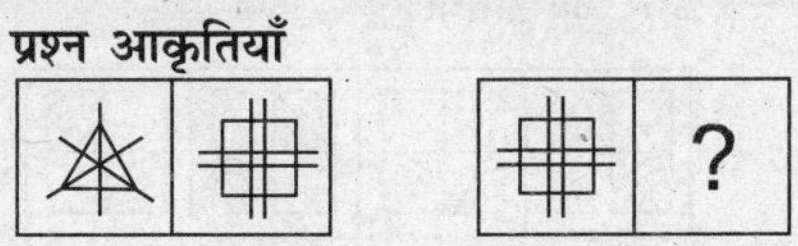

(i) (ii) (iii) (iv)

उत्तर आकृतियाँ

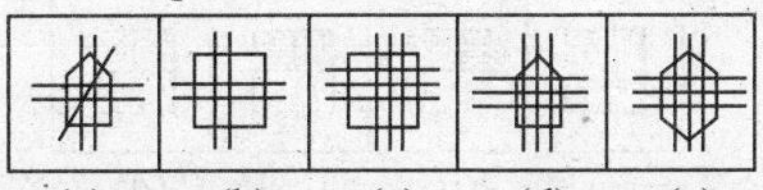

(a) (b) (c) (d) (e)

2. प्रश्न आकृतियाँ

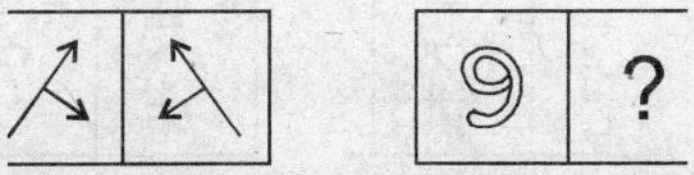

(i) (ii) (iii) (iv)

उत्तर आकृतियाँ

(a) (b) (c) (d) (e)

3. प्रश्न आकृतियाँ

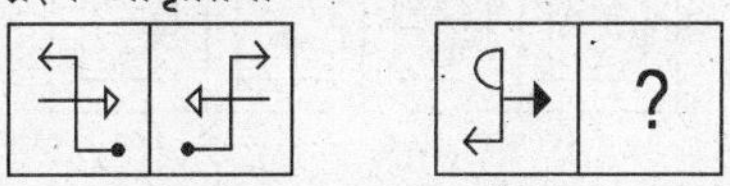

(i) (ii) (iii) (iv)

उत्तर आकृतियाँ

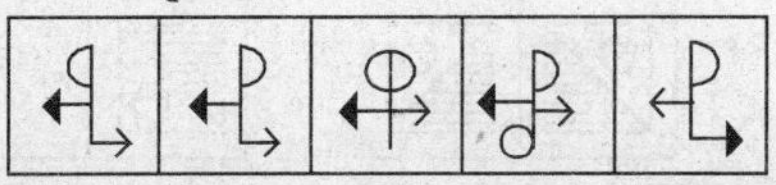

(a) (b) (c) (d) (e)

4. प्रश्न आकृतियाँ

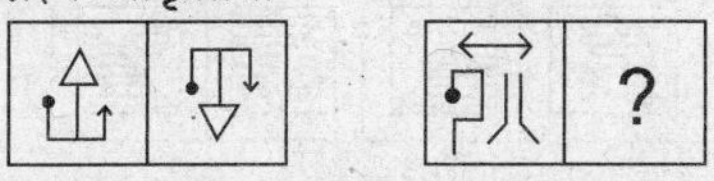

(i) (ii) (iii) (iv)

उत्तर आकृतियाँ

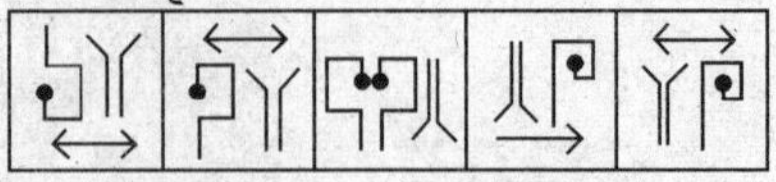

(a) (b) (c) (d) (e)

5. प्रश्न आकृतियाँ

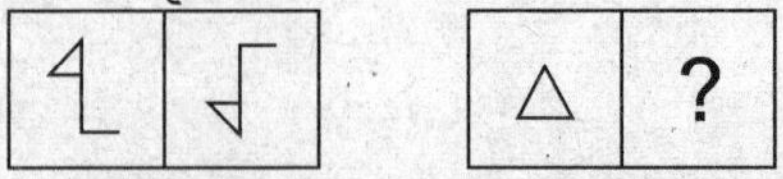

(i) (ii) (iii) (iv)

उत्तर आकृतियाँ

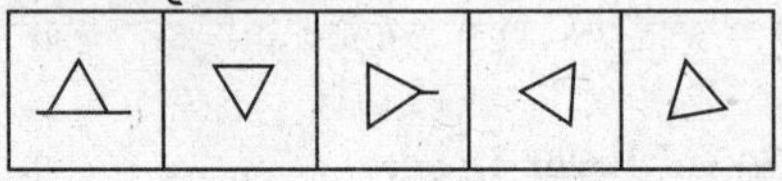

(a) (b) (c) (d) (e)

6. प्रश्न आकृतियाँ

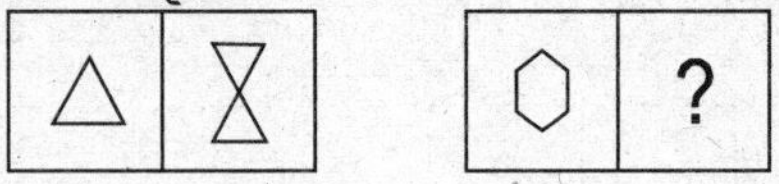

(i) (ii) (iii) (iv)

उत्तर आकृतियाँ

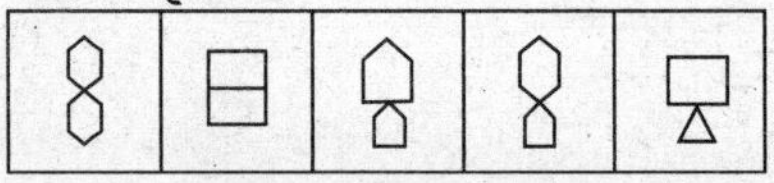

(a) (b) (c) (d) (e)

7. प्रश्न आकृतियाँ

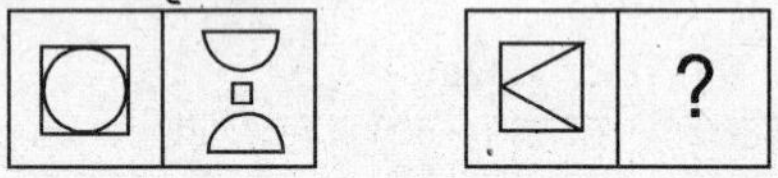

(i) (ii) (iii) (iv)

उत्तर आकृतियाँ

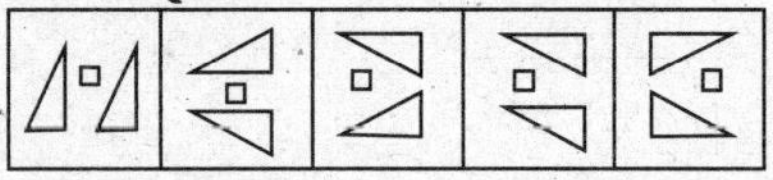

(a) (b) (c) (d) (e)

8. प्रश्न आकृतियाँ

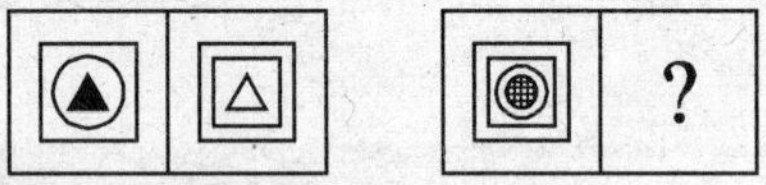

उत्तर आकृतियाँ

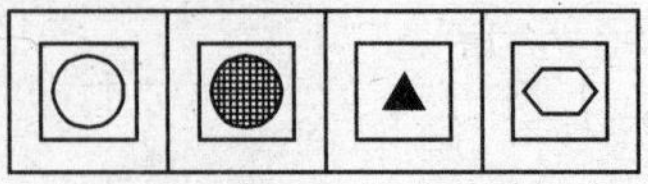

(a) (b) (c) (d)

9. प्रश्न आकृतियाँ

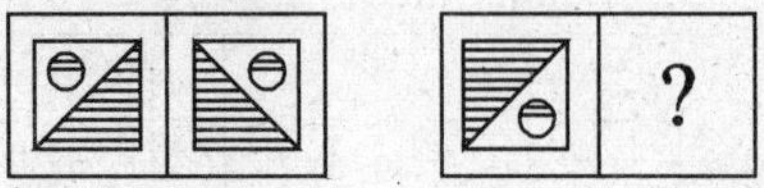

उत्तर आकृतियाँ

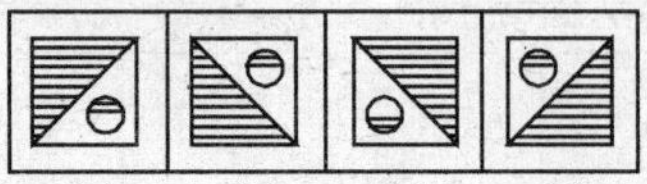

(a) (b) (c) (d)

10. प्रश्न आकृतियाँ

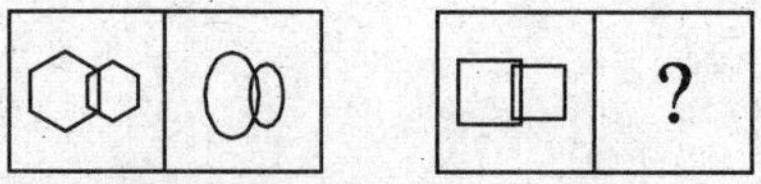

उत्तर आकृतियाँ

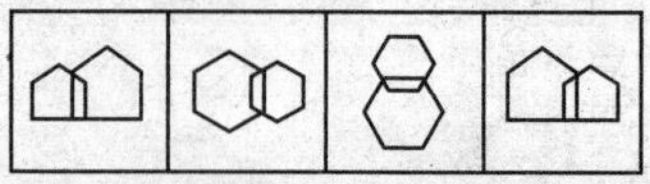

(a) (b) (c) (d)

11. प्रश्न आकृतियाँ

उत्तर आकृतियाँ

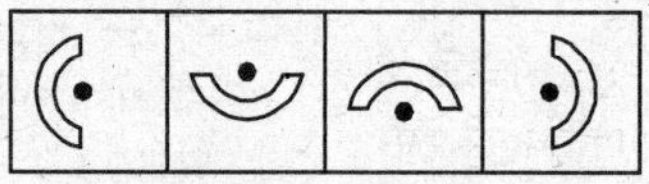

(a) (b) (c) (d)

12. प्रश्न आकृतियाँ

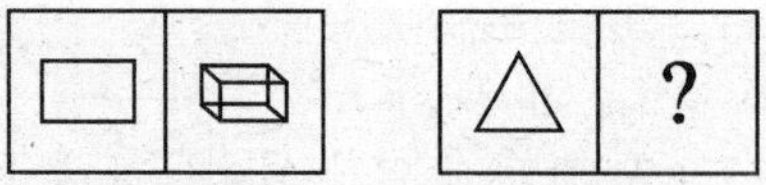

उत्तर आकृतियाँ

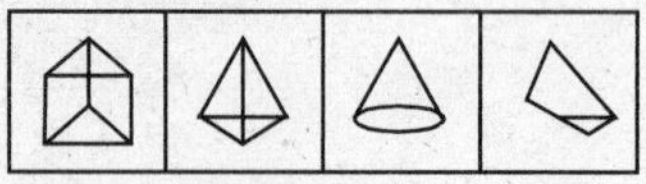

(a) (b) (c) (d)

13. प्रश्न आकृतियाँ

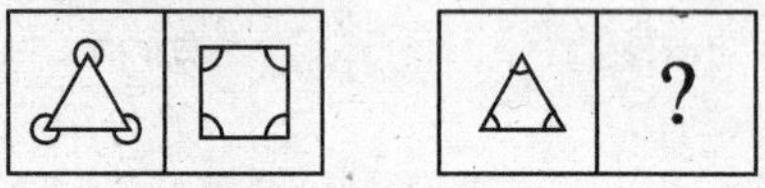

उत्तर आकृतियाँ

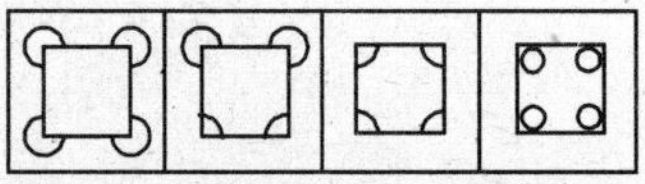

(a) (b) (c) (d)

14. प्रश्न आकृतियाँ

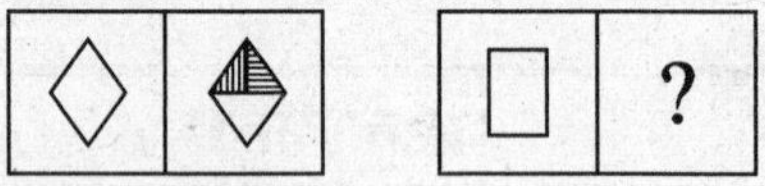

उत्तर आकृतियाँ

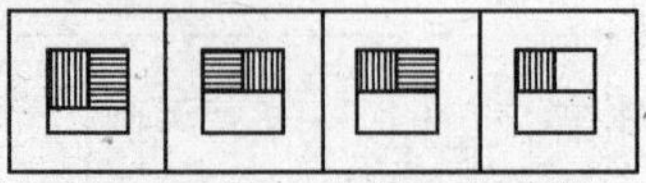

(a) (b) (c) (d)

15. प्रश्न आकृतियाँ

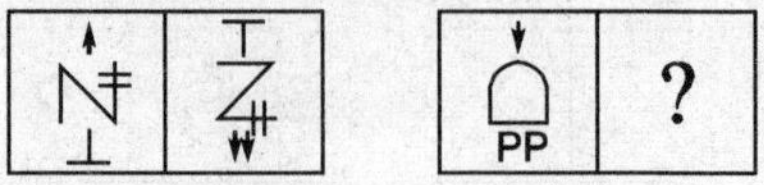

उत्तर आकृतियाँ

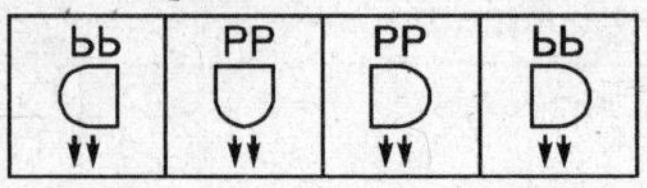

(a) (b) (c) (d)

16. प्रश्न आकृतियाँ

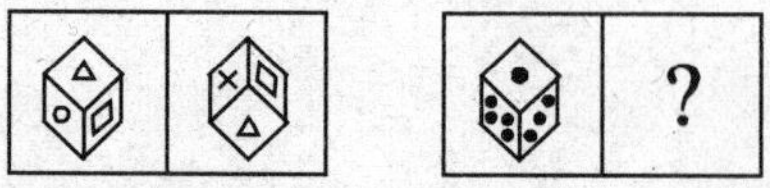

उत्तर आकृतियाँ

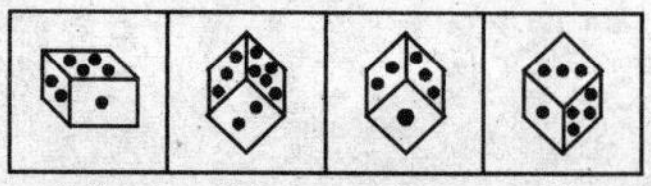

(a) (b) (c) (d)

17. प्रश्न आकृतियाँ

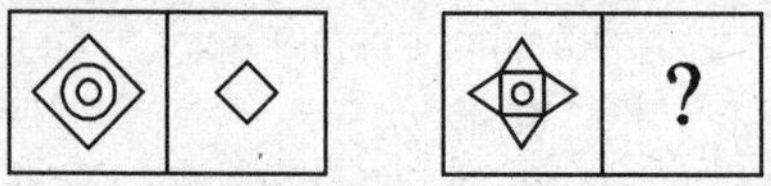

उत्तर आकृतियाँ

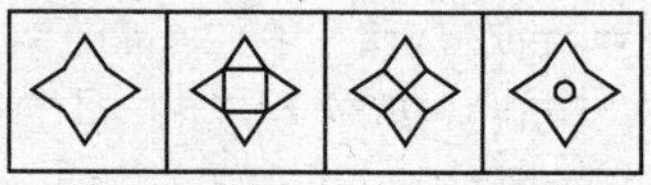

(a) (b) (c) (d)

18. प्रश्न आकृतियाँ

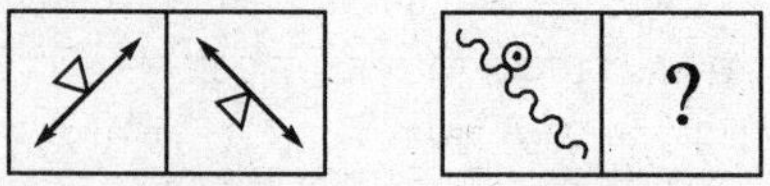

उत्तर आकृतियाँ

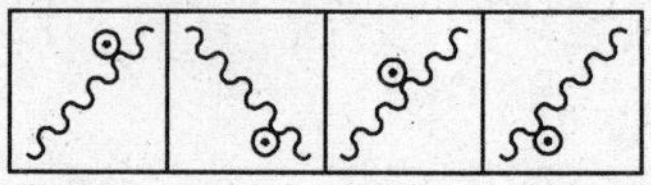

(a) (b) (c) (d)

19. प्रश्न आकृतियाँ

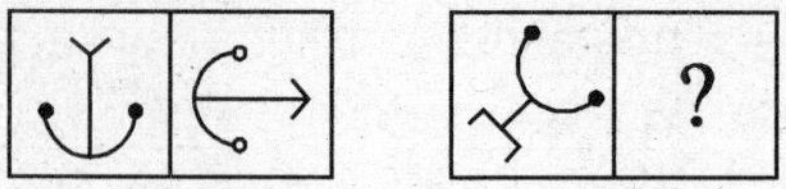

उत्तर आकृतियाँ

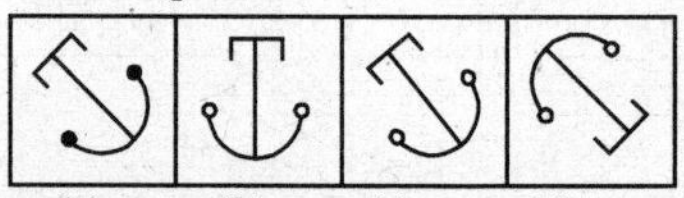

(a) (b) (c) (d)

20. प्रश्न आकृतियाँ

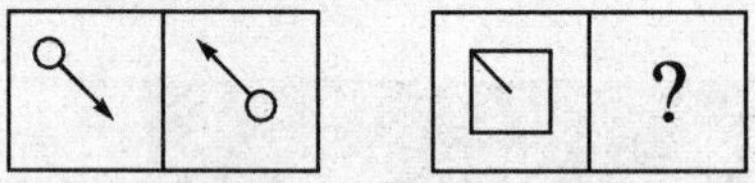

उत्तर आकृतियाँ

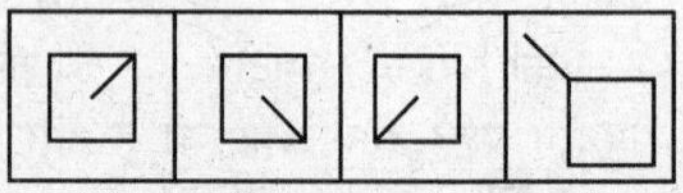

(a) (b) (c) (d)

21. प्रश्न आकृतियाँ

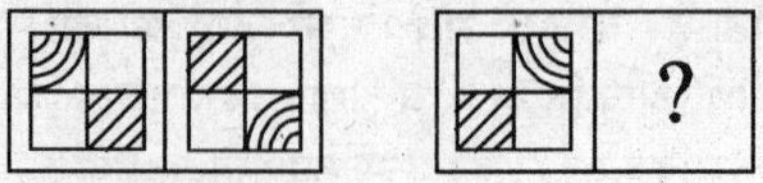

उत्तर आकृतियाँ

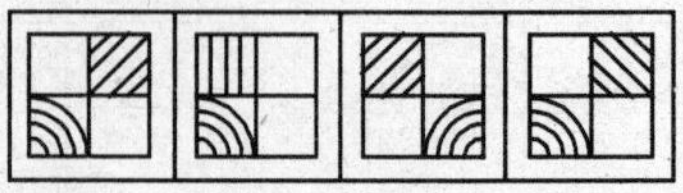

(a) (b) (c) (d)

22. प्रश्न आकृतियाँ

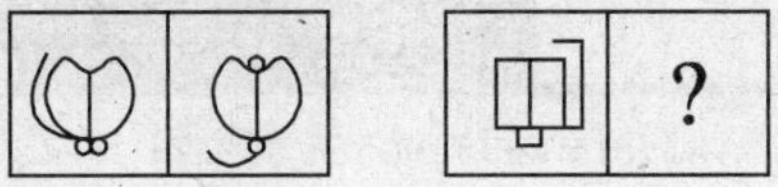

उत्तर आकृतियाँ

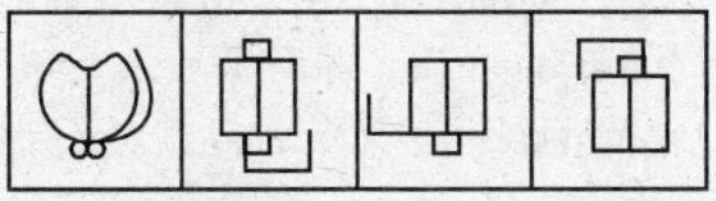

(a) (b) (c) (d)

23. प्रश्न आकृतियाँ

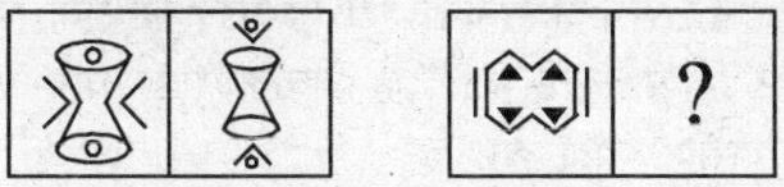

उत्तर आकृतियाँ

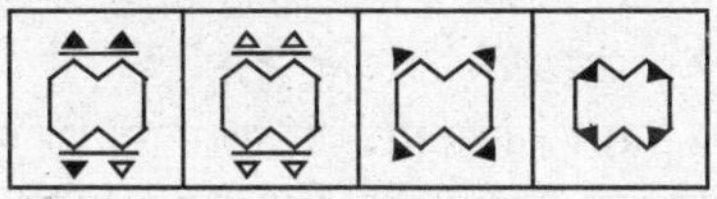

(a) (b) (c) (d)

24. प्रश्न आकृतियाँ

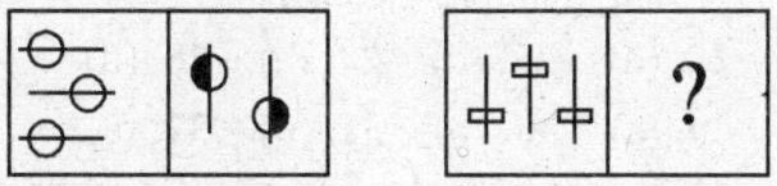

उत्तर आकृतियाँ

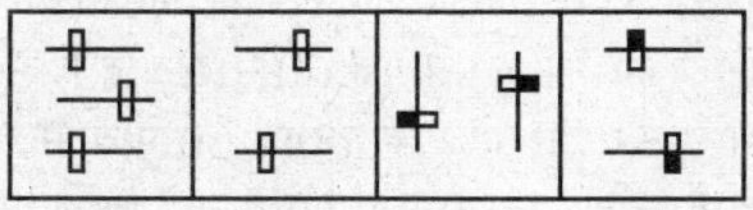

(a) (b) (c) (d)

25. प्रश्न आकृतियाँ

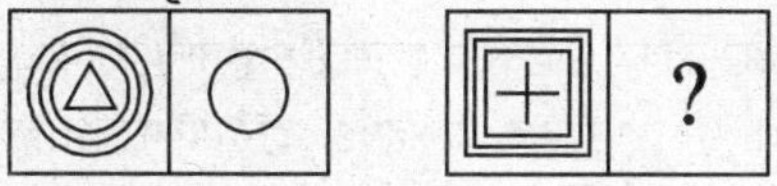

उत्तर आकृतियाँ

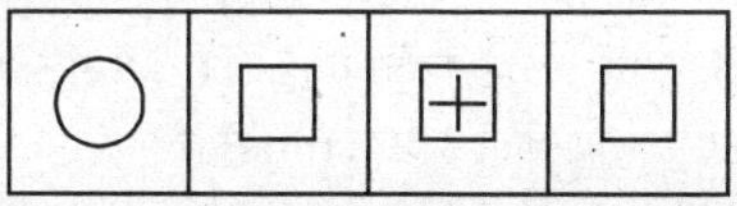

(a) (b) (c) (d)

26. प्रश्न आकृतियाँ

उत्तर आकृतियाँ

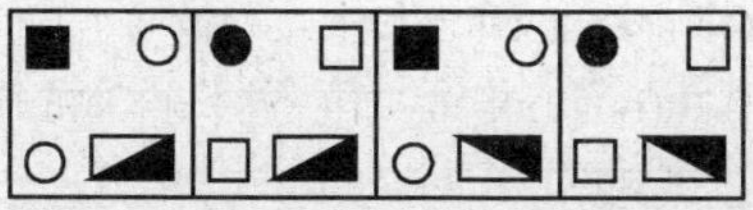

(a) (b) (c) (d)

27. प्रश्न आकृतियाँ

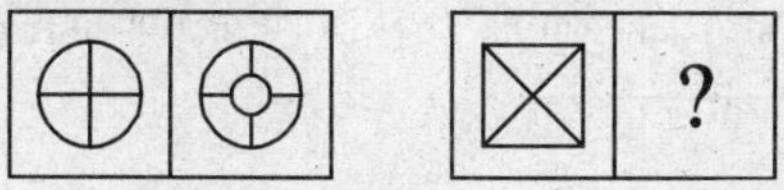

उत्तर आकृतियाँ

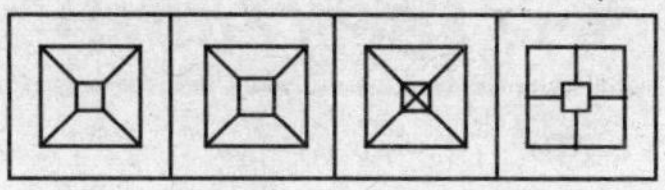

(a) (b) (c) (d)

28. प्रश्न आकृतियाँ

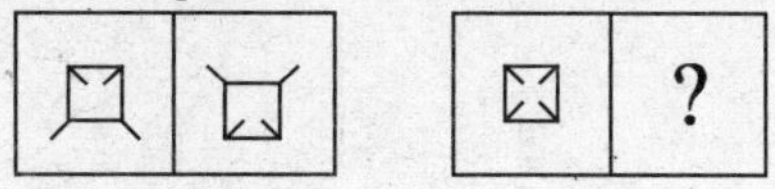

उत्तर आकृतियाँ

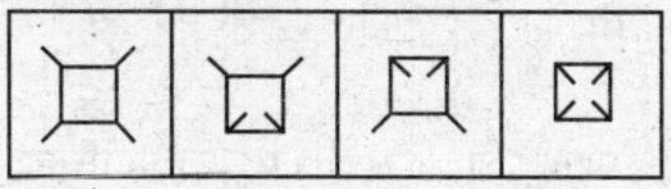

(a) (b) (c) (d)

29. प्रश्न आकृतियाँ

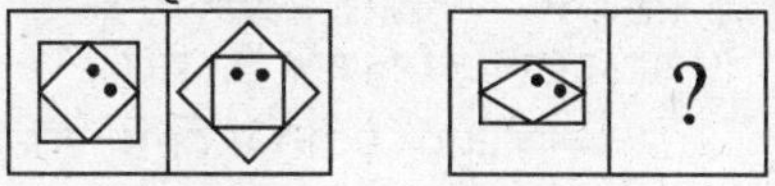

उत्तर आकृतियाँ

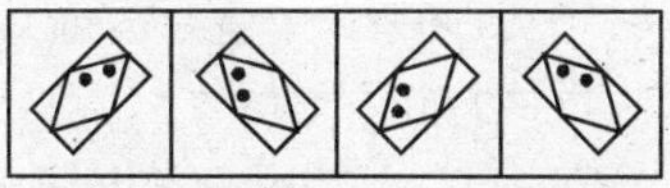

(a) (b) (c) (d)

30. प्रश्न आकृतियाँ

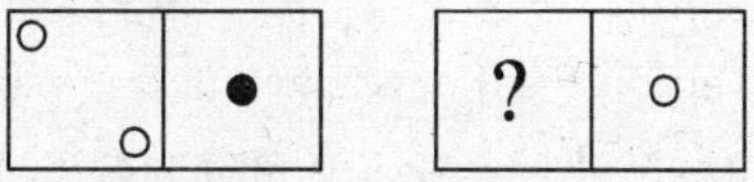

उत्तर आकृतियाँ

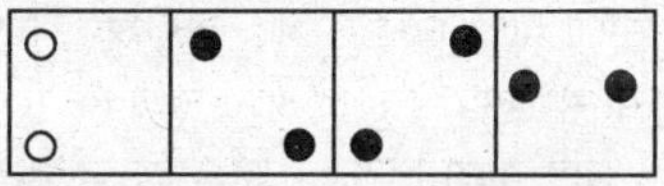

(a) (b) (c) (d)

31. प्रश्न आकृतियाँ

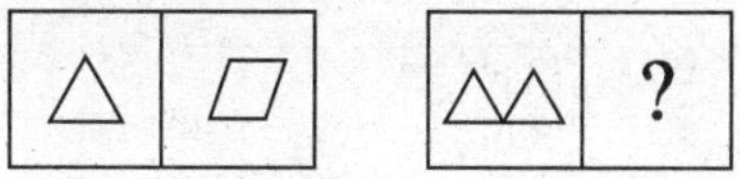

उत्तर आकृतियाँ

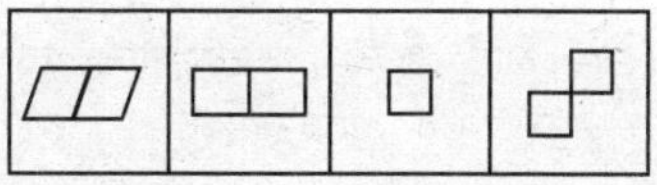

(a) (b) (c) (d)

32. प्रश्न आकृतियाँ

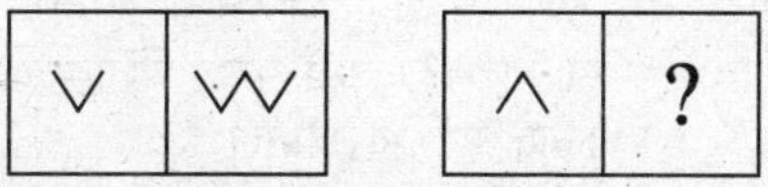

उत्तर आकृतियाँ

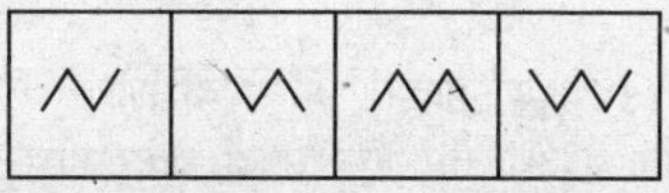

(a) (b) (c) (d)

33. प्रश्न आकृतियाँ

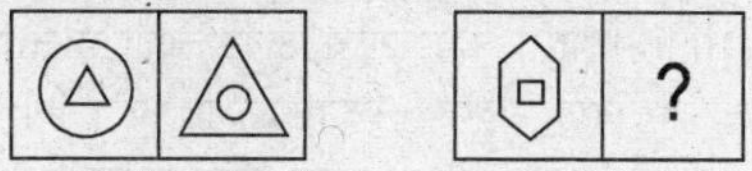

(i) (ii) (iii) (iv)

उत्तर आकृतियाँ

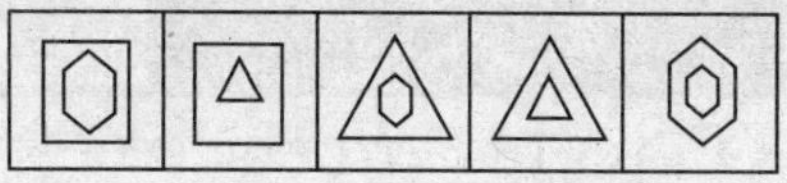

(a) (b) (c) (d) (e)

34. प्रश्न आकृतियाँ

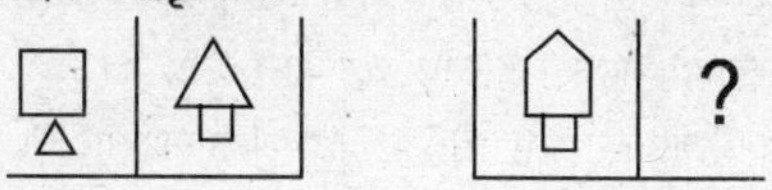

(i) (ii) (iii) (iv)

उत्तर आकृतियाँ

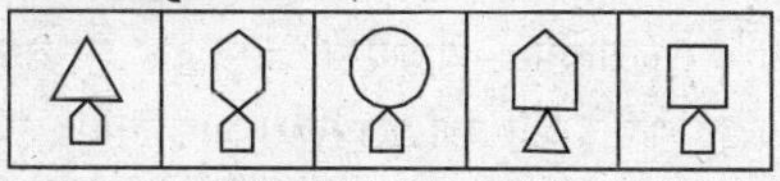

(a) (b) (c) (d) (e)

35. प्रश्न आकृतियाँ

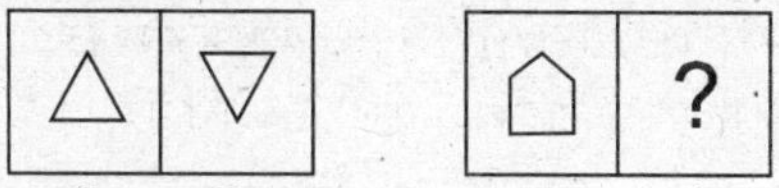

(i) (ii) (iii) (iv)

उत्तर आकृतियाँ

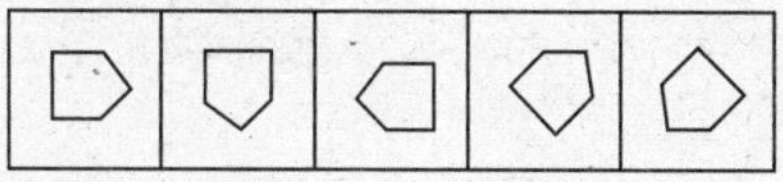

(a) (b) (c) (d) (e)

36. प्रश्न आकृतियाँ

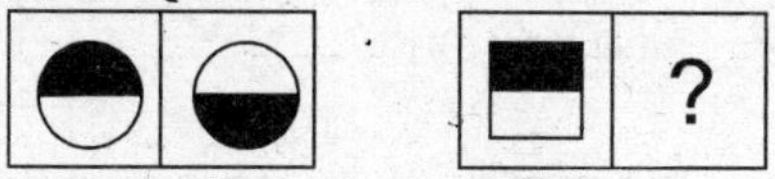

(i) (ii) (iii) (iv)

उत्तर आकृतियाँ

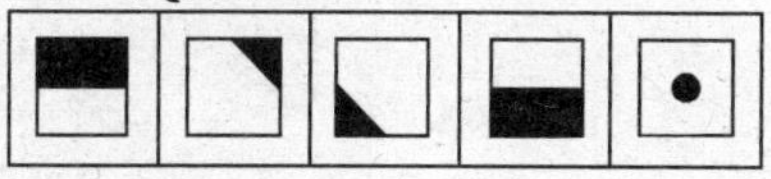

(a) (b) (c) (d) (e)

37. प्रश्न आकृतियाँ

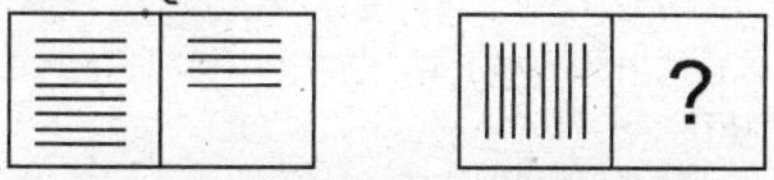

(i) (ii) (iii) (iv)

उत्तर आकृतियाँ

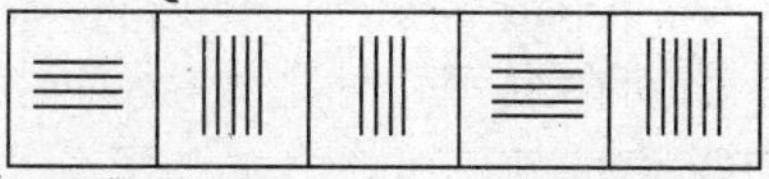

(a) (b) (c) (d) (e)

38. प्रश्न आकृतियाँ

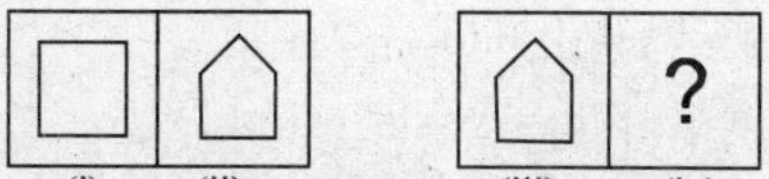

(i) (ii) (iii) (iv)

उत्तर आकृतियाँ

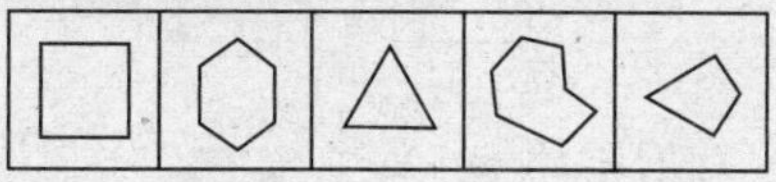

(a) (b) (c) (d) (e)

उत्तर (हल/संकेत)

1. (a) (i) से (ii) में प्रश्न आकृति जितनी भुजाओं से बनी है उतनी ही रेखाओं से कटी हैं। त्रिभुज तीन रेखाओं से बना है तथा तीन से कटा है। उसी प्रकार चतुर्भुज चार रेखाओं से बना है और चार द्वारा कटा है। उसी प्रकार का परिवर्तन (iii) से (iv) (?) में होगा और अब उत्तर आकृति में आकृति पाँच रेखाओं से बनेगी और पाँच द्वारा कटेगी भी जोकि विकल्प (a) में दिया गया है।

दर्पण प्रतिबिम्ब में बाएँ की वस्तु दाएँ की वस्तु बाएँ प्रतीत होती है और यही मूल संबंध आकृतियों के परिवर्तन का हो सकता है।

2. (a) प्रश्न आकृति (i) से (ii) में दर्पण प्रतिबिम्ब है अत: (iii) से (iv) (?) में भी दर्पण प्रतिबिम्ब होगा। (iii) का दर्पण प्रतिबिम्ब विकल्प (a) होता है।

3. (b) प्रश्न आकृति (i) से (ii) में दर्पण प्रतिबिम्ब है। यहाँ दर्पण प्रतिबिम्ब में परिवर्तन है—

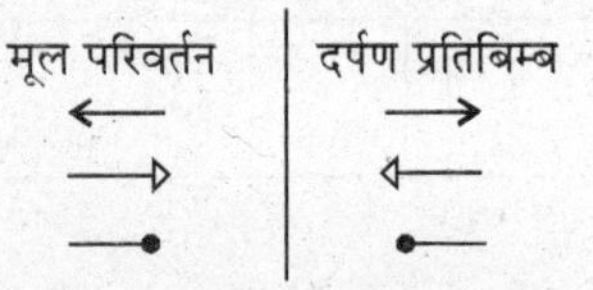

इनका मिलान है। 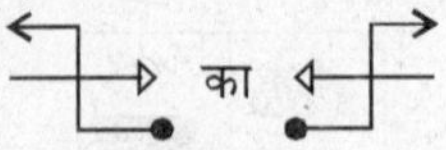

उसी प्रकार (iii) से (iv) में परिवर्तन होगा

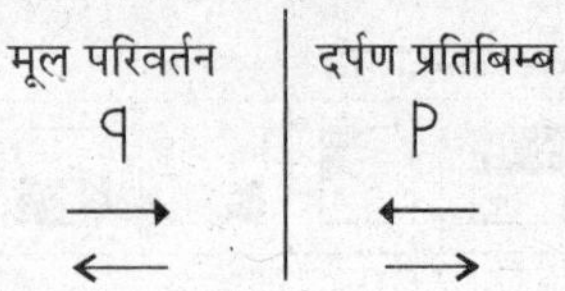

इनका मिलान है। 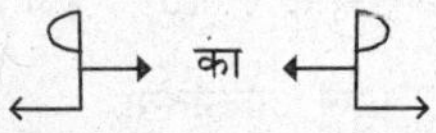

यह उत्तर आकृति के विकल्प (b) में दिया गया है, जो हमारा उत्तर होगा।

आकृतियाँ जल-प्रतिबिम्ब (Water-Image) के अनुसार भी परिवर्तित हो सकती है—

जल प्रतिबिम्ब में ऊपर की आकृति नीचे एवं नीचे की आकृति ऊपर चली जाती है और आकृतियों के बीच इस प्रकार का भी संबंध हो सकता है।

4. (a) प्रश्नाकृति (i) से (ii) में जल प्रतिबिम्ब बनता है उसी प्रकार (iii) से (iv) (?) में भी जल प्रतिबिम्ब बनेगा जिस प्रकार (i) से (ii) में

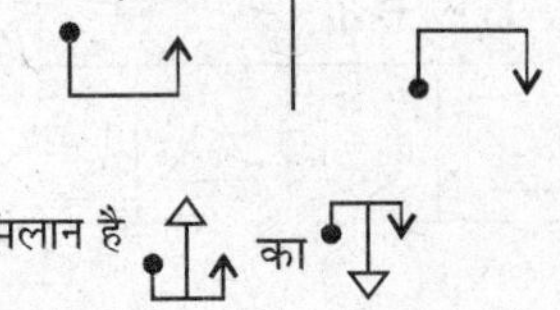

इनका मिलान है

उसी प्रकार (iii) से (iv) में

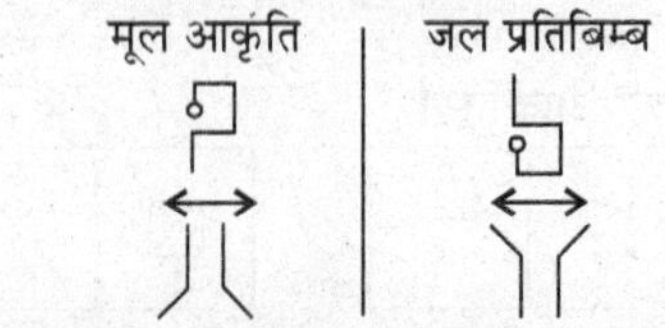

इनका मिलान है 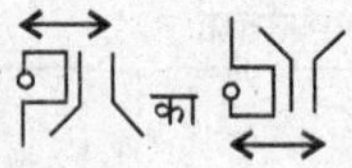

5. (b) प्रश्नाकृति (i) से (ii) में जल प्रतिबिम्ब है उसी प्रकार (iii) का (iv) (?) भी जल प्रतिबिम्ब ही होगा।

यहाँ Δ जल प्रतिबिम्ब ∇ होता है। यह विकल्प (b) में है, अत: हमारा उत्तर विकल्प (b) होगा।

6. (a) प्रश्नाकृति (i) से (ii) में त्रिभुज उलटकर दो त्रिभुज का रूप ले लेता है उसी प्रकार (iii) से (iv) (?) में षट्भुज उलटकर दो षट्भुज का रूप लेगा जो उत्तर आकृति के विकल्प (a) में दिया गया है।

7. (c) प्रश्नाकृति (i) से (ii) में अन्दर वाली आकृति दो भागों में विभाजित हो जाती है तथा दोनों भाग अलग-अलग होकर पलट जाते हैं। बाहरी आकृति छोटी होकर इन दोनों के बीच में रह जाती है। ऐसा ही परिवर्तन (iii) से (iv) में होगा और वह उत्तर विकल्प (c) में है।

8. (a) प्रश्नाकृति (1) से (2) में अंदर का काला त्रिभुज सफेद तथा मध्य स्थित वृत्त लुप्त हो जाता है तथा सबसे बाहर की डिजाइन यथावत् रहती है।

9. (c) इसमें मुख्य डिजाइन का दर्पण प्रतिबिम्ब बन जाता है तथा उसके अंदर स्थित छोटा अर्द्धकालांकित वृत्त ऊपर-नीचे उलट जाता है।

10. (d) प्रत्येक प्रश्नाकृति का पहली बड़ी आकृति दूसरी छोटी आकृति के साथ आच्छादित है। अत: अभीष्ट उत्तर आकृति (d) होगा।

11. (c) इसमें आकृति 90° से घड़ी की सूई की दिशा में घूम जाती है तथा उसके नीचे एक छोटी छायांकित आकृति आ जाती है।

12. (a)

13. (a) प्रश्नाकृति पहली से तीसरी में त्रिभुज के अंदर वृत्त का शेष भाग आ जाता है तथा बाहरी भाग लुप्त हो जाता है। उसी प्रकार प्रश्नाकृति दूसरी से उत्तर आकृति. मतें भी हो रहा है।

14. (c) आकृति 180° से दक्षिणावर्त दिशा में घूम जाती है।

15. (d) मुख्य आकृति 90 से दक्षिणावर्त दिशा में घूम जाती है तथा तीर एक से दो होकर नीचे आकर उलट जाता है। नीचे का चिह्न ऊपर जाकर उलट जाता है।

16. (c) पासा ऊपर नीचे उलट जाता है तथा बाएँ सतह पर नया संकेत (चिह्न) आ जाता है।

17. (a) अंदर के दो चित्र विलुप्त हो जाते हैं।

18. (c) आकृति 90° से वामावर्त दिशा में घूम जाती है।

19. (c) आकृति 90° से वामावर्त दिशा में घूम जाती है तथा काला बिन्दु सफेद में बदल जाता है और तीर वाली रेखा दूसरी तरफ आकर उलट जाती है।

20. (b) आकृति 180° से घूम जाती है।

21. (a) आकृति 180° से घूम जाती है।

22. (b) दो समान छोटी डिजाइन की एक डिजाइन ऊपर में चली जाती है जबकि एक चाप 90° से खिसक जाता है।

23. (a) मुख्य आकृति के अंदर की छोटी आकृति बाहर निकल जाती है तथा अगल-बगल की आकृति क्रमश: ऊपर-नीचे हो जाती है।

24. (d) या तो सबसे ऊपर या सबसे दाहिनी तरफ का डिजाइन विलुप्त होती है और शेष डिजाइन 90° से दक्षिणावर्त दिशा में घूम जाती है। दोनों का आधा-आधा भाग काला हो जाता है।

25. (d) **26.** (d) **27.** (a) **28.** (d)

29. (a) **30.** (b) **31.** (d) **32.** (c)

33. (a) प्रश्न आकृति में (i) से (ii) में बाहरी आकृति अन्दर छोटी हो रही है तथा अन्दर की आकृति बाहर बड़ी हो रही है। यहाँ (i) से वृत्त (ii) में छोटा तथा अन्दर हो रहा है साथ ही अन्दर का त्रिभुज (ii) में बाहर बड़ा हो रहा है, अत: (iii) से (iv) (?) में यही क्रिया होगी जो उत्तर आकृति (a) में निहित है।

34. (e) प्रश्न आकृति में (i) से (ii) में बड़ा चतुर्भुज छोटा होकर नीचे जुड़ जा रहा है तथा नीचे का छोटा त्रिभुज (ii) में ऊपर बड़ा हो रहा है। इसी प्रकार (iii) से (iv) में पंचभुज छोटा होकर नीचे जाएगा तथा चतुर्भुज ऊपर बड़ा होगा जो विकल्प (e) में है।

35. (b) प्रश्न आकृति में (i) से (ii) में मूल आकृति एकदम उलट जाती है अत: (iii) से (iv) (?) में भी मूल आकृति उलट जाएगी जो विकल्प (b) में दिया गया है।

36. (d) प्रश्न आकृति में (i) से (ii) में वृत्त के अन्दर कालांकित भाग ऊपर से नीचे आ रहा है। इसी प्रकार (iii) से (iv) (?) में भी चतुर्भुज के ऊपर का कालांकित भाग नीचे आएगा जो उत्तर आकृति का (d) विकल्प है।

37. (c) प्रश्न आकृति में (i) से (ii) में आठ रेखाएँ आधी होकर अपनी ही दिशा में 4 चार हो रही है। अत: (ii) से (iv) (?) में भी आधी होकर ठीक उसी दिशा में चार रह जाएगी जो विकल्प (c) में है।

38. (b) प्रश्न आकृति में (i) से (ii) में चतुर्भुज पंचभुज हो रहा है अत: (iii) से (iv) (?) में पंचभुज, षट्भुज हो जाएगा जो (b) में दिया गया अत: (b) ही हमारा उत्तर होगा।

❑❑❑

अध्याय 3

वर्गीकरण

इस खण्ड के अंतर्गत पूछे जाने वाले प्रश्नों में कई आकृतियों के एक समूह दिये होते हैं। इनमें से कोई एक आकृति को छोड़कर शेष अन्य सभी आकृतियाँ किसी-न-किसी रूप में एक समूह के अंतर्गत होते हैं। अर्थात् एक आकृति को छोड़ अन्य सभी में कोई विशेष समान गुण पाया जाता है। जिस आकृति में वह समान गुण नहीं पाया जाता है, वह उस प्रश्न की उत्तर आकृति हो जाती है। आकृतियों के बीच समान गुण के अंतर्गत आकार, संख्या, स्थिति, घूर्णन, परिमाण इत्यादि कुछ भी हो सकता है। अब नीचे दिये गये उदाहरणों का अध्ययन करें—

उदाहरण

उदाहरण 1.

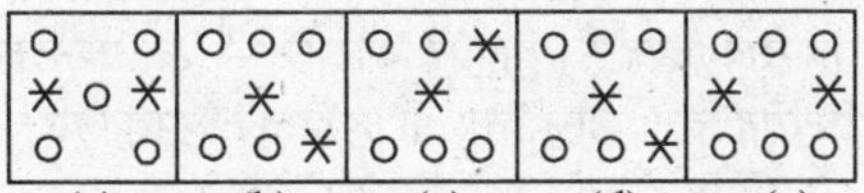

(a) (b) (c) (d) (e)

हल (e): प्रश्न बॉक्स में O और * की आकृतियों का अनुपात 5 : 2 है, जबकि विकल्प (e) में यह अनुपात 6 : 2 के अनुपात में है।

उदाहरण 2.

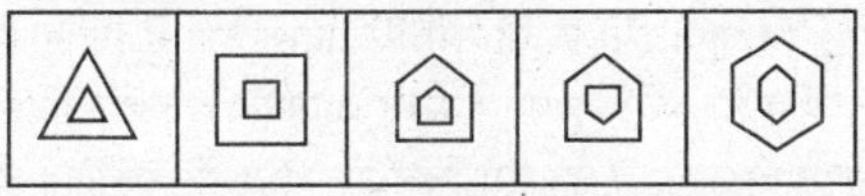

(a) (b) (c) (d) (e)

हल (d): विकल्प (d) छोड़कर बड़ी आकृति के अन्दर छोटी आकृति ठीक उसी प्रकार की आकृति है, जबकि विकल्प (d) में अन्दर की आकृति बाहर की आकृति से ठीक उल्टा होकर बनी है।

उदाहरण 3.

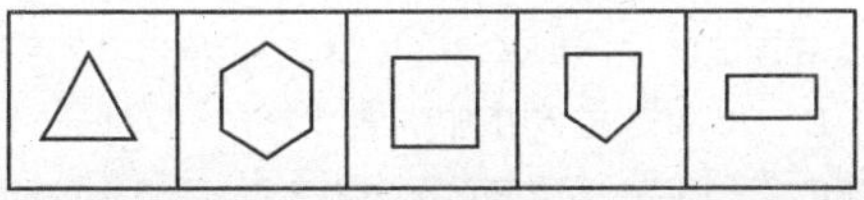

(a) (b) (c) (d) (e)

हल (e): प्रत्येक आकृति समान परिभाषा या आकार की रेखाओं से मिलकर बनी है, जबकि विकल्प (e) में बनी आकृति दो बड़ी और दो छोटी रेखाओं से मिलकर बनी है।

उदाहरण 4.

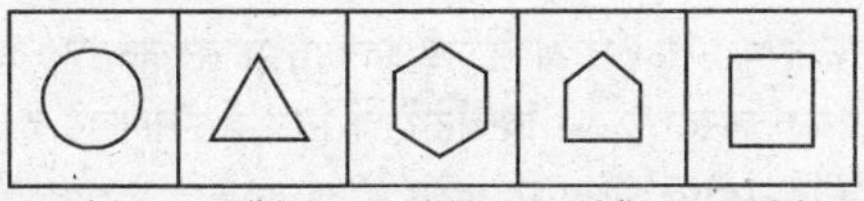

(a) (b) (c) (d) (e)

हल (a): विकल्प (a) को छोड़कर अन्य सभी आकृतियाँ रेखाओं से मिलकर बनी हैं, जबकि (a) वृत्त है जो रेखाओं से मिलकर नहीं बना है।

उदाहरण 5.

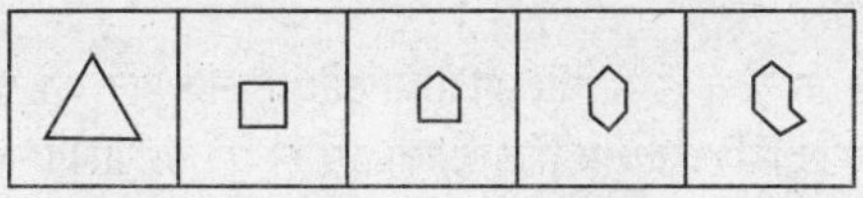

(a) (b) (c) (d) (e)

हल (a): विकल्प (a) बड़ी आकृति है, जबकि अन्य सभी छोटी-छोटी आकृतियाँ हैं।

उदाहरण 6.

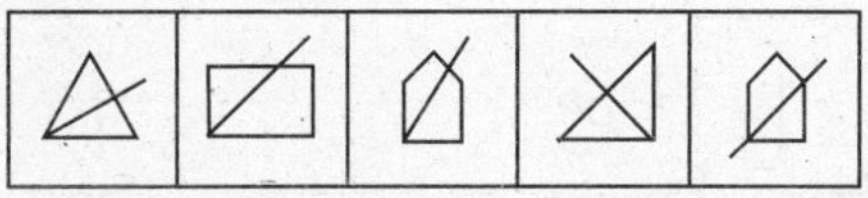

(a) (b) (c) (d) (e)

हल (e): आकृति (e) को छोड़कर अन्य सभी में रेखा एक कोण (कोना) से होकर भुजा को काटती है जबकि (e) में रेखा एक कोण से होते हुए दूसरे कोण को काटती है।

उदाहरण 7.

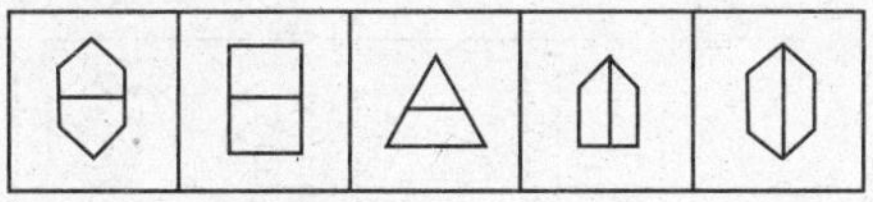

(a) (b) (c) (d) (e)

हल (c): आकृति (c) को छोड़कर अन्य सभी में रेखा आकृति को दो भागों में विभाजित करती है, जबकि (c) में ऐसा नहीं है।

उदाहरण 8.

(a) (b) (c) (d) (e)

हल (e): प्रत्येक आकृति पाँच भुजाओं से मिलकर बनी है, जबकि विकल्प (e) की आकृति छ: भुजाओं से मिलकर बनी है। अत: विकल्प (e) ही आपका उत्तर होगा।

उदाहरण 9.

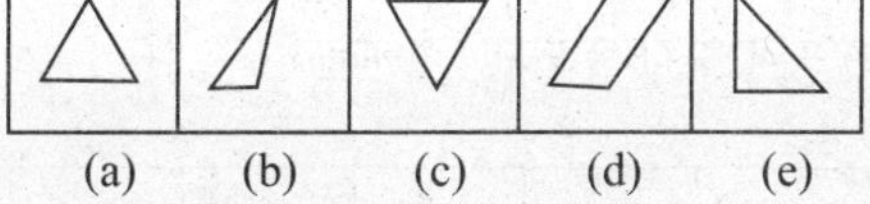

(a) (b) (c) (d) (e)

हल (d): विकल्प (d) को छोड़कर अन्य आकृतियां तीन रेखाओं से मिलकर बनी हैं तथा विकल्प (d) चार रेखाओं से मिलकर बना है, जो आपका सही उत्तर क्रमांक होगा।

उदाहरण 10.

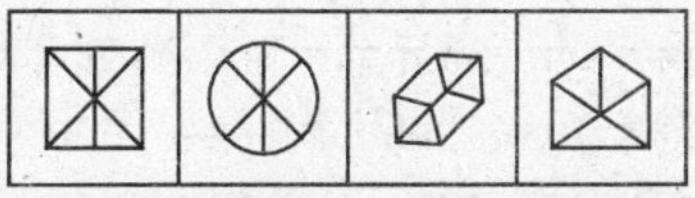

(a) (b) (c) (d)

हल (d) : आकृति (d) को छोड़ अन्य सभी आकृतियों में अंदर छ: छोटी-छोटी डिजाइनें बन रही हैं, जबकि आकृति (d) में पाँच ही डिजाइनें बन रही हैं।

उदाहरण 11.

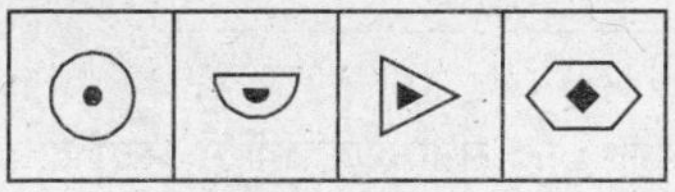

(a) (b) (c) (d)

हल (d): इन आकृतियों में सिर्फ (d) आकृति को छोड़कर हम पाते हैं कि बाहर तथा अंदर की आकृति समान है। अंतर सिर्फ यह है कि अंदर की आकृति कालांकित है। लेकिन आकृति (d) में अंदर और बाहर की आकृति एक समान नहीं है। बाहर की आकृति षट्भुज है, जबकि अंदर की चतुर्भुज है।

उदाहरण 12.

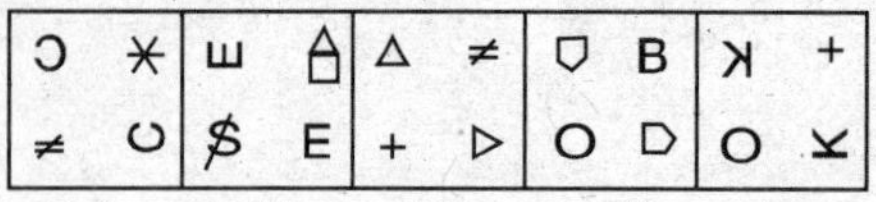

(a) (b) (c) (d) (e)

हल (d): प्रत्येक में बाएँ ऊपर की आकृति 90° clockwise घूमकर दाएँ नीचे की आकृति बन जाती है, जबकि विकल्प (d) में बाएँ ऊपर की आकृति 90° Anticlockwise घूमकर दाएँ नीचे की आकृति बनती है।

उदाहरण 13.

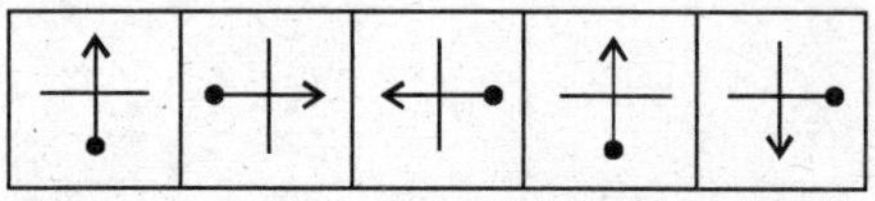

(a) (b) (c) (d) (e)

हल (e): आकृति (i) 90° clockwise घूमकर आकृति (b) प्राप्त होती है आकृति (c) 90° clockwise घूमकर आकृति (d) प्राप्त होती है, लेकिन (e) के साथ ऐसी बात नहीं है।

उदाहरण 14.

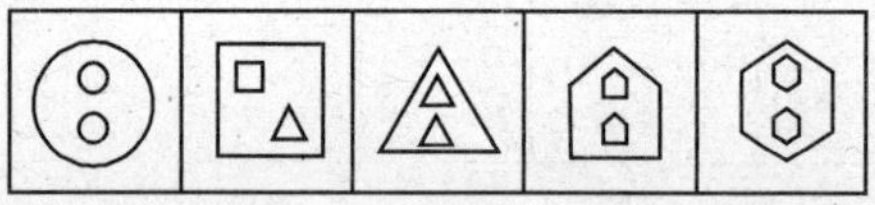

(a) (b) (c) (d) (e)

हल (b): विकल्प (b) को छोड़कर अन्य सभी में बड़ी आकृति के अन्दर ठीक उसी प्रकार की समान दो आकृतियाँ हैं, लेकिन विकल्प (b) में चतुर्भुज के अन्दर एक चतुर्भुज और एक त्रिभुज है।

उदाहरण 15.

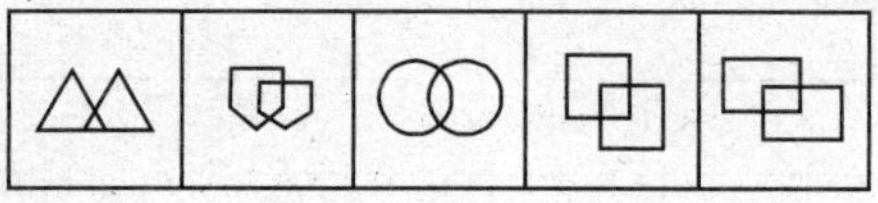

(a) (b) (c) (d) (e)

हल (c): विकल्प (c) को छोड़कर अन्य सभी में दो समान आकृति के करने से ठीक उसी प्रकार की आकृति मध्य में उत्पन्न हो रही है, जबकि विकल्प (c) में दो वृत्त के कटने से मध्य में अण्डाकार रूप प्राप्त हो जाता है।

उदाहरण 16.

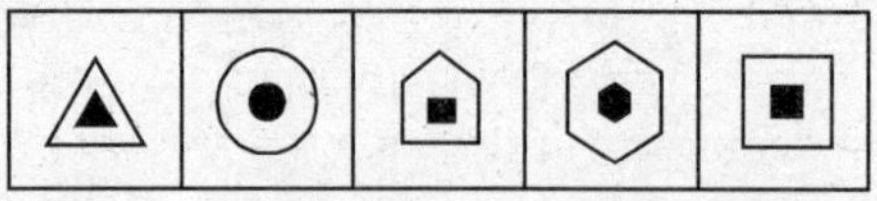

(a) (b) (c) (d) (e)

हल (c): आकृति (c) को छोड़कर अन्य सभी में कालांकित आकृति ठीक उसी प्रकार की आकृति है जिस प्रकार में वह स्थित है, जबकि विकल्प (c) में पंचभुज के अन्दर चतुर्भुज कालांकित किया गया है।

उदाहरण 17.

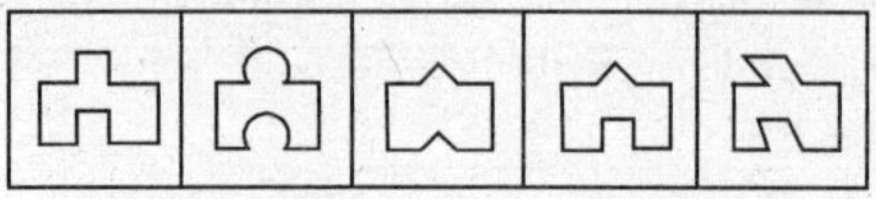

(a) (b) (c) (d) (e)

हल (d): विकल्प (d) को छोड़कर अन्य सभी आकृतियों में अन्दर तथा बाहर का प्रक्षेपण समान है, जबकि (d) में बाहर तथा अन्दर प्रक्षेपण का आकार भिन्न है।

उदाहरण 18.

S S	✳ O O	P P L P	R R R	AAAAA
T T	✳ O ✳	P P L P	R S S	AAAAA
S S	O O O	P P L L	S S S	BBBBB
(a)	(b)	(c)	(d)	(e)

हल (d): विकल्प (d) को छोड़कर अन्य सभी में आकृतियों का अनुपात समान है।

विकल्प (i) में = 2 : 4 = 1 : 2

(ii) में = 3 : 6 = 1 : 2

(iii) में = 4 : 8 = 1 : 2

(iv) में = 4 : 5 = 4 : 5 आपका उत्तर होगा।

(v) = 5 : 10 = 1 : 2

कुछ अन्य महत्वपूर्ण सूत्र जिनके अनुसार विजातीय को छाँटेंगे वह है—

इस प्रकार के प्रश्नों को हल करने के लिए निम्न बिन्दुओं को ध्यान में रखें—

1. अगर प्रश्नाकृति के पाँच आकृति में से चार घड़ी की विपरीत दिशा में घूमती है और एक घड़ी की दिशा में घूमती है, तो घड़ी की दिशा में घूमने वाली आकृति को विजातीय रूप में छाँटते हैं।
2. अगर आकृति के घूमने का क्रम 1, 2, 3, 4 है और एक-एक घर बढ़ता है और यदि एक आकृति में एक घर बढ़ने से अधिक घर बढ़ता है, तो एक से अधिक घर बढ़ने वाली आकृति को विजातीय के रूप में निकालते हैं।
3. अगर आकृति के अनेक चित्रों में विभिन्न चित्र घड़ी की दिशा में तो कोई चित्र घड़ी की विपरीत दिशा में घूमता है और किसी एक प्रश्नाकृति में घड़ी की दिशा या विपरीत दिशा वाला चित्र भी, घड़ी की विपरीत या घड़ी की दिशा में घूमता है, तो उसे विजातीय रूप में निकालते हैं।
4. प्रश्नाकृति के पाँच में से चार आकृति किसी भी दिशा में घूमने से प्राप्त होती है और एक जो उसे घमने से प्राप्त नहीं होती है उसे विजातीय रूप में निकालते हैं।
5. प्रश्नाकृति में पाँच में से चार आकृति में एक-एक चित्र लुप्त होता है और किसी एक में दो चित्र लुप्त होते हैं, तो उसे विजातीय रूप में निकालते हैं।
6. प्रश्नाकृति में पाँच में से चार में सभी आकृति हों और किसी एक में कोई आकृति लुप्त हो जाती है, तो उसे विजातीय रूप में निकालते हैं।
7. प्रश्नाकृति के पाँच में से चार आकृति में एक-एक चित्र लुप्त होता है और किसी एक में कोई आकृति लुप्त नहीं होती है, तो उसे विजातीय रूप में निकालते हैं।
8. प्रश्नाकृति के पाँच में से चार में आकृति लुप्त होने का क्रम 1, 2, 3, 4 हो, कोई एक इस क्रम का पालन नहीं करती हो, तो उसे विजातीय रूप में निकालते हैं।
9. प्रश्नाकृति में लुप्त होने का क्रम घड़ी की दिशा या घड़ी की विपरीत दिशा में हो और कोई इस नियम का पालन न करती हो, तो उसे विजातीय के रूप में निकालते हैं।
10. अगर आकृति घड़ी की दिशा या विपरीत दिशा में घूमती है और कोई नई आकृति बनाती है, तो जो आकृति इस नियम का पालन नहीं करती है उसे विजातीय रूप में निकालते हैं।
11. अगर आकृति घड़ी की दिशा में नई आकृति में बदलती है, तो जो इस नियम का पालन नहीं करती है उसे विजातीय के रूप में निकालते हैं।
12. अगर आकृति घड़ी की विपरीत दिशा में नई आकृति में बदलती है जो आकृति इस नियम का पालन नहीं करती है उसे विजातीय रूप में निकालते हैं।
13. प्रश्नाकृति के पाँच में से चार में यदि एक-एक आकृति नई होती है और किसी एक में दो नई या कोई भी नई नहीं होती है, तो उसे विजातीय रूप में निकालते हैं।
14. प्रश्नाकृति के पाँच में से चार यदि आकृति के नए होने का क्रम 1, 2, 3 या और भी कोई निश्चित क्रम होता है, जो इस नियम का पालन नहीं करता है उसे विजातीय के रूप में निकालते हैं।

15. अगर प्रश्नाकृति में किसी चार आकृति में चित्रों की संख्या समान हो और किसी एक में भिन्न हो, तो उसे विजातीय रूप में निकालते हैं।

16. अगर प्रश्नाकृति में किसी चार आकृतियों में चित्रों की संख्या सम हो और किसी एक में भिन्न हो, तो उसे विजातीय रूप में निकालते हैं।

17. अगर प्रश्नाकृति में किसी चार आकृति में दो समान चित्रों के बीच के चित्रों की संख्या समान हो और किसी एक आकृति में भिन्न हो, तो उसे विजातीय रूप में निकालते हैं।

18. अगर प्रश्नाकृति में किसी चार आकृति की बनावट में समान संख्या की रेखा का प्रयोग हुआ हो और किसी एक में भिन्नता वाला होता है।

19. अगर प्रश्नाकृति के किसी चार आकृति में व्यंजन हो और किसी एक में स्वर हो, तो उसे विजातीय आकृति के रूप में निकालते हैं।

20. अगर प्रश्नाकृति के किसी चार आकृति में स्वर हो और किसी एक में व्यंजन हो, तो उसे विजातीय आकृति के रूप में निकालते हैं।

21. अगर प्रश्नाकृति में किसी चार आकृति में चित्र की बनावट किसी प्रकार से एक समान है और किसी एक में भिन्न है तो उसे विजातीय आकृति के रूप में निकालते हैं।

22. अगर प्रश्नाकृति में किसी चार आकृति में चित्र रेखा से बना है और कोई एक आकृति भिन्न हो, तो वह विजातीय आकृति होती है।

23. अगर प्रश्नाकृति की पाँच आकृति में चार घड़ी की दिशा में घूमती है और एक घड़ी की विपरीत दिशा में घूमती है, तो घड़ी विपरीत दिशा में घूमने वाली आकृति को विजातीय रूप में छाँटते है।

प्रश्नावली

निर्देश—(प्रश्न संख्या 1 से 30 तक) : नीचे दिये गये प्रत्येक प्रश्न में से उस आकृति को चुनना है, जो अन्य तीनों से भिन्न हैं।

1.
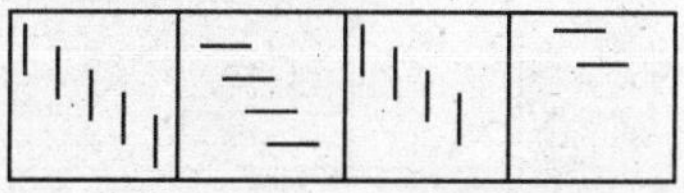
(a) (b) (c) (d)

2.
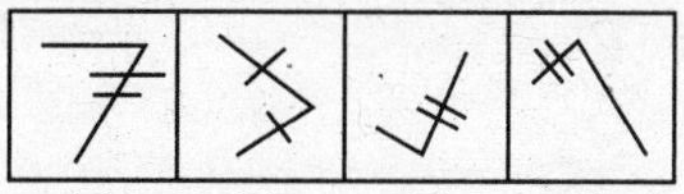
(a) (b) (c) (d)

3.
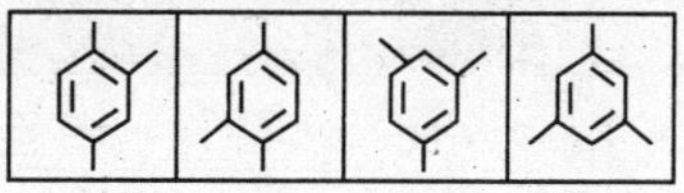
(a) (b) (c) (d)

4.
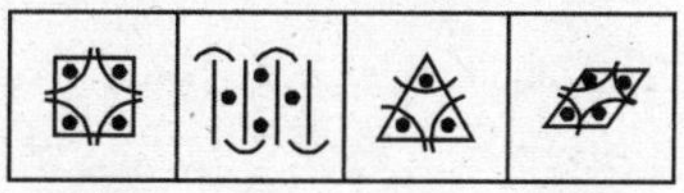
(a) (b) (c) (d)

5.
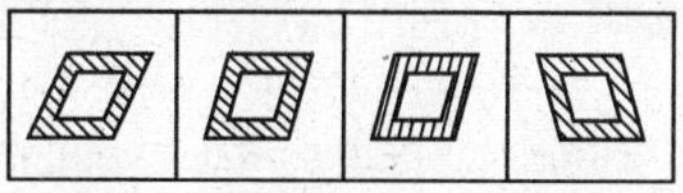
(a) (b) (c) (d)

6.
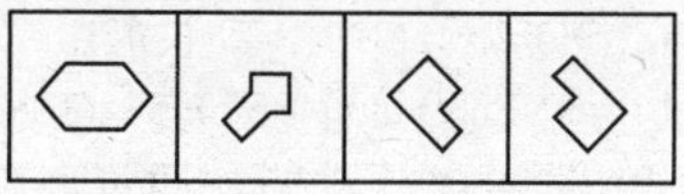
(a) (b) (c) (d)

7.
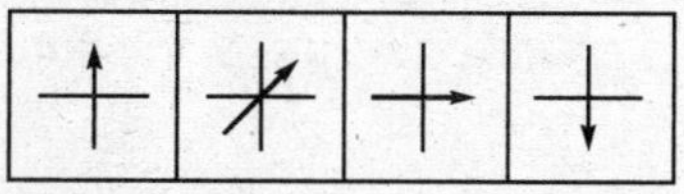
(a) (b) (c) (d)

8.
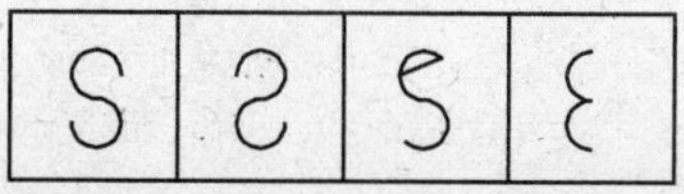
(a) (b) (c) (d)

9.
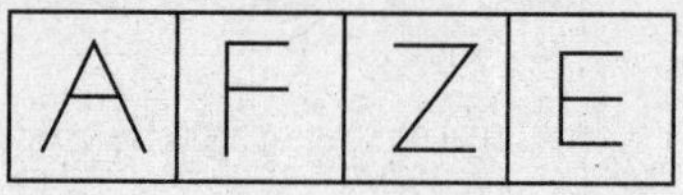

(a) (b) (c) (d)

10.
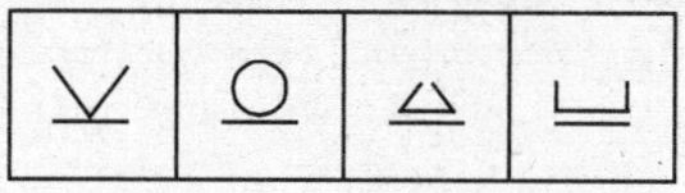
(a) (b) (c) (d)

11.
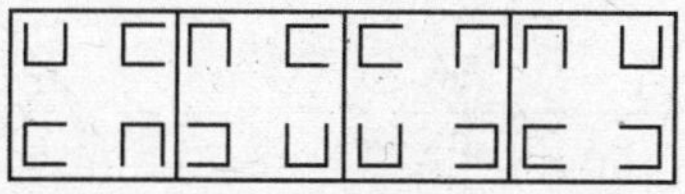
(a) (b) (c) (d)

12.
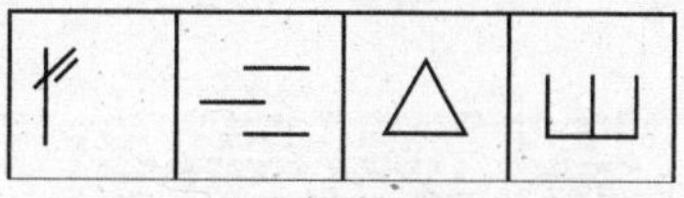
(a) (b) (c) (d)

13.
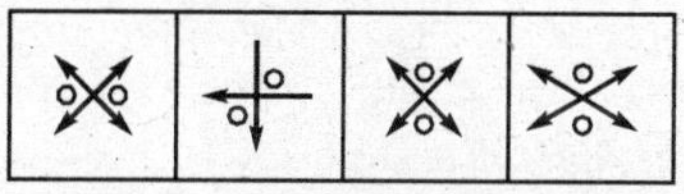
(a) (b) (c) (d)

14.
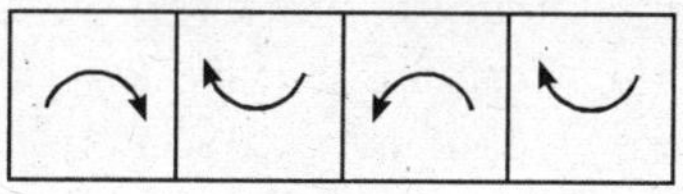
(a) (b) (c) (d)

15.
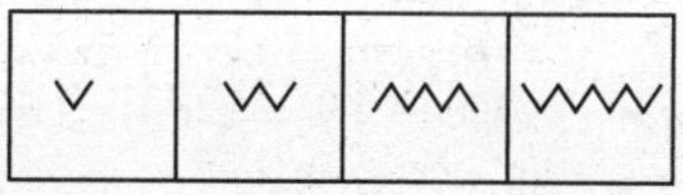
(a) (b) (c) (d)

16.
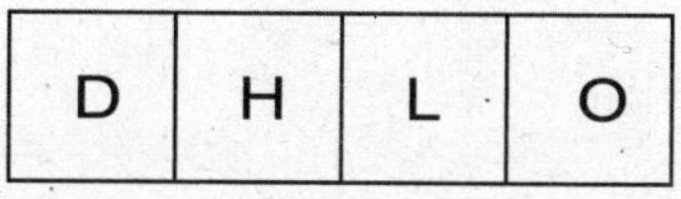

(a) (b) (c) (d)

17.
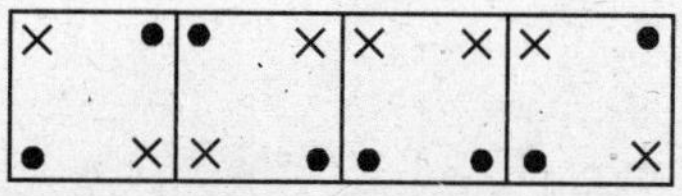
(a) (b) (c) (d)

18.
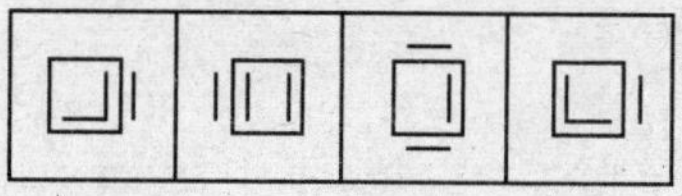
(a) (b) (c) (d)

19.
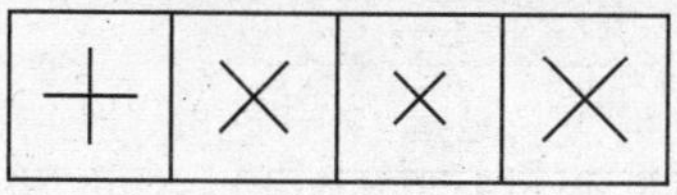
(a) (b) (c) (d)

20.
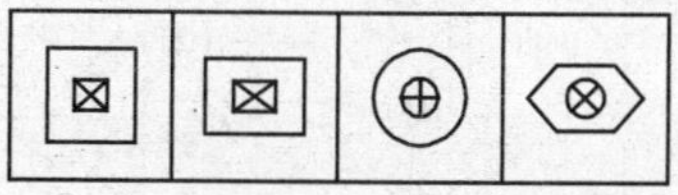
(a) (b) (c) (d)

21.
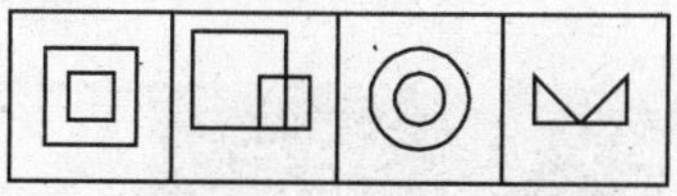
(a) (b) (c) (d)

22.
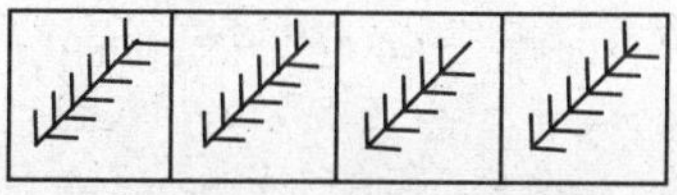
(a) (b) (c) (d)

23.
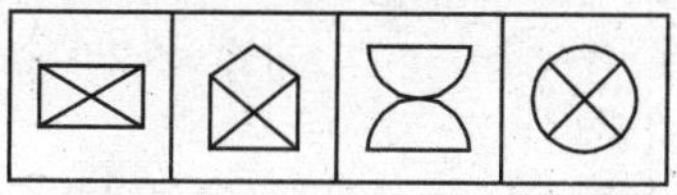
(a) (b) (c) (d)

24.
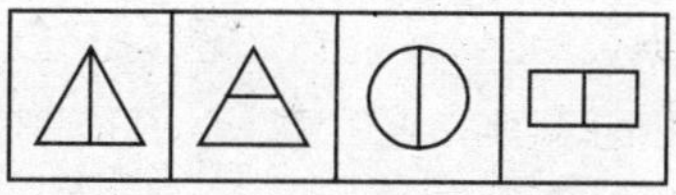
(a) (b) (c) (d)

25.
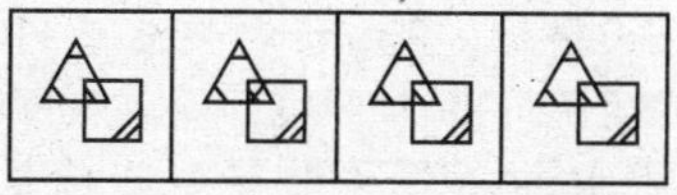
(a) (b) (c) (d)

26.
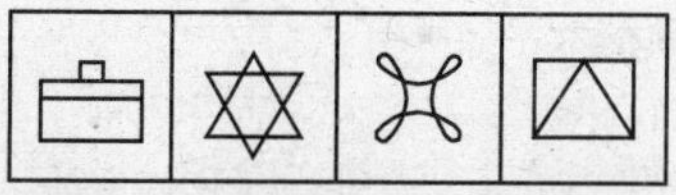
(a) (b) (c) (d)

27.
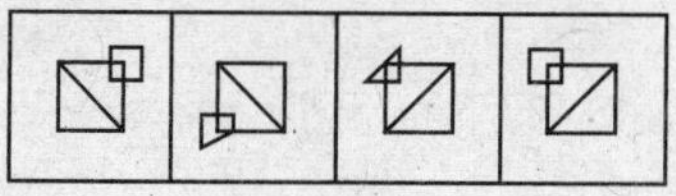
(a) (b) (c) (d)

28.
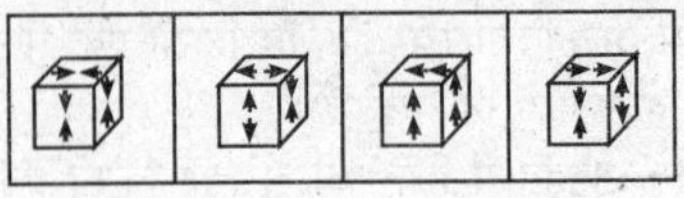
(a) (b) (c) (d)

29.
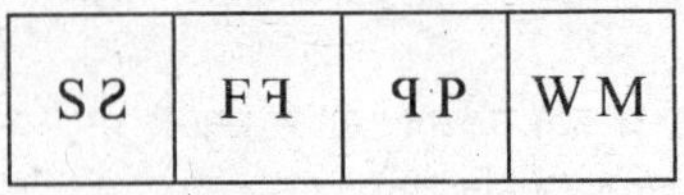
(a) (b) (c) (d)

30.
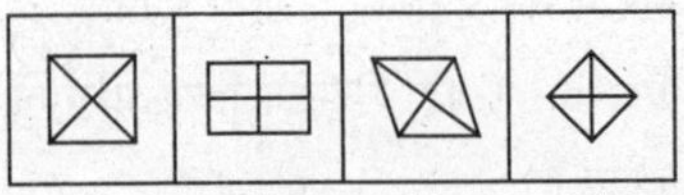
(a) (b) (c) (d)

31. उस आकृति को चुनिए जो अन्य तीन से भिन्न है–
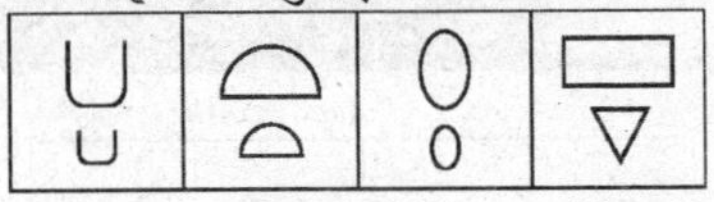
(a) (b) (c) (d)

32. दिए गए विकल्पों में से विषम आकृति चुनिए–
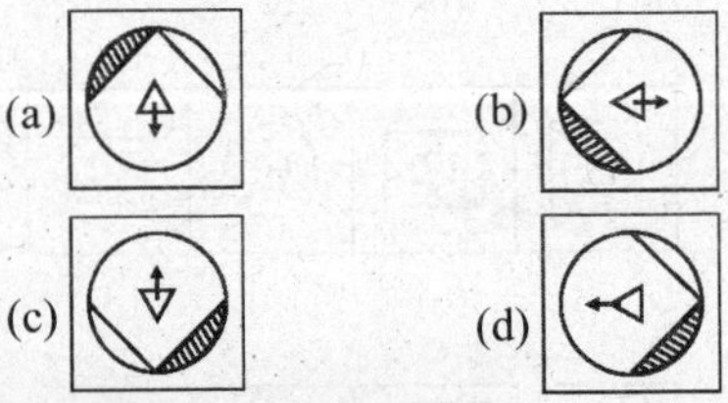

33. उस आकृति को चुनिए जो अन्य तीन से भिन्न है–
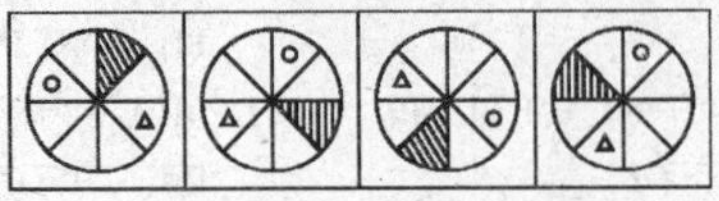
(a) (b) (c) (d)

34. उस आकृति को चुनिए, जो अन्य तीन से भिन्न है–
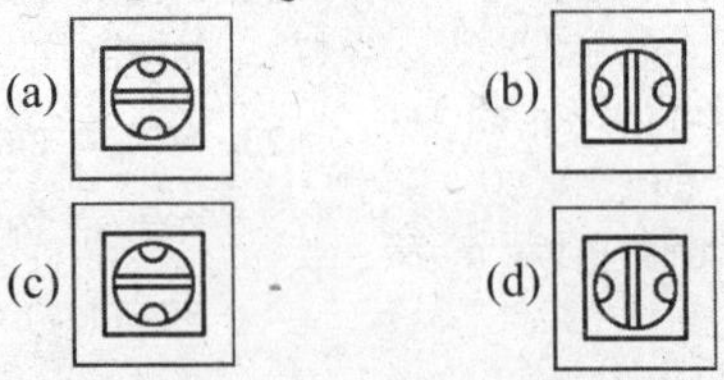

35. दिए गए विकल्पों में से विषम आकृति चुनिए–
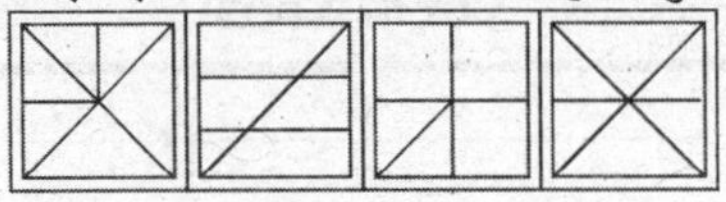
(a) (b) (c) (d)

36. श्रेणी में से भिन्न को चुनिए–
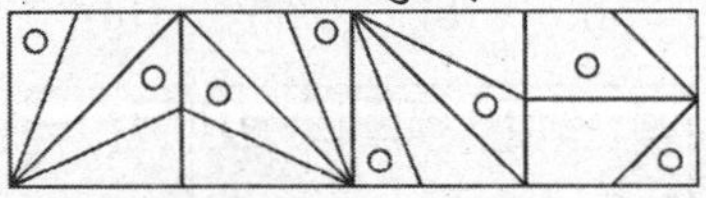
(a) (b) (c) (d)

(a) D (b) B
(c) A (d) C

निर्देश–(प्रश्न संख्या 37 एवं 38) दिए गए विकल्पों में से विषम आकृति ज्ञात कीजिए–

37.
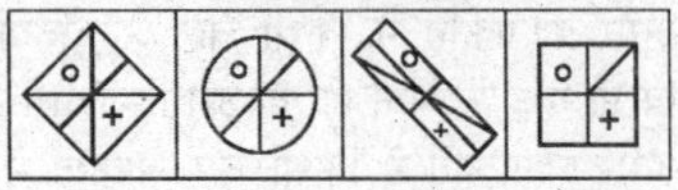
(a) (b) (c) (d)

38.
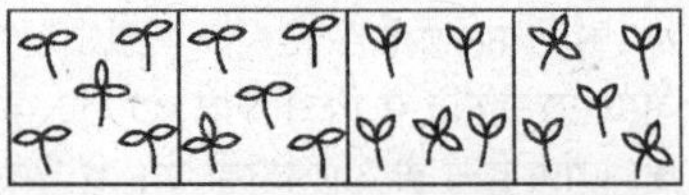
(a) (b) (c) (d)

39. नीचे दी गई श्रेणी में से भिन्न को पहचानें–
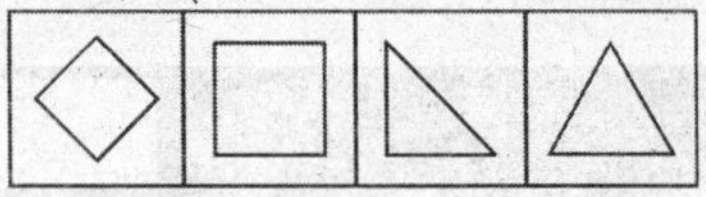
(a) (b) (c) (d)

(a) D (b) B
(c) C (d) A

40. नीचे दी गई श्रेणी में से भिन्न को पहचानें–
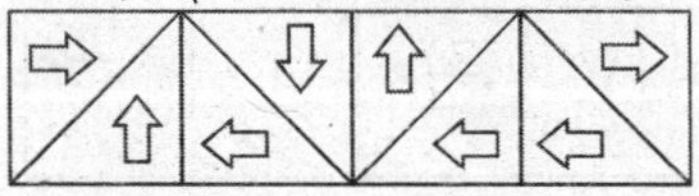
(a) (b) (c) (d)

(a) D (b) A
(c) B (d) C

उत्तर (हल/संकेत)

1. (a) सिर्फ इसी में रेखाओं की संख्या विषम है।

2. (b) को छोड़ अन्य तीनों में दो लकीरों से एक ही रेखा कटती है।

3. (b) सिर्फ इसी आकृति में षट्भुज से लगी दो भुजा समांतर हैं।

4. (b) को छोड़ शेष में चाप, आकृति के कोणों पर कटी है।

5. (d) को छोड़ अन्य तीनों आकृतियाँ समरूप हैं।

6. (b) को छोड़ अन्य तीनों छः-छः भुजाओं से निर्मित हैं।

7. (b) को छोड़ अन्य तीनों में एक तीर युक्त रेखा तथा एक रेखा है।

8. (c) को छोड़ आकृति दोनों तरफ खुली है।

9. (d) को छोड़ अन्य तीनों अंग्रेजी के अक्षर में तीन ही रेखाओं का प्रयोग हुआ है, जबकि इसमें चार रेखाओं की आवश्यकता है।

10. (b) में रेखा के ऊपर की आकृति बंद (closed) है, जबकि अन्य तीनों में यह खुली है।

11. (a) को छोड़ अन्य तीनों में सभी आकृतियों की दिशा विभिन्न दिशाओं में है।

12. (d) सिर्फ यही आकृति है, जिसमें चार भुजाओं का प्रयोग हुआ है।

13. (d) इसमें दोनों रेखाएँ एक-दूसरे को 90° पर नहीं काटती हैं, जबकि अन्य तीनों में 90° पर काटती है।

14. (c) इसमें तीन की दिशा वामावर्त दिशा में अंकित हैं, जबकि अन्य तीनों में यह दक्षिणावर्त दिशा में अंकित हैं।

15. (c) सिर्फ इस आकृति में Zig-zag की दिशा नीचे की ओर है, जबकि अन्य तीनों में ऊपर की ओर है।

16. (d) 'O' को छोड़ अन्य तीनों अक्षर में पहले अक्षर के चार अक्षर बाद दूसरा अक्षर है।

17. (c) को छोड़ अन्य तीनों में दोनों 'X' का चिह्न विकर्णवत् एक-दूसरे के विपरीत हैं।

18. (c) अन्य सभी वर्ग में अंदर में दो रेखा तथा बाहर में एक रेखा स्थित है।

19. (c) को छोड़ अन्य तीनों में दोनों रेखाएँ एक-दूसरे को समकोण पर काटती हैं।

20. (c) को छोड़ अन्य सभी में 'X' स्थित है, जबकि इसमें '+' है।

21. (d) को छोड़ अन्य तीनों में दोनों डिजाइनों का कुछ या पूर्ण भाग उभयनिष्ठ है।

22. (b) सिर्फ इसमें दोनों तरफ की लकीरों की संख्या बराबर नहीं है।

23. (c) को छोड़ अन्य आकृतियाँ चार भागों में बँटी हैं।

24. (b) को छोड़ अन्य सभी दो समान भागों में विभाजित हैं।

25. (b) को छोड़ अन्य सभी एक-सी आकृतियाँ हैं।

26. (c) को छोड़ अन्य सभी रेखाओं से निर्मित आकृतियाँ हैं।

27. (c) अन्य सभी आकृतियों में एक शीर्ष पर चतुर्भुज बना है, जबकि (c) में Δ बना है।

28. (c) इसमें चार तीरों (↑) की दिशा एक समान है, जबकि अन्य सभी में ऐसी बात नहीं है।

29. (d) अन्य सभी में दोनों डिजाइन एक-दूसरे से दर्पण प्रतिबिम्ब है (क्षैतिजत: उलट-पलट होना) लेकिन इसमें एक डिजाइन दूसरे का जल प्रतिबिम्ब है।

30. (b) अन्य सभी विकल्पों की आकृतियाँ चार बराबर त्रिभुजाकार आकृति में बँटी है, जबकि इसमें चतुर्भुजाकार रूप में बँटी है।

31. (a) आकृति (a) बाकी अन्य आकृतियाँ भिन्न हैं।

32. (d) आकृति (c) बाकी अन्य आकृतियाँ भिन्न हैं।

33. (b) आकृति (b) बाकी अन्य आकृतियाँ भिन्न हैं।

34. (c) आकृति (c), अन्य तीनों से भिन्न है।

35. (b) विकल्प से अतिरिक्त अन्य सभी मध्य भाग से बाँटि हुए हैं

36. (c) अन्य में मुख्य डिजाइन के पीछे वर्ग पर वृत्त बना है।

37. (d) अन्य सभी में मध्य लाइन आर-पार है।

38. (d) अन्य सभी में तीन पत्तियों वाली एक पत्ती ही है।

39. (a) अन्य सभी अपने बेस पर हैं परन्तु विकल्प (a) एक कोण पर है।

40. (c) अन्य सभी में भुजाओं के कोण समान है।

❑❑❑

अध्याय 4

छिपी हुई आकृति पूर्ण करना

इस अध्याय में प्रश्न-आकृति के रूप में एक आकृति दी गई रहती है तथा विकल्प के रूप में चार-चार आकृतियाँ दी गई रहती हैं। दी गई प्रश्न-आकृति, किसी एक उत्तर आकृति में किसी भी तरह से छिपी रहती है। परीक्षार्थियों को उस उत्तर आकृति का चुनाव करना पड़ता है जिसमें प्रश्न आकृति छिपी हुई रहती है। परीक्षार्थी को ऐसा ज्ञात होता है कि चारों विकल्पों में यह आकृति छिपी है पर ऐसा होता नहीं है। किसी एक ही विकल्प में यह आकृति पूर्णरूपेण छिपी रहती है। वही क्रम संख्या उत्तर होगा। इस अध्याय से अभ्यास मानसिक संतुलन का पता चल जाता है कि परीक्षार्थी अपने को कितना संतुलित कर सकता है। इसे निम्नलिखित उदाहरणों द्वारा आसानी से समझा जा सकता है—

उदाहरण 1.

प्रश्न आकृति **उत्तर आकृतियाँ**

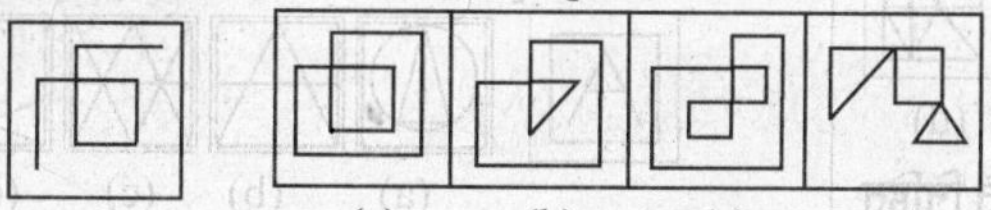

(a) (b) (c) (d)

हल (a): यहाँ प्रश्न आकृति या मूल आकृति उत्तर विकल्प (a) में छिपी हुई है, क्योंकि  तथा  मिलकर उत्तर विकल्प (a) 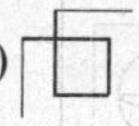 बना है, जिसमें I मूल आकृति है।

उदाहरण 2.

प्रश्न आकृति **उत्तर आकृतियाँ**

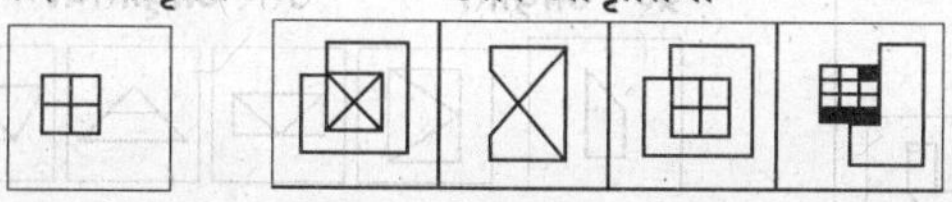

(a) (b) (c) (d)

हल (c): प्रश्न-आकृति में चतुर्भुज के अन्दर + का चिहन है, जो उत्तर विकल्प (c) में उपस्थित है, क्योंकि उत्तर विकल्प 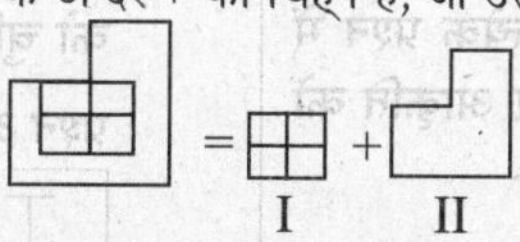 यहाँ I मूल आकृति है।

उदाहरण 3.

प्रश्न आकृति **उत्तर आकृतियाँ**

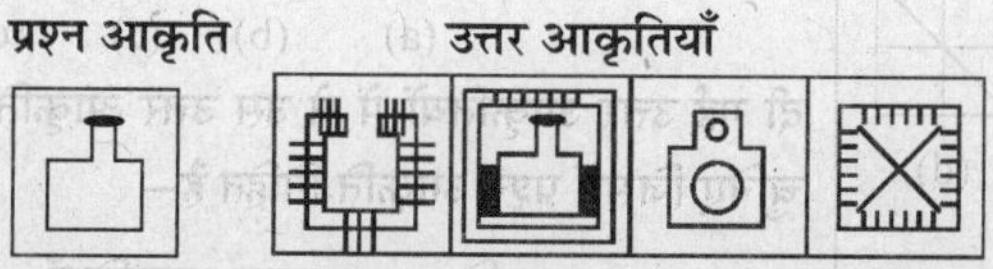

(a) (b) (c) (d)

हल (b): उत्तर आकृति के चारों विकल्पों को देखने से यह पता चलता है कि उत्तर विकल्प (b) प्रश्न आकृति छिपी हुई। अत: क्रमांक (b) उत्तर होगा।

उदाहरण 4.

प्रश्न आकृति **उत्तर आकृतियाँ**

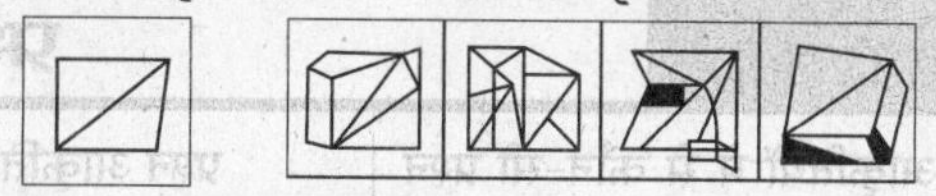

(a) (b) (c) (d)

हल (d): यहाँ दो प्रकार की आकृतियाँ दी गई हैं। एक प्रश्न आकृति है तथा दूसरी उत्तर आकृति। यहाँ प्रश्न आकृति जिसे मूल आकृति कहते हैं, को उत्तर आकृतियों के विकल्पों से खोजना है कि किसमें यह आकृति छिपी हुई है। यहाँ प्रश्न-आकृति में दो त्रिभुज एक साथ जुड़े हैं और इस तरह की आकृति विकल्प (d) में निहित है। जो हमारा उत्तर होगा।

उदाहरण 5.

प्रश्न आकृति **उत्तर आकृतियाँ**

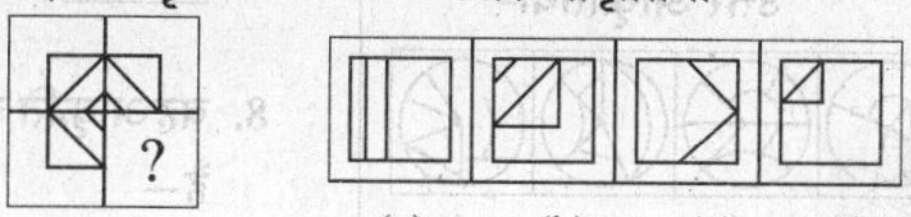

(a) (b) (c) (d)

हल (b): प्रश्न आकृति का कटा भाग, उत्तर आकृतियों से खोजना है। उत्तर आकृति की वह कौन-सी आकृति है जिसे प्रश्न आकृति के कटे भाग की जगह लगाने से प्रश्न-आकृति का चित्र पूर्ण हो जाता है। ध्यान रहे कि कटे भाग के सम्मुख भाग में जो रेखा की दिशा है वही दिशा उत्तर आकृति में होनी चाहिए। इस प्रकार हम पाते हैं कि उत्तर आकृति (b) ही सटीक बैठती है।

पूर्ण आकृति— 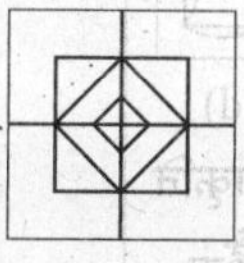

उदाहरण 6.

प्रश्न आकृति **उत्तर आकृतियाँ**

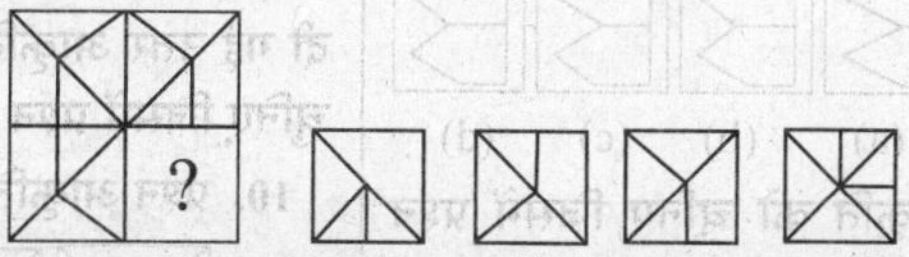

(a) (b) (c) (d)

हल (b): प्रश्न-आकृति में उत्तर-आकृति (b) को बैठाने पर एक पूर्ण चित्र या पूर्ण आकृति बन जाती है इसलिए उत्तर आकृति के (b) को उत्तर-आकृति के रूप में देंगे।

पूर्ण आकृति— 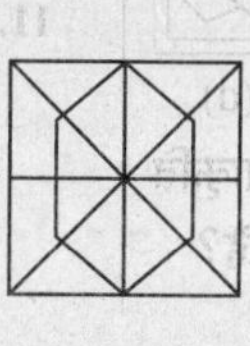

उदाहरण 7.

प्रश्न आकृति उत्तर आकृतियाँ

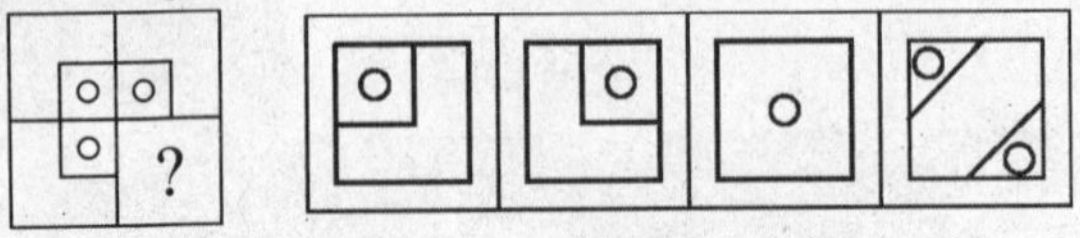

(a) (b) (c) (d)

हल (a): यहाँ उत्तर-आकृति (a) पूर्ण आकृति बनाएगी।

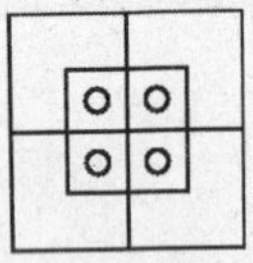

उदाहरण 8.

प्रश्न आकृति उत्तर आकृतियाँ

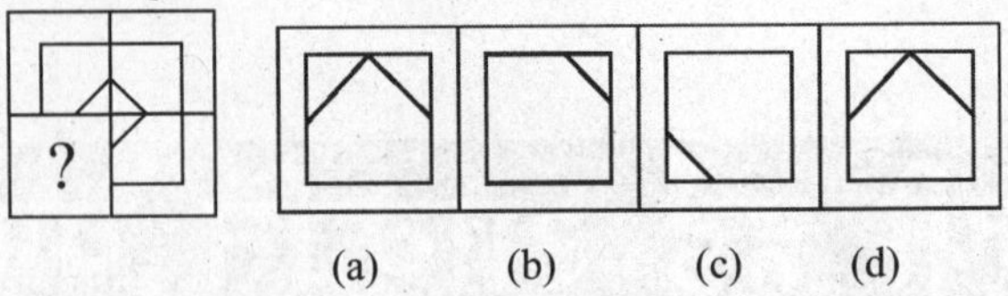

(a) (b) (c) (d)

हल (b): उत्तर विकल्प (b) पूर्ण आकृति का रूप देगी। पूर्ण आकृति होगी।

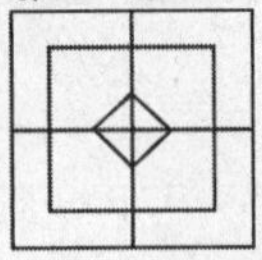

प्रश्नावली

1. दी गई उत्तर आकृतियों में से कौन-सी प्रश्न आकृति में निहित है?

प्रश्न आकृति उत्तर आकृतियाँ

(a) (b) (c) (d)

2. दी गई उत्तर आकृतियों में से उस उत्तर आकृति को चुनिए जिसमें प्रश्न आकृति निहित है—

प्रश्न आकृति उत्तर आकृतियाँ

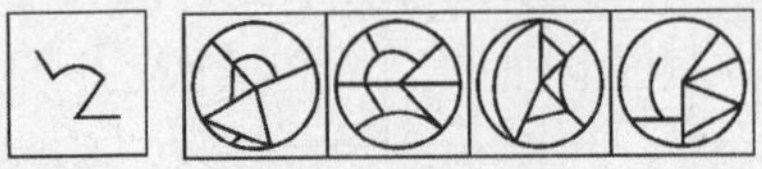

(a) (b) (c) (d)

3. दी गई उत्तर आकृतियों में से, उस उत्तर आकृति को चुनिए जिसमें प्रश्न आकृति निहित है—

प्रश्न आकृति उत्तर आकृतियाँ

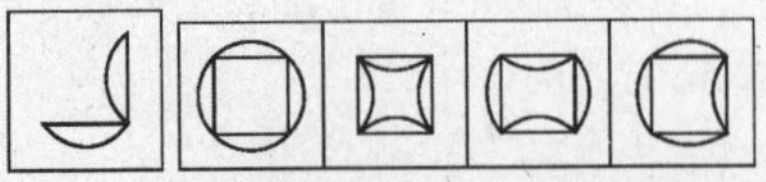

(a) (b) (c) (d)

4. दी गई उत्तर आकृतियों में से उस उत्तर आकृति को चुनिए जिसमें प्रश्न आकृति निहित है—

प्रश्न आकृति उत्तर आकृतियाँ

(a) (b) (c) (d)

5. उस उत्तर आकृति को चुनिए जिसमें प्रश्न आकृति निहित है—

प्रश्न आकृति उत्तर आकृतियाँ

(a) (b) (c) (d)

6. दी गई उत्तर आकृतियों में से उस उत्तर आकृति को चुनिए जिसमें प्रश्न आकृति निहित है?

प्रश्न आकृति उत्तर आकृतियाँ

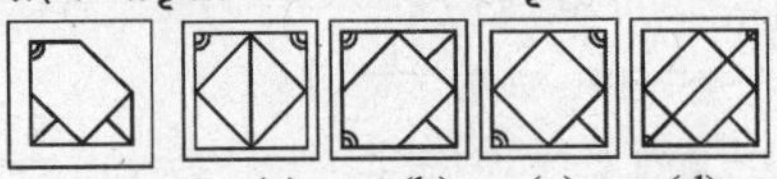

(a) (b) (c) (d)

7. दी गई उत्तर आकृतियों में से उस उत्तर आकृति को चुनिए जिसमें प्रश्न आकृति निहित है—

प्रश्न आकृति उत्तर आकृतियाँ

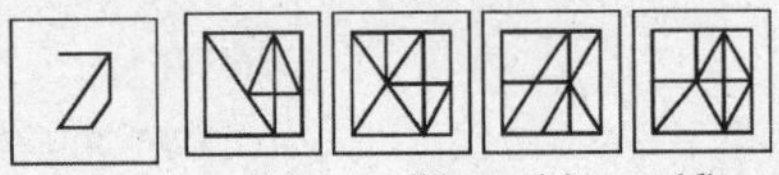

(a) (b) (c) (d)

8. वह आकृति चुनिए जिसमें प्रश्न आकृति निहित है—

प्रश्न आकृति उत्तर आकृतियाँ

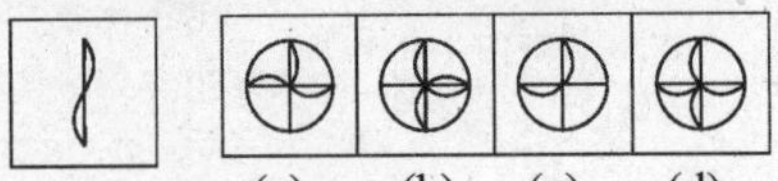

(a) (b) (c) (d)

9. उत्तर आकृतियों में से प्रश्न आकृति में सन्निहित आकृति पैटर्न खोजिए—

प्रश्न आकृति उत्तर आकृतियाँ

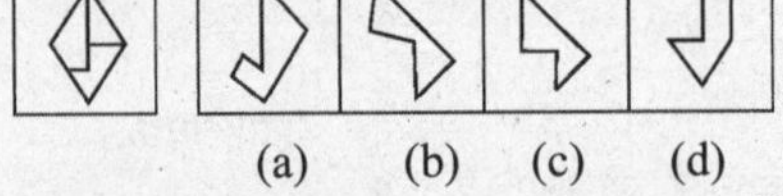

(a) (b) (c) (d)

निर्देश—(प्रश्न संख्या 10 एवं 11) प्रत्येक प्रश्न में दी गई उत्तर आकृतियों में से उस उत्तर आकृति को चुनिए जिसमें प्रश्न आकृति निहित है—

10. प्रश्न आकृति

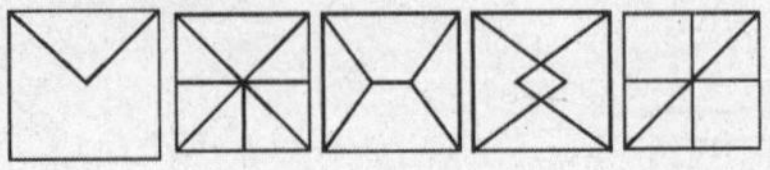

(a) (b) (c) (d)

11. प्रश्न आकृति

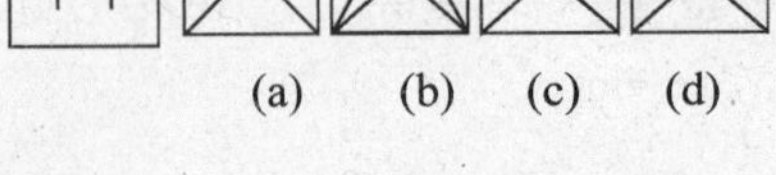

(a) (b) (c) (d)

निर्देश—(प्रश्न संख्या 12 से 14 तक) दी गई उत्तर आकृतियों में से उस उत्तर आकृति को चुनिए जिसमें प्रश्न आकृति निहित है।

12. प्रश्न आकृति उत्तर आकृतियाँ

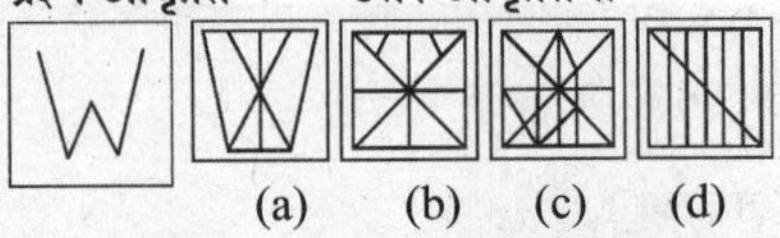

(a) (b) (c) (d)

13. प्रश्न आकृति उत्तर आकृतियाँ

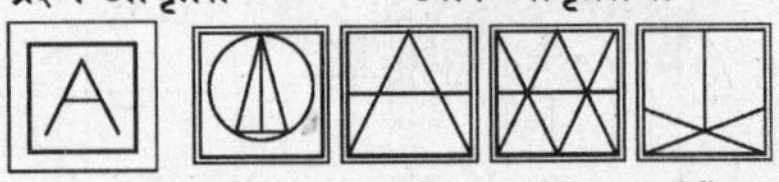

(a) (b) (c) (d)

14. प्रश्न आकृति उत्तर आकृतियाँ

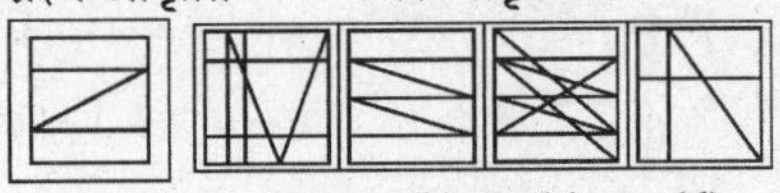

(a) (b) (c) (d)

15. उस उत्तर आकृति को चुनिए, जिसमें प्रश्न आकृति निहित है—

प्रश्न आकृति उत्तर आकृतियाँ

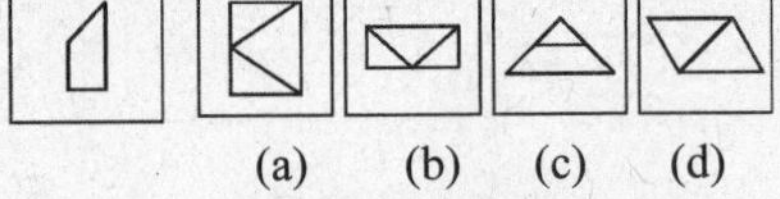

(a) (b) (c) (d)

16. दी गई उत्तर आकृतियों में से उस उत्तर आकृति को चुनिए जिसमें प्रश्न आकृति निहित है—

प्रश्न आकृति उत्तर आकृतियाँ

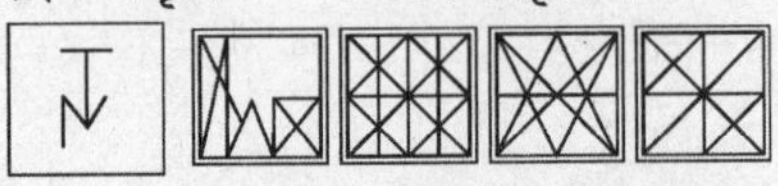

(a) (b) (c) (d)

दी गई उत्तर आकृतियों में से उस उत्तर आकृति को चुनिए जिसमें प्रश्न आकृति निहित है—

प्रश्न आकृति उत्तर आकृतियाँ

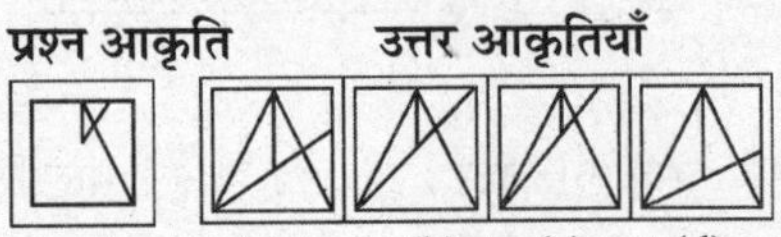

(a) (b) (c) (d)

दी गई उत्तर आकृतियों में से उस उत्तर आकृति को चुनिए जिसमें प्रश्न आकृति निहित है—

18. प्रश्न आकृति उत्तर आकृतियाँ

(a) (b) (c) (d)

दी गई उत्तर आकृतियों में से उस उत्तर आकृति को चुनिए जिसमें प्रश्न आकृति निहित है—

19. प्रश्न आकृति उत्तर आकृतियाँ

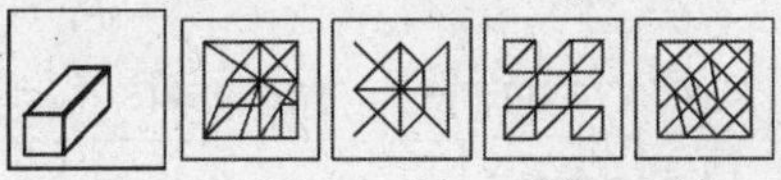

(a) (b) (c) (d)

दी गई उत्तर आकृतियों में से उस उत्तर आकृति को चुनिए जिसमें प्रश्न आकृति निहित है—

20. प्रश्न आकृति उत्तर आकृतियाँ

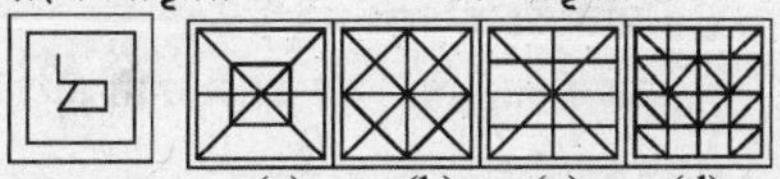

(a) (b) (c) (d)

21. दी गई उत्तर आकृतियों में से उसे चुनिए जिसमें प्रश्न आकृति निहित है—

प्रश्न आकृति उत्तर आकृतियाँ

(a) (b) (c) (d)

22. दी गई उत्तर आकृतियों में से उस उत्तर आकृति को चुनिए, जिसमें प्रश्न आकृति निहित है—

प्रश्न आकृति उत्तर आकृतियाँ

(a) (b) (c) (d)

23. दी गई उत्तर आकृतियों में से उस उत्तर आकृति को चुनिए, जिसमें प्रश्न आकृति निहित है—

प्रश्न आकृति उत्तर आकृतियाँ

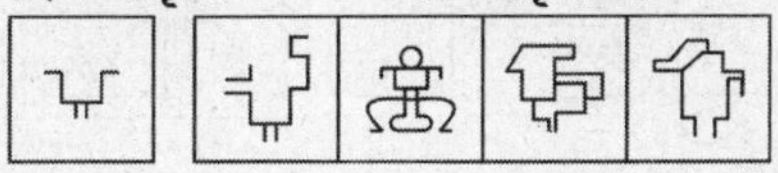

(a) (b) (c) (d)

24. नीचे दी गई उत्तर आकृति में से उस एक को चुनिए, जिसमें प्रश्न आकृति निहित है—

प्रश्न आकृति उत्तर आकृतियाँ

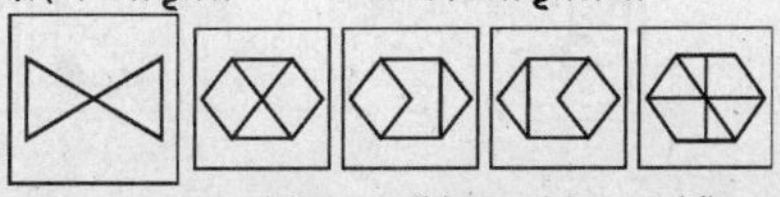

(a) (b) (c) (d)

25. दी गई उत्तर आकृतियों में से उस उत्तर आकृति को चुनिए, जिसमें प्रश्न आकृति निहित है—

प्रश्न आकृति उत्तर आकृतियाँ

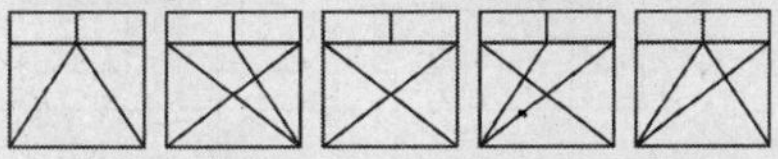

(a) (b) (c) (d)

26. दी गई उत्तर आकृतियों में से उस उत्तर आकृति को चुनिए जिसमें प्रश्न आकृति निहित है—

प्रश्न आकृति उत्तर आकृतियाँ

(a) (b) (c) (d)

27. आव्यूह को पूरा करने के लिए सही आकृति का चयन करें—

प्रश्न आकृति उत्तर आकृतियाँ

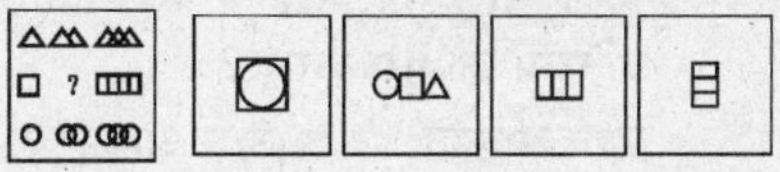

(a) (b) (c) (d)

निर्देश—(प्रश्न संख्या 28 एवं 29) कौन-सी उत्तर आकृति प्रश्न आकृति के प्रतिरूप को पूरा करेगी?

28. 

(a)  (b) 

(c)  (d) 

29. 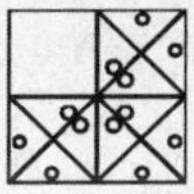

(a) 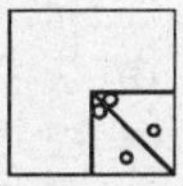 (b) 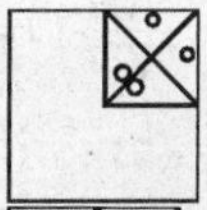

(c) 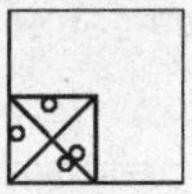 (d) 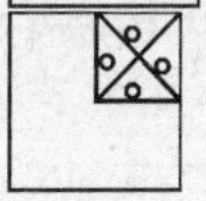

30. कौन-सी उत्तर आकृति प्रश्न आकृति के प्रतिरूप को पूरा करेगी?

प्रश्न आकृति उत्तर आकृतियाँ

(a) (b) (c) (d)

निर्देश—(प्रश्न संख्या 31 एवं 32) कौन-सी उत्तर आकृति प्रश्न आकृति के प्रतिरूप को पूरा करेगी?

31. प्रश्न आकृति उत्तर आकृतियाँ

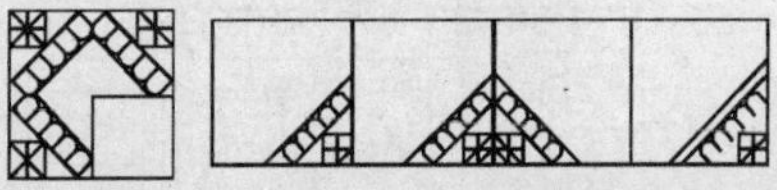

(a) (b) (c) (d)

32. प्रश्न आकृति उत्तर आकृतियाँ

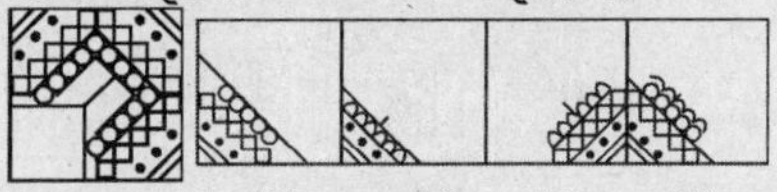

(a) (b) (c) (d)

निर्देश—(प्रश्न संख्या 33 एवं 34) कौन-सी उत्तर आकृति प्रश्न आकृति के प्रतिरूप को पूरा करेगी?

33. प्रश्न आकृति उत्तर आकृतियाँ

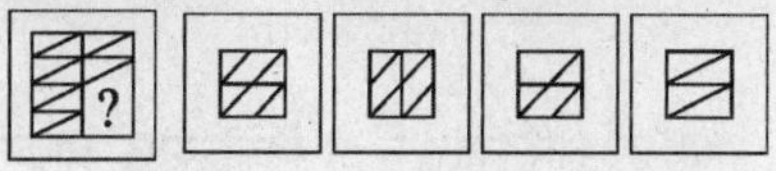

(a) (b) (c) (d)

34. प्रश्न आकृति उत्तर आकृतियाँ

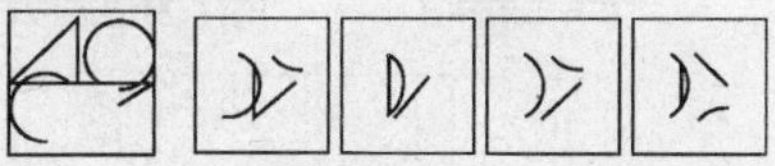

(a) (b) (c) (d)

35. कौन-सी उत्तर आकृति प्रश्न आकृति के प्रतिरूप को पूरा करेगी?

प्रश्न आकृति उत्तर आकृतियाँ

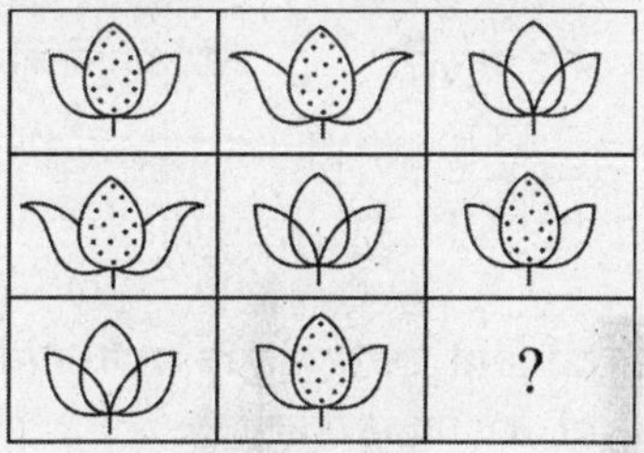

उत्तर आकृतियाँ

(a) (b) (c) (d)

36. कौन-सी उत्तर आकृति प्रश्न-आकृति को पूरा करेगी?

प्रश्न आकृति उत्तर आकृतियाँ

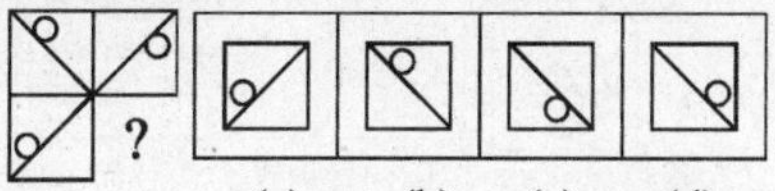

(a) (b) (c) (d)

37. कौन-सी उत्तर आकृति प्रश्न आकृति के प्रतिरूप को पूरा करेगी?

प्रश्न आकृति उत्तर आकृतियाँ

(a) (b) (c) (d)

38. कौन-सी उत्तर आकृति प्रश्न आकृति के प्रतिरूप को पूरा करेगी?

प्रश्न आकृति उत्तर आकृतियाँ

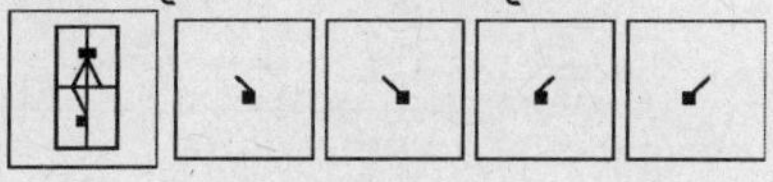

(a) (b) (c) (d)

39. कौन-सी उत्तर आकृति प्रश्न आकृति के प्रतिरूप को पूरा करेगी?

प्रश्न आकृति उत्तर आकृतियाँ

(a) (b) (c) (d)

40. निम्नलिखित में से किस उत्तर आकृति द्वारा प्रश्न आकृति पूरी होती है?

प्रश्न आकृति उत्तर आकृतियाँ

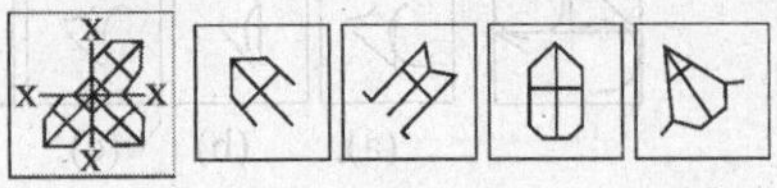

(a) (b) (c) (d)

41. कौन-सी उत्तर आकृति प्रश्न आकृति के प्रतिरूप को पूरा करेगी?

प्रश्न आकृति उत्तर आकृतियाँ

(a) (b) (c) (d)

42. कौन-सी उत्तर आकृति प्रश्न आकृति के प्रतिरूप को पूरा करेगी?

प्रश्न आकृति उत्तर आकृतियाँ

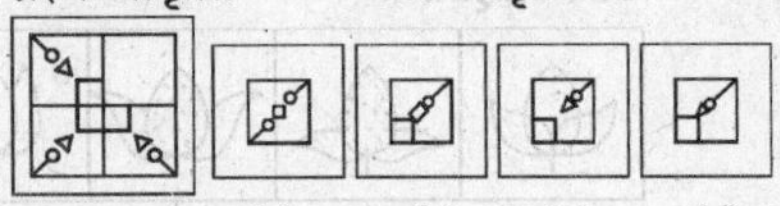

(a) (b) (c) (d)

43. कौन-सी उत्तर आकृति प्रश्न आकृति के प्रतिरूप को पूरा करेगी?

प्रश्न आकृति उत्तर आकृतियाँ

(a) (b) (c) (d)

44. कौन-सी उत्तर आकृति प्रश्न आकृति के प्रतिरूप को पूरा करेगी?

प्रश्न आकृति उत्तर आकृतियाँ

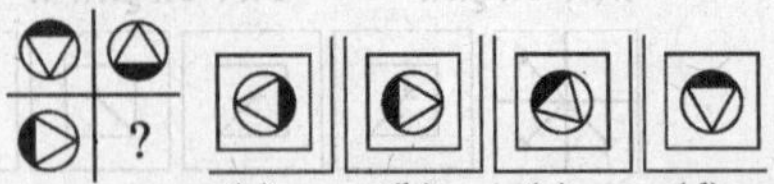

(a) (b) (c) (d)

45. कौन-सी उत्तर आकृति प्रश्न आकृति के प्रतिरूप को पूरा करेगी?

प्रश्न आकृति उत्तर आकृतियाँ

(a) (b) (c) (d)

निर्देश—(प्रश्न संख्या 46 एवं 47) प्रत्येक प्रश्न में कौन-सी उत्तर आकृति प्रश्न आकृति के प्रतिरूप को पूरा करेगी?

46. प्रश्न आकृति उत्तर आकृतियाँ

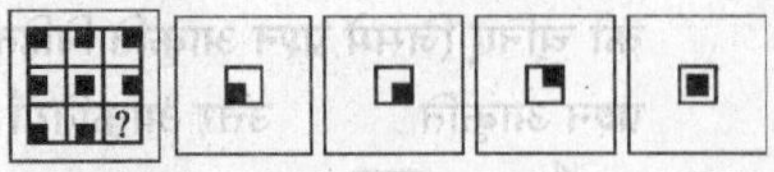

(a) (b) (c) (d)

47. प्रश्न आकृति उत्तर आकृतियाँ

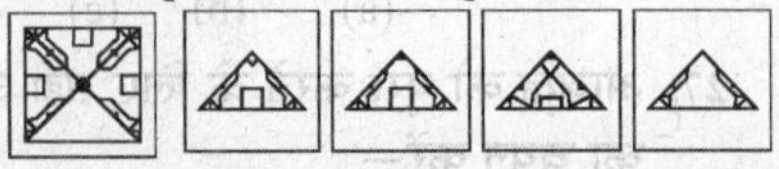

(a) (b) (c) (d)

48. कौन-सी उत्तर आकृति प्रश्न आकृति के प्रतिरूप को पूरा करेगी?

प्रश्न आकृति उत्तर आकृतियाँ

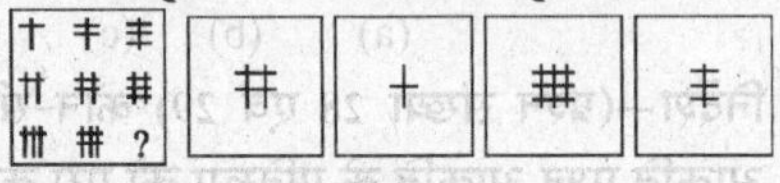

(a) (b) (c) (d)

49. कौन-सी उत्तर आकृति प्रश्न आकृति के प्रतिरूप को पूरा करेगी?

प्रश्न आकृति उत्तर आकृतियाँ

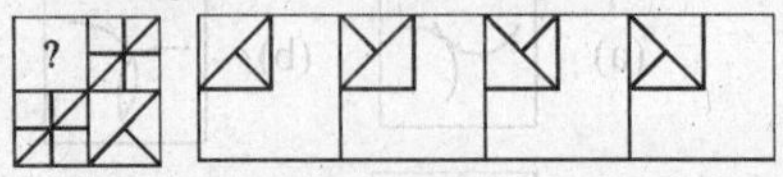

(a) (b) (c) (d)

50. कौन-सी उत्तर आकृति प्रश्न आकृति के प्रतिरूप को पूरा करेगी?

प्रश्न आकृति उत्तर आकृतियाँ

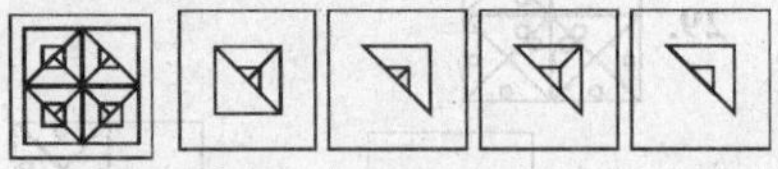

(a) (b) (c) (d)

निर्देश—(प्रश्न संख्या 51 एवं 52) नीचे दी गई कौन-सी विकल्प आकृति प्रश्न आकृति के प्रतिरूप को पूरा करेगी?

51. प्रश्न आकृति उत्तर आकृतियाँ

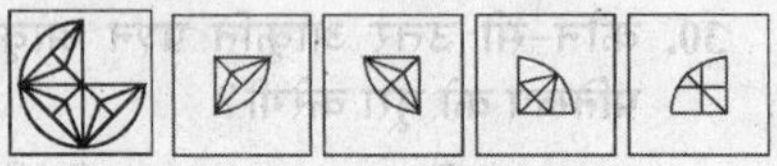

(a) (b) (c) (d)

52. प्रश्न आकृति उत्तर आकृतियाँ

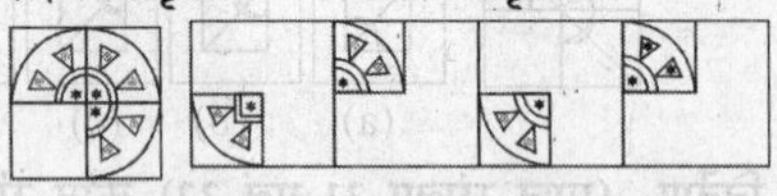

(a) (b) (c) (d)

निर्देश—(प्रश्न संख्या 53 एवं 54) कौन-सी उत्तर आकृति प्रश्न आकृति के प्रतिरूप को पूरा करेगी?

53. प्रश्न आकृति उत्तर आकृतियाँ

(a) (b) (c) (d)

54. प्रश्न आकृति उत्तर आकृतियाँ

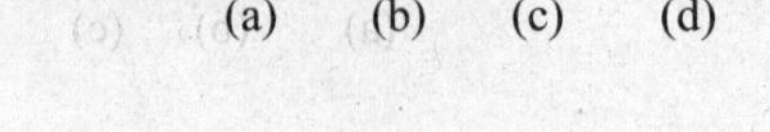

(a) (b) (c) (d)

निर्देश—(प्रश्न संख्या 55 एवं 57) कौन-सी उत्तर आकृति प्रश्न आकृति के प्रतिरूप को पूरा करेगी?

55. प्रश्न आकृति उत्तर आकृतियाँ

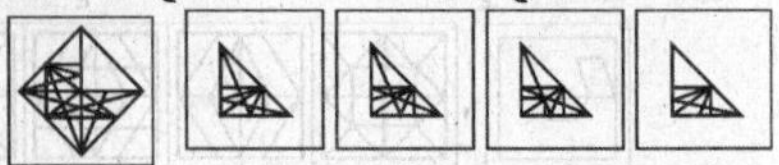

(a) (b) (c) (d)

56. प्रश्न आकृति उत्तर आकृतियाँ

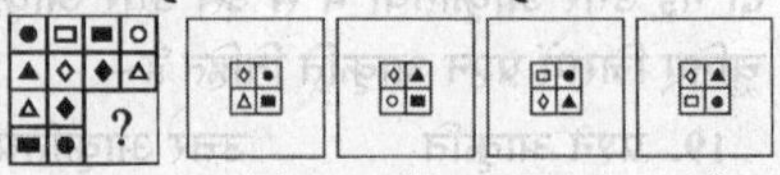

(a) (b) (c) (d)

57. प्रश्न आकृति उत्तर आकृतियाँ

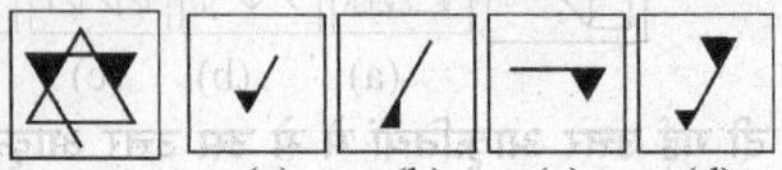

(a) (b) (c) (d)

58. कौन-सी उत्तर आकृति प्रश्न आकृति के प्रतिरूप को पूरा करेगी?

प्रश्न आकृति उत्तर आकृतियाँ

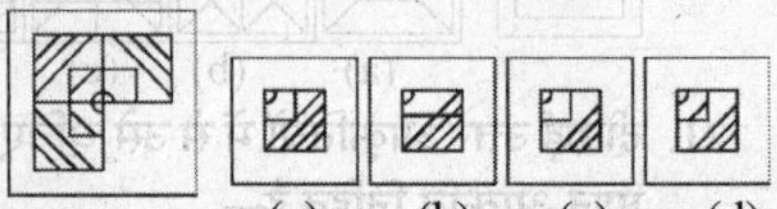

(a) (b) (c) (d)

59. कौन-सी उत्तर आकृति प्रश्न आकृति के प्रतिरूप को पूरा करेगी?

प्रश्न आकृति

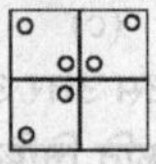

उत्तर आकृतियाँ

(a)  (b) 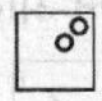

(c) 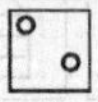 (d) 

60. कौन-सी उत्तर आकृति प्रश्न आकृति के प्रतिरूप को पूरा करेगी?

प्रश्न आकृति उत्तर आकृतियाँ

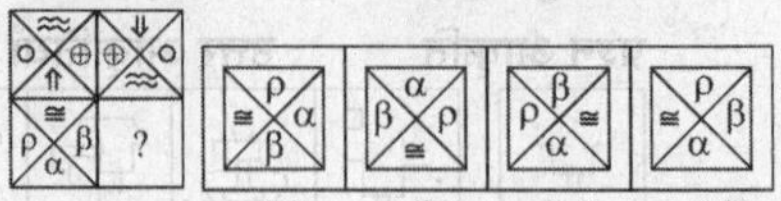

(a) (b) (c) (d)

61. कौन-सी उत्तर आकृति प्रश्न आकृति के प्रतिरूप को पूरा करेगी?

प्रश्न आकृति उत्तर आकृतियाँ

(a) (b) (c) (d)

62. कौन-सी उत्तर आकृति प्रश्न आकृति के प्रतिरूप को पूरा करेगी?

प्रश्न आकृति उत्तर आकृतियाँ

(a) (b) (c) (d)

निर्देश—(प्रश्न संख्या 63 एवं 64) कौन-सी उत्तर आकृति प्रश्न आकृति के प्रतिरूप को पूरा करेगी?

63. प्रश्न आकृति उत्तर आकृतियाँ

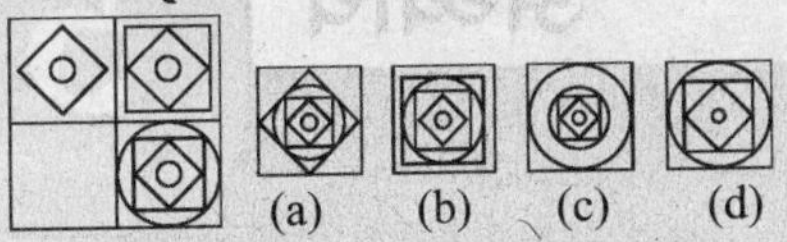

(a) (b) (c) (d)

64. प्रश्न आकृति उत्तर आकृतियाँ

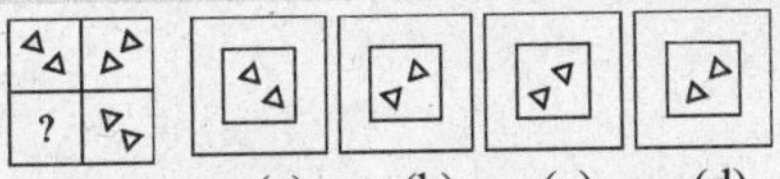

(a) (b) (c) (d)

निर्देश—(प्रश्न संख्या 65 एवं 66) कौन-सी उत्तर आकृति प्रश्न आकृति के प्रतिरूप को पूरा करेगी?

65. प्रश्न आकृति उत्तर आकृतियाँ

(a) (b) (c) (d)

66. प्रश्न आकृति उत्तर आकृतियाँ

(a) (b) (c) (d)

67. प्रश्न आकृति उत्तर आकृतियाँ

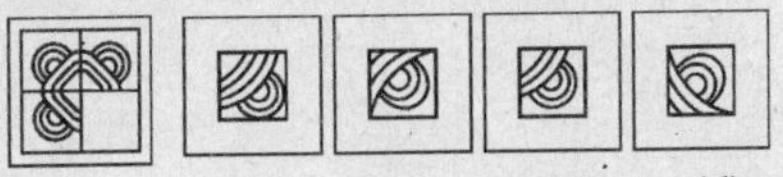

(a) (b) (c) (d)

68. कौन-सी उत्तर आकृति प्रश्न आकृति के प्रतिरूप को पूरा करेगी?

प्रश्न आकृति उत्तर आकृतियाँ

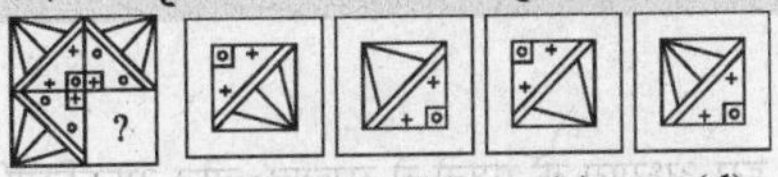

(a) (b) (c) (d)

उत्तर (हल/संकेत)

1. (a) उत्तर आकृति (a) में प्रश्न आकृति निहित है।

2. (b) उत्तर आकृति (b) में प्रश्न आकृति निहित है।

3. (d) उत्तर आकृति (d) में प्रश्न आकृति निहित है।

4. (c) उत्तर आकृति (c) में प्रश्न आकृति (c) निहित है।

5. (c) उत्तर आकृति (c) में प्रश्न आकृति (c) निहित है।

6. (a) उत्तर आकृति (a) में प्रश्न आकृति निहित है।

7. (c) उत्तर आकृति (c) में प्रश्न आकृति निहित है।

8. (a) उत्तर आकृति (a) में प्रश्न आकृति निहित है।

9. (b) उत्तर आकृति (b) में प्रश्न आकृति निहित है।

10. (a) उत्तर आकृति (a) में प्रश्न आकृति निहित है।

11. (c) उत्तर आकृति (c) में प्रश्न आकृति निहित है।

12. (a) उत्तर आकृति (a) में प्रश्न आकृति निहित है।

13. (b) उत्तर आकृति (b) में प्रश्न आकृति निहित है।

14. (c) उत्तर आकृति (c) में प्रश्न आकृति निहित है।

15. (b) उत्तर आकृति (b) में प्रश्न आकृति निहित है।

16. (b) उत्तर आकृति (b) में प्रश्न आकृति निहित है।

17. (c) उत्तर आकृति (c) में प्रश्न आकृति निहित है।

18. (c) उत्तर आकृति (c) में प्रश्न आकृति निहित है।

19. (c) उत्तर आकृति (c) में प्रश्न आकृति निहित है।

20. (c) उत्तर आकृति (c) में प्रश्न आकृति निहित है।

21. (a) उत्तर आकृति (a) में प्रश्न आकृति निहित है।

22. (d) उत्तर आकृति (d) में प्रश्न आकृति निहित है।

23. (a) उत्तर आकृति (a) में प्रश्न आकृति निहित है।

24. (a) उत्तर आकृति (a) में प्रश्न आकृति निहित है।

25. (d) **26.** (c) **27.** (c)

28. (c) उत्तर आकृति (c) प्रश्न आकृति के प्रतिरूप को पूरा करेगी।

29. (c) उत्तर आकृति (c) प्रश्न आकृति के प्रतिरूप को पूरा करेगी।

30. (c) उत्तर आकृति (c) प्रश्न आकृति के प्रतिरूप को पूरा करेगी।

31. (b) उत्तर आकृति (b) प्रश्न आकृति के प्रतिरूप को पूरा करेगी।

32. (d) उत्तर आकृति (d) प्रश्न आकृति के प्रतिरूप को पूरा करेगी।

33. (d) उत्तर आकृति (d) प्रश्न आकृति के प्रतिरूप को पूरा करेगी।

34. (a) उत्तर आकृति (a) प्रश्न आकृति के प्रतिरूप को पूरा करेगी।

35. (c) उत्तर आकृति (c) प्रश्न आकृति के प्रतिरूप को पूरा करेगी।

36. (c) उत्तर आकृति (c) प्रश्न आकृति के प्रतिरूप को पूरा करेगी।

37. (a) उत्तर आकृति (a) प्रश्न आकृति के प्रतिरूप को पूरा करेगी।

38. (c) उत्तर आकृति (c) प्रश्न आकृति के प्रतिरूप को पूरा करेगी।

39. (a) उत्तर आकृति (a) प्रश्न आकृति के प्रतिरूप को पूरा करेगी।

40. (a) उत्तर आकृति (a) द्वारा प्रश्न आकृति पूरी होती है।

41. (b) उत्तर आकृति (b) प्रश्न आकृति के प्रतिरूप को पूरा करेगी।

42. (c) उत्तर आकृति (c) प्रश्न आकृति के प्रतिरूप को पूरा करेगी।

43. (b) उत्तर आकृति (b) प्रश्न आकृति के प्रतिरूप को पूरा करेगी।

44. (a) उत्तर आकृति (a) प्रश्न आकृति के प्रतिरूप को पूरा करेगी।

45. (c) आकृति (c) प्रश्न आकृति के प्रतिरूप को पूरा करेगी।

46. (b) आकृति (b) प्रश्न आकृति के प्रतिरूप को पूरा करेगी।

47. (b) **48.** (c)

49. (b) उत्तर आकृति (b) प्रश्न आकृति के प्रतिरूप को पूरा करेगी।

50. (a) आकृति (a) प्रश्न आकृति के प्रतिरूप को पूरा करेगी।

51. (a) आकृति (a) प्रश्न आकृति के प्रतिरूप को पूरा करेगी।

52. (c) आकृति (c) प्रश्न आकृति के प्रतिरूप को पूरा करेगी।

53. (c) उत्तर आकृति (c) प्रश्न आकृति के प्रतिरूप को पूरा करेगी।

54. (c) उत्तर आकृति (c) प्रश्न आकृति के प्रतिरूप को पूरा करेगी।

55. (d) आकृति (d) प्रश्न आकृति के प्रतिरूप को पूरा करेगी।

56. (b) आकृति (b) प्रश्न आकृति के प्रतिरूप को पूरा करेगी।

57. (a) आकृति (a) प्रश्न आकृति के प्रतिरूप को पूरा करेगी।

58. (d) आकृति (d) प्रश्न आकृति के प्रतिरूप को पूरा करेगी।

59. (c) उत्तर आकृति (c) प्रश्न आकृति के प्रतिरूप को पूरा करेगी।

60. (b)

61. (b) उत्तर आकृति (b) प्रश्न आकृति के प्रतिरूप को पूरा करेगी।

62. (b) आकृति (b) प्रश्न आकृति के प्रतिरूप को पूरा करेगी।

63. (a) प्रश्न आकृति वृत्त → चतुर्भुज → वर्ग के क्रम को दोहराती है।

64. (c) प्रत्येक अगली आकृति 90° दक्षिणावर्त घूमती है।

65. (d) उत्तर आकृति (d) प्रश्न आकृति के प्रतिरूप को पूरा करेगी।

66. (b) उत्तर आकृति (b) प्रश्न आकृति के प्रतिरूप को पूरा करेगी।

67. (b) उत्तर आकृति (b) प्रश्न आकृति के प्रतिरूप को पूरा करेगी।

68. (a) उत्तर आकृति (a) प्रश्न आकृति के प्रतिरूप को पूरा करेगी।

□□□

अध्याय 5

कागज काटना एवं छेदना

इस अध्याय के प्रश्नों में मुख्यत: तीन आकृतियाँ एक पंक्ति में दी गई रहती हैं। पहली आकृति में कागज की एक शीट होती है, जो किसी भी रूप एवं आकार की हो सकती है, दूसरी आकृति में इसको दो भागों में मोड़कर दिखाई जाती है, जो भाग मोड़ने के बाद दूसरे भाग के ऊपर आता है उसको बिन्दुमय (Dotted line) द्वारा दिखाया जाता है। तीसरी आकृति में इसे पुन: दो भागों में मोड़ा जाता है तथा कुछ भाग काट लिए जाते हैं। फिर उसे पुन: पूर्णत: खोला जाता है। इसके नीचे चार आकृतियाँ और दी जाती हैं तथा परीक्षार्थियों को ज्ञात करना होता है कि पूर्णत: खोलने पर दी गई आकृतियों में कौन-सी आकृति प्राप्त होगी? आकृति का वह अक्षरांक उत्तर होगा। विभिन्न परीक्षाओं में इस अध्याय से प्रश्न पूछे जाते हैं। अत: इस पर अभ्यास कर लेना विद्यार्थियों के लिए हितकर होगा। इसे निम्नलिखित उदाहरणों द्वारा आसानी से समझा जा सकता है–

उदाहरण 1.

प्रश्न आकृति **उत्तर आकृतियाँ**

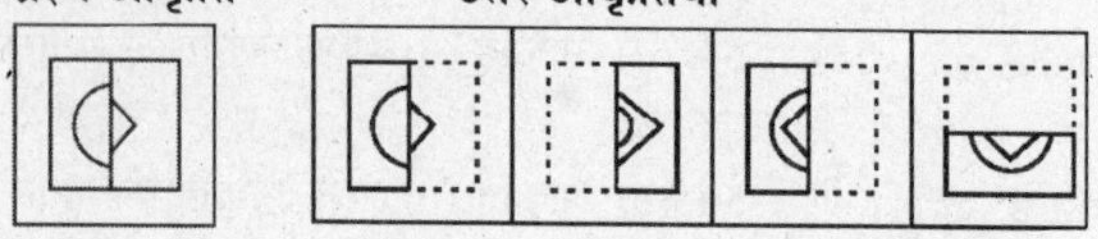

(a) (b) (c) (d)

हल (c): यहाँ प्रश्न-आकृति के पेपर को Dotted line से मोड़ने पर अर्द्धवृत्त के अन्दर त्रिभुज आएगा और उत्तर के रूप में विकल्प (c) प्राप्त होगा।

उदाहरण 2.

प्रश्न आकृति **उत्तर आकृतियाँ**

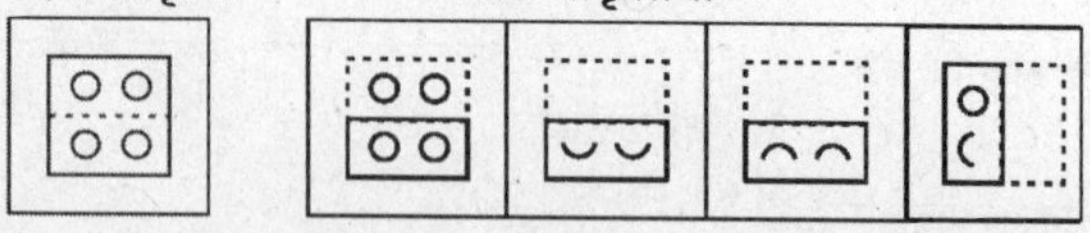

(a) (b) (c) (d)

हल (a): प्रश्न आकृति में Paper को मोड़ने पर दोनों वृत्त Overlap कर जाएँगे तथा विकल्प (a) ही उत्तर के रूप में प्राप्त होगा।

उदाहरण 3.

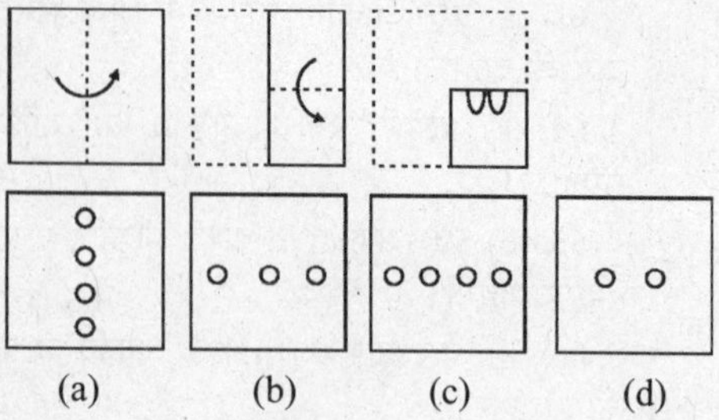

(a) (b) (c) (d)

हल (c): जब तीसरी आकृति को एक मोड़कर खोला जाता है, तो निम्नलिखित आकृति प्राप्त होगी। → 

जब इसको पुन: दूसरी मोड़ पर खोला जाता है, तो निम्नलिखित आकृति प्राप्त होगी, 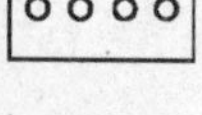 यह उत्तर आकृति विकल्प (c) में है।

उदाहरण 4.

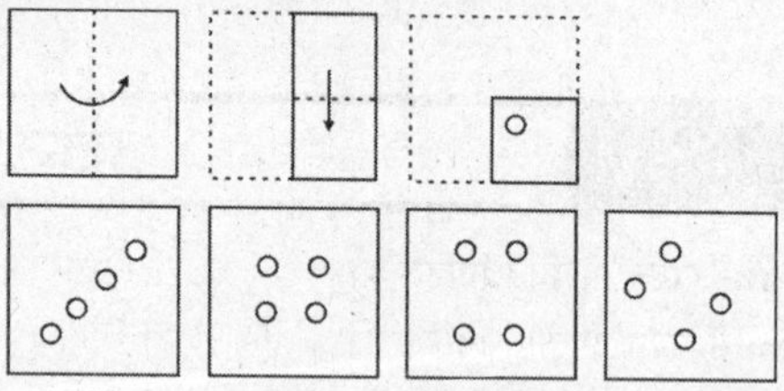

(a) (b) (c) (d)

हल (b): जब तीसरी आकृति को एक मोड़ पर खोला जाता है, तो निम्नलिखित आकृति प्राप्त होगी। 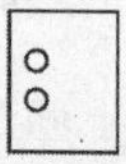

जब इसको पुन: दूसरे मोड़ पर खोलते हैं, तो निम्नलिखित आकृति प्राप्त होगी।

→  यह उत्तर विकल्प (b) में है।

उदाहरण 5.

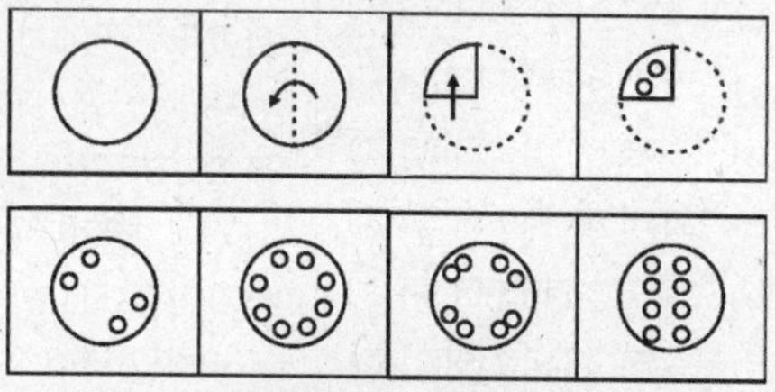

(a) (b) (c) (d)

हल (b): जब आकृति को एक मोड़ पर खोला जाता है, तो निम्नलिखित आकृति प्राप्त होगी। 

जब इसको पुन: दूसरे मोड़ पर खोलते हैं, तो निम्नलिखित आकृति प्राप्त होगी।  यह उत्तर विकल्प (b) में है।

उदाहरण 6.

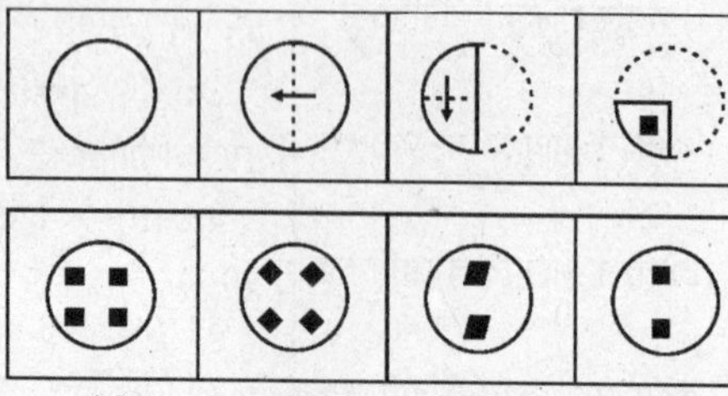

(a) (b) (c) (d)

हल (a): चौथी आकृति को खोलने पर निम्नलिखित आकृति प्राप्त होगी। → इसे पुन: खोलने पर आकृति (a) मिलेगी, जो है–

उदाहरण 7.

प्रश्न आकृति **उत्तर आकृतियाँ**

(a) (b) (c) (d)

हल (a): इस प्रश्न में दिया गया तीर निशान को सूचित करता है। बड़ी Dotted line पहली मुड़ान को तथा छोटी Dotted line दूसरी मुड़ान को निर्देशित करती है। इस प्रकार मोड़ने पर विकल्प में उत्तर आकृति (a) प्राप्त होगी।

उदाहरण 8.

प्रश्न आकृति **उत्तर आकृतियाँ**

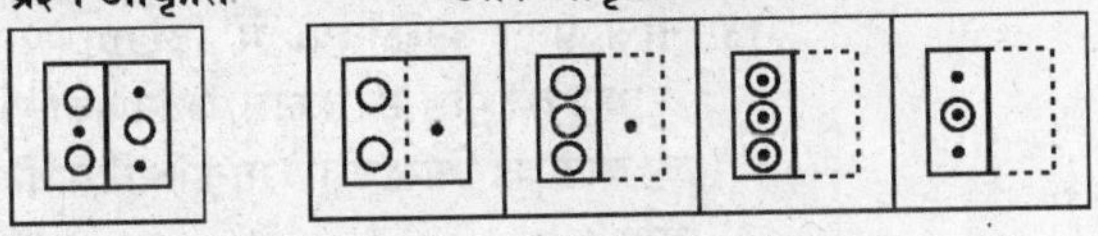

(a) (b) (c) (d)

हल (c): Dotted line द्वारा पेपर को मोड़ने पर सभी बिन्दु वृत्त के अन्दर चले जाएँगें। इस प्रकार उत्तर विकल्प (c) प्राप्त होगा।

उदाहरण 9.

प्रश्न आकृति **उत्तर आकृतियाँ**

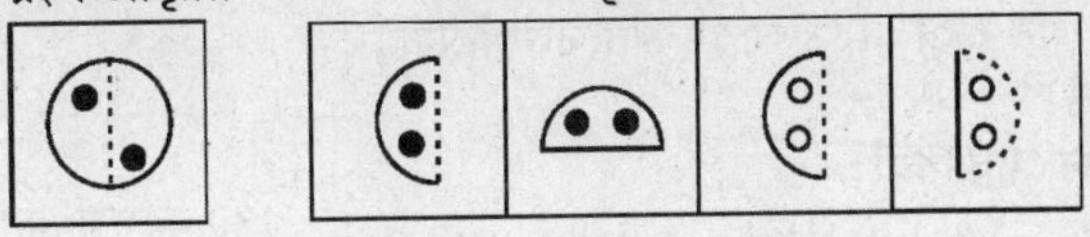

(a) (b) (c) (d)

हल (a): यहाँ वृत्त को Dotted line द्वारा मोड़ने पर उत्तर विकल्प (a) प्राप्त होगा।

उदाहरण 10.

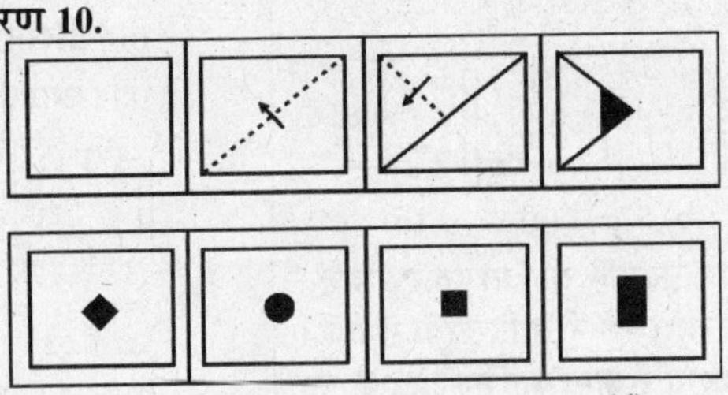

(a) (b) (c) (d)

हल (c): आकृति को दो बार खोलने पर जो आकृति प्राप्त होगी, वह उत्तर विकल्प (c) में है। अतः हमारा उत्तर विकल्प (c) होगा।

प्रश्नावली

1. नीचे प्रश्न आकृतियों में दिखाए अनुसार कागज को मोड़कर काटने तथा खोलने के बाद वह किस उत्तर आकृति जैसा दिखाई देगा?

प्रश्न आकृतियाँ

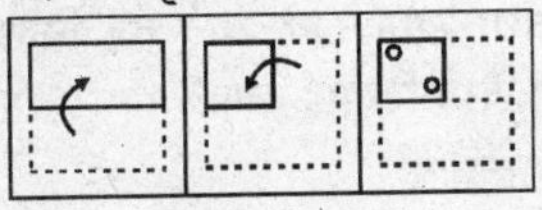

उत्तर आकृतियाँ

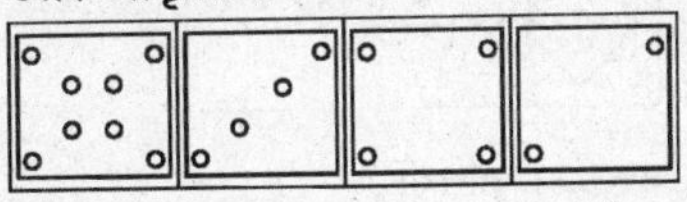

(a) (b) (c) (d)

2. नीचे दी गई प्रश्न आकृतियों में दिखाए अनुसार कागज को मोड़कर काटने तथा खोलने के बाद वह किस उत्तर आकृति जैसा दिखाई देगा?

प्रश्न आकृतियाँ

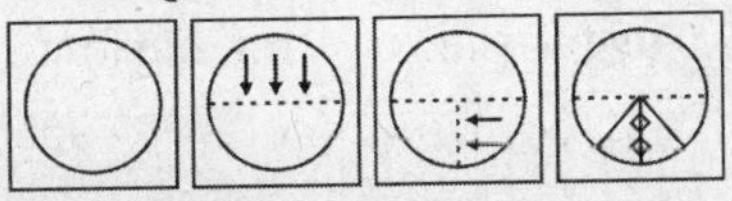

उत्तर आकृतियाँ

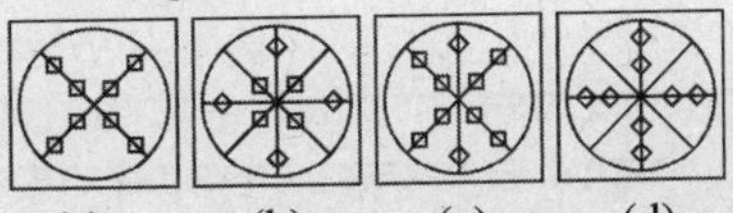

(a) (b) (c) (d)

3. नीचे प्रश्न आकृतियों में दिखाए अनुसार कागज को मोड़कर काटने तथा खोलने के बाद वह किस उत्तर आकृति जैसी दिखाई देगा?

प्रश्न आकृतियाँ

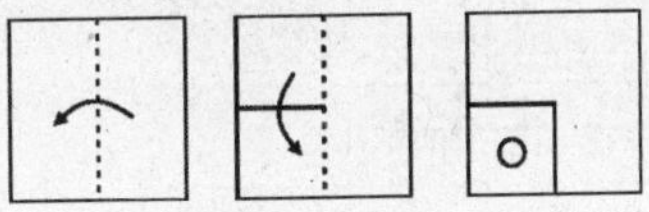

उत्तर आकृतियाँ

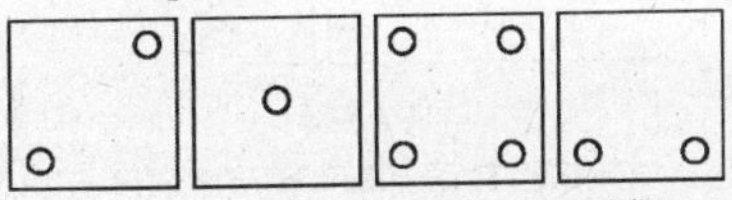

(a) (b) (c) (d)

4. नीचे प्रश्न आकृतियों में दिखाए अनुसार कागज को मोड़कर काटने तथा खोलने के बाद वह किस उत्तर आकृति जैसा दिखाई देगा?

प्रश्न आकृतियाँ

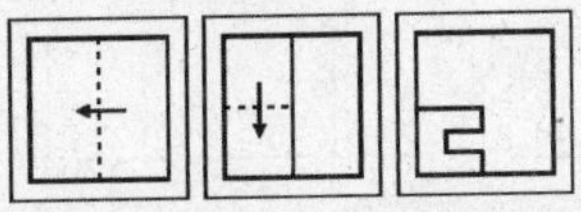

उत्तर आकृतियाँ

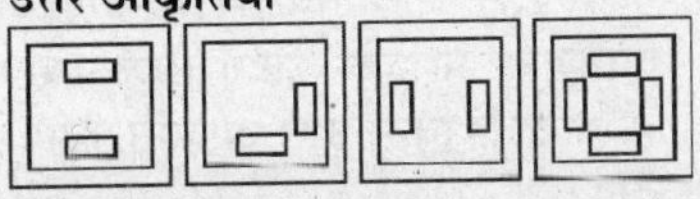

(a) (b) (c) (d)

5. निम्नलिखित चार विकल्पों में से ज्ञात करें कि पारदर्शी शीट को बिन्दुकित रेखा पर मोड़ने पर पैटर्न कैसा दिखाई देगा?

प्रश्न आकृति

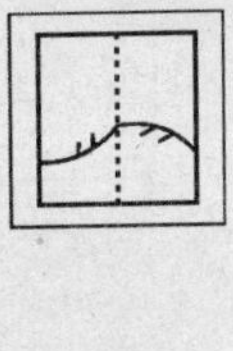

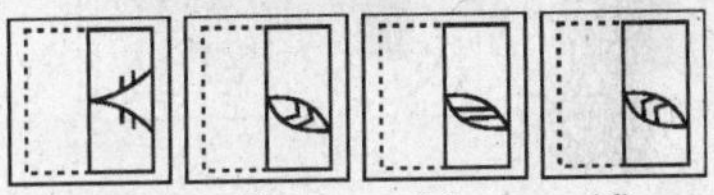

(a) (b) (c) (d)

6. नीचे प्रश्न आकृतियों में दिखाए अनुसार कागज को मोड़कर काटने तथा खोलने के बाद वह किस उत्तर आकृति जैसा दिखाई देगा?

प्रश्न आकृतियाँ

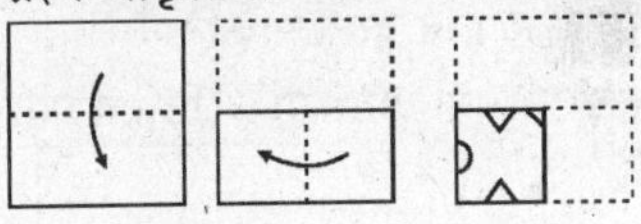

उत्तर आकृतियाँ

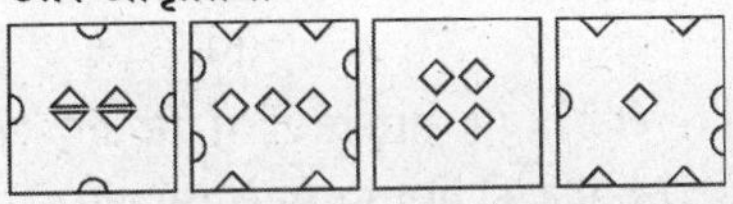

(a) (b) (c) (d)

7. नीचे प्रश्न आकृतियों में दिखाए अनुसार कागज को मोड़कर काटने तथा खोलने के बाद वह किस उत्तर आकृति जैसा दिखाई देगा?

प्रश्न आकृतियाँ

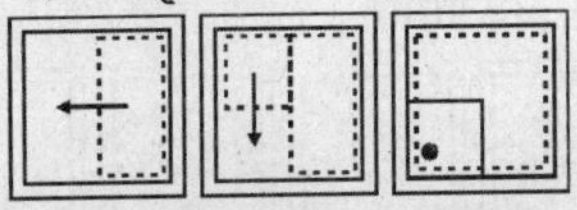

उत्तर आकृतियाँ

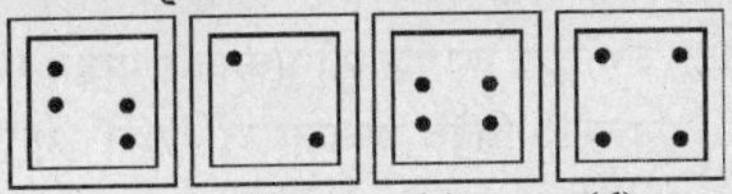

(a) (b) (c) (d)

8. नीचे प्रश्न आकृतियों में दिखाए अनुसार, कागज को मोड़कर काटने/छेदने तथा खोलने के बाद वह किस उत्तर आकृति जैसा दिखाई देगा?

प्रश्न आकृतियाँ

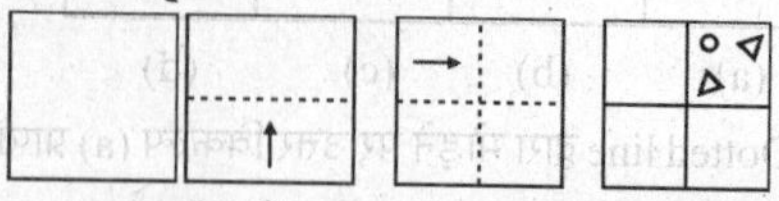

उत्तर आकृतियाँ

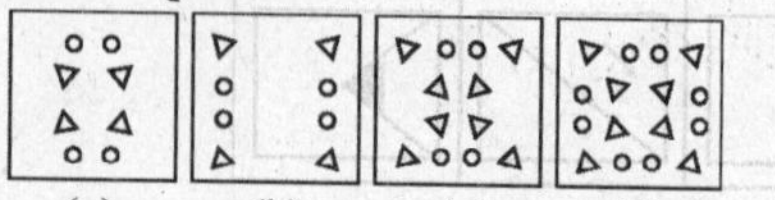

(a) (b) (c) (d)

9. एक वृत्ताकार कागज को मोड़कर छिद्रित किया गया है जैसा कि नीचे दिखाया गया है। दिए गए विकल्पों से ज्ञात कीजिए कि खोलने पर वह कैसा दिखाई देगा?

प्रश्न आकृतियाँ

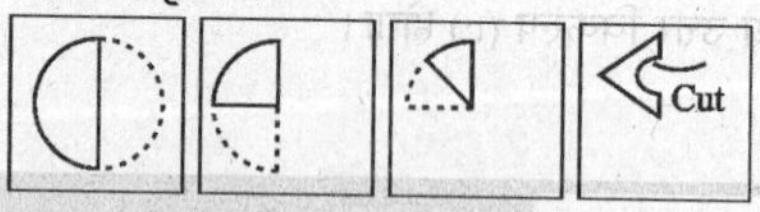

उत्तर आकृतियाँ

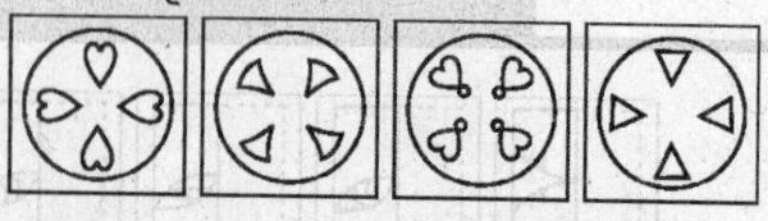

(a) (b) (c) (d)

10. कागज का एक पन्ना मोड़कर, छिद्र करने के बाद खोलने पर प्रश्न-आकृति जैसा दिखाता है। तदनुसार, उत्तर आकृतियों में से चयन करके बताइए, कौन-सी छिद्रित प्रतिरूप वाली आकृति इस आकृति को देती है।

प्रश्न आकृति उत्तर आकृतियाँ
(खोला गया प्रतिरूप) : (छिद्रित प्रतिरूप) :

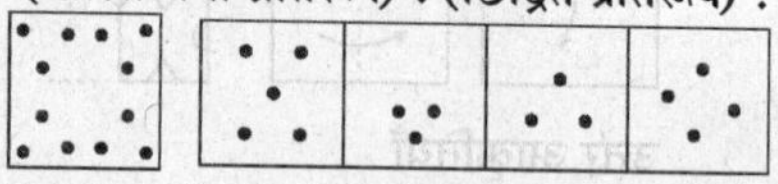

(a) (b) (c) (d)

11. नीचे प्रश्न आकृतियों में दिखाए अनुसार कागज को मोड़कर छेदने तथा खोलने के बाद वह किस उत्तर आकृति जैसा दिखाई देगा?

प्रश्न आकृतियाँ

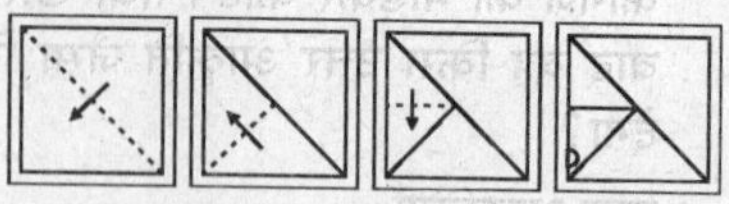

उत्तर आकृतियाँ

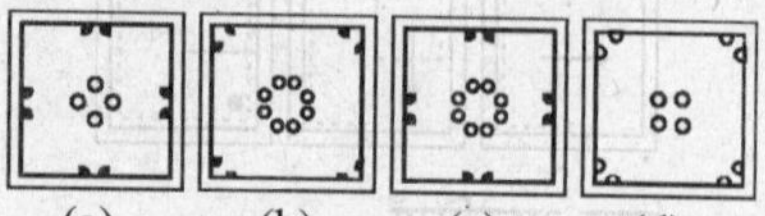

(a) (b) (c) (d)

12. वर्गाकार कागज को एक बार मोड़ने पर ऐसी उत्तर आकृति बताइए जो प्रश्न आकृति में छिद्रित पैटर्न दिखाती हो।

प्रश्न आकृति उत्तर आकृतियाँ :

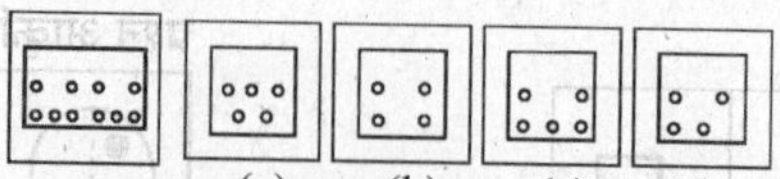

(a) (b) (c) (d)

13. कागज का एक वर्गाकार टुकड़ा, जिसके किनारे कटे हुए हैं, मोड़ा गया जैसा कि नीचे दिखाया गया है। उत्तर आकृतियों से चुनिए कि खोलने पर वह कैसा दिखाई देगा?

प्रश्न आकृतियाँ

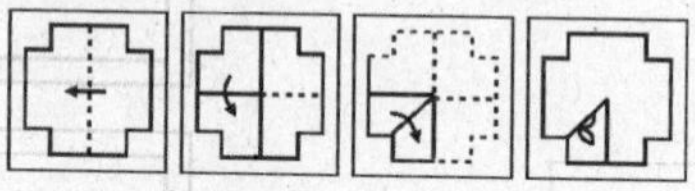

उत्तर आकृतियाँ

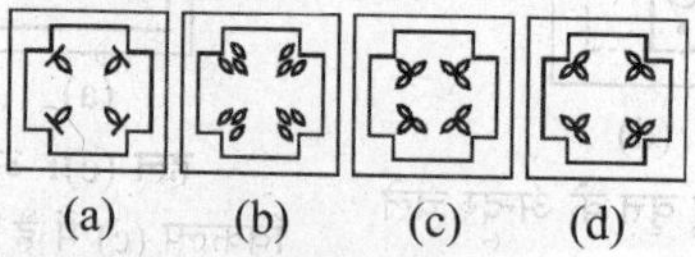

(a) (b) (c) (d)

14. नीचे दिखाए अनुसार कोरों पर कटे हुए कागज के वर्गाकार टुकड़े को लेकर मोड़ा जाता है, मुड़ा हुआ पैटर्न कैसा दिखाई देगा?

प्रश्न आकृतियाँ

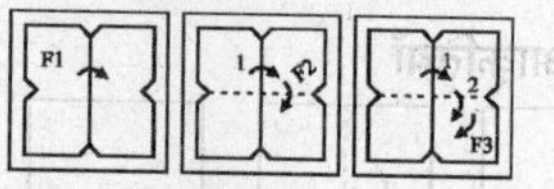

उत्तर आकृतियाँ

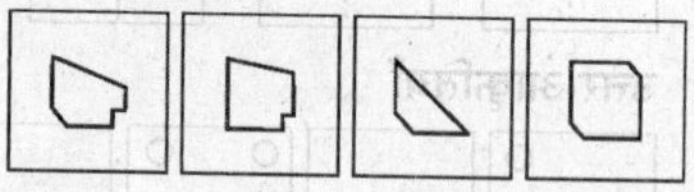

(a) (b) (c) (d)

15. जब कागज के एक वृत्ताकार शीट को विशिष्ट विधि से मोड़कर एक छिद्र किया गया तो खोलने पर वह वैसा दिखाई दिया जैसा प्रश्न आकृति में है। दिए गए उत्तरों से ज्ञात कीजिए कि कागज किस प्रकार मोड़ा और छिद्रित किया गया था?

प्रश्न आकृति उत्तर आकृतियाँ :

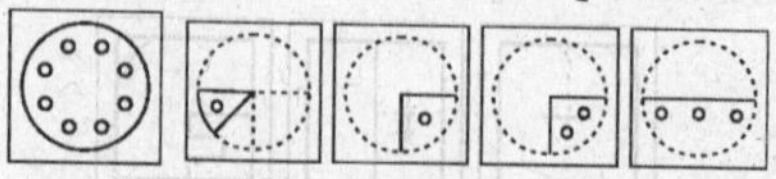

(a) (b) (c) (d)

16. नीचे प्रश्न आकृतियों में दिखाए अनुसार कागज को मोड़कर काटने/छेदने तथा खोलने के बाद वह किस उत्तर आकृति जैसा दिखाई देगा?

प्रश्न आकृतियाँ

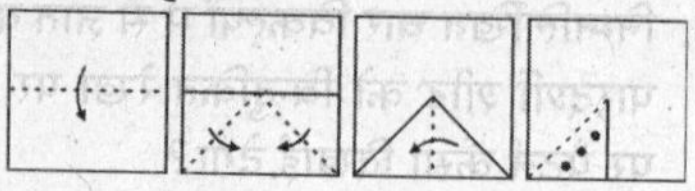

उत्तर आकृतियाँ

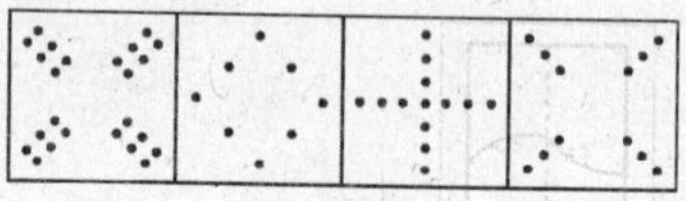

(a) (b) (c) (d)

17. नीचे प्रश्न आकृतियों में दिखाए अनुसार, कागज को मोड़कर छेदने तथा खोलने के बाद वह किस उत्तर आकृति जैसा दिखाई देगा?

प्रश्न आकृतियाँ

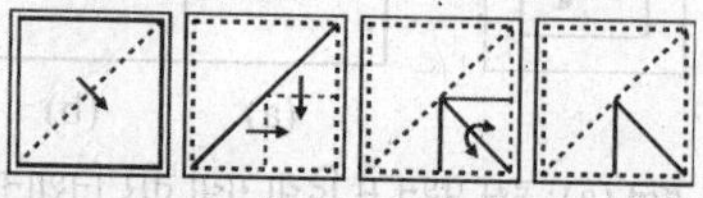

उत्तर आकृतियाँ

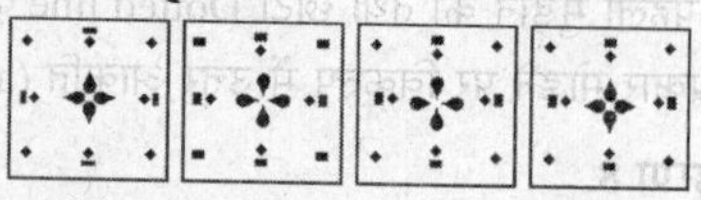

(a) (b) (c) (d)

18. नीचे प्रश्न आकृतियों में दिखाए अनुसार कागज को मोड़कर काटने/छेदने तथा खोलने के बाद वह किस उत्तर आकृति जैसा दिखाई देगा?

प्रश्न आकृतियाँ

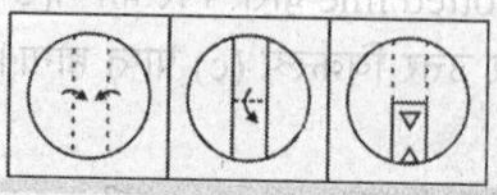

उत्तर आकृतियाँ

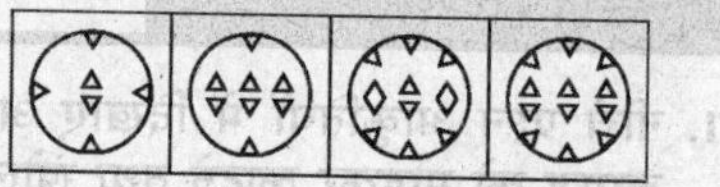

(a) (b) (c) (d)

19. नीचे प्रश्न आकृतियों में दिखाए अनुसार कागज के एक टुकड़े को मोड़कर काटने/छेदने तथा खोलने के बाद वह किस उत्तर आकृति जैसा दिखाई देगा?

प्रश्न आकृतियाँ

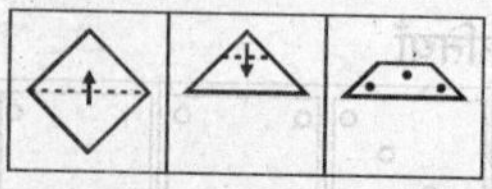

उत्तर आकृतियाँ

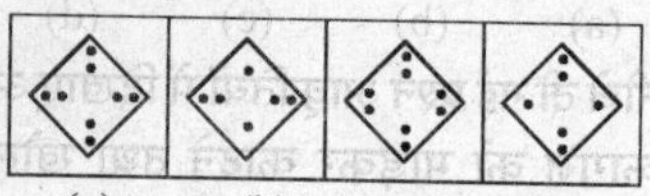

(a) (b) (c) (d)

20. दिए गए विकल्पों से चुनिए कि कागज को किस प्रकार मोड़ा और छिद्रित किया गया था?

प्रश्न आकृति उत्तर आकृतियाँ :

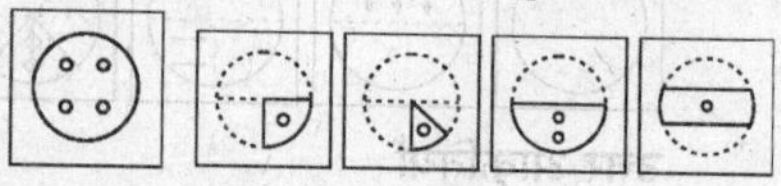

(a) (b) (c) (d)

21. नीचे प्रश्न आकृतियों में दिखाए अनुसार कागज को मोड़कर छेदने तथा खोलने के बाद वह किस उत्तर आकृति जैसा दिखाई देगा?

प्रश्न आकृतियाँ

उत्तर आकृतियाँ

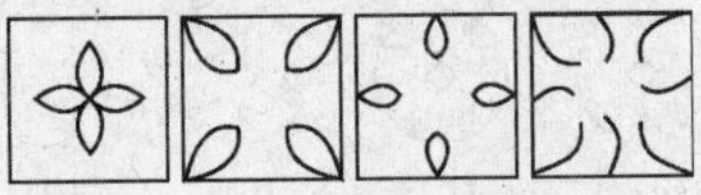

(a) (b) (c) (d)

निर्देश—(प्रश्न संख्या 22 एवं 23) नीचे प्रश्न आकृतियों में दिखाए अनुसार कागज को मोड़कर काटने तथा खोलने के बाद वह किस उत्तर आकृति जैसा दिखाई देगा?

22. प्रश्न आकृतियाँ

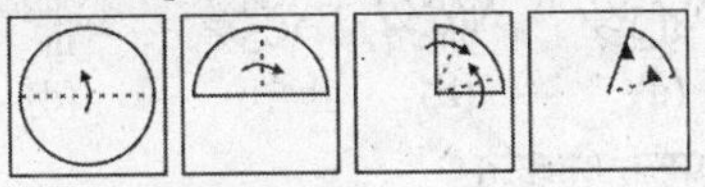

उत्तर आकृतियाँ

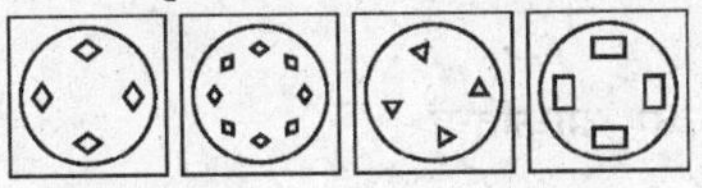

(a) (b) (c) (d)

23. प्रश्न आकृतियाँ

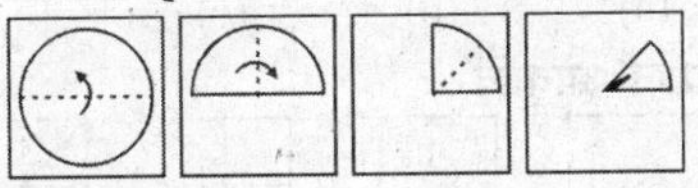

उत्तर आकृतियाँ

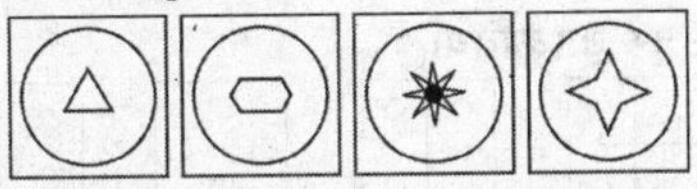

(a) (b) (c) (d)

24. नीचे प्रश्न आकृतियों में दिखाए अनुसार कागज को मोड़कर काटने तथा खोलने के बाद वह किस उत्तर आकृति जैसा दिखाई देगा?

प्रश्न आकृतियाँ

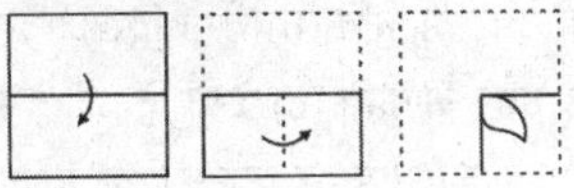

उत्तर आकृतियाँ

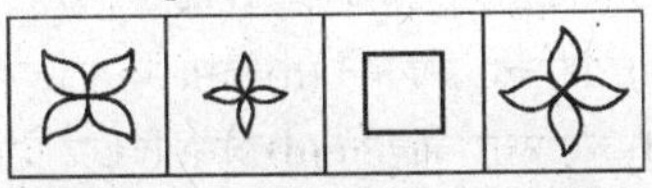

(a) (b) (c) (d)

25. नीचे प्रश्न आकृतियों में दिखाए अनुसार कागज के एक टुकड़े को मोड़कर काटने/छेदने तथा खोलने के बाद वह किस उत्तर आकृति जैसा दिखाई देगा?

प्रश्न आकृतियाँ

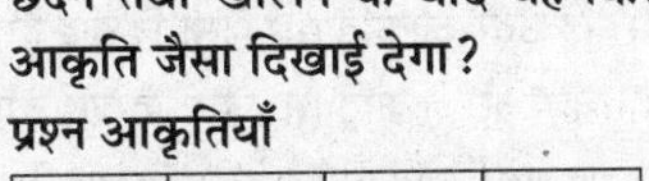

(a) (b) (c) (d)

उत्तर आकृतियाँ

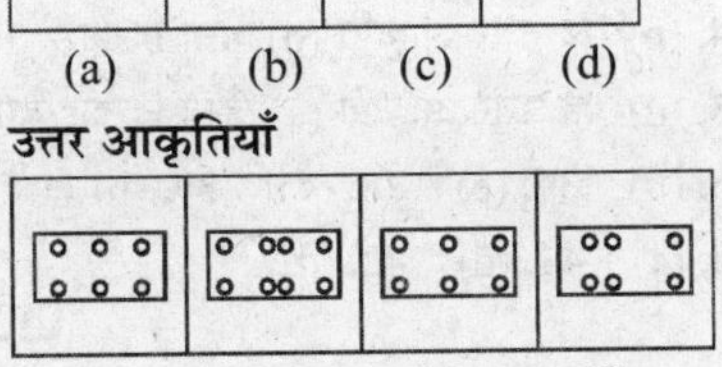

(a) (b) (c) (d)

निर्देश—प्रश्न संख्या 26 में प्रश्न आकृतियों में दिखाए अनुसार कागज को मोड़कर काटने तथा खोलने के बाद वह किस उत्तर आकृति जैसा दिखाई देगा?

26. प्रश्न आकृतियाँ

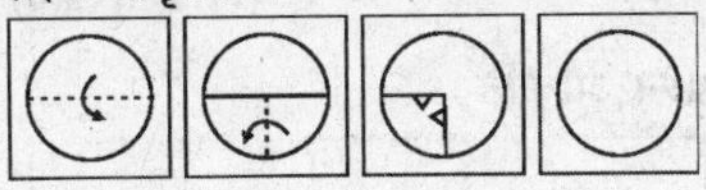

उत्तर आकृतियाँ

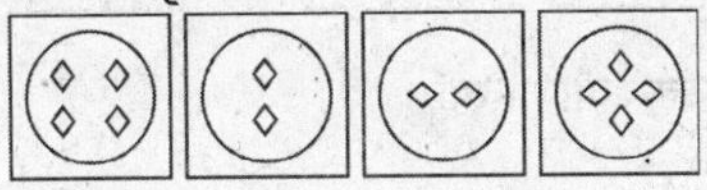

(a) (b) (c) (d)

निर्देश—(प्रश्न संख्या 27 एवं 28) नीचे प्रश्न आकृतियों में दिखाए अनुसार कागज को मोड़कर काटने तथा खोलने के बाद वह किस उत्तर आकृति जैसा दिखाई देगा?

27. प्रश्न आकृतियाँ

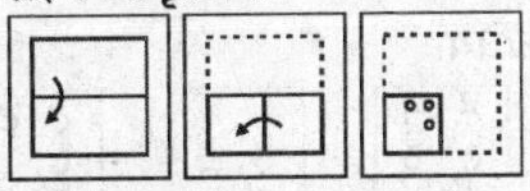

उत्तर आकृतियाँ

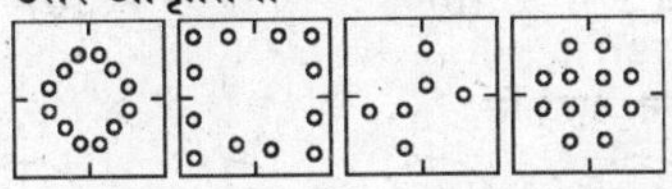

(a) (b) (c) (d)

28. प्रश्न आकृतियाँ

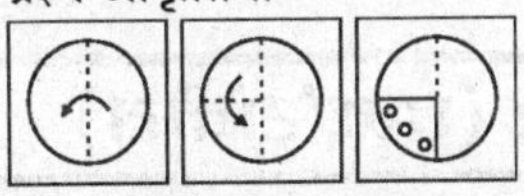

उत्तर आकृतियाँ

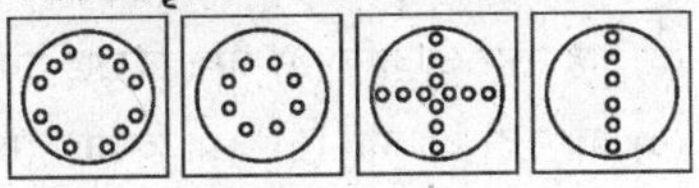

(a) (b) (c) (d)

29. कागज के एक वर्गाकार टुकड़े को मोड़ा और छिद्रित किया गया है जैसा कि नीचे चित्र में दिखाया गया है। उत्तर चित्रों को देखकर बताइए कि खुलने पर वह कैसा दिखेगा?

प्रश्न आकृतियाँ

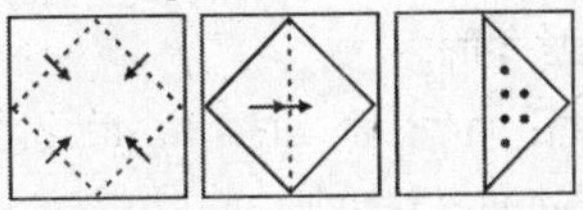

उत्तर आकृतियाँ

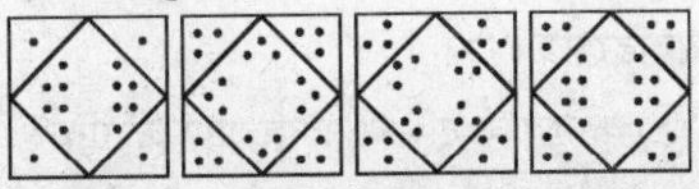

(a) (b) (c) (d)

30. निम्नांकित प्रश्न आकृतियों में दिखाए अनुसार कागज को मोड़ने, काटने तथा खोलने के बाद वह किस उत्तर आकृति जैसा दिखाई देगा?

प्रश्न आकृतियाँ

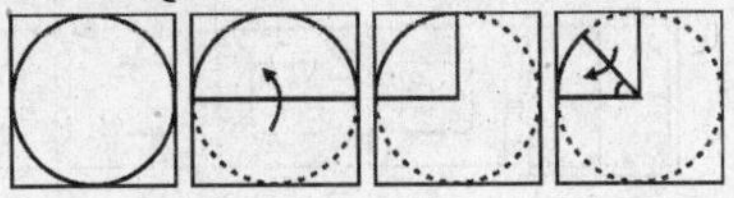

उत्तर आकृतियाँ

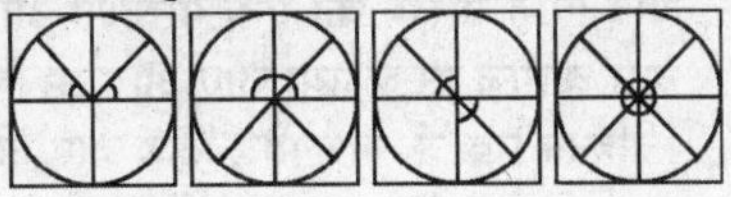

(a) (b) (c) (d)

31. एक त्रिभुजाकार कागज का पन्ना मोड़कर, निम्न आकृतियों की शृंखला में प्रदर्शित ढंग से छिद्रित किया गया है। वह खोलने पर कैसा दिखेगा?

प्रश्न आकृतियाँ

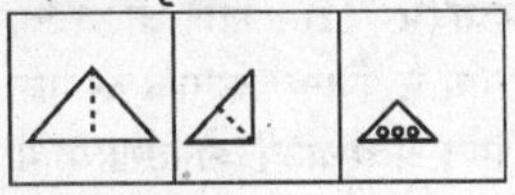

उत्तर आकृतियाँ

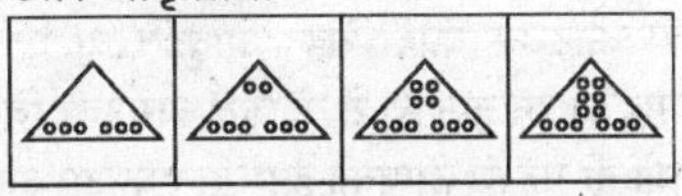

(a) (b) (c) (d)

32. कागज की एक शीट मोड़ी गई है जैसे प्रश्न आकृति में दिखाया गया है। चार उत्तर आकृतियों में से वह आकृति चुनिए जैसा खोलने पर यह कागज दिखाई देगा।

प्रश्न आकृतियाँ

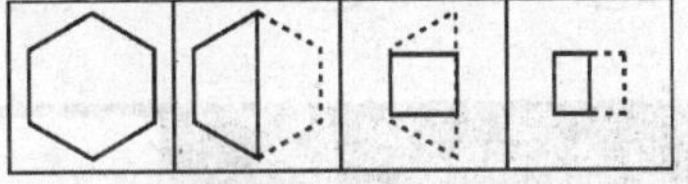

उत्तर आकृतियाँ

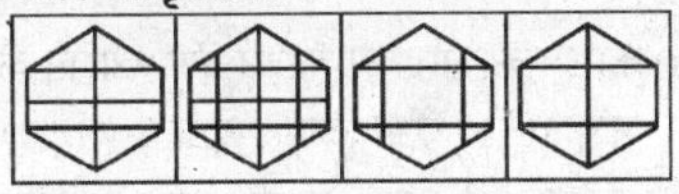

(a) (b) (c) (d)

33. कागज के एक तिकोने टुकड़े की तह लगाकर छेद किया गया है जैसा कि चित्र में दिखाया गया है। आपको उत्तर वाले चार चित्रों से पता लगाना है कि खुलने पर वह कैसा दिखाई देगा?

प्रश्न आकृतियाँ

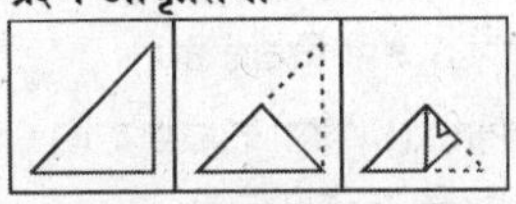

उत्तर आकृतियाँ

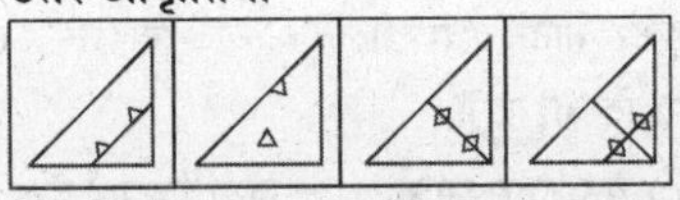

(a) (b) (c) (d)

34. एक कागज के पन्ने को मोड़कर, छेद करके खोलने पर प्रश्न वाली आकृति दिखती है। दिए गए उत्तरों में से, उस आकृति का चयन कीजिए, जिसके छिद्रित प्रारूप से प्रश्न वाली आकृति मिली है।

प्रश्न आकृति उत्तर आकृतियाँ :

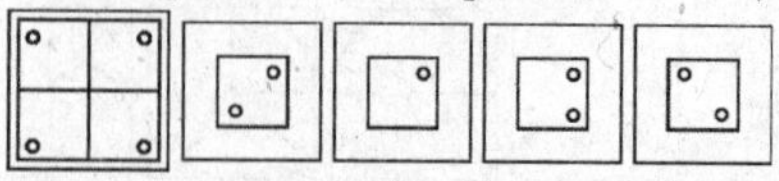

(a) (b) (c) (d)

35. **यदि निम्न प्रारूप को एक पारदर्शी आयताकार कागज पर बनाया जाए और उसे बिन्दु-चिह्नित रेखा के साथ मोड़ दिया जाए, तो वह कैसा दिखेगा?**

प्रश्न आकृति उत्तर आकृतियाँ :

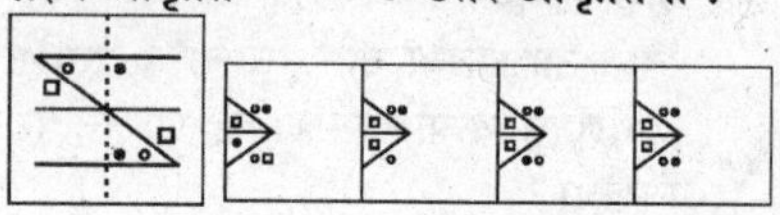

(a) (b) (c) (d)

निर्देश—(प्रश्न संख्या 36–42) : नीचे के प्रत्येक प्रश्न में तीन चित्र दिये गये हैं, जिनमें कागज के एक शीट को मोड़ने की विभिन्न अवस्थाओं को दिखाया गया है। अन्त की आकृति में मोड़े हुए कागज को किसी विशेष प्रकार से काटकर कोई चिह्न/आकृति या डिजाइन बना दी गई है। इन तीन चित्रों के बाद चार उत्तर विकल्प आकृतियाँ दी गई हैं। आपको इनमें से एक उस आकृति को चुनना है, जो ठीक वैसी ही है जैसी अंतिम आकृति को खोलकर फैलाने पर पैटर्न दिखाई पड़ेगा।

36. **प्रश्न आकृति**

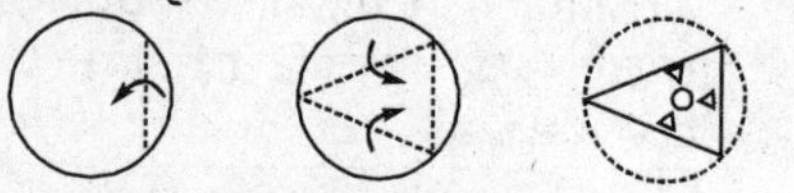

उत्तर आकृतियाँ

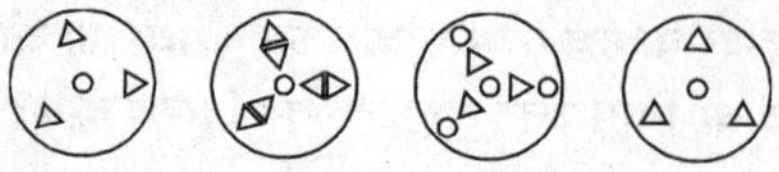

(a) (b) (c) (d)

37. **प्रश्न आकृति**

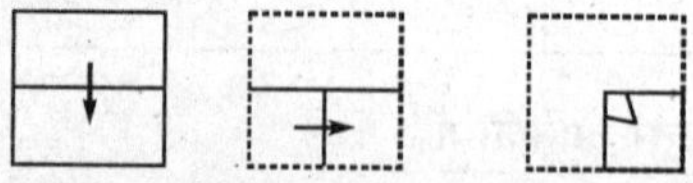

उत्तर आकृतियाँ

(a) (b) (c) (d)

38. **प्रश्न आकृति**

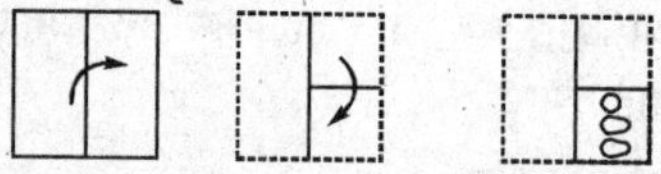

उत्तर आकृतियाँ

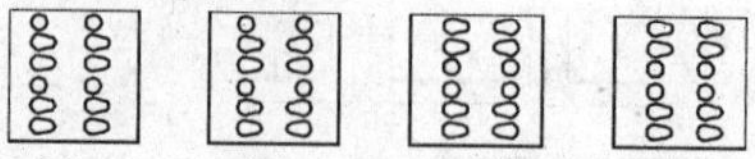

(a) (b) (c) (d)

39. **प्रश्न आकृति**

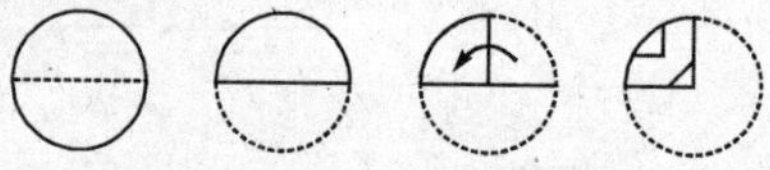

उत्तर आकृतियाँ

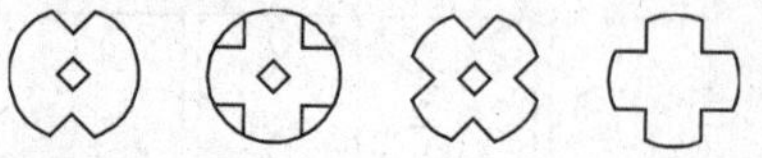

(a) (b) (c) (d)

40. **प्रश्न आकृति**

उत्तर आकृतियाँ

(a) (b) (c) (d)

41. **प्रश्न आकृति**

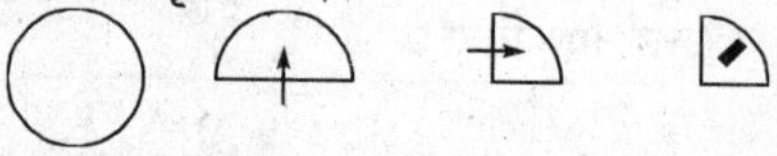

उत्तर आकृतियाँ

(a) (b) (c) (d)

42. **प्रश्न आकृति**

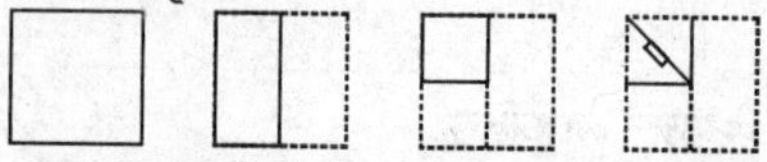

उत्तर आकृतियाँ

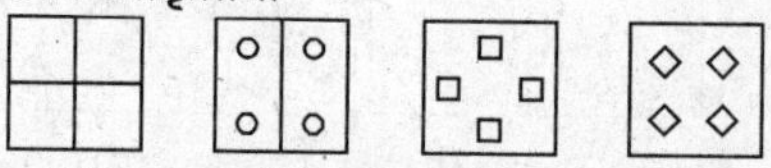

(a) (b) (c) (d)

उत्तर (हल/संकेत)

1. (a) कागज को मोड़कर काटने और खोलने के बाद वह उत्तर आकृति (a) जैसा दिखाई देगा।

2. (d) खोलने के बाद आकृति उत्तर आकृति (d) जैसी दिखाई देगी।

3. (c) यह उत्तर आकृति (c) जैसा दिखाई देगा।

4. (a) प्रश्न आकृतियों में दिखाए अनुसार कागज को मोड़कर काटने तथा खोलने के बाद वह उत्तर आकृति (a) जैसी दिखाई देगी।

5. (d) पारदर्शी शीट को बिन्दुकित रेखा पर मोड़ने पर पैटर्न उत्तर आकृति (d) जैसी दिखाई देगी।

6. (b) उत्तर आकृति (b) जैसी दिखाई देगी।

7. (d) नीचे प्रश्न आकृतियों में दिखाए अनुसार कागज को मोड़कर काटने तथा खोलने के बाद वह उत्तर आकृति (d) जैसा दिखाई देगा।

8. (c) यह उत्तर आकृति (c) जैसा दिखाई देगा।

9. (a) यह उत्तर आकृति (a) जैसा दिखाई देगा।

10. (c) छिद्रित प्रतिरूप (c) को जब खोला जाएगा तब वह प्रश्न आकृति की तरह दिखाई देगा।

11. (d) यह उत्तर आकृति (d) जैसा दिखाई देगा।

12. (c) यह उत्तर आकृति (c) जैसा दिखाई देगा।

13. (c) यह उत्तर आकृति (c) जैसा दिखाई देगा।

14. (c) यह उत्तर आकृति (c) जैसा दिखाई देगा।

15. (c) यह उत्तर आकृति (c) जैसा दिखाई देगा।

16. (a) कागज को खोलने के बाद वह उत्तर आकृति (a) जैसा दिखाई देगा।

17. (d) प्रश्न आकृतियों में दिखाए अनुसार, कागज को मोड़कर छेदने तथा खोलने के बाद वह उत्तर आकृति (d) जैसी दिखाई देगी।

18. (b) अत: कागज को खोलने के बाद वह उत्तर आकृति (b) जैसा दिखाई देगा।

19. (c) कागज को खोलने के बाद वह उत्तर आकृति (c) जैसा दिखाई देगा।

20. (a) कागज के एक वृत्ताकार शीट को एक विशिष्ट विधि से मोड़कर छिद्र किया गया है। खोलने पर कागज ऐसा दिखाई देता है जैसा प्रश्न आकृति में दिया गया है।

21. (b) यह उत्तर आकृति (b) जैसा दिखाई देगा।

22. (b) यह उत्तर आकृति (b) जैसा दिखाई देगा।

23. (c) यह उत्तर आकृति (c) जैसा दिखाई देगा।

24. (a) कागज को मोड़कर काटने तथा खोलने के बाद वह उत्तर आकृति (a) जैसा दिखाई देगा।

25. (d) यह उत्तर आकृति (d) जैसा दिखाई देगा।

26. (d) यह उत्तर आकृति (d) जैसा दिखाई देगा।

27. (d) यह उत्तर आकृति (d) जैसा दिखाई देगा।

28. (a) यह उत्तर आकृति (a) जैसा दिखाई देगा।

29. (c) यह उत्तर आकृति (c) जैसा दिखाई देगा।

30. (d) यह उत्तर आकृति (d) जैसा दिखाई देगा।

31. (d) यह उत्तर आकृति (d) जैसा दिखाई देगा।

32. (c) यह उत्तर आकृति (c) जैसा दिखाई देगा।

33. (c) यह उत्तर आकृति (c) जैसा दिखाई देगा।

34. (b) यह उत्तर आकृति (b) जैसा दिखाई देगा।

35. (d) यह उत्तर आकृति (d) जैसा दिखाई देगा।

36. (b) **37.** (c) **38.** (d) **39.** (b)

40. (a) **41.** (d) **42.** (d)

अध्याय 6

जल प्रतिबिम्ब एवं दर्पण प्रतिबिम्ब

जल प्रतिबिम्ब

- जल प्रतिबिम्ब उस दशा में बनता है जब जल में सीधे तौर से देखा जाता है यह प्रतिबिम्ब किसी वस्तु, आकृति, चित्र, शब्द या संख्याओं का जल प्रतिबिम्ब तब बनता है, जब उसका प्रतिबिम्ब जल में देखा जाता है क्योंकि पानी नीचे जमीन पर रहता है, इसलिए किसी वस्तु का प्रतिबिम्ब उसके (वस्तु के) नीचे बनता है। वास्तव में जल प्रतिबिम्ब वस्तु का उदग्र रूप से ऊपर-नीचे पलटना (Vertical inversion) है।
- ऐसे प्रश्नों को सरलता से हल करने के लिए दर्पण प्रतिबिम्ब की स्थितियों का स्मरण करना लाभदायक होता है। इसमें केवल दर्पण को दाहिनी तरफ न रखकर उस आकृति चित्र/शब्द/ संख्या के नीचे लाकर इसका प्रतिबिम्ब देखें। इस अवस्था में जो प्रतिबिम्ब दिखाई देगा, वह उसका जल प्रतिबिम्ब कहलाता है। जैसे–

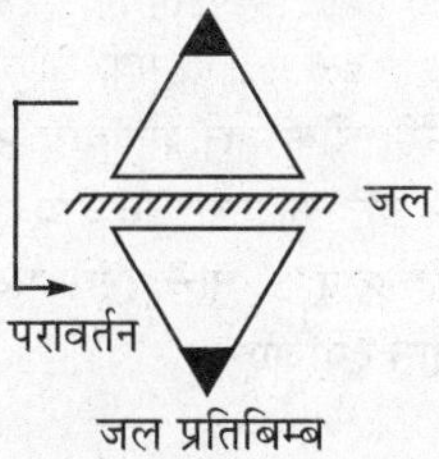

प्राय: हम जल प्रतिबिम्ब में देखते हैं कि आकृति/चित्र/वस्तु ऊपर-नीचे उलट (Vertical inversion) दी गयी है, जबकि उसका बाएँ तथा दाएँ भाग स्थिर (constant) रहता है।

(i) Upper Part < > Lowr Part
L.H.S.= स्थिर (constant)
R.H.S.= स्थिर (constant)

(ii) जल में दिखाई देने वाले प्रतिबिम्ब मूल आकृति के समरूप (Symmetrical) होते हैं।

परीक्षाओं में इस पर पूछे जाने वाले प्रश्न चित्र/आकृति/संख्या/ अक्षर से संबंधित होते हैं।

अंग्रेजी के बड़े अक्षरों (Capital Letters) का जल प्रतिबिम्ब

अक्षर	A	B	C	D	E	F	G	H	I
जल-प्रतिबिम्ब	∀	Ⓑ	Ⓒ	Ⓓ	Ⓔ	Ⅎ	⅁	Ⓗ	Ⓘ
अक्षर	J	K	L	M	N	O	P	Q	R
जल-प्रतिबिम्ब	ſ	Ⓚ	Γ	W	И	Ⓞ	b	Ò	ʁ
अक्षर	S	T	U	V	W	X	Y	Z	
जल-प्रतिबिम्ब	S	⊥	∩	Λ	M	Ⓧ	⅄	Z	

नोट : वृत्त के अंदर दर्शाये गये अक्षरों को जल प्रतिबिम्ब मूल अक्षर के समान ही रह जाते हैं।

अंग्रेजी के छोटे अक्षरों (Capital Letters) का जल प्रतिबिम्ब

अक्षर	a	b	c	d	e	f	g	h	i
जल-प्रतिबिम्ब	ɑ	p	c	q	ə	ɟ	ƃ	ɥ	!
अक्षर	j	k	l	m	n	o	p	q	r
जल-प्रतिबिम्ब	ɾ	ʞ	l	ɯ	u	o	b	d	ɹ

अक्षर	s	t	u	v	w	x	y	z	
जल-प्रतिबिम्ब	s	ʇ	n	ʌ	ʍ	x	ʎ	z	

अंकों के जल प्रतिबिम्ब

अक्षर	1	2	3	4	5	6	7	8	9
जल-प्रतिबिम्ब	I	Z	3	ᔭ	ς	૭	⅃	8	6

दर्पण प्रतिबिम्ब

- जब किसी वस्तु, आकृति या चित्र का प्रतिबिम्ब किसी दर्पण में बनता है, तो वह उस वस्तु का दर्पण प्रतिबिम्ब कहलाता है।

जैसे–

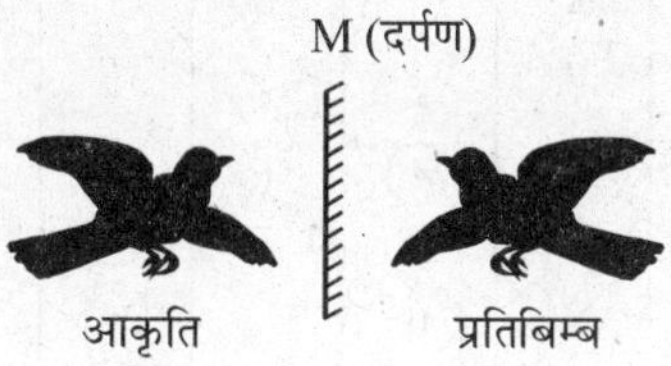

उदाहरण में दर्पण के बाईं ओर एक चिड़िया दिखाया गया है, जिसे दर्पण M में देखने पर उसका प्रतिबिम्ब भाग II की तरह दिखाई देगा।

महत्वपूर्ण बिन्दु :

I. दर्पण प्रतिबिम्ब में वस्तु का ऊपरी और निचला भार स्थिर (Constant) रहता है।

II. दर्पण प्रतिबिम्ब में वस्तु का दाएँ और बाएँ भाग एक-दूसरे से स्थानान्तरित (interchange) हो जाता है। अर्थात् उसका lateral inversion हो जाता है।

III. दर्पण में दिखाई देने वाले प्रतिबिम्ब मूल आकृति, चित्र या वस्तु के समरूप होते हैं। दर्पण को हम समरूप अक्ष मान लेते हैं।

जैसे–

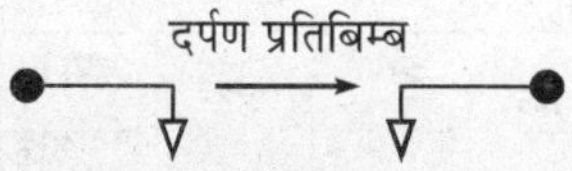

अर्थात् L.H.S. Part ⟷ R.H.S. Part

जबकि Lower Part → Lower Part
Upper Part → Upper Part

परीक्षाओं में दर्पण प्रतिबिम्ब से संबंधित प्रश्नों में अंग्रेजी के कोई शब्द या किसी आकृति से संबंधित प्रश्न होते हैं। अत: अभ्यर्थियों को अंग्रेजी के अक्षरों के दर्पण प्रतिबिम्ब का ज्ञान होना आवश्यक है।

अंग्रेजी के बड़े अक्षरों Capital Letters का दर्पण प्रतिबिम्ब

अक्षर	दर्पण प्रतिबिम्ब	अक्षर	दर्पण प्रतिबिम्ब	अक्षर	दर्पण प्रतिबिम्ब
Ⓐ	A	L	⅃	X	X
B	ᗺ	Ⓜ	M	Ⓨ	Y
C	Ɔ	N	И	Ⓩ	Z
D	ᗡ	Ⓞ	O		
E	Ǝ	P	ꟼ		
F	ꟻ	Q	Ϙ		
G	Ә	R	Я		
Ⓗ	H	S	Ƨ		
Ⓘ	I	Ⓣ	T		
J	Ⴑ	Ⓤ	U		
K	ꓘ	Ⓥ	V		
		Ⓦ	W		

नोट : वैसे अक्षर जिनके दर्पण प्रतिबम्ब मूल अक्षर के समान ही होते हैं, उन्हें वृत्त के अन्दर प्रदर्शित किया गया है।

अंग्रेजी के छोटे अक्षरों (Small-letters) का दर्पण प्रतिबिम्ब

अक्षर	दर्पण प्रतिबिम्ब	अक्षर	दर्पण प्रतिबिम्ब	अक्षर	दर्पण प्रतिबिम्ब
a	ɒ	j	ᒑ	s	ƨ
b	d	k	ʞ	t	ɈT
c	ɔ	ⓛ	l	u	u
d	b	m	m	ⓥ	v
e	ɘ	n	n	ⓦ	w
f	ʇ	ⓞ	o	ⓧ	x
g	ǫ	p	q	y	ʏ
h	ʜ	q	p	z	z
ⓘ	i	r	ɿ		

दर्पण अथवा शीशा (Mirror) एक एसी वस्तु है जिसका प्रयोग प्रत्येक व्यक्ति प्रतिदिन न जाने कितनी बार करता है। इसी दर्पण पर बनने वाले प्रतिबिम्बों को प्रतियोगी परीक्षाओं में थोड़ा सा जटिल करके पूछा जाने लगा है अत: प्रतियोगियों को हम सुझाव देते हैं कि ऐसे प्रश्नों को हल करने के लिये दर्पण लेकर कुछ अभ्यास करते रहना श्रेयस्कर रहता है। इस प्रकार आप बिना दर्पण के ही परीक्षा हॉल में सरलता एवं शीघ्रता से प्रश्नों के हल निकाल सकते हैं।

नोट : वृत्त के अंदर घेरे गये अक्षरों का दर्पण प्रतिबिम्ब मूल शब्द के समान ही होते हैं।

अंकों (Digits) के दर्पण प्रतिबिम्ब

अंक	दर्पण प्रतिबिम्ब	अंक	दर्पण प्रतिबिम्ब
1	I	6	მ
2	ς	7	Ꞁ
3	Ɛ	8	8
4	ᔨ	9	୧
5	ट	0	0

उदाहरण

उदाहरण 1. नीचे दिये गये शब्द का जल-प्रतिबिम्ब कौन-सा विकल्प होगा?

SELECTION

(a) ƧƎLƎCꓕIOИ (b) ƧƎ⅃ƎƆTION

(c) NOITCELEƧ (d) ƧELECTIOИ

हल (a): यदि SELECTION शब्द के नीचे दर्पण रखा जाए, तो स्पष्ट है कि प्रत्येक अक्षर अपने स्थान पर रहते हुए ऊपर-नीचे उलट जाता है। अत: SELECTION शब्द का जल प्रतिबिम्ब उत्तर विकल्प (a) की तरह दिखाई देगा।

उदाहरण 2. नीचे दी गयी आकृति जल में देखने पर कैसी दिखाई देगी?

प्रश्न आकृति

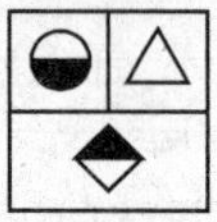

उत्तर आकृतियाँ

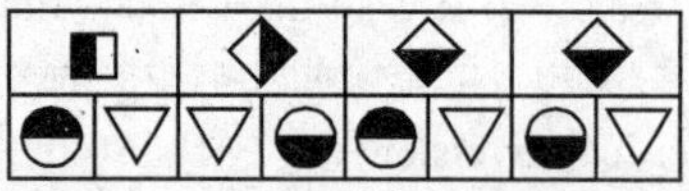

(a) (b) (c) (d)

हल (c): दी गयी आकृति के नीचे दर्पण रखेर आकृति के प्रतिबिम्ब की कल्पना करें। चूँकि जल प्रतिबिम्ब में आकृति का Vertical inversion होत है, ऐसा होने पर आकृति का जल प्रतिबिम्ब उत्तर विकल्प (c) की तरह दिखाई देगा।

उदाहरण 3. नीचे दिये गये विकल्पों में से आकृति का सही जल प्रतिबिम्ब ज्ञात कीजिए—

प्रश्न आकृति

उत्तर आकृतियाँ

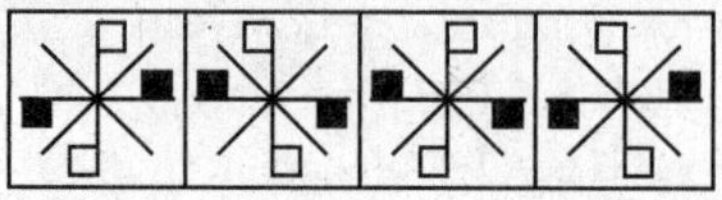

(a) (b) (c) (d)

हल (b) : दी गयी प्रश्नाकृति का जल प्रतिबिम्ब Vertical inversion करने पर वह उत्तर विकल्प (b) की तरह दिखाई देगा।

उदाहरण 4. निम्नलिखित विकल्पों में से चित्र का सही प्रतिबिम्ब चुनिए, जो पानी में दिखाई दे।

प्रश्न आकृति

उत्तर आकृतियाँ

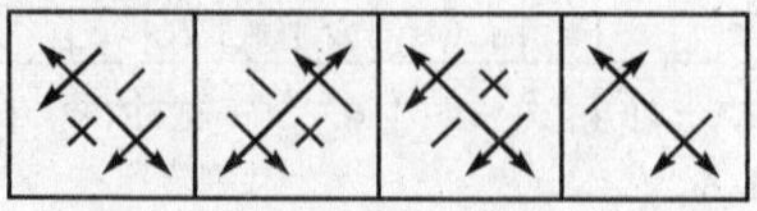

(a) (b) (c) (d)

हल (b) : पानी में दिखाई देना अर्थात् जल प्रतिबिम्ब। चूँकि जल प्रतिबिम्ब में आकृति का ऊपर-नीचे उलटना (Vertical inversion) होता है।

उदाहरण 5. नीचे के प्रश्न में एक आकृति दी गई है। इस आकृति का दर्पण प्रतिबिम्ब दिये गये विकल्पों से चुना है।

प्रश्न आकृति

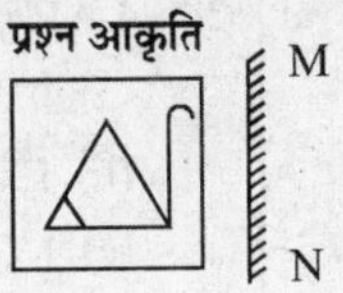

उत्तर आकृतियाँ

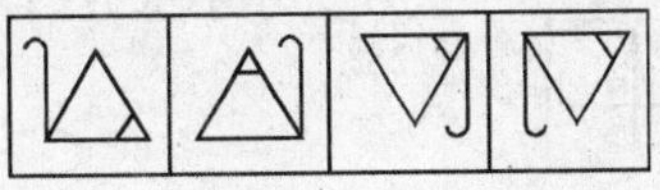

(a) (b) (c) (d)

हल (a): दिये गये विकल्पों में से प्रत्येक को यदि बाएँ-दाएँ उलटते हुए प्रश्नाकृति पर रखने की कल्पना करते हैं, तो हम पाते हैं कि उत्तर विकल्प (a) प्रश्न आकृति से (Coincide) कर जाता है। अत: इस प्रश्न का सही उत्तर विकल्प (a) होगा। प्रश्नाकृति को ध्यान से देखें। जैसा कि ऊपर बताया गया है कि दर्पण प्रतिबिम्ब में आकृति का पार्श्विक उलट-पलट (Lateral inversion) होता है, जबकि ऊपरी और निचला भाग स्थिर (Constant) रहता है। अत: इसके अनुसार-

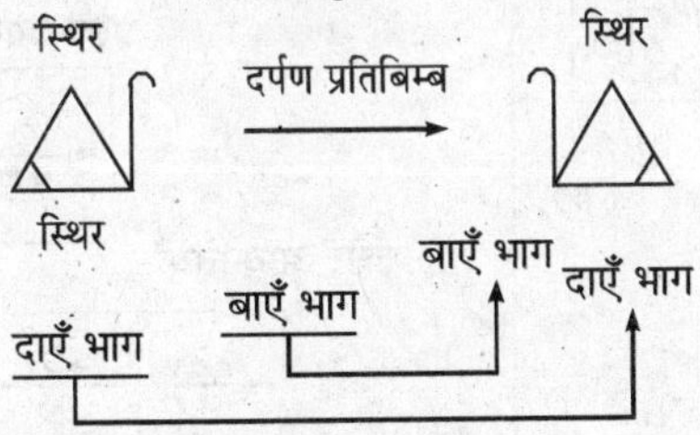

स्पष्ट है कि बाएँ भाग दाहिनी तरफ तथा दाएँ भाग बाएँ तरफ हो जाता है, जबकि ऊपर और नीचे का भाग स्थिर (Constant) रहता है।

उदाहरण 6.

प्रश्न आकृति

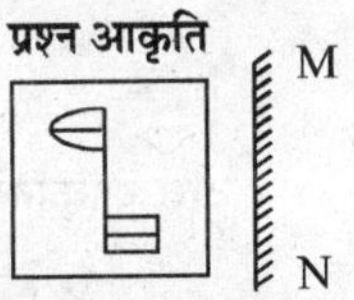

उत्तर आकृतियाँ

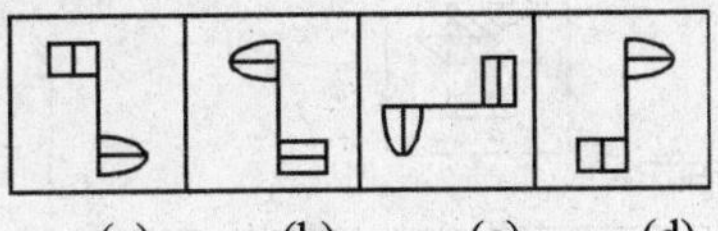

(a) (b) (c) (d)

हल (d): यदि प्रश्नाकृति को बाएँ-दाएँ उलटा (Lateral inversion) किया जाए, तो वह विकल्प आकृति (d) की तरह दिखाई देगा। अत: इस प्रश्न का सही उत्तर (d) होगा।

उदाहरण 7. नीचे दिये गये अंग्रेजी शब्द का दर्पण प्रतिबिम्ब कैसा दिखाई देगा?
LOVE

(a) EVOJ (b) ƎVOJ (c) ΓOVE (d) VOLE

हल (b): चूँकि इसमें दर्पण का स्थान नहीं दर्शाया गया है, अत: दर्पण को शब्द के दाहिने तरफ कल्पना करके प्रश्न का उत्तर ढूँढ़ेंगे। प्रश्न में जो अक्षर सबसे दाहिने है, वह प्रतिबिम्ब में सबसे शुरू में आ जाएगा एवं उसी प्रकार उसके पहले के अक्षर प्रतिबिम्ब में उसके बाद क्रमश: आते जाएँगे।

ये सभी अक्षर साथ में अपने स्थान पर भी दाएँ-बाएँ (Lateral inversion) उलट रहे हैं। अर्थात् शब्द LOVE को दाएँ-बाएँ उलट देने से विकल्प (b) प्राप्त होगा।

उदाहरण 8. नीचे दिये गये अक्षर संख्या समूह का दर्पण प्रतिबिम्ब कैसा होगा?
4LP39T

(a) T6ƐP⅃L (b) ᔨ⅃ꟼƐ9T

(c) T9ƐꟼJᔨ (d) ꓕ6Ɛdꓶᔭ

हल (c): दिये गये प्रश्न को बाएँ-दाएँ उलटने पर उत्तर विकल्प (c) प्राप्त होता है। उत्तर (a) नहीं होगा, क्योंकि '9' बाएँ दाएँ न उलटकर ऊपर-नीचे उलट गया है। विकल्प (b) में प्रत्येक सिर्फ अपने ही स्थान पर उलट गया है, जबकि विकल्प (d) में सभी अपने ही स्थान पर ऊपर-नीचे उलट गये हैं। अत: सही उत्तर विकल्प (c) है।

प्रश्नावली

निर्देश-(प्रश्न संख्या 1 से 27 तक) : नीचे दिये गये अक्षर/अंक/चित्र समूह का जल प्रतिबिम्ब दिए गए विकल्पों में से ज्ञात करो।

1.

प्रश्न आकृति

उत्तर आकृतियाँ

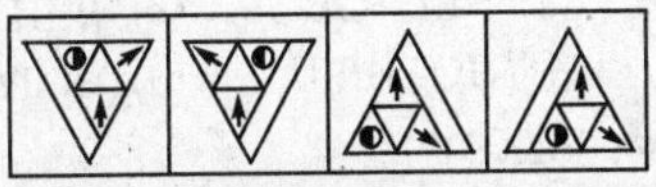

(a) (b) (c) (d)

2.

प्रश्न आकृति

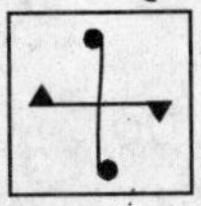

उत्तर आकृतियाँ

(a) (b) (c) (d)

3.

प्रश्न आकृति

उत्तर आकृतियाँ

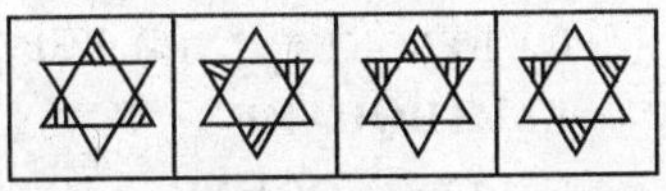

(a) (b) (c) (d)

4.

प्रश्न आकृति

उत्तर आकृतियाँ

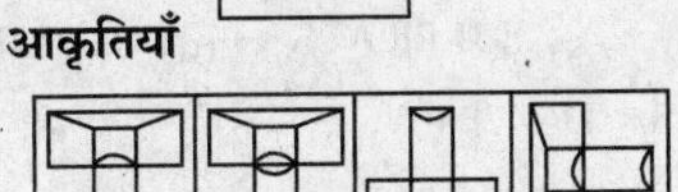

(a) (b) (c) (d)

5.

प्रश्न आकृति

उत्तर आकृतियाँ

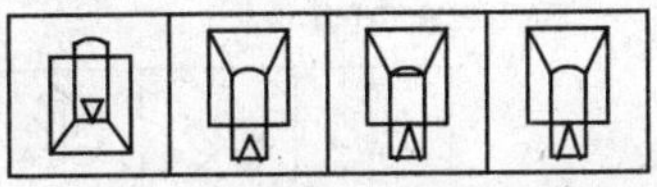

(a) (b) (c) (d)

6.

प्रश्न आकृति

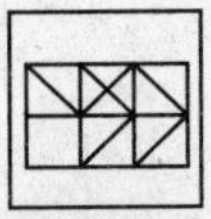

उत्तर आकृतियाँ

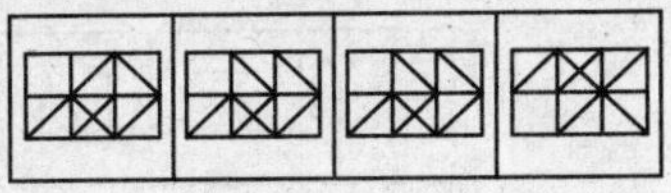

(a) (b) (c) (d)

7. प्रश्न आकृति

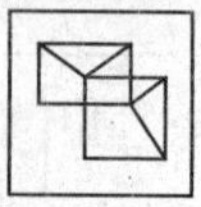

उत्तर आकृतियाँ

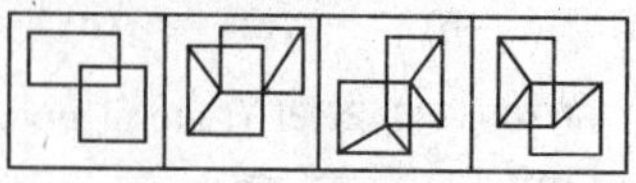

(a) (b) (c) (d)

8. प्रश्न आकृति

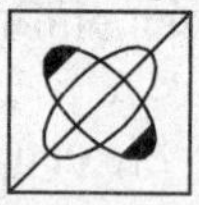

उत्तर आकृतियाँ

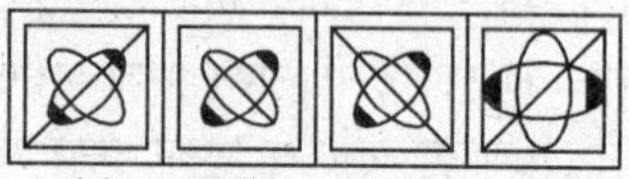

(a) (b) (c) (d)

9. प्रश्न आकृति

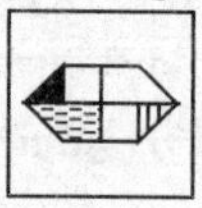

उत्तर आकृतियाँ

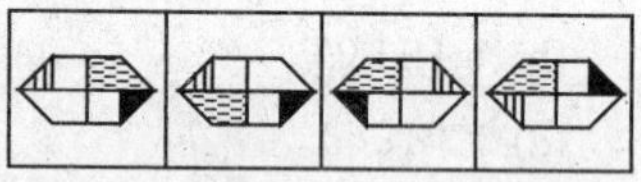

(a) (b) (c) (d)

10. प्रश्न आकृति

उत्तर आकृतियाँ

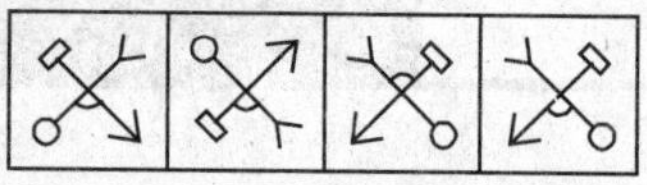

(a) (b) (c) (d)

11. प्रश्न आकृति

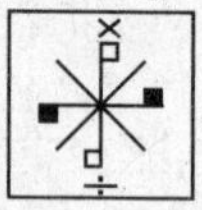

उत्तर आकृतियाँ

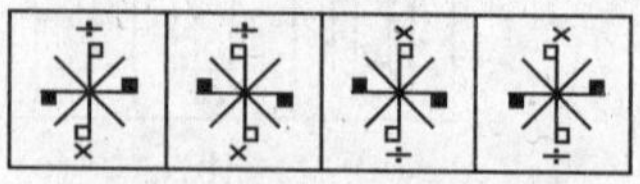

(a) (b) (c) (d)

12. प्रश्न आकृति

उत्तर आकृतियाँ

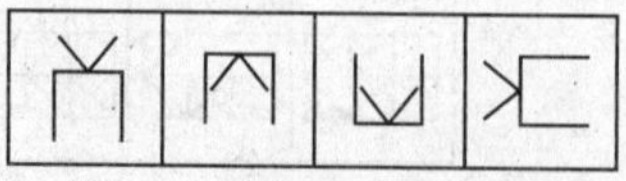

(a) (b) (c) (d)

13. प्रश्न आकृति

उत्तर आकृतियाँ

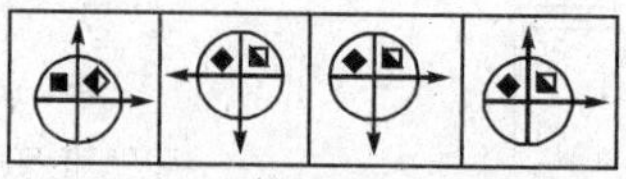

(a) (b) (c) (d)

14. प्रश्न आकृति

उत्तर आकृतियाँ

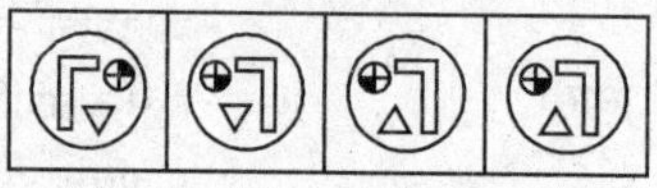

(a) (b) (c) (d)

15. Wrote
(a) Wrote (b) Wrote
(c) Wrote (d) etorW

16. HINDUSTAN
(a) HINDUSTAN
(b) HINDUSTAN
(c) HINDUSTAN
(d) NATSUDNIH

17. BK 30RP
(a) BK 30RP (b) BK 30RP
(c) PR03KB (d) BK 30RP

18. TRAY
(a) YART (b) TRAY
(c) YART (d) TRAY

19. AMEND
(a) AMEND (b) DNEMA
(c) AMEND (d) AMEND

20. REPORT
(a) TROPER (b) TROPER
(c) REPORT (d) REPORT

21. EARTHQUAKE
(a) EARTHQUAKE
(b) EARTHQUAKE
(c) EARTHQUAKE
(d) EARTHQUAKE

22. STARPLUS
(a) STARPLUS (b) STARPLUS
(c) SULPRATS (d) STARPLUS

23. D6Z7F4
(a) D6Z7F4 (b) D6Z7F4
(c) D6Z7F4 (d) D6Z7F4

24. LARADUTTA
(a) LARADUTTA
(b) LARADUTTA
(c) LARADUTTA
(d) LARADUTTA

25. प्रश्न आकृति

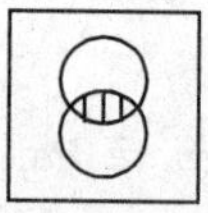

उत्तर आकृतियाँ

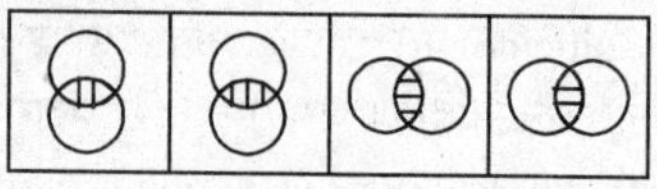

(a) (b) (c) (d)

26. प्रश्न आकृति

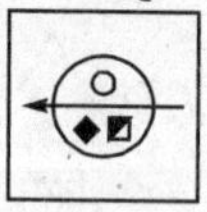

उत्तर आकृतियाँ

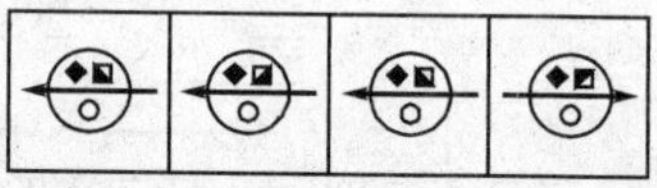

(a) (b) (c) (d)

27. प्रश्न आकृति

उत्तर आकृतियाँ

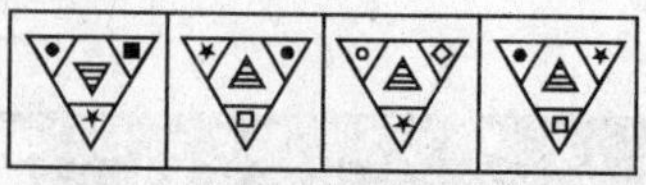

(a) (b) (c) (d)

निर्देश—(प्रश्न संख्या 28 से 47 तक) : नीचे दिये गये शब्दों/अक्षरों के समूह/ संख्या का दर्पण प्रतिबिम्ब दिये गये विकल्पों से चुने—

28. IMAGE
(a) IMAGE (b) IMAGE
(c) EGAMI (d) IMAGE

29. BOTHER
(a) BOTHER (b) BOTHER
(c) BOTHER (d) BOTHER

30. 52ADC7
(a) 52ADC7 (b) 52ADC7
(c) 7CDA25 (d) 52ADC7

31. QUALITY
(a) YTILAUQ (b) YTILAUQ
(c) QUALITY (d) QUALITY

32. Because
(a) Because (b) Because
(c) esuaceB (d) Because

33. MONOGRAM
(a) MARGONOM (b) MARGONOM
(c) MARGONOM (d) MONOGRAM

34. 205819
(a) 205819 (b) 918502
(c) 918502 (d) 205819

35. JUSTIFY
(a) YFITSUJ (b) JUSTIFY
(c) YFITSUJ (d) JUSTIFY

36. MOVEMENT
(a) TNEMEVOM
(b) MOVEMENT
(c) TNEMEVOM
(d) MOVEMENT

37. KOLKATTA
(a) AKOLKATTA
(b) ATTAKLOK
(c) KOLKATTA
(d) KOLKATTA

38. KALINGA 261B
(a) MALINGA261B
(b) B162AGNILAK
(c) BI62AGNILAM
(d) B162AGNILAK

39. DBV84367
(a) 7648VBD (b) DBV8467
(c) 7648VBD (d) DBV8467

40. PakiSTAn 35
(a) 53nATSikaP
(b) 53nATSikaP
(c) 53nATSikaP
(d) 53nATSikaP

41. CORALDR
(a) RDLAROC (b) CORALDR
(c) RDLAROC (d) CORALDR

42. SULTAN
(a) NATLUS (b) SULTAN
(c) NATLUS (d) SULTAN

43. PRACTICE
(a) ECITCARP (b) PRACTICE
(c) PRACTICE (d) ECITCARP

44. 123456
(a) 123456 (b) 123456
(c) 123456 (d) 654321

45. TESTFIRE
(a) ERIFTSET (b) TESTFIRE
(c) ERIFTSET (d) ERIFTSET

46. GENERAL
(a) LARENEG (b) GENERAL
(c) LARENEG (d) LARENEG

47. MIRROR
(a) RORRIM (b) MIRROR
(c) RORRIM (d) MIRROR

निर्देश—(प्रश्न संख्या 48 से 70 तक) : नीचे दिये गये प्रत्येक प्रश्न में आकृति का उचित दर्पण-प्रतिबिम्ब उसके लिए दिये गये चार विकल्पों में से चुनें। (नोट MN से दर्पण की स्थिति को दर्शाया गया है।

48.
प्रश्न आकृति
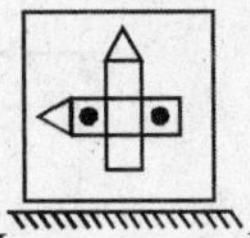
उत्तर आकृतियाँ
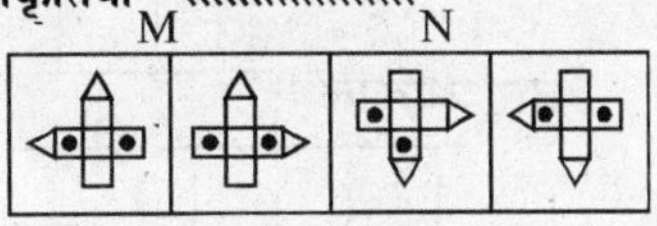
(a) (b) (c) (d)

49.
प्रश्न आकृति
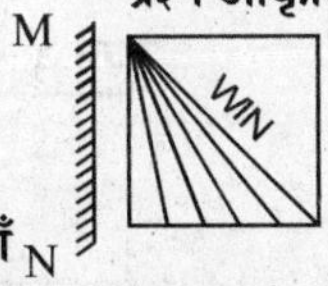
उत्तर आकृतियाँ

(a) (b) (c) (d)

50.
प्रश्न आकृति
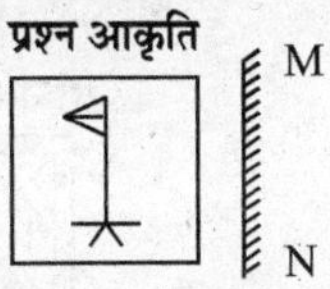
उत्तर आकृतियाँ
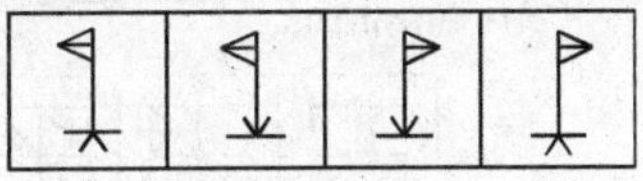
(a) (b) (c) (d)

51.
प्रश्न आकृति
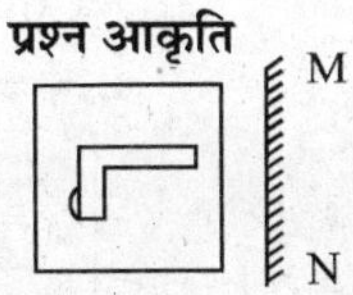
उत्तर आकृतियाँ
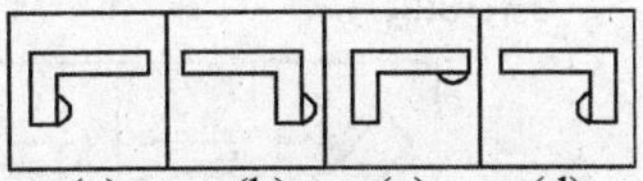
(a) (b) (c) (d)

52.
प्रश्न आकृति
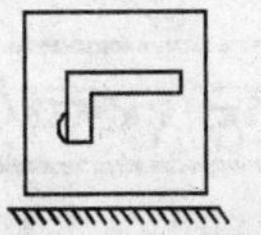
उत्तर आकृतियाँ
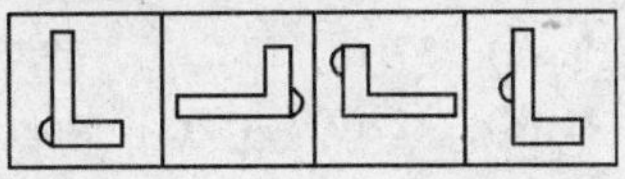
(a) (b) (c) (d)

53.
प्रश्न आकृति
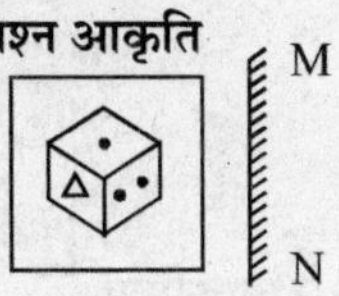
उत्तर आकृतियाँ
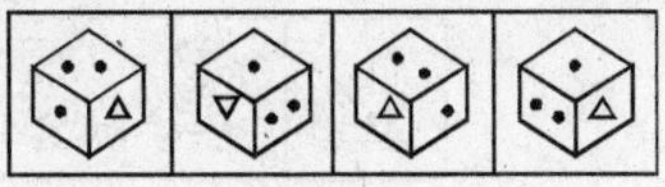
(a) (b) (c) (d)

54.
प्रश्न आकृति
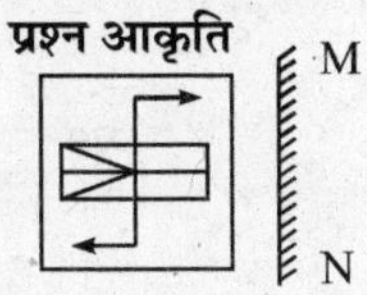
उत्तर आकृतियाँ
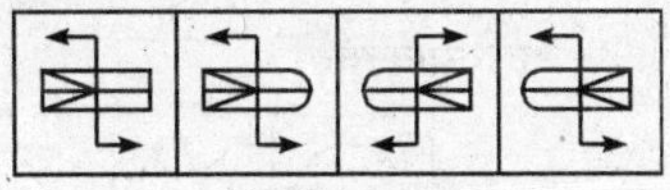
(a) (b) (c) (d)

55.
प्रश्न आकृति
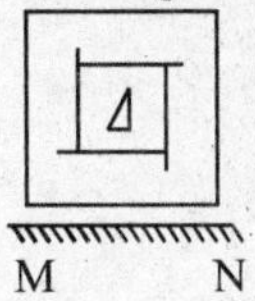
उत्तर आकृतियाँ
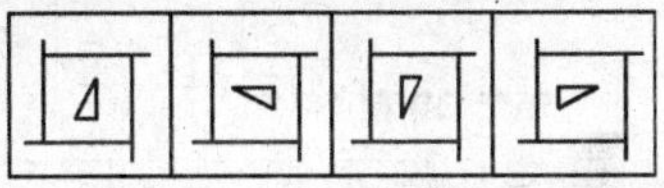
(a) (b) (c) (d)

56.
प्रश्न आकृति

उत्तर आकृतियाँ
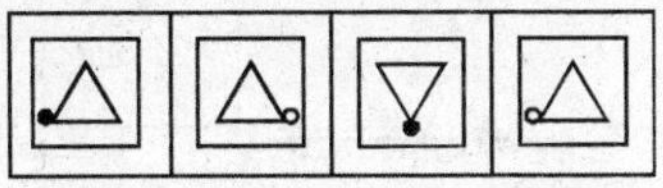
(a) (b) (c) (d)

57.
प्रश्न आकृति

उत्तर आकृतियाँ
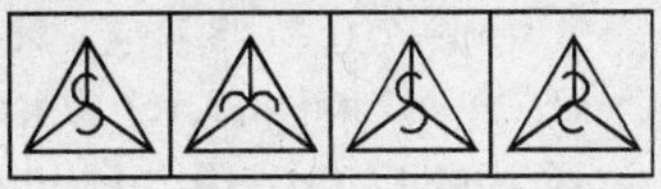
(a) (b) (c) (d)

58.

प्रश्न आकृति

उत्तर आकृतियाँ

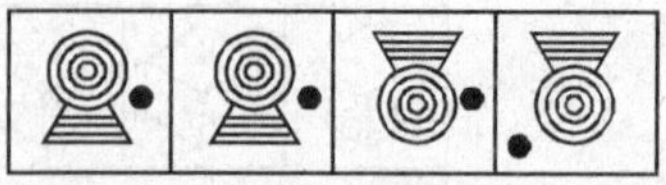

(a) (b) (c) (d)

59.

प्रश्न आकृति

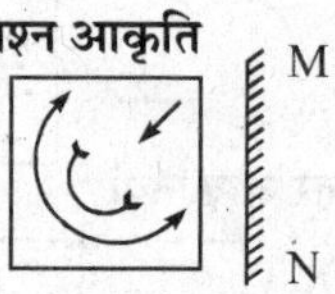

उत्तर आकृतियाँ

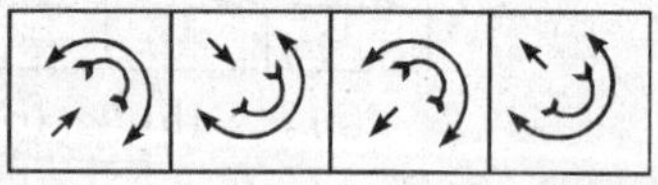

(a) (b) (c) (d)

60.

प्रश्न आकृति

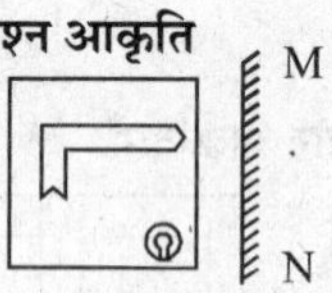

उत्तर आकृतियाँ

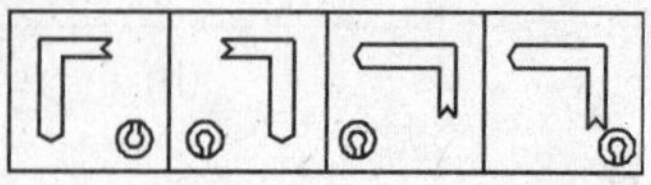

(a) (b) (c) (d)

61.

प्रश्न आकृति

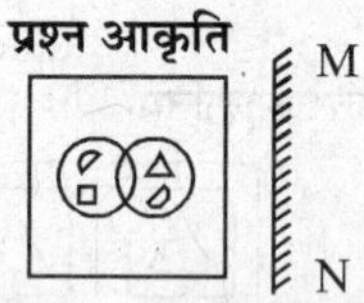

उत्तर आकृतियाँ

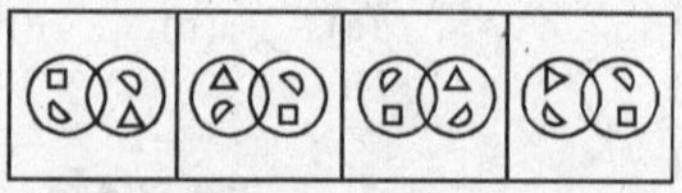

(a) (b) (c) (d)

62.

प्रश्न आकृति

उत्तर आकृतियाँ

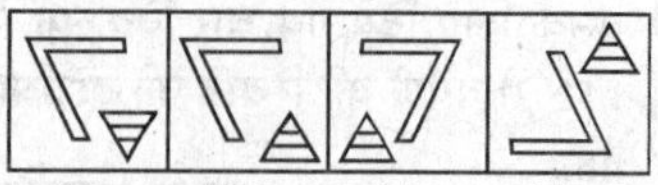

(a) (b) (c) (d)

63.

प्रश्न आकृति

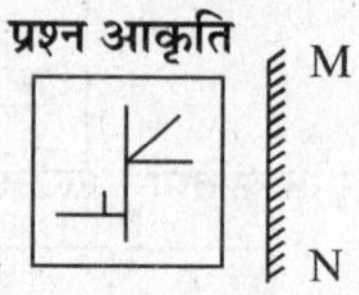

उत्तर आकृतियाँ

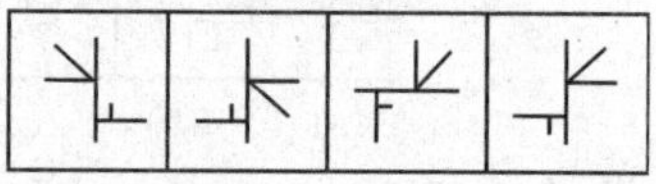

(a) (b) (c) (d)

64.

प्रश्न आकृति

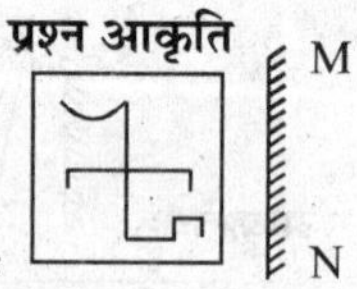

उत्तर आकृतियाँ

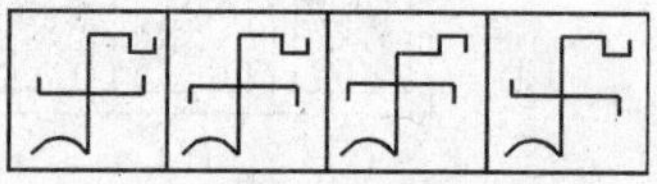

(a) (b) (c) (d)

65.

प्रश्न आकृति

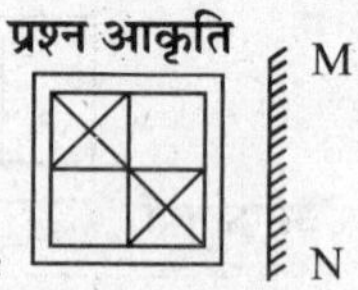

उत्तर आकृतियाँ

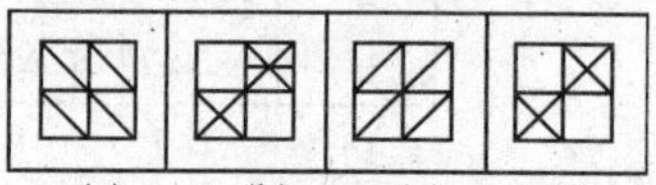

(a) (b) (c) (d)

66.

प्रश्न आकृति

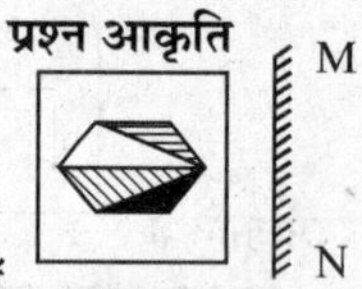

उत्तर आकृतियाँ

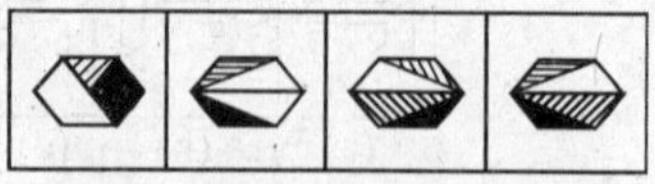

(a) (b) (c) (d)

67.

प्रश्न आकृति

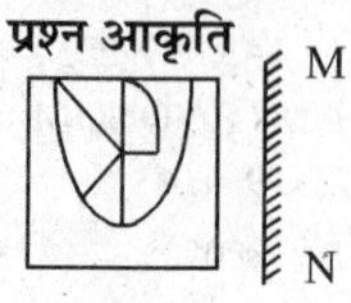

उत्तर आकृतियाँ

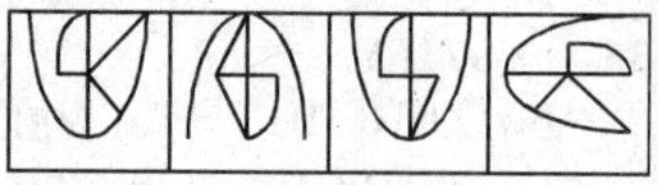

(a) (b) (c) (d)

68.

प्रश्न आकृति

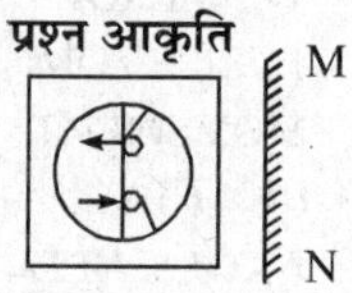

उत्तर आकृतियाँ

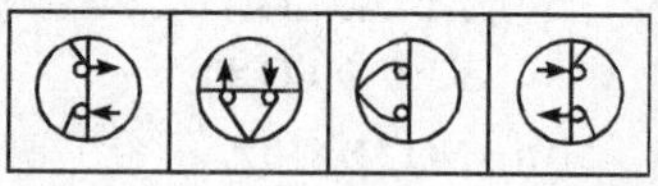

(a) (b) (c) (d)

69.

प्रश्न आकृति

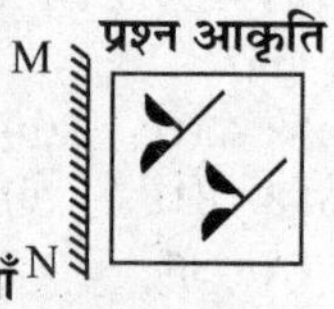

उत्तर आकृतियाँ

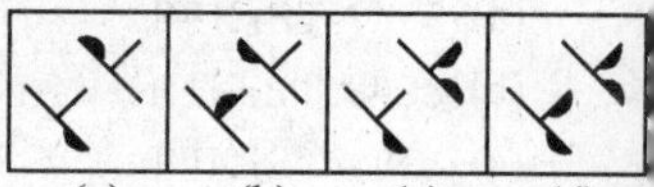

(a) (b) (c) (d)

70.

प्रश्न आकृति

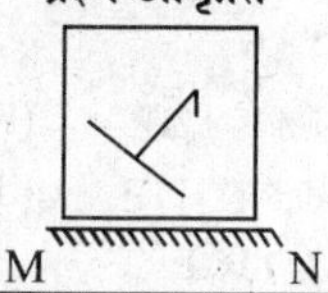

उत्तर आकृतियाँ

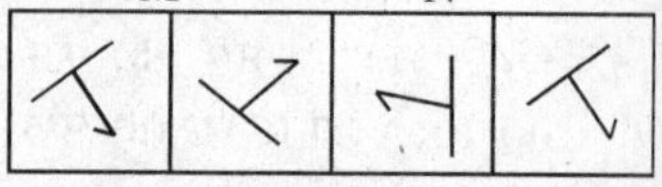

(a) (b) (c) (d)

उत्तर (हल/संकेत)

1. (b)	**2.** (c)	**3.** (d)	**4.** (a)	**5.** (d)	**26.** (a)	**27.** (d)	**28.** (c)	**29.** (a)	**30.** (b)	**51.** (b)	**52.** (c)	**53.** (d)	**54.** (b)	**55.** (d)
6. (b)	**7.** (c)	**8.** (c)	**9.** (c)	**10.** (d)	**31.** (a)	**32.** (b)	**33.** (b)	**34.** (a)	**35.** (d)	**56.** (c)	**57.** (d)	**58.** (a)	**59.** (b)	**60.** (c)
11. (b)	**12.** (a)	**13.** (c)	**14.** (b)	**15.** (a)	**36.** (a)	**37.** (b)	**38.** (b)	**39.** (a)	**40.** (b)	**61.** (d)	**62.** (a)	**63.** (a)	**64.** (a)	**65.** (d)
16. (b)	**17.** (b)	**18.** (b)	**19.** (a)	**20.** (c)	**41.** (d)	**42.** (c)	**43.** (a)	**44.** (b)	**45.** (b)	**66.** (d)	**67.** (a)	**68.** (a)	**69.** (d)	**70.** (d)
21. (b)	**22.** (a)	**23.** (c)	**24.** (a)	**25.** (b)	**46.** (c)	**47.** (b)	**48.** (d)	**49.** (a)	**50.** (d)					

अध्याय 7

ज्यामितीय गणना

- इस प्रकार के प्रश्नों में एक कठिन प्रश्न आकृति दी गयी होती है। इस कठिन आकृति में विभिन्न ज्यामितीय आकृति बनी होते हैं। परीक्षार्थियों को इसी ज्यामितीय आकृति की गिनती करके उसकी संख्या को बताना होता है। ऐसे प्रश्नों में कठिन आकृति में प्राय: सरल रेखाओं (Straight lines) की संख्या, त्रिभुजों की संख्या, वर्गों या आयतों की संख्या तथा समांतर चतुर्भुजों की संख्या आदि का ज्ञात करना होता है।

- **सरल रेखाओं की गिनती**

किसी भी कठिन आकृति में कुल कितनी सरल रेखा है, की गिनती बहुत ही आसान है। इसके लिए सरल रेखाओं को तीन भागों में बाँट देते है :

(i) क्षैतिज रेखाएँ (Horizontal lines)

(ii) उदग्र रेखाएँ (Vertical lines)

(iii) तिरछी रेखाएँ (Slant lines)

उदाहरण 1. नीचे दी गई आकृति में कुल कितनी सरल रेखाएँ हैं?

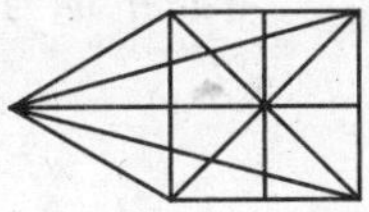

(a) 14 (b) 16 (c) 12 (d) 18

हल : सबसे पहले आकृति को नामांकित कर दें

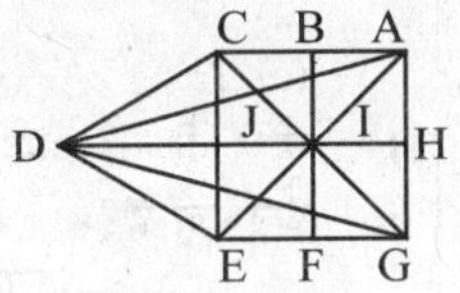

इस आकृति में क्षैतिज रेखाएँ = CA, DH, EG = 3

उदग्र रेखाएँ = CE, BF, AG = 3

तिरछी रेखाएँ = CD, DE, AE, CG, DG, AD = 6

अत: आकृति में कुल सरल रेखाओं की संख्या = 3 + 3 + 6 = 12

अत: इस प्रश्न का उत्तर-विकल्प (c) होगा।

- **त्रिभुजों की गिनती**
(Counting of triangles)

किसी कठिन आकृति के अंतर्गत आने वाली समस्त त्रिभुजों की गिनती भी सरल रेखाओं की गिनती की भाँति ही करते हैं। इसे गिनने का कोई सूत्र (formula) नहीं है। इसे गिनने के लिए त्रिभुजों की बारी-बारी से गिनती करते हैं। परन्तु इसे परीक्षार्थी गिनते कैसे हैं, यह आवश्यक है। परीक्षार्थी सबसे छोटे-छोटे त्रिभुजों को सर्वप्रथम गिनें। उसके बाद वैसे त्रिभुजों की गिनती करें, जो दो त्रिभुजों से बने हैं, आगे और इसी प्रकार जो त्रिभुजों से बनी है आदि।

उदाहरण 2.

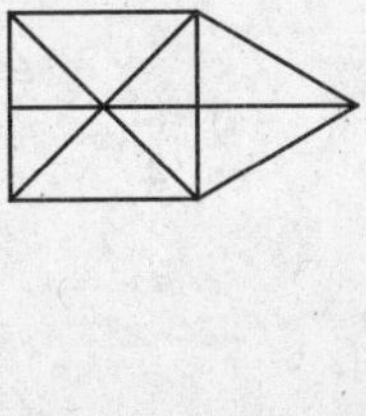

(a) 16 (b) 17 (c) 18 (d) 19

हल : सबसे पहले दी गयी आकृति को नामांकित करें।

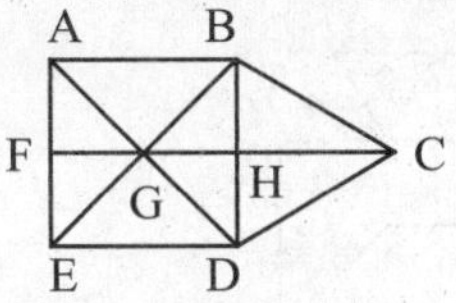

सबसे पहले छोटे त्रिभुजों की गिनती करें।

जैसे—BCH, HCD, DGH, BGH, BGA, DGE, AFG, FGE = कुल 8

अब वैसे त्रिभुजों की गिनती करें, जो दो छोटे-छोटे त्रिभुजों से बने हैं। जैसे AGE (AGF और FGE), BGD (BGH और GHD से), BDC (BCH और CHD से), BED (BGD और GED से), AEB (AGE और AGB से), CBG (CBH और BGH से), CGD (CDH और HDG से), ABD (AGB और BGD से) तथा ADE (AGE और GED से)। = कुल 9

अत:, कुल त्रिभुज = BCH, HCD, DGH, BGH, BGA, DGE, AFG, FGE, AGE, BGD, BDC, BED, AEB, CBG, CGD, ABD, ADE. = 17 । अत:, इसका उत्तर-विकल्प (b) होगा।

- **वर्ग, आयत, समांतर चतुर्भुज की गिनती**
(Counting of squares, rectangles, parallelograms)

इन ज्यामितीय आकृतियों की गिनती भी परीक्षार्थी को त्रिभुज की गिनती की समान ही करनी होती हैं। इनमें भी जो सबसे छोटा वर्ग, आयत या समांतर चतुर्भुज है, उसकी गिनती कर लेते हैं और तब उससे बड़ी वाली आकृति की गिनती करते हैं।

उदाहरण 3. नीचे दी गई आकृति में कुल कितने वर्ग हैं?

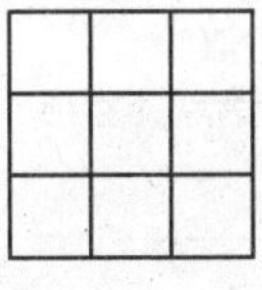

(a) 12 (b) 13 (c) 14 (d) 10

हल : सबसे पहले आकृति को नामांकित कर लें।

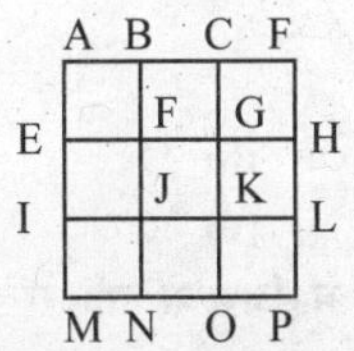

इसमें सबसे सरल (छोटा वर्ग) = ABEF, BFGC, CGHD, EFJI, FGJK, GHLK, IJNM JKON, KLPO = 9.

चार छोटे वर्गों से बने वर्ग = ACKI, BDLJ, EGOM और FHPN = 4.

सिर्फ एक वर्ग है, जो नौ वर्गों से मिलकर बना है = ADPM

इस प्रकार कुल वर्ग = 9 + 4 + 1 = 14

अत:, इस प्रश्न का सही उत्तर विकल्प (c) होगा।

प्रश्नावली

1. नीचे दी गई आकृति कुल कितनी सरल रेखाओं से बनी है?

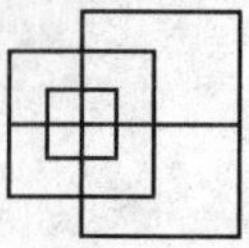

(a) 15 (b) 18
(c) 13 (d) 12

2. नीचे दी गई आकृति में कुल कितनी सरल रेखाएँ हैं?

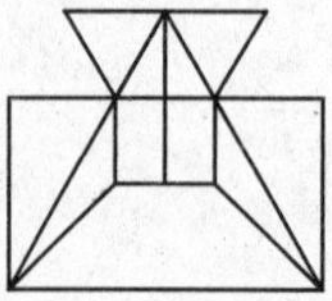

(a) 16 (b) 17
(c) 18 (d) 19

3. नीचे दी गई आकृति में कुल कितनी सरल रेखाएँ हैं?

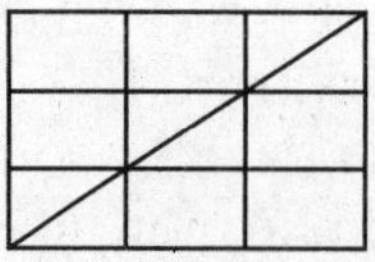

(a) 9 (b) 10
(c) 11 (d) 12

4. नीचे दी गई आकृति में कुल कितने त्रिभुज हैं?

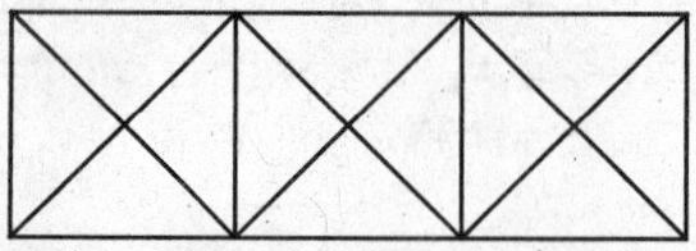

(a) 28 (b) 24
(c) 30 (d) 28

5. नीचे दी गई आकृति में कुल कितने त्रिभुज हैं?

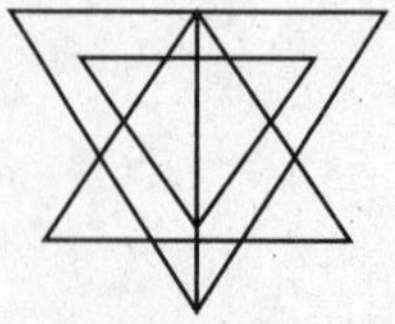

(a) 24 (b) 27
(c) 21 (d) 26

6. नीचे दी गई आकृति में त्रिभुजों की संख्या ज्ञात करें।

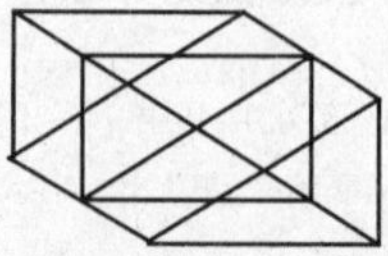

(a) 16 (b) 24
(c) 15 (d) 30

7. नीचे दी गई आकृति में कुल कितने त्रिभुज हैं?

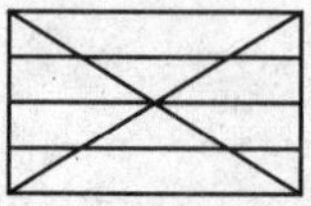

(a) 36 (b) 50
(c) 44 (d) 48

8. नीचे दी गई आकृति में कुल कितने त्रिभुज हैं?

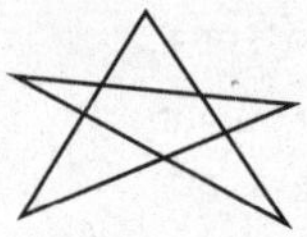

(a) 10 (b) 12
(c) 16 (d) 6

9. नीचे दी गई आकृति में कुल कितने आयत हैं?

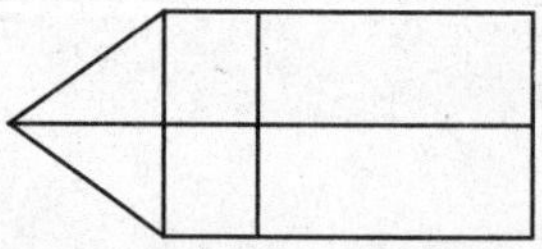

(a) 6 (b) 7
(c) 8 (d) 9

10. नीचे दिये गये चित्र में कुल कितने वर्ग हो सकते हैं?

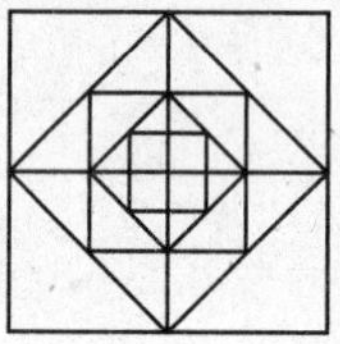

(a) 12 (b) 13
(c) 16 (d) 17

11. नीचे दिये गये चित्र में कुल कितने आयत हैं?

(a) 12 (b) 14
(c) 15 (d) 16

12. नीचे दी गयी आकृति में त्रिभुजों की संख्या ज्ञात करें।

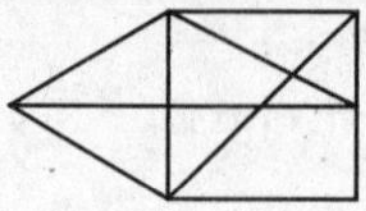

(a) 12 (b) 13
(c) 14 (d) 15

13. नीचे दिये गये चित्र में त्रिभुजों की संख्या ज्ञात करें।

(a) 32 (b) 36
(c) 38 (d) 41

14. नीचे दिये गये चित्र में कितने समांतर चतुर्भुज हैं?

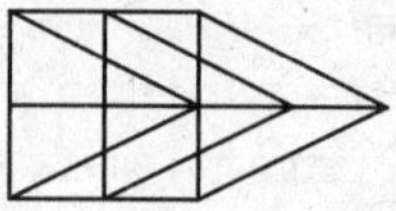

(a) 12 (b) 13
(c) 15 (d) 17

15. नीचे दिये गये चित्र में कुल कितने त्रिभुज हैं?

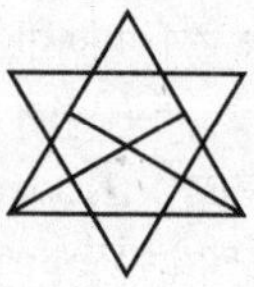

(a) 26 (b) 24
(c) 22 (d) 27

16. नीचे दी गई आकृति में कुल कितने त्रिभुज हैं?

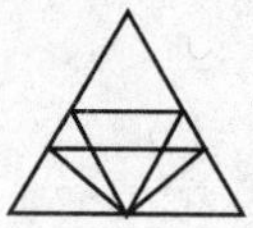

(a) 12 (b) 18
(c) 22 (d) 26

17. नीचे दी गई आकृति में कुल कितने समांतर चतुर्भुज हैं?

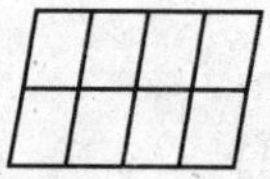

(a) 13 (b) 14
(c) 28 (d) 30

18. नीचे दी गई आकृति में सरल रेखाओं की कितनी संख्या हैं?

(a) 11 (b) 13
(c) 15 (d) 21

19. नीचे दी गई आकृति में कुल कितने त्रिभुज हैं?

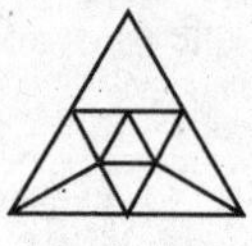

(a) 16 (b) 15
(c) 14 (d) 13

20. निम्नलिखित चित्र में त्रिभुजों की संख्या की गणना कीजिए।

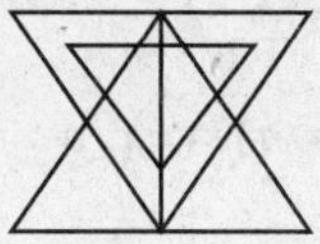

(a) 27 (b) 35
(c) 23 (d) 21

21. निम्नलिखित चित्र में कितने त्रिभुज हैं?

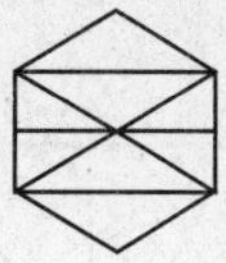

(a) 10 (b) 16
(c) 19 (d) 21

22. दिये गये चित्र में कितने वर्ग हैं?

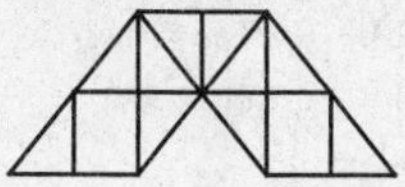

(a) 2 (b) 4
(c) 6 (d) 8

उत्तर (हल/संकेत)

1. (c) चित्र को नामांकित करें।

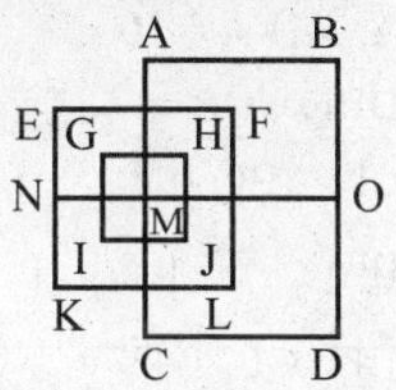

क्षैतिज रेखाएँ = AB, CD, EF, KL, NO, GH, IJ = 7

उदग्र रेखाएँ = EK, GI, HI, FI, AC. BD = 6

अतः कुल सरल रेखाएँ = 7 + 6 = 13

2. (b) चित्र को नामांकित करें।

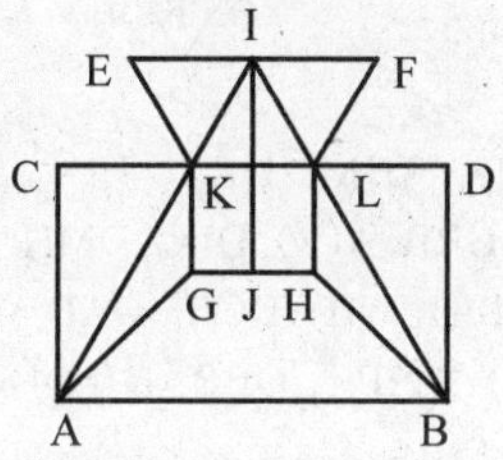

क्षैतिज रेखाएँ = AB, CD, EF, GH = 4

उदग्र रेखाएँ = AC, DB, KG, IJ, LH = 5

तिरछी रेखाएँ = AG, AK, BH, BL, KE, KI, LI, LF =8

अतः कुल सरल रेखाएँ = 4 + 5 + 8 = 17

3. (a) चित्र को नामांकित करें।

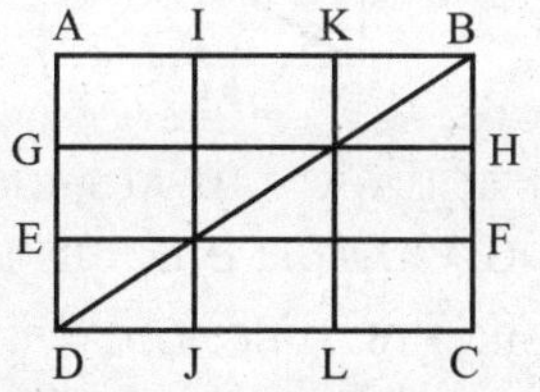

क्षैतिज रेखाएँ = AB, GH, EF, CD = 4

उदग्र रेखाएँ = AC, IJ, KL, BD = 4

तिरछी रेखाएँ = BC = 1

अतः कुल रेखाएँ = 4 + 4 + 1 = 9

4. (a) चित्र को नामांकित करें।

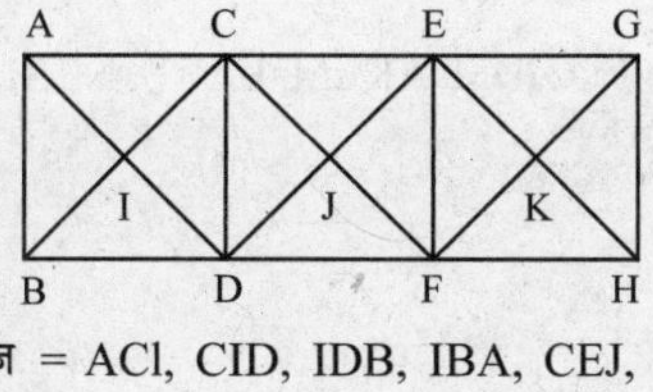

त्रिभुज = ACl, CID, IDB, IBA, CEJ, ICD, JDF, JFE, EKF, KFH, KHG, EKG

दो त्रिभुजों से मिलकर बना त्रिभुज = ACD, CDI, DBA, BAC, CEF, EFD, FDC, DCE, EGH, GHF, HFC, FEH

चार त्रिभुजों से मिलकर बना त्रिभुज = ADE, CFG, BCF, DEH = 12 + 12 + 4 = 28

5. (b) आकृति को नीचे दिखाये गये तरीकों से नामांकित करें।

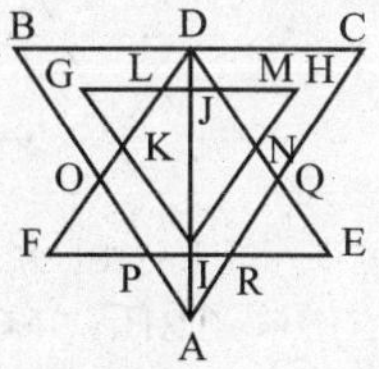

त्रिभुज = GKL, MHN, DLJ, DMJ, QRE, OFP, PIA, RIA, BDO, CDQ, DLM, PRA, KFI, NEI, HJI, GJI, DKL, और DNI, DIE, DFI, DOA, DQA, DHI, DCA, DBA, DEF, ABC = 27 त्रिभुज।

6. (b) चित्र को नामांकित करें–

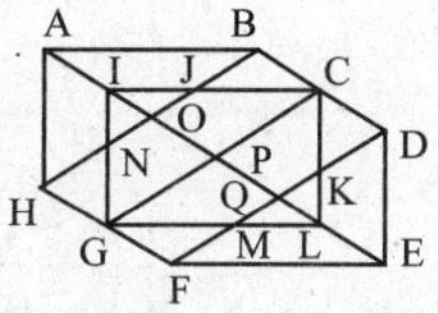

त्रिभुज = CBJ, DKC, KLQ, LMQ, FGM, GHN, NOI, IJO, AOB, EDQ, EFQ, HOA, GIP, CIP, CLP, GLP, KLM, NIJ, ABH, DEF, ICL, CLG, LGI, GIC = 24.

7. (d) चित्र को नामांकित करें–

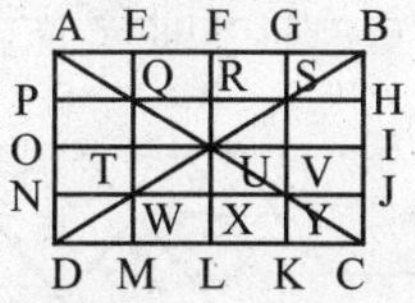

सबसे छोटी त्रिभुजों की संख्या : AEQ, QRU, UVY, YJC, APQ, QTU, UXY, YKC, BHC, SUV, UWX, WMD, BGS, SRU, UTW, WND = 16.

दो भागों से निर्मित त्रिभुजों की संख्या : QUS, SUY, UWY, QUY = 4

तीन भागों से निर्मित त्रिभुजों की संख्या :

FU, UIC, AOU, ULC, UOD, ULD, BFU, BIU = 8

चार भागों से निर्मित त्रिभुजों की संख्या : QSY, SQW, SYW, QWY = 4

छः भागों से निर्मित त्रिभुजों की संख्या : AUB, AUD, CDU और CBU = 4

सात भागों से निर्मित त्रिभुजों की संख्या : ANY, AGY, CMQ, QHC, BJW, BEW, SKD, DPS = 8

बारह भागों से निर्मित त्रिभुजों की संख्या : ADC, BDC, ABC, ABD = 4

अतः कुल त्रिभुजों की संख्या = 16 + 4 + 8 + 4 + 4 + 8 + 4 = 48

8. (a) चित्र को नामांकित करें।

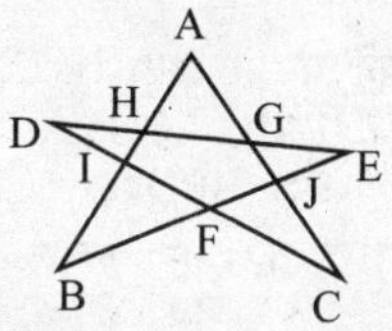

त्रिभुजों की संख्या : AHG, GEJ, JCF, FBI, IDH. AIC, ABJ, DFE, DGC, BHE

अतः कुल त्रिभुजों की संख्या = 10

9. (d) चित्र को नामांकित करें।

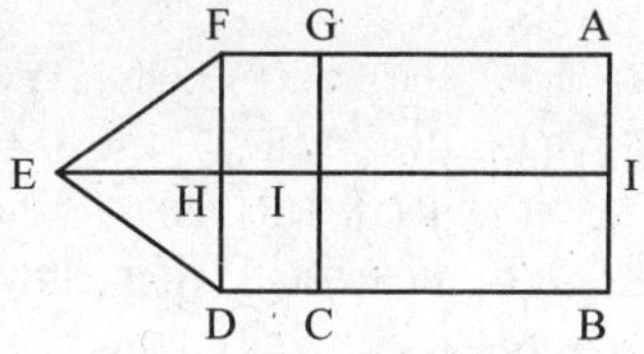

FGIH, HICD, GAJI, IJBC, FAJH. HJBD, GABC, FGDC, FABD

अतः कुल आयतों की संख्या = 9.

10. (d) चित्र को नामांकित करें।

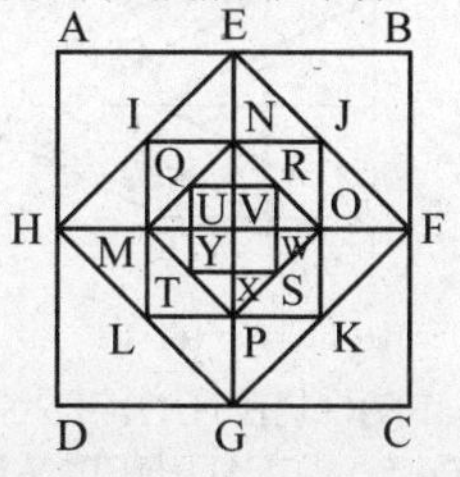

सबसे छोटे वर्गों की संख्या : VRWY, UYXT, YWSX, QVYU = 4

चार भागों से निर्मित वर्ग : QRST, NJOY, OYPK, MYLP, INYM = 5

सात भागों से निर्मित वर्गों की संख्या : FBEY, CFYG, GYGD, AEYH = 4

बारह भागों से बना वर्ग : MNOP = 1

सोलह भागों से बना वर्ग : KJIL = 1

चौबीस भागों से बना वर्ग : EFGH = 1

अठाइस भागों से बना वर्ग : ABCD = 1

अत:, वर्गों की कुल संख्या = 4 + 5 + 4 + 1 + 1 + 1 + 1 = 17

11. (b) चित्र को नामांकित करें।

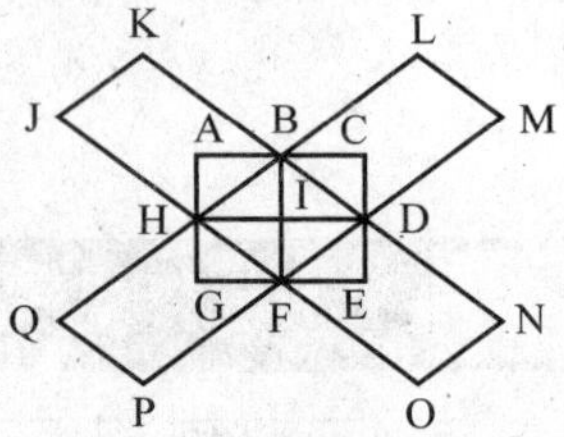

आयतों की संख्या : JKBH, BDML, OFND, QPHF, CDAH, BCEF, EGHD, FGAB, FMLH, HONB, DBQP, FDJQ, JKNO, MLQP = 14.

12. (d) आकृति को नामांकित करें।

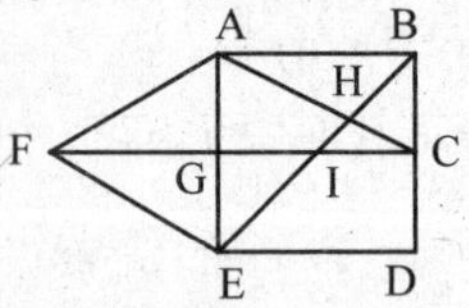

त्रिभुजों की संख्या : BCH, CHI, ABH, EGI, FGE, FAG, FAE, ACG, AEH, BIC, ABC, FEI, FAC, ABE, BED = 15.

13. (b) चित्र को नामांकित करें।

त्रिभुजों की संख्या : DWJ, JXI, IYC, CYH, HTG, GOB, BOF, FNE, EMA. AML, LRK, KWD, ALE, KDJ, HIC, BFG, APK, LUD, DUL, CVG, VCJ, HQB, BQE, FBA, ADD, DSC, BSC, BSA, AFK, LDI, JCG, BEG, ADC, DBC, ABC, BAD = 36.

14. (d) चित्र को नामांकित करें।

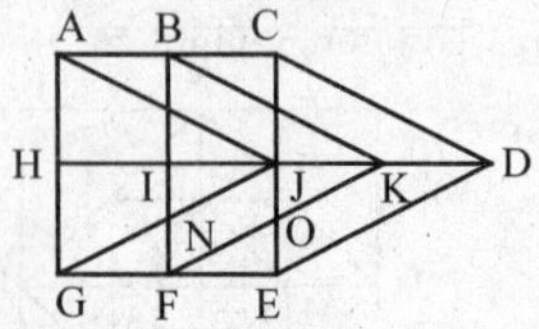

समांतर चतुर्भुजों की संख्या :

BLJM, FNJO, ABIH, HIGH, CBKD, DEFK, ABKJ, GFKJ, BCJI, IJEF, ABFG, ADCJ, GEDJ, ACJH, HJEG, BCEF, ACEG

अत: कुल समांतर चतुर्भुज = 2 + 4 + 4 + 1 + 4 + 1 + 1 = 17

15. (d) चित्र को नामांकित करें।

ABL, BCD, DEF, PGF, PGH, HIQ, IJQ, JKR, KLR, GSO, SGQ, SPI, SRI, KSQ, KSM, FGH, HIJ, JKL, KSG, CGM, INE, INA, KOC, GMK, KOG, AIE, CKG = 27.

16. (b)

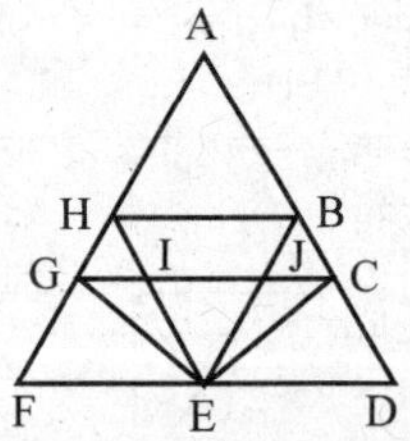

AHB, CJB, IGH, IJE, JCE, GIE, CDE, GEF, ECI, EJG, EBH, HEG, BCE, DEB, HEF, GCE, AGC, AFD = 18 त्रिभुज

17. (d) समांतर चतुर्भुजों की संख्या

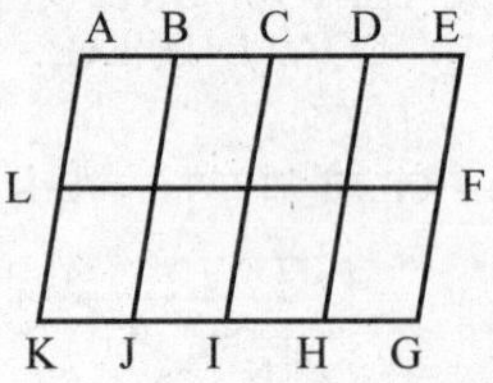

ABML, BCNM, CDON, DEFO, OFGH, NOHI, MNIJ, LMJK, ACLN, BDOM, CEFN, LNIK, MOHJ, NFGI, ABJK, BCIJ, CDHI, DEGH, ADOL, BEFM, LOHK, MFGJ, AEFL, LFGK, ACIK, BDHJ, CEGI, ADHK, BEGJ, AEGK = 30.

18. (b) चित्र को नामांकित करें।

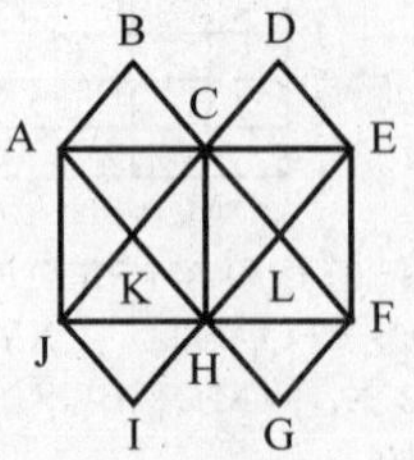

क्षैतिज रेखाओं की संख्या = AE, JF = 2

उदग्र रेखाओं की संख्या = CH, AJ, EF = 3

तिरछी रेखाओं की संख्या = FG, EI, DJ, AB, DE, BF, AG, JI = 8

अत:, कुल सरल रेखा = 2 + 3 + 8 = 13

19. (b) चित्र को नामांकित करें।

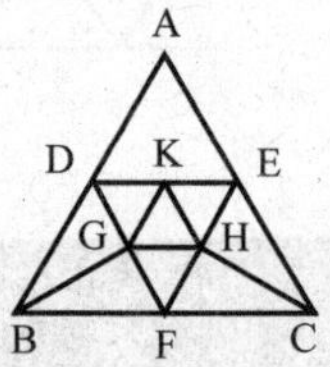

ADK, DKG, DGB, GBF, GFH, FHC, CHE, HKE, EKA, KHG = 10

ADE, DBF, FCE = 3

DEF = 1 ABC = 1

कुल त्रिभुज = 10 + 3 + 1 + 1 = 15.

20. (a) चित्र को नामांकित करें।

ΔDJK, GJM, DKL, LIN, EOQ, PRF, ΔQHB, HRB, ADO, DPC, DMH, DNH, GJH, KIH, MEH, NIF, DCB, DAB,ΔDEH, DHF, DEF, GHI, ABC, QBR, DJL, DOB, DPB = कुल 27 त्रिभुज

21. (d)

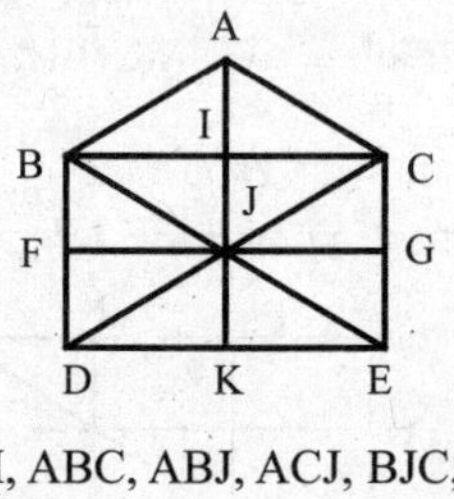

ABI, ACI, ABC, ABJ, ACJ, BJC, BIJ, CIJ. BJF, CJG, FJD, GJE, BJD, CJE, BCD, CDE, DJK, EJK, EBD, EBC, DJE = कुल 21 त्रिभुज

22. (b)

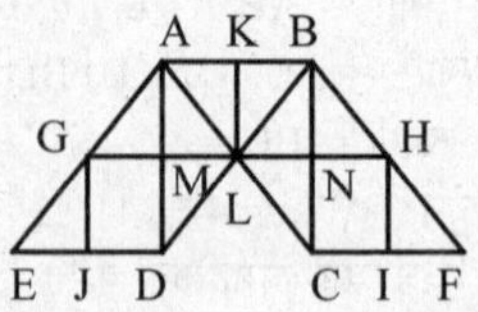

वर्ग : GJDM, AKLM, KLNB, NCIH = कुल 4

❑❑❑

अध्याय **8**

चित्र निर्माण एवं स्थान परिवर्तन

पूर्ण और अपूर्ण चित्रों की भाँति ही इसमें चित्रों का आंकलन करना होता है परन्तु इसके आंकलन में कुछ अंतर रहता है। इसमें एक प्रश्न आकृति का बॉक्स बना होता है और उत्तर विकल्प के रूप में चार अन्य बॉक्स बने होते हैं जिनमें दो, तीन या चार अथवा अन्य छोटी-छोटी आकृतियों एक ही बॉक्स में रहती है अत: उन आकृतियों को मिलाकर सभी आकृतियों से चित्र को पूरा करना रहता है।

इसके अंतर्गत पूछे जाने वाले प्रश्नों में एक आकृति तथा उसमें स्थित उसकी स्थिति पर आधारित प्रश्न पूछे जाते हैं। इससे संबंधित पूछे जाने वाले प्रश्न निम्नलिखित प्रकार के हो सकते हैं।

1. दिये गये छोटी-छोटी स्थिति से बड़ी आकृति का निर्माण।

2. एक आकृति में निहित स्थिति के समान दूसरी आकृति को पहचानना।

निर्देश : नीचे चित्र (x) में कुछ अवयव दिये गये हैं। उसके बाद चार विकल्प-आकृतियाँ दी गई हैं। वह आकृति ज्ञात करे जिसे दिये गये अवयवों से बनाया जा सकता है।

उदाहरण 1.

प्रश्न आकृति

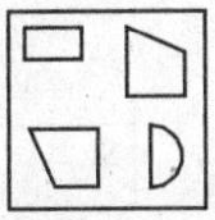

(x)

उत्तर आकृतियाँ

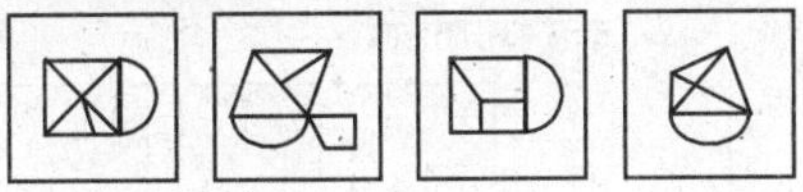

(a) (b) (c) (d)

हल (c) : ध्यान से देखने पर हम पाते हैं कि प्रश्नाकृति (x) के सभी अवयव उत्तर-विकल्प (c) में विद्यमान हैं।

उदाहरण 2.

प्रश्न आकृति

(x)

उत्तर आकृतियाँ

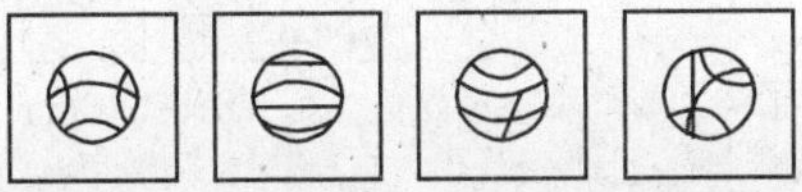

(a) (b) (c) (d)

हल (b): प्रश्नाकृति (x) के सभी अवयवों की सहायता से उत्तर-विकल्प आकृति (d) को बनाया जा सकता है।

इस प्रकार के प्रश्नों में एक प्रश्न आकृति दी होती है, जिसमें कई छोटे-छोटे चित्र अवयव दिये होते हैं। उसके बाद उत्तर आकृतियों का एक समूह दिया होता हैं इन उत्तर आकृतियों में से उस आकृति को पहचानना होता है, जिसमें प्रश्न आकृति के सभी अवयव विद्यमान हों।

उदाहरण 3.

प्रश्न आकृति

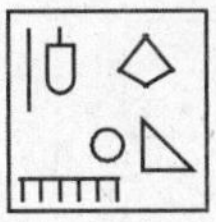

(x)

उत्तर आकृतियाँ

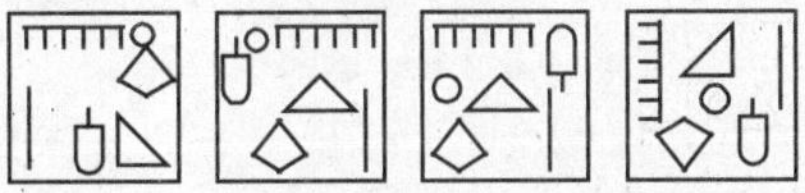

(a) (b) (c) (d)

हल (b): प्रश्नाकृति (x) के जितने भी अवयव हैं, वे सभी उत्तर-आकृति (d) में विद्यमान हैं। अत: इस प्रश्न का उत्तर विकल्प (d) होगा।

उदाहरण 4.

प्रश्न आकृति

(x)

उत्तर आकृतियाँ

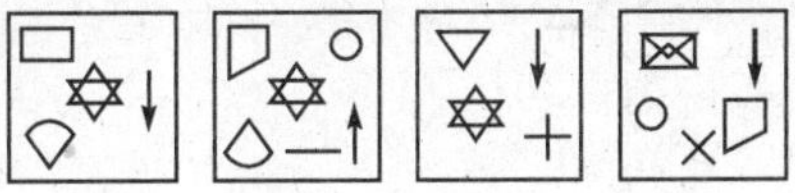

(a) (b) (c) (d)

व्याख्या (b): प्रश्नाकृति (x) में स्थित सभी चित्र अवयव सिर्फ उत्तर-विकल्प (b) में विद्यमान हैं। अत:, इस प्रश्न का सही उत्तर विकल्प (b) होगा।

उदाहरण 5.

प्रश्न आकृति

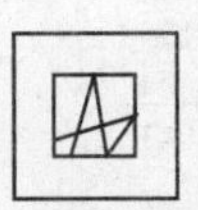

(x)

उत्तर आकृतियाँ

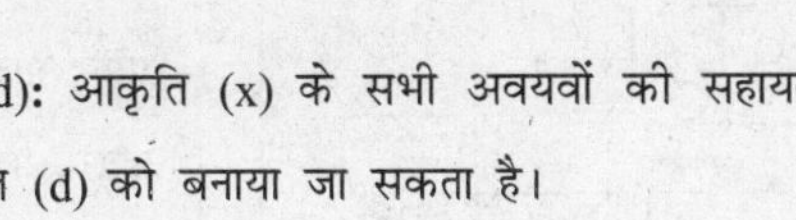

(a) (b) (c) (d)

हल (d): आकृति (x) के सभी अवयवों की सहायता से उत्तर-विकल्प आकृति (d) को बनाया जा सकता है।

प्रश्नावली

निर्देश—(प्रश्न संख्या 1 से 20 तक) नीचे चित्र (x) में कुछ अवयव दिये गये हैं। उसके बाद चर विकल्प आकृतियाँ दी गई हैं। वह आकृति ज्ञात करो, जिसे (x) में दिये गये अवयवों से बनाया जा सकता है।

1.

प्रश्न आकृति

(x)

उत्तर आकृतियाँ

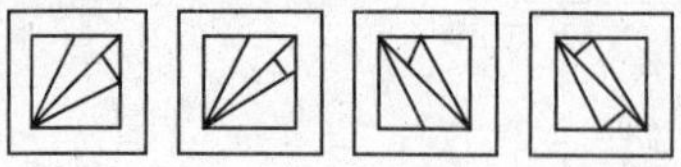

(a) (b) (c) (d)

2.

प्रश्न आकृति

(x)

उत्तर आकृतियाँ

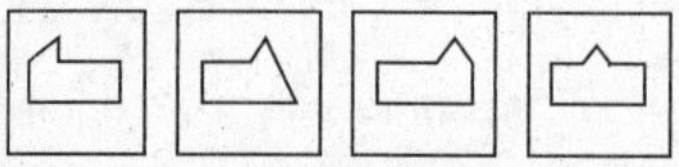

(a) (b) (c) (d)

3.

प्रश्न आकृति

उत्तर आकृतियाँ

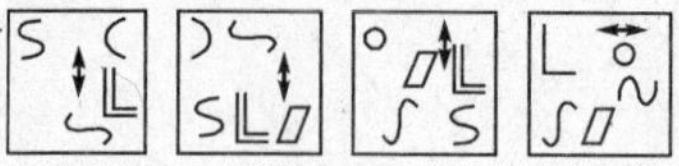

(a) (b) (c) (d)

4.

प्रश्न आकृति

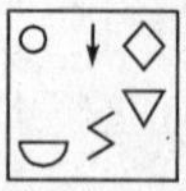

उत्तर आकृतियाँ

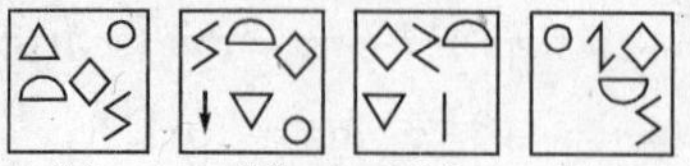

(a) (b) (c) (d)

5.

प्रश्न आकृति

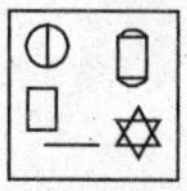

उत्तर आकृतियाँ

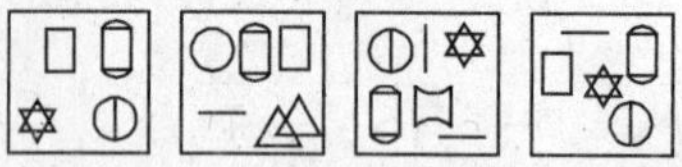

(a) (b) (c) (d)

6.

प्रश्न आकृति

उत्तर आकृतियाँ

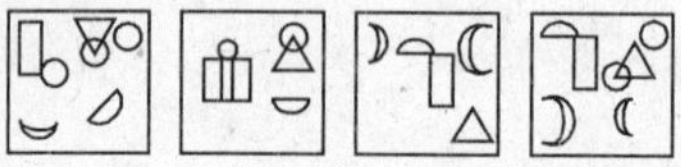

(a) (b) (c) (d)

7.

प्रश्न आकृति

उत्तर आकृतियाँ

(a) (b) (c) (d)

8.

प्रश्न आकृति

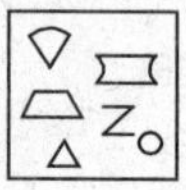

उत्तर आकृतियाँ

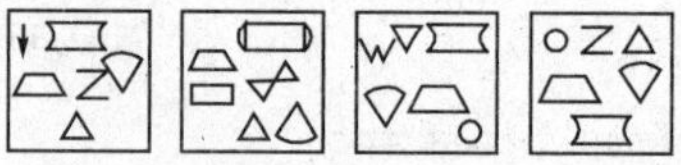

(a) (b) (c) (d)

9.

प्रश्न आकृति

(x)

उत्तर आकृतियाँ

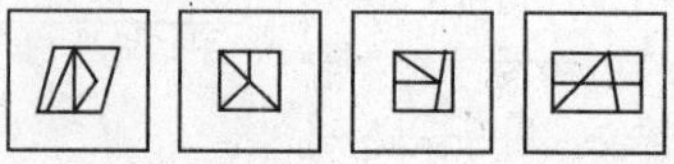

(a) (b) (c) (d)

10.

प्रश्न आकृति

(x)

उत्तर आकृतियाँ

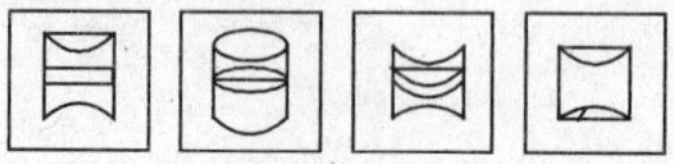

(a) (b) (c) (d)

11.

प्रश्न आकृति

(x)

उत्तर आकृतियाँ

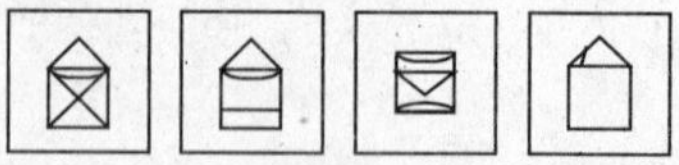

(a) (b) (c) (d)

12.

प्रश्न आकृति

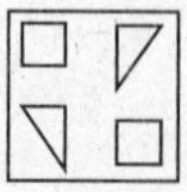

(x)

उत्तर आकृतियाँ

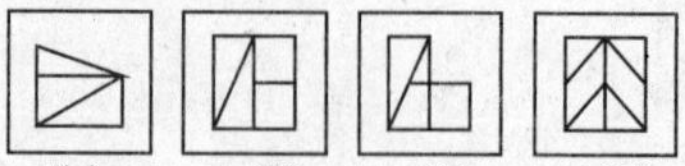

(a) (b) (c) (d)

13.

प्रश्न आकृति

(x)

उत्तर आकृतियाँ

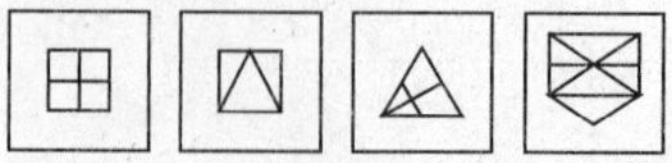

(a) (b) (c) (d)

14.

प्रश्न आकृति

(x)

उत्तर आकृतियाँ

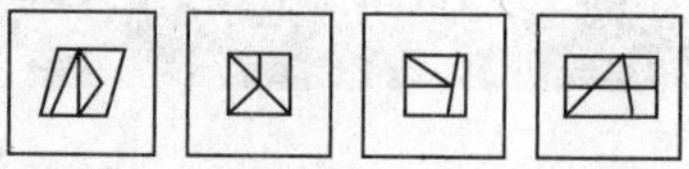

(a) (b) (c) (d)

15.

प्रश्न आकृति

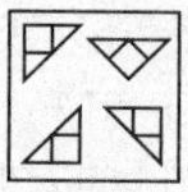

(x)

उत्तर आकृतियाँ

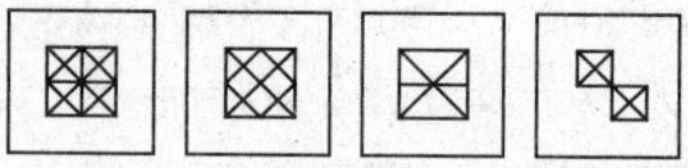

(a) (b) (c) (d)

16.

प्रश्न आकृति

(x)

उत्तर आकृतियाँ

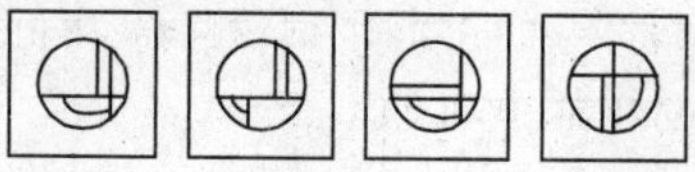

(a) (b) (c) (d)

17.

प्रश्न आकृति

उत्तर आकृतियाँ

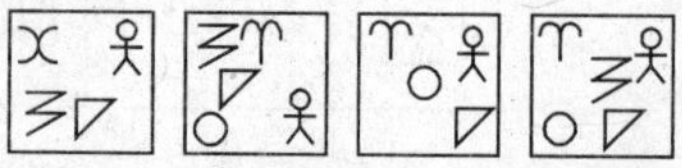

(a) (b) (c) (d)

18.

प्रश्न आकृति

उत्तर आकृतियाँ

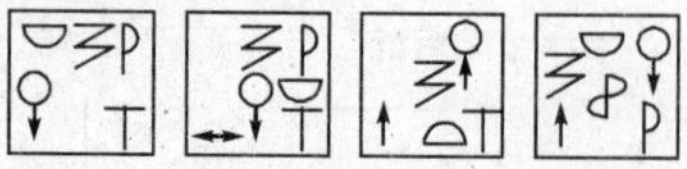

(a) (b) (c) (d)

19.

प्रश्न आकृति

उत्तर आकृतियाँ

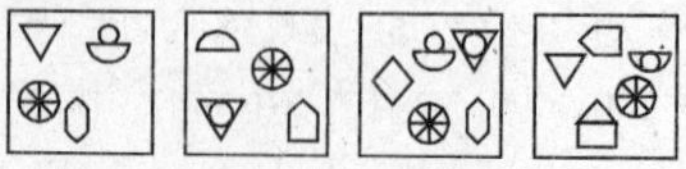

(a) (b) (c) (d)

20.

प्रश्न आकृति

उत्तर आकृतियाँ

(a) (b) (c) (d)

निर्देश–(प्रश्न संख्या 21 से 40 तक) नीचे दिये गये प्रश्नों में विकल्प आकृति (a), (b), (c) और (d) में से किसमें वे सभी अवयव विद्यमान है, जो प्रश्न आकृति में दिये गये हैं–

21.

प्रश्न आकृति

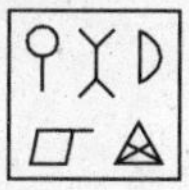

उत्तर आकृतियाँ

(a) (b) (c) (d)

22.

प्रश्न आकृति

उत्तर आकृतियाँ

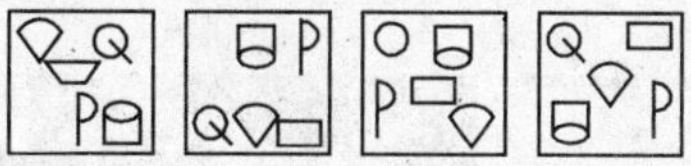

(a) (b) (c) (d)

23.

प्रश्न आकृति

उत्तर आकृतियाँ

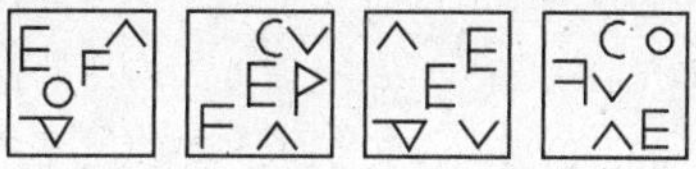

(a) (b) (c) (d)

24.

प्रश्न आकृति

उत्तर आकृतियाँ

(a) (b) (c) (d)

25.

प्रश्न आकृति

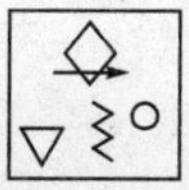

उत्तर आकृतियाँ

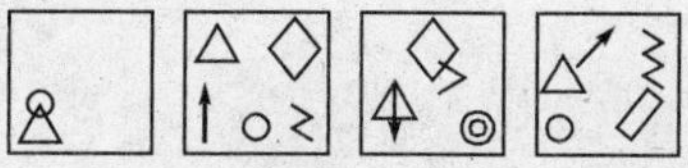

(a) (b) (c) (d)

26.

प्रश्न आकृति

उत्तर आकृतियाँ

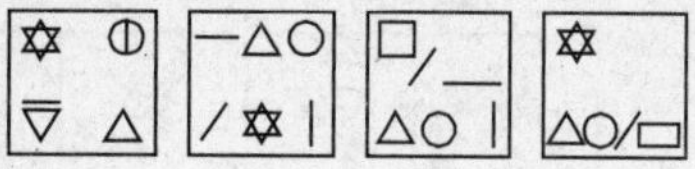

(a) (b) (c) (d)

27. उत्तर आकृति से काटे गए उन टुकड़ों का चयन कीजिए जिनसे प्रश्न आकृति बनाई गई है–

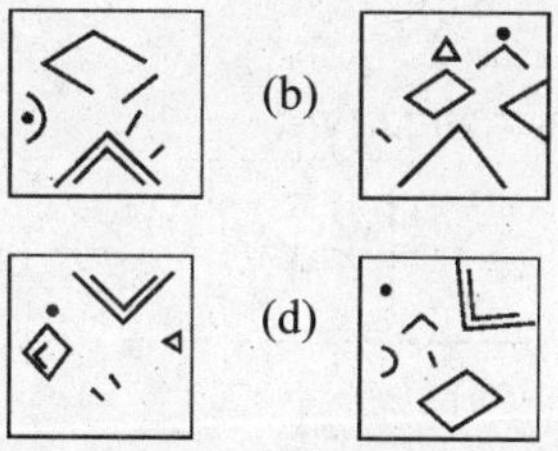

(a) (b) (c) (d)

28. वह उत्तर आकृति ज्ञात कीजिए, जिससे प्रश्न आकृति में दिए गए अंश काटे गए हैं–

प्रश्न आकृति

उत्तर आकृतियाँ

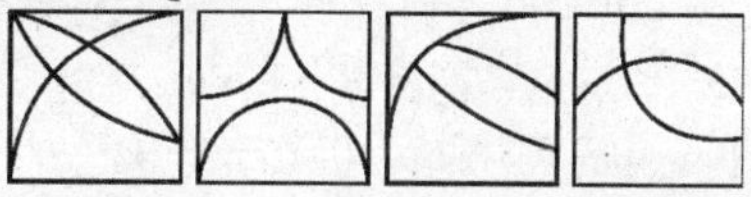

(a) (b) (c) (d)

29. बताइए किस उत्तर आकृति से प्रश्न आकृति में दिए गए सभी अंश काटे गए हैं?

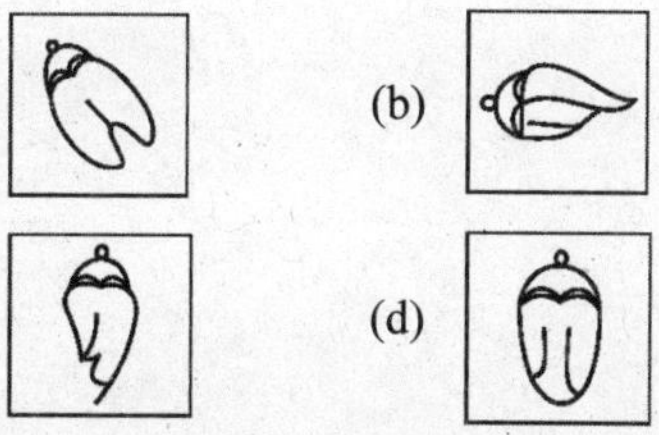

(a) (b) (c) (d)

निर्देश–(प्रश्न संख्या 30 एवं 31) चार उत्तर आकृतियों में से किसमें दिए टुकड़ों से दी गई प्रश्न आकृति को बनाया जा सकता है?

30. प्रश्न आकृति

उत्तर आकृतियाँ

(a) (b) (c) (d)

31. प्रश्न आकृति

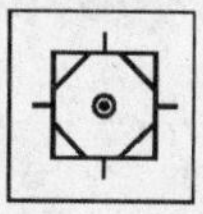

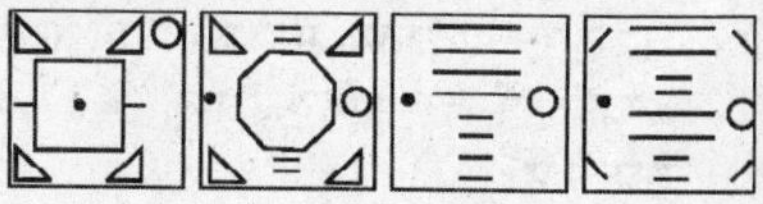

(a) (b) (c) (d)

32. उस उत्तर आकृति को पहचानिए, जिसमें से प्रश्न आकृति में दिए हुए टुकड़े काटे गए हैं।

प्रश्न आकृति

उत्तर आकृतियाँ

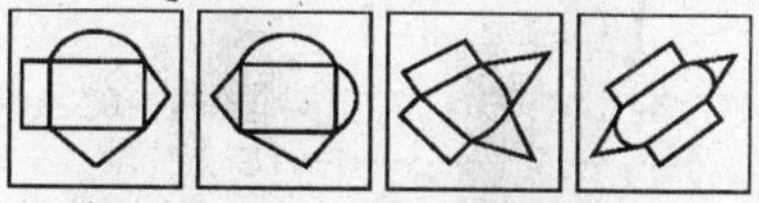

(a) (b) (c) (d)

33. चार उत्तर आकृतियों में से कौन-सी आकृति नीचे प्रश्न आकृति में दिए गए टुकड़ों से बनायी जा सकती है?

प्रश्न आकृति

उत्तर आकृतियाँ

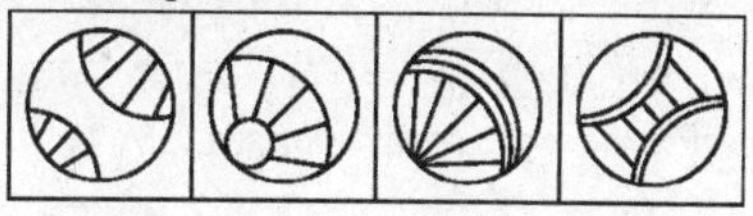

(a) (b) (c) (d)

34. चार उत्तर आकृतियों में से कौन-सी आकृति नीचे प्रश्न आकृति में दिए गए टुकड़ों से बनाई जा सकती है?

प्रश्न आकृति

उत्तर आकृतियाँ

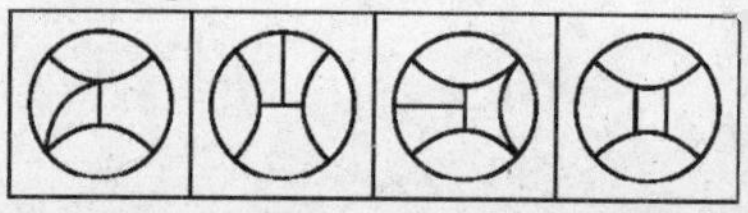

(a) (b) (c) (d)

35. चार उत्तर आकृतियों में से कौन-सी आकृति नीचे प्रश्न आकृति में दिए गए टुकड़ों से बनायी जा सकती है?

प्रश्न आकृति

उत्तर आकृतियाँ

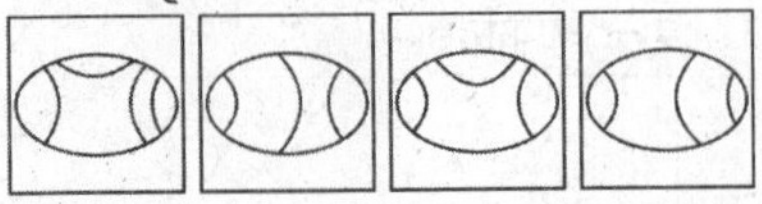

(a) (b) (c) (d)

36. चार उत्तर आकृतियों में से कौन-सी नीचे प्रश्न आकृति में दिए गए कटे हुए टुकड़ों से बन सकती है?

प्रश्न आकृति

उत्तर आकृतियाँ

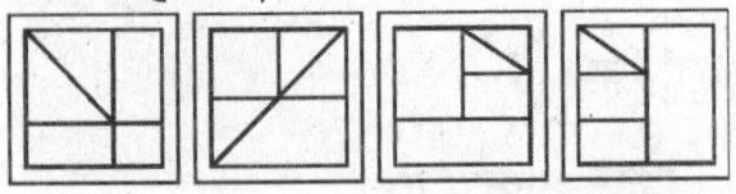

(a) (b) (c) (d)

37. कौन-सी उत्तर आकृति में प्रश्न आकृति में दिए गए सभी घटक शामिल हैं?

प्रश्न आकृति

उत्तर आकृतियाँ

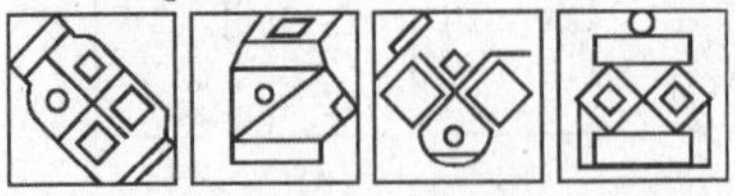

(a) (b) (c) (d)

38. उत्तर आकृति की पहचान कीजिए जिससे प्रश्न आकृति में दिए गए टुकड़े काटे गए हैं—

प्रश्न आकृति

उत्तर आकृतियाँ

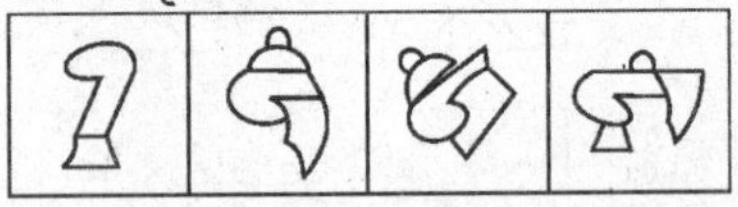

(a) (b) (c) (d)

39. चार उत्तर आकृतियों में से कौन-सी आकृति नीचे प्रश्न आकृति में दिए गए टुकड़ों से बनाई जा सकती है?

प्रश्न आकृति

उत्तर आकृतियाँ

(a) (b) (c) (d)

40. चार उत्तर आकृतियों में से कौन-सी आकृति नीचे दिए गए टुकड़ों से बनाई जा सकती है?

प्रश्न आकृति

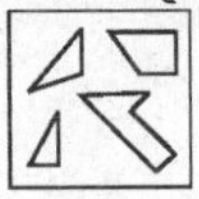

उत्तर आकृतियाँ

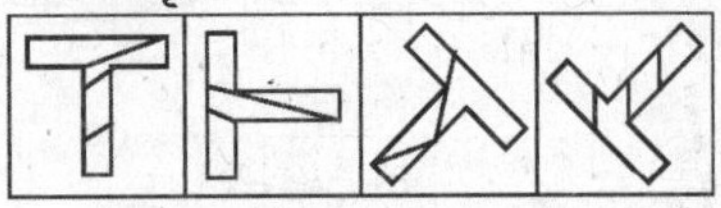

(a) (b) (c) (d)

उत्तर (हल/संकेत)

1. (c)	**2.** (b)	**3.** (a)	**4.** (b)	**5.** (d)
6. (d)	**7.** (c)	**8.** (d)	**9.** (a)	**10.** (a)
11. (b)	**12.** (b)	**13.** (c)	**14.** (b)	**15.** (b)
16. (a)	**17.** (b)	**18.** (a)	**19.** (c)	**20.** (c)
21. (d)	**22.** (a)	**23.** (b)	**24.** (c)	**25.** (d)
26. (b)	**27.** (d)	**28.** (b)	**29.** (b)	

30. (d) दी गई प्रश्न आकृति उत्तर आकृति (d) में दिए गए टुकड़ों से बनाया जा सकती है।

31. (b) दी गई प्रश्न आकृति को उत्तर आकृति (b) में दिए गए टुकड़ों से बनाया जा सकता है।

32. (a) उत्तर आकृति (a) में से प्रश्न आकृति में दिए गए टुकड़े काटे गए हैं।

33. (b) प्रश्न आकृति में दिए गए टुकड़ों से उत्तर आकृति (b) बनायी जा सकती है।

34. (a) उत्तर आकृति (a) प्रश्न आकृति में दिए गए टुकड़ों से बनाई जा सकती है।

35. (d) उत्तर आकृति (d) प्रश्न आकृति में दिए गए टुकड़ों से बनायी जा सकती है।

36. (c) उत्तर आकृति (c) दिए गए टुकड़ों से बन सकती है।

37. (c) उत्तर आकृति (c) दिए गए टुकड़ों से बन सकती है।

38. (b) उत्तर आकृति (b) दिए गए टुकड़ों से बन सकती है।

39. (b) उत्तर आकृति (b) दिए गए टुकड़ों से बन सकती है।

40. (c) उत्तर आकृति (c) दिए गए टुकड़ों से बन सकती है।

❑❑❑